Handbuch zur deutschen Einheit

Schriftenreihe Band 363

Werner Weidenfeld
Karl-Rudolf Korte (Hrsg.)

Handbuch zur deutschen Einheit 1949–1989–1999

Neuausgabe 1999

Bundeszentrale
für politische Bildung

Redaktion: Andreas Kießling M. A. in Zusammenarbeit mit
Michael Weigl und Rebecca Heinemann M. A.
Forschungsgruppe Deutschland am Centrum für angewandte Politikforschung
der Ludwig-Maximilians-Universität München

Bonn 1999

aktualisierte und erweiterte Neuausgabe

Eine Buchhandelsausgabe besorgt der
Campus Verlag, Frankfurt am Main

Satzherstellung: Fotosatz Froitzheim AG, Bonn

Druck: Bercker, Kevelaer

ISBN 3-89331-370-2 · ISSN 0435-7604

Inhalt

Vorwort

Das »Handbuch zur deutschen Einheit« hat sich als Wegbegleiter der deutschen Einheit bewährt. Die staatliche Vereinigung vollzog sich in großer Geschwindigkeit, markierte eine Epochenwende und gehört nunmehr bereits zum Alltag. Der schnelle Prozeß und Vollzug der Einheit machte verschiedene Ausgaben des Buchs notwendig. Die Erstausgabe des Jahres 1992 hieß noch »Handwörterbuch zur deutschen Einheit«. Darin dominierte die historische Dokumentation der deutschen Frage, ergänzt durch eine Betrachtung der unmittelbar noch nachwirkenden deutschen Vereinigung. Bereits 1993 konnten wir das nicht nur im Titel geänderte »Handbuch zur deutschen Einheit« publizieren. Damals rückte bereits die Epochenwende von 1989 selbst in eine geschichtliche Perspektive. Grund genug, um umfassend und systematisch den Prozeß der deutschen Vereinigung Revue passieren zu lassen. Mehr noch: Es lohnte sich, die kritische Bestandsaufnahme konzeptionell durch eine ausführliche Betrachtung der Folgen der Einheit für die Bundesrepublik Deutschland zu ergänzen. Während dann die Ausgabe von 1996 systematisch die Lage der Nation in den Mittelpunkt stellte, folgt das nun vorliegende »Handbuch zur deutschen Einheit 1949–1989–1999« den Leitthemen zehn Jahre nach dem Fall der Mauer, 40 Jahre Teilung, 50 Jahre Bundesrepublik. In den Beiträgen rücken die zeitgeschichtlichen Aspekte in den Vordergrund, die jeweiligen Politikfelder werden systematisch abgehandelt, wobei der Bezug zur deutschen Einheit und die gesamtdeutsche Perspektive durchgehend präsent bleiben. Der Blick zurück legt gerade im Jubiläumsjahr die wechselvolle, stets aufeinander bezogene Beziehungsgeschichte zwischen der Bundesrepublik Deutschland und der DDR offen. Geschärft wird wie im Zeitraffer das Wissen über die Lebenserfahrungen in der Zweistaatlichkeit mit unterschiedlichen Sozialisationsmustern bei gleichzeitig nationalen Identitätsangeboten. Verschieden und gleich, getrennt und vereint: Erst der Rückblick aus Distanz macht deutlich, was Episode bleibt und was zum Geschichtsbewußtsein auch zukünftig gehören wird.

Neue Stichwörter spiegeln den veränderten Blickwinkel auf die Bundesrepublik Deutschland wider und zeichnen die sich dynamisch verändernde Forschungslandschaft nach. Aufgrund von Aktenfunden kam es auch zu neuen wissenschaftlichen Ergebnissen, die unsere Autoren in die Beiträge aufnahmen. Herausragend ist die Freigabe der Akten der Bundesregierung für das Forschungsprojekt »Geschichte der deutschen Einheit«. Statt auf der regulär dreißigjährigen Sperrfrist zu beharren, öffnete das Bundeskanzleramt sein Archiv bereits wenige Jahre nach dem Fall der Mauer und der Vereinigung der beiden deutschen Staaten. Die Fülle neuer Erkenntnisse, die 1998 in vier Bänden publiziert wurden, schlägt sich in der Neuausgabe des Handbuches vor allem in drei Beiträgen nieder, die die inneren, ökonomischen und internationalen Aspekte des Einigungsprozesses gesondert untersuchen. Eigene Beiträge behandeln nun außerdem erstmals die Stichwörter: Berichte zur Lage der Nation, DDR: Opposition und Widerstand, Doppelte Staatsgründung, Eliten, Identität, Juden, Kontroversen zur deutschen Frage. So ist die Geschichte dieses Buchs, in seinen vier sehr verschiedenen Ausgaben, mithin auch eine Geschichte des Perspektivenwechsels im Umfeld der deutschen Einheit. Nur die Information schützt zuverlässig vor neuen Legendenbildungen.

Das Grundanliegen des »Handbuchs zur deutschen Einheit 1949–1989–1999« als lexikalisch angeordnetes Informationspaket ist jedoch konstant geblieben: Das Buch soll seriös, zuverlässig und umfassend nationale und internationale Aspekte integrieren:

- den Stand des politischen, ökonomischen und gesellschaftlichen Lebens;
- den Rückblick auf den Einigungsprozeß sowie die Geschichte der deutschen Frage;
- die jeweils aktuelle Datenlage in den vielschichtig vorgestellten Politikfeldern.

Alle 71 Stichwörter sind faktenorientiert an der aktuellen Situation ausgerichtet. Eine sachkundige Problematisierung der Themen hilft dem Leser bei der individuellen Einschätzung des gesamten Einigungsvorgangs. In den Stichwörtern analysieren, erklären und bewerten 67 Geistes- und Sozialwissenschaftler, Juristen, Fachjournalisten und Praktiker aus Verwaltung und Bildungsarbeit den Prozeß der deutschen Vereinigung. Das Buch soll eine Hilfe für die vielfältigen Multiplikatoren in Wissenschaft, Schule, Medien und Politik sein. Auch deshalb ist es als Nachschlagewerk und Lehrbuch konzipiert. Wer den Zugang zum Thema über bestimmte Begriffe sucht, dem helfen das Stichwortverzeichnis und das Register weiter. Wer das Handbuch vorrangig als Lehrbuch benutzen will, der sollte von einem Stichwort ausgehend die Querverweise intensiv nutzen. Die nachfolgenden *Hinweise* liefern anschaulich Beispiele für den Umgang mit der Grundkonzeption des Buches und die Zusammenhänge zwischen den einzelnen Teilbereichen: den historisch-politischen, innen- und außenpolitischen, ökonomischen und rechtlichen Aspekten. Der systematische Aufbau der einzelnen Beiträge führt zu einer transparenten Gesamtanlage des Handbuchs. Die Autoren, die sich alle an einem einheitlichen Gliederungsraster orientierten, haben dazu maßgeblich beigetragen.

Die Aufsätze sind in alphabetischer Reihenfolge angeordnet. Die Querverweise und das umfangreiche Sach- und Personenregister bieten weiterführende Hilfestellung für die stofflichen Zusammenhänge.

Die Autorinnen und Autoren verleihen dem Handbuch das spezifische Profil. Wir danken ihnen dafür. Sie alle standen vor dem Problem, ein schwieriges und sich dynamisch veränderndes Thema auf wenigen Manuskriptseiten zu behandeln. Darüber hinaus ist die Publikation des Buchs erst durch das große Engagement des Redaktionsteams (Forschungsgruppe Deutschland am Centrum für angewandte

Politikforschung der Ludwig-Maximilians-Universität München) möglich geworden. Andreas Kießling M.A. ist für die Gesamtredaktion, das Lektorat sowie die Koordination der einzelnen Arbeitsschritte verantwortlich. Als Redaktionsassistenten haben Michael Weigl und Rebecca Heinemann M. A. wertvolle Arbeit geleistet. Inhaltliche, konzeptionelle Anregungen und Hilfestellungen boten außerdem Rüdiger Thomas, Dr. Harald Geiss sowie Dr. Gernot Dallinger an, denen hierfür besonders gedankt werden soll. Das umfangreiche, aktualisierte Sach- und Personenregister ist von Andreas Kießling und Michael Weigl in Zusammenarbeit mit den Mitarbeitern der Forschungsgruppe Deutschland erstellt worden, die im Team ihren Beitrag zum Gelingen des Handbuchs geleistet haben. Ihnen allen sind wir zu Dank verpflichtet.

Werner Weidenfeld/Karl-Rudolf Korte

Verzeichnis der Stichwörter

Hinweise für die Benutzer

Das Handbuch zur deutschen Einheit ist als Nachschlagewerk und Lehrbuch konzipiert. Es verbindet die verschiedenen Aspekte der Einheit inhaltlich und informiert dabei problemorientiert. Der historische Befund, der den Schwerpunkt des Buches bildet, soll genauso gesichert sein wie die gesamtdeutsche Bestandsaufnahme der Lage der Nation. Vor diesem Hintergrund wurden die Stichwörter für das Handbuch zur deutschen Einheit ausgewählt und ihr Umfang festgelegt. Bei der Vorgabe der Seitenzahlen gaben neben der Bedeutung eines Stichworts für das Buch auch die systematische Stellung im Gesamtkonzept und die Ergänzung zu anderen Stichwörtern den Ausschlag. Um jeden einzelnen Stichwort-Artikel klar zu konturieren, wurde auf eine präzise Gliederung der Beiträge Wert gelegt sowie auf eine kurze begriffliche Einführung in den jeweiligen Themenkomplex. Einige Aufsätze sind mit Grafiken und Tabellen zur Veranschaulichung komplexer Sachverhalte ausgestattet. Dies geschieht allerdings nur, wenn textspezifische Aussagen dies verlangen.

Wer das Handbuch als Nachschlagewerk nutzen will und den Zugang zu einem Themenkomplex über einen bestimmten Begriff sucht, der sollte intensiv mit dem Verzeichnis der Stichwörter und dem Register arbeiten. Wer das Handbuch zur deutschen Einheit als Lehrbuch nutzen will, der kann von einem Stichwort ausgehend die Querverweise in Anspruch nehmen.

Die verschiedenen Aspekte des Einigungsprozesses sind in fünf zentralen Politikfeldern zu kategorisieren:

1. Innere Aspekte der Einheit

- Berichte zur Lage der Nation
- Bildung und Wissenschaft
- Bundesländer
- Bundeswehr
- Deutsche Einheit
- Deutschlandforschung
- Einstellungen zur deutschen Einheit
- Eliten
- Extremismus und Innere Sicherheit
- Frauen
- Identität
- Innere Einheit
- Juden
- Jugend
- Kirchen
- Kultur
- Lebensbedingungen
- Literatur
- Medien
- Parteien
- Politische Bildung
- Politische Kultur
- Sozialer Wandel

- Sozialpolitik
- Staatsangehörigkeit
- Staatssicherheit
- Strukturwandel
- Umwelt
- Verhandlungen zur deutschen Einheit: Innerer Prozeß
- Verträge zur deutschen Einheit
- Wahlen

2. Äußere Aspekte der Einheit

- Außenpolitik
- Bundeswehr
- Deutsche Einheit
- Deutschland von außen
- Deutschlandpolitik der Vier Mächte
- Deutschlands Rechtslage
- Deutschlandvertrag
- Deutschland von außen
- Europäische Integration
- Nation und Nationalbewußtsein
- Oder-Neiße-Linie
- Ostverträge
- Ost-West-Konflikt
- Selbstbestimmungsrecht
- Sicherheitspolitik
- Verhandlungen zur deutschen Einheit: Internationaler Prozeß
- Verträge zur deutschen Einheit
- Vertriebene

3. Ökonomische Aspekte der Einheit

- Finanzierung der Einheit
- Innere Einheit
- Lebensbedingungen
- Bundesländer
- Sozialpolitik
- Sozialer Wandel
- Strukturwandel
- Treuhandanstalt
- Umwelt
- Verbände
- Verhandlungen zur deutschen Einheit: Ökonomischer Prozeß
- Wirtschaft

4. Historisch-politische Aspekte der Einheit

- Berlin
- Bundesrepublik Deutschland: Geschichte
- Bundesrepublik Deutschland: Politisches System
- DDR: Geschichte
- DDR: Politisches System
- DDR: Widerstand und Opposition
- Deutsche Einheit
- Deutschlandbegriff im sprachlichen Wandel
- Deutschlandpolitik der Bundesrepublik Deutschland
- Deutschlandpolitik der DDR
- Deutschlandpolitik der Vier Mächte
- Doppelte Staatsgründung
- Enquete-Kommission
- Geschichtsbewußtsein
- Innerdeutsche Beziehungen
- Juden
- Kultur
- Literatur
- Mauer
- Nation und Nationalbewußtsein

- Nationalsymbole
- Staatsangehörigkeit
- Staatssicherheit
- Vertriebene

5. Rechtliche Aspekte der Einheit

- Ausländer
- Bundesverfassungsgericht
- Deutschlands Rechtslage
- Deutschlandvertrag
- Grundgesetz
- Grundlagenvertrag
- Oder-Neiße-Linie
- Ostverträge
- Rechtssystem
- Selbstbestimmungsrecht
- Verträge zur deutschen Einheit
- Vertriebene

In dieser Systematik tauchen einige Stichwörter in mehreren Kategorien auf. Einige Beispiele verdeutlichen dies: Insbesondere die äußeren Aspekte der deutschen Frage und des deutschen Einigungsprozesses waren stets an völkerrechtliche Regelungen gebunden. Das Stichwort »Deutschlandvertrag« ist deshalb sowohl bei den äußeren Aspekten als auch bei den rechtlichen Aspekten der deutschen Einheit zu finden.

Die aktuellen inneren Aspekte der deutschen Einheit dagegen besitzen oft auch eine ökonomische Komponente. Vor allem soziale Fragen sind unter wirtschaftlichen Aspekten zu sehen, was z. B. bei den Stichwörtern »Sozialpolitik«, »Sozialer Wandel« oder »Lebensbedingungen« deutlich wird. Auch der Begriff der »Inneren Einheit« beinhaltet in bezug auf die Angleichung der Lebensverhältnisse eine ökonomische Komponente.

Den Beiträgen des Handbuchs sind Querverweise auf andere Stichwörter vorangestellt. Diese Benutzerinformation bezieht sich auf Artikel im Handbuch, die dem weiteren Verständnis des betreffenden Beitrags und der Vertiefung des Themenkomplexes dienen. Beispiel hierfür sind föderalistische Aspekte, auf die sowohl im Beitrag »Bundesländer« als auch im Stichwort »Bundesrepublik Deutschland: Politisches System« eingegangen wird. Querverweise verdeutlichen an dieser Stelle den thematischen Zusammenhang. Sie sind in alphabetischer Reihenfolge aufgelistet. Mit Fettdruck hervorgehoben sind die Artikel, die die wichtigste Hintergrundinformation liefern. Die Anzahl dieser Beiträge, die Priorität haben sollten bei der systematischen Erschließung eines Themenkomplexes, ist auf drei begrenzt. Auf den Aufsatz Deutsche Einheit wird nicht verwiesen, da er Anknüpfungspunkte für alle anderen Artikel bietet.

Die Literaturliste am Ende jedes Beitrages liefert Standardwerke sowie aktuelle Literaturangaben zum jeweiligen Themenkomplex.

Eine weitere Möglichkeit zur Orientierung bieten das Sach- und das Personenregister. Beide sind bei der Suche nach Begriffen notwendig, die nicht als eigenständiges Stichwort im Handbuch abgehandelt werden. Stichwörter des Handbuchs sind im Sachregister durch Fettdruck hervorgehoben. Abkürzungen sind im Abkürzungsverzeichnis zu finden.

Abkürzungsverzeichnis

ABM	Arbeitsbeschaffungsmaßnahme
ADN	Allgemeiner Deutscher Nachrichtendienst
AfD	Allianz für Deutschland
AfNS	Amt für Nationale Sicherheit
AGCK	Arbeitsgemeinschaft christlicher Kirchen
AL	Alternative Liste
ARD	Arbeitsgemeinschaft der öffentlich-rechtlichen Rundfunkanstalten der Bundesrepublik Deutschland
ARRC	Allied Rapid Reaction Corps; schnelle Eingreiftruppe der NATO
AWACS	Airborne Warning and Control System
Barov	Bundesamt zur Regelung offener Vermögensfragen
BBK	Berliner Bischofskonferenz
BDA	Bundesverband der Deutschen Arbeitgeberverbände
BDI	Bundesverband der Deutschen Industrie
BdV	Bund der Vertriebenen
BEK	Bund der Evangelischen Kirchen
BEZ	Bundesergänzungszuweisungen
BFD	Bund Freier Demokraten
BfV	Bundesamt für Verfassungsschutz
BGH	Bundesgerichtshof
BGL	Betriebsgewerkschaftsleitung
BGS	Bundesgrenzschutz
BHE	Bund der Heimatvertriebenen und Entrechteten
BIP	Bruttoinlandsprodukt
BKA	Bundeskriminalamt
BMB	Bundesministerium für innerdeutsche Beziehungen
BMF	Bundesministerium der Finanzen
BMGB	Beteiligungs-Management-Gesellschaft Berlin mbH
BMU	Bundesministerium für Umwelt, Naturschutz und Reaktorsicherheit
BMWi	Bundesministerium für Wirtschaft
BR	Bayerischer Rundfunk
BSP	Bruttosozialprodukt
BVerfG	Bundesverfassungsgericht
BVerfGE	Bundesverfassungsgerichtsentscheid

BVerwGE	Bundesverwaltungsgerichtsentscheid
BVFG	Bundesvertriebenen- und flüchtlingsgesetz
BVVG	Bodenverwertungs- und Verwaltungsgesellschaft mbH
BvS	Bundesanstalt für vereinigungsbedingte Sonderaufgaben
CDU	Christlich Demokratische Union Deutschlands
COMECON	Rat für gegenseitige Wirtschaftshilfe
ČSFR	Tschechoslowakische Föderative Republik
ČSSR	Tschechoslowakische Sozialistische Republik
CSU	Christlich Soziale Union in Bayern
DA	Demokratischer Aufbruch
DBD	Demokratische Bauernpartei Deutschlands
DBI	Deutsche Bürgerinitiative
DFD	Demokratischer Frauenbund Deutschlands
DFP	Deutsche Forumpartei
DGB	Deutscher Gewerkschaftsbund
DIHT	Deutscher Industrie- und Handelstag
Divo	Deutsches Institut für Volksumfragen
DIW	Deutsches Institut für Wirtschaftsforschung
DJ	Demokratie Jetzt
DKP	Deutsche Kommunistische Partei
DP	Deutsche Partei
DRP	Deutsche Rechtspartei
DSB	Deutscher Sportbund
DSF	Deutsch-Sowjetische Freundschaftsgesellschaft
DSU	Deutsche Soziale Union
DTSB	Deutscher Turn- und Sportbund
DVP	Deutsche Volkspolizei
DVU	Deutsche Volksunion
DW	Deutsche Welle
DWK	Deutsche Wirtschaftskommission
EAC	European Advisory Commission
EALG	Entschädigungs- und Ausgleichsleistungsgesetz
EG	Europäische Gemeinschaften
EGKS	Europäische Gemeinschaft für Kohle und Stahl
EKD	Evangelische Kirche Deutschlands
EKU	Evangelische Kirche der Union
EMRK	Europäische Menschenrechtskonvention
EPZ	Europäische Politische Zusammenarbeit
ERP	European Recovery Program; Europäisches Wiederaufbauprogramm
EU	Europäische Union

Euratom	Europäische Atomgemeinschaft
EVG	Europäische Verteidigungsgemeinschaft
EWG	Europäische Wirtschaftsgemeinschaft
EWGV	Vertrag zur Gründung der Europäischen Wirtschaftsgemeinschaft
EWS	Europäisches Währungssystem
FDJ	Freie Deutsche Jugend
FDGB	Freier Deutscher Gewerkschaftsbund
FDP	Freie Demokratische Partei
FGB	Familiengesetzbuch
FGW	Forschungsgruppe Wahlen
FKP	Föderales Konsolidierungsprogramm
GASP	Gemeinsame Außen- und Sicherheitspolitik
GB	Gesamtdeutscher Block
GEUP	Gemeinsame Europäische Verteidigungspolitik
GEW	Gewerkschaft Erziehung und Wissenschaft
GFK	Genfer Flüchtlingskonvention
GG	Grundgesetz
GUS	Gemeinschaft Unabhängiger Staaten
GVK	Gemeinsame Verfassungskommission
HBV	Gewerkschaft Handel, Banken und Versicherungen
HR	Hessischer Rundfunk
HVA	Hauptverwaltung A des Ministeriums für Staatssicherheit
IfD	Institut für Demoskopie Allensbach
IFM	Initiative für Frieden und Menschenrechte
IFOR	Implementation Force
IGH	Internationaler Gerichtshof
IOC	Internationales Olympisches Komitee
KB	Kulturbund der DDR
KBW	Kommunistischer Bund Westdeutschlands
KEK	Kommission zur Ermittlung der Konzentration im Medienbereich
KMK	Ständige Konferenz der Kultusminister (Kultusministerkonferenz)
KoKo	Kommerzielle Koordinierung
KPD	Kommunistische Partei Deutschlands
KPdSU	Kommunistische Partei der Sowjetunion
KSE	Vertrag über konventionelle Streitkräfte in Europa
KSZE	Konferenz über Sicherheit und Zusammenarbeit in Europa
LDPD	Liberal-Demokratische Partei Deutschlands
LPG	Landwirtschaftliche Produktionsgenossenschaft

MDR	Mitteldeutscher Rundfunk
MfS	Ministerium für Staatssicherheit
ML	Marxisten-Leninisten
MLPD	Marxistisch-Leninistische Partei Deutschlands
NABU	Naturschutzbund
NATO	North Atlantic Treaty Organization; Nordatlantische Vertragsorganisation
NDPD	National-Demokratische Partei Deutschlands
NDR	Norddeutscher Rundfunk
NF	Neues Forum
NÖS	Neues Ökonomisches System
NÖSPL	Neues Ökonomisches System der Planung und Leitung der Volkswirtschaft
NPD	Nationaldemokratische Partei Deutschlands
NS	Nationalsozialismus
NSDAP	Nationalsozialistische Deutsche Arbeiterpartei
NVA	Nationale Volksarmee
OECD	Organisation für wirtschaftliche Zusammenarbeit und Entwicklung
OEEC	Organisation für europäische wirtschaftliche Zusammenarbeit
OibE	Offiziere im besonderen Einsatz
OPK	Operative Personenkontrolle
ORB	Ostdeutscher Rundfunk Brandenburg
ÖSS	Ökonomisches System des Sozialismus
OSZE	Organisation für Sicherheit und Zusammenarbeit in Europa
OV	Operativer Vorgang
PdA	Partei der Arbeit
PDS	Partei des Demokratischen Sozialismus
PfP	Partnerschaft für den Frieden
PiD	Politisch-ideologische Diversion
PKS	Polizeiliche Kriminalstatistik
POZW	Politisch-operatives Zusammenwirken
PUT	Politische Untergrundtätigkeit
RAF	Rote-Armee-Fraktion
RB	Radio Bremen
REP	Die Republikaner
RGW	Rat für gegenseitige Wirtschaftshilfe
RL	Richtlinie
SBZ	Sowjetische Besatzungszone
SDI	Strategic Defense Initiative

SDP	Sozialdemokratische Partei
SDR	Süddeutscher Rundfunk
SED	Sozialistische Einheitspartei Deutschlands
SFB	Sender Freies Berlin
SFOR	Stabilization Force
SMAD	Sowjetische Militäradministration Deutschland
SPD	Sozialdemokratische Partei Deutschlands
SR	Saarländischer Rundfunk
SRP	Sozialistische Reichspartei
SWF	Südwestfunk
SWR	Südwestrundfunk
THA	Treuhandanstalt
TLG	Treuhand Liegenschaftsgesellschaft mbH
UN/UNO	United Nation Organization
UNAMIC	United Nations Advanced Mission in Cambodia
UNSCOM	United Nations Special Commission
UVF	Unabhängiger Frauenverband
VdgB	Vereinigung der gegenseitigen Bauernhilfe
VEB	Volkseigener Betrieb
VELKD	Vereinigte Evangelisch-Lutherische Kirche Deutschlands
VKSE	Wiener Verhandlungen über konventionelle Streitkräfte in Europa
VL	Vereinigte Linke
VN	Vereinte Nationen
VOL	Vereinigte Organisation der Landsmannschaften
VS	Volkssolidarität
WDR	Westdeutscher Rundfunk
WEU	Westeuropäische Union
ZBJI	Europäische Zusammenarbeit in den Bereichen Justiz und Inneres
ZDF	Zweites Deutsches Fernsehen
ZKG	Zentrale Koordinierungsgruppe
ZvD	Zentralverband der vertriebenen Deutschen
ZK	Zentralkomitee

Stichwörter

Ausländer

→ Außenpolitik, Bundesrepublik Deutschland: Geschichte, Europäische Integration, Extremismus und Innere Sicherheit, Grundgesetz, **Staatsangehörigkeit**.

1. Konturen der Ausländerpolitik: Ausländer ist nach § 1 Abs. 2 des Ausländergesetzes (BGBl. 1990 I, S. 1354) jeder, der nicht Deutscher im Sinne des Art. 116 Abs. 1 GG ist. In Deutschland lebten 1997 insgesamt 7,36 Mio. Ausländer, das sind 9 % der Gesamtbevölkerung. Obgleich der prozentuale Anteil der Ausländer an der Wohnbevölkerung zwischen 1980 und 1997 nur um ca. 1,5 % gestiegen ist, gehört die Ausländerpolitik zu den wichtigsten politischen Themen in Deutschland. Ihr kommt nicht zuletzt zentrale Bedeutung für den inneren Frieden zu. Wie die gewaltsamen Ausschreitungen gegen Ausländer nach 1991 und die dadurch mitbeeinflußte Debatte über die Asylpolitik, wie vor allem aber auch zahlreiche Demonstrationen der Solidarität mit Ausländern zeigen, ist die Ausländerpolitik ein Politikbereich, der in besonderem Ausmaß Leidenschaften und Emotionen zu wecken in der Lage ist. Ihr Erfolg oder Mißerfolg steht auch in ursächlichem Zusammenhang mit der Resonanz rechtsextremer Parteien.

Die Ausländerpolitik hat aber auch außenpolitische Komponenten: Erstens zeigen deutliche Vorhaltungen, welchen sich Deutschland in den 90er Jahren in internationalen Gremien, wie insbesondere in der Genfer Menschenrechtskommission, ausgesetzt sah, daß gerade die deutsche Ausländerpolitik Gegenstand ausgesprochen sensibler internationaler Beobachtung ist. Zweitens haben die europäische Integration und die weltpolitischen Veränderungen seit 1989 und deren Konsequenzen für Mittel- und Osteuropa dazu geführt, daß Ausländerpolitik in Europa nur noch in internationaler Absprache konzipiert und betrieben werden kann. Drittens schließlich weist die Ausländerpolitik unübersehbare sachliche Berührungspunkte zu weltpolitischen Problemen wie Flüchtlings- und Migrationsbewegungen und deren Ursachen auf und ist insoweit auch Teil der weltpolitischen Verantwortung des vereinten Deutschlands. Insgesamt kommt der Ausländerpolitik gerade auch aufgrund ihrer staatspolitischen und staatstheoretischen Implikationen paradigmatischer Charakter für die künftige Entwicklung des deutschen Staats und seiner europäischen und weltpolitischen Stellung zu.

Entsprechend vielseitig und komplex sind die einzelnen Probleme der Ausländerpolitik. Sie reichen von der Kontrolle von Zuwanderungsbewegungen und der Gestaltung von Einreisebedingungen, der Flüchtlings- und Asylpolitik und deren europäischer Abstimmung über die politische, soziale und kulturelle Integration von Ausländern in die deutsche Gesellschaft bis hin zu sehr grundsätzlichen Fragen des nationalen Selbstverständnisses und der politischen Integration. Bevor die ausländerpolitischen Probleme und Entscheidungen Deutschlands im einzelnen dargelegt werden können, ist zunächst ein Blick in die Geschichte der Ausländerpolitik sowie eine Vergegenwärtigung grundlegender demographischer und ökonomischer Daten über Ausländer in Deutschland und ihre politische, soziale und kulturelle Integration erforderlich.

2. Geschichte: Im Gefolge der Reformation wurde das Heilige Römische Reich Deutscher Nation ein Wanderungsgebiet par excellence. Erinnert sei nur an die nach dem Augsburger Religionsfrieden und nach 1648 erfolgenden Auswanderungen, an die Aufnahme der Hugenotten in deutschen Städten und in Preußen und die damit verbundenen Integrationsleistungen. Gerade angesichts der ausländerpolitischen Debatten Anfang der 90er Jahre verdient die Tatsache Aufmerksamkeit, daß die Migrationserfahrungen des 16. bis 18. Jahrhunderts den Nährboden sowohl für den Toleranzgedanken insbesondere der Aufklärung als auch für wichtige Bausteine der Menschenrechte wie die Religionsfreiheit, die Freizügigkeit und Minderheitenrechte abgaben.

Im 19. Jahrhundert jedoch entwickelte sich Deutschland zum Auswanderungs- und Transitland. In zwei großen Wellen erfolgten 1850 bis 1859 und 1881 bis 1890 Auswanderungen vorwiegend in die USA; die Hauptursachen waren Armut und Arbeitslosigkeit in Deutschland. Mit Ende der Weimarer Republik und vollends nach dem Zweiten Weltkrieg kehrte sich der Trend jedoch um. Nach dem Zweiten Weltkrieg wurden zunächst in einer historisch unvergleichbaren Integrationsleistung Vertriebene in die Gesellschaft der Bundesrepublik integriert, ehe seit Mitte der 50er Jahre der Zustrom ausländischer »Gastarbeiter« begann.

Um den u. a. durch den wirtschaftlichen Aufschwung der 50er Jahre bedingten Arbeitskräftebedarf decken zu können, betrieb die Bundesregierung seit Mitte der 50er Jahre aktiv die Anwerbung sogenannter »Gastarbeiter« aus den Mittelmeerländern. Nach Verträgen mit Italien (1955) sowie Griechenland, Jugoslawien, Portugal, Marokko, Spanien, Tunesien und der Türkei kamen in den 60er Jahren ca. 1,6 Mio. »Gastarbeiter« nach Deutschland. Die Anwerbung und Beschäftigung von Gastarbeitern hatte 1973 mit 2,6 Mio. ausländischen Beschäftigten einen Höchststand erreicht. Da Ausländerbeschäftigung stets als ein vorübergehendes Phänomen begriffen und insoweit nicht durch eine umfassende Einwanderungsgesetzgebung gesteuert wurde, wurde am 23. November 1973 unter dem Eindruck der ersten Ölkrise die Anwerbung von Gastarbeitern durch den sogenannten »Anwerbestopp« beendet. Ausländer aus Staaten, die nicht Mitglieder der Europäischen Union (EU) sind, durften seither nicht mehr zur Arbeitsaufnahme nach Deutschland einreisen.

Folgende Entwicklungen verhinderten jedoch, daß hierdurch der Ausländeranteil reduziert werden konnte: erstens kam es nicht zur ursprünglich erwarteten Rückkehr von Gastarbeitern (statt dessen wurde die Gelegenheit zum Familiennachzug in recht großem Umfang wahrgenommen); zweitens nahm die Zahl der Asylbewerber in Deutschland zu (1980 waren es erstmals mehr als 10 000). Die Anfang der 80er Jahre beschlossene Rückkehrförderung durch das Rückkehrhilfegesetz führte zwar bis Mitte der 80er Jahre zu einem negativen Zuwanderersaldo, konnte jedoch die Gesamtzahl der Ausländer nicht unter das beim Anwerbestopp erreichte Niveau senken. In den Jahren 1981 bis 1990 waren es dann überwiegend Aussiedler und Asylbewerber, welche in der Größenordnung von 2,245 Mio. nach Deutschland kamen. Dabei stieg seit 1986 die Zahl der Asylbewerber sprunghaft an: begehrten 1986 noch 99 650 Personen Asyl in Deutschland, waren es 1989 bereits 121 318, 1990 193 063, 1991 256 314 und 1992 406 771.[1] Nach dem Höchststand von 438 191 im Jahr 1992 sank die Zahl infolge der Änderung des Asylrechts auf 322 599 (1993), 127 210 (1994) und 104 353 (1997) ab.

Die deutschstämmigen Aussiedler stellen eine deutsche Sonderproblematik dar, welche die Ausländerpolitik tangiert, hier aber nicht näher darzustellen ist. Zu erwähnen ist lediglich, daß das Aussiedleraufnahmegesetz von 1990 faktisch eine Kontingentierung der Aussiedler ermöglicht hat, die seit 1991 bei jährlich ca. 200 000 lag. Eine vorgesehene Beendigung des »Nachwachsens« von Aussiedlern ist bisher hinsichtlich des Stichtags, von dem an neugeborene Deutschstämmige nicht mehr als Deutsche im Sinne des Art. 116 Abs. 1 GG gelten sollen, umstritten. Allerdings ist darauf hinzuweisen, daß sich das kulturelle Selbstverständnis der Aussiedler demjenigen anderer Migrantenarten beständig annähert, so daß sie soziologisch zu den Einwanderern zu rechnen sind.[2]

Blickt man auf die letzten 150 Jahre, dann ist insgesamt die Umwandlung des Trends vom Auswanderungsland Deutschland in ein Einwanderungsland das signifikanteste Ergebnis. In der Bundesrepublik ging die Ausländerpolitik indessen entgegen diesem faktischen Trend von Anfang an von der Vorstellung aus, Ausländerpolitik sei im wesentlichen Arbeitsmarktpolitik. Die Bundesrepublik Deutschland versteht sich rechtlich auch 1998 nach wie vor nicht als Einwanderungsland.

3. Demographische und ökonomische Daten über Ausländer in Deutschland: Seit 1990 stellen sich die demographischen, soziologischen und ökonomischen Befunde des Ausländeranteils in Deutschland wie folgt dar: 1997 lebten in Deutschland 7,36 Mio. Ausländer (9 % der Bevölkerung). Den größten Anteil stellten dabei Menschen aus der Türkei (2,107 Mio.), gefolgt von Jugoslawien (1,208 Mio.), Italien (607 000) und Griechenland (363 000), also aus ehemaligen Anwerbeländern. 9 % aller Ausländer hielten sich zehn Jahre oder länger im Bundesgebiet auf. Von den Ausländern in den alten Bundesländern waren 1997 77,1 % im erwerbsfähigen Alter; 23,2 % waren unter 18 Jahre alt. Im Jahre 1997 wurden ca. 104 000 ausländische Kinder im Bundesgebiet geboren. Hinsichtlich der Altersstruktur überwiegen bei Ausländern anders als bei der deutschen Bevölkerung jüngere und mittlere Jahrgänge; allerdings läßt sich eine gewisse Annäherung an die deutsche Altersstruktur beobachten.

Die regionale Verteilung der Ausländer ist nicht gleichmäßig. Vergleichsweise hohe Ausländeranteile konzentrieren sich auf industrielle Ballungsgebiete und Großstädte. Baden-Württemberg und Nordrhein-Westfalen haben den höchsten Ausländeranteil unter den Bundesländern, Frankfurt am Main, Offenbach, Stuttgart und München den höchsten prozentualen (22–30 %) bzw. Berlin (West: 446 800), München (292 000), Hamburg (275 000) und Köln (198 000) den höchsten absoluten Ausländeranteil.[3]

In den Jahren 1988 bis 1992 konnten über die bis dahin in Deutschland beschäftigten 1,6 Mio. Ausländer hinaus etwa 400 000 Ausländer neu in den Arbeitsprozeß integriert werden. 1992 konnte allerdings nur jeder dritte Ausländer in Deutschland eine Beschäftigung antreten; die Arbeitslosenquote betrug 1995 in den alten Bundesländern 16,6 %. Insgesamt jedoch ist die Eingliederung zugewanderter Erwerbspersonen in den deutschen Arbeitsmarkt Hinweis auf einen entsprechenden Bedarf auch ausländischer Arbeitskräfte. Dies zeigt insbesondere die Verteilung ausländischer Arbeitskräfte auf einzelne Wirtschaftsbereiche. Von den sozialversicherungspflichtig beschäftigten Ausländern entfielen Mitte 1994 879 400 auf das verarbeitende Gewerbe, 566 300 auf Dienstleistungen außer Verkehr und Nachrichtenübermittlung (102 200), auf das Baugewerbe 214 300, den Handel 217 200, die Energiewirtschaft und den Bergbau 25 700 und auf die Landwirtschaft 28 100. Verdrängungseffekte auf dem Arbeitsmarkt lassen sich – entgegen weitverbreiteter Annahmen – nicht nachweisen. Vielmehr besetzten 1993 ca. 75 % der ausländischen Beschäftigten Arbeitsplätze, für die keine Deutschen oder EU-Bürger zur Verfügung standen.[4]

Zudem verweisen ökonomische Analysen auf den positiven gesamtwirtschaftlichen Beitrag von Ausländern zu Wirtschaftswachstum, Arbeitsmarkt und Staatshaushalt (Liquidität der Rentenversicherung), wobei jedoch hinsichtlich der Sozialversicherung aufgrund der demographischen Angleichung der ausländischen Bevölkerung an die deutsche längerfristig auch zusätzliche Belastungen zu erwarten sind.

In der DDR lebten 1989 neben ca. 380 000 Angehörigen der sowjetischen Armee mit ihren ca. 200 000 Familienangehörigen 191 200 Ausländer (1990: 177 558); ihr Anteil an der Wohnbevölkerung lag mit 1 % deutlich unter dem Anteil in der Bundesrepublik. Den größten Anteil bildeten die auf der Grundlage von Regierungsabkommen in der DDR beschäftigten Vietnamesen, Moçambiquaner, Kubaner, Polen, Angolaner und Chinesen. Sie lebten zum größten Teil ghettoisiert in Gemeinschaftsunterkünften. Auf der Grundlage des Einigungsvertrags erhielten sie eine auf die Dauer ihrer Vertragszeit beschränkte Aufenthaltsbewilligung, im Mai 1993 ein generelles Bleibeversprechen. Im Fall der Arbeitslosigkeit erhalten sie eine Abfindung sowie ein Flugticket in ihre Heimat. Am 21. Juli 1995 wurde ein Rückführungsabkommen mit Vietnam unterzeichnet.

Das völlige Fehlen einer staatlich geförderten gesellschaftlichen Integration von Ausländern in der DDR bei gleichzeitigem »verordnetem Internationalismus« führte bereits in der Endzeit der DDR zu fremdenfeindlichen Einstellungen, deren nunmehr offenen Ausbruch selbst intensive ausländerpolitische Bemühungen der DDR nach der Wende nicht verhindern konnten. Die im Dezember 1990 vorgenommene Einbeziehung der neuen Bundesländer in den Verteilungsschlüssel für Asylsuchende und Aussiedler traf auf eine weitestgehend unvorbereitete Bevölkerung, deren Einstellung zu Ausländern sich von der integrationsfreundlicheren Einstellung in den alten Bundesländern abhob.[5]

4. Rechtsstellung und Integration zuwandernder und zugewanderter Ausländer: Die Rechtsstellung von Ausländern in Deutschland beruht auf dem völkerrechtlichen Fremdenrecht und völkerrechtlichen Menschenrechtsverbürgungen, auf europarechtlichen Regelungen, insbesondere hinsichtlich der Freizügigkeit, Niederlassungsfreiheit und sozialen Integration sowie auf innerstaatlichem Recht, wobei die wichtigsten Regelungen in dem seit dem 1. Januar 1991 für das vereinte Deutschland geltenden neuen Ausländergesetz (AuslG, zuletzt geändert am 29. Oktober 1997) sowie in der im Mai 1993 verabschiedeten Änderung des Asylrechts enthalten sind. Für die Rechtsstellung von Ausländern ist erstens zwischen Einreise, Aufenthalt und Beendigung des Aufenthalts sowie zweitens zwischen unterschiedlichen Gruppen von Ausländern zu unterscheiden.

Wie jeder Staat ist Deutschland grundsätzlich nicht verpflichtet, einem Ausländer die Einreise zu gewähren. Einer flexiblen Gestaltung und Kontrolle der Einreise etwa durch Kontingentierung etc. sind grundsätzlich keine Schranken gesetzt. Allerdings verbieten das »refoulement-Verbot« der Genfer Flüchtlingskonvention (GFK) sowie das menschenrechtlich verankerte Folterverbot die Ausweisung bzw. Zurückweisung eines politisch Verfolgten bzw. von Folter Bedrohten. Weiter ging das Asylrecht des bis Mai 1993 geltenden Art. 16 Abs. 2 Satz 2 GG, das im Falle politischer Verfolgung ein subjektives Recht auf Asyl gewährte, das auch die Einreise umfaßte. Nach dem seither geltenden Art. 16 a GG sind hiervon Asylsuchende aus sogenannten »sicheren Drittstaaten« ausgenommen. Beim Aufenthalt genießt der Ausländer den Schutz eines menschenrechtlichen Mindeststandards, zu dem Leben, Freiheit, körperliche Unversehrtheit und Justizgrundrechte gehören, zu dem auch die Verpflichtung des Gaststaates zählt, den Ausländer vor ausländerfeindlichen Ausschreitungen zu schützen. Eine Ausweisung kann grundsätzlich vorgenommen werden; jedoch darf sie nicht willkürlich und nur unter der Angabe von Gründen geschehen. Gegen alle ausländerbehördlichen Maßnahmen steht dem Ausländer der Rechtsweg offen.

Während diese allgemeinen Regeln für alle Ausländer gelten, sind folgende Gruppen von Ausländern jeweils unterschiedlichen besonderen Regelungen unterworfen:

Für *Staatsangehörige von EU-Staaten* gilt auf der Grundlage der Art. 48 ff. EWG-Vertrag der durch sekundäres Gemeinschaftsrecht und Rechtsprechung des Europäischen Gerichtshofs stark ausgebaute Grundsatz des freien Personenverkehrs. Er wird durch drei Richtlinien (RL 90/364 – RL 90/366) geregelt, die durch den deutschen Gesetzgeber nicht umgesetzt wurden und nach Ablauf der zweijährigen Umsetzungsfrist am 1. Juli 1992 Direktwirkung entfalteten. Beim freien Personenverkehr ist in wirtschaftlicher und auch sozialrechtlicher Hinsicht eine Inländergleichbehandlung geschaffen worden. Ähnliche Auswirkungen entfalten die Europa-Abkommen mit den MOE-Staaten. Einen weiteren Schritt nimmt der Vertrag von Maastricht vor, der das Rechtsinstitut der Unionsbürgerschaft einführt, mit dem auch das kommunale Wahlrecht für EU-Bürger verbunden ist. Aber auch Drittstaatsangehörige werden vom EU-Recht insofern begünstigt, als seit der Verordnung 1408/71 des Rates soziale Sicherungssysteme auch auf Arbeitnehmer und Flüchtlinge aus Nicht-EU-Staaten sowie deren Familienangehörige Anwendung finden.

Die damit angesprochene Rechtslage von Asylanten und Flüchtlingen ergibt sich in Deutschland auf der Grundlage des Art. 16a GG, aus dem Asylverfahrensgesetz und dem Ausländergesetz. Dabei ist zwischen Asylbewerbern, anerkannten Asylanten und De-facto-Flüchtlingen zu unterscheiden. Asylbewerber genießen keine Freizügigkeit; sie sind in der Regel in Gemeinschaftsunterkünften dort untergebracht, wo sie einen Asylantrag gestellt haben. Seit dem 21. Januar 1991 können sie je nach Arbeitsmarktlage eine Arbeitserlaubnis erhalten. Asylbewerber haben Anspruch auf Sozialhilfe, die in Geld- oder Sachleistungen gewährt wird. Die Prüfung des Asylbegehrens obliegt dem Bundesamt für die Anerkennung ausländischer Flüchtlinge in Zirndorf bzw. seinen Außenstellen. Die Anerkennungsquote lag 1997 bei 4,9 %, die Ablehnungsquote bei 59,7 %. Gegen die Entscheidung des Bundesamtes steht der Rechtsweg offen. Bei Ablehnung ergeht eine Abschiebeandrohung. Allerdings wurden in der früheren Praxis nur vergleichsweise wenige abgelehnte Asylbewerber auch ausgewiesen oder abgeschoben (1991 in Schleswig-Holstein z.B.: 3 423 abgelehnte Asylbewerber, 1 145 haben das Land verlassen, 763 erhielten Bleiberecht, 1 515 sind untergetaucht).[6] Seit der Änderung des Asylrechts wurde die Abschiebepraxis u. a. durch Gewährung von Kirchenasyl in einigen Fällen verstärkt Gegenstand öffentlicher Aufmerksamkeit. Aus humanitären Gründen kann von der Ausweisung bzw. Abschiebung abgesehen werden. Die davon betroffene Gruppe von Flüchtlingen genießt – zusammen mit Personen, die keinen Asylantrag gestellt haben und ebenfalls aus humanitären Gründen nicht zurückgewiesen werden – den Status von De-facto-Flüchtlingen. Dieser beruht auf der Genfer Flüchtlingskonvention (GFK) von 1951 in Verbindung mit dem Zusatzprotokoll von 1967. Ihr Rechtsstatus ist insofern eingeschränkt, als De-facto-Flüchtlinge – ebenso wie Asylbewerber – keinen Anspruch auf soziale Integrationsleistungen wie Arbeitsförderungsmaßnahmen oder Sprachkurse haben. Den gleichen Status haben schließlich sogenannte Kontingentflüchtlinge, die nach dem Gesetz über humanitäre Hilfsaktionen vom 22. Juli 1980 in begrenzter Anzahl aus humanitären Gründen ein begrenztes Bleiberecht erhalten.

Für die Integration der Ausländer in die deutsche Gesellschaft, welche sowohl das alte als auch das neue Ausländergesetz anstreben, wurden zwar einerseits immer wieder weitreichende Konzepte entwickelt, doch mangelte es andererseits aufgrund fehlender Einbürgerungsoptionen an einer klaren Perspektive. Sowohl die in der Ausländerarbeit engagierten Wohlfahrtsverbände und Kirchen als auch die seit 1978 tätigen »Beauftragten der Bundesregierung für die Integration der ausländischen Arbeitnehmer und ihrer Familienangehörigen« und auch Wissenschaftler forderten immer wieder bessere Einbürgerungsoptionen, eine umfassende Einwanderungsgesetzgebung und weiterführende soziale und politische Integrationsleistungen bis hin zum kommunalen Wahlrecht für Ausländer. Die Einführung eines kommunalen Wahlrechts für Ausländer in den Bundesländern Hamburg und Schleswig-Holstein wurde am 31. Oktober 1990 vom Bundesverfassungsgericht für verfassungswidrig erklärt. Die Einführung des kommunalen Wahlrechts für Unionsbürger hat hier einen – rechtlich und integrationspolitisch nicht unbedenklichen – Diskriminierungstatbestand gesetzt. Obgleich das neue Ausländergesetz insbesondere für die in Deutschland geborenen Ausländer erleichterte Einbürgerungsmöglichkeiten schafft, wird doch am Erfordernis des Ablegens der ausländischen Staatsangehörigkeit festgehalten. So tritt seit 1991 die Forderung nach einem Einwanderungsgesetz mit Einbürgerungsoptionen, die eine Doppelstaatsangehörigkeit in Kauf nehmen, sowohl auf landes-, dann auch bundespolitischer Ebene wie gleichfalls in Vorschlägen der inzwischen ca. 400 in Deutschland tätigen Ausländerbeauftragten stark in den Vordergrund. Wie stark die Debatte auch das nationale Selbstverständnis und Grundfragen der politischen Integration in Deutschland tangiert, zeigen die an diese Vorschläge anknüpfenden Diskussionen über das Leitbild einer »multikulturellen Gesellschaft« einerseits und über die »offene Republik« andererseits.[7]

5. Die Europäisierung der Ausländerpolitik: Seit Inkrafttreten des neuen Ausländergesetzes ist die deutsche Ausländerpolitik durch zwei miteinander verwobene Faktoren geprägt: die Verschärfung der Flüchtlings- und Asylproblematik durch Zuwanderung aus mittel- und osteuropäischen Staaten zum einen und die Europäisierung der Ausländerpolitik zum anderen. Spätestens mit dem Wegfall der Binnengrenzen in der EU wird das innerstaatliche Ausländerrecht teilweise obsolet. In Ermangelung einer eindeutigen und umfassenden ausländerrechtlichen Kompetenz der EU konnten auf dem Wege zwischenstaatlicher Abkommen bislang folgende Regelungen erreicht werden: In den Abkommen von Schengen und Dublin wurde eine Zuständigkeitsregelung getroffen, nach der grundsätzlich ein Staat – in der Regel der das Visum ausstellende oder die Einreise gewährende – für die Durchführung eines Asylverfahrens und gegebenenfalls die anschließenden aufenthaltsbeendenden Maßnahmen zuständig sein soll. Hierdurch soll die unkontrollierte Weiterwanderung während und nach dem Asylverfahren u. a. durch eine Angleichung der Visapolitik unterbunden werden. Der Maastrichter Vertrag erklärt die Asyl- und Einwanderungspolitik zur »Angelegenheit von gemeinsamem Interesse« und unterwirft sie damit einer Koordinierung der Mitgliedstaaten. Entsprechende Empfehlungen der für Einwanderungsfragen zuständigen Minister hat der Rat im Dezember 1992 in Edinburgh angenommen. Sie betreffen eine beschleunigte Behandlung offensichtlich unbegründeter Asylanträge, Kriterien für das Konzept sogenannter »sicherer Drittstaaten«, deren Festlegung freilich die Mitgliedstaaten nicht aus der Hand geben wollten, um die individuelle Überprüfung nicht grundsätzlich auszuschließen, Rückübernahmeabkommen und die Bestrafung von »Schleppern«. Dieses Konzept hat Auswirkungen insbesondere für die als »sicher« eingestuften ost- und südosteuropäischen Staaten, die Transitstaaten für die Einreise in die EU, besonders nach Deutschland, sind. Die Staaten des Schengener Abkommens haben daher bereits 1991 ein Rücknahmeübereinkommen mit Polen geschlossen. Weitergehende Vorschläge für eine EU-einheitliche, freilich parlamentarische und gerichtliche Kontrolle stärker berücksichtigende Regelung hat das Europäische Parlament in verschiedenen Entschließungen vorgelegt.

Vor diesem Hintergrund ist auch der »Asylkompromiß« zu beurteilen, auf den sich am 6. Dezember 1992 nach langwierigen und zum Teil heftigen Debatten CDU/CSU, F.D.P. und SPD einigten, und den der Deutsche Bundestag Ende Mai 1993 verabschiedete. Danach wurde Art. 16 Abs. 2 Satz 2 GG gestrichen und durch folgende Regelung ersetzt: Vom grundsätzlich geltenden Asylrecht ausgenommen sind Personen, die aus einem EU-Staat oder aus gesetzlich zu bestimmenden Staaten einreisen, in denen die Anwendung der GFK und der Europäischen Menschenrechtskonvention sichergestellt ist. Darüber hinaus kann gesetzlich eine Liste solcher Staaten erstellt werden, für welche die widerlegbare Vermutung gilt, daß dort politische Verfolgung bzw. unmenschliche und erniedrigende Behandlung und Bestrafung nicht stattfinden. Der Prüfungsumfang bei aufenthaltsbeendenden Maßnahmen wird eingeschränkt. Im Vorgriff auf eine europäische Lastenverteilung nahm Deutschland mit Polen und der Tschechischen Republik Verhandlungen auf, um die Rücknahme von Flüchtlingen, administrative und finanzielle Hilfe und die Festlegung von Zuständigkeiten zu regeln. Darüber hinaus soll für Bürgerkriegs- und Kriegsflüchtlinge ein eigener gesetzlicher Status analog zur GFK festgelegt werden. Schließlich soll die Einbürgerung erleichtert und die »Möglichkeit« von Zuwanderungsregelungen geprüft werden.

6. Ausländerpolitik in Deutschland: Die deutsche Ausländerpolitik wurde als »fast ein Musterbeispiel für verpaßte Gelegenheiten und für das Treibenlassen eines neuen, aber fundamentalen politischen Problems«[8] bezeichnet. Angesichts weltweiter Migrationsbewegungen, an denen nach Schätzungen des Internationalen Komitees des Roten Kreuzes ca. 500 Mio. Menschen beteiligt sind, ist für die absehbare Zukunft von einer Zunahme des Migrationsdrucks auf Europa und besonders auf Deutschland auszugehen. Die Weigerung der Bundesrepublik, sich als Einwanderungsland zu begreifen und sich des völkerrechtlich unproblematischen Steuerungsinstruments von Einwanderungsregelungen zu bedienen, hatte das Nadelöhr des Asylrechts sachwidrig zu einem Ersatz-Zuwanderungsrecht werden lassen. Dieses Nadelöhr wurde mit der Öffnung der innerdeutschen Grenze zu einem breiten Tor. Die Wiedervereinigung hat neben dem Regelungsbedarf für die neuen Bundesländer vor allem deswegen Handlungsbedarf entstehen lassen, weil mit der nunmehr wiederhergestellten Freizügigkeit aus den ehemals sozialistischen Staaten Osteuropas ein historischer Wanderungsweg nach Deutschland und Westeuropa wieder geöffnet wurde. Zudem erscheint eine Westwanderung für viele Osteuropäer als der einzige Weg in eine wirtschaftlich bessere Zukunft. Es kann kein Zweifel bestehen, daß eine angemessene Regelung der Zuwanderung von Ausländern allein auf europäischer Ebene unter Einbeziehung der ost- und südosteuropäischen Staaten erfolgen kann. Ein einheitliches europäisches Einwanderungsrecht und umfassende Vereinbarungen mit Drittstaaten sind die Eckpunkte einer solchen Regelung.

Unabhängig davon besteht auch auf einer zweiten Ebene durchaus Nachholbedarf: Die ausländerfeindlichen Ausschreitungen in Deutschland, aber auch die Konzentration der ausländerpolitischen Diskussionen auf eine Eindämmung der »Asylflut« haben im Ausland, vor allem aber bei den in Deutschland lebenden Ausländern zu Verunsicherung und Verängstigung geführt. So ermutigend die gesellschaftlichen Reaktionen hierauf sind, so deutlich wird aber auch die politische Notwendigkeit sichtbar, Ausländerintegration als staatspolitische Aufgabe zu begreifen und zu gestalten. Auch die Chance, dies etwa durch ein Gesetz zur Verhinderung von Ausländerdiskriminierung zu tun, wurde bisher nicht genutzt. Nicht nur aus wirtschaftlichen Gründen, sondern primär aufgrund ihres menschenrechtlich fundierten politischen Selbstverständnisses stehen Deutschland und Europa vor der Aufgabe, ein ausländerpolitisches Gesamtkonzept zu entwickeln, das den faktischen Gegebenheiten und republikanischen Grundsätzen in gleicher Weise Rechnung trägt.

Klaus Dicke

Anmerkungen:

1 Vgl. J. Bielmeier/G. Stein: Stichwort: Asyl in Deutschland und Europa, München 1992.
2 Vgl. V. Ronge: Ost-West-Wanderung nach Deutschland, in: Aus Politik und Zeitgeschichte, B 7/1993, S. 16–28.
3 Alle Angaben aus: Statistisches Bundesamt (Hrsg.): Datenreport 1994, Bonn 1994, S. 36 ff.
4 Angaben nach A. Giesecke/U. Heilemann/H. D. von Loeffelholz: Wirtschafts- und sozialpolitische Aspekte der Zuwanderung in die Bundesrepublik, in: Aus Politik und Zeitgeschichte, B 7/1993, S. 29–41; Statistisches Jahrbuch 1995, S. 118.
5 Vgl. Umfrageergebnisse bei M. Hartmann: Ausländer in Ostdeutschland, in: Deutschland Archiv, 11/1991, S. 1137; Statistisches Bundesamt (Hrsg.): Datenreport 1992, a. a. O., S. 612–623; vgl. auch U. Sextro: Die innenpolitische Auseinandersetzung um die Vertragsarbeitnehmer der ehemaligen DDR bis zur Bleiberechtsregelung 1993, MA-Arbeit, Mainz 1995.
6 H. J. Ahrens: Ausländer, Aussiedler, Asylbewerber, Kiel (2. Aufl.) 1993, S. 8.
7 D. Oberndörfer: Die offene Republik als Staatsform der Zukunft. Die Voraussetzungen multiethnischer Gesellschaften in Deutschland und Europa, in: P. Braitling/W. Reese-Schäfer (Hrsg.): Universalismus, Nationalismus und die neue Einheit der Deutschen, Frankfurt a. M. 1991, S. 167–200.
8 R. Herzog: Ausländerpolitik, in: Evangelisches Staatslexikon, Berlin/Stuttgart (3. Aufl.) 1987, Sp. 118.

Literatur:

Bade, Klaus J.: Ausländer, Aussiedler, Asyl in der Bundesrepublik Deutschland, Bonn (3. Aufl.) 1994. □ Bamberger, Wilhelm: Ausländerrecht und Asylverfahrensrecht, München (2. Aufl.) 1997. □ Bericht der Beauftragten der Bundesregierung für Aus-

LÄNDERFRAGEN: Bericht der Beauftragten der Bundesregierung für Ausländerfragen über die Lage der Ausländer in der Bundesrepublik Deutschland, Bonn 1997. □ DICKE, KLAUS: Völker- und europarechtliche Richtlinien zum Schutz zugewanderter Ausländer, in: Manfred Knapp (Hrsg.): Migration im neuen Europa, Stuttgart 1994, S. 97–111. □ HAILBRONNER, KAY: Neuere Entwicklungen im europäischen Ausländerrecht. Referat im Rahmen der Vortragsreihe »Grundfragen der Europäischen Rechtsordnung«, Bonn, 25. November 1996, Bonn 1997. □ DERS.: Reform des Asylrechts. Steuerung und Kontrolle des Zuzugs von Ausländern, Konstanz (2. Aufl.) 1998. □ HOLTSCHNEIDER, RAINER: Quo vadis – Ausländerrecht? Anmerkungen zur neuesten Novellierung des Ausländergesetzes, in: DVBl., 113/1998, S. 508–516. □ KRAUSS, AXEL: Ausländer- und Asylrecht. Systematische Darstellung mit Skizzen, Beispielen und Dokumenten, Stuttgart/Dresden 1997. □ MÜNCH, URSULA: Asylpolitik in der Bundesrepublik Deutschland. Entwicklung und Alternativen, Opladen (2. Aufl.) 1993. □ REERMANN, OLAF: Verhinderung illegaler Einreise und Verantwortlichkeit für Asylbewerber und schutzbegehrende Drittstaatsangehörigkeit nach dem Abkommen von Dublin, in: ZFSH/SGB, 6/1998, S. 323–329. □ RITTSTIEG, HELMUT: Deutsches Ausländerrecht (Stand: 1. November 1997), München (12. Aufl.) 1998. □ SÖLLNER, ALFONS: Der geistespolitische Ort des heutigen Asylrechts, in: Mittelweg, 3/1997, S. 65–78.

Außenpolitik

→ **Bundesrepublik Deutschland:** Geschichte, Bundesverfassungsgericht, Bundeswehr, DDR: Geschichte, Deutschland von außen, Deutschlandpolitik der Vier Mächte, **Deutschlands Rechtslage**, Europäische Integration, Grundgesetz, Oder-Neiße-Linie, Ostverträge, Ost-West-Konflikt, Sicherheitspolitik, Verträge zur deutschen Einheit.

1. Die Außenpolitik der Bundesrepublik Deutschland 1949–1989: Die zwei klassischen Zielsetzungen von Außenpolitik – Sicherheit und Wohlfahrt – waren auch die zentralen Fixpunkte für das Außenhandeln der Bundesrepublik Deutschland. Zusätzlich wurde das außenpolitische Interessenkalkül der Bonner Regierungen noch durch zwei weitere Ziele bestimmt, die sich aus der besonderen Rechtslage Deutschlands (Vier-Mächte-Verantwortung) und der deutschen Teilung ergaben: die Wiedereingliederung in die Völkergemeinschaft als gleichberechtigtes Mitglied und die Wiederherstellung der deutschen Einheit. Das Ziel der deutschen Einheit wurde in der Präambel des Grundgesetzes für alle Regierungen verbindlich festgeschrieben. Unter ihrem ersten Bundeskanzler Konrad Adenauer versuchte die Bundesrepublik, ihre außenpolitischen Interessen durch eine Politik der konsequenten Westbindung zu verwirklichen. Die feste Verankerung in der westlichen Gemeinschaft demokratischer Staaten sollte das Vertrauen der westlichen Verbündeten in die Verläßlichkeit und Berechenbarkeit der Bundesrepublik stärken und über Mitwirkung Gleichberechtigung erreichen. Die Politik der Westbindung war aber nicht nur eine Absage an Schaukelpolitik und Sonderwege, sie war in ihrem normativen Kern als Wertbindung auch Grundlage für die Gründung und Stabilisierung einer dauerhaften Demokratie in Deutschland.

Die Westintegration der Bundesrepublik vollzog sich über ihre Mitgliedschaft in internationalen Institutionen. Die wichtigsten Stationen waren der Beitritt zum Europarat am 8. Juli 1950 und zur NATO am 9. Mai 1955 sowie die Unterzeichnung der Römischen Verträge zur Gründung der Europäischen Wirtschaftsgemeinschaft (EWG) und Europäischen Atomgemeinschaft (Euratom) am 25. März 1957 durch Belgien, die Bundesrepublik Deutschland, Frankreich, Italien, Luxemburg und die Niederlande. Die Mitgliedschaft in NATO und EG diente zum einen der Verteidigung des Westens gegen die Bedrohung durch die Sowjetunion, zum anderen gewährleistete sie die Einbindung deutscher Macht und die Verankerung der Bundesrepublik in der westlichen Wertegemeinschaft. Die Bundesrepublik konnte so ihre politischen und wirtschaftlichen Interessen verfolgen, ohne bei den Nachbarn Befürchtungen vor einem zu starken Deutschland hervorzurufen. Die Aussöhnung mit den europäischen Nachbarn, insbesondere mit Frankreich, sowie enge Beziehungen zu den USA spielten dabei eine zentrale Rolle. Auf diese Weise gelang es der Bundesrepublik, eine stabile liberale Demokratie und die größte europäische Volkswirtschaft aufzubauen.

Gerade der partielle Verzicht auf Souveränität durch Integration in internationale Institutionen erwies sich als die entscheidende Voraussetzung dafür, daß sich der außenpolitische Handlungsspielraum der Bundesrepublik allmählich erweiterte. Dieser Zuwachs an Handlungsfreiheit manifestierte sich Anfang der 70er Jahre, als Bundeskanzler Willy Brandt in einem Klima weltpolitischer Entspannung zwischen den USA und der Sowjetunion eine Ostpolitik einleitete, die die Beziehungen zu den Staaten des Warschauer Paktes normalisierte und vertraglich absicherte. Über die Hinnahme des politischen und territorialen Status quo sollten die Ostverträge das Verhältnis der Bundesrepublik zu Osteuropa entspannen und damit das Fundament für eine langfristige Abschwächung der europäischen Spaltung legen. Das Interesse an einer solchen Öffnung nach Osten ergab sich aus der hohen sicherheitspolitischen Verwundbarkeit der Bundesrepublik als östlichster Staat der Allianz und aus dem Ziel der sozial-liberalen Koalition, im Sinne eines »Wandels durch Annäherung« die Folgen der deutschen Teilung abzumildern. Auch Brandts Ostpolitik war letztlich nur vor dem Hintergrund der festen Westintegration der Bundesrepublik möglich, die den westeuropäischen Partnern die Furcht vor einem deutschen Abdriften nach Osten nahm.

Im Rahmen ihrer Integrationspolitik entwickelte die Bundesrepublik eine starke Wertschätzung für internationale Institutionen. War diese Orientierung zunächst eine Folge der eingeschränkten Souveränität der Bundesrepublik nach dem Zweiten Weltkrieg, so bildete sie sich im Laufe der Zeit zu einem zentralen Charakteristikum der politischen Kultur aus. Internationale Institutionen wurden in Deutschland nicht mehr vornehmlich als Instrument der Interessendurchsetzung begriffen. Vielmehr gewannen sie in der politischen Auseinandersetzung einen Wert *per se*, den Politiker und Bevölkerung über die Jahre hinweg verinnerlichten. Westintegration, Ostverbindung, Multilateralismus und Verflechtung in internationalen Institutionen wurden so zur außenpolitischen Staatsräson der Bundesrepublik Deutschland, an der auch die Regierungen unter den Kanzlern Helmut Schmidt und Helmut Kohl festhielten.

2. Die Außenpolitik der DDR 1949–1989: Ebenso wie für die Bundesrepublik waren auch für die DDR die Erlangung von Anerkennung und Gleichberechtigung sowie die enge Integration in das eigene Bündnissystem (Beitritt zum RGW am 29. September 1950, zum Warschauer Pakt am 14. Mai 1955) bestimmende Strukturelemente ihrer Außenpolitik. Dabei brauchte die DDR mehr als zwei Jahrzehnte, um ihre Beziehungen zum Westen und zur Dritten Welt auf der diplomatischen Ebene zu formalisieren sowie im politischen und ökonomischen Bereich zu normalisieren. Ein zentrales Hindernis war dabei die Bundesrepublik, die sich lange Zeit weigerte und auch ihre Verbündeten davon abhielt, die DDR staatlich anzuerkennen. Bis in die 70er Jahre hinein war die Außenpolitik der DDR daher stark auf die Bundesrepublik fixiert. Außenpolitik war für Ost-Berlin in dieser Zeit zu einem großen Teil gleichbedeutend mit Deutschlandpolitik. Erst als man in Bonn seit Ende der 60er Jahre schrittweise von der Hallstein-Doktrin, mit der die internationale Anerkennung der DDR verhindert werden sollte, Abstand nahm, gewann die DDR neuen außenpolitischen Handlungsspielraum.

Von Anfang an war die DDR-Außenpolitik stark ideologisiert. Ihre Hauptaufgabe war es, den Aufbau des Sozialismus in der DDR zu unterstützen. »Sozialistischer Internationalismus« und »antiimperialistische Solidarität« bei »friedlicher Koexistenz« mit dem kapitalistischen Gegner bildeten den ideologischen Kern dieser Politik. Machtpolitisch war die umfassende Integration in die sozialistische Staatengemeinschaft bei enger Anbindung an die Sowjetunion unverzichtbar. Nur unter dem notfalls militärischen Schutz des »großen Bruders« konnte die staatliche Unabhängigkeit der DDR angesichts ihrer Legitimationsschwäche im Inneren auf Dauer Bestand haben. Der umfassende Einfluß Moskaus setzte dabei über weite Strecken einer eigenständigen Außenpolitik enge Grenzen. Erst als die DDR aufgrund ökonomischer Schwierigkeiten gezwungen war, ihre außenwirtschaftliche Fixierung auf die Sowjetunion zu relativieren und sich neue Handelspartner im Westen und im Süden zu suchen, lockerte sich die Bindung an Moskau etwas. Die DDR profitierte dabei vom Entspannungsklima der 70er Jahre: Sie konnte ihren internationalen Anerkennungsgrad verbessern, wurde Mitglied in wichtigen internationalen Organisationen wie UNO (1973) und KSZE (1975), konnte gegenüber den Entwicklungsländern ihre nationalen Interessen verfolgen und die wirtschaftlichen Kontake zum Westen, vor allem zur Bundesrepublik, weiter ausbauen. Auch in der Sportpolitik und der Rhetorik des »Technologiestandorts DDR« spiegelte sich das Streben des ostdeutschen Staates nach internationalem Prestige deutlich wider.

In den 80er Jahren versuchte die Außenpolitik der DDR, die Auswirkungen der Spannungen zwischen den zwei Supermächten auf das deutsch-deutsche Verhältnis zu begrenzen und die in den 70er Jahren erworbenen Handlungsspielräume zu erhalten (»Politik der Schadensbegrenzung«). Auf eine enge Zusammenarbeit mit

Bonn war das SED-Regime schon allein aufgrund der wirtschaftlichen Schwierigkeiten in Ostdeutschland angewiesen. Ohne die Milliardenkredite der Bundesrepublik Deutschland wäre die DDR schon in den 80er Jahren in die Zahlungsunfähigkeit geschlittert. Bis zu ihrem Ende 1989/90 war daher das Ziel der politischen und wirtschaftlichen Stabilisierung im Innern ein wesentlicher Faktor in der Ost-Berliner Außenpolitik.

Während sich die DDR immer als wichtigster »Juniorpartner« der Sowjetunion und als »Fenster zum Westen« verstand, lief die innere Logik ihrer Außenpolitik darauf hinaus, die sowjetische Existenzgarantie überflüssig zu machen, indem sich die DDR als anerkannter eigenständiger Staat auf internationalem Parkett etablierte. Das Ende des Ost-West-Konflikts machte jedoch schnell deutlich, daß das SED-Regime ohne eine stabile politische Legitimationsbasis im Innern nach wie vor die schützende Hand Moskaus zur Existenzsicherung brauchte. Als Gorbatschow 1989 das Ende der Breshnew-Doktrin verkündete und damit signalisierte, daß die Sowjetunion nicht mehr bereit war, mit gewaltsamen Mitteln die kommunistischen Regime ihrer Verbündeten zu stützen, war daher auch das Todesurteil für den DDR-Staat gesprochen.

3. Wandel der Rahmenbedingungen: Mit der Verwirklichung der deutschen Einheit, dem Zerfall des Warschauer Paktes und der Sowjetunion ist die europäische Nachkriegsordnung zusammengebrochen. Durch den tiefen Einschnitt der Jahre 1989/90 haben sich die Handlungsbedingungen für die deutsche Außenpolitik grundlegend gewandelt. Deutschland hat am 3. Oktober 1990 seine volle staatliche Souveränität erlangt und ist wieder gleichberechtigtes Mitglied der Völkergemeinschaft. Von der Frontlage im Kalten Krieg ist der deutsche Staat in seine traditionelle Lage im Zentrum Europas zurückgekehrt.

Am einschneidendsten hat sich das sicherheitspolitische Klima in Europa verändert. Eine Reihe von Abrüstungsvereinbarungen haben die nuklearen und konventionellen Militärpotentiale erheblich verringert. Nach der Auflösung des Warschauer Paktes und dem Abzug der sowjetischen Truppen aus Mittel- und Osteuropa ist die Gefahr eines militärischen Konflikts zwischen den zwei Bündnissystem gebannt. Vor dem Hintergrund dieser sicherheitspolitischen Entspannung und der deutschen Einheit haben auch die USA und die anderen NATO-Partner ihre Truppenpräsenz in der Bundesrepublik deutlich reduziert.

Die westeuropäischen Staaten reagierten auf den radikalen Wandel der Rahmenbedingungen zunächst mit dem Versuch, die Integration innerhalb der Europäischen Gemeinschaft weiter zu vertiefen. Mit dem Vertrag über die Europäische Union vom 7. Februar 1992 (Vertrag von Maastricht) wurde die EU gegründet, die auf den drei Säulen einer reformierten Europäischen Gemeinschaft, einer Gemeinsamen Außen- und Sicherheitspolitik und der Zusammenarbeit im Bereich Justiz und Inneres beruht. Im Vertrag von Amsterdam (unterzeichnet am 2. Oktober 1997) wurde eine weitere Ausdehnung der Kompetenzen der EU, v. a. im Bereich der Sozial-, Innen- und Justizpolitik, vorgenommen. In Osteuropa führte das Ende der kommunistischen Herrschaft dagegen zunächst zum Zusammenbruch der sozialistischen Planwirtschaften und des Warschauer Paktes sowie in einigen Staaten zur Wiederkehr von Nationalismus und ethnischen Spannungen, die während des Kalten Krieges unterdrückt waren. Unter dem Gesichtspunkt der politischen und ökonomischen Stabilität erscheint Europa daher weiter zweigeteilt, wenn auch unter ganz veränderten Vorzeichen: Während Westeuropa mit EU und NATO von einem hohen Grad an Institutionalisierung und Vernetzung geprägt ist, bleibt Osteuropa trotz zum Teil erheblicher Stabilitätsfortschritte nach wie vor von Unsicherheit und gefährlichen Konflikten geprägt.

Die Folgen dieses Wandels der Rahmenbedingungen für die deutsche Außenpolitik sind ambivalent: Einerseits hat sich die sicherheitspolitische Lage der Bundesrepublik deutlich verbessert, andererseits muß sich das vereinigte Deutschland nach den Umwälzungen von 1989/90 in einem Umfeld zurechtfinden, das komplexer und komplizierter erscheint als zu Zeiten des Ost-West-Konflikts. Die unterschiedlichen, zum Teil widersprüchlichen Anforderungen und Befürchtungen, die vom Ausland an das vereinigte Deutschland herangetragen werden, erschweren diese Aufgabe zusätzlich: Die deutsche Außenpolitik sieht sich sowohl mit Forderungen nach einem größeren internationalen Engagement als auch mit der latenten Furcht vor einer deutschen Dominanz in Europa konfrontiert. Beide Erwartungshaltungen gehen wie selbstverständlich davon aus, daß Deutschland mit dem Vollzug der Einheit auch an Macht und Handlungsspielraum gewonnen hat.

4. Macht und Handlungsspielraum: Für einen Machtzuwachs werden in der Regel vier Argumente angeführt. Erstens hat Deutschland mit dem Vollzug der Einheit seine volle staatliche Souveränität wiedererlangt. Die Vorbehaltsrechte der Vier Mächte in Bezug auf Deutschland als Ganzes sind entfallen.

Zweitens hat der Wandel des europäischen Staatensystems den Handlungsspielraum der Bundesrepublik erweitert: Während sie unter den Zwängen des Ost-West-Konflikts wichtige außenpolitische Aktionen immer nur in enger Abstimmung mit den westlichen Verbündeten durchführen konnte, stehen der deutschen Außenpolitik in einem multipolaren Europa mehr Optionen offen. Darüber hinaus führt die neu gewonnene Lage in der Mitte Europas zu einer machtpolitischen Schlüsselstellung. Zugleich bedeutet der Zerfall des sowjetischen Einflußbereiches eine machtpolitische Aufwertung Deutschlands innerhalb der europäischen Staatenwelt. Dies wird insbesondere in Osteuropa deutlich, wo Deutschland nach dem Rückzug der Sowjetunion aufgrund seiner Finanzkraft, Handelsmacht und geographischen Nähe eine herausragende Stellung einnimmt.

Drittens haben die deutschen Machtressourcen durch die Einheit zugenommen: Mit seinen ca. 80 Mio. Einwohnern ist das vereinigte Deutschland nach Rußland der bevölkerungsreichste Staat Europas, und mit ca. 330 000 Soldaten (1997) besitzt es eine der größten europäischen Armeen. Vor allem im wirtschaftlichen Bereich nimmt Deutschland eine herausragende Stellung ein: es ist die weitaus größte Volkswirtschaft in Europa, der bedeutendste Handelspartner fast aller seiner Nachbarn, wichtigster Beitragszahler der Europäischen Union und nach den Vereinigten Staaten die zweitgrößte Handelsmacht der Welt. Viele dieser Befunde trafen schon für die Zeit vor 1990 zu, doch haben sie durch die Einheit eine noch stärkere Ausprägung erfahren.

Viertens kann allein schon die Wahrnehmung deutscher Macht im Ausland einen Machtzuwachs bewirken: Die Tatsache, daß das vereinigte Deutschland oft als die führende Macht im postkommunistischen Europa angesehen wird, führt so im Sinne einer *self-fulfilling prophecy* zu einem realen Gewinn an Handlungsspielraum.

Die Argumente, die dem vereinigten Deutschland eine Zunahme an Gestaltungsmacht und Handlungsspielraum bescheinigen, lassen sich durch die Wahl anderer Maßstäbe jedoch wieder relativieren. Erstens begrenzen sowohl die Anforderungen als auch die Befürchtungen des Auslands die Aktionsfreiheit der deutschen Außenpolitik. Gerade im Bereich der Sicherheitspolitik, speziell in der Frage einer deutschen Beteiligung an Militäreinsätzen im Rahmen von internationalen Organisationen, kann sich die Bundesrepublik den hohen Erwartungen des Auslands kaum entziehen. Dies gilt auch für den ökonomischen Bereich, vor allem in der Frage der finanziellen Unterstützung des osteuropäischen Reformprozesses. Genauso muß die deutsche Außenpolitik aber auch die Furcht vor einer deutschen Vormachtstellung in Europa und die daraus resultierende Gefahr einer politischen Isolation Deutschlands in ihr Kalkül miteinbeziehen. Dem Ende der D-Mark-Dominanz durch die Einführung des Euro kommt in diesem Zusammhang eine ganz besondere Bedeutung zu. Maßgeblich für die Währungspolitik der europäischen Staaten werden in Zukunft nicht mehr die Entscheidungen der Bundesbank, sondern die der europäischen Währungshüter der Europäischen Zentralbank sein.

Zweitens schränkt die hohe außenwirtschaftliche Interdependenz der Bundesrepublik ihre autonome Handlungsmacht ein. Zum einen ist Deutschland mit seiner starken Exportorientierung von weltwirtschaftlichen Konjunkturzyklen besonders betroffen, zum anderen stößt eine rein nationale Politik angesichts der Globalisierung von Kapital- und Gütermärkten schnell an ihre Grenzen.

Drittens läßt sich die wirkliche Macht eines Staates in der Praxis der internationalen Politik nur sehr schwer bestimmen. Grundsätzlich kann von statischen Attributen wie Gebiets- und Bevölkerungsgröße, Bruttosozialprodukt oder militärischer Stärke nur bedingt auf das dynamische Potential eines Staates geschlossen werden.[1] Es wird darauf hingewiesen, daß sich die politische Macht der Bundesrepublik während des Ost-West-Konflikts in erster Linie aus ihrer Unentbehrlichkeit in den zentralen wirtschaftlichen und politischen Institutionen des Westens, vor allem NATO und EG, ergeben hat. Der Zuwachs an Bevölkerung und Territorium hat daran nichts wesentliches geändert. Auch nach der Vereinigung wird das deutsche Machtpotential durch die Integrations- und Koordinationsmechanismen internationaler Institutionen eingebunden.

Viertens schließlich ist auch bei einer Analyse klassischer Machtressourcen (*hard power*) eine grundlegende Veränderung nicht leicht nachzuweisen: So hat die volkswirtschaftliche Leistungskraft durch die Vereinigung insgesamt nur wenig zugenommen. Zugleich binden die Lasten des ostdeutschen Transformationsprozesses auf längere Sicht einen großen Teil der finanziellen und materiellen Ressourcen von Staat und Unternehmen. Ähnliches gilt für die militärische Stärke Deutschlands: Zum einen bleibt die Bundeswehr als einzige Armee Westeuropas weiterhin vollständig in die Kommandostruktur der NATO integriert, zum anderen hat die Bundesrepublik im »Zwei-plus-Vier«-Vertrag auf die Entwicklung und den Besitz von ABC-Waffen verzichtet. Auch im Bereich weicher Machtressourcen (*soft power*), d. h. der Fähigkeit, aufgrund der Attraktivität der eigenen politischen Kultur oder Ideologie andere Staaten zu beeinflussen bzw. zu führen, läßt sich keine Zunahme feststellen. Vielmehr wiegt das geschichtliche Erbe zweier Weltkriege und des Nationalsozialismus weiterhin schwer und setzt der deutschen Handlungsfähigkeit in der internationalen Politik nach wie vor Grenzen.

Die Frage, ob und wieviel die Macht der Bundesrepublik durch die Vereinigung real zugenommen hat, läßt sich daher nur schwer beantworten. Wichtiger für die außenpolitische Standortbestimmung des vereinigten Deutschlands ist jedoch das internationale Rollenverständnis der Deutschen. Insbesondere stellt sich dabei die Frage nach der Notwendigkeit von Kontinuität und Wandel der deutschen Außenpolitik nach der Einheit: Wie tragfähig sind die außenpolitischen Grundsätze der alten Bundesrepublik? Was bedeutet »Westbindung« in einem Europa, in dem sich, mit wenigen Ausnahmen, alle Staaten am Modell der demokratisch und markwirtschaftlich organisierten Industriegesellschaft orientieren? Wie steht es mit der deutschen Präferenz für internationale Institutionen, wenn diese durch das Ende des Kalten Krieges einen Teil ihres Zwecks – Schutz vor der kommunistischen Bedrohung – verloren haben, wenn die Widerstände gegen eine weitere Vertiefung der europäischen Integration allenthalben zunehmen? Soll die Berliner Republik ihre Identität am Bild des normalen Nationalstaats orientieren? Oder muß sie nicht vielmehr an den bewährten, betont nicht-nationalen außenpolitischen Grundsätzen der Bonner Republik – Multilateralismus, Integration, militärische Zurückhaltung – erst recht festhalten? Kann Deutschland möglicherweise sogar als »Zivilmacht«[2] gegenüber den westeuropäischen Verbündeten, die noch stärker in klassischen nationalstaatlichen Kategorien denken, eine Vorbildfunktion übernehmen?

5. Nationalstaat und Integration: Im Mittelpunkt der Diskussion um den internationalen Standort der Deutschen nach der Einheit steht die Frage, inwieweit die gewandelten Rahmenbedingungen eine Neubestimmung deutscher außenpolitischer Interessen notwendig machen. Besonders kontrovers wird dabei die immer wieder erhobene Forderung nach einer »Normalisierung« der deutschen Außenpolitik debattiert. Trotz aller Schattierungen und Überschneidungen lassen sich in der außenpolitischen Standortdebatte idealtypisch zwei Pole herausarbeiten, zwischen denen die Argumentationen stereotyp ausgetauscht werden.

Auf der einen Seite steht eine Orientierung am Leitbild des Nationalstaates, verbunden mit der Forderung nach einer deutlicheren Akzentuierung nationaler Interessen. Vertreter dieser Richtung betonen die Notwendigkeit eines grundlegenden Wandels der deutschen Außenpolitik. Sie gehen davon aus, daß die Bundesrepublik 1989/90 einen Machtzuwachs erfahren hat und durch ihre wiedergewonnene Mittellage als »Zentralmacht Europas«[3] insbesondere im Osten vor ganz neuen Herausforderungen steht. Die postulierte Ausdifferenzierung deutscher Interessen soll dabei nicht eine Abkehr vom Westen, wohl aber eine stärkere Orientierung nach Osten beinhalten. Die außenpolitische Staatsräson der »alten« Bundesrepublik kann, so wird vielfach argumentiert, der neuen Lage in Europa nicht mehr gerecht werden. Aus dieser Sicht ist es notwendig, auf der Basis deutscher Interessen die eigene Rolle zu überdenken und an einigen Stellen neu zu definieren. Das vereinigte Deutschland wird dabei als »normale« Großmacht angesehen, die wie jeder andere Staat auch nationale Interessen verfolgt.

Deutschland, so wird immer wieder gefordert, dürfte sich nicht mehr hinter bestimmten politischen Interpretationen des Grundgesetzes, der Geschichte, der Europäischen Union oder – in Form von Scheckbuchdiplomatie – hinter seiner Finanzkraft verstecken. Immer wieder wird dabei kritisch vermerkt, daß die alte Bundesrepublik wirtschaftlich ein Riese, politisch jedoch ein Zwerg gewesen sei. Dieses Ungleichgewicht gilt für das vereinte Deutschland als nicht mehr angemessen. Ein allmählicher Ausbau der militärischen Handlungsfähigkeit wird in diesem Zusammenhang als unausweichlich erachtet, insbesondere auch angesichts der hohen Erwartungen des Auslands.

Besonders skeptisch wird vielfach das im Vertrag von Maastricht angelegte Ziel einer weiteren Vertiefung der europäischen Integration bewertet. Die Kritik richtete sich in der Vergangenheit dabei insbesondere gegen das Ziel der europäischen Währungsunion, die auf die Abschaffung der D-Mark, einem zentralen Symbol der deutschen Nachkriegsidentität, hinauslaufe. Supranationale Strukturen könnten nationale Identität nicht ersetzen. Die europäische Integration soll demnach in ihren Vor- und Nachteilen für Deutschland nüchtern überprüft werden. Als Negativbeispiele werden dabei immer wieder die Kosten des Gemeinsamen Agrarmarktes oder die Nettozahlerposition der Bundesrepublik angeführt. Die Begründung, Deutschland müsse im Hinblick auf die Sensibilität anderer Staaten gegenüber einer nationalen deutschen Interessenartikulation weiterhin eine Politik der Selbsteinbindung in internationalen Institutionen betreiben, wird abgelehnt: Sie beruhe auf der Annahme, daß Deutschland zu einer Gefahr für seine Nachbarn werden könnte und daher »eingehegt« werden müsse. Diese Annahme wird mit Blick auf die feste Verankerung von Demokratie und Marktwirtschaft im politischen System der Bundesrepublik nicht akzeptiert.

Im Gegensatz zu diesem an der Figur des Nationalstaates orientierten Denken, werden auf der anderen Seite des außenpolitischen Meinungsspektrums Integration, Multilateralismus und Zurückhaltung als normativer Rahmen deutscher Außenpolitik stärker betont. Grundlage dafür ist ein eher postnationales Politikverständnis, das davon ausgeht, daß Nationalstaaten nicht mehr die wichtigsten Akteure im internationalen System sind. Das Denken in Kategorien des Nationalstaates, nationaler Interessen und nationaler Sicherheit gilt hier als anachronistisches Relikt einer überholten außenpolitischen Betrachtungsweise. Statt dessen dominiert das Leitbild des Handelsstaates, der seine in erster Linie durch eine hohe außenwirtschaftliche Verflechtung bedingten Interessen durch Integration in multilaterale Stukturen verfolgt. Deutschland gilt dabei als Handelsstaat par excellence: Kein nach

Größe und politischem Gewicht vergleichbarer Staat ist wirtschaftlich so stark exportorientiert wie die Bundesrepublik. Fast drei Viertel aller deutschen Exporte gehen in Länder des EU-Binnenmarktes, mehr als 80 % in Länder der OECD. Deutschland ist eine europazentrierte Wirtschaftsmacht, deren Außenhandel auf die hochentwickelten Industriegesellschaften des Westens ausgerichtet ist.

Vor dem Hintergrund dieses eindeutigen politischen und wirtschaftlichen Schwerpunktes wird dem Verweis auf die europäische Mittellage des vereinten Deutschlands wenig Aussagekraft beigemessen. Eine wirkliche Ost-Orientierung erscheint kaum vorstellbar, da eine solche in Osteuropa hochindustrialisierte Volkswirtschaften westlichen Stils voraussetzen würde. Darüber hinaus kann Deutschland die Lasten des Aufbaus gar nicht alleine schultern, auch hier ist eine enge Kooperation mit den anderen Industrieländern unausweichlich. Immer wieder werden auch die grenzübergreifenden Probleme der Umweltverschmutzung, Kriminalität und Migration sowie der europäischen Wettbewerbsfähigkeit als Argumente für ein multilaterales Politikverständnis angeführt. Nationale Alleingänge erscheinen in dieser Argumentation als kontraproduktiv, da sie das wirtschaftliche und institutionelle Interdependenzgeflecht, auch und vor allem zum Schaden Deutschlands, zerstören würden. Statt dessen wird ein weiterer Souveränitätsverzicht im Rahmen der europäischen Integration als notwendig erachtet, die sich von ihrem immer noch starken intergouvernementalen Charakter mehr in Richtung einer supranationalen Zusammenarbeit entwickeln soll. Eine Rückkehr zu einer »normalen« nationalstaatlichen Außenpolitik wird also dezidiert abgelehnt. Auch das vereinigte Deutschland, so wird gefordert, muß Abschied nehmen vom Selbstverständnis einer traditionellen Großmacht.

Zwischen den beiden beschriebenen Polen nehmen die Vertreter des außenpolitischen Mainstreams eine vermittelnde Position ein. Sie betonen einerseits die Notwendigkeit, mehr Verantwortung zu übernehmen, andererseits treten sie aber auch dafür ein, die erfolgreiche Außenpolitik der Bundesrepublik im wesentlichen fortzuführen. Neben der beschriebenen hohen außenwirtschaftlichen Verflechtung wird dabei immer wieder auf das sogenannte deutsche Machtdilemma hingewiesen: Deutschland ist einerseits zu schwach, um eine ordnungspolitische Funktion in Europa alleine auszufüllen, andererseits aber auch zu stark und seine Lage in der Mitte Europas zu zentral, um das europäische Kräftegleichgewicht unberührt zu lassen. Dieses Dilemma, das sich durch die deutsche Einheit noch verstärkt hat, läßt sich dieser Meinung nach nur auflösen, wenn an den bewährten außenpolitischen Maximen der alten Bundesrepublik festgehalten wird: Konsequente Westbindung mit engen Beziehungen zu Frankreich und den USA, Integration und Multilateralismus. Nur durch eine Politik der Selbsteinbindung in internationalen Institutionen kann das vereinte Deutschland aus dieser Sicht verhindern, daß die traditionelle Gefahr einer Isolierung durch Koalitionen der anderen Staaten wieder aktuell wird.

Ein Widerspruch zu der Verpflichtung, mehr internationale Verantwortung zu übernehmen, einschließlich militärischer Einsätze im Rahmen internationaler Organisationen, wird nicht gesehen. Im Gegenteil: Ein solches Engagement würde bei den westlichen Verbündeten das Vertrauen in die Verläßlichkeit des Bündnispartners stärken und Sorgen vor einem Abdriften der Bundesrepublik in eine traditionelle Gleichgewichtspolitik in der Mitte Europas vorbeugen. In der Kontroverse über Auslandseinsätzen der Bundeswehr wurde in den letzten Jahren auch deutlich, welche unterschiedlichen Lehren in der außenpolitischen Standortdebatte aus der deutschen Geschichte gezogen werden: Während einerseits aus den Greueltaten der Nationalsozialisten eine besondere moralische Verantwortung Deutschlands beim Kampf gegen Völkermord und Menschenrechtsverletzungen gefolgert wird, die im Zweifelsfall auch ein militärisches Engagement erfordere, lehnen andere gerade letzteres mit dem Argument ab, daß Deutschland aufgrund seiner Vergangenheit auf die Anwendung militärischer Gewalt in der Außenpolitik große Zurückhaltung üben bzw. auf diese ganz verzichten müsse.

6. Deutsche Außenpolitik im Spiegel der öffentlichen Meinung: Der tiefe Einschnitt der Jahre 1989/90 und die Debatte über das internationale Rollenverständnis des vereinten Deutschlands wirkt sich auch auf die außenpolitischen Einstellungen der Deutschen aus. Insgesamt ist das Interesse der deutschen Bevölkerung an Außenpolitik seit 1990 zurückgegangen. Das Interesse an außenpolitischen Themen ist auf den Stand der 50er Jahre zurückgefallen.[4] Darüber hinaus ergibt sich aus den Umfragen der großen Forschungsinstitute[5] ein ambivalentes, oft widersprüchliches Bild: Während in vielen Bereichen die Einstellungsprofile eine hohe Stabilität aufweisen, zeichnet sich in einigen zentralen Fragen der deutschen Außen- und Sicherheitspolitik ein tiefgreifender Wandel der öffentlichen Meinung ab. So ist die Bevölkerung der Bundesrepublik Deutschland einerseits nach wie vor betont prowestlich eingestellt, andererseits scheint sie sich jedoch auch wieder stärker auf die Artikulation nationaler, d. h. spezifisch deutscher Interessen zu besinnen. Eine wachsende Mehrheit der Deutschen ist bereit, sich international stärker zu engagieren und dabei sogar eine Führungsrolle zu übernehmen. Damit ist jedoch keineswegs ein wachsender Nationalstolz verbunden. Hier hat die Erfahrung der beiden Weltkriege nichts von ihrer Prägekraft verloren: Das gebrochene Verhältnis zu nationalem Patriotismus, das Bewußtsein um die Last der nationalsozialistischen Vergangenheit und die große Zurückhaltung gegenüber allem Militärischen kennzeichnen weiterhin das spezifische Einstellungsprofil der Deutschen.

Auch in der Frage der Westbindung zeigen Meinungsumfragen zunächst eine beträchtliche Kontinuität: Die Politik der Westintegration wird von einer großen Mehrheit der Deutschen nach wie vor als Fixpunkt deutscher Außenpolitik akzeptiert. EG/EU und NATO, die zwei während des Kalten Krieges für die Bundesrepublik wichtigsten internationalen Institutionen, gelten dabei weiterhin als bevorzugter Handlungsrahmen für die deutsche Außenpolitik. Dazu gehört auch ein enges Verhältnis zu Frankreich und den Vereinigten Staaten. Franzosen und Amerikaner rangieren auf der Sympathieskala der Deutschen unverändert an vorderster Stelle.

Einig sind sich die Deutschen in ihrer positiven Bewertung der europäischen Integration. Auch hier ergibt sich bei spezifischeren Fragen jedoch ein differenziertes

Einstellungsmuster. So wird neben einer Osterweiterung der Europäischen Union vor allem eine weitere Vertiefung der Zusammenarbeit bei der Außen- und der Verteidigungspolitik für wünschenswert erachtet. Der Einführung des Euro sehen die in der Währungsfrage anfangs sehr skeptischen Deutschen mittlerweile zuversichtlicher entgegen.[6] Zugleich fordern sie, deutsche Interessen in der Europäischen Union stärker zur Geltung zu bringen. Eine Unterordnung nationaler Interessen unter die europäische Integration wird abgelehnt. Generell hat der Widerstand gegen die Abtretung weiterer Souveränitätsrechte nach der Einheit eher zugenommen, wenn er auch im Vergleich zu anderen europäischen Staaten immer noch deutlich geringer ausgeprägt ist.

7. Die deutsche Außenpolitik seit 1990: Das vereinte Deutschland reagierte auf den fundamentalen Wandel der Rahmenbedingungen und die dadurch entstandenen Unsicherheiten zunächst mit dem Rückgriff auf die bewährten außenpolitischen Grundsätze der alten Bundesrepublik: Weiterentwicklung der Europäischen Union und Ausbau der deutsch-französischen Zusammenarbeit, Sicherung des transatlantischen Verhältnisses zu den USA, eine aktive, stabilisierende Politik gegenüber Osteuropa und Rußland sowie die Vertretung deutscher Wirtschafts- und Handelsinteressen im Rahmen der internationalen Handelsdiplomatie.

Vor dem Hintergrund dieser Prioritätensetzung versuchte die Bundesregierung unter Bundeskanzler Helmut Kohl die enge politische, wirtschaftliche und militärische Verflechtung Deutschlands mit der westlichen Welt weiter auszubauen. Im Mittelpunkt stand dabei vor allem die Stärkung und Erweiterung von NATO und EG: Deutschland unterstützte die Reform des strategischen Konzepts der NATO, die in Bonn nach wie vor als Garant für Sicherheit und Stabilität sowie für die europäische Anbindung der USA gilt. Auch in der Frage der Osterweiterung des Bündnisses spielte Deutschland eine treibende Rolle. Im Bereich der europäischen Integration verpflichtete sich Deutschland mit dem Vertrag von Maastricht auf eine weitere Vertiefung der zwischenstaatlichen und supranationalen Zusammenarbeit.

Mit dieser an Souveräntitätsabbau orientierten, betont nicht-nationalen Ausrichtung folgte die deutsche Politik der auch vor 1990 praktizierten Strategie der Selbsteinbindung durch Integration. Erklärtes Ziel dieses mit »Kultur der Zurückhaltung« etikettierten außenpolitischen Stils war es zu verhindern, daß Befürchtungen im Ausland, das vereinigte Deutschland könne in Europa eine übermächtige Stellung einnehmen, zu einer Renationalisierung der europäischen Politik führen könnten. Aus dem gleichen Grund setzte die Bundesrepublik in der Außenpolitik weiterhin stark auf nicht-militärische Instrumente. Im militärischen Bereich wurde die Integration der Bundeswehr in multinationale Einheiten (deutsch-französisches Korps) weiter vorangetrieben.

Im Rahmen dieser konsequenten Einbindung in westliche Strukturen versuchte die deutsche Außenpolitik aber auch, den Erwartungen an ein größeres internationales Engagement Deutschlands gerecht zu werden. Über die Mitwirkung an UN-Missionen in Somalia, Kambodscha, Irak und Bosnien signalisierte die Bundesregierung ihre Bereitschaft, an friedenserhaltenden und friedenschaffenden Maßnahmen der Vereinten Nationen teilzunehmen. Der Wunsch, die außen- und sicherheitspolitische Handlungsfähigkeit Deutschlands zu erweitern, manifestierte sich auch in dem Anspruch auf einen ständigen deutschen Sitz im UN-Sicherheitsrat, den Außenminister Klaus Kinkel 1992 vor der UN-Generalversammlung anmeldete.

In wichtigen Teilbereichen der europäischen Politik hat Deutschland eine Führungsrolle übernommen. Dies gilt in besonderem Maße für die Bemühungen, Osteuropa zu stabilisieren und den Erfolg der demokratischen und marktwirtschaftlichen Reformen zu sichern. Deutschland trägt die Hauptlast der westlichen Finanzhilfen, ist für fast alle osteuropäischen Staaten einschließlich Rußland der wichtigste Handelspartner und setzt sich besonders für die Osterweiterung von EU und NATO ein. Dieses Engagement ist zunächst Ausdruck geographischer Nähe und historischer Verbindungen, reflektiert aber auch die hohen Anforderungen an die Leistungsbereitschaft des vereinten Deutschlands unter den veränderten Rahmenbedingungen nach Ende des Kalten Krieges.

Deutschland hat darüber hinaus maßgeblich die europäische Debatte über die Verwirklichung der europäischen Währungsunion bestimmt. Diese herausgehobene Rolle ergab sich zum einen aus Deutschlands Status als größte Volkswirtschaft mit der D-Mark als europäischer Ankerwährung, zum anderen aus der Bedeutung dieses Themas in der deutschen Innenpolitik. Angesichts einer in der Frage der Währungsunion skeptischen Bevölkerung gehörten deutsche Politiker zu den vehementesten Verfechtern einer strikten Einhaltung der Konvergenzkriterien des Maastrichter Vertrages. Die Bundesregierung hat für die Währungsunion darüber hinaus einen Stabilitätspakt durchgesetzt, der die Disziplin der Teilnehmerstaaten in der Wirtschafts- und Finanzpolitik und damit die Stabilität des Euro gewährleisten soll.

Eine umstrittene Vorreiterrolle hat die deutsche Außenpolitik bei der völkerrechtlichen Anerkennung der jugoslawischen Teilrepubliken Kroatien und Slowenien im Winter 1991/92 gespielt. Vor dem Hintergrund der bis dahin erfolglosen Vermittlungsversuche von EG und UN argumentierte die deutsche Regierung, daß die Kämpfe nur durch eine Internationalisierung des Konflikts im Zuge einer Anerkennung von Kroatien und Slowenien eingedämmt werden könnten. Im Dezember 1991 setzte Deutschland diese Linie innerhalb der EG gegen den Widerstand Frankreichs und Großbritanniens sowie der USA und den Vereinten Nationen durch. Auch dieses für die deutsche Außenpolitik ungewöhnlich exponierte und entsprechend kontroverse Engagement stand in engem Zusammenhang mit dem starken Druck der öffentlichen Meinung in Deutschland, Kroatien und Slowenien nach ihren Unabhängigkeitserklärungen vom Juni 1991 anzuerkennen.

Nach dem Wahlsieg von SPD und Die Grünen im September 1998 hat die neue Regierung unter Bundeskanzler Gerhard Schröder zunächst demonstrativ die Kontinuität und Verläßlichkeit deutscher Außenpolitik betont. Gleichzeitig hat der neue Bundeskanzler aber auch darauf hingewiesen, daß sich Deutschland heute als normaler Nationalstaat verstehe, der sich niemandem überlegen, aber auch nicht unterlegen fühlen müsse. In einigen Politikfeldern hat die rot-grüne Regierung trotz der erklärten Kontinuität neue Akzente gesetzt: In der NATO wurde von Außenminister Fischer eine kontroverse Debatte über einen Verzicht auf den Ersteinsatz von Atomwaffen angestoßen, in der EU wurde das Ziel einer koordinierten Beschäftigungspolitik stärker als zuvor in den Mittelpunkt gerückt. Die weitreichendsten Folgen für die politische Landschaft Europas könnte aber die Forderung Schröders haben, daß *vor* der Aufnahme neuer Mitgliedstaaten zuerst die internen Reformen der EU beschlossen werden müßten. Dazu gehört neben der schwierigen Reform der Entscheidungsprozesse aus deutscher Sicht vor allem die sensible Frage einer Reduzierung der deutschen Beiträge zum EU-Haushalt. Bundeskanzler Kohl hatte ein solches explizites Linkage zwischen interner Reform und externer Erweiterung nicht hergestellt, sondern immer von der Gleichzeitigkeit beider Prozesse gesprochen. Vor dem Hintegrund der veränderten deutschen Position befürchten die Beitrittskandidaten nun eine deutliche Verzögerung der geplanten EU-Erweiterung.

8. Interessenpolitik und Selbsteinbindung – das deutsche Dilemma: In den letzten Jahren hat sich ein fundamentaler Wandel der Rahmenbedingungen und Grundlagen der deutschen Außenpolitik vollzogen. Obwohl sich die deutsche Politik und Wirtschaft weiterhin in erster Linie im Kontext der westlichen Industriestaaten bewegt, hat der osteuropäische Raum für das vereinigte Deutschland an Bedeutung gewonnen. Dies gilt für den Bereich der Sicherheitspolitik (Osterweiterung der NATO), für den Bereich der europäischen Integration (Osterweiterung der EU), aber auch für den wirtschaftlichen Bereich, in dem der Anteil der mittel- und osteuropäischen Reformländer am deutschen Außenhandel und an den deutschen Direktinvestitionen seit 1990 stetig zugenommen hat.

Der Wandel in der Verteidigungs- und Sicherheitspolitik ist nicht weniger markant. Deutschland hat seit 1990 die zum Teil selbstauferlegten Restriktionen bei Auslandseinsätzen der Bundeswehr konsequent verringert. Seit dem Urteil des Bundesverfassungsgerichts vom 12. Juli 1994 sind humanitäre und militärische Einsätze der Bundeswehr außerhalb des NATO-Gebietes (out of area) verfassungsrechtlich und politisch abgesichert. Im Zuge dieses Ausbaus ihrer sicherheitspolitischen Handlungsfähigkeit hat die Bundesrepublik demonstriert, daß sie bereit ist, international auch im militärischen Bereich ordnungspolitische Verantwortung zu übernehmen.

Zugleich hat die Bundesregierung in bestimmten Teilbereichen der europäischen Politik, neben der Währungs- z. B. auch in der Einwanderungspolitik, deutsche Interessen klar artikuliert und durchgesetzt. Dabei ist das große politische und wirtschaftliche Gewicht, welches das vereinigte Deutschland in Europa besitzt, deutlich geworden. Von einem Willen zur Macht oder gar einer Militarisierung der deutschen Außenpolitik nach der Einheit kann dennoch keine Rede sein. Deutschland ist immer noch der integrationswilligste der großen europäischen Staaten. Seine Präferenz für eine multilaterale Politik in internationalen Institutionen ist nach wie vor ungebrochen. Die große Mehrheit der deutschen Politiker ist weiterhin davon überzeugt, daß der Verzicht auf Souveränität und eine noch engere Verzahnung der europäischen Nationalstaaten die richtigen Antworten auf die neue Lage nach Ende des Kalten Krieges sind. Die Notwendigkeit, die Einbindung des eigenen Machtpotentials mit der Verwirklichung nationaler Interessenkalküle zu verbinden, wird dabei auch in Zukunft die zentrale Herausforderung für die Außenpolitik des vereinigten Deutschlands sein.

Thomas Paulsen

Anmerkungen:

1 Vgl. W. L. Bühl: Gesellschaftliche Grundlagen der deutschen Außenpolitik, in: K. Kaiser/ H. W. Maull (Hrsg.): Deutschlands neue Außenpolitik. Bd. 1: Grundlagen, München 1994, S. 175–201.
2 Vgl. H. W. Maull: Zivilmacht Bundesrepublik Deutschland. Vierzehn Thesen für eine neue deutsche Außenpolitik, in: Europa-Archiv, 10/1992, S. 269–278.
3 Vgl. H.-P. Schwarz: Die Zentralmacht Europas. Deutschlands Rückkehr auf die Weltbühne, Berlin 1994.
4 Vgl. R. Köcher: In der deutschen Provinz, in: Frankfurter Allgemeine Zeitung, 10. 9. 1997.
5 Vgl. zum folgenden E. Noelle-Neumann/T. Petersen: Die öffentliche Meinung, in: W. Weidenfeld/W. Wessels (Hrsg.): Jahrbuch der Europäischen Integration 1997/98, Bonn 1998, S. 295–303; R. D. Asmus: Germany's geopolitical maturation. Public opinion and security policy in 1994, Santa Monica 1995.
6 Vgl. R. Köcher: Kühle Realisten, in: Frankfurter Allgemeine Zeitung, 15. 11. 1995.

Literatur:

Bierling, Stephan: Die Außenpolitik der Bundesrepublik Deutschland 1949–1998, München 1999. □ Bonder, Michael u. a.: Deutschland in einer neuen Weltära. Die unbewältigte Herausforderung, Opladen 1992. □ Friedrich, Wolfgang-Uwe: Auf der Suche nach Stabilität. Außenpolitische Tendenzen der »Berliner Republik«, in: Ralf Altenhof/Eckard Jesse (Hrsg.): Das wiedervereinigte Deutschland. Zwischenbilanz und Perspektiven, München 1995, S. 383–421. □ Fröhlich, Manuel/Jürgen Gros: Außenpolitik erfahren und verstehen. Planspiel und Seminarkonzept zur Rolle des vereinigten Deutschlands in Europa und der Welt, Mainz 1995. □ Hanrieder, Wolfram F.: Deutschland, Europa, Amerika. Die Außenpolitik der Bundesrepublik Deutschland 1949–1994, Paderborn u. a. 1995. □ Kaiser, Karl/Hanns W. Maull (Hrsg.): Deutschlands neue Außenpolitik, 4 Bde., München 1994 ff. □ Kaiser, Karl/Hans-Peter Schwarz (Hrsg.): Die neue Weltpolitik, Bonn 1995. □ Korte, Karl-Rudolf: Unbefangen und gelassen. Über die außenpolitische Normalität der Berliner Republik, in: Internationale Politik, 12/1998, S. 3–12. □ Schwarz, Hans-Peter: Die Zentralmacht Europas. Deutschlands Rückkehr auf die Weltbühne, Berlin 1994. □ Siebs, Benno: Außenpolitik der DDR 1976–1989, Paderborn u. a. 1999. □ Weidenfeld, Werner (Hrsg.): Was ändert die Einheit? Deutschlands Standort in Europa, Gütersloh 1993. □ Ders. mit Peter M. Wagner und Elke Bruck: Außenpolitik für die deutsche Einheit. Die Entscheidungsjahre 1989/90, Stuttgart 1998.

Berichte zur Lage der Nation

→ Berlin, Deutschlandbegriff im sprachlichen Wandel, **Deutschlandpolitik der Bundesrepublik Deutschland**, Deutschlandpolitik der DDR, Innerdeutsche Beziehungen, Kontroversen zur deutschen Frage, Nation und Nationalbewußtsein.

1. Die Berichte als deutschlandpolitische Regierungserklärungen: Sprache hat konstituierende Bedeutung für Politik. Mit den Mitteln der Sprache werden Themen besetzt, Versuchsballons gestartet, Politikinhalte definiert, Absichtserklärungen abgegeben, Bilanzen gezogen oder Lösungswege aufgezeigt. Der Redetypus, in dem diese Funktionen politischer Sprache besonders deutlich hervortreten, ist die Regierungserklärung. Sie stellt das sprachliche Kondensat regierungsinterner Abstimmungsprozesse und nach außen vertretener Zielsetzungen der Politik dar. In sprachlichen Nuancen werden programmatische und tatsächliche Änderungen der Politik vorweggenommen und initiiert. Der politische Prozeß des Regierungshandelns kann somit exemplarisch an der inhaltlichen und sprachlichen Gestaltung von Regierungserklärungen abgelesen werden. Die Berichte zur Lage der Nation können als Regierungserklärungen zur Deutschlandpolitik angesehen werden. Neben der funktionellen Bedeutung für das Regierungshandeln ermöglichen sie aber zugleich die Rekonstruktion von Kontinuität und Wandel in der politischen Konzeption. Diese Konzeption ist allerdings nicht mit der Deutschlandpolitik an sich gleichzusetzten: Sprachliche Konfrontation geht oftmals einher mit praktischer Kooperation (und umgekehrt).

Regierungserklärungen sind dabei eindeutig auf die Person des Kanzlers zugeschnitten. Gerade in den Antrittserklärungen einer Regierung kommt es zur Identifikation von Person und Programm. Für die Berichte als deutschlandpolitische Regierungserklärungen kommt der Umstand hinzu, daß die Deutschlandpolitik im Zuständigkeitsbereich des Kanzleramtes lag und insofern weitgehend frei von konkurrierenden Ressortinteressen war. Der regierungsinterne Entstehungsprozeß zeichnet sich dabei durch ein hohes Maß an Informalität aus. Den jeweiligen Redenschreibern und Beratern des Kanzlers kommt ein großer Einfluß zu. Letztlich entscheidet aber der Kanzler ganz persönlich, was in den Bericht in welcher Form aufgenommen wird.

Ein so sensibles, und zum Teil auch irrationales, Verhältnis zwischen Staaten wie der Bundesrepublik und der DDR gibt der realitätssetzenden Kraft politischer Begriffe besonders viel Raum. Die offiziellen Erklärungen der Bundesregierung und der DDR-Führung wurden von der Gegenseite jeweils mit der Lupe gelesen. Die Umdeutung und Auslassung zentraler Begriffe oder die Einführung neuer Begrifflichkeiten prägten das Klima und definierten die Realität der innerdeutschen Beziehungen. Scheinbar formelhafte Wiederholungen werden in diesem Kontext zu notwendigen und bewußten Kontinuitätssignalen: Das was nicht gesagt wird, ist ebenso bedeutsam, wie das, was gesagt wird. Die Bundeskanzler haben vor diesem Hintergrund die Berichte mit jeweils unterschiedlichen Akzentuierungen als Instrument politischer Führung genutzt.

2. Die Entstehung der Berichte: Die »Berichte zur Lage der Nation im geteilten Deutschland« stellen einen eigenen Redetypus dar, der nur bedingt mit ähnlich lautenden Erklärungen in anderen politischen Systemen verglichen werden kann. So ist beispielsweise die »State of the Union Address« des amerikanischen Präsidenten eine weitaus stärker symbolisch aufgeladene Bilanz der Regierungsarbeit, die sich auf alle wichtigen Politikfelder bezieht. Die Berichte in Deutschland sind dagegen aus einer ganz spezifischen historischen Situation auf Beschluß des Bundestages entstanden und sollen sich eben primär mit Fragen der Deutschlandpolitik beschäftigen. Die Entstehung der Berichte fällt dabei nicht zufällig in die zweite Hälfte der sechziger Jahre: Die Grundprinzipien der Adenauerschen Politik hatten zum Teil ihre Kompatibilität gegenüber den weltpolitischen Veränderungen eingebüßt; gleichzeitig konnte die Neujustierung durch die sozialdemokratische Deutschland- und Ostpolitik noch nicht ihre Prägekraft entfalten. Hinzu kam ein deutliches Nachlassen des Optimismus der öffentlichen Meinung in bezug auf eine baldige Wiedervereinigung. Die Deutschlandpolitik lief Gefahr, sowohl als Thema der internationalen Politik als auch der Innenpolitik langfristig ihre wesentliche Grundlage zu verlieren. In dieser Situation regte Karl Schiller in der Aussprache zur Regierungserklärung Bundeskanzler Erhards am 29. November 1965 eine »Botschaft über die Lage der Nation« an. Die Bundesrepublik müsse nach innen wie nach außen ihr Festhalten am Selbstbestimmungsrecht der Deutschen dokumentieren und dies könne über eine offizielle Regierungsberichterstattung zur Deutschlandpolitik geleistet werden. In einem interfraktionellen Antrag vom 14. Februar 1967 konnten sich dann CDU/CSU, SPD und F.D.P. darauf verständigen, die Bundesregierung aufzufordern, jährlich einen »Bericht über die Lage der Nation im gespaltenen Deutschland« vorzulegen. In der Antragsbegründung verweist der SPD-Abgeordnete Franz Seume darauf, daß die Machthaber im anderen Teil Deutschlands »einen immer härteren Kurs auf die endgültige Teilung der Nation« steuerten. Der Bericht soll in diesem Zusammenhang vier Funktionen erfüllen:

1. Der Bericht soll über den anderen Teil Deutschlands informieren.
2. Der Bericht soll dazu beitragen, »die Lebensfähigkeit der Nation zu erhalten«.
3. Der Bericht soll einen »Beitrag zur Entspannung im innerdeutschen Raum leisten«.
4. Der Bericht soll den Willen der Deutschen dokumentieren, sich nicht mit der Teilung ihres Landes abzufinden.

Schon in dieser knappen Funktionsbeschreibung wird die Vielschichtigkeit dieser besonderen Art von Regierungserklärung deutlich: Sie richtet sich an eine Vielzahl von Adressaten (Fraktionen im Bundestag, eigene Bevolkerung, Bevolkerung in der DDR, Führung der DDR, Regierungen im Ausland etc.) mit dementsprechend unterschiedlichen Tonlagen (Appell, Kritik, Bilanz). Am 28. Juni 1967 nimmt der Bundestag auf Empfehlung des Ausschusses für gesamtdeutsche und Berliner Fragen den Antrag an und nennt als Zeitraum der Abgabe des Berichtes das erste Quartal eines jeden Jahres. Der Abgabe sollte jeweils eine ausführliche Debatte im Bundestag folgen. Das Abgabedatum wurde jedoch mehrfach durch Übereinkunft der im Bundestag vertretenen Fraktionen verschoben. So hielt schon Kiesinger seinen zweiten Bericht am Tag der deutschen Einheit, Brandt (für 1973) und Schmidt (für 1977) integrierten ihn vereinzelt in ihre Regierungserklärungen und auch Kohl verlegte den Bericht etwa aus Anlaß des Honecker-Besuches. Diese Flexibilität im Abgabetermin zeigt, wie sehr die jeweiligen Berichte von der spezifischen politischen Konstellation geprägt waren. Es handelte sich nicht um eine buchhalterische Pflicht des Bundeskanzlers, sondern um ein bewußt eingesetztes und kalkuliertes Instrument des Regierungshandelns.

Dadurch ergeben sich notwendigerweise verschiedene Akzentuierungen in Funktion und Konzeption der Berichte durch die jeweiligen Bundeskanzler. Die Berichte stellen sich damit als konzeptionelles Substrat und sprachlicher Seismograph der Deutschlandpolitik dar. Die hier getroffenen Aussagen zum Verständnis der Nation, dem Zusammenhang von Deutschland- und Europapolitik oder der Entwicklung der innerdeutschen Beziehungen sind eine überaus authentische und höchst aussagekräftige Quelle zur zeithistorischen und politikwissenschaftlichen Rekonstruktion der Geschichte des geteilten Deutschlands.

3. Kurt Georg Kiesingers Berichte zur Lage der Nation im geteilten Deutschland: Kurt Georg Kiesinger legte zweimal einen »Bericht über die Lage der Nation im geteilten Deutschland« vor. Da Kiesinger der erste Bundeskanzler war, der den Bericht abzugeben hatte, prägte er zunächst den Grundtypus dieser Rede. So beschäftigte er sich im ersten Teil mit Prinzipien der Außen- und Deutschlandpolitik, um dann im zweiten Teil über die innere Lage der Bundesrepublik Deutschland zu informieren. Die Verbindung beider Teile ergab sich über die Vorstellung, die Bundesrepublik müsse über die Leistungsfähigkeit und den Vorbildcharakter ihres Systems die klare Alternative zur DDR darstellen: »Bis zum Tag der Wiedervereinigung, der kommen wird, weil niemand den Willen eines großen Volkes, seine Einheit wiederzugewinnen, zu brechen vermag, wollen wir die Zeit nützen, um unser Haus hier in Ordnung zu halten und unser Land auf die kommende Zeit und Welt vorzubereiten« (1968). Die Bundesrepublik stehe eindeutig zum Auftrag der Präambel des Grundgesetzes und fordere das Selbstbestimmungsrecht des deutschen Volkes. Die Teilung Deutschlands wird als unerträglich empfunden und als »nationale Sorge« (1968) bezeichnet. Kiesinger verweist jedoch auf »die Notwendigkeit ausharrender Geduld« (1969) angesichts kaum ermutigender Zeichen einer baldigen Überwindung der Teilung. Die besondere Lage Berlins und die Selbstverpflichtung der Vertriebenen zur friedlichen Lösung der deutschen Frage werden besonders hervorgehoben.

So wie Kiesinger einen Zusammenhang zwischen Deutschlandpolitik und Innenpolitik herstellte, so verwies er auf die Verbindung von Deutschland- und Europapolitik: Die Vertiefung der Europäischen Gemeinschaft und der Aufbau einer europäischen Friedensordnung wurden mit dem Ziel der Wiedervereinigung zusammengebracht. Da die deutsche Frage in den Ost-West-Konflikt eingebettet sei, könne eine Lösung nur im Zusammenhang einer europaweiten Beilegung des Kalten Krieges gefunden werden. Aufbauend auf dieser Vorstellung schlug Kiesinger konkret einen gegenseitigen Gewaltverzicht zwischen Ost und West vor. Er bekannte sich zugleich eindeutig zur NATO als unerläßliche Stütze und Grundlage der Entspannungspolitik der Bundesregierung. Bei dieser freundschaftlichen Bindung an die USA dürfe Europa jedoch seine Zukunft nicht »im festen Gefüge eines nordatlantischen Imperiums« (1968) suchen, sondern könne vielmehr als eigenständige Kraft dazu dienen, »eine Brücke zwischen West und Ost zu schlagen« (1968), die letztlich auch zur Wiedervereinigung in Frieden und Freiheit führen könne. Damit führte Kiesinger zugleich die normative Bindung des Einheitswunsches an das Freiheitspostulat durch Adenauer fort.

Die beginnende Auflockerung deutschlandpolitischer Dogmen zeigte sich bei Kiesinger in einer vorsichtigen Relativierung der Hallstein-Doktrin, die keinesfalls als Automatismus anzusehen sei. Ebenso deutete sich Pragmatismus in den Fragen der Zusammenarbeit mit der DDR an. Eine völkerrechtliche Anerkennung der DDR wurde jedoch eindeutig abgelehnt. Gleichzeitig unterschied Kiesinger zwischen der Bevölkerung der DDR und der Führung des Staates, der eigentlich gar kein Staatsvolk habe. Die Menschen lebten dort vielmehr in einer Spannung zwischen innerem Widerstand und äußerer Anpassung. Deshalb dürfe gerade die Bundesrepublik nicht von ihrem Festhalten an der Vorstellung einer Nation ablassen. Als Prinzipien der Politik der Bundesregierung nannte er »Offenheit, Verständigungsbereitschaft und Gewaltverzicht, ohne Preisgabe unseres guten Rechtes« (1969). Im innenpolitischen Teil der Erklärung gab Kiesinger dann einen relativ detaillierten Überblick über eine Vielzahl aktueller Themen vom Steinkohlebergbau bis zur Reform der Gemeindefinanzen. Gleichzeitig betonte er aber, daß der Bericht zur Lage der Nation nicht zum Rechenschaftsbericht über die Tätigkeit der Bundesregierung werden dürfe. In der starken Betonung wirtschaftlicher Entwicklungen wurde gleichwohl die Bedeutung der Wirtschaftsleistung für das Selbstverständnis der Westdeutschen und das Konzept eines Modells Deutschland, an dem sich auch die DDR messen lassen mußte, deutlich.

4. Willy Brandts Berichte zur Lage der Nation: Willy Brandt machte schon im Titel seiner Erklärungen eine Akzentverschiebung deutlich. Beginnend mit dem Jahr 1970 hießen die Berichte nunmehr nur noch »Bericht zur Lage der Nation« ohne den Zusatz »im geteilten Deutschland«. In dieser Namensänderung ließ sich eine Akzentverlagerung weg von der unmittelbaren Frage der Teilung hin zu »einer kühlen und realistischen Einschätzung der Situation« (1970) erkennen. Brandt ging es um die Anerkennung der Realität: »Die Wahrhaftigkeit gebietet einzugestehen, daß an eine baldige grundlegende Änderung dieser Situation der Teilung leider nicht zu denken ist« (1970). Zugleich etablierte Brandt einen neuen Begriff der Nation: »Nation umfaßt und bedeutet mehr als gemeinsame Sprache und Kultur, als Staat und Gesellschaftsordnung. Die Nation gründet sich auf das fortdauernde Zusammengehörigkeitsgefühl der Menschen eines Volkes« (1970). Und ein Jahr später: »Die deutsche Nation bleibt auch dann eine Realität, wenn sie in unterschiedliche staatliche und gesellschaftliche Ordnungen aufgeteilt ist«. Auf dieser Grundlage muß Deutschlandpolitik auf die Bewahrung der »Wirklichkeit der deutschen

Nation, die auf dem Bewußtsein der Deutschen als einer geschichtlich gewordenen Gemeinschaft beruht« (1972), zielen. Das Zusammengehörigkeitsgefühl der Deutschen müsse durch konkrete Schritte am Leben gehalten werden, da es durch bloße Rhetorik und Illusionen abzusterben drohe.

Deshalb gehe es darum, »daß das Verhältnis zwischen den Teilen Deutschlands aus der gegenwärtigen Verkrampfung gelöst wird« (1970). Über ein »geregeltes Nebeneinander« wollte Brandt zum Miteinander der »beiden Staaten in Deutschland« kommen. In der Bezeichnung der DDR als Staat in Deutschland wurde die staatsrechtliche Anerkennung deutlich. Kiesinger hatte den Begriff DDR noch in Anführungszeichen gesetzt. In seiner ersten Regierungserklärung hatte Brandt die Formel von den »beiden deutschen Staaten« eingeführt und damit neben der staatsrechtlichen Anerkennung der DDR den beiden Staaten gleichermaßen das Attribut »deutsch« zugestanden. In der sprachlichen Variation machte sich also eine Statusveränderung deutlich, die in der Bundesrepublik und der DDR heftig debattiert wurde. Ein weiterer sprachlich-programmatischer Unterschied zu Kiesinger stellte Brandts Rede von den »Bürgern der DDR« (1972) dar. Ähnlich wie bei Kiesinger unterstrich Brandt im Bericht von 1971 die Rolle der Vertriebenen und deren Gewaltverzichtserklärung in der Stuttgarter Charta.

Die Notwendigkeit zur praktischen Kooperation ergab sich für Brandt aber nicht nur aus Gründen des Zusammengehörigkeitsgefühls, sondern – mehr noch – aus den Erfordernissen seiner Friedens- und Entspannungspolitik. Seine Berichte waren im allgemeinen von der Außenpolitik dominiert. Symptomatisch für Brandt ist auch, daß er seinen dritten Bericht zur Lage der Nation 1972 unmittelbar vor der ersten Lesung der Verträge mit der Sowjetunion und Polen im Bundestag abgab. Über den Ansatzpunkt des Gewaltverzichtes strebte er vertragliche Regelungen mit der DDR und den östlichen Nachbarn an, ohne jedoch die DDR völkerrechtlich anzuerkennen. Der unmittelbar zu erreichende Gewaltverzicht trat an die Stelle eines momentan nicht erreichbaren Friedensvertrages. Leitmotivisch wurde die Wendung aus Punkt 7 der 20 Punkte umfassenden Grundsatzerklärung Brandts anlässlich seines Treffens mit Willi Stoph am 21. März 1970 in Kassel, von deutschem Boden dürfe nie mehr Krieg ausgehen. Deutlich machte Brandt klar: »Die Erhaltung des Friedens rangiert noch vor der Frage der Nation. Dies ist ein Dienst, den das deutsche Volk den europäischen Völkern leistet« (1973). Wo Kiesinger die europäische Einigung und die Bindung der NATO auch in ihrem instrumentellen Charakter für eine Wiedervereinigung dargestellt hatte, war bei Brandt eine Neuakzentuierung dieser Beziehung zu beobachten: Die Einigung im innerdeutschen Verhältnis hatte auch instrumentellen Charakter für den Aufbau einer europäischen Friedensordnung. Das deutsche Engagement innerhalb des Rahmens der KSZE war deutliches Zeichen dieses Ansatzes. Bei allen Versöhnungsbemühungen gegenüber dem Osten, bekannte sich Brandt jedoch immer zur europäisch-atlantisch Bündnisverpflichtung als Grundlage der Außenpolitik der Bundesrepublik.

Gleichzeitig betonte er, daß die Beziehungen der beiden Staaten, die zugleich füreinander nicht Ausland seien, besonderen Charakter haben. Die Meinungsverschiedenheiten wurden angesprochen. So nannte Brandt die Mauer »blutende Grenze im

Inneren« (1970) und betonte das Selbstbestimmungsrecht der Deutschen. Er nutzte wiederholt das Forum der Berichte zur Erklärung von Grundpositionen und Angeboten für Verhandlungen mit der DDR. Das Wort »Wiedervereinigung« tauchte jedoch nicht mehr auf und wird durch die allgemeinere Zielvariable »nationale Einheit« ersetzt. Der ehemalige Regierende Bürgermeister von Berlin betonte die besondere Rolle der Stadt, die neben ihrem symbolischen Stellenwert für die Lage der Deutschen zum Ansatzpunkt praktischer Zusammenarbeit werden könne. Typisch für die Wendung zum Pragmatismus war Brandts Aufschlüsselung der »Deutschen Frage« in mehrere »deutsche Fragen« (1970). Dahinter zeigte sich das von Brandt immer wieder betonte schrittweise Vorgehen der Deutschlandpolitik, das sich auch sprachlich von der Möglichkeit einer einzigen und definitiven Beantwortung der deutschen Frage verabschiedet. Statt dessen ging es um »kleinere« aber lösbare Aufgaben: »Ein geregeltes Verhältnis, einen vertraglich fixierten Modus vivendi zwischen den beiden deutschen Staaten herbeizuführen und dadurch die trennenden Schranken abzubauen, damit die Begegnung zwischen den Menschen einer Nation leichter wird« (1972).

Mit der aufkommenden Zusammenarbeit und den vertraglichen Abmachungen wurde seit Brandt eine Auflistung der innerdeutschen Kooperation im Berichtszeitraum zum festen Bestandteil des Berichtes zur Lage der Nation. Diese bilanzierende Fortschreibung brachte mehr und mehr statistisches Material in die Berichte. Die Daten wurden dabei vom innerdeutschen Ministerium zusammengestellt. Daneben führte Brandt 1971 die »Materialien zum Bericht zur Lage der Nation« ein, in denen eine unabhängige Wissenschaftler-Gruppe Vergleichsindikatoren zur statistischen Beschreibung der Entwicklung der Bereiche Industrie, Gesellschaft, Wissenschaft und Forschung in Bundesrepublik und DDR erarbeitete, ohne die Systemverschiedenheit zu leugnen. (Weitere Materialien wurden 1972, 1974 und 1987 vorgelegt.) Im Gegensatz zu Kiesinger vernachlässigte Brandt (mit der Ausnahme von 1974) die innenpolitische Berichterstattung zugunsten des außenpolitischen Teils und nutzte den Bericht nicht als allgemeine Regierungsbilanz. Unter Brandt wurde die Deutschlandpolitik versachlicht, Programmsätze operationalisiert und eine aktive Deutschlandpolitik anvisiert. Brandt selbst faßte zusammen: »Zu unserer Deutschlandpolitik gehören gleichermaßen: das Festhalten am Recht auf Selbstbestimmung, die Bewahrung der Nation und vertraglich geregelte Beziehungen zwischen den beiden Staaten« (1972).

5. Helmut Schmidts Erklärungen zur Lage der Nation: Helmut Schmidt schloß in Ton und Inhalt direkt an Brandt an. Am deutlichsten wurde die Kontinuität zu Brandt im Bericht von 1980, den Schmidt größtenteils dazu nutzte, nacheinander die 20 Punkte von Kassel durchzudeklinieren und die dort aufgestellten Forderungen abzufragen. Auch Schmidt ging vom Bestand des Zusammengehörigkeitsgefühls in Ost und West aus und schloß sich an Brandts Konzept der Bewußtseinsnation an. Das Zusammengehörigkeitsgefühl der Deutschen bezeichnete er als »geschichtsmächtige Realität« (1976): »Eine Nation hat so lange Anspruch auf ihre Selbstbestimmung, wie sie Nation sein will« (1976). In Anlehnung an die Definition der Nation bei Ernest Renan formulierte er: »Insofern ist Nation ein fortwährendes Plebiszit« (1981). Die Tatsache, daß Schmidt die Berichte auch unter dem Titel »Erklärung der Bundesregierung über die Lage der Nation« abgab, hat keine weitere Bedeutung, da er in den Erklärungen selbst auch von Berichten sprach. Schmidt brachte einen deutlichen Schwerpunkt mit Ausführungen zur Weltwirtschaft in seine Berichte ein. Die eigentlichen »innenpolitischen« Themen nahmen bei ihm größeren Raum ein als bei Brandt. Schmidts Berichte waren aber zugleich auch deutlich von der Auseinandersetzung mit der Opposition gekennzeichnet. Der Bericht von 1982 stand stark im Zeichen der Koalitionskrise. Nicht zuletzt deshalb sind seine Erklärungen die weitaus umfangreichsten.

Auch Schmidt verwies auf den »langen Atem« (1975), den die Deutschlandpolitik angesichts der internationalen Rahmenbedingungen brauche. Der Ton wurde bei Schmidt jedoch nochmals sachlicher und nüchterner: »Unsere Deutschlandpolitik ist frei von Illusionen« (1976). In der Umsetzung der vertraglichen Bestimmungen betonte er »Fortschritte im Interesse der Menschen in Ost und West« (1975), bei denen es darum gehe, durch »menschliche Erleichterungen die Härten der Teilung zu mildern« (1976). Reiseerleichterungen, Familienzusammenführung und konkrete praktische Kooperation beispielsweise in der Arbeit der Grenzkommission kennzeichneten den Inhalt der Berichte. Deutschland- und Entspannungspolitik wurden zur »humanitären Aufgabe« (1978), denn »die Entspannung ist nicht abstrakt, sie ist konkret. Nur die Menschen konkret entlastende Entspannung zählt wirklich« (1978). Ziel war es, »daß die beiden deutschen Staaten allmählich gelassener und unbefangener miteinander umgehen und daß allmählich ein Zustand selbstverständlicher Normalität erreicht wird« (1978). Die deutsch-deutsche Zusammenarbeit sah Schmidt unter dem Gesichtspunkt einer »Kosten-Nutzen-Analyse« (1978), die sich allerdings nicht nur auf ökonomische Daten beziehen könne. Berlin avancierte zum »Prüfstein« für eine Reihe deutschlandpolitischer Entwicklungen – der symbolische Gehalt der Stadt wurde bei Schmidt aber im Vergleich zu Brandt wieder etwas weniger betont.

Deutlich sprach Schmidt auch Enttäuschungen und Fehlverhalten der DDR an. Bei aller nüchternen Zusammenarbeit wollte er Gegensätze weltanschaulicher Art »nicht verkleistern oder verkleinern« (1975). Explizit wehrte er sich 1981 gegen die Geraer Forderungen Honeckers. Schmidt erinnerte deutlich an den Auftrag der Präambel des Grundgesetzes. In seinen Erklärungen tauchte der Begriff Wiedervereinigung wieder auf – allerdings nur im Zusammenhang mit dem Hinweis auf seine Nicht-Realisierbarkeit angesichts der Zeitumstände. Es könne maximal darum gehen, die deutsche Frage offenzuhalten. Trotz mehrerer Herausforderungen hielt er auch an der deutschen Staatsbürgerschaft fest. Zugleich warf er der DDR in ihren Bemühungen um eine eigene Identität »Geschichtsklitterei« (1979) vor. Er fand aber auch anerkennende Worte für die DDR mit Blick auf deren Wirtschaftsstellung im RGW oder der dortigen Verwirklichung der Gleichberechtigung von Mann und Frau (1979). Klar lehnte er es ab, auf eine bewußte Destabilisierung der DDR hinzuwirken. Priorität hatten für ihn Zusammenarbeit, wo sie möglich ist, und eine dadurch wachsende Normalisierung und Entspannung des innerdeutschen Verhältnisses. So nutzte er die Berichte wiederholt, um direkte Treffen mit Honecker vorzuschlagen.

Im Gegensatz zu Brandt mußte sich Schmidt mit einer zunehmenden Verschärfung des Ost-West-Konfliktes bis hin zum Einmarsch der Sowjetunion in Afghanistan und der sich zuspitzenden Debatte um den NATO-Doppelbeschluß auseinandersetzen. »Im Schatten solcher Spannungen« (1982) hielt er es für eine »moralische Pflicht«, das Gewicht Deutschlands für eine Politik der internationalen Zusammenarbeit einzusetzen. Das westliche Bündnis wurde dabei eindringlich als unabdingbare Grundlage einer effektiven Deutschlandpolitik dargestellt. Die Interessen der westlichen Partnerländer müßten in allen Schritten der Deutschlandpolitik mit bedacht werden; ihnen müßte Vorteil und Nutzen daraus entstehen können. Zwar war für Schmidt die NATO auch Wertgemeinschaft, doch trat erneut an die Stelle emphatischer Beteuerungsformeln nüchternes Kalkül. Eine stabile Friedensordnung müsse sich laut Schmidt auf ein militärisches »Kräftegleichgewicht« (1976) stützen.

Gerade in Zeiten der Krise sei die Deutschlandpolitik zwar in ihrem Handlungsspielraum begrenzt, könne aber zum »Aktivposten der Friedenssicherung in Europa« (1976) werden. Aus der Verpflichtung, von deutschem Boden dürfe nie wieder Krieg ausgehen, wurde bei Schmidt die »Sicherheitspartnerschaft« (1979) auch mit den Staaten des Ostens. Die beiden deutschen Staaten müßten ihrer »gemeinsamen Friedenspflicht« (1980) nachkommen. Ergänzend zur NATO trat der Hinweis auf die KSZE als Institution der Entspannung. Die Schlußakte von Helsinki wurde mit ihren menschenrechtlichen Standards zum Grundelement im Kanon deutschlandpolitisch verbindlicher Dokumente. Die Frage nach der Einheit der Nation ordnete Schmidt ebenso wie Brandt dem Friedensauftrag unter. Brandt hatte darauf hingewiesen, daß angesichts des prekären Gleichgewichts in Europa auch bei den Verbündeten kaum großes Interesse an einer unmittelbaren deutschen Einheit bestehen könne, da die Teilung Deutschlands konstitutives Element der Nachkriegsordnung in Europa sei. Schmidt führte den Gedanken, »daß die deutsche Teilung in den Augen anderer heute ein Teil, ein Element des europäischen Gleichgewichtes ist, das den Frieden in Europa sichert« (1979), fort. Seiner Ansicht nach mußte es deshalb darum gehen, die Zustimmung und das Wohlwollen der Nachbarn in Ost und West für deutsche Anliegen zu erlangen. Eine Überwindung der Teilung sei nur mit der Unterstützung und dem Einverständnis aller Nachbarn möglich. Daraus ergab sich nach Schmidt: »Nur nach langem Frieden ist Einheit denkbar« (1979). In der sicherheitspolitischen Konstellation der späten 70er und frühen 80er Jahre könne es maximal um Bewahrung und Erhaltung des Erreichten gehen.

6. Helmut Kohls Berichte zur Lage der Nation im geteilten Deutschland: Helmut Kohl nahm bewußt wieder den Titel-Zusatz »im geteilten Deutschland« auf. Schon in dieser Akzentuierung machte er damit einen Unterschied zu Brandt und Schmidt deutlich. Seine Berichte waren fast ausschließlich auf die Deutschlandpolitik ausgerichtet und im Schnitt auch deutlich kürzer als die generellen Überblicke zur Lage der Nation bei Schmidt. Zu den schon bekannten Teilen einer immer ausdifferenzierteren Bilanz der innerdeutschen Beziehungen, der außenpolitischen Einordnung der Deutschlandpolitik oder der Bedeutung Berlins trat bei Kohl ein relativ breiter geschichtlicher Rückblick sowie ein im Vergleich zu den Vorgängern ausgeweiteter Bereich deutschlandpolitischer Grundsatzprogrammatik. Auffallend ist auch, daß Kohl im Gegensatz zu Schmidt die Rolle der Vertriebenen – oftmals in Verbindung mit dem Verhältnis zu Polen – betonte. So bekräftigte Kohl etwa im Umfeld der Auseinandersetzungen über das Motto des Deutschlandtreffens der Schlesier im Juni 1985 (»Schlesien-bleibt-unser«) mit Blick auf die polnische Westgrenze das Heimatrecht der polnischen Bevölkerung, hielt jedoch wegen der Einbindung nationalistischer Gruppen am Friedensvertragsvorbehalt in dieser Frage fest. Kohl nutzte geschichtliche Jahrestage zur Vergegenwärtigung der gemeinsamen deutschen Vergangenheit. Auch Schmidt hatte im Bericht von 1981 das gewachsene Bewußtsein und das Interesse für deutsche Geschichte erwähnt. Der Topos von der Gegenwart der Vergangenheit wurde bei Kohl, verbunden mit der Frage nach der Identität der Deutschen (besonders 1986), zu einer tragenden Säule der deutschlandpolitischen Konzeption. Konkret wurde über die Projekte Deutsches Historisches Museum und Haus der Geschichte der Stellenwert der Geschichte zusätzlich unterstrichen. Der Bericht von 1989 fiel aus dem gewohnten Gliederungsschema heraus, da er die rasante Entwicklung in der DDR spiegelte.

Entgegen zeitgenössischer Erwartungen zeigten die Berichte Kohls ein bemerkenswertes Maß an Kontinuität zu seinen Vorgängern. Auch Kohl vermied (bis 1989) den Begriff »Wiedervereinigung« und sprach statt dessen von Einheit – allerdings mit der normativen Qualifizierung »Einheit in Freiheit« (1983). Damit vernachlässigte er durchaus im Anschluß an Brandt und Schmidt die konkret staatlichen und territorialen Aspekte der deutschen Frage. Gleichzeitig ließ der Begriff »Einheit« aber auch weitergehende Assoziationen zu und ist insofern ein typisches Beispiel der integrativen Funktion politischer Sprache. Auch gab sich Kohl eher pessimistisch mit Blick auf den Zeitpunkt einer Überwindung der Teilung. Noch 1988 warnte er vor diesbezüglichen »Illusionen«. Vor diesem Hintergrund müsse die deutsche Frage zunächst offen gehalten werden. Kohl ging es in erster Linie auch um konkrete Fortschritte in Fragen, »die ohne Preisgabe unserer elementaren Grundsätze mit Kompromissen lösbar sind« (1983). Die Möglichkeiten des Grundlagenvertrages sah er als noch nicht ausgeschöpft an; das Geflecht der Beziehungen sollte verdichtet werden. Im Zentrum ging es dabei für Kohl um die Verbesserung der Reisemöglichkeiten. In direkter Kontinuität zu Schmidt hielt Kohl das Dialogangebot zu einem Treffen mit Honecker aufrecht, dessen Besuch im Zentrum des Berichtes im Jahr 1987 steht. Geradezu typisch war auch die allgemeine außenpolitische Kontinuitätsbeteuerung im Zitat eines Leitsatzes von Hans-Dietrich Genscher: »Deutschlandpolitik ist europäische Friedenspolitik« (1983).

Neu erschien bei Kohl jedoch die zentrale Stellung der Freiheit in der deutschlandpolitischen Konzeption. In fast allen Berichten fand sich der Satz: »Freiheit ist der Kern der Deutschen Frage«. Deutschlandpolitik müsse folglich »Nation und Freiheit verbinden« (1985). Die territoriale und staatliche Einheit war in diesem Sinne kein konstitutives Merkmal der »Einheit der Nation« – wohl aber die »Freiheit für alle Deutschen« (1985), die als Zielbestimmung teilweise in den Vordergrund trat. Die Begriffe »Einheit« und »Frieden« erhielten bei Kohl konsequent eine normative Qualifizierung durch den Zusatz der Freiheit: »Freiheit ist die

Bedingung der Einheit. Sie kann nicht ihr Preis sein« (1984). Im Zweifelsfall war der Einsatz für die Bewahrung der Freiheit auch auf Kosten des innerdeutschen Klimas durchzusetzen. In dieser starken Betonung der Priorität der Freiheit fand sich die konzeptionelle Legitimation des Festhaltens am NATO-Doppelbeschluß. In seiner ersten Regierungserklärung hatte Kohl sogar formuliert: »Das Bündnis ist der Kernpunkt deutscher Staatsräson«. Die Formulierung tauchte dann variiert wieder in den Berichten auf. Den Begriff der Sicherheitspartnerschaft, den Schmidt auch für die Beziehungen zu den osteuropäischen Ländern benutzt hatte, reservierte Kohl hingegen für die Zusammenarbeit in der NATO. Statt dessen sprach er von »Verantwortungsgemeinschaft« (1984) mit der DDR. In einer positiven Variation tauchte der siebte Punkt von Kassel auf: »Von deutschem Boden muß Frieden ausgehen« (1984). Über den Begriff der Freiheit und die damit hergestellte Wesens- und Ursachenverwandtschaft der deutschen Frage mit der europäischen Teilung legte Kohl großen Wert auf die konsequente Multilateralisierung deutschlandpolitischer Anliegen. Das Bemühen um Fortschritte in der Europäischen Integration wurde essentiell mit deutschen Interessen verknüpft: »Für uns sind Europapolitik und Deutschlandpolitik wie zwei Seiten einer Medaille« (1984).

Ein weiterer Unterschied machte sich in Kohls Formulierung von den »beiden Staaten in Deutschland« (1983) bemerkbar. Bewußt wich Kohl von den »beiden deutschen Staaten« als einer egalisierenden Formulierung ab und verweigerte der DDR das Attribut »deutsch«. Deutlich artikulierte er einen moralischen Alleinvertretungsanspruch der Bundesrepublik. Kohl übernahm den »Modus-vivendi«-Charakter der sozialdemokratischen Vertragspolitik, ließ aber die Zielbestimmung eines »Miteinanders« zwischen Bundesrepublik und DDR fallen. Die normative Distanzierung, die ja auch Brandt und Schmidt deutlich gemacht hatten, bekam bei Kohl eine teilweise offensive Wendung: »Wir alle wissen, daß Freiheit, Demokratie und Selbstbestimmung höchste Werte sind; sie sind auf Dauer nicht teilbar« (1983). Er zog mehrmals Vergleiche zwischen dem totalitären Charakter des DDR-Systems und dem des Dritten Reiches. Gleichzeitig unterschied Kohl (wie schon Kiesinger) deutlich zwischen Führung und Bevölkerung der DDR. Berlin wurde zum symbolischen Kristallisationspunkt der Deutschlandpolitik als »Gradmesser für die Ost-West-Beziehungen«, »Symbol für die offene deutsche Frage« (1983) oder »Prüfstand für den Selbstbehauptungswillen des Westens« (1984).

Die stärkere Betonung normativer Distanz zeigte sich beispielhaft an den Äußerungen zur Mauer, die etwa als »Monument der Unmenschlichkeit« (1986) angeprangert wurde. Die Existenz der Mauer markierte für Kohl zugleich die Begrenztheit innerdeutscher Zusammenarbeit: »Normalität kann nicht entstehen, solange es an der Grenze mitten durch Deutschland Mauer, Stacheldraht, Schießbefehl und Schikanen gibt (...) Gutnachbarliche Beziehungen kann es nicht geben, solange Landsleute aus der DDR immer wieder Leben und persönliche Freiheit aufs Spiel setzen, weil ihnen elementare Menschenrechte vorenthalten werden« (1983). Darin zeigte sich deutlich eine Art Fürsorgepflicht auch für »die Deutschen in der DDR, die unsere Nächsten, also mehr als unsere Nachbarn sind« (1983). Kohl stellte direkt die Legitimität der DDR-Führung in Zweifel: »Ein Regime, das sich mit Mauer und Stacheldraht umgibt, mag die Geschichte umschreiben wollen. Bestehen wird es vor der Geschichte nicht. Solche Regime – das zeigt die Geschichte – werden vom Freiheitswillen der Menschen und Völker überlebt« (1983). Die Offensivität gipfelte 1986 in einem dreiteiligen Forderungskatalog an die DDR nach Abschaffung der Mauer, Gewährleistung der Freizügigkeit und Einhaltung der Menschenrechte. Die Geraer Forderungen Honeckers nahm Kohl dagegen zu keinem Zeitpunkt auf und schwieg sie insofern tot. Status-Fragen wurden bei Kohl auch sprachlich zugespitzt. Das Festhalten an der deutschen Staatsbürgerschaft mündete in dem Satz: »Wir bürgern niemanden aus« (1983/4). Bei Kohl fand sich aber immer wieder die Gleichzeitigkeit von Abgrenzungswillen und Verständigungsbereitschaft. So ließ sich insbesondere unmittelbar nach dem NATO-Doppelbeschluß eine deutliche Zurücknahme konfrontativer Elemente in den Berichten beobachten. Terminologisches Entgegenkommen wie die bewußt plazierte Bezeichnung »Regierung der DDR« (1984) statt des üblichen »Führung der DDR« stellte sich als konkrete Strategie der Schadensbegrenzung dar.

Mit bewußten Anklägen an die Konzepte des Vorrangs der Freiheit vor staatlicher Einheit, des Treuhändermandats der Freiheit, der Politik der Stärke, der Magnettheorie und nicht zuletzt der unanzweifelbaren Bindung an den Westen stand Kohl eindeutig in der Tradition Adenauers. Waren Schmidts Berichte von fast ernüchternder Sachlichkeit geprägt, so wurde der Ton bei Kohl offensiver, aber auch symbolisch aufgeladen. Bewußt nutzte Kohl die Strategie affirmativen Anredens gegen die Gefahr eines schleichenden Nachlassens im Zusammengehörigkeitsgefühl der Deutschen. Wesentliche Streitfragen der Deutschlandpolitik wurden bei Kohl in der Form dreier Strategien, denen eine dialektische Spannung innewohnt, aufgelöst: Normative Distanz und humanitäre Kooperation, europäische Integration und deutsche Einheit, gesicherte Verteidigungsbereitschaft und Verhandlungswille.

7. Zusammenfassung: Im Rückblick läßt sich in den Berichten zunächst ein großes Maß an Kontinuität festhalten. Besonders innerhalb einer Kanzlerschaft bildete sich zunächst ein Kanon von hochgradig stereotypen Programmsätzen mit geringen Variationsmöglichkeiten heraus, der über die Jahre hinweg gepflegt wird. Dies zeigt sich nicht zuletzt in der oftmals zu beobachtenden Bezugnahme auf eigene Regierungserklärungen oder vorausgegangene Berichte. Das von der bundesdeutschen Außenpolitik stets betonte Moment der »Verläßlichkeit und Berechenbarkeit« läßt sich anhand dieser fortwährenden Kontinuitätsbeteuerungen und Positionswiederholungen deutlich erkennen. Darüber hinaus läßt sich aber auch unter den verschiedenen Kanzlern ein gewisses Maß an gegenseitiger Bezugnahme feststellen, die bis zur Berufung auf Vorgänger reicht. Neben selbstverständlichen Gemeinsamkeiten wie dem Gewaltverzicht werden im Zeitverlauf so trotz unterschiedlicher Nuancen einige verbindende Elemente der Berichte deutlich:

- Die Deutschlandpolitik wird als Anliegen angesehen, für das man einen langen Atem braucht. In den äußerst sensiblen Beziehungen wird die Möglichkeit von Rückschlägen ständig einkalkuliert. Das regelmäßig artikulierte Prinzip von Leistung und Gegenleistung wird – in unterschiedlicher Formulierung – ebenso regelmäßig äußerst flexibel ausgelegt. Deutschlandpolitik war sozusagen eine Politik mit eingebautem Stoßdämpfer.

- Jeder Bundeskanzler hat in seinen Berichten versucht, die zeitgemäße Balance zwischen Kooperation und Konfrontation zu suchen. Dabei wurden stets Grundsatzpositionen (Staatsbürgerschaft) gewahrt. Trotz der kaum vorhandenen Realisierungschance des Präambel-Auftrages wurde diese normative Verpflichtung bundesdeutscher Politik nicht aufgegeben.
- Deutschlandpolitik wurde stets als eingebettet in den Ost-West-Konflikt und die Europapolitik angesehen. Mit dem Bestreben einer Internationalisierung der deutschen Frage und der Strategie konsequenter Multilateralisierung deutscher Anliegen sollte die drohende Abkoppelung von der gesamteuropäischen Entwicklung und den Interessen der Großmächte und Nachbarn verhindert werden. Nach Einschätzung der Bundeskanzler war die internationale Lage zwar meist dominierend, aber die innerdeutschen Beziehungen waren keine bloße Funktion dieser allgemeinen Entwicklung. Vielmehr könnten auch sie positive Impulse auf die internationale Ebene übertragen.
- Die Berichte dienen neben ihrer außenpolitischen und innerdeutschen Funktion jeweils auch zur Selbstvergewisserung der Bundesrepublik. Dies wird besonders in den »Jubiläumsjahren« deutlich. So hatte Kiesinger den Bericht 1969 anläßlich des 20jährigen Bestehens zu einer Bilanz der Bundesrepublik genutzt, Schmidt tat dies 1979 zum 30jährigen Jubiläum und Kohl äußerte sich grundsätzlich 1985 anläßlich des 40. Jahrestages des Kriegsendes mit einer perspektivischen Rückschau auf die Geschichte der Bundesrepublik – auch und gerade im Lichte der Verantwortung für den Nationalsozialismus. In den Berichten zeigt sich somit symptomatisch, welcher Stellenwert der Geschichte und dem Geschichtsbewußtsein für die Politik in Deutschland zukommt.

Mögen die Grundaussagen im Rückblick auch relativ ähnlich erscheinen, so waren sie es zugleich aber auch nicht, da sie sich jeweils in ihrer Zeit gegen bestimmte politische Rahmenbedingungen durchsetzen mußten oder aber von ihnen getragen wurden. Die Entstehung der Berichte selbst war ja schon Anzeichen einer drohenden Marginalisierung der Deutschlandpolitik, die sich zwischen der Rhetorik der frühen 50er Jahre und der Realität der späten 60er zu verlieren drohte. Schon in Kiesingers Berichten zeigt sich konzeptionelle Flexibilität angesichts der offenkundigen Abnutzungserscheinungen einer beharrenden Rhetorik. Bei Brandt wird dies intensiviert und führt dazu, daß die innerdeutsche »Sprachlosigkeit« (so Schmidt 1978) überwunden wurde. Zu dieser Tendenz entwickelte sich aber in den letzten Amtsjahren Schmidts auch ein Gegentrend. Inmitten der vielfach beschworenen Normalität, der Routine in den innerdeutschen Beziehungen und den Details der Kooperation drohte wiederum die Besonderheit des innerdeutschen Verhältnisses aus dem Blick zu geraten.

Die Sprache hatte also in der Tat konstitutive Bedeutung für die Politik. So ging der staatsrechtlichen Anerkennung der DDR im Grundlagenvertrag die sprachliche Anerkennung in Regierungserklärung und den Berichten voraus. Der Wechsel in der Politik wurde über rhetorische Beiläufigkeiten im Umfeld von Kontinuitätsbeteuerungen initiiert. An einer Vielzahl von Beispielen läßt sich zeigen, wie die Berichte genutzt wurden, um Verhandlungspositionen zu definieren und Erwartungen zu artikulieren. Ihre wichtigste Funktion läßt sich als die eines Führungsinstrumentes des Bundeskanzlers beschreiben. Sie eröffneten ihm die Möglichkeit, Politik zu deuten, Sprachsetzungen zu betreiben, die eigene Position zu umschreiben und als unangreifbar darzustellen. Die Berichte als bloße Sonntagsreden abzutun, hieße sowohl ihr politisches Potential wie auch ihren politikwissenschaftlichen Ertrag zu übersehen.

Der letzte Bericht wurde von Kohl einen Tag vor Öffnung der Mauer abgegeben. Danach wurde der Redetypus nicht mehr aufgegriffen. Anläßlich des fünften Jahrestages der deutschen Einheit entzündete sich jedoch eine Debatte um die Wiederaufnahme der Berichtstradition. So forderte zunächst die PDS in einem Antrag die Bundesregierung auf, dem Bundestag einen (zunächst einmaligen) »Bericht zur Lage der Nation« zur Beratung vorzulegen, in dem sie über Entwicklungsstand, Probleme und Defizite der Lage in den neuen Bundesländern Auskunft geben sollte. Bündnis90/Die Grünen forderten kurze Zeit später einen jährlich zum Tag der Einheit abzugebenden »Bericht zur Entwicklung der deutschen Einheit«, der über die Gesamtkonzeption der Regierung sowie ihre Finanzplanungen mit Blick auf die Innere Einheit Rechenschaft abgeben sollte. Mit ähnlicher Zielsetzung forderte die SPD in einem eigenen Antrag die Bundesregierung auf, ebenfalls jährlich zum 3. Oktober einen »Bericht zur Lage der deutschen Einheit« vorzulegen. Der SPD-Antrag wurde im Innenausschuß einstimmig befürwortet und vom Bundestag am 9. Mai 1996 verabschiedet. Allerdings wurde die Vorlagepflicht der Regierung zunächst auf die Jahre 1997 bis 2000 befristet.

Seither sind zwei »Jahresberichte der Bundesregierung zum Stand der Deutschen Einheit« vorgelegt worden. Der Bericht wird allerdings nicht mehr im Kanzleramt, sondern gemeinsam vom Wirtschafts- und Innenministerium erstellt. Dabei handelt es sich eher um eine Aufarbeitung sozialpolitischer und volkswirtschaftlicher Indikatoren vom Ausbau der Bundesstraßen bis zur Mietentwicklung. Damit entfällt die spezifische politische Konstellation der früheren Berichte. Die Jahresberichte sind am ehesten noch mit den Materialien zu den deutschlandpolitischen Berichten zu vergleichen. Der spezielle Redetypus der Berichte zur Lage der Nation bleibt dagegen durch die Vielschichtigkeit seiner Themen und Adressaten letztlich mit der Erfahrung der Teilung verbunden.

Manuel Fröhlich

Literatur:

BEYME, KLAUS VON: Funktionen der Regierungserklärung im Parlamentarismus der Bundesrepublik, in: Die großen Regierungserklärungen der deutschen Bundeskanzler von Adenauer bis Schmidt. Eingeleitet und kommentiert von Klaus von Beyme, München/Wien 1979, S. 7–50. □ BÖHRET, CARL: Politische Vorgaben für ziel- und ergebnisorientiertes Verwaltungshandeln aus Regierungserklärungen?, in: Hans-Hermann Hartwich/Göttrik Wewer (Hrsg.): Regieren in der Bundesrepublik III. Systemsteuerung und »Staatskunst«, Opladen 1991, S. 69–82. □ FRÖHLICH, MANUEL: Sprache als Instrument politischer Führung. Helmut Kohls Berichte zur Lage der Nation im geteilten Deutschland, München 1997. □ DERS.: Regierungserklärungen mit Geschichte, in: Das Parlament, Nr. 48 vom 20. 11. 1998, S. 13. □ GARTHE, MICHAEL: Berichte Zur Lage der Nation, in: Werner Weidenfeld/Karl-Rudolf Korte (Hrsg.): Handwörterbuch zur deutschen Einheit, Bonn 1991, S. 19–27. □ GLAAB, MANUELA: Deutschlandpolitik in der öffentlichen Meinung. Einstellungen und Regierungspolitik in der Bundesrepublik Deutschland 1949 bis 1990, Opladen 1999. □ HAHN, SILKE: Vom zerrissenen Deutschland zur vereinigten Republik. Zur Sprachgeschichte der »deutschen Frage«, in: Georg Stötzel/Martin Wengeler (Hrsg.): Kontroverse Begriffe. Geschichte des öffentlichen Sprachgebrauchs in der Bundesrepublik Deutschland, Berlin 1995, S. 285–353. □ JULING, PETER: Kontinuität im Ziel – aber Wandel des Weges. Die Deutschlandpolitik im Spiegel der Regierungserklärungen seit 1949, in: Deutschland Archiv, 9/1983, S. 920–926. □ KORTE, KARL-RUDOLF: Deutschlandpolitik in Helmut Kohls Kanzlerschaft. Regierungsstil und Entscheidungen 1982–1989, Stuttgart 1998. □ WENGELER, MARTIN: Die Deutschen Fragen. Leitvokabeln der Deutschlandpolitik, in: Ders./Karin Böke/Frank Lietdke (Hrsg.): Politische Leitvokabeln in der Adenauer-Ära, Berlin/New York 1996, S. 325–377.

Berlin

→ Berichte zur Lage der Nation, Bundesrepublik Deutschland: Geschichte, DDR: Geschichte, Deutschlandpolitik der Bundesrepublik Deutschland, Deutschlandpolitik der DDR, **Deutschlandpolitik der Vier Mächte**, Deutschlands Rechtslage, Deutschlandvertrag, Doppelte Staatsgründung, Grundlagenvertrag, Innerdeutsche Beziehungen, **Mauer**, Ostverträge, Verträge zur deutschen Einheit.

1. Einleitung: Am 25. November 1998 tagte die Bundesregierung zum ersten Mal in Berlin. Der Wechsel des Regierungs- und Parlamentssitzes vom Rhein an die Spree 1999/2000 markiert das Ende des Bonner Provisoriums. Der Umzug bedeutet dabei mehr als bloßen Ortswechsel. Die Diskussionen um den Begriff der »Berliner Republik« und um die von Bundeskanzler Schröder geforderte »Normalität« zeigen, wie tief das deutsche Selbstverständnis betroffen wird. Berlin war und ist der Fokus, in dem sich Geschichte, aktuelle Problemlagen und Zukunftserwartungen der Deutschen bündeln. Der vielfach friktionierte deutsche Weg führte häufig über die Stadt an der Spree. Das Königreich Preußen wurde mit Berlin als Zentrum im 18. Jahrhundert zu einer Großmacht, hier war der Schauplatz der März-Revolution von 1848. Die Reichsgründung 1871 ist das Datum, an dem die Tradition Berlins als Hauptstadt Deutschlands begann. In Berlin kulminierte die demokratische Revolution, es wurde zum Synonym für die »Goldenen Zwanziger Jahre«, gleichzeitig aber auch für die Krise der Weimarer Republik. Wenige Jahre später bauten die Nationalsozialisten Berlin zur Schaltzentrale ihrer totalitären Schreckensherrschaft aus. Über die Jahrhunderte hinweg illustrieren die ambivalenten, zwischen Großstadt-Verherrlichung und Moloch-Verachtung oszillierenden Einstellungen der Menschen zu Berlin verdichtet die kulturellen Brüche im Prozeß der Modernisierung Deutschlands.[1]

2. Die geteilte Stadt im geteilten Deutschland: Berlin war als geteilte Stadt der Brennpunkt des Ost-West-Konflikts und die entscheidende Bewährungsprobe aller Deutschlandpolitik. Seine Nachkriegsgeschichte steht als komprimiertes Bild nicht nur für die Entwicklung in Deutschland, sondern auch in Europa und der Welt.

Das Londoner Protokoll der Siegermächte vom 12. September 1944 ordnete »Groß-Berlin« keiner Besatzungszone zu, sondern begründete drei (später vier) eigene Sektoren. Die ehemalige Hauptstadt des »Dritten Reiches« wurde so zum Symbol für den gemeinsamen Triumph. Entsprechend dem »Londoner Abkommen über die Kontrolleinrichtungen in Deutschland« vom 14. November 1944 wurde, »um gemeinsam die Verwaltung des Gebietes von Groß-Berlin zu leiten«, eine aus den jeweiligen Stadtkommandanten bestehende interalliierte Regierungsbehörde errichtet, die direkt dem Alliierten Kontrollrat unterstand. Stadtverordnetenversammlung und Magistrat bildeten unter der Kontrolle der Kommandantur die legislative und exekutive Gewalt. Nachdem sich die vier Siegermächte im Zeichen des aufkommenden Kalten Krieges nicht mehr darüber verständigen konnten, wie die Zukunft Deutschlands zu gestalten sei, eine einheitliche Verwaltung Berlins daher ebenfalls zusehends unmöglich wurde, geriet die inmitten der sowjetischen Zone gelegene Stadt in eine prekäre Situation.

Den endgültigen Bruch brachte das Entscheidungsjahr 1948. Auf Befehl der drei Militärgouverneure wurde am 20. Juni 1948 in den westlichen Zonen die Währungsreform durchgeführt, die zunächst aber nicht für Berlin gelten sollte. Nachdem dann aber die sowjetische Besatzungsmacht eine Geldumstellung für ganz Berlin anordnete, wurde die D-Mark auch in den westlichen Sektoren Berlins eingeführt. Der Rückzug des sowjetischen Vertreters aus dem Alliierten Kontrollrat und der interalliierten Regierungsbehörde bedeutete das Ende der Zusammenarbeit unter den Vier Mächten.

Die Währungsreform und die Teilnahme West-Berlins an der Marshall-Plan-Hilfe boten der sowjetischen Militärverwaltung Anlaß, nach intensiven Störaktionen, am 24. Juni 1948 eine totale Blockade der Verkehrsverbindungen zu Wasser und zu Land nach Berlin »aus technischen Gründen« zu verhängen. Hauptziel der Sperrung war, die Westmächte aus der Stadt zu verdrängen. Die Luftbrücke unter der Führung des US-Militärgouverneurs General Lucius D. Clay versorgte die über zwei Millionenen Einwohner West-Berlins bis zum 12. Mai 1949. Die »Rosinenbomber« ließen aus den westlichen Siegermächten Schutzmächte werden. Doch der Preis der Verteidigung der Freiheit für die Westsektoren war die Teilung der Stadt. Im Sommer und Herbst 1948 vollzog sich die Spaltung der Stadtverordnetenversammlung sowie des Magistrats. Die Sowjetunion erkannte den verfassungswidrig und putschartig gebildeten »Demokratischen Magistrat« in Ost-Berlin am 2. Dezember 1948 an. Die Neuwahl des West-Berliner Stadtparlaments brachte eine klare Mehrheit für die SPD, Ernst Reuter wurde neuer Oberbürgermeister.

Mit der Gründung zweier deutscher Staaten nahmen auch die zwei Berliner Stadthälften eine getrennte Entwicklung. Sowohl das Grundgesetz als auch die erste Verfassung der DDR beanspruchten zwar ganz Berlin – die Bundesrepublik sah Groß-Berlin als ein Bundesland an, die östliche Seite reklamierte es als »Hauptstadt der Republik« –, doch infolge der Teilung konnten sich diese Ansprüche jeweils nur auf eine Hälfte Berlins erstrecken. Außerdem vertraten 1949 noch alle vier Siegermächte die Auffassung vom besonderen Status der Stadt. Trotzdem förderten sie die Einbeziehung der Sektoren in den jeweiligen Einflußbereich. Ost-Berlin wurde konsequent zum Regierungssitz der DDR ausgebaut. Seit Mitte der 50er Jahre waren für Westdeutschland die Wahl des Bundespräsidenten durch die Bundesversammlung, Plenartagungen des Bundestages und des Bundesrates sowie die Verlegung von Bundesbehörden Elemente der Bundespräsenz in West-Berlin.[2]

Der forcierte »Aufbau des Sozialismus« in der DDR ließ zu Beginn der 50er Jahre die Unzufriedenheit der Bevölkerung immer größer werden, weshalb am 16. Juni 1953 Bauarbeiter in Ost-Berlin die Arbeit niederlegten. Tags darauf wuchs sich der Streik zu einem Protest gegen das gesamte SED-Regime aus. Der Aufstand zeigte nochmals deutlich, daß die SED gegen das Volk regierte.

West-Berlin war als »Schaufenster des Westens« und wichtigster Fluchtpunkt der Stachel im Herrschaftsbereich der DDR. Fast die Hälfte der 2,6 Mio. Menschen, die zwischen 1949 und 1961 vor dem SED-Regime flohen, kam über West-Berlin in die Bundesrepublik. In der Absicht, die DDR zu stabilisieren, unternahm Chruschtschow einen erneuten Anlauf, um die Westmächte aus der Stadt zu vertreiben. Sein Ultimatum vom 27. November 1958 forderte die »Umwandlung West-Berlins in eine selbständige politische Einheit – eine freie Stadt« innerhalb von sechs Monaten. Damit griff der Sowjetführer die beiden wichtigsten Faktoren der Lebensfähigkeit der Insel West-Berlin an: die Anwesenheit der Westmächte und die Bindung an die Bundesrepublik. Trotz mancher Schwankungen beharrten die westlichen Alliierten jedoch auf ihren originären Rechten. So scheiterte auch die Genfer Außenministerkonferenz 1959 ergebnislos. US-Präsident Kennedy setzte am 25. Juli 1961 dem Chruschtschow-Ultimatum die »three essentials« der amerikanischen Berlin-Position entgegen: das Recht der Westmächte auf Anwesenheit in West-Berlin, der freie Zugang nach West-Berlin und die Sicherheit und Freiheit West-Berlins. Die präzise Wortwahl wies aber auch einen Ausweg aus der Krise. Der am 13. August 1961 begonnene Bau der Mauer verstieß gegen keines der Prinzipien Kennedys. Entsprechend reagierten die Westmächte auch nur mit einer Protestnote auf die »flagrante und besonders schwere Verletzung des Viermächtestatus«, unterließen aber weitere Maßnahmen. Mit der Beendigung der Freizügigkeit konnte auch der Flüchtlingsstrom eingedämmt werden. Durch die Mauer wurde die Teilung Deutschlands betoniert, gleichzeitig aber auch die Schwäche der DDR dokumentiert. Bis zum Inkrafttreten der Besucherregelung Mitte 1972 waren persönliche Kontakte von West-Berlinern in die DDR bzw. nach Ost-Berlin nur mehr kurzfristig durch vier Passierscheinabkommen in den Jahren 1963 bis 1966 möglich. Auch nahm die östliche Seite die Bundespräsenz in West-Berlin zum Anlaß für Schikanen im Berlin-Verkehr, der im Umfeld der Plenartagung des Bundestages 1965 und des Zusammentritts der Bundesversammlung 1969 sogar ganz zum Erliegen kam.

Mauerbau und Kuba-Krise 1962 markieren Höhepunkte, aber zugleich auch Wendepunkte im Ost-West-Konflikt. Die nun einsetzende Phase der Détente blieb ebenfalls nicht ohne Rückwirkung auf die Entwicklung in Berlin. Im August 1969 starteten die Westmächte in gleichlautenden Aide-mémoires an die UdSSR eine Berlin-Initiative. Nach der zustimmenden Antwort der sowjetischen Führung begannen die Verhandlungen am 26. März 1970. Berlin wurde zum Testfall für die Entspannung. Zusammen mit den westlichen Verbündeten betonte die Bundesregierung, daß der Moskauer Vertrag nicht ohne eine befriedigende Berlin-Regelung in Kraft gesetzt werden könnte (»Berlin-Junktim«).

Das »Vier-Mächte-Abkommen« vom 3. September 1971 gilt als typisches Dokument der Entspannung: Es zeigt den Kooperationswillen zwischen Ost und West, wobei die Meinungsverschiedenheiten ausgeklammert bzw. in unterschiedlich interpretierbare Begriffe gekleidet wurden. Die vier Regierungen erkannten darin ihre Rechte bezüglich Berlin gegenseitig an, wobei jedoch deren Anwendungsbereich mit der Kompromißformel »betreffendes Gebiet« bezeichnet wurde. Das erlaubte den Westmächten, darunter ganz Berlin zu verstehen, während die Sowjetunion den Begriff nur auf West-Berlin bezog. Auch was das Verhältnis West-Berlins zur Bundesrepublik betraf, fand man eine allseits akzeptierte Formulierung. Zwar sollten die »Bindungen zwischen den Westsektoren Berlins und der Bundesrepublik Deutschland aufrechterhalten und entwickelt werden«, doch sei dabei zu berücksichtigen, »daß diese Sektoren so wie bisher kein Bestandteil (konstitutiver Teil) der Bundesrepublik Deutschland sind und auch weiterhin nicht von ihr regiert werden.« Geregelt wurde ferner die zulässige Form der Bundespräsenz in West-Berlin. Das Abkommen mußte durch die »zuständigen deutschen Behörden« ergänzt bzw. ausgefüllt werden. Dies führte unter anderem zum Transitabkommen und zu Reise- und Besuchervereinbarungen.

Der komplizierte Status Berlins zog zahlreiche Konsequenzen nach sich.[3] So durfte West-Berlin keine abstimmungsberechtigten Mitglieder in den Bundestag oder Bundesrat entsenden und auch nicht vom Bund regiert werden. Jedoch konnten Berliner Vertreter an den Sitzungen der gesetzgebenden Körperschaften teilnehmen, wobei die Berliner Abgeordneten aber bis 1990 nicht direkt gewählt wurden. Einerseits galt in West-Berlin prinzipiell auch das Grundgesetz, insbesondere die Grundrechte, die zentralen Konstruktionsprinzipien sowie die bundesstaatliche Kompetenzordnung. Andererseits traten Bundesgesetze nicht unmittelbar in Kraft, sondern mußten vom Berliner Abgeordnetenhaus im Wege der sogenannten Mantelgesetzgebung übernommen werden. Der Status Berlins als Bundesland kam vor allem durch die Rechtseinheit mit der Bundesrepublik zum Ausdruck. West-Berlin war auch voll in die EG integriert. Im Gegensatz zur Bundesrepublik wurde in West-Berlin das Besatzungsrecht aber nicht aufgehoben. Das »Kleine Besatzungsstatut« von 1949 wurde am Tag des Inkrafttretens des Deutschlandvertrages am 5. Mai 1955 durch die »Erklärung über Berlin« der Alliierten Kommandantur abgelöst. Sie beschränkte die alliierten Rechte auf die Erfüllung ihrer internationalen

Verpflichtungen, die Sicherung der öffentlichen Ordnung und die Erhaltung des Status und der Sicherheit Berlins, seiner Wirtschaft, seines Handels und seiner Verbindungslinien.

Besonderheiten galten auch für den Status Ost-Berlins in der DDR, wobei allerdings ein schrittweiser, bis in die 80er Jahre hineinreichender Prozeß der vollständigen Eingliederung zu konstatieren ist. Bezeichnend hierfür ist die sich langsam wandelnde Stellung der Berliner Vertreter in der Volkskammer. Zunächst wurden diese noch als »Vertreter der Hauptstadt Berlin (beratend)« eingestuft, seit der Änderung des Wahlgesetzes 1979 konnten die Ost-Berliner – zum ersten Mal 1981 – ihre voll stimmberechtigten Abgeordneten direkt »wählen«. 1962 führte die DDR die allgemeine Wehrpflicht wie in den anderen Bezirken auch in Berlin ein. Seit 1976 erschien das »Verordnungsblatt über Groß-Berlin«, in dem die Übernahme von Rechtsakten der Volkskammer durch den Ost-Berliner Magistrat veröffentlicht wurde, nicht mehr, im selben Jahr wurden die ständigen Kontrollposten an der Stadtgrenze zum Bezirk Frankfurt/Oder aufgelöst. Dennoch besaß die DDR nicht die volle Souveränität über Ost-Berlin. So kontrollierte bis zur Vereinigung die Alliierte Luftsicherheitszentrale als letzte funktionierende interalliierte Behörde den Luftraum über ganz Berlin. Diese und weitere Beschränkungen engten den Hauptstadtanspruch der DDR zumindest rechtlich erheblich ein.

Auch nach Abschluß des Vier-Mächte-Abkommens blieb der Status West-Berlins ein politisches Streitthema. Während die DDR die Rechtmäßigkeit der Verbindungen zur Bundesrepublik bestritt und darauf beharrte, daß West-Berlin eine »selbständige politische Einheit« bilde, bestand die Bundesregierung, unterstützt von den Westmächten, auf den engen politischen, kulturellen und wirtschaftlichen Bindungen. Insgesamt zeigte sich in den 70er Jahren, daß die mit dem Vier-Mächte-Abkommen erhoffte Normalität nicht eingetreten war. Dennoch hatte sich mit dem Vier-Mächte-Abkommen die Lage deutlich beruhigt. West-Berlin wurde in alle nun abgeschlossenen Verträge und Vereinbarungen zwischen der Bundesrepublik und der DDR einbezogen, auch existierten eine Reihe von Vereinbarungen zwischen West- und Ost-Berliner Behörden. Offizielle Kontakte zwischen Senat und Magistrat bzw. zwischen den Bürgermeistern gab es jedoch nicht. Die einzige inoffizielle Begegnung fand am 21. Oktober 1987 zwischen dem Regierenden Bürgermeister Diepgen (CDU) und dem Ost-Berliner Oberbürgermeister Erhard Krack (SED) statt. In diesem Jahr stand das öffentliche Leben in ganz Berlin unter dem Zeichen des 750jährigen Stadtjubiläums, das in den beiden Stadthälften, trotz Bemühungen um eine Koordinierung, getrennt gefeiert wurde.

3. Die doppelte Vereinigung: Ende der 80er Jahre forderte die Opposition um die Ost-Berliner Gethsemanekirche, die Zions- und Samaritergemeinde die SED-Führung zunehmend heraus. Mahnwachen nach der Besetzung der Umweltbibliothek in der Zionskirche durch den Staatssicherheitsdienst, eigene oppositionelle Spruchbänder bei der offiziellen Rosa-Luxemburg-Demonstration waren sichtbare Zeichen des Protests. 1989 schwoll auch die Flüchtlingswelle erneut an. Neben den bundesdeutschen Botschaften in Ungarn, Polen und der Tschechoslowakei wurde die Ständige Vertretung der Bundesrepublik in Ost-Berlin zum zentralen Fluchtort.

Während frühere Demonstrationen – unter anderem bei den Feiern zum 40jährigen Bestehen der DDR – noch von der Staatsmacht brutal auseinandergetrieben worden waren, erlebte der Alexanderplatz am 4. November 1989 die größte, nicht von der SED veranstaltete Massenkundgebung in der Geschichte der DDR, bei der sich die Volkspolizei auffallend zurückhielt. Über 500 000 Menschen demonstrierten für eine demokratische Erneuerung. Am 9. November 1989 gab Günther Schabowski anläßlich einer Pressekonferenz in Ost-Berlin die Öffnung der Grenzen bekannt. Hilflose Grenzer standen einem plötzlichen Ansturm Hunderttausender gegenüber. Mit dem Fall der Mauer als Symbol der Teilung war nicht nur die deutsche Einheit, sondern auch das Zusammenwachsen Berlins unaufhaltsam geworden. Die Einrichtung eines Grenzüberganges am Brandenburger Tor jedoch, gegen die sich die DDR-Führung sperrte, erfolgte erst nach einer Übereinkunft zwischen Bundeskanzler Kohl und Modrow am 22. Dezember 1989.

Die Berliner Vereinigung vollzog sich parallel zum Prozeß der deutschen Einheit. Auf die dramatischen Ereignisse reagierten auch die beiden Stadtregierungen, die die Kooperation sofort in Angriff nahmen. Bereits am 29. Oktober 1989 kam es zu einer ersten offiziellen Begegnung der Bürgermeister, Momper und Krack, in Ost-Berlin. Zwei Wochen später wurde der »Provisorische Regionalausschuß« für Berlin und die angrenzenden Gebiete eingesetzt, in dem vor allem praktische Fragen der Verkehrsverbindungen, der Wasserwege, des Tourismus und des Umweltschutzes auf der Tagesordnung standen.

Die Zusammenarbeit zur Klärung der innerstädtischen Aspekte der Vereinigung intensivierte sich, nachdem die Ost-Berliner Stadtverordnetenversammlung im Mai 1989 frei gewählt worden war und der von ihr berufene Magistrat eine demokratische Legitimation besaß. Die beiden Stadtparlamente bildeten einen paritätisch besetzten »Ausschuß Einheit Berlins«, der sich mit der Vereinheitlichung des Landesrechts beschäftigte. In insgesamt dreizehn gemeinsamen Sitzungen des West-Berliner Senats und des Ost-Berliner Magistrats vor der Vereinigung wurde die Wiederherstellung der Einheit Berlins als Ziel festgelegt, ein Austausch von Mitarbeitern der Verwaltungen beschlossen und die Angleichung des Landesrechts sowie der Aufbau einer gemeinsamen Verwaltung vorangetrieben.

Die Herstellung der staatlichen Einheit und die Erlangung der vollen Souveränität Deutschlands brachte auch die Überwindung der Spaltung Berlins und dessen besonderen Status. Im »Zwei-plus-Vier«-Vertrag vom 12. September 1990 gaben die vier Siegermächte des Zweiten Weltkriegs ihre Rechte in bezug auf Deutschland als Ganzes und Berlin auf, am 2. Oktober 1990 wurde die Alliierte Kommandantur aufgelöst. Die rechtliche Grundlage für die Vereinigung der Stadtteile ist Art. 1 des Einigungsvertrages, der festschreibt: »Die 23 Bezirke von Berlin bilden das Land Berlin.« Nach Art. 16 nahm der Senat gemeinsam mit dem Magistrat die Aufgaben der Gesamt-Berliner Landesregierung wahr, bis eine solche am 22. Januar 1991 nach den ersten freien Wahlen seit 1946 am 2. Dezember 1990 gebildet wurde. Wiederum zeigte sich im Vereinigungsprozeß die enge Verzahnung von Berliner und deutscher

Geschichte. 1994 ging dann mit der Verabschiedung der russischen und westalliierten Truppen die Nachkriegszeit in Berlin endgültig zu Ende.

4. Hauptstadt Berlin

4.1. »Hauptstadtsuche«: Das Ende der staatlichen Teilung Deutschlands und die Vereinigung Berlins ermöglichten jetzt die Umsetzung von früheren Bundestagsbeschlüssen, die die Hauptstadtfunktion der Spree-Stadt wiederholt bekräftigt hatten. Über vier Jahrzehnte konnten sie von der »Hauptstadt im Wartestand« nicht wahrgenommen werden, nun hieß es in Art. 2 des Einigungsvertrages: »Hauptstadt Deutschlands ist Berlin«. Während dieser Passus, der in der Kontinuität der Beschlußlagen in der Geschichte der Bundesrepublik lag, kaum umstritten war, entzündete sich an der im Einigungsvertrag ausgeklammerten Frage des Sitzes von Parlament und Regierung eine heftige, quer zu allen Parteilinien verlaufende Debatte.

Neben regionalen und handfesten materiellen Interessen spielten in der Diskussion weiter ausgreifende Argumentationsmuster die zentrale Rolle. Mit der »Hauptstadtsuche« (von Beyme) wurde die Identitätsfrage im vereinten Deutschland angesprochen. Sowohl Befürworter als auch Gegner rekurrierten auf nahezu alle Schichten der deutschen Selbstwahrnehmung: Geschichtsbewußtsein, Gegenwartsperzeption und Zukunftserwartung. Die Bonn-Anhänger sahen die Rheinstadt als Symbol für die demokratische, föderalistische und westintegrierte Bundesrepublik. Berlin hingegen verbanden sie mit Erinnerungen an die dunklen Stunden der deutschen Geschichte und Befürchtungen über eine Ostorientierung. Die Umzugskosten sollten ihrer Meinung nach besser direkt in den Aufbau Ost investiert werden. Die Berlin-Befürworter, für die sich nach 40 Jahren Bekenntnis zur alten Hauptstadt die Glaubwürdigkeit der Politik auf dem Prüfstand befand, machten sich eine umgekehrte Argumentationskette zu nutze. Für sie ist Berlin ein Symbol der Freiheit und Westbindung, das in einem 45jährigen Kampf inmitten eines sozialistischen Umfeldes behauptet wurde. Gerade die Geschichtsträchtigkeit Berlins spräche gegen das geschichtslose Bonn. Den Ausbau Berlins zur voll funktionstüchtigen Hauptstadt interpretierten sie als Zeichen des »Zugehens« auf die Menschen in den neuen Ländern. Den gesamtdeutschen Föderalismus sahen sie gerade deshalb in Gefahr, weil die Bundesbehörden sämtlich in den alten Bundesländern lägen. Für die Zukunft sei Berlin außerdem die Brücke zu Osteuropa, seine östliche Lage für die Vollendung der gesamteuropäischen Integration von Vorteil.

Den Höhepunkt erreichte diese Diskussion in der Hauptstadt-Debatte des Deutschen Bundestages am 20. Juni 1991. Nach einer von Würde und hohem Ernst geprägten elfstündigen Marathon-Sitzung entschieden sich die Abgeordneten in freier Abstimmung mit einer knappen Mehrheit von 338 zu 320 Stimmen gegen Bonn (»Bundesstaatslösung«) und für den Antrag »Vollendung der Einheit Deutschlands (Berlin-Antrag)«. »Sitz des Deutschen Bundestages ist Berlin«, lautete der Beschluß. Die Arbeitsfähigkeit sollte nach vier Jahren hergestellt, die volle Funktionsfähigkeit Berlins als Parlaments- und Regierungssitz nach zehn bis zwölf Jahren erreicht sein. Die Bundesregierung sollte den »Kernbereich der Regierungsfunktionen« ebenfalls in Berlin ansiedeln. Während der Bundestag dem Bundesrat empfahl, seinen Sitz in Bonn zu behalten, ging er davon aus, daß der Bundespräsident seinen ersten Dienstsitz in Berlin einnimmt. Zwischen den beiden Städten sollte darüber hinaus eine »faire Arbeitsteilung« vereinbart werden, die den größten Teil der Arbeitsplätze in Bonn sichert. Als Ausgleich sollte die Region mit der Ansiedlung neuer Institutionen von nationaler und internationaler Bedeutung im politischen, wissenschaftlichen und kulturellen Bereich entschädigt werden.

4.2. Hauptstadt im Werden: Die Implementation des Beschlusses verzögerte sich allerdings erheblich. Der ursprüngliche Zeitplan des Bundestagsbeschlusses konnte nicht eingehalten werden. Erste Weichenstellungen dazu unternahm bereits der erste Zwischenbericht der Konzeptkommission vom 11. Dezember 1991, der die Arbeitsfähigkeit auf einem sehr hohen Niveau definierte, das in den vorgesehenen vier Jahren nicht zu erreichen war.

Zwar traf die Bundesregierung in Verfolgung des Bundestagsbeschlusses vom 20. Juni 1991 ebenfalls ihre Sitzentscheidung als Verfassungsorgan für Berlin. Bezüglich des Sitzes der einzelnen Bundesministerien präzisierte sie ihre Vorstellungen – nach Vorarbeit des Arbeitsstabes Berlin/Bonn – in drei Kabinettsitzungen bis zum 3. Juni 1992. Danach bleiben folgende Bundesministerien dauerhaft in Bonn: Ernährung, Landwirtschaft und Forsten; Verteidigung; Gesundheit; Umwelt, Naturschutz und Reaktorsicherheit; Bildung, Wissenschaft, Forschung und Technologie; wirtschaftliche Zusammenarbeit und Entwicklung.

Doch stand das Vorhaben Umzug von Parlament und Regierung vor weiteren Hindernissen. Der zweite Zwischenbericht der Konzeptkommission des Ältestenrates hatte bereits am 17. Juni 1992 festgestellt, daß es sich »wegen der umfassenden und schwierigen Aufgabe als nicht möglich erwiesen hat, die Arbeitsfähigkeit von Parlament und Regierung in nur vier Jahren herzustellen«. Ein neuer Zeitplan wurde von der Bundesregierung am 12. Oktober 1993 verabschiedet. Danach sollte der Umzug bis zum Jahr 2000 realisiert sein, wobei mit dem schrittweisen Umzug einzelner Ministerien nach Maßgabe der Fertigstellung von Amtsgebäuden und Wohnungen für die Mitarbeiter auch schon früher begonnen werden sollte. Die CDU/CSU-Fraktion billigte diese Beschlüsse eine Woche später, zusammen mit dem Berlin/Bonn-Gesetz nahm sie auch der Bundestag am 10. März 1994 an. Die Diskussionen um eine Verschiebung des Umzuges verstummten jedoch nie. Mit der Verschlechterung der Finanzlage des Bundes wurde die Frage der Kosten zum Kernelement der Verzögerungsstrategie. Demonstrativ setzte daher der damalige Bundespräsident Richard von Weizsäcker mit der Verlegung seines Amtssitzes von Bonn nach Berlin kurz vor dem Ende seiner Präsidentschaft ein Zeichen gegen den schleppenden Hauptstadtumzug. Auch Roman Herzog nahm seinen Dienstsitz im Schloß Bellevue ein.

Die Bundesregierung vertrat stets die Auffassung, daß die Frage des Umzuges und die Ausgleichsmaßnahmen für Bonn der Gesetzesform bedürften. Erhebliche Formulierungsschwierigkeiten ergaben sich aus der Notwendigkeit, zu möglichst präzisen Festlegungen hinsichtlich des Verbleibs von Ministerien in Bonn zu kommen und gleichzeitig nicht die verfassungsrechtlich garantierte Organisationsgewalt des Bundeskanzlers einzuschränken. Deshalb normiert das Berlin/Bonn-Gesetz vom 26. April 1994 lediglich, daß sich die Bundesministerien in beiden Städten befinden, die Geschäftsbereiche bestimmt der Bundeskanzler. Die entsprechenden Bonner Ministerien erhalten einen zweiten Dienstsitz in Berlin, wie auch umgekehrt die Berliner Ministerien mit einem zweiten Dienstsitz in Bonn verbleiben. Bonn erhielt im Gesetz darüber hinaus den Rang einer »Bundesstadt«. Die weiteren Ausgleichsmaßnahmen für die Region bestehen vor allem in der Verlagerung zahlreicher Bundesbehörden von Berlin nach Bonn. Vor der Verabschiedung des Gesetzes wurde von der Bundesregierung noch eine Kostendeckelung für den Umzug vorgenommen. Die Gesamtausgaben dürfen nach der Aufstellung des Bundesfinanzministeriums vom 14. Januar 1994 20 Mrd. DM nicht überschreiten, wobei 16 Mrd. DM auf den eigentlichen Umzug entfallen, während 4 Mrd. DM als Ausgleichsmaßnahmen für die Region Bonn vorgesehen sind.

Der Bundesrat sollte nach Empfehlung des Bundestages eigentlich in der Rheinstadt bleiben. Er legte sich auch in seinem Beschluß vom 5. Juli 1991 zunächst auf seinen Dienstsitz Bonn fest, doch behielt er sich eine »Überprüfung dieser Entscheidung im Lichte der noch zu gewinnenden Erfahrungen« vor. Aufgrund des befürchteten Bedeutungsverlusts für das föderale Element beschloß der Bundesrat schließlich am 27. September 1996 auf Initiative des bayerischen Ministerpräsidenten Stoiber, seinen Sitz nach Berlin zu verlagern. Lediglich eine Außenstelle wird weiterhin in Bonn präsent sein.

4.3. Hauptstadtbau: Über Jahre präsentiert sich Berlin als größte Baustelle der Welt. Der Hauptstadtbau ist im vollen Gange. Subtile Interpretationen der dort errichteten politischen Symbolik sind integrale Bestandteile der Berlin-Debatte. Architektur, Baustoffart und Standortwahl – alles ist mit Bedeutung aufgeladen. Sind Quadrate ästhetische Machtgesten? Signalisiert Glas Demokratie, Beton Diktatur, Holz Volksnähe? Die Wahrnehmung verkompliziert sich ferner durch den jeweiligen historischen Kontext vor Ort. Niemand kann in Berlin der Geschichte entkommen. Die historischen Bauten wie die neuen Anlagen, in denen künftig Politik gestaltet wird, sind dabei mehr als nur Kulissen, vor denen die Inszenierung »Deutschland« spielt. »In unserer Kultur sind Gebäude die zentrale Figur des Erinnerns«, so brachte Berlins Staatssekretär für Stadtplanung, Hans Stimmann, die mannigfachen Sensibilitäten des Vorhabens auf den Punkt.[4] Am Neubau des Bundeskanzleramtes läßt sich diese Aktualität der Geschichte beispielhaft zeigen. Genau an der Stelle des neuen Kanzleramtes sollte im Dritten Reich ein Palast des »Führers« stehen – im Schatten einer gewaltigen, hybriden Halle des Volkes. Das im Plan für das Kanzleramt vorgesehene runde Glaselement in der Fassade wurde als »Auge des Kanzlers« verspottet – mit fatalen Assoziationen: die totale Überwachung. Architekt Axel Schultes mußte daraufhin sein Vorhaben ändern. Jetzt öffnen halbmondförmige Bögen die Mauern nach Süden.

Kern des öffentlichen Neubaugebietes ist das sogenannte »Band des Bundes«, das den zentralen Standort für die wichtigsten Regierungs- und Parlamentsfunktionen bildet. Im Westen beginnt es mit dem Kanzlergarten auf dem Moabiter Werder, es erstreckt sich weiter über den inneren Spreebogen, in dem sich das Bundeskanzleramt, das Forum und das Paul-Löbe-Haus (ehemals Alsenblock) befinden, worin Ausschußsäle und Büros für die Abgeordneten untergebracht sind. Auf dem gegenüberliegenden Spreeufer wird das Band durch das Marie-Elisabeth-Lüders-Haus (Luisenblock), in dem die Parlamentsbibliothek, Archive und der wissenschaftliche Dienst ihr neues Domizil erhalten werden, abgeschlossen.

Der Ältestenrat des Deutschen Bundestages entschied am 30. Oktober 1991, daß der historische Wallot-Bau als Sitz des gesamtdeutschen Parlaments wiederhergestellt und genutzt werden sollte. Den Zuschlag für den Umbau des Reichstagsgebäudes, das gemäß dem Beschluß des Ältestenrates vom 30. Juni 1994 wieder eine gläserne Kuppel erhalten hat, bekam der britische Architekt Sir Norman Foster. Ende März 1999 wird der Reichstag dem Bundestag übergeben, gelegentliche Plenartagungen sollen ab diesem Zeitpunkt in Berlin stattfinden. Die volle parlamentarische Arbeit nimmt der Bundestag nach der Sommerpause im neuen Gebäude auf.

Zwar verlegte der Bundespräsident schon am 11. Januar 1994 seinen Dienstsitz nach Berlin, doch das Bundespräsidialamt befand sich nach wie vor in Bonn. Mit dem im November 1998 vollzogenen Umzug in das neue Verwaltungsgebäude, das »Oval-Office« oder »Präsidenten-Ei«, ist der Bundespräsident das erste Verfassungsorgan, welches komplett in Berlin vertreten ist. Das Amt ist es auch, das einen weiteren Markstein zur vollen Funktionsfähigkeit Berlins als Bundeshauptstadt setzen wird. Zur Wahl des Staatsoberhauptes kommt die Bundesversammlung am 23. Mai 1999, dem 50. Jahrestag des Bestehens der Bundesrepublik Deutschland, im umgebauten Reichstagsgebäude zusammen.

Die Bundesregierung stimmte – nach vorherigem heftigen Streit unter den Ministern – am 14. März 1995 dem Unterbringungskonzept des Umzugsbeauftragten Klaus Töpfer zu: Wegen der beschlossenen Kostendeckelung rückte sie darin vom ursprünglichen Plan ab, den Großteil der verlagerten Regierungseinrichtungen in Neubauten unterzubringen. Lediglich das Kanzleramt wird neu errichtet und das Innenministerium mietet einen Neubau an der Spree in Alt Moabit an. Alle anderen Ministerien und Institutionen werden in Altbauten ziehen. Auch der Bundesrat nahm Abschied vom Plan eines Neubaus. Er wird im Mai 2000 im Herrenhaus des preußischen Landtags sein neues Domizil finden.

Allerdings ergeben sich wohl weitere Verzögerungen. Zwar will Bundeskanzler Schröder bereits im Frühjahr 1999 repräsentative Termine in Berlin wahrnehmen, doch nach dem Bericht des neuen Umzugsbeauftragten, Bundesbauminister Franz Müntefering, vom Dezember 1998 wird sich der vollständige Umzug der Regierung erst zwischen Herbst 1999 und dem Frühjahr 2000 realisieren lassen. Mit der Fertigstellung des Kanzleramtes ist nicht vor dem Ende 2000 zu rechnen. Als Übergangsquartier steht aber das ehemalige DDR-Staatsratsgebäude zu Verfügung.

Aber nicht nur die offiziellen Bauten verändern das Gesicht Berlins. Am Potsdamer Platz befindet sich Europas größte und komplizierteste Baustelle. Auf dem rund dreieinhalb Kilometer langen und fast 1 000 Meter breiten Areal lassen die Weltkonzerne Daimler/Debis, ABB und Sony ein neues Stadtquartier entstehen.

700 Wohnungen und Arbeitsplätze für 20 000 Menschen werden geschaffen. Hotels, Kinos, Theater, eine Spielbank, Cafés und Restaurants werden die neuen Plätze und Foren umgeben. Am 2. Oktober 1998 wurde schon die erdfarbene »Daimler-City« eröffnet. Die Projektbereiche werden im Jahre 2000 ihrer Vollendung entgegenstreben. Über dem Potsdamer Platz wird dann der 110 Meter hohe Sony-Turm aus Glas und Stahl thronen. Der Pariser Platz vor dem Brandenburger Tor galt einst als Salon der Metropole. Die Zerstörungen des Krieges degradierten ihn zu einem Asphaltkarree. Botschaften, Banken, moderne Geschäftsgebäude und der Wiederaufbau des weltberühmten Hotels Adlon sollen ihn zu neuem Leben erwecken. Der Hauptstadtbau erfordert auch ein verbessertes Verkehrssystem. Der neue Lehrter Zentralbahnhof wird zu einem mehrgeschossigen Kreuzungsbahnhof ausgebaut und in ein neues, geplantes Stadtviertel eingebettet. Zwei Tunnels werden künftig den Tiergarten unterführen.

Im Jubiläumsjahr 1999 wird es also Ernst mit der vollen Funktionsfähigkeit Berlins als Hauptstadt der Bundesrepublik. Dennoch wird wohl der Satz des Schriftstellers Karl Scheffler aus dem Jahre 1910 weiter seine Gültigkeit behalten: »Berlin ist dazu verdammt, immerfort zu werden und niemals zu sein.«

4.4. Hauptstadt, Haushaltslage und Wirtschaft: Die wirtschaftliche und finanzielle Lage der Hauptstadt ist notorisch angespannt. Der strukturelle Anpassungsprozeß nach dem Fall der Mauer ist noch nicht abgeschlossen. Vor allem die Situation der öffentlichen Haushalte ist bedrohlich. In den Jahren 1991 bis 1994 bewirkte zwar der vereinigungsbedingte Wirtschaftsboom zunächst beträchtliche Steuermehreinnahmen, doch kam es seither zu einem Einbruch. Ein riesiges Defizit ist das Kennzeichen der Haushalte 1995 und 1996, das in den beiden Folgejahren – vor allem aufgrund von Vermögensveräußerungen – reduziert werden konnte. Für 1999 ist wieder ein höheres Minus zu erwarten. Die schwierige Lage der öffentlichen Kassen ist auf folgende Gründe zurückzuführen[5]: Bis zur Einheit wurde mehr als die Hälfte des West-Berliner Finanzbedarfs durch Bundeshilfen gedeckt. Die Insellage, durch welche die Stadt von den sozioökonomischen Bindungen zum Umland abgeschnitten wurde, zwang zur direkten Unterstützung von außen. Der Mauerbau dramatisierte zusätzlich die Situation. An die Stelle der Alliierten, die mit der Gründung der Bundesrepublik ihre Hilfen für Berlin beendeten, trat mit dem ersten Berlinhilfegesetz vom März 1950 der Bund. Im »Dritten Überleitungsgesetz« vom 4. Januar 1954 erhielt die Stadt, um seine Bevölkerung wirtschaftlich und sozial zu sichern sowie »seine Aufgaben als Hauptstadt eines geeinten Deutschlands zu erfüllen«, unter anderem einen Bundeszuschuß zur Deckung des Fehlbedarfs im Landeshaushalt.

Zwar nimmt Berlin seit 1995 am normalen Länderfinanzausgleich teil, erhält auch weiterhin Ergänzungszuweisungen und andere Zahlungen aus Bundesmitteln und wird durch Struktur- und Sozialfonds der EG gefördert, doch verkraftete der Haushalt nicht die 1994 erfolgte Einstellung der Berlinhilfe. Zu den beträchtlichen konjunkturellen Steuerausfällen kommen die strukturellen Schwächen im Berliner Haushalt. Eine aufgeblähte öffentliche Verwaltung trägt zu den Finanzproblemen maßgeblich bei. Die Steuerkraft ist niedrig, das Infrastrukturangebot dagegen ausgabenintensiv. Schließlich sind die vereinigungsbedingten Lasten zu nennen. Zum einen mußten die Verwaltungen beider Stadthälften zusammengeführt werden, zum anderen sind hohe Aufwendungen für den Ausbau und die Modernisierung der Infrastruktur im Ostteil notwendig. In einem doppelten Sinne nachteilig wirkt sich außerdem die Abwanderung der Bürger ins Umland aus: Einerseits nehmen sie auch »ihre« Steuern mit, andererseits verringern sie Berlins Ansprüche im Finanzausgleich.

Angesichts der dramatischen Haushaltsentwicklung hat der Senat im Frühjahr 1996 einen radikalen Kurswechsel eingeleitet. Drei Jahre nacheinander hat Berlin seine Ausgaben reduziert – von 1997 zu 1998 allein um fast eine Mrd. DM. 1999 soll dieser Weg beibehalten werden. Trotz des erheblichen Rückgangs der Steuereinnahmen konnte so die Nettoneuverschuldung von 1995 bis 1998 um nahezu zwei Mrd. DM auf 4,8 Mrd. DM gesenkt werden. Nicht unwesentlich dazu beigetragen haben umfangreiche Privatisierungen. Der Senat hat 1997 beschlossen, insgesamt sechs Mrd. DM durch die Veräußerung von Vermögen und Beteiligungen zu erlösen. Die Wirkungen sind allerdings ambivalent: Auf der einen Seite kann zwar dadurch die enorme Zinsbelastung gesenkt werden, auf der anderen Seite sind Verluste bei den Einnahmen zu verbuchen. Die Fortexistenz des Fehlbetrages zeigt allerdings, daß Berlin trotz der Konsolidierungspolitik weiterhin »im Gefahrenbereich einer extremen Haushaltsnotlage« manövriert.[6]

Die Wirtschaft in Berlin entwickelt sich im Vergleich zum Bundesdurchschnitt schwächer. Der Strukturwandel in Richtung Dienstleistungsstadt ist noch nicht beendet, der wachsende dritte Sektor kann die Verluste beim produzierenden Gewerbe noch nicht kompensieren. Nach einer Stagnation des Wirtschaftswachstums 1995 entwickelte sich die ökonomische Aktivität 1996 sogar rückläufig. Zwar ist 1997 die Schwächephase – hauptsächlich aufgrund der günstigeren Entwicklung bei der Exportindustrie – zu Ende gegangen, doch bleibt der Zuwachs beim Bruttoinlandsprodukt weiterhin deutlich hinter dem bundesweiten Trend zurück. Nicht nur konjunkturelle Gründe spielen hierbei eine Rolle, vielmehr sind strukturelle Probleme immer noch virulent. Die dauerhafte Subventionierung führte dazu, daß Industrien dominierten, die sonst nicht mehr in Ballungsgebieten angesiedelt sind, und daß die Unternehmen nicht auf Marktveränderungen reagierten. Die Abwanderung von Betrieben nach Brandenburg oder in die angrenzenden osteuropäischen Niedriglohnländer machen der Berliner Wirtschaft zu schaffen. Besorgniserregend ist vor allem auch die Lage auf dem Arbeitsmarkt. Die Arbeitslosenquote nahm beständig zu. Trotz der bundesweiten Trendwende muß Berlin wohl auch 1998 einen, wenn auch im Vergleich zu den Vorjahren moderateren Anstieg verkraften. Im September 1998 betrug die Arbeitslosenquote 15,5 %. Die Talsohle scheint aber erreicht.

In einer längerfristigen Perspektive wird die Stadt jedoch zusätzliche Wachstumspotentiale nutzen können. Die Verbesserung der Verkehrsinfrastruktur kann die Probleme der geographischen Randlage zu den westeuropäischen Absatzmärkten verkleinern. Berlin entwickelt sich zu einem Knotenpunkt für Handel und Verkehr, wobei die Norderweiterung der EU wie auch die osteuropäischen Nachbarn eine gewichtige Rolle spielen. Ferner wird der vollständige Ausbau zum Regierungssitz neue Entwicklungsimpulse bringen. Vieles wird aber auch davon abhängen, inwieweit Berlin seinen Status als Wissenschafts- und Investitionsstandort ausbauen kann. Kontraproduktiv könnten sich deshalb Kürzungen in den entsprechenden Etats auswirken. Bildung, Wissenschaft und Forschung sind in Berlin hochrangige Standortfaktoren, die für die zukünftige Leistungsfähigkeit jeder Volkswirtschaft von ausschlaggebender Bedeutung sein werden.

4.5. Kultur- und Wissenschaftshauptstadt: Berlin verdankt seinen Ruf als Kulturmetropole von Weltrang den zwanziger Jahren, in denen die künstlerische Avantgarde in der Spree-Stadt kulminierte. Nach einer kurzen Blüte in der Nachkriegszeit wurde auch das kulturelle Leben von der Teilung der Stadt bestimmt. In West-Berlin entwickelte sich trotzdem bis in die 60er Jahre ein reichhaltiges Angebot, das Vier-Mächte-Abkommen schuf verbesserte Rahmenbedingungen. Ost-Berlin wurde als Hauptstadt der DDR zum kulturellen Zentrum ausgebaut, wobei die ideologisierte Kuturpolitik zur Demonstration der Überlegenheit instrumentalisiert wurde.

Seit dem Fall der Mauer ist das kulturelle Angebot dementsprechend durch eine Multiplikation der Einrichtungen gekennzeichnet. Im Angesicht der Haushaltslage wird vor allem in diesem Bereich gespart. Der nach dem Berliner Kultursenator benannte »Radunskimarsch« bläst durch die kulturellen Institutionen. Die umstrittene Schließung des Schiller-Theaters und des Metropoltheaters, die Diskussion um das Ende eines der acht Orchester 1998 sind prominente Beispiele der Sparbemühungen.

Bei den wissenschaftlichen Einrichtungen ergibt sich ein ähnliches Bild. Drei Universitäten, 14 Fachhochschulen, über 10 000 dort tätige Wissenschaftler sowie außerdem 250 außeruniversitäre Forschungseinrichtungen – nirgendwo in Deutschland gibt es eine solche Verdichtung. Von besonderer Bedeutung für den Forschungsstandort Berlin ist die 1998 in Betrieb genommene Synchrotron-Strahlenquelle BESSY II der Berliner Elektronenspeicherring-Gesellschaft. Weitere Innovationsimpulse erwartet man sich vom neugegründeten Forschungs- und Technologiepark Aldershof und dem Biomedizinischen Forschungscampus in Berlin-Buch. Doch im Wissenschaftsbereich regiert ebenfalls der Sparzwang. Zur Planungssicherheit hat der Senat Verträge mit den Hochschulen zur Gewährung von festen Zuschüssen für konsumtive Zwecke abgeschlossen. Aber auch diese Hochschulverträge enthalten massive Mittelkürzungen.

Berlin ist der Schauplatz zahlreicher kultureller Großveranstaltungen. Zwar scheiterte die Bewerbung zur Austragung der Olympischen Spiele im Jahr 2000 an der Umbruchssituation der Stadt. Doch die ungeheure Dynamik ließ dies schon wieder vergessen. 1995 fand mit der Aktion »Wrapped Reichstag« der Künstler Christo und Jean Claude das wohl bedeutendste kulturelle Ereignis statt. Die vielfach kritisierte erste Biennale für Gegenwartskunst 1998 stellte das Leben in Berlin als einer Stadt in Bewegung in den Mittelpunkt. Die besonderen Probleme im Umgang mit der deutschen Vergangenheit kommen in der jahrelangen Diskussion um die Errichtung und Ausgestaltung des »Denkmals für die ermordeten Juden Europas« südlich des Brandenburger Tors zum Ausdruck.

4.6. Hauptstadt und innere Einheit: Die Mauer ist gefallen, doch die Spuren der Teilung sind immer noch greifbar. Insbesondere an den Wahlergebnissen werden die Trennungslinien deutlich, die sich seit 1990 verfestigt haben. Die markantesten Differenzen sind dabei bei der PDS festzustellen. Während sie im Westteil der Stadt den Status einer Splitterpartei hat und bei der Bundestagswahl 1998 nur 2,7 % erreichte, war sie im Ostteil mit 30,0 % die zweitstärkste Partei. Bei der CDU hingegen zeigt sich ein umgekehrtes Bild. Sie war auch bei der letzten Wahl zum deutschen Parlament im Westen wesentlich stärker als im Osten. In den östlichen Wahlbezirken erhielt sie mit 14,7 % nicht einmal mehr halb so viele Stimmen wie die SED-Nachfolgerin. Ähnliches zeichnet sich auch für Bündnis 90/Die Grünen und auf niedrigerem Niveau für die F.D.P. ab. Lediglich die SPD erreichte ein relativ symmetrisches Ergebnis (West: 39,6; Ost: 35,1 %). Besonders pikant ist, daß das künftige Regierungsviertel von einer PDS-Abgeordneten im Bundestag vertreten wird. Petra Pau setzte sich hier gegen Wolfgang Thierse von der SPD durch. Kalkuliert man die bundesweiten Trends bei den Wahlen zum Bundestag 1998 mit ein, weist die Berliner Abgeordnetenhauswahl von 1995, die eine Bestätigung der Großen Koalition unter dem Regierenden Bürgermeister Eberhard Diepgen brachte, dieselbe Struktur auf. Noch extremer fiel hierbei der Unterschied zwischen den Ergebnissen der PDS in Ost und West aus. Im Westteil kam sie lediglich auf 1,1 % der Stimmen, während sie damals im Osten mit 36,3 % die stärkste politische Kraft wurde. Zur Erklärung dieser Unterschiede ist nicht nur auf die wenig integrationsfördernde wirtschaftliche Lage der Stadt abzuheben. Vielmehr verbergen sich dahinter tiefere politisch-kulturelle Brüche, welche die 40jährige doppelte Geschichte Deutschlands hinterlassen hat. Gerade das Ergebnis der PDS beruht vor allem auf der Tatsache, daß sich in Ost-Berlin die zentralen Verwaltungs- und Lenkungseinrichtungen der ehemaligen DDR befanden. Bei Beamten und Angestellten im öffentlichen Dienst erreicht sie immer noch weit überdurchschnittliche Werte. In der Zusammenschau läßt sich deshalb für die Wahlen zum Berliner Abgeordnetenhaus von 1999 prognostizieren, daß die Struktur der Ergebnisse gleich bleiben wird. Noch hat Berlin einen weiten Weg in Richtung innere Einheit zurückzulegen.

5. Deutschland auf dem Weg von Bonn nach Berlin: Berlin war der Spiegel der deutschen Geschichte und auch heute zeigen sich hier im Brennglas die deutschen Herausforderungen: Innere Einheit und außenpolitische Standortsuche berühren die Grundlagen der deutschen Identität. Fast zeitgleich mit dem endgültigen Abschied vom Provisorium Bonn ging auch die Ära Kohl zu Ende. Deutschland steht am Beginn einer neuen Entwicklungsphase. Außenpolitische Kontinuität, die Bundeskanzler Schröder angekündigt hat, wird zum Prüfstein der deutschen Verläßlichkeit. Aus der föderalistischen Perspektive sind aber mit Argusaugen die – möglicherweise – zentralisierenden Auswirkungen des Gravitationszentrums Berlin zu beobachten. Innenpolitisch spiegelt die Stadt an der Spree die deutsch-deutschen

Schwierigkeiten wider. Die Chance, daß die Politik lernt, sensibler auf die Stimmungs-, Mentalitäts- und Problemsituation der Menschen in den neuen Bundesländern zu hören, ist durch Berlins geographische Lage gegeben. Den neuen Bundesbürgern kann die voll ausgebaute Hauptstadt neue Identifikationsmöglichkeiten bieten, die von der Kleinstadt am Rhein nicht ausgehen konnten. Berlin ist die Zukunft – jedoch eine mit langer Geschichte. Überall tritt sie hier zu Tage. Sonderwege aber können sich die Deutschen nicht leisten, die Bundesrepublik muß westlich bleiben – dies ist die zentrale Herausforderung an die politische Kultur der »Berliner Republik«.

Andreas Kießling

Anmerkungen:

1 Vgl. z.B. W. Weidenfeld: Der deutsche Weg, Berlin (2. Aufl.) 1991; D.J.K. Peukert: Die Weimarer Republik. Krisenjahre der Klassischen Moderne 1918–1933, Frankfurt a.M. 1987.
2 Vgl. zur Bedeutung der Bundespräsenz in Berlin U. Wetzlaugk: Berlin und die deutsche Frage, Köln 1985.
3 Vgl. zum Rechtsstatus Berlins und dessen Folgen R. Scholz: Berlin. Status und nationale Aufgabe, in: Die Öffentliche Verwaltung, 9/1987, S. 358–366; M. Rexin: Ost-Berlin als DDR-Hauptstadt, in: Deutschland-Archiv, 6/1989, S. 644–655.
4 Zit. nach Der Spiegel, 22/1998.
5 Vgl. dazu DIW-Wochenbericht: Berliner Finanzpolitik in einem fast ausweglosen Dilemma. Aktuelle Tendenzen im Landeshaushalt, 39/1997, S. 697–708.
6 So der Präsident des Landesrechnungshofes, Gryszyk, zit. nach Frankfurter Allgemeine Zeitung, 9. 7. 1998.

Literatur:

Bahr, Christian/Günter Schneider: Hauptstadtbau. Wer baut wo? Berlin als Schauplatz der Bundespolitik, Berlin 1997. □ Beyme, Klaus von: Hauptstadtsuche. Hauptstadtfunktionen im Interessenkonflikt zwischen Bonn und Berlin, Frankfurt a. M. 1991. □ Forschungsinstitut der Deutschen Gesellschaft für Auswärtige Politik (Hrsg.): Dokumente zur Berlin-Frage 1944–1966, München (4. Aufl.) 1987. □ Dass. (Hrsg.): Dokumente zur Berlin-Frage 1967–1986, München 1987. □ Fröhlich, Manuel: Berlin, in: Werner Weidenfeld/Karl-Rudolf Korte (Hrsg.): Handbuch zur deutschen Einheit, Bonn (aktual. Neuausgabe) 1996, S. 42–55. □ Hertle, Hans-Hermann: Chronik des Mauerfalls. Die dramatischen Ereignisse um den 9. November 1989, Berlin (6. Aufl.) 1997. □ Presse- und Informationsamt der Bundesregierung (Hrsg.): Bundeshauptstadt Berlin. Parlament und Regierung ziehen um, Bonn 1997. □ Presse- und Informationsamt des Landes Berlin (Hrsg.): Das Lexikon der Bundeshauptstadt Berlin, Berlin 1992. □ Dass. (Hrsg.): Dokumente zur Bundeshauptstadt Berlin, Berlin 1995. □ Dass. (Hrsg.): Hauptstadt im Werden, Berlin (2. Aufl.) o. J. □ Senatsverwaltung für Wirtschaft und Betriebe (Hrsg.): Wirtschaftsbericht Berlin 1998, Berlin 1998. □ Süss, Werner (Hrsg.): Hauptstadt Berlin, 3 Bde., Berlin 1994 ff. □ Wetzlaugk, Udo: Berlin und die deutsche Frage, Köln 1985.

Bildung und Wissenschaft

→ DDR: Politisches System, Deutschlandforschung, Jugend, Lebensbedingungen, Neue Bundesländer, **Politische Bildung**, Politische Kultur.

1. Begriffliche Klärungen und historische Voraussetzungen: Bildung und Erziehung, Wissenschaft und Forschung sind in ihren institutionalisierten Formen in modernen komplexen Gesellschaften jeweils eigene »Systeme«, die aber untereinander in mancher Hinsicht verknüpft sind. So stellt z. B. das Bildungssystem die erforderlichen qualifizierten Kräfte für das Wissenschaftssystem bereit und umgekehrt werden im Bildungswesen auf den verschiedenen Stufen Erkenntnisse der Wissenschaften genutzt, z. B. in den Lehrplänen der Schulfächer und in der Lehreraus- und -weiterbildung. Die Differenz besteht – idealtypisch gesehen – darin, daß die Wissenschaften neue Erkenntnisse produzieren, während Schule und Ausbildung sie zu verwerten haben. Gleichzeitig vermitteln Schule, Erziehung und Ausbildung außer kognitiven Inhalten soziale Verhaltensweisen und moralische Postulate. Beide – Bildungssystem und Wissenschaftssystem – sind darüber hinaus in umgreifende politische, gesellschaftliche, ökonomische und kulturelle Zusammenhänge eingebettet, wobei es oft schwer fällt, einzelne Einflußfaktoren zu isolieren und zu gewichten.

Unbestritten ist, daß die Geschichte des deutschen Bildungswesens und der Wissenschaftsorganisation im 20. Jahrhundert entscheidend von den politischen Umbrüchen der Jahre 1918, 1933, 1945 und 1989/90 geprägt worden ist, mögen auch aus sozial- und mentalitätsgeschichtlicher Sicht diese Zäsuren relativiert werden. Auf manchen Gebieten beeinflussen aber noch weiter zurückliegende historische Entwicklungslinien die Gestalt des gegenwärtigen Bildungswesens sowie die Positionen und Argumente in der Bildungspolitik und pädagogischen Diskussion, so z. B. in der umstrittenen Frage der Gliederung des allgemeinbildenden Schulwesens oder über die Rolle der Universitäten im Wissenschaftssystem.

Als Ergebnis historischer Langzeitwirkungen, die sich in den Jahrzehnten der Teilung Deutschlands nach 1945 bemerkbar gemacht haben, können genannt werden:

1. Die überragende Rolle des Staates bei der Gestaltung des Schulwesens und der Universitäten (im Unterschied etwa zu den angelsächsischen Ländern), die auf die Stellung der Landesherren seit der Reformation und den aufgeklärten Absolutismus des 18. Jahrhunderts zurückgeht;
2. die damit verbundene Kompetenz der jeweiligen Einzelstaaten (Länder) für Schulen und Hochschulen (sogenannte »Kulturhoheit«) und die erst um 1900 spürbare Rolle der Zentralgewalt (Reich) in der Wissenschaftspolitik;
3. der zu bestimmten Zeiten starke und politisch äußerst umstrittene Einfluß der Kirchen, besonders der Römisch-Katholischen Kirche, auf das Schulwesen in

einem konfessionell gespalteten Land, aus dem sich auch ein spezifisches Staat-Kirchen-Verhältnis ergeben hat;
4. die Auseinandersetzung mit Ursachen und Folgen der nationalsozialistischen Diktatur, die für den Schulunterricht, die politische Bildung und die Geistes- und Sozialwissenschaften in der Bundesrepublik eine Daueraufgabe geworden ist, in der DDR unter der Flagge des »Antifaschismus« vor allem für aktuelle Zwecke instrumentalisiert wurde.

Ähnlich, aber vielleicht stärker noch als in anderen gesellschaftlichen Bereichen lassen sich im Bildungswesen historisch gewachsene Strukturen häufig nur an der Oberfläche und nicht in ihrem Kern verändern. Aus der Spannung zu den im Gange befindlichen geistigen und gesellschaftlichen Wandlungen und den unterschiedlichen Reaktionen darauf ergeben sich auch die Konflikte in der Bildungspolitik.

2. Die Entwicklung von Bildung und Wissenschaft in beiden Teilen Deutschlands von 1945 bis 1989

2.1. Ausgangslage (1945–1949): Nach dem Ende der nationalsozialistischen Herrschaft und der Kapitulation des Deutschen Reiches im Mai 1945 sowie der Übernahme der politischen Gewalt durch die vier alliierten Besatzungsmächte in ihren Zonen und in Berlin ergaben sich für den Bildungs- und Wissenschaftsbereich folgende Hauptaufgaben: 1. Überwindung der materiellen Einbußen und Verluste; 2. Entnazifizierung des Personals; 3. Neuaufbau der Verwaltungen; 4. geistige Neuorientierung. Die Entwicklung verlief von Beginn an in den einzelnen Besatzungszonen unterschiedlich. Der Alliierte Kontrollrat beschränkte sich auf allgemeine Prinzipien auf der Grundlage der Potsdamer Konferenz vom August 1945: »Entnazifizierung, Entmilitarisierung und Demokratisierung« des deutschen Bildungswesens. Eine Direktive vom 25. Juni 1947 verkündete zwar das Ziel einer zusammenhängenden und umfassenden (comprehensive) allgemeinbildenden Schule, auf die zwanzig Jahre später in der Gesamtschuldiskussion in der Bundesrepublik oft Bezug genommen wurde, doch waren inzwischen die wesentlichen bildungspolitischen Entscheidungen in den neugebildeten Ländern der westlichen Zonen und in der SBZ bereits auf unterschiedliche Weise gefallen.

Die Schulpolitik in den Ländern der westlichen Zonen folgte weitgehend den weltanschaulichen und parteipolitischen Positionen aus der Weimarer Republik, insbesondere in Fragen des Schulaufbaus und der Konfessionsschule. Dabei kam es auch zu Konflikten mit den Vorstellungen und Zielvorgaben der Besatzungsmächte (vor allem in Bayern), aber deren Einfluß wurde schon 1947 deutlich schwächer. Das Programm der »re-education« war nicht einheitlich und wurde unterschiedlich realisiert. Insgesamt gab es, vor allem in der britischen Zone, für die Deutschen einen erstaunlich weiten Spielraum, der auch Reformideen und -versuchen zugute kam. Das belegen z. B. Pläne zur Hochschulreform (»Blaues Gutachten« von 1948) und die Beschlüsse der ersten Studententage in der britischen und amerikanischen Zone (1946, 1947). Um die gleiche Zeit kam es auch zur Gründung zonaler Rektorenkonferenzen der Universitäten und Technischen Hochschulen, die sich im April 1949 zur Westdeutschen Rektorenkonferenz zusammenschlossen, zur Wiedererrichtung der »Notgemeinschaft der Deutschen Wissenschaft«, aus der 1951 die Deutsche Forschungsgemeinschaft hervorging, sowie zur Gründung der Max-Planck-Gesellschaft zur Förderung der Wissenschaften als Nachfolgeorganisation der von den Alliierten aufgelösten Kaiser-Wilhelm-Gesellschaft (1948). Deren auf dem Gebiet der SBZ und Ost-Berlins liegenden Institute wurden in die am 1. 7. 1946 errichtete Deutsche Akademie der Wissenschaften eingegliedert. Schon früh zeigte sich trotz weiterbestehender fachlicher Kontakte eine getrennte Entwicklung in Wissenschaftspolitik und -organisation.

Noch deutlicher trat dies im Schulwesen hervor. Im Unterschied zu den Westzonen konnten in der SBZ die fünf dort bestehenden Länder keine voneinander abweichenden Vorstellungen und Maßnahmen verfolgen; die in Berlin Ende Juli 1945 errichtete Deutsche Zentralverwaltung für Volksbildung gab die Richtlinien vor und übte die Kontrolle aus. Das zeigte sich u. a. bei der Verkündung des für alle Länder gleichlautenden »Gesetzes zur Demokratisierung der deutschen Schule« (Mai/Juni 1946), das eine achtjährige gemeinsame Grundschule mit anschließender vierjähriger Oberschule vorsah. Zwischen der Sowjetischen Militäradministration (SMAD) und den schon 1946 von der SED dominierten deutschen Schul- und Hochschulverwaltungen bestand trotz Differenzen in Einzelfragen ein grundsätzlicher politisch-ideologischer Gleichklang, aus dem nach dem Ausscheiden ehemals sozialdemokratischer und »bürgerlicher« Fachleute eine weitgehende Gleichschaltung wurde.

Nur ein einziges Mal – im Februar 1948 – kamen die Erziehungsminister aller vier Zonen zu einer gemeinsamen Konferenz zusammen. Sie war schon durch den gesamtpolitischen Ost-West-Gegensatz überschattet und zeitigte keine praktischen Ergebnisse. Aus ihr ging aber einige Monate später die seit 1949 so benannte Ständige Konferenz der Kultusminister der Länder in der Bundesrepublik Deutschland (KMK) hervor. Im Osten wurde nach Gründung der DDR die Deutsche Verwaltung für Volksbildung in das zentrale Ministerium für Volksbildung umgewandelt, dem später zentrale Behörden für das Hoch- und Fachschulwesen und die Berufsbildung folgten. Die Landesverwaltungen für Volksbildung wurden 1952 aufgelöst.

2.2. Bundesrepublik Deutschland (1949–1989): Das Grundgesetz für die Bundesrepublik Deutschland (1949) bekräftigte die »Kulturhoheit der Länder«, doch gab es in der Folgezeit immer wieder Anlässe und Bestrebungen, die Rolle des Bundes bei der Gestaltung von Bildung und Wissenschaft zu stärken. Grundlegend für das Bildungs- und Erziehungswesen in der Bundesrepublik Deutschland wurde neben dem föderalistischen Prinzip der weltanschauliche und gesellschaftliche Pluralismus. »Damit ist sowohl der Interessenpluralismus organisierter Gruppen (Lehrerverbände, Elternvereinigungen, Unternehmerverbände, Gewerkschaften) als auch die Mehrzahl weltanschaulicher und politischer Richtungen gemeint, die in der Bildungspolitik vertreten sind. Auf dieser Voraussetzung beruht auch die von der Verfassung garantierte Existenz privater, d. h. nicht öffentlicher, wenn auch vom Staat beaufsichtigter Schulen, die freie Trägerschaft von Kindergärten und das – organisatorisch wie inhaltlich – pluralistische Konzept der Erwachsenenbildung.«[1]

Die Entwicklung von 1949 bis zum Beginn der 60er Jahre trug, wie Kritiker meinten, vor allem Merkmale einer »Restauration«, wobei darunter nicht nur der Verzicht auf schulorganisatorische Veränderungen größeren Stils, sondern auch eine Art geistigen Stillstands verstanden wurde. Dieser Begriff ist indessen zu undifferenziert, um das Neben- und Ineinander verschiedener Strömungen in der Bildungsentwicklung zutreffend zu kennzeichnen. Bis Mitte der 50er Jahre stand der institutionelle Wiederaufbau im Schul- und Hochschulwesen unter Anknüpfung an die Traditionen vor 1933 im Vordergrund, einschließlich der damals in einigen Ländern heftig umstrittenen Frage der Konfessionsschule. Gleichzeitig jedoch wurden sozialpolitisch wichtige Maßnahmen eingeleitet, die in der Folgezeit weiter ausgebaut wurden (Wegfall des Schulgeldes, Aufbau eines »Zweiten Bildungsweges«, Studentenförderung nach dem sogenannten Honnefer Modell 1957). Mit dem 1953 berufenen Deutschen Ausschuß für das Erziehungs- und Bildungswesen, der 1959 einen »Rahmenplan« zur Neugliederung des allgemeinbildenden Schulwesens und zahlreiche weitere Empfehlungen vorlegte, begann zugleich eine in mehreren Etappen abgelaufene Reformperiode, zuerst als publizistisch geführte Diskussion, dann in verschiedenen praktischen Schritten. Das 1964 zwischen den Ländern geschlossene »Hamburger Abkommen« über die Formen des allgemeinbildenden Schulwesens bot eine gemeinsame Basis für die administrative Koordinierung; es wurde 1990 auch auf die neuen Länder angewandt.

Für den Wissenschaftsbereich bedeutete die Gründung des Wissenschaftsrates im Jahre 1957 eine wichtige Entscheidung. Es war das erste gemeinsam von Bund und Ländern getragene Gremium mit Daueraufgaben für die Begutachtung und überregionale Planung der Hochschulen und der Forschung, gegliedert in eine Wissenschaftliche Kommission und in eine Verwaltungskommission, die ihre Empfehlungen gemeinsam verabschieden. Der Wissenschaftsrat hat sich eine große Reputation erworben, obwohl seine Prognosen nicht immer zutreffend waren, und spielte im deutschen Einigungsprozeß nach 1990 eine maßgebende Rolle bei der Umgestaltung des Wissenschaftssystems der DDR.

Anfang der 60er Jahre begann in der Bundesrepublik ein »konjunktureller Aufschwung« und ein »Modernisierungsschub« in der Bildungspolitik, wie man schlagwortartig die Reformvorschläge und -versuche bezeichnet hat, die auf den publizistisch verkündeten »Bildungsnotstand« reagieren sollten. Aus der historischen Distanz betrachtet, ordnet sich auch das Jahrzehnt von 1964 bis 1973 in die Kontinuität der westdeutschen Entwicklung stärker ein, als es die damaligen Hauptakteure wahrgenommen haben. Gesellschaftspolitische Ziele (Chancengleichheit, »Bürgerrecht auf Bildung«) und ökonomische Gesichtspunkte (Bedarf an höher qualifizierten Arbeitskräften) spielten, auch angeregt durch internationale Vergleichsstudien (z. B. der OECD), eine wesentliche Rolle. 1964 verabschiedete die KMK eine »Erklärung zur Bildungsplanung«, und in den Ländern begann eine rege Aktivität beim Ausbau und bei inneren Reformen im Bildungswesen. Die Errichtung des Deutschen Bildungsrates (1965–1975) signalisierte den Übergang zu einer längerfristig angelegten und umfassenden Strukturreform (»Strukturplan« von 1970), die anfangs über Parteigrenzen hinweg konsensfähig schien. Von weitreichender Bedeutung waren die während der Großen Koalition (1966–1969) vorgenommenen Ergänzungen des Grundgesetzes, die dem Bund das Recht der Rahmengesetzgebung im Hochschulwesen und bei den »Gemeinschaftsaufgaben« Mitwirkungsrechte bei der Bildungsplanung gaben. 1969 wurde auch nach langjährigen vergeblichen Versuchen ein Berufsbildungsgesetz verabschiedet, welches das »duale System« der Berufsausbildung, d.h. die Verbindung betrieblicher Ausbildung mit dem Berufsschulbesuch, bestätigte und die einzelnen Kompetenzen in der beruflichen Ausbildung, Fortbildung und Umschulung regelte.

Nach dem Regierungswechsel vom Herbst 1969 (SPD/F.D.P.-Koalition) kam es zur Errichtung eines Bundesministeriums für Bildung und Wissenschaft und ein Jahr darauf durch ein Verwaltungsabkommen zwischen Bund und Ländern zur Einrichtung einer ständigen Bund-Länder-Kommission für Bildungsplanung (BLK), die 1975 auch für die Forschungsförderung zuständig wurde. Es handelte sich dabei um die erste gemeinsam getragene staatliche Planungseinrichtung für das gesamte öffentliche Bildungswesen, deren Wirkung jedoch von der Übernahme der beschlossenen Maßnahmen durch die Länder abhängt. Der 1973 von der BLK verabschiedete »Bildungsgesamtplan« konnte nicht realisiert werden, weil sich in mehreren strittigen Fragen (vor allem hinsichtlich der Gesamtschule) keine Übereinstimmung zwischen den »A-Ländern« (SPD geführte) und den »B-Ländern« (CDU und CSU) erzielen ließ und außerdem die Finanzierung der außerordentlich stark gewachsenen Bildungsausgaben (um nahezu das Dreifache zwischen 1965 und 1973) an ihre Grenzen stieß. Die »Bildungsexpansion«, d.h. das Ansteigen der höheren Schulabschlüsse und der Studentenzahlen, hat sich trotzdem auch in den beiden folgenden Jahrzehnten nicht abgeschwächt. Es handelt sich dabei im übrigen um ein »universelles Faktum«, beruhend auf höheren Qualifikationsanforderungen und gestiegenen Bildungsaspirationen.[2]

Die ideologische Aufladung der im Kern pragmatischen Bildungsreformpolitik dieses Jahrzehnts (1964–1973) war vor allem das Werk radikaler Wortführer in der »Studentenbewegung« und ihrer Parteigänger in der »Außerparlamentarischen Opposition«. Eine generelle Kapitalismus-Kritik und eine kulturrevolutionäre Romantik flossen dabei zusammen und drängten die als »technokratisch« kritisierten praktischen Reformen in der öffentlichen Wahrnehmung zeitweilig in den Hintergrund. Als Ergebnis blieb davon weniger eine institutionelle Neuordnung, wohl aber ein sich erst später auswirkender und in manchen Lebensbereichen tiefgreifender gesellschaftlicher Wertewandel mit seinen Folgen für Erziehung, Schule und Ausbildung.

Der Regierungswechsel vom Oktober 1982 (CDU/CSU/F.D.P.-Koalition) änderte an den allgemeinen Konstellationen der Bildungspolitik verhältnismäßig wenig. Nach wie vor ging es um einen Ausgleich divergierender Interessen, vor allem im Verhältnis der Länder untereinander und gegenüber dem Bund. Die finanziellen Spielräume blieben eng; erst 1988 zeichnete sich eine Verbesserung ab, die vor allem den Hochschulen mit ihren Engpässen (»Überlast«) zugute kommen sollte. Das

Ende der DDR und die deutsche Einheit setzten dann aber andere Prioritäten. Auf verschiedenen Gebieten traten ältere Probleme stärker hervor, neue kamen hinzu. Berufsbildungsmaßnahmen zur Bekämpfung der Jugendarbeitslosigkeit und zur Eingliederung deutscher Spätaussiedler aus Osteuropa wurden verstärkt, Initiativen nichtstaatlicher Bildungsträger erfuhren ebenso Förderung wie – in Zusammenarbeit mit den Ländern – Programme zur informationstechnischen Bildung. Die Zeit großer Zukunftsentwürfe und umfassender Bildungsreformen war in allen Parteien einer realistischen Neuorientierung gewichen. Im Dezember 1987 setzte der Deutsche Bundestag eine Enquete-Kommission »Zukünftige Bildungspolitik – Bildung 2000« ein. Als diese Kommission ihren Schlußbericht im September 1990 vorlegte, stand die deutsche Einheit auf der Tagesordnung. Der Bericht blieb folgenlos, »denn es findet sich nahezu alles wieder, was im letzten Jahrzehnt in der Öffentlichkeit traktiert wurde«[3], während von den neuen Herausforderungen durch die Vereinigung kaum die Rede war.

2.3. Deutsche Demokratische Republik (1949–1989): Das erste Jahrzehnt der DDR ist im Bereich Bildung und Wissenschaft durch drei grundlegende Faktoren gekennzeichnet: 1. die Durchsetzung des totalitären Führungsanspruchs der SED; 2. die Orientierung an den Zielen der sozialistischen Planwirtschaft; 3. das Programm einer »revolutionären« gesellschaftlichen Umschichtung. In diesem Rahmen vollzogen sich die organisatorischen Veränderungen, die ideologische Ausrichtung der Schullehrpläne und Studienpläne im Sinne des Marxismus-Leninismus, die Repressions- wie Fördermaßnahmen gegenüber einzelnen und ganzen Bevölkerungsgruppen. Nach den Krisen des 17. Juni 1953 und von 1956/57 (»Revisionismus«) festigte sich das neue sozialistische Bildungs- und Wissenschaftssystem. In seinen wichtigsten Elementen ist es bis 1989 erhalten geblieben, personifiziert durch Kurt Hager (1912–1998), der seit 1952 im SED-Parteiapparat für die Bereiche Ideologie, Wissenschaft und Kultur (in wechselnden Funktionen) zuständig war, und Margot Honecker (geb. 1927), 1958 stellv. Ministerin, 1963–1989 Ministerin für Volksbildung.

Während sich die bereits erwähnte Einführung der »demokratischen Einheitsschule« 1946 auf einen starken Traditionsstrang in der deutschen Bildungsgeschichte berufen konnte, bedeutete der um 1950 proklamierte »Übergang zum Sozialismus« in den Augen der meisten Bürger die endgültige »Sowjetisierung«, d. h. die Ausrichtung auf das Vorbild der Sowjetunion, darunter auf die Sowjetpädagogik und das sowjetische Wissenschaftssystem. Die SED und die Staatsorgane der DDR bekannten sich anfangs ausdrücklich dazu, obwohl sie die Bezeichnung »Sowjetisierung« als westliche Verleumdung zurückwiesen. Die Bindung an das sowjetische Vorbild wurde seit Mitte der 60er Jahre schwächer und endete schließlich mit der »Perestrojka« seit 1986, deren Ziele und Maßnahmen von der SED-Führung gerade im Bildungswesen abgelehnt wurden. Die in den 50er Jahren erfolgte ideologische Okkupation der Schulen und Universitäten und die Etablierung einer direkten Kontrolle durch die SED in den einzelnen Institutionen, unterstützt durch die FDJ und die Informanten des Staatssicherheitsdienstes, haben das

Bildungswesen der DDR im Inneren bis zur revolutionären Wende von 1989 in vieler Hinsicht geprägt.

Eine zweite Konstante der Bildungspolitik war die 1948 mit dem Zweijahresplan begonnene Ausrichtung der Leistungen des Schul-, Berufsausbildungs-, Hochschul- und Wissenschaftssystems auf die Ziele der sozialistischen Wirtschaft im Rahmen der Fünfjahrespläne. In der Berufsausbildung bot die schon 1946 begonnene Verstaatlichung von Produktionsbetrieben die Grundlage für die Arbeitskräfteplanung und eine zentrale Berufsbildungspolitik. Die Volkseigenen Betriebe richteten 1948 die ersten Betriebsberufsschulen ein, die später zum strukturbestimmenden Merkmal der Berufsausbildung in der DDR wurden und Ende der 80er Jahre über zwei Drittel aller Lehrlinge erfaßten. Es liegt auf der Hand, daß die Umstellung auf ein völlig andersartig reguliertes Berufsausbildungssystem nach 1990 erhebliche Anpassungsprobleme mit sich bringen mußte.

Die planwirtschaftliche Ordnung spiegelte sich auch in den jährlich festgelegten Zulassungs- und Absolventenquoten für die Hochschulen wider. Anfangs – analog zu den westlichen Zonen – als Maßnahme zur Regulierung des nach 1945 gestauten Bewerberstroms angelegt, entwickelte sich daraus früh auch ein Lenkungsmechanismus gesellschaftspolitischer Art. In dem Ziel der Beseitigung »bürgerlicher Bildungsprivilegien« waren sich nahezu alle politischen Kräfte einig, der Weg dahin aber war umstritten. KPD, SPD und später die SED setzten auf eine Begünstigung der bisher »unterprivilegierten« Arbeiter und Bauern. Ähnlich wie in Westdeutschland konnte man dabei an ältere Formen der Begabtenförderung anknüpfen. Die 1946 ins Leben gerufenen Vorstudienanstalten an den Universitäten, die Bewerber ohne Abitur aufnahmen, sind hierfür ein Beispiel.

Deren Umwandlung in Arbeiter- und Bauernfakultäten (1949) machte die damit verbundene politische Funktion deutlich: Es sollte eine »neue sozialistische Intelligenz« geschaffen werden, die dank ihrer Förderung Partei und Staat ergeben sein würde. Diese Erwartungen haben sich später nur zum Teil erfüllt, trugen aber zur Verschärfung des »Klassenkampfes« an den Universitäten bei, da zugleich Abiturienten aus bürgerlichen Schichten der Hochschulzugang erschwert wurde. Die jährlichen Statistiken über den Anteil der verschiedenen sozialen Klassen sollten den Fortschritt der egalitären sozialistischen Gesellschaft demonstrieren, als sich dann aber eine deutliche Wendung zugunsten der Angehörigen der neuen Intelligenz zeigte, wurden sie seit 1967 nicht mehr veröffentlicht. Es gab für bestimmte Berufsgruppen, vor allem Mediziner, zwar Vergünstigungen, doch zog es bis 1961 Ärzte und andere »Intelligenzberufe« gen Westen. Den Zahlen des Bundesnotaufnahmeverfahrens für Flüchtlinge aus der DDR zufolge verließen zwischen dem 1. Januar 1954 und dem 30. November 1961 beispielsweise allein 17 877 Lehrer und 769 Hochschullehrer die DDR.[4]

Das im ersten Jahrzehnt der DDR errichtete Bildungs- und Wissenschaftssystem durchlief in der Folgezeit – grob gesehen – drei Etappen, die sich in etwa nach den drei Jahrzehnten zwischen 1960 und 1989 gliedern lassen. Auf verschiedene Modernisierungsversuche im Zeichen der »wissenschaftlich-technischen Revolution« (WTR) und des »umfassenden Aufbaus des Sozialismus«, wie die Chiffren lauteten, folgte in den 70er Jahren eine Politik der »Stabilität und Kontinuität« und schließlich nach dem X. Parteitag der SED im April 1981 der Versuch einer »Dynamisierung« der Bildungs- und Wissenschaftspolitik, die sich an internationalen Maßstäben orientieren sollte.

Die Struktur des Bildungswesens beruhte auf dem Gesetz über das einheitliche sozialistische Bildungssystem vom 25. Februar 1965 und den hierzu bis 1970 erlassenen Ausführungsverordnungen für die einzelnen Bereiche. Teil davon war die sogenannte 3. Hochschulreform (1967). Den Kern der »Volksbildung« bildete die zehnklassige allgemeinbildende Polytechnische Oberschule, die Ende der 80er Jahre von etwa 80 % der Schüler erfolgreich abgeschlossen wurde. Die anschließende zweijährige Erweiterte Oberschule beruhte auf einem schon vorher einsetzenden Ausleseverfahren und wurde von ca. 13 % der Absolventen der 10. Klasse besucht. Die Zulassungsquote zum Hochschulstudium betrug 1989 12,6 % der 19- bis 21jährigen, im Vergleich zur Bundesrepublik (29,6 %) ein über die Hälfte geringerer Anteil von Studienanfängern.[5] Seit Anfang der 70er Jahre betrieb man in der DDR eine restriktive Hochschulzulassung; die Berufsberatung und -lenkung sollte in erster Linie den nötigen Facharbeiternachwuchs sichern helfen. Eine wichtige Funktion erfüllten auch die Abiturklassen an ausgewählten Berufsschulen (Klassen 11–13) mit einem doppelqualifizierenden Abschluß; sie galten selbst in der Bundesrepublik als ein interessantes Beispiel für die Verbindung von Allgemeinbildung und Berufsausbildung.

Auch das Wissenschaftssystem der DDR blieb in seinen Hauptzügen bis 1989 unverändert. Die Hauptrolle spielte die Akademie der Wissenschaften (AdW) mit 55 Instituten (1985), überwiegend in den naturwissenschaftlichen Disziplinen. Drei weitere Akademien – der Landwirtschaftswissenschaften, der Pädagogischen Wissenschaften und die Bauakademie – sowie die dem ZK der SED unterstellte Akademie für Gesellschaftswissenschaften rundeten das Akademiesystem ab. Auf verschiedenen Gebieten bestanden außerdem zentrale Forschungsinstitute, z. B. für Jugendforschung in Leipzig, Berufsbildung und Hochschulbildung (beide in Berlin), medizinische und ökonomische Institute. Die an den Universitäten und Hochschulen ebenfalls betriebene wissenschaftliche Forschung ist seit den 70er Jahren stärker ausgebaut worden.

Als letzte Kategorie sind Industrieforschungsinstitute für unmittelbar produktionsbezogene Aufgaben zu nennen. Dem Grundsatz der zentralen staatlichen Planung und Lenkung folgend, legte die Staatliche Plankommission den jährlichen »Staatsplan Wissenschaft und Technik« fest, während das Ministerium für Wissenschaft und Technik die wichtigste Leitungs- und Koordinierungsbehörde war. Beraten wurde es durch den Forschungsrat der DDR, dem führende Wissenschaftler, aber auch Praktiker angehörten. Dieses bürokratische System erwies sich zunehmend als nicht nur zeitraubend und entscheidungshemmend, sondern für Innovationen, die andererseits verlangt wurden, wenig förderlich. Gegen Ende der DDR kamen daher auch öffentlich Stimmen zur Geltung, die nach größeren Freiräumen für die Entwicklung der Wissenschaften riefen, um den geforderten gesellschaftlichen Nutzen erbringen zu können.

Die Bildungs- und Wissenschaftspolitik in der Ära Honecker sollte einer harmonischen Abstimmung mit den Zielen der Wirtschafts- und Sozialpolitik dienen. Der Gedanke einer Gesamtregulierung der gesellschaftlichen Entwicklung, der dem zugrundelag, erwies sich seit den 80er Jahren jedoch als zunehmend fragwürdig. Die Konflikte mit mündig gewordenen Bürgern, gerade über Fragen der Erziehung und Bildung, nahmen zu. Nach außen zeigte sich das System stabil, worauf die Fehleinschätzungen in der Bundesrepublik zurückzuführen sind. Im Wendejahr 1989/90 stand man sich erwartungsvoll und fremd zugleich gegenüber.

3. Die Herstellung der deutschen Einheit seit 1990 und europäische Perspektiven: War die skizzierte unterschiedliche Entwicklung von Bildung und Wissenschaft in beiden deutschen Staaten ein Oberflächenphänomen, hat sie tiefere Spuren hinterlassen oder gar zu verschiedenen »Identitäten« geführt, welche die Schwierigkeiten der »inneren Einheit« erklären? Je mehr sich die sozialwissenschaftliche Forschung diesen Fragen zugewandt hat, um so mehr erscheint in jüngster Zeit das Bild einer eigentlich ungewollten Wiedervereinigung und eines fortdauernden Ost-West-Gegensatzes mitten in Deutschland.

Demgegenüber müssen zunächst die nüchternen Fakten rekapituliert werden, um historische Legenden und deren aktuellen Gebrauch zu verhindern. Der innerhalb eines Jahres – von der Ablösung Erich Honeckers am 18. Oktober 1989 bis zum Inkrafttreten des Einigungsvertrages am 3. Oktober 1990 – vollzogene Auflösungsprozeß der DDR, an deren Ende der Beitritt zur Bundesrepublik Deutschland stand, wurde im Bildungs- und Wissenschaftssystem mitvollzogen. Vorbereitet wurde das Ende des SED-Regimes aber nicht von Kräften innerhalb dieses Systems – von einigen individuellen, aber politisch einflußlosen Ausnahmen abgesehen – sondern von Gruppen, die sich seit Anfang der 80er Jahre in Opposition zum herrschenden System befanden. Konflikte über die Mißachtung von Elternrechten, die »Militarisierung« der Erziehung durch Wehrerziehung und obligatorischen Wehrunterricht (seit 1978), die Benachteiligungen beim Hochschulzugang – alles permanente Merkmale der DDR-Bildungsgeschichte – eskalierten und führten nach der »Wende« vom Oktober/November 1989 dazu, daß diese kritischen Stimmen zu Wortführern einer grundlegenden Reform des DDR-Bildungssystems wurden. Die Verhandlungen und Protokolle des Runden Tisches in Berlin sind Beleg hierfür. Es war eine Abrechnung mit vierzig Jahren totalitärer Erziehung und der politischen Instrumentalisierung der Wissenschaft.

Die bildungspolitischen Entscheidungen auf dem Weg zur deutschen Einheit folgten den grundsätzlichen politischen Entwicklungen und vollzogen sich auf zwei Ebenen. Die am 18. März 1990 frei gewählte Volkskammer, die von der CDU geführte Koalitionsregierung und das Bildungsministerium der DDR verabschiedeten zwischen April und September 1990 zahlreiche Gesetze und Verordnungen, mit denen die bisher gültigen Bestimmungen des alten Regimes ganz oder teilweise aufgehoben sowie erste Schritte zur Angleichung an das Bildungswesen der Bundesrepublik unternommen wurden. Das betraf z. B. die Umgestaltung der Erweiterten Oberschule, die Übernahme der zweiphasigen Lehrerausbildung sowie die organisatorisch-rechtlichen Grundlagen des Hochschulwesens. Schulen in freier Trägerschaft wurden zugelassen und die alte Schulordnung zur Regelung der inneren Schulverhältnisse durch eine neue mit starken partizipatorischen Elementen ersetzt. Die weitestgehende Angleichung an das Recht der Bundesrepublik erfolgte noch vor der staatlichen Vereinigung im Bereich der Berufsbildung durch die Inkraftsetzung des Berufsbildungsgesetzes und der Handwerksordnung der Bundesrepublik schon zum 1. September 1990.

Die zweite Ebene waren Beratungen und Vereinbarungen »deutsch-deutscher« Gremien, die nach den Wahlen und der Regierungsbildung in der DDR rasch gebildet wurden. Ihnen vorausgegangen sind seit November 1989 zahlreiche spontan entstandene Kontakte, erste Absprachen und gemeinsame Konferenzen, die von westdeutscher Seite von den Lehrerverbänden, der Hochschulrektorenkonferenz, der Deutschen Forschungsgemeinschaft, der Volkswagenstiftung, aber auch von vielen Einzelpersonen initiiert wurden. Diese Aktivitäten des Vereinigungsjahres 1989/90 sind bisher in der Literatur zur deutschen Einheit zu wenig gewürdigt worden, vielleicht auch deswegen, weil sie bald von den administrativ geregelten Verfahren staatlicher Stellen überlagert wurden.

Die Bund-Länder-Kommission für Bildungsplanung und Forschungsförderung legte im April 1990 ein detailliertes Programm zur Unterstützung des Erneuerungsprozesses in der DDR vor, das zugleich einer »schrittweisen Abstimmung im Bildungs- und Wissenschaftsbereich der beiden deutschen Staaten« dienen sollte. Im Mai 1990 konstituierte sich eine Gemeinsame Bildungskommission, die Ende September Grundsätze und Modalitäten für das »Zusammenführen beider Bildungssysteme« sowie detaillierte Empfehlungen zur Neugestaltung der allgemeinbildenden Schulen in den neuen Bundesländern vorlegte. Die Kernsätze lauteten: »Mit dem Wirksamwerden des Beitritts der DDR zur Bundesrepublik gilt auch in den neuen Ländern die Kompetenzordnung des Grundgesetzes. Damit fallen ihnen die Gestaltung von Bildung, Wissenschaft und Kultur weitgehend als eigene Aufgabe zu.«[6] Demzufolge hatte sich auch der Einigungsvertrag vom 31. August 1990 in dem Art. 37 – Bildung – auf die Anerkennung der Bildungsabschlüsse beschränkt und im übrigen auf die Vereinbarungen der Kultusministerkonferenz sowie auf das Hamburger Abkommen der Länder von 1964 verwiesen. Art. 38 – Wissenschaft und Forschung – übertrug dem Wissenschaftsrat die Begutachtung der Forschungseinrichtungen in der DDR mit dem Ziel ihrer »Einpassung« in die gemeinsame Forschungsstruktur Deutschlands und erklärte die Akademie der Wissenschaften in ihrer bisherigen Form für aufgelöst.

Am 4. Oktober 1990 begrüßte die Kultusministerkonferenz auf ihrer 250. Sitzung ihre künftigen neuen Mitglieder aus Brandenburg, Mecklenburg-Vorpommern, Sachsen, Sachsen-Anhalt und Thüringen. In ihrer Erklärung hieß es abschließend: »Die Kultusministerkonferenz ist der Überzeugung, daß die Einigung Deutschlands auch ein Beitrag zur Einigung Europas ist. Sie tritt für eine entschlossene Fortführung des europäischen Einigungsprozesses ein und spricht sich für eine verstärkte europäische Zusammenarbeit auf den Gebieten von Bildung, Wissenschaft und Kultur unter Wahrung der kulturellen Vielfalt und der gewachsenen Bildungstraditionen in den Regionen Europas aus. Anzustreben ist, die Staaten in Mittel- und Osteuropa in diesen Prozeß einzubeziehen.«[7] Ende 1990 begann nach den Landtagswahlen (14. Oktober 1990) und den Regierungsbildungen in den neuen Ländern der administrative Umbau im Schul- und Hochschulwesen, die parlamentarische Beratung neuer Gesetze, die politische und fachliche Überprüfung des Lehrpersonals sowie die Reform der pädagogischen Arbeit. Dieser »Transformationsprozeß« des Bildungs- und Wissenschaftssystems ist, ebenso wie in anderen gesellschaftlichen Bereichen, auch wissenschaftlich kritisch begleitet worden, so daß inzwischen eine große Zahl von Untersuchungen dazu vorliegt.

Der Neuaufbau des Schul- und Hochschulwesens, der Berufsausbildung und der Erwachsenenbildung in der ehemaligen DDR wurde unterstützt und damit auch stark beeinflußt durch Staatsverwaltungen, Organisationen und Personen aus dem Westen Deutschlands. Es gab förmliche Regierungsabkommen (z. B. zwischen Nordrhein-Westfalen und Brandenburg), Vereinbarungen zwischen den Kultusministerien (z. B. von Baden-Württemberg und Sachsen), Kooperationsabkommen zwischen Landesinstituten für Lehrerbildung und nicht zuletzt zahlreiche Abordnungen von Beamten aus Ministerien sowie als Gründungsdekane zu erneuernder Universitätsfakultäten herbeigeholte Professoren aus dem Westen. Die verschiedenen Verbände (z. B. GEW oder Philologenverband) bemühten sich schon 1990 um neue Stützpunkte und um Einfluß auf die Schulpolitik in den neuen Ländern. Das Muster einer pluralistischen Bildungsgesellschaft mit verschiedenen Akteuren hat sich nach dem Ende der DDR mit ihrem einheitlichen und zentralistischen Charakter schnell durchgesetzt. In Teilen der Bevölkerung allerdings hat es, und zwar zunehmend im Laufe der Zeit, weniger Verständnis gefunden, weil damit Unsicherheiten und individuelle Entscheidungsprobleme bei der Wahl der Bildungswege verbunden sind, die früher nur in geringerem Maße bestanden hatten.

Damit verknüpft ist die Frage, ob das westdeutsche Bildungssystem dem im Osten »übergestülpt« worden ist, wie manchmal behauptet wird. Festzuhalten ist, daß 1990/91 eine fast einhellige Ablehnung des »einheitlichen sozialistischen Bildungssystems« und der Wunsch nach anderen Lösungen bestanden hat. Die neuen Schulgesetze waren nicht einheitlich, sondern orientierten sich – je nach den parlamentarischen Mehrheitsverhältnissen und den damit verknüpften Affinitäten zu den Partnerländern im Westen – entweder weitgehend an dem dreigliedrigen allgemeinbildenden Schulwesen (Hauptschule, Realschule, Gymnasium) in Mecklenburg-Vorpommern, an dem Modell einer Gesamtschule (in Brandenburg) oder an neuen, nur zwei Sekundarschultypen aufweisenden Formen (Sachsen, Sachsen-Anhalt, Thüringen).

Hinsichtlich der Schuldauer bis zum Abitur entschieden sich alle Länder – mit Ausnahme Brandenburgs – für 12 statt 13 Jahre; damit wurde ein wichtiger Anstoß für die seitdem zu dieser Thematik verstärkt geführte bildungspolitische Diskussion in ganz Deutschland gegeben. Die unterschiedlichen Auffassungen über schulstrukturelle wie inhaltliche Fragen verlaufen längst nicht mehr entlang einer Ost-West-Linie, sondern folgen den parteipolitischen Positionen und länderspezifischen

Traditionen. Auch die Kritik an einem überzogenen Bildungsföderalismus ist kein bloßes Folgeproblem der deutschen Einheit.

Die Neugestaltung des Hochschulwesens wurde nach 1990 ebenfalls in erster Linie zu einer Angelegenheit der Länder. Allerdings war im Einigungsvertrag dem Wissenschaftsrat die Aufgabe übertragen worden, durch Empfehlungen daran mitzuwirken. Die Arbeit wurde im Juli 1990 aufgenommen und innerhalb von zwei Jahren im wesentlichen abgeschlossen. Zahlreiche Arbeitsgruppen, überwiegend aus westdeutschen Wissenschaftlern bestehend, formulierten nach Besuchen vor Ort Vorschläge zur Struktur des Hochschulwesens insgesamt und zu verschiedenen Fachgebieten. Die Länder übernahmen sie nur teilweise. Durchgehend befolgt wurden die Vorschläge hinsichtlich der Auflösung der zahlreichen eng spezialisierten Hochschulen bzw. ihrer Eingliederung in die Universitäten sowie zur Errichtung der in der DDR früher nicht vorhandenen Fachhochschulen als der zweiten Säule des deutschen Hochschulsystems. Die inhaltliche Erneuerung der wissenschaftlichen Lehre blieb im wesentlichen Aufgabe der Hochschulen selbst und der zuständigen Ministerien, wobei in den früher besonders »ideologienahen« Disziplinen ein starker, in anderen nur ein geringer Personalwechsel vorgenommen wurde.

Über die Resultate der »Wiedervereinigung des deutschen Hochschulwesens« hat der damalige Vorsitzende des Wissenschaftsrates eine äußerst kritische Bilanz gezogen, indem er feststellte: »Die Wiedervereinigung hat die deutschen Hochschulen entgegen den optimistischen Erwartungen der ersten Jahre sowohl im Osten wie im Westen schweren Belastungen ausgesetzt und sie insgesamt in ihrer Leistungsfähigkeit eher geschwächt als gestärkt.« Als Gründe wurden »Fehlentscheidungen der Manager des Vereinigungsprozesses«, aber auch »unbeeinflußbare äußere Bedingungen« und »nicht steuerbare selbstläufige Prozesse« genannt[8] – Aspekte, die nicht nur für die Hochschulen und das Wissenschaftssystem galten. Die Ansprüche und Herausforderungen unterschiedlicher Art, denen sich die Universitäten und Hochschulen an der Jahrhundertwende gegenübersehen, hängen nur zum geringen Teil mit den Folgen der deutschen Einheit zusammen.

Die Situation in der beruflichen Aus- und Weiterbildung war entscheidend durch den Übergang von der sozialistischen Planwirtschaft zur sozialen Marktwirtschaft beeinflußt. Deshalb sind auf diesem Feld die Nachwirkungen des früheren Systems besonders spürbar. Die bereits zum 1. September 1990 erfolgte formale Übernahme der in der Bundesrepublik entwickelten Ordnung der beruflichen Ausbildung mit ihrer geteilten, aber kooperativen Zuständigkeit und Verantwortung des Staates (für die Berufsschulen) und der Wirtschaftsunternehmen, freien Berufe, Verwaltungen usw. (für die praktische Ausbildung) mußte in den neuen Bundesländern parallel zu der wirtschaftlichen Transformation verwirklicht werden. Im beruflichen Bildungswesen bedeutete dies u.a., daß andere Formen der Abstimmung und Zusammenarbeit zwischen Betrieben und Berufsschulen aufgebaut werden mußten. Das frühere systemspezifische Element – die Betriebsberufsschule – entfiel; aus den neuen Zuständigkeiten ergaben sich schwierige praktische Probleme, die dann häufig zu Lasten der Auszubildenden gingen.

Aus der früheren »Lehrstellenbilanzierung« der Planbehörden wurde ein »Lehrstellenmarkt« mit erheblichen Lücken. Andererseits darf nicht übersehen werden, daß vor allem im Bereich der beruflichen Umschulung und Weiterbildung dank der Unterstützung durch Partner aus westdeutschen Ländern in relativ kurzer Zeit neue Träger dieser Maßnahmen aufgebaut werden konnten. Die Resultate dieser, oft übersehenen und nicht gebührend gewürdigten Initiativen und Erfolge hingen in diesen Jahren entscheidend von den finanziellen Mitteln und Maßnahmen der Arbeitsverwaltungen in Bund und Ländern ab.

Die politische und fachliche Diskussion über die verschiedenen Seiten und Probleme der neuen deutschen »Bildungslandschaft« nach 1990 muß auch die europäische Dimension berücksichtigen. Damit ist nicht eine »europäische Bildungspolitik« gemeint, für die aus historischen und aktuellen Gründen nicht nur die juristischen, sondern vor allem die mentalen Voraussetzungen fehlen, sondern eine wachsende »Vernetzung« der eigenen Ziele und Maßnahmen mit den Entwicklungen in Europa, aber auch darüber hinaus mit weltweiten Aufgaben und Herausforderungen. Die Organe der Europäischen Union haben keine unmittelbaren Kompetenzen in Fragen der Bildungs- und Wissenschaftspolitik, die vielmehr Reservate der europäischen Nationalstaaten geblieben sind, wobei sich diese auf die »kulturelle Vielfalt« in den Ländern und Regionen berufen können.

Der Vertrag von Maastricht (1992) hat zwar im Kapitel zur allgemeinen und beruflichen Bildung die älteren Bestimmungen der europäischen Verträge konkretisiert, aber am Subsidiaritätsprinzip, d. h. am Vorrang der nationalstaatlichen Kompetenzen innerhalb der EU, nichts geändert. Es bleibt daher, wie die Entwicklung seitdem zeigt, weiterhin ein primär politisch und dann auch juristisch zu lösendes Spannungsverhältnis bestehen: zwischen der EU-Kommission und den Mitgliedstaaten sowie in der Bundesrepublik Deutschland zwischen Bund und Ländern in ihrem Verhältnis zur Brüsseler Kommission. Die neuen Bundesländer spielen dabei nicht weniger als die anderen eine durchaus selbstbewußte Rolle. Für die Gestaltung der Bildungs- und Wissenschaftspolitik innerhalb Deutschlands ergeben sich bisher durch ihre Einbeziehung in übergreifende europäische Zusammenhänge keine grundsätzlichen Änderungen.

Im europäischen Rahmen hat sich aber seit langem ein ständig ausgebautes Netzwerk der konkreten Zusammenarbeit entwickelt – von einzelnen Schulen bis hin zu Programmen für den Studentenaustausch und zuletzt auch in der beruflichen Aus- und Weiterbildung. Es hat zweifellos Früchte getragen und in der Praxis das Kennenlernen, vielleicht auch die Entwicklung einer »europäischen Identität« erleichtert. Zu nennen sind dabei z. B. die Hochschulaustauschprogramme (»Erasmus«), solche zur Förderung fremdsprachlicher Kenntnisse (»Lingua«) und dann seit 1990 besondere Programme für die mittel- und osteuropäischen Länder (»Tempus«). Ein Teil dieser Fördermaßnahmen ist später unter den ebenfalls einprägsamen Bezeichnungen »Sokrates« und »Leonardo« neu organisiert worden. Die mit diesen Maßnahmen verbundenen bürokratischen Prozeduren können aber auch hemmend wirken, zumal sie individuelle Initiativen nur unterstützen, nicht ersetzen. Da Bildung und Wissenschaft in intellektueller Hinsicht transnational, andererseits in Strukturen und Habitus national geprägt sind, bleibt die europäische Perspektive eine dauernde Aufgabe jeder nationalstaatlichen Politik.

Oskar Anweiler

Anmerkungen:

1 O. Anweiler: Grundzüge der Bildungspolitik und der Entwicklung des Bildungswesens seit 1945, in: Bundesministerium für innerdeutsche Beziehungen (Hrsg.): Vergleich von Bildung und Erziehung in der Bundesrepublik Deutschland und in der Deutschen Demokratischen Republik, Köln 1990, S. 12.
2 Vgl. R. Tippelt/B. van Cleve: Verfehlte Bildung? Bildungsexpansion und Qualifikationsbedarf, Darmstadt 1995, S. 36 f.
3 Ch. Führ: Deutsches Bildungswesen seit 1945. Grundzüge und Probleme, Neuwied 1997, S. 74.
4 Vgl. O. Anweiler: Schulpolitik und Schulsystem in der DDR, Opladen 1988, S. 41.
5 Vgl. O. Anweiler u. a.: Bildungspolitik in Deutschland 1945–1990. Ein historisch-vergleichender Quellenband, Opladen 1992, S. 544 f.
6 Ebd., S. 515.
7 Ebd., S. 522 f.
8 D. Simon: Wiedervereinigung des deutschen Hochschulwesens, in: Ch. Führ/C.-L. Furck (Hrsg.): Handbuch der deutschen Bildungsgeschichte, Bd. VI, Zweiter Teilband, München 1998, S. 390–397.

Literatur:

ANWEILER, OSKAR: Schulpolitik und Schulsystem in der DDR, Opladen 1988. □ DERS. U. A. (Hrsg.): Bildungspolitik in Deutschland 1945–1990. Ein historisch-vergleichender Quellenband, Opladen 1992. □ ARBEITSGRUPPE BILDUNGSBERICHT AM MAX-PLANCK-INSTITUT FÜR BILDUNGSFORSCHUNG: Das Bildungswesen in der Bundesrepublik Deutschland. Struktur und Entwicklungen im Überblick, Reinbek 1994. □ BUNDESMINISTERIUM FÜR INNERDEUTSCHE BEZIEHUNGEN (Hrsg.): Vergleich von Bildung und Erziehung in der Bundesrepublik Deutschland und in der Deutschen Demokratischen Republik, Köln 1990. □ FUCHS, HANS-WERNER: Bildung und Wissenschaft seit der Wende. Zur Transformation des ostdeutschen Bildungssystems, Opladen 1997. □ FUCHS, HANS-WERNER/LUTZ R. REUTER (Hrsg.): Bildungspolitik seit der Wende. Dokumente zum Umbau des ostdeutschen Bildungssystems (1989–1994), Opladen 1995. □ FÜHR, CHRISTOPH: Deutsches Bildungswesen seit 1945. Grundzüge und Probleme, Neuwied 1997. □ DERS./CARL-LUDWIG FURCK (Hrsg.): Handbuch der deutschen Bildungsgeschichte. Bd. VI: 1945 bis zur Gegenwart. Erster Teilband: Bundesrepublik Deutschland. Zweiter Teilband: Deutsche Demokratische Republik und neue Bundesländer, München 1998. □ MAYNTZ, RENATE: Aufbruch und Reform von oben. Ostdeutsche Universitäten im Transformationsprozeß, Frankfurt a.M./New York 1994. □ MUSZYNSKI, BERNHARD (Hrsg.): Wissenschaftstransfer in Deutschland. Erfahrungen und Perspektiven bei der Integration der gesamtdeutschen Hochschullandschaft, Opladen 1993. □ PETERSEN, JÖRG/GERD-BODO REINERT (Hrsg.): Bildung in Deutschland. Eine Entscheidungshilfe für Eltern, LehrerInnen und SchülerInnen, 3 Bde., Donauwörth 1996–1998. □ WATERKAMP, DIETMAR: Handbuch zum Bildungswesen der DDR, Berlin 1987.

Bundesländer

→ Bundesrepublik Deutschland: Geschichte, **Bundesrepublik Deutschland: Politisches System,** Doppelte Staatsgründung, Finanzierung der Einheit, Parteien, Verbände, Verhandlungen zur deutschen Einheit: Innerer Prozeß, Wahlen, **Wirtschaft.**

1. Die Länderbildung nach 1945 und im Oktober 1990: Die Gliederung des Bundes in Länder, die eigene Staatsqualität besitzen, geht nicht erst auf eine strukturbildende Vorgabe des Grundgesetzes zurück. Sie war vielmehr ein Kernstück des Konzepts demokratischer Neuordnung, das nach dem Ende des NS-Staates 1945 entsprechend den Vorstellungen der alliierten Besatzungsmächte von deutschen Nachkriegspolitikern realisiert worden ist. Mit der Wieder- bzw. Neugründung von Ländern in West- wie in Ostdeutschland wurden ältere Traditionslinien des deutschen Föderalismus aufgenommen, ohne allerdings die vormalige Hegemonialstellung Preußens wiederherzustellen. Die Auflösung und Zergliederung dieses Landes durch Beschluß des Kontrollrates vom Februar 1947 dokumentiert die Entschlossenheit der Alliierten, die Machtstrukturen des Deutschen Reiches nachhaltig zu dezentralisieren.

Der Ländergründungsprozeß verlief in den einzelnen Besatzungszonen zeitlich weitgehend parallel. Kraft britischer Verordnung vom 23. August 1946 entstanden Schleswig-Holstein und Hannover. Letzteres Land wurde am 1. November 1946 mit Braunschweig, Oldenburg und Schaumburg-Lippe zum Land Niedersachsen umgegliedert. Aus den ehemaligen preußischen Provinzen Westfalen und Nordrhein – ohne Trier und Koblenz – sowie dem Land Lippe entstand am 17. Juli 1946 Nordrhein-Westfalen. Hamburg und Bremen behielten ihren hergebrachten Status als Stadtstaaten. Im französisch besetzten Südwesten wurden vier Länder gebildet: Rheinland-Pfalz (Ende August 1946) aus der bayerischen Pfalz, den preußischen Regierungsbezirken Koblenz, Trier und Montabaur sowie Rheinhessen; ferner Südwürttemberg-Hohenzollern, Baden und das Saargebiet, das erst zum 1. Januar 1957 dem Bundesgebiet beitrat. In der US-Zone wurden bereits am 19. September 1945 die Länder Bayern, Groß-Hessen (aus der preußischen Provinz Hessen-Nassau und dem Volksstaat Hessen) und Württemberg-Baden gegründet. Letzteres fusionierte nach einer Volksabstimmung am 19. Dezember 1951 mit den beiden genannten Nachbarländern der französischen Zone zum neuen Südweststaat Baden-Württemberg. Im Hoheitsbereich der Sowjetischen Militär-Administration entstanden noch 1945 die fünf Provinzen (später Länder) Brandenburg, Mecklenburg-Vorpommern (d. h. Pommern westlich der Oder), Sachsen (einschließlich Preußisch-Schlesiens westlich der Neiße), Sachsen-Anhalt (aus der früheren Provinz Sachsen, dem Freistaat Anhalt und Teilen Braunschweigs und Thüringens) sowie Thüringen (ohne sächsische Gebiete). Nach Gründung der DDR wurden die Länder 1952 aufgelöst und durch 14 Bezirke ersetzt. In den drei Westzonen hingegen bildeten sich, ausgehend von der US-Zone, schon seit Herbst 1945 länderübergreifende Verwaltungsstrukturen heraus: ein Länderrat mit den Ministerpräsidenten der Länder, sodann ein parlamentarischer Rat (März 1946) aus Abgeordneten der Landtage. Damit wurde das Mehrebenensystem des nachmaligen Bundesstaates in Ansätzen vorweggenommen, wenngleich in Gestalt des späteren Bundesratsmodells institutionell allein das Element des Exekutivföderalismus überdauert hat.

Mit dem Beitritt zur Bundesrepublik am 3. Oktober 1990 wurden auf dem Gebiet der DDR die Länder als Gliedstaaten des Bundes wieder eingerichtet. Das noch von der Volkskammer beschlossene Ländereinführungsgesetz (15. Juli 1990) gab eine territoriale Neugliederung vor, die zwar den Grenzen der alten Länder weitgehend folgte, davon aber insoweit abwich, als sie auf dem gebietlichen Zuschnitt der Bezirke aufbaute. Gebildet wurden folgende fünf Flächenländer:
- *Brandenburg* durch Fusion der Bezirke Cottbus, Frankfurt/Oder und Potsdam, unter Ausgliederung der Kreise Hoyerswerda, Jessen und Weißwasser, ergänzt um die Kreise Perleberg, Prenzlau und Templin;
- *Mecklenburg-Vorpommern* aus den Bezirken Neubrandenburg, Rostock und Schwerin, ohne die Landkreise Perleberg, Prenzlau und Templin;
- der *Freistaat Sachsen* durch Zusammenschluß der Bezirke Dresden, Chemnitz und Leipzig, abzüglich der Kreise Altenburg und Schmölln, erweitert um die Kreise Hoyerswerda und Weißwasser;
- *Sachsen-Anhalt* aus den Bezirken Halle und Magdeburg, ohne den Landkreis Artern, zuzüglich des Kreises Jessen;
- der *Freistaat Thüringen* aus den Bezirken Erfurt, Gera und Suhl sowie den Kreisen Altenburg, Artern und Schmölln.

Es entstanden Länder, die an Fläche und Wirtschaftskraft unterschiedlich sind (vgl. Tab. 5), aber – mit Ausnahme Sachsens – nach ihrer Bevölkerungszahl sämtlich im unteren Drittel des auf 16 Staaten vergrößerten Ländergefüges rangieren. Zugleich wurde das den deutschen Bundesstaat kennzeichnende Mehrebenensystem mit seinen Einrichtungen und Verfahrensweisen politisch-administrativer Kooperation und Verflechtung auf Ostdeutschland ausgedehnt. Entsprechend der Einwohnerzahl entfallen auf die neuen Länder insgesamt 19 von 69 Stimmen im Bundesrat (Mecklenburg-Vorpommern 3, alle übrigen je 4).

Mit dem Verfassungsgrundsatz des Art. 72 Abs. 2 GG, welcher der staatlichen Politik aufgibt, auf die Herstellung gleichwertiger (nicht mehr: einheitlicher) Lebensverhältnisse im gesamten Bundesgebiet einzuwirken, ist für die Verwirklichung der inneren Einheit ein langfristiges Entwicklungsziel vorgegeben, welches das System des kooperativen Föderalismus der bislang größten Belastungsprobe unterwirft. Die Strukturunterschiede zwischen den zusammengeführten Teilräumen waren anfangs extrem ausgeprägt: kein anderer EU-Staat vereinigte innerhalb seiner Staatsgrenzen Regionen, die eine so unterschiedliche Wirtschaftskraft und Infrastrukturausstattung aufweisen.

2. Entstehung, Merkmale und Wandel der Landesverfassungen: Als das Grundgesetz am 23. Mai 1949 in Kraft trat, bestanden im Westteil Deutschlands bereits sieben Landesverfassungen. Diese haben, indem sie die Leitideen des demokratischen und sozialen Rechtsstaates und der unveräußerlichen Grundrechte sämtlich aufnahmen und nur unterschiedlich akzentuierten, wesentliche Strukturentscheidungen des Grundgesetzes präfixiert. Bayern beispielsweise definierte sich als »Rechts-, Kultur- und Sozialstaat« (Art. 50 LV), Rheinland-Pfalz verstand sich als »demokratischer und sozialer Gliedstaat Deutschlands« (Art. 74 LV)[1]. Daneben fanden in die vor-bundesrepublikanischen Landesverfassungen teilweise Postulate Eingang, die auf die Transformation der Eigentums- und Wirtschaftsordnung hinzielten, jedoch aufgrund alliierten Eingreifens folgenlos geblieben sind. So setzte etwa US-Gouverneur Lucius D. Clay 1948 den Art. 41 der hessischen Landesverfassung, der die Sozialisierung der Grundstoffindustrien vorsah, mit Verweis auf

Tabelle 1: Die Bundesländer: ausgewählte Kenndaten

Statistische Kenndaten	Baden-Württemberg	Bayern	Berlin	Bremen	Hamburg	Hessen
Fläche in km²	35 751,76	70 550,87	890,85	404,23	755,20	21 114,45
Bev. (in 1 000)	10 375	12 044	3 459	678	1 708	6 027
Bev.-dichte (Ew./km²)	290	171	3 883	1 677	2 262	285
Zu- bzw. Abnahme je Tsd. Ew. (1996)	+ 5	+ 4	− 4	− 3	0	+ 3
BIP in Mrd. DM (1997)	523,1	615,4	156,2	40,3	142,6	353,2
in % am Gesamt-BIP	14,4	16,9	4,3	1,1	3,9	9,7
Arbeitslose (in %) 1997	8,7	8,7	17,3	16,8	13,0	10,4
Steuereinnahmen (Mio. DM) 1997 Länder	36 885	43 866	19 880	5 184	7 998	21 619
Gemeinden/Gemeindeverbände	13 698	15 226	4 045	1 067	3 884	9 176
Nettokreditaufnahme (Mio. DM) 1997	2 745	2 337	5 760	− 88	411	2 892
Schulden (1996) (Mio. DM)	50 429	31 841	48 691	16 661	27 995	36 767
Kommunale Verschuldung 1996	16 579	23 439	–	–	–	18 074
Pro-Kopf-Verschuld. in DM 1997 (Land+Gemeinden/Gemeindeverbände)	6 478	4 601	14 043	24 547	16 385	9 115
Länderfinanzausgleich (Mio. DM) 1997	− 2 423	− 3 079	+ 4 425	+ 351	− 264	− 3 130
Bundesergänzungszuweisung (Mio. DM) 1997	–	–	+ 2 881	+ 1 990	–	–

Quellen: Vgl. Tab. 6.

künftig eventuell anderslautende bundeseinheitliche Regelungen aus, obgleich 71 % der Bevölkerung Hessens in einer Volksabstimmung zugestimmt hatten.

Mit Inkrafttreten des Grundgesetzes hat das Bundesrecht – und folglich das Bundesverfassungsrecht – Vorrang erhalten vor dem Landes(verfassungs)recht. Art. 28 Abs. 1 GG bindet die Länder an die hier aufgeführten Verfassungsgrundsätze und gewährleistet, in Verbindung mit der »Kollisionsnorm« des Art. 31 GG (»Bundesrecht bricht Landesrecht«), das erforderliche Maß an Homogenität zwischen Bund und Teilstaaten. Indes können die Länder durchaus in ihre Landesverfassungen

Tabelle 2: Die Bundesländer: ausgewählte Kenndaten

Statistische Kenndaten	**Baden-Württemberg**	**Bayern**	**Berlin**	**Bremen**	**Hamburg**	**Hessen**
Verwaltungsgliederung:						
kreisfreie Städte	9	25	1	2	1	5
Landkreise	35	71	–	–	–	21
Gemeinden	1 111	2 056	1	2	1	426
Landtagswahlen Stimmenanteile in % (Mandate):	24.3.1996	13.9.1998	22.10.1995	14.5.1995	21.9.1997	19.2.1995
CDU/CSU	41,3 (69)	52,9 (123)	37,4 (87)	32,6 (37)	30,7 (46)	39,2 (45)
SPD	25,1 (39)	28,7 (67)	23,6 (55)	33,4 (37)	36,2 (54)	38,0 (44)
F.D.P.	9,6 (14)	1,7 (–)	2,5 (–)	3,4 (–)	3,5 (–)	7,4 (8)
B'90/Grüne	12,1 (19)	5,7 (14)	13,2 (30)	13,1 (14)	13,9 (21)	11,2 (13)
PDS	–	–	14,6 (34)	2,4 (–)	–	–
Sonstige	11,9 (14)	9,8 (–)	8,6 (–)	15,2 (13)	15,7 (–)	4,2 (–)
Wahlbeteil. in %	67,6	67,8	68,6	68,6	69,6	66,3
Landesregierungen	CDU/ F.D.P.	CSU	CDU/ SPD	SPD/ CDU	SPD/ B'90-Grüne	SPD/ B'90-Grüne

Quellen: Vgl. Tab. 6.

auch solche »Staatsfundamentalnormen« aufnehmen, die das Bundesverfassungsrecht nicht vorsieht.

Von dieser Möglichkeit haben die verfassunggebenden Organe der neuen Bundesländer nach der deutschen Einigung Gebrauch gemacht. Das Ländereinführungsgesetz vom Juli 1990 übertrug den im Oktober des gleichen Jahres neugewählten Landtagen die Aufgabe von verfassunggebenden Landesversammlungen. Die erarbeiteten Verfassungsentwürfe wurden zwischen Mai 1992 (Sachsen) und Oktober 1993 (Thüringen) von den Landtagen verabschiedet und in Brandenburg, Mecklenburg-Vorpommern und Thüringen zusätzlich durch Volksabstimmungen gebilligt (zuletzt in Thüringen im Oktober 1994). Anders als westdeutsche Verfassungstexte, die zeitlich kurz nach Inkrafttreten des Grundgesetzes entstanden sind, enthalten alle neuen ostdeutschen Landesverfassungen als sogenannte Vollverfassungen auch einen Grundrechtskatalog. Damit wird zwar die bundesweite Bindungswirkung der im Grundgesetz kodifizierten Grundrechte allenfalls nochmals symbolisch bestätigt. Es war jedoch der Wille der Verfassungsgeber, den Beitritt der neuen Länder zu einer den Menschen- und Bürgerrechten verpflichteten, staatlich geschätzten Wertordnung konstitutionell ausdrücklich zu bekräftigen. Während hiermit sowie kraft Berufung auf die »friedliche Revolution des Oktober 1989« (Präambel der sächsischen LV, ähnlich Brandenburg und Thüringen) an prägende Erfahrungen des revolutionären Umbruchs bewußt angeknüpft wird, ordnen sich die neuen Verfassungswerke, wie z. B. die größtenteils wörtliche Übernahme der Grundrechts-

Tabelle 3: Die Bundesländer: ausgewählte Kenndaten

Statistische Kenndaten	Nieder-sachsen	Nordrhein-Westfalen	Rheinland-Pfalz	Saarland	Schleswig-Holstein
Fläche in km²	47 612,24	34 077,70	19 846,50	2 570,15	15 770,47
Bev. (in 1 000)	7 815	17 948	4 001	1 084	2 742
Bev.-dichte (Ew./km²)	164	527	202	422	174
Zu- bzw. Abnahme je Tsd. Ew. (1996)	+ 4	+ 3	+ 6	0	+ 6
BIP in Mrd. DM (1997)	315,6	799,1	156,5	45,2	112,5
in % am Gesamt-BIP	8,7	21,9	4,3	1,2	3,1
Arbeitslose (in %) 1997	12,9	12,2	10,3	13,6	11,2
Steuereinnahmen (Mio. DM) 1997					
Länder	28 494	64 080	14 789	5 826	10 239
Gemeinden/ Gemeindeverbände	8 800	25 083	4 537	1 085	3 119
Nettokreditaufnahme (Mio. DM) 1997	3 251	6 967	1 924	– 674	1 218
Schulden (1996) (Mio. DM)	59 229	127 584	29 639	13 395	26 537
Kommunale Verschuldung 1996	17 973	51 084	8 063	2 321	4 023
Pro-Kopf-Verschuld. in DM 1997 (Land+Gemeinden/ Gemeindeverbände)	9 904	9 977	9 465	14 511	11 192
Länderfinanzausgleich (Mio. DM) 1997	+ 672	– 3 033	+ 305	+ 203	– 5
Bundesergänzungs-zuweisung (Mio. DM) 1997	+ 406	–	+ 580	+ 1 817	+ 346

Quellen: Vgl. Tab. 6.

passagen dokumentiert, zugleich ebenso deutlich in die Kontinuität der durch das Grundgesetz geschaffenen Rechtsordnung ein.

Einige verfassungsrechtliche Besonderheiten verdienen Erwähnung. Der Grundrechtskatalog ist jeweils erweitert worden, so z. B. um den individuellen Datenschutz und den Schutz der natürlichen Lebensgrundlagen. Neben Grundrechten wurden Staatsziele (u. a. Gleichstellung, Arbeit, angemessene Wohnung) und sogenannte Einrichtungsgarantien (für gesellschaftliche Einrichtungen mit »verstärkt sozialem Bezug«[2], wie Ehe und Familie, Schule, freie Wohlfahrtspflege) aufgenommen. Die Staatsziele weisen den staatlichen Organen als »ständige Aufgabe« zu, die genannten Ziele »anzustreben«. Auch die Rechtsstellung der Opposition, ihr Recht

Tabelle 4: Die Bundesländer: ausgewählte Kenndaten

Statistische Kenndaten	**Niedersachsen**	**Nordrhein-Westfalen**	**Rheinland-Pfalz**	**Saarland**	**Schleswig-Holstein**
Verwaltungsgliederung:					
kreisfreie Städte	9	23	12	–	4
Landkreise	38	31	24	6	11
Gemeinden	1 032	396	2 305	52	1 131
Landtagswahlen					
Stimmenanteile in %					
(Mandate):	1. 3. 1998	14. 5. 1995	24. 3. 1996	16. 10. 1994	24. 3. 1996
CDU/CSU	35,9 (62)	37,7 (89)	38,7 (41)	38,6 (21)	37,2 (30)
SPD	47,9 (83)	46,0 (108)	39,8 (43)	49,4 (27)	39,8 (33)
F.D.P.	4,9 (–)	4,0 (–)	8,9 (10)	2,1 (–)	5,7 (4)
B'90/Grüne	7,0 (12)	10,0 (24)	6,9 (7)	5,5 (3)	8,1 (6)
PDS	–	–	–	–	–
Sonstige	4,3 (–)	2,3 (–)	5,7 (–)	4,4 (–)	9,1 (–)
Wahlbeteil. in %	73,9	64,0	70,8	83,5	71,8
Landesregierungen	SPD	SPD/ B'90-Grüne	SPD/F.D.P.	SPD	SPD/ B'90-Grüne

Quellen: Vgl. Tab. 6.

auf Chancengleichheit in Parlament und Öffentlichkeit, wurde förmlich verankert. Sämtliche Verfassungen kennen außerdem erweiterte direktdemokratische Mitwirkungsrechte, nämlich die Dreiheit von Volksinitiative, Volksbegehren und Volksentscheid. Per Volksinitiative (in Sachsen: Volksantrag, Thüringen: Bürgerantrag) kann die Behandlung eines Themas im Landtag erzwungen werden. Mecklenburg-Vorpommern und Sachsen-Anhalt haben das Recht der Bürgerbewegungen, neben den Parteien an der politischen Willensbildung des Volkes mitzuwirken, ausdrücklich festgeschrieben. Inzwischen haben auch die alten Bundesländer nachgezogen und direktdemokratische Initiativ- und Gesetzgebungsrechte in ihre Landesverfassungen nachträglich aufgenommen.

3. Verfassungsrechtliche Architektur und tatsächliche Dynamik des deutschen Föderalismus: Als 1948 die Beratungen für eine Bundesverfassung aufgenommen wurden, existierten somit schon Länder mit einem »entwickelten Eigenleben« (Hesse/ Ellwein). Folglich lautete der den Ministerpräsidenten der Länder übermittelte Auftrag der westlichen Militärgouverneure, eine Verfassung zu erarbeiten, welche »die Rechte der beteiligten Länder schützt und eine angemessene Zentralinstanz schafft«[3].

Tabelle 5: Die Bundesländer: ausgewählte Kenndaten

Statistische Kenndaten	Branden-burg	Mecklen-burg-Vor-pommern	Sachsen	Sachsen-Anhalt	Thüringen
Fläche in km²	29 475,72	23 170,24	18 412,71	20 447,46	16 170,88
Bev. (in 1 000)	2 554	1 817	4 546	2 724	2 491
Bev.-dichte (Ew./km²)	87	78	247	133	154
Zu- bzw. Abnahme je Tsd. Ew. (1996)	+ 5	– 3	– 5	– 6	– 5
BIP in Mrd. DM (1997)	74,1	49,1	123,4	70,2	65,4
in % am Gesamt-BIP	2,0	1,3	3,4	1,9	1,8
Arbeitslose (in %) 1997	18,9	20,3	18,4	21,7	19,1
Steuereinnahmen (Mio. DM) 1997					
Länder	12 600	9 064	21 855	13 426	12 229
Gemeinden/ Gemeindeverbände	1 353	821	2 327	1 280	1 030
Gemeinden/ Gemeindeverbände DM je Ew. (1997)	489	429	478	444	416
Nettokreditaufnahme (Mio. DM) 1997	1 678	1 485	1 410	3 100	2 171
Schulden (1996) (Mio. DM)	19 195	9 807	16 765	18 760	14 073
Kommunale Verschuldung 1996	3 402	3 517	9 816	5 288	5 588
Pro-Kopf-Verschuld. in DM 1997 (Land+Gemeinden/ Gemeindeverbände)	8 877	7 319	5 833	8 804	7 875
Länderfinanzausgleich (Mio. DM) 1997	+ 976	+ 835	+ 1 896	+ 1 162	+ 1 110
Bundesergänzungs-zuweisung (Mio. DM) 1997	+ 2 149	+ 1 643	+ 3 658	+ 2 372	+ 2 172

Quellen: Vgl. Tab. 6.

Anders etwa als im »dualen Föderalismus« des politischen Systems der USA, der durch deutlichere Gewaltenteilung und Aufgabentrennung zwischen Zentralgewalt und Teilstaaten charakterisiert ist, basiert der »kooperative Föderalismus« Deutschlands auf einer Verschränkung beider staatlicher Ebenen. Sie wirken bei der Gesetzgebung und der Erledigung öffentlicher Aufgaben zusammen. Diese in der Architektur des Grundgesetzes bereits angelegte Gewaltenverschränkung, die den Län-

Tabelle 6: Die Bundesländer: ausgewählte Kenndaten

Statistische Kenndaten	**Brandenburg**	**Mecklenburg-Vorpommern**	**Sachsen**	**Sachsen-Anhalt**	**Thüringen**
Verwaltungsgliederung:					
kreisfreie Städte	4	6	6	3	5
Landkreise	14	12	28	21	17
Gemeinden	1 700	108	968	1 304	1 241
Landtagswahlen Stimmenanteile in % (Mandate):	11. 9. 1994	27. 9. 1998	11. 9. 1994	26. 4. 1998	16. 10. 1994
CDU/CSU	18,7 (18)	30,2 (24)	58,1 (77)	22,0 (28)	42,6 (42)
SPD	54,1 (52)	34,3 (27)	16,6 (22)	35,9 (47)	29,6 (29)
F.D.P.	2,2 (–)	1,6 (–)	1,7 (–)	4,2 (–)	3,2 (–)
B'90/Grüne	2,9 (–)	2,7 (–)	4,1 (–)	3,2 (–)	4,5 (–)
PDS	18,7 (18)	24,4 (20)	16,5 (21)	19,6 (25)	16,6 (17)
Sonstige	3,3 (–)	6,8 (–)	3,0 (–)	15,1 (16)	3,6 (–)
Wahlbeteil. in %	56,3	80,4	58,4	71,7	74,8
Landesregierungen	SPD	SPD/PDS	CDU	SPD	CDU/SPD

Quellen: Statistisches Jahrbuch 1997 für die Bundesrepublik Deutschland (hrsg. vom Statistischen Bundesamt, Wiesbaden); Zeitschrift für Parlamentsfragen, 2/1998; Bundesminister der Finanzen (Hrsg.): Finanzbericht 1999.

dern einen lediglich schmalen – und inzwischen durch EU-Recht zunehmend substitutierten – Bereich eigenständiger Landesgesetzgebung (v. a. Bildung, Kommunalwesen, Polizei, Rundfunk) überläßt, ist seit den 60er Jahren um Elemente einer »Politikverflechtung« erweitert worden, beispielsweise im Sektor der Finanzverfassung. Mit der Verfassungsreform von 1969 fanden die Gemeinschaftsaufgaben (Art. 91 a, b GG) und Finanzhilfen des Bundes (Art. 104 a GG) Aufnahme in das Grundgesetz. Hiermit wurden gemeinsame Zuständigkeiten und Mischfinanzierungen für regionale Wirtschaftsförderung, Hochschulbau, Agrarstruktur und Küstenschutz festgeschrieben.

Einerseits ist so die vertikale Kooperation zwischen Bund und Ländern sowie der Länder untereinander (»Selbstkoordinierung«) stetig ausgebaut worden. Andererseits hat der Bund als Gesetzgeber, legitimiert durch das in den Art. 72 Abs. 2 und Art. 106 Abs. 3 GG normierte Verfassungsgebot, auf die »Einheitlichkeit« der Lebensverhältnisse hinzuwirken, die Länder im weiten Bereich der konkurrierenden

Gesetzgebung ausgiebig überformt[4]. Die Länder haben die Unitarisierungstendenz nicht verhindern können. Aber diese Verschiebung der politischen Gewichte im Bundesstaat zu ihren Lasten wurde immerhin dadurch ausgeglichen, daß sie auf die Inhalte der Bundesgesetzgebung, jedenfalls bei zustimmungspflichtigen Materien, über den Bundesrat Einfluß nehmen.

Insgesamt hat sich ein »labiler Bundesstaat« (BVerfGE 5, S. 38) herausgebildet. In diesem genießen die Länder zwar nicht einzeln einen unabänderlichen territorialen Bestandsschutz und sind auch nicht auf ihrer – der zweiten staatlichen Ebene – autonom. Aber sie verfügen doch über beträchtliche Möglichkeiten dezentraler politischer Steuerung, nicht zuletzt deshalb, weil sie im Regelfall für den verwaltungsmäßigen Vollzug bzw. die Implementation der Gesetze des Bundes zuständig sind.

Tabelle 7: Der Anteil von Bund, Ländern und EU am Steueraufkommen

	Anteil am Gesamtsteueraufkommen in v. H.								
	1991	1992	1993	1994	1995	1996	1997	1998[1]	1999[2]
Steuereinnahmen des Bundes[2]	48,0	48,2	47,5	48,2	45,0	42,3	41,5	41,2	42,0
Steuereinnahmen der Länder[2]	34,4	34,3	34,8	34,2	38,5	41,0	41,2	41,4	40,6
Steuereinnahmen der Gemeinden	12,8	12,8	12,8	12,4	11,7	11,7	12,1	12,1	12,3
EU-Eigenmittel	4,8	4,7	4,9	5,2	4,9	4,9	5,2	5,3	5,1

1 Ergebnis Arbeitskreis »Steuerschätzungen« vom Mai 1998.
2 Nach Ergänzungszuweisungen und Länderfinanzausgleich.

Quelle: Finanzbericht 1999.

4. Wirtschaftliche und gesellschaftliche Entwicklung: Die Bundesländer haben sich in den letzten Jahrzehnten hinsichtlich ihrer Bevölkerungs- und Wirtschaftsstruktur sowie ihrer Finanzkraft ungleich entwickelt. In den alten Ländern haben sich Wachstumsregionen von Räumen mit Schrumpfungsprozessen deutlich abgehoben. Vor allem in klassischen altindustriellen Regionen (Ruhrrevier, Saargebiet, Werftstandorte an der Küste) konzentrieren sich Krisenbranchen wie Kohle, Stahl und Schiffbau, die u. a. auch regionale Disparitäten auf dem Arbeitsmarkt bewirkt haben: Im Jahresmittel 1997 lag die Arbeitslosenquote in Bremen (16,8 %) fast doppelt so hoch wie in Bayern und Baden-Württemberg (jeweils 8,7 %).

Das Gefälle zwischen »armen« und »reichen« Ländern wird im Bereich des Steueraufkommens durch die nivellierenden Effekte des Länderfinanzausgleichs in hohem Maße ausgeglichen. Auch Erfolge einer regionalen Strukturpolitik, die auf Stärkung eigenständiger (»endogener«) Entwicklungspotentiale der Regionen zur Bewältigung des Strukturwandels setzt, sind unübersehbar. Gleichwohl sind, angesichts knapper gewordener finanzieller Ressourcen, die Modalitäten des »Verteilungsföderalismus« zwischen Geber- und Nehmerländern heftig umstritten. Ob vorhandene Standortvorteile das Ergebnis »besserer« Landespolitik sind oder ob deren Handlungsspielräume durch gegebene Standortgunst oder -ungunst immer schon festgelegt waren und sind, wird zwischen den Ländern auch unter parteipolitischen Vorzeichen naturgemäß kontrovers diskutiert.

Mit der deutschen Einigung hatten die regionalen Ungleichgewichte eine neue Größenordnung erreicht. Immer noch stellt sich die Situation der am weitesten entwickelten Regionen in den neuen Ländern vergleichsweise schlechter dar als in den Regionen mit den größten Strukturproblemen in den alten Ländern (Raumordnungsbericht 1993). Neben den vielfach dargestellten Schwächen (überalterter Industriebesatz, lückenhafte Infrastruktur, schadhafte Bausubstanz, ökologische Altlasten, Abwanderung) verfügen die neuen Länder jedoch auch über Standortvorteile (hohes Qualifikationsniveau der Beschäftigten, zentrale Lage in Mitteleuropa), welche zusammen mit den finanziellen Transferleistungen den Prozeß einer nachholenden Modernisierung stützen. Die seit Mitte der 90er Jahre abgeschwächte wirtschaftliche Dynamik in Ostdeutschland verdeutlicht jedoch, daß die wirtschaftliche Angleichung nur auf längere Sicht möglich sein wird. Schätzungen des Bundesfinanzministeriums zufolge, dürfte die Produktivitätsrate in den neuen Ländern im Jahr 2002 etwa 61 % des Westniveaus erreichen (nach 31 % im Jahr 1991). Die Förderung des Aufbaus Ost bleibt daher ein Haushaltsschwerpunkt des Bundes. Allein die Hilfen für den ostdeutschen Arbeitsmarkt beliefen sich im Jahr 1998 auf 20,3 Mrd. DM.

Tabelle 8: Erwerbstätige, Produktivität und Wirtschaftswachstum, Alte Länder

Jahr	Erwerbstätige Inland in Mio.	Bruttoinlandsprodukt in Preisen von 1991 insgesamt Mrd. DM
1992	29,455	2 694,3
1997[1]	27,875	2 831,0
2002[2]	28,420	3 208
	(Veränderungen insgesamt in v. H.)	
1997/92[1]	– 5,4	5,1
2002/97[2]	2	13,5
	(Jahresdurchschnittliche Veränderungen in v. H.)	
1997/92[1]	– 1,1	1,0
2002/97[2]	0,5	2,5

Anmerkungen und Quelle vgl. Tab. 11.

Der Arbeitsmarkt verdeutlicht die Dimension der Anpassungsschwierigkeiten. Der massive Einsatz von Instrumenten des sogenannten zweiten Arbeitsmarktes hat zwar einen noch höheren Anstieg der Arbeitslosigkeit nach der Einigung ver-

Tabelle 9: Erwerbstätige, Produktivität und Wirtschaftswachstum, Neue Länder

Jahr	Erwerbstätige Inland in Mio.	Bruttoinlandsprodukt in Preisen von 1991 insgesamt Mrd. DM
1992	6,387	222,1
1997[1]	6,053	290,2
2002[2]	6,193	330
	(Veränderungen insgesamt in v. H.)	
1997/92[1]	– 5,2	30,7
2002/97[2]	2,5	13,5
	(Jahresdurchschnittliche Veränderungen in v. H.)	
1997/92[1]	– 1,1	5,5
2002/97[2]	0,5	2,5

1 Stand: Vorläufige Ergebnisse der Volkswirtschaftlichen Gesamtrechnungen des Statistischen Bundesamtes, Februar 1998.
2 Mittelfristige Projektion (gerundete Werte), bearbeitet im Bundesministerium für Wirtschaft (Mai 1998).

Quelle: Finanzbericht 1999.

hindert. Das erreichte Ausmaß an Investitionen zur Erneuerung der Industrieanlagen und der Infrastruktur ist hingegen immer noch zu schmal, um einen selbsttragenden wirtschaftlichen Aufschwung, der das Arbeitsplätzeangebot vergrößert, gewährleisten zu können. Hinzu kommt, laut Erkenntnissen der wirtschaftswissenschaftlichen Forschungsinstitute, daß trotz des drastischen Beschäftigungsabbaus die ostdeutsche Industrie im Durchschnitt nicht gewinnbringend arbeitet, weil die Lohnkostenentwicklung oberhalb der Produktivitätszuwächse liegt und auch künftig liegen wird (im Jahr 2002 bei geschätzten 78 % des Westniveaus). Deshalb und weil der ökonomische Aufholprozeß an Dynamik zunehmend verliert, wird die ostdeutsche Wirtschaft noch über die Jahrtausendwende hinaus auf finanzielle Transferleistungen und besondere Investitionsfördermaßnahmen angewiesen bleiben.

Für die Bevölkerung Ostdeutschlands hat die Transformation der Wirtschaftsordnung und Sozialstruktur tiefe, nicht nur vorteilhafte Einschnitte und Veränderungen in ihrer gewohnten Lebenssituation mit sich gebracht. Die Einführung der marktwirtschaftlichen Ordnung hat die überfällige Erneuerung der Produktion in Gang gebracht und Konsumchancen erhöht, hatte aber auch Arbeitslosigkeit und die Deindustrialisierung ganzer Distrikte zur Folge. Überdies sind jene Modernisierungsvorsprünge, welche die DDR im Vergleich mit der alten Bundesrepublik durchaus auch vorweisen konnte – etwa hinsichtlich der Bildungsabschlüsse, der außerfamiliären Kinderbetreuung und der beruflichen Gleichstellung von Frauen –, zu einem Gutteil eingeebnet worden.

5. Die Finanzsituation der öffentlichen Haushalte: Die Einnahmen der Länderhaushalte setzen sich aus Steuern (anteilig am nationalen Gesamtsteueraufkommen und reine Ländersteuern), Zuweisungen von Bund und EU sowie Zuflüssen aus dem Länderfinanzausgleich zusammen. Die Haushaltsplanung ist mithin einerseits von konjunkturbedingten Größen und andererseits von politisch veränderbaren Verteilungskriterien abhängig. Im Rahmen des horizontalen Länderfinanzausgleichs wird durch Ausgleichsleistungen der finanzstarken Länder die Finanzausstattung der finanzschwachen auf mindestens 95 % der durchschnittlichen Finanz-

Tabelle 10: Länderfinanzausgleich 1995 – 1997, Ausgleichspflichtige Länder (in Mio. DM)

	1995	1996	1997
Nordrhein-Westfalen	3 449	3 125	3 033
Bayern	2 532	2 862	3 079
Baden-Württemberg	2 803	2 521	2 423
Hessen	2 153	3 240	3 130
Hamburg	117	482	264
Schleswig-Holstein	141	–	5

Quelle: Finanzbericht 1999.

Tabelle 11: Länderfinanzausgleich 1995 – 1997, Ausgleichgsberechtigte Länder (in Mio. DM)

	1995	1996	1997
Niedersachsen	452	553	672
Rheinland-Pfalz	229	231	305
Schleswig-Holstein	–	16	-
Saarland	180	234	203
Bremen	562	635	351
Berlin	4 222	4 336	4 425
Sachsen	1 773	1 965	1 896
Sachsen-Anhalt	1 123	1 241	1 162
Thüringen	1 019	1 127	1 110
Brandenburg	864	1 035	976
Mecklenburg-Vorpommern	771	856	835

Quelle: Finanzbericht 1999.

kraft aller Länder angehoben. Durch Ergänzungszuweisungen des Bundes (BEZ) wird die verbleibende Differenz nochmals aufgestockt. Seit 1995 sind auch die neuen Länder samt ihren Gemeinden in das Ausgleichssystem einbezogen, was ihnen Pro-Kopf-Ausgaben von annähernd 120 % des Niveaus der alten Länder ermöglicht. Die Ausgleichsmasse erreichte 1996 und 1997 jeweils ca. 12 Mrd. DM. Empfängerländer sind, neben den neuen Ländern und Berlin, Bremen, Niedersachsen, Rheinland-Pfalz und das Saarland (siehe Tab. 10 und 11).

Der Vergleich der Haushaltsstruktur zwischen westlichen und östlichen Bundesländern belegt, daß sich die Lage der öffentlichen Finanzen in Ostdeutschland seit 1991 erheblich verbessert hat, zumal nach Einbeziehung in den Länderfinanzausgleich. Nach wie vor aber bedürfen die neuen Länder beträchtlicher Mittelzuführungen des Bundes, um ihre Haushalte auszugleichen. Die eigenen Steuereinnahmen steigen stetig und decken inzwischen (1997) etwa 44 % der Ausgaben (1991 erst 21 %), in den alten Ländern beträgt die Steuerdeckungsquote 70,5 %. Die Kreditfinanzierungsquote der ostdeutschen Länderetats übersteigt fortlaufend die der Westländer beträchtlich, so daß die Verschuldungsrate in dem knappen Jahrzehnt seit der Einigung teilweise bereits Westniveau erreicht hat Die Pro-Kopf-Verschuldung betrug Ende 1997, ohne Gemeinden, in den alten Ländern 6 900 DM, in den neuen Ländern 6 246 DM. Die Gemeindeschulden eingerechnet, hatte Sachsen-Anhalt mit 9 842 DM die höchste Pro-Kopf-Verschuldung (Finanzbericht 1999). In den neuen Ländern liegen beispielsweise die Personalausgaben je Einwohner erheblich höher (in Sachsen-Anhalt kommen auf 1 000 Einwohner knapp 28 Landesbedienstete, in Bayern etwas mehr als 19). Dies ist jedoch auch durch den höheren Staatsanteil bei der Erfüllung öffentlicher Aufgaben begründet.

Daß die neuen Länder einigungsbedingt finanziell »am Tropf« des Gesamtstaates hängen, hat bisweilen die latenten Spannungen im innerdeutschen Ost-West-Verhältnis geschürt. Zu berücksichtigen ist hierbei, daß der Bund aus den neuen Ländern nicht nur Steuereinnahmen erhält, sondern auch ein Teil der Transferleistungen in Form von Güterbestellungen und Konsumausgaben in den Westen – dort Arbeitsplätze sichernd – zurückfließt.

6. Parteien, Wahlen und Länderregierungen: Bundesstaatliche Konsensbildung und Parteienwettbewerb sind lange Zeit als zwei einander eigentlich ausschließende Größen angesehen worden. Anstelle der allzu vereinfachenden Entgegensetzung von »Länderinteressen« und »Parteipolitik« setzt sich inzwischen zunehmend die Auffassung durch, daß Parteien ein wichtiges »Scharnier« zwischen den Arenen parlamentarischer Mehrheitsentscheidung und föderalistischen Aushandelns sind und hier Aufgaben politischer Koordination übernehmen (Kropp/Sturm). Inwieweit andererseits Landesparteiorganisationen über bundespolitische Einflußmacht und selbständige Handlungsspielräume verfügen, ist empirisch bislang nicht hinreichend geklärt. Man darf jedoch annehmen, daß sie nicht lediglich als ein in die »Provinz« verlängerter Arm der Bundesparteien agieren. Die Entscheidung über Koalitionen bei der Bildung von Länderregierungen wird ersichtlich von den regionalen Akteuren getroffen.

Parteiensystem und Wählerverhalten sind nur bedingt ein Reflex der nationalen Ebene. Bei Landtagswahlen ist der Wähler eher bereit zu Protest und Experiment. Nutznießer dessen sind zuweilen extreme Flügel- und Protestparteien, aber auch neue Parteien, die regional die 5-%-Hürde leichter überwinden. Daher ist das Spektrum der Parlamentsparteien wie auch möglicher Koalitionsvarianten auf Länderebene (nicht in jedem einzelnen Landtag) breiter als im Bundestag.

In den neuen Ländern wurden bei den ersten freien Landtags- und Bundestagswahlen 1990 auf der Wählerebene einige Besonderheiten des sich neuformierenden

Mehrparteiensystems sichtbar: geringe Parteibindungen, eine von Westdeutschland abweichende soziale Basis der CDU (mit starkem Rückhalt auch bei Arbeitern) sowie die Konkurrenz zweier Linksparteien, der SPD und der PDS[5]. Andererseits weist die Verankerung der Wählerschaft der großen Volksparteien CDU und SPD in den sozialen Gruppen auf eine von vornherein starke Tendenz zur Angleichung des Wählerverhaltens hin. Die Wahlforschung erklärt dies damit, daß viele Ostdeutsche schon vor 1989 eine Identifikation mit westdeutschen politischen Parteien ausgebildet hatten, die über die Mediennutzung, insbesondere des Westfernsehens, vermittelt worden ist.[6]

CDU und F.D.P. hatten durch Eingliederung der Mitgliederbestände und Apparate der vormaligen Blockparteien organisatorische und personelle Startvorteile gegenüber den Neugründungen der Sozialdemokratischen Partei und des Wahlbündnisses der Bürgerbewegungen. Auch die SED-Nachfolgepartei PDS konnte auf dem hohen Mitgliedersockel der einstigen Staatspartei aufbauen. Obgleich CDU, F.D.P. und PDS einen drastischen und auch 1998 anhaltenden Mitgliederschwund zu verzeichnen hatten (die CDU beispielsweise ging seit 1994 bis 1998 von 91 000 auf rd. 77 000 Mitglieder zurück), ist ihr Organisationsvorsprung immer noch deutlich, weil SPD (ca. 28 000 Mitglieder) und insbesondere Bündnis '90/Die Grünen auf niedrigen Mitgliederbeständen stagnieren und in den neuen Ländern über ein nach wie vor dünnes Organisationsnetz verfügen.

Im Ergebnis der zweiten (in Sachsen-Anhalt bereits dritten) Landtagswahlen hat die PDS sich als dritte Kraft im ostdeutschen Parteiensystem erkennbar konsolidiert. Die Partei profitiert offenbar von krisenhaften Begleiterscheinungen des der Einigung folgenden Anpassungsprozesses, indem sie sich, ohne das Selbstverständnis einer »gesellschaftlichen Opposition« aufzugeben, als regionale Vertreterin ostdeutscher Interessen profiliert und als Koalitions- oder Tolerierungspartner für SPD-geführte Landesregierungen anbietet. Da 1994 und abermals 1998 die F.D.P. überall an der 5-%-Sperrklausel scheiterte und auch die Bündnisgrünen seither nicht mehr im Magdeburger Landtag vertreten sind, haben sich die Varianten der Regierungsbildung in Ostdeutschland auf Landesebene reduziert. Während der CDU, mit Ausnahme Sachsens, nunmehr die Möglichkeit zwischen Opposition und Großer Koalition verbleibt, stehen der SPD mehrere Optionen offen: die der Großen Koalition (Berlin, Thüringen), des »Magdeburger Modells« (PDS-tolerierte Minderheitsregierung) oder der Koalition mit der PDS (Mecklenburg-Vorpommern).

Everhard Holtmann

Anmerkungen:

1 Vgl. H.-H. Hartwich: Sozialstaatspostulat und gesellschaftlicher Status quo, Opladen (3. Aufl.), 1978, S. 21.
2 Vgl. H. H. Mahnke: Die Verfassung des Landes Sachsen-Anhalt, Textausgabe mit Erläuterungen, Berlin 1993, S. 88.
3 Hartwich, a. a. O., S. 22 f.

4 Vgl. S. Kropp: Die Länder in der bundesstaatlichen Ordnung, in: O. W. Gabriel/E. Holtmann (Hrsg.): Handbuch Politisches System der Bundesrepublik Deutschland, München/Wien (2. Aufl.) 1998, S. 245–288.

5 U. Feist/H. I. Hoffmann: Landtagswahlen in der ehemaligen DDR am 14. 10. 1990: Föderalismus im wiedervereinigten Deutschland Tradition und neue Konturen, in: Zeitschrift für Parlamentsfragen, 1/1991, S. 5–34.

6 M. Kaase/H.-D. Klingemann: Der mühsame Weg zur Entwicklung von Parteiorientierungen in einer »neuen« Demokratie: Das Beispiel der früheren DDR, in: Dies. (Hrsg.): Wahlen und Wähler. Analysen aus Anlaß der Bundestagswahl 1990, Opladen 1994, S. 364 ff.

Literatur:

Bundesministerium der Finanzen (Hrsg.): Finanzbericht 1999, Bonn 1998. □ Gabriel, Oscar W./Everhard Holtmann (Hrsg.): Handbuch des politischen Systems der Bundesrepublik Deutschland, München/Wien (2. Aufl.) 1998. □ Hartmann, Jürgen (Hrsg.): Handbuch der deutschen Bundesländer, Frankfurt a. M./New York (3. Aufl.) 1997. □ Kropp, Sabine/ Roland Sturm: Koalitionen und Koalitionsvereinbarungen. Theorie, Analyse und Dokumentation, Opladen 1998. □ Bundesministerium für Raumordnung, Bauwesen und Städtebau (Hrsg.): Raumordnungsbericht 1993, Bonn 1994. □ Statistisches Bundesamt (Hrsg.): Statistisches Jahrbuch für die Bundesrepublik Deutschland 1998, Wiesbaden 1998.

Bundesrepublik Deutschland: Geschichte

→ Berlin, DDR: Geschichte, **Deutschlandpolitik der Bundesrepublik Deutschland**, Deutschlandpolitik der DDR, **Deutschlandpolitik der Vier Mächte**, Deutschlandvertrag, Einigungsprozeß, Grundgesetz, Grundlagenvertrag, Innerdeutsche Beziehungen, Mauer, Ostverträge, Ost-West-Konflikt, Politische Kultur.

1. Zusammenhang von Geschichte und deutscher Frage: Die Geschichte der Bundesrepublik Deutschland ist die Geschichte eines Provisoriums (gewesen). Aber es nahm schnell feste Gestalt an. Schon vor der Herstellung der deutschen Einheit konnte von einem Provisorium längst nicht mehr die Rede sein. Wirtschaftlich bedeutend, politisch einflußreicher als vor zwei Jahrzehnten, hat die Bundesrepublik in der Völkerfamilie einen geachteten Rang eingenommen, manchmal beneidet aufgrund ihres Wohlstands, manchmal mißtrauisch betrachtet wegen der Last der Vergangenheit.

Das Provisorische an der »alten« Bundesrepublik Deutschland bezog sich ursprünglich weitgehend darauf, daß sie nur einen Teil Deutschlands repräsentiert hat. Die DDR wurde bis weit in die 60er Jahre hinein in der Bundesrepublik als SBZ oder »sogenannte DDR« bezeichnet, und die von Polen und der UdSSR nach 1945 vereinnahmten Teile galten als »besetzte deutsche Ostgebiete«. Im Jahre 1949 glaubten viele, ein deutscher Rumpfstaat wie die Bundesrepublik Deutschland werde nicht lange Bestand haben. Doch die deutsche Vereinigung blieb zunächst aus. Im Jahr 1989 war die Ansicht verbreitet, die Bundesrepublik bedürfe der Selbstanerkennung. Eine Vereinigung sei nicht möglich und wohl auch nicht wünschenswert. Ein Jahr später war sie bereits vollzogen. Sie kam zunächst weder unter westlichen Bedingungen (die diktatorische DDR brach erst Ende der 80er Jahre zusammen) noch neutralen (echte Verhandlungen zwecks einer Neutralisierung Deutschlands fanden nicht statt) noch östlichen Vorzeichen zustande (die Bevölkerung in der Bundesrepublik Deutschland war zu antikommunistisch eingestellt, als daß irgendwelche Manöver der Sowjetunion hätten Erfolg haben können).

Lange hat sich ein »zählebiger Mythos«[1] gehalten – die Legende von der verpaßten Chance. Die Wiedervereinigung, hat es geheißen, wäre bei einem Eingehen auf die sowjetischen Initiativen des Jahres 1952, insbesondere die Stalin-Note vom 10. März, zu erreichen gewesen. Diese Note sah freie Wahlen in ganz Deutschland bei bewaffneter Neutralität vor. Wer dieses Angebot als ernsthaft angesehen hat, mußte auch prüfen, ob es seinerzeit überhaupt im Interesse der Westmächte und der Westdeutschen lag. Verneint man diese Frage, so ist folglich der Einwand wenig plausibel, man habe nicht einmal die Ernsthaftigkeit des sowjetischen Angebots ausgelotet, das sich übrigens an die Westmächte richtete (und keineswegs an Konrad Adenauer). Widersprach eine Neutralisierung Deutschlands dem Interesse und dem Sicherheitsbedürfnis des Westens (konnte dieser Staat doch leicht in den Einflußbereich der Sowjetunion geraten), bedurfte es keiner Verhandlung. Die sowjetischen Initiativen dienten vermutlich dazu, die Westintegration der Bundesrepublik Deutschland zu torpedieren. Bezeichnenderweise stand 1952 die westdeutsche Öffentlichkeit den Stalin-Noten nahezu einhellig ablehnend gegenüber. Erst später kam die Legende von der verpaßten Chance auf. Die Aussicht auf ein vereinigtes Deutschland unter annehmbaren Bedingungen hatte in der Geschichte der Bundesrepublik Deutschland bis zum Fall des SED-Regimes in der DDR 1989/90 niemals bestanden. In den 50er und 60er Jahren gab es viel Vereinigungsrhetorik, ohne daß sich an den machtpolitischen Konstellationen etwas änderte.

Die in den 50er Jahren verbreiteten Forderungen nach einem »dritten Weg« – für eine Vereinigung galt die Neutralisierung Deutschlands als entscheidende Voraussetzung – gewannen in den 80er Jahren wieder an Bedeutung, allerdings mehr bei Randgruppen. Sie decken sich in manchen Punkten bei ganz unterschiedlichen Gruppierungen (z. B. in der Ablehnung der Jalta-Ordnung, in der Anprangerung der Machtinteressen der »Supermächte«, in den Einwänden gegenüber »westlichen« Vorstellungen). Für den Wiedervereinigungsprozeß spielten sie keine Rolle. Der Ruf nach einem Austritt aus der NATO ist heute nahezu gänzlich verstummt, selbst beim Bündnis '90/Die Grünen. Hingegen warnen manche vor einer forcierten Westintegration nach dem Maastrichter Vertrag.[2] Sie befürchten ein Ende des deutschen Nationalstaates und eine unzureichende Wahrnehmung deutscher Interessen.

Ist die Wiedervereinigung durch die »Westpolitik« Adenauers oder durch die »Ostpolitik« Brandts begünstigt worden? Diese Frage steht im Zentrum zahlreicher Kontroversen. Dabei muß die eine Antwort die andere nicht ausschließen. Vielleicht war die enge Bindung an den Westen ebenso eine Voraussetzung wie die Aussöhnung mit dem Osten. Im übrigen dürfen andere – äußere – Konstellationen nicht außer acht bleiben. Ohne die Politik des sowjetischen Parteichefs Gorbatschow, freilich auch eine Reaktion auf die Standfestigkeit der westlichen Politik, wäre die deutsche Einheit nicht so schnell möglich gewesen. Intentionen und Auswirkungen müssen sich nicht immer decken. Das mag für die Politik Adenauers, Brandts und Gorbatschows gleichermaßen gelten. Alle haben an der Einheit Deutschlands ihren Anteil.

2. Schritte zur Staatsgründung: Zwischen 1945 und 1949 war Deutschland ein Kondominium. Nach der bedingungslosen Kapitulation übernahmen die vier Alliierten (USA, Sowjetunion, Großbritannien, Frankreich) am 5. Juni 1945 die oberste Regierungsgewalt in Deutschland. Ihre Berliner Erklärung vom gleichen Tage ließ verlauten, daß es in Deutschland keine oberste Regierung mehr gäbe. Deutschland wurde in Besatzungszonen aufgeteilt, Berlin in Sektoren. Der Alliierte Kontrollrat sollte seine Entscheidungen bezüglich der Ordnung Deutschlands einstimmig treffen. Auf der Potsdamer Konferenz vom 17. Juli 1945 bis zum 2. August 1945 war von einer Zerstückelung Deutschlands nicht die Rede. Man einigte sich im Abschlußkommuniqué – der Begriff Abkommen dürfte zu weit gehen – auf eine Demokratisierung, Denazifizierung, Demilitarisierung, Dezentralisierung und Deindustrialisierung Deutschlands, mithin auf Formelkompromisse, die die grundlegenden ideologischen Meinungsverschiedenheiten und Interessendivergenzen zwischen den Alliierten überdeckten. Bald sollte sich zeigen, daß die Zusammenarbeit zwischen den Westalliierten und der Sowjetunion nur auf einem Zweckbündnis zur Bekämpfung Deutschlands basiert hatte, wiewohl es auch innerhalb der westlichen Alliierten konträre Positionen gab – die Franzosen etwa wandten sich zunächst gegen jegliche deutsche zentrale Institutionen.

Aufgrund des immer heftiger werdenden Ost-West-Konflikts – der Begriff Kalter Krieg ist eine Wortschöpfung des amerikanischen Journalisten Walter Lippmann – entwickelten sich die drei Westzonen und die sowjetisch besetzte Zone mehr und mehr auseinander. Die Sowjetunion begann in den zur eigenen Einflußsphäre gehörenden Teilen Europas ihr willfähriges Regime zu errichten. Hingegen erwiesen sich die Westalliierten, zumal die USA, als »freundlicher Feind.«[3] Sie bezogen die Westdeutschen bei der Demokratiegründung nach 1945 zunehmend ein – aus prinzipieller Bejahung des Selbstbestimmungsrechts, aber auch aus ihrer Interessenlage heraus, wurden sie sich doch immer stärker des Gegensatzes zur Sowjetunion bewußt. In gewisser Weise war die Teilung Deutschlands unvermeidlich, da sich die Interessen nicht auf einen Nenner bringen ließen. Am 1. Januar 1947 kam es schließlich zum Zusammenschluß der amerikanischen und der britischen Zone (Bizone), später trat Frankreich hinzu (Trizone).

Eine entscheidende Weichenstellung zugunsten der Gründung eines Weststaats erfolgte im Frühjahr 1948 mit der Londoner Sechs-Mächte-Konferenz. Den westdeutschen Ländern wurde die Bildung einer Regierung nahegelegt. Der sowjetische Oberbefehlshaber verließ aufgrund der Beschlüsse dieser Konferenz den Alliierten Kontrollrat, womit die Vier-Mächte-Verwaltung Deutschlands erlosch. Anschließend setzten bereits erste Störungen im Berlin-Verkehr seitens der Sowjetunion ein. Die eigentliche Berlin-Blockade – sie zog sich vom 26. Juni 1948 bis zum 12. Mai 1949 hin – setzte jedoch erst mit der Währungsreform in den westlichen Zonen ein: Die Sowjetunion sperrte die Zugangswege von und nach Westberlin für jeglichen Personen- und Güterverkehr. Daraufhin richteten die Westalliierten zur Versorgung der Berliner Bevölkerung eine Luftbrücke ein. Die Sowjetunion gab nach fast elf Monaten die Sperrmaßnahmen auf. Sie hatte – dies war das eigentliche Ziel der Blockade West-Berlins gewesen – die Errichtung eines westdeutschen Staats nicht verhindern können.

Die Entwicklung verlief in einem rapiden Tempo. Nach der Übergabe der drei Frankfurter Dokumente vom 1. Juli 1948 kam es bereits am 7. Juli 1948 zur Antwort der Ministerpräsidenten: Eine verfassunggebende Versammlung nur für die Westzonen wurde wegen der Forderung nach einem deutschen Gesamtstaat abgelehnt, keineswegs jedoch eine engere wirtschaftliche und administrative Vereinheitlichung der drei Zonen. Auch zum Besatzungsstatut und zur Länderneugliederung, den anderen beiden Punkten der Frankfurter Dokumente, machten die Ministerpräsidenten Einwände geltend. Gleichwohl lenkten sie wenig später ein, sträubten sich also nicht gegen einen Parlamentarischen Rat, wohl aber nach wie vor gegen eine verfassunggebende Versammlung. Der gemäß dem Stärkeverhältnis der Parteien in den Landesparlamenten zusammengesetzte Parlamentarische Rat nahm am 1. September 1948 seine Arbeit auf, nachdem im August ein mit juristischen Sachverständigen beschickter Verfassungskonvent auf Herrenchiemsee einberufen worden war. Im Parlamentarischen Rat bestand ein breiter Grundkonsens zwischen den Parteien. Den Verfassungsvätern stand der Untergang der ersten deutschen Demokratie vor Augen – sei es als Trauma, sei es als Menetekel. Sie wollten daher eine Art »Antiverfassung« zu der von Weimar schaffen. Die Interventionen der Alliierten auf die Ausgestaltung des Grundgesetzes, das mit einer Mehrheit von 53 gegen 12 Stimmen am 8. Mai 1949 angenommen und am 23. Mai 1949 verkündet wurde, hielten sich in Grenzen. Das Besatzungsstatut blieb bis 1955 bestehen.

3. Stationen der Entwicklung: Eine Periodisierung ist insofern schwierig, als höchst unterschiedliche Bereiche zu berücksichtigen sind, denkt man nur an die Außen- und Innenpolitik (mit nicht zeitgleichen Zäsuren). Wieder andersgelagert sind die Knotenpunkte des kulturellen Verlaufs mit dem Einschnitt durch die 68er-Bewegung. Wer von den jeweiligen Kanzlerschaften ausgeht, kann vier Stationen der Entwicklung in der Bundesrepublik Deutschland ausmachen, wobei der folgende Gliederungsversuch stärker die Brüche hervorhebt als die Kontinuitäten.

In der Ära Konrad Adenauers (1949–1963) vollzog sich die Westintegration der Bundesrepublik Deutschland. Adenauer, Präsident des Parlamentarischen Rats, wirkte als erster Kanzler so prägend, daß sich seinerzeit der Begriff der Kanzlerdemokratie einbürgerte. Er wollte eine Schaukelpolitik zwischen Ost und West vermeiden. Mit zunehmender Integration der Bundesrepublik Deutschland in das westliche Bündnissystem erhielt sie mehr Souveränitätsrechte zurück. Nach dem Scheitern des EVG-Projekts an Frankreich wurde die Bundesrepublik Deutschland Mitglied der Westeuropäischen Union und der NATO, mit dem Vertragswerk vom 5. Mai 1955 erhielt sie die fast vollständige Souveränität. Die Integration der Bundesrepublik Deutschland in das westliche Bündnissystem geschah gegen den Widerstand der SPD, die die Chancen für eine Vereinigung dadurch vermindert sah.

So erfolgreich Adenauer in seiner Westpolitik war (am Ende seiner Ära kam es Anfang 1963 zum deutsch-französischen Freundschaftsvertrag), so erfolglos verlief seine Ostpolitik. Die deutsche Einheit rückte in immer weitere Ferne. Die von ihm propagierte »Politik der Stärke« führte nicht zum Zusammenbruch des DDR-Regimes. Die Hallstein-Doktrin bildete eine wesentliche Grundlage der Außenpolitik: Die Anerkennung der DDR seitens anderer Staaten galt als ein unfreundlicher Akt, der letztlich mit dem Abbruch der diplomatischen Beziehungen endete. Mit einem breiten Basiskonsens der tragenden Kräfte versehen, festigte sich die junge Demokratie innenpolitisch erstaunlich schnell. Die Konzentration des Parteiensystems schritt zügig voran, der politische Extremismus besaß keine Chancen. Allerdings blieb die politische Kultur noch stark von obrigkeitlichen Relikten gekennzeichnet. Die innenpolitische Konsolidierung war nicht zuletzt ein Reflex auf die ökonomischen Rahmenbedingungen. In den 50er Jahren trat eine bemerkenswerte, bald mit dem Schlagwort vom »Wirtschaftswunder« umschriebene ökonomische Konsolidierung ein.

Die Zeit zwischen 1963 und 1969 war in mancher Hinsicht eine Übergangsphase. Sowohl während der christlich-liberalen Koalition Ludwig Erhards (1963–1966) als auch während der Großen Koalition unter Kurt Georg Kiesinger (1966–1969) trat ein gewisser Stillstand ein. Bundeswirtschaftsminister Erhard (1949–1963), dem in der Bevölkerung ein hohes Maß an Sympathie entgegengebracht wurde, bestimmte nicht wie Konrad Adenauer die Richtlinien der Politik. Es gab seinerzeit in der außenpolitischen Orientierung Konflikte zwischen Atlantikern und Gaullisten. Diese Zeit blieb weitgehend Episode, während die Große Koalition unter Kiesinger – Ludwig Erhard war aufgrund der wirtschaftlichen Rezession zum Rücktritt gezwungen worden – zukunftsweisende Akzente setzte, zumal im Bereich der Wirtschaftspolitik. Die Bilanz fiel unterschiedlich aus. Auf einigen Feldern der Politik wurden lange aufgeschobene Vorhaben (z. B. Verabschiedung der Notstandsgesetze) in Angriff genommen, auf anderen hingegen blieben Reformen aufgrund der unterschiedlichen Ziele der Partner aus oder nur Stückwerk. Das gilt für die Ostpolitik ebenso wie für weite Teile der Innenpolitik.

War die Epoche Erhards eher ein Ausklang der Ära Adenauer, so kann die Zeit der Großen Koalition in mancher Hinsicht als ein Vorläufer der kommenden Entwicklung angesehen werden. Einerseits begannen sich in den 60er Jahren die weltpolitischen Fronten aufzulockern, andererseits entstand in fast allen westlichen Demokratien eine überwiegend jugendlich geprägte Protestbewegung, die in den einzelnen Ländern unterschiedliche Formen annahm. Beiden Entwicklungen paßte sich die nachfolgende Regierung an. Der Zeitgeist stand auf Reform.

In der Zeit von 1969 bis 1982 wurde die Koalition von den sozialdemokratischen Kanzlern Willy Brandt (1969–1974) und Helmut Schmidt (1974–1982) geführt. Wegen der Umorientierung der F.D.P. kam es – erstmals seit 40 Jahren – zu einer sozialdemokratisch geführten Regierung. Willy Brandts Ziel war die Neugestaltung der Ost- und Deutschlandpolitik. Im Moskauer Vertrag und in dem von Warschau (jeweils 1970) wurde die Unverletzlichkeit der Grenzen geregelt. Faktisch erfolgte damit eine Anerkennung der Oder-Neiße-Linie, mithin eine Absage an Gebietsansprüche. Das im Jahre 1971 von den vier Siegermächten ausgehandelte Berlin-Abkommen trat nach der Ratifizierung der Ostverträge in Kraft. Die bundesdeutsche Regierung bezog die DDR in die Entspannungspolitik ein. Der 1972 unterzeichnete Grundlagenvertrag schrieb die Beziehung auf der Grundlage der Gleichberechtigung fest. Beide deutschen Staaten, in denen »Ständige Vertretungen« ihre Arbeit aufnahmen, traten 1973 der UNO bei. Damit wurde das deutsche Problem zwar nicht gelöst, wohl aber entschärft. In gewisser Weise ergänzte Brandts Ostpolitik die Westpolitik Adenauers.

Die Zeit der Kanzlerschaft Willy Brandts gilt auch als eine Phase der inneren Reformen. Das Sexualstrafrecht wurde ebenso liberalisiert wie das Demonstrationsrecht, das Alter für das Wahlrecht und die Volljährigkeit gesenkt. Manche Reform mußte unter der Ägide von Bundeskanzler Schmidt ihrerseits reformiert werden, sei es auf Veranlassung des Bundesverfassungsgerichts, sei es wegen finanzieller Restriktionen, sei es aufgrund unzureichender Bewährung in der Praxis. Die Rahmenbedingungen in der Ära Schmidt verschlechterten sich in ökonomischer (Ölschock) und – angesichts des sich abkühlenden Klimas zwischen den Großmächten – vor allem in außenpolitischer Hinsicht. Gleichwohl konnte die Bundesrepublik Deutschland unter Helmut Schmidt in jener Zeit ihr weltpolitisches Gewicht steigern, wenngleich innenpolitisch seine Position – zwischen der nach links driftenden eigenen Partei und der sich zur Union orientierenden F.D.P. – immer schwieriger wurde.

Vom Herbst 1982 bis zum Herbst 1998 gab es erneut – wie in den 50er und 60er Jahren – eine christlich-liberale Koalition unter der Kanzlerschaft Helmut Kohls. Wieder ermöglichte die Umorientierung der F.D.P. den Regierungswechsel. Die Regierung Kohl vollzog den in der früheren Regierung zunehmend umstrittenen NATO-Doppelbeschluß. Die vorher durch atmosphärische Verstimmungen getrübten Beziehungen zu den USA besserten sich, nicht unbedingt zu Lasten der Sowjetunion. Besonders auffallend war die Kontinuität im Bereich der Deutschlandpolitik. Entgegen vieler Annahmen kam es nicht zu einer deutsch-deutschen Eiszeit, ganz im Gegenteil. Als das kommunistische System in der DDR im Herbst 1989 ins Wanken geriet, wartete Kanzler Kohl mit einem »Zehn-Punkte Programm« auf, das langfristig auch auf die Einheit Deutschlands zielte. Doch die Entwicklung überschlug sich. Kohl hatte die Gunst der Stunde genutzt und durch eine beherzte Politik den Prozeß der Wiedervereinigung beschleunigt.[4] Am 3. Oktober 1990 trat die DDR der Bundesrepublik Deutschland bei. Helmut Kohls Strategie erwies sich als erfolgreich: Er wurde nach der Bundestagswahl vom 2. Dezember 1990 erster gesamtdeutscher Kanzler. Mit der von vielen nicht mehr für möglich erachteten

Einigung Deutschlands war die größte Zäsur in der Geschichte der Bundesrepublik Deutschland erreicht.

Helmut Kohl, der acht Jahre vor und wiederum acht Jahre nach der Einheit Deutschlands das Amt des Kanzlers inne hatte – Kritiker hatten sein Gespür für die Macht weit unterschätzt –, setzte nicht nur bei der Gestaltung der deutschen Einheit Akzente, sondern auch bei der Europäischen Einigung. So lautete der Schlußsatz in einem von ihm autorisierten Werk über die Wiedervereinigung: »Bei alledem war ich mir freilich auch bewußt, daß wir erst den einen Teil unserer Vision, mit der wir nach dem Krieg angetreten waren, verwirklicht hatten. Vor uns lag und liegt auch heute noch die Vollendung des anderen Teils: die Einigung Europas«.[5] Mit dem Maastrichter Vertrag und der europäischen Währungsunion, die zum Januar 1999 eingeleitet worden ist, hat er mit anderen unumkehrbar Schritte auf dem Weg zu einem vereinten Europa zurückgelegt.

Wurde die christlich-liberale Koalition in der Bundestagswahl 1994 noch knapp bestätigt, so bildete die vom 27. September 1998 eine Zäsur. Zum ersten Mal in der Geschichte der Bundesrepublik gelangten die bisherigen Oppositionsparteien SPD und Bündnis '90/Die Grünen in die Regierung und die Regierungsparteien in die Opposition. Die Union wurde wie 1972 sogar nur zweitstärkste Fraktion. Die neue Regierung unter dem Kanzler Gerhard Schröder setzt auf außenpolitische Kontinuität und innenpolitische Erneuerung.

Die 1990 verbreitete Annahme, die innere Einheit Deutschlands vollziehe sich schnell, hat getrogen. Allerdings will selbst die PDS kein geteiltes Deutschland mehr. Zum einen wurde die Leistungskraft des westlichen Teils Deutschlands über-, zum anderen das wirtschaftliche Desaster in den neuen Bundesländern unterschätzt. Sowohl Egoismus in den alten Bundesländern als auch überzogenes Anspruchsdenken in den neuen hemmen die innere Einheit. Freilich wird mit diesem Begriff zuweilen Schindluder getrieben, wohnt ihm doch ein delegitimierender Charakter inne. Wer die Meßlatte bewußt hoch anlegt, kommt zum gewünschten Ergebnis: Von wirklicher Einheit sind die Deutschen noch weit entfernt. Gleichwohl gilt: Die Angleichung in politischer, wirtschaftlicher und kultureller Hinsicht vollzieht sich, wenngleich langsamer als erwartet.

Dies zeigt auch die unerwartet starke und ausgebaute Position der PDS, die als Nachfolgeorganisation der SED bei allen drei Bundestagswahlen im vereinigten Deutschland in den Deutschen Bundestag gekommen ist: 1990 dank der gesondert für das Wahlgebiet Ost und West geltenden 5-%-Klausel, 1994 aufgrund des Gewinns von vier Direktmandaten und 1998 durch das »reguläre« Überwinden der 5-%-Hürde. Die PDS ist zehn Jahre nach der »Wende« in der DDR nicht mehr so isoliert, wie das Anfang der 90er Jahre der Fall gewesen ist. Ob eine Einbeziehung der PDS, wie das mit der Koalition in Mecklenburg-Vorpommern 1998 geschehen ist, »mittelfristig zur Erosion des PDS-Wählerlagers, zur weiteren Ausdifferenzierung der internen PDS-Strömungen, zur Entzauberung des PDS-Populismus und zur Anbindung der ›Reformer‹ an den politischen Mainstream der Bundesrepublik führen kann«[6], erscheint fragwürdig. Abgesehen davon, daß die Bundesrepublik in ihrer Geschichte gut daran getan hat, mit Parteien rechts- und linksaußen keine Koalition einzugehen.

4. Keine neue Republik: Mit dem Vollzug der deutschen Einheit am 3. Oktober 1990 wurde das in der Staatsräson der Bundesrepublik Deutschland verankerte und in der Präambel des Grundgesetzes festgeschriebene Wiedervereinigungsgebot eingelöst. Die politische Klasse in der Bundesrepublik Deutschland – der freiheitlichsten Gesellschaft in der deutschen Geschichte – hatte kaum noch an eine Vereinigung geglaubt und für den »Tag X« auch keine Vorkehrungen getroffen. Mit der Einheit wurde die Präambel sowie der Art. 146 GG geändert, der Art. 23 gestrichen. Das föderalistische Prinzip, das sich in über vier Jahrzehnten als stabilisierender Faktor erwiesen hat, kennzeichnet weiterhin die politische Struktur des nun größeren Deutschlands. Auch die Einbindung in die westliche Wertegemeinschaft bleibt nach wie vor, bei gleichzeitiger Intensivierung der Ostverbindungen, ein zentrales Element der bundesdeutschen Staatsräson. Das mit der Ratifizierung des »Zwei-plus-Vier«-Vertrags vollständig souverän gewordene Deutschland steht nun vor der Aufgabe, seiner neuen Rolle in der Völkergemeinschaft gerecht zu werden. Dabei tut es sich schwer, mehr Verantwortung zu übernehmen, etwa auf dem militärpolitischen Sektor. Überdies muß sich das vereinigte Deutschland in der Bewältigung der Probleme in den neuen Bundesländern auf dem Gebiet der ehemaligen DDR bewähren, um nach der politischen Einheit die wirtschaftliche und soziale Angleichung folgen zu lassen. Nicht nur psychologische Hemmnisse auf beiden Seiten erschweren diesen Prozeß.

Nach der Vereinigung Deutschlands wurde des öfteren davon gesprochen, es sei faktisch ein neuer Staat entstanden – eine »dritte deutsche Republik«. Der Hinweis auf die »Berliner Republik« tauchte vielfach auf, als sich der Deutsche Bundestag am 20. Juni 1991 mit knapper Mehrheit von 337 zu 320 Stimmen für Berlin als zukünftigen Regierungs- und Parlamentssitz entschied. Doch die Befürchtungen der einen und die Hoffnungen der anderen trügen.[7] Trotz des künftig neuen Regierungs- und Parlamentssitzes spricht vieles dafür, daß die mit der »Bonner Republik« verbundenen Attribute erhalten bleiben: Berechenbarkeit, Liberalität, Stabilität, Verfassungspatriotismus, westliches Denken, wirtschaftliche Prosperität, Pragmatismus, europäische Ausrichtung. Durch den Beitritt der DDR zur Bundesrepublik ist keine neue, sondern eine erweiterte Republik entstanden. Auf den meisten Gebieten dominiert Kontinuität. Das politische System der DDR hatte von seinen »Errungenschaften« faktisch nichts »einzubringen«. Dieser Sachverhalt richtet sich selbstredend nicht gegen die Bürger der DDR, deren Identifizierung mit dem dortigen System keineswegs ausgeprägt war – und zwar in allen Phasen. Am ehesten scheint sich im außenpolitischen Bereich angesichts weltweiter Krisensituationen ein Wandel anzubahnen. Die Deutschen haben »eine Verantwortung zu übernehmen, die dem Status ihres Landes als souveränem, gleichberechtigtem Nationalstaat und seiner Stärke als europäischer Großmacht entspricht, ohne dabei die Ungeschicklichkeiten, Fehler und Verbrechen der ersten Jahrhunderthälfte mit ihren bis heute spürbaren Folgen zu verdrängen, zu vergessen oder gar zu wiederholen«.[8] Das ist eine Gratwanderung.

Die Hoffnungen auf eine »andere Republik« kamen aus unterschiedlichen Richtungen, als sich die Vereinigung anzubahnen schien. Eher »linke« Positionen wollten sie als Vehikel für ihre innenpolitischen Vorstellungen nutzen, die in der »alten« Bundesrepublik nicht mehrheitsfähig waren. Und stärker »rechte« Auffassungen suchten die Verankerung der Bundesrepublik im westlichen Bündnis zu lockern. Doch solche und andere Neuordnungsvorstellungen fanden weder im Prozeß der deutschen Vereinigung noch danach die Zustimmung der Bürger. Gleichwohl ist der – häufig unreflektiert verwendete – Begriff der »neuen Republik« oder jener der »Berliner Republik« weit verbreitet. Will sich die Bundesrepublik zukünftigen Herausforderungen gewachsen zeigen, so ist ihre Verankerung in der westlichen Wertegemeinschaft ein unerläßliches Gebot. Hier besteht bei tragenden gesellschaftlichen Kräften ein breiter Konsens.

50 Jahre nach der Gründung der Bundesrepublik Deutschland steht die zweite deutsche Demokratie als geachteter Staat in der Völkerfamilie da. Der außenpolitische Handlungsspielraum hat sich durch die deutsche Einheit vergrößert. Er war bereits durch die »neue Ostpolitik« unter der sozial-liberalen Regierung gestiegen. Die Einigung Deutschlands ging nicht mit nationalistischen Aufwallungen einher. Am Konzept des »Verfassungspatriotismus« ist unter den tragenden gesellschaftlichen Kräften auch in den 90er Jahren festgehalten worden.

Eckhard Jesse

Anmerkungen:

1 So W. Grewe: Ein zählebiger Mythos. Die Stalin-Note vom 10. 3. 1952, in: Ders.: Die deutsche Frage in der Ost-West-Spannung. Zeitgeschichtliche Kontroversen der achtziger Jahre, Herford 1986, S. 49–58. Diese Position wird aufgrund neuer Quellen bestätigt: vgl. G. Wettig: Bereitschaft zu Einheit in Freiheit? Die sowjetische Deutschland-Politik 1945–1955, München 1999.

2 Vgl. einige Beiträge in R. Zitelmann/K. Weißmann/M. Großheim (Hrsg.): Westbindung. Chancen und Risiken für Deutschland, Berlin 1993.

3 Vgl. K.-D. Henke: Die amerikanische Besetzung Deutschlands, München 1995.

4 Vgl. K.-R. Korte: Die Chance genutzt? Die Politik zur Einheit Deutschlands, Frankfurt a. M. 1994.

5 K. Diekmann/R. G. Reuth: Helmut Kohl. Ich wollte Deutschlands Einheit, Berlin 1996, S. 483.

6 So aber S. Koch-Baumgarten: Postkommunisten im Spagat. Zur Funktion der PDS im Parteiensystem, in: Deutschland Archiv, 30/1997, S. 878.

7 Vgl. R. Altenhof: Keine akademische Wortklauberei. Eine »neue« oder eine »erweiterte Bundesrepublik« nach der Wiedervereinigung?, in: Ders./E. Jesse (Hrsg.): Das wiedervereinigte Deutschland. Zwischenbilanz und Perspektiven, Düsseldorf 1995, S. 219–242.

8 G. Schöllgen: Angst vor der Macht. Die Deutschen und ihre Außenpolitik, Berlin/Frankfurt a. M. 1993, S. 156.

Literatur:

Baring, Arnulf: Machtwechsel. Die Ära Brandt-Scheel, Stuttgart 1982. □ Bender, Peter: Episode oder Epoche? Zur Geschichte des geteilten Deutschland, München 1996. □ Birke, Adolf: Die Bundesrepublik Deutschland. Verfassung, Parlament und Parteien, München 1997. □ Bracher, Karl Dietrich u. a. (Hrsg.): Geschichte der Bundesrepublik Deutschland, 6 Bde., Stuttgart/Mannheim 1981 ff. □ Grosser, Alfred: Geschichte Deutschlands seit

1945, München (15. Aufl.) 1991. □ HACKE, CHRISTIAN: Weltmacht wider Willen? Die Außenpolitik der Bundesrepublik Deutschland, Berlin (Neuaufl.) 1997. □ KLESSMANN, CHRISTOPH: Die doppelte Staatsgründung. Deutsche Geschichte 1945–1955, Göttingen (5. Aufl.) 1991. □ DERS.: Zwei Staaten, eine Nation. Deutsche Geschichte 1955–1970, Göttingen 1988. □ LEHMANN, HANS GEORG: Deutschland-Chronik 1945–1995, Bonn 1995. □ MORSEY, RUDOLF: Die Bundesrepublik Deutschland. Entstehung und Entwicklung bis 1969, München (3. Aufl.) 1995. □ PULZER, PETER: German Politics 1945–1995, Oxford 1995. □ SIEBENMORGEN, PETER: Gezeitenwechsel. Aufbruch zur Entspannungspolitik, Bonn 1990. □ THRÄNHARDT, DIETRICH: Geschichte der Bundesrepublik Deutschland, Frankfurt a. M. 1996. □ WEIDENFELD, WERNER/HARTMUT ZIMMERMANN (Hrsg.): Deutschland-Handbuch. Eine doppelte Bilanz 1949–1989, München 1989.

Bundesrepublik Deutschland: Politisches System

→ **Bundesrepublik Deutschland:** Geschichte, Bundesverfassungsgericht, DDR: Geschichte, DDR: Politisches System, Deutschlandpolitik der Vier Mächte, **Grundgesetz**, Medien, Parteien, Politische Kultur, Rechtssystem, Verbände.

1. Zusammenhang von politischem System und deutscher Frage: Das politische System der Bundesrepublik Deutschland muß als gefestigt angesehen werden – nach der Einheit ebenso wie vorher. Es hat sich auch nicht dadurch erschüttern lassen, daß unterschiedliche Gruppierungen – von der patriotischen Linken bis zur neuen Rechten – in den 80er Jahren verstärkt die Vereinigung Deutschlands unter neutralen Vorzeichen anstrebten, die einen mit einer pazifistischen, die anderen mit einer nationalen Akzentuierung. Alle führenden Parteien stimmten, wenn auch mit unterschiedlicher Schwerpunktsetzung, prinzipiell darin überein, das politische System in der Bundesrepublik Deutschland beruhe auf dem nicht zur Disposition stehenden Westbündnis. Die Selbstanerkennung der Bundesrepublik war weit fortgeschritten. Freiheit vor Einheit – so ließ sich schlagwortartig diese Konzeption zusammenfassen, wobei die Formel auf der Prämisse basierte, daß zwischen beiden Prinzipien wenn nicht ein Gegensatz, so doch ein Spannungsverhältnis bestanden hat. Durch den Umbruch in der DDR 1989/90 kam die Vereinigung zustande – überraschend nicht zuletzt auch für die politisch Verantwortlichen. Der Beitritt der DDR zur Bundesrepublik Deutschland gemäß Art. 23 GG machte keine neue Verfassung notwendig, lediglich eine Reihe beitrittsbedingter Änderungen. Die deutsche Einheit wurde deshalb möglich, weil die Teilung Deutschlands keine Folge des Zweiten Weltkrieges war, sondern des Kalten Krieges.

Das Grundgesetz galt bis 1990 laut Präambel für eine Übergangszeit: »Das gesamte Deutsche Volk bleibt aufgefordert, in freier Selbstbestimmung die Einheit und Freiheit Deutschlands zu vollenden.« Und in Art. 146 GG hieß es folgerichtig: »Dieses Grundgesetz verliert seine Gültigkeit an dem Tage, an dem eine Verfassung in Kraft tritt, die von dem deutschen Volke in freier Entscheidung beschlossen worden ist.« Nach der Vereinigung Deutschlands wurde der Art. 146 folgendermaßen neu gefaßt: »Dieses Grundgesetz, das nach Vollendung der Einheit und Freiheit Deutschlands für das gesamte deutsche Volk gilt, verliert seine Gültigkeit an dem Tage, an dem eine Verfassung in Kraft tritt, die von dem deutschen Volke in freier Entscheidung beschlossen worden ist.« Man hätte den Art. 146 – statt ihn zu erweitern – auch ersatzlos streichen können. Der Provisoriumscharakter zeigte sich unter anderem daran, daß die verfassunggebende Versammlung nicht Nationalversammlung, sondern Parlamentarischer Rat genannt und das Verfassungswerk, als Grundgesetz firmierend, nicht dem Volk zur Abstimmung vorgelegt wurde. Gleichwohl unterscheidet es sich im Aufbau nicht von Verfassungen anderer Länder. Die Gemeinsame Verfassungskommission von Bundestag und Bundesrat, die entsprechend Art. 5 des Einigungsvertrags gebildet worden war, hat geprüft, inwiefern das Grundgesetz einer Änderung bedarf.[1] Nur in wenigen Fällen wurde ein Reformbedarf gesehen. Das gilt zumal für das Staatsziel der europäischen Einigung, für das Staatsziel des Umweltschutzes und für die Stärkung des Föderalismus. Nicht in allen Fällen ließ sich Einigkeit erzielen, etwa im Hinblick auf die Einführung plebiszitärer Elemente. Die Repräsentanten von CDU/CSU und F.D.P. sprachen sich dagegen aus, während diejenigen von SPD und Bündnis 90/GRÜNE dafür waren.

In den 50er und 60er Jahren kehrte bei politischen Debatten häufig die Auffassung wieder, diese oder jene Reform sei deshalb nicht förderlich, weil sie die Chancen einer Vereinigung schwäche. Eine solche Position ist später bedeutungslos geworden: An eine baldige deutsche Einheit glaubte kaum noch jemand. Die Überlegungen von Politikern der SPD, die Präambel des Grundgesetzes im Hinblick auf das Vereinigungsgebot ersatzlos zu streichen (H. Apel, J. Schmude), waren gleichwohl keineswegs mehrheitsfähig, nicht einmal in der eigenen Partei. Hingegen wurde zunehmend kritisch – und zwar aus verschiedenster Richtung – die Frage erörtert, ob und inwiefern die Bundesrepublik Deutschland souverän (gewesen) sei. Speziell bei spektakulären Ereignissen (wie den Flugzeugunglücken in Ramstein und Remscheid im Jahre 1988) kam die Frage nach dem Verhalten der Schutzmächte auf. Allerdings ist die Bundesrepublik bis heute – auch nach der Vereinigung – weit davon entfernt, irgendeiner Form des Nationalismus zu huldigen, entgegen den Hoffnungen der einen und den Befürchtungen der anderen. Man kann partiell sogar von einer negativen Variante des Nationalstolzes sprechen. Selbst die deutsche Einheit entfachte keinen nationalen Überschwang. Paradoxerweise begünstigte dies ihren schnellen Vollzug.

2. Staatsstrukturprinzipien: Die nach der deutschen Vereinigung weiterhin gültigen Staatsstrukturprinzipien sind in Art. 20 GG im einzelnen aufgeführt. Es handelt sich um das Republik-, das Demokratie-, das Bundesstaats-, das Rechtsstaats- und das Sozialstaatsprinzip. Angesichts der Bedeutung dieses Artikels hat man ihn auch als eine »Verfassung in Kurzform«[2] bezeichnet.

Die Verankerung des Republikprinzips erklärt sich aus der deutschen Geschichte. Mit Republik ist jede Staatsform gemeint, die keine Monarchie ist. Eine weitergehende Auslegung trägt nicht, da sie mit dem Demokratie- und dem Rechtsstaatsprinzip kollidiert. Das Demokratieprinzip verankert den Grundsatz der Volkssouveränität. Allerdings versteht sich die Bundesrepublik Deutschland als ein betont repräsentatives System, sieht mithin kaum plebiszitäre Elemente vor, obwohl die Zahl ihrer Befürworter gestiegen ist. Außerdem gibt es Grenzen des Mehrheitsprinzips, wie etwa die Prinzipien der streitbaren Demokratie belegen. Das zwischen dem Staatenbund und dem Einheitsstaat angesiedelte Bundesstaatsprinzip räumt den einzelnen Ländern angemessene Kompetenzen bei der Gesetzgebung, Verwaltung und Rechtsprechung ein. Die Tendenz der politischen Praxis geht zunehmend in eine Abschwächung der föderalistischen Richtung. Die deutsche Einheit hat diesem Prozeß keinen Einhalt geboten, auch wenn Grundgesetzänderungen (Art. 23, Art. 72 Abs. 3 GG) ihm entgegenzuwirken suchen. Das Rechtsstaatsprinzip bedeutet im wesentlichen Rechtssicherheit, soll aber zugleich keinem formellen Rechtsstaatsdenken Vorschub leisten. Die in Art. 1 bis 19 GG aufgeführten Grundrechte binden die drei Gewalten als unmittelbar geltendes Recht. Die Gewaltenteilung – im konstitutionellen System das Merkmal des Rechtsstaats – ist heute entsprechend den Strukturprinzipien des parlamentarischen Systems einer weitgehenden Gewaltenverbindung zwischen Legislative und Exekutive gewichen. Das Sozialstaatsprinzip basiert nicht nur auf dem Prinzip der sozialen Sicherung, sondern auch auf dem der sozialen Teilhabe. Soziale Grundrechte wurden vornehmlich deshalb nicht ins Grundgesetz aufgenommen, weil sie – wie etwa das Recht auf Arbeit – nicht einklagbar sind.

Über diese Staatsstrukturprinzipien herrscht bei den tragenden Kräften der Gesellschaft Konsens, wenngleich die Auffassungen zu ihrer Ausgestaltung zum Teil stark voneinander differieren. Grosso modo galt bisher: Wollte die SPD stärker den Sozialstaat ausgestalten und das Demokratieprinzip in Richtung einer gesellschaftlichen Demokratisierung interpretieren, trachtete die Union danach, das bundesstaatliche Prinzip weiterzuentwickeln, wie sie ebenso das Spannungsverhältnis zwischen Rechtsstaat und Sozialstaat eher zugunsten des ersten zu verschieben suchte, ohne daß sie deswegen den sozialen Rechtsstaat in toto in Frage gestellt wissen wollte.

3. Verfassungsorgane: Im Grundgesetz sind diejenigen Organe der legislativen, der exekutiven und der judikativen Gewalt aufgeführt, die die vom Volk ausgehende Staatsgewalt ausüben. Es handelt sich um Bundestag, Bundesrat, Bundesregierung, Bundespräsident sowie das Bundesverfassungsgericht, außerdem noch um die lediglich zur Wahl des Bundespräsidenten zusammentretende Bundesversammlung. Sie besteht aus den Mitgliedern des Bundestages sowie aus einer gleich großen Anzahl von Mitgliedern, gewählt von den Landesparlamenten. In den Ländern gibt es statt des Deutschen Bundestages Landtage, statt der Bundesregierung Landesregierungen, statt des Bundesverfassungsgerichts Landesverfassungsgerichte (bis auf Schleswig-Holstein), jedoch kein Pendant zu den beiden anderen Organen.

Der Deutsche Bundestag ist das alle vier Jahre von der Bevölkerung gewählte Bundesparlament. Es wählt den Bundeskanzler und kann nur unter zwei besonderen Voraussetzungen vom Bundespräsidenten aufgelöst werden (wenn sich bei der Wahl des Bundeskanzlers oder bei einer Vertrauensfrage des Bundeskanzlers keine Mehrheit findet). Bisher kam es – charakteristisches Zeichen für die Stabilität des politischen Systems – nur zweimal vor Ende einer Legislaturperiode zu Neuwahlen: im Jahre 1972, als der Koalition unter Willy Brandt die Mehrheit verlorenging, und 1983, als die neu gebildete Koalition unter Helmut Kohl ihr Bündnis plebiszitär legitimieren wollte.

Der aus Mitgliedern der Landesregierungen gebildete Bundesrat ist dasjenige Organ, durch welches die Länder insbesondere an der Gesetzgebung des Bundes mitwirken. Allerdings überlagert das parteienstaatliche Element zunehmend das bundesstaatliche. Differierten die politischen Mehrheiten in Bundestag und Bundesrat, wie das zwischen 1976 und 1982 sowie zwischen 1991 und 1998 der Fall war, wurde die Gesetzgebungsarbeit zwar nicht gelähmt, doch verzögert. Durch den weisungsungebundenen Vermittlungsausschuß verwischen sich die politischen Verantwortlichkeiten. Es ist mithin fraglich, ob die parlamentarische Opposition gut beraten ist, wenn sie mit Hilfe des Bundesrats ihre Minderheitenposition zu kompensieren sucht.

Die Bundesregierung – der Kanzler schlägt dem Bundespräsidenten die Minister vor – richtet ihre Arbeitsweise nach drei Prinzipien: dem Kanzlerprinzip (der Kanzler bestimmt die Richtlinien der Politik), dem Ressortprinzip (die Minister verantworten ihren Bereich innerhalb der vom Kanzler gesetzten Richtlinien allein) und dem Kollegialprinzip (bei Meinungsverschiedenheiten zwischen den Ministern entscheidet die Bundesregierung). Das weitaus wichtigste von ihnen ist das Kanzlerprinzip. Schon in der Ära Adenauer (1949–1963) kam die Bezeichnung Kanzlerdemokratie auf, die bis heute – mit Ausnahme der Kanzlerschaften Ludwig Erhards und Kurt Georg Kiesingers – »das maßgebende Orientierungsmuster der bundesrepublikanischen Innenpolitik«[3] geblieben ist. Damit erklärt sich unter anderem auch die Stabilität des politischen Systems. Helmut Kohl war von 1982 bis 1998 Bundeskanzler; er stand einer Koaliton aus Union und F.D.P. vor.

Der Bundespräsident hat zwar – mehr oder weniger – nur repräsentative Aufgaben (Vertretung der Bundesrepublik Deutschland nach innen und nach außen, Ausfertigung von Gesetzen usw.), aber gleichwohl ist seine Funktion nicht zu unterschätzen. Denn durch die Art seines Auftretens kann er integrierend und stilbildend wirken sowie das politische Klima beeinflussen, wie der zwischen 1984 und 1994 amtierende Richard von Weizsäcker und sein Nachfolger Roman Herzog (1994–1999) vielfach gezeigt haben. Wiederwahl ist nur einmal möglich. Neben Weizsäkker waren Theodor Heuss (1949–1959) und Heinrich Lübke (1959–1969) zehn Jahre im Amt des Bundespräsidenten tätig.

Das Bundesverfassungsgericht ist eine Art Hüter der Verfassung. Seine Kompetenzen reichen von der Schlichtung von Organstreitigkeiten über die Auslegung von Meinungsverschiedenheiten zwischen Bund und Ländern und die Entscheidung über Parteiverbote bis hin zur Klärung von Verfassungsbeschwerden der Bürger. Die

Bedeutung des Gerichts erklärt sich wesentlich mit seinen Entscheidungen in politisch brisanten Fragen (zur Abtreibungsproblematik etwa, zur Kriegsdienstverweigerung oder zur Parteienfinanzierung, um nur einige Beispiele zu nennen). Auch hier gilt das Gesagte über den Deutschen Bundesrat: Die jeweilige parlamentarische Opposition gebraucht das Organ mitunter als Ersatzgesetzgeber – Ausdruck des »typisch deutschen« Formalismus, der auf Kosten politischer Konfliktregelung geht.

Die insgesamt gute Funktionsweise der Verfassungsorgane ist eine Voraussetzung und Folge der Entwicklung des politischen Systems in der Bundesrepublik Deutschland gewesen. Bisher ist ihm eine Legitimationskrise erspart geblieben. Sowohl im Vergleich zur Weimarer Republik als auch zu anderen westlichen Demokratien hat das Verfassungssystem keine ernsthaften Strukturdefekte erkennen lassen. Das ist wesentlich ein Indiz für die positiven politischen Rahmenbedingungen, wie es umgekehrt sehr einseitig wäre, die Krise des Weimarer Verfassungssystems in erster Linie mit Konstruktionsfehlern der Verfassung (reines Verhältniswahlsystem, kein konstruktives Mißtrauensvotum, Dualismus von Präsident und Kanzler usw.) erklären zu wollen. Durch die deutsche Einheit hat sich an diesem Befund im Kern nichts geändert, mögen auch die Konflikte zugenommen haben. Doch erfreuen sich die Verfassungsorgane nach wie vor einer hohen Wertschätzung, im Osten allerdings weniger wie im Westen.[4]

4. Freiheitlich-demokratische Grundordnung als Systemmerkmal: Der Niedergang der Weimarer Republik stand den Verfassungsvätern vor Augen. Die dortige Verfassung wußte sich nicht vor ihren Feinden zu schützen. Das politische System in der Bundesrepublik Deutschland begreift sich mithin wesentlich als eine antitotalitäre Ordnung, die die Konsequenzen aus den leidvollen Erfahrungen der Vergangenheit gezogen hat. Rechts- und linksextremistischen Bestrebungen soll der Boden für ihre Wirksamkeit entzogen werden. Das Verfassungssystem ist daher an den Prinzipien einer streitbaren Demokratie orientiert, die auf der Vorverlagerung des Demokratieschutzes basiert. Es sieht gegenüber Vereinigungen (Art. 9 Abs. 2 GG) und Parteien (Art. 21 Abs. 2 GG), die gegen die freiheitlich-demokratische Grundordnung verstoßen, die Möglichkeit eines Verbots vor. Die Wehrhaftigkeit der Demokratie korrespondiert mit der Werthaftigkeit des Verfassungssystems. Ließ sich in Weimar jeder Verfassungsartikel mit der entsprechenden Mehrheit ändern, so stehen jetzt bestimmte Prinzipien des Grundgesetzes wie Art. 1 und Art. 20 nicht zur Disposition des Gesetzgebers. Die für unantastbar erklärten Werte decken sich weitgehend mit den Prinzipien der freiheitlich-demokratischen Grundordnung, wie sie vom Bundesverfassungsgericht – in den Verbotsurteilen gegen die Sozialistische Reichspartei (SRP) 1952 und gegen die Kommunistische Partei Deutschlands (KPD) 1956 – aufgestellt wurden. Das in Art. 79 Abs. 3 GG verankerte Ewigkeitsgebot kann zwar keine Revolutionen verhindern, will aber den Gegnern des Grundgesetzes die (von der nationalsozialistischen Bewegung praktizierte) Legalitätstaktik erschweren.

In den 50er und 60er Jahren wurde häufiger von den Instrumentarien der streitbaren Demokratie Gebrauch gemacht (es gab mannigfache Vereins- und zwei Parteiverbote) als in den 70er und 80er Jahren. Orientierte man sich seinerzeit stärker am Legalitätsprinzip, so richtet man sich seither eher am Opportunitätsprinzip aus: Gruppierungen, die als verfassungsfeindlich gelten, sollen politisch bekämpft werden. Allerdings geschieht dies keineswegs immer konsequent, mitunter halbherzig. Zudem begünstigt der Wandel der politischen Kultur (Zunahme von Partizipation und Konfliktfreude) nicht zwingend die Auseinandersetzung mit dem politischen Extremismus, zumal dem von links. Der sogenannte »Radikalenerlaß« – im Januar 1972 erinnerten die Ministerpräsidenten der Bundesländer an die Verfassungstreue von Beamten und Bewerbern für den öffentlichen Dienst (es kam zur Regelanfrage bei Einstellungen) – ist dafür ein leidiges und charakteristisches Beispiel. Die politisch Verantwortlichen rückten immer mehr von dem Beschluß ab. Damit war die Geschichte des Extremismusbeschlusses die Geschichte seiner beständigen Rücknahme. Das Aufkommen einer rechtsextremistischen Subkultur zu Anfang der 90er Jahre, zumal in den neuen Bundesländern, mit fremdenfeindlichen Ausschreitungen hat in der Öffentlichkeit vielfältige Proteste hervorgerufen und zu einer Reihe von Vereinigungsverboten geführt (z. B. gegen die »Wiking-Jugend« 1994 und die Freiheitliche Deutsche Arbeiterpartei 1995). Damit ist gegen rechtsaußen das Opportunitätsprinzip zum Teil aufgehoben worden, nicht aber gegen linksaußen. Wer das staatliche Gewaltmonopol in Zweifel zieht, mit welcher Zielrichtung auch immer, wendet sich gegen ein wesentliches Prinzip des demokratischen Verfassungsstaats.

Die Herausforderung des Terrorismus, als Spaltprodukt der Studentenbewegung entstanden, wurde mit Augenmaß gemeistert. Nach dem Höhepunkt des »deutschen Herbstes« 1977 nahmen die terroristischen Aktivitäten, die über 30 Todesopfer gefordert haben, immer mehr ab. Wie nach der »Wende« herauskam, suchte ein Teil der Terroristen zu Anfang der 80er Jahre Zuflucht in der DDR. Im Frühjahr 1998 gab die »Rote Armee Fraktion« (RAF) ihre Auflösung bekannt.

5. Föderalismus und Kommunalpolitik: Das politische System in der Bundesrepublik ist durch sein föderalistisches Gefüge geprägt, bedingt durch die deutsche Tradition, ebenso aber durch den Einfluß der Alliierten nach 1945. Die staatliche Gewalt wird vom Bund wie von den – seit der deutschen Einheit – 16 Bundesländern ausgeübt. Durch diese Form der vertikalen Gewaltenteilung ist Machtkontrolle gegeben, Vielfalt gewährleistet und Politiknähe stärker möglich. Drei Jahreszahlen sind von besonderer Bedeutung:

Im Jahr 1952 schlossen sich Baden, Württemberg-Baden und Württemberg-Hohenzollern zum Bundesland Baden-Württemberg zusammen. Am 1. Januar 1957 kam das Saarland nach einer Volksabstimmung zur Bundesrepublik. Mit der deutschen Einheit 1990 entstanden die 1952 aufgelösten Länder Brandenburg, Mecklenburg-Vorpommem, Sachsen, Sachsen-Anhalt und Thüringen neu. Sie gaben sich Verfassungen, die sich an denen der alten Bundesländer orientierten. Berlin, um den östlichen Teil erweitert, wurde zudem ein »reguläres« Bundesland. Es war nach alliiertem Recht kein konstitutiver Bestandteil der Bundesrepublik. 1996 scheiterte die Länderfusion zwischen Berlin und Brandenburg am Votum der Brandenburger.

Das Grundgesetz unterscheidet zwischen der ausschließlichen Gesetzgebungskompetenz des Bundes (Art. 71 und 73 GG), der konkurrierenden Gesetzgebung (Art. 72 und 74 GG) – die Länder haben die Befugnis, Gesetze zu erlassen, sofern der Bund davon keinen Gebrauch macht – und der Rahmengesetzgebung des Bundes (Art. 75 GG), bei der der Bund einen Rahmen setzt, den die Länder auszufüllen haben. Die Gewichte haben sich im Laufe der fünf Jahrzehnte zugunsten des Bundes verschoben. An der Gesetzgebung des Bundes wirken die Länder allerdings über den Bundesrat mit.

Durch den Einigungsvertrag wurde die Zahl der Stimmen der größten Bundesländer im Bundesrat erhöht. Länder mit einer Einwohnerzahl von mehr als 7 Mio. haben seither sechs Stimmen (Nordrhein-Westfalen, Bayern, Baden-Württemberg, Niedersachsen), Länder mit mehr als 6 Mio. fünf (Hessen), Länder mit mehr als 2 Mio. vier (Sachsen, Rheinland-Pfalz, Berlin, Sachsen-Anhalt, Schleswig-Holstein, Thüringen, Brandenburg). Allen übrigen stehen drei Stimmen zu (Mecklenburg-Vorpommern, Hamburg, Saarland, Bremen). Mehr als jedes zweite Gesetz des Bundes bedarf der Zustimmung des Bundesrates. Charakteristisch für die Entwicklung ist, daß im Bundesrat parteipolitische Interessen föderale überlagern. Daran hat sich durch die deutsche Einheit prinzipiell nichts geändert.

Zentralstaat und Gliedstaat wirken nicht separat nebeneinander, sondern arbeiten vielfäftig zusammen. Diese Form des »kooperativen Föderalismus« zeigt sich u. a. an einer Reihe von Koordinierungsorganen, in denen Vertreter von Bund und Länder ihre Entscheidungen im Vorfeld abklären (z. B. Bund-Länder-Kommission für Bildungsplanung, Finanzplanungsrat). Die Transparenz von Entscheidungen und ihre Zurechenbarkeit kann darunter leiden. Auf diese Weise verwischen sich die politischen Verantwortlichkeiten.

Die Bundesrepublik kennt eine vertikale – bezogen auf den Bund und die Länder – und eine horizontale Steueraufteilung. Mit der vertikalen Steueraufteilung sollen die Bundesländer ihre Aufgaben angemessen wahrnehmen können, mit der horizontalen die unterschiedlichen Finanzkapazitäten der Länder ausgeglichen werden. In der Vergangenheit ist mehrfach eine Verfassungsklage zwecks Änderung des Finanzausgleichs angestrengt worden. Gegenwärtig zählen Baden-Württemberg, Bayern, Hamburg, Hessen, Nordrhein-Westfalen und Schleswig-Holstein zu den Geberländern. Kritikwürdig an der bisherigen Form des Finanzausgleichs ist der Befund, daß kein Anreiz besteht, Einnahmen zu erzielen. Die Unterstützung der neuen Bundesländer aufgrund der teilungsbedingten Folgen wird auch von jenen Ländern wie Bayern anerkannt, die eine Reform des Finanzausgleichs anstreben.

Die von der Gemeinsamen Verfassungskommission in die Wege geleiteten Verfassungsänderungen haben den Föderalismus zu stärken versucht, was etwa die Europapolitik des Bundes betrifft. Gleichwohl steht die föderative Ordnung vor großen Problemen und Herausforderungen, hat keine grundlegende »Reföderalisierung« eingesetzt. Dieser Befund trifft nur auf die ehemalige DDR zu.

Ein Ausfluß des Föderalismus ist auch die Kommunalpolitik. Die kommunale Selbstverwaltung besitzt in Deutschland eine lange Tradition. Wiewohl die Gemeinden nach dem repräsentativ-demokratischen System aufgebaut sind, stellen sie keine »dritte Säule« im Verfassungssystem dar, sondern gehören zur inneren Ordnung der Länder. Den Gemeinden fehlt das Recht der Verfassungsgebung. Eine zweigliedrige bundesstaatliche Struktur ist mit einem dreistufigen Verwaltungsaufbau verbunden. Die Kompetenzverteilung zwischen den kommunalen Organen ist unterschiedlich. Bürgerbegehren und Bürgerentscheid wurden in den Kommunalverfassungen der neuen Länder verankert. Die anderen Länder – in Baden-Württemberg war diese Form der Partizipation bereits vorgesehen – sind dieser Entwicklung gefolgt.

Allerdings haben Bürgerbegehren und Bürgerentscheid bisher keine große Bedeutung erlangt. Die Gemeinden nehmen Selbstverwaltungs- (z. B. Versorgung mit Wasser und Elektrizität) und Auftragsangelegenheiten (z. B. Paß- und Meldewesen) wahr. Da der Anteil der Selbstverwaltungsangelegenheiten gesunken ist, sehen Kritiker die Gefahr einer Aushöhlung der kommunalen Selbstverwaltung. Eine Gebietsreform sollte in den 70er Jahren durch Zusammenlegung von Gemeinden deren Leistungsfähigkeit und Unabhängigkeit steigern. Die Zahl schrumpfte von etwa 24 000 auf 8 500. Im Schnitt sind die rund 6 000 Kommunen in den neuen Bundesländern trotz einiger Zusammenschlüsse kleiner als in den alten. Eine grundlegende Gebietsreform ist unausweichlich.

Die kommunale Selbstverwaltung rechtfertigt sich heute nicht mit dem Erhalt landsmannschaftlicher Eigenarten, ihr Sinn liegt vielmehr in der Ausbalancierung der einzelnen Machtträger. Durch die deutsche Einheit ist die kommunale Selbstverwaltung in besonderer Weise herausgefordert worden. Einem hohen Erwartungsdruck der Bürger steht ein Defizit an ausgebildetem Verwaltungspersonal in den neuen Bundesländern gegenüber. Die Entwicklung der kommunalen Selbstverwaltung läßt in verschiedener Hinsicht zu wünschen übrig, auch wenn sie nicht zur Disposition steht: »Die fiskalische Krise der Kommunen hat sich mittlerweile zu einem Dauerzustand entwickelt, die Einbindung in den staatlich-kommunalen Leistungsverbund hat die kommunale Autonomie immer stärker beschränkt, und die reduzierten kommunalen Handlungsmöglichkeiten treffen auf eine Öffentlichkeit, deren Ansprüche an Staat und Kommunen steigen.«[5]

6. Politische Willensbildung: Die politische Willensbildung in der Bundesrepublik Deutschland bestimmen – im Gegensatz zu früheren Epochen Deutschlands – maßgeblich die Parteien. Der Parteienstaat hatte es angesichts tradierter Antiparteienaffekte schwer, seine Salonfähigkeit nachzuweisen. Mag sein, daß es sich um eine »Überkompensation«[6] handelt, wenn die Parteien heutzutage Kompetenzen überschreiten, denkt man an ihr Bestreben, sich für allzuständig zu erklären, an die ausufernde Ämterpatronage, an die Verfilzung, an die aufgeblähten Parteiapparate und an die Finanzskandale. Insofern ist zumal in den 90er Jahren ein gewisser Parteienverdruß entstanden. Gleichwohl hat die Parteiendemokratie in der Bundesrepublik Deutschland gut funktioniert: Die einst starken ideologischen Gegensätze zwischen den großen Parteien sind abgeschliffen worden. Es handelt sich um Volksparteien, die um Wähler aller politischen und sozialen Richtungen werben, was natürlich keine Orientierung an Zielgruppen ausschließt. Die Kritik an den Parteien ist heute stärker als früher, wenngleich sie nicht immer berechtigt erscheint.[7] Die Anzahl der Parteimitglieder geht zurück, der Stimmanteil für die großen Parteien ebenso, die Wahlenthaltung steigt. Besonders in den neuen Bundesländern haben es die Parteien schwer, Fuß zu fassen.

Die Entwicklung der Parteien blieb nicht ohne Rückwirkungen auf das Parteiensystem. Es kam zu einer Konzentrationsbewegung vornehmlich zugunsten der neuen bikonfessionellen Partei, der CDU/CSU, die damit an die Stelle der katholischen Zentrumspartei getreten ist, während die SPD nach dem Godesberger Programm von 1959, mit dem sie ideologischen Ballast abgeworfen hatte, vom »Genossen Trend« profitierte. Der Wähler entschied bei der Wahl praktisch immer auch über die Regierung, da sich zwei Lager gegenüberstanden. Die beiden Regierungswechsel 1969 und 1982/83 gingen zurück auf die F.D.P., deren Einfluß mithin größer ist, als es ihrem Wähleranteil entspricht. Als einzige Partei konnte sie sich neben CDU/CSU und SPD behaupten, wenngleich sie mitunter nur knapp die 5-%-Hürde übersprungen hat und ihr daher immer wieder das »Totenglöcklein« geläutet wird. Der Regierungswechsel 1998 nach den Bundestagswahlen ist ein Novum: Zum ersten Mal kam es zu einem »ungefilterten« Machtwechsel. Die Oppositionsparteien gelangten an die Regierung, die Regierungsparteien in die Opposition. Gleichwohl vollzog sich dieser Umschwung ohne großes Getöse. Das ist ein erfreuliches Zeichen für die Normalität der zweiten deutschen Demokratie. Mit Gerhard Schröder hat nach Willy Brandt (1969–1974) und Helmut Schmidt (1974–1982) zum dritten Mal ein Sozialdemokrat das Amt des Bundeskanzlers inne.

Mit den Grünen ist seit Anfang der 80er Jahre eine weitgehend aus außerparlamentarischen Protestbewegungen hervorgegangene Milieupartei aufgekommen, die sich als grundlegende Alternative zu den etablierten Parteien begreift. Dies gilt sowohl für die programmatische Profilierung (die Grünen bieten nicht nur in der Umweltschutzpolitik eine Alternative) als auch für das Verhalten zu den anderen Parteien. Als »Antipartei-Partei« (P. Kelly) war sie in den 80er Jahren zum Teil weder koalitionswillig (nach Meinung mancher ihrer Anhänger) noch koalitionsfähig (für die meisten ihrer Gegner). Allerdings hat sich zu Anfang der 90er Jahre der »realpolitische« Flügel klar durchgesetzt, zumal nach dem Zusammenschluß mit dem ostdeutschen »Bündnis 90« im Jahr 1993. Bereits vor der Koalition im Bund (1998) gab es in einigen Bundesländern (z.B. Hessen, Nordrhein-Westfalen) eine rotgrüne Zusammenarbeit.

Die Flügelparteien – die Partei des Demokratischen Sozialismus (PDS) als Nachfolgeorganisation der SED und die Partei der Republikaner (REP) sind weit voneinander entfernt – und doch eng benachbart. Zu den Parallelen gehören ihr unterschiedlich motivierter »sozialer« bzw. »nationaler« Populismus, ihr Eintreten für eine »andere Republik« und ihre antiwestliche Grundausrichtung. Sie kultivieren den Ost-West-Gegensatz und hoffen, von den Übergangsschwierigkeiten im Prozeß der deutschen Einheit zu profitieren. Den Rechtsparteien gelang das nur teilweise; immerhin erreichten REP, DVU und NPD bei den Bundestagswahlen 1998 im Wahlgebiet Ost 5 % der Stimmen und 2,8 % im Wahlgebiet West, während sie zuvor in den alten Bundesländern besser abgeschnitten hatten. Die PDS überwand bei der Bundestagswahl 1998 mit 5,1 % die 5-%-Hürde (1990: 2,4 %; 1994: 4,4 %) – nicht zuletzt deswegen, weil der Stimmenanteil im Osten mit 21,6 % abermals gesteigert werden konnte (im Westen: 1,2 %). Ein weiterer Unterschied zwischen den rechten und den linken Flügelparteien ist jedoch entscheidender: Sind die Rechtsaußenparteien isoliert und stigmatisiert, gilt das für die PDS nicht (mehr). In Sachsen-Anhalt läßt sich die dortige SPD-Regierung seit 1994 durch die PDS tolerieren. Dieses »Magdeburger Modell« wurde durch ein »Schweriner Modell« erweitert. Seit dem Herbst 1998 ist die PDS in Mecklenburg-Vorpommern Koalitionspartner der SPD. Eine solche Verschiebung des Koordinatensystems wäre zur Zeit der »Wende« nicht für möglich erachtet worden.

Auch im Verbandswesen ist es in der Bundesrepublik Deutschland nicht zu jener Polarisierung gekommen, die die Funktionsweise des politischen Systems in der ersten deutschen Demokratie so nachhaltig behindert hatte. Die Konflikte zwischen den Arbeitgeber- und Arbeitnehmerverbänden sind bei aller Heftigkeit niemals unversöhnlicher Natur gewesen, das Wort von der sozialen Partnerschaft ist daher keine Phrase. Infolge der zunehmenden Säkularisierung der Gesellschaft – die Kirchenbindung schwächt sich bei anhaltender Konfessionszugehörigkeit massiv ab – ist der politische Einfluß der Kirchen zurückgegangen, wenngleich er bei bestimmten Fragen – wie etwa der Abtreibungsproblematik – nach wie vor in Erscheinung tritt. Durch den Beitritt der DDR hat sich der säkularisierende Faktor noch vermehrt. Zwar war die DDR eine »Organisationsgesellschaft« (D. Pollack), doch ist davon wenig übriggeblieben. Die Bevölkerung hat die alten Massenorganisationen verlassen, tritt aber nur zögerlich den demokratischen Vereinigungen bei. Dadurch wird die Integration des Verbandswesens zwar verzögert, aber nicht aufgehalten.

Die Medien wirken ebenso maßgeblich auf die politische Willensbildung ein. Während die Presse privatwirtschaftlich organisiert ist (mit unvermeidlichen Konzentrationstendenzen, die die Vielfalt des Angebots zumal im lokalen Bereich einengen), waren Rundfunk und Fernsehen lange öffentlich-rechtlich strukturiert, bevor die (sich vielfach in privater Hand befindlichen) neuen Medien – das Neue bezieht sich auf die Übertragungswege wie Kabel und Satelliten – seit einigen Jahren hinzugekommen sind. Über die Konsequenzen der kommerziell ausgerichteten Sender für die öffentlich-rechtlichen Anstalten (etwa Verflachung des Angebots oder Steigerung der Vielfalt) gehen die Meinungen ebenso weit auseinander wie zur Frage der Wirkung von Medien auf das politische Meinungsklima. Rückgängig zu machen ist die Entwicklung nicht mehr. In den neuen Bundesländern konnten aufgrund unterschiedlicher Lesegewohnheiten die überregionalen westdeutschen Zeitungen noch nicht reüssieren.

7. Bilanz: Immer wieder taucht die Frage auf, ob die Bundesrepublik Deutschland eine westliche Demokratie sei, sowohl im Kontext der »alten« Bundesrepublik als auch im Zusammenhang mit dem Standort des vereinten Deutschlands. Ist der Sonderweg überwunden, hat es einen solchen überhaupt gegeben? War die Entwicklung Deutschlands zum Nationalsozialismus in gewisser Weise folgerichtig? Wie immer man diese Fragen angesichts Deutschlands Verspätung (mit Blick etwa auf den Nationalstaat oder die Parlamentarisierung) beantwortet – es kann kein Zweifel an dem tiefgreifenden Wandel nach 1945 bestehen, angefangen von der *reeducation* bis hin zur weitgehenden Auflösung traditioneller Leitbilder: Die Bundesrepublik ist eine westliche Demokratie geworden. Auch die Vereinigung dürfte diese Entwicklung nicht gefährden – trotz mancher autoritärer Tendenzen in den neuen Bundesländern.

Der Wandel der politischen Kultur muß als fundamental angesehen werden: Die einst sprichwörtliche Obrigkeitsgläubigkeit ist ebenso stark zurückgegangen wie die frühere notorische Konfliktfeindlichkeit, die sich in populären Begriffen wie dem »Parteienhader« entlud. Hingegen hat die partizipatorische Komponente zugenommen, zumal im unkonventionellen Sektor (Demonstrationen, Bürgerinitiativen). Mithin sind die von Kurt Sontheimer genannten historischen Vorbelastungen (»etatistische« Tradition; »unpolitische« Tradition; »Tradition des deutschen Idealismus«; »Tradition der Konfliktscheu«; »Tradition des Formalismus«)[8] zumindest stark abgeschwächt, wenn auch in unterschiedlichem Maße (am wenigsten in puncto Idealismus und Formalismus). Die demoskopischen Daten sprechen eine eindeutige Sprache. Der Wandel geht wesentlich auf die studentisch geprägte Protestbewegung seit der zweiten Hälfte der 60er Jahre zurück. Die von ihr teilweise befürworteten revolutionären Veränderungen sind nicht zum Tragen gekommen. Im Gegenteil haben Reformen das politische System gefestigt und damit einer Radikalisierung den Boden entzogen. In Verbindung mit anderen Entwicklungen ist von der Studentenbewegung auf vielen Feldern ein Umbruch ausgelöst worden, auf anderen aber auch ein »romantischer Rückfall« (R. Löwenthal). Die Bürger im Osten Deutschlands haben diesen Erfahrungshorizont nicht – mit allen damit verbundenen Begleiterscheinungen. Allerdings muß man wohl nicht (mehr) von zwei getrennten politischen Kulturen in Deutschland sprechen.

Gesinnungsethik, moralischer Rigorismus, Krisenbewußtsein sowie – im Gefolge der grünen Bewegung – Kulturpessimismus beeinflussen stärker das politisch-kulturelle Klima als anderswo. Gleichwohl erfreut sich das politische System in der Bundesrepublik einer breiten Systemunterstützung. In vielen anderen westlichen Demokratien ist der politische Extremismus von links und rechts weit dominanter. Von einer Identitätskrise läßt sich daher nicht sprechen, auch wenn gerade in den neuen Bundesländern zum Teil diffuse Vorstellungen vom demokratischen Verfassungsstaat bestehen. Die in vielfacher Hinsicht nicht einfache Integration der fünf neuen Länder dürfte vorübergehend Identifikationsstörungen mit dem politischen System der Bundesrepublik fördern. Einerseits sind die Prinzipien des demokratischen Verfassungsstaats angesichts jahrzehntelanger diktatorischer Entwicklung nicht stark verwurzelt, andererseits Angleichungsprozesse unübersehbar, zumal bei der Jugend. Sollten aufgrund des Einwanderungsdrucks oder der Arbeitslosigkeit keine gravierenden und langanhaltenden politischen und wirtschaftlichen Probleme auftauchen, wird sich die Verschmelzung in absehbarer Zeit vollziehen. Selbst eine Partei wie die PDS, die aus der SED hervorgegangen ist, will die deutsche Einheit nicht rückgängig machen. Es bleibt der Tatbestand, daß die Menschen in der ehemaligen DDR sich mit ihrem Votum für den Beitritt zur Bundesrepublik ausgesprochen haben – und damit für das politische System der parlamentarischen Demokratie, wie es im Westen Deutschlands heimisch geworden ist. Durch die Einheit Deutschlands ist eine mögliche Bruchstelle vermieden worden. Verfassungspatriotismus und Nationalpatriotismus müssen einander nicht ausschließen. Freiheit und Einheit fallen zusammen. Damit wurde eine offene Flanke geschlossen, die dem demokratischen Verfassungsstaat hätte gefährlich werden können. Auch dieser Befund trägt zur Stabilität der Bundesrepublik Deutschland 50 Jahre nach ihrer Gründung bei.

Eckhard Jesse

Anmerkungen:

1 Vgl. P. Fischer: Reform statt Revolution. Die gemeinsame Verfassungskommission von Bundestag und Bundesrat, München 1995; M. Kloepfer: Verfassungsänderung statt Verfassungsreform. Zur Arbeit der Gemeinsamen Verfassungskommission, Berlin 1995; N. Konegen/P. Nitschke (Hrsg.): Revision des Grundgesetzes? Ergebnisse der Gemeinsamen Verfassungskommission (GVK) des Deutschen Bundestages und des Bundesrates, Opladen 1997.
2 D. Hesselberger: Das Grundgesetz. Kommentar für die politische Bildung, Neuwied/ Darmstadt (10. Aufl.) 1996, S. 167.
3 K. Niclauß: Kanzlerdemokratie. Bonner Regierungspraxis von Konrad Adenauer bis Helmut Kohl, Stuttgart u. a. 1988, S. 282.
4 Vgl. E. Noelle-Neumann/R. Köcher (Hrsg.): Allensbacher Jahrbuch der Demoskopie 1993–1997, Bd. 10, München 1997, S. 812 f.
5 O. W. Gabriel/K. Ahlstich/V. Kunz: Die Kommunale Selbstverwaltung in Deutschland, in: O. W. Gabriel/E. Holtmann (Hrsg.): Handbuch politisches System der Bundesrepublik Deutschland, München u. a. 1997, S. 354.
6 G. Smith: Das Beispiel Großbritanniens: Parteiendemokratie oder »Parliamentary Democracy«?, in: P. Haungs/E. Jesse (Hrsg.): Parteien in der Krise? In- und ausländische Perspektiven, Köln 1987, S. 69.
7 Vgl. P. Lösche: Parteienverdrossenheit ohne Ende? Polemik gegen das Lamentieren deutscher Politiker, Journalisten, Politikwissenschaftler und Staatsrechtler, in: Zeitschrift für Parlamentsfragen, 26/1995, S. 149–159.
8 Vgl. K. Sontheimer: Grundzüge des politischen Systems der neuen Bundesrepublik Deutschland, München (7. überarb. Aufl.) 1993, S. 160–165.

Literatur:

Altenhof, Ralf/Eckhard Jesse (Hrsg.): Das wiedervereinigte Deutschland. Zwischenbilanz und Perspektiven, Düsseldorf 1995. □ Andersen, Uwe/Wichard Woyke (Hrsg.): Handwörterbuch des politischen Systems der Bundesrepublik Deutschland, Opladen (3. Aufl.) 1997. □ Beyme, Klaus von: Das politische System der Bundesrepublik Deutschland nach der Vereinigung, München (8. überarb. Aufl.) 1996. □ Hesse, Joachim J./Thomas Ellwein: Das Regierungssystem der Bundesrepublik Deutschland, 2 Bde., Opladen (8. neubearb. Aufl.) 1997. □ Fischer, Peter: Reform statt Revolution. Die Gemeinsame Verfassungskommission von Bundestag und Bundesrat, München 1995. □ Gabriel, Oscar W./ Everhard Holtmann (Hrsg.): Handbuch Politisches System der Bundesrepublik Deutschland, München u. a. 1997. □ Jesse, Eckhard: Die Demokratie der Bundesrepublik Deutschland. Eine Einführung in das politische System, Berlin (8. akt. u. erw. Aufl.) 1997. □ Kilper, Heiderose/Roland Lhotta: Föderalismus in der Bundesrepublik Deutschland. Eine Einführung, Opladen 1996. □ Laufer, Heinz/Ursula Münch: Das föderative System der Bundesrepublik Deutschland, Opladen 1998. □ Merkl, Peter (Hrsg.): The Federal Republic of Germany at Forty-Five, London u. a. 1995. □ Niclauss, Karlheinz: Kanzlerdemokratie. Bonner Regierungspraxis von Konrad Adenauer bis Helmut Kohl, Stuttgart u. a. 1988. □ Rudzio, Wolfgang: Das politische System der Bundesrepublik Deutschland. Eine Einführung, Berlin (4. aktual. Aufl.) 1996. □ Sontheimer, Kurt/Wilhelm Bleek: Grundzüge des politischen Systems der Bundesrepublik Deutschland, München u. a. (9. überarb. Aufl.) 1997.

Bundesverfassungsgericht

→ Bundesrepublik Deutschland: Politisches System, DDR: Geschichte, **Deutschlands Rechtslage, Grundgesetz**, Mauer, Rechtssystem, Staatsangehörigkeit, Staatssicherheit, Verträge zur deutschen Einheit.

1. Vorbemerkung: Das Bundesverfassungsgericht (BVerfG) ist »Staatsgerichtshof« – zuständig für die Entscheidung von Streitigkeiten zwischen Verfassungsorganen des Bundes über deren Rechte und Pflichten (Organstreit). Das BVerfG ist föderative Schlichtungsinstanz bei Streitigkeiten zwischen Bund und Ländern. Weiterhin ist das BVerfG Prüfungsinstanz gegenüber Gesetzen (auch denen eines Landes, was letzthin – Beschluß vom 16. Juli 1998 – eingeschränkt wurde) auf Verfassungsmäßigkeit. Antragsberechtigt sind hier die Bundesregierung, eine Landesregierung sowie ein Drittel der Mitglieder des Bundestags. Gerichte, die eine Norm für verfassungswidrig halten, auf die es im Verfahren ankommt, setzen das Verfahren aus und legen die betreffende Norm dem BVerfG zur Prüfung auf Verfassungsmäßigkeit vor. Weiter kann jeder, der sich von einer solchen staatlichen Entscheidung, auch durch Gesetze oder Gerichtsurteil, in seinen Grundrechten beeinträchtigt fühlt, dagegen Verfassungsbeschwerde einlegen. Mit dieser Neuerung mußten sich die Deutschen aus der ehemaligen DDR von einem Tag auf den anderen vertraut machen. »Wir kommen aus einem Rechtsraum, in dem die Rechtsprechung ein parteiliches Instrument der sogenannten sozialistischen Staatsmacht war«, so beschrieb der sächsische Justizminister Heitmann auf einem Forum des Bundesministers der Justiz am 9. Juli 1991 den Rang und die Herausforderung dieser Veränderung.

2. Verfassungsgericht zur Deutschlandfrage 1951–1989: Das BVerfG hat seit seinem Entstehen 1951 an dem Fortbestand des Deutschen Reiches festgehalten und das »Wiedervereinigungsgebot« des Grundgesetzes mit zunehmender Entschiedenheit bekräftigt. Den »normativen Vorgaben des Grundgesetzes und den hierauf gestützten Entscheidungen des Bundesverfassungsgerichts« ist es zu verdanken, daß die Erosion »des politischen Willens, am Ziel der staatlichen Einheit festzuhalten . . ., nicht weiter gedieh«.[1]

2.1 Fortbestand des Deutschen Reiches: Das Grundgesetz ist von Anfang an von der Theorie des Fortbestandes des Deutsches Reiches ausgegangen; der Grundgesetzgeber ist der damals von einer Minderheit der Staatsrechtslehre (Nawiasky, Kelsen und andere) vertretenen Lehre vom Untergang des deutschen Staates (»Reiches«) mit dem Zusammenbruch von 1945 nicht gefolgt. Das BVerfG hat die These vom Fortbestand des Deutschen Reiches, das mit der Verabschiedung des Grundgesetzes im Jahre 1949 zu einem Teil eine neue Organisation erhalten habe, von Anfang an vertreten – und damit, so abstrakt diese Lehre in der Situation der Jahre 1945 und danach den Zeitgenossen auch erschienen sein mag, eine Voraussetzung für die Wiedervereinigung geschaffen und gepflegt, wie sie 1989/90 zustandekam.

Über die These vom Fortbestand des Deutschen Reiches heißt es im Urteil zum Erlöschen der Beamtenverhältnisse vom 17. Dezember 1953 (BVerfGE 3, 58; dazu ergänzend wegen der Berufssoldaten der deutschen Wehrmacht BVerfGE 3, 288) noch lediglich zitatweise: ». . . auch wenn man – mit der herrschenden Lehre – . . . das Weiterbestehen eines zunächst nur seiner Handlungsfähigkeit beraubten Deutschen Reiches annimmt«, seien dennoch die Beamtenverhältnisse mit dem 8. Mai 1945 erloschen. Dagegen ist im Urteil vom 26. März 1957 (BVerfGE 6, 309) zur Fortgeltung des Reichskonkordats vom 20. Juli 1933 als eigene Meinung des Gerichts zu lesen: »Das Deutsche Reich, welches nach dem Zusammenbruch nicht zu existieren aufgehört hat, bestand auch nach 1945 weiter«. Allerdings sei »die Geltung des Grundgesetzes vorläufig auf einen Teil des Reichsgebiets beschränkt«.

2.2. Geltung spezifischen DDR-Rechts: Damit entsteht die Verbindung zu der anderen Kategorie von Entscheidungen, die (weitergehend) die Geltung spezifischen DDR (Un-)Rechts im »Geltungsbereich des Grundgesetzes« verneinten. Hierher gehören die Entscheidungen, die die Vollstreckung von Urteilen von DDR-Gerichten in der Bundesrepublik betreffen. Sie beleuchten nachträglich den erstaunlichen Vorgang, daß bestimmten westdeutschen Behörden erst vom BVerfG klargemacht wurde, daß – so im Falle eines Mannes, der in der DDR wegen einer »Steuerminderung von 237 Mark der DDR« zu einer Freiheitsstrafe verurteilt worden war, deren Verbüßung er sich durch Flucht in die Bundesrepublik entziehen konnte – die Vollstreckung hier (angeordnet vom Oberlandesgericht Frankfurt/Main) nicht in Betracht komme: Die Einkommensteuer in der »Sowjetzone (sic!)« sei »in erster Linie Instrument zur Umgestaltung der gesellschaftlichen Struktur im kommunistischen Sinne« (Beschluß vom 24. Januar 1961; BVerfGE 12, 99). Auch mit der gemeindeutschen Staatsangehörigkeit hatten die Behörden der Bundesrepublik anfänglich Probleme; das BVerfG hat hier für Klarheit gesorgt.

Mit einem derartigen Fall hatte es das BVerfG auch bei seinem Beschluß vom 27. März 1974 (BVerfGE 37, 57) zu tun. Es ging um das Verlangen der DDR-Behörden, ihnen Ingrid Brückmann, der in der DDR vorgeworfen wurde, sie habe im Alter von 16 Jahren ihren Vater getötet, der sie sexuell mißbraucht und auch sonst gequält habe, zu überstellen. Ingrid Brückmann, die nun in West-Berlin lebte, hatte gegen die Entscheidung des Generalstaatsanwalts beim (West-Berliner) Kammergericht und des Kammergerichts selbst, sie sei den DDR-Behörden nach dem Gesetz über die innerdeutsche Rechts- und Amtshilfe »zuzuliefern«, Verfassungsbeschwerde erhoben. Komplizierend trat hinzu, daß es sich hier um eine »Berliner Sache« handelte, für welche das BVerfG nach dem damals noch geltenden Vorbehalt der West-Alliierten im Genehmigungsschreiben zum Grundgesetz vom 12. Mai 1949 nicht zuständig war.

Das Gericht hat die Verfassungsbeschwerde als unzulässig verworfen, aber es hat für sich in Anspruch genommen, Jurisdiktion im Sinne der Prüfung von Bundesgesetzen auf ihre Verfassungsmäßigkeit auszuüben innerhalb des »räumlichen Geltungsbereiches des Grundgesetzes«, zu dem das Gericht auch (West-)»Berlin« zählte. Es sah Anlaß, die Begrenzungen, die das Rechtshilfegesetz für die Zulieferung in die DDR zieht, durch Interpretation zu verdeutlichen, wenn es auch die Verfassungsbeschwerde von Ingrid Brückmann in diesem Punkte als »offensichtlich unbegründet« verwarf. Indes dürfe Rechts- und Amtshilfe gegenüber der DDR nach dem genannten Gesetz nur geleistet werden, wenn »von ihr nur im Einklang mit rechtsstaatlichen Grundsätzen Gebrauch gemacht wird«. Insbesondere müsse bei einer Zulieferung an die DDR zum Zwecke der Strafverfolgung gesichert sein, »daß das Verfahren nach Ziel und Zweck den Erfordernissen der Gerechtigkeit und Menschlichkeit Rechnung trägt«. Nur dann sei eine Zulieferung mit dem »ordre public der Bundesrepublik Deutschland zu vereinbaren«. Das Gericht nannte eine Reihe von Bedingungen, die von der DDR nicht erfüllt wurden. Nach dieser Auslegung des zugrundeliegenden Gesetzes waren die Entscheidungen von Generalstaatsanwalt und Kammergericht faktisch hinfällig, obwohl das BVerfG es »ihnen überlassen« mußte, zu prüfen (mit vorhersehbar negativem Ergebnis), ob ihre Maßnahmen dem verfassungskonform ausgelegten Rechtshilfegesetz genügten.

2.3. Urteil zum Grundlagenvertrag: Des Mittels der »verfassungskonformen Auslegung« bei formaler Abweisung des Klageantrags hat sich, wenn auch aus anderen Gründen und mit größerer Tragweite als beim Brückmann-Beschluß, das BVerfG im Urteil über den Normenkontrollantrag der bayerischen Staatsregierung wegen des Grundlagenvertrags vom 31. Juli 1973 (BVerfGE 36, 1) bedient. Dem bayerischen Antrag, den Grundlagenvertrag (genauer das ihn in die Rechtsordnung der Bundesrepublik inkorporierende Gesetz vom 21. Dezember 1972) für verfassungswidrig zu erklären, wurde nicht stattgegeben. Doch es wurde entschieden, der Grundlagenvertrag sei nur »in der sich aus den Gründen ergebenden Auslegung mit dem Grundgesetz vereinbar«. Diese Auslegung stützt sich auf den »Wiedervereinigungsauftrag« des Grundgesetzes. Insbesondere – hier tritt der unmittelbare Bezug zu der Einleitung der deutschen Vereinigung im Jahre 1989 (Flucht von Bewohnern der DDR in deutsche Botschaften besonders in Prag und Budapest) zutage – stehe die Deutsche Staatsangehörigkeit nicht nur den Bürgern der Bundesrepublik zu. »Ein Deutscher hat, wann immer er in den Schutzbereich der staatlichen Ordnung der Bundesrepublik Deutschland gelangt, einen Anspruch auf den vollen Schutz der Gerichte der Bundesrepublik Deutschland und aller Garantien der Grundrechte des Grundgesetzes«. Die DDR sei für die Bundesrepublik nicht Ausland, und die »Verfassungspflicht, den anderen Teilen Deutschlands den Beitritt offenzuhalten«, wie er in Art. 23 GG a. F. vorgesehen war, bleibe durch den Vertrag unberührt.

2.4. Verbot der KPD: Der Gedanke der Zentrierung der deutschen Politik auf die Einheit Deutschlands, die von den Staatsorganen »mit allen Kräften anzustreben« sei, wobei alles zu unterlassen sei, »was die Wiedervereinigung rechtlich bindend oder faktisch unmöglich macht«, war bereits ein tragendes Motiv des Urteils zum Verbot der KPD vom 17. August 1956 (BVerfGE 5, 58) gewesen. Anlaß zu diesen Erwägungen war der Vortrag der KPD, mit ihrem Verbot entstehe ein Hindernis für die Wiedervereinigung. Das BVerfG hat ein solches Hindernis nicht gesehen, wobei es – das folgte aus dem Zusammenhang, entsprach aber auch damaligen politischen Vorstellungen – auf die Wiedervereinigung nach Artikel 146 GG a. F. schaute. Das Gericht entschied schon damals, daß die Präambel des Grundgesetzes (a. F.), die auf die Wiedervereinigung verpflichtete, zwar »vor allem politische Bedeutung« habe, darüber hinaus aber auch »rechtlichen Gehalt«.

2.5. Gemeindeutsche Staatsangehörigkeit: Ein letztes Mal vor dem Ingangkommen des Vereinigungsprozesses hat das BVerfG in seinem Beschluß zur deutschen Staatsangehörigkeit eines in der DDR »eingebürgerten« Ausländers vom 21. Oktober 1987 (BVerfGE 77, 137) die Motive seiner Einheitsrechtsprechung wieder aufgenommen: Wiedervereinigungsgebot, Fortbestand des Deutschen Reiches, das handlungsfähig war nur in den Grenzen der Bundesrepublik, einheitliche deutsche Staatsbürgerschaft, an der teilhat, wer in den Schutzbereich des Grundgesetzes gelangt ist.

Zu entscheiden war über die Verfassungsbeschwerde eines Mannes, der, in der DDR wohnhaft gewesen, die dortige Staatsangehörigkeit erhalten hatte (als von Geburt wegen Italiener und bis dahin Staatenloser) und nach Übersiedlung in die Bundesrepublik die deutsche Staatsangehörigkeit begehrte. Er berief sich darauf, daß auch der erst spät zum DDR-Staatsbürger Gewordene, wenn er in den Schutzbereich des Grundgesetzes gelangt, Anspruch auf die gemeindeutsche Staatsangehörigkeit habe. Immerhin waren damals sowohl das Verwaltungsgericht Köln wie das Bundesverwaltungsgericht der Auffasssung des Kölner Oberstadtdirektors gefolgt, daß derartige Nachwirkungen aus der DDR-Staatsbürgerschaft nicht folgen könnten: am Beispiel eines gewiß nicht unproblematischen Falles war es doch eine

Aufweichung des Prinzips der gemeindeutschen Staatsangehörigkeit. Beim BVerfG ist die Entscheidung mit sechs zu zwei Stimmen gefallen.

Das Gericht hat – vorausahnend – gesagt, nicht jede gesetzliche Regelung in der DDR müsse »von den Gerichten und Behörden der Bundesrepublik Deutschland – bis zur Grenze des ordre public – unbesehen anerkannt werden«. Nicht jede – das heißt, manche doch auch. Nach Art. 9 des Einigungsvertrages vom 31. August 1990 bleiben das Recht der DDR – und die auf seiner Grundlage ergangenen Verwaltungsentscheidungen und Urteile (Art. 18) – in gewissem Umfang gültig und wirksam. Das eröffnet das Tor zum Feld der vereinigungsbedingten Rechtsprechung des BVerfG, für die es gut vorbereitet war, aber auch zu manchen Modifikationen seiner Rechtsprechung bereit sein mußte.

3. Wahlvertrag: Schon vor dem Beitritt der DDR ist das BVerfG mit Bezug auf die DDR tätig geworden. Der zwischen der Bundesrepublik Deutschland und der DDR am 3. August 1990 geschlossene Wahlvertrag wurde in zwei Verfahren von Parteien auf dem ihnen offenstehenden Weg des Organstreits angefochten. Zum einen ging es um die Unterschrifts-Erfordernisse für das Aufstellen von Kandidaten und Landeslisten. Das BVerfG entschied am 17. Oktober 1990 (BVerfGE 82, 353), daß Parteien in der ehemaligen DDR bei der Aufstellung ihrer Landeslisten von den sonst für bisher nicht im Bundestag vertretenen Parteien geltenden Unterschriften-Erfordernissen befreit seien. Schon vorher, am 29. September 1990 (BVerfGE 82, 322) hatte das BVerfG entschieden, die 5-%-Sperrklausel des Wahlrechts sei bei den ersten gesamtdeutschen Wahlen so anzuwenden, daß es für eine Mandatszuteilung genüge, wenn in der einstigen DDR *oder* in der »alten« Bundesrepublik 5 % der Zweitstimmen erreicht worden seien.

Die Begründung war insoweit nachvollziehbar, als die Parteien und politischen Vereinigungen in der ehemaligen DDR vielfach nicht Gelegenheit haben würden, bundesweite Listenverbindungen einzugehen; sie sollten ihre Chancen verbessern können, 5 % im Durchschnitt des Wahlgebiets zu erreichen. Die erste gesamtdeutsche Wahl in der ehemaligen DDR finde »unter besonderen, so nicht wiederkehrenden Umständen« statt, die darin bestünden, daß »die politischen Parteien und Vereinigungen sich kurzfristig auf ein erweitertes Wahlgebiet einstellen müssen, ein Teil der an der Wahl teilnehmenden Parteien und Vereinigungen sich außerdem erst seit wenigen Monaten organisieren und politisch betätigen konnten«.

Das wurde weithin so gedeutet, daß das BVerfG den aus der Bürgerbewegung in der DDR – die zum Sturz des DDR-Regimes maßgeblich beigetragen hatte – hervorgegangenen politischen Vereinigungen eine Chance geben wollte, die aber die »Partei des Demokratischen Sozialismus« (PDS) in besonderem Maße nutzte. Antragsteller im Organstreit bei der Landeslisten-Entscheidung waren die Ökologisch-Demokratische Partei und die National-Demokratische Partei. Antragsteller im Prozentklausel-Prozeß waren die Republikaner und die Grünen.

Am 18. September 1990 (BVerfGE 82, 316) hat das BVerfG entschieden, einen Antrag von acht Bundestagsabgeordneten im Organstreitverfahren zu verwerfen. Die Antragsteller hatten die Feststellung begehrt, daß die Behandlung des Einigungsvertrags im Parlament ihre Rechte verletzt habe: der Einigungsvertrag enthielt eine Reihe von Verfassungsänderungen, die unlösbar mit dem Vertragsentwurf verknüpft waren, aber mit der Einheit nichts zu tun hatten (etwa die Erhöhung der Stimmenzahl von vier Ländern im Bundesrat). Den Abgeordneten sei das Recht verkürzt worden, über Verfassungsänderungen je gesondert zu entscheiden.

4. Bodenreform und Enteignungen: Nach der deutschen Vereinigung ist das BVerfG mit ständig steigender Tendenz aus den neuen Bundesländern und mit Bezug auf die neuen Bundesländer in Anspruch genommen worden. Eckart Klein führt für den Zeitraum vom September 1990 bis zum Mai 1994 64 Entscheidungen des BVerfG mit Bezug auf die neuen Bundesländer an. Bei den Entscheidungen handelt es sich mit zunehmender Tendenz um Kammerbeschlüsse, die nach einer neueren Praxis des BVerfG in der Regel nicht mehr in der Entscheidungssammlung veröffentlicht werden.

Hier ist an erster Stelle zu nennen das sogenannte Bodenreform-Urteil vom 23. April 1991 (BVerfGE 84, 90). Art. 41 des Einigungsvertrags hatte die gemeinsame Erklärung der Regierungen der Bundesrepublik Deutschland und der DDR vom 15. Juni 1990 zum Bestandteil des Vertrags gemacht. Hier heißt es, die »Enteignungen auf besatzungsrechtlicher bzw. besatzungshoheitlicher Grundlage (1945 bis 1949)« seien »nicht mehr rückgängig zu machen«. Gemeint waren die Enteignungen zwischen der Besetzung der Sowjetischen Zone und der Gründung der DDR am 7. Oktober 1949, vorzugsweise die 1945/46 durchgeführte »Bodenreform«, aber auch die unter dem Vorwand, »Kriegsverbrecher und Nazis« auszuschalten, vorgenommenen Enteignungen von Industrieunternehmen.

Gegen die Bestimmungen des Einigungsvertrags, daß diese Enteignungen nicht rückgängig gemacht werden sollten, wurden zahlreiche Verfassungsbeschwerden erhoben. Dreizehn von ihnen hat das BVerfG zum Anlaß seines »Bodenreform-Urteils« gemacht. Die Verfassungsbeschwerden wurden als »nicht begründet« zurückgewiesen; die vom Einigungsvertrag in das Grundgesetz eingefügte Bestimmung des Art. 143 Abs. 3, wonach Eingriffe in das Grundrecht auf Eigentum auf dem Gebiet der ehemaligen DDR nicht gegen Grundrechte verstoßen, wurde bestätigt (kein »verfassungswidriges Verfassungsrecht«). Das BVerfG stellte darauf ab, daß sich die Enteignungen auf dem Gebiet eines fremden Staats zugetragen hätten und daß das Eigentumsgrundrecht des Grundgesetzes damals in der Sowjetzone nicht gegolten habe. Daran ist Kritik geübt worden, weil sich das BVerfG zu seiner eigenen Rechtsprechung in Widerspruch gesetzt habe, welche die DDR (und damit wohl auch die ihr vorangegangene Sowjetzone) nicht als Ausland hatte gelten lassen wollen – wie oben unter 2. dargestellt.

Das BVerfG hat die Abweisung der Verfassungsbeschwerden damit begründet, daß ohne die Anerkennung der »Bodenreform« und der sonstigen von der sowjetischen Besatzungsmacht gedeckten Enteignungen zwischen 1945 und 1949 als unumkehrbar die Zustimmung der Sowjetunion und der DDR zur deutschen Vereinigung nicht zu erreichen gewesen wäre. In dem Urteil wird ein Motiv aus der Entscheidung vom 21. Oktober 1987 (s. o. unter 2.5.) wieder aufgenommen: es habe sich um ein Handeln eines anderen Staates gehandelt, die an *seiner* Staatsordnung zu messen sei – ein Motiv, das bei der »justitiellen Aufarbeitung« der DDR immer wiederkehrt. An der Existenz jener Bedingung, jedenfalls als von der Sowjetunion gestellt, sind im Laufe der Zeit vielfach Zweifel geäußert worden. Gorbatschow, der zur fraglichen Zeit Präsident der Sowjetunion war, hat ebenso wie andere Beteiligte diese Zweifel bestätigt.[2]

Kritik am Bodenreformurteil wurde auch dahingehend geäußert, daß die »Unumkehrbarkeit« die zeitbezogene Rechtmäßigkeit jener Maßnahmen gemeint habe, daß aber kein Verbot der Rückgabe für das vereinigte Deutschland damit verbunden gewesen sei. Roman Herzog, von 1994 bis 1999 Bundespräsident, zuvor Präsident des BVerfG und Vorsitzender des Senats, der das »Bodenreform-Urteil« erließ, hat das Urteil verteidigt. Es wäre, so Herzog, auf eine verfassungswidrige Ungleichheit hinausgelaufen, wenn man Unrecht ausgeglichen hätte, dessen Gegenstand noch vorhanden gewesen sei, anderes Unrecht aber nicht, das seiner Natur nach nicht wiedergutgemacht werden könne, wie etwa die Zerstörung von Lebenschancen durch die Sowjetzone. Ähnlich formuliert steht das auch im Urteil. Das BVerfG hat immerhin die bereits in der Gemeinsamen Erklärung enthaltene Formel bestätigt, daß der Gesetzgeber nicht an einer »Ausgleichsregelung« gehindert sei. Hierzu sind am 27. September 1994 zwei Gesetze ergangen (BGBl. I S. 2624). Gegen sie liegen Verfassungsbeschwerden vor.

Das »Bodenreformurteil« hat bestätigt, daß den Geschädigten, wie schon in der »Gemeinsamen Erklärung« vorgesehen, ein Ausgleich zustehe, wobei nicht ausgeschlossen wird, den Betroffenen die Möglichkeit eines Rückerwerbs ihres Eigentums zu gewähren. Über die Verfassungsbeschwerden gegen die Ausgleichs-Gesetze von 1994 war bis Ende 1998 noch nicht entschieden; für das Jahr war die Entscheidung als »eventuell« angekündigt. »Alteigentümer« kritisierten, daß angesichts dieser Verzögerung der fortschreitende Verkauf des in Staatshand geratenen Landes eine Restitution durch Rückerwerb unmöglich mache.

In einer Reihe von Entscheidungen, zumeist von Kammern vorzugsweise des Ersten Senats, ist die Linie des »Bodenreformurteils« je für den Einzelfall der Beschwerdeführer fortgesetzt worden. Das schließt an den Beschluß des Gerichts vom 7. Juli 1975 über die Verfassungsmäßigkeit der Ostverträge von 1972 (Polen, Sowjetunion) an (BVerfGE 40, 141), in dem es bereits heißt, bei den Verträgen handle es sich um solche »hochpolitischer« Natur, die insoweit der Nachprüfung durch das BVerfG entzogen seien. In jenem Beschluß war die Frage gestellt worden, ob die an ihrem Eigentum Geschädigten auf »Entschädigung« verwiesen seien.

In seinem Urteil vom 9. Mai 1996 hat der Erste Senat im Anschluß an das Urteil vom 23. April 1991 endgültig entschieden, daß die zwischen 1945 und 1949 in der sowjetischen Besatzungszone vorgenommenen Enteignungen unumkehrbar sind. Eine Entscheidung vom 8. April 1998 lässt eine leichte Hinwendung zum Grundrecht auf Eigentum erkennen. Verfassungsbeschwerden, die eingelegt worden waren wegen der Befristung des Anspruchs auf Nutzungsentgelt durch den »zum Besitz berechtigten Grundstücksnutzer« an den Eigentümer, wurde teilweise stattgegeben;

die Frist, mit der jener Anspruch endet (Ende 1994) wurde als verfassungswidrig aufgehoben; der Gesetzgeber muß bis zum 30. Juni 2000 »eine verfassungsmäßige Regelung« treffen.

Über die »Bodenreform« sind die Enteignungen nach 1949 weithin in Vergessenheit geraten. Gegen die prinzipiell rückgabe- und entschädigungsfeindliche Rechtsprechung des Bundesverwaltungsgerichts sind zahlreiche Verfassungsbeschwerden erhoben worden. Bis Ende Oktober 1998 ist über sie nicht entschieden worden. Als eine Teil-Entscheidung kann ein Kammerbeschluß vom 3. Juli 1998 angesehen werden, der eine Verfassungsbeschwerde nicht zur Entscheidung annahm, die sich gegen ein Urteil des Bundesgerichthofs richtete. Ein Grundstücksverkauf in der DDR, der auch nach DDR-Recht fehlerhaft war, wurde als gültig angesehen, weil »in der Deutschen Demokratischen Republik die Einhaltung von Verfahrensvorschriften beim Erwerb von Volkseigentum nicht diesselbe Bedeutung hatte wie bei Eigentumsübertragungen in der Bundesrepublik«. Dem Bodenreform-Urteil entsprechend, heißt es, die damaligen Verkäufer »konnten nicht darauf vertrauen, daß sie ihr früheres Eigentum zurückerhalten würden« (genau dies haben aber vor 1989 alle politischen Parteien als sichere Aussicht nach einer deutschen Wiedervereinigung erklärt).

5. Anpassung der Verhältnisse im vereinigten Deutschland

5.1. Warteschleife: Hier ist in erster Linie und beispielhaft das »Warteschleifenurteil« vom 24. April 1991 (BVerfGE 84, 133) zu nennen. Der Einigungsvertrag hatte die staatlichen Bediensteten der DDR je nach der Zuordnung ihrer Aufgaben zu den Kompetenzen des Bundes oder der Länder übergeleitet. Arbeitsverhältnisse, deren Aufgaben weggefallen waren, wurden »abgewickelt«, und zwar so, daß sie für eine Zeit von sechs Monaten »ruhten« bei Zahlung von 70 % des Durchschnitts der bisherigen Bezüge. Am Ende der »Warteschleife« standen die Weiterverwendung, die Kündigung oder die Verrentung.

Gegen diese Maßnahme sind 302 Verfassungsbeschwerden von Betroffenen eingelegt worden. Das BVerfG hat wie im Bodenreformurteil im Sinne einer Vereinigungs-Staatsraison entschieden und die Verfassungsbeschwerden abgewiesen. Das Recht auf die freie Wahl des Arbeitsplatzes sei nicht verletzt. Der Personalbestand in der ehemaligen DDR sei »erheblich übersetzt; ohne Personalabbau würde die finanzielle Leistungsfähigkeit von Bund und Ländern völlig überfordert«. Ausnahmen sollten nur gelten, wenn durch Kündigung die Regeln des Mutterschutzes durchbrochen würden; auf Schwerbehinderte, ältere Arbeitnehmer und Alleinerziehende sei Rücksicht zu nehmen.

Eine Variante zu dem Warteschleifen-Urteil ist das Urteil vom 10. März 1992 (BVerfGE 85, 360) zur Deutschen Akademie der Wissenschaften in Ost-Berlin. Der Einigungsvertrag hatte die herkömmliche »Gelehrtensozietät« der Berliner Akademie von den Forschungsinstituten getrennt und letztere, mit einer Frist bis zum Jahresende 1991, der Abwicklung anheimgegeben. Hiergegen haben 33 Betroffene Verfassungsbeschwerde eingelegt. Ihr wurde insoweit stattgegeben, als bei späterer Bekanntgabe der Kündigung eine Nachfrist gewährt wurde. Außerdem wurde wie im Warteschleifenurteil verlangt, daß »die sozialen Belange der früheren Mitarbeiter, vor allem auch die von Schwerbehinderten, älteren Arbeitnehmern, Alleinerziehenden und anderen in ähnlicher Weise Betroffenen, angemessen berücksichtigt werden«. Das Grundrecht der Freiheit von Wissenschaft und Forschung schütze aber den einzelnen Forscher nicht vor »einer Auflösung der öffentlichen Einrichtung, bei der er arbeitet«.

5.2. *Hochschulen:* Mit der Anpassung der Hochschulen in der ehmaligen DDR hat sich das BVerfG wiederholt befaßt. In dem Beschluß vom 26. Februar 1997 (BVerfGE 95, 193) hat das Gericht auf eine Reihe von Verfassungsbeschwerden Betroffener entschieden, daß Professoren nach dem Recht der DDR, die nicht als Professoren (westdeutschen) Rechts übernommen wurden, obwohl ihre »persönliche Eignung und fachliche Qualifikation in einem förmlichen Verfahren festgestellt worden sind«, nicht, wie in Sachsen-Anhalt und Berlin geschehen, auf den Status eines wissenschaftlichen Mitarbeiters zurückgestuft werden dürfen.

5.3. *Landwirtschaft:* Mit der unübersichtlichen Neuordnung der Landwirtschaft in der ehemaligen DDR, bei der faktische Gegebenheiten mit einer neuen Rechtsordnung in Einklang gebracht werden mußten, hat sich das BVerfG im Urteil vom 8. April 1997 (BVerfGE 95, 267) befaßt. Es ging um die Überleitung der »Altschulden«, also der aus der DDR-Zeit stammenden Verbindlichkeiten der seit 1990 weithin in Rechtsformen des Bürgerlichen Rechts überführten Landwirtschaftlichen Produktionsgenossenschaften (LPG) der DDR.

In der mündlichen Verhandlung wurde darauf hingewiesen, daß »Schulden« der LPG mit solchen nach »westlichem« Recht nicht gleichzusetzen waren; derartige Schulden wurden den LPG oftmals von der Zentralregierung zugewiesen etwa mit der Auflage, bestimmte Infrastrukturleistungen zu erbringen. Das BVerfG hat den LPG-»Altschulden« dennoch fortwirkende Verbindlichkeit zuerkannt und die hiergegen gerichtete Verfassungsbeschwerde des Liquidators einer ehemaligen LPG zurückgewiesen. Das ist seither in der Tendenz in zahlreichen Kammer-Beschlüssen bestätigt worden.

5.4. *Rentenrecht:* Eine wichtige, als »erworben« angesehene Ansprüche aus der DDR berührende Neuordnung fand auf dem Gebiet des Rentenrechts statt. Eine zentrale Frage dabei war, wie mit den – mehr als 50 – in der DDR geltenden Zusatz- und Sonderrenten verfahren werden solle. Der Einigungsvertrag sieht hier eine Kappung vor in Rücksicht auf die (westdeutsche) Beitragsbemessungsgrenze und zudem eine Kürzung, wenn der Rentenberechtigte gegen »Grundsätze der Rechtsstaatlichkeit und der Menschlichkeit« verstoßen hat. Betroffen waren Sonderrenten für Stasi-Bedienstete, aber auch für Angehörige der »Intelligenz«, also Lehrer, Hochschulprofessoren, Ärzte, Künstler. Sie fühlten sich zu Unrecht »gleichbehandelt« mit Stasi-Mitarbeitern oder Offizieren der »Nationalen Volksarmee«. Über eine Auswahl von Verfassungsbeschwerden und Richtervorlagen gegen die Art der Überleitung von Sonder- und Zusatzrenten aus der DDR hat der Erste Senat des BVerfG am 21. Juli 1998 mündlich verhandelt. Bis Ende 1998 lag noch kein Urteil vor.

5.5. *Abgeordnete:* Eine Folge der Revolution in der ehemaligen DDR und des unerwarteten Bestands der PDS, der Fortsetzungspartei der Staatspartei SED, war es, daß Abgeordnete einer Prüfung auf Tätigkeit für den Staatssicherheitsdienst der DDR unterzogen wurden. An die Spitze des Kampfes hiergegen hat sich in eigener Sache der Bundestagsabgeordnete der PDS, Gregor Gysi, bis 1998 Vorsitzender der Bundestagsgruppe der PDS, seither Vorsitzender der bei den Bundestagswahlen vom 27. September 1998 entstandenen Fraktion, gestellt. Er hat eine Vielzahl von Entscheidungen des BVerfG erwirkt; er hat sich mit Berufung auf seinen Abgeordnetenstatus nach Art. 38 des Grundgesetzes gegen die Tätigkeit eines Bundestagsausschusses der 13. Wahlperiode gewandt, der zu dem Ergebnis gekommen ist, Gysi sei inoffizieller Mitarbeiter des Ministeriums für Staatssicherheit (MfS) gewesen.

Der Zweite Senat des BVerfG hat, nachdem er die beantragte Einstweilige Anordnung gegen eine Veröffentlichung (die freilich faktisch bereits geschehen war) des Berichts des zuständigen Ausschusses des Bundestags für Wahlprüfung und Immunität am 27. Mai 1998 abgelehnt hatte, eine mündliche Verhandlung veranstaltet, nach der am 20. Juli 1998 das Urteil verkündet wurde. Danach wurde die Organklage, die Gysi in seiner Eigenschaft als Abgeordneter angestrengt hat, als unbegründet beziehungsweise unzulässig zurückgewiesen. Lediglich wegen eines Passus in dem Ausschußbericht kam es zu einer »vier-zu-vier«-Entscheidung; vier Richter, deren Ansicht sich, so sagt das Gesetz, bei Stimmengleichheit im Senat nicht durchsetze, meinten, daß der Ausschuß in den seinen Ermittlungen angefügten Wertungen über den Prüfungsauftrag hinausging. Jene Passage sei »eher geeignet, den Verdacht zu nähren, das Überprüfungsverfahren werde als Mittel der politischen Auseinandersetzung gebraucht, um den betreffenden Abgeordneten politisch zu diskreditieren«. Grundsätzlich war die Überprüfung der Abgeordneten auf Mitarbeit beim Staatssicherheitsdienst schon am 21. Mai 1996 vom Gericht als verfassungsmäßig eingeordnet worden.

5.6. *PDS-Gruppe:* In einem Organstreitverfahren hat die PDS-Gruppe im Bundestag (die Zahl ihrer Abgeordneten lag bis 1998 unterhalb der Grenze der Fraktionsstärke) am 17. September 1997 (BVerfGE 96, 264) einen Teilerfolg erzielt, der weithin auf die Gleichstellung mit den Fraktionen hinauslief. Unter anderem war die PDS-Gruppe im Bundestag mit dem Grundbetrag auszustatten, der den Bundestagsfraktionen zukommt.

5.7. *Öffentlich Bedienstete:* Mehrfach wurde das BVerfG angerufen von öffentlichen Bediensteten der DDR, gegenüber denen von der Ermöglichung einer Sonderkündigung wegen Mitarbeit beim Staatssicherheitsdienst Gebrauch gemacht worden war. Hervorzuheben sind der Beschluß vom 21. Februar 1995 (BVerfGE 92, 140) und die Urteile vom 8. Juli 1997 (BVerfGE 96, 152). Zum Teil wurde den Verfassungsbeschwerden stattgegeben, weil die gebotene Prüfung des Einzelfalls und seiner näheren Umstände in den angefochtenen Urteilen der Arbeitsgerichte nicht in ausreichendem Maße vorgenommen worden sei.

6. Neuordnung von Justiz und Polizei: Eine wichtige Aufgabe für die Ende Oktober 1990 nach den jeweiligen Landtagswahlen konstituierten neuen Länder war es, ihre Gerichtsbarkeit neu zu ordnen. Der Einigungsvertrag hatte die im Westen geltenden Justizgesetze mit den Übergang erleichternden Maßgaben für die ehemalige DDR übernommen.

6.1. Richter: Der Beschluß der Volkskammer der DDR über die Bildung und Arbeitsweise von Richterwahlausschüssen vom 22. Juli 1990 wurde weiter angewendet. Die Ausschüsse bestanden aus sechs Abgeordneten der Volkskammer und vier von der Richterschaft Gewählten; nach der Bildung der Länder wurden die sechs Abgeordneten von den jeweiligen Landtagen gewählt. Die Richter und Staatsanwälte, die auch unter den neuen Verhältnissen im Dienst bleiben wollten, waren auf die Treue zum freiheitlichen, demokratischen, föderativen, sozialen und ökologisch orientierten Rechtsstaat zu überprüfen, weiter auf moralische und politische Integrität, auf fachliche Eignung und auf die Bereitschaft zur Fortbildung sowie auf die berufsethische Einstellung.

Die Abgewiesenen haben nur in Ausnahmefällen den Rechtsweg beschritten. Vor dem BVerfG wurde darüber gestritten, daß Sachsen den abgelehnten Richtern den Weg zu den Richterdienstgerichten eröffnete. Das BVerfG hat in zwei Entscheidungen vom 8. Juli 1992 (BVerfGE 87, 68, 95) hinsichtlich der Richter und der Staatsanwälte auf Vorlagen des Richterdienstgerichts entschieden, daß die Verwaltungsgerichte für die Nachprüfung der Nichtübernahme zuständig seien, denn es gehe um die Einstellung in ein richterliches (oder staatsanwaltliches) Dienstverhältnis, nicht um ein Verfahren wegen dienstlicher Verfehlungen.

6.2. Rechtsanwälte und Notare: Bei diesen Berufsgruppen ist zunächst nicht danach gefragt worden, ob sie als »Organe der Rechtspflege« geeignet seien; einer großen Zahl von Justizpersonen, die als Richter oder Staatsanwälte nicht mehr tragbar waren, ist es gelungen, in der Anwaltschaft oder im Notardienst Zuflucht zu finden. Sie und die bereits vorher zugelassenen Rechtsanwälte wurden nicht überprüft. Die Lücke hat der Bundesgesetzgeber mit einem Gesetz zur Prüfung von Rechtsanwaltszulassungen, Notarbestellungen und Berufungen ehrenamtlicher Richter vom 24. Juli 1992 geschlossen. Danach kann die Zulassung als Rechtsanwalt und die Bestellung zum Notar widerrufen werden, wenn sich der Rechtsanwalt oder der Notar nach seiner Zulassung, aber vor dem 15. September 1990, eines »Verhaltens schuldig gemacht hat, das ihn unwürdig erscheinen läßt«, den Beruf des Rechtsanwalts oder des Notars auszuüben. Das ist nach dem Gesetz anzunehmen, wenn der Rechtsanwalt oder Notar »gegen die Grundsätze der Menschlichkeit oder der Rechtsstaatlichkeit insbesondere im Zusammenhang mit einer Tätigkeit als hauptamtlicher oder inoffizieller Mitarbeiter des Staatssicherheitsdienstes verstoßen hat«.

Drei Rechtsanwälte aus der früheren DDR, denen nach diesem Gesetz die Zulassung entzogen worden war, haben gegen die bestätigenden Beschlüsse des Anwaltssenats des Bundesgerichtshofs Verfassungsbeschwerde eingelegt. Das BVerfG entschied am 9. August 1995 (BverfGE 93, 213). In einem Fall scheiterte die Verfassungsbeschwerde, in den beiden anderen führte sie zu einer Rückverweisung an den Bundesgerichtshof, dem eine genauere Prüfung des Einzelfalls auferlegt wurde. Die Differenzierung, die das BVerfG vorgenommen hat, läuft kurz gefaßt darauf hinaus, daß bloße Berichte, die ein Rechtsanwalt über die Lebensumstände seines Mandanten an das Ministerium für Staatssicherheit gegeben hat, noch nicht als eine Verletzung der Menschlichkeit oder der Rechtsstaatlichkeit anzusehen sind. Nur in einem Fall, in dem der Rechtsanwalt die Verteidigungsstrategie seines Mandanten an den Staatssicherheitsdienst verraten hatte, wurde die Entziehung der Zulassung bestätigt.

Der Notarsenat des Bundesgerichtshofs hatte am 5. Februar 1996 die Amtsenthebung einer Notarin durch den Sächsischen Staatsminister der Justiz bestätigt, weil sie vor ihrer Berufung zur Notarin am 1. Oktober 1990 gegen die Grundsätze der Menschlichkeit und der Rechtsstaatlichkeit verstoßen hatte. Gegen den Widerruf ihrer Bestellung zur Notarin hat die ehemalige Richterin Antrag auf Erlaß einer Einstweiligen Anordnung gestellt, ihre Amtsenthebung auszusetzen. Dem hat die 2. Kammer des Ersten Senats des BVerfG am 2. April 1996 stattgegeben. In der Hauptsache war bis Ende 1998 noch nicht entschieden.

6.3. Polizeidienst: Am 21. Februar 1995 hat das BVerfG über die Verfassungsbeschwerde gegen die ordentliche Kündigung eines Hauptmanns der Volkspolizei der DDR wegen seiner SED- und Stasi-Karriere entschieden. Die Kündigung war ausgesprochen worden, weil der Volkspolizeihauptmann – nach seiner Vorgeschichte aktives SED-Mitglied – nach den Regeln des Einigungsvertrags als ungeeignet erscheine, in einer nach rechtsstaatlichen Grundsätzen arbeitenden Verwaltung, besonders im Polizeidienst, tätig zu sein. Das Landesarbeitsgericht Berlin hatte die Kündigung bestätigt. Das BVerfG (BVerfGE 92, 140) hat die Entscheidung des Landesarbeitsgerichts aufgehoben und die Sache zurückverwiesen. Dem Einigungsvertrag sei es auf eine weitgehende Integration der öffentlichen Bediensteten der DDR in den öffentlichen Dienst der Bundesrepublik angekommen. Die Erfüllung der im öffentlichen Dienst der DDR geforderten »Identifikation mit den Zielen der SED« widerlege noch nicht die Eignung für den öffentlichen Dienst in der Bundesrepublik.

7. Strafrechtliche Verfolgung von DDR-Bediensteten: Der Grundsatz, daß eine Verletzung der Menschlichkeit oder der Rechtsstaatlichkeit nur im Lichte einer Bewertung im Sinne der von der SED bestimmten Verhaltensweisen in der DDR zu erkennen sei, spiegelt sich ansatzweise auch in der verfassungsgerichtlichen Bewertung manifesten Unrechts, das namens der DDR von ihren Funktionsträgern begangen wurde und das nach rechtsstaatlichen Vorstellungen und oft sogar nach dem geschriebenen Recht der DDR Straftaten darstellte. Der Einigungsvertrag hat vorgeschrieben, daß auf Taten, die zu Zeiten der DDR begangen worden sind, das Strafrecht der DDR anzuwenden sei, wenn nicht für eine entsprechende Straftat im Recht der Bundesrepublik eine mildere Strafe angesetzt sei. Dann gelte dieses Recht.

Die Anregung, ein »revolutionäres« Strafrecht insoweit zu schaffen, daß das strafrechtliche Rückwirkungsverbot auf systembedingte Straftaten in der DDR jedenfalls für eine Übergangszeit nicht angewandt werde, wurde nicht aufgegriffen, ebensowenig wie der von Kinkel und Schäuble 1990 ins Gespräch gebrachte und seither immer wieder, Ende 1998 auf Betreiben der PDS, aufgekommene Gedanke einer Teil-Amnestie.

7.1. Ministerium für Staatssicherheit (MfS): Nur in ganz geringem Maße wurden Bedienstete des Staatssicherheitsdienstes verfolgt, die in den Stasi-Gefängnissen gefoltert, also auch nach DDR-Recht, aber insoweit unverfolgt, Körperverletzung und ähnliche Delikte begangen hatten. Einschlägige Verfassungsbeschwerden Verurteilter lagen bis Ende 1998 nicht vor. Richter der DDR, die bei »politischen« Vergehen im Sinne der DDR übermäßig harte Urteile gefällt hatten, wurden wegen Rechtsbeugung angeklagt und in der Regel – der Bundesgerichtshof gab den Ton an – freigesprochen oder zu vergleichsweise milden Strafen verurteilt.[3] Verfassungsbeschwerden von Bestraften gab es bis Ende 1998 nicht.

Nach der Ablösung des DDR-Regimes wurde die Verfolgung von Bediensteten der Hauptverwaltung Aufklärung des Staatssicherheitsdienstes der ehemaligen DDR, also der Spione, die ihre Tätigkeit zum Nachteil der Bundesrepublik Deutschland ausgeübt hatten, zunächst fortgesetzt. Der Anlaßfall für das Bundesverfassungsgericht war das Strafverfahren gegen den letzten Leiter dieser Hauptverwaltung, Werner Großmann. Das Verfahren war beim Kammergericht Berlin anhängig; es setzte das Verfahren am 22. Juli 1991 aus und legte dem BVerfG die Frage vor, ob es mit dem Grundgesetz (Gleichheitssatz) in Einklang sei, daß nach der deutschen Vereinigung nachrichtendienstliche Tätigkeit zugunsten der einstigen DDR weiterhin verfolgt werde, Spionage, betrieben von Diensten der alten Bundesrepublik, aber nicht.

Das BVerfG hat am 15. Mai 1995 mit fünf gegen drei Stimmen entschieden, daß Agenten der DDR, die ihre Tätigkeit im Gebiet der einstigen DDR entfaltet hätten, nicht mehr verfolgt werden könnten (BVerfGE 92, 277); Spionage gehöre zu den Aufgaben eines jeden Staats, Spione der DDR in der DDR hätten auf den Schutz vor Strafverfolgung vertrauen dürfen.

7.2. Wahlfälschung: Der letzte SED-Oberbürgermeister von Dresden, Wolfgang Berghofer, wurde wegen Mitwirkung an der Fälschung des Ergebnisses der DDR-Kommunalwahl vom 7. Mai 1989 vom damals noch so genannten Bezirksgericht Dresden am 7. Februar 1992 zu einer zur Bewährung ausgesetzten Freiheitsstrafe verurteilt. Nach Bestätigung des Urteils durch den Bundesgerichtshof legte Berghofer Verfassungsbeschwerde ein. Die 2. Kammer des Zweiten Senats hat am 31. März 1993 beschlossen, die Beschwerde nicht zur Entscheidung anzunehmen, weil sie keine hinreichende Aussicht auf Erfolg habe. Die Kammer befand, der »Unrechtskern« der Wahlfälschung sei nach dem Strafrecht der DDR und dem der Bundesrepublik erhalten geblieben, womit sich das Problem des Verbots einer rückwirkenden Strafe nicht stelle.

7.3. »Mauerschützen«-Urteile: Das Sondervotum zum Spionagebeschluß (s. o. 7.1.) antizipiert die verfassungsrechtliche Frage, die bei im vereinten Deutschland verfolgten DDR-Straftätern die entscheidende Rolle spielt: Es sei »nur schwer zu erkennen«, warum ein als Grund für den Ausschluß der Strafverfolgung akzeptiertes Vertrauen in die fortwirkende Geltung der Rechtsordnung der DDR »nicht auch anderen DDR-Bürgern zugutegehalten werden müßte, die in der DDR im staatlichen Auftrag Straftaten begingen, die der Staat, statt sie zu verfolgen, rechtfertigte, förderte und belohnte, so daß die Täter sich vor strafrechtlicher Verfolgung sicher wähnen durften«.

Diese Frage stellte sich bei der Strafverfolgung der Grenzsoldaten, die an der Berliner Mauer oder an der innerdeutschen Grenze auf Befehl der DDR-Führung und auf Weisung ihrer direkten Vorgesetzten tödliche Schüsse abgegeben haben. »Mauerschützen« sind seit der deutschen Vereinigung in großer Zahl zu Bewährungsstrafen verurteilt worden; der Bundesgerichtshof hat das in der Regel bestätigt. Das Tatgericht und der Bundesgerichtshof mußten hier auf naturrechtliche Elemente zurückgreifen: die »Mauerschützen hätten wissen müssen, daß ihre Taten gegen völkerrechtliche, auch von der DDR anerkannte Menschenrechte« verstießen.

7.4. Verfahren gegen Verantwortliche der DDR: Im Zusammenhang mit der Verurteilung von »Mauerschützen« wurde oftmals der Vorwurf erhoben, die Justiz verfahre nach dem bekannten Muster, die »Kleinen zu hängen«, aber die »Großen laufen zu lassen«. In den letzten Jahren gab es hingegen eine Reihe von Strafverfahren gegen höhere und höchste Funktionäre des DDR-Regimes, nachdem hier zunächst nur am Rande liegende Vorwürfe wie »Vertauensmißbrauch« verfolgt worden waren.

Die Darstellung hier muß sich beschränken auf den Prozeß gegen drei Mitglieder des Nationalen Verteidigungsrates – Albrecht, Kessler und Streletz. Ursprünglich waren mit ihnen auch der ehemalige Staatsratsvorsitzende Honecker und der einstige Minister für Staatssicherheit Mielke angeklagt. Sie schieden aus Gesundheitsrücksichten aus dem Verfahren aus. Gegen ihre Verurteilung – nach dem Urteil des Bundesgerichtshofs vom 26. Juli 1994 auf den Vorwurf des Totschlags in mittelbarer Täterschaft gestützt (sieben Jahre und sechs Monate, fünf Jahre und sechs Monate, fünf Jahre und einen Monat) – haben Kessler, Streletz und Albrecht Verfassungsbeschwerden eingelegt. Sie wurden vom BVerfG mit Beschluß vom 24. Oktober 1996 (BverfGE 95, 96) zurückgewiesen. Zugleich wurde – ebenfalls ablehnend – über die Verfassungsbeschwerde eines »Mauerschützen« entschieden; es war, soweit bekannt, die einzige ihrer Art. In dem Beschluß heißt es, bei (von der jeweiligen Staatsordnung gedeckten) »offensichtlichen, unerträglichen« Verstössen »gegen elementare Gebote der Gerechtigkeit und gegen völkerrechtlich geschützte Menschlichkeit« müsse »das positive Recht der Gerechtigkeit weichen«. Die Grundlinien des Beschlusses vom 24. Oktober 1996 sind vom BVerfG auch in den darauf folgenden Verfahren durchgehalten worden.

7.5. Schwangerschaftsabbruch: Zur vereinigungsbezogenen Rechtssprechung des BVerfG gehört auch der Komplex der gesetzlichen Regelung des Schwangerschaftsabbruchs. In der DDR galt seit dem 9. März 1972 eine bedingungsfreie Drei-Monats-Fristenregelung, in der Bundesrepublik indessen seit 1976 eine Indikationenregelung. Der Einigungsvertrag hat in seinem Art. 31 dem gesamtdeutschen Gesetzgeber auferlegt, eine einheitliche Regelung zu schaffen und dabei das Moment der »Beratung« hervorzuheben. Der Gesetzgeber erfüllte diesen Auftrag mit dem Gesetz vom 27. Juli 1992, das eine Fristenregelung mit Beratungspflicht vorsah. Mit Urteil vom 28. Mai 1993 (BVerfGE 88, 203) hob das BVerfG einige der neuen Bestimmungen auf. Es verpflichtete den Gesetzgeber, den Fristen-Schwangerschaftsabbruch als »rechtswidrig«, wenngleich straflos, zu definieren und die Beratungsregelung im Sinne des Lebensschutzes zu präzisieren. Das daraufhin ergangene Gesetz vom 21. August 1995 ist umstritten geblieben und hat mittelbar zu dem Urteil des BVerfG vom 27. Oktober 1998 geführt, das eine Ergänzungsregelung des Freistaates Bayern zum Teil für nichtig erklärte und die Frage nach einem, von Bayern anzustrengenden, abermaligen Normenkontrollverfahren gegen das Gesetz von 1995 aufwarf. Das BVerfG hat es jedenfalls – in Abweichung von seinem Urteil von 1975 – hingenommen, daß die in der DDR geltende Fristenregelung modifiziert auf das vereinigte Deutschland übertragen wurde.

8. Normale verfassungsgerichtliche Verfahren: Neben die erkennbar vereinigungsbedingte Rechtsprechung des BVerfG traten, als Zeichen und Folge einer innerdeutschen Anpassung, die normalen verfassungsgerichtlichen Verfahren, voran diejenigen, die nach Art. 93 GG von jedem Bürger mit dem Mittel der Verfassungsbeschwerde eingeleitet werden können, der sich in seinen Grundrechten von der öffentlichen Gewalt verletzt fühlt.

Die Präsidentin des BVerfG Limbach hat wiederholt von einem Ansteigen der Zahl der normalen Verfahren aus dem Gebiet der einstigen DDR gesprochen; die Zahlen hätten allerdings noch nicht das Maß derer in der alten Bundesrepublik erreicht nach dem Verhältnis zur Bevölkerungszahl.

Von den 5 911 im Jahre 1995 beim BVerfG eingegangen Verfahren stammen 630 aus der DDR; das schließt 233 Verfahren aus Berlin ein. Im Jahre 1996 kamen von 5 246 neuen Verfahren 679 aus den neuen Ländern. In der Zeit vom 1. Januar bis zum 31. August 1997 waren es 299 von bis dahin eingegangenen 3 339 Verfahren. Die im Februar 1998 veröffentlichte Statistik des Gerichts sagt, daß 1997 5 078 neue Verfahren eingeleitet worden sind. Die in dem genannten Zeitraum eingegangenen »Verfassungsbeschwerden gegen Gerichtsentscheidungen, Gesetze, Hoheitsakte von Bundes- und Länderbehörden« wurden nach Herkunftsländern getrennt angegeben. Für die fünf neuen Länder und Berlin, das hier ohne weiteres hinzugezählt werden darf, weil die Befugnisse des BVerfG in West-Berlin beschränkt waren (s. o. 2.2., »Brückmann«), ergeben sich 613 Verfahren; Normenkontrollanträge, Richtervorlagen, Organstreitigkeiten usw. sind freilich nicht berücksichtigt. Im Jahre 1992 wurde von der für Ostdeutschland neuen Möglichkeit der Anrufung des BVerfG nur 242 Mal (bei Gesamteingängen von 4 077) Gebrauch gemacht.[4]

In dem Maß, in dem sich das BVerfG in seiner auf die neuen Länder bezogenen Rechtsprechung einer »gesamtdeutschen« Normalität zuwenden kann, vermag es auch in bezug auf die einstige DDR seine eigentliche Aufgabe zu erfüllen, die Verfassung in den Stand zu setzen, den Staat »in der Gebundenheit an erprobte Werte und unter der Beachtung verläßlicher politischer Erfahrung zu verfassen« (so Bundesverfassungsrichter Paul Kirchhof auf einer Veranstaltung des Deutschen Juristentags am 19. April 1996). Das BVerfG war etliche Jahre nach der deutschen Vereinigung vorzugsweise damit beschäftigt, die reale Existenz der DDR im Sinne des Wandels zum demokratischen Rechtsstaat zu verarbeiten. Bundespräsident Herzog hat gesagt, das BVerfG müsse »in den neuen Bundesländern das bestehende Vertrauen erst noch festigen und nicht vorhandenes Vertrauen erst noch erwerben«. Die volle Akzeptanz dieser besonderen, wegen ihrer Machtfülle der Kritik ausgesetzten Institution des demokratischen Rechtsstaats nach dem Modell des Grundgesetzes ist eine fortdauernde »gesamtdeutsche« Aufgabe.

Friedrich Karl Fromme

Anmerkungen:

1 E. Klein: Festschrift zum 20jährigen Bestehen der Gesellschaft für Deutschlandforschung, Berlin 1998, S. 418. E. Klein hat für die Enquete-Kommission »Überwindung der Folgen der SED-Diktatur im Prozeß der deutschen Einheit«, Schlußbericht, BTDrs. 13/11000, in einer ausführlichen Expertise die Rechtsprechung des BVerfG zur deutschen Einheit in den Jahren 1951 bis 1989 und danach dargestellt.

2 Bericht in Frankfurter Allgemeine Zeitung, 31. 8. 1994, mit Dokumentation und Kommentar von W. Adam, der vermutet, das Verlangen nach Unumkehrbarkeit der Bodenreform sei auf den Wunsch der DDR-Regierung de Maizière zurückgegangen. Gorbatschow hat in einem eigenen Beitrag in der Frankfurter Allgemeine Zeitung, 17. 3. 1998, seinen Standpunkt bekräftigt;

3 G. Spendel: Rechtsbeugung und BGH. Eine Kritik, in: Neue Juristische Wochenschrift, 13/1996, S. 809–812;

4 Näheres bei Bundesministerium der Justiz: Entlastung des Bundesverfassungsgerichts. Bericht der Kommission, Bonn 1998, S. 168 ff.

Literatur:

Herdegen, Matthias: Die Verfassungsänderungen im Einigungsvertrag, Heidelberg 1991. □ Isensee, Josef/Paul Kirchhof (Hrsg.): Handbuch des Staatsrechts, 9 Bde., Heidelberg 1987 ff. □ Stern, Klaus: Das Staatsrecht der Bundesrepublik Deutschland, 3 Bde., München 1977 ff. □ Ders./Bruno Schmidt-Bleibtreu (Hrsg.): Verträge und Rechtsakte zur Deutschen Einheit, Bd. 1: Staatsvertrag zur Währungs-, Wirtschafts- und Sozialunion, München 1990, Bd. 2: Einigungsvertrag und Wahlvertrag, München 1990. □ Zieger, Gottfried/Jens Hacker: Bundesverfassungsgericht, in: Werner Weidenfeld/Karl-Rudolf Korte (Hrsg.): Handbuch zur deutschen Einheit, Bonn 1993, S. 79–90.

Bundeswehr

→ **Außenpolitik**, Bundesverfassungsgericht, Deutschlands Rechtslage, Einigungsprozeß, Eliten, Europäische Integration, Grundgesetz, Ost-West-Konflikt, Politische Kultur, **Sicherheitspolitik**, Verhandlungen zur deutschen Einheit: Internationaler Prozeß, Verträge zur deutschen Einheit.

1. Vorbemerkung: In kaum einem Bereich des gesellschaftlichen Lebens waren die Veränderungen, die in den letzten zehn Jahren zu bewältigen waren, so deutlich erkennbar wie bei der Bundeswehr. Der Auftrag – bis 1989 begrenzt auf die Landes- und Bündnisverteidigung – hat sich völlig gewandelt hin zu einer aktiven Beteiligung am internationalen Krisenmanagement. Gleichzeitig mußte die innere Einheit der Streitkräfte vollzogen werden. Als im Oktober 1995 die Bundeswehr ihren 40. Geburtstag zusammen mit dem Jahrestag »Fünf Jahre Armee der Einheit« feierte, wurde vor allem die Integrationsleistung der deutschen Streitkräfte nach der Vereinigung Deutschlands gewürdigt. In zahlreichen Reden, von Bundespräsident Herzog über den damaligen Bundeskanzler Helmut Kohl bis hin zum heutigen Verteidigungsminister und damaligen Oppositionsführer Rudolf Scharping, wurde gelobt, daß kaum ein Bereich im öffentlichen Leben Deutschlands die Folgen der Einheit so schnell und nahezu reibungslos verarbeitet hätte. Die Bundeswehr wurde oft als Modellfall für gelungene Integration dargestellt.

2. Ausgangslage: Die Bundeswehr wurde 1955 gegründet, nachdem der neue Staat Bundesrepublik Deutschland sich konstituiert und gefestigt hatte und die internationale Staatengemeinschaft bereit war, einen Verteidigungsbeitrag Deutschlands in den neuen integrierten Institutionen zu akzeptieren. Die Frage der Wiederbewaffnung spaltete damals die westdeutsche politische Szene. Die SPD-Opposition war dagegen, die Koalition unter der Führung Konrad Adenauers setzte die neue Armee durch.

In der DDR bildete sich aus Polizeiverbänden langsam die Nationale Volksarmee (NVA) heraus, die dann in die östlichen Institutionen eingebaut wurde. Eine gesellschaftliche Diskussion darüber fand kaum statt. Geprägt waren beide Armeen durch die jeweils angenommene Bedrohung durch den militärischen Block auf der anderen Seite. Entsprechend wurden die Doktrinen und die Ausrüstungen ausgerichtet.

Die zweite große sicherheitspolitische Auseinandersetzung in der alten Bundesrepublik behandelte in den 70er Jahren bis 1982 den NATO-Doppelbeschluß. Das Übereinkommen sah vor, als Antwort auf die Ausrüstung der sowjetischen Streitkräfte im Warschauer Pakt mit nuklearen Mittelstreckenraketen entsprechende US-Systeme auch in Westeuropa aufzustellen, wenn sich Moskau bis 1982 nicht zu einem Abrüstungsabkommen bereitfinde, für das der Westen eine Null-Lösung, also keine Mittelstreckensysteme auf beiden Seiten, vorgeschlagen hatte. Nachdem die entsprechenden Verhandlungen bis zum Stichtag nicht zu einem Ergebnis geführt hatten, vereinbarten die NATO-Staaten den Vollzug des zweiten Teils des Doppelbeschlusses, die Nachrüstung. Die Folge waren heftige innenpolitische Kontroversen und die Bildung der sogenannten Friedensbewegung, die mit den Demonstrationen unter sehr großer Beteiligung und Blockaden von entsprechenden Militäreinrichtungen gegen diese Politik opponierte. In der SPD, deren Bundeskanzler Helmut Schmidt einer der Vertreter des Doppelbeschlusses war, ergab sich eine Mehrheit gegen den Beschluß, was 1982 ein Grund für den damaligen Regierungswechsel war. Der ebenfalls der SPD angehörende Verteidigungsminister Scharping stellte sich unmittelbar nach seinem Amtsantritt 1998 in die Kontinuität der Sicherheitspolitik und bezeichnete sowohl die Entscheidung der 50er Jahre für Wiederbewaffnung und Westorientierung als auch die von 1982 für den Vollzug des NATO-Doppelbeschlusses als richtige Maßnahmen.

Am 3. Oktober 1990 wurden die beiden Armeen aus Deutschland zusammengeführt. Die Bundesregierung legte Wert auf die Feststellung, daß die Bundeswehr und die NVA der DDR nicht vereinigt worden seien. Vielmehr wurden die NVA aufgelöst und ihre Einrichtungen, ihr Material und ihr Personal von der Bundeswehr übernommen. Diese Unterscheidung ist wichtig, weil es im Vorfeld der Vereinigung Vorstellungen – vor allem vorgetragen vom damaligen Minister für Abrüstung und Verteidigung der DDR, dem späteren CDU-Politiker Rainer Eppelmann – gab, nach denen die NVA und die Bundeswehr unabhängig voneinander weiterbestehen und sogar unterschiedlichen Militärbündnissen angehören könnten, zumindest für eine Übergangszeit. Auf diese Vorstellung gründeten damals viele NVA-Soldaten die Hoffnung, weiter im Dienst bleiben zu können. Außerdem wurde im Rahmen der Diskussion um die äußeren Aspekte der deutschen Einheit – besonders seitens der damaligen Sowjetunion – das Konzept einer zu keinem militärischen Bündnis gehörenden Bundeswehr verfolgt. Nach dem Moskau-Besuch von Bundeskanzler Helmut Kohl im Sommer 1990, bei dem der damalige sowjetische Präsident Gorbatschow dem vereinten Deutschland die freie Bündniswahl zugestanden hatte, war diese Diskussion allerdings beendet.

3. Der Weg zu einer Armee in Deutschland: Daß die NVA aufgelöst wurde, liegt auch an den völlig unterschiedlichen historischen Entwicklungen der Armeen in beiden deutschen Saaten. Während die Bundeswehr von vornherein als Bündnisarmee in der NATO – einem reinen Verteidigungsbündnis – aufgebaut worden war, gehörte es zum Auftrag der NVA, auch in der Lage sein zu müssen, einen Angriffskrieg gegen den Westen zu führen. Dies schlug sich in der Ausbildung der NVA-Soldaten nieder. Die nach der Auflösung der DDR übernommenen Materialien haben diese zuvor aus Geheimdienstquellen gewonnenen Erkenntnisse eindrucksvoll bestätigt.

Offiziere der NVA wehrten sich gegen die Auflösung der NVA auch mit dem Argument, im Wendejahr 1989 sei die NVA in ihren Kasernen geblieben. Die Rolle der NVA in dieser Phase ist bis heute nicht endgültig geklärt. Zwar blieb sie in den Kasernen, aber es halten sich Gerüchte, daß einige Verbände mit scharfer Munition ausgerüstet gewesen seien und daß es Befehle zum Eingreifen gegeben habe, die jedoch an der Truppenbasis nicht ankamen, dort nicht befolgt wurden oder wegen des Fernbleibens vieler Grundwehrdienstleistender nicht befolgt werden konnten.

Die Bundeswehr umfaßte am Tag der Einheit, dem 3. Oktober 1990, 495 000 West-Soldaten und rund 90 000 Ost-Soldaten, mehr als jemals zuvor. Hinzu kam eine Materialfülle, deren Ausmaß den aus dem Westen in den Osten versetzten Soldaten erst langsam vollständig bewußt wurde: 15 000 Großwaffensysteme, über 1,2 Mio. Handfeuerwaffen und rund 300 000 Tonnen Munition mußten bewacht, dann vernichtet oder abgegeben werden. Ein Teil des Geräts wurde an NATO-Partner und die UNO für deren Blauhelmmissionen übergeben, anderes, z. B. Schiffe, die »entmilitarisiert« waren, wurde auch verkauft. Hinzu kam der Abbau der Grenzanlagen, der ebenfalls der Bundeswehr oblag, weil die Grenztruppen der DDR der NVA unterstanden. Die Bundeswehr hat den Auftrag für diese Arbeiten an zivile Firmen übergeben, die im Sommer 1995 meldeten, die Grenzstreifen seien nun sicher.

Die Bundeswehrführung unter dem damaligen Verteidigungsminister Gerhard Stoltenberg hat recht spät beschlossen, keine Generale und Admirale der NVA zu übernehmen. Diese Entscheidung wurde von der damals noch zuständigen NVA-Führung erst in den letzten Tagen der DDR umgesetzt. Die späte und viele Hoffnungen enttäuschende Entlassung der NVA-Führungsmannschaft führte zu Irritationen im verbliebenen Offizierskorps. Aber gerade der Umgang mit diesen Irritationen führte vielen den Unterschied zwischen ihrer bisherigen und der neuen Armee vor Augen: Der damalige Befehlshaber des Bundeswehrkommandos Ost, Generalleutnant Jörg Schönbohm – er wurde später Heeresinspekteur, Staatssekretär, Innensenator in Berlin und dann CDU-Vorsitzender in Brandenburg – lud Offiziere, die ihren Unmut formuliert hatten, zu einem Gespräch ein und erläuterte die Gründe für die Entlassungen: Generale und Admirale seien zu sehr mit dem SED-Regime verknüpft gewesen, ihre Übernahme würde den Neuanfang im Osten, aber auch im Westen erschweren. Daß diese Fragen ernsthaft beantwortet wurden, machte auf die Offiziere einen nachhaltigen Eindruck und sollte die Zusammenarbeit zwischen »Wessis« und »Ossis« erleichtern. Es hatte Signalwirkung in den neuen Teilen der Armee.

Die Bundeswehr hat trotz der Auflösung der NVA einige ihrer Soldaten übernommen. Der Abbau des NVA-Personals ging zunächst sehr schnell voran: Im Januar 1991, drei Monate nach der Vereinigung, waren 59 % der Berufssoldaten und sogar 67 % der Offiziere bereits entlassen. In Zahlen heißt dies: Von den ursprünglich 50 000 Zeit- und Berufssoldaten der NVA waren im Januar 35 600 aus der Armee ausgetreten, 24 000 davon auf eigenen Wunsch. Zunächst bot die Bundeswehr interessierten Soldaten aus der NVA an, sie als Soldaten auf Zeit zu übernehmen. 12 400 Offiziere und 13 400 Unteroffiziere stellten einen Antrag auf Übernahme als Zeitsoldaten. In dieser Phase hat die Bundeswehr 6 000 Offiziere, 7 800 Unteroffiziere mit Portepee (Feldwebeldienstgrade) und 3 300 Unteroffiziere ohne Portepee übernommen. 90 % dieser Gruppe stellte später einen Antrag auf Übernahme als Berufssoldat in die Bundeswehr.

Es war vorgesehen, 3 500 Offiziere in die Bundeswehr zu übernehmen. Jeder Bewerber wurde durch eine Anfrage bei der »Gauck-Behörde« überprüft. Rund 20 %

der Offiziersbewerber mußten aufgrund von dort vorliegenden Erkenntnissen über eine Zusammenarbeit mit der Staatssicherheit der DDR vorzeitig aus dem Dienst in der Bundeswehr entlassen werden. Wegen dieser Entlassungen und fehlender Eignung übernahm die Bundeswehr nur 3 000 Offiziere.

Insgesamt, so berichtet das Verteidigungsministerium in seinem Jahresbericht 1998 »Bundeswehr – Armee der Einheit« wurden 11 000 Soldaten in die Bundeswehr integriert. Heute dienen in den neuen Bundesländern etwa 50 000 Soldaten und 20 000 zivile Mitarbeiter in 120 Standorten. Nach Struktur, Ausrüstung und Einsatzbereitschaft gab es 1998 keinen Unterschied mehr zwischen den Truppenteilen in den alten und neuen Bundesländern.

4. Innere Einheit der Bundeswehr: Die Soldaten der Bundeswehr (West) taten sich teilweise schwer mit dem Erbe, das sie übernehmen mußten. Sie fanden sich plötzlich in einer Armee mit Soldaten, von denen sie ahnten und – nach Einsicht in die Unterlagen – bald wußten, daß diese zum Angriff auf Westdeutschland nicht nur ausgebildet, sondern bis in die letzten Tage der DDR auch bereit waren. Noch vor der Vereinigung gab es zahlreiche Treffen zwischen Soldaten aus Ost und West, auf denen solche Themen besprochen wurden. Trotzdem blieben lange Vorbehalte bestehen. Diese Vorbehalte konnten aber in der täglichen Praxis abgebaut werden. Dabei halfen auch die internationalen Einsätze, zu denen die Bundeswehr immer mehr herangezogen und an denen auch die in Ostdeutschland tätigen Soldaten gerufen wurden. Nun wurde deutlich, daß die »neuen« Kameraden keinen Zweifel an ihrer Loyalität zu dieser Bundesrepublik Deutschland aufkommen ließen.

Auch die ehemaligen NVA-Soldaten hatten Vorbehalte. Sie begegneten ihren West-Kameraden mit Zurückhaltung und Befangenheit. Lediglich in den Dienstgraden, die jüngere Soldaten besetzten (z. B. Leutnant), war schnell spürbar, daß sie den neuen Umgang beispielsweise mit Grundwehrdienstleistenden zwar noch unsicher, aber auch zufrieden wegen der »Behandlung als Menschen« begrüßten. In der Anfangsphase kam den vom Westen in den Osten versetzten Soldaten eine große Bedeutung zu. Sie mußten im Inneren wie in der Öffentlichkeit die neue Streitmacht repräsentieren. Ihnen gelang es, durch einfühlsames Führen bei ihren Ost-Kameraden diese Vorbehalte abzubauen, in der Öffentlichkeit die Akzeptanz der Armee zu steigern und auch im Westen das Klima für die Ostkameraden zu verbessern. Nach wenigen Monaten erkannte man »Ossis« und »Wessis« nur noch an ihrem Dialekt.

Die Verzahnung zwischen Ost und West ist in den vergangenen Jahren immer enger geworden, so eng, daß es heute bis auf die unterschiedliche Bezahlung keine erkennbaren Unterschiede mehr gibt. Seit dem 1. Juli 1992 werden Ostdeutsche in westdeutsche Einheiten und Westdeutsche in ostdeutsche Einheiten zur Ableistung des Grundwehrdienstes einberufen. Auch die Strukturen der Verbände sind gesamtdeutsch aufgebaut worden. So wird im Heer eine Division mit Verbänden aus Mecklenburg-Vorpommern, Schleswig-Holstein, Brandenburg und Niedersachsen aus Neubrandenburg, eine andere mit Verbänden aus Thüringen und Hessen aus Erfurt geführt. In der Luftwaffe gibt es ebenfalls übergreifende Strukturen.

Seit 1993 werden auch Offiziere und Unteroffizere aus dem Osten in den Westen versetzt, nachdem das »Go East« schon mit dem Tag der Vereinigung begann. Dies hatte zur Folge, daß die in den Westen versetzten Ost-Zeit- und Berufssoldaten das volle Westgehalt, nicht mehr das reduzierte Ostgehalt bekamen, was sie dann behielten, wenn sie in den Osten zurückkehrten. Ebenfalls 1993 begann die Bundeswehr, die aus der ehemaligen NVA hervorgegangenen Offiziere auf der Führungsakademie der Bundeswehr auszubilden, mit bemerkenswertem Erfolg.

Die Bundeswehr hat die meisten Offiziere, die sie aus der NVA übernommen hat, mit einem niedereren Dienstgrad als bei der DDR-Armee eingestellt, weil die NVA eine andere innere Struktur hatte und viele Aufgaben, die in der Bundeswehr von dienstgradniederen Offizieren wahrgenommen wurden, in der NVA höheren Dienstgraden zugewiesen waren. Mittlerweile sind solche Offiziere auch wieder in Führungsaufgaben eingerückt, allerdings noch nicht in Aufgaben im Bündnis.

Trotz des reibungslosen Ablaufs der formalen Integration gab es im Inneren im Laufe der Zeit doch einige Probleme. So ist besonders bei den höheren Offizieren, die mit NVA-Vergangenheit in die Bundeswehr kamen, spürbar, daß die Befehlsstrukturen in der NVA anders als in der Bundeswehr waren: Während in der Bundeswehr die Auftragstaktik gilt, wobei die Erledigung des Auftrags im Ermessen des Offiziers auf der unteren Ebene liegt, wurde in der NVA jeder Schritt bis ins letzte Detail von oben befohlen. Dieses Denken bestimmt immer noch jene Offiziere und Unteroffiziere, die aus der NVA hervorgingen. Bei einer Instandsetzung wird beispielsweise nicht im Nebenzug angerufen, wenn ein zusätzliches Problem entsteht, sondern es wird nach oben gemeldet, um dann über diesen Dienstweg den Nachbarzug zu informieren. Dies führt noch zu Unbeweglichkeiten, die es bei Soldaten, die von Anfang an in der Bundeswehr gedient haben – sei es in der West-Armee oder jüngere, auch aus dem Osten, die nur die einheitliche Bundeswehr kennengelernt haben – nicht gibt.

Die Bundeswehr hat Signale nach Osten gesandt, für die vor allem der ehemalige Verteidigungsminister Volker Rühe steht: Durch die Verlegung von Einrichtungen sollte die Integration vorangetrieben werden. Sein letzter Jahresbericht »Bundeswehr – Armee der Einheit« betont, daß 18 bedeutende zentrale Führungs- und Ausbildungseinrichtungen der Bundeswehr in den Osten verlegt wurden. 1998 zog die Heeresoffiziersschule von Hannover nach Dresden, was bedeutet, daß jeder Heeresoffizier einen Teil seiner Ausbildung in Dresden absolvieren wird. Auf dem Truppenübungsplatz Altmark bei Magdeburg wird das Gefechtsübungszentrum des Heeres eingerichtet, in dem alle gepanzerten Verbände des Heeres mit Unterstützung modernster Computer- und Lasertechnik realitätsnah das Gefecht üben. Die Marine hat mit dem Marineamt eine ihrer drei Höheren Kommandobehörden nach Rostock und die Schnellbootflotille nach Warnemünde – dem heute modernsten Marinestandort in Deutschland – verlegt. In Parow wird die Marinetechnikschule neu gebaut – die größte und modernste Ausbildungseinrichtung der Marine. Weiter hat der Sanitätsdienst der Bundeswehr in Berlin und Leipzig neue Bundeswehrkrankenhäuser eröffnet, im Westen wurden einige geschlossen. Das militärgeschichtliche Forschungsamt zog von Freiburg/Breisgau nach Potsdam, der Umzug der beiden Wehrdienstsenate von München nach Leipzig steht bevor. In Strausberg/Brandenburg entstand ein Forum für die Begegnung von Soldaten und Bürgern, indem dorthin die Akademie für Information und Kommunikation und das Sozialwissenschaftliche Institut der Bundeswehr verlegt wurden.

5. Ausrüstung und Wehrpflicht: Während des Kalten Krieges war die Bundeswehr für einen Einsatz in Mitteleuropa gegen einen mit schweren Waffen auf breiter Front angreifenden Feind ausgerüstet. In diesem Bereich war die Bundeswehr eine hochmoderne Armee. Allerdings beginnt diese Ausrüstung langsam zu veralten.

Die Unwahrscheinlichkeit eines solchen Angriffs nach dem Ende der Blockkonfrontation und die Umsteuerung auf neue Aufgaben bedingte eine Umrüstung der Bundeswehr. Diese Umrüstung begann mit den Einsätzen in Somalia und dem ehemaligen Jugoslawien und wird seither konsequent fortgesetzt.

1995 hat die Bundeswehr die noch gültigen »Konzeptionellen Leitlinien« vorgestellt, die nach Jahren der inneren Unruhe wieder Stabilität bringen sollten. Zahlreiche Umstrukturierungen, bedingt durch finanzpolitische Eingriffe in den Verteidigungshaushalt, haben die Bundeswehr über Gebühr strapaziert. In den 90er Jahren wurden insgesamt rund 12 Mrd. Mark aus dem Verteidigungshaushalt herausgestrichen.

Die Rahmendaten wurden eher von außen diktiert: Die neue Bundeswehr mußte der neuen Auftragslage entsprechen, die neben der Landes- und Bündnisverteidigung nun auch die Mitwirkung an internationalen Einsätzen vorsieht. Des weiteren sollte die Bundeswehr eine Wehrpflichtarmee bleiben. Zum dritten mußte die neue Konzeption auch in die finanzpolitischen Vorgaben eingefügt werden, die sich aber strukturell verbessern sollten. Die Zielvorgabe, daß wieder rund 30 % des Verteidigungshaushaltes für Investitionen bereit stehen sollen, ist jedoch noch lange nicht erreicht. Von einer Unterfinanzierung der Bundeswehr ist die Rede. Kurz nach seinem Antsantritt hat Verteidigungsminister Rudolf Scharping dies als eines der gravierendsten Probleme für die Bundeswehr bezeichnet. Folge der Unterfinanzierung ist, daß jene Verbände, die für Einsätze im Rahmen der neuen Aufgaben vorgesehen worden sind, gut und modern ausgerüstet sind, die vorwiegend für die Landes- und Bündnisverteidigung vorgesehenen Verbände hingegen nicht mehr mit modernem Material versorgt werden können. Bei einigen wesentlichen Anschaffungen werden gegenwärtig nur die ersten Lose tatsächlich bestellt, die weiteren aber ausgesetzt. Die ersten Lose reichen in der Regel für die Ausrüstung der Krisenreaktionskräfte aus. In den Hauptverteidigungskräften werden dagegen die Waffensysteme durch »Ausschlachten« der stillgelegten Systeme in Betrieb gehalten.

Nach dem Ende der Blockkonfrontation wurde mit der vertraglich fixierten Reduzierung der Truppenstärke der Bundeswehr auf 370 000 Soldaten der Grundwehrdienst von 15 auf 12 Monate verkürzt (der Zivildienst von 20 auf 15 Monate). Anfang 1995 reduzierte sich dann die Zahl der Soldaten auf 340 000, 1996 der Grundwehrdienst auf 10 Monate (der Zivildienst auf 13 Monate). Der Grundwehrdienst von zehn Monaten kann nur in den Hauptverteidigungskräften abgeleistet werden. Außerdem wurde den Wehrpflichtigen die Möglichkeit eröffnet, sich für zwölf bis 23 Monate weiter zu verpflichten, wodurch sie sich gleichzeitig zu Einsätzen in den Krisenreaktionskräften bereit erklären. »W-10er« werden nicht zu Einsätzen außerhalb des Verteidigungsauftrages befohlen.

Im Zusammenhang mit dieser Verkürzung und der ständig steigenden Zahl von Wehrdienstverweigerern auf zeitweise rund 35 % eines Geburtsjahrganges wurde der Grundwehrdienst immer wieder in Frage gestellt. Vor allem nachdem die Niederlande und Frankreich die Wehrpflicht ausgesetzt bzw. abgeschafft hatten, nahm der Diskussionsdruck auf die Bundesregierung zu. Die Bündnis-Grünen haben in ihrem Wahlprogramm für die Bundestagswahl 1998 die Forderung nach Abschaffung der Wehrpflicht vorgesehen. Allerdings konnten sie diese in den Koalitionsverhandlungen mit der SPD nicht durchsetzen. Verteidigungsminister Scharping hat kurz nach der Amtsübernahme erklärt, er trete für die Wehrpflicht ein. Wurde vor einigen Jahren noch argumentiert, daß bei einer reduzierten Truppenstärke nicht mehr alle Grundwehrdienstleistenden einberufen werden könnten, wodurch die Wehrgerechtigkeit nicht mehr zu gewährleisten sei, so stellt sich angesichts des Trends zur Wehrdienstverweigerung nun die Frage, ob nach dem Jahr 2000 überhaupt noch ausreichend Jugendliche bereitstehen, um die Truppenstärke von 340 000 zu erreichen. In ihren Wahlprogrammen haben die Bündnis-Grünen eine Reduzierung der Bundeswehrstärke auf rund 200 000 Mann vorgesehen, einige Gruppen in der SPD plädieren ebenfalls für eine Reduzierung, was dann Auswirkungen auf die Wehrpflicht haben kann. Die von der Bundesregierung eingesetzte Wehrstrukturkommission soll auch über diese Frage beraten und bis zum Jahr 2000 Ergebnisse vorlegen. Bisher galt, daß es in allen Parteien Befürworter und Gegner der Wehrpflicht gibt, daß aber in der SPD, in der CDU/CSU und in der F.D.P. – dort durch eine Mitgliederbefragung festgestellt – die Befürworter die Mehrheit haben. Lediglich Bündnis 90/Die Grünen treten für eine Abschaffung der Wehrpflicht ein.

6. Veränderungen in Auftrag und Struktur: Am 19. November 1990 verabschiedete die Konferenz für Sicherheit und Zusammenarbeit in Europa (KSZE) – mittlerweile umbenannt in Organisation für Sicherheit und Zusammenarbeit in Europa (OSZE) – die »Charta von Paris«. Dort wurde auch der Vertrag über Konventionelle Streitkräfte in Europa (KSE-Vertrag) unterzeichnet, der Obergrenzen für verschiedene Waffensysteme vorsieht.

Mit der »Charta von Paris« wurde der Versuch gemacht, eine europäische Friedensordnung zu begründen. Die Grundwerte »Demokratie, Menschenrechte und marktwirtschaftliche Ordnung« sind festgeschrieben, der Kalte Krieg, der über 40 Jahre den europäischen Kontinent beherrscht hatte, wurde für beendet erklärt. Die damals spürbare hoffnungsfrohe, fast euphorische Stimmung wurde durch die Realität des damaligen Golfkrieges und des Krieges im ehemaligen Jugoslawien schnell eingeholt. Nach dem KSE-Vertrag stehen jedem Land feste Obergrenzen für Kampfpanzer, gepanzerte Fahrzeuge, Artilleriegeschütze, Kampfflugzeuge und Kampfhubschrauber zu. Für Deutschland bedeutete dies, daß der Waffenbestand der Bundeswehr (West) nahezu völlig behalten werden konnte, der Bestand der NVA aber völlig vernichtet werden mußte. Dieses Ergebnis der Verhandlungen ergab sich aus der Tatsache, daß die Verhandlungen über den KSE-Vertrag in Wien noch unter der alten Blockkonfrontation begonnen wurden, später, als der Warschauer Pakt zu zerfallen begann, der Einfachheit halber aber so weitergeführt wurden, als sei nichts geschehen. Bei den Verhandlungen wurden die Anteile der DDR einfach gestrichen (auch, weil die DDR weggefallen war), die der Bundeswehr wegen ihrer damaligen Lage an der Konfrontationslinie aber recht hoch gehalten. Diese Kontingente sollten dann nach der Vereinigung für das nunmehr größere deutsche Gebiet gelten. Seit 1997 wird in Wien über eine Revision dieses Vertrages verhandelt, der dann auch der Tatsache Rechnung tragen soll, daß die NATO nach Osten erweitert wurde.

Bis zum 19. November 1995 mußten die Waffenbestände den vereinbarten Obergrenzen angepaßt werden. Für das Gebiet der ehemaligen Sowjetunion wurden die Kontingente durch das Protokoll von Taschkent auf die Nachfolgestaaten aufgeteilt. Am Stichtag hatten nahezu alle Staaten diese Obergrenzen erreicht. Vor allem für die allesamt in wirtschaftlichen Nöten steckenden Staaten des ehemaligen Ostblocks war das Erreichen der Zielvorgaben aufgrund der mit der Abrüstung verbundenen Kosten eine beachtliche Leistung. Die meisten Staaten wollen diese Obergrenzen jedoch gar nicht ausschöpfen und haben ihre nationalen Verteidigungspläne entsprechend ausgelegt. Probleme gab es lediglich mit Rußland, das aufgrund der veränderten Sicherheitslage in den südlichen Regionen des Landes dort eine höhere Dichte an Waffensystemen erreichen will. Im Mai 1996 wurde eine Zwischenlösung dieses Problems bei der Überprüfungskonferenz erreicht, nach der Rußland im Kaukasus mehr Truppen und Waffen stationieren durfte. Eine endgültige Lösung soll ebenfalls bei den Folgeverhandlungen gefunden werden. Durch den KSE-Vertrag erhielt auch jene Vereinbarung völkerrechtliche Rechtskraft, die der damalige Bundeskanzler Kohl und der ehemalige sowjetische Präsident Gorbatschow im Juli 1990 bei ihrem Treffen im Kaukasus getroffen hatten: Neben der Festlegung der Personalobergrenzen der Bundeswehr von 370 000 Soldaten in ganz Deutschland war vereinbart worden, daß Deutschland seine Bündniszugehörigkeit frei entscheiden durfte, was de facto die weitere Mitgliedschaft Deutschlands in der NATO bedeutete. Bis zum Abzug der sowjetischen Verbände aus Deutschland sollten NATO-Verbände in den neuen Ländern nicht stationiert und dort stationierte deutsche Verbände der NATO nicht unterstellt werden. Nach dem Abzug im Herbst 1994 wurden dann zum 1. Januar 1995 die Bundeswehr-Verbände in den neuen Ländern der NATO assigniert. Ausländische NATO-Verbände werden weiterhin nicht in den neuen Ländern stationiert. Allerdings nutzen NATO-Verbände die dortigen Truppenübungsplätze.

Im Oktober 1991 beschloß die NATO auf ihrer Gipfelkonferenz in Rom ein neues »strategisches Konzept«. Demnach sei ein Krieg – wenn in Europa auch unwahrscheinlich geworden – doch nicht unmöglich. Waffen wird das Bündnis nur zur Selbstverteidigung einsetzen. Die aufgrund der veränderten sicherheitspolitischen Lage und der Abrüstungsvereinbarungen reduzierten Streitkräfte wurden neu strukturiert: Die zur Verfügung stehenden Streitkräfte sollen in einem begrenzten, aber militärisch bedeutsamen Umfang Sofort- und Schnellreaktionskräfte in

Land-, Luft- und Seestreitkräfte umfassen, die in der Lage sind, auf ein breites Spektrum von vielfach unvorhersehbaren Eventualfällen zu reagieren. Die Streitkräfte der Bündnispartner werden so strukturiert, daß ihre Verteidigungsfähigkeit erforderlichenfalls verstärkt werden kann.

Wesentliche Kriterien der neuen Streitkräftestruktur sind die Mobilität, also die schnelle Verlegbarkeit, die Aufwuchsfähigkeit, also die schnelle Verstärkungsmöglichkeit, und die Multinationalität, also die Schaffung von Streitkräftestrukturen, an denen mehrere Nationen beteiligt sind. Die NATO hat dieses Konzept im Juni 1996 in Berlin konkretisiert. Danach können die NATO-Strukturen der Westeuropäischen Union (WEU) zu einer Operation zur Verfügung gestellt werden, wenn der NATO-Rat dies billigt. Die Bundesrepublik hat die Forderungen aus den Beschlüssen mittlerweile umgesetzt: Die Bundeswehr wurde neu gegliedert in rund 50 000 Soldaten der Krisenreaktionskräfte und 290 000 Soldaten in den Hauptverteidigungskräften. Auch die Multinationalität wurde realisiert. Neben dem Eurokorps, einem deutsch-amerikanischen, einem amerikanisch-deutschen und dem deutsch-niederländischen Korps wird 1999 ein deutsch-dänisch-polnisches Korps gebildet, das seinen Sitz in Polen (Stettin) haben wird, wenn Polen der NATO beigetreten sein wird. Zudem beteiligt sich Bonn an der Schnellen Eingreiftruppe der NATO, ARRC (Allied Rapid Reaction Corps), das in Mönchengladbach residiert und von einem britischen General geführt wird.

Hinzu kommt als Mittel der europäischen Zusammenarbeit über die bisherigen Bündnisgrenzen hinaus der sogenannte »Euro-Atlantische Partnerschaftsrat«. Er ging aus dem NATO-Kooperationsrat hervor, in dem die NATO-Staaten und die früher dem Warschauer Pakt zugehörigen Staaten zusammengearbeitet haben. Dort wurde über Hilfen für den in den neuen Demokratien in Osteuropa nötigen Aufbau von Streitkräften sowie über Sicherheitsfragen von allgemeinem Interesse gesprochen. Man wurde sich auch darüber einig, daß man bei friedenserhaltenden Maßnahmen zusammenarbeiten will.

In Bosnien wurde diese Zusammenarbeit im Rahmen der NATO-Friedenstruppe IFOR (Implementation Force), der späteren SFOR (Stabilisation Force), erstmals praktiziert. Im Partnerschaftsrat können nun auch die ehemals blockfreien Staaten in Europa mitwirken. Dort sind die Aufgabenstellungen ähnlich wie beim Kooperationsrat, lediglich die Bindungen sind enger geworden.

Im Januar 1994 hat die NATO auf einer weiteren Gipfelkonferenz beschlossen, den Wunsch zahlreicher Staaten aus Mittelost- und Osteuropa nach Aufnahme in die Allianz positiv zu beantworten. Eine weitere Gipfelkonferenz 1997 benannte Polen, Ungarn und Tschechien als Beitrittskandidaten der ersten Runde, sagte aber zu, daß die NATO-Tür offen bliebe. Verhandlungen mit den drei Staaten führten Ende 1997 zu Beitrittsprotokollen, die in den ersten neun Monaten 1998 ratifiziert wurden. Dem Beitritt der Drei stand damit nichts mehr im Wege.

Zunächst wurde nach 1994 das Programm »Partnerschaft für den Frieden« aufgelegt, in dem zusätzlich zum Kooperationsrat gemeinsame Übungen und eine noch konkretere Zusammenarbeit vereinbart wurden. Rußland wurde angesichts seiner strikten Ablehnung der NATO-Osterweiterung eine strategische Partnerschaft angeboten, was 1997 in eine »Grundakte Rußland-NATO« gegossen wurde. Aber bereits beim Einsatz in Bosnien wurden die russischen Verbände, die sich an den dortigen Maßnahmen beteiligten, von einem russischen General geführt, der direkt unter dem NATO-Oberbefehlshaber Europa eingesetzt war – freilich mit dem Kunstgriff, daß dessen Eigenschaft als Befehlshaber der US-Streitkräfte in Europa in den Vordergrund gerückt wurde.

Bei der Vorlage des Bundeswehrplans 1997 stellte die Bundesregierung als Auftrag für die Bundeswehr fest: »Die Bundeswehr schützt Deutschland und seine Staatsbürger gegen politische Erpressung und äußere Gefahr, fördert die militärische Stabilität und die Integration Europas, verteidigt Deutschland und seine Verbündeten, dient dem Weltfrieden und der internationalen Sicherheit im Einklang mit der Charta der Vereinten Nationen und hilft bei Katastrophen, rettet aus Notlagen und unterstützt humanitäre Aktionen.« Dort heißt es weiter:

»Schlüssel zum Verständnis der neuen Bundeswehr sind die grundlegenden Veränderungen der internationalen Lage, der Bedingungen für die Sicherheit Deutschlands sowie der Rolle der Streitkräfte als Instrument der Außen- und Sicherheitspolitik:

- Deutschland ist nicht mehr Frontstaat, sondern umgeben von Verbündeten und Partnern, die mit uns freundschaftlich verbunden sind.
- Deutschland ist nicht mehr in Reichweite eines zu strategischer Offensive und Landnahme befähigten Gegners.
- Zugleich aber hat die Gefahr von regionalen Krisen und Konflikten innerhalb und außerhalb Europas, die auch Deutschlands Sicherheit betreffen, zugenommen.

Landes- und Bündnisverteidigung in einer entscheidend verbesserten Sicherheitslage und die angemessene und wirkungsvolle Teilnahme an internationaler Krisenbewältigung sind daher die beiden Hauptfunktionen der Streitkräfte. Hieraus sind die Kernaufgaben der Bundeswehr abgeleitet, die zugleich Ziel und Rahmen für die Entwicklung militärischer Fähigkeiten bilden:

- Landes- und Bündnisverteidigung in Zentraleuropa
- Krisenreaktion und Verteidigung im Bündnis außerhalb Zentraleuropas
- Krisenbewältigung im erweiterten Aufgabenspektrum
- Rettungs- und Evakuierungseinsätze
- Hilfeleistungen, die subsidiär, d. h. ohne gesondert aufzubringende Kräfte und Mittel zu erbringen sind.«

Diese Ziele und Forderungen gelten weiter. Sie wurden in das Weißbuch der Bundeswehr aufgenommen.

7. Rahmen für die neuen Aufgaben: Anfang der 90er Jahre gab es eine lange Diskussion um die Verfassungsmäßigkeit von Auslandseinsätzen der Bundeswehr. Vor allem der Einsatz von AWACS-Überwachungsflugzeugen der NATO über dem ehemaligen Jugoslawien und der Einsatz der Bundeswehr in Somalia beschäftigten die Verfassungsrichter. In dem Urteil vom 12. Juli 1994 legte das Bundesverfassungsgericht fest, daß diese Einsätze mit dem Grundgesetz dann vereinbar sind, wenn der Bundestag ihnen formell zugestimmt hat (BVerfG 90, 286).

Die internationale Verankerung der Bundeswehr und damit auch der deutschen Sicherheitspolitik hat durch die Beschlüsse von NATO und WEU in den letzten Jahren neue Pflichten begründet. Die NATO hat auf ihrer Ratstagung 1992 in Oslo beschlossen, ihre Ressourcen der UNO dann anzubieten, wenn sie geeignet sind, zum Frieden in der Welt beizutragen. Auch die Westeuropäische Union (WEU) hat am 19. Juli 1992 mit der »Petersberger Erklärung« ihre Aufgaben und ihr Einsatzspektrum ausgeweitet. Dort heißt es:

- »Die Mitglieder der WEU erklären, daß sie bereit sind, Militäreinheiten aus dem gesamten Spektrum ihrer konventionellen Streitkräfte für militärische Aufgaben zur Verfügung zu stellen, die unter der Führung der WEU geleitet werden.
- Die Entscheidung über den Einsatz solcher der WEU zur Verfügung gestellten Verbände wird vom WEU-Rat in Übereinstimmung mit den Bestimmungen der Charta vorgenommen. Die Teilnahme an bestimmten Operationen bleibt die souveräne Entscheidung der Mitgliedstaaten in Übereinstimmung mit den nationalen Verfassungen.
- Unabhängig von der Teilnahme an der gemeinsamen Verteidigung gemäß Art. 5 des Washingtoner Vertrags (NATO-Vertrag) können die Verbände der WEU-Mitgliedstaaten unter Führung der WEU eingesetzt werden für humanitäre und Rettungsaufgaben, friedenserhaltende Maßnahmen und Aufgaben von Kampfverbänden beim Krisenmanagement einschließlich friedensschaffender Maßnahmen.«

Die Bundeswehr ist seit 1990 verstärkt an internationalen Einsätzen beteiligt worden, so zum Beispiel:

- in der Jugoslawien-Krise unter dem Dach der WEU bei der Überprüfung des UN-Embargos gegen Jugoslawien aus der Luft;
- in der Jugoslawien-Krise unter dem Dach der NATO bei der Überprüfung des UN-Embargos gegen Jugoslawien in der Adria, bei der NATO-gesteuerten »Implimentation Force«, später bei der »Stabilisation Force« zur Durchsetzung des Friedensabkommens von Dayton nach 1995;
- in der Jugoslawien-Krise bei der Durchsetzung des von der UNO verhängten Flugverbots über Bosnien-Herzegowina im Rahmen des NATO-AWACS-Verbandes;
- in der Jugoslawien-Krise bei der Versorgung der Bevölkerung Sarajevos durch Hilfslieferungen;
- in Kambodscha unter dem Dach der UNO der dortigen Mission UNAMIC (United Nations Advanced Mission in Cambodia) zum Aufbau des Staates;

- im Irak als Unterstützung der Mission UNSCOM (United Nations Special Commisson), die zur Durchsetzung der UN-Resolutionen gegen den Irak beitragen sollten;
- in Somalia zur Versorgung der dortigen Bevölkerung mit Hilfsgütern;
- in Somalia im Zuge der UNOSOM-II-Mission (United Nations Operation Somalia), die die Wiederherstellung der staatlichen Organe gewährleisten sollte, zur logistischen Unterstützung der UNO-Truppen und, soweit die Kapazitäten ausreichten, zur humanitären Hilfe für die dortige Bevölkerung;
- in Georgien im Rahmen der Friedensmission der OSZE an Beobachtungsmissionen.

Dabei unterlag die Art des Einsatzes einem umfangreichen Wandel. Der erste Einsatz, der 1992 begann, war jener in Kambodscha. Dort entsandte die Bundeswehr wegen der noch anhaltenden verfassungspolitischen Diskussion lediglich ein Feldlazarett (mit Personal), das formal der UNO nicht unterstellt, sondern nur »auf Zusammenarbeit angewiesen« war. Zwar trugen die dort eingesetzten Sanitätssoldaten das blaue Barett der UNO, aber sie unterstanden nicht dem UN-Befehlshaber in Phnom Phen. Der Einsatz in Somalia erfolgte schon unter anderen Voraussetzungen: Zwar hatte die Bundeswehr auch dort lediglich eine logistische Aufgabe, aber sie unterstand dem UN-Kommando in Mogadischu. Der Einsatz von Soldaten im Zusammenhang mit dem AWACS-Verband führte die Bundeswehr noch ein Stück weiter in das Einsatzspektrum: Zwar hatte die AWACS vorwiegend Überwachungsaufgaben, aber bei einem Verstoß gegen das Flugverbot in Bosnien wäre auch ein Einsatz gegen den Verbotsverletzer von der AWACS-Maschine aus geleitet worden. Bei dem Einsatz im Zusammenhang mit IFOR führte die NATO die Operation. Die Bundeswehr war voll integriert. Dieser Einsatz war der erste, der nach dem Verfassungsgerichtsurteil begann. Allerdings entsandte die Bundeswehr zunächst nur ein Feldlazarett, Versorgungsverbände und Pioniere, die für IFOR wichtige Straßen und Brücken instandsetzen sollten, in die Mission. Auch dies waren zunächst nur unterstützende Verbände. Stationiert wurden sie in Kroatien, also nicht im Einsatzland direkt. Erst bei SFOR rückte die Bundeswehr bis nach Bosnien vor und bezog eine Unterkunft in der Nähe von Sarajevo. Hier fügte sich die Bundeswehr in die gesamte Aufgabenpalette ohne jede Einschränkung ein. Während des SFOR-Einsatzes beteiligte sie sich an einer Evakuierungsaktion in Albanien, als die dortigen Unruhen das Land so destabilisiert hatten, daß die westlichen Bürger, die sich dort aufhielten, aus dem Land geholt werden mußten. Im Oktober 1998 beschloß der Bundestag, daß sich die Luftwaffe an einem Militärschlag gegen die jugoslawische Teilrepublik Serbien beteiligen soll, wenn die mittlerweile zu einem Bürgerkrieg gewordene Auseinandersetzung zwischen Serben und Albanern im Kosovo nicht entschärft würde. Damit hatte die Bundeswehr erstmals den Auftrag, nicht nur bei friedenserhaltenden Maßnahmen, also bei Vorliegen eines Waffenstillstandsabkommens, sondern auch bei friedensschaffenden Maßnahmen mitzuwirken. Von 1990 bis 1998 hat die Bundeswehr also langsam die Integration in das gesamte Spektrum der international geforderten Einsätze vollzogen. Dies geschah zunächst im politischen Streit: Bis zum Urteilsspruch des Verfassungsgerichts standen sich Regierungskoalition (CDU/CSU und F.D.P.) und Opposition (SPD und Bündnis 90/Die Grünen) fast unversöhnlich gegenüber. Nach dem Urteil bemühte sich die Bundesregierung, besonders der zuständige Verteidigungsminister Rühe, die Opposition in diese Operationen mit einzubinden. Dies gelang mehr und mehr. Bei der letzten Entscheidung in Sachen Kosovo stimmten auch beträchtliche Teile der Bündnisgrünen und fast die gesamte SPD-Fraktion für den Einsatz. Der sicherheitspolitische Konsens in Deutschland war weitgehend wiederhergestellt.

8. Fazit: Durch das Hineinwachsen in die neuen Aufgaben und die Bewährung in diesen Aufträgen hat die Bundeswehr einen inneren Wandel vollzogen, der in der Geschichte einmalig ist. Nach der Vereinigung hatte sie eine Identitätskrise zu durchlaufen. Zu Unsicherheiten führten die öffentliche Debatte um den sich wandelnden Auftrag, massive Einschnitte in die Finanzausstattung (Friedensdividende) und die Notwendigkeit, NVA-Soldaten zu integrieren. Dabei gab es zunächst auch eine Debatte darüber, ob das, was die Politiker im Rahmen des erweiterten Aufgabenspektrums erwarteten, durch den Eid abgedeckt sei, den Soldaten zu leisten haben.

Durch Vorruhestandsregelungen, die wegen des personellen Abbaus der Bundeswehr auf zunächst 370 000, später 340 000 Mann nötig wurden, haben jene Soldaten die Armee verlassen, die sich in dem neuen Auftrag nicht wiederfinden konnten oder wollten. Die jetzt in erste Verantwortungsebenen hineingewachsene Offiziersgeneration versteht sich als »Golfkriegs-Generation«. Damit wird markiert, daß spätestens seit 1991 allen Soldaten der Bundeswehr klar ist, daß Einsätze unter dem Dach der UNO, OSZE, NATO und WEU auf sie zukommen können. Die Kommandeurtagung der Bundeswehr im November 1994, an ihrem 40. Geburtstag, bildete den Markstein, an dem das neue Selbstbewußtsein für jedermann sichtbar wurde. Insofern kann die Bundeswehr längst wieder als innerlich stabil gelten kann.

Besondere Sorge macht den Soldaten jetzt die geringen Mittel, um die Unterfinanzierung der Streitkräfte abzumildern. Ein weiterer Unsicherheitsfaktor in der Wahrnehmung der Soldaten ist die von der rot-grünen Bundesregierung angekündigte Wehrstrukturkommission. Durch die Positionen, die die jetzigen Koalitionsparteien während ihrer Oppositionszeiten eingenommen haben, befürchten viele, daß eine neue Strukturreform, die sowohl Umfang wie auch den Charakter als Wehrpflichtarmee in Frage stellt, auf die Streitkräfte zukommen könnte. Verteidigungsminister Scharping hat diesen Befürchtungen zu begegnen versucht, indem er weiteren Reduzierungen eine Absage erteilte und sich zur Wehrpflicht bekannte. Die Strukturkommission sollte nach seinen Worten dazu dienen, die Entscheidungsgrundlagen der Politik wieder auf ein festeres Fundament zu stellen. Schlagwort Scharpings ist: »Sicherheit für die Produzenten der Sicherheit«.

Rolf Clement

Literatur:

Bredow, Wilfried von: Die Zukunft der Bundeswehr. Gesellschaft und Streitkräfte im Wandel, Opladen 1995. □ Bundesministerium für Verteidigung (Hrsg.): Weißbuch 1994 zur Sicherheit der Bundesrepublik Deutschland und zur Lage und Zukunft der Bundeswehr, Bonn 1994. □ Farwick, Dieter (Hrsg.): Ein Staat – eine Armee. Von der NVA zur Bundeswehr, Frankfurt a. M. 1992. □ Giessmann, Hans-Joachim: Die Auflösung der NVA, in: S+F: Vierteljahresschrift für Sicherheit und Frieden, 1/1993, S. 8–11. □ Kirchbach, Hans von der (Hrsg.): Abenteuer Einheit. Zum Aufbau der Bundeswehr in den neuen Ländern, Frankfurt a. M. 1992. □ Naumann, Klaus: Die Bundeswehr in einer Welt im Umbruch, Berlin 1994. □ Schönbohm, Jörg: Zwei Armeen und ein Vaterland, München 1992.

DDR: Geschichte

→ Berlin, Bundesrepublik Deutschland: Geschichte, **DDR: Opposition und Widerstand, DDR: Politisches System**, Deutschlandpolitik der Bundesrepublik Deutschland, **Deutschlandpolitik der DDR**, Enquête-Kommission, Grundlagenvertrag, Innerdeutsche Beziehungen, Mauer, Nation und Nationalbewußtsein, Nationalsymbole, Parteien, Staatssicherheit, Verhandlungen zur deutschen Einheit.

1. Vorgeschichte der DDR 1945–1949: Unmittelbar nach der Übernahme »der obersten Regierungsgewalt in Deutschland« durch die vier Siegermächte (5. Juni 1945) errichtete die Sowjetunion am 9. Juni 1945 als oberstes Machtorgan in ihrer Besatzungszone die Sowjetische Militäradministration in Deutschland (SMAD). Die SMAD war bald ein in sich differenzierter Verwaltungsapparat. Deutsche Verwaltungsorgane wurden ausschließlich aufgrund von SMAD-Befehlen und -Bekanntmachungen bzw. im Rahmen der ihnen durch diese eingeräumten Kompetenzen tätig. Mit dem Befehl Nr. 2 vom 10. Juni 1945 wurde die Gründung »antifaschistischer Parteien« und »freier Gewerkschaften und Organisationen« zugelassen. Als erste gründete sich die KPD. Es folgten die SPD, die CDU und die LDP. Auf Vorschlag der KPD und angesichts der Notlage schlossen sich die neugegründeten Parteien am 14. Juli 1945 zum Block der antifaschistisch-demokratischen Parteien zusammen. Die Parteien behielten in diesem Zusammenschluß zwar ihre Unabhängigkeit, doch konnten sie Beschlüsse nur einstimmig fassen, was den Handlungsspielraum der bürgerlichen Parteien einschränkte.

Hatte die SPD anfänglich auf die Gründung einer neuen, einheitlichen Arbeiterpartei gedrängt, bestand die KPD zunächst auf der Wiedergründung ihrer eigenen Partei. Im Herbst 1945 änderten sich die Interessenlagen. Die SPD hatte negative Erfahrungen mit dem Machtgebrauch durch die KPD und deren einseitige Förderung durch die SMAD gemacht. Hinzu kam die Ablehnung jeglicher Einheitsbestrebungen durch die SPD-Führung in den Westzonen. Der KPD ihrerseits gelang es nicht, die SPD zu dominieren. Wahlen in Österreich und Ungarn und erste Kommunalwahlen in den Westzonen machten zudem deutlich, daß die Kommunisten gegenüber den Sozialdemokraten in einer Minderheitsposition verblieben. Angesichts dieser Situation drängte die KPD-Führung auf eine rasche Vereinigung, zu der es am 21./22. April 1946 kam. Nur in den Westsektoren von Berlin konnte unter den SPD-Mitgliedern eine Urabstimmung abgehalten werden, in deren Ergebnis sich 82 % der Abstimmenden gegen die Vereinigung mit der KPD aussprachen.

Mit der Gründung der SED wurde eine wichtige Entscheidung für die Machtverteilung im zukünftigen politischen System getroffen. Sie wurde ergänzt durch die Ausgestaltung des Verbandswesens. Da die Gründungsinitiativen von der KPD/SED ausgingen, konkurrierende Verbände verboten blieben, fungierten die formal überparteilichen Großverbände bereits am Ausgang der 40er Jahre als marxistisch-leninistische Massenorganisationen und damit als integrale Teile des Herrschaftssystems. Parallel zur Zulassung der Parteien und Verbände erfolgte der Aufbau der staatlichen Verwaltungen. Bereits während der Potsdamer Konferenz (17. Juli bis 2. August 1945) begann die SMAD mit der Einrichtung von Zentralverwaltungen. Sie wurden am 14. Juli 1947 zur Deutschen Wirtschaftskommission (DWK) zusammengefaßt, die im Februar 1948 auch gesetzgeberische Funktionen erhielt. Die SBZ verfügte so schon über eine Quasi-Regierung mit einem dichten Verwaltungsnetz.

Der Aufbau der politischen Organe ging Hand in Hand mit Eingriffen in die sozialökonomische Verfaßtheit. Wesentlicher Hebel war die Entnazifizierung. So wurden Angehörige der NSDAP und der anderen NS-Organisationen einem Entnazifizierungsverfahren unterzogen und aus allen leitenden Positionen entfernt (insgesamt rund 500 000). Die frei werdenden Positionen besetzten zumeist SED-Mitglieder. Die Einführung der Einheitsschule öffnete ebenso wie die Vorstudienanstalten (später: Arbeiter- und Bauernfakultäten) das Bildungssystem für jene sozialen Schichten, die von ihm bisher überwiegend ausgeschlossen waren. Diese sozialstrukturellen Umwälzungen schufen neue Interessenlagen und gaben den politischen Strukturen zusätzliches Gewicht. Darüber hinaus veränderten SMAD und KPD/SED die Eigentumsstruktur durch Bodenreform und Enteignungen. Da jeglicher Zusammenschluß von Privatbetrieben (Unternehmer-, Arbeitgeber-, Wirtschaftsverbände) verboten blieb, war die Machtfrage im ökonomischen Bereich früh entschieden.

In der Deutschlandpolitik folgte die SED den Interessen und Intentionen der sowjetischen Besatzungsmacht. Sie stellte sich als einzige antifaschistische Kraft dar, die den Erhalt der deutschen Einheit an erster Stelle in ihrer Programmatik verankerte. Sie wandte sich gegen den Zusammenschluß der Westzonen. Sie setzte aber selbst den eigenen Umgestaltungsprozeß sowie den Ausbau ihrer Machtpositionen in der SBZ fort. Um sich eine breitere Basis für ihre Politik zu verschaffen, rief sie 1947 die Volkskongreßbewegung für Einheit und gerechten Frieden ins Leben, an der sich alle Parteien und Massenorganisationen beteiligen mußten. Der 2. Volkskongreß 1948 erarbeitete und beschloß eine für Gesamtdeutschland gedachte Verfassung, die vom 3. Volkskongreß am 30. Mai 1949 bestätigt wurde. Waren die Delegierten der ersten beiden Kongresse direkt von den Organisationen entsandt worden, fanden zum 3. Volkskongreß Wahlen – erstmals aufgrund einer Einheitsliste – statt. Das Wahlergebnis war für die SED unbefriedigend: Bei einer Wahlbeteiligung von 95,2 % wurden nur 66,1 % Ja-Stimmen gezählt.

Dieses Resultat spiegelte die sich verschärfende außen- und innenpolitische Lage wider. Die Münchener Konferenz der Ministerpräsidenten der deutschen Länder scheiterte ebenso wie die Außenministerkonferenzen der Siegermächte, im Vorfeld der Währungsreform stellte der Alliierte Kontrollrat seine Tätigkeit ein (20. März 1948), die Blockade der Westsektoren Berlins blieb zwar letztlich ohne Erfolg, führte aber zur Spaltung Berlins, die Gründung der Bundesrepublik Deutschland war beschlossen worden. Die innere Situation der SBZ war ebenfalls spannungsgeladen. Bereits bei den Wahlen zu den Gemeinde- und Kreisvertretungen (September 1946) hatte die SED vielfach die absolute Mehrheit verfehlt. Bei den Landtagswahlen vom 20. Oktober 1946 blieb sie in allen Ländern unter der absoluten Mehrheit.

Die Konflikte zwischen den Parteien im Block über die Bodenreform, über die Form der Enteignungen und über die Volkskongreßbewegungen waren unverkennbar. 1948 kam es daher zur Gründung der National-Demokratischen Partei Deutschlands (NDPD) und der Demokratischen Bauernpartei Deutschlands (DBD), deren Führungen aus der KPD kamen bzw. von ihr maßgeblich beeinflußt wurden. Diese beiden Parteien wurden in die Blockausschüsse aufgenommen. Weitere Massenorganisationen sollten folgen. In diesen Erweiterungen kam das Verständnis der SED von Block- bzw. Bündnispolitik deutlich zum Ausdruck: Die eigentliche und letztlich einzige politische Kraft innerhalb des Herrschaftssystems war sie selbst.

Die strategische Orientierung der SED wurde durch den Bruch zwischen der KPdSU und der jugoslawischen KP entscheidend geprägt. Der Kampf gegen den Titoismus und den »National-Kommunismus« leitete die Stalinisierung der kommunistischen Parteien, also auch der SED, ein. Sie verurteilte die These vom »besonderen deutschen Weg zum Sozialismus«, gab Konzessionen an die SPD aus der Zeit des Vereinigungsprozesses auf und orientierte sich verbindlich am sowjetischen Modell. Eine Säuberungswelle gegen »unzuverlässige« und »feindliche« Mitglieder begann. Zugleich richtete die SED das Wirtschaftssystem am sowjetischen Vorbild aus. 1947 führte ein SMAD-Befehl das System der Arbeitsnormen sowie die Aktivisten- und Wettbewerbsbewegungen in den Betrieben ein. 1948 wurden die Betriebsräte abgeschafft, an deren Stelle traten die Betriebsgewerkschaftsleitungen (BGL). Die wichtigsten Industriebetriebe und Industriezweige wurden zu »Vereinigungen Volkseigener Betriebe« zusammengefaßt. Mit diesen Umformungen und Zentralisierungen der Entscheidungskompetenzen waren wichtige Voraussetzungen für die Einführung der Planwirtschaft geschaffen. Bereits für das 2. Halbjahr 1948 trat ein Wirtschaftsplan in Kraft.

2. Erste Etappe des Aufbaus des Sozialismus 1949–1955: Am 7. Oktober 1949 konstituierte sich der Deutsche Volksrat als Provisorische Volkskammer. Sie setzte die Verfassung in Kraft, wählte den Präsidenten der Republik und die erste DDR-Regierung. Gleichzeitig wurde das Kontrollsystem weiter ausgebaut sowie die

Indienstnahme der Justiz vorangetrieben: Bereits am 7. Dezember 1949 beschloß die Volkskammer die Schaffung eines Obersten Gerichts und einer Obersten Staatsanwaltschaft. Am 8. Februar 1950 wurde das Ministerium für Staatssicherheit gebildet.

Der III. Parteitag der SED (20. bis 24. Juli 1950) markierte mit dem ersten Fünfjahresplan den Übergang zur langfristigen Planung und kündigte eine weitere Stärkung des eigenen Einflusses im Staatsapparat an. Ein neues Parteistatut verdeutlichte die organisatorische Angleichung der SED an das Vorbild der KPdSU. Die Parteisäuberungen wurden verstärkt (1950/51 wurden 150 000 Mitglieder ausgeschlossen).

Eine neue Etappe begann mit der 2. Parteikonferenz der SED (9. bis 12. Juli 1952). Sie erklärte die Phase der antifaschistisch-demokratischen Umwälzung für abgeschlossen und proklamierte den »Aufbau des Sozialismus«. In dieser Aussage spiegelte sich das Ergebnis der bisherigen Entwicklung wider: Das politische System war machtpolitisch ebenso gesichert wie der ökonomische Vorrang von Staatseigentum und Planung. Die Ostorientierung in Wirtschaft und Außenpolitik zeichnete sich ab. Zu den östlichen Volksdemokratien bestanden diplomatische Beziehungen, am 6. Juli 1950 erkannte die DDR die Oder-Neiße-Grenze an; die Mitgliedschaft im Rat für gegenseitige Wirtschaftshilfe (29. September 1950) und der vertragliche Ausbau der Wirtschaftsbeziehungen zur UdSSR und zu den europäischen Volksdemokratien zeigten die zukünftige Ausrichtung des Außenhandels. Deutschlandpolitisch beanspruchte die SED, gegen die Entwicklung der Bundesrepublik Deutschland den »nationalen Widerstand« zu organisieren. In Übereinstimmung mit der sowjetischen Außenpolitik wollte sie vor allem die Westintegration der Bundesrepublik Deutschland verhindern.

Vor diesem Hintergrund beschloß die 2. Parteikonferenz die weitere Politik der Partei: beschleunigter Aufbau der schwerindustriellen Basis, Einbeziehung der Mittelschichten in den sozialökonomischen Transformationsprozeß, Schaffung von Streitkräften. Andere Beschlüsse betrafen die weitere Zentralisierung des Staatsapparats und seine Umformung in ein wirksameres Planungs-, Leitungs- und Kontrollinstrument der Partei. Die Verwaltungsreform vom 23. Juli 1952 löste die fünf Länder auf. An deren Stelle traten 14 Bezirke, aus 143 Kreisen wurden 217 kleinere Kreise gebildet.

Die Bevorzugung der Schwerindustrie, die sich verstärkende Fluchtbewegung sowie Mängel in Planung und Wirtschaftsorganisation führten bald zu einer kritischen Wirtschaftssituation. Die SED behielt ihre Politik jedoch bei und griff zu weiteren Zwangsmaßnahmen. Noch am 28. Mai 1953 verkündete der Ministerrat in Ausführung eines ZK-Beschlusses eine Erhöhung der Arbeitsnormen um mindestens 10 %. Am 16. Juni 1953 begann in Berlin als Antwort ein Streik, der sich rasch, vor allem in den industriellen Zentren der DDR, ausbreitete. Die Streikenden forderten verbesserte Arbeitsbedingungen, freie Wahlen und die Ablösung der Regierung. Das Eingreifen der sowjetischen Armee führte zur Niederschlagung des Aufstands, dem eine Prozeßwelle folgte. Trotz der innenpolitischen Krise konnte sich die Parteiführung der SED in ihrer Position jedoch behaupten.

Das Scheitern der Berliner Außenministerkonferenz (25. Januar bis 18. Februar 1954) führte am 25. März 1954 zu einer ersten Souveränitätserklärung der UdSSR gegenüber der DDR. Diese erhielt das Recht, »nach eigenem Ermessen über ihre inneren und äußeren Angelegenheiten einschließlich der Frage der Beziehungen zu Westdeutschland zu entscheiden«. Entsprechend wurden die Aufgaben des Hohen Kommissars auf Fragen der Sicherheit und die Vier-Mächte-Verantwortung für Deutschland reduziert. Unmittelbar nach dem Inkrafttreten der Pariser Verträge für die Bundesrepublik Deutschland (5. Mai 1955) kam es zur Gründung des Warschauer Pakts (14. Mai 1955), zu dessen Mitgliedern die DDR von Anbeginn gehörte.

Auf der ergebnislos gebliebenen Genfer Gipfelkonferenz (17. bis 23. Juli 1955) wurde deutlich, daß aus sowjetischer Sicht das Thema »Gewährleistung der europäischen Sicherheit« in den Vordergrund trat. Nikita S. Chruschtschow erklärte im Anschluß an die Konferenz, daß nunmehr in Deutschland zwei souveräne Staaten unterschiedlicher politischer und sozialer Verfaßtheit bestünden, die ihr Verhältnis untereinander klären müßten. Dabei hätten die »sozialistischen Errungenschaften« der DDR unangetastet zu bleiben. Diese Sichtweise prägte den Inhalt des Moskauer Vertrags über die Beziehungen zwischen der DDR und der UdSSR (20. September 1955), der der DDR die Souveränität zusprach und die Hohe Kommission der UdSSR in der DDR auflöste.

3. Abschluß der gesellschaftlichen Umwälzung und erste Reformüberlegungen und -maßnahmen 1955–1963: Die zweite Hälfte der 50er Jahre und der Beginn der 60er Jahre waren für die DDR durch zwei Tendenzen gekennzeichnet. Zum einen blieb die völlige Vergesellschaftung noch zu erreichen. Zum anderen zeigte die Planwirtschaft immer deutlicher ihre Schwächen. Hinzu kam, daß die DDR gegenüber der im Zeichen des Wirtschaftswunders prosperierenden Bundesrepublik Deutschland immer stärker zurückblieb. Aus dieser Situation heraus begann in der DDR eine Diskussion, die nach der Rolle des Wertgesetzes, des Markts, nach dem Grad der Zentralisierung und der Planung in Volkswirtschaften sowjetischen Typs fragte. Weiter galt es, die Rolle der Wissenschaften, ihre Differenzierung, Planbarkeit und Integration in die sozialökonomische Praxis zu klären.

Der XX. Parteitag der KPdSU (14. bis 25. Februar 1956) rechnete mit dem Stalinismus ab. Er forderte auf, sich aus der Erstarrung zu lösen, Wissenschaft und Wirtschaft zu entwickeln und sich auf den Wettbewerb mit den kapitalistischen Industriegesellschaften auf der Basis der »friedlichen Koexistenz« einzulassen. Die SED verabschiedete die Direktive für den 2. Fünfjahresplan. Diese sah den verstärkten Ausbau der Schwer-, Grundstoff- und Chemieindustrie vor, versprach aber zugleich, den Konsumgüterbereich nicht zu vernachlässigen. Die Vergesellschaftung der Mittelschichten wurde erneut in ganzer Breite aufgenommen. Die fehlende Gesetzgebung für die Kreise und Gemeinden wurde nachgeholt und somit die untere Ebene des Staatsaufbaus fest in die hierarchische Struktur eingebunden.

Der Versuch der 3. Parteikonferenz, die Partei auf den Abschluß der »Übergangsperiode« zum Sozialismus zu orientieren, konnte den Schock der Enthüllungen über die Verbrechen Stalins unter den Parteiintellektuellen, den Wissenschaftlern und selbst Teilen der Führungskader der Partei nicht auffangen. Diese verlangten mehr Selbstkritik, den Abbau zentralistischer Strukturen, Diskussionsfreiheit für die Wissenschaft, Realismus im Setzen wirtschaftspolitischer Ziele. Der Aufstand in Ungarn und der »Polnische Oktober« erleichterten dem Führungskern der SED um Walter Ulbricht jedoch, sich zu behaupten und die verschiedenen einzelnen Opponenten und oppositionellen Kleingruppen auszuschalten.

Die Politik der Repressionen wurde – gleichsam positiv – flankiert durch wirtschaftsorganisatorische Maßnahmen. Im Ergebnis dieser zögerlichen Reformschritte zeichnete sich eine gewisse Stabilisierung ab; die Flüchtlingszahlen gingen zurück. Die Beschlüsse des V. Parteitags der SED (10. bis 16. Juli 1958) eröffneten jedoch eine neue Phase irrealer Zielsetzungen und gesellschaftlicher Umwandlungen.

Im Oktober 1959 wurden die ehrgeizigen Ziele in einem Siebenjahresplan zusammengefaßt. Die überzogenen Planvorhaben führten alsbald zu Disproportionen, sie waren weder von der Rohstoff- und Materialseite noch von den zur Verfügung stehenden Investitionsmitteln zu erfüllen. Der zwangsweise Abschluß der Kollektivierung in der Landwirtschaft (1959/60), der Druck auf den privaten Sektor in Handel, Handwerk und Industrie erzeugten weitere soziale Spannungen. Angesichts der kritischen Wirtschaftssituation, der die Plankommission mit ihren vielfachen Funktionen nicht gewachsen war, übernahm im Juli 1961 ein neugebildeter Volkswirtschaftsrat die operative Leitung der Wirtschaft. Gleichzeitig begann die Rezeption westlicher Organisationswissenschaften, die Befreiung der Natur- und Technikwissenschaften von detaillierten ideologischen Vorgaben, entstanden die empirischen Sozialwissenschaften. In dieser Erweiterung und Ausdifferenzierung der Wissenschaften deutete sich ein wichtiger Modernisierungsprozeß an.

Eine bedeutende Veränderung in der Struktur des Staatsapparats erfolgte nach dem Tod Wilhelm Piecks (7. September 1960). An die Stelle des Staatspräsidenten trat ein kollektives Gremium: der Staatsrat. Hatten der unbefriedigende Wirtschaftsablauf, die Zwangskollektivierung usw. bereits zur Herausbildung von Konfliktfeldern geführt, verschärften sich diese durch die deutschlandpolitischen Entwicklungen weiter. Seit dem Jahresanfang 1957 forderte die SED die Bildung einer Konföderation beider deutschen Staaten. Zugleich drängte die Sowjetunion auf getrennte Friedensverträge mit beiden deutschen Staaten, ein Vorschlag, den die SED übernahm. Diese außenpolitische Offensive erfuhr eine Zuspitzung, als Chruschtschow am 10. November 1958 ultimativ die Beendigung des »Besatzungsregimes« in Berlin verlangte und vorschlug, West-Berlin in eine »selbständige politische Einheit, in eine Freie Stadt« umzuwandeln. Das Ultimatum führte in der DDR-Gesellschaft zu dem Eindruck, daß West-Berlin nur noch kurze Zeit als Fluchtweg offen stehen würde. Diese Beurteilung, verbunden mit der desolaten wirtschaftlichen Lage, führte zu einem Hochschnellen der Flüchtlingszahlen. Die SED-Führung antwortete mit dem Bau der Mauer am 13. August 1961. Diese Abschnürung führte in der DDR-Gesellschaft zu einem Schock und zu der Notwendigkeit, sich in der gegebenen Situation einzurichten. Die politische Führung nutzte die Lage in zwei Richtungen. Zum einen wurde ein Verteidigungsgesetz, das den Staatsorganen umfassende Rechte im »Verteidigungsfall« einräumte, beschlossen (20. September 1961) und die allgemeine Wehrpflicht eingeführt (23. Januar 1962). Zum anderen korrigierte sie die Planziele und versuchte, eine Stabilisierung der Wirtschaft zu erreichen, was ihr im Jahr 1962 auch im wesentlichen gelang.

4. Umfassender Aufbau des Sozialismus – Suche nach einem effektiven Wirtschaftsmodell 1963–1970: Der VI. Parteitag der SED skizzierte die Struktur des zukünftigen Wirschaftssystems, die gemeinsame Wirtschaftskonferenz des ZK der SED und des Ministerrats (24. bis 25. Juni 1963) beschloß daraufhin die ersten Maßnahmen zur Verwirklichung des »Neuen Ökonomischen Systems der Planung und Leitung der Volkswirtschaft« (NÖS). Die Reform stellte einen Bruch mit den bisherigen Formen des Wirtschaftens dar. An die Stelle detaillierter Planaufgaben nach Menge und Art sollten indirekte, ökonomische Formen der Wirtschaftsleitung treten: Lohn, Preis, Kredit, Zins usw. Angestrebt wurde die Zusammenfassung dieser indirekten Steuerungsformen zu einem »System ökonomischer Hebel«.

Mit der 11. ZK-Tagung der SED (15. bis 18. Dezember 1965) begann eine zweite Etappe der Wirtschaftsreformen, die mit dem Begriff »Ökonomisches System des Sozialismus« (ÖSS) verbunden war. Die Partei zog Schlußfolgerungen aus dem bisherigen Reformverlauf. Es war nicht gelungen, das geforderte System ökonomischer Hebel als ein in sich stimmiges Ganzes zu entwickeln. Auch war deutlich geworden, daß strukturelle Veränderungen der Volkswirtschaft ein größeres Maß an zentralen Investitionsentscheidungen und damit eine teilweise Rezentralisierung von Leitungsaufgaben erforderlich machten. Die vorrangige Förderung strukturbestimmender Wirtschaftszweige wurde in der Folge zu einem der wichtigsten wirtschaftspolitischen Themen. Ferner sollte die Erneuerung und bessere Nutzung von Produktionsanlagen, die »sozialistische Rationalisierung« forciert werden. Noch immer fehlte es an einer koordinierten Mehrjahresplanung. Erst der VII. Parteitag der SED (17. bis 22. April 1967) konnte einen Fünfjahresplan mit rückwirkender Kraft für die Jahre 1966 bis 1970 beschließen.

Die Wirtschaftsreformen brachten einerseits einen Modernisierungsschub und eine Hebung des Lebensstandards. Andererseits wurde deutlich, daß die an die wissenschaftlich-technische Revolution geknüpften Hoffnungen allenfalls in einer fernen Zukunft Realität werden würden. Um so mehr suchte die Parteiführung das Erreichte rechtlich und ideologisch abzusichern. Das zeigte sich vor allem in der Verfassung der DDR vom 6. April 1968, in der die Führungsrolle der SED, der Marxismus-Leninismus als herrschende Ideologie und die ständige Vervollkommnung des gesellschaftlichen Systems des Sozialismus normiert wurden. Entsprechend wurde der Grundrechtekatalog als Verpflichtung der Bürger auf die aktive Mitarbeit an diesem parteilich zu konkretisierenden Programm ausgestaltet.

Hatte die DDR bereits mit den Wirtschaftsreformen einen eigenen Weg beschritten, nahm sie nun auch in der Ideologie eine von der Sowjetunion unterschiedene Position ein. Stießen bereits diese Sondertendenzen auf den Widerspruch in der UdSSR, ergaben sich im deutschlandpolitischen Feld zusätzliche Differenzen. Die

Sowjetunion, an der Sicherung der Nachkriegsordnung in Europa durch internationale Vereinbarungen interessiert, beschritt den Weg zur KSZE. Den deutschen Fragen, den Vereinbarungen mit der Bundesrepublik Deutschland und über Westberlin kamen dabei Schlüsselrollen zu. Dabei wurde das sowjetische Interesse an einer Regelung des innerdeutschen Verhältnisses deutlich. Diese Kursänderungen schwächten die Position Walter Ulbrichts, der als Widersacher einer derartigen Politik galt. Die Planvorgaben für die Jahre 1969 und 1970 waren bei weitem nicht erfüllt worden. Die kritische Wirtschaftslage war seit September 1970 Thema von Politbüro- und Ministerratssitzungen und führte auf der 14. ZK-Tagung (9. bis 11. Dezember 1970) zur Kritik an der bisherigen Wirtschaftspolitik. Die getroffenen Entscheidungen führten zu einer neuen Phase der Zentralisierung der Leitung und Planung der Volkswirtschaft. Noch vor dem VIII. Parteitag der SED wurde Walter Ulbricht auf der 16. ZK-Tagung am 3. Mai 1971 als Erster Sekretär der SED abgelöst und durch Erich Honecker ersetzt.

5. Die Ära Honecker – erste Phase 1971–1981: Der VIII. Parteitag der SED (15. bis 19. Juni 1971) markierte einen neuen Abschnitt der DDR-Geschichte. Bereits vor dem Parteitag machte der Politbüro-Beschluß vom 15. April 1971 deutlich, daß die SED die Sonderentwicklung aufgab und die Linie des XXIV. Parteitages der KPdSU übernahm. Ausdrücklich wurde den von der KPdSU ausgearbeiteten Leitsätzen »allgemeingültige theoretische und politische Bedeutung« für die SED und die weitere Entwicklung in der DDR zuerkannt. Nunmehr galt der Sozialismus wieder als erste Phase der kommunistischen Gesellschaftsformation. Die von der KPdSU beschlossene und von der SED übernommene »Hauptaufgabe« wurde in der weiteren »Erhöhung des materiellen und kulturellen Lebensniveaus des Volkes auf der Grundlage eines hohen Entwicklungstempos der sozialistischen Produktion, der Erhöhung der Effektivität, des wissenschaftlich-technischen Fortschritts und des Wachstums der Arbeitsproduktivität« gesehen. In dieser Form stand sie im Zentrum der Beschlüsse des VIII. Parteitags.

Sozialpolitik wurde nun neben der Wirtschaftspolitik und als deren Korrektiv zu einem eigenen gesellschaftspolitischen Instrument aufgewertet. Sozialpolitik sollte drängenden Mängeln abhelfen. In ihrem Zentrum standen Wohnungsbau, Erleichterungen für arbeitende Frauen mit Kindern und für Schichtarbeiter, Anhebung der Renten, Sicherung der Preise für den Grundbedarf. Die Wirtschaftspolitik konzentrierte sich in der ersten Hälfte der 70er Jahre auf die Konsolidierung der Wirtschaftslage und die Behebung struktureller Verwerfungen aus den 60er Jahren. Besondere Belastungen ergaben sich für die Volkswirtschaft der DDR aus dem 1973 einsetzenden Anstieg der Rohstoff-, insbesondere der Erdölpreise sowie aus den weltwirtschaftlichen Krisenerscheinungen, die den DDR-Produkten den Zugang zum Weltmarkt erschwerten.

Neue Aspekte zeigten die Kultur- und die Kirchenpolitik. Bereits der VIII. Parteitag rief die Künstler zur »schöpferischen Suche nach neuen Formen« auf. Geblieben war jedoch die Verpflichtung der »Parteilichkeit«. Die Ausbürgerung Wolf Biermanns (16. November 1976) führte erstmals zu einer breiten Solidarisierungswelle unter der künstlerischen Intelligenz. Die SED antwortete mit Parteistrafen, Ausschlüssen aus dem Schriftstellerverband und mit der Gewährung von Ausreisen in die Bundesrepublik Deutschland. Die Kirchenpolitik der SED in den 70er Jahren suchte nach einem geregelten Nebeneinander von Staat und Kirche. Die Annäherung in dem konfliktreichen Verhältnis kulminierte in der Begegnung zwischen dem Staatsratsvorsitzenden Honecker und dem Vorsitzenden der Konferenz der Evangelischen Kirchenleitungen in der DDR, Bischof Albrecht Schönherr (6. März 1978). Den evangelischen Kirchen war es gelungen, ihre Autonomie auch als »Kirche im Sozialismus« zu bewahren. Kirchliches Selbstverständnis und die Tatsache, daß sie als einzige Großorganisationen mit nicht unbeträchtlichen materiellen Mitteln autonom geblieben waren, machten die Kirchen bereits in den 70er Jahren zu einem Kristallisationspunkt für Friedens-, Umwelt- und Menschenrechtsgruppen.

Als die DDR zusammen mit der Bundesrepublik Deutschland am 18. September 1973 Mitglied der UNO wurde, schien sie eines ihrer wichtigsten Ziele, die internationale Anerkennung, erreicht zu haben. Die Staatsführung der DDR hatte bis zum Ende der 60er Jahre jede Vereinbarung mit der Bundesrepublik Deutschland unterhalb der völkerrechtlichen Anerkennung abgelehnt. Ferner hatte sie versucht, sich selbst als den eigentlichen Verhandlungspartner in allen Fragen, die West-Berlin betrafen, herauszustellen und für West-Berlin den Status einer »Freien Stadt« zu erreichen. Die offensive, auf die Ausdehnung des eigenen Einflusses auf Westdeutschland und West-Berlin gerichtete Politik war offenkundig gescheitert. Das Vertragsbündel, das mit dem Schlußprotokoll der Vier Mächte am 3. Juni 1972 in Kraft trat, bestätigte die Vier-Mächte-Verantwortung, das Offenhalten der Verbindungswege und »Bindungen« zwischen der Bundesrepublik und West-Berlin ausdrücklich. Auch der am 21. Dezember 1972 unterzeichnete Grundlagenvertrag zwischen der Bundesrepublik Deutschland und der DDR blieb unterhalb der Ebene der Aufnahme völkerrechtlicher Beziehungen zwischen den beiden deutschen Staaten.

Diese Entwicklung hatte sich bereits 1970 abgezeichnet und die DDR veranlaßt, in der Folge zu einer Defensivstrategie überzugehen. Die SED gab die These von der Existenz einer deutschen Nation, die unter sozialistischen Vorzeichen vereinigt werden würde, zugunsten der Auffassung auf, in der DDR entwickle sich eine eigenständige sozialistische Nation, während in der Bundesrepublik Deutschland die »bürgerliche« Nation fortbestehe. Beide seien zwar aus der deutschen Geschichte erwachsen, doch hätten sie aus ihr entgegengesetzte Schlußfolgerungen gezogen. Nicht Annäherung, sondern Abgrenzung lautete fortan die Devise. Die Partei ergänzte ihre Abgrenzungspolitik in zwei Richtungen. Zum einen erweiterte sie das Geschichtsbild auf die gesamte deutsche Geschichte, verbunden mit einer Neubewertung von Ereignissen und Personen. Zum anderen unterstrich sie die ideologisch begründete These vom Entstehen einer eigenen sozialistischen Nation dadurch, daß sie die definitive Abwendung vom kapitalistischen Westen und die Hinwendung zum sozialistischen Osten auch verfassungsrechtlich absicherte.

Die Verfassungsänderung vom 7. Oktober 1974 eliminierte die Passagen, die das Fortbestehen der deutschen Nation und eine zukünftige Vereinigung zum Inhalt hatten. An deren Stelle trat die Aussage, daß die DDR »für immer und unwiderruflich« mit der UdSSR verbündet und ein »untrennbarer Bestandteil der sozialistischen Staatengemeinschaft« sei (Art. 6 Abs. 2). Der »Vertrag über Freundschaft, Zusammenarbeit und gegenseitigen Beistand zwischen der DDR und der UdSSR« vom 7. Oktober 1975 bestätigte die »Beziehungen der ewigen und unverbrüchlichen Freundschaft und der brüderlichen gegenseitigen Hilfe auf allen Gebieten«. Die Verfassungsreform von 1974 übernahm die in der Zwischenzeit eingetretenen ideologischen Umorientierungen und geänderten Kompetenzverteilungen: Die 1968 als »wichtigste Triebkraft« der sozialistischen Gesellschaft bezeichnete Interessenübereinstimmung wurde ersatzlos gestrichen (Art. 2 Abs. 4), die »Hauptaufgabe« in den Art. 2 Abs. 1 aufgenommen, der Aufgabenbereich des Staatsrates reduziert (Art. 66–75). Der IX. Parteitag der SED (18. bis 22. Mai 1976) bestätigte die von der Parteiführung seit 1971 verfolgte strategische Linie; ein neues Parteiprogramm fixierte sie verbindlich für die weitere »Gestaltung der entwickelten sozialistischen Gesellschaft«.

6. Die Ära Honecker – zweite Phase 1981–1989: Die 80er Jahre begannen für die DDR mit einer kritischen Wirtschaftssituation. Es war noch nicht gelungen, die Auswirkungen der verschlechterten weltwirtschaftlichen Rahmenbedingungen aufzufangen. Zugleich wurde deutlich, daß die DDR gegenüber der weltweiten technischen Entwicklung zurückgeblieben war. Im Zentrum des X. (11. bis 16. April 1981) und des XI. Parteitags der SED (17. bis 21. April 1986) stand daher erneut die wissenschaftlich-technische Revolution, vor allem die Weiterentwicklung und Anwendung der Mikroelektronik sowie die »Intensivierung« (Einsparung von Arbeitskräften, Material und Energie). Im Unterschied zu den 60er Jahren erwartete die Parteiführung von diesem »revolutionären« Modernisierungsschub nicht mehr einen qualitativen Sprung der Gesellschaftsentwicklung, sondern nunmehr die »Sicherung des Erreichten«. Auf vielen Gebieten stieß die bisherige Politik der SED an ihre Grenzen.

Es war unverkennbar, daß die Monopolstellung der Kombinate, das starre Leitungs- und Planungssystem sowie das Fehlen eines funktionsfähigen Preissystems einen Innovationsschub behinderten. Die Subventionen für die Waren des Grundbedarfs, für Fahrtkosten und Mieten banden immer größere Mittel des Staatshaushalts, führten zu zweifelhaften sozialpolitischen Ergebnissen, vergeudeten wirtschaftliche Ressourcen und minderten die Leistungsanreize. Zudem stiegen seit der gesonderten Kalkulation der Konsumgüter für den »gehobenen« Bedarf (1979) die Preise für die attraktiven Waren; diese wurden damit für die Bezieher niedriger Einkommen kaum noch erreichbar. Andere sozialpolitische Maßnahmen hatten zwar dringenden Notständen in der Wohnungsversorgung, bei den berufstätigen Frauen und den Altersrentnern abgeholfen, doch mehr als eine Sicherung von Mindeststandards (mit Ausnahme bei Müttern mit Kleinkindern) war nicht erreicht worden. Gleiches galt für den Umweltschutz, für den es an Mitteln fehlte, um den Belastungen in den industriellen Ballungsgebieten entgegenzutreten.

Viele DDR-Bürger empfanden die Situation der DDR in den 80er Jahren als Stagnation. Gesamtgesellschaftliche Zielsetzungen, die über das Gegebene hinauswiesen, fehlten. Die Entfaltung individueller Initiativen stieß an die Grenzen eines starren Systems, an die Grenzen des Güterangebots, an die Grenzen des Staats. Gleichzeitig war aber das Selbstbewußtsein vieler Bürger gewachsen. Sie forderten zum Beispiel die Rechte der KSZE-Vereinbarungen ein, die die DDR-Regierung unterschrieben und in den Medien der DDR veröffentlicht hatte. Die Anzahl der Menschen- und Bürgerrechtsgruppen nahm zu. Ein anderer wachsender Teil der DDR-Gesellschaft glaubte jedoch nicht mehr an die Reformfähigkeit des Systems und suchte der Wiederholung des immer Gleichen durch die Ausreise und die Flucht in die Bundesrepublik Deutschland zu entkommen. Die Reformen in der UdSSR, in Polen und Ungarn verstärkten den inneren Druck und hatten wesentliche Auswirkungen auf die Partei selbst.

7. Auflehnung des Volks – Zusammenbruch des Herrschaftssystems 1989: Im Verlauf des Jahres 1989 spitzte sich die Lage in der DDR zur entscheidenden Krise zu. Die sich immer deutlicher manifestierenden Unzufriedenheiten in der Gesellschaft stießen auf eine handlungsunwillige politische Führung. Die Fälschung der Wahlergebnisse zu den örtlichen Volksvertretungen (7. Mai 1989), die Polizeieinsätze gegen Demonstranten, die Verteidigung der blutigen Niederschlagung der Demonstranten in Peking, das Beharren auf dem Fortbestand der Mauer bei gleichzeitiger Vorbereitung einer Jubelfeier zum 40. Gründungstag der DDR verstärkten diesen Unwillen. Das Herrschafts- und Gesellschaftssystem schien nicht nur erstarrt, sondern zugleich entschlossen, sich mit Gewalt zu verteidigen. Die Zahl der Ausreisewilligen stieg an; Flüchtlinge füllten im August die bundesdeutschen Botschaften in Budapest, Prag und Warschau sowie die Ständige Vertretung in Ost-Berlin.

Am 11. September 1989 öffnete Ungarn offiziell seine Grenzen, nachdem bereits zuvor Tausende illegal die Grenze nach Österreich überschritten hatten. Um die internationale Reputation angesichts des Jahrestags zu wahren, gestattete die SED-Führung in der Folge auch die Ausreise der DDR-Bürger aus den Botschaften. Diese Fluchtwelle von Zehntausenden führte in der DDR zu offenen und anwachsenden Protestdemonstrationen. Im Anschluß an kirchliche Friedensgebete kam es insbesondere in Leipzig zu den »Montagsdemonstrationen«. Oppositionsgruppen gründeten und artikulierten sich in der Öffentlichkeit: Vereinigte Linke, Neues Forum, Demokratischer Aufbruch, Sozialdemokratische Partei in der DDR. Dabei wurde erneut die Rolle vor allem der evangelischen Kirchen deutlich: Viele Pfarrer waren zusammen mit den ursprünglich kirchlichen Basisgruppen an den neuen Parteien und Bewegungen beteiligt. Kirchenvertreter stellten in der Öffentlichkeit Forderungen an die politische Führung und mahnten alle Beteiligten zur Gewaltlosigkeit.

Auch in den Blockparteien (LDPD, CDU) fanden sich erste kritische Stimmen ebenso wie in den Kulturinstitutionen und Künstlerverbänden. Eingefordert wurden vor allem Rechtsstaatlichkeit, Meinungs- und Reisefreiheit, ein breiter gesellschaftlicher Dialog über notwendige Reformen, die Beseitigung des Machtmonopols der SED und des die gesamte Gesellschaft umspannenden Kontrollsystems des Staatssicherheitsdienstes. Die SED-Führung ließ trotz des Aufbegehrens die Feiern zum 40. Jahrestag wie geplant ablaufen. Protestdemonstrationen wurden gewaltsam aufgelöst. Michail Gorbatschow, prominentester Ehrengast, ließ jedoch erkennen, daß er Reformen für unvermeidbar und für überfällig hielt, eine sowjetische Unterstützung der amtierenden Führung im Konfliktfall also nicht zu erwarten war.

In der Folge kam es zu Auseinandersetzungen in der SED-Führung. In Dresden und Leipzig zeigten Teile der örtlichen SED-Leitungen Gesprächsbereitschaft mit Vertretern der Opposition. Der Zerfall der Parteimacht und sehr bald der SED als Organisation begann. Am 18. Oktober 1989 mußten Erich Honecker, Günter Mittag und Joachim Herrmann aus der Parteiführung ausscheiden und ihre Ämter abgeben. Egon Krenz übernahm die Positionen Honeckers in SED und Staat. Sein Versuch, mit kontrollierten Reformen die Positionen der SED in ihrer Substanz zu wahren, scheiterte. Die Bildung eines neuen Politbüros am 8. November 1989, der Rücktritt der Regierung Stoph, die Wahl von Hans Modrow zum Vorsitzenden des Ministerrats (13. November 1989) führten angesichts der die ganze DDR ergreifenden Demonstrationen zu keiner Beruhigung. Die Blockparteien ebenso wie die Massenorganisationen versuchten, durch Ablösung ihrer alten Führungen, durch die Betonung ihrer nunmehr gegebenen Selbständigkeit und ihre Bemühungen um neue programmatische Profile den Mitglieder- und Vertrauensschwund aufzuhalten. Die Aufdeckung des Machtmißbrauchs, der Privilegien und der Korruption der Angehörigen der alten politischen Führung führten zu immer neuen Beunruhigungen. Die versprochene Trennung von Staat und SED erschien zudem wenig glaubhaft, blieben doch die Parteimitglieder in den entscheidenden Staatsfunktionen, vollzog sich die Auflösung des Staatssicherheitsdienstes nur zögernd.

Ein entscheidender Durchbruch war jedoch die Freigabe der Reisemöglichkeiten für DDR-Bürger, der »Fall der Mauer« am 9. November 1989. Damit wurde eine der zentralen Forderungen der DDR-Bürger erfüllt und der Reformprozeß letztlich unumkehrbar gemacht. Zugleich entstanden jedoch neue Probleme, die sich aus dem Gefälle des Lebensstandards zwischen beiden deutschen Staaten sowie aus der Währungsproblematik ergaben. Da es der Volkskammer ebenso wie den anderen Volksvertretungen an Legimitation fehlte, entstanden »Runde Tische«, an denen neben den etablierten Parteien die verschiedenen Oppositionsgruppen ihren gleichberechtigten Platz einnahmen. Obwohl grundsätzlich nur mit Beratungs- und Anhörungsrechten ausgestattet, gewannen ihre Voten an Gewicht.

Die Mitglieder der SED begehrten zugleich gegen die Krenz-Führung auf und zwangen am 3. Dezember 1989 das gesamte ZK der SED zum Rücktritt. Der außerordentliche SED-Parteitag (8. Dezember und 15. Dezember 1989) versagte sich zwar einer Parteiauflösung, versprach jedoch den Bruch mit dem Machtanspruch und den Praktiken der SED in der Vergangenheit. Der Rechtsanwalt Gregor Gysi, bis dahin ohne Parteiamt, wurde zum neuen Vorsitzenden gewählt. Unterstrichen wurde ferner die Trennung von Partei und Staat, die SED wollte zukünftig nur eine Partei unter anderen sein. Sie ergänzte ihren Parteinamen durch die Hinzufügung »Partei des Demokratischen Sozialismus« (SED-PDS). Am 1. Dezember 1989 strich die Volkskammer den Führungsanspruch der SED aus der DDR-Verfassung.

Der Zerfall der SED-PDS ging jedoch weiter. Bis Mitte Januar 1990 hatten über 1 Mio. Mitglieder die Partei verlassen. Auch die zweite Umbenennung der Partei in PDS, die als Signal der völligen Abkehr von der politischen Vergangenheit gedacht war, führte zu keinem Legitimationsgewinn. Die Regierung Modrow, überwiegend zusammengesetzt aus Ministern der SED-PDS sowie der ehemaligen Blockparteien, vermehrte ihre Bemühungen, die oppositionellen Parteien und Gruppen unmittelbar in die Regierungsverantwortung durch die Übertragung von Ministerposten einzubeziehen, um die eigene politische Basis zu verbreitern. Ziel ihrer Anstrengungen war es, die DDR bis zu den für den 18. März 1990 vorgesehenen Wahlen regierbar zu halten und erste unabdingbare Reformschritte einzuleiten. Im Mittelpunkt stand die diffizile ökonomische Lage.

Von Anfang an sah sich die Regierung Modrow vor die Notwendigkeit gestellt, zu einer neuen und intensiven Zusammenarbeit mit der Bundesrepublik Deutschland zu kommen, wollte sie ihrer innenpolitischen Probleme Herr werden und der eigenen Gesellschaft eine Perspektive eröffnen, die der Fluchtbewegung glaubwürdig entgegenwirken konnte. Hans Modrow prägte hierfür den Begriff der »Vertragsgemeinschaft«, die konföderative Strukturen nicht ausschloß. Angesichts der Demonstranten, die, zugespitzt auf die Parolen »Wir sind ein Volk« und »Deutschland einig Vaterland«, für die Vereinigung beider deutscher Staaten plädierten, und des von Bundeskanzler Kohl am 28. November 1989 vorgelegten »Zehn-Punkte-Programms«, das konföderative Strukturen zwischen der DDR und der Bundesrepublik Deutschland vorsah, mußte die Regierung Modrow ihre politische Zielstellung revidieren. Die Annäherung der alten DDR-Parteien CDU, LDP (vormals LDPD) sowie der wiedergegründeten SPD an die bundesrepublikanischen Parteien CDU, CSU, SPD und F.D.P. führte zu einer Dynamisierung des Vereinigungsstrebens in der Bevölkerung. Am 10. Februar 1990 kehrten Bundeskanzler Helmut Kohl und Außenminister Hans-Dietrich Genscher mit der Zusage aus der UdSSR zurück, daß sich die sowjetische Führung einer Vereinigung unter Umständen nicht widersetzen würde. Damit war der Regierung Modrow für die Entwicklung eigenständiger staatlicher Strukturen der Boden entzogen worden. Mit der Volkskammerwahl am 18. März 1990 errang die »Allianz für Deutschland«, ein Wahlbündnis bestehend aus CDU, DA und DSU, eine deutliche Mehrheit. Zusammen mit der Ost-SPD, die ebenfalls für die deutsche Einheit optierte, bildete sie eine große Koalition unter dem neuen DDR-Ministerpräsidenten Lothar de Maizière (CDU). Die dann einsetzenden Verhandlungen zwischen beiden deutschen Regierungen führten zum Abschluß eines Staatsvertrags über die Schaffung einer Währungs-, Wirtschafts- und Sozialunion, die am 1. Juli 1990 in Kraft trat. Ende Juli zerbrach die große Koalition in der DDR. Trotzdem blieb der parteiübergreifende Konsens zum Abschluß des Zweiten Staatsvertrags (»Einigungsvertrag«) zwischen der Regierung und den ausgescherten Parteien bestehen. Nach schwierigen Verhandlungen konnte der »Vertrag über die Herstellung der Einheit Deutschlands« am 31. August 1990 unterzeichnet werden, ergänzt durch eine »Vereinbarung zur Durchführung und Auslegung« vom 18. September 1990, die den Beitritt der fünf neuen Bundesländer zur Bundesrepublik Deutschland nach Art. 23 GG festlegte. Zuvor, am 12. September 1990, war der »Zwei-plus-Vier«-Vertrag, der die völkerrechtlichen Aspekte der deutschen Einheit regelt, in Moskau von den vier Siegermächten des Zweiten Weltkriegs unterzeichnet worden. Am 3. Oktober 1990 wurden die beiden Staaten in Deutschland zu einem Staat vereint. Die DDR hörte an diesem Tag als Staat auf zu existieren.

Hartmut Zimmermann †

Literatur:

BAHRMANN, HANNES/CHRISTOPH LINKS: Chronik der Wende, 2 Bde., Berlin 1999. □ BENDER, PETER: Episode oder Epoche? Zur Geschichte des geteilten Deutschland, München 1996. □ BUNDESMINISTERIUM FÜR INNERDEUTSCHE BEZIEHUNGEN (Hrsg.): DDR Handbuch. Wissenschaftl. Leitung: Hartmut Zimmermann, 2 Bde., Köln (3. erw. Aufl.) 1985. □ HERTLE, HANS-HERMANN/GERD-RÜDIGER STEPHAN (Hrsg.): Das Ende der SED. Die letzten Tage des SED-Zentralkomitees, Berlin 1997. □ JUDT, MATTTHIAS (Hrsg.): DDR-Geschichte in Dokumenten, Berlin 1998. □ KLESSMANN, CHRISTOPH: Zwei Staaten, eine Nation. Deutsche Geschichte 1955–1970, Bonn 1997. □ KLESSMANN, CHRISTOPH/GEORG WAGNER (Hrsg.): Das gespaltene Land. Leben in Deutschland 1945–1990. Texte und Dokumente zur Sozialgeschichte, München 1993. □ MÄHLERT, ULRICH: Kleine Geschichte der DDR, München 1998. □ MEUSCHEL, SIGRID: Legitimation und Parteiherrschaft. Zum Paradox von Stabilität und Revolution in der DDR 1945–1989, Frankfurt a. M. 1992. □ MITTER, ARMIN/STEFAN WOLLE: Untergang auf Raten. Unbekannte Kapitel der DDR-Geschichte, München 1993. □ NAIMARK, NORMANN M.: Die Russen in Deutschland, Berlin 1997. □ SCHRÖDER, KLAUS: Der SED-Staat. Geschichte und Strukturen der DDR, München 1998. □ STARITZ, DIETRICH: Geschichte der DDR 1949–1989, Frankfurt a. M. (neu überarb. Ausgabe) 1996. □ WEBER, HERMANN: DDR. Grundriß der Geschichte 1945–1990, Hannover (überarb. Neuaufl.) 1991. □ WOLLE, STEFAN: Die heile Welt der Diktatur. Alltag und Herrschaft in der DDR, Berlin (2. Aufl.) 1999.

DDR: Opposition und Widerstand

→ **DDR: Geschichte**, DDR: Politisches System, Deutsche Einheit, Frauen, Geschichtsbewußtsein, Identität, **Kirchen**, Politische Bildung, Rechtssystem, Staatssicherheit, Verhandlungen zur deutschen Einheit: Innerer Prozeß.

1. Einführung: Opposition und Widerstand zählten während der gesamten Geschichte des »Kommunismus an der Macht« zu den gesellschaftsprägenden Charakteristika. Offiziell existierte in den kommunistischen Staaten allerdings keine Opposition, da dafür keine objektiven oder sozialen Grundlagen vorhanden gewesen seien. Vielmehr habe die jeweils herrschende Partei im Sinne des gesamten Volkes regiert, so daß jede Opposition objektiv gegen die Interessen des Volkes agierte. Bei strafrechtlichen Verfolgungen von Oppositionellen wurde stets geleugnet, daß es sich um politische Verfolgungen handle. Der sogenannte Oppositionelle sei ein gewöhnlicher Verbrecher. Deshalb bestritt die SED-Führung auch bis 1989, daß es in der DDR politische Gefangene gebe.

Nach dem Zusammenbruch der kommunistischen Regime hat sich aufgrund der zugänglichen Akten und der bislang offiziell unterdrückten Lebens- und Leidensgeschichten auf neuartige Weise die Frage erhoben, was als Opposition, Widerstand und Bürgerbewegung in der kommunistischen Diktatur anzusehen sei, welchen gesellschaftlichen Stellenwert sie einnahmen, worin die hauptsächlichsten Ziele bestanden, welche Strömungen existierten und welche historischen Veränderungen im Laufe der vierzigjährigen Geschichte eintraten.

2. Begriff: Der Begriff *Opposition* wird in der Politik- und Geschichtswissenschaft vor allem für Phänomene des neuzeitlichen westlichen Staatensystems verwendet. Mit Opposition sind im weiten Sinne politische Kräfte gemeint, die gegen die politischen Machthaber mit dem Ziel agieren, entweder selbst die Macht zu übernehmen oder deren Politik die Berücksichtigung der eigenen Interessen aufzuzwingen. Dabei wird zwischen einer systemimmanenten Opposition und einer Fundamentalopposition unterschieden. Die systemimmanente Opposition ist die legale Opposition, die im Parlament als Gegenspielerin der Regierung auftritt. Die Fundamentalopposition setzt sich dagegen aus politischen Kräften zusammen, die das politische System, in dem sie wirken, aus prinzipiellen Erwägungen nicht anerkennen, sei es, daß sie ein durch Revolution zerstörtes Staatswesen wiederherstellen wollen, sei es, daß sie als revolutionäre Gruppen Vorstellungen von einem zukünftigen, besseren Staatswesen vertreten.

Wenn Opposition in parlamentarischen Systemen vor allem kritische Partizipation, Öffentlichkeit und Hinterfragung der Regierungsgeschäfte meint, dann hat Widerstand in eben solchem System Negierung und Obstruktion zum Ziel. Dies kann sowohl auf bereits überwundene Zustände als auch auf utopische Zukunftsentwürfe ausgerichtet sein. Allgemein läßt sich formulieren, daß in diesem Verständnis *Opposition* eine politische Gegnerschaft bezeichnet, die dann in *Widerstand* umschlägt, wenn sie keine Möglichkeiten zur legalen Entfaltung besitzt bzw. wenn ihr diese genommen werden.

Die auf die westlichen Demokratien bezogenen Begriffe können nicht auf die Verhältnisse in totalitär, autoritär oder diktatorisch verfaßten Staaten angewendet werden. Einerseits konvergieren in solchen Systemen die Begriffe, ihre Grenzen verwischen. Andererseits besitzen Opposition und Widerstand in ihnen eine andere Basis, eine andere gesellschaftliche Einbindung, wenn auch die Zielvorstellungen nicht hundertprozentig verschieden sein müssen. Da die traditionellen Begriffsinhalte für kommunistische Regime keine Anwendung finden können, läßt sich – auch vor dem Hintergrund der NS-Widerstandsforschung – in Abgrenzung zur konventionellen politikwissenschaftlichen Deutung folgender Oppositionsbegriff definieren: Prinzipiell wird unter Opposition im Kommunismus eine Verhaltensform verstanden, die den allumfassenden Herrschaftsanspruch in Frage stellt, begrenzt oder eindämmt. Ein solches Verhalten soll *widerständiges* heißen. Dabei kann dieses organisiert wie nichtorganisiert, in Gruppen, individuell oder institutionell geschehen. Die Begriffe Widerstand und Opposition werden in Abgrenzung zur traditionellen auf das westliche Demokratiesystem ausgerichteten politikwissenschaftlichen Begriffsdefinition ausdrücklich synonym verwandt.

Dieser Oppositionsbegriff verweist darauf, daß sich widerständiges Verhalten nur in der konkreten historischen Situation und unter Berücksichtigung des sozialen Ortes der Handlung bewerten läßt. Die Begriffserweiterung impliziert zwei wichtige Konsequenzen. Einmal verlangt die Anwendung eines derart weiten Widerstandsbegriffs, daß jegliches Verhalten an der realen Situation zu messen ist. Das beinhaltet die Feststellung, daß Konformität und Nonkonformität ein Neben- und Miteinander darstellen. Daraus ist abzuleiten, daß die historischen Verhaltensmaßstäbe für »Widerstand« keine anderen sein können, als diejenigen, an denen »Opportunismus« und »Mitläufertum« zu messen sind. Denn nur »ein oberflächlicher Blick erlaubt«, wie Václav Havel feststellte, »die Gesellschaft in Herrscher und Beherrschte einzuteilen«. Vielmehr »führt diese Linie de facto durch jeden Menschen«. Deshalb kommt es in der Forschung auch darauf an, die Dialektik von widerständigem und anpassungswilligem Verhalten zu analysieren.

Die Begriffe *Bürgerbewegung*, *Bürgerrechtsbewegung* bzw. *Bürgerinitiative* sind etwa seit 1970 weitgehend synonym zur Kennzeichnung plebiszitärer Erscheinungen in westlichen Systemen benutzt worden. Ihre Erscheinungsformen sind äußerst vielfältig, so daß sich nur fünf allgemeine Merkmale bestimmen lassen. Sie sind erstens plebiszitär, weil sie ein direkter Zusammenschluß unmittelbar Betroffener sind. Zweitens sind sie unabhängig, weil sie weitgehend autonom von Parteien und Verbänden agieren. Wegen der unmittelbaren Betroffenheit sind sie drittens spontan. Da sie zumeist nicht dauerhaft und fest organisiert agieren, sind sie viertens zeitlich begrenzt. Schließlich erweisen sie sich fünftens zumeist als radikaldemokratisch, weil sie den Anspruch der Demokratie verwirklichen wollen.

In groben Zügen lassen sich diese Merkmale auch auf die *Bürgerbewegungen* in der DDR übertragen, wobei hier noch konstitutiv hinzugefügt werden muß, daß Bürgerbewegungen in der DDR von vornherein politische Absichten und politische Motivationen voraussetzten, selbst wenn das Ziel (z. B. Stadtsanierung, Umwelt) zunächst nicht in unmittelbaren und direkten politischen Forderungen an das Gesamtsystem gipfelte. Die politische Intention ergab sich allein aus dem Anliegen, Interessen unter weitgehender Umgehung der offiziellen staatlichen, gesellschaftlichen und parteilichen Institutionen zu organisieren.

Der Begriff *Bürgerrechtsbewegung* ist für die DDR ab der zweiten Hälfte der 80er Jahre für die Teile der Opposition verwendet worden, die sich vor allem den Menschenrechtsanliegen geöffnet hatten. Insofern sind die verschiedenen Begriffe synonym verwendet worden. 1989/90 sind die aus der Opposition entstandenen Parteien, Verbände und Organisationen pauschal als *Bürgerbewegung* bezeichnet worden. Damit erfolgte zum einen eine Abgrenzung gegenüber der SED/PDS und den Blockparteien. Zum anderen aber erweckte die gemeinsame Etikettierung Bürgerbewegung den teilweise fatalen Eindruck, als würden alle neuen Parteien und Verbände ähnliche Ziele verfolgen.

Der Begriff Bürgerbewegung fand zudem seit Ende der 80er Jahre im Zusammenhang mit dem sozialwissenschaftlichen Ansatz »Neue Soziale Bewegungen im Sozialismus« Verwendung. Hervorzuheben ist, daß dadurch die ostdeutsche Oppositionsbewegung überhaupt in den Blick westdeutscher Sozialwissenschaftler geriet. Kritisch muß demgegenüber angemerkt werden, daß durch die Übernahme dieses an westlichen Gesellschaften begründeten methodischen und theoretischen Ansatzes systembedingte Spezifika der Opposition in der DDR teilweise unberücksichtigt blieben.

3. Opposition und Widerstand bis zum Mauerbau 1961: Die 50er Jahre waren reich an Opposition und Widerstand, aber auch an Verfolgungen, Repressalien und Verurteilungen. Ins kollektive Gedächtnis der gesamten Bevölkerung einschließlich der SED-Führung prägten sich vor allem die Ereignisse um den 17. Juni 1953 ein. Die Staatsspitze hatte vor Augen geführt bekommen, daß eine deutliche Mehrheit der Bevölkerung gegen die kommunistische Herrschaft eingestellt war und diese maximal erduldete. Ebenso unmißverständlich wurde der SED-Führung bedeutet, daß ihre Machtausübung zu diesem Zeitpunkt allein auf den sowjetischen Bajonetten beruhte. Für die Bevölkerung wiederum war – wie später für Polen, Ungarn, Tschechen und Slowaken – die Erkenntnis, die nationalen kommunistischen Machthaber würden ihre Herrschaft so lange ausüben, wie sie die »internationalistische Hilfe« (ab 1968 »Breshnew-Doktrin«) der Roten Armee in Anspruch nehmen könnten, eine leid- und schmerzvolle. Schließlich haben die sowjetischen Machthaber 1953 gelernt, ihre ostdeutschen Satrapen mit mehr Kompetenzen ausstatten zu müssen, um sie über außenpolitisches Renommee auch innenpolitisch zu stärken.

Die oppositionellen, widerständigen und regimefeindlichen Verhaltensweisen in der DDR-Geschichte lassen sich nicht auf einen Hauptnenner bringen. Ein Oppositions- und Widerstandsdogma gab es nicht (K. W. Fricke). Trotz erheblicher Schwierigkeiten, Widerstand und Opposition schlüssig zu definieren und eine Typologie widerständigen Verhaltens zu erstellen, muß zwischen der fundamentalen Gegnerschaft sozialdemokratischer, christlicher und anderer Gruppen bzw. Einzelpersonen in den späten 40er und in den 50er Jahren einerseits sowie zwischen den überwiegend auf Reform des sozialistischen System gerichteten Gruppierungen der 70er und 80er Jahre andererseits unterschieden werden. Die zuerst genannte Gruppe von Gegnern der SED kämpfte bewußt gegen die kommunistische Parteidiktatur und die Sowjetisierung der SBZ, verfügte (so in den Ostbüros der SPD, F.D.P und CDU, im »Untersuchungsausschuß freiheitlicher Juristen«, im RIAS Berlin oder in der »Kampfgruppe gegen Unmenschlichkeit«) über Ansprechpartner und Gesinnungsgenossen im westlichen Teil Deutschlands, sie wollte die kommunistische Herrschaft stürzen und strebte nach parlamentarischer Demokratie und Wiedervereinigung. Sie war von Anfang an illegal und mußte konspirativ arbeiten, während sich die oppositionellen Gruppierungen der 70er und 80er Jahre *relativ offen* entfalten konnten. Beide Grundmuster widerständigen Verhaltens gab es aber auch in jenen Phasen, in denen fundamentale Gegnerschaft oder Reformwille dominierten. Darüber hinaus sind die Übergänge fließend. Den Widerstand in der SBZ und in der Frühphase der DDR bekämpften die Kommunisten und die sowjetische Besatzungsmacht mit brutaler Härte. Allerdings machte sich die SED die sowjetischen Terrormethoden nicht vollkommen zu eigen.

In der SBZ und in der frühen DDR wehrten sich begrenzt in der CDU und LDP Teile der Mitgliederschaft jahrelang gegen die kommunistische Hegemonie. Fundamentaler Widerstand gegenüber der SED-Herrschaft kam teilweise aus den beiden Volkskirchen; allerdings ging die Verfolgung der jungen Gemeinden Anfang der 50er Jahre weniger auf deren Widerstand, sondern mehr auf die Furcht der SED vor einer unabhängigen geistigen Gegenmacht zurück. Besonders harte Verfolgungen trafen – wie schon während der nationalsozialistischen Dikatur – mit dem Verbot 1950 die »Zeugen Jehovas«.

Innerhalb der SED leisteten schon bald nach der Zwangsvereinigung von KPD und SPD ehemalige Sozialdemokraten Widerstand. Ihr Widerstand konnte jedoch ausgeschaltet werden. Dem dienten verschiedene Wellen innerparteilicher »Säuberungen«. Insgesamt wurden zwischen 1948 und 1950 rund zweihunderttausend Sozialdemokraten aus der SED entfernt, mehr als fünftausend inhaftiert und mehrere hundert verloren in Internierungslagern, ostdeutschen Zuchthäusern und sowjetischen Arbeitslagern ihr Leben. Opfer der »Säuberungen« waren neben den Sozialdemokraten Westemigranten und Angehörige von ehemaligen Arbeiterorganisationen von vor 1933. Dazu kamen Personen, die sich weder als Abweichler noch als Oppositionelle fühlten oder so verhielten, aber von ihrer Partei aus Gründen der Disziplinierung der Mitgliederschaft zu solchen gemacht wurden.

Sozialdemokratisches Gedankengut und die Tradition internen kommunistischen Widerspruchs lebten in der Suche nach Alternativen zur Ulbrichtschen Politik, etwa durch die »revisionistischen« Gruppen um Wolfgang Harich und Walter Janka, verbunden mit Hoffnungen auf Reformen innerhalb der SED sowie einem »besonderen deutschen Weg zum Sozialismus«, fort. Diese *SED-Reformer* zählen insgesamt – auch in ihrem Selbstverständnis – nicht zum Widerstand bzw. zur Opposition in der DDR, da sie die Macht der SED nur mit veränderten Konzeptionen und oft auch nur in personell anderer Zusammensetzung stabilisieren wollten. Etwas anderes ist dagegen die Annahme, daß die Durchführung eines »revisionistischen« Programms die Steine im Gefüge des ostdeutschen Totalitarismus derartig gelockert hätte, daß das gesamte Gebäude zusammengebrochen wäre.

Die Kontinuität der Opposition in den 50er Jahren ist vor allem aus zwei Gründen permanent unterhöhlt worden. Zum einen erwiesen sich die Verfolgungen durch die SED, das MfS und die sowjetischen Besatzer als ungleich härter und brutaler als nach dem Mauerbau. Zum anderen aber entzogen sich viele einer drohenden oder vermuteten Verhaftung durch Flucht nach Westdeutschland. Das war nach dem 13. August 1961, dem Tag des Mauerbaus, weitaus gefahrvoller und schwieriger.

4. Opposition zwischen Mauerbau und der Biermann-Ausbürgerung 1976: In der Geschichte von Opposition und Widerstand bedeutete der Mauerbau einen tiefen Einschnitt. Während bis dahin die eindeutige Ablehnung des Regimes überwog und selbst die sozialistische Opposition für ein einheitliches Deutschland eintrat, verlagerte sich nach dem Mauerbau die Opposition zunächst in scheinbar vorpolitische Felder und Aktionsräume. Obwohl sich die Formen der Repressalien nach 1961 verfeinerten und sich ihrer brachialsten Methoden scheinbar entledigten, nahm die DDR nun viel deutlichere Züge des Orwellschen Überwachungsstaates an. Opposition in den 60er Jahren hieß nun vor allem Kulturopposition, ein Phänomen, daß sich im Anschluß an den Einmarsch der Warschauer Pakt-Truppen im August 1968 in Prag und unter dem Eindruck der westeuropäischen und nordamerikanischen Studentenproteste noch deutlicher ausprägte. Vor allem in der Jugend setzte ein Rückzug von Staat und Gesellschaft ein. Man wollte seine Geschicke wieder in die eigenen Hände nehmen und die Grenzen der Diktatur ausloten, indem neue Lebensweisen ausprobiert und praktiziert worden sind. Diese Entwicklung wurde noch durch die scheinbare kulturpolitische Liberalität in der Anfangsphase der Honecker-Ära unterstützt.

Die politische Opposition setzte sich bis Mitte der 70er Jahre maßgeblich aus zwei Gruppen zusammen: Einmal aus Intellektuellen, die weiterhin der sozialistischen Idee anhingen und zumeist konspirativ wirkten, so daß sie kaum eine Außenwirkung erzielten. Die zweite Gruppe fand sich in der Evangelischen Kirche, wo einige kirchliche Würdenträger von protestantischen Standpunkten aus theoretische und teilweise praktische Opposition gegen die Diktatur betrieben. Die Mehrheit der Bevölkerung aber lebte entweder unzufrieden und angepaßt, oder versuchte ein selbstbestimmtes Leben aufzubauen, das sich gegen die verordneten Normen stellte, ohne sich allerdings direkt politisch zu artikulieren.

In der Zeit zwischen dem Mauerbau und der Biermann-Ausbürgerung 1976 äußerte sich Opposition zunächst als Kulturopposition. Unruhen und Demonstrationen im Umkreis von Beat- und Rockveranstaltungen erinnerten an die »Jazz- und Rock'n'Roll-Unruhen« aus den 50er Jahren, wie sie nicht nur in der DDR, sondern auch in den USA oder in Westdeutschland auftraten. In der DDR sind allerdings Enthusiasten der Jazz- und Rock'n'Rollmusik teilweise zu hohen Zuchthausstrafen verurteilt worden, weil sie, so die offizielle Begründung, dem amerikanischen Kulturimperialismus Vorschub geleistet hätten.

Im Umkreis des »Prager Frühlings« 1968 kam es in der DDR zu einer Vielzahl von Protestformen. Diese reichten von Befehlsverweigerungen in den bewaffneten Organen, über das Verteilen von selbstgefertigten Flugblättern, spontanen Kurzdemonstrationen bis hin zu der Weigerung, die geforderten Zustimmungserklärungen zum Einmarsch zu unterschreiben. Im Oktober 1968 legte der DDR-Generalstaatsanwalt eine Statistik über strafrechtlich belangte Personen vor, die sich an Sympathiekundgebungen für die ČSSR beteiligt hatten. Demnach betraf dies 1 189 Personen, wobei 75 Prozent der Belangten unter 30 Jahren alt waren. Mag dies angesichts der allgemeinen Zeitverhältnisse kaum überraschend sein, erstaunt dagegen – zumindest angesichts der westlichen »Studentenbewegung«, daß 84,2 Prozent der sogenannten Täter Arbeiter waren, während Intellektuelle nur 1,7 Prozent und Schüler/Studenten nur 8,5 Prozent stellten. Tatsächlich zählten im Gegensatz zu den

50er Jahren, als Oberschüler, Studenten und Intellektuelle zu den Aktivposten der Opposition gehörten, dieser Personenkreis nach dem Mauerbau nur noch in Ausnahmefällen zur politischen Opposition. Die politische Selektion einerseits und die soziale Korrumption andererseits funktionierten nun weitaus effizienter.

5. Zwischen Biermann-Ausbürgerung 1976 und dem Zusammenbruch des kommunistischen Systems 1989/90: Als sich im August 1976 der protestantische Pfarrer Oskar Brüsewitz aus Protest gegen die SED-Diktatur verbrannte, erschütterte diese Tat das Verhältnis zwischen Kirche und Staat. Vor allem aber die Ausbürgerung von Wolf Biermann im November 1976, dem während eines Konzerts in Köln die DDR-Staatsbürgerschaft aberkannt wurde, sollte sich als ein wichtiger Katalysator für die Herausbildung einer neuen Opposition erweisen. Daneben sind vor allem außenpolitische Ereignisse – wie die KSZE-Schlußakte von Helsinki 1975, die Gründung der Bürgerrechtsbewegung »Charta 77« in der ČSSR, der Einmarsch der sowjetischen Truppen in Afghanistan 1979, die Entwicklung in Polen ab 1980 und auch die Entwicklung ab Mitte der 80er Jahre in der UdSSR und in Ungarn – als weitere Faktoren zu nennen.

Nach der Biermann-Ausbürgerung formierten sich zwei wichtige Fraktionen von Kritikern in der DDR: Die »Hierbleiber« und die »Wegzügler«. Während die Vertreter der letzten Gruppe bestrebt waren, so schnell es ging, nach Westdeutschland auszureisen, versuchten sich die Vertreter der ersten Gruppe, in der DDR einzurichten und eigene funktionsfähige politische Strukturen aufzubauen. Dieser Weg erwies sich als ungleich schwieriger, gefahrvoller und vor allem widersprüchlicher als der zunächst komliziertere, in den Westen zu gelangen.

In Reaktion auf die zunehmende Militarisierung der Gesellschaft und das weltweit forcierte Wettrüsten ab Ende der siebziger Jahre formierten sich in zahlreichen evangelischen Kirchengemeinden Friedenskreise, denen auch Personen angehörten, die nicht Mitglied einer Kirche waren. Da die Kirchenleitung sich um ein gutes Verhältnis zur Staatsführung bemühte, war ihre Beziehung zu den Gruppen spannungsgeladen. Allerdings wurden diese Friedenskreise von einer Reihe kritisch eingestellter Pfarrer, Diakone und kirchlichen Mitarbeitern unterstützt, zu denen u. a. Heinrich Rathke, Heino Falcke, Rainer Eppelmann, Markus Meckel, Ruth Misselwitz, Rudi Pahnke, Edelbert Richter, Walter Schilling, Hans-Jochen Tschiche und Christoph Wonneberger zählten.

Von besonderer Bedeutung in den ersten Jahren war die (bis 1989 unerfüllt gebliebene) Forderung nach einem zivilen Ersatzdienst, die vor allem von Bausoldaten und Wehrdienstverweigerern erhoben wurde. Als größte oppositionelle Massenbewegung nach dem Juni 1953 ging die Protestbewegung »Schwerter zu Pflugscharen« 1980/82 in die DDR-Geschichte ein. Diese Bewegung überschritt die Grenzen der Kirchen und verschärfte die Konflikte zwischen Kirchenleitung und unabhängigen Gruppen. Diese Bewegung, die gegen Aufrüstung und Militarisierung und für Demokratisierung eintrat, fand ihr Symbol in einem Schmied, der ein Schwert in eine Pflugschar umschmiedete. Ironischerweise hatte die sowjetische Regierung eben dieses Symbol als Denkmal den Vereinten Nationen geschenkt. In

New York vor dem Hauptquartier der UNO stand (und steht) es, in den offiziellen Jugendweihebüchern der DDR war es als Photo abgebildet. Als aber dieses Symbol als Aufnäher der unabhängigen Friedensbewegung in der DDR verteilt worden ist und vor allem von kritisch eingestellten Jugendlichen, weit über 100 000, offen getragen wurde, ging die Parteiführung drastisch dagegen vor und hat das Friedenssymbol sogar faktisch verboten.

Die unabhängigen Friedensgruppen, zu denen bald Umwelt-, Frauen-, Dritte Welt-, Totalwehrdienstverweigerergruppen u. a. hinzukamen bzw. sich aus ihnen heraus entwickelten, arbeiteten im Gegensatz zu den konspirativ wirkenden oppositionellen Zirkeln in den 60er und 70er Jahren öffentlich. Ihr Anliegen bestand darin, offene Dialoge einzufordern und eine möglichst breite Öffentlichkeit anzusprechen, wobei sie verschiedenste Aktionsformen wie Friedensdekaden, Friedensseminare, Friedenswerkstätten, Fastenaktionen, Bluesmessen, Samisdate und Eingaben (Petitionen) nutzten.

Auch sozialistische Dissidenten wie Robert Havemann näherten sich der Friedensbewegung an. Ende 1981 forderte Havemann in einem offenen Brief an Breshnew die Überwindung der Blockkonfrontation und plädierte dafür, den Deutschen ihr Selbstbestimmungsrecht zurückzugeben. Als ein Höhepunkt gestaltete sich der von ihm und dem Pfarrer Rainer Eppelmann verfaßte »Berliner Appell« im Januar 1982, den in kurzer Zeit über 2 000 Personen per Unterschrift zustimmten. Darin ist ein Abbau der alltäglichen Militarisierung in der DDR und der Feindbilder ebenso gefordert worden wie die Beseitigung der globalen Blockkonfrontation. Ähnliche Forderungen erhoben kirchennahe, aber auch kirchenunabhängige Gruppen wie die »Friedensgemeinschaft Jena« (u. a. R. Jahn) oder die »Frauen für den Frieden« (u. a. B. Bohley, U. Poppe, K. Havemann, I. Kukutz).

Mitte der 80er Jahre begannen auch erste Versuche, die Menschenrechtsfrage, mit deutlicher Verspätung als in den anderen kommunistischen Staaten, zu thematisieren. In einem Papier der »Initiative Frieden und Menschrechte« hieß es: »Unser Friedensbegriff enthält aber nicht nur die Vorstellung der Überwindung der Ursachen von Aggressionen und Gewalt in den internationalen Beziehungen, sondern auch im Innern der Staaten.« Man war sich mit vielen anderen Bewegungen in Europa darin einig, daß innerer und äußerer Friede zwei Seiten ein und derselben Medaille seien. Davon unberührt blieb weitgehend die deutsche Frage. Während man gerade in Ostmitteleuropa von einer Lösung der deutschen Frage die Demokratisierung des eigenen Landes erhoffte, gingen die meisten Oppositionellen in der DDR davon aus, daß die Lösung der deutschen Frage nur in einem gemeinsamen europäischen Haus und unter Mithilfe aller europäischen Nachbarn und der Supermächte gelöst werden könnte.

Die Opposition in der DDR hatte viele Gesichter. Die bewußt politische und sich selbst als Opposition begreifende Gruppe der Bevölkerung war alles in allem klein und auf wenige Regionen und Großstädte begrenzt. Sie war zudem teilweise von Spitzeln des Ministeriums für Staatssicherheit unterwandert. Ihre Ausdifferenzierung nahm bereits Mitte der 80er Jahre einen hohen Grad an, so daß es unmöglich ist, von »der« DDR-Opposition zu sprechen. »DDR-Opposition« als einheitliche

Größe, als Monolith, ist eine Fiktion ihrer Gegner, eine Fiktion, die heute als Legende zu überdauern scheint. In den programmatischen Erklärungen lassen sich alle möglichen Standpunkte, Forderungen und Anschauungen finden, nur jene nicht, wonach die SED-Diktatur zu erhalten sei. Die Forderung nach Abschaffung der Diktatur war allerdings nicht gleichbedeutend mit der Forderung nach Beseitigung der DDR. Die Demokratisierung der DDR ist vielmehr als eine Voraussetzung zur Lösung der deutschen Frage angesehen worden.

Die größten Unterschiede in den oppositionellen Gruppen gab es bezüglich des Verhältnisses zur Bundesrepublik. Während etwa die Berliner Gruppen »Gegenstimmen«, »Friedrichsfelder Friedenskreis« oder die »Unweltbibliothek« nicht mit westlichen Parteien »Krokodilstränen über Menschrechtsverletzungen in der DDR zerdrücken (wollen), die andererseits eine menschenverachtende Asylpolitik befürworten und . . . brutale Diktaturen wie in Südafrika und Chile« unterstützten, versuchten andere Gruppe wie etwa die »Initiative Frieden und Menschenrechte« gezielt, die westdeutsche Öffentlichkeit für die eigene Arbeit zu nutzen. Das schloß auch ein, Gespräche mit allen relevanten politischen Kräften des Westens zu suchen, wobei bei denen wiederum – bis auf Ausnahmen – das Interesse insgesamt nicht sonderlich hoch war.

Während im Zusammenhang mit dem Helsinki-Prozeß in Osteuropa eine Vielzahl von Menschenrechtsgruppen entstanden, entwickelte sich in der DDR eine Bürgerrechtsbewegung erst ab Mitte der 80er Jahre. Nach 1984, als in Ost und West die Friedensbewegungen neue Inhalte suchten, differenzierte sich die Opposition in der DDR stärker aus. Vordringlich wurden nun einerseits ökologische und andererseits Menschenrechtsthemen bearbeitet.

Anfang 1986 konstituierte sich die »Initiative Frieden und Menschenrechte« (IFM) in Berlin, zu deren Gründungsmitgliedern u. a. Wolfgang Templin, Ralf Hirsch, Peter Grimm, Ulrike Poppe, Lotte Templin, Reinhard Weißhuhn, Bärbel Bohley, Werner Fischer, Gerd Poppe und Martin Böttger gehörten. Die IFM entwickelte sich zu der wichtigsten und einflußreichsten Oppositionsgruppe in der zweiten Hälfte der 80er Jahre, die zudem gleichermaßen nach Ost- und Westeuropa Kontakte pflegte. Nicht zuletzt orientierte sie sich an der Charta 77, wenn auch deren Einfluß und Bedeutung weitaus höher zu veranschlagen ist. Auch in anderen Städten kam es zur Bildung verschiedenster Oppositionsgruppen.

Die wichtigsten Ziele der Opposition in der DDR bestanden darin, die DDR zu demokratisieren, ein gesellschaftliches Gespräch in Gang zu setzen, die verknöcherten Strukturen aufzubrechen, den Alleinvertretungsanspruch der SED streitig zu machen, die Medien zu reformieren, Entscheidungsfindungsprozesse transparent zu gestalten, Reisefreiheit und überhaupt die allgemeinen Menschenrechte durchzusetzen, rechtsstaaliche Strukturen zu schaffen, die jüngere Geschichte ihrer »weißen Flecken« zu entledigen usw. Gerade die nicht-dogmatische, die nicht-kommunistische Opposition sah ihre Aufgabe darin, Prozesse und Entwicklungen anzuschieben, aber nicht schon wieder mit fertigen Modellen und Strukturen aufzuwarten, um das eine *perfekte* System gegen ein neues *perfektes* System auszutauschen. Das ist auch ein Grund dafür, warum gesamtgesellschaftliche Alternativvorschläge fehlten und warum die deutsche Frage insgesamt eher marginalisiert diskutiert wurde. Hinzu kam noch, daß bei der Mehrheit der Oppositionellen eine prinzipielle Staatsskepsis herrschte, dem Staat unabhängig von der DDR mit seinen Institutionen und seinem Gewaltmonopol ein tiefes Mißtrauen entgegengebracht wurde.

Spätestens ab Ende 1987 war die Existenz einer Oppositionsbewegung in der DDR weder innerhalb noch außerhalb der DDR zu leugnen. Großangelegte Razzien des MfS gegen Einrichtungen der Opposition, öffentliche und medienwirksame Protestaktionen von Oppositionellen und Ausreisewilligen sowie Ausbürgerungen von prominenten Bürgerrechtlern führten ab November 1987 inner- und außerhalb der DDR zu Solidarisierungsschüben mit der Opposition, die im Prinzip bis zum Herbst 1989 nicht mehr abrissen. Die Inkubationsphase, die zur Herausbildung der Bürgerbewegungen 1989 führte, hatte spätestens im November 1987, als das MfS die Berliner Umweltbibliothek besetzte, Material beschlagnahmte und Verhaftungen vornahm, begonnen.

Daß bei der Arbeit und den Überlegungen nicht die deutsche Frage im Mittelpunkt der Opposition bis 1989 stand, hat weniger mit der politischen Naivität oder Überzeugung ihrer Vertreter und Vertreterinnen zu tun, als vielmehr mit der politischen Annahme, daß die DDR erstens über die Politik der kleinen Schritte reformiert werden müßte, zweitens die deutsche Frage nur im Kontext der »europäischen Frage« gelöst werden könnte, drittens weniger die DDR-Regierung als vielmehr die Moskauer Führung der eigentliche Hegemon sei und schließlich viertens die Bajonette der sowjetischen Besatzungstruppen die Herrschaft der Kommunisten begründeten und erst die Bajonette verschwinden müßten, ehe die Kommunisten abdanken könnten. Das im Herbst 1989 vielfach beschworene Bild vom »aufrechten Gang des mündigen Bürgers« traf genau eine Grundintention der Opposition. Die Menschen sollten ihre Geschicke mittels demokratischer Meinungs- und Willensbildung wieder selbst in die Hände nehmen.

Die innenpolitische Krise hatte sich in der DDR ab 1988 erheblich verschärft. Proteste gegen das Verbot von sowjetischen Filmen und Periodika, gegen die Relegierung von Berliner Oberschülern wegen pazifistischer Äußerungen, gegen die Wahlfälschung vom Mai 1989 sowie die Niederschlagung der chinesischen Demokratiebewegung und ihrer propagandistischen Verherrlichung in den DDR-Medien führten der Opposition tausendfach neue Kräfte zu. Differenzen innerhalb der Opposition ermöglichten es zudem, der schon immer gegebenen pluralen Ausrichtung der Opposition durch neue Vereinigungen ihr spezifisches Antlitz zu verleihen. Neben der IFM, den Umweltbibliotheken u. a. formierten sich ab dem September 1989 Bürgerbewegungen wie das »Neue Forum« (z. B. B. Bohley, R. Schult, J. Reich, H. Lietz, M. Böttger, K. Havemann, H.-J. Tschiche, S. Pflugbeil, R. Heinrich, W. Schulz), die »Bürgerbewegung Demokratie Jetzt« (z. B. W. Ullmann, H.-J. Fischbeck, U. Poppe, K. Weiß, L. Mehlhorn, S. Bickhardt, M. König), der »Demokratische Aufbruch« (z. B. R. Eppelmann, E. Neubert, G. Nooke, R. Pahnke, E. Richter, F. Schorlemmer). Später kamen noch Vereinigungen und Parteien wie die »Grünen« (z. B. C. Jordan, E. Dörfler), die »Vereinigte Linke« (z. B. T. Klein, S. Müller, J. Braband, B. Gehrke) – aus der »Böhlener Plattform«

hervorgegangen –, der »Unabhängige Frauenverband, UFV« (z. B. T. Böhm, P. Streit, C. Schenk) oder die »Deutsche Soziale Union« (z. B. P.-M. Diestel, H.-J. Ebeling) hinzu.

Während das »Neue Forum«, die »Bürgerbewegung Demokratie Jetzt«, der »Demokratische Aufbruch«, aber auch die »Grünen« und die »Vereinigte Linke« hauptsächlich von langjährigen Oppositionellen, die schon in den Jahren zuvor überwiegend in anderen oppositionellen Gruppierungen zusammengearbeitet hatten, ins Leben gerufen worden sind, erfolgten spätere Gründungen wie die des »Unabhängigen Frauenverbandes« oder der »Deutschen Sozialen Union« schon unter tatkräftiger Anteilnahme von langjährigen SED-Mitgliedern oder aber von bis zum Herbst 1989 politisch Angepaßten. Während sich das »Neue Forum«, die »Bürgerbewegung Demokratie Jetzt« und der »Demokratische Aufbruch« anfangs als Sammlungsbewegungen verstanden, die allen offenstanden, die an der Demokratisierung der DDR tatkräftig teilnehmen wollten, hatten die Gründungsmitglieder der »Sozialdemokratischen Partei in der DDR« (SDP) am 7. Oktober 1989 ausdrücklich eine Partei geschaffen, um dadurch anzuzeigen, daß sie der SED ihren Machtanspruch streitig machen. Schon in ihren ersten Dokumenten bekannten sie sich zu sozialer und ökologischer Marktwirtschaft, Rechtsstaatlichkeit, Gewaltenteilung und parlamentarischer Demokratie.

Im Zuge der sich überstürzenden Entwicklung ab dem 9. November 1989, dem Tag des Mauerfalls, differenzierte sich die Bürgerbewegung einerseits weiter auseinander, andererseits gingen einige Vereinigungen zu den Volkskammerwahlen am 18. März 1990 Wahlbündnisse ein. Zu den wesentlichsten Erfolgen der Opposition nach dem Mauerfall zählte die Auflösung des MfS, die Installierung des Zentralen Runden Tisches sowie die noch immer andauernde Auseinandersetzung um die DDR-Geschichte. Die Errichtung der »Gauck-Behörde« und die Verabschiedung des Stasiunterlagengesetzes sind noch heute die sichtbarsten Ergebnisse des Engagements der Bürgerbewegungen.

Die Volkskammerwahlen am 18. März 1990 fielen für die Bürgerbewegungen ambivalent aus. Die klassischen Gruppierungen der Bürgerbewegung wie das »Neue Forum«, »Demokratie Jetzt« und die IFM, die sich als »Bündnis 90« zu einem Wahlbündnis zusammengeschlossen hatten, konnten nur wenige Vertreter in die erste und einzige frei gewählte Volkskammer der DDR-Geschichte entsenden (2,91 % der Stimmen, 12 Mandate). Die Grünen waren mit dem UFV ein Wahlbündnis eingegangen und erreichten 1,97 % der Stimmen (8 Mandate). Die »Vereinigte Linke« stellte einen Abgeordneten in der Volkskammer. Daneben gehörten Vertreter der Opposition auch dem »Demokratischen Aufbruch« oder der SDP an, die nach dem 18. März an der Koalitionsregierung unter Lothar de Maizière (CDU) beteiligt waren und Minister stellten (Meckel, Eppelmann).

Die hohe Ausdifferenzierung oppositioneller Strömungen war für den Außenstehenden bis 1989 kaum sichtbar, da die Tätigkeit von Oppositionellen nur für jene erkennbar wurde, die sie entweder bewußt beobachteten und dafür den Gang in Hinterhöfe, in einige Kirchen oder in Szenetreffpunkte nicht scheuten, oder aber die spärliche Berichterstattung in den westdeutschen Medien zielgerichtet verfolgten.

Allerdings führt dieser Befund nicht automatisch zu der Feststellung, Oppositionelle der 80er Jahre wären in der DDR gesellschaftlich marginalisiert gewesen. Allein die Tatsachen, daß die SED auch in den 80er Jahren gegen eine deutliche Mehrheit der Bevölkerung *anregieren* mußte, daß die Flüchtlingsströme erheblich zunahmen und daß sich vor allem die Jugend in bis dahin unbekannten Ausmaßen von ihrem »Vaterland« massenhaft abwendete und ihr Glück abseits der Staatspropaganda und der Staatsnormen suchte, stünden einer solchen Feststellung entgegen. Oppositionelle in der DDR artikulierten durchaus die Hoffnungen und Wünsche breiterer Bevölkerungsteile. Das zeigte sich auch im Herbst 1989, als Oppositionelle neben den Flüchtlingen die entscheidenden Katalysatoren und Träger der Revolution waren. Die Oppositionellen hatten zwar keine *gesamtgesellschaftlichen* Alternativvorstellungen, aber daraus kann nicht pauschal abgeleitet werden, sie wären an der staatlichen Souveränität der DDR interessiert gewesen. Vielmehr wollten sie gesellschaftliche Reformen in Gang setzen, die DDR verändern, manche gewiß auch einen neuen Sozialismus begründen, aber die deutsche Frage stand zunächst nicht im Mittelpunkt, weil nach mehrheitlicher Ansicht diese Frage nur in internationalen Zusammenhängen gelöst werden könnte.

6. Wo sind die Oppositionellen geblieben? Die Oppositionellen in der DDR haben ihre Grundziele verwirklichen können. Dennoch wird oftmals behauptet, sie seien, wenn schon nicht in der DDR, so doch im vereinigten Deutschland gescheitert oder marginalisiert worden. Hinter diesen Behauptungen stehen zwei Thesen: Erstens sollen die Oppositionellen am Erhalt der DDR, am DDR-Sozialismus, interessiert gewesen sein. Zweitens wird häufig die Meinung vorgetragen, die meisten Oppositionellen seien aus dem öffentlichen Raum verschwunden und hätten deshalb ihr Ziel verfehlt.

Beide Behauptungen haben mittlerweile im gesellschaftlichen Diskurs ihren festen Platz und scheinen als Tatsachenfeststellungen unumstößlich zu sein. Beiden ist aber ebenso gemeinsam, daß sie zumeist entweder von den ostdeutschen politischen Gegnern der DDR-Opposition vorgetragen werden oder aber von westdeutschen Sozialwissenschaftlern, die auf der Grundlage selektierter Materialien zu beweisen suchen, daß es gar keine Opposition in der DDR gegeben bzw. daß sie am Erhalt des Staates DDR gearbeitet habe. Beide Behauptungen sind absurd, aber langlebig.

Als nach dem Mauerfall 1989 einige Oppositionelle anfingen, davor zu warnen, die DDR und die Bundesrepublik zu schnell zu vereinigen, stand dahinter oft die Erwägung, bei aller Vereinigungseuphorie die osteuropäischen Nachbarn nicht zu vergessen, deren weiterer Weg weitaus beschwerlicher werden würde als der der DDR-Bürger. Angesichts der wirtschaftlichen Verflechtung zwischen den ehemaligen RGW-Staaten wurde immer wieder darauf hingewiesen, daß eine rasche Eingliederung der DDR-Wirtschaft in die EG-Strukturen zum Zusammenbruch weiter Teile der osteuropäischen, aber auch der DDR-Wirtschaft selbst führen müsse. Zudem warnte die Opposition davor, die DDR-Gesellschaft als Ganzes im »Hauruck-Verfahren« der Bundesrepublik anzuschließen. Zuvor müßten stabile politische, wirtschaftliche und sozialpolitische Strukturen errichtet werden, um in die Hoheit der Bundesrepublik mehr als Konkursmasse zu überführen.

Sicherlich, mit beiden Forderungen oder Warnungen zielten Teile der Opposition am Mehrheitswillen der DDR-Bevölkerung vorbei. Historisch betrachtet ist heute auch gar kein anderer Weg mehr vorstellbar als jener, der letztlich von den Regierungen de Maizière und Kohl beschritten worden ist. Aber mit jenen skeptischen Vorbehalten haben sich die Oppositionellen nicht als Gegner der deutschen Einheit erwiesen. Sie favorisierten vielmehr einen behutsameren Weg. Hinzu kommt, daß auch schon 1989/Anfang 1990 eine Reihe langjähriger Oppositioneller, die sich etwa in der SDP/SPD, im »Demokratischen Aufbruch«, in der »Bürgerbewegung Demokratie Jetzt«, in der DSU oder in der alten Blockpartei CDU versammelt hatten, nach der Errichtung demokratischer Basiselemente und den freien Wahlen vom März 1990 den schnellen Weg zur deutschen Einheit begrüßten und nachdrücklich unterstützten.

Die Oppositon wäre heute als gescheitert anzusehen, wenn es »die« Opposition nicht nur in der Projektion ihrer Gegner gegeben, sondern wenn sie tatsächlich als monolithische Gruppe existiert hätte. Dann könnte anhand des Forderungskataloges überprüfen werden, welche hiervon eingelöst und welche nicht erfüllt worden sind. Zugleich hätte man über »die« Partei der Opposition oder über »den« Verband der Opposition prüfen können, wo die einzelnen Mitglieder heute gesellschaftlich verblieben sind. Da es das aber alles nicht gab, läßt sich die These des Scheiterns der DDR-Opposition schon allein aus formalen Gründen nicht aufrechterhalten. Da kein Alleinvertretungsanspruch auf Opposition existierte, entbehrt es auch jeder Grundlage, anhand einzelner Biographien nachspüren zu wollen, wo die ehemalige Opposition in der bundesrepublikanischen Gesellschaft verblieben ist.

So sehr zu unterstreichen ist, daß die Opposition gegen die kommunistische Diktatur mit ihrem Untergang nicht nur bedeutungslos, sondern ebenfalls zur Historie geworden ist, so sehr muß darauf hingewiesen werden, daß die subjektiven Erfahrungen damit keineswegs an Wert verloren haben. Ganz im Gegenteil, denn das Wissen unter diktatorischen Verhältnissen nicht nur gelebt, sondern sich gegen diese Verhältnisse gewehrt zu haben, sollte dazu beitragen, auch heute die notwendige Zivilcourage und Selbstbehauptung zu verteidigen und offensiv zu vertreten. Diese persönlichen Erfahrungen sind unmittelbare Beiträge, um in Deutschland den antitotalitären Konsens zu stärken und zu festigen. Sie gilt es weiterzutragen, um insbesondere gegenüber den Nachgeborenen die mahnende Erinnerung an die Gefahren des Totalitarismus wachzuhalten. Sowohl die politische Kultur als auch die politische Bildungsarbeit können und dürfen heute in Deutschland nach zwei Diktaturen niemals so tun, als hätte es keinen deutschen Totalitarismus gegeben. Die Mahnung vor den zwei sehr unterschiedlichen Formen von Diktaturen in Deutschland muß zugleich eine vor einer eventuellen dritten Form sein, von der keiner wissen kann, wie sie aussehen könnte. Die Erfahrungen in und mit der DDR sollten produktiv gemacht und bildungspolitisch verdeutlicht werden, auch um auf die vielen Diktaturen, die heute noch bestehen, hinzuweisen, um sich gegen diese zu engagieren. Gerade die massenhaften Erfahrungen, die beim Weg von der Diktatur zur Demokratie gemacht werden mußten, zeigen plastisch, daß die Menschenrechtsfrage niemals als gelöst angesehen werden kann, nirgendwo auf der Welt, und daß auch die Demokratie kein starres System ist, daß, hat man es einmal, für immer gegeben ist. Demokratie ist eben nicht nur eine Organisationsform, sondern vor allem und vielmehr eine Lebensform. Sie muß in jeder Generation immer wieder neu errungen werden. Um das zu erreichen, ist es nicht zuletzt notwendig, die persönlichen und gesellschaftlichen Diktaturerfahrungen weiterzugeben und plastisch zu veranschaulichen. Die Diktatur- und die Oppositionserfahrung kann und sollte die Demokratie stärken und schützen.

Ilko-Sascha Kowalczuk

Literatur:

EPPELMANN, RAINER: Fremd im eigenen Haus. Mein Leben im anderen Deutschland, Köln 1993. □ JORDAN, CARLO/HANS MICHAEL KLOTH (Hrsg.): Arche Nova. Opposition in der DDR. Das »Grün-ökologische Netzwerk Arche« 1988–90. Mit den Texten der Arche Nova, Berlin 1995. □ FRICKE, KARL WILHELM: Opposition und Widerstand in der DDR. Ein politischer Report, Köln 1984. □ KOWALCZUK, ILKO-SASCHA: Frost nach dem kurzen Tauwetter: Opposition, Repressalien und Verfolgungen 1956/57 in der DDR. Eine Dokumentation des Ministeriums für Staatssicherheit, in: Jahrbuch für Historische Kommunismusforschung 1997, S. 167–215. □ KUHRT, EBERHARD (Hrsg.): Opposition in der DDR von den 70er Jahren bis zum Zusammenbruch der SED-Herrschaft. Analysen, Erfahrungsberichte, Dokumente, Opladen 1999. □ MECKEL, MARKUS/MARTIN GUTZEIT: Opposition in der DDR. Zehn Jahre kirchliche Friedensarbeit. Kommentierte Quellentexte, Köln 1994. □ MÜHLEN, PATRIK VON ZUR: Der »Eisenberger Kreis«. Jugendwiderstand und Verfolgung in der DDR 1953–1958, Bonn 1995. □ MÜLLER-ENBERGS, HELMUT/MARIANNE SCHULZ/JAN WIELGOHS (Hrsg.): Von der Illegalität ins Parlament. Werdegang und Konzepte der neuen Bürgerbewegungen, Berlin (2. Aufl.) 1992. □ NEUBERT, EHRHART: Geschichte der Opposition in der DDR 1949–1989, Berlin (2. Aufl.) 1998. □ POLLACK, DETLEF/DIETER RINK (Hrsg.): Zwischen Verweigerung und Opposition. Politischer Protest in der DDR 1970–1989, Frankfurt a. M./New York 1997. □ POPPE, ULRIKE/RAINER ECKERT/ILKO-SASCHA KOWALCZUK (Hrsg.): Zwischen Selbstbehauptung und Anpassung. Formen des Widerstandes und der Opposition in der DDR, Berlin 1995. □ RÜDDENKLAU, WOLFGANG: Störenfried. ddr-opposition 1986 – 1989. Mit Texten aus den »Umweltblättern«, Berlin 1992.

DDR: Politisches System

→ Bundesrepublik Deutschland: Politisches System, **DDR: Geschichte, DDR: Opposition und Widerstand,** Deutschlandpolitik der DDR, Innerdeutsche Beziehungen, Mauer, Ost-West-Konflikt, **Parteien**, Rechtssystem, Staatssicherheit, Verträge zur deutschen Einheit.

1. Das politische System unter dem Regime der SED 1949–1989

1.1. Einführung: Vier Jahrzehnte lang war die Politik der DDR durch das Machtmonopol der SED bestimmt, bevor im Oktober 1989 die gewaltfreie Bürgerbewegung, die sich in wachsenden Protestdemonstrationen manifestierte, den Zusammenbruch des »real existierenden Sozialismus« einleitete, der schließlich in den ersten freien Wahlen zur Volkskammer am 18. März 1990 endgültig besiegelt wurde. Der Anspruch auf innergesellschaftliche Selbstbestimmung, der sich vor allem in dem Ruf »Wir sind das Volk!« artikulierte, wurde seit der Jahreswende zunehmend durch die Forderung nach staatlicher Vereinigung mit der Bundesrepublik Deutschland ergänzt und überlagert, die durch den Beitritt der DDR zum Geltungsbereich des Grundgesetzes am 3. Oktober 1990 vollzogen wurde.

Die Demokratiegründung in der DDR umfaßt damit weniger als ein Jahr, doch sind mit dieser kurzen Periode grundlegende soziale Erfahrungen und gesellschaftliche Lernprozesse verbunden, die für die politische Kultur des vereinten Deutschlands nachwirkende Bedeutung haben. Im folgenden sollen daher nicht nur die zentralen Merkmale der historisch überwundenen SED-Herrschaft charakterisiert, sondern auch der Prozeß des Systemwechsels dargestellt werden.

1.2. Strukturmerkmale:

– Suprematie der SED: Der Führungsanspruch der SED war in der Verfassung der DDR ausdrücklich festgelegt. Art. 1 (in der Fassung von 1974) bestimmte: »Die Deutsche Demokratische Republik ist ein sozialistischer Staat der Arbeiter und Bauern. Sie ist die politische Organisation der Werktätigen in Stadt und Land unter Führung der Arbeiterklasse und ihrer marxistisch-leninistischen Partei.« Ihre zentrale Stellung im politischen System rechtfertigte die SED mit der Behauptung, im Marxismus-Leninismus über eine »wissenschaftliche Weltanschauung« zu verfügen, die sie allein befähige, eine wissenschaftlich begründete Politik zu praktizieren. Gleichzeitig machte die SED geltend, daß sie als »der bewußte und organisierte Vortrupp der Arbeiterklasse und des werktätigen Volkes« (Parteiprogramm 1976) den politischen Willen und die Interessen der überwiegenden Mehrheit der Gesellschaft repräsentiere. Das politische System der DDR kann als »Parteistaat« charakterisiert werden: Während die Parteiführung Rahmenbedingungen und Ziele der Politik der DDR festlegte, fungierte der Staat als »Hauptinstrument« der Politik. Die Beschlüsse der SED (Direktiven) sollten durch Maßnahmen des Staats (Gesetze) realisiert werden.

– Ausschaltung politischer Opposition: Mit der Aufhebung des Privateigentums an Produktionsmitteln war nach marxistisch-leninistischer Auffassung die Ursache von Klassenkonflikten in der Gesellschaft beseitigt. Politik in der DDR hatte damit – im Gegensatz zur »bürgerlichen Gesellschaft« – den Charakter des Konfliktaustrags zwischen konkurrierenden Parteien und Programmen verloren, sie war nur noch als »Bündnispolitik« möglich. Im politischen System der DDR existierten zwar vier weitere Parteien und zahlreiche gesellschaftliche Organisationen. Ihre primäre Aufgabe war jedoch nicht die Artikulation und Durchsetzung spezifischer Interessen, sondern die gesamtgesellschaftliche Integration. Politik wurde in Art. 3 der DDR-Verfassung als »gemeinsames Handeln«, als »Bündnis aller Kräfte des Volkes« definiert, das in der Nationalen Front der DDR seinen organisierten Ausdruck fand. Politische Opposition wurde als systemwidrige Erscheinung mit staatlichen Machtmitteln unterdrückt. Die in der Verfassung der DDR garantierte Koalitionsfreiheit (Art. 29) wurde auf Organisationen beschränkt, die den Führungsanspruch der SED anerkannten.

– »Sozialistische Gesetzlichkeit«: Die marxistisch-leninistische Staats- und Rechtstheorie vertrat die Auffassung, daß es keine unabhängige und neutrale Rechtsordnung gibt, die allgemeingültige Grund- und Menschenrechte garantiert. Das Rechtssystem wurde als Instrument zur Machtsicherung der herrschenden Klasse definiert. Die »sozialistische Gesetzlichkeit und Rechtssicherheit« (DDR-Verfassung Art. 19) wurde als Bestandteil der einheitlichen Staatsgewalt betrachtet. Richter und Staatsanwälte unterlagen staatlicher Anweisung und Kontrolle und konnten durch die Volksvertretungen abberufen werden. Grundlegende Freiheitsrechte, insbesondere die Meinungs- und Pressefreiheit sowie die Versammlungs- und Koalitionsfreiheit (Art. 27–29), waren drastisch beschränkt und wurden nur »in Übereinstimmung mit den Grundsätzen und Zielen der Verfassung« gewährleistet. Das Strafgesetzbuch der DDR von 1968 enthielt in extensiver Form – verschärft durch Novellierung 1974, 1977 und 1979 – politische Straftatbestände, die gravierende Einschränkungen von persönlichen Freiheitsrechten beinhalteten und mit drakonischen Strafandrohungen verbunden waren. So wurden beispielsweise »staatsfeindliche Hetze« (§ 106) oder »staatsfeindliche Gruppenbildung« (§ 107) ebenso unter Strafe gestellt wie »Zusammenrottung« (§ 217), »Vereinsbildung zur Verfolgung rechtswidriger Ziele« (§ 218) und »Staatsverleumdung« (§ 220).

– Diktatur der Staatssicherheit: Die Herrschaft der Staatspartei wurde nicht nur durch den »Gesetzesstaat« normativ verankert, sie kulminierte in der Praxis des »Überwachungsstaats«, ausgeübt durch das Ministerium für Staatssicherheit. Als »Schild und Schwert der Partei« nach dem Vorbild des sowjetischen Geheimdiensts 1950 gegründet, war die Arbeit dieser »Behörde eigener Verantwortung« (O. Nuschke) jeder öffentlichen Kontrolle entzogen. Das von der Staatssicherheit aufgebaute Überwachungssystem hat sich in der Geschichte der DDR zunehmend ausgeweitet und seit Mitte der 80er Jahre schließlich weite Teile der gesamten Gesellschaft erfaßt. Der geschätzte Personalbestand hat sich in den 50er Jahren von 4 000 (1952) auf 13 000 (1959) Offiziere, Unteroffiziere und Zivilbeschäftigte erhöht, stieg bis 1973 auf 53 000 und erreichte Ende der 80er Jahre schließlich die Zahl von 85 000 hauptamtlichen und 109 000 aktiven inoffiziellen Mitarbeitern. In einer Bilanz zur Auflösung der Staatssicherheit, die Innenminister Diestel im September 1990 vorlegte, wurde eine Gesamtzahl von 500 000 inoffiziellen Mitarbeitern genannt.

– »Demokratischer Zentralismus«: Der demokratische Zentralismus war das Grundprinzip der Partei- und Staatsorganisation in der DDR, durch das die SED ihren politischen Führungsanspruch parteiintern und gesamtgesellschaftlich absicherte. Damit sollte das einheitliche Handeln aller Parteimitglieder durchgesetzt und jede Abweichung von der »Parteilinie« verhindert werden. Das Parteistatut (Ziffer 23) legte fest, »daß die gewählten Parteiorgane zur regelmäßigen Berichterstattung über ihre Tätigkeit vor den Organisationen verpflichtet sind, durch die sie gewählt wurden, und daß alle Beschlüsse der höheren Parteiorgane für die nachgeordneten Organe verbindlich sind, straffe Parteidisziplin zu üben ist und die Minderheit sowie der einzelne sich den Beschlüssen der Mehrheit diszipliniert unterordnet.«

Da bei den Parteiwahlen die Parteileitungen auf Vorschlag der übergeordneten Gremien jeweils ohne Gegenkandidaten lediglich bestätigt wurden, hatte die Parteizentrale die Möglichkeit, das System von Anleitung und Kontrolle umfassend zu praktizieren und unerwünschte Kritik von unten als statutenwidrige und parteischädigende Aktivität auszuschalten.

Das Prinzip des demokratischen Zentralismus war auch in der Verfassung der DDR als »das tragende Prinzip des Staatsaufbaus« (Art. 47 Abs. 2) verankert. Für die Staatsorgane galt eine doppelte Unterstellung: Sie waren einerseits in die staatliche Leitungshierarchie eingebunden, andererseits den entsprechenden Parteileitungen untergeordnet.

– Zentrale Planung: Die Volkswirtschaft der DDR beruhte auf dem »sozialistischen Eigentum« an Produktionsmitteln. Während in der Industrie mit der Bildung der »volkseigenen Betriebe« eine Verstaatlichung erfolgte, wurde in der Landwirtschaft und teilweise auch im Handwerk eine staatlich kontrollierte genossenschaftliche Produktion eingeführt. Die Umgestaltung der Eigentumsverhältnisse, von der nur ein Teil der kleineren Handwerks- und Dienstleistungsbetriebe ausgenommen war, bildete die Grundlage der sozialistischen Planwirtschaft.

Das Prinzip der Leitung und Planung galt jedoch nicht nur für die Volkswirtschaft, sondern nach Art. 9 Abs. 3 der DDR-Verfassung auch für alle anderen gesellschaftlichen Bereiche. Zentrale Planung war eine Folge des umfassenden staatlichen Verfügungsanspruchs über alle gesellschaftlichen Ressourcen.

– Massenmobilisierung, Agitation und Propaganda: Die »sozialistische Demokratie« sollte durch umfassende Beteiligung aller Bürgerinnen und Bürger an der Gestaltung des politischen, wirtschaftlichen, sozialen und kulturellen Lebens verwirklicht werden. Die Mitgliedschaft in Parteien und gesellschaftlichen Organisationen wurde daher intensiv propagiert und galt als Nachweis politischer Loyalität, die eine Voraussetzung für beruflichen Aufstieg darstellte. Politische Mitwirkung blieb dabei auf den Einsatz für die Verwirklichung vorgegebener Ziele beschränkt, die durch die Partei- und Staatsführung festgelegt worden waren.

Bei der Vermittlung der von der SED gewünschten politischen Orientierung fiel den Massenmedien eine wichtige Aufgabe zu. Sie sollten die Politik der SED propagieren und gemeinsam mit den Einrichtungen des Bildungssystems die Entwicklung eines einheitlichen »sozialistischen Bewußtseins« fördern.

1.3. Institutioneller Rahmen:

– Die Sozialistische Einheitspartei Deutschlands: Die SED hatte Anfang 1989 mehr als 2,3 Mio. Mitglieder. Die einzelnen Parteigruppen wurden an den Arbeitsplätzen der Mitglieder (Produktionsprinzip) und im Wohngebiet (Territorialprinzip) gebildet, wobei das Produktionsprinzip Vorrang hatte. Die Parteileitungen hatten in Ministerien, Verwaltung und Betrieben eine umfassende Kontrollbefugnis.

Die Auslese von Führungskräften in Partei, Staat und Wirtschaft wurde durch die Kaderpolitik der SED auf der Basis eines »Nomenklatursystems« gesteuert. Es umfaßte alle Positionen, über deren Besetzung durch die SED entschieden wurde. Damit konnte sie ihren politischen Einfluß in allen Bereichen der Gesellschaft umfassend durchsetzen.

Nach dem Statut der SED galt der Parteitag, der alle fünf Jahre einberufen werden mußte, als »höchstes Organ der Partei« (Ziffer 34). Er war jedoch in der Praxis ein bloßes Akklamationsorgan. Auf Vorschlag der Parteiführung bestätigte der Parteitag die zentralen Parteigremien: Während das Zentralkomitee (ZK) eine Art Parteiparlament darstellte, bildete das Politbüro das Führungsorgan und Machtzentrum der SED.

Auf dem XI. Parteitag der SED (1986) wurden insgesamt 222 Personen (165 Mitglieder, 57 Kandidaten mit beratender Stimme) in das ZK gewählt, neben hauptamtlichen Partei- und Staatsfunktionären Vertreter gesellschaftlicher Organisationen, Betriebsdirektoren, Militärs, Repräsentanten aus Bildung, Wissenschaft und Kultur. Das ZK mußte satzungsgemäß alle sechs Monate eine Plenartagung durchführen, doch war ein durchschnittlich vierteljährlicher Tagungsrhythmus zur Regel geworden. Die ZK-Tagungen nutzte die Parteiführung, um im Bericht des Politbüros ihre politische Lagebeurteilung öffentlich zu propagieren, in den internen Diskussionen wurden gelegentlich aktuelle Probleme auch kritisch erörtert. Aus dem ZK wurde das Politbüro konstituiert, das durchschnittlich 25 Personen (Mitglieder und Kandidaten) umfaßte. Es trat wöchentlich unter Vorsitz des Generalsekretärs (zeitweilig: Ersten Sekretärs) des ZK der SED zusammen und bestimmte die Richtlinien der Politik in der DDR. Es verfügte über den Apparat des ZK, dem mehr als 2 000 Mitarbeiter in über 40 Abteilungen angehörten. Der ZK-Apparat stellte mit seinen spezialisierten Abteilungen die Grundlagen für die Entscheidungsprozesse im Politbüro bereit, kontrollierte die Durchsetzung seiner Beschlüsse auf allen Parteiebenen und war gleichzeitig für die Anleitung der Staatsorgane verantwortlich. Den zehn Sekretären des ZK, die fast ausnahmslos dem Politbüro angehörten, unterstanden jeweils mehrere Abteilungen, sie amtierten gewissermaßen als Parteiminister und hatten damit auch einen bestimmenden Einfluß auf die Regierungspolitik.

– Funktionen und Organe der Staatsmacht: Während die SED als der Kern des politischen Systems bestimmt wurde, galt die Staatsmacht als das Hauptinstrument der Politik. Der Staat sollte alle Bereiche des gesellschaftlichen Lebens organisieren, nach dem Staatsverständnis der SED gab es keinen öffentlichen staatsfreien Raum. Die Kirchen waren die einzigen Institutionen, die nicht in das staatliche Organisationsgeflecht eingebunden waren.

Auf der Grundlage des demokratischen Zentralismus wurde die sozialistische Demokratie als politische Leitvorstellung propagiert. Das Wesen der »sozialistischen Demokratie« wurde durch Abgrenzung gegenüber der »bürgerlichen Demokratie« bestimmt. Damit wurde auch die politische Kluft begründet, die zwischen beiden deutschen Staaten bestand. Die für die pluralistische Demokratietheorie grundlegende Forderung nach Machtbegrenzung und -kontrolle durch Gewaltenteilung wurde für die sozialistische Gesellschaft abgelehnt. An ihre Stelle trat die Gewalteneinheit als Ausdruck einer vorgeblich grundsätzlichen Interessenübereinstimmung. Das Prinzip der Gewalteneinheit bedeutete, daß die Volksvertretungen der eigentliche Träger der Staatsmacht sein sollten. Trotz dieser staatstheoretischen Konzeption blieben die Staatsfunktionen von Gesetzgebung, Regierung/Verwaltung und Rechtsprechung formal getrennt.

Die Verfassung der DDR definierte die Volkskammer als »das oberste staatliche Machtorgan«, das über die »Grundfragen der Staatspolitik« befindet (Art. 48). Sie wurde auf der Grundlage einer Einheitsliste der in der Nationalen Front der DDR zusammengefaßten Parteien und gesellschaftlichen Organisationen alle fünf Jahre (zuletzt 1986) gewählt. Obwohl die Verfassung der DDR den Grundsatz »freier, allgemeiner, gleicher und geheimer Wahlen« (Art. 54) enthielt, stellte die Benutzung der Wahlkabine bereits ein politisches Risiko dar, sie wurde als sicheres Indiz für eine Ablehnung des DDR-Systems aufgefaßt. Es wurde die offene Stimmabgabe propagiert, weil der Wahlvorgang nicht als Entscheidung über politische und personelle Alternativen betrachtet wurde, sondern als Ausdruck der Zustimmung zur Gesamtpolitik, die sich in illusionären hochprozentigen Wahlergebnissen niederschlug.

Die Volkskammer setzte sich aus insgesamt 500 Abgeordneten zusammen, die sich auf 73 Wahlkreise verteilten. Sie bestand aus zehn Fraktionen: Sozialistische Einheitspartei Deutschlands (SED), Christlich-Demokratische Union Deutschlands (CDU), Liberal-Demokratische Partei Deutschlands (LDPD), National-Demokratische Partei Deutschlands (NDPD), Demokratische Bauernpartei Deutschlands (DBD), Freier Deutscher Gewerkschaftsbund (FDGB), Freie Deutsche Jugend (FDJ), Kulturbund der DDR (KB), Demokratischer Frauenbund (DFD), seit 1986 war die Vereinigung der gegenseitigen Bauernhilfe (VdgB) neu hinzugekommen. Die Fraktionsstärken, die nach einem festen Verteilungsschlüssel fixiert waren, betrugen: für die SED 127 Abgeordnete, für die vier »befreundeten Parteien« je 52, für den FDGB 61, für die FDJ 37, für den DFD 32, für den KB 21 und für die VdgB 14 Abgeordnete.

Die Volkskammer trat nur zu vier bis fünf Tagungen pro Jahr zusammen und blieb in der politischen Praxis weitgehend ein Akklamationsorgan, wie aus der Einstimmigkeit ihrer Beschlüsse deutlich hervorgeht. In der Geschichte der Volkskammer gab es nur eine Entscheidung, die nicht einstimmig erfolgt ist. Bei der Abstimmung zum Gesetz über die Unterbrechung der Schwangerschaft am 9. März 1972 erfolgte eine differenzierte Stimmabgabe (14 Gegenstimmen, 8 Enthaltungen aus der CDU-Fraktion).

Der Staatsrat fungierte als kollektives Staatsoberhaupt der DDR. Er vertrat die DDR nach Art. 66 der Verfassung völkerrechtlich und »organisiert(e) die Landesverteidigung mit Hilfe des Nationalen Verteidigungsrates« (Art. 73). Der Generalsekretär der SED, Erich Honecker, war seit 1976 gleichzeitig Vorsitzender des Staatsrats und des Nationalen Verteidigungsrats.

Der Ministerrat der DDR bildete die Staatsregierung. In der politischen Praxis der 60er Jahre weitgehend auf die Funktion eines Wirtschaftskabinetts beschränkt, war er nach der Verfassung von 1968 (in der Fassung von 1974) für die »einheitliche Durchführung der Staatspolitik« (Art. 76) verantwortlich.

Die vielfältigen Verflechtungen von Partei- und Staatsämtern sollten gewährleisten, daß die Staatsorgane die politischen Grundsatzentscheidungen der SED verwirklichten. Während die Mitglieder der SED bereits durch ihr Parteistatut zur Durchsetzung der Parteidirektiven im staatlichen und wirtschaftlichen Sektor verpflichtet waren, galten die Parteibeschlüsse darüber hinaus für den Ministerrat und seine Mitglieder sowie für alle anderen Mitarbeiter des Staatsapparats aufgrund gesetzlicher Bestimmungen als bindende Anweisungen.

– Formen kontrollierter politischer Mitwirkung: Im Hinblick auf politische Mobilisierung, gesellschaftliche Integration und soziale Kontrolle wurde in der DDR ein breites institutionelles Netz etabliert, zu dem die vier »befreundeten Parteien« der SED sowie etwa 80 gesellschaftliche Organisationen gehörten. CDU, LDPD, NDPD und DBD waren nach ihrem eigenen Selbstverständnis Bündnispartner der SED im Demokratischen Block. Sie erkannten in ihren programmatischen Beschlüssen und Satzungen die Führungsrolle der SED ausdrücklich an. Ihre Aufgabe war es, jene Schichten politisch zu aktivieren, die aufgrund ihres sozialen Status oder aus weltanschaulichen Gründen von der SED nicht erfaßt werden konnten. Während die SED 1987 etwa 20 % der erwachsenen Bevölkerung in ihren Reihen organisiert hatte, gehörten den Blockparteien zur gleichen Zeit insgesamt nur 4 % der erwachsenen Bevölkerung, etwa 470 000 Personen, an (CDU: 140 000, LDPD: 104 000, DBD: 115 000, NDPD: 110 000).

Die zahlenmäßig stärkste und wichtigste gesellschaftliche Organisation war der FDGB, der insgesamt 9,6 Mio. Mitglieder hatte und damit fast alle Beschäftigten erfaßte. Er war als einzige gesellschaftliche Organisation ausdrücklich in der Verfassung verankert. Dem FDGB wurde die »umfassende Mitbestimmung in Staat, Wirtschaft und Gesellschaft« zur Wahrnehmung der »Interessen der Arbeiter, Angestellten und Angehörigen der Intelligenz« (Art. 44) sowie das Recht der Gesetzesinitiative (Art. 65) eingeräumt. Zwar übte der FDGB in der Praxis vornehmlich gesamtstaatliche sozialpolitische Organisations- und Verwaltungsfunktionen aus (Leitung der Sozialversicherung, Feriendienst), doch war er vor allem auch ein politisch-ökonomisches Mobilisierungsinstrument der SED zur Organisierung des »sozialistischen Wettbewerbs«. Aufgrund seiner Abhängigkeit von der Staatspartei, die ihn im Sinne Lenins als »Transmissionsriemen« für ihre Politik benutzte, konnte der FDGB Funktionen einer originären Interessenvertretung der Werktätigen nicht wahrnehmen.

Als einzige Jugendorganisation erfaßte die FDJ mit etwa 2,3 Mio. Mitgliedern rund 70 % aller Jugendlichen zwischen 14 und 25 Jahren. Bei der Gründung 1946 als überparteilicher Verband konzipiert, hat die FDJ schon bald die Rolle als »aktiver Helfer und Kampfreserve« der SED übernommen, aus der sich vorwiegend politischer Führungsnachwuchs rekrutierte.

Das System gesellschaftlicher Organisationen in der DDR war breit gefächert. Ihre Aufgaben reichten von der Mitwirkung bei der Wehrerziehung und vormilitärischen Ausbildung (Gesellschaft für Sport und Technik) über die gezielte Ansprache sozialer Gruppen, beispielsweise im Demokratischen Frauenbund (DFD), soziale Betreuung (Volkssolidarität), die Interessenvertretung von künstlerischen und technischen Berufen (Künstlerverbände, Kammer der Technik) bis zum Verband der Kleingärtner, Siedler und Kleintierzüchter, der nicht nur eine Freizeitorganisation war, sondern auch zur Versorgung der Bevölkerung mit landwirtschaftlichen Mangelprodukten beitragen sollte. Zweitgrößte Massenorganisation (6,4 Mio. Mitglieder) nach dem FDGB war die Gesellschaft für Deutsch-Sowjetische Freundschaft (DSF), die als Ausdruck der »unwiderruflichen« Bindung der DDR an die UdSSR, die auch als Verfassungsgrundsatz postuliert worden war, exponierte Bedeutung hatte.

1.4. Legitimationsdefizite: Die umfassende Einbindung der DDR-Bevölkerung in das politische System durch die eingeforderte Mitgliedschaft in Massenorganisationen, den ideologischen Mechanismus von Agitation und Propaganda, ein breites Netz administrativer Kontrolle sowie die repressiven Maßnahmen gegen jede Regung von Systemkritik konnten die manifesten Gegensätze zwischen SED-Führung und Gesellschaft nicht neutralisieren. Die Akzeptanzkrise spitzte sich zu, nachdem die Bevölkerung erkennen mußte, daß die SED-Führung keine Bereitschaft zeigte, der Reformpolitik Michail Gorbatschows unter den Vorzeichen von Perestroika und Glasnost zu folgen. Die Ablehnung einer grundlegenden Umgestaltung des politischen, wirtschaftlichen und soziokulturellen Systems und die anhaltende Blockierung jeder öffentlichen Kritik verstärkten einerseits die Abkehr vieler Bürger von der Politik (»Nischengesellschaft«) und aktivierten andererseits das Protestpotential, das sich seit Mitte der 70er Jahre – vorwiegend im Umfeld der evangelischen Kirche – in Friedens-, Ökologie-, Dritte-Welt- und Menschenrechtsgruppen als Vorformen einer sozialen Bewegung (unter Beteiligung von zunächst nicht mehr als etwa 500 Personen) formiert hatte. Solange sich der Bürgerprotest gesellschaftlich marginalisieren ließ, konnte sich die SED-Führung über die fehlende Legitimation ihrer Herrschaft hinwegtäuschen, obwohl sich die politischen und ökonomischen Symptome der Systemkrise in der zweiten Hälfte der 80er Jahre weiter zuspitzten.

2. Zusammenbruch der SED-Herrschaft und Demokratiegründung 1989/1990

2.1. Formierung der politischen Oppositionsbewegung: Bei den Kommunalwahlen vom 7. Mai 1989 hatten Vertreter der Bürgerbewegungen Wahlfälschungen nachgewiesen, gegen die sie öffentlich protestierten. Die SED wies diese Vorwürfe zurück und reagierte in altgewohnter Weise: Im Juni 1989 wurden 120 Bürgerrechtler vorübergehend festgenommen, als sie dem Staatsrat eine Eingabe zu den Wahlfälschungen übergeben wollten. Durch diesen Vorgang hatte die Forderung nach freien Wahlen in der DDR unabweisbare Aktualität gewonnen. Die politische Konfrontation, die sich damit abzeichnete, spitzte sich zu, als im August aufgrund der politischen und wirtschaftlichen Situation der DDR eine Ausreisewelle (über die bundesdeutschen Vertretungen in Ost-Berlin, Budapest und Prag) einsetzte, die sich zu einer Massenfluchtbewegung ausweitete, nachdem Ungarn am 10. September 1989 die Grenze zum Westen geöffnet hatte. Innergesellschaftliche Opposition und massenhafte Abwanderung hatten eine Doppelkrise hervorgerufen. Sie führte zur Formierung der Bürgerbewegungen als politische Vereinigungen und zum Protest auf den Straßen der DDR, der mit der ersten Montags-Demonstration am 11. September 1989 in Leipzig eingeleitet wurde (von den Teilnehmern wurden 11 Personen zu Haftstrafen, mehr als 100 zu Geldstrafen verurteilt). Binnen Monatsfrist traten fünf oppositionelle Organisationen, die aus zum Teil langjährig tätigen Initiativgruppen hervorgegangen waren, in die Öffentlichkeit und forderten einen grundlegenden politischen Wandel.

Am 9. September 1989 gründeten 30 Personen aus elf Bezirken das Neue Forum (NF) mit dem Ziel, eine »politische Plattform« für die ganze DDR zu bilden, »die es Menschen aus allen Berufen, Lebenskreisen, Parteien und Gruppen möglich macht, sich an der Diskussion und Bearbeitung lebenswichtiger Gesellschaftsprobleme in diesem Land zu beteiligen«. Drei Tage später veröffentlichte die Bürgerbewegung Demokratie Jetzt (DJ) »Thesen für eine demokratische Umgestaltung der DDR«.

Am 2. Oktober forderte die neugebildete Organisation Demokratischer Aufbruch (DA) unter Hinweis auf die soziale und politische Krise und die anhaltende Massenabwanderung die »Reform und Erneuerung des sozialistischen Systems in der DDR«. Auch die älteste Bürgerrechtsgruppe der DDR, die Initiative Frieden und Menschenrechte (IFM), konstituierte sich jetzt als Organisation (sie war bereits Ende 1985 entstanden und hatte seit Juli 1986 die erste inoffizielle politische Zeitschrift der DDR, »Grenzfall«, herausgegeben). Bereits im August 1989 hatte eine Initiativgruppe die Gründung einer sozialdemokratischen Partei (SDP) vorbereitet, die am 7. Oktober formell beschlossen wurde.

Am 19. September 1989 hatte das NF seine Zulassung als politische Vereinigung offiziell beantragt, sie wurde am folgenden Tag vom Innenministerium der DDR mit der Begründung abgelehnt, die Gruppe sei »staatsfeindlich«. Bis zum 7. Oktober 1989 suchte die Partei- und Staatsführung den zunehmenden Bürgerprotest in zahlreichen Städten der DDR – vornehmlich in Leipzig, Dresden und Berlin – durch massiven Polizeieinsatz und schikanöse Verhaftungen zu unterbinden. Als am 9. Oktober 1989 in Leipzig 70 000 Menschen für eine demokratische Erneuerung demonstrierten, hielten sich die Sicherheitskräfte erstmals zurück. Damit war der Weg zur gesellschaftlichen Selbstbestimmung gebahnt.

2.2. Vergebliche Konsolidierungsversuche der SED: Unter dem Eindruck des zunehmenden Massenprotests sah sich die SED schrittweise zu einer personellen Erneuerung und zur programmatischen Neuorientierung veranlaßt, um ihre politische Handlungsfähigkeit zurückzugewinnen. Eine Erklärung des Politbüros vom 11. Oktober 1989 signalisierte zwar Dialogbereitschaft, aber nur im Rahmen der bestehenden Institutionen; die SED verharrte ansonsten in alten Denkmustern. Die Forderungen nach Zulassung des NF – das zum wichtigsten Organisationskern des Massenprotests geworden war – und nach Ablösung der SED-Führung nahmen zu.

Personelle Veränderungen an der Parteispitze wurden am 18. Oktober 1989 mit dem erzwungenen Rücktritt Erich Honeckers eingeleitet, doch konnte sich der neue Generalsekretär Egon Krenz, der sechs Tage später durch die Volkskammer (bei jeweils 26 Gegenstimmen und Enthaltungen) zum Vorsitzenden des Staatsrats und des Nationalen Verteidigungsrats der DDR gewählt wurde, nur 50 Tage in seinem Amt behaupten, weil die von ihm proklamierte Wende der DDR-Politik unglaubwürdig blieb.

Am 4. November 1989 demonstrierten in Ost-Berlin nahezu eine Million Menschen gegen die herrschenden Zustände; wenige Tage später brach das alte Machtsystem faktisch zusammen. Nach heftigen Auseinandersetzungen über ein neues Reisegesetz, die am 7. November 1989 zum Rücktritt der Regierung führten, veranlaßte das am folgenden Tag neugebildete Politbüro am 9. November 1989 die Öffnung der Grenzen. Die SED hatte damit ihren Verfügungsanspruch über die Menschen in der DDR endgültig verloren. Nun galt es zunächst, die manifeste Krise zu verwalten und die Handlungsfähigkeit des Staats zu sichern. Die etablierten Parteien und Massenorganisationen wurden – unterschiedlich in Tempo und Ausmaß – von Umbruchprozessen erfaßt; außerdem entstanden im November neue politische Gruppierungen wie die Grüne Partei und die Vereinigte Linke (VL). Im Dezember formierte sich der Unabhängige Frauenverband (UFV). Das NF war am 8. November 1989 als politische Vereinigung offiziell zugelassen worden. Zu diesem Zeitpunkt hatten sich bereits mehr als 200 000 Menschen in Unterschriftenlisten zum NF bekannt.

Am 13. November 1989 wurde Hans Modrow von der Volkskammer (bei nur einer Gegenstimme) zum neuen Vorsitzenden des Ministerrats gewählt, doch die von ihm geführte Regierung verfügte über keine politische Legitimation, da sie nicht aus freien Wahlen hervorgegangen war. Am 1. Dezember 1989 beschloß die Volkskammer, die führende Rolle der SED aus der DDR-Verfassung zu streichen. Am 4. Dezember 1989 verließen CDU und LDP den Demokratischen Block, um ihren Anspruch auf politische Unabhängigkeit zu betonen. Am 6. Dezember 1989 trat Egon Krenz unter dem Eindruck anhaltender Bürgerproteste von seinen Staatsämtern zurück. Der langjährige LDP-Vorsitzende Manfred Gerlach wurde Vorsitzender des Staatsrats. Der Nationale Verteidigungsrat wurde aufgelöst.

Die SED war durch Massenaustritte und heftige Proteste der Parteibasis – die einerseits Reformen, andererseits die Wiederherstellung der alten Machtverhältnisse forderten – in eine tiefe Existenzkrise geraten. Diese konnte auch durch einen kurzfristig einberufenen Parteitag (8. bzw. 15./16. Dezember 1989) nicht überwunden werden. Die SED konnte sich – vor allem wegen der Sicherung ihres Parteivermögens – nicht zu einer Auflösung entschließen. Sie beschränkte sich auf die Wahl eines neuen Parteivorstands mit Gregor Gysi an der Spitze und gab sich den Namen SED-PDS. Erst seit dem 4. Februar 1990 bezeichnet sie sich nur noch als Partei des Demokratischen Sozialismus (PDS).

2.3. Runder Tisch und Regierung der nationalen Verantwortung: Durch den Macht- und Autoritätsverlust von SED, Regierung und Parlament war ein politisches Vakuum entstanden. Die Kritik der Menschen, die weiterhin in großer Zahl für einen grundlegenden Wandel in der DDR demonstrierten, fand im politischen System keine authentische Interessenvertretung. Der Runde Tisch, der am 7. Dezember 1989 unter Moderation von Vertretern der beiden Kirchen in der DDR zu seiner ersten Sitzung zusammentrat, sollte diesem Mangel abhelfen. Eine »Kontaktgruppe«, der die neuformierten politischen Organisationen und Parteien IFM, NF, DJ, DA, SDP, VL und Grüne angehörten, hatte bereits am 10. November 1989 die Einrichtung eines »runden Tischs« gefordert, um den Dialog über eine neue Politik in einem formalisierten Rahmen führen zu können.

Ursprünglich verstand sich der Runde Tisch – wie auf der konstituierenden Sitzung festgelegt wurde – als »Bestandteil der öffentlichen Kontrolle«, der »keine parlamentarische oder Regierungsfunktion ausüben« könne und »seine Tätigkeit bis zur Durchführung freier, demokratischer und geheimer Wahlen fortsetzen« wolle. »Er fordert von der Volkskammer und der Regierung, rechtzeitig vor wichtigen rechts-, wirtschafts- und finanzpolitischen Entscheidungen informiert und einbezogen zu werden«.

Die ersten Beschlüsse des Runden Tischs betrafen die Festlegung des Wahltermins für den 6. Mai 1990 und die Ausarbeitung einer neuen Verfassung. Die Regierung wurde außerdem aufgefordert, das am 17. November aus dem berüchtigten Ministerium für Staatssicherheit hervorgegangene Amt für Nationale Sicherheit aufzulösen. Obwohl die Regierung dieser Forderung am 14. Dezember 1989 entsprach, hielt sie zunächst bis Mitte Januar 1990 an der Notwendigkeit einer Verfassungsschutzbehörde fest. Dadurch spitzte sich die Diskussion um den Stasi-Komplex am Runden Tisch erneut zu. Am 15. Januar 1990 stürmten Tausende protestierender Bürger die Zentrale des ehemaligen Ministeriums für Staatssicherheit. Um die prekäre Konfliktsituation zu entschärfen, schlug Ministerpräsident Modrow Mitte Januar erstmals die direkte Mitarbeit von Vertretern der Bürgerbewegungen in der Regierung vor. Zu dieser Zeit war der Runde Tisch zunehmend von einem »Veto-Organ« zur »zentralen politischen Steuerungsinstanz der DDR« (U. Thaysen) avanciert. Nach schwierigen kontroversen Debatten konnte am 28. Januar 1990 der Eintritt der neuen Organisationen und Parteien in eine »Regierung der nationalen Verantwortung« vereinbart werden. Sie waren dort mit acht Ministern ohne Geschäftsbereich vertreten. Zuvor war – vor allem auf Drängen der SPD – eine Vorverlegung des Wahltermins auf den 18. März 1990 beschlossen worden.

2.4. Parteien und Bündnisse bis zu den ersten freien Wahlen: Im Hinblick auf die bevorstehenden ersten freien Wahlen hatten sich die etablierten Parteien um die Jahreswende 1989/90 personell und programmatisch neu zu profilieren begonnen; und auch die Organisationen, die aus der Bürgerbewegung entstanden waren, suchten nach konsensfähigen erfolgversprechenden Wahlformationen.

Mit der Wahl Lothar de Maizières zum neuen Parteivorsitzenden am 10. November 1989 hatte die CDU als erste der ehemaligen Blockparteien eine grundlegende Neuorientierung eingeleitet. Schon auf einem Sonderparteitag, der Mitte Dezember 1989 in Leipzig stattfand, bekannte die CDU »ihre Mitschuld an der Fehlentwicklung der DDR« und erklärte zwei Monate später in ihrem Parteiprogramm (15./16. Februar 1990): »Im Verlauf der friedlichen Revolution im Herbst 1989 hat sich die CDU in der DDR von der Basis aus grundlegend gewandelt.« Als »Volkspartei mit christlichem Profil« hat die CDU die Zusammenarbeit mit der bundesdeutschen Schwesterpartei schon seit Ende 1989 gesucht, die sich zunächst nur zögernd zur

Unterstützung der ehemaligen Blockpartei entschließen konnte, zumal sich im Spektrum der neu entstehenden Parteien weitere Partner für die Union anboten. Auf seinem Gründungsparteitag hatte der DA nach heftigen richtungspolitischen Auseinandersetzungen mit seinem Leipziger Programm (17. Dezember 1989) deutliche Distanz gegenüber jeder Art von Sozialismus bezogen und sich als soziale und ökologische Kraft definiert, die sich »von den Menschenrechten und Grundwerten, Freiheit, Gleichheit, Solidarität« leiten läßt und »für eine deutsche staatliche Einheit in einer europäischen Friedensordnung eintritt«. Der linke Flügel des DA mit Friedrich Schorlemmer trat einen Monat später zur SPD über. Am 20. Januar 1990 war aus verschiedenen christlich-konservativen Gruppierungen die Deutsche Soziale Union (DSU) entstanden, die sich in ihrem Grundsatzprogramm als eine »Volkspartei« vorstellte, die »die Grundlage ihrer Arbeit in einem Menschenbild sieht, das von christlichen Wertvorstellungen geprägt ist«. Sie verstand sich als Schwesterpartei der bayerischen CSU, welche die DSU auch von Anfang an nachdrücklich unterstützte, und übernahm den Slogan: »Freiheit statt Sozialismus«. Nach Abstimmungsverhandlungen, an denen die bundesdeutsche CDU-Führung maßgeblich beteiligt war, wurde am 5. Februar 1990 zwischen CDU, DSU und DA das Wahlbündnis »Allianz für Deutschland« geschlossen, bei dem die drei Parteien jedoch mit eigenen Listen kandidierten. In ihrem Wahlaufruf betonte die Allianz, daß sie »in der CDU/CSU der Bundesrepublik Deutschland und in Bundeskanzler Kohl verläßliche Partner hat«, sie sagte »eindeutig Ja zur Deutschen Einheit und zur Sozialen Marktwirtschaft«.

Die LDP hatte bis zu ihrem außerordentlichen Parteitag vom 9./10. Februar 1990 an ihrem langjährigen Parteivorsitzenden Manfred Gerlach festgehalten. Dadurch hatte sie Zweifel an einem konsequenten Bruch mit der Vergangenheit verstärkt, so daß sich liberale Kräfte in konkurrierenden Parteien formiert hatten, die ihrerseits die Unterstützung der bundesdeutschen F.D.P. anstrebten: Die Deutsche Forumpartei (DFP) war im Dezember 1989 zunächst auf regionaler Basis als Abspaltung aus dem NF entstanden, am 4. Februar 1990 veranstaltete die Freie Demokratische Partei (F.D.P.) ihren Gründungskongreß. Erst nach dem Wechsel an der Spitze der LDP (neuer Vorsitzender war Rainer Ortleb) schlossen die drei Parteien am 12. Februar ein Wahlbündnis als Bund Freier Demokraten (BFD), das mit der bundesdeutschen F.D.P. kooperierte, ohne bereits einen politischen Konsens untereinander erreicht zu haben.

Die beiden anderen ehemaligen Blockparteien DBD und NDPD stellten sich zwar noch zur Wahl, doch konnten sie sich politisch nicht dauerhaft behaupten. Der Vorsitzende der DBD, Günther Maleuda, seit 1987 im Amt, hatte sich in der Wahl zum Volkskammerpräsidenten am 13. November 1989 überraschend gegen Manfred Gerlach durchgesetzt. Seine Partei konnte sich kurzfristig als Interessenvertretung der verunsicherten Genossenschaftsbauern eine begrenzte Resonanz verschaffen, doch fusionierte die Partei schließlich am 26. Juni 1990 mit der CDU. Die NDPD hatte sich am 2. November 1989 zwar von ihrem alten Vorsitzenden, Heinrich Homann, getrennt, sie konnte jedoch keine neue Gefolgschaft gewinnen und beschloß am 28. März den Beitritt zum Bund Freier Demokraten.

Die am meisten beachtete neue Partei war die SDP, die seit ihrer formellen Gründung am 7. Oktober 1989 durch die bundesdeutsche SPD unterstützt wurde und sich am 13. Januar 1990 wieder den Traditionsnamen »Sozialdemokratische Partei Deutschlands« gab. Auf ihrem ersten ordentlichen Parteitag (22. bis 25. Februar) verabschiedete sie ein Grundsatzprogramm, das der Herausforderung des Neubeginns die Abrechnung mit der Vergangenheit voranstellte: »Das Volk unseres Landes hat in einer friedlichen Revolution die Ketten des ›realen Sozialismus‹ zerbrochen. Es hat dieses System der Entmündigung und Unfreiheit, der ideologisch verbrämten Lüge, der organisierten Verantwortungslosigkeit und des verwalteten Mangels niemals gewollt – die Politbürokraten der SED haben es ihm mit stalinistischen Gewaltmitteln aufgezwungen. Doch die Angst, die im eingemauerten Überwachungsstaat DDR allgegenwärtig war, hat die Menschen jahrzehntelang gelähmt.« Als Partei, die »aus der Menschenrechts-, Friedens- und Ökologiebewegung des letzten Jahrzehnts hervorgegangen« sei und die »sich in den letzten Wochen des alten SED-Regimes, noch bedroht vom Zugriff des Staatssicherheitsdienstes, formiert« habe, fühlte sie sich »mit ihrer gleichnamigen Schwesterpartei in der BRD, mit der sie Austausch und Kooperation pflegt und deren solidarische Hilfe sie dankbar annimmt«, verbunden. So war es konsequent, daß Willy Brandt zum Ehrenvorsitzenden gewählt wurde. Im Vorfeld der Wahlen lange Zeit in den Umfragen deutlich favorisiert, war die Partei, die den aus der Vergangenheit der DDR diskreditierten Begriff »Sozialismus« mied, mit drei Problemen belastet: Sie hatte nur wenige Mitglieder, eine schwache Organisation und keine profilierte Führung; ihr bundesdeutscher Partner war Oppositionspartei; der Weg zur deutschen Einheit wurde stärker problematisiert als durch die Bonner Regierungsparteien.

Auch die Bürgerbewegungen waren genötigt, im Hinblick auf die Wahlen neue Positionsbestimmungen vorzunehmen. Ihre moralische Autorität hatten sie im mutigen Protest gegen den »vormundschaftlichen Staat« (R. Henrich) gewonnen, nun galt es Perspektiven für die künftige Entwicklung aufzuzeigen – und da schieden sich die Geister. Seit der Jahreswende war die Forderung »Deutschland einig Vaterland« bei vielen Demonstranten in den Vordergrund getreten. Sie wollten kein neues gesellschaftspolitisches Experiment riskieren, sondern strebten eine Währungs- und Wirtschaftsunion mit der Bundesrepublik Deutschland an, der möglichst bald die staatliche Einheit folgen sollte. Diese Einstellung betrachteten viele Mitglieder der Bürgerbewegungen als eine Selbstaufgabe der DDR-Gesellschaft, der sie mit der Parole begegneten: »Erst erwachsen werden, dann heiraten!« Diese Grundorientierung blieb beim NF besonders deutlich ausgeprägt. Das NF lehnte die Umwandlung in eine Partei ab und definierte sich in der Programmerklärung vom 28. Januar 1990 »als landesweite Bürgerinitiative, die sich in örtlichen und betrieblichen Basisgruppen und in thematischen Arbeitsgruppen organisiert«. Als »Anwalt der Basisdemokratie« wollte das NF Bewegungsprinzip der Gesellschaft sein; es scheiterte daher auch an seinem »Unwillen zur Macht« (W. Templin). Im Hinblick auf die deutsche Einheit forderte das NF »die praktizierte demokratische Selbstbestimmung in der DDR«, anschließend einen gesamtdeutschen Volksentscheid, »die Entmilitarisierung beider deutschen Staaten und die Auflösung der Militärblöcke«. Solche Vorbehalte wurden von vielen DDR-Bürgern nicht geteilt, so daß die Bürgerbewegungen in weiten Kreisen der Bevölkerung zwar nicht den Respekt verloren, wohl aber die Gefolgschaft. Auch innerhalb der Bürgerbewegung, sowohl im NF als auch bei DJ, nahmen die Meinungsverschiedenheiten zu, bezüglich der Wege zur deutschen Einheit, aber auch im Hinblick auf eine Erneuerung der Gesellschaft durch Verbindung von Demokratie und Sozialismus. So gelang es den Bürgerbewegungen NF, DJ und IFM am 7. Februar 1990 nur nach erheblichen Anstrengungen, für die Volkskammerwahl die Listenverbindung »Bündnis 90« zu vereinbaren.

Auf der Grundlage des am 20. Februar 1990 verabschiedeten Wahlgesetzes, das keine Sperrklausel enthielt, stellten sich schließlich am 18. März 24 Parteien, Bündnisse und Gruppen zur Wahl, aus der die CDU mit 40,8 % überraschend als überlegener Sieger hervorging. Die »Allianz für Deutschland« konnte bei einer sehr hohen Wahlbeteiligung von 93,4 % fast die Hälfte aller Wählerstimmen auf sich vereinigen (DSU: 6,3 %; DA: 0,9 %). Der geringe Stimmenanteil für den DA dürfte vermutlich durch den spektakulären Rücktritt seines Vorsitzenden Wolfgang Schnur vier Tage vor der Wahl beeinflußt worden sein, dem Kontakte mit dem MfS zum Verhängnis geworden waren. Die SPD erreichte nur enttäuschende 21,9 %, während die PDS als drittstärkste Partei immer noch 16,4 % verbuchen konnte. Der BFD schnitt mit 5,3 % im Bereich der Erwartungen ab, das Bündnis 90 erreichte lediglich 2,9 %, die Listenverbindung der Grünen mit dem Frauenverband kam auf 2 %. Insgesamt konnten 12 Listen Abgeordnete in die erste frei gewählte Volkskammer entsenden, davon entfielen allein 163 Mandate auf die CDU, während sich die SPD mit 88 Mandaten begnügen mußte. Obwohl bundesdeutsche Parteien gar nicht zur Wahl standen, dürfte das Ergebnis vor allem die Zustimmung zu Bundeskanzler Kohl und der bundesdeutschen CDU ausdrücken, auf die sich die Erwartungen auf eine schnelle und grundlegende Veränderung der Lebensverhältnisse in erster Linie gerichtet hatten. Bemerkenswert war vor allem der hohe Stimmenanteil, den die Allianz bei Arbeitern erzielen konnte. Außerdem war auffallend, daß die CDU im Süden der DDR deutlich besser abgeschnitten hatte als im Norden, und die PDS ihr bestes Ergebnis in Ost-Berlin (30 %) erreichte, wo viele ehemalige Partei- und Staatsfunktionäre lebten. Die Kommunalwahlen vom 6. Mai 1990 haben die Parteienlandschaft nur geringfügig verändert. Die CDU verlor etwa 6 %, doch konnte die SPD ihr Ergebnis nicht verbessern. Einen erheblichen Einbruch erlitt die DSU, deren Stimmenanteil sich fast halbierte; demgegenüber war der Rückgang der PDS nur geringfügig.

2.5. Die große Koalition auf dem Weg zur deutschen Einheit: Das Ergebnis der Volkskammerwahl wurde als eindeutiges Votum für die schnelle Verwirklichung der deutschen Einheit gewertet. Die konstituierende Sitzung der Volkskammer wählte am 5. April 1990 Sabine Bergmann-Pohl (CDU) zur Parlaments-Präsidentin, die zugleich auch die Funktion des amtierenden Staatsoberhaupts übernahm, und beauftragte Lothar de Maizière mit der Regierungsbildung. Am 12. April 1990 wurde de Maizière Ministerpräsident einer Koalitionsregierung, der CDU, DSU,

DA, SPD, LDP, F.D.P. und DFP (die letzte ohne eigenen Minister) angehörten. In der am gleichen Tag unterzeichneten Koalitionsvereinbarung erklärten die beteiligten Parteien es für erforderlich, »parteitaktische Interessen zurückzustellen und eine große Koalition für die Zeit des Zusammenwachsens beider deutscher Staaten zu bilden«. Als wichtigstes Ziel der Koalition – zusammen mit »Wohlstand und sozialer Gerechtigkeit, Freiheit und Rechtsstaatlichkeit« – wurde festgelegt, »die Einheit Deutschlands nach Verhandlungen mit der BRD auf der Grundlage des Art. 23 zügig und verantwortungsvoll für die gesamte DDR gleichzeitig zu verwirklichen und damit einen Beitrag zur europäischen Friedensordnung zu leisten«. Die Koalitionsfraktionen vereinbarten außerdem in einer neuen DDR-Verfassung, »oder falls es nicht dazu kommt, bei der Veränderung des Grundgesetzes« als Verhandlungsziel »die sozialen Sicherungsrechte als nicht einklagbare Individualrechte einzubringen. Das gilt vornehmlich für das Recht auf Arbeit, Wohnung und Bildung.«

Der Regierung der DDR blieb wenig Zeit, die normativen Grundlagen des politischen Systems neu zu bestimmen. Als sich die Volkskammer am 5. April 1990 konstituierte, wurde ihr ein Vertragsentwurf übergeben, der von der Arbeitsgruppe Verfassung des Runden Tischs am 12. März 1990 verabschiedet worden war. Dieser Entwurf wurde am 26. April 1990 mit 179 Nein-Stimmen zu 167 Ja-Stimmen abgewiesen, auch die Überweisung in den Verfassungsausschuß der Volkskammer wurde abgelehnt. Gegen diese Entscheidung erhoben die Bürgerbewegungen heftigen Protest. Am 5. Mai 1990 setzte die Regierung eine Kommission zur Ausarbeitung notwendiger Verfassungsänderungen ein und ließ damit erkennen, daß sie der Verabschiedung einer neuen Verfassung keine realen Chancen mehr einräumte. Am 17. Mai 1990 verabschiedete die Volkskammer eine neue Kommunalverfassung und schuf damit die Grundlage für die Selbstverwaltung der Städte und Gemeinden. Genau einen Monat später wurde in einer Sondersitzung der Volkskammer beschlossen, den Begriff Sozialismus aus der DDR-Verfassung zu streichen, nachdem schon Ende Mai verfügt worden war, das alte Staatswappen von den offiziellen Gebäuden zu entfernen. Am 22. Juli 1990 verabschiedete die Volkskammer das Ländereinführungsgesetz, mit dem sie die 1952 aufgelösten Länder Brandenburg, Mecklenburg-Vorpommern, Sachsen, Sachsen-Anhalt und Thüringen wiederherstellte. Das Gesetz für die Landtagswahlen legte als Termin den 14. Oktober 1990 fest.

Nachdem Ministerpräsident de Maizière in seiner Regierungserklärung vom 19. April zur Herstellung der deutschen Einheit die Devise »so schnell wie möglich, aber so gut wie nötig« ausgegeben hatte, wurde bereits am 24. April mit Bundeskanzler Kohl die Einführung einer Währungs-, Wirtschafts- und Sozialunion zum 1. Juli 1990 vereinbart. Dieser erste deutsche Staatsvertrag wurde durch beide deutsche Parlamente am 21. Juni 1990 verabschiedet. Nach Inkrafttreten des Staatsvertrags, der die Einführung der DM in der DDR zur Folge hatte, begannen am 6. Juli die Verhandlungen über den Vertrag über die Herstellung der Einheit Deutschlands (Einigungsvertrag). In der Folgezeit zeichneten sich Konflikte in der Regierungskoalition ab, die sich auf den Zeitrahmen der staatlichen Vereinigung bezogen und die teilweise auch schon von wahltaktischen Überlegungen im Hinblick auf gesamtdeutsche Wahlen bestimmt waren. Ende Juli verließen die Liberalen wegen des Streits um den Beitrittstermin nach Art. 23 und den Wahlmodus zum gesamtdeutschen Bundestag die Koalition, doch blieben ihre Minister in der Regierung. Mitte August entließ Ministerpräsident de Maizière unter anderem Finanzminister Romberg wegen »fachlicher Inkompetenz« und provozierte damit den Austritt der SPD aus der Koalition. Nach heftigen Debatten beschloß die Volkskammer in einer Sondersitzung am 23. August 1990 den Beitritt der DDR zum Geltungsbereich des Grundgesetzes nach Art. 23 mit Wirkung vom 3. Oktober 1990. Am 31. August wurde der Einigungsvertrag in Ost-Berlin unterzeichnet und am 20. September durch die beiden deutschen Parlamente verabschiedet. Noch vor der deutschen Vereinigung kam es zum Zusammenschluß der Liberalen (11./12. August), der Sozialdemokraten (27. September) und der Christdemokraten (1. Oktober). Dagegen beschloß die ostdeutsche Grüne Partei im September, erst nach den gesamtdeutschen Bundestagswahlen mit den bundesdeutschen Grünen zu fusionieren.

Am 12. September 1990 hatten die Außenminister der vier Siegermächte und der beiden deutschen Staaten im »Vertrag über die abschließende Regelung in bezug auf Deutschland« (»Zwei-plus-Vier«-Vertrag) bestätigt, daß das vereinigte Deutschland die »volle Souveränität über seine inneren und äußeren Angelegenheiten« erhält. Am 3. Oktober 1990 trat der Bundestag zum ersten Mal als gesamtdeutsches Parlament im Berliner Reichstag zusammen. Er war um 144 ehemalige Volkskammer-Abgeordnete erweitert worden. In die Bundesregierung wurden am gleichen Tag Lothar de Maizière, Sabine Bergmann-Pohl, Günther Krause (alle CDU), Rainer Ortleb (F.D.P.) und Hansjoachim Walther (DSU) als Bundesminister ohne besonderen Geschäftsbereich aufgenommen. Mit den Wahlen zum Deutschen Bundestag vom 2. Dezember 1990 erhielt die Bundesrepublik Deutschland das erste aus gesamtdeutschen Wahlen hervorgegangene Parlament.

Rüdiger Thomas

Literatur:

BARTH, BERND-RAINER U. A.: Wer war wer in der DDR, Frankfurt a. M. 1996. □ BESSEL, RICHARD/RALF JESSEN (Hrsg.): Die Grenzen der Diktatur. Staat und Gesellschaft in der DDR, Göttingen 1996. □ BUNDESMINISTERIUM FÜR INNERDEUTSCHE BEZIEHUNGEN (Hrsg.): Bürger und Staat. Eine vergleichende Untersuchung zu Praxis und Recht in der Bundesrepublik Deutschland und der Deutschen Demokratischen Republik, Köln 1990. □ DIEDRICH, TORSTEN/HANS EHLERT/RÜDIGER WENZKE (Hrsg.): Im Dienste der Partei. Handbuch der bewaffneten Organe der DDR, Berlin 1998. □ EPPELMANN, RAINER U. A. (Hrsg.): Lexikon des DDR-Sozialismus. Das Staats- und Gesellschaftssystem der Deutschen Demokratischen Republik, 2 Bde., Paderborn (2. akt. und erw. Aufl.) 1997. □ FRICKE, KARL WILHELM: MfS intern. Macht, Strukturen, Auflösung der DDR-Staatssicherheit. Analyse und Dokumentation, Köln 1991. □ HERBST, ANDREAS/WINFRIED RANKE/JÜRGEN WINKLER: So funktionierte die DDR, 3 Bde., Reinbek 1994. □ HERBST, ANDREAS/GERD-RÜDIGER STEPHAN/JÜRGEN WINKLER (Hrsg.): Die SED. Geschichte – Organisation – Politik. Ein Handbuch, Berlin 1997. □ Jarausch, Konrad: Die unverhoffte Einheit 1989–1990, Frankfurt a. M. 1995. □ Kuhrt, Eberhard/Hansjörg F. Buck/Günter Holzweissig (Hrsg.): Die SED-Herrschaft und ihr Zusammenbruch, Opladen 1996. □ Lapp, Peter Joachim: Die »befreundeten« Parteien der SED. DDR-Blockparteien heute, Köln 1988. □ Ders.: Ausverkauf. Das Ende der Blockparteien, Berlin 1998. □ Mampel, Siegfried: Die Sozialistische Verfassung der Deutschen Demokratischen Republik. Kommentar, Goldbach (3. Aufl.) 1996. □ Schröder, Klaus: Der SED-Staat. Geschichte und Strukturen der DDR, München 1998. □ Suckut, Siegfried/Walter Süss (Hrsg.): Staatspartei und Staatssicherheit. Zum Verhältnis von SED und MfS, Berlin 1997. □ Thaysen, Uwe: Der Runde Tisch. Oder: Wo blieb das Volk? Der Weg der DDR in die Demokratie, Opladen 1990. □ Wenzel, Otto: Kriegsbereit. Der Nationale Verteidigungsrat der DDR 1960–1989, Köln 1995. □ Werkentin, Falco: Politische Strafjustiz in der Ära Ulbricht, Berlin 1995. □ Wolle, Stefan: Die heile Welt der Diktatur. Alltag und Herrschaft in der DDR 1971–1989, Berlin (2. Aufl.) 1999.

Deutsche Einheit

1. Deutsche Einheit und die Rechtslage Deutschlands nach 1945 aus der Sicht der Bundesrepublik Deutschland und der Westmächte: Nach dem geltenden Staats- und Verfassungsrecht der Bundesrepublik Deutschland ist »Deutschland« (das Deutsche Reich) als Staats- und Völkerrechtssubjekt nach Kriegsende nicht untergegangen. Die Verfassungsgeber gingen bei der Konzeption des Grundgesetzes von der Fortexistenz des gesamtdeutschen Staatsvolks und der gesamtdeutschen Staatsgewalt innerhalb des Staatsgebiets des Deutschen Reichs – nach dem Stand vom 31. Dezember 1937 – aus. Darauf bezieht sich auch Art. 116 GG, in dem die Staatsangehörigkeit festgelegt worden ist. Die Bundesrepublik Deutschland war vor die Aufgabe gestellt, die gesetzliche Grundlage für eine politische Ordnung zu schaffen, die sich aufgrund der Nachkriegsbedingungen in Deutschland lediglich auf einen Teil des Territoriums des Deutschen Reichs, das Gebiet der Westzonen, erstrecken konnte. Einem großen Teil des deutschen Volks blieb die Ausübung des freien Selbstbestimmungsrechts versagt, Deutschland als Gesamtstaat handlungsunfähig. Aus diesem Grund wurde die Bundesrepublik Deutschland bewußt als staatliches Provisorium konzipiert und das Ziel der Wiedervereinigung der Deutschen in Freiheit zur verfassungsmäßigen Staatszielbestimmung erhoben. Das Bundesverfassungsgericht hat in seiner Rechtsprechung – umfassend in seinem Urteil zum Grundlagenvertrag vom 31. Juli 1973 – die deutschlandpolitischen Positionen des Grundgesetzes konkretisiert und die Verfassungsorgane der Bundesrepublik Deutschland auf die Wiederherstellung der staatlichen Einheit verpflichtet.

Die Verfassungsgeber konnten sich bei ihren deutschlandrechtlichen Erwägungen, abgesehen von staats- und völkerrechtlichen Grundsätzen, auf Vereinbarungen der Vier Mächte stützen, grundlegend auf die Berliner Erklärung vom 5. Juni 1945 und das sogenannte Potsdamer Abkommen. Daraus geht hervor, daß die Siegermächte von einer Fortexistenz des Staats »Deutschland als Ganzes« ausgingen und sich bis zu einer friedensvertraglichen Regelung Rechte und Entscheidungen in bezug auf Gesamtdeutschland vorbehielten. Der auf diesen Rechten begründete Vier-Mächte-Status wurde durch Verträge zwischen den Siegermächten, zwischen diesen und den beiden deutschen Staaten sowie zwischen der Bundesrepublik Deutschland und der DDR – bis zur Unterzeichnung des »Zwei-plus-Vier«-Vertrags am 12. September 1990 – ausdrücklich nicht berührt. In Art. 7 des Deutschlandvertrags vom 26. Mai 1952 (in Kraft getreten am 5. Mai 1955) erklärten die damalige Bundesregierung und die drei Westmächte die Wiedervereinigung Deutschlands in Freiheit und eine »zwischen Deutschland und seinen ehemaligen Gegnern frei vereinbarte friedensvertragliche Regelung für ganz Deutschland« zum gemeinsamen Ziel und bekräftigten, »daß die endgültige Festlegung der Grenzen Deutschlands bis zu dieser Regelung aufgeschoben werden muß«. Im Harmel-Bericht von 1967 bekundeten die Mitglieder der Atlantischen Allianz, daß eine »endgültige und stabile Regelung in Europa« ohne eine »Lösung der Deutschlandfrage« – durch Aufhebung der Teilung Europas – nicht möglich ist. Die »Politische Erklärung zum 40. Jahrestag des Endes des Zweiten Weltkriegs« forderte die Staats- und Regierungschefs der USA, Großbritanniens, Frankreichs, Italiens, Japans, Kanadas und den Präsidenten der EG-Kommission dazu auf, einen Friedenszustand in Europa zu erreichen, »in dem das deutsche Volk in freier Selbstbestimmung seine Einheit wiedererlangt«. Auf diese Positionen konnte sich die Regierung der Bundesrepublik Deutschland bis zur Vollendung der deutschen Einheit berufen.

2. Deutsche Einheit und die Rechtslage Deutschlands aus der Sicht der DDR und der Sowjetunion: Während die verfassungsrechtlichen Positionen der Bundesrepublik Deutschland zur deutschen Frage seit ihrer Gründung konstant blieben, erfolgten in der DDR mehrere verfassungsrechtliche Positionswechsel. Die erste DDR-Verfassung beanspruchte gesamtdeutsche Geltung und erweckte den Anschein, als ob sich das gesamte deutsche Volk in allen Besatzungszonen diese Verfassung gegeben hätte. Die deutsche Einheit bestand danach weiterhin fort, Wiedervereinigung war keine Aufgabe. Die DDR sah sich in ihrer Gründungsphase identisch mit dem 1945 nicht untergegangenen deutschen Staat. Sie faßte ihre eigene Staatsordnung als Kern des wieder zu organisierenden deutschen Staats auf.

Eine Neuorientierung erfolgte ab Mitte der 50er Jahre. Die DDR ging nunmehr von der Existenz zweier deutscher Staaten aus und bezeichnete sie als Nachfolger des – nach ihrer neuen Rechtsauffassung – untergegangenen deutschen Reichs. Ende der 50er Jahre erhob die DDR-Führung die deutsche Frage auf die völkerrechtliche Ebene und sah die Möglichkeit einer Aufhebung der deutschen Teilung ausschließlich in der Bildung einer völkerrechtlichen Staatenverbindung, in einer Konföderation beider deutscher Staaten. Diesem Selbstverständnis entsprach es, als 1967 im Staatsbürgerschaftsgesetz eine eigene Staatsbürgerschaft der DDR festgestellt wurde. 1968 wurde die DDR-Verfassung von 1949 abgelöst: »Die Deutsche Demokratische Republik und ihre Bürger erstreben ... die Überwindung der vom Imperialismus der deutschen Nation aufgezwungenen Spaltung Deutschlands, die schrittweise Annäherung der beiden deutschen Staaten bis zu ihrer Vereinigung auf der Grundlage der Demokratie und des Sozialismus.«

Im Zuge der Verfassungsänderung vom 7. Oktober 1974 wurden alle gesamtdeutschen Bezüge und Hinweise auf die deutsche Nation aus Präambel und Text gestrichen. Es hieß nunmehr: »Die Deutsche Demokratische Republik ist ein sozialistischer Staat der Arbeiter und Bauern.« Bereits Anfang der 70er Jahre wurde von der SED der Versuch unternommen, der Zwei-Staaten-Theorie eine Zwei-Völker-Theorie zur Seite zu stellen, der zufolge es zwei Staatsvölker in den beiden deutschen Staaten gebe. Diese Auffassung unterstrich die schon zu früheren Zeitpunkten geäußerte Position der SED, die Zukunft der deutschen Frage als rein völkerrechtliche Angelegenheit zu betrachten. Im Gegensatz zur Position der Bundesrepublik Deutschland und im Widerspruch zu dessen Wortlaut bezeichnete die DDR-Führung den Grundlagenvertrag als »definitive völkerrechtliche Regelung der Beziehungen zwischen zwei souveränen Staaten« (E. Honecker).

Während die DDR bei der Sowjetunion und den anderen sozialistischen Verbündeten hinsichtlich der Zwei-Staaten-Theorie schon lange vor dem Grundlagenvertrag Unterstützung fand, ging die Sowjetunion nie davon ab, die DDR zugleich auf ihre Teilhabe an der Vier-Mächte-Verantwortung über Deutschland hinzuweisen. In allen wichtigen Abkommen mit der DDR hat die Sowjetunion ihre aus den Vereinbarungen mit den drei Westmächten resultierenden Rechtspositionen beibehalten. Der Versuch der DDR-Führung, gesamtdeutsche Rechtsbezüge zu leugnen, ist von der Sowjetunion völkerrechtlich nie sanktioniert worden.

3. Deutsche Einheit als Aspekt der Deutschlandpolitik der Bundesrepublik Deutschland und der DDR: Die Grundsatzposition zur deutschen Frage seit Gründung der zwei Staaten in Deutschland umschrieb die Präambel des Grundgesetzes: »Das gesamte Deutsche Volk bleibt aufgefordert, in freier Selbstbestimmung die Einheit und Freiheit Deutschlands zu vollenden.« Diese Grundsatzposition wurde in den jährlich abgegebenen Berichten der Bundesregierung zur Lage der Nation unverändert bekräftigt. Die kulturellen Wellenbewegungen der deutschlandpolitischen Diskussion griffen jedoch über diese verfassungsrechtlichen Prämissen der Wiedervereinigung und des Selbstbestimmungsrechts der Deutschen weit hinaus.

3.1. Westbindung als Wertbindung: Für die Regierung Adenauer ergaben sich mehrere praktische Aufgaben der Deutschlandpolitik: die westlichen Alliierten auf das Ziel der Wiedervereinigung zu verpflichten, die vier Mächte unter keinen Umständen aus ihrer Verantwortung für Deutschland als Ganzes zu entlassen, jegliche Sanktionierung des Status quo der Teilung zu verhindern, keine Lösung zuzulassen, die nicht letztlich die freie Zustimmung des deutschen Volks fand. Das Ziel der Freiheit rangierte vor dem der Einheit. In den deutschlandpolitischen Debatten ging es inhaltlich in den 50er Jahren zunächst um die kontrovers diskutierte Frage von Westbindung und Integration, Westbindung als Wertbindung. Die Westintegration gehörte zur Maxime der Adenauerschen Politik. Nur die solidarische Einbindung der Deutschen in eine europäische Gemeinschaft konnte das Vertrauen zurückgewinnen. Die Bundesrepublik Deutschland wurde eingebettet in europäisch-atlantische Bündnissysteme. Die Westverankerung war eine Absage an eine Schaukelpolitik zwischen West und Ost. Der normative Kern der Westbindung ging jedoch noch über diese politisch-strategischen Überlegungen hinaus.

Es gehörte zu einer Traditionslinie der intellektuellen Thematisierung der deutschen Frage, eine Entfremdung zwischen deutschem und westlichem Denken zu beschreiben. Die Suche nach deutscher Eigenart war oft mit einem antiwestlichen Affekt gepaart. Für Gerhard Ritter rückte deshalb ins Zentrum seiner Überlegungen zur deutschen Frage: »Wie es gekommen ist, daß zwischen Westeuropa und uns in der Neuzeit ein so stark empfundener Gegensatz politischen Denkens und politischer Lebensformen entstanden ist.«[1] Angesichts der unmittelbaren NS-Vergangenheit wurde die deutsche Frage daran anknüpfend auch in den 50er und 60er Jahren folgendermaßen formuliert: »Wie war der Nationalsozialismus möglich?«[2]

Noch weiter ausgreifend und prinzipieller gefragt, stellte Ralf Dahrendorf in den 60er Jahren die deutsche Frage so dar: »Warum hat das Prinzip der liberalen Demokratie in Deutschland so wenig Freunde gefunden?«[3]

Eine mehr nationalistisch orientierte Auffassung vertrat die damalige SPD-Opposition. Sie äußerte gegenüber der Einbindung der Bundesrepublik Deutschland in die Europäische Gemeinschaft und die NATO Vorbehalte, da sich die Chance auf eine Wiedervereinigung dadurch vermindere. Sie hielt an der Option einer Einigung durch ein Ost-West-Arrangement fest. Wiedervereinigung in Freiheit sollte durch eine Herauslösung aus der internationalen Bipolarität und durch eine gesamteuropäische Lösung erfolgen. Dieser Parteienkonflikt wurde gegen Ende der 50er Jahre durch Einlenken der SPD beigelegt.

Die Bundesregierung unter Konrad Adenauer verfolgte gegenüber der DDR eine »Politik der Stärke«. Daran war die Erwartung geknüpft, daß ein starker Westen durch politische und ökonomische Überlegenheit eine Destabilisierung des Ostblocks bewirken könne. Das hätte eine Angliederung der DDR an die Bundesrepublik Deutschland begünstigt. Ferner beanspruchte die Bundesregierung einen Alleinvertretungsanspruch für ganz Deutschland. Die DDR wurde als Staat nicht anerkannt. Außenpolitisch wurde diese Position durch die Hallstein-Doktrin untermauert. Ende der 50er Jahre zeigte sich, daß die »Politik der Stärke« eine Stagnation in der Deutschlandpolitik bewirkt hatte. Nach dem Bau der Mauer 1961 gewann in der deutschlandpolitischen Strategiediskussion zunehmend die Auffassung Zuspruch, daß eine Intensivierung der innerdeutschen Kontakte dem nationalen Zusammenhalt dienlicher sei, als eine Politik der Nichtanerkennung.

Die deutsche Frage ist somit in dieser ersten formativen Phase der Bundesrepublik Deutschland geprägt durch die Ambivalenz von Wiedervereinigungsanspruch und Westintegration. Westintegration greift dabei über den geographischen und bündnisstrategischen Aspekt hinaus. Gemeint ist damit eine neue geistig-politische Standortverankerung der Bundesrepublik Deutschland im freiheitlichen Westen.

3.2. Status-Fragen und Aussöhnung: Ende der 60er und Anfang der 70er Jahre waren es das Status-Thema – Anerkennung der DDR und Vertragsabschlüsse – sowie die Verständigung mit dem Osten, die die Argumentationsschwerpunkte der deutschen Frage markierten. Auf der Grundlage des Status quo versuchte die Bundesregierung der Großen Koalition ab Ende 1966, mit den Staaten des Ostblocks bilaterale Abkommen über einen gegenseitigen Gewaltverzicht zu schließen, ohne dabei jedoch die Oder-Neiße-Linie anzuerkennen. Bei Beibehaltung des Alleinvertretungsanspruchs und der Nichtanerkennung der DDR versuchte die Regierung Kiesinger/Brandt, menschliche Erleichterungen im gespaltenen Deutschland zu erreichen, wenn nicht die Forderung nach staatlicher Einheit kurzfristig erreichbar war. In der öffentlichen Diskussion in der Bundesrepublik Deutschland wurden Mitte der 60er Jahre immer stärker die offiziellen Positionen in der Deutschlandpolitik in Frage gestellt. Der Wille nach Überwindung der Stagnation verband sich mit Plädoyers zur Anerkennung der DDR. Die deutsche Frage hatte sich von der Frage nach der Wiedervereinigung in den 50er Jahren zunehmend auf neue statusrechtliche Annäherungsbemühungen und auf die Aussöhnung mit dem Osten verlagert. Entscheidender deutschlandpolitischer Einschnitt nach Beendigung der Ära Adenauer war der Übergang zum Zwei-Staaten-Konzept in der Bundesrepublik Deutschland nach 1969. Auf der Grundlage des neuen internationalen Sicherheits- und Entspannungsklimas leitete die sozial-liberale Koalition 1969 ihre neue Ost- und Deutschlandpolitik ein. Am Anfang stand die Bereitschaft, von der Existenz der DDR als eines zweiten Staats in Deutschland auszugehen. Der 1972 unterzeichnete Vertrag über die Grundlagen der Beziehungen zwischen beiden deutschen Staaten (Grundlagenvertrag) vollzog eine tiefgreifende Zäsur: den Übergang vom Alleinvertretungsanspruch der Bundesrepublik Deutschland zum Prinzip und Status der Gleichberechtigung zwischen beiden Staaten, verbunden mit dem Ziel, normale, gutnachbarliche Beziehungen zu entwickeln.

3.3. Freiheit und Menschenrechte: Die Regierung unter der Kanzlerschaft Helmut Kohls seit 1982 hat diese Deutschlandpolitik modifiziert fortgeführt. Vor allem wurde die innerdeutsche Vertragspolitik kontinuierlich intensiviert. Diese Politik flankierte die CDU/CSU-F.D.P.-Koalition durch Verweise auf die Rechtspositionen, die von einer formellen Offenheit der Zukunft Deutschlands als Ganzes ausgingen. Zugleich verfocht die Regierung das Konzept einer europäischen Einordnung der deutschen Frage. Die westeuropäische Einigung wurde als bedingender Teilschritt zur Vereinigung Deutschlands erachtet. Die Weiterentwicklung der Vertragspolitik und vertrauensbildende Maßnahmen wie die im Juni 1983 gewährte Bürgschaft für einen Milliardenkredit waren nur möglich, weil die Regierung Kohl unmißverständlich den normativen Kern des Dissenses zwischen beiden Staaten betonte: Freiheit hier und Unfreiheit dort; Verwirklichung der Menschenrechte im Westen und fehlende Durchsetzung der Menschenrechte in der DDR. In seinem ersten »Bericht zur Lage der Nation im geteilten Deutschland« sagte Kohl am 23. Juni 1983: »Ein Regime, das sich mit Mauer und Stacheldraht umgibt, mag die Geschichte umschreiben wollen. Bestehen wird es vor der Geschichte nicht.« Bereits in seiner Regierungserklärung hatte der Bundeskanzler Kohl am 13. Oktober 1982 klargestellt: »Unter Vertragstreue versteht die Bundesregierung, daß nicht nachträglich in Frage gestellt werden darf, worüber zwischen beiden Partnern bei Vertragsabschluß Einvernehmen bestand. Dazu gehört auch die Übereinstimmung, daß im Zusammenhang mit dem Grundlagenvertrag bestimmte grundsätzliche Fragen offen geblieben sind. Diese können auch heute nicht geregelt werden.« Die Deutschlandpolitik blieb von einem Dreischritt charakterisiert: Verschärfung des normativen Abstands zur DDR, engagierte europäische Einigungspolitik als deutschlandpolitisches Rahmenwerk und vor diesem Hintergrund eine vergrößerte, pragmatische Kooperationsfähigkeit mit der DDR.

3.4. Zwei Nationen: In ihrer Gründungsphase hat die DDR ausdrücklich gesamtdeutschen Anspruch erhoben. Die Bundesrepublik Deutschland wurde als westdeutscher Separatstaat bezeichnet. Fernziel war die Ausdehnung des DDR-Systems auf das gesamte Deutschland. In diesem Sinne erfolgte eine aktive Politik, die mit dem Anspruch auf Wiedervereinigung verbunden war. Doch waren weder die DDR-Führung noch die Sowjetunion bereit, die »sozialistischen Errungenschaften« dafür preiszugeben.

Während von westlicher Seite freie Wahlen zur Rekonstituierung einer einheitlichen deutschen Staatsgewalt gefordert wurden, versuchte die SED in zahlreichen Vorschlägen, die politischen Kontakte auf die zwischenstaatliche Ebene zu verlagern. 1950 schlug die DDR einen »Gesamtdeutschen Konstituierenden Rat« vor, der paritätisch besetzt werden sollte und der DDR somit ein überproportionales Gewicht verschafft hätte. Freie Wahlen hingegen betrachtete die DDR-Führung als nachrangig. Der seit 1952 betriebene »planmäßige Aufbau des Sozialismus« wurde von einer deutschlandpolitischen Propaganda begleitet, die sich direkt an die Bevölkerung der Bundesrepublik wandte – unter dem Motto »Deutsche an einen Tisch«. Ende 1956 schlug Walter Ulbricht »im Interesse der Wiedervereinigung« eine Konföderation zwischen beiden deutschen Staaten vor – als sozialistischen Staatenbund. Anfang der 60er Jahre – verstärkt nach dem Bau der Mauer – sah die DDR-Führung demgegenüber nur noch eine sehr langfristige Perspektive für eine Wiedervereinigung. Das Ziel friedlicher »Koexistenz zwischen der sozialistischen DDR und dem kapitalistischen Deutschland« rückte nunmehr in den Vordergrund. Eine deutliche Wende in der nationalpolitischen Sichtweise des DDR-Regimes ergab sich vor dem Hintergrund der neuen Ostpolitik der SPD/F.D.P.-Regierung nach dem Regierungswechsel in der Bundesrepublik Deutschland 1969. Der Fortbestand der Einheit der Nation wurde geleugnet. Die Abgrenzung zum westdeutschen Staat sollte völkerrechtlich untermauert werden.

Im Grundlagenvertrag zwischen beiden deutschen Staaten vom 21. Dezember 1972 konnte sich die DDR mit ihrem Anspruch nicht durchsetzen, als souveräner Staat völkerrechtlich anerkannt zu werden. Die DDR-Führung versuchte fortan gesamtdeutsche Bezüge kategorisch zu negieren. In der Verfassung von 1974 fand sich kein Hinweis mehr darauf. Die Regierung der DDR sprach von zwei »deutschen Nationen«, bei denen sich die »historische Tendenz der Abgrenzung durchgesetzt« habe. Offiziell wurde die Bundesrepublik Deutschland als »imperialistisches Ausland« bezeichnet. Vorrangige politische Forderung der DDR gegenüber der Bundesrepublik Deutschland blieb bis zum Ende der Ära Honecker die völkerrechtliche Anerkennung durch den westdeutschen Staat.

3.5. Suche nach Identität: Seit Abschluß des Grundlagenvertrags zeigten sich in den 70er Jahren und vehement seit Beginn der 80er Jahre politisch-kulturelle Akzentverschiebungen der deutschen Frage in der Bundesrepublik Deutschland. Die Debattenschwerpunkte und Argumentationsfiguren verwiesen schon sprachlich auf neue Akzentuierungen der deutschen Frage. Vor allem in der intellektuellen Öffentlichkeit wurden die veränderten Positionen artikuliert. Anerkennung und Selbstanerkennung, statusrechtliche Probleme, Fragen des Systemgegensatzes wandelten sich zu Selbstverständnisdebatten und Identitätsnachfragen. So wurden in der Bundesrepublik Deutschland erneut Fragen gestellt, von denen man im Zuge der Entwicklung der Bundesrepublik Deutschland zu einer westlichen Industriemacht hätte glauben können, sie stellten sich im westlichen Deutschland nicht mehr. Es ging um die Frage, wer wir eigentlich sind. Was war die Eigentümlichkeit der Bundesrepublik Deutschland, die sie haben muß, um von ihren Bürgern als die ihre akzeptiert werden zu können? Selbstdefinition und Selbstabgrenzung waren für die Bundesbürger nach dem Grundlagenvertrag offenbar noch vager geworden. Gesucht wurde somit eine tiefer grundierte Identität, ein neuer Standort. Es ging um das Verhältnis der Bundesrepublik Deutschland zu sich selbst: es integrierte die Debatte über die deutsche Rolle in der internationalen Politik; die Frage nach den West-Ost-Koordinaten der Bundesrepublik zwischen Westbindung, Ostverbindung und Mittellage tauchte auf; Traditionslinien deutscher Standortsuche wurden mit der Identitätssuche aktiviert. Die sich dabei mit vermischenden kultur- und zivilisationskritischen Strömungen waren jedoch weniger Ausdruck des Unbehagens an der Nation als an der Verfaßtheit der westdeutschen Gesellschaft. Die Frage nach der Identität der Deutschen in den 80er Jahren bündelte somit kulturelle Dispositionen.

Die deutsche Frage wurde so seit Mitte der 70er Jahre stärker als vorher unter Bezugnahme auf subjektive Lebensformen, Werte, Bedürfnisse, Identitätsansprüche formuliert. Sie wurde zunehmend als Thema der politischen Kultur diskutiert. Auch in der DDR gab es fast zeitgleich das Bemühen, das sozialistische Vaterland nicht nur mit gesellschaftspolitisch-ideologischem, sondern auch mit geschichtlichem Inhalt auszufüllen. Das Konzept der Herausbildung der sozialistischen Nation in der DDR, durch die die deutsche Frage endgültig beantwortet sei, war gescheitert.

4. Die Schritte zur staatlichen Vereinigung

4.1. Der innenpolitische Weg zur Einheit: Die Ursachen des Umbruchs in der DDR sind vielschichtig. Die Unzufriedenheit der Menschen mit den Auswirkungen des alltäglichen Sozialismus, die wirtschaftlich desolate Situation, der Protest gegen weitere Beschränkungen der Reisefreiheit und der Menschenrechte gehörten sicher zu den entscheidenden Auslösern des Umbruchs. Ohne die von Gorbatschow in der Sowjetunion und dem gesamten Ostblock eingeleiteten Reformen des gesellschaftlichen und politischen Umbaus wäre die Gesamtentwicklung nicht möglich gewesen. Als Katalysatoren der revolutionsähnlich verlaufenden Wende in der DDR sind die Öffnung der ungarisch-österreichischen Grenze am 11. September 1989 und die Massenflucht von Tausenden von DDR-Bürgern einzuordnen. Der Massenflucht folgte der Massenprotest: die Montagsdemonstrationen besonders in Leipzig, Dresden und Ost-Berlin. Mit dem Fall der Mauer am 9. November 1989 war der Weg zur staatlichen Einheit unumkehrbar. Die täglichen Übersiedlerzahlen und das enorme Wohlstandsgefälle zwischen West- und Ostdeutschland ließen zu einer schnellen Vereinigung keine Alternative, wollte man nicht deutsch-deutsche Grenzkontrollen aufrechterhalten. Es gab zwei Ziele innerhalb des Massenprotests, die phasenverschoben nacheinander folgten: Zunächst sollte das SED-Regime gestürzt werden (»Wir sind das Volk!«); dann, als der Sog der Bundesrepublik sich vergrößerte und die Destabilisierung der DDR täglich zunahm, wurde daraus »Wir sind ein Volk!«.

Die in der ersten freien Volkskammerwahl in der DDR vom 18. März 1990 gewählte Koalitionsregierung unter der Führung von Ministerpräsident Lothar de Maizière hatte das Ziel, wieder einen föderativen Staatsaufbau zu schaffen und die Vereinigung nach Verhandlungen mit der Bundesrepublik auf der Grundlage des Art. 23 GG, der anderen Teilen Deutschlands den Beitritt ermöglichte, konkret vorzubereiten. De Maizière bestand darauf, Rechte und Ansprüche der DDR-Bürger im vereinten Deutschland durch verbindliche Festschreibungen zu sichern. Die Schaffung einer Währungs-, Wirtschafts- und Sozialunion (Staatsvertrag vom 18. Mai 1990) schuf die Voraussetzungen für die Übernahme des Prinzips der sozialen Marktwirtschaft und für die Verpflichtung der DDR auf die Ziele der Geld-, Fiskal-, Beschäftigungs- und Außenhandelspolitik der Bundesrepublik Deutschland. Dieser Staatsvertrag war die Vorstufe zur Vereinigung und trat am 1. Juli 1990 in Kraft. Der Wahlvertrag vom 3. August 1990 versuchte die Formen der politischen Legitimation in beiden deutschen Staaten aufeinander zu beziehen. Parteipolitische Interessen und verfassungsrechtliche Argumente waren jedoch nicht in Einklang zu bringen. Das Bundesverfassungsgericht verhinderte die Festschreibung einer einheitlichen 5 %-Klausel für das gesamte Wahlgebiet. Auf der Grundlage dieses Wahlvertrags erklärte schließlich die Volkskammer der DDR am 23. August 1990 ihren Beitritt zum Geltungsbereich des Grundgesetzes nach Art. 23 GG mit Wirkung zum 3. Oktober 1990. Doch die Volkskammer formulierte gleichzeitig Vorbehalte: Zunächst müßten die Verhandlungen zum Einigungsvertrag abgeschlossen und die außenpolitischen Fragen geklärt sein. Die rechtlichen Grundlagen für die Vereinigung wurden im »Vertrag zwischen der Bundesrepublik Deutschland und der Deutschen Demokratischen Republik über die Herstellung der Einheit Deutschlands – Einigungsvertrag« vom 31. August 1990 gelegt. Der Vertrag regelte die Inkraftsetzung des Grundgesetzes in der ehemaligen DDR zum 3. Oktober 1990 sowie die weitgehende Anwendung des Rechts der Bundesrepublik im Beitrittsgebiet.

4.2. Der außenpolitische Weg zur Einheit: Nach der deutschlandpolitischen Wende am 9. November 1989 war es an den vier Mächten, zu den Ereignissen Stellung zu beziehen. US-Außenminister Baker erklärte, daß die Deutschen in West und Ost selbst über ihre Einheit zu entscheiden hätten, doch müsse ein vereinigtes Deutschland der NATO und der EG angehören. Michail Gorbatschow und François Mitterrand trafen sich Anfang Dezember 1989 in Kiew, beide warnten vor deutschen Alleingängen in der Frage der künftigen Beziehungen beider deutscher Staaten. Das Gleichgewicht und die historischen Bedingungen müßten berücksichtigt werden. Die Sowjetunion beharrte zunächst auf der Neutralität des vereinten Deutschlands, Polen bestand auf einer formalen Anerkennung der polnischen Westgrenze.

An diesen Positionen orientierte die Bundesregierung ihre diplomatischen Initiativen. Am 14. Februar 1990 bereits waren in Ottawa die Außenminister der Bundesrepublik Deutschland und der DDR sowie der Vier Mächte zusammengekommen. Dabei vereinbarten sie die Abhaltung von Konferenzen nach der Formel »Zwei-plus-Vier«, um die äußeren Aspekte der Herstellung der deutschen Einheit einschließlich der Fragen der Sicherheit der Nachbarn zu besprechen. Beim ersten »Zwei-plus-Vier«-Treffen am 5. Mai 1990 verständigten sich die Konferenzteilnehmer, den deutschen Einigungsprozeß zügig und ohne Zeitverlust auf den Weg zu bringen. Übereinstimmung herrschte über das Recht der Deutschen, eigenständig über ihre Vereinigung zu entscheiden, und darüber, daß die polnische Westgrenze in völkerrechtlich verbindlicher Form anzuerkennen sei. Die Debatte um die künftige bündnispolitische Einordnung Gesamtdeutschlands blieb zunächst ohne Ergebnis. Weitere bilaterale und internationale Gespräche folgten. Der entscheidende Durchbruch wurde bei dem Besuch Helmut Kohls in der Sowjetunion, am 16. Juli 1990, erzielt: Deutschland sollte nach seiner Einigung die volle Souveränität erhalten und das Recht haben, frei über seine Bündniszugehörigkeit zu entscheiden.

Mit dieser Vereinbarung gab die Sowjetunion ihren bisherigen Widerstand gegen die NATO-Mitgliedschaft Deutschlands auf, die außenpolitischen Probleme der Wiedervereinigung waren damit gelöst. Die Regierungen der Westmächte hatten zuvor bereits versichert, daß sie einem Vertrag unter der Bedingung der NATO-Zugehörigkeit Deutschlands zustimmen würden. Am 19. September 1990 unterzeichneten die sechs Außenminister der »Zwei-plus-Vier«-Runde den »Vertrag über die abschließende Regelung in bezug auf Deutschland«. Mit der Aussetzung ihrer Sonderrechte zum Zeitpunkt der staatlichen Vereinigung der Deutschen, dem 3. Oktober 1990, trat der Vertrag noch vor der Ratifizierung durch die einzelnen Parlamente der vier Mächte in Kraft.

5. Bonn und Berlin: Ist Erfolg der Maßstab, an dem man den Einigungsprozeß messen kann? Gesamtdeutscher Alltag ist längst eingekehrt. Doch die historisch immer noch nachhaltige Beurteilung des deutschen politischen Systems nach Kriterien ökonomischer Effizienz wirkt nach. Die Einheit kostet Geld, zwar weitaus weniger als die jahrzehntelange Teilung, doch sie war für die Westdeutschen mit ökonomischen Einbußen verbunden. Die Ostdeutschen hatten sich schnelleren Wohlstand für alle gewünscht. Der mühevollste Teil des Transformationsprozesses ist überstanden. Er war aus Unkenntnis der realen Lage unterschätzt worden. Von außen betrachtet, kann man sich nur wundern. Verglichen mit den Reformländern des ehemaligen Ostblocks ist der ökonomische Aufholprozeß in den neuen Bundesländern überaus erfolgreich. Doch nach zehn Jahren fällt die Bilanz im Innern typisch kaufmännisch-kalkulierend aus: Wenig Freude, viel Kritik an den Kosten der Einheit. Dennoch: Die große Mehrheit begrüßt die Einheit, kritisiert jedoch einzelne Akzente des Prozesses.

Die zentrale Zäsur zwischen Bonner und Berliner Republik liegt in der Außenpolitik. Das politische System der Bundesrepublik im Innern ist nur marginal betroffen. Das ist keine Selbstverständlichkeit. Denn der Modernitätsschock für die ehemaligen DDR-Bürger war dramatisch, für manche gar traumatisch. Unvermittelt konnten die Menschen reisen, wohin sie wollten, lesen, was sie erträumten, kaufen, was sie sich wünschten und auch aussprechen, was sie dachten. Es fielen nicht nur Schranken, sondern auch gewohnte Sicherheiten verschwanden. Nichts hat sich jedoch seit der Einheit so gewandelt wie die internationale Position der Deutschen. Gewichtiger und selbstbewußter, so sehen europäische Nachbarn das vereinigte Deutschland. Mehrheitlich sind die Deutschen heute bereit, international deutlicher Verantwortung zu tragen. Aus der rückbetrachtenden Perspektive von 50 Jahren Bundesrepublik Deutschland reduziert sich freilich die Frage nach der inneren Einheit zu einer kurzen Episode der deutschen Geschichte. Die deutsche Einheit hat mittlerweile eine Eigengeschichtlichkeit. Eine neue politische Generation in Deutschland erlebt seit zehn Jahren eine gesamtdeutsche politische Geschichte. Für diese Generation steht nicht mehr die deutsche Einheit, sondern vielmehr die europäische Integration im Zentrum der Aufmerksamkeit.

Karl-Rudolf Korte/Werner Weidenfeld

Anmerkungen:

1 G. Ritter: Das deutsche Problem, München 1962, S. 11.
2 Vgl. R. Dahrendorf: Gesellschaft und Demokratie in Deutschland, München 1965, S. 17 ff.
3 Ebd., S. 26.

Literatur:

Altenhof, Ralf/Eckhard Jesse (Hrsg.): Das wiedervereinigte Deutschland. Zwischenbilanz und Perspektiven, München 1995. □ Bracher, Karl Dietrich u. a. (Hrsg.): Geschichte der Bundesrepublik Deutschland in fünf Bänden, Stuttgart/Mannheim 1982 ff. □ Deutscher Bundestag (Hrsg.): Materialien der Enquete-Kommission »Aufarbeitung von Geschichte und Folgen der SED-Diktatur in Deutschland«, 9 Bde. in 18 Teilbde., Baden-Baden/Frankfurt a. M. 1995. □ Garton Ash, Timothy: Im Namen Europas. Deutschland und der geteilte Kontinent, München 1993. □ Glaab, Manuela: Deutschlandpolitik in der öffentlichen Meinung. Einstellungen und Regierungspolitik in der Bundesrepublik Deutschland 1949 bis 1990, Opladen 1999. □ Gros, Jürgen: Entscheidung ohne Alternativen? Die Wirtschafts-, Finanz- und Sozialpolitik im deutschen Vereinigungsprozeß 1989/90, Mainz 1994. □ Jarausch, Konrad H.: Die unverhoffte Einheit. Ein historischer Versuch, Frankfurt a. M. 1994. □ Jesse, Eckhard/Armin Mitter (Hrsg.): Die Gestaltung der deutschen Einheit, Bonn 1992. □ Korte, Karl-Rudolf: Der Standort der Deutschen. Akzentverlagerungen der deutschen Frage in der Bundesrepublik seit den siebziger Jahren, Köln 1990. □ DERS.: Die Chance genutzt? Die Politik zur Einheit Deutschlands, Frankfurt a. M./New York 1994. □ DERS.: Deutschlandpolitik in Helmut Kohls Kanzlerschaft. Regierungsstil und Entscheidungen 1982–1989, Stuttgart 1998. □ DERS.: Unbefangen und gelassen. Über die außenpolitische Normalität der Berliner Republik, in: Internationale Politik, 12/1998, S. 3–12. □ WEIDENFELD, WERNER: Die Frage nach der Einheit der deutschen Nation, München 1982. □ DERS.: Der deutsche Weg, Berlin (2. Aufl.) 1990. □ DERS. (Hrsg.): Die Identität der Deutschen, München (2. Aufl.) 1985. □ DERS. MIT PETER M. WAGNER UND ELKE BRUCK: Außenpolitik für die deutsche Einheit, Stuttgart 1998. □ DERS./HARTMUT ZIMMERMANN (Hrsg.): Deutschland-Handbuch. Eine doppelte Bilanz 1949–1989, München 1989.

Deutschland von außen

→ Ausländer, **Außenpolitik**, Bundesrepublik Deutschland: Geschichte, Einstellungen zur deutschen Einheit, Europäische Integration, Extremismus und Innere Sicherheit, Geschichtsbewußtsein, **Identität**, Nation und Nationalbewußtsein, Politische Kultur, **Sicherheitspolitik**, Verhandlungen zur deutschen Einheit: Internationaler Prozeß, Wirtschaft.

1. Deutsche Außenansichten vor 1989: Die Außenansicht Deutschlands war und ist bis heute von Ambivalenzen geprägt, deren Ausprägungen sich zwischen den Polen Anziehung und Abstoßung bewegen. Dabei übte die deutsche Frage traditionell einen maßgeblichen Einfluß auf die internationale Wahrnehmung Deutschlands aus, zeigte sich doch im Verlauf der Geschichte, daß die deutsche Frage keine rein nationale, sondern vor allem eine Angelegenheit von europäischer Dimension ist: Sie hat durch die Jahrhunderte die Sicht auf Deutschland maßgeblich geprägt, war in der Geschichte nicht selten eine Quelle existentieller Bedrohung für Deutschlands Nachbarn. Dadurch entwickelte sich die deutsche Frage zu einer Art Wahrnehmungsfilter.

Die deutsche Suche nach nationaler Identität bildete einen Unsicherheitsfaktor in Europa. Deshalb war die deutsche Teilung nach 1945 für Deutschlands Partner und Verbündete stets ambivalent: Basierend auf den Strukturen des Kalten Krieges entschärfte sie den Machtfaktor Deutschland. Die Westbindung der Bundesrepublik stellte auf der einen Seite eine temporäre Versicherung gegen neues deutsches Hegemonialstreben dar. Auf der anderen Seite wurden Veränderungen im Status quo – wie etwa die Ostpolitik der 70er Jahre – in Westeuropa stets als Quelle neuer Unsicherheiten betrachtet.

Die deutsche Einheit brachte eine staatsrechtliche Lösung der deutschen Frage. Gleichzeitig stand die Frage nach dem neuen Selbstverständnis des geeinten Deutschland damit aber erst am Anfang. Die neue europäische und internationale Rolle des wiedervereinten Deutschland war aus Sicht von Nachbarn und Verbündeten nicht zwangsläufig gleichbedeutend mit der der alten Bundesrepublik. Darüber hinaus hat der Verlust des alten »Gleichgewichts der Ungleichgewichte« – Deutschland war zwar vor 1990 wirtschaftlich eine Macht, in seiner politischen Souveränität im Gegensatz zu anderen Staaten jedoch Beschränkungen unterworfen – das Umfeld besonders sensibel für die neue Rollendefinition Deutschlands gemacht.

Der Dualismus von Bewunderung und Angst – historisches Kennzeichen in der Perzeption der Nachbarstaaten – war und ist eng mit der geistig-politischen Standortbestimmung der Deutschen, der Frage nach ihrer Identität, verknüpft. Westbindung, Orientierung nach Osten oder Mittlerrolle, Sonderweg und Mittellage sind nur einige der zahlreichen Antworten auf diese Frage, welche das Bild von den wandelbaren und unruhigen Deutschen haben entstehen lassen. Die wechselvolle Geschichte der Nationwerdung trug dazu bei, eine Reihe negativer Stereotype über Deutschland im kollektiven Gedächtnis anderer Nationen zu verfestigen. So galt dem lockeren deutschen Staatenbund insbesondere im 18. Jahrhundert und zu Beginn des 19. Jahrhunderts die kulturelle Wertschätzung in weiten Teilen des Auslands, deutsche Musik und deutsches Geistesleben übten europaweit Faszination aus. Allgemeine Bewunderung erntete aber auch die Effizienz und Straffheit von Bürokratie und Militär Preußens. Erst das Entstehen des neuen (preußisch-)deutschen Nationalstaats – der »verspäteten Nation« – sorgte in der zweiten Hälfte des 19. Jahrhunderts dagegen für Bedrohungsängste bei den Nachbarn. Massive antideutsche Strömungen in Europa entwickelten sich mit der Reichsgründung von 1871 und der zunehmenden wirtschaftlichen und politischen Dominanz Deutschlands im Zentrum Europas. Der Ausbruch zweier von Deutschland provozierter Weltkriege sowie die Auswüchse des nationalsozialistischen Terrorregimes in diesem Jahrhundert verwurzelten nicht nur bei den Europäern die Sorge vor einem chronischen Hegemonialstreben der Deutschen.

In der 40jährigen Nachkriegsgeschichte blieb die deutsche Frage in ihrer geistigen und machtpolitischen Dimension Kristallisationspunkt ausländischer Besorgnis gegenüber Deutschland. Ein Mißtrauen gegenüber Deutschland und den Deutschen blieb bestehen und kann auch heute bisweilen reaktiviert werden. Die Gründung der Bundesrepublik und die Politik der Westbindung haben im westlichen Ausland erst allmählich die Grundlagen für eine freundlichere Sicht auf die Deutschen geschaffen, während unter kommunistischer Herrschaft die Deutschen-Feindlichkeit – bezogen auf die Bundesrepublik – staatlich verordnet und propagandistisch ausgeschlachtet wurde. Aufgrund des Mangels an zuverlässigem Datenmaterial in den Staaten des einstigen Warschauer Pakts kann nicht mehr überprüft werden, inwieweit Propaganda und tatsächliche Bevölkerungsmeinung übereinstimmten. Nahrung fand der Vorwurf (west-)deutschen Revisionismus vor allem in der (west-)deutschen Nicht-Anerkennung der Oder-Neiße-Grenze bis zum Abschluß des Warschauer Vertrags.

Insgesamt ist festzustellen, daß die negative Sicht auf die Deutschen erst seit den 70er Jahren unseres Jahrhunderts insbesondere im Westen rückläufig war. Spürbare Aufhellungen zeigten sich im Deutschlandbild seither. Ältere Feindbilder und Stereotype haben ebenso abgenommen wie die Furcht vor einem deutschen Rückfall in Autoritarismus und Militarismus. Besorgnis erweckte dagegen das ständig wachsende wirtschaftliche und politische Gewicht der Bundesrepublik. Zu Beginn der 80er Jahre richteten sich mit dem Aufkommen von »Ökopazifismus« und Friedensbewegung die Sorgen der westlichen Partner Deutschlands auf ein Nachgeben der Bundesrepublik gegenüber Moskau und damit gegenüber neutralistischen Tendenzen. Das Stereotyp deutscher Gründlichkeit spielte dabei eine wichtige Rolle, implizierte es doch spätestens seit den nationalsozialistischen Exzessen zugleich einen Hang zum Extremen. Entsprechend wurden die Deutschen in ihrem Engagement für Abrüstungs- und Entspannungspolitik, für den Umweltschutz, aber beispielsweise auch für den europäischen Einigungsprozeß von ausländischen Beobachtern häufig als übereifrige Musterschüler, als Lehrmeister, bisweilen gar als Moralapostel beargwöhnt.

Mit der Entspannungspolitik unter Gorbatschow wurde auch in den einstigen Ostblock-Staaten ein nuancierteres und damit positiveres Bild von den Deutschen möglich – wenngleich mit deutlichen Unterschieden: So war etwa in Polen die historisch begründete Sorge vor dem Nachbarn im Osten und seinen etwaigen territorialen Ansprüchen stets virulent. Dennoch blieb die ungelöste deutsche Frage ein sensibler Punkt in der Außenwahrnehmung. Gekoppelt an die Nachkriegskonstellation des Blockantagonismus schien eine Annäherung der beiden deutschen Staaten unwahrscheinlich; Bewegung in der internationalen Kräftekonstellation und damit auch in der deutschen Frage wurde im Ausland jedoch stets mit Beunruhigung und Skepsis aufgenommen. In den westlichen Demokratien sorgten insbesondere Medien und Intellektuelle regelmäßig mit Warnungen vor einem Ausscheren der Bundesrepublik aus der westlichen Staatengemeinschaft und ihren Bündnissen bzw. vor einem erneuten deutschen Sonderweg zwecks Wiedererlangung der staatlichen Einheit für antideutsche Stimmung. Während führende Politiker der westlichen Partnerstaaten der Bundesrepublik – vertraglich gebunden – das Selbstbestimmungsrecht der Deutschen prinzipiell unterstützten und im Tenor ihrer Sorge etwas vorsichtiger Ausdruck verliehen, war auch hier Skepsis gegenüber der Zuverlässigkeit der Bundesrepublik anzutreffen. Dabei spielte die ungelöste deutsche Frage in den Ländern, die im Zweiten Weltkrieg durch deutsche Angriffe und Terrorherrschaft stärker betroffen waren, eine sehr viel größere Rolle als in den weniger betroffenen Ländern. Während etwa in den USA die deutsche Frage eine eher nachgeordnete Rolle spielte, war sie in Frankreich beim Blick auf den Nachbarn stets ein dominierender Wahrnehmungsfilter. Ungeachtet der vor allem medial vermittelten Skepsis gegenüber den Deutschen und ihrem nationalen Schicksal fand das Ziel der Einheit Deutschlands Ende der 70er Jahre in weiten Teilen des Auslands eine mehrheitliche Unterstützung.[1]

2. Das Ausland und die deutsche Einheit 1989/90: Auch als 1989 die deutsche Frage mit einem Schlag tagespolitisch aktuell wurde, fand dieser Trend seine Bestätigung. Vor allem in den Wochen unmittelbar vor und nach dem Fall der Mauer ließen Wogen von Sympathie und Verständnis für die menschliche Dimension der deutschen Frage die Zustimmung zur staatlichen Einheit Deutschlands fast allgemein werden (vgl. Abb. 1).

Insgesamt lassen sich mehrere Phasen bzw. unterschiedliche Positionen in der Zustimmung zur Vereinigung ausmachen. Die anhaltenden Flüchtlingsströme aus der DDR in die Bundesrepublik des Sommers 1989 hievten in den Medien des Auslands bereits sehr früh die deutsche Frage wieder auf die internationale Agenda. Während westliche Politiker dazu neigten, sich angesichts der Ereignisse zunächst bedeckt zu halten, schrieb die Presse vielfach den Sieg der Freiheit schon auf ihre Fahnen. Das öffentliche Meinungsbild war von breiter Sympathie angesichts der menschlichen Schicksale geprägt. Die empirischen Befunde belegten ein positives Bild über die Deutschen und damit ein günstiges Ausgangsklima für die Beurteilung der folgenden deutsch-deutschen Ereignisse. Das Institut für Demoskopie Allensbach ermittelte im September/Oktober 1989 überwiegend positive Meinungen über die Deutschen: Die Frage, ob sie die Deutschen mögen, beantworteten in den Niederlanden und Schweden jeweils 56 % positiv, in Frankreich 52 % und in Spanien 47 %. Die Briten gaben sich mit 39 % (im Vergleich zu 25 % verneinenden Antworten) bereits zurückhaltender, während sich die Italiener gespalten zeigten (34 % positive und 35 % negative Antworten). Die Japaner wiederum enthielten sich überdurchschnittlich häufig einer Meinung hierzu (45 %), wohl nicht zuletzt infolge der großen räumlichen Distanz.[2]

Abbildung 1: Einstellungen zur Vereinigung 1989 (Angaben in %)

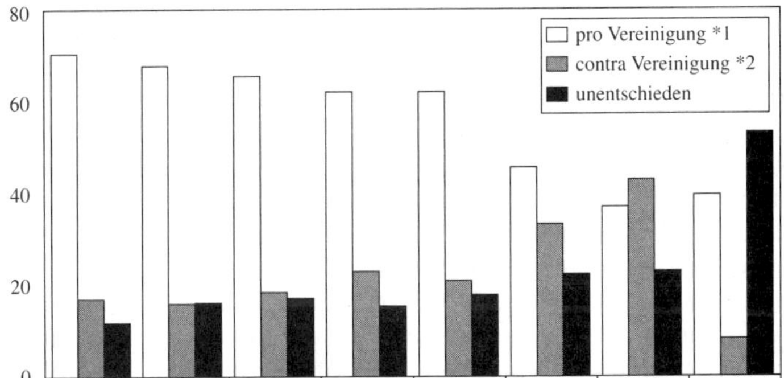

	Schweden	Frankreich	Italien	GB	NL	Spanien	USA	Japan
pro Vereinigung *1	71	68	66	62	62	45	36	38
contra Vereinigung *2	17	16	18	23	21	33	42	7
unentschieden	12	16	16	15	17	22	22	52

*1 genauer Wortlaut der Fragestellung: »Wenn ein Land gegen seinen Willen geteilt ist, entstehen dort besonders leicht Spannungen. Deshalb wäre für den Frieden der Welt ein wiedervereinigtes Deutschland besser.«
*2 genauer Wortlaut der Fragestellung: »Ein wiedervereinigtes Deutschland wäre zu stark und könne das internationale Kräftegleichgewicht stören. Für den Frieden der Welt ist daher ein geteiltes Deutschland besser.«

Quelle: Institut für Demoskopie Allensbach: Internationale Umfrage 1989. Das Deutschlandbild im Ausland. Ergebnisse einer internationalen Umfrage in acht Ländern (September/Oktober 1989).

Erst die Zeit nach dem Fall der Berliner Mauer im November 1989 ließ eine deutliche Ambivalenz von öffentlicher und veröffentlichter Meinung erkennen. Während die Demoskopen international auch weiterhin Mehrheiten für eine Vereinigung ermittelten, kam vor allem in den Medien des Auslands ein skeptischer Tenor zum Tragen: die Angst vor neuem deutschem Nationalismus, vor einem deutschen Alleingang zur Wiederherstellung seiner nationalen Einheit. Einen Wendepunkt in der internationalen Wahrnehmung stellte das Zehn-Punkte-Programm von Bundeskanzler Kohl dar, mit dessen Verkündung er am 28. November 1989 erstmals einen Fahrplan zur Vereinigung der beiden deutschen Staaten präsentierte. Je näher die deutsche Einheit in den Bereich des politisch Realisierbaren rückte, desto stärker drangen bislang nur latent vorhandene Sorgen nach außen. Selbst seriöse Presseorgane blieben nicht frei von zum Teil hysterischen Äußerungen angesichts der vermuteten Perspektiven: Warnungen vor einem Vierten Reich oder einer Rückkehr zu Bismarckscher Geopolitik waren zu vernehmen. Wenngleich nicht allerorten Hysterie, sondern auch verständnisvolle Stimmen laut wurden, so erwies sich die Furcht vor einem ökonomischen Riesen in der Mitte Europas und vor neuen deutschen Großmachtambitionen als charakteristisch für die ausländische Berichterstattung. Die von den Medien und Intellektuellen gezeichneten Negativszenarien fanden jedoch bei breiten Bevölkerungsschichten in vielen Staaten keinen Widerhall. So erfolgte die Zustimmung zu einer deutschen Vereinigung – von den Demoskopen international schon ermittelt, bevor sich die betreffenden Politiker an eine Lösung heranwagten – auf breiter Basis und erreichte vor der Jahreswende 1989/90 zum Teil Werte, die über der westdeutschen Bejahung der deutschen Einheit lagen. Im Laufe des Jahres 1990 sanken diese Werte zwar allgemein wieder. Durchschnittlich befürwortete aber weiterhin jeweils eine Mehrheit die Vereinigung der beiden deutschen Staaten. Insbesondere Frankreich und die USA zeigten anhaltend große Unterstützung für das Selbstbestimmungsrecht der Deutschen. Dennoch wurden einer Umfrage von Los Angeles Times und The Economist vom Januar 1990 zufolge – bei prinzipieller Unterstützung für eine staatliche Einheit der beiden deutschen Staaten – Sorgen vor einem geeinten Deutschland als der beherrschenden Macht in Europa deutlich: Während diese Befürchtung in den USA – allein aufgrund der größeren räumlichen Distanz – weniger ausgeprägt war (29 %), fielen die Ergebnisse in Großbritannien und Frankreich mit jeweils 50 % und insbesondere in Polen mit 69 % eindeutig aus. Im Hintergrund stand dabei in Polen vorrangig die Furcht vor territorialen Expansionsbestrebungen (54 %) und einer Wiederkehr des Faschismus in Deutschland (53 %). Letzteres galt ebenfalls für Großbritannien (53 %), während in Frankreich die Sorge einer zu starken deutschen Wirtschaft galt (55 %).[3]

Die Ergebnisse der Brüsseler Eurobarometer-Umfrage der Europäischen Kommission vom Frühjahr 1990 bestätigten den Trend wachsender Skepsis bei immer noch deutlicher Unterstützung für die Vereinigung der deiden deutschen Staaten: Der Anteil der Befürworter der Vereinigung innerhalb der EG war durchschnittlich von 78 % unmittelbar nach dem Mauerfall im November 1989 auf 71 % zurückgegangen. Im einzelnen waren dafür insbesondere Deutschlands unmittelbare

Nachbarn ausschlaggebend: In den Niederlanden war die Zustimmung um 17 %, in Frankreich um 14 %, in Luxemburg um 11 % sowie in Belgien um 10 % gesunken. Hingegen stimmten die Spanier zu diesem Zeitpunkt noch mit 81 % zu und übertrafen damit die Bundesbürger selbst (77 %); Briten und Dänen äußerten sich mit 64 % bzw. 56 % positiv gegenüber der deutschen Einheit.[4] Die wachsende Zurückhaltung der Europäer hatte ihre Ursache in verschiedenen Aspekten: Angst vor einem zu starken Deutschland innerhalb der EG, Angst vor zusätzlichen ökonomischen und finanziellen Belastungen für die Gemeinschaft, Sorgen vor künftigen Alleingängen des vom wirtschaftlichen nun auch zu einem politischen Riesen gewandelten Deutschland. Diese Befürchtungen bildeten in den folgenden Jahren bei der internationalen Beurteilung Deutschlands ein entscheidendes Wahrnehmungskriterium.

3. Deutschland in der internationalen Wahrnehmung seit Ende 1990: Wenngleich die deutsche Frage 1990 ihre staatliche Lösung gefunden hat, so ist die Frage der Identität doch weiter aktuell geblieben. Auch in der internationalen Wahrnehmung wird dem Rechnung getragen: Deutschland wird von außen immer noch mit besonderer Aufmerksamkeit betrachtet. Seine innergesellschaftlichen und vor allem außenpolitischen Aktivitäten werden vom Ausland wachsam verfolgt. Dabei ist festzuhalten, daß die traditionellen Ängste vor einem erstarkenden, militaristischen Deutschland – einem »Vierten Reich« – mit bzw. im Gefolge der Vereinigung von 1990 abgelöst wurden von der Sorge angesichts eines politisch und wirtschaftlich mächtigeren vereinten Deutschland. Deutschland hat sich zwar mit der Vereinigung – allgemein anerkannt – zu den Werten und der Demokratie westdeutscher Prägung bekannt, doch werden innergesellschaftliche Entwicklungen immer noch unter den Gesichtspunkten demokratischer Stabilität und Zuverlässigkeit bewertet. So bleibt die Last der deutschen Vergangenheit ein Perzeptionsfilter bei der Sicht von außen auf das geeinte Deutschland. Zahlreiche Ereignisse der vergangenen Jahre haben dies immer wieder demonstriert.

3.1. Die Hypothek der Vergangenheit: In der zweiten Jahreshälfte 1992 trübte sich das Bild der Deutschen im Ausland schlagartig ein. Zunächst hatten die massiven Stimmengewinne rechtsgerichteter Parteien bei mehreren Landtagswahlen im Frühjahr 1992 das Ausland sensibilisiert. Eine Gefährdung der bundesdeutschen Demokratie wurde bereits zu diesem Zeitpunkt in den internationalen Medien ausgemacht. Bei aller Verurteilung wurden aber auch die Ursachen für diesen Rechtsruck in der Wahlbevölkerung hinterfragt. So wertete man die Wahlergebnisse auch als eine wenig überraschende Reaktion auf die ökonomischen Schwierigkeiten des vereinten Deutschland und dessen Identitätsprobleme beim Zusammenwachsen von Ost und West. Als aber die fremdenfeindlichen Ausschreitungen gegen ausländische Mitbürger in Rostock im August 1992 eskalierten, war die Furcht vor den »deutschen Dämonen« wieder allerorten zu spüren. Medien und auch Politiker sahen erneut »das Gespenst des Faschismus« in Deutschland umgehen. Entsetzen und Abscheu kennzeichneten die internationalen Medienkommentare – insbesondere angesichts der Tatsache, daß die gewalttätigen Exzesse von Teilen der Bevölkerung geduldet und sogar beklatscht wurden. Vergleiche zu den Pogromen der 30er Jahre wurden gezogen. Die nationalsozialistische Vergangenheit schien Deutschland aus internationaler Perspektive eingeholt zu haben, wie dies auch Umfragedaten belegen. Die schlimmsten Ereignisse deutscher Vergangenheit, Naziterror und brachiale Verstöße gegen die Menschlichkeit, schienen für viele nur unter der Oberfläche der Deutschen zu ruhen und jederzeit wieder aufbrechen zu können. So glaubten die US-Bürger 1993 mehrheitlich, die Wiederbelebung des Nationalsozialismus sei grundsätzlich möglich (54 %), ein Drittel sah eine starke Gefährdung in Deutschland durch den Rechtsradikalismus, über die Hälfte bezeichnete die Deutschen als antisemitisch. Unter den europäischen Partnern wurde Deutschland durchschnittlich von 53 % als das Land mit dem stärksten Antisemitismus ausgemacht, wobei in Portugal der Anteil mit 42 % am niedrigsten, in Italien mit 73 % am höchsten war. Ebenso ist hier die einhellige Meinung, Deutschland sei das ausländerfeindlichste Land der Zwölfergemeinschaft (im Mittel 42 %). Auch Deutschlands osteuropäische Nachbarn sorgten sich 1993 um eine mögliche Wiederkehr des Nationalsozialismus: 55 % der Tschechen, 46 % der Slowaken sowie 47 % der Polen wollten diese Gefahr nicht ausschließen.[5]

Informierte Beobachter wiesen gleichzeitig aber auch auf mögliche Hintergründe und Ursachen für die Ausschreitungen hin. So wurden immer wieder das vergleichsweise liberale Asylrecht und die große Zahl von Flüchtlingen im vereinten Deutschland mit seiner zusätzlichen Belastung durch die Öffnung des Kontinents nach Osten genannt. In Kombination mit den Belastungen aus der Vereinigung, den ersten massiven Enttäuschungen sowie hoher Arbeitslosigkeit in den neuen Bundesländern wurde darin ein großes Konfliktpotential gesehen. Wenn es darüber hinaus auch Stimmen gab, die bemerkten, daß Fremdenfeindlichkeit kein rein deutsches Phänomen sei, so war das international einhellige Urteil angesichts des erreichten Eskalationsgrades rassistischer Gewalt, daß die über 40 Jahre gefestigte Demokratie der Bundesrepublik nun schweren Schaden zu nehmen drohte.

Regierung, Justiz und Polizei wurden für ihre mangelnde Entschlossenheit bei der Bekämpfung des Rechtsradikalismus massiv kritisiert. Das Tauziehen um eine Änderung des deutschen Asylrechts und die Haltung der verantwortlichen Politiker beförderten die Ängste im Ausland zusätzlich. Erst das nach Mölln entschiedenere Vorgehen bei der Strafverfolgung der Täter sowie die Protestkundgebungen breiterer Bevölkerungsgruppen gegen die rassistischen Exzesse wurden im Ausland mit Befriedigung kommentiert. Dennoch herrschte in den internationalen Medien Zweifel, ob der »braunen Pest« in Deutschland nun noch durch Verurteilung von höchster Stelle beizukommen sei, wie etwa Le Monde am 8. November 1992 kommentierte. Die israelische Presse rief gar die Juden in Deutschland auf, nach Israel zu kommen. Die Sympathiewerte für das geeinte Deutschland, die im Herbst 1989 in weiten Teilen des Auslands Spitzenwerte erreicht hatten, brachen in der zweiten Jahreshälfte 1992 deutlich ein (vgl. Abb. 2).

Reaktionen auf Ereignisse und Debatten der jüngsten Zeit wie etwa die Rede Martin Walsers anläßlich der Verleihung des Friedenspreises des Deutschen Buch-

Abbildung 2: Sympathiewerte der Deutschen im Ausland

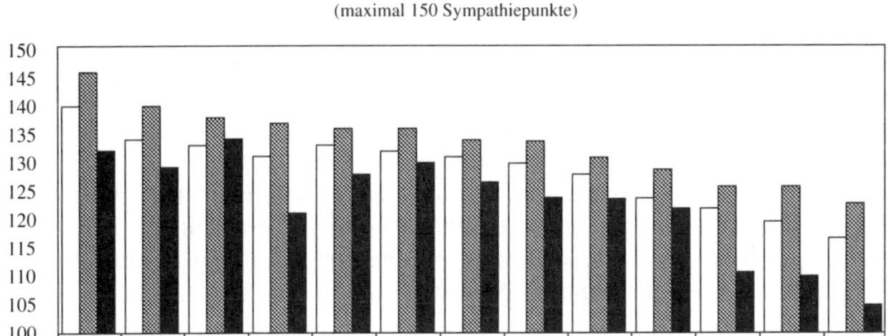

	USA	Frankr.	Rußland	GB	Italien	Griechenl.	Spanien	Belgien	Österreich	Polen	Dänemark	NL	Israel
1986	140	134	133	131	133	132	131	130	129	124	122	120	117
1989	146	140	138	137	136	136	134	134	131	129	126	126	123
1992	132	129	134	121	126	130	127	124	124	122	111	110	105

Quelle: Focus 9/1993.

handels 1998 oder die Frage der Errichtung eines zentralen Holocaust-Mahnmals in Berlin belegen die nach wie vor große internationale Wachsamkeit und Sensibilität für den Umgang der Deutschen mit ihrer historischen Last. Allerdings zeigen sie auch die weitgehende Beschränkung solcher Diskussionen auf intellektuelle Eliten. Um so mehr Beachtung findet die größere Unbefangenheit im Umgang mit nationalem Selbstbewußtsein und deutscher Vergangenheit seitens der neuen Bundesregierung. In seiner Regierungserklärung formulierte Bundeskanzler Schröder: »Es ist das Selbstbewußtsein einer erwachsenen Nation, die sich niemandem über- oder unterlegen fühlen muß, die sich der Geschichte und ihrer Verantwortung stellt, aber dabei nach vorne blickt ... Auch unsere Nachbarn in Europa wissen, daß sie uns um so besser trauen können, je mehr wir Deutsche selber unserer Kraft vertrauen. Es waren in der Vergangenheit immer die gefährlichen Schieflagen im nationalen Selbstbewußtsein, die zu Extremismus und Unfrieden geführt haben ...«[6]

3.2. Die Rolle des vereinten Deutschland in der Welt: Schon während des Vereinigungsprozesses hatten sich Beobachter gefragt, welche Konsequenzen aus der deutschen Einheit für das nationale Selbstbewußtsein Deutschlands resultierten und wie sich dies auf die künftige deutsche Außenpolitik auswirke. Würde die Strategie der Selbsteinbindung, die der alten Bundesrepublik eine Kultur der Zurückhaltung ermöglicht hatte, nunmehr aufgegeben?[7] Vor dem Hintergrund dieser Fragen wurden neben den innenpolitischen Auseinandersetzungen vor allem außenpolitische Aktionen des vereinten Deutschlands in den Blick genommen, die in unmittelbarer

Rückwirkung auf Freunde und Partner standen. Dabei kann von einer insgesamt ambivalenten Wahrnehmung gesprochen werden: So wurden einerseits Anzeichen deutscher Schwäche und mangelnder Entschlossenheit als Anzeichen drohender Instabilität und mangelnder Bereitschaft, international Verantwortung zu übernehmen, empfunden. Andererseits wurde ein eigenständigeres außenpolitisches Engagement der Bundesregierung immer auch auf Anzeichen für eine eventuell neu erstehende deutsche »Großmannssucht« und hegemoniales Streben hin befragt.

Die Sorge vor einem geschwächten und mit sich selbst, d. h. seinen inneren Problemen beschäftigten Deutschland verstärkte sich zum einen während des Golf-Kriegs 1990/91, zum anderen im Jugoslawien-Konflikt hinsichtlich einer deutschen Beteiligung an friedensschaffenden bzw. -erhaltenden Maßnahmen im Rahmen von UN-Aktionen. Die in der Bundesrepublik hierüber einsetzende Debatte hinterließ bei vielen ausländischen Beobachtern den Eindruck, Deutschland werde der seiner gewachsenen politischen und wirtschaftlichen Bedeutung angemessenen Verantwortung innerhalb der Völkergemeinschaft nicht gerecht. Die Berufung auf die Beschränkungen des Grundgesetzes wurde von vielen Beobachtern als Scheinargument empfunden. Auch der Begründungszusammenhang, deutsche Soldaten nicht auf Terrain einsetzen zu können und zu wollen, wo in deutschem Namen während des Zweiten Weltkriegs großes Leid verübt wurde, hatte in den Augen vieler außenpolitischer Beobachter seine Legitimation eingebüßt. Vielmehr begründete aus ihrer Sicht gerade die Vergangenheit eine Mitverantwortung Deutschlands für die Wahrung bzw. Wiederherstellung von Frieden und Menschenrechten. Ein deutscher Beitrag müsse, so viele Kommentatoren, über die bisherige Scheckbuchdiplomatie hinausgehen. Die Entscheidung des Bundesverfassungsgerichts vom 12. Juli 1994, derzufolge die Teilnahme von Einheiten der Bundeswehr im Rahmen von NATO- bzw. WEU-Aktionen sowie an UN-Friedenstruppen außerhalb des NATO-Gebiets verfassungsmäßig gedeckt ist, wurde international als ein fundamentaler Richtungswechsel in der deutschen Außenpolitik und als das Ende eines außenpolitischen Sonderwegs gewertet.

Gleichzeitig lieferte die Jugoslawien-Politik der Bundesregierung aus der Außenperspektive Anzeichen von Selbstherrlichkeit und neuen deutschen Großmachtgelüsten. Angesichts des Zerfalls der Sowjetunion und der Auflösung des Warschauer Pakts waren vor allem Großbritannien und Frankreich in Sorge um ein mittelfristig fehlendes Gegengewicht zum erstarkenden Deutschland auf dem europäischen Kontinent. Das Vorgehen der Bundesregierung, die zunächst bei Freunden und Verbündeten auf eine Unterstützung der staatlichen Unabhängigkeit von Kroatien und Slowenien drängte und schließlich bei der Anerkennung als Vorreiter agierte, stieß auf heftige Kritik zahlreicher europäischer Partner, der USA sowie der Vereinten Nationen. Wenngleich die Reaktionen nicht überall so drastisch wie in Griechenland ausfielen, wo – aufgrund der deutschen Unterstützung für die Eigenstaatlichkeit Mazedoniens – Mehrheiten das vereinte Deutschland als eine ernsthafte Gefahr für den Frieden in Europa erachteten, wurde das deutsche Verhalten doch allgemein als nationaler Alleingang gewertet, dem zu folgen man sich schließlich gezwungen sah. Zwar war bei den Bevölkerungen der europäischen Verbündeten der Anteil derjenigen, die in Deutschland eine Gefahr für den europäischen Frieden sahen, bis 1993 leicht angestiegen (33 %), eine Mehrheit (53 %) teilte diese Befürchtung jedoch nicht. Lediglich in Großbritannien, Griechenland, Luxemburg und Irland wurde diese Bedrohung mehrheitlich gesehen. In den USA hatte sich der Anteil derjenigen, die Deutschland als potentielles Risiko für den Frieden in Europa ausmachten, zwischen 1991 und 1993 von 30 % auf 41 % erhöht, dennoch war mehr als die Hälfte (54 %) der US-Bürger gegenteiliger Meinung. In den mittel- und osteuropäischen Reformstaaten, wo 1993 die Frage nach einer deutschen Bedrohung mit dem unmittelbaren Bezugspunkt auf das eigene Land gestellt wurde, ergab sich ein sehr unterschiedliches Bild: Während nur 16 % der Slowaken in Deutschland eine Bedrohung für ihr Land sahen, waren es in der Tschechischen Republik 41 %, in Polen sogar 52 %.[8]

Daß auch nach dem Regierungswechsel im Herbst 1998 die neue rot-grüne Regierungskoalition dem Einsatz deutscher Streitkräfte im ehemaligen Jugoslawien beinahe wie selbstverständlich zustimmte, wurde im Ausland mit Verblüffung registriert. Gleichzeitig wurden außenpolitische Kontinuität und unaufgeregte Normalität wohlwollend und erleichtert kommentiert. Joschka Fischers Wahlkampfformulierung, wonach es keine »grüne«, sondern nur eine »deutsche« Außenpolitik geben könne, hatte für viele einen eindrucksvollen Beweis gefunden.[9]

3.3. Deutschland zwischen europäischer Einbindung und Dominanz: Mit der Vereinigung war Deutschland im Vergleich zu seinen europäischen Partnern demographisch und ökonomisch zum Riesen der Gemeinschaft geworden. Allein die Perspektive eines Deutschland mit fast 80 Mio. Menschen schreckte so manchen Partner. Auch hier waren die Meinungen und Erwartungen zweigeteilt: Zum einen ging mit der Aussicht eines geeinten Deutschland die Hoffnung einher, daß dieses sowohl ökonomisch als auch für den Fortgang der europäischen Integration eine immense Schubwirkung auslösen werde. Zum anderen war der international erwartete Machtzuwachs eines der (damals noch) zwölf Mitgliedstaaten der Gemeinschaft eine Aussicht, die Ängste vor deutscher Dominanz nicht nur in wirtschaftlichen, sondern nun auch politischen Belangen bereitete. Positive Erwartungen spiegelten sich insbesondere in den Umfrageergebnissen kurze Zeit nach der Vollendung der deutschen Einheit wider. So überwog im Juni 1991 EG-weit »große« bzw. »einige Hoffnung« für die Zukunft der EG (64 %), während nur bei durchschnittlich 24 % das vereinte Deutschland »einige« bzw. »große Befürchtung« weckte.[10]

Stärker als erwartet jedoch belasteten die hohen finanziellen Kosten der deutschen Einheit das vereinte Deutschland in den Folgejahren. Hatten die Nachbarn zunächst die Stärkung und Dominanz des deutschen Wirtschafts-Riesen in Europa vorhergesehen, so mußten sie nun um den bisherigen Stabilitätsanker Deutschland bangen, dem es in Zukunft nicht mehr möglich sein würde, einerseits als ökonomisches Zugpferd wichtige Impulse für die ganze Gemeinschaft zu geben, andererseits die Folgen des wirtschaftlichen Umbruchs in Mittel- und Osteuropa aufzufangen. Gleichzeitig aber bildeten die ökonomischen Lasten der deutschen Vereinigung, der wirtschaftliche und finanzielle Transfer in die neuen Bundesländer, Subventionen und eine wachsende Staatsverschuldung eine direkte Ursache für das hohe deutsche Zinsniveau in den ersten Jahren nach der Vereinigung. Die hohen Zinslasten trafen aufgrund der ökonomischen Verflechtungen sowie der Kooperation im Rahmen des Europäischen Währungssystems (EWS) auch die europäischen Partnerstaaten in ihrer wirtschaftlichen Entwicklung – ein Grund für diese selbst von wirtschaftlicher Rezession betroffenen Staaten, immer wieder die europäische Dominanz der deutschen Bundesbank und deren »Zinsjoch« anklagend ins Visier zu nehmen. Die Turbulenzen innerhalb des EWS im Herbst 1992, in deren Folge Italien und Großbritannien aus dem EWS-Mechanismus ausschieden, wurden von vielen als ein ungutes Vorzeichen deutscher D-Mark-Dominanz im geeinten Europa gewertet. Vor diesem Hintergrund wurde die anhaltende Debatte um den Wirtschaftsstandort Deutschland mit Unverständnis und Sorge, aber auch mit nicht zu leugnender Befriedigung über den »Makel« des einstigen europäischen Musterschülers registriert.

Ungeachtet der wirtschaftlichen Probleme des geeinten Deutschlands sind vor dem Hintergrund der vermeintlichen D-Mark-Dominanz in Europa auch die Auseinandersetzungen um den Vertrag von Maastricht zu sehen. So war es ein maßgebliches Ziel dieses europäischen Integrationsschritts, Deutschland sowohl politisch als auch wirtschaftlich mittels der beschlossenen Wirtschafts- und Währungsunion im Kreis seiner westeuropäischen Partner stärker an die Zügel zu nehmen. Nicht zuletzt die bevorstehende deutsche Vereinigung hatte zu einer gemeinsamen deutsch-französischen Initiative über eine politische Union im April 1990 geführt, welche schließlich mit dem Maastrichter Vertrag besiegelt wurde. Die Auseinandersetzungen um die Vertragsrealisierung wurden auch mit Blick auf die potentielle Gefahr eines von Deutschland dominierten Europas geführt. Sowohl von den Gegnern als auch den Befürwortern der beabsichtigten Europäischen Union wurde die Rückkehr der »deutschen Dämonen« instrumentalisiert. Die Diskussion orientierte sich an zwei Hauptlinien: Einerseits wurde argumentiert, ein vereintes Deutschland könne man nicht an die (west-)europäische Fessel legen, im Gegenteil liefere der Maastrichter Vertrag die rechtliche Grundlage deutscher Hegemonie. Andererseits wurde im Falle eines Scheiterns des Vertragswerks eine Abkehr Deutschlands von der EU und ein eigenständigerer politischer Weg, d.h. eine stärkere Orientierung nach Osteuropa vorhergesagt. Weder die Dominanz der deutschen Währung noch die Gefahr deutscher Sonderwege wären somit gebannt, so einige Kommentare.

In einem ähnlich gelagerten Begründungszusammenhang stand die Auseinandersetzung der Zwölf um die Frage der Erweiterung der Gemeinschaft. Zwar wurde das deutsche Engagement für eine Erweiterung der Europäischen Union begrüßt und in gewisser Weise erwartet, doch standen demgegenüber die Bedenken, daß mit der Erweiterung nach Norden das deutsche Einflußpotential innerhalb der Union deutlich vergrößert würde. Gleichzeitig würde der – vor allem im traditionellen französischen Interesse liegende – mediterrane Raum an den Rand der Gemeinschaft gedrängt. Nach dem am 1. Januar 1995 erfolgten Beitritt Schwedens, Finnlands und Österreichs zur EU wurde das Mißtrauen gegenüber Deutschland angesichts des deutschen Engagements für eine Osterweiterung – von den Unionsmitgliedern prinzipiell befürwortet – noch verstärkt, drohte das Gravitationszentrum der Union damit endgültig von Deutschland eingenommen zu werden. Deutschland als mittlerweile wichtigster Handelspartner der mittel- und osteuropäischen Staaten innerhalb der EU war – allein durch die geographische Lage seit dem Umbruch des Kontinents begünstigt – insbesondere aus französischer Sicht wieder auf einer Drift in Richtung Osten. Ähnlich ambivalente Einstellungspotentiale ließen sich auch bei Deutschlands östlichen Nachbarn ausmachen. So stand dem Wunsch dieser Staaten nach finanzieller Unterstützung bei der wirtschaftlichen Transformation die Angst vor deutscher Dominanz und Bevormundung gegenüber.

Insgesamt ist das Vertrauen der europäischen Partner in die Deutschen jedoch sehr hoch. Im EU-Vergleich rangierten sie im Herbst 1996 an vierter Stelle der vertrauenswürdigsten Bevölkerungen innerhalb der EU nach den Schweden, den Niederländern und den Dänen (siehe Abb. 3). Schlüsselt man den Wert »viel und einiges Vertrauen« auf, so zeigt sich sogar, daß die Deutschen den höchsten Wert für »viel Vertrauen« erzielten. Allerdings wurde dieser wiederum durch einen relativ hohen Mißtrauenswert aufgewogen (29 %).

Gleichwohl wurde der Bundesregierung immer wieder Dominanzgebaren vorgeworfen. Die deutschen Forderungen nach einem Stabilitätspakt für die Währungs-

Abbildung 3: Vertrauen in die Bevölkerung der EU-Staaten

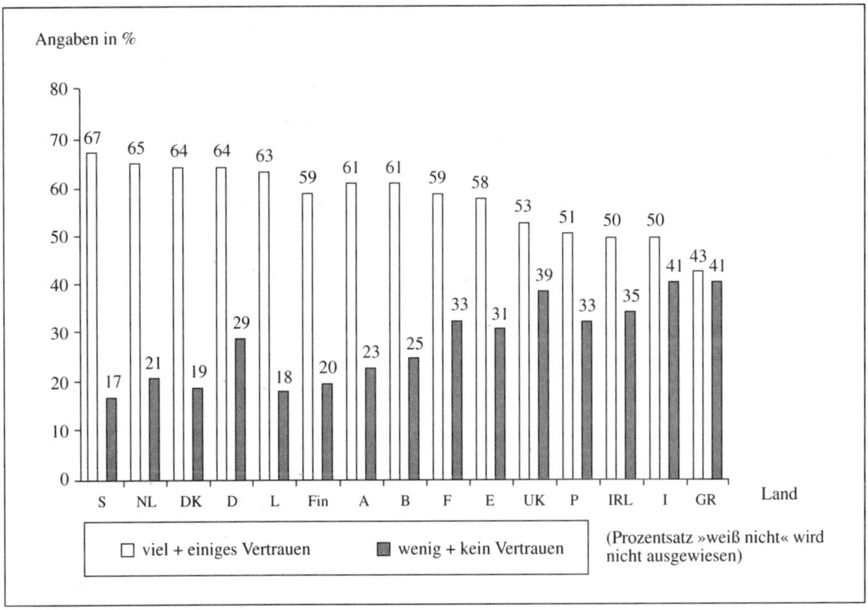

Quelle: Eurobarometer, 46/1996.

union, welcher mittels verbindlicher Kriterien und Sanktionsdrohungen die dauerhafte Stabilität der einheitlichen europäischen Währung und eine unabhängige Währungspolitik sichern sollte, konnten sich gegen französische Vorstellungen einer europäischen Wirtschaftsregierung behaupten, wonach die Europäische Zentralbank einer Kontrolle seitens der nationalen Regierungen unterworfen werden sollte. Spätestens das Gerangel um die Ernennung des Präsidenten der Europäischen Zentralbank – von Paris wurde Jean-Claude Trichet, von Deutschland Wim Duisenberg als Kandidat favorisiert – führte vor aller Augen, daß Deutschland zunehmend bereit war, seine Interessen zu artikulieren und wenn nötig auch gegen den Widerstand seiner Partner durchzusetzen. Als anmaßend waren Äußerungen des ehemaligen Finanzministers Waigel vom Herbst 1995 empfunden worden, in denen er Italien die Qualifikation für eine Aufnahme in die erste Runde der Wirtschafts- und Währungsunion absprach. Geradezu Empören riefen 1997 Verlautbarungen seitens der Deutschen Bundesbank hervor, wonach eine italienische WWU-Teilnahme ein Stabilitätsrisiko und somit einen Vertrauensverlust impliziere. Die Schadenfreude der EU-Partner war nicht zu übersehen, als Deutschland im Vorfeld der Entscheidung über die Teilnehmer an der WWU vom Mai 1998 die Konvergenzkriterien aufgrund seiner hohen Staatsverschuldung schließlich beinahe selbst verfehlt hätte. Allerdings war die Freude über das Zurechtstutzen des bisherigen Klassenprimus Deutschland auf europäisches Normalmaß zugleich von nüchterner Folgenabwägung begleitet: Ein durch anhaltende wirtschaftliche Stagnation und Reformstau »gelähmter Gulliver« würde auch für die wirtschaftliche Situation Europas nicht folgenlos bleiben.[11]

Der Aspekt der Normalisierung steht auch im Vordergrund bei der Beurteilung der Arbeit der neuen rot-grünen Bundesregierung, die bereits in den ersten Monaten ihrer Amtszeit klar gemacht hat, daß deutsche Interessen artikuliert sowie Konflikte riskiert und ausgetragen werden. So drängt beispielsweise Gerhard Schröder noch prononcierter als Helmut Kohl darauf, den deutschen Netto-Beitrag zum EU-Haushalt deutlich zu reduzieren. Der Machtwechsel in Bonn im Herbst 1998, vielfach als das Ende einer Ära bezeichnet, wird folglich nicht so sehr unter dem Blickwinkel eines fundamentalen Wandels der politischen Themenagenda gesehen, sondern vielmehr unter dem Focus eines Generations- und Stilwechsels. Normalisierung bedeutet insofern aus der Außenperspektive eine insgesamt emotionslosere Herangehensweise Deutschlands an das Nachkriegsprojekt der europäischen Einigung und einen bisweilen weniger sensiblen Umgang mit bislang privilegierten Beziehungen. Schröders Fernbleiben anläßlich der Feiern zum 80. Jahrestag des Endes des Ersten Weltkrieges in Frankreich wurde etwa in Paris ebenso wie die Ankündigung der Schröder-Mannschaft einer künftigen Vertiefung der deutsch-britischen Beziehungen vor diesem Hintergrund verortet. Während Helmut Kohl Europa bzw. die Fortschreibung der europäischen Integration noch als eine Frage von Krieg und Frieden bezeichnete, betont Schröder, daß es vor allem auf den freien Willen und weniger auf die historische Verpflichtung Deutschlands ankomme, da letzteres nur den Eindruck erwecke, die Deutschen trauten sich und ihrer Zuverlässigkeit selber nicht. Für zahlreiche Beobachter manifestiert sich hierin exemplarisch die unterschiedliche Herangehensweise der beiden Politiker an das Projekt der europäischen Einigung.[12]

4. Zusammenfassung: Mit dem 3. Oktober 1990 war die deutsche Teilung überwunden. Das geeinte Deutschland hatte seine staatliche Souveränität wiedererlangt. Es blieb die Frage, ob Deutschland damit bereits wieder zur Normalität zurückgekehrt war. Als die sich abzeichnende deutsche Vereinigung 1989/90 die politische Landkarte Europas erschütterte, waren die internationalen Reaktionen vielfach von Warnungen geprägt. Im Hintergrund standen Sorge und Furcht vor einem neuen deutschen »Koloß« in Europa. Sowohl bei der Beurteilung Deutschlands während des Vereinigungsprozesses als auch in der Folgezeit zeigten sich dabei Diskrepanzen zwischen Repräsentanten aus Politik und Medien einerseits, welche Perspektive und Realität des geeinten Deutschland mit sorgenvollem Blick verfolgten, und der positiven Bewertung in weiten Bevölkerungskreisen der meisten ausländischen Staaten andererseits. Zunehmend wird Deutschland losgelöst von seiner Vergangenheit zur Kenntnis genommen. Dennoch handelt es sich hierbei um einen jederzeit reaktivierbaren Wahrnehmungsfilter.

Insgesamt bleibt eine dualistische Wahrnehmungsstruktur charakteristisch für die internationale Sicht auf Deutschland. So werden die deutsche Schwäche einerseits, seine Stärke und potentielle Dominanz in Europas Mitte andererseits als Faktoren deutscher Ungewißheit gewertet. Dies dokumentiert die ausländische Wahrnehmung der Entwicklungen der vergangenen Jahre sowohl für Deutschlands ökonomische Wettbewerbsposition als auch für den Kurs seiner Außenpolitik. Insgesamt läßt sich jedoch festhalten, daß Deutschland unter dem Blickwinkel einer stetigen Normalisierung gesehen wird. Wirtschaftspolitische Realitäten haben machtpolitische Negativszenarien relativiert; globale politische Notwendigkeiten haben die Einforderung der Übernahme internationaler Verantwortung Deutschlands beinahe zu einer Selbstverständlichkeit gemacht, und ein grüner Außenminister redet der außenpolitischen Kontinuität das Wort. Auf dem Weg von der Bonner zur Berliner Republik erwartet kaum ein internationaler Beobachter ernsthafte Brüche der bundesrepublikanischen Tradition. Hin- und hergerissen zwischen der Sorge vor deutscher Stärke auf der einen und deutscher Schwäche auf der anderen Seite halten es letztlich die meisten von Deutschlands Partnern mit einem Wort Winston Churchills, demzufolge ein vereintes Europa ein gesundes Deutschland brauche.

Elke Bruck

Anmerkungen:

1 Vgl. die entsprechenden Ergebnisse der Emnid-Untersuchung von 1977 über ausgewählte politische Fragen in acht Ländern, 4 Bde., Bielefeld 1977, abgedruckt in: W. Weidenfeld: Die Frage nach der Einheit der deutschen Nation, München/Wien 1981, S. 53.

2 Vgl. Allensbacher Archiv, Internationale Umfrage 1989: Das Deutschlandbild im Ausland. Ergebnisse einer internationalen Umfrage in acht Ländern.

3 Vgl. The Economist, 27. 1. 1990.

4 Vgl. die Eurobarometer-Erhebungen vom November 1989 und Frühjahr 1990, in: Eurobarometer, 34/1990.
5 Die zitierten Daten wurden ermittelt im Auftrag für das Presse- und Informationsamt der Bundesregierung in den USA von Gallup (März/April 1993), innerhalb der EG im Rahmen der Eurobarometer-Befragung, 39/1993, in der Tschechischen und Slowakischen Republik von AISA in Zusammenarbeit mit Marplan (Juli/August 1993) sowie in Polen von Demoskop in Zusammenarbeit mit Emnid (Juli/August 1993).
6 »Weil wir Deutschlands Kraft vertrauen«, Regierungserklärung von Bundeskanzler Schröder, in: Frankfurter Allgemeine Zeitung, 11. 11. 1998.
7 Vgl. K.-R. Korte: Unbefangen und gelassen. Über die außenpolitische Normalität der Berliner Republik, in: Internationale Politik, 12/1998, S. 3–12, hier S. 4.
8 Die Daten sind ebenfalls den in Anm. 5 aufgeführten Umfragen entnommen.
9 J. Fischer: Die Selbstbeschränkung der Macht muß fortbestehen, in: Frankfurter Allgemeine Zeitung, 10. 8. 1998.
10 Vgl. Eurobarometer, 35/1991.
11 Vgl. dazu ausführlich die Zeit-Serie »Deutschland von außen«, insbesondere folgende Beiträge W. Proisl: Die blockierte Gesellschaft, in: Die Zeit, 19. 9. 1997; P. Meuci: Zwischen Furcht und Schadenfreude, in: Die Zeit, 26. 9. 1997; T. Fischermann: Distanz zum deutschen Vorbild, in: Die Zeit, 3. 10. 1997; C. Tenbrock: Kurz vor der Renaissance, in: Die Zeit, 24. 10. 1997; J. Eigendorf: Vorbild mit Macken, in: Die Zeit, 26. 12. 1997; sowie die Beiträge von D. Binder, A. Krzeminski und L. Rosenzweig in: Der Spiegel, 2/1998, und A. Grosser: Ihrer Wertbezogenheit treu geblieben, in: Frankfurter Allgemeine Zeitung, 6. 1. 1998.
12 Vgl. dazu The Man on the Bench, in: The Economist, 8. 3. 1997, sowie »Uns die Last erleichtern«, Interview mit Gerhard Schröder, in: Der Spiegel, 1/1999; W. Weidenfeld: Zeitenwechsel. Von Kohl zu Schröder. Die Lage, Stuttgart 1999.

Literatur:

Becker, Josef (Hrsg.): Wiedervereinigung in Mitteleuropa. Außen- und Innenansichten zur staatlichen Einheit Deutschlands, München 1992. □ Diner, Dan: Deutschlandbilder, Gerlingen 1997. □ Hellmann, Gunther: The Sirens of Power and German Foreign Policy: Who is listening?, in: German Politics, 2/1997, S. 29–57. □ Hubel, Helmut: Das vereinte Deutschland aus internationaler Sicht. Eine Zwischenbilanz, Bonn 1993. □ Ders./Bernhard May: Ein »normales« Deutschland? Die souveräne Bundesrepublik in der ausländischen Wahrnehmung, Bonn 1995. □ Kolboom, Ingo: Vom geteilten zum vereinten Deutschland. Deutschlandbilder in Frankreich, Bonn 1991. □ Korinman, Michel (Hrsg.): L'Allemagne vue d'ailleurs, Paris 1992. □ Korte, Karl-Rudolf: Was denken die anderen über uns? Fremdbilder als notwendiges Korrektiv der deutschen Außenpolitik, in: Internationale Politik, 2/1997, S. 47–54. □ List, Juliane/Hans-Willi Nolden: Zerrbild Deutschland. Wie uns Engländer, Franzosen und Amerikaner seit der Wiedervereinigung sehen, Köln 1992. □ Süssmuth, Hans (Hrsg.): Deutschlandbilder in Polen und Rußland, in der Tschechoslowakei und in Ungarn, Baden-Baden 1993. □ Trautmann, Günter (Hrsg.): Die häßlichen Deutschen? Deutschland im Spiegel der westlichen und östlichen Nachbarn, Darmstadt 1991. □ Verheyen, Dirk/Christian Soe (Hrsg.): The Germans and their Neighbors, Boulder u. a. 1993. □ Weidenfeld, Werner (Hrsg.): Der deutsche Weg, Berlin (2. Aufl.) 1991. □ Ders./Karl-Rudolf Korte: Die Deutschen. Profil einer Nation, Stuttgart 1991.

Deutschlandbegriff im sprachlichen Wandel

→ Berichte zur Lage der Nation, Bundesrepublik Deutschland: Geschichte, DDR: Geschichte, Geschichtsbewußtsein, Innerdeutsche Beziehungen, **Nation und Nationalbewußtsein**, Nationalsymbole, Politische Kultur.

1. Problemstellung: Die deutsche Frage wird im allgemeinen als politischer Ereignisablauf dargestellt. Die geschichtlichen Ereignisse spielen sich aber in einem sprachlich-semantischen Raum ab, einer Diskurswelt des Redens über Deutschland, die geprägt ist durch Wörter wie *Nation, Vaterland, DDR, BRD* und – als Schlüsselwort – den Namen ›deutsch‹ (worunter im folgenden *Deutschland, Deutscher, deutsch* usw. zusammengefaßt werden).

Was bedeutet ›deutsch‹? Unter ›Bedeutung‹ verstehen wir hier nicht eine normativ-definitorische Festsetzung – in diesem Sinne gibt es einen Deutschlandbegriff des Grundgesetzes oder den Staatsangehörigkeitsbegriff ›Deutscher‹ –, sondern die mit einem Wort im allgemeinen Sprachgebrauch verbundenen Inhaltsmerkmale. Diese gebrauchsübliche Bedeutung kann von Begriffsdefinitionen abweichen.

Die dokumentierte Wortgeschichte von ›deutsch‹ reicht über 1000 Jahre zurück und läßt sich semantisch als historischer Prozeß beschreiben, in dem verschiedene Bedeutungskomponenten sich entwickelten und eine jeweils dominante Bedeutungskonfiguration bildeten. Der sprachliche Bedeutungswandel von ›deutsch‹ spiegelt die mentalitätsgeschichtliche Veränderung des Deutschlandbildes in gewisser Weise wider.

2. Wortgeschichte: Der Name ›deutsch‹ bezieht sich auf fünf Bereiche: Sprache, Volk, Land, Kultur und Staat, mit je eigener Bedeutungskomponente.

2.1. ›Deutsch‹ als Sprachname: In seiner ältesten Bedeutung ist ›deutsch‹ ein Sprachname, erstmals belegt 786 in der mittellateinischen Form *theodiscus*. In der Kanzleisprache des fränkischen Hofs Karls des Großen bezeichnet *theodiscus* die germanischen Volkssprachen im Gegensatz zur Gelehrtensprache Latein und den romanischen Volkssprachen. Die althochdeutsche Form *diutisk* ist um das Jahr 1000 belegt.

Als Sprachname wird ›deutsch‹ bis heute durchgängig verwendet. Allerdings heißen nicht mehr alle deutschen Muttersprachler *Deutsche*, wie dies bis Mitte des 19. Jahrhunderts die Regel war: »Noch ist 's unserm gemeinen Mann lediglich die Sprache, was einen Deutschen ausmacht.«[1] Bewahrt hat sich diese rein sprachlich-ethnische, vorpolitische Bedeutung von ›deutsch‹ in Südtirol und Osteuropa, wo sich die Angehörigen der deutschen Minderheit als *Deutsche* bezeichnen. Im öffentlichen Sprachgebrauch der Bundesrepublik Deutschland heißen sie *deutschsprachig* oder *deutschstämmig*, um die politische Interpretation von *Deutscher* als »deutscher Staatsangehöriger« zu vermeiden.

2.2. ›Deutsch‹ als Volksname: Als Volksname bezeichnet ›deutsch‹ eine ethnische Gruppe, deren Sitten, Eigenschaften und materielle Kultur. Der Volksname ›deutsch‹ ist erstmals im Annolied aus dem Kloster Siegburg (1090) belegt – *diutischin liute*, »deutsche Leute« – als Sammelname für die verschiedenen Stämme des ostfränkischen Reiches. Zusammen mit der Sprach- und Ländernamenskomponente bildet der Volksname bis zum Beginn des 19. Jahrhunderts die dominante Bedeutungskonfiguration von ›deutsch‹, nämlich: »das Volk deutscher Sprache und dessen Siedlungsgebiet«.

2.3. Der Begriff ›Deutschland‹: Die Singularform *Deutschland* kommt vor dem 16. Jahrhundert nur vereinzelt vor; üblich war der Plural *deutsche Lande* (Erstbeleg im Annolied). Bis zum Ende des 18. Jahrhunderts ist *Deutschland* ein unscharfer geographischer Begriff für das deutsche Siedlungsgebiet in Mitteleuropa. Im 19. Jahrhundert wird dieses geographische Deutschland zunehmend staatlich-politisch interpretiert, zunächst im Sinne der Grenzen des Deutschen Bundes (1815–1866), dann des Deutschen Reiches (ab 1871).

2.4. Die sprachlich-ethnisch-geographische Grundbedeutung von ›deutsch‹: Diese Bedeutung wurde seit dem 15. Jahrhundert zusammengefaßt in der Formel *deutsche Nation*. Darunter verstand man das von Menschen deutscher Sprache bewohnte Gebiet, gleichgültig zu welchem Staat es gehörte.

Dieser vorstaatliche Nationsbegriff liegt Goethes berühmtem – und oft mißdeutetem – Vers »Zur *Nation* euch zu bilden, ihr hoffet es, Deutsche, vergebens« (Xenien, Nr. 96) aus dem Jahr 1796 zugrunde. Nation bezieht sich hier nicht auf die politische Einigung der Deutschen, sondern auf die kulturelle: Goethe bezweifelte, daß im partikularistisch-individualistischen Deutschland eine mit Frankreich vergleichbare allgemeine Nationalkultur sich ausbilden könne – eine Voraussage, die sich nicht erfüllte: Tatsächlich entstand in der Epoche von 1770–1830, der »Goethezeit«, eine Bildungsschicht, deren intellektuelles und künstlerisches Feld der gesamte deutsche Sprachraum war. Diese Kulturnation, dem Ideal der Humanität und des Weltbürgertums verpflichtet, blieb aber vom staatlich-politischen Leben getrennt.

2.5. Deutschlandbewußtsein: Im Laufe des 19. Jahrhunderts schlug das kulturelle Deutschlandbewußtsein in ein politisches um, zunächst in den Befreiungskriegen gegen das napoleonische Frankreich, dann in der deutschen Nationalbewegung. Die politische Einigung Deutschlands galt als geschichtlich notwendige Krönung der Kulturnation: »Wir wollen nicht glauben, daß diese Nation in Kunst, Religion und Wissenschaft das Größte vermocht habe, und im Staate gar nichts vermöge.«[2]

2.5.1. Dissonanz zwischen Staats- und Kulturnation: Unter dem lockeren staatsrechtlichen Dach des Deutschen Bundes war die semantische Dissonanz zwischen Staats- und Kulturnation den Vertretern der Nationalbewegung nur wenig bewußt. Bei den Verfassungsberatungen in der Paulskirche 1848 wurde sie unüberhörbar: Zwei zentrale Probleme ließen sich nicht mit einem naiven, Kultur, Staat, Volk und Sprache vermischenden Nationsbegriff lösen: die Frage der Grenzen des neuen Staates (großdeutsche oder kleindeutsche Lösung) und der Behandlung der nichtdeutschen Minderheiten (Anerkennung oder Nichtanerkennung ihrer staatsnationalen Ansprüche).

2.5.2. Bruch im Deutschlandbegriff: Zum endgültigen Bruch zwischen politischem und nichtpolitischem Deutschlandbegriff kam es mit der Reichsgründung von 1871. Das Deutsche Reich vereinigte weder alle Deutschen noch nur Deutsche: Einerseits gehörte die deutsche Bevölkerung im Baltikum, in Österreich, der Schweiz und Luxemburg nicht zum Reich, andererseits schloß das Reichsgebiet nichtdeutsche Minderheiten (Franzosen, Dänen, Polen) ein.

Daß die deutsche Staatsnation mit der Kultur-, Sprach- und ethnischen Nation nicht übereinstimmte, mußte politisch kein Manko sein – auch zum klassischen Nationalstaat Frankreich gehörten weder alle noch nur französischsprachige Gebiete. Die Staatsidee des Deutschen Reiches beruhte aber im Unterschied zur französischen nicht auf dem in der Aufklärung geprägten Begriff der Nation als »politischer Willensgemeinschaft« und als ›Sozialkontrakt‹ (*contrat social*), sondern auf einem ethnischen Prinzip: der Einheit des deutschen Volkes – Volk hier nicht verstanden als ›Staatsvolk‹, sondern als ›Abstammungs- und Sprachgemeinschaft‹.

2.5.3. Die völkische Komponente von ›deutsch‹: Das ethnische bzw. völkische Prinzip – das Wort *völkisch* war 1875 von einem österreichischen Germanisten als Übersetzung für *national* vorgeschlagen worden und machte rasch Karriere – blieb während der Kanzlerschaft Otto von Bismarcks politisch unter Kontrolle. Bismarcks Außenpolitik ging davon aus, daß das Reich saturiert sei. Mit der Machtentfaltung des neuen Staates wurden sprachlich *Deutsches Reich* und *Deutschland* gleichgesetzt – auch im Ausland, wo das Reich mit den alten Ländernamen *Germany, Allemagne, Germania* usw. bezeichnet wurde. Wegen der nun dominierenden politisch-staatlichen Bedeutungskomponente von ›deutsch‹ mußte die nichtpolitische Zugehörigkeit zum Deutschtum durch einen Zusatz ausgedrückt werden, es entstanden die ›Bindestrich-Deutschen‹: *Deutsch-Schweizer, Deutsch-Österreicher, Balten-Deutsche* u. ä.; Deutsche an sich waren nur noch die *Reichsdeutschen.*

In der wilhelminischen Zeit verstärkte sich die völkische Komponente von ›deutsch‹, etwa in der Alldeutschen Bewegung. Zum Durchbruch kam sie aber erst nach dem Ersten Weltkrieg. In dem durch den Versailler Vertrag (1919) gedemütigten und territorial geschmälerten Deutschland der Weimarer Republik wurde der Gegensatz zum großen, völkischen Deutschland gefühlt. Die Konversationslexika, die im Kaiserreich *Deutschland* und *Deutsches Reich* gleichsetzten, unterschieden nun *Deutschland im weiteren Sinn* – »das deutsche Sprachgebiet in Mitteleuropa, einschließlich der Sudetendeutschen, Deutschschweizer und Deutschösterreicher« (Meyers Lexikon 1924) und *Deutsches Reich*, den »politisch umgrenzten Staat in seinem jeweiligen Umfang« (Großer Brockhaus 1929). Es entstand eine ›nationale Erdkunde‹, die streng trennte zwischen *Deutschem Reich, deutschem Volksboden* und *deutschem Kulturboden* und als Ziel aufstellte, »den deutschen Volksblock in einem

Staate zu einen, dem Dritten Reich«.[3] Unter Adolf Hitler wurde der völkische Deutschlandbegriff zum politischen Programm (»Ein Volk, ein Reich«) und führte über das *Großdeutsche Volksreich* bzw. *Großdeutsche Reich* in die Katastrophe.

2.5.4. Deutsch‹ als Wertwort: Mit der politisch-ethnischen Bedeutungsdominanz seit der Reichsgründung wurde ›deutsch‹ zum weltanschaulichen Wertwort, zum Abgrenzungsbegriff gegen »undeutsch« – das zur Goethezeit noch eine rein sprachliche Bedeutung im Sinne von »schlechtes Deutsch« hatte. Die deutsche Art, die Jacob Grimm 1862 noch in sittlichen Begriffen – »Deutsch bezeichnet das Edle und Treffliche«[4] – rühmte, wurde nun in der Rasse, im *deutschen Blut* gesehen. Damit konnte ›deutsch‹ zum Schlagwort der um 1880 entstandenen antisemitischen Bewegung werden, zum Gegenbegriff von ›jüdisch‹. Die deutsche Kulturnation, die in der jüdischen Intelligenz Mittel- und Osteuropas einen Hauptträger hatte, verlor ihr Eigenleben: sie wurde instrumentalisiert zu einem symbolischen Kapital. Im Dritten Reich wurde ›deutsch‹ zum Wertwort schlechthin, zum Bekenntniswort nationalsozialistischen Glaubens.

3. Die Namen der beiden deutschen Staaten: In den alliierten Erklärungen zu den Kriegszielen kommt der Staatsname *Deutsches Reich* nicht vor; der Kriegsgegner heißt *Deutschland (Germany)* bzw. *Nazi-Deutschland (Nazi-Germany).* Im Potsdamer Abkommen (1945) und im Vier-Mächte-Besatzungsrecht wird ebenfalls nur die Bezeichnung *Deutschland* verwendet.

3.1. Bundesrepublik Deutschland: Rechtlich ist der Name *Bundesrepublik Deutschland* in der Überschrift »Grundgesetz für die Bundesrepublik Deutschland« festgelegt. Die Bundesrepublik Deutschland hat geschichtlich als erster deutscher Staat den Namensbestandteil *Deutschland.* Bei den Beratungen zum Grundgesetz im Parlamentarischen Rat war der Staatsname strittig: Eine Fortführung des alten Namens *Deutsches Reich* wurde abgelehnt wegen des »aggressiven Akzents«, den das Wort *Reich* im Ausland hervorrufen mußte. Für *Deutschland* sprachen zwei Gründe: die emotionale Integrationskraft des Namens und sein staatsrechtlicher Gehalt, »die Kontinuität Deutschlands als Staat und die Identität der Bundesrepublik mit diesem Staat zu bezeugen«.[5] Nach dem Grundgesetz ist die Bundesrepublik Deutschland als Rechtssubjekt identisch mit dem Deutschland des Deutschen Reiches, territorial aber nur ›teilidentisch‹.

3.2. DDR: Der Name *Deutsche Demokratische Republik* knüpft im Bestandteil *Deutsche Republik* an die revolutionären Traditionen von 1848 und 1918 an. Der Zusatz *demokratisch* ist entsprechend dem damaligen Sprachgebrauch der SED im Sinne von »antifaschistisch«, »antikapitalistisch« und »antipartikularistisch« zu interpretieren. Der Staatsname sollte einerseits den Bruch mit dem Nationalsozialismus ausdrücken, andererseits das Ziel eines zentralistischen Einheitsstaates mit sozialistischer Wirtschaftsverfassung. Die Attributivkonstruktion *Deutsche Demokratische Republik* läßt sprachlich offen, ob es sich um *eine* oder *die* deutsche

Republik handelt. Rechtlich verstand sich die DDR nach Art. 1 ihrer Verfassung von 1949 – »Deutschland ist eine unteilbare demokratische Republik« – als der alleinige deutsche Staat.

3.3. Alleinvertretungsanspruch und sprachliche Anerkennung: In den ersten Jahren ihres Bestehens erhoben beide deutschen Staaten den Anspruch, ganz Deutschland zu vertreten. Der jeweils andere deutsche Staat wurde weder rechtlich noch sprachlich anerkannt.

Im amtlichen Sprachgebrauch der Bundesrepublik Deutschland hieß die DDR *Sowjetische Besatzungszone*, in Kurzform *Sowjetzone*, abgekürzt *SBZ*. Die einschlägigen ›Bezeichnungsrichtlinien‹ empfahlen auch *Mitteldeutschland*, das traditionell die Mitte Deutschlands in Nord-Süd-Richtung bezeichnete bzw. im engeren Sinne den thüringisch-obersächsischen Raum. Durch die terminologische Drehung von *Mitteldeutschland* nach Ost-West konnte *Ostdeutschland* als politischer Begriff die deutschen Ostgebiete jenseits von Oder und Neiße bezeichnen. Demgegenüber ließ die Mitte der 60er Jahre von Bundeskanzler Kiesinger eingeführte Umschreibung der DDR als der *andere Teil Deutschlands* den Bezug auf die Ostgebiete fallen. Gemeinsam ist all diesen amtlichen Bezeichnungen, daß sie die Staatlichkeit der Deutschen Demokratischen Republik entweder verneinen oder nicht ansprechen.

Umgangssprachlich war bis Mitte der 60er Jahre der Name *Zone* bzw. *Ostzone* für die DDR üblich; in den öffentlichen Sprachgebrauch drang *DDR* nur allmählich ein, zunächst als *sogenannte DDR* bzw. *»DDR«* mit Gänsefüßchen, schließlich ohne sprachlichen Vorbehalt.

Die DDR-offizielle Bezeichnung für die Bundesrepublik Deutschland war *Westdeutschland*, eine geographische Bezeichnung ohne Staatsbezug. Diese Namensgebung blieb auch bestehen, als die DDR Mitte der 50er Jahre zur Zwei-Staaten-Theorie überging; denn die Bundesrepublik Deutschland hielt bis 1969 am Alleinvertretungsanspruch fest.

Am 29. Oktober 1969 sprach Bundeskanzler Brandt in seiner Regierungserklärung das Wort *DDR* sechsmal aus – das Namenstabu war gebrochen. Im Zuge der Normalisierung ihrer Beziehungen, die 1972 zum Grundlagenvertrag führte, erkannten sich die Bundesrepublik Deutschland und die Deutsche Demokratische Republik auch sprachlich an.

4. Deutschlandpolitische Wortschatzprobleme: Im 19. Jahrhundert, zur Zeit der deutschen Nationalbewegung, war ›deutsch‹ als politischer Begriff eindeutig: *deutsche Politik* betraf, im Unterschied zur Politik der Einzelstaaten des Deutschen Bundes, die Gesamtnation.

Die übereinzelstaatliche politische Bedeutung von ›deutsch‹ war nach der Gründung der Bundesrepublik Deutschland und der Deutschen Demokratischen Republik sprachlich nicht mehr zwingend; denn beide Staatsnamen enthalten den Ausdruck ›deutsch‹. Damit konnte ›deutsch‹ politisch dreierlei bedeuten: »Bundesrepublik«, »DDR« und »Gesamtdeutschland«. Faktisch entwickelten sich nur zwei

Bedeutungen: »Bundesrepublik« und »Gesamtdeutschland«, wobei erstere dominant wurde.

4.1. ›Deutsch‹ im politischen Sprachgebrauch der DDR: In der Selbstbezeichnung der Deutschen Demokratischen Republik wurde ›deutsch‹ auf das *D* der Abkürzung *DDR* reduziert. Parallel hierzu wurde das Nationalitätsadjektiv *deutsch* durch das Präfixoid *DDR-* ersetzt (*DDR-Sportler* u. ä.) und der Bewohnername *Deutscher* durch *DDR-Bürger.*

Die Verdrängung von ›deutsch‹ zur Bezeichnung DDR-spezifischer Sachverhalte hätte seine gesamtdeutsche Bedeutung verstärken können. Dazu kam es nicht, weil die DDR um 1970 ihre bisherige Zwei-Staaten-Theorie durch eine Zwei-Nationen-Theorie ersetzte; entsprechend wurde Art. 1 der Verfassung der DDR von 1968 – »die Deutsche Demokratische Republik ist ein sozialistischer Staat deutscher Nation« – 1974 abgeändert zu: »ist ein sozialistischer Staat der Arbeiter und Bauern«.

›Deutsch‹ bekam DDR-offiziell eine sprachliche Bedeutungskomponente, eine historisch-kulturelle (*deutsches Erbe*) und ethnische (die DDR-Bürger galten als *deutscher Nationalität*), aber keine politische.

4.2. ›Deutsch‹ im politischen Sprachgebrauch der Bundesrepublik Deutschland: Im politischen Sprachgebrauch der Bundesrepublik blieb das Wortfeld ›deutsch‹ erhalten. Allerdings verschob sich seine Hauptbedeutung zu »bundesdeutsch«. Diese Bedeutungsverschiebung, die sich in den 70er Jahren durchsetzte, zeigte sich exemplarisch an drei Bezeichnungsproblemen: *BRD, Deutschland = Bundesrepublik* und *deutsch-deutsch.*

4.2.1. Die abgekürzte Bezeichnung ›BRD‹: Die Abkürzung *BRD* ist als bürokratisches Kürzel seit 1950 im amtlichen Sprachgebrauch der Bundesrepublik belegt und drang in den 60er Jahren in den öffentlichen – allerdings nicht umgangssprachlichen – Gebrauch ein. Zum Politikum wurde *BRD* erst Anfang der 70er Jahre, nachdem die DDR die Bundesrepublik sprachlich anerkannt hatte und als *Bundesrepublik Deutschland*, abgekürzt *BRD*, bezeichnete. Die Abkürzung wurde im offiziellen Sprachgebrauch der DDR rasch dominant und analog zu *DDR-* auch adjektivisch verwendet (*BRD-Regierung* u. ä.).

Daraufhin kam es in der Bundesrepublik zu einer Kampagne gegen das ›kommunistische Kürzel‹: Am 31. Mai 1974 beschlossen die Regierungschefs von Bund und Ländern, die Abkürzung BRD im amtlichen Sprachgebrauch nicht zu verwenden, weil sie – wie es in einem bayerischen Erlaß heißt – »die Worte *Deutschland* und *deutsch* zunehmend aus dem politischen Bewußtsein des In- und Auslandes verdrängt.«[6]

4.2.2. Der Name ›Deutschland‹ als Kurzbezeichnung: Der Staatsname *Bundesrepublik Deutschland* ist in der Vollform für die normale Kommunikation zu lang. Als Kurzform kommen sprachlich die beiden Bestandteile, die Staatsformbezeichnung

Bundesrepublik und der Ländername *Deutschland*, in Frage. Zunächst setzte sich *Bundesrepublik* durch, *Deutschland* blieb wegen seiner gesamtdeutschen Bedeutung zur Bezeichnung der Bundesrepublik blockiert. Seit Ende der 60er Jahre ließ die gesamtdeutsche Hemmung, die Bundesrepublik als *Deutschland* zu bezeichnen, nach. Der Verzicht der DDR, ›deutsch‹ politisch zu verwenden, verstärkte diese Entwicklung und führte zu einer Art sprachlichen Alleinvertretung des Wortes durch die Bundesrepublik, die in der Empfehlung mündete, *BRD* zu meiden und *Deutschland* statt *Bundesrepublik* zu sagen. Demgegenüber machte die Kultusminister-Vereinbarung über »Die deutsche Frage im Unterricht« 1978 auf diesen »unklaren und falschen Sprachgebrauch« aufmerksam und formulierte den Leitsatz: »Deutschland ist mehr als die Bundesrepublik«.

Laut Umfrage überwog 1987 im normalen Sprachgebrauch *Deutschland* (66 %) zur Bezeichnung der Bundesrepublik.[7] Sprachlich wurde diese Entwicklung dadurch begünstigt, daß *Deutschland* mit dem Nationalitätsadjektiv *deutsch* und dem Bewohnernamen *Deutscher* ein einheitliches Wortfeld bildet. Rechtlich ließ sich die Verwendung von *Deutschland* zur Bezeichnung der Bundesrepublik allerdings nicht mit dem Wiedervereinigungsgebot der Präambel des Grundgesetzes vereinbaren und konnte deshalb als »im amtlichen Sprachgebrauch verfassungswidrig«[8] bewertet werden. Die Bedeutungsdominanz von »bundesdeutsch« bei »deutsch«[9] im Sprachgebrauch der Bundesrepublik verschob das gesamte deutschland-politische Begriffsfeld: Das Adjektiv *national* wurde in der Regel auf die Bundesrepublik bezogen (*Nationaler Energieplan* u. ä.), die DDR als *Ausland* bezeichnet, DDR-Flüchtlinge baten um *Asyl*, der Flugverkehr innerhalb der Bundesrepublik hieß *innerdeutsch* usw.

4.2.3. Die Bezeichnung ›deutsch-deutsche Beziehungen‹ für das Verhältnis der beiden Staaten in Deutschland: Die Beziehungen zwischen beiden deutschen Staaten wurden vor der Wiedervereinigung im Sprachgebrauch der Bundesrepublik als *deutsch-deutsch* bezeichnet; in Institutionsnamen und festen Wendungen kam noch *innerdeutsch* vor. Das Kompositum deutsch-deutsch[10] ist eine pressesprachliche Bildung, 1971 erstmals im »Spiegel« belegt, das Ende der 70er Jahre die bisherigen Bezeichnungen *gesamtdeutsch, innerdeutsch* und *zwischendeutsch* verdrängte.

Gesamtdeutsch und *innerdeutsch* bzw. *zwischendeutsch* enthielten jeweils ein deutschlandpolitisches Programm: *gesamtdeutsch* bezog sich auf das Deutschland in den Grenzen von 1937, *innerdeutsch* auf die beiden bestehenden deutschen Staaten. Als im Jahre 1969 das *Bundesministerium für gesamtdeutsche Fragen* in *Bundesministerium für innerdeutsche Beziehungen* umbenannt wurde, bedeutete dies sprachsymbolisch, daß unter *Deutschland* in erster Linie »Bundesrepublik + DDR« zu verstehen sei.

Für die DDR war die Bundesrepublik Deutschland rechtlich gesehen Ausland, der Begriff *innerdeutsche Beziehungen* also nicht akzeptabel. *Deutsch-deutsch*, das nach dem Muster internationaler Beziehungsadjektive gebildet (italienisch-spanisch u. ä.) und in der politischen Semantik neutral ist, wurde DDR-offiziell erst nach der Wende vom November 1989 verwendet.

4.2.4. Das Ende der deutschlandpolitischen Wortschatzprobleme: Mit dem Ende der deutschen Teilung haben sich die alten deutschlandpolitischen Wortschatzprobleme erledigt: ›Deutsch‹ bedeutet nach dem 3. Oktober 1990 politisch ausschließlich »Gesamtdeutschland«; die DDR wurde zum historischen Begriff (*frühere DDR, Ex-DDR* u. ä.), die Abkürzung *BRD* funktionslos; bei der Kurzform *Bundesrepublik* ist nun allerdings gegebenenfalls zu unterscheiden zwischen *alter* und *neuer* Bundesrepublik. *Deutsch-deutsche Beziehungen* gibt es zwar nicht mehr, aber das wirtschaftlich-soziale Gefälle zwischen dem Gebiet der alten Bundesrepublik und der früheren DDR erfordert, daß beide eigens benannt werden. Im Sprachgebrauch werden sie durch zwei Begriffspaare abgegrenzt: ›Alt‹ – ›Neu‹ und ›West‹ – ›Ost‹. Offiziell dominiert noch ›Alt‹ – ›Neu‹: *alte* und *neue (Bundes)länder*, normalsprachlich ›West‹ – ›Ost‹, das auch als Bewohnername (*Ost-* versus *Westdeutscher*), adjektivisch (*Ost-* versus *Westrenten* usw.) und als Kurzform (Aufbau *Ost*) einsetzbar ist.

Die Ost-West-Einteilung Deutschlands geht auf das alliierte Besatzungsrecht zurück, das 1945 Deutschland in eine östliche Besatzungszone (*Eastern zone*) und drei westliche (*Western zones*) aufteilte, die bald Ost- und Westdeutschland benannt wurden. Nach 1949 wurden diese Namen für die beiden deutschen Staaten weiterverwendet, ein Sprachgebrauch, der im Deutschen bis Ende der 60er Jahre relativ verbreitet und im Englischen (*East-* bzw. *West-Germany*) bis zur Wiedervereinigung allgemein üblich war.

Das Wort *Wiedervereinigung*[11] – in den 50er Jahren allseits verwendet – wurde im deutschen Einigungsprozeß politisch vermieden; das Ziel hieß *deutsche Einheit* bzw. *Vereinigung*. Inzwischen setzt sich im historischen Rückblick das alte Wort *Wiedervereinigung* durch, denn es bezeichnet präzise den geschichtlichen Sachverhalt, daß das deutsche Staatsvolk nach einer Epoche staatlicher Trennung von neuem (= wieder) einen Gesamtstaat bildete.

5. Bilanz: Der Worttyp ›deutsch‹ hatte bis Ende des 18. Jahrhunderts im wesentlichen eine sprachliche, ethnische und geographische Bedeutung: Unter *deutscher Nation* verstand man die Menschen deutscher Sprache, unter *Deutschland* deren Siedlungsgebiet in Mitteleuropa. Dieser vorpolitische Deutschlandbegriff wurde in der Goethezeit kulturell überdacht. Im 19. Jahrhundert bildete sich eine politische Bedeutungskomponente von ›deutsch‹ heraus, die nach der Reichsgründung 1871 dominant wurde und *Deutschland* mit dem *Deutschen Reich* gleichsetzte. Diese politische Bedeutungsreduktion des Deutschlandbegriffs setzte sich im Sprachgebrauch der Bundesrepublik fort, der unter *Deutschland* »Bundesdeutschland« verstand – unter Ausschluß der DDR. Nach der Wiedervereinigung bezeichnet Deutschland den gesamtdeutschen Staat.

Die deutsche Frage war keine sprachliche Frage. Das deutsche Sprachgebiet war und ist größer als das Territorium eines deutschen Staates. Innerhalb der deutschsprachigen Staaten nahmen aber die Bundesrepublik und die DDR sprachpolitisch eine Sonderstellung ein, weil sie die deutsche Sprache im nichtdeutschen Ausland vertraten und deren ganzes geschichtliches Erbe pflegten. Beide verstanden sich als deutsche Staaten und bildeten in den Augen des Auslands trotz politischer Teilung einen national-historischen Raum: Deutschland.

Helmut Berschin

Anmerkungen:

1 J. A. Schmeller: Bayerisches Wörterbuch, Bd. 1 (1827), München (Neudruck) 1985, Sp. 55.
2 G. G. Gervinus: Geschichte der deutschen Dichtung, Bd. 5 (1842), Leipzig 1874, S. 816.
3 Vgl. H. Berschin: Deutschland – ein Name im Wandel. Die deutsche Frage im Spiegel der Sprache, München/Wien 1979, S. 74–85.
4 J. Grimm/W. Grimm: Deutsches Wörterbuch, Bd. 2 (1860), München (Neudruck) 1984, Sp. 1045.
5 D. Murswiek: Überschrift (des Grundgesetzes), in: Kommentar zum Bonner Grundgesetz (Bonner Kommentar), 52. Lieferung 1986, S. 33.
6 Vgl. Bayerischer Staatsanzeiger, 36/1974, S. 1.
7 Vgl. A. Köhler/R. Hilmer (Hrsg.): Die Deutschen und ihr Vaterland, München/Bonn 1988, S. 82.
8 D. Murswiek: a. a. O., S. 38.
9 Vgl. H. Berschin: a. a. O., S. 86–94.
10 Vgl. Ders.: Deutsch-deutsch. Eine Wortkarriere, in: Deutschland Archiv, 12/1986, S. 1322–1326.
11 Vgl. Ders.: Quo vadis, Wiedervereinigung? Wege eines Wortes, in: Deutschland Archiv, 8/1990, S. 1266–1272.

Literatur:

Berschin, Helmut: Deutschland – ein Name im Wandel. Die deutsche Frage im Spiegel der Sprache, München/Wien 1979. □ Ders.: Wie heißt das Land der Deutschen? Zur sprachpolitischen Bewertung des Namens »Deutschland« und der Namen der beiden deutschen Staaten, in: Deutschland Archiv, 1/1980, S. 61–77. □ Ders.: Deutsch-deutsch. Eine Wortkarriere, in: Deutschland Archiv, 12/1986, S. 1322–1326. □ Ders.: Quo vadis, Wiedervereinigung? Wege eines Wortes, in: Deutschland Archiv, 8/1990, S. 1266–1272. □ Eggers, Hans (Hrsg.): Der Volksname Deutsch, Darmstadt 1970. □ Hellmann, Manfred W.: Tendenzen der sprachlichen Entwicklung seit 1989 im Spiegel der Forschung, in: Der Deutschunterricht, 1/1997, S. 17–32. □ Ders.: Das »kommunistische Kürzel BRD«. Zur Geschichte des Umgangs mit den Bezeichnungen für die beiden deutschen Staaten, in: Irmhild Barz/Marianne Schröder (Hrsg.): Nominationsforschung im Deutschen, Frankfurt 1997, S. 93–107. □ Hermanns, Fritz: Deutsch und Deutschland. Zur Semantik deutscher nationaler Selbstbezeichnungswörter heute, in: Ludwig Jäger (Hrsg.): Germanistik: Disziplinäre Identität und kulturelle Leistung, Weinheim 1995, S. 374–389. □ Meynen, Emil: Deutschland und Deutsches Reich. Sprachgebrauch und Begriffswesenheit des Wortes Deutschland, Leipzig 1935. □ Murswiek, Dietrich: Überschrift (des Grundgesetzes), in: Kommentar zum Bonner Grundgesetz (Bonner Kommentar), 52. Lieferung 1986. □ Roth, Klaus-Hinrich: »Deutsch«. Prolegomena zur neueren Wortgeschichte, München 1978.

Deutschlandforschung

→ Bundesrepublik Deutschland: Geschichte, DDR: Geschichte, Deutschland von außen, Deutschlandbegriff im sprachlichen Wandel, **Deutschlandpolitik der Bundesrepublik Deutschland**, Einstellungen zur deutschen Einheit, **Enquete-Kommission**, Nation und Nationalbewußtsein, **Politische Kultur**.

1. Begriff: Deutschlandforschung ist ein multidisziplinäres Arbeitsgebiet, in dem Politik-, Rechts-, Wirtschafts,- Erziehungs-, Geschichts- und Literaturwissenschaft, Soziologie sowie Geographie zusammenarbeiten. Diese verschiedenen Kultur- und Sozialwissenschaften verbindet auf dem Feld der Deutschlandforschung ein gemeinsamer Gegenstandsbereich, der mit der deutschen Frage im allgemeinen und der Teilung Deutschlands sowie ihrer Überwindung im besonderen zusammenhängt. Die Deutschlandforschung nahm ihren Ausgang nach der staatlichen Spaltung Deutschlands im Jahre 1949 mit der Analyse des gesellschaftlichen, politischen und wirtschaftlichen Systems der DDR (DDR-Forschung). Hinzu traten bald darauf Themen, die sich mit dem Verhältnis der beiden deutschen Staaten zueinander befaßten (Deutschlandpolitikforschung). In den 70er Jahren kam der Vergleich von Bundesrepublik Deutschland und DDR hinzu (vergleichende Deutschlandforschung). In den 80er Jahren waren Bemühungen zu verzeichnen, in die Deutschlandforschung die Analyse der Bundesrepublik Deutschland insbesondere unter dem Aspekt ihrer deutschen Identität einzubringen (Bundesrepublikforschung). Seit dem Untergang der DDR und dem Beitritt ihrer Länder zur Bundesrepublik Deutschland im Jahr 1990 versteht sich die Deutschlandforschung vor allem als zeitgeschichtliche Erforschung der DDR-Vergangenheit und als aktuelle Vereinigungsforschung.

Als Oberbegriff für diese weitgesteckten und mit unterschiedlicher Intensität bearbeiteten Forschungsgebiete wird seit der Mitte der 70er Jahre der Begriff Deutschlandforschung verwandt. Vorausgegangen war 1968 die Umbenennung der wichtigsten bundesrepublikanischen Zeitschrift für Fragen der DDR und der Deutschlandpolitik von »SBZ-Archiv« in »Deutschland Archiv«, das seit 1990 den programmatischen Untertitel einer Zeitschrift für deutsche Einheit führt. Auch der Name der 1978 gegründeten Gesellschaft für Deutschlandforschung als des einzigen institutionalisierten interdisziplinären Zusammenschlusses von bundesrepublikanischen DDR-Forschern spiegelt ein deutschlandpolitisches Programm wider. Der Begriff Deutschlandforschung selbst ist zwischen den politischen Lagern und akademischen Schulen in der Bundesrepublik Deutschland nicht unumstritten gewesen, schlugen sich in ihm doch die in den Jahrzehnten der deutschen Teilung kontroversen Deutschlandbilder und deutschlandpolitischen Konzeptionen nieder.

2. Entwicklung: Deutschlandforschung war in der Bundesrepublik Deutschland in den 50er Jahren dem Namen wie dem Inhalt nach SBZ-Forschung. Wie die DDR politisch nicht anerkannt wurde, so konnte damals auch die Eigenständigkeit des gesellschaftlichen und ökonomischen Systems zwischen Elbe und Oder plausibel bezweifelt werden. Am anderen Teil Deutschlands interessierte daher primär der Grad seiner Sowjetisierung. Die DDR als Satellitenstaat der Sowjetunion wurde wie diese selbst von der westlichen Kommunismusforschung unter das Paradigma einer totalitären Diktatur rubriziert, womit sowohl die monolithische Konzentration der politischen Entscheidungsgewalt als auch deren alle gesellschaftlichen und wirtschaftlichen Bereiche durchdringender Herrschaftsanspruch charakterisiert wurden.

Die SBZ-Forschung begann schon in den ersten Nachkriegsjahren mit wirtschaftswissenschaftlichen Analysen, insbesondere durch das Deutsche Institut für Wirtschaftsforschung in Berlin (West) unter Ferdinand Friedensburg. Ihre ersten Produkte dienten der planerischen Vorbereitung auf die Wiedervereinigung Mitteldeutschlands mit der Bundesrepublik Deutschland. Symptomatisch für das frühe Verständnis der SBZ-Forschung als einer Wiedervereinigungswissenschaft waren die Arbeiten des 1952 beim Bundesministerium für gesamtdeutsche Fragen konstituierten Forschungsbeirates für Fragen der Wiedervereinigung Deutschlands. Dieses vorzugsweise aus Wirtschaftswissenschaftlern zusammengesetzte Gremium erarbeitete in den gut zwei Jahrzehnten seiner Existenz fünf umfangreiche Tätigkeitsberichte. Während in den ersten Berichten für die Jahre 1952/53 und 1954–56 Empfehlungen für die möglichst reibungslose Integration der SBZ-Ökonomie in die Wirtschaft der Bundesrepublik Deutschland im Falle der Wiedervereinigung dominierten, rückte in den folgenden Berichten die Grundlagenforschung zur Lage der einzelnen ostdeutschen Wirtschaftszweige immer mehr in den Vordergrund. Der 1969 veröffentlichte letzte Bericht verzichtete schließlich ganz auf Vorschläge für den Fall einer Wiedervereinigung und stellte Überlegungen zum Vergleich der Systeme und ihrem geregelten Nebeneinander in den Vordergrund. Doch zu diesem Zeitpunkt war das kritische Vorurteil gegen den Forschungsbeirat bereits dominierend. Es ging von der fälschlichen Unterstellung des SED-Regimes nach dem Arbeiteraufstand vom 16./17. Juni 1953 aus, der Forschungsbeirat habe geheime Subversionspläne für einen revanchistischen »Tag X« ausgearbeitet. Ab Mitte der 60er Jahre wurden auch in der Bundesrepublik die Vorbehalte von wissenschaftlich wie politisch sich progressiv dünkenden DDR-Forschern gegen den als konservativ empfundenen Forschungsbeirat massiver. So wurde dieser schließlich 1975 durch das Bundesministerium für innerdeutsche Beziehungen aufgelöst. Rückwirkend wird man konstatieren können, daß es bei der ökonomischen Durchführung der überraschenden Vereinigung gut getan hätte, die Einsichten des Forschungsbeirates zur Kenntnis zu nehmen. Während er in den 70er Jahren nicht in die politische Landschaft paßte, war er 1990 schlicht in Vergessenheit geraten.

In Westberlin lag auch die Keimzelle der politik- und sozialwissenschaftlichen DDR-Forschung in der Bundesrepublik in Gestalt des Instituts für Politische Wissenschaft, das später in dem Zentralinstitut für Sozialwissenschaftliche Forschungen der Freien Universität aufging. An diesem Institut wurden in den 50er Jahren bahnbrechende Untersuchungen nicht nur zur Analyse des Untergangs der Weimarer Republik und der Machtergreifung der Nationalsozialisten (K. D. Bracher), sondern auch zum Herrschaftsalltag der ostdeutschen Volksdemokratie erarbeitet. Sie beruhen nicht nur auf Dokumentenanalysen, sondern auch auf empirischen Methoden. Die SBZ-Abteilung dieses Instituts wurde vor allem von ehemals in der SBZ/DDR aktiven demokratischen Sozialisten, die mit der SED nach deren Stalinisierung gebrochen hatten (O. Stammer, C. Stern, E. Richter), aufgebaut.

Auf diesen Vorläufern aufbauend wandelte sich die bundesrepublikanische SBZ-Forschung in den 60er Jahren zur DDR-Forschung. Äußere Voraussetzung waren die Stabilisierung der DDR durch den Mauerbau am 13. August 1961 und die nachfolgenden Gesellschafts- und Wirtschaftsreformen der SED. Die DDR konnte und mußte von der westdeutschen Wissenschaft als eine langfristig bestehende politische und ökonomische Ordnung anerkannt werden. Innere Voraussetzung der Konstituierung einer anspruchsvollen DDR-Forschung war die Übernahme sozialwissenschaftlicher Theoreme und Methoden aus der internationalen und insbesondere der amerikanischen Forschung, um die sich vor allem Peter Christian Ludz große Verdienste erwarb.

Der wissenschaftlichen Anerkennung der DDR in der zweiten Hälfte der 60er Jahre durch Westberliner und westdeutsche Forscher vorwiegend in den Sozialwissenschaften folgte 1969/72 die politische Anerkennung des zweiten deutschen Staates durch die Bundesrepublik Deutschland. Damit verschob sich das Schwergewicht der bundesrepublikanischen Deutschlandpolitik auf den internationalen und innerdeutschen Wettbewerb mit der DDR. In diesem Zusammenhang wurden Systemvergleiche zwischen Bundesrepublik Deutschland und DDR möglich und notwendig, durch welche die gesellschaftliche, ökonomische und politische Leistungsfähigkeit der beiden deutschen Staaten gegenübergestellt werden sollte. Den großen Durchbruch zum nüchternen wissenschaftlichen Vergleich stellten die 1971, 1972 und 1974 erschienenen Materialien zur Lage der Nation dar, die erst 1987 und 1990 fortgesetzt wurden.

In den Materialien zur Lage der Nation, als Anlagen zu den entsprechenden Berichten der Bundesregierung veröffentlicht, wurden 1971 zentrale gesellschaftliche und wirtschaftliche Lebensbereiche wie die Lage der Jugend in beiden deutschen Staaten, 1972 die unterschiedlichen Rechtsordnungen und 1974 neben sozioökonomischen Themen wie der Sozialpolitik und dem Umweltschutz vor allem die entgegengesetzten Nationsauffassungen der Bundesrepublik und der DDR verglichen. 1987 wurden wieder Themen der wirtschaftlichen Lage und der Wirtschaftsordnungen aufgenommen, und 1990 erschien ein Materialienband zu Bildungssystem und Bildungspraxis, dem im Hinblick auf die DDR nicht mehr aktuelle, sondern schon zeitgeschichtliche Bedeutung zukam. An die ersten drei Materialienbände hat Peter Christian Ludz als Leiter der unabhängigen, interdisziplinär zusammengesetzten Autorengruppe die Hoffnung vom Aufgehen der DDR-Forschung in einer methodologisch ausgefeilten und inhaltlich ertragreichen vergleichenden Deutschlandforschung geknüpft. Aus der Perspektive der Deutschlandpolitik und ihrer wissenschaftlichen Beratung sollte die vergleichende Deutschlandforschung helfen, die Frage der Einheit der Nation nicht pauschal und propagandistisch, sondern differenziert und objektiv zu beantworten.

Die Materialien zur Lage der Nation haben mit ihren Bemühungen um quantitativ-empirische Fundierung der DDR- und vergleichenden Deutschlandforschung neue Maßstäbe gesetzt, konnten aber nicht alle Erwartungen erfüllen, die ihr Initiator an sie geknüpft hatte. Nicht nur waren sie methodologisch umstritten, auch gerieten sie in die deutschland- und parteipolitischen Kontroversen der 70er Jahre. Im Hinblick auf ihr Bemühen um eine quantitative Datenbasis wurde die bundesdeutsche DDR- und vergleichende Deutschlandforschung immer wieder durch die Geheimhaltungspraxis der DDR gerade auf sozial- und wirtschaftsempirischen Gebieten frustriert, die sich auf die strukturelle Sicherheitsneurose der kommunistischen Staaten zurückführen ließ.[1] Der westdeutschen DDR-Forschung ist es allerdings wie insgesamt der Kommunismusforschung durchaus gelungen, manche Lücken in der empirischen Materialbasis auf originellen Umwegen wie über die quantitative Inhaltsanalyse von Zeitungen oder die qualitative Interpretation von literarischen Texten zu gesellschaftlichen Alltagsfragen zu schließen. Methodologisch gravierender waren die Schwierigkeiten, in den antagonistischen gesellschaftlichen, politischen und wirtschaftlichen Systemen der beiden Staaten äquivalente Bereiche mit vergleichbaren Funktionen zu identifizieren. Vor allem waren Vergleiche zwischen beiden deutschen Staaten stets in Gefahr, der empirischen Wirklichkeit des einen den normativ-programmatischen Anspruch des anderen Staates gegenüberzustellen, also die Vergleichsebene nicht einzuhalten.

Diese vielfältigen methodologischen Probleme traten vermehrt auf, wenn die gesellschaftlichen, politischen und wirtschaftlichen Gesamtsysteme der beiden deutschen Staaten verglichen wurden. Da diese sich keineswegs, jedenfalls aus wissenschaftlicher Perspektive, auf eindimensionale Eigenschaften und monokausale Verhältnisse reduzieren ließen, war der Vergleich ganzer Systeme stets in Gefahr, bloß normative Vorannahmen zu bestätigen und abweichende empirische Charakteristika zu ignorieren. Aus diesen Gründen haben auch manche Autoren beim wissenschaftlichen Vergleich von Bundesrepublik Deutschland und DDR dem Sektorenvor dem Systemvergleich den Vorzug gegeben und in der Tat sind die ertragreichsten Forschungsarbeiten zu Einzelbereichen des gesellschaftlichen und wirtschaftlichen Alltags im geteilten Deutschland wie der Lage von Jugendlichen und der Arbeitsproduktivität verfaßt worden.

Auch in der DDR- und vergleichenden Deutschlandforschung traten seit Ende der 60er Jahre entsprechend einer damals allgemein in allen Sozialwissenschaften zu beobachtenden Tendenz Theorien mittlerer Reichweite an die Stelle von globalen Makrotheorien, die sich nur schwer in der empirisch-quantitativen Analyse operationalisieren und überprüfen ließen. So wurde die Totalitarismustheorie als für das Verständnis des realsozialistischen Staates DDR zu pauschal und statisch verworfen und durch eine Kombination von Theorien der Modernisierung, der Bürokratisierung und der autoritären Herrschaft ersetzt.

Besonders umstritten war in der vergleichenden Deutschlandforschung die Frage des Vergleichsmaßstabes, an dem die Realitäten in beiden deutschen Staaten wissenschaftlich gemessen und bewertet werden sollten. In der Forschung machte es wenig Sinn, wie in der ideologischen Auseinandersetzung zwischen den beiden antagonistischen Staaten das eigene normative Selbstverständnis zum Vergleichskriterium zu nehmen und dem Gegner vorzuhalten, daß er die Norm des Opponenten nicht erfülle. In diesem Sinne hat aber der umstrittene Beschluß der Kultusministerkonferenz von 1978 zur Behandlung der deutschen Frage im Unterricht den Vergleich der Gesellschaftsordnung der Bundesrepublik Deutschland mit jener der DDR »unter dem Wertmaßstab des Grundgesetzes« gefordert. Als Vergleichsmaßstab eignen sich nur übergeordnete Werte, die sich aber angesichts des ideologischen Antagonismus von westlichen Demokratien und kommunistischen Diktaturen nur schwer identifizieren ließen. Aus diesen Gründen haben sich die von Peter Christian Ludz betreuten Materialien zur Lage der Nation auf Vergleichsurteile lediglich beim Vorliegen harter quantitativer Daten eingelassen und sich bei qualitativen Vergleichsgegenständen, z. B. dem Gebiet der Rechtsordnungen, auf bloße Gegenüberstellungen beschränkt. Diese Zurückhaltung bei vergleichenden Beurteilungen entsprach auch dem methodologischen Grundverständnis von Peter Christian Ludz, der mit dem von Max Weber und Karl Popper inspirierten kritischen Rationalismus auf die sorgfältige Trennung von wissenschaftlichen Erkenntnissen und politischen Bewertungen abstellte. Doch die von Ludz für die DDR-Forschung propagierte systemimmanente-kritische Methode wurde von vielen seiner akademischen Konkurrenten und politischen Gegner, aber auch manchen eigenen Adepten als unkritische Hinnahme, wenn nicht sogar als politische Billigung der Realität der DDR und der Herrschaftspraktiken der SED mißverstanden. Im Rückblick wird man den Arbeiten der 70er Jahre konzedieren müssen, daß sie eine neue wissenschaftliche und vor allem empirische Qualität in die Deutschlandforschung gebracht haben. Ob man dabei allerdings nicht in der Gefahr stand, den Wald vor lauter Bäumen nicht zu erkennen, d. h. den diktatorischen Grundcharakter des DDR-Systems über einzelnen sozialen Errungenschaften und politischen Funktionszusammenhängen zu ignorieren, dieser existentiellen Frage hat sich die DDR- und vergleichende Deutschlandforschung nach dem Untergang der DDR zu stellen.

Bis Ende der 70er Jahre neigte die Deutschlandforschung in der Bundesrepublik Deutschland dazu, sich auf die DDR, das Verhältnis zwischen den beiden deutschen Staaten und den Vergleich zwischen ihnen zu konzentrieren. Zwar entfaltete sich im westdeutschen Staat seit seiner Gründung eine umfangreiche Forschung über dessen politische, gesellschaftliche und wirtschaftliche Verhältnisse, doch wurden diese kaum mit der deutschen Frage in Verbindung gebracht. Die Bundesrepublik Deutschland wurde so selbstverständlich mit Deutschland identifiziert, daß ihre deutsche Identität nicht in Frage gestellt und sie in der Deutschlandforschung nicht thematisiert wurde.

Das änderte sich seit Anfang der 80er Jahre, nachdem die Stellung der Bundesrepublik Deutschland in und zu der deutschen Geschichte im sogenannten Historikerstreit zum Gegenstand einer großen Debatte von Politikern, Publizisten und Wissenschaftlern geworden war, und die DDR-Führung immer weitere Bereiche der deutschen National- und Regionalgeschichte als von ihr verkörpertes Erbe beanspruchte. Im zwischendeutschen Wettbewerb kam die Bundesrepublik nicht umhin, ihren Standort in Deutschland zu thematisieren. Bundesrepublikanische Arbeiten zur politischen Kultur[2] und zur Identität der Deutschen[3] haben Aspekte und Themen erschlossen, die erst den Begriff der Deutschlandforschung rechtfertigten. Durch die Bemühungen, die geistige, gesellschaftliche und politische Position der Bundesrepublik Deutschland zu bestimmen, ist die fragwürdige Beschränkung der Deutschlandforschung auf eine aus politischen Gründen umfirmierte DDR-Forschung schon vor der Vereinigung ansatzweise überwunden worden. Doch erst nachdem Deutschland 1990 wieder zu einem ganzheitlichen Nationalstaat geworden ist, erscheint jene »ganze Deutschlandforschung« vollends realisierbar, die schon zu Zeiten der staatlichen Teilung gefordert worden ist.[4]

3. Deutschlandforschung und Deutschlandpolitik: Es ist offensichtlich, daß sich die Wissenschaftsgeschichte der Deutschlandforschung parallel zur politischen Entwicklung insbesondere des Verhältnisses beider deutscher Staaten entfaltet hat. In den 50er Jahren, als der andere deutsche Staat von der Bundesrepublik Deutschland noch nicht anerkannt, sondern als sowjetischer Satellit gesehen wurde, formierte sich eine SBZ-Forschung. Die DDR-Forschung setzte sich in den 60er Jahren durch, als die Dauerhaftigkeit und Eigenständigkeit der DDR unübersehbar und schließlich auch in das politische Kalkül der Bundesrepublik Deutschland einbezogen wurde. Vergleichende Deutschlandforschung in den 70er Jahren wurde möglich, nachdem öffentliche Meinung und Politiker in der Bundesrepublik der DDR zugestanden hatten, nicht mehr in toto inkomparabel zu sein, sondern auf einigen Gebieten (beispielsweise Bildungs- und Gesundheitswesen) sogar beachtliche Leistungen zu erbringen. Die Propagierung der Deutschlandforschung seit Ende der 70er Jahre ging einher mit dem Versuch bundesrepublikanischer Politiker und Meinungsführer, den Deutschlandbegriff nicht bloß als pauschalen juristischen Vorbehalt gegenüber dem Status quo in Mitteleuropa, sondern als Sonde für die Standortbestimmung der Bundesrepublik Deutschland und Leitidee der politischen Bildung einzusetzen. Die derzeitigen Schwerpunkte der Deutschlandforschung auf den Gebieten der zeitgeschichtlichen DDR-Forschung und der Vereinigungsanalysen sind durch den Untergang des DDR-Systems und den Beitritt der ostdeutschen Länder zur Bundesrepublik Deutschland im Jahr 1989/90 ermöglicht worden.

Diese Abhängigkeit der Deutschlandforschung von der Deutschlandpolitik bedeutet aber nicht, daß die Wissenschaft ein weisungsgebundenes Ausführungsorgan der Politik gewesen ist. Zwar setzten die politisch-bürokratischen Instanzen durch die Festsetzung von Forschungsbudgets und die Förderung von Projekten gewisse Prioritäten, wobei für die Deutschlandforschung lange Jahrzehnte die Forschungsförderung durch das 1990 aufgelöste Bundesministerium für innerdeutsche Beziehungen am wichtigsten war. Doch die Initiative für die Projekte hat zumeist nicht beim politisch-bürokratischen Bereich, sondern bei universitären und außeruniversitären Forschern und Forschungsgruppen gelegen. Deutschlandforschung in der Bundesrepublik Deutschland war und ist kaum Auftragsforschung. Die Parallelität der Entwicklung von Deutschlandforschung und Deutschlandpolitik rechtfertigt keine Abhängigkeits- und Verschwörungsthesen, sondern findet zumeist ihre

Erklärung in der gemeinsamen Beeinflussung von Forschung und Politik durch die zeitgeschichtlich-politische Wirklichkeit und deren Wahrnehmung durch die öffentliche Meinung.

Nicht nur wirkt die Politik auf die Forschung ein, umgekehrt suchen auch die Forscher auf die politischen Entscheidungen und ihre Träger Einfluß zu nehmen. In der Deutschlandforschung ging es vor allem darum, den deutschlandpolitischen Entscheidungsträgern verläßliche Daten über den anderen deutschen Staat, strukturelle Einsichten über die komplexen Beziehungen der Deutschlandpolitik zur Innen- und Außenpolitik beider deutscher Staaten und wissenschaftlich abgesicherte Szenarien über die mögliche Entwicklung der DDR und der deutschen Frage zu vermitteln. Politikberatung war das offensichtliche Motiv für die Gründung des Forschungsbeirates für Fragen der Wiedervereinigung Deutschlands im Jahr 1952, dessen politische und schließlich auch wissenschaftliche Effektivität aber dadurch beeinträchtigt wurde, daß die Wiedervereinigung der Sowjetzone mit der Bundesrepublik in den 50er Jahren nicht eintraf. Eine Vorreiterrolle nahm die DDR-Forschung gegenüber der Deutschlandpolitik in den 60er Jahren ein, als sie die DDR als eigenständigen Staat wissenschaftlich anerkannte und der öffentlichen und politischen Anerkennung den Weg bereitete. Der Höhepunkt politikberatender Ambitionen der Deutschlandforschung waren aber die vielfältigen Aktivitäten von Peter Christian Ludz in der Zeit der ersten und zweiten sozial-liberalen Bundesregierung unter Kanzler Willy Brandt in den Jahren 1969 bis 1974. Danach ist der Einfluß der DDR- und Deutschlandforschung auf die Bonner Entscheidungsträger wieder geringer geworden, was auf die allgemein zu beobachtenden Unterschiede in den Erwartungs-, Formulierungs- und Vorstellungshorizonten der beiden Gruppen zurückzuführen ist. Politiker suchen knappe Hilfen für kurzfristig anstehende Entscheidungen, während Wissenschaftler eher langfristige Analysen liefern.

Nach dem Untergang der DDR und der staatlichen Vereinigung Deutschlands ist Anfang der 90er Jahre erneut ein heftiger Streit um die Abhängigkeit der früheren DDR- und vergleichenden Deutschlandforschung von der Politik entbrannt. Dabei drängte sich der Eindruck auf, daß nach der politischen Epochenwende des Jahres 1989/90 alte politische Rechnungen zwischen den akademischen Lagern beglichen werden sollten. Die eher rechts stehenden Deutschlandforscher warfen den eher links orientierten Repräsentanten der DDR- und vergleichenden Deutschlandforschung vor, sie hätten in den letzten zwei Jahrzehnten aus diplomatischer Rücksichtnahme gegenüber der DDR als Verhandlungspartner, wenn nicht ideologischer Nähe zur SED den Unrechtscharakter des realsozialistischen Systems beschönigt und das DDR-Regime moralisch aufgewertet. Auf diese Weise seien Wissenschaft sowie Wahrheit dem Zeitgeist der Entspannungsillusionen während der neuen Deutschland- und Ostpolitik der sozialliberalen Koalition geopfert worden.[5] In der Tat müssen die DDR-Forscher im Rückblick selbstkritisch feststellen, daß sie bei ihren wissenschaftlichen Analysen herrschaftspolitische Gesamtzusammenhänge und manche für die Diktatur der DDR zentralen Institutionen und Prozesse wie beispielsweise das Ministerium für Staatssicherheit und dessen umfassende Überwachungs- und Repressionstätigkeit vernachlässigt haben. Doch abgesehen davon, daß der Umfang der Stasi-Aktivitäten vor deren Untergang selbst Eingeweihten in der DDR kaum bewußt war, können die zur Rechenschaft gezogenen westdeutschen DDR-Forscher auch darauf hinweisen, daß ihnen für die Analyse vieler hochpolitischer Aspekte des DDR-Systems die empirische Materialgrundlage fehlte. Man scheute sich davor, Hörensagen oder gar politische Wertungen zum Ausgangspunkt akademischer Analyse zu machen.

Ein besonders prägnantes und heute noch umstrittenes Beispiel für die strukturell bedingten Grenzen der bundesdeutschen DDR-Forschung in den Zeiten der deutschen Teilung ist die Einschätzung der Akzeptanz des realsozialistischen Systems durch die DDR-Bevölkerung. Von dem revolutionären Umbruch des Jahres 1989/90 her gesehen, als die Ostdeutschen mehrheitlich nicht nur die Herrschaft der SED, sondern auch einen eigenen Staat verwarfen, steht ihre Ablehnung des DDR-Systems außer Frage. Doch heute lassen DDR-Nostalgie und Wahlerfolge der PDS als der Nachfolgepartei der SED an solchen eindeutigen Annahmen schon wieder zweifeln. Auch in den vier Jahrzehnten der Existenz des zweiten deutschen Staates war die Loyalität der Ostdeutschen zur DDR als Herrschaftssystem, Lebensgemeinschaft und Staat von Schwankungen und Zwiespältigkeiten gekennzeichnet. Diese ließen sich allerdings aufgrund der Abschottungspraxis des Regimes kaum empirisch messen und ihre Beurteilung wurde daher von vielen DDR-Forschern der Intuition der Journalisten überlassen, die bei der Beobachtung des anderen deutschen Staates eine nicht zu unterschätzende Rolle spielten.

Noch politischer, allerdings auch unhistorischer ist der nach 1990 gegen die frühere DDR- und vergleichende Deutschlandforschung vorgebrachte Vorwurf, sie habe die nationalstaatliche Einheit Deutschlands verraten und die DDR als Separatstaat stabilisiert.[6] Die bundesdeutschen Deutschlandforscher sind zwar nach 1961 überwiegend davon ausgegangen, daß die Zweistaatlichkeit Deutschlands auf absehbare Zeit hinzunehmen sei. Doch damit waren sie nicht nur in bester Gesellschaft mit verantwortlichen Politikern aller bundesrepublikanischen Parteien. Auch ist historisch, politisch und wissenschaftlich höchst umstritten, ob sich die Identität einer Nation nur in einem eigenen Staat verwirklichen läßt. Über viele Jahrzehnte ist die Einheit Deutschlands auf der Ebene der Bewußtseins- und Kulturnation bewahrt worden und die Deutschlandforschung hat ihr Scherflein dazu beigetragen. Daß es 1990 zur Wiederherstellung der nationalstaatlichen Einheit Deutschlands kommen konnte, war von niemand vorherzusehen und dem Glücksfall eines Zusammenkommens vielfältiger internationaler und innenpolitischer Entwicklungen geschuldet: Die letzte DDR-Führung zeichnete sich durch ein selbst in Diktaturen außergewöhnliches Maß an Starrköpfigkeit und Wandlungsunfähigkeit aus, die Bundesregierung unter Kanzler Helmut Kohl erkannte die Stunde für einen Durchmarsch in die deutsche Vereinigung, die große Mehrheit der europäischen Nachbarstaaten und insbesondere die USA unterstützten die Erweiterung der Bundesrepublik Deutschland, und die Sowjetunion unter Michail Gorbatschow war in ihrer Weltmachtposition zwar geschwächt, aber noch stark genug, um der deutschen Vereinigung zustimmen zu können. Die Vorhersage und das Festhalten an der nationalstaatlichen Einheit Deutschlands kann kein wissenschaftliches Kriterium für die Beurteilung der Deutschlandforschung sein. Wissenschaftliche Analysen sind nicht identisch mit politisch noch so legitimen Wunschvorstellungen und setzen auch nicht prophetische Gaben voraus.

Schwerwiegender ist der Vorwurf des Prognoseversagens an die hergebrachte DDR- und Deutschlandforschung, wenn es um deren Einschätzung der Stabilität des SED-Regimes geht. Bis zur Mitte des Jahres 1989 hat kein westdeutscher DDR-Forscher es für möglich gehalten, daß nicht nur wenige Monate später die Honekker-Führung abgelöst sein, sondern sich auch binnen Jahresfrist der zweite deutsche Staat in Auflösung befinden würde. Doch die Geschwindigkeit und die Umstände des Zusammenbruchs der DDR und der deutschen Vereinigung haben auch die Politiker, die Publizisten und allgemein die Deutschen in beiden Staaten überrascht.

DDR-Forscher in der Bundesrepublik haben durchaus seit Beginn und verstärkt seit Mitte der 80er Jahre auf die Stagnations- und Krisenerscheinungen im anderen deutschen Staat und auf die Auswirkungen des sowjetischen Reformkurses unter Gorbatschow hingewiesen. Die wirtschaftlichen und gesellschaftlichen Sollbruchstellen des DDR-Systems waren bekannt, doch war es jenseits der Vorstellungskraft, daß es tatsächlich implodieren würde. Diese Unterschätzung des selbstzerstörerischen Potentials des realsozialistischen Systems war den Deutschlandforschern beider Richtungen gemeinsam, gingen die Anhänger der sozialwissenschaftlichen Modernisierungstheorien doch von der Wandlungsfähigkeit und die Anhänger des Totalitarismusmodells von der absoluten Repressionsgewalt des Systems aus. Nachdem Gesellschaft, Politik und Wirtschaft der DDR in den 50er Jahren gravierende Krisenzeiten überstanden und sich in den 60er und 70er Jahren durch Reformen als moderat anpassungsfähig erwiesen hatten, konnte man sich in den 80er Jahren nicht vorstellen, daß eine Kumulation innerer und äußerer Faktoren zu einen Systemkollaps führen würde.

Der Streit um die Prognosefähigkeit der bundesrepublikanischen DDR-Forschung[7] illustriert die verführerische Neigung auch in akademischen Diskussionen, ex post aus der Kenntnis späterer Entwicklungen auf die Notwendigkeit früherer Einsichten zu schließen, die aber zu deren Zeitpunkt keineswegs selbstverständlich waren. Es ist bezeichnend, daß kaum einer der heutigen Kritiker der DDR-Forschung sich selbst durch einschlägige Bemühungen, geschweige denn zutreffende Voraussagen ausgezeichnet hat. Ihr zentraler Vorwurf des Prognoseversagens beruht auf einem exakt-naturwissenschaftlichen Wissenschaftsverständnis, das in den Human- und Sozialwissenschaften längst als dem Gegenstand unangemessen erkannt worden ist. Über die Entwicklung von Menschen wie von Gesellschaften lassen sich im historischen Rückblick Trendaussagen herausarbeiten, die zwar in die Zukunft extrapoliert werden können, aber nicht notwendigerweise eintreffen müssen. Das wissenschaftliche Beurteilungskriterium der Prognosegenauigkeit beruht auf einem fragwürdigen deterministischen Geschichts- und Menschenverständnis. Es ignoriert die Möglichkeiten freier Entscheidung, die Menschen selbst in totalitär organisierten Diktaturen, wenn auch unter erheblichem Risiko, wahrnehmen können.

Die weitgehend pauschale und überwiegend politisch motivierte Kontroverse nach 1990 über das Versagen der DDR- und vergleichenden Deutschlandforschung macht inzwischen einer differenzierteren nüchternen und historischen Bewertung der Erfolge, aber auch Grenzen der früheren Disziplin Platz. Nachdem die Freund-Feind-Stimmung zwischen den Lagern abgeflaut ist, wird heute wieder die Realität der Deutschlandforschung als eines methodologisch wie politisch pluralistischen Forschungsgebietes dominant. Nicht mehr kleinliche Rechthabereien im Hinblick auf die Vergangenheit des geteilten, sondern interessante Konzepte für die Zukunft des vereinigten Deutschland sind gefragt. Dieser politischen Herausforderung haben sich nicht nur die Parteien und Politiker, sondern auch die Deutschlandforscher zu stellen.

4. Perspektiven der Deutschlandforschung im vereinigten Deutschland: Der Zusammenbruch der realsozialistischen Parteidiktatur auf dem Gebiet der früheren DDR hat nach 1989 Forschungsmöglichkeiten eröffnet, die zuvor angesichts der hermetischen Abschottung des »Staatssicherheitsstaates« nicht bestanden. Erst nach dem Ende der SED-Herrschaft sind archivalische Studien und empirische Feldforschungen über die und in der DDR uneingeschränkt möglich. Diese heutige DDR-Forschung ist vorzugsweise zeitgeschichtliche Analyse von 40 Jahren DDR. Dabei wird vor allem gefragt, ob die Existenz der DDR und die Herrschaft der SED von vornherein zum Scheitern bestimmt waren oder ab welchem Zeitpunkt sich ihr Untergang anbahnte. Diese zeitgeschichtlichen Fragen an die Vergangenheit der DDR beschäftigen nicht nur das öffentliche Interesse der Enquete-Kommission des Deutschen Bundestages über die Aufarbeitung von Geschichte und Folgen der SED-Diktatur in Deutschland, sondern stehen auch im Mittelpunkt der wissenschaftlichen Bemühungen von Forschungsinstitutionen wie dem Mannheimer Arbeitsbereich zur Geschichte und Politik der DDR unter Leitung von Hermann Weber, dem Münchner Institut für Zeitgeschichte mit seiner Zweigstelle in Potsdam, dem von Alexander Fischer gegründeten Hannah-Arendt-Institut für Totalitarismusforschung an der Universität Dresden, dem Forschungsverbund SED-Staat an der Freien Universität Berlin und dem von Jürgen Kocka initiierten und Christoph Kleßmann sowie Konrad Jarausch geleiteten Potsdamer Forschungsschwerpunkt Zeithistorische Studien, der im März 1996 in Zentrum für Zeithistorische Forschung umbenannt wurde. Diese zeitgeschichtliche Bewältigung der DDR-Vergangenheit hat elementare Bedeutung für die politischen, gesellschaftlichen, wirtschaftlichen und nicht zuletzt sozialpsychologischen Zukunftsaufgaben in Deutschland. Auch auf dem Gebiet der ehemaligen DDR gab es keinen unbelasteten Neuanfang, keine Stunde Null. Die DDR als historische Erfahrung wird noch lange nach dem Zusammenbruch des zweiten deutschen Staates nachwirken, und die Deutschlandforschung kann bei der Bewältigung dieses Erbes helfen. Dem Namen nach gibt es vielleicht keine DDR-Forschung mehr, doch die fünf neuen Bundesländer werden auch weiterhin einen besonderen und wichtigen Forschungsgegenstand der Zeitgeschichtswissenschaft darstellen.

Die Deutschlandpolitikforschung als das zweite Gebiet der früheren Deutschlandforschung ist mit dem Aufgehen der DDR in der Bundesrepublik Deutschland an sich hinfällig geworden. Doch auch weiterhin gibt es ein breites und kompliziertes Feld der Deutschlandpolitik, die jetzt aber nicht mehr auf zwischenstaatlicher, sondern auf binnenstaatlicher Ebene abläuft. So leistet die Deutschlandforschung mit der Analyse des politischen Ausgleichs und Zusammenwachsens zwischen den ost- und westdeutschen Ländern einen interessanten Beitrag zur Entwicklung der Föderalismusforschung.

Die vergleichende Deutschlandforschung beinhaltet zwar keinen Systemvergleich zwischen zwei antagonistischen Staaten mehr, hat aber in Gestalt von innerdeutschen Regionalvergleichen neue Aufgabenbereiche gewonnen. Bisher sind in den bundesdeutschen Sozialwissenschaften die Möglichkeiten des Vergleichs von Ländern und Regionen, wie er zum Beispiel in den USA üblich ist, kaum entdeckt worden. In der vereinigten Bundesrepublik Deutschland können sowohl einzelne Bundesländer als auch die Gesamtheit der neuen Bundesländer auf der einen und der alten Bundesländer auf der anderen Seite sinnvoll verglichen werden.

Ein solcher intranationaler Vergleich dient als Begleitforschung zum gesellschaftlichen, politischen und wirtschaftlichen Vereinigungsprozeß Deutschlands. Die vergleichende Deutschlandforschung kann dabei Frageansätze und Methoden der angelsächsischen Erforschung von Nationenbildung aufnehmen und an die von Karl W. Deutsch entwickelte empirisch-genetische Theorie der Nation als einer verdichteten sozialen Kommunikation anknüpfen.[8] Zwar ist Deutschland staatlich vereinigt worden, doch die Integrationsprozesse auf politischem, wirtschaftlichem und insbesondere sozialpsychologischem Gebiet werden sich noch über Jahre, wenn nicht Jahrzehnte erstrecken.[9] Auf sozialwissenschaftlichem Gebiet hat sich vor allem die Kommission für die Erforschung des sozialen und politischen Wandels in den neuen Bundesländern, die in Halle ihren Sitz hat, dieser Themen der Transformations- und Vereinigungsforschung angenommen. Wie Anfang der 50er Jahre die SBZ-Forschung als Wiedervereinigungsforschung konzipiert worden war, so kann heute die Deutschlandforschung eine wissenschaftlich sehr interessante und politisch bedeutsame Rolle als Evaluationsforschung des deutschen Einigungsprozesses einnehmen.

Bundesrepublikforschung schließlich als viertes Teilgebiet der Deutschlandforschung hat durch die Ausweitung des Staatsgebietes der Bundesrepublik eine Erweiterung erfahren, die sie deckungsgleich mit Deutschlandforschung macht. Dabei ist zu berücksichtigen, daß die vergrößerte Bundesrepublik Deutschland zwar überwiegend die politischen, rechtlichen, gesellschaftlichen und wirtschaftlichen Ordnungen des früher auf Westdeutschland beschränkten Staates übernommen hat, doch die Realität Gesamtdeutschlands nicht automatisch mit der gewachsenen westdeutschen Wirklichkeit identisch sein muß.[11] Die veränderten innenpolitischen Bedingungen und Aufgabenfelder, die Vertiefung und Erweiterung des europäischen Einigungsprozesses und die neue globale Situation nach dem Ende des Ost-West-Konfliktes wirken, wenn auch nur schrittweise, auf die politischen, ökonomischen und gesellschaftlichen Strukturen der Bundesrepublik Deutschland zurück. Deutschlandforschung als Bundesrepublikforschung, d. h. als Länderforschung, hat vor allem den politischen Standort des vereinigten Deutschlands, deren politische Identität, nach innen wie nach außen zu untersuchen. Nach der Lösung der deutschen Teilungsfrage stellt sich um so mehr die Frage nach der Stellung und Verantwortung Deutschlands in Europa und der Welt.

Angesichts der Gleichzeitigkeit und Verschränkung des deutschen und europäischen Einigungsprozesses ist es nur konsequent, daß die Deutschlandforschung auch eine enge Verbindung mit der Europaforschung eingeht. Beispielhaft für diese Verknüpfung sind die Arbeiten an dem von Werner Weidenfeld geleiteten Centrum für angewandte Politikforschung (C. A. P.) in München, wo die Forschungsgruppen »Deutschland«[12] – mit dem Projekt »Geschichte der deutschen Einheit« –, »Europa«, »Zukunftsfragen« und »Jugend und Europa« in enger Kooperation untereinander agieren.

Die Deutschlandforschung mit ihren hergebrachten Themengebieten ist daher aufgrund der deutschen Vereinigung nicht obsolet geworden, sondern hat inhaltlich durch neue Themen eher noch an Bedeutung gewonnen. Doch die Probleme der vergangenen DDR und die gegenwärtigen Schwierigkeiten des deutschen Vereinigungsprozesses lassen sich nicht auf die neuen Bundesländer isolieren, sondern sind Herausforderungen an die ganze deutsche Gesellschaft. Dementsprechend werden sich in der Bundesrepublik Deutschland auch die allgemeinen Kultur- und Sozialwissenschaften intensiver mit jenen deutschen Fragen beschäftigen müssen, die sie früher auf das Arbeitsgebiet der DDR- und dann der vergleichenden Deutschlandforschung abgeschoben haben. In den Jahrzehnten der staatlichen Teilung sind diese Spezialgebiete ausdifferenziert worden, weil ihre Mutterwissenschaften sich auf die Bundesrepublik sowie westliche Industriegesellschaften konzentrierten und dabei die DDR und die kommunistischen Systeme zu vernachlässigen drohten. Im Gesamtspektrum der wissenschaftlichen Aktivitäten an Universitäten und Forschungsinstituten fristete die Deutschlandforschung zumeist mehr in gesamtdeutscher Alibifunktion ein Mauerblümchendasein. Doch nach der Vereinigung der DDR mit der Bundesrepublik Deutschland rückt die Behandlung der die Deutschlandforschung konstituierenden deutschen Fragen in den Mittelpunkt des Interesses der Kultur- und Sozialwissenschaften. Schon heute ist die Erforschung der Zeitgeschichte der DDR und des deutschen Vereinigungsprozesses auf den Gebieten von Gesellschaft, Politik und Wirtschaft nicht mehr das Reservat von Spezialisten, sondern findet das allgemeine Interesse in den Fächern.

So ist abzusehen, daß die Deutschlandforschung einschließlich der DDR-Forschung nach der Vereinigung der DDR mit der Bundesrepublik Deutschland in den allgemeinen Kultur- und Sozialwissenschaften aufgehen wird. Sie bildet nicht mehr ein separates wissenschaftliches Arbeitsgebiet, sondern existiert lediglich noch als loser Arbeitsverbund von einschlägig interessierten Politik-, Rechts-, Wirtschafts-, Erziehungs-, Geschichts- und Literaturwissenschaftlern, Soziologen sowie Geographen. Wie die DDR und die deutsche Teilung trotz ihres äußerlichen Endes auf lange Zeit in der vergrößerten Bundesrepublik Deutschland nachwirken werden, so wird auch die frühere Deutschlandforschung in den allgemeinen Disziplinen im Hegelschen Sinne aufgehoben werden: Einzelne Elemente sind bewahrt, andere hinfällig geworden, doch insgesamt ist eine höhere und breitere Ebene der wissenschaftlichen Diskussion über deutsche Fragen erreicht worden.

Wilhelm Bleek

Anmerkungen:

1 Vgl. W. Bleek/L. Mertens: DDR-Dissertationen. Promotionspraxis und Geheimhaltung von Doktorarbeiten im DDR-Staat, Opladen 1994.
2 Vgl. M. Greiffenhagen u. a.: Handwörterbuch zur Politischen Kultur der Bundesrepublik, Opladen 1981; M. Greiffenhagen/S. Greiffenhagen: Ein schwieriges Vaterland. Zur politischen Kultur Deutschlands, Frankfurt a. M. 1979; K. Sontheimer: Deutschlands Politische Kultur, München 1990.
3 Vgl. dazu: W. Weidenfeld: Die Identität der Deutschen, München (2. Aufl.) 1985; Ders. (Hrsg.): Nachdenken über Deutschland. Materialien zur politischen Kultur der deutschen Frage, Köln (2. Aufl.) 1986.
4 Vgl. W. Bleek: Plädoyer für eine ganze Deutschlandforschung, in: Deutschland Archiv, 2/1986, S. 136–142.
5 Vgl. P. Eisenmann/G.Hirscher (Hrsg.): Dem Zeitgeist geopfert. Die DDR in Wissenschaft, Publizistik und politischer Bildung, Mainz 1992.
6 Vgl. J. Hacker: Deutsche Irrtümer. Schönfärber und Helfershelfer der SED-Diktatur im Westen, Berlin 1992.
7 Vgl. C. Maier: Die Sozialwissenschaften und die Wende: Grenzen der Prognosefähigkeit, in: G. Lehmbruch (Hrsg.): Einigung und Zerfall. 19. Wissenschaftlicher Kongreß der Deutschen Vereinigung für Politische Wissenschaft, Opladen 1995, S. 315–325.
8 K. W. Deutsch: Nationalism and Social Communication, Cambridge (2. Aufl.) 1966.
9 Vgl. W. Bleek: Der Vereinigungsprozeß in Deutschland. Ein Zwischenbericht, in: Geschichte und Gegenwart, 4/1991, S. 305–318.
11 Vgl. die Veränderungen in den jüngsten Auflagen der von Kurt Sontheimer jetzt mit Wilhelm Bleek verfaßten »Grundzüge des politischen Systems der Bundesrepublik Deutschland«, zuletzt München (10. Taschenbuchaufl.) 1997.
12 Vgl. K.-R. Korte: Deutschlandpolitik in Kohls Kanzlerschaft. Regierungsstil und Entscheidungen 1982 bis 1989, Stuttgart 1998; W. Weidenfeld mit P. M. Wagner und E. Bruck: Außenpolitik für die deutsche Einheit. Die Entscheidungsjahre 1989/90, Stuttgart 1998; außerdem in der Reihe »Geschichte der deutschen Einheit« erschienen: D. Grosser: Das Wagnis der Währungs-, Wirtschafts- und Sozialunion. Politische Zwänge im Konflikt mit ökonomischen Regeln, Stuttgart 1998; W. Jäger in Zusammenarbeit mit M. Walter: Der innenpolitische Prozeß der Einigung 1989/90, Stuttgart 1998.

Literatur:

Bleek, Wilhelm: Die Entwicklung des zwischendeutschen Systemvergleichs im Spannungsfeld von Politik und Wissenschaft, in: Gernot Gutmann/Siegfried Mampel (Hrsg.): Probleme systemvergleichender Betrachtung, Berlin 1986, S. 15–54. □ Ders.: Plädoyer für eine ganze Deutschlandforschung, in: Deutschland Archiv, 19/1986, S. 136–142. □ Bundesministerium für innerdeutsche Beziehungen (Hrsg.): Materialien zur Lage der Nation, Köln 1971, 1972, 1974, 1987, 1990. □ Gill, Ulrich: Vom Ende der DDR zum Ende der DDR-Forschung? Zur Vergangenheit (und Zukunft) einer entwurzelten Forschungsrichtung, in: Jürgen Hartmann/Uwe Thaysen (Hrsg.): Pluralismus und Parlamentarismus in Theorie und Praxis, Opladen 1992, S. 325–335. □ Glaessner, Gert-Joachim: Sozialistische Systeme. Einführung in die Kommunismus- und DDR-Forschung, Opladen 1982. □ Ders.: Das Ende des Kommunismus und die Sozialwissenschaften, in: Deutschland Archiv, 28/1995, S. 920–936. □ Gutachten zum Stand der DDR- und vergleichenden Deutschlandforschung, erstattet vom Arbeitskreis für vergleichende Deutschlandforschung unter Vorsitz von Peter C. Ludz im März 1978, 4 Bde., Typoskript 1978. □ HAMACHER, HEINZ PETER: DDR-Forschung und Politikberatung 1949–1990. Ein Wissenschaftszweig zwischen Selbstbehauptung und Anpassungszwang, Köln 1991. □ JESSE, ECKHARD: Die politikwissenschaftliche DDR-Forschung in der Bundesrepublik Deutschland, in: Peter Eisenmann/Gerhard Hirscher (Hrsg.): Dem Zeitgeist geopfert. Die DDR in Wissenschaft, Publizistik und politischer Bildung, Mainz 1992, S. 13–58. □ LUDZ, PETER CHRISTIAN: Die DDR zwischen Ost und West. Politische Analysen 1961 bis 1976, München 1977. □ THOMAS, RÜDIGER: Von der DDR-Forschung zur kooperativen Deutschlandforschung, in: Zeitschrift für Parlamentsfragen, 26/1990, S. 126–136. □ TIMMERMANN, HEINZ (Hrsg.): DDR-Forschung. Bilanz und Perspektiven, Berlin 1995.

Deutschlandpolitik der Bundesrepublik Deutschland

→ Außenpolitik, Berlin, **Bundesrepublik Deutschland: Geschichte**, Bundesverfassungsgericht, **DDR: Geschichte**, Deutschlandpolitik der DDR, Deutschlandpolitik der Vier Mächte, Deutschlands Rechtslage, Deutschlandvertrag, Europäische Integration, Grundgesetz, Grundlagenvertrag, **Innerdeutsche Beziehungen**, Mauer, Nation und Nationalbewußtsein, Oder-Neiße-Linie, Ostverträge, Ost-West-Konflikt, Selbstbestimmungsrecht, Sicherheitspolitik, Verhandlungen zur deutschen Einheit: Innerer Prozeß, Verhandlungen zur deutschen Einheit: Internationaler Prozeß, Verträge zur deutschen Einheit, Wahlen.

1. **Einleitung:** Mit der Vollendung der deutschen Einheit am 3. Oktober 1990 hat die Deutschlandpolitik ihr Kernanliegen verwirklicht, das längst in unerreichbare Ferne gerückt schien. Der Einigungsprozeß hat dabei eine Grundkonstante nochmals deutlich hervortreten lassen, die den deutschlandpolitischen Handlungsrahmen maßgeblich bestimmte: Stets war die deutsche Frage eingebettet in den Funktionszusammenhang des Ost-West-Konflikts. Hinsichtlich ihrer Grundsätze und Strategien läßt sich die Deutschlandpolitik in verschiedene Phasen einteilen: die Phase der Nichtbeziehungen in der Ära Adenauer 1949–1963, die Übergangsphase der vorsichtigen Neuorientierung 1963–1969, die Phase der Etablierung der neuen Deutschland- und Ostpolitik durch die sozial-liberale Koalition 1969–1982 und die Phase der Intensivierung der innerdeutschen Beziehungen unter der Regierung Kohl/Genscher 1982–1989. In der Phase des Umbruchs in den Jahren 1989/90 wurde schließlich der Weg zur deutschen Vereinigung beschritten.

2. **Die Phase der Nichtbeziehungen (1949–1963):** Die Spaltung Deutschlands und Europas nach der Zerschlagung des Nazi-Regimes ist ursächlich verknüpft mit dem Auseinanderdriften der Siegerallianz des Zweiten Weltkriegs zur bipolaren Kon-

frontation des Kalten Krieges. Die unterschiedlichen Auffassungen der Siegermächte über die Neugestaltung Deutschlands, wie sie an ihren operativen Maßnahmen in den jeweiligen Besatzungszonen ablesbar sind, stellten die Weichen zur deutschen Teilung. Dem außenpolitischen Handlungsspielraum der neu gegründeten Bundesrepublik Deutschland waren anfangs enge Grenzen gesetzt. Denn mit der Genehmigung des Grundgesetzes am 12. Mai 1949 hatten die Westalliierten zugleich das Besatzungsstatut verkündet, das die »auswärtigen Angelegenheiten einschließlich internationaler Abkommen, die von Deutschland oder für Deutschland abgeschlossen werden«, unter alliierten Vorbehalt stellte.[1] Grundgesetzlich verankert war das oberste Ziel der Deutschlandpolitik, »in freier Selbstbestimmung die Einheit und Freiheit Deutschlands zu vollenden« (Präambel).

Mit seinem Kurs der Westintegration und der konsequenten Absage an jede Schaukelpolitik vollzog Bundeskanzler Konrad Adenauer, von 1951 bis 1955 in Personalunion auch Außenminister der Bundesrepublik Deutschland, eine grundlegende Neuorientierung der deutschen Außenpolitik. Der erste Bonner Regierungschef setzte sich damit gegen konkurrierende Vorstellungen über den richtigen Weg zur Vereinigung durch, wie sie in den eigenen Reihen vor allem von Jakob Kaiser, Mitbegründer und bis 1947 Vorsitzender der CDU in Berlin und der Sowjetischen Besatzungszone, vertreten wurden. Kaisers »Brückenkonzept«, das im »christlichen Sozialismus« wurzelte, zielte außenpolitisch auf eine Mittlerfunktion Gesamtdeutschlands zwischen Ost und West. Der Kalte Krieg und die Gründung der beiden deutschen Staaten entzogen dieser Idee jedoch ihre realpolitische Grundlage. Als Bundesminister für Gesamtdeutsche Fragen hielt er fest an der Forderung nach Wiederherstellung der Reichseinheit und trug so dazu bei, die traditionell nationalstaatlich gesinnten Kräfte innerhalb der CDU/CSU zu integrieren. In offenem Gegensatz zum Bundeskanzler verfocht SPD-Oppositionsführer Kurt Schumacher den »Dritten Weg« eines nationalen Sozialismus. Der überzeugte Anti-Kommunist setzte dabei auf die Anziehungskraft der freiheitlichen und wirtschaftlich erstarkenden Westzonen auf die Ostzone, die zwangsläufig zur Vereinigung führen müsse (Magnettheorie). Primat seiner nationalstaatlich orientierten Politik blieb stets die Wiedervereinigung, die durch die Westintegration und damit verbundene Vorleistungen des Provisoriums Bundesrepublik nicht gefährdet werden durfte.

Nach Auffassung Bundeskanzler Adenauers stellte die Westintegration demgegenüber das einzig adäquate Mittel zur Erlangung seiner Nahziele – Frieden und Sicherheit, Wiederaufbau und Wohlstand, Gleichberechtigung und Wiedererlangung der Souveränität –, aber auch den einzig gangbaren Weg zur Überwindung der Teilung Deutschlands dar. Sein Kurs war bestimmt von der Politik der Stärke, verbunden mit der Erwartung magnetischer Anziehung: Nur ein starker, integrierter Westen könne mit der Sowjetunion in Verhandlungen treten und Druck ausüben, um so Zugeständnisse in der Vereinigungsfrage zu erlangen. Die Westbindung war für Adenauer zugleich Wertbindung: Eine Wiedervereinigung um den Preis der Freiheit kam für ihn nicht in Betracht. Wichtige Etappen der außen- und sicherheitspolitischen Einbindung der Bundesrepublik Deutschland in den Westen bildeten der Beitritt zum Europarat (1949), die Gründung der EGKS (1951), die Aufnahme in NATO und WEU (1955) und die Weiterentwicklung der westeuropäischen Integration durch EWG und Euratom (1957). In dieser Frühphase betrieb die Bundesregierung im operativen Sinn gar keine Deutschlandpolitik. Die Politik gegenüber der »Sowjetzone« beschränkte sich auf strikte Nichtanerkennung und Abgrenzung. Außenpolitisches Instrument des Alleinvertretungsanspruchs war seit 1955 die sogenannte Hallstein-Doktrin, wonach dritten Staaten, die diplomatische Beziehungen zur DDR aufnahmen, der Abbruch der Beziehungen seitens der Bundesrepublik drohte. Der Alleinvertretungsanspruch gründete sich völkerrechtlich auf die Kontinuitätsthese von der Fortexistenz des Deutschen Reichs in seinen Grenzen vom 31. Dezember 1937. Aufgrund der fehlenden demokratischen Legitimation der DDR sei allein die Bundesrepublik berechtigt, Deutschland als Ganzes zu vertreten. Sämtliche Verhandlungsangebote und Vorschläge (Bildung eines Gesamtdeutschen Rats, Friedensvertragsverhandlungen, Forderung einer »Freien Stadt« Berlin etc.) seitens der Sowjetunion oder der DDR, die seit Mitte der 50er Jahre ein Zwei-Staaten-Konzept vertraten, wurden zurückgewiesen.

Diskussionen um die Deutschlandpolitik Adenauers entzündeten sich vor allem an der Frage, ob die Wiedervereinigung Deutschlands, wenn schon nicht das Nahziel, so doch wenigstens das Fernziel Adenauers war. Im Mittelpunkt der politischen Auseinandersetzungen wie auch des Forschungsinteresses stand in diesem Kontext die Reaktion auf die Stalin-Note vom 10. März 1952, welche einen Friedensvertrag und die Wiedervereinigung zum Preis des Verzichts auf die ehemaligen deutschen Ostgebiete sowie einer Neutralisierung Gesamtdeutschlands in Aussicht stellte. Die anhaltende Debatte wurde in den 80er Jahren durch neue Quellenfunde wiederbelebt. Im Kern geht es um die Streitfrage, inwieweit mit dem Verzicht auf ein weiteres Ausloten der sowjetischen Absichten eine reale Chance zur Wiedervereinigung vergeben wurde. Adenauer wertete Stalins Vorstoß als ein Störmanöver, das auf die Verhinderung der Europäischen Verteidigungsgemeinschaft (EVG) gerichtet war. Die Westmächte wiesen die Vorschläge der Sowjetunion in Übereinstimmung mit der Bundesregierung zurück und erklärten die Garantie freier Wahlen zur unabdingbaren Voraussetzung statt zum letzten Schritt von Verhandlungen.

Alternativüberlegungen zu Adenauers Westkonzept suchten Auswege aus der Blockkonfrontation, um so zuerst die Wiederherstellung der staatlichen Einheit zu erlangen. Ohne große Resonanz blieb zunächst der sogenannte »Pfleiderer-Plan« von 1952, der später jedoch zu den Wegbereitern der neuen Deutschland- und Ostpolitik gerechnet wurde. Das Disengagementkonzept des F.D.P.-Abgeordneten Karl-Georg Pfleiderer sah in der Mittellage Deutschlands den entscheidenden Ansatzpunkt für einen Interessenausgleich zwischen den Blöcken. Teile Deutschlands sollten demnach unter sowjetischer bzw. westlicher Besatzung verbleiben. Zwischen diesen »Brückenköpfen« sollte jedoch ein größeres, mit nationalen Streitkräften in festgelegter Stärke versehenes Teilgebiet geschaffen werden. Aufgrund der auch innerparteilich laut werdenden Kritik an der neutralistischen Tendenz seines ersten Konzepts schlug Pfleiderer in einer zweiten Variante vor, die Westintegration des vereinten Deutschland mit geregelten Beziehungen zum Ostblock zu verbinden. Nach 1956 richteten sich deutschlandpolitische Initiativen aus den Reihen der F.D.P. insbesondere auf Gespräche und Verhandlungen mit der DDR. Innerhalb der SPD entstanden in den 50er Jahren Konzepte, die zum einen am Primat der Wiedervereinigung festhielten und zum anderen an der Frage der europäischen Sicherheit ansetzten. Den Höhepunkt bildete der im Laufe der zweiten Berlin-Krise entwikkelte »Deutschlandplan« vom 18. März 1959. Darin forderten die Sozialdemokraten eine entmilitarisierte und atomwaffenfreie »Entspannungszone« in Europa, die Deutschland umfassen und in ein kollektives europäisches Sicherheitssystem eingebettet sein sollte. Vorgesehen war gleichzeitig ein Stufenmodell zur Wiedervereinigung, das von der Bildung einer Gesamtdeutschen Kommission beider deutscher Regierungen, über einen Gesetz- und Verfassungsgebungsprozeß bis zur Durchführung allgemeiner, freier und geheimer Wahlen zu einem Gesamtdeutschen Parlament und anschließender Regierungsbildung reichte. Mit dem Bekenntnis der SPD zum westlichen Bündnis (Grundsatzrede des SPD-Fraktionsvorsitzenden Wehner vom 30. Juni 1960) wurde dieser Plan, der deutliche Anknüpfungspunkte an die von der SED wiederholt vorgebrachten Konföderationspläne enthielt, wenig später aber bereits obsolet.

Die zeitgeschichtliche Forschung konnte anhand des umfangreichen Quellennachlasses Adenauers belegen, daß auch der Bundeskanzler in der zweiten Hälfte seiner Amtszeit Vorstellungen entwickelte, die weit über die offizielle Regierungspolitik hinauswiesen. Nachdem sich die Siegermächte seit Mitte der 50er Jahre erkennbar auf die Wahrung des Status quo in Europa einrichteten, begann er vorsichtig, neue außenpolitische Akzente zu setzen. Adenauers größte Befürchtung war es, die USA könnten sich aus ihrer Verantwortung in Europa zurückziehen und über die Köpfe der Deutschen hinweg zu einer Einigung mit der Sowjetunion gelangen (»Alpdruck von Potsdam«). Die Reise nach Moskau vom September 1955 und die Aufnahme diplomatischer Beziehungen zur Sowjetunion waren auch Ausdruck seines Bemühens, die Geschicke Deutschlands selbst aktiv mitzugestalten. Die zweite Berlin-Krise, die durch Chruschtschows Ultimatum vom November 1958 ausgelöst worden war und am 13. August 1961 im Mauerbau kulminierte, führte jedoch in dramatischer Weise vor Augen, daß die Politik der Stärke in eine Sackgasse geraten war. Zu den unter Ausschluß der Öffentlichkeit entwickelten Initiativen dieser Jahre zählt das 1959 vom Staatssekretär im Kanzleramt, Hans Globke, entworfene Stufenmodell zur Vereinigung. Der sogenannte »Globke-Plan« sah im ersten Schritt die Anerkennung der DDR als souveränen Staat, zumindest aber (so die zweiten Fassung von 1960) die Aufnahme amtlicher Beziehungen vor. Innerhalb von fünf Jahren sollten dann eine Volksabstimmung über die Wiedervereinigung und Wahlen zu einer gesamtdeutschen Versammlung stattfinden. Dem vereinten Deutschland wurde darin die freie Bündniswahl, nicht aber ein neutraler Status zugestanden. Aufgrund der sich zuspitzenden Berlin-Krise wurde dieser weitreichendste Neuansatz praktisch allerdings nicht weiterverfolgt. Im März 1958 hatte Adenauer über den sowjetischen Botschafter Smirnow in Moskau bereits die Möglichkeit einer »Österreich-Lösung« für die DDR sondieren lassen. Die Erleichterung der Lebensbedingungen in der »Sowjetzone« rückte hier gegenüber der Zielvorstellung Wiedervereinigung in den Vordergrund. Im Sommer 1962 lancierte er schließlich den sogenannten »Burgfriedensplan«, der – wie bereits im Oktober 1963 öffentlich bekannt wurde – für einen Zeitraum von zehn Jahren ein Stillhalten in der deutschen Frage in Aussicht stellte, falls hierdurch eine Verbesserung der »menschlichen Verhältnisse in der Zone« erreicht werden könnte. Offiziell beharrte die Deutschlandpolitik der Bundesregierung indes auf den bekannten Grundsatzpositionen der Nichtanerkennungspolitik.

3. Übergang zur vorsichtigen Neuorientierung (1963–1969): Nach der Kuba-Krise 1962 zeichnete sich eine Veränderung der weltpolitischen Konstellation ab, auf die sich auch die Politik zur deutschen Frage einzurichten hatte: Der Kalte Krieg wurde abgelöst von Entspannungsbemühungen zwischen den USA und der UdSSR. Eine sichtbare Umorientierung setzte ab 1963 mit der »Politik der Bewegung« unter Außenminister Gerhard Schröder ein, der eine vorsichtige Öffnung nach Osten befürwortete. Bereits im Juni 1961 hatte sich der Deutsche Bundestag einstimmig für eine »Normalisierung der Beziehungen« zu den osteuropäischen Staaten und die »Milderung menschlicher Härten« ausgesprochen (sogenannter »Jaksch-Bericht«). Die Errichtung von Handelsvertretungen in Warschau, Bukarest und Budapest (1963) sowie in Sofia (1964) sollte einen ersten Schritt in Richtung einer Verbesserung des Verhältnisses zu den Staaten Mittel- und Osteuropas darstellen, ohne jedoch die Sowjetunion und die DDR miteinzubeziehen.

Erheblich weiter ging bereits Egon Bahrs Konzept vom »Wandel durch Annäherung«, das er in Anlehnung an Kennedys »peace strategy« am 15. Juli 1963 in seiner Tutzinger Rede formulierte. Ziel war die »Überwindung des Status quo, indem der Status quo zunächst nicht verändert werden soll«. Unterhalb der juristischen Anerkennung der »sogenannten DDR« müsse es möglich sein, praktische Fragen anzugehen und die Situation der Menschen im Osten Deutschlands zu erleichtern. Getragen wurde dieser Kurs von großen Teilen der SPD, allen voran vom damaligen Westberliner Oberbürgermeister Willy Brandt. Erstes konkretes Ergebnis der »Politik der kleinen Schritte« stellte das Berliner Passierscheinabkommen vom 17. Dezember 1963 dar, das Westberlinern über Weihnachten und Neujahr Verwandtenbesuche im Ostteil der Stadt ermöglichte. Ähnliche Denkansätze wurden auch in der F.D.P. entwickelt, die als Regierungspartei allerdings an die Koalitionsvereinbarungen mit der CDU/CSU gebunden blieb. Aufsehen erregte insbesondere die Anfang September 1964 publizierte Schollwer-Denkschrift von 1962, die für eine Politik der »Verklammerung« beider deutscher Staaten eintrat, um langfristig zur Vereinigung zu gelangen. Dies setzte nach Auffassung Schollwers, der sich damit in einen Gegensatz zur offiziellen F.D.P.-Linie begab, den Verzicht auf deutschlandpolitische Rechtspositionen wie den Alleinvertretungsanspruch und die Nichtanerkennung der Oder-Neiße-Linie voraus und erforderte Verhandlungen mit der DDR. Auch das sogenannte »zweite Schollwer-Papier« vom Dezember 1966 sollte keine Mehrheit in der F.D.P. finden. Sein Gedanke einer »zeitgemäßen Deutschlandpolitik«, die eine Überwindung der deutschen Teilung im Rahmen einer europäischen Friedensordnung verfolgte, löste allerdings breite Diskussionen aus.

Im Frühjahr 1966 unternahm die Bundesregierung einen weiteren Versuch, die Ostpolitik aus ihrer Erstarrung zu lösen. Am 25. März richtete Bundeskanzler Ludwig Erhard seine »Friedensnote«, die mit dem Angebot eines Gewaltverzichts bereits ein zentrales Element der späteren Vertragspolitik beinhaltete, an die Sowjetunion und die osteuropäischen Staaten. Die DDR blieb hier – ganz in der Tradition der Nichtanerkennungspolitik – ausgenommen.

Nach dem Scheitern der Regierung Erhard setzte die Große Koalition unter Kanzler Kurt Georg Kiesinger und Außenminister Willy Brandt neue Akzente in der Deutschland- und Ostpolitik. Schon in der Regierungserklärung vom 13. Dezember 1966 war dies ablesbar: Die schrittweise Verständigung mit der Sowjetunion und die Aussöhnung mit den osteuropäischen Nachbarn Polen und der Tschechoslowakei wurden noch vor den Beziehungen zu den westlichen Verbündeten thematisiert. Das Verhältnis zum »anderen Teil Deutschlands« sollte entkrampft, die menschlichen, wirtschaftlichen und kulturellen Beziehungen zu den Landsleuten gefördert werden. Am Alleinvertretungsanspruch gegenüber der DDR wurde jedoch ausdrücklich festgehalten. Gleichwohl war in den Folgejahren eine zunehmende Aufweichung der Hallstein-Doktrin unübersehbar. Die Bundesregierung selbst hatte im Jahr 1967 mit der Aufnahme diplomatischer Beziehungen zu Jugoslawien, das seinerseits diplomatische Beziehungen zur DDR unterhielt, diese faktisch bereits aufgegeben.

4. Etablierung der neuen Deutschland- und Ostpolitik (1969–1982): Mit seiner Regierungserklärung vom 28. Oktober 1969 stellte Bundeskanzler Willy Brandt die Weichen in der Deutschland- und Ostpolitik neu: »Auch wenn zwei Staaten in Deutschland existieren, sind sie doch füreinander nicht Ausland; ihre Beziehungen zueinander können nur besonderer Art sein« (Zwei-Staaten-Konzept). Aufgabe der praktischen Politik müsse es sein, die Einheit der Nation zu wahren. Erklärtes Ziel der Bundesregierung war es, im Verhältnis zur DDR »über ein geregeltes Nebeneinander zu einem Miteinander zu kommen«. Brandt bot dazu dem Ministerrat der DDR Verhandlungen auf Regierungsebene und auf Grundlage der Nichtdiskriminierung an, die zu einer vertraglich geregelten Zusammenarbeit führen sollten. Die Hallstein-Doktrin wurde in der Folge abgelöst durch die Scheel-Doktrin: Die Haltung zu den Außenbeziehungen der DDR werde sich danach bestimmen, wie weit Ostberlin auf die Bemühungen, über ein geregeltes Nebeneinander zu einem Miteinander zu gelangen, eingehe. Von dritten Staaten werde erwartet, daß sie die Frage der internationalen Anerkennung der DDR bis zur Regelung dieses Verhältnisses nicht präjudizierten. Andernfalls müsse dies die Beziehungen zur Bundesrepublik Deutschland belasten.[2] Die Verhandlungsführung der Bundesregierung trug zugleich der Vormachtstellung der Sowjetunion in Osteuropa Rechnung. Fortschritte im deutsch-deutschen Verhältnis setzten das Einvernehmen Moskaus voraus. So wurde im Januar 1970 zunächst der Meinungsaustausch zwischen Egon Bahr und Andrej A. Gromyko über Fragen des Gewaltverzichts aufgenommen. Die Treffen zwischen Bundeskanzler Brandt und dem Ministerpräsidenten der DDR, Willi Stoph, in Erfurt (19. März 1970) und Kassel (21. Mai 1970) verliefen ungeachtet der großen Anteilnahme der Bevölkerung ergebnislos und wurden mit einer »Denkpause« beendet. In Kassel hatte Brandt in seiner 20 Punkte umfassenden Grundsatzerklärung die Prioritäten der Bundesregierung deutlich gemacht. An erster Stelle ging es um die Regelung des Innenverhältnisses beider deutscher Staaten, um Fortschritte in praktischen und humanitären Fragen. Erst »auf der Grundlage des zwischen ihnen zu vereinbarenden Vertrags« sollte die Frage der Mitgliedschaft der beiden deutschen Staaten in internationalen Organisationen geregelt werden. Vorrangiges Verhandlungsziel der DDR war es hingegen, ihre völkerrechtliche Anerkennung und die rasche Aufnahme in die Vereinten Nationen zu erreichen. Erst nach der Ratifizierung der Ostverträge im Deutschen Bundestag (17. Mai 1972), welche die Bundesregierung von einer zufriedenstellenden Berlin-Regelung abhängig gemacht hatte, und nach Inkraftsetzung des Vier-Mächte-Abkommens über Berlin (3. Juni 1972), wozu Moskau seinerseits die Ratifizierung der Verträge von Moskau und Warschau zur Vorbedingung erklärt hatte, kamen die deutsch-deutschen Gespräche wieder in Gang. Der Meinungsaustausch über die Normalisierung der Beziehungen wurde seit dem 15. Juni 1972 fortgesetzt durch die beiden Staatssekretäre Egon Bahr und Michael Kohl. Am 26. Mai 1972 war außerdem als erster Staatsvertrag zwischen der Bundesrepublik Deutschland und der DDR der Verkehrsvertrag unterzeichnet worden, der erstmals DDR-Bürgern unterhalb des Rentenalters Westreisen in dringenden Familienangelegenheiten ermöglichte. Zuvor hatte der Berliner Senat mit der DDR bereits die deutschen Zusatzvereinbarungen zum Vier-Mächte-Abkommen (Transitabkommen vom 17. Dezember 1971) ausgehandelt. Die Paraphierung des Kernstücks der Ostverträge, des »Vertrags über die Grundlagen der Beziehungen zwischen der Bundesrepublik Deutschland und der Deutschen Demokratischen Republik« (Grundlagenvertrag), erfolgte nach zähen Verhandlungen am 8. November 1972. Im »Brief zur deutschen Einheit«, den die DDR bei Unterzeichnung des Vertrags am 21. Dezember 1972 entgegennahm, wurde das Ziel bekräftigt, »auf einen Zustand des Friedens in Europa hinzuwirken, in dem das deutsche Volk in freier Selbstbestimmung seine Einheit wiedererlangt.« Mit 268 zu 217 Stimmen billigte der Deutsche Bundestag nach heftigen innenpolitischen Kontroversen am 11. Mai 1973 das Ratifizierungsgesetz.

Der Grundlagenvertrag regelte unterhalb der völkerrechtlichen Anerkennung der DDR den formalen Rahmen eines Modus vivendi zwischen beiden deutschen Staaten. Die Bundesregierung hatte damit den Alleinvertretungsanspruch, jedoch keinerlei zentrale Rechtspositionen aufgegeben. Dem Sonderstatus der Beziehungen zwischen beiden deutschen Staaten entsprach es, daß am Sitz der jeweiligen Regierungen ständige Vertretungen anstelle von Botschaften eingerichtet wurden, die zudem auf westdeutscher Seite nicht dem Außenministerium, sondern dem Bundeskanzleramt unterstellt waren. Eine eigene Staatsbürgerschaft der DDR wurde nicht anerkannt. Der außenpolitische Handlungsspielraum der Bundesrepublik Deutschland und damit ihr internationales Gewicht vergrößerte sich mit dem Abschluß der Ostverträge und des Grundlagenvertrags erheblich. Grundpfeiler deutscher Außenpolitik blieb die Westbindung, zu der Ostverbindungen hinzutraten.

An der Polarisierung im Bundestagswahlkampf 1972 ist ablesbar, welch tiefgreifende Zäsur der neue Kurs in der Deutschland- und Ostpolitik in der Geschichte der Bundesrepublik bedeutete. Die Bundesregierung habe, so der Hauptvorwurf der Opposition gegen die Vertragspolitik, das Ziel der Wiedervereinigung aufgegeben und die Teilung endgültig anerkannt. Nationale Grundpositionen seien preisgegeben worden, ohne die DDR hinreichend zu Gegenleistungen zu verpflichten. Tatsächlich war das Kernanliegen der Bundesregierung, in praktischen und humanitären Fragen zu einer Normalisierung der Beziehungen zu gelangen, nur in eine Absichtserklärung gefaßt (Art. 7 Grundlagenvertrag). Auch war es der westdeutschen Seite nicht gelungen, die Einheit der Nation im Vertrag festzuschreiben. Lediglich der normative Dissens mit der DDR »zu grundsätzlichen Fragen, darunter zur nationalen Frage« wurde in der Präambel fixiert. Dagegen hatte die DDR wesentliche Ziele bereits erreicht: Die Entriegelung ihrer Außenbeziehungen und den baldigen Beitritt zur UNO (18. September 1973). Mit Blick auf taktische Vorteile bei den anstehenden vorgezogenen Bundestagswahlen, so wurde außerdem angemahnt, habe die Bundesregierung die Verhandlungen unter unnötigem Zeitdruck geführt. Scharf kritisiert wurde vor diesem Hintergrund die »Sprache der Doppeldeutigkeit und der Verschleierung«[3] des Vertragstextes. Im Ausland wurde der Grundlagenvertrag weithin als Teilungsvertrag aufgenommen. Dagegen bestätigte das Bundesverfassungsgericht mit seinem Urteil vom 31. Juli 1973 ausdrücklich, daß die deutsche Frage weiterhin offen blieb. Der Grundgesetzauftrag, »in freier Selbstbestimmung die Einheit und Freiheit Deutschlands zu vollenden«, wurde bekräftigt.

Die praktischen Verbesserungen seit der Aufnahme der innerdeutschen Beziehungen sind unumstritten. Der eiserne Vorhang wurde durchlässiger: Familienzusammenführungen und Besuche, Öffnung neuer Grenzübergänge und kleiner Grenzverkehr, die Akkreditierung westdeutscher Journalisten in der DDR sind Ausdruck dieser Entwicklung. Doch wurde die Bundesrepublik Deutschland durch die einseitige Vertragsinterpretation und Abgrenzungspolitik seitens der DDR zusehends in die Defensive gedrängt. Bereits im November 1973, wenige Wochen nach dem Inkrafttreten des Vertragswerks, mußte ein erster Rückschlag hingenommen werden. Die Verdoppelung des Mindestumtauschs für DDR-Besucher stand offenkundig im Widerspruch zu Geist und Absicht des Grundlagenvertrags. Eine besonders empfindliche Enttäuschung bedeutete die sogenannte »Guillaume-Affäre«, die im April 1974 im Rücktritt Bundeskanzler Brandts gipfelte.

Im weiteren Verlauf der 70er Jahre ist eine von der Regierung Schmidt/Genscher beförderte Internationalisierung der deutschen Außenpolitik festzustellen. Auf der Tagesordnung standen der KSZE-Prozeß, die Nord-Süd-Problematik und Fragen der Sicherheitspolitik. Der Problemhaushalt der Politik war zudem bestimmt von der Weltwirtschafts- und Energiekrise. Innenpolitisch galt es, die Erschütterungen des Terrorismus zu bewältigen. In ihren deutschland- und ostpolitischen Bemühungen konzentrierte sich die neue Bundesregierung stärker auf die Sowjetunion. Zugleich wurden mit der DDR ab 1974 unter Leitung des ständigen Vertreters der Bundesrepublik Deutschland Verhandlungen über Folgeverträge geführt. Günter Gaus und seinem Nachfolger Klaus Bölling gelang es, eine ganze Reihe von Vereinbarungen und Abkommen zu schließen, die vor allem die Lage Berlins verbesserten. Das innerdeutsche Verhältnis konnte auf diese Weise – unter erheblichen finanziellen Anstrengungen seitens der Bundesregierung – konsolidiert werden, doch bestimmte die DDR weitgehend Ausmaß und Tempo.

Mit dem Einmarsch der Sowjetunion in Afghanistan und der Stationierung sowjetischer SS 20-Raketen brach Ende der 70er/Anfang der 80er Jahre eine neue Eiszeit im Ost-West-Verhältnis an, die auch die innerdeutschen Beziehungen in Mitleidenschaft zog. Am 13. Oktober 1980 formulierte Erich Honecker die sogenannten »Geraer Forderungen«, die auf eine völkerrechtliche Anerkennung der DDR zielten: Anerkennung der DDR-Staatsbürgerschaft, Aufwertung der ständigen Vertretungen zu Botschaften, Anerkennung des Elbe-Grenzverlaufs in der Strommitte und Schließung der Zentralen Erfassungsstelle für DDR-Unrecht in Salzgitter. Dieser Forderungskatalog blieb in den Folgejahren als deutschlandpolitisches Druckpotential präsent. Das Ende der Amtszeit Helmut Schmidts, das ganz unter dem Vorzeichen der Wirtschaftskrise und Nachrüstungsdebatte (NATO-Doppelbeschluß) stand, war auch deutschlandpolitisch von Mißklängen begleitet. Sein Besuch am Werbellinsee vom 11.–13. November 1981 fand im Schatten der Ausrufung des Kriegsrechts in Polen statt. Das Treffen der beiden Regierungschefs war geprägt vom Versuch der DDR, nationale Souveränität zu demonstrieren, und wurde ohne substantielle Fortschritte beendet.

5. Intensivierung der innerdeutschen Beziehungen (1982–1989): Die Amtsübernahme der Regierung Kohl/Genscher bedeutete keine Wende in der Deutschlandpolitik. Bereits in seiner Regierungserklärung vom 13. Oktober 1982 bekannte sich Bundeskanzler Kohl zu den bestehenden Verträgen und kündigte eine Fortsetzung der laufenden Verhandlungen und der Zusammenarbeit mit der DDR an. Zugleich wurde jedoch der normative Dissens zur DDR deutlicher hervorgehoben und die bestehenden deutschlandpolitischen Rechtspositionen bekräftigt. Dem klaren Bekenntnis zum Grundgesetzauftrag, die Einheit und Freiheit Deutschlands wiederherzustellen, entsprach eine stärkere Betonung der Offenheit der deutschen Frage wie auch des Primats der Freiheit. Die Überwindung der Teilung wurde konzeptionell eingebettet in den westeuropäischen Integrationsprozeß. Beide Zielperspektiven stellten demnach »zwei Seiten einer Medaille« dar.

Anders als bei den Vorgängerregierungen konnte sich die Deutschlandpolitik der christlich-liberalen Koalition auf einen breiten innenpolitischen Konsens stützen. Ablesbar ist dies an der Entschließung des Deutschen Bundestages zur Deutschlandpolitik vom 9. Februar 1984. Meinungsverschiedenheiten zwischen Regierung und Opposition bestanden in der Frage offizieller Kontakte zwischen dem Deutschen Bundestag und der Volkskammer der DDR. In der zweiten Hälfte der 80er Jahre rückten die Elbgrenze, die Schließung der Zentralen Erfassungsstelle in Salzgitter sowie die Respektierung der DDR-Staatsbürgerschaft in den Vordergrund. Heftige Kontroversen rief zudem das von der SPD-Grundwertekommission und der Akademie der Wissenschaften beim ZK der SED gemeinsam formulierte Papier

»Der Streit der Ideologien und die gemeinsame Sicherheit« (»SPD-SED-Papier«) vom 27. August 1987 hervor.

Der außenpolitische Handlungsrahmen war zu Beginn der 80er Jahre bestimmt vom Ende der Détente und wachsenden Spannungen zwischen den Blöcken. Die Deutschlandpolitik stand vor einem Dilemma: Einerseits galt es, in der Stationierungsfrage des NATO-Doppelbeschlusses bündnispolitische Solidarität zu beweisen. Andererseits lag es ungeachtet der weltpolitischen Großwetterlage weiterhin im deutschen Interesse, die Politik des Dialogs und der Zusammenarbeit zwischen beiden deutschen Staaten fortzuführen. Wenige Tage nach dem Stationierungsbeschluß des Deutschen Bundestages (22. November 1983) setzte Honecker hier ein positives Signal, indem er die Notwendigkeit der »Schadensbegrenzung« feststellte. Die Bundesregierung nahm dieses Angebot auf und sprach ihrerseits von der »Verantwortungsgemeinschaft« der Deutschen. Keine der beiden Seiten griff zu Sanktionsmaßnahmen, laufende Verhandlungen wurden fortgeführt.

Die Deutschlandpolitik der Regierung Kohl war gekennzeichnet von einer Intensivierung der Vertragsverhandlungen mit der DDR. Im Mittelpunkt der deutschlandpolitischen Bemühungen stand der Erhalt des Zusammengehörigkeitsgefühls der Deutschen und damit der Ausbau der Begegnungsmöglichkeiten der Menschen in Ost und West. Begegnungen am Rande von Trauerfeierlichkeiten (»Begräbnisdiplomatie«) und persönliche Telefonate verdichteten die Kontaktpflege der beiden Regierungschefs. Fortschritte im innerdeutschen Verhältnis hatte nicht zuletzt der vom damaligen bayerischen Ministerpräsidenten Franz Josef Strauß mit eingefädelte Milliardenkredit eines privaten Bankenkonsortiums befördert, für den die Bundesregierung am 29. Juni 1983 die Bürgschaft übernahm. Als konkretes Ergebnis kann etwa die Zusage der DDR gewertet werden, die Todesautomaten an der innerdeutschen Grenze abzubauen. Die letzte Selbstschußanlage wurde am 30. November 1984 beseitigt. Ende September 1983 wurden die Verhandlungen über ein Kulturabkommen – wie bereits im Spätherbst 1982 von Honecker und dem damaligen Kanzleramtsminister Jürgen Wischnewski avisiert – unter Ausklammerung der nicht verhandlungsfähigen Positionen wieder aufgenommen. Im Juli 1984 übernahm die Bundesregierung die Garantie für einen weiteren Bankenkredit in Höhe von 950 Mio. DM. Im Gegenzug ergriff die DDR Maßnahmen zur Verbesserung des Reiseverkehrs in beide Richtungen, z. B. die Senkung des Mindestumtauschs für Rentner und die Verlängerung der Aufenthaltsdauer in grenznahen Kreisen. Auch die Zahl der Ausreisegenehmigungen stieg deutlich an. Allein im ersten Halbjahr 1984 erhielten 32 000 DDR-Bürger die Möglichkeit, legal in die Bundesrepublik überzusiedeln. Diese großzügigere Praxis sorgte indes nicht für eine Entspannung des Ausreisedrucks, sondern es entwickelte sich im Gegenteil eine Sogwirkung nach Westen. Die Besetzungen der Ständigen Vertretung der Bundesrepublik und der US-Botschaft in Ostberlin sowie der bundesdeutschen Botschaft in Prag im Juni und November 1984 machten dies in spektakulärer Weise deutlich.

Die Bundesregierung sah sich in dieser Phase intensivierter deutsch-deutscher Kontakte – die in deutlichem Gegensatz zum gespannten weltpolitischen Klima standen – mit dem kaum verhohlenen Mißtrauen ihrer Verbündeten im Westen konfrontiert. Die Sowjetunion reagierte mit einer Revanchismuskampagne gegen die Bundesrepublik. Der für 1984 geplante Besuch Erich Honeckers in Trier und anderen bundesdeutschen Städten scheiterte, wie neuere Aktenfunde zeigen, am Einspruch Moskaus. Die Absage durch die DDR, die sich bis dahin im publizistischen Feldzug gegen die Bundesrepublik merklich zurückgehalten hatte, erfolgte am 4. September 1984 unter Verweis auf die »unwürdige« öffentliche Auseinandersetzung um den Besuch in der Bundesrepublik.

Der Amtsantritt Michail Gorbatschows als Generalsekretär der KPdSU am 12. März 1985 bildete den Auftakt zu einer neuen Phase der Entspannung des Ost-West-Verhältnisses, die auch einer neuen Dynamisierung der innerdeutschen Beziehungen den Boden bereitete. So wurde am 6. Oktober 1986 die erste Städtepartnerschaft zwischen Saarlouis und Eisenhüttenstadt vereinbart. Am 6. Mai 1986 gelang die Unterzeichnung des Kulturabkommens, über das seit 1983 verhandelt worden war. Vor allem war in den Jahren bis 1987 eine erhebliche Ausweitung des Reise- und Besucherverkehrs von Ost nach West zu verzeichnen. Belastet wurde das innerdeutsche Verhältnis jedoch durch den wachsenden Strom von Asylbewerbern, welche die DDR über Berlin-Schönefeld in die Bundesrepublik einreisen ließ. Erst ab 1. Oktober 1986 ging sie dazu über, Transitgenehmigungen nur bei Vorlage eines Anschlußvisums in andere Staaten zu erteilen.

Den Höhepunkt des internationalen Ansehens der DDR-Regierung markierte der Besuch Erich Honeckers in der Bundesrepublik Deutschland vom 7.–11. September 1987. Das Besuchsprotokoll entsprach dem offizieller Arbeitsbesuche anderer Staatsoberhäupter in Bonn. Zuvor hatten sich Liberalisierungstendenzen in der DDR abgezeichnet: eine allgemeine Straftäteramnestie, die Abschaffung der Todesstrafe sowie die Einrichtung einer Berufungsinstanz gegen Entscheidungen des Obersten Gerichts der DDR. Die unterschiedlichen Anliegen beider Seiten wurden in den – auch vom DDR-Fernsehen live übertragenen – Tischreden der beiden Regierungschefs anläßlich des Abendessens zu Ehren des Gastes in der Bonner Redoute deutlich. Während Honecker die Sicherheitspolitik in den Vordergrund stellte, machte Kohl die Einheit der Nation zum zentralen Thema. Während des Besuchs wurde die Unterzeichnung von drei Abkommen vorgenommen: ein Umweltschutzabkommen, ein Abkommen über Informations- und Erfahrungsaustausch auf dem Gebiet des Strahlenschutzes sowie ein Abkommen über wissenschaftlich-technische Zusammenarbeit. Außerdem wurden Erleichterungen im innerdeutschen Reise-, Besucher- sowie Post- und Fernmeldeverkehr bekanntgegeben. Für weitaus größeres Aufsehen sorgte indes die Erklärung Honeckers zur deutsch-deutschen Grenze im saarländischen Neunkirchen: »Wenn wir . . . eine weitere friedliche Zusammenarbeit erreichen, dann wird auch der Tag kommen, an dem Grenzen nicht mehr trennen, sondern Grenzen uns vereinen, so wie uns die Grenze der DDR und der Volksrepublik Polen vereint.«[4]

Bis zum Spätsommer 1989 wurde eine Reihe weiterer Vereinbarungen mit der DDR getroffen: Der Kulturaustausch wurde fortgeschrieben. Anfang Oktober 1988 wurde die jährlich an die DDR zu zahlende Transitpauschale von 525 Mio. DM (1980–1989) auf 860 Mio. DM (1990–1999) erhöht. Im Gegenzug sagte die

DDR die Errichtung eines zusätzlichen Grenzübergangs zwischen der DDR und Westberlin zu. Im Juli 1989 wurde die Durchführung gemeinsamer Umweltschutzprojekte beschlossen. Unterhalb der staatlichen Ebene wurde die Errichtung eines Stromverbunds vereinbart, der Westberlin miteinschloß (7. März 1988). Der Berliner Senat erreichte 1988 einen lange angestrebten Gebietsaustausch zwischen beiden Teilen der Stadt sowie eine Ausweitung der Aufenthaltsgenehmigungen in Ostberlin. Nach innen ergriff die DDR hingegen zunehmend restriktive Maßnahmen. So wurden im November 1987 die Räume der evangelischen Zionsgemeinde am Prenzlauer Berg durchsucht. Mehrere Mitglieder eines kirchlichen Friedens- und Umweltkreises wurden verhaftet, Materialien und Vervielfältigungsgeräte beschlagnahmt. Verhaftungen in anderen Städten folgten. Am 17. Januar 1988 kam es zu Festnahmen anläßlich der »Kampfdemonstration« zum 69. Jahrestag der Ermordung Rosa Luxemburgs und Karl Liebknechts in Ostberlin. Hinzu kamen die Ausweisung prominenter Bürgerrechtler, die Behinderung der Berichterstattung westlicher Journalisten und das Verbot sowjetischer Filme sowie der Zeitschrift »Sputnik«, die sich kritisch mit dem Stalinismus auseinandersetzten.

6. Vom Umbruch zur deutschen Einheit (1989/90): Die Fluchtwelle vom Sommer 1989 leitete eine Zäsur in der Deutschlandpolitik ein. Die Bundesregierung reagierte zunächst mit beruhigenden Appellen an die DDR-Bevölkerung. Eine Destabilisierung der DDR sollte vermieden werden. Der rasante Zerfall des SED-Regimes traf die westdeutsche Politik unvorbereitet. Am 9. November 1989 trat ein, was nur wenige zu hoffen gewagt hatten: Die Berliner Mauer, über zwei Jahrzehnte Symbol der deutschen Teilung, fiel. Die Montagsdemonstrationen in Leipzig und Großkundgebungen in anderen Städten machten den Stimmungswandel in der DDR-Bevölkerung in jenem Herbst deutlich: Aus den Rufen »Wir sind das Volk« wurde das Begehren »Wir sind ein Volk«.

Mit seinem Zehn-Punkte-Programm ergriff Bundeskanzler Kohl schließlich die Initiative: Der 28. November 1989 markiert den Übergang der westdeutschen Deutschlandpolitik von der Reaktion auf die Ereignisse im Osten zur aktiven Gestaltung der Entwicklung. Sofortige Hilfsmaßnahmen wie auch die Vertiefung der Kooperation mit der DDR wurden an die Bedingung politischer und wirtschaftlicher Reformen in Ostdeutschland geknüpft. Kohls Konzept sah – ohne zeitliche Fixierung – die Schaffung konföderativer Strukturen in Deutschland vor, mit dem Ziel, eine Föderation zu bilden. Eingebettet in den gesamteuropäischen Einigungsprozeß sollte im letzten Schritt die Wiederherstellung der staatlichen Einheit Deutschlands verwirklicht werden. Der westdeutsche Vorstoß löste, da er nicht mit den Verbündeten abgestimmt war, außenpolitische Irritationen aus. Verschärfend kam hinzu, daß die westdeutsche Position zur Grenzfrage wie auch zur NATO-Mitgliedschaft Deutschlands offen gelassen worden war. Innenpolitisch fand das Zehn-Punkte-Programm zunächst über die Parteigrenzen hinweg breite Zustimmung. Das Versäumnis der Anerkennung der Oder-Neiße-Linie als endgültige polnische Westgrenze sorgte dann jedoch auch hier für Kontroversen.

Wie im Zeitraffer vollzog sich in den folgenden Monaten der Weg zur deutschen Einheit. Erstmals wurde die Deutschlandpolitik im engeren, operativen Sinne zur Vereinigungspolitik. Spätestens seit Dezember 1989, nach Kohls Besuch in Dresden, setzte die Bundesregierung klar auf eine schnelle Vereinigung. Die Regelung der äußeren Aspekte der deutschen Einheit gelang in den »Zwei-plus-Vier«-Gesprächen. Der langwierige und mit einem ungewissen Ausgang versehene Weg formeller Friedensverhandlungen konnte damit umgangen werden. Schwierigster Verhandlungspunkt war die Frage der sicherheitspolitischen Einbindung eines vereinten Deutschlands. Den Durchbruch erreichte Bundeskanzler Kohl anläßlich seines Besuchs in Moskau und im Kaukasus (14.–16. Juli 1990): Gorbatschow erklärte sein Einverständnis mit dem Verbleib des vereinten Deutschlands in der NATO. Am 12. September 1990 wurde der »Vertrag über die abschließende Regelung in bezug auf Deutschland« unterzeichnet. Mit der Unterzeichnung des Staatsvertrags zur Währungs-, Wirtschafts- und Sozialunion am 18. Mai 1990 und des Einigungsvertrags am 31. August 1990 stellten die Bundesrepublik Deutschland und die DDR die Weichen für den Einigungsprozeß. Am 3. Oktober 1990 trat die DDR nach Art. 23 GG der Bundesrepublik bei. Die historische Chance zur deutschen Einheit in den Jahren 1989/90 wurde genutzt.

Manuela Glaab

Anmerkungen:

1 Vgl. Amtsblatt der Alliierten Hohen Kommission in Deutschland, 1/1949, S. 13 ff.
2 Vgl. Scheels Interview mit Associated Press am 31. 10. 1969, abgedruckt in: Bundesministerium für innerdeutsche Beziehungen (Hrsg.): Texte zur Deutschlandpolitik, Bd. IV, Bonn-Bad Godesberg 1970, S. 53–58, hier S. 57.
3 So beispielsweise F. J. Strauß in der Debatte des Deutschen Bundestages über den Grundlagenvertrag am 9. 5. 1973, dokumentiert in: Verhandlungen des Deutschen Bundestages, Stenographische Berichte, Bd. 81, S. 1450.
4 E. Honecker, zit. nach P. J. Winters: Erich Honecker in der Bundesrepublik, in: Deutschland Archiv, 10/1987, S. 1009–1016, hier S. 1011.

Literatur:

Baring, Arnulf: Außenpolitik in Adenauers Kanzlerdemokratie. Bonns Beitrag zur Europäischen Verteidigungsgemeinschaft, München/Wien 1969. □ Ders.: Machtwechsel. Die Ära Brandt/Scheel, Stuttgart 1982. □ Bender, Peter: Die »Neue Ostpolitik« und ihre Folgen. Vom Mauerbau bis zur Vereinigung, München 1995. □ Bundesministerium für innerdeutsche Beziehungen (Hrsg.): Zehn Jahre Deutschlandpolitik. Die Entwicklung der Beziehungen zwischen der Bundesrepublik Deutschland und der Deutschen Demokratischen Republik 1969–1979, Bonn 1980. □ Dass. (Hrsg.): Innerdeutsche Beziehungen. Die Entwicklung der Beziehungen zwischen der Bundesrepublik Deutschland und der Deutschen Demokratischen Republik 1980–1986, Bonn 1986. □ Gotto, Klaus: Adenauers Deutschland- und Ostpolitik 1954–1963, in: Rudolf Morsey/Konrad Repgen (Hrsg.): Adenauer

Studien, Bd. III, Mainz 1974, S. 3–91. □ HACKE, CHRISTIAN: Die Außenpolitik der Bundesrepublik Deutschland. Weltmacht wider Willen?, Berlin 1997. □ KORTE, KARL-RUDOLF: Deutschlandpolitik in Kohls Kanzlerschaft. Regierungsstil und Entscheidungen 1982 bis 1989, Stuttgart 1998. □ PFETSCH, FRANK R.: Die Außenpolitik der Bundesrepublik Deutschland 1949–1992. Von der Spaltung zur Vereinigung, München 1993. □ WEIDENFELD, WERNER: Konrad Adenauer und Europa. Die geistigen Grundlagen der westeuropäischen Integrationspolitik des ersten Bonner Bundeskanzlers, Bonn 1976. □ ZÜNDORF, BENNO: Die Ostverträge. Die Verträge von Moskau, Warschau, das Berlin-Abkommen und die Verträge mit der DDR, München 1979.

Deutschlandpolitik der DDR

→ Berlin, Bundesrepublik Deutschland: Geschichte, **DDR: Geschichte**, DDR: Politisches System, Deutschlandpolitik der Bundesrepublik Deutschland, **Deutschlandpolitik der Vier Mächte**, Enquete-Kommission, Grundlagenvertrag, **Innerdeutsche Beziehungen**, Mauer, Nation und Nationalbewußtsein, Ostverträge, Ost-West-Konflikt.

1. Grundlagen: Im folgenden meint Deutschlandpolitik der DDR, wie die Sozialistische Einheitspartei Deutschlands (SED) bzw. die Führung dieser Partei in Form und Inhalt ihre Beziehungen zum anderen deutschen Staat, der Bundesrepublik Deutschland, gestaltet hat und welche Stellung sie zur deutschen Frage, d.h. zur Spaltung und zur (Wieder-)Vereinigung in den 40 Jahren des Bestehens der DDR eingenommen hat.

Ebenso wie die Bundesrepublik ihre Deutschlandpolitik nur im engen Verbund ihrer West- und Bündnispolitik betreiben konnte und betrieben hat, da sie bis zum Abschluß des »Zwei-plus-Vier«-Vertrags im Herbst 1990 nicht völlig souverän war, unterlag auch die Deutschlandpolitik der SED/DDR zahlreichen Beschränkungen, und das in ungleich stärkerem Maße, als dies für die Ostpolitik Bonns galt. Freilich können diese Faktoren – die Deutschlandpolitik der Hegemonialmacht Sowjetunion, die Erwartungen der Partner im Warschauer Pakt und im Rat für gegenseitige Wirtschaftshilfe (RGW) sowie die Entwicklung des internationalen Systems, insbesondere die Lage in der sogenannten Dritten Welt – an dieser Stelle nur gestreift werden.

2. Wiedervereinigungspolitik 1945 bis 1955: In den ersten zehn Jahren nach dem Ende des Zweiten Weltkriegs, also bis zum Beitritt beider deutscher Staaten zu den jeweiligen Militärbündnissen NATO und Warschauer Pakt 1955, war auch die Deutschlandpolitik der SED auf die Einheit Deutschlands gerichtet, war also Wiedervereinigungspolitik. Freilich strebte sie diese Einheit zu ihren Bedingungen an, was sowohl die Preisgabe der sogenannten sozialistischen Errungenschaften, also der Ergebnisse der immer stärker vorangetriebenen »volksdemokratischen Umwälzung«, als auch die Abhaltung freier Wahlen zur Rekonstituierung einer einheitlichen deutschen Zentralgewalt ausschloß. Zunächst soll das Erscheinungsbild dieser Deutschlandpolitik skizziert werden:

- Die vom »Vereinigungsparteitag« von KPD und SPD im April 1946 verabschiedeten »Grundsätze und Ziele« halten ausdrücklich an der »Einheit Deutschlands« fest. Im Mai ruft der SED-Parteivorstand zur Gründung einer SED auch in den Westzonen auf.
- Die fünf Ministerpräsidenten der SBZ reisen noch vor Beginn der Münchener Ministerpräsidentenkonferenz aller deutschen Länder im Juni 1947 (auf Befehl Moskaus?) wieder ab, weil ihre westlichen Kollegen (auf Befehl der drei Westalliierten) nicht über den Vollzug der Wiedervereinigung, sondern nur über eine Lösung von wirtschaftlichen und sozialen Problemen in den Zonen verhandeln dürfen.
- Anläßlich der Gründung der DDR am 7. Oktober 1949 fordert Ministerpräsident Grotewohl »die Wiedervereinigung Deutschlands zu einer einheitlichen demokratischen Republik«.
- Die von 1949 bis etwa 1955 von der DDR-Regierung unter Führung der SED gestarteten zahlreichen Initiativen zur Bildung eines »Gesamtdeutschen Konstituierenden Rates« bzw. einer »Provisorischen Gesamtdeutschen Regierung« (so der sowjetische Außenminister auf der Berliner Außenministerkonferenz der Vier Mächte 1954) waren zwar alle auf die Wiederherstellung eines »einheitlichen demokratischen Deutschlands« gerichtet, sollten jedoch zugleich über eine »vorbereitende Beratung« zwischen Regierungsvertretern auch die staatsrechtliche Anerkennung der DDR durch die Bundesrepublik erbringen.
- Die SED protestiert 1950 gegen die »Losreißung des Saargebietes von Deutschland« (das erst 1957 nach einer Volksabstimmung wieder der Bundesrepublik angegliedert wurde), nachdem sie trotz anfänglichen Zögerns (1945–48) im Görlitzer Vertrag mit Polen (1950) der Abtrennung der schon von Warschau seit 1945 verwalteten deutschen Ostgebiete, vor allem Schlesiens und der Hälfte Ostpreußens, zustimmen mußte.
- Seit 1950/51 (bis zum Bau der Berliner Mauer) lautet die wichtigste SED-Parole für die Gestaltung der innerdeutschen Beziehungen »Deutsche an einen Tisch!«. Auf mehreren in der DDR veranstalteten sogenannten Gesamtdeutschen Arbeiterkonferenzen mit zum Teil starker westdeutscher Beteiligung aus den Gewerkschaften, der SPD, aber auch anderen Parteien, suchte die SED auch eine westdeutsche Basis für ihre deutschlandpolitischen Vorschläge zu gewinnen. Sie konterkarierte diese aber durch eine in den 50er Jahren immer maßloser werdende Hetzpropaganda gegen die »Adenauer-Clique«, die durch »Massenaktionen« gestürzt werden sollte. Einen vernünftigen, nicht nur ideologisch erklärbaren Kern dieser Doppelstrategie hat bisher niemand zu enthüllen vermocht.

Die SED präsentierte sich also in dieser Phase, den 50er Jahren, als *die* Vertreterin gesamtdeutscher Interessen und machte damit in den Westzonen bzw. in der Bundesrepublik teilweise Eindruck auch bei jenen Deutschen, die gerade wegen des Ziels der Wiederherstellung der Einheit Deuschlands der von Adenauer betriebenen Integration der Bundesrepublik in die politische Ordnung des Westens kritisch gegenüber standen – allerdings nicht bei den führenden politischen Kräften. War diese Deutschlandpolitik nur Wiedervereinigungspropaganda?; oder stand dahinter schon das Ziel eines »sozialistischen Gesamtdeutschlands« sowjetischer Prägung?; oder war diese Politik doch auch Ausdruck einer Kompromißhaltung, die bei entsprechenden Verhandlungen zu einem einheitlichen deutschen Staat hätte führen können, der zwar anders als die Bundesrepublik, aber im Innern nicht notwendigerweise sozialistisch-diktatorisch ausgesehen und äußerlich unter der Hegemonie Moskaus gestanden hätte?

Bei der Beantwortung dieser schwierigen Frage ist vor allem zu berücksichtigen, daß die Deutschlandpolitik der östlichen Seite durch die konkreten Entwicklungen in der SBZ/DDR und Stalins Globalpolitik kontinuierlich an Glaubwürdigkeit, einem Kernelement der internationalen Beziehungen, verlor, auch wenn diese von Anfang an nicht groß war:

- Mit der Propagierung der sogenannten »Zwei-Lager«-Theorie durch den Vertrauten Stalins, Shdanow, im September 1947 kündigte der Kreml-Diktator die Anti-Hitler-Koalition der Alliierten auf. Die erneute rigorose Einteilung der Welt in Freund und Feind war der Beginn des Kalten Kriegs, der politische Kompromisse zwischen den ehemaligen Partnern wenigstens bis zum Abschluß des Berlin-Abkommens 1971, in der Abrüstungsfrage aber bis 1987 (amerikanisch-sowjetischer Abrüstungsvertrag über Mittelstreckenraketen), in der deutschen Frage sogar bis zur Vereinigung im Oktober 1990 immer schwieriger machen sollte.
- Der von den Sowjets angezettelte Korea-Krieg 1950–1953 legte im Westen mehr als die Vermutung nahe, Stalin könnte auch in Europa seine globale Expansionspolitik fortsetzen. Die in den sogenannten Stalin-Noten vom Frühjahr 1952 an die Westmächte gerichteten Vorschläge, über die Errichtung eines weitgehend neutralisierten wiedervereinigten Deutschlands zu verhandeln, wurden daher auch rundweg abgelehnt, es wurde gar nicht erst darüber verhandelt.
- Die einjährige gewaltsame Blockade West-Berlins durch die Sowjets (1948–49) scheiterte zwar am vereinigten Widerstand der Westmächte und dem Freiheitswillen der West-Berliner, steigerte jedoch Bedrohungsängste im Westen und reduzierte die Bereitschaft zu Verhandlungen über eine Lösung der deutschen Frage ohne freie Wahlen als Ausgangspunkt weiter. Die Ulbricht-Führung schuf auch innenpolitisch Fakten, die ihre Deutschlandpolitik bei der Mehrheit der westdeutschen Bevölkerung jeder Akzeptanz beraubte. Nach dem II. Parteitag der SED im September 1947, der noch die Erlangung der Einheit Deutschlands zur »Hauptaufgabe« erklärt hatte, begann die Umformung der SED in eine Kaderpartei leninistischen Typs, was u. a. den Ausschluß und teilweise brutale Verfolgung von Hunderttausenden ehemaliger Sozialdemokraten zur Folge hatte.
- Auf der 2. Parteikonferenz der SED im Juli 1952, auf dem Höhepunkt der Diskussion um die Stalin-Noten, verkündete Ulbricht das Ende der »antifaschi-

stisch-demokratischen Phase« und den »planmäßigen Aufbau des Sozialismus«. Es ist schwer vorstellbar, daß dieser Schritt zur Festigung des DDR-Sozialismus nicht mit Stalin abgestimmt war, daß also der sowjetische Diktator mit seinen Frühjahrs-Noten wirklich ein realistisches Angebot zur Überwindung der Spaltung Deutschlands unterbreiten wollte. Vielmehr ging es wohl nur darum, die bereits auf der Washingtoner Außenministerkonferenz im September 1951 und dann mit den Verhandlungen um die Europäische Verteidigungsgemeinschaft (EVG) 1952 beginnenden Diskussionen um eine Einbeziehung Westdeutschlands in die westliche Verteidigungsallianz zu stören.

- Die Innenpolitik der SED führte zum schließlich von sowjetischen Panzern blutig niedergeschlagenen Juni-Aufstand 1953 in der DDR. Die Bevölkerung lieferte damit vor aller Welt den Nachweis, daß die SED-Führung bereits damals deutschlandpolitisch keinen Rückhalt mehr in der DDR besaß und daß sie von freien Wahlen das Ende ihres Regimes zu erwarten hatte. Der 17. Juni beendete für die SED-Führung zugleich eine Phase der Unsicherheit über die deutschlandpolitischen Absichten der Nachfolger des im März 1953 gestorbenen Stalin. Bis zur Öffnung sowjetischer Archive werden wir nicht genau wissen, ob Moskau um den Preis von Zugeständnissen des Westens (Neutralisierung Deutschlands) nicht zur Aufgabe der DDR bereit gewesen wäre. Einen kostenlosen Anschluß ihres wichtigsten Satelliten an eine zum Westen gehörende Bundesrepublik, wie er im Falle des Erfolgs des Juni-Aufstands gedroht hätte, wollten die Sowjets jedoch auf keinen Fall hinnehmen.
- Auf dem IV. Parteitag der SED 1954 folgte die Verkündung des Programms der »Schaffung der Grundlagen des Sozialismus«, das mit realen Verhandlungen zur Einleitung eines Wiedervereinigungsprozesses nicht mehr in Einklang zu bringen war.

Die SED verfügte damit bereits vor dem Beitritt beider deutscher Staaten zu den Militärbündnissen NATO und Warschauer Pakt (im Mai 1955 und Januar 1956) und schon vor der gescheiterten Genfer Gipfelkonferenz im Juli 1955 über keine ernstzunehmenden deutschlandpolitischen Verhandlungsziele mehr. Der sowjetische Parteichef Nikita Chruschtschow hatte zudem auf der Rückreise von Genf in Leipzig die Frage der Wiedervereinigung endgültig von der staats- auf die völkerrechtliche Ebene gehoben. Er lehnte definitiv eine »mechanische Vereinigung beider Teile Deutschlands auf Kosten der DDR« (also durch freie Wahlen) ab.

Von nun an gab es in der Deutschlandpolitik der SED vor allem noch Wiedervereinigungs*propaganda*, die zwar aus psychologischen Gründen (Rücksicht auf die Wünsche der Bevölkerung) an einem Fernziel Vereinigung festhielt und bis zum Untergang der DDR auch niemals definitiv auf diese Option verzichtete. Die *operative* Deutschlandpolitik Ost-Berlins richtete sich seit Mitte der 50er Jahre jedoch verstärkt auf die Erlangung der völkerrechtlichen Anerkennung des SED-Staats seitens der Bundesrepublik bzw. auf direktem außenpolitischen Wege über die Dritte Welt und die gesamte Staatengemeinschaft der UNO.

3. Wiedervereinigungspropaganda 1955 bis 1961: Eine Woche nach der Aufnahme diplomatischer Beziehungen zwischen der Bundesrepublik Deutschland und der UdSSR wurde am 20. September 1955 zwischen der DDR und der Sowjetunion ein Vertrag geschlossen, der Ost-Berlin auch die Souveränität der »Entscheidung über Fragen der Innen- und Außenpolitik, einschließlich der Beziehungen zur Deutschen Bundesrepublik« übertrug. Obwohl die SED-Führung auch danach keine grundsätzlichen Entscheidungen auf diesem Feld ohne Zustimmung, wenigstens enge Abstimmung mit Moskau fällen konnte, hatte Ulbricht nun doch mehr freie Hand, die völkerrechtliche Anerkennung und damit die feste Etablierung der DDR als unabhängiger deutscher Staat zu betreiben. Bis Anfang der 70er Jahre wurden Deutschlandpolitik und Außenpolitik der DDR nahezu identisch, jede internationale Aktion diente dem vorgenannten Ziel. Es handelte sich um eine wichtige Zäsur in der Deutschlandpolitik der SED.

Kernelement der Deutschlandpolitik der SED wurde der von Ulbricht Ende Dezember 1956 unterbreitete »Vorschlag« zur Schaffung eines deutschen Staatenbunds in der Form einer Konföderation.[1] Da über ihre Bildung zwischen Regierungsvertretern hätte verhandelt werden müssen, hätte sich auf diesem Wege eine Art von Anerkennung erschleichen lassen (auch wenn das völkerrechtlich nur in einem politischen Willensakt möglich ist). Insofern war der Vorschlag tatsächlich ernst gemeint. Er gestattete weiterhin eine nachhaltige Einheitspropaganda. Zugleich konnte innenpolitisch Ulbrichts Programm des sozialistischen Aufbaus fortgesetzt werden, ohne Rücksicht auf Auffassungen im Politbüro nehmen zu müssen, die im Interesse der deutschen Einheit dabei für eine langsamere Gangart plädierten.

So wurde auf dem V. Parteitag der SED im Juli 1958 der »Aufbau der materiell-technischen Basis des Sozialismus« verkündet; eine Wiedervereinigung sollte nur noch »als Vereinigung im Sozialismus« möglich sein. Zum ersten Mal wurden die »sozialistischen Errungenschaften« als »für immer unantastbar« erklärt und von der DDR als »einzig rechtmäßigem souveränen deutschen Staat« gesprochen.

Außenpolitisch wurde dieser vorrangig auf die völkerrechtliche Anerkennung gerichtete Kurs Ulbrichts massiv von der sowjetischen Deutschlandpolitik unterstützt. Die zweite Hälfte der 50er Jahre war vielleicht die letzte Phase der nahezu identischen Übereinstimmung der Deutschlandpolitik von Sowjetunion und DDR. Sowohl Chruschtschows Berlin-Ultimatum vom November 1958 und seine Drohung vom Januar 1959, einen separaten Friedensvertrag mit der DDR abzuschließen (mit allen Konsequenzen für den freien Berlinverkehr), als auch die gescheiterte Genfer Außenministerkonferenz (Mai–August 1959) machte jede deutsch-deutsche Annäherung auf Regierungsebene unmöglich.

Die nächste Kurskorrektur in der Deutschlandpolitik der SED wurde von der SPD erzwungen. Nach der Verabschiedung des Godesberger Programms im November 1959 und nach der berühmten Rede des SPD-Fraktionsvorsitzenden Herbert Wehner im Deutschen Bundestag im Juni 1960, in der er die Zustimmung seiner Partei zur Westintegration und Bündnispolitik der Bundesregierung erklärte, mußte auch die SED erkennen, daß alle Hoffnungen, eine deutschlandpolitische Aktionseinheit mit der SPD durch Druck von unten auf deren Parteiführung zustande zu bringen, endgültig gescheitert waren. Damit war auch der Konföderationsplan Ulbrichts endgültig obsolet geworden, auch wenn er noch bis Mitte der 60er Jahre eine propagandistische Rolle spielen sollte.

Die von der SED angestrebte Etablierung ihres Systems als unabhängiger Staat erforderte jetzt verstärkt seine Konsolidierung und Stabilisierung. Um beides stand es in dieser Zeit schlecht: wirtschaftpolitische Zielsetzungen wurden verfehlt, die Flüchtlingszahlen stiegen weiter an und die Versorgung der Bevölkerung war ernsthaft gefährdet.

Der Bau der Berliner Mauer im August 1961, von der SED gefordert und geplant, von Moskau unterstützt und von den Regierungen aller sozialistischen »Bruderstaaten« mitgetragen, bildete einerseits den Höhepunkt der faktischen Abschottung der DDR, die schon 1952 mit dem Bau von Grenzsicherungsanlagen und der immer stärkeren Behinderung von Individualreise- und Telefonverkehr begonnen hatte. Der Mauerbau leitete zugleich aber eine Phase ein, in der die SED die DDR für den Kampf um die jetzt vorrangig angestrebte internationale Anerkennung wirtschaftlich und sozial zu modernisieren suchte.

4. Von der Spaltung des Staats zur Spaltung der Nation 1961 bis 1971: Das Streben nach Anerkennung als zweiter unabhängiger deutscher Staat durch die Bundesrepublik und die internationale Staatengemeinschaft, die die völkerrechtliche Absicherung der SED-Herrschaft bringen sollte, war auch aus block- und bündnispolitischen Gründen für die SED-Führung zwingend notwendig geworden. Ein Hauptgrund bestand in der veränderten, geschwächten Machtposition der Sowjetunion als Hegemonialmacht. Die Enthüllungen der Stalinschen Verbrechen auf dem XX. Parteitag der KPdSU im Februar 1956 hatten die Unruhen in Polen und den Volksaufstand in Ungarn im Sommer und Herbst des gleichen Jahres ausgelöst. Beide Ereignisse konnten vom Kreml zwar – in Ungarn nur mit Waffengewalt – unter Kontrolle gehalten werden. Sie offenbarten jedoch zugleich die strukturelle politische Instabilität der kommunistischen Herrschaftssysteme in den osteuropäischen Satellitenstaaten in dramatischer Weise. Dies hatte auch Konsequenzen für die sowjetische Deutschlandpolitik und damit für die der SED-Führung.

Nach der schweren weltpolitischen Schlappe der Sowjets in der Kuba-Krise 1962 deutete sich in der Deutschlandpolitik des Kreml eine Abkehr vom scharfen Konfrontationskurs gegenüber dem Westen an. So verzichtete Chruschtschow auf dem VI. Parteitag der SED im Januar 1963 endgültig auf sein Berlin-Ultimatum von 1958 und bezeichnete die Drohung mit dem Abschluß eines separaten Friedensvertrags mit der DDR (mit dem irreführenden Hinweis auf den »erfolgreichen« Mauerbau) als nun hinfällig. Darüber hinaus drohte für die SED eine Annäherung zwischen Bonn und Moskau. Gespräche über eine bevorstehende Reise von Chruschtschow in die Bundesrepublik 1964 wurden erst mit seiner überraschenden Ablösung als Parteichef und der Installierung der neuen Troika Breshnew, Kossygin und Podgorny gegenstandslos.

SED-Chef Ulbricht zog aus dieser Gefahrenlage den Schluß, daß nur eine uneingeschränkte Aufrechterhaltung des Gewaltmonopols der SED in Verbindung mit einer wirtschaftlichen und sozialen Stabilisierung der DDR ihre Existenz als unabhängigen Staat auf Dauer sichern konnte. Er blockierte daher nicht nur die Entstalinisierung seines Regimes nach 1956 und forcierte statt dessen nach dem V. Parteitag den Aufbau eines spezifischen DDR-Sozialismus (der dann in den 60er Jahren von der SED als »Modell DDR« angepriesen wurde), sondern er suchte auch seine Deutschlandpolitik auf eine veränderte ideologische Grundlage zu stellen, so daß die Eigenexistenz der DDR mit neuen Argumentationsmustern abgesichert werden konnte.

Zentrale Bedeutung für die deutschlandpolitische Propaganda in den 60er Jahren bekam das im März 1962 vom »Nationalrat der Nationalen Front« verabschiedete und vom VI. Parteitag der SED im Januar 1963 bestätigte »Nationale Dokument«, das die Überschrift »Die geschichtliche Aufgabe der DDR und die Zukunft Deutschlands« trug. Darin wird nun nicht mehr der »Spalterpolitik der Adenauer-Clique« die alleinige Schuld an der Teilung Deutschlands gegeben, sondern Entstehung und Entwicklung der DDR werden als historisch gesetzmäßiges Ergebnis der deutschen Geschichte, als »historische Gesetzmäßigkeit« des Übergangs vom Kapitalismus zum Sozialismus bezeichnet. Die Begründung der *staatlichen* Teilung Deutschlands hat damit eine erweiterte ideologische Grundlage erhalten. Ferner finden sich in diesem Dokument auch erste Ansätze für die Debatte um die *nationale* Teilung, indem nun parteioffiziös behauptet wurde, die DDR verkörpere »die Zukunft der ganzen deutschen Nation«.[2]

Damit lag die Generallinie der Deutschlandpolitik der SED für die 60er Jahre fest. Die neuen Anstrengungen um eine Effektivierung des Wirtschafts- und Gesellschaftssystems (mit der Verkündung des Neuen Ökonomischen Systems der Planung und Leitung der Volkswirtschaft – NÖSPL auf dem VI. Parteitag) wurden begleitet von einer Deutschlandpolitik, die mittels der Erlangung der völkerrechtlichen Anerkennung der DDR außerhalb des eigenen Bündnissystems die internationale Isolierung durchbrechen wollte.

Die völkerrechtliche Anerkennung durch Bonn war zur Vorbedingung jeder Entspannung im innerdeutschen Verhältnis geworden, das folgerichtig in den 60er Jahren von weiterer Verhärtung bestimmt wurde. Nur noch in drei Bereichen konnten Kompromisse ausgehandelt werden: Von 1963 bis 1966 kam es zum Abschluß jener vier Passierscheinabkommen zwischen dem Berliner Senat und der DDR-Regierung (mit Billigung der Alliierten und der Bundesregierung), die Westberlinern auf Antrag den kurzfristigen Besuch des Ostsektors von Berlin ermöglichte. Im August 1964 wurde zwischen beiden deutschen Staaten ein Abkommen über den Wiederaufbau der Autobahnbrücke über die Saale bei Hirschberg unterzeichnet. Ende 1964 gestattete dann die SED ihren Rentnern zum ersten Mal Besuchsreisen in die Bundesrepublik.

Alle übrigen SED-Aktivitäten in diesem Jahrzehnt mit deutschlandpolitischem Bezug brachten weitere Abschottung und Vertiefung der Spaltung. Zu nennen wären hier u. a. die Einführung eines Devisenzwangsumtauschs (Hartwährungen gegen Mark der DDR) für Besuchsreisen in die DDR im November 1964, vor allem die Verabschiedung eines »Gesetzes über die Staatsbürgerschaft der DDR« im Februar 1967 (was einer Aufkündigung der seit 1913 bestehenden einheitlichen deutschen Staatsbürgerschaft gleichkam) und zahlreiche weitere Erschwernisse für die Ein- und Ausreise sowie den Transitverkehr und die Besucher Ost-Berlins durch Erlaß einer neuen Reise- und Paßverordnung im Juni 1968.

In dem Maß, wie sich in der zweiten Hälfte der 60er Jahre ein Scheitern der Reformen im Rahmen des NÖSPL abzeichnete und die neue Ostpolitik der Großen Koalition in Bonn auch ihren Eindruck bei den Verbündeten der DDR nicht verfehlte, verhärtete sich die Deutschlandpolitik der SED weiter. Den zwischen SPD und SED im Frühjahr 1966 vereinbarten Rederaustausch sagte die SED aus Sorge vor einer aufbrechenden Wiedervereinigungsdiskussion in der DDR unter fadenscheinigen Gründen ab. Noch im gleichen Jahr riskierte Ulbricht sogar einen schweren blockpolitischen Konflikt. Dem deutschlandpolitischen Alleinvertretungsanspruch der Bundesregierung (»Hallstein-Doktrin«) hatte er eine »Ulbricht-Doktrin« entgegengesetzt: Die Verbündeten im Warschauer Pakt sollten erst diplomatische Beziehungen zu Bonn aufnehmen dürfen, wenn zuvor die DDR von der Bundesrepublik anerkannt worden war. Es kam zu einem schweren Propagandakrieg zwischen Ost-Berlin und Bukarest, als im September 1967 Rumänien diplomatische Beziehungen zur Bundesrepublik aufnahm, ohne daß Ulbrichts Vorbedingung erfüllt worden war. Der VII. Parteitag der SED 1967 bestätigte diesen Kurs Ulbrichts. Der Generalsekretär bezeichnete nun die »Vereinigung« als »nicht real« und als »erst im Sozialismus« möglich. Als ein Jahr später, im April 1968, die neue (zweite) Verfassung der DDR verabschiedet wurde, kam in Art. 1 Abs. 1 zwar noch die »Einheit der Nation« vor, doch in der Präambel wurde bereits vom »Volk der Deutschen Demokratischen Republik« gesprochen.

Die Haltung der SED-Führung zur Amtsübernahme durch die Große Koalition in Bonn unter Bundeskanzler Kiesinger und Außenminister Brandt ließ bereits erkennen, daß sie der erwarteten neuen Ostpolitik und den damit verbundenen Gefahren (Isolierung der DDR im eigenen Block; »Sozialdemokratismus«) mit vermehrter Härte zu begegnen beabsichtigte. Während die neue Breshnew-Führung der Bildung der Bundesregierung aus CDU und SPD eher mit Gelassenheit entgegensah (weil sie sich davon eine Lockerung der Allianzbindungen Bonns erhoffte), verstärkte Ost-Berlin sofort seine Anti-Bonn-Polemik. In seiner Regierungserklärung eine Woche vor Beginn des VII. Parteitags der SED hatte Bundeskanzler Kiesinger erstmalig in der Geschichte der innerdeutschen Beziehungen der DDR-Regierung zahlreiche Entspannungsvorschläge unterbreitet und sich zu den – bislang von Bonn stets vehement abgelehnten – Regierungsverhandlungen auf allen Ebenen bereit erklärt. Gleichzeitig richtete der SPD-Parteivorstand einen Brief ähnlichen Inhalts an die SED-Parteitagsdelegierten. Daß diese neue ostpolitische Dynamik Bonns angesichts der damals aktuellen politischen Generallinie Ulbrichts als besonders störend empfunden wurde, verraten die Ergebnisse des Parteitags: In der DDR sollte die »entwickelte sozialistische Gesellschaft« aufgebaut werden, wobei der Sozialismus nunmehr als historisch langandauernde »relativ selbständige sozialökonomische Formation« definiert wurde. Diese Definition bedeutete nicht nur eine hochbrisante ideologische Absetzung der vom Moskauer Marxismus-Leninismus festgelegten historischen Stufenlehre, die keine langandauernde Zwischenphase zwischen Kapitalismus und Sozialismus vorsah, und die Fixierung eines eigenständigen Entwicklungswegs der DDR – was in der Folge auch zur Ablösung Ulbrichts beigetragen haben mag. Zu jener Zeit war dies aus sowjetischer Sicht ideologischer Revisionismus.

Unabhängig von diesem blockpolitischen, innersystemaren Aspekt hatte die politisch-ideologische Strategie auch deutschlandpolitische Konsequenzen, da mit dieser Festlegung der Weg der DDR zum Sozialismus als unumkehrbar bekräftigt wurde. Was konnten unter dieser ideologischen Prämisse für die SED Verhandlungen mit Bonn über Milderung der Teilungsfolgen unterhalb der Anerkennungsschwelle bringen – außer Unruhe und steigende Erwartungen in der eigenen Bevölkerung? Es wundert daher auch nicht, daß der Briefwechsel zwischen Bundeskanzler Kiesinger und DDR-Ministerpräsident Stoph zwischen Mai und September 1967 keine Ergebnisse brachte, weil die SED den Abschluß eines völkerrechtlich gültigen Vertrags zwischen beiden deutschen Staaten über die »Herstellung und Pflege normaler Beziehungen« zur Vorbedingung jeder innerdeutschen Entspannung gemacht hatte.

Dieses Jahrzehnt brachte noch in doppelter Hinsicht eine weitere Verschärfung der deutschlandpolitischen Haltung der SED. Die Beteiligung der Nationalen Volksarmee an der militärischen Intervention in der ČSSR im August 1968 stoppte zunächst alle weiteren Versuche, einen Prozeß der innerdeutschen Entkrampfung einzuleiten. Am 7. November 1968 veröffentlichte das SED-Zentralorgan »Neues Deutschland« eine endgültige Absage an die seit langem von der SED geforderten, nun auch von der Bundesregierung angebotenen Regierungsverhandlungen zwischen Bonn und Ost-Berlin. An gleicher Stelle wurde am 23. November eine militärische Auseinandersetzung zwischen beiden deutschen Staaten als »nationaler Befreiungskrieg« charakterisiert. Während die Sowjets Anfang 1969 darauf bedacht waren, die Konfrontation mit den Westmächten nach den Ereignissen des Prager Herbsts zu reduzieren, suchte Ulbricht die für März 1969 nach West-Berlin einberufene Bundesversammlung zur Wahl von Bundespräsident Heinemann auch um den Preis eines Konflikts mit Moskau zu verhindern.[3]

Auf die Bildung der sozial-liberalen Koalition in Bonn im Herbst 1969 reagierte die SED-Führung, erneut im Gegensatz zu Moskau, mit großer Skepsis. In der Regierungserklärung Brandts vom Oktober 1969 war die Maxime der sozial-liberalen Deutschlandpolitik formuliert worden: »Zwei Staaten in Deutschland, aber nur eine deutsche Nation«. Damit wurde zwar die staatsrechtliche Teilung vorübergehend hingenommen, wenn auch nicht in völkerrechtlich verbindlicher Weise akzeptiert. Dieses »Hinnehmen« war aber rein politischer Natur, damit zwar auch von politischem Gewicht, jedoch ohne völkerrechtliche Folgewirkungen. Am Bestand einer einheitlichen deutschen Nation wurde festgehalten. Mehr noch: Die Pflege des Zusammenhalts dieser einen deutschen Nation in zwei Staaten wurde zur politischen Hauptaufgabe der Bonner Deutschlandpolitik erklärt. Zugleich war deutlich geworden, daß die Bundesregierung fortan die DDR nur als staatsrechtliche Form eines Teils der deutschen Nation und keineswegs – wie von der SED gefordert – als Ausland zu respektieren gedachte. Die Berechtigung einer auf Dauer angelegten völlig eigenständigen Existenz der DDR als zweiter deutscher Staat blieb damit auf subtile Weise grundsätzlich weiter in Frage gestellt. Die SED hatte das früh erkannt.

Im Januar 1970 vollzog daher Partei- und Staatschef Ulbricht den letzten ihm noch möglichen Schritt der Spaltung. Auf einer Pressekonferenz leugnete er nun auch die »Einheit der Nation«. Diese Teilungsideologie überdauerte Ulbricht und bestimmte die nationale Propaganda der SED faktisch und in Abstufungen bis zum Untergang der DDR. Mit teils absurden, sogar in den sozialistischen Bruderstaaten nur abfällig belächelten, aus dem historischen Materialismus entlehnten, aber eigentlich unmarxistischen Argumentationsmustern wurde vor allem in den 70er Jahren von den Ideologiefachleuten der SED zu »beweisen« versucht, daß sich in der DDR eine eigenständige sozialistische deutsche Nation herausgebildet und entwickelt hatte, während in der Bundesrepublik eine bürgerlich-kapitalistische deutsche Nation fortbestand. Damit hatte sich die SED in eine hoffnungslose politisch-ideologische Defensive begeben, aus der sie unter Ulbricht auch nicht mehr herauskam.

Die beiden Treffen zwischen Bundeskanzler Brandt und Ministerpräsident Stoph im März und Mai 1970 in Erfurt und Kassel hatten eine starke Belebung der Wiedervereinigungshoffnungen in beiden deutschen Staaten zur Folge und waren für alle Welt sichtbare Beweise (insbesondere die teils überschwenglichen Sympathiebekundungen für Willy Brandt in Erfurt) für ein starkes, fortbestehendes nationales Zusammengehörigkeitsgefühl der Deutschen. Als die neue Ostpolitik der Brandt-Scheel-Regierung mit dem Abschluß der Gewaltverzichtsverträge mit Polen und der Sowjetunion im August und Dezember 1970 erste Früchte zu tragen begann, stand die SED nur noch in der Zuschauerecke. Sie war – wie man heute weiß – vom großen Bruder nicht einmal umfassend informiert, geschweige denn ernsthaft konsultiert worden.

So können die 60er Jahre als das *eigentliche* Jahrzehnt der deutschen Teilung bezeichnet werden, das aber die SED ihrem Hauptziel, der völkerrechtlichen Anerkennung durch die internationale Staatengemeinschaft, keinen entscheidenden Schritt nähergebracht hatte. In dieser zu Ende gehenden Phase des Kalten Kriegs hatte Partei- und Staatschef Ulbricht seine deutschlandpolitischen Interessen in weitgehender, allerdings nie völliger Übereinstimmung mit der Deutschlandpolitik der Sowjetunion halten können. In der sich nun zwischen den Alliierten anbahnenden Entspannungsphase mußte jedoch seine Deutschlandpolitik, gerichtet auf die völkerrechtliche Anerkennung der DDR um fast jeden Preis, als Störelement wirken, das Moskau, welches sich nach dem Desaster der Niederschlagung des Prager Frühlings aus der internationalen Isolierung zu befreien suchte, nicht mehr hinzunehmen gedachte. Einen Monat vor dem VIII. Parteitag der SED im Juni 1971 wurde Ulbricht in seiner Funktion als Parteichef abgelöst und durch Erich Honecker ersetzt. Mit den Verträgen von Moskau und Warschau, den deutsch-deutschen Treffen von Erfurt und Kassel, den beginnenden innerdeutschen Verhandlungen über Transitregelungen über das Gebiet der DDR und den Verhandlungen zwischen den vier Alliierten über eine Berlin-Regelung waren die ersten Schritte auf dem Weg einer deutsch-deutschen Normalisierung allerdings schon gegangen.

5. Die Vertragspolitik 1971 bis 1989: Die ersten fünf Jahre dieser Phase können aus der Sicht der SED als die erfolgreichsten ihrer Deutschlandpolitik gewertet werden. Auf dem VIII. Parteitag der SED 1971 hatte Honecker, in enger Anlehnung an die Beschlüsse des vorausgegangenen XXIV. Parteitages der KPdSU, die Einberufung einer europäischen Sicherheitskonferenz (so bereits in der Bukarester Deklaration der Warschauer Vertragsstaaten von 1966), die Normalisierung der innerdeutschen Beziehungen, die Regelung der West-Berlin-Frage, die weltweite diplomatische Anerkennung der DDR und die Aufnahme beider deutscher Staaten in die UNO gefordert. Bis Mitte 1975 waren diese Forderungen der SED-Führung erfüllt. Dies lag einerseits an den günstigen außenpolitischen Bedingungen, etwa dem einsetzenden Ost-West-Entspannungsklima, und andererseits auch an bestimmten Strukturmerkmalen von Honeckers Politik, die sich von dem außen- und deutschlandpolitischen Vorgehen Ulbrichts unterschied.

Die Deutschlandpolitik der SED-Führung unter Honecker ist von drei charakteristischen Elementen gekennzeichnet. Erstens wurde das Verhältnis zur UdSSR insofern neu gestaltet, als sich die DDR wieder stärker in die Reihen der sozialistischen Bruderstaaten einordnete, sich nicht mehr ständig als Vorreiter beim Aufbau des Sozialismus selbst feierte und ihre deutschlandpolitischen Interessen, ohne Aufgabe von Grundpositionen, wieder stärker im Koordinatensystem der – sich rapide verändernden – sowjetischen Europa- und Deutschlandpolitik zu verankern suchte.

Dies hatte, zweitens, zur Folge, daß sich die SED erfolgreich in die Verhandlungspolitik einschalten und von ihren Ergebnissen zu profitieren vermochte. Waren der Abschluß des Transitabkommens mit der Bundesrepublik und die Vereinbarungen mit dem Berliner Senat im Dezember 1971 noch eine unmittelbare und notwendige Folge des im September 1971 paraphierten Berliner Vier-Mächte-Abkommens, das ohne diese innerdeutsche Begleitung nicht hätte in Kraft treten können, so waren die dann folgenden innerdeutschen Vertragsabschlüsse (Verkehrsvertrag und Grundlagenvertrag im Mai und Dezember 1972) die Basis für das innerdeutsche Vertragsnetz, das im Herbst 1989 aus mehr als 30 Abkommen bestand. Unmittelbare Folge dieser Gesprächs- und Verhandlungspolitik in den 70er und 80er Jahren, an der die DDR/SED nun als gleichberechtigter Partner teilnahm, war eine starke Belebung aller innerdeutschen Kommunikationsstränge, vor allem des – zunächst nur in West-Ost-Richtung – millionenfach anschwellenden Reiseverkehrs. Der im Dezember 1972 paraphierte, vom Bundestag ratifizierte und im Juni 1973 in Kraft getretene Grundlagenvertrag besaß zwar die Verbindlichkeit völkerrechtlicher Verträge, konstituierte aber kein völkerrechtliches Verhältnis zwischen den Vertragspartnern DDR und Bundesrepublik Deutschland, wie es die SED in den folgenden Jahren – entgegen von Buchstaben und Geist des Grundlagenvertrags – stets behauptete. Zudem war im vom Bundestag einstimmig verabschiedeten und zum Grundlagenvertrag gehörenden »Brief zur deutschen Einheit«, den die DDR ohne offiziellen Widerspruch zur Kenntnis nahm, ausdrücklich vermerkt worden, daß die Bundesregierung am Wiedervereinigungsgebot des Grundgesetzes festhält.

Mit der Aufnahme der DDR als gleichberechtigtes Mitglied in die Vereinten Nationen im September 1973 (zusammen mit der Bundesrepublik Deutschland als 133. und 134. Staat) hatte die SED ein außenpolitisches Hauptziel, die Anerkennung durch die internationale Staatengemeinschaft, erreicht. Diesem Erfolg haftete – bis zum Untergang der DDR – nur noch ein Schönheitsfehler an: die fehlende völkerrechtliche Anerkennung durch die Bundesrepublik. In der Folge wurde die DDR aber durch fast alle UN-Staaten diplomatisch anerkannt. Sie wurde gleichberechtigtes Mitglied der Konferenz über Sicherheit und Zusammenarbeit in Europa (KSZE), deren Schlußakte Erich Honecker in Helsinki 1975 unterzeichnete, und sie nahm an allen Folgekonferenzen der KSZE aktiv teil.

In der folgenden Phase, etwa bis 1982, konnte sich die SED-Führung immer weniger der Politik der »kleinen Schritte« der Bundesregierung unter Kanzler Helmut Schmidt entziehen, die sich zum Ziel gesetzt hatte, durch die Einbeziehung der DDR in ein bilaterales Vertragsgeflecht so viel wie möglich menschliche Erleichterungen zu erreichen. Vertreter der CDU signalisierten in der zweiten Hälfte der 70er Jahre, im Falle einer Regierungsübernahme an der Deutschlandpolitik der sozial-liberalen Koalition festzuhalten. Die DDR war also Anfang der 80er Jahre in der Deutschlandpolitik bereits zu einem anerkannten Gesprächspartner aufgestiegen.

Die Schlußphase der SED-Deutschlandpolitik von 1982 bis 1989 kann als Phase der Kontinuität und des Ausbaus der innerdeutschen Beziehungen auch mit der Bundesregierung und Bundeskanzler Helmut Kohl bezeichnet werden.

Eine weitere beträchtliche internationale Aufwertung erfuhr die DDR bereits in der Abrüstungsdebatte nach dem NATO-Nachrüstungsbeschluß von 1979, als sie sich in den 80er Jahren sogar zum Promotor einer Beendigung des Wettrüstens im Bereich der atomar bestückten Mittelstreckenraketen entwickelte (Honecker im November 1983: »Schadensbegrenzung«) und damit in einen erkennbaren Gegensatz zu ihrer Führungsmacht geriet.

Als Aktivposten der innerdeutschen Verhandlungspolitik konnte die SED auch die Treffen Honeckers mit Bundeskanzler Schmidt 1980 in Belgrad aus Anlaß der Beerdigungsfeierlichkeiten für den verstorbenen jugoslawischen Staatspräsidenten Jozip Broz Tito und 1981 am Werbelinsee in der DDR sowie seine Visite in Bonn im September 1987 verbuchen. Vor allem die protokollarisch fast wie ein normaler Staatsbesuch durchgeführte Begegnung Honeckers mit Helmut Kohl in der Bundeshauptstadt wurde weltweit als Erfolg für die SED gewertet. Honecker wurde inzwischen als Gesprächspartner allseits geschätzt und hofiert. In den 80er Jahren kam es zu mehr als 80 Begegnungen zwischen ihm und mehr oder weniger prominenten Politikern aller im Bundestag vertretenen Parteien.

Doch diese die DDR kurzfristig, jedenfalls ihr Image stabilisierenden Erfolge hatten aus Sicht der SED auch destabilisierende Kehrseiten, denen entgegengewirkt werden mußte. Die in diesem Zusammenhang ergriffenen Maßnahmen machen das dritte Kernelement der Deutschlandpolitik der SED in dieser Periode aus. Alle der SED im Zuge der innerdeutschen und europäischen Verhandlungspolitik abgerungenen Zugeständnisse, wozu auch die Verpflichtungen in Korb III der Helsinki-Schlußakte gehörten, insbesondere die millionenfache Ausbreitung der menschlichen Kontakte, bedurften einer politisch-ideologischen und innenpolitischen Absicherung, ohne die ihr Staat aus Sicht der SED-Führung in Existenzgefahr geraten wäre. Die Abgrenzungspolitik war konstitutiver Bestandteil der Deutschlandpolitik des SED-Regimes in den letzten zwei Jahrzehnten. So erklärte das Mitglied des Politbüros Albert Norden am 20. März 1973, daß sich zwischen den »beiden deutschen Staaten ... die historische Tendenz der Abgrenzung durchgesetzt hat«.[4] Die Abgrenzungspolitik hatte psychologische Aufweichungen (»ideologische Diversion«) aufzufangen und politisch die erzwungene Öffnung der DDR zu steuern. Die Abgrenzungspolitik hatte viele ärgerliche, manche absurde und häufig die Bundesrepublik provozierende Spielarten, die alle gegen den Geist des Grundlagenvertrags, zumeist auch gegen seinen Wortlaut verstießen. Das reichte vom Verbot von Westkontakten für fast alle Partei-, Staats- und Wirtschaftsfunktionäre, über die zum Teil drastischen Erhöhungen des Devisenzwangsumtauschs 1973 und 1980 bis zur Beseitigung von Restbeständen gesamtdeutscher Institutionen und Namen (1974 wurde z. B. aus dem Deutschen Kulturbund der Kulturbund der DDR).

Schwerwiegender war dann die Änderung der DDR-Verfassung von 1968 am 7. Oktober 1974. Bei dieser Gelegenheit wurden alle Bezüge auf die Existenz *einer* deutschen Nation in zwei Staaten und eine »Vereinigung auf der Grundlage von Demokratie und Sozialismus« ersatzlos gestrichen. Auch dies war Ausdruck der abwegigen Nation-Theorie der SED. Neben ihren widersinnigen und unglaubwürdigen Grundthesen in der nationalen Frage verwickelte sich die SED noch in weitere Widersprüche. So sollte es zwar jetzt zwei deutsche Nationen in zwei deutschen Staaten geben, doch – so Honecker 1974 – an einer einheitlichen deutschen »Nationalität« wurde festgehalten. Die SED rückte allerdings ab Mitte der 70er Jahre die Diskussion um ihre Nation-Theorie stark in den Hintergrund. Deutschlandpolitisch war damit nichts zu gewinnen, weil ihre nationalen Thesen weder innenpolitisch noch bei ihren eigenen Verbündeten vermittelbar waren.

Statt dessen suchte sie seit Mitte der 70er Jahre über einen Wandel in der Geschichtsschreibung, ihrer formalen und inhaltlichen Ausdehnung nun »auf die ganze deutsche Geschichte«, neue, historisch vermeintlich besser gesicherte Abstammungslinien für die Existenz der DDR, für ein DDR-spezifisches Nationalbewußtsein, eine *sozialistische* deutsche Kollektividentität zu erschließen. Diese offensive historiographisch-legitimatorische Taktik war Teil der insgesamt defensiven deutschlandpolitischen Abgrenzungsstrategie der SED und verfolgte in erster Linie den Zweck, die Bevölkerung langfristig gegen gesamtdeutsche Optionen zu immunisieren, deren Revitalisierung von den immer dichter werdenden innerdeutschen Kontakten befürchtet wurde. Die SED-Führung selbst hatte eine gesamtdeutsche Option, freilich unter sozialistischem Vorzeichen, nicht aufgegeben. So erklärte Honecker im Februar 1981 auf einer Bezirksdelegiertenkonferenz in Ost-Berlin, daß sich »nach einer sozialistischen Umgestaltung« in der Bundesrepublik »die Frage der Vereinigung beider deutscher Staaten vollkommen neu« stellte.[5]

Das dichter werdende innerdeutsche Vertragsnetz hatte bewirkt, daß die SED nicht mehr alleiniger Herr ihrer deutschlandpolitischen Entscheidungen war. Das

Erscheinungsbild dieser Deutschlandpolitik blieb daher facettenreich. Einerseits riskierte die SED schwere klimatische Rückschläge in den innerdeutschen Beziehungen, so z. B. mit der neuen Journalistenverordnung vom April 1979 und den berüchtigten »Geraer Forderungen« Honeckers vom Oktober 1980, die in Geist und Inhalt allen bis dahin getroffenen innerdeutschen Vereinbarungen und Verträgen widersprachen (Anerkennung der DDR-Staatsbürgerschaft, Auflösung der »Zentralen Erfassungsstelle für Menschenrechtsverletzungen in der DDR«, Umwandlung der ständigen Vertretungen in Botschaften und die Festlegung des Grenzverlaufs auf der Elbe in der Mitte der Wasserstraße). Honecker bezeichnete diese Forderungen zwar als Voraussetzung für die weitere Entwicklung »normaler Beziehungen« zwischen beiden deutschen Staaten, ihre Erfüllung machte die SED später aber nicht zur Vorbedingung für weitere Vertragsabschlüsse. Andererseits konnten z. B. von 1980 bis 1989 so viele DDR-Bürger zu Besuchszwecken und auf Dauer legal ausreisen, wie insgesamt in den 20 Jahren nach dem Mauerbau die DDR verlassen hatten. Dies und ein demonstrativer Entspannungswille der SED-Führung in der Frage der Raketenabrüstung trug zweifellos zur Verbesserung ihres internationalen Ansehens bei.

Die Gestaltung der innerdeutschen Beziehungen sah die SED zunehmend als abhängige Variable der europäischen Sicherheitspolitik, in der sie – auch um den Preis eines zeitweiligen Konflikts mit der zwischen 1982 und 1985 einen internationalen Konfliktkurs steuernden Sowjetunion – auf Abrüstung in Europa drängte und sich dabei auch gegen die Stationierung neuer sowjetischer Mittelstreckenwaffen (Honecker: »Teufelszeug«) in der DDR wandte. Diese Haltung und die Bereitschaft zur Fortsetzung der innerdeutschen Dialogpolitik, in der der Kreml ebenfalls zu bremsen versuchte, wurde von der neuen Bundesregierung unter Bundeskanzler Kohl honoriert. Diese hatte im Oktober 1982 die sozial-liberale Koalition abgelöst, setzte jedoch deren konkrete Deutschlandpolitik nahezu unverändert, nur mit stärkerer Wiedervereinigungsrhetorik, fort. Die zwei von einem westlichen Bankenkonsortium 1983 und 1984 in einer Gesamthöhe von 1,9 Mrd. DM an die DDR ausgereichten und von der Bundesregierung garantierten Kredite trugen zur Ausweitung des innerdeutschen sowie des Westhandels der DDR bei. Beide hatten sich in den 80er Jahren zu einem Wachstumsfaktor in der DDR-Wirtschaft entwickelt. Daß die Vergabe dieser Kredite auch eine politische Stabilisierungsfunktion hatte, darf angesichts der bereits damals erkennbaren, desaströsen Gesamtwirtschaftslage der DDR nicht übersehen werden.

Bemerkenswert ist, daß in der gesamten Deutschlandpolitik der SED seit 1949/50 der innerdeutsche Handel, seine Sonderkonditionen und Verfahrensweisen, wegen seines Nutzens für die DDR stets als Ausdruck der deutsch-deutschen Sonderbeziehungen akzeptiert wurde, während sonst schon der Begriff »innerdeutsche Beziehungen« als Ausdruck eines Sonderverhältnisses abgelehnt wurde.

Zur Bilanz der Deutschlandpolitik der SED der letzten zwei Jahrzehnte gehört damit auch, daß sich die Einheitspartei – entgegen ihren ursprünglichen Intentionen – in immer stärkere Abhängigkeit von der Bundesrepublik begeben hatte, die sich in Krisensituationen als der einzige Staat erwiesen hatte, der ein Interesse an der Vermeidung von katastrophalen Entwicklungen in der DDR hatte. Dieses Interesse haben bis zum Herbst 1989 alle Bundesregierungen, Bundeskanzler Kohl sogar noch gegenüber dem letzten Generalsekretär der SED, Egon Krenz, unmißverständlich bekundet. Bei dieser Konstellation konnte die Deutschlandpolitik der SED im Zeitverlauf immer weniger das erreichen, was ursprünglich ihr Hauptziel gewesen war: die deutsche Teilung für historisch zwangsläufig und somit endgültig und damit die deutsche Frage für dauerhaft (im Interesse der SED) erledigt erklären zu können. Als sie im Herbst 1989 von der Bevölkerung der DDR wieder auf die Agenda der Politik gesetzt wurde, hatte die SED dem keine Abwehrstrategie im Sinne der Erhaltung des eigenen Systems mehr entgegenzusetzen.

Aus diesen Erfahrungen ist schließlich zu lernen, daß auch zeitweise internationale Erfolge oder die formale Akzeptanz eines politisch nicht legitimierten Regimes durch die Staatengemeinschaft keinen langfristigen Beitrag zu seiner innenpolitischen Stabilisierung zu leisten vermag. Dies gilt insbesondere für die DDR, deren gesamte Außenpolitik überwiegend und zeitweise vollständig Deutschlandpolitik gewesen ist. Kein roter Teppich im Ausland vermag Demokratie im Inland zu ersetzen.

Johannes Kuppe

Anmerkungen:

1 Vgl. Neues Deutschland, 31. 12. 1956.
2 Vgl. G. Zieger: Die Haltung von SED und DDR zur Einheit Deutschlands 1949–1987, Köln 1988.
3 Vgl. J. Kuppe: Vergleich der sowjetischen und DDR-Außenpolitik unter besonderer Berücksichtigung der Frage nach dem Spielraum der DDR-Deutschlandpolitik 1964–1969, (Diss.) München 1977.
4 Vgl. Neues Deutschland, 20. 3. 1973.
5 Vgl. Neues Deutschland, 16. 2. 1981.

Literatur:

Bundesministerium für Innerdeutsche Beziehungen (Hrsg.): Innerdeutsche Beziehungen. Die Entwicklung der Beziehungen zwischen der Bundesrepublik Deutschland und der Deutschen Demokratischen Republik 1980–1986. Eine Dokumentation, Bonn 1986. □ Kristof, Erich: Die Lehre vom Selbstbestimmungsrecht in der Völkerrechtsdoktrin der DDR, Frankfurt a. M. 1973. □ Kuppe, Johannes: Vergleich der sowjetischen und DDR-Außenpolitik unter besonderer Berücksichtigung der Frage nach dem Spielraum der DDR-Deutschlandpolitik 1964–1969, (Diss.) München 1977. □ Ders.: Die deutsch-deutschen Beziehungen aus der Sicht der DDR, in: Werner Weidenfeld/Hartmut Zimmermann (Hrsg.): Deutschland-Handbuch. Eine doppelte Bilanz 1949–1989, Bonn 1989, S. 551–567. □ Ders./Manfred Rexin: Deutschlandpolitik der SED, in: Bundesministerium für innerdeutsche Beziehungen (Hrsg.): DDR-Handbuch, Bd. 1, Köln (3. überarb. u. erw. Aufl.) 1985. □ Nakath, Detlef/Gerd-Rüdiger Stephan: Von Hubertusstock nach Bonn. Eine dokumentierte Geschichte der deutsch-deutschen Beziehungen 1980–1987, Berlin 1996. □ Dies.: Countdown zur deutschen Einheit. Eine dokumentierte Geschichte der deutsch-deutschen

Beziehungen 1987–1990, Berlin 1996. □ POTTHOFF, HEINRICH: Die Koalition der Vernunft. Deutschlandpolitik in den 80er Jahren, München 1995. □ DERS.: Bonn und Ost-Berlin 1969–1982. Dialog auf höchster Ebene und vertrauliche Kanäle. Darstellung und Dokumente, Bonn 1997. □ STAADT, JOCHEN: Dem Westen zugewandt. Die Deutschland-Politik der SED 1971–1989, Berlin 1996. □ ZIEGER, GOTTFRIED: Die Haltung von SED und DDR zur Einheit Deutschlands 1949–1987, Köln 1988.

Deutschlandpolitik der Vier Mächte

→ Berlin, **Bundesrepublik Deutschland: Geschichte, DDR: Geschichte**, Deutschlandpolitik der Bundesrepublik Deutschland, Deutschlandpolitik der DDR, Deutschlands Rechtslage, Deutschlandvertrag, Oder-Neiße-Linie, Ostverträge, Ost-West-Konflikt, **Verträge zur deutschen Einheit**.

1. Die Alliierten und die deutsche Frage: Die USA, die Sowjetunion, Großbritannien und Frankreich haben dic deutsche Frage – wie sie aus den Folgen des Zweiten Weltkrieges resultierte – entscheidend, wenn auch in unterschiedlicher Ausprägung und mit unterschiedlichen Interessen und Präferenzordnungen, mitgestaltet. Die Deutschlandpolitik der Siegermächte des Zweiten Weltkrieges war innerhalb eines bestimmten völkerrechtlichen Rahmens kanalisiert, der diesen Staaten spezifische Rechte und Verantwortlichkeiten eingeräumt hatte, die wiederum das Ergebnis ihrer Vereinbarungen aus den letzten Kriegsjahren und ersten Nachkriegsmonaten waren. Die Motive für die inhaltliche Ausgestaltung der Deutschlandpolitik speisten sich aus politischen, ökonomischen, militärischen und ideologischen Quellen. Auch die weltpolitische Gesamtlage, insbesondere der Ost-West-Konflikt, spielte als zentrale Rahmenbedingung bei der Erklärung des deutschlandpolitischen Handelns der Vier Mächte eine tragende Rolle.

Drei Phasen können unterschieden werden: Die erste Phase beginnt mit der Atlantikcharta im August 1941 und endet mit der militärischen Kapitulation Deutschlands. Sie enthält die Erörterung mehrerer deutschlandpolitischer Konzeptionen und erste Festlegungen für den Umgang mit Deutschland nach Kriegsende. Die zweite Phase von Kriegsende bis März 1948 ist durch die weitgehend erfolglosen Versuche einer koordinierten Deutschlandpolitik der Vier Mächte geprägt, die schließlich in der deutschen Teilung mündeten. Die dritte Phase setzt beim endgültigen Bruch der Anti-Hitler-Koalition an. Sie endet mit dem Fall der Mauer am 9. November 1989 und den ersten politischen Reaktionen der Vier Mächte.

2. Deutschlandpolitische Pläne während des Zweiten Weltkrieges: Die Frage, was nach Kriegsende mit Deutschland geschehen sollte, stand seit 1941 auf der Agenda fast jeder Konferenz der Alliierten. Die von Roosevelt und Churchill am

14. August 1941 unterzeichnete Atlantikcharta, der sich die Sowjetunion im September anschloß, hatte einen ersten deutschlandpolitischen Impuls gesetzt: Nach der Beseitigung der nationalsozialistischen Tyrannei sollte allen Nationen eine Existenz in Sicherheit und Frieden ermöglicht werden. Nachdem Churchill bereits 1942 ein Zerstückelungskonzept für das Deutsche Reich vorgelegt hatte, kam es bei dem zwölftägigen Treffen von Roosevelt und Churchill im Januar 1943 in Casablanca erstmals zu konkreteren, aber ergebnislosen Diskussionen über ein Nachkriegsdeutschland. Roosevelt setzte dort seine Forderung nach bedingungsloser Kapitulation Deutschlands durch. Die Sowjetunion schloß sich dieser Forderung im März 1943 während der Moskauer Außenministerkonferenz an.

Beim ersten Treffen der »Großen Drei« im November 1943 in Teheran konnten sich Roosevelt, Churchill und Stalin aber weder für den britischen Teilungsplan (Separierung Preußens von Deutschland und Bildung einer süddeutschen Donauföderation), noch den amerikanischen (Bildung von fünf Teilstaaten und drei internationalen Zonen) entscheiden. Stalin strebte in Teheran keine Zerstückelung Deutschlands an. Eines der wenigen greifbaren Ergebnisse war die Festlegung der Oder als deutscher Ostgrenze.

Alle weiteren Initiativen – so auch das Deindustrialisierungs- und Reagrarisierungsprogramm (Programm zur Verhinderung der Auslösung des Dritten Weltkrieges durch Deutschland) des US-Finanzministers Morgenthau – waren dann mit den Vorschlägen der Europäischen Beratenden Kommission (European Advisory Commission, EAC), die seit der Teheraner Konferenz mit der Aufgabe der Entwicklung deutschlandpolitischer Konzepte betraut worden war, obsolet geworden. Die EAC schlug im Herbst 1944 die Bildung von drei Zonen mit jeweils einem alliierten Oberbefehlshaber vor. Ein alliierter Kontrollrat sollte für die Deutschland als Ganzes betreffenden Angelegenheiten zuständig sein. Berlin war ein Sonderstatus zugedacht.

Eine Zerstückelung Deutschlands wurde aber weder dort, noch auf der Konferenz von Jalta vom 4. bis 11. Februar 1945 beschlossen. Auf Jalta wurde Frankreich die Beteiligung an der gemeinsamen alliierten Verwaltung für Deutschland angeboten. Die Deutschlandpolitik sollte sich von den Grundsätzen Entnazifizierung, Demontage, Demilitarisierung und Demokratisierung leiten lassen. Daraus resultierte die Notwendigkeit, Deutschland zu besetzen und durch militärische Präsenz unter Kontrolle zu halten. Für alle Alliierten besaß die Gewährleistung der dauerhaften »Sicherheit vor Deutschland« in dieser Phase oberste Priorität.

Trotz der vereinbarten Grundsätze unterschieden sich die Positionen der »Großen Drei« nach der Kapitulation der deutschen Wehrmacht im Mai 1945: Die USA sahen ihre Interessen durch eine Wiedereingliederung Deutschlands in die Weltwirtschaft gut bedient. Militärisch waren sie noch durch den Krieg gegen Japan absorbiert. Die Sowjetunion strebte wirtschaftlich ein Maximum an industriellen Reparationen an. Eine Teilung Deutschlands hätte deren Eintreibung erschwert. Sie würde auch den unmittelbaren Zugriff auf das Ruhrgebiet unmöglich machen. Durch ein Glacis mit sowjetfreundlichen Regierungen sollte die Bildung eines antisowjetischen cordon sanitaire an den eigenen Grenzen verhindert werden. Großbritanniens Ziel war die Ausschaltung Deutschlands als wirtschaftliche und politische Gefahr. Dennoch sollte es in der europäischen Nachkriegsordnung als vitaler ökonomischer Faktor in Erscheinung treten. Ein bereits im Dezember 1943 im Foreign Office erarbeitetes Memorandum on the Regeneration of Germany sprach sich für die Eingliederung eines demokratischen Deutschlands in die europäische Staatengemeinschaft aus. Auch mit Blick auf die sowjetischen Machtgewinne hielt Churchill eine nachhaltige Schwächung Deutschlands nicht für wünschenswert und kehrte damit frühzeitig zur traditionellen balance of power-Politik der Vorkriegsjahre zurück.

3. Die Deutschlandpolitik der Vier Mächte von 1945 bis 1948: Nach dem Ende des Zweiten Weltkriegs hatte keine der Siegermächte konkrete Vorstellungen darüber, was mit Deutschland geschehen sollte. Außer der Absicht, daß man das besetzte Land bis zum Abschluß eines Friedensvertrages mit einer neuen deutschen staatlichen Autorität vorübergehend regieren wollte, gab es keine konzeptionellen deutschlandpolitischen Vorstellungen. Die Meinungen über die Umsetzung der auf der Konferenz von Jalta getroffenen Vereinbarungen gingen zwischen den Alliierten weit auseinander, so daß bei Kriegsende die Zukunft Deutschlands in vielerlei Hinsicht ungeklärt blieb. Das Ergebnis war eine Mischung aus Entschlossenheit und Ratlosigkeit.

Entschlossen waren die Alliierten, Deutschland als besiegten Feindstaat zu behandeln und die herkömmlichen Grundsätze der Sicherheits- und Wiedergutmachungspolitik anzuwenden. Einigkeit herrschte darüber, Deutschland in vier Besatzungszonen zu gliedern. Der alliierte Kontrollrat mit den Oberbefehlshabern General Eisenhower, Marschall Shukov, Feldmarschall Montgomery und General de Lattre Tassigny nahm mit der Berliner Deklaration vom 5. Juni 1945 als gemeinsames Regierungsorgan seine Arbeit auf. Die oberste Regierungsgewalt wurde von den Oberbefehlshabern auf Weisung ihrer Regierungen einerseits separat in den Besatzungszonen und andererseits gemeinsam im Kontrollrat in den Fragen ausgeübt, die Deutschland als Ganzes betrafen. Berlin erhielt den schon von der EAC geplanten Sonderstatus. Die Stadt wurde in vier Sektoren aufgeteilt und der gemeinsamen Besatzungshoheit unterstellt. Deutschland blieb als Rechtsbegriff – in den Grenzen vom 31. Dezember 1937 – erhalten. Ratlosigkeit herrschte bei den Alliierten über den Gebrauch ihrer totalen Verfügungsgewalt über Deutschland vor. Es war unentschieden, in welche Richtung und mit welchem Tempo die Entwicklung der deutschen Gesellschaft gelenkt werden sollte. Selbst über die Funktionen und die Organisation der neben den Besatzungsbehörden einzurichtenden deutschen Ämter herrschte Unklarheit.

Auf der Potsdamer Konferenz vom 17. Juli bis 2. August 1945 wollten Truman, Stalin und Churchill (ab dem 28. Juli abgelöst durch den neugewählten Premierminister Attlee) diese konzeptionslose Entschlossenheit auflösen. Grundlegende Interessengegensätze zwischen der Sowjetunion und den Westmächten bildeten aber eine zu hohe Hürde. Das Abschlußprotokoll schrieb daher lediglich die wenig konkreten Vereinbarungen von Jalta fort. Wie die Grundsätze Entnazifizierung, Demilitarisierung, Demontage und Demokratisierung umzusetzen seien, blieb auch in Potsdam unbeantwortet. Politisch-territoriale Fragen, wie die französischen Ansprüche auf das Saargebiet oder die Frage der Internationalisierung des Ruhrgebietes, konnten ebenfalls nicht gelöst werden. Eine gemeinsame Reparationspolitik kam nicht zustande. Auch über ein Umerziehungsprogramm zur Überwindung des nationalsozialistischen Geistes wurde aufgrund divergierender Demokratieverständnisse keine Einigung erzielt. Die Unterzeichner des Potsdamer Abkommens – die französische Regierung stimmte den Beschlüssen mit einigen Vorbehalten wenige Tage später zu – verpflichteten sich lediglich, eine demokratische Umgestaltung Deutschlands zu ermöglichen und es als wirtschaftliche Einheit zu behandeln. Letzteres wurde durch das Prinzip der Entnahme von Reparationen aus der jeweiligen Besatzungszone faktisch konterkariert. Die deutschen Grenzen sollten endgültig erst in einem Friedensvertrag festgelegt werden. Die Kooperation unter den Alliierten wurde durch den Umstand belastet, daß Stalin die Gebiete östlich der Oder-Neiße-Grenze – ohne die explizite Zustimmung der Westalliierten – bereits an die neuen kommunistischen Machthaber Polens übergeben hatte, um sie für das nördliche Ostpreußen mit Königsberg, das sich die Sowjetunion selbst einverleibt hatte, zu entschädigen.

Der politische und gesellschaftliche Neuaufbau in den Besatzungszonen verlief unterschiedlich: Die USA setzten im Juli 1945 in Bayern den ersten deutschen Ministerpräsidenten (F. Schäfer) ein. Nachdem im Oktober der Länderrat des amerikanischen Besatzungsgebietes gegründet worden war, fanden am 26. Dezember 1945 die ersten freien Wahlen im Nachkriegsdeutschland statt. Wirtschaftlich betrachteten die USA die Vernichtung des deutschen Kriegspotentials durch die kriegsbedingten Zerstörungen als gegeben und setzten sich für den konstruktiven Aufbau ihrer Besatzungszone ein.

Eine vergleichbare Entwicklung in der britischen Zone verzögerte sich aufgrund der ungleichen Wirtschaftsstruktur bis August 1946. Insgesamt bewahrten sich die britische und die amerikanische Zone aber die meisten Gemeinsamkeiten. Beide intendierten die Entwicklung bürgerlich-kapitalistischer Wirtschaftsstrukturen.

Noch schleppender verlief die Wiederbelebung des politischen Lebens in der französischen Zone, so daß die Schaffung von Ländern bis zum November 1947 dauerte. Darüber hinaus blockierte Frankreich, das sich nicht an die mageren Ergebnisse von Potsdam gebunden fühlte, im alliierten Kontrollrat alle Maßnahmen, die auf eine zonenübergreifende Struktur abzielten. Frankreich wollte seine durch das Vetorecht erfolgreiche systematische Obstruktionspolitik solange fortsetzen, bis die »Sicherheit vor Deutschland«, die zunächst an die Internationalisierung des Ruhrgebietes sowie an die Abtrennung des Saargebietes und des Rheinlandes geknüpft wurde, gewährleistet sein würde.

Die Sowjetunion ließ bereits am 10. Juni 1945 in ihrer Zone antifaschistische und demokratische Parteien zu und schuf im Juli eine Struktur aus Landes- und Provinzverwaltungen. Gleichzeitig wurden die »Säuberung der Gesellschaft« und eine Bodenreform mit der entschädigungslosen Enteignung der agrarischen Großgrundbesitzer forciert. Bis Frühjahr 1946 wurde rund ein Drittel aller Investitionsgüter demontiert. Diese tiefgreifenden politischen Umstrukturierungen orientierten sich an dem Vorbild des sowjetischen Modells. Zu deren Verwirklichung entsandte die Sowjetunion KPD-Kadergruppen unter der Führung von Walter Ulbricht in die eigene Besatzungszone. Im April 1946 wurde die Vereinigung von SPD und KPD erzwungen und alle politische Macht dem entstandenen Produkt – der SED – zugeschoben. Damit war das Fundament für eine faktische Einparteienherrschaft, auf der formellen Grundlage eines Blockparteiensystems, gelegt. Als Konsequenz dieser Entwicklungen interpretierten die einzelnen Militärgouverneure die vagen Aufträge des Potsdamer Protokolls in ihrem Sinne und leiteten damit eine Regionalisierung der Deutschlandpolitik ein.

Nach der gescheiterten Pariser Außenministerkonferenz im April/Juni 1946 machte der Versuch des gemeinsamen Regierens zusehends einer konfrontativen Politik Platz, die bereits den Prägestempel des hervorbrechenden Ost-West-Konfliktes zu tragen begann. Mit dem wachsenden Gegensatz zwischen Ost und West war eine Rückkehr zu einer gemeinsamen Deutschlandpolitik der Vier Mächte bereits zu diesem Zeitpunkt – Mitte 1946 – kaum vorstellbar. Ihren Ausdruck fanden diese Divergenzen in der Gründung der Bizone, mit der die Vereinigten Staaten und Großbritannien mit Wirkung zum 1. Januar 1947 ihre Besatzungszonen zusammenführten. Beide waren sich einig, den Deutschen die Existenzsicherung aus eigener Kraft zu ermöglichen. Bei der Steuerung des politischen und sozialen Lebens verfolgten sie nahezu identische Prinzipien, die sich am angelsächsischen Liberalismus und Demokratieverständnis orientierten und sich nur in Nuancen unterschieden.[1]

Restlos gescheitert war dann jeder Versuch einer gemeinsamen Deutschlandpolitik, nachdem Truman am 12. März 1947 eine Politik der Eindämmung (»containment«) des sowjetischen Einflusses verkündete (Truman-Doktrin). Nach der erfolglosen Moskauer Außenministerkonferenz im März/April 1947 vertiefte der von US-Außenminister Marshall am 5. Juni 1947 proklamierte und nach ihm benannte Plan eines europäischen Wiederaufbauprogramms (European Recovery Program) die Spaltung. Um dieses wirtschaftliche Hilfsangebot in Anspruch nehmen zu können, wurde in der Bizone ein deutscher Rat zur Übernahme der Wirtschaftsverwaltung gebildet.

Die Sowjetunion lehnte die Teilnahme am Marshall-Plan ab, weil er ihrer Meinung nach der Zerstörung des Sozialismus dienen sollte. So konnten weder die sowjetische Zone, noch die anderen unter sowjetischem Einfluß stehenden osteuropäischen Staaten von diesem Angebot profitieren. Das Scheitern der Außenministerkonferenz vom 25. November bis 15. Dezember 1947, bei der der sowjetische Außenminister Molotow von einem imperialistischen Krieg gegen die Sowjetunion sprach, war unter diesen Umständen kaum mehr verwunderlich.

Die nachfolgende Erweiterung der Bizone zur Trizone, nachdem Frankreich einem solchen Schritt lange ablehnend gegenübergestanden hatte, trug zur Vertiefung des Grabens zwischen Ost und West genauso bei, wie der Beschluß der Westmächte auf der Londoner Sechsmächte-Konferenz im Februar/März 1948 – unter Beteiligung der Beneluxstaaten – ein föderatives Regierungssystem zu errichten und die

Westzonen am Marshall-Plan sowie der Ruhrgebietskontrolle zu beteiligen (»Londoner Empfehlungen«). Das Ziel war ein sich selbst tragender wirtschaftlicher Aufschwung in der Trizone. Auch wurden die westdeutschen Ministerpräsidenten zur Einberufung einer Versammlung ermächtigt, die eine Verfassung erarbeiten und die Bildung einer Zentralgewalt vorbereiten sollte. Als Reaktion verließ der sowjetische Vertreter am 20. März 1948 den alliierten Kontrollrat, was auch formell das Ende der gemeinsamen Deutschlandpolitik der Vier Mächte markierte.

4. Die Deutschlandpolitik der Vier Mächte im Zeichen des Ost-West-Konfliktes: Nachdem das ohnehin nicht sehr ausgeprägte Interesse an der Kooperation zwischen der Sowjetunion und den Westmächten vollständig zum Erliegen gekommen war, und sich bezüglich der Vorstellungen über die Entwicklung politischer, wirtschaftlicher und sozialer Strukturen für ein einheitliches Deutschland keine gemeinsame Klammer mehr fand, galt es, die eigene Besatzungszone möglichst eng an den eigenen Block zu binden. Dabei übernahmen Washington und Moskau die Führungsrollen in einer sich abzeichnenden bipolaren Weltordnung.

Die Westmächte führten am 20. Juni 1948 eine separate Währungsreform in der Trizone durch. Die Sowjetunion antwortete nicht nur mit einer eigenen Währungsreform in ihrer Zone, sondern auch mit einer Blockade der Zufahrtswege nach Berlin und der Unterbrechung der Stromversorgung in den Berliner Westsektoren. Sie wollte damit ihren Anspruch auf Gesamtberlin zum Ausdruck bringen. Eine erfolgreiche zehnmonatige Luftbrücke zur Versorgung der Westberliner Bevölkerung führte zum Abbruch der Blockade am 12. Mai 1949. Vorher hatten die Außenminister der Westmächte – Acheson, Bevin und Schuman – im April auf der Washingtoner Drei-Mächte-Konferenz ein Besatzungsstatut, eine Revision der Demontagen und die Erhöhung der Industrieproduktion vereinbart. Mit der Übergabe der Frankfurter Dokumente durch die drei westlichen Militärgouverneure an die elf deutschen Ministerpräsidenten ihrer Zonen wurde am 1. Juli 1948 der Grundstein der Bundesrepublik Deutschland gelegt. Die Ministerpräsidenten kamen ihrer Aufgabe zur Schaffung einer verfassunggebenden Versammlung bis zum 1. September 1948 nach, als sich der Parlamentarische Rat konstituierte. Das dort konzipierte und am 8. Mai 1949 angenommene Grundgesetz trat nach der Genehmigung durch die westlichen Militärregierungen und der Ratifizierung durch die Landtage am 23. Mai 1949 in Kraft.

Die Sowjetunion hatte in ihrer Besatzungszone nahezu gleichzeitig Vorbereitungen für eine separate Staatsgründung eingeleitet. Nach dem Scheitern einer weiteren Außenministerkonferenz der vier Mächte vom 23. Mai bis 20. Juni 1949 in Paris kam es mit der Konstituierung einer provisorischen Volkskammer am 7. Oktober 1949 in Ost-Berlin und der Verkündung der Verfassung der Deutschen Demokratischen Republik binnen weniger Monate zur Gründung eines zweiten deutschen Staates.

4.1. Die Deutschlandpolitik der Sowjetunion 1949 – 1989: Die auf Westintegration abzielende Politik der Bundesrepublik motivierte die Sowjetunion am 10. März

1952 zur Stalin-Note. Darin stellte sie eine Wiedervereinigung Deutschlands unter der Bedingung der Neutralität eines gesamtdeutschen Staates in Aussicht. Adenauer lehnte diesen Vorschlag ab, dessen Kernbedingung auch für die Westmächte inakzeptabel war.[2] Der Deutschlandvertrag zwischen der Bundesrepublik und den Westmächten vom 26. Mai 1952 dokumentierte das Scheitern dieser Initiative. Die als stark reaktiv zu bezeichnende sowjetische Deutschlandpolitik der 50er Jahre nahm weitgehend Funktionen des Ost-West-Konflikts wahr.

Am 17. Juni 1953 wurde der Volksaufstand in der DDR gewaltsam niedergeschlagen. Dem Beitritt der Bundesrepublik zur NATO (9. Mai 1955) stand die Schaffung des Warschauer Paktes (14. Mai 1955) entgegen. Am 7. Juni 1955 wurde der Bundesrepublik die Aufnahme diplomatischer Beziehungen angeboten. Nach dem Scheitern des ersten Gipfeltreffens der vier Mächte seit der Potsdamer Konferenz im Juli 1955 in Genf erklärte die Sowjetunion – unter Beibehaltung von Vorbehaltsrechten – die DDR am 20. September 1955 für souverän. Sie versuchte damit ihre Zwei-Staaten-Theorie zu untermauern. Anders als für die Westmächte hatte Deutschland als Ganzes für die Sowjetunion aufgehört zu existieren. Die einzigen Einschränkungen für die DDR resultierten aus ihrer Beziehung zur Sowjetunion. Die Aufnahme der Nationalen Volksarmee (NVA) in den Warschauer Pakt im Januar 1956 – die NVA war am 18. Januar 1956 auf Beschluß der Volkskammer aus Einheiten der Kasernierten Volksarmee gebildet worden – war eine weitere Komponente dieser Politik.

In den folgenden Jahren gerieten Berlinfragen in das Zentrum der Aufmerksamkeit. Die Sowjetunion wandte sich gegen den Vier-Mächte-Status der Stadt und argumentierte mit der geographischen Lage Berlins inmitten ihrer Besatzungszone. Jegliche Integration West-Berlins in westliche Strukturen sollte verhindert werden. Den Auftakt machte das Berlin-Ultimatum von Chruschtschow vom 27. November 1958. Er forderte die Beendigung des Vier-Mächte-Status für Berlin, den Abzug der westlichen Alliierten binnen sechs Monaten, die Entmilitarisierung der Stadt und ihre Umwandlung in eine selbständige politische Einheit (»Freie Stadt«).

Auf der Genfer Außenministerkonferenz der Vier Mächte im Mai/Juni und Juli/August 1959 wiederholte die Sowjetunion ihren schon einmal erfolglosen Vorschlag eines militärisch neutralen Gesamtdeutschlands und garnierte ihn mit der Aussicht auf einen Friedensvertrag. Der Vorschlag war für die Westmächte erneut inakzeptabel. Die Bundesregierung hatte zudem mit der Unterzeichnung der Römischen Verträge (EWG, EURATOM) seit März 1957 ihrer Politik der Westintegration weitere zentrale Mosaiksteine hinzugefügt. Nach dem mißlungenen Versuch der Anerkennung der DDR durch die Vereinigten Staaten beim Gipfeltreffen zwischen Kennedy und Chruschtschow in Wien am 3./4. Juni 1961, den expliziten Sicherheitsgarantien der USA für West-Berlin vom 25. Juli 1961 und der anhaltenden Abwanderung der ostdeutschen Bevölkerung, kam es am 13. August 1961 zum Bau der Berliner Mauer.

Die 60er Jahre waren geprägt durch die fortgesetzten sowjetischen Bemühungen um die völkerrechtliche Anerkennung der DDR. Die Bundesregierung jedoch lehnte es strikt ab, die Staatsqualität der DDR völkerrechtlich anzuerkennen.

Auch die Westmächte hatten sich im Zuge des bundesdeutschen NATO-Beitritts explizit zur Wiedervereinigung bekannt und die Bundesregierung als einzige deutsche Regierung anerkannt. Als Vehikel für ihre deutschlandpolitischen Ziele diente der Sowjetunion insbesondere der mit umfangreichen Sicherheitsgarantien angereicherte Freundschaftsvertrag mit der DDR vom 12. Juni 1964. Ferner wurde die DDR-Wirtschaft mit Energie- und Rohstofflieferungen zu vorteilhaften Konditionen unterstützt.

Grundsätzlich waren deutschlandpolitische Fragen aber zu einem Politikfeld von nachgeordneter Priorität geworden, da einerseits die konfrontativen Supermacht-Beziehungen die politischen und ökonomischen Ressourcen der Sowjetunion weitgehend absorbierten und sie nach dem Sturz Chruschtschows im Oktober 1964 selbst in eine ökonomische und soziale Krise geraten war. Dennoch erreichte die Sowjetunion in den 70er Jahren die internationale Anerkennung der DDR. Auch die Bundesrepublik attestierte der DDR die Staatsqualität. Diese Entwicklung spiegelt sich auch in einem dichten Vertragsgeflecht wider:

- Deutsch-sowjetischer Vertrag (Gewaltverzichtsabkommen) vom 12. August 1970;
- Vier-Mächte-Abkommen über Berlin vom 3. September 1971;
- Deutsch-deutscher Vertrag über Verkehrsfragen am 26. Mai 1972;
- Deutsch-deutscher Grundlagenvertrag vom 21. Dezember 1972;
- Beitritt von DDR und Bundesrepublik zu den Vereinten Nationen 1973;
- Schlußakte der Konferenz über Sicherheit und Zusammenarbeit in Europa (KSZE) vom 1. August 1975 mit einer Anerkennung der – nur friedlich veränderbaren – europäischen Nachkriegsgrenzen;
- Vertrag zwischen DDR und Sowjetunion über Freundschaft, Zusammenarbeit und gegenseitigen Beistand vom 7. Oktober 1975.

Zu Beginn der 80er Jahre waren die DDR und die Bundesrepublik fest in gegensätzliche militärische, politische und wirtschaftliche Beziehungsgeflechte eingebunden. Die deutsche Frage galt nur noch rechtlich als offen. Die DDR war für die Sowjetunion zu einer unverzichtbaren Klammer ihres Imperiums geworden. Da auch der Kalte Krieg mit beidseitigen Aufrüstungsschüben einen seiner Höhepunkte erreicht hatte, blieb für Gedanken an eine deutsche Vereinigung kein Raum. Andererseits setzte sich die Tendenz einer stärkeren ökonomischen Bindung der DDR an die Bundesrepublik bei gleichzeitiger Abnahme solcher Bindungen an die Sowjetunion fort. Dies führte zu wiederholten Warnungen der sowjetischen Führung an den SED- und Staatschef Honecker, daß die DDR ohne die Macht der Sowjetunion nicht existieren könne. In Ermangelung von Alternativen, die auch von Moskau nicht angeboten wurden, setzte die wirtschaftlich unter Druck geratene DDR ihren Kurs aber fort.

Auch nachdem Michail Gorbatschow 1985 Generalsekretär der KPdSU geworden war, blieb die deutsche Frage für die Sowjetunion »unantastbar«. Gorbatschow wollte den Ost-West-Konflikt beenden und ein »gemeinsames Haus Europa« errichten. Seine Hauptziele aber waren Veränderungen im Innern als Reaktion auf eine tiefgreifende Systemkrise in der Sowjetunion, die auch auf einer zentralisierten und militarisierten Wirtschaft fußte. Der Wandel in der Außenpolitik sollte diese inneren Reformen abstützen. Die Reformpolitik Gorbatschows, der zunächst mit dem Politbüro und dem ZK der KPdSU die entscheidenden konservativen Machtzentren ausschalten mußte, führte zu einer Entspannung in den Ost-West-Beziehungen. Zudem war mit Eduard Schewardnadse auch in das sowjetische Außenministerium ein Geist der Erneuerung eingezogen. Aus der Abkehr von der Breshnew-Doktrin, die unter dem Banner des sozialistischen Internationalismus die Souveränität aller Mitgliedstaaten des Warschauer Paktes eingeschränkt und der Sowjetunion das Recht zum Eingreifen mit allen Mitteln in deren innere Angelegenheiten eingeräumt hatte, resultierte eine Erhöhung des Handlungsspielraums der Warschauer Pakt-Staaten. Zugestanden wurde die freie Wahl der Form der sozialen, politischen und ökonomischen Entwicklung. Diese ideologische und politische Aufgabe des cordon sanitaire nutzten insbesondere Ungarn und Polen zu Reformen.

Honecker aber lehnte die Gedanken der sowjetischen Perestroika ab und propagierte ein Festhalten an den alten Gesellschaftsstrukturen (»Sozialismus in den Farben der DDR«). Da sich die DDR trotz ihrer ökonomischen Abhängigkeit von der Sowjetunion[3] der Perestroika entgegenstellte, isolierte sie sich und büßte durch Reformunwilligkeit ihre Lebensfähigkeit ein (»Wer zu spät kommt, den bestraft das Leben«). Das Dilemma, in dem die DDR-Führung steckte, verbarg sich hinter der rhetorischen Frage: Welche Existenzberechtigung sollte eine kapitalistische DDR, die sich immer über den Sozialismus definiert hat, neben einer kapitalistischen Bundesrepublik haben?

In der Logik der Abkehr von der Breschnew-Doktrin bekräftigten Gorbatschow und Bundeskanzler Kohl am 13. Juni 1989 in einer gemeinsamen Erklärung das Prinzip der Selbstbestimmung aller Völker. Das bedeutete aber keineswegs eine implizite Zustimmung Gorbatschows zur deutschen Vereinigung. Für die sowjetische Führung war die deutsche Teilung immer noch der sichtbarste Gewinn aus dem Zweiten Weltkrieg. Gorbatschow nahm an, daß sich die DDR letztlich doch als ein reformierter sozialistischer Staat profilieren würde.

Erst die friedliche Revolution der Menschen in der DDR, die die Sowjetunion in ihrer Dynamik überrascht und die Konzeptlosigkeit der sowjetischen Deutschlandpolitik dokumentiert hatte, führte am 9. November 1989 zum Mauerfall und brachte – in Kombination mit der Entscheidung der Sowjetunion auf Gewaltverzicht – die deutsche Einheit wieder auf die politische Agenda. Sie führte dazu, daß sich die Vier Mächte wieder intensiv mit ihren Rechten und Verpflichtungen für Deutschland als Ganzes auseinandersetzen mußten.

4.2. Die Deutschlandpolitik der drei Westmächte 1949–1989: Auch nach der Gründung der Bundesrepublik verblieb die oberste Regierungsgewalt bei den westlichen Alliierten, die sich mit dem Besatzungsstatut wichtige Sonderrechte vorbehalten hatten. Gesetze konnten nur mit ihrer Zustimmung in Kraft treten, und Gefahren für die Sicherheit der Bundesrepublik oder den Erhalt der demokratischen Ordnung hätten jederzeit wieder zur einer Übernahme der Regierungsgewalt durch die Westmächte führen können. Die Möglichkeiten zur Einschränkung der deutschen Souveränität gaben ihnen die Mittel, den politischen Handlungsspielraum der Bundesrepublik im Sinne ihrer Werte, Ziele und Interessen zu beeinflussen. Bis 1954 übten die drei Westmächte mit ihrem Besatzungsrecht sowohl eine Kontroll- als auch eine Schutzfunktion aus.

Neben dem ordnungspolitischen Primat der »Sicherheit vor Deutschland« fanden schon bald die Aspekte »Sicherheit für Deutschland« und »Sicherheit mit Deutschland« ihren Platz. Dies führte zu Bemühungen der Westmächte, die junge Bundesrepublik so schnell und so tief wie möglich in die westliche Wertegemeinschaft zu integrieren. Auf diese Weise sollte dem sowjetischen Expansionsdrang ein antikommunistisches Bollwerk entgegengesetzt werden. Die Regierung Adenauer und die westdeutsche Bevölkerung stimmten insbesondere nach der spektakulären zehnmonatigen Luftbrücke zur Versorgung West-Berlins politisch und auch emotional einer klaren Westorientierung zu.

Diese unter den Westmächten unstrittige Integrationspolitik wurde durch die Einbindung der Bundesrepublik in westliche Institutionen forciert. So wurde sie am 31. Oktober 1949 Mitglied in der Organisation für europäische wirtschaftliche Zusammenarbeit (OEEC), war am 18. April 1951 Gründungsmitglied der Montanunion und trat am 2. Mai 1951 dem Europarat bei. In dieser Logik der politischen, ökonomischen und militärischen Westintegration stand auch die Ablehnung der Stalin-Note vom März 1952.

Am 26. Mai 1952 unterzeichneten die Außenminister Acheson, Eden und Schuman mit Adenauer den Deutschlandvertrag, der das Besatzungsstatut der Westmächte beendete und ihre Beziehungen zur Bundesrepublik auf eine neue Grundlage stellte. Das »außenpolitische Grundgesetz« der Bundesrepublik scheiterte zunächst an der Französischen Nationalversammlung, die dem an den Deutschlandvertrag gekoppelten Vertrag zum Beitritt der Bundesrepublik zur Europäischen Verteidigungsgemeinschaft (EVG) die Zustimmung verweigerte. Erst mit den daraufhin ausgehandelten und am 5. Mai 1955 durch den Bundestag ratifizierten »Pariser Verträgen« vom 5. Mai 1955, die auch den Beitritt zu NATO und Westeuropäischer Union regelten, erlangte die Bundesrepublik »die volle Macht eines souveränen Staates über ihre inneren und äußeren Angelegenheiten« (Art. 1). Eine stabile demokratische Bundesrepublik befand sich auf dem Weg, eine Stütze des westlichen Bündnisses zu werden. Sie war nicht mehr der besiegte Feind. Dennoch unterlag ihre Souveränität weiterhin Beschränkungen. Erhalten blieben die Rechte und Verantwortlichkeiten der Westmächte bezüglich Deutschland als Ganzem, der Festlegung seiner Grenzen und der Stationierung alliierter Streitkräfte. Durch den NATO-Vertrag wurde dieses Vorbehaltsrecht der Truppenstationierung durch ein Vertragsrecht ergänzt und überlagert.

Gleichzeitig haben die Pariser Vertragswerke die Kontrolle der militärischen Kapazitäten der Bundesrepublik im Rahmen ihrer NATO-Mitgliedschaft möglich gemacht. Die NATO erweiterte ihre sicherheitspolitischen Verpflichtungen für Berlin auf das allgemeine Wohl der Stadt. Die Unterzeichnung der Römischen Verträge am 25. März 1957 war ein weiterer zentraler Schritt der Westintegration. Der Anspruch der Bundesrepublik, für Deutschland als Ganzes zu sprechen, wurde von den Westalliierten jedoch nicht geteilt.

1959 veränderten die Westmächte ihre Deutschlandpolitik. Auf der Genfer Außenministerkonferenz der Vier Mächte erklärten sie ihre Bereitschaft, Berlin-Fragen unabhängig von Vereinigungs- und Abrüstungsfragen zu diskutieren. Noch in der Berliner Erklärung vom 29. Juli 1957 war der Zusammenhang zwischen den Politikfeldern Deutsche Frage und Abrüstung unterstrichen worden. Die Auflösung dieses Junktims führte dazu, daß der NATO-Ministerrat im Mai 1961 seine Sicherheitsgarantien für Berlin nur noch auf den Westteil der Stadt bezog, was partiell auch die verhaltene Reaktion der Westmächte auf den Berliner Mauerbau am 13. August 1961 erklärt.

Wie für die Sowjetunion wurden deutschlandpolitische Themen auch für die Westmächte zusehends durch den sich zuspitzenden Ost-West-Konflikt überlagert. Im November 1961 räumte Präsident John F. Kennedy ein, er erkenne, daß die Sowjetunion nicht die Absicht habe, die deutsche Vereinigung zu gestatten. Ohne diese Zustimmung würde Deutschland aber nicht vereinigt werden. Speziell die Nuklearkriegsgefahr und die hergestellte »mutual assured destruction« zwangen beide Blöcke zur Vermeidung eines direkten militärischen Konfliktaustrags.

Gleichzeitig führten die alliierten Vorbehaltsrechte in Kombination mit der wachsenden ökonomischen Bedeutung der Bundesrepublik zu spezifischen prozeduralen Beteiligungen der Bundesrepublik an Konsultationen über Fragen, die nicht nur Deutschland als Ganzes und Berlin, sondern auch die Ost-West-Beziehungen insgesamt betrafen (z.B. Bonner-Viererrunde, Washington-Group, Deutschlandtreffen/Berlin-Dinner und die Treffen in Live Oak). Als Folge dieser sich herausbildenden informellen, institutionalisierten Mitwirkungsmuster entwickelte sich die Bundesrepublik zu einem politisch aktiven und einflußreichen Akteur des Westens.

Gleichzeitig aber geriet sie durch die Beibehaltung der Hallstein-Doktrin und ihrer Politik der Nichtanerkennung der DDR zusehends auf Konfrontationskurs mit den Westmächten, für die eine Verstetigung der Entspannungstendenzen im Ost-West-Konflikt im Vordergrund stand. Auch der Ostpolitik der Regierung Brandt, die den Status quo der Existenz zweier deutscher Staaten akzeptiert hatte, standen sie skeptisch gegenüber und drängten angesichts des deutsch-sowjetischen Bilateralismus auf eine vollständige Abstimmung der Ostpolitik. Erst durch ausführliche Information gelang es der Bonner Regierung, das Mißtrauen der Westmächte abzubauen. Die Verhandlungen zum Berlin-Abkommen, bei denen die Nixon-Administration der Bundesregierung unter Hinweis auf ihre Vorbehaltsrechte bilaterale Verhandlungen mit der DDR untersagt hatte, standen ganz im Zeichen dieser Politik. Die Westmächte wollten die Dynamik der bundesdeutschen Ostpolitik unter Kontrolle halten. 1969 stimmten sie einer Verknüpfung des deutsch-sowjetischen Gewaltverzichtsabkommens mit den Verhandlungen über

Berlin, wo die alliierten Vorbehaltsrechte nach Abschluß des Deutschlandvertrages deutlich zum Vorschein kamen, zu. Auch das sowjetische Interesse an einer KSZE wurde von den Westmächten von erfolgreichen Berlin-Verhandlungen abhängig gemacht.

Für die Bundesrepublik hatte sich der außenpolitische Handlungsspielraum faktisch zwar erweitert, aber die letzte Entscheidung für alle Fragen, die Deutschland als Ganzes und Berlin betrafen, verblieb bei den Vier Mächten. Die Normalisierungstendenzen in den innerdeutschen Beziehungen führten am 9. Februar 1973 zur Anerkennung der DDR durch die Westmächte und der Respektierung des Status quo auch durch die Bundesrepublik. Im Zusammenhang mit dem Beitritt beider deutscher Staaten zu den Vereinten Nationen gaben die Siegermächte des Zweiten Weltkrieges allerdings ebenfalls eine Erklärung zur Unantastbarkeit ihrer Rechte und Verantwortlichkeiten ab, die auch von den Ostverträgen und der KSZE-Schlußakte nicht tangiert wurden.

Die deutsche Frage wurde für die USA, Großbritannien und Frankreich zusehends zu einem randständigen Thema ihrer Außenpolitik. Die deutsch-deutschen Annäherungen wurden beobachtet und gegebenenfalls flankiert. Die Ausnahme bildeten Berlin-Fragen. Das Berlin-Abkommen konnte nicht ohne das Einverständnis der Alliierten abgeschlossen werden. Auch in den 80er Jahren stand die deutsche Frage, überlagert durch nukleare Aufrüstung und der Debatte um die Strategic Defense Initiative (SDI), zunächst nicht auf der politischen Agenda. Die Bundesrepublik blieb trotz der auch in der Öffentlichkeit heftig geführten nuklearen Nachrüstungsdebatte fest im westlichen Lager verankert.

Der Eindruck einer gemeinsamen Deutschlandpolitik der Westmächte seit 1949 ist insofern richtig, als es keine gravierenden Alleingänge gab. Dennoch besaßen alle drei Akteure durchaus unterscheidbare Interessen und Präferenzordnungen:

USA: Für die USA standen sicherheitspolitische Motive – maßgeblich beeinflußt durch die weltpolitische Lage, die eigene Weltmachtrolle und die Beziehungen zur Sowjetunion – im Zentrum ihrer deutschlandpolitischen Überlegungen. Die Gründung eines westdeutschen Staates und dessen Ausbau zu einem prosperierenden antikommunistischen Bollwerk an der Grenzlinie zwischen Ost und West machte die Bundesrepublik zu einem Eckpfeiler ihrer containment-Politik. Neue Rahmenbedingungen in den Ost-West-Beziehungen veränderten entsprechend auch die deutschlandpolitischen Parameter. So war es wichtig für die USA, daß die verbesserten innerdeutschen und deutsch-sowjetischen Beziehungen zu keiner Beeinträchtigung des diffizilen Verhältnisses zur Sowjetunion führten. Der Status quo der Teilung Europas und Deutschlands wurde zum Fundament der Supermacht-Beziehungen. Die Bundesrepublik sollte ihre Rolle als militärischer Partner und verläßliches NATO-Mitglied spielen, während die DDR primär nur als Mitglied des Warschauer Paktes wahrgenommen wurde.

1987 wurden die USA deutschlandpolitisch wieder aktiver, als Präsident Reagan am 12. Juni eine Berlin-Initiative mit Vorschlägen zur Zukunft der geteilten Stadt verkündete. Am 31. Mai 1989 stellte dann Präsident Bush der Vision Gorbatschows vom gemeinsamen Haus Europa den Gedanken eines ungeteilten und freien Europas entgegen. Er verortete die Beziehungen zur Sowjetunion jenseits des containment und beförderte – im Kontext einer angestrebten New World Order – die Bundesrepublik zum »Partner in der Führungsrolle«. Der Mauerfall kam auch für die USA überraschend. Die ersten Reaktionen fielen verhalten aus und waren von Unsicherheit geprägt, wie die Sowjetunion reagieren würde. Schon bald aber kristallisierten sich die USA als engster Verbündeter der Bundesrepublik bei deren Bemühungen zur Herstellung der deutschen Einheit heraus.

Großbritannien: Die britische Deutschlandpolitik ist primär vor dem Hintergrund traditioneller Sicherheitspolitik zu betrachten. Sie fußte auch auf der Kooperation mit der Bundesrepublik in der NATO. So waren ein Drittel der britischen Truppen, ein Großteil der konventionellen Waffen und 90 % der Logistik der Luftverteidigung auf deutschem Boden konzentriert. Die Verteidigung der Bundesrepublik war damit untrennbar mit der Verteidigung Großbritanniens verzahnt. Zwar stand die Schaffung einer westlich orientierten und wirtschaftlich intakten Bundesrepublik im Vordergrund der britischen Interessen, aber Großbritannien, das sich zudem von seinem Empire verabschieden und den unabwendbaren Dekolonialisierungsprozeß einleiten mußte, sah sich auch durch die wirtschaftlich stärker werdende Bundesrepublik zusehends seiner Rolle als Siegermacht des Zweiten Weltkrieges entkleidet. Die Bundesrepublik sollte daher nicht zusätzlich auch zum politischen Machtzentrum in Europa werden. Aus britischer Perspektive drohte dann die Aufhebung der europäischen Machtbalance.

Zwar suggeriert die stille Allianz als Merkmal der deutsch-britischen Beziehungen gut funktionierende Kommunikationskanäle zwischen Bonn und London, aber der Begriff blendet die Probleme und Ambivalenzen im bilateralen Miteinander aus. Jede Aussicht auf eine deutsche Vereinigung berührte unmittelbar die sicherheitspolitischen Konzepte der britischen Regierung. Daher war es wenig verwunderlich, daß Premierministerin Margaret Thatcher mit ihrem Enthusiasmus über den Fall der Mauer sparsam umging. Die Versuche zur Verhinderung oder Verlangsamung des deutschen Einigungsprozeßes wurden aber nur von einer Minderheit getragen und konnten letztlich keine dauerhafte Wirkung entfalten.

Frankreich: Für das in Jalta und Potsdam nicht beteiligte Frankreich war, geprägt durch ein historisch gewachsenes Deutschlandbild, der Aspekt der »Sicherheit vor Deutschland« stark ausgeprägt. Hinzu gesellte sich ein Paket tatsächlicher und vermeintlicher »deutscher Unsicherheiten«. Nachdem die französische Regierung ihre Obstruktionspolitik im alliierten Kontrollrat beendet hatte, war sie darauf bedacht, in alle deutschlandpolitischen Initiativen und Entscheidungen der Siegermächte eingebunden zu werden. Zum Kern französischer Deutschlandpolitik wurde die Maxime Kontrolle durch Integration. Das umfaßte die feste Einbindung der Bundesrepublik in Westeuropa und das Verhindern einer deutschen Neutralität. De Gaulle strebte eine Europäisierung der deutschen Frage an. Für ihn war das deutsche Problem das europäische Problem par excellence. Der deutsch-französische

Freundschaftsvertrag vom 22. Januar 1963 stellte auch die bilateralen Beziehungen völkerrechtlich auf ein solides Fundament.

Im Zuge der deutsch-deutschen und deutsch-sowjetischen Annäherung der 70er Jahre und im Kontext der Diskussion um den NATO-Doppelbeschluß drängte sich der französischen Regierung der Gedanke auf, die Bundesrepublik könne sich aus der westlichen Staatengemeinschaft herauslösen. Diese Furcht vor neutralistischen Tendenzen erwies sich aber letztlich als unbegründet. Dennoch war im französischen Sicherheitsdenken das Moment der Notwendigkeit des Erhalts des Status quo zur Verhinderung einer machtvergessenen und machtversessenen Bundesrepublik tief verwurzelt. Der deutschen Teilung wurde hinsichtlich der Aufrechterhaltung des strategischen Vorfeldes im Ost-West-Konflikt und des europäischen Gleichgewichts eine zentrale Bedeutung zuerkannt. 1979 hielt der damalige Oppositionsführer Mitterand eine deutsche Vereinigung weder für wünschenswert noch für möglich. Dabei spielte auch die Furcht vor einer ökonomischen Marginalisierung durch die Bundesrepublik eine Rolle.

Nach dem Mauerfall wurde im Elysée-Palast erneut befürchtet, Deutschland würde sich auf den von der Sowjetunion zunächst geforderten Handel »Vereinigung für Neutralität« einlassen. Auch die französische Politik vermittelte in den Wochen nach dem Mauerfall den Eindruck, den Prozeß der deutschen Vereinigung verhindern oder verlangsamen zu wollen. Aber letztlich unterstützte auch Frankreich – fest verankert im deutschlandpolitischen Denken de Gaulles, aber zunehmend den Blick für die neuen politischen Realitäten in Europa gerichtet – das deutsche Streben nach Einheit.

5. Schlußbemerkungen: Die deutsche Teilung basierte nicht auf rechtlichen Vereinbarungen der vier Mächte. Sie war vielmehr bereits in den divergierenden deutschlandpolitischen Denk- und Zielvorstellungen der drei Westmächte einerseits und der Sowjetunion andererseits angelegt, die ein gemeinsames alliiertes Konzept unmöglich machten. Sie war auch eine Konsequenz des beginnenden Ost-West-Konflikts, der nicht nur Deutschland, sondern ganz Europa spaltete. Daher besaß die Ausübung der alliierten Vorbehaltsrechte zwar auch eine rechtliche, vor allem aber eine politische Dimension.

Für die Vier Mächte waren die Ziele und Interessen im Ost-West-Konflikt handlungsleitend für ihre Deutschlandpolitik. Die Westmächte richteten ihre Politik an den drei Zielen der Einhegung der Bundesrepublik, ihrer Integration in die westliche Wertegemeinschaft und der Eindämmung der Sowjetunion aus. Für die Bundesrepublik bedeuteten die Rechte und Verantwortlichkeiten der Westmächte einerseits eine sich im Verlaufe der 40 Jahre relativierende, aber nie vollständig aufgehobene Einschränkung ihrer Souveränität. Andererseits besaßen sie auch eine entlastende Funktion. So haben sich die verschiedenen Bundesregierungen bei deutschlandpolitischen Problemen immer wieder den Westmächten anvertraut. Letztere setzten ihre deutschlandpolitischen Vorbehaltsrechte wiederum primär instrumentell ein. Dies geschah besonders dann, wenn die Politik der Bundesrepublik die Ost-West-Beziehungen tangierte und eine Koordinierung der Deutschlandpolitik mit den weltpolitischen Entwicklungen erforderlich schien. Ebenso wie der Kalte Krieg mit der politischen und ideologischen Teilung Europas und Deutschlands begann und nur mit der Aufhebung dieser Teilung beendet werden konnte, so waren auch die Rechte und Verantwortlichkeiten der Alliierten mit dem Ost-West-Konflikt verknüpft und endeten bezeichnenderweise mit ihm.

Der zentrale Faktor für das Ende des Ost-West-Konflikts war Gorbatschows neues Denken. Seine Politik war, obwohl sich die Geschehnisse nicht nach seinen Vorstellungen entwickelten, die entscheidende Kraft. Um die Sowjetunion in ein neues Europa zu integrieren, mußte er die Beziehungen zu allen europäischen Staaten auf ein neues Fundament stellen. Das damit auch Bewegung in die deutsche Frage kommen würde, war so von ihm nicht intendiert gewesen, letzlich jedoch unvermeidbar. Der Fall der Mauer rückte die deutsche Frage für die nächsten zehn dramatischen Monate urplötzlich wieder in das Zentrum des weltpolitischen Interesses. Die Rechte und Verantwortlichkeiten der Vier Mächte, die sich weitgehend auf den Status quo der deutschen und europäischen Teilung eingerichtet hatten, sollten beim Prozeß der Regelung der äußeren Aspekte der deutschen Einheit wieder eine herausragende Rolle spielen.

Lars C. Colschen

Anmerkungen:

1 So förderten die USA den Föderalismus und die Stellung der Exekutive, während die Briten eher den Zentralismus und die Entwicklung freier gesellschaftlicher Institutionen (Parteien, Gewerkschaften, Rundfunk und Printmedien) in den Vordergrund stellten.

2 Die sowjetische Führung schreckte davor zurück, freie gesamtdeutsche Wahlen zuzulassen. Eine Note der drei Westmächte vom September 1952, die sich mit der Organisation und Durchführung solcher Wahlen auseinandersetzte, blieb ohne sowjetische Antwort.

3 Mit einem 32-%-Anteil am gesamten Außenhandelsvolumen war die Sowjetunion der wichtigste Handelspartner der DDR. Innerhalb des RGW entfielen sogar 55 % des DDR-Handels auf die Sowjetunion.

Literatur:

Bruck, Elke/Peter M. Wagner (Hrsg.): Wege zum »2+4«-Vertrag. Die äußeren Aspekte der deutschen Einheit, München 1996. □ Friedrich, Wolfgang-Uwe (Hrsg): Die USA und die deutsche Einheit 1945–1990, Frankfurt a. M./NewYork 1991. □ Graml, Hermann: Die Besatzungspolitik der Alliierten in Deutschland 1945–1949, in: Westdeutschlands Weg zur Bundesrepublik 1945–1949. Beiträge von Mitarbeitern des Instituts für Zeitgeschichte, München 1976, S. 25–52. □ Haftendorn, Helga/Henning Riecke (Hrsg.): » . . . die volle Macht eines souveränen Staates«, Baden-Baden 1996. □ Korte, Karl-Rudolf: Die Chance genutzt? Die Politik zur Einheit Deutschlands, Frankfurt a. M. 1994. □ Wettig, Gerhard: Die Transformation vom Kalten Krieg zu den gegenwärtigen Herausforderungen, in: Außenpolitik, 2/1997, S. 107–116. □ Zelikow, Philip/Condoleezza Rice: Sternstunde der Demokratie. Die deutsche Einheit und das Ende der Spaltung Europas, Berlin 1997.

Deutschlands Rechtslage

→ Ausländer, Außenpolitik, Berlin, Bundesrepublik Deutschland: Geschichte, **Bundesverfassungsgericht,** Bundeswehr, Deutschlandpolitik der Bundesrepublik Deutschland, Deutschlandpolitik der DDR, Deutschlandpolitik der Vier Mächte, Deutschlandvertrag, Föderalismus, Frauen, **Grundgesetz**, Grundlagenvertrag, Mauer, Oder-Neiße-Linie, Ostverträge, **Rechtssystem**, Selbstbestimmungsrecht, Staatsangehörigkeit, Verträge zur deutschen Einheit, Vertriebene.

1. Grundelemente: Die Rechtslage Deutschlands wird seit den Ereignissen des Jahres 1990 im wesentlichen durch vier Elemente bestimmt. Es handelt sich dabei zunächst um die mit dem Beitritt der DDR erreichte Wiederherstellung der staatlichen Einheit Deutschlands, um die mit dem »Zwei-plus-Vier-Vertrag« erzielte abschließende Regelung in bezug auf Deutschland und damit um den Wegfall der Rechte und Verantwortlichkeiten der Vier Mächte und um die Festlegung der östlichen Grenze des gesamtdeutschen Staates, wie sie gleichfalls im Moskauer Vertrag, vor allem aber auch im deutsch-polnischen Grenzvertrag, vereinbart wurde. Die Gesamtlage wird schließlich nach Wegfall der nationalen Sondersituation immer stärker durch die Einordnung Deutschlands in die EU, die WEU, die NATO und in das noch um Stabilisierung bemühte System der OSZE sowie durch die gestiegenen Erwartungen an eine aktive Rolle Deutschlands in der Völkerrechtsgemeinschaft (VN) geprägt.

2. Die Vereinigung Deutschlands: Die am 18. März 1990 erste freigewählte Volkskammer der DDR hat am 23. August 1990 mit 294 gegen 62 Stimmen bei 7 Enthaltungen »den Beitritt der Deutschen Demokratischen Republik zum Geltungsbereich des Grundgesetzes der Bundesrepublik Deutschland gemäß Art. 23 des Grundgesetzes mit Wirkung vom 3. Oktober 1990« erklärt. Die genannte Grundgesetzvorschrift gab der DDR als einem Teil Deutschlands, in dem das Grundgesetz noch nicht galt, das Recht zum Beitritt, soweit es sich nur, was der Fall war, um eine freiwillige, demokratisch legitimierte Entscheidung handelte. Da der Beitritt die Anerkennung des Grundgesetzes als gemeinsame Verfassung bedeutet hat, beseitigte er das Legitimationsdefizit, das dem Grundgesetz, an dem nicht das ganze deutsche Volk hatte mitwirken können, als einer gesamtdeutschen Verfassung bislang im Wege stand.[1] Mit Beginn des 3. Oktober 1990 trat das Grundgesetz in den neuen Bundesländern und im Ostteil Berlins in Kraft; zum gleichen Zeitpunkt ist die DDR als Staat und Völkerrechtssubjekt erloschen.

Die Wiederherstellung der staatlichen Einheit ist im innerdeutschen Verhältnis durch den Vertrag über die Schaffung einer Währungs –, Wirtschafts- und Sozialunion zwischen der Bundesrepublik Deutschland und der DDR vom 18. Mai 1990, den Vertrag zur Vorbereitung und Durchführung der ersten gesamtdeutschen Wahl des Deutschen Bundestages vom 3. August 1990 samt Änderungsvertrag vom 20. August 1990 sowie durch den Vertrag über die Herstellung der Einheit Deutschlands (Einigungsvertrag) vom 31. August 1990 sowie einer ergänzenden Vereinbarung vom 18. September 1990 vorbereitet worden.

Der durch den Beitritt erfolgte Untergang der DDR auf der staats- und völkerrechtlichen Ebene einerseits, die Erstreckung des Grundgesetzes auf die im Gebiet der ehemaligen DDR entstandenen Länder andererseits bestätigt die These, daß der deutsche Gesamtstaat durch die Ereignisse seit 1945 nicht untergegangen und es der kommunistischen Führung der DDR nicht gelungen ist, dieses Gebiet aus dem fortbestehenden Gesamtstaat durch Sezession herauszulösen.[2] Verhindert wurde eine solche Entwicklung vor allem durch die Klammerwirkung der sich auf Deutschland als Ganzes erstreckenden Rechte und Verantwortlichkeiten der Vier Mächte (USA, Sowjetunion, Großbritannien, Frankreich) und durch das Selbstbestimmungsrecht der Völker, dessen Mißachtung nach dem heutigen Völkerrecht sowohl dem Tatbestand des Staatsuntergangs als auch der Anerkennung der rechtlichen Abspaltung entgegengestanden hat.[3] Nicht nur die Vier Mächte haben bis zum 3. Oktober 1990 an ihren Rechten festgehalten, auch im innerdeutschen Verhältnis ist von der Bundesregierung hierauf wie auf das Selbstbestimmungsrecht immer wieder aufmerksam gemacht worden. Demgemäß hat die Bundesrepublik auch gegenüber der DDR ohne Völkerrechtsverletzung an der gesamtdeutschen Staatsangehörigkeit festhalten können.[4]

Die verfassungsrechtliche Grundlage für die Deutschlandpolitik der Bundesrepublik Deutschland gab das in der Präambel des Grundgesetzes enthaltene Wiedervereinigungsgebot. Ihm hat das Bundesverfassungsgericht in ständiger Rechtsprechung die Rechtspflicht aller Staatsorgane entnommen, die nationale und staatliche Einheit, soweit sie noch bestand (z. B. gemeinsame Staatsangehörigkeit) zu wahren und – in Überwindung der faktischen Spaltung – wiederherzustellen (BVerfGE 5, 85 [127 f.]; 36, 1 [17 f.]; 77, 137 [149]). Das Wiedervereinigungsgebot erwies sich als die verfassungsrechtliche Seite des völkerrechtlichen Selbstbestimmungsrechts. Die Bundesrepublik Deutschland war somit verpflichtet, alle Voraussetzungen zu erhalten, die einen freien Selbstbestimmungsakt des deutschen Volkes ermöglichen konnten, also z. B. die Einheit des deutschen Volkes als des Trägers des Selbstbestimmungsrechtes zukunftsgerichtet zu bewahren und auf keinen Rechtstitel zu verzichten, auf den die Forderung nach Selbstbestimmung gestützt werden konnte. Die Entscheidung, am gemeinsamen Staat festzuhalten, ist von den Deutschen in der Bundesrepublik Deutschland durch das Angebot des Art. 23 GG einerseits, durch seine Annahme durch die Deutschen in der DDR andererseits getroffen worden. Mit dem Wirksamwerden des Beitritts am 3. Oktober 1990 ist das Wiedervereinigungsgebot als erfüllt angesehen und zusammen mit Art. 23 aus dem Grundgesetz gestrichen worden. Art. 146, der neben Art. 23 einen anderen Weg zur Wiederherstellung der staatlichen Einheit durch Schaffung einer neuen Verfassung vorsah, hatte nach dem Beitritt der DDR seine Funktion verloren[5]; in geänderter Fassung eröffnet er gleichwohl die Möglichkeit zur Verfassungsrevision.

Mit der staatlichen Einheit konnte prinzipiell auch die Rechtseinheit wiederhergestellt werden. Ihre übergangslose Herbeiführung ließ sich jedoch nicht für alle Bereiche realisieren. Der Einigungsvertrag regelt diese Fragen im Detail.

3. Die Wiedererlangung der vollen Souveränität: Die Siegerrechte, die die Vier Mächte aus der bedingungslosen militärischen Kapitulation und dem politischen Zusammenbruch Deutschlands im Jahr 1945 in Anspruch genommen haben, haben die Rechtslage bis zum Vollzug der Einigung maßgeblich mitbestimmt.[6] Ihre prononcierteste Ausprägung haben die Siegerrechte in der Erklärung der Vier Mächte vom 5. Juni 1945 erfahren, in der die Mächte unter Übernahme der obersten Regierungsgewalt in Deutschland unter anderem ihr Recht proklamierten, »die Grenzen Deutschlands oder irgendeines Teiles Deutschlands und die rechtliche Stellung Deutschlands oder irgendeines Gebietes, das gegenwärtig einen Teil deutschen Gebietes bildet«, festzulegen und »in jedem beliebigen Teil oder in allen Teilen Deutschlands« Streitkräfte und zivile Dienststellen zu stationieren.

Das Wiederaufleben eigener deutscher Staatsgewalt in den Besatzungszonen mußte stufenweise zur Ablösung des allgemeinen Besatzungsregimes führen, das im Lauf der Zeit zunehmend gelockert worden war. Schließlich gab die Regierung der Sowjetunion am 25. März 1954 eine Erklärung über die Gewährung der Souveränität an die DDR ab, die Westmächte hoben das Besatzungsstatut für das Gebiet der Bundesrepublik Deutschland am 5. Mai 1955 auf; damit erhielt die Bundesrepublik »die volle Macht eines souveränen Staates über ihre inneren und äußeren Angelegenheiten« (Art. 1 Abs. 2 Deutschlandvertrag).

Ungeachtet dessen war die Souveränität beider deutscher Staaten durch die fortbestehenden Vorbehalte der Vier Mächte hinsichtlich ihrer Rechte und Verantwortlichkeiten in bezug auf Deutschland als Ganzes und Berlin eingeschränkt. Diese Vorbehalte sind im Deutschlandvertrag (Art. 2) offen, in der Proklamation der Sowjetunion und in dem Moskauer Vertrag über die Beziehungen zwischen der DDR und der Sowjetunion von 1955 eher versteckt (unter Hinweis auf die Verpflichtungen, die DDR und Sowjetunion gemäß den internationalen Abkommen, die Deutschland als Ganzes betreffen, haben) ausgesprochen worden und der Sache nach – auch in den nachfolgenden Verträgen zwischen DDR und Sowjetunion – von den Alliierten stets aufrechterhalten worden. Dies belegen mit voller Deutlichkeit vor allem die Maßnahmen, die die Vier Mächte im Hinblick auf Berlin immer wieder ergriffen haben, gipfelnd in dem Vier-Mächte-Abkommen vom 3. September 1971, an dem die beiden deutschen Staaten selbst nicht unmittelbar beteiligt waren. Nach Auffassung der Westalliierten galt das Besatzungsregime für ganz Berlin (Groß-Berlin) fort und stand der Eingliederung der Sektoren sowohl in die Bundesrepublik Deutschland als auch in die DDR entgegen. Die Sowjetunion versuchte freilich zusammen mit der DDR, den Besatzungsstatus auf Westberlin zu beschränken. Auch die Inanspruchnahme ihrer Rechte und Verantwortlichkeiten in bezug auf Deutschland als Ganzes haben die Alliierten vielfach zum Ausdruck gebracht, nicht nur in den Deutschland-Konferenzen der 50er Jahre, sondern etwa auch durch den Notenwechsel bei Abschluß des Grundlagenvertrages zwischen der Bundesrepublik Deutschland und der DDR von 1972 und durch die Erklärung der Vier Mächte zum Beitritt der beiden deutschen Staaten zu den Vereinten Nationen im folgenden Jahr.

Vorbehalten hatten sich die Mächte auch das Recht zur Truppenstationierung in Deutschland; gegenüber der Bundesrepublik Deutschland ist dies durch die Westmächte in Art. 4 Deutschlandvertrag geschehen. Aufgrund dieser Regelung waren auch 60 sowjetische Militärpersonen als Verbindungsmission bei den Oberbefehlshabern der Westmächte im Bundesgebiet stationiert. Der DDR hatte die Sowjetunion im Stationierungsabkommen von 1957 nur ein Konsultationsrecht, nicht aber ein Mitspracherecht eingeräumt. Zuletzt befanden sich ca. 350 000 sowjetische Militärangehörige in der DDR; zusätzlich waren 60 Personen der militärischen Verbindungsmissionen der Westmächte beim sowjetischen Oberbefehlshaber stationiert.

Vor allem aber haben die Vier Mächte ihre Rechte im Prozeß der deutschen Einigung unübersehbar in Anspruch genommen, sich dabei allerdings, unter dem Aspekt des Selbstbestimmungsrechts, auf die Mitwirkung bei der Regelung der äußeren Aspekte der deutschen Einheit beschränkt. Ergebnis der Verhandlungen der beiden deutschen Staaten mit den Vier Mächten war der »Zwei-plus-Vier-Vertrag« vom 12. September 1990 über die abschließende Regelung in bezug auf Deutschland[7], mit dem die Vier Mächte ihre Rechte und Verantwortlichkeiten in bezug auf Berlin und Deutschland als Ganzes beendet haben; die damit zusammenhängenden vierseitigen Vereinbarungen, Beschlüsse und Praktiken werden beendet und die entsprechenden Einrichtungen der Vier Mächte aufgelöst. Dabei handelt es sich z. B. um das Potsdamer Abkommen und das Berlin-Abkommen von 1971, aber auch um die alliierte Luftsicherheitszentrale und die militärischen Verbindungsmissionen. »Das vereinte Deutschland hat demgemäß volle Souveränität über seine inneren und äußeren Angelegenheiten« (Art. 7 Abs. 2).

Da der Vertrag der Ratifikation durch das vereinte Deutschland und die Vier Mächte bedurfte und erst bei Hinterlegung der letzten Ratifikationsurkunde am 15. März 1991 in Kraft getreten ist, haben die Vier Mächte ihre Rechte und Verantwortlichkeiten bis zu diesem Zeitpunkt durch eine am 3. Oktober 1990 wirksam gewordene Erklärung ausgesetzt. Demgemäß wurde auch der Deutschlandvertrag von 1954 durch einen Notenwechsel zwischen den drei Westmächten und der Bundesrepublik Deutschland suspendiert. Faktisch bestand die volle Souveränität der Bundesrepublik Deutschland, wie auch das vereinte Deutschland heißt, daher bereits seit dem 3. Oktober 1990.

Zur Souveränität eines Staates gehört die freie Entscheidung über seine Bündniszugehörigkeit. Dieses Recht wird im »Zwei-plus-Vier«-Vertrag ausdrücklich bestätigt (Art. 6). Die fortdauernde Zugehörigkeit der Bundesrepublik Deutschland zu NATO und WEU wurde damit außer Zweifel gestellt. Die DDR hatte schon vor der Vereinigung den Warschauer Pakt verlassen.

Die veränderte Lage führte zur Notwendigkeit, neue Rechtsgrundlagen für die vorübergehende Anwesenheit (bis längstens 1994) sowjetischer Truppen auf dem Gebiet der ehemaligen DDR und der Vier Mächte in Berlin zu schaffen. Zugleich mußten Vereinbarungen mit den NATO-Partnern, die in der Bundesrepublik Streitkräfte stationiert hatten, getroffen werden, um gemäß dem Moskauer Vertrag klarzustellen, daß auf dem Gebiet der ehemaligen DDR keine ausländischen Truppen stationiert werden. Nach dem 3. Oktober 1990 sind alle ausländischen Streitkräfte Gäste auf deutschem Boden, die nur die von der Bundesrepublik Deutschland freiwillig vertraglich gewährten Rechte in Anspruch nehmen können. Dies galt auch für die zunächst noch in Berlin verbliebenen Streitkräfte. Auf Wunsch der Bundesregierung sind Streitkräfte der Westmächte so lange im Westteil der Stadt verblieben, als sich noch sowjetische Truppen auf dem Gebiet der ehemaligen DDR aufhielten. Der vollständige Abzug der sowjetischen (russischen) Truppen ist 1994 planmäßig abgeschlossen worden.

Das vereinte Deutschland verpflichtet sich im Moskauer Vertrag seinerseits dazu, seine Waffen nur in Übereinstimmung mit seiner Verfassung und der Charta der Vereinten Nationen einzusetzen. Der ABC-Waffen-Verzicht wird bekräftigt, die Personalstärke der Bundeswehr war bis 1994 auf 370 000 Mann zu reduzieren (Art. 2 und 3 Moskauer Vertrag); inzwischen ist eine weitere – freiwillige – Verminderung erfolgt.

Die völkerrechtlichen Verträge der Bundesrepublik Deutschland, einschließlich ihrer Mitgliedschaften in internationalen Organisationen, erstrecken sich auch auf die neuen Bundesländer. Dies gilt insbesondere für die Verträge zur Gründung der Europäischen Gemeinschaften, aber auch für das von den EG-Organen erlassene Sekundärrecht, soweit keine Ausnahmeregelungen gelten (Art. 10, 11 Einigungsvertrag). Die völkerrechtlichen Verträge der DDR werden unter dem Aspekt des Vertrauensschutzes, der Interessenlage der Beteiligten und der vertraglichen Verpflichtungen der Bundesrepublik Deutschland sowie nach den Prinzipien einer freiheitlichen demokratischen Grundordnung mit den Vertragspartnern der ehemaligen DDR erörtert, um ihre Fortgeltung, Anpassung oder ihr Erlöschen zu regeln oder festzustellen.[8]

4. Grenzfrage: Neben der Bündnisfrage war der territoriale Umfang des vereinten Deutschland der wichtigste Punkt, der zu den äußeren Aspekten der deutschen Frage zählte und dessen Entscheidung daher der Mitwirkung der Vier Mächte bedurfte. Problematisch war dabei nur die Ostgrenze, also der Status der Gebiete östlich von Oder und Neiße, die zum Gebiet des Deutschen Reiches in den Grenzen vom 31. Dezember 1937 gehörten.

Dieses Datum ist alliierter Herkunft; es entstammt dem Londoner Protokoll über die Besatzungszonen in Deutschland und die Verwaltung von Groß-Berlin vom 12. September 1944 und ist auch in den Ergänzungsvereinbarungen der Jahre 1944 und 1945 wiederaufgegriffen worden. Das gesamte Gebiet war für die Besetzung vorgesehen. Demgegenüber wurden territoriale Erwerbungen Deutschlands seit dem 1. Januar 1938 (z. B. Österreich, Sudetengebiet, Memelgebiet, Danzig) als nichtig oder als jedenfalls inzwischen nicht mehr gültig angesehen. Da auch das Grundgesetz nur an den Gebietsstand der Weimarer Republik anknüpfen wollte, ist von keiner staatlichen Seite nach 1945 ein über die Grenzen von 1937 hinausgehender Gebietsbestand für Deutschland reklamiert worden.[9] Auf der Potsdamer Konferenz sind die Oder-Neiße-Gebiete dann jedoch nicht wie vorgesehen Bestandteil der sowjetischen Besatzungszone geworden, sondern wurden unter polnische bzw. sowjetische Verwaltung gestellt. Die Sowjetunion und Polen sahen in dieser Unterstellung immer eine endgültige, allenfalls im Detail korrigierbare territoriale Zuweisung durch die für Deutschland handlungsbefugten Mächte. Ob eine derartige Adjudikation völkerrechtlich zulässig ist, ist an sich bereits zweifelhaft. Vor allem aber ergibt sie sich aus den Potsdamer Beschlüssen nicht; es wird zwar dort die Oder-Neiße-Gebiete betreffend von den »früheren deutschen Gebieten« gesprochen, auf der anderen Seite aber die endgültige Grenzziehung von einer Friedensregelung abhängig gemacht. Der Sowjetunion haben allerdings darüber hinaus der amerikanische Präsident und der britische Premier zugesagt, daß sie eine den sowjetischen Verwaltungsgrenzen entsprechende endgültige Grenzziehung im nördlichen Ostpreußen bei der bevorstehenden Friedensregelung unterstützen werden. Auf Polen bezogene Zusagen fehlen.

Auch durch die nachfolgenden Ereignisse (Vertreibung, Polonisierung bzw. Sowjetisierung der Gebiete) fand ein Souveränitätswechsel nicht statt. Insbesondere ist auch der Tatbestand der Ersitzung nicht gegeben, da die Westmächte und die Bundesrepublik Deutschland die endgültige Ausgliederung aus Deutschland nicht anerkannten.[10] Die DDR freilich hat im Görlitzer Vertrag mit Polen vom 6. Juli 1950 die Oder-Neiße-Linie ohne weiteres als »Staatsgrenze zwischen Deutschland und Polen« bezeichnet. Sie hat dabei übersehen, daß ihr wegen der Vier-Mächte-Rechte keine Verfügungsrechte über deutsches Gebiet zustanden. Im Warschauer Vertrag vom 7. Dezember 1970 zwischen der Bundesrepublik Deutschland und Polen wurde zwar gleichfalls festgestellt, daß die bestehende Grenzlinie »die westliche Staatsgrenze der Volksrepublik Polen bildet« (Art. I), doch enthält Art. IV des Vertrages die entscheidende Relativierung durch die Inbezugnahme der alliierten Vereinbarungen über Deutschland und damit auch des Friedensvertragsvorbehalts. Art. 4 des Moskauer Vertrags vom 12. August 1970 hat einen entsprechenden Inhalt. Die Zustimmung der Westalliierten zu den Vertragsabschlüssen hat deutlich gemacht, daß sie ihre Rechte in bezug auf Deutschland als Ganzes auch auf die Oder-Neiße-Gebiete erstrecken, soweit es um die endgültige territoriale Ordnung geht. Die Bundesrepublik Deutschland wollte nicht, konnte aber auch gar nicht die fraglichen Gebiete aus der Souveränität des deutschen Gesamtstaates entlassen. Sie hat aber für sich – bis zu einer endgültigen Regelung – anerkannt, daß polnische bzw. sowjetische Gebietshoheit (nicht: territoriale Souveränität) in diesem Gebiet rechtmäßig und von ihr unbestritten ausgeübt wird.

Der Wiedervereinigungsprozeß hat nun auch in dieser Frage eine Klärung gebracht. Nach Art. 1 »Zwei-plus-Vier«-Vertrag werden die Außengrenzen des vereinten Deutschland »die Grenzen der Deutschen Demokratischen Republik und der Bundesrepublik Deutschland sein und werden am Tag des Inkrafttretens dieses Vertrags endgültig sein«. Im Hinblick auf Polen, das nicht Partner des »Zwei-plus-Vier«-Vertrages war, mußte die zwischen ihm und Deutschland bestehende Grenze in einem völkerrechtlich verbindlichen Vertrag bestätigt werden. Dies ist in dem am 14. November 1990 abgeschlossenen Grenzbestätigungsvertrag geschehen; der Verlauf der Grenze wird durch Inbezugnahme des Görlitzer Abkommens von 1950 und den zu seiner Durchführung und Ergänzung geschlossenen Vereinbarungen (Akt vom 27. Januar 1957 über die Ausführung der Markierung der Staatsgrenze zwischen Deutschland und Polen; Vertrag vom 22. Mai 1989 zwischen der DDR und Polen über die Abgrenzung der Seegebiete in der Oderbucht) sowie des Warschauer Vertrages von 1970 zwischen der Bundesrepublik Deutschland und Polen bestimmt.

Auch wenn der Vertrag die zwischen den Vertragsparteien bestehende Grenze nur »bestätigt«, muß darin doch der bisher fehlende konstitutive Akt, der die neue territoriale Souveränität begründet, gesehen werden. Entsprechendes geschieht bezüglich des nördlichen Ostpreußen (Königsberg und umliegendes Gebiet) im »Zwei-plus-Vier«-Vertrag gegenüber der Sowjetunion. Der mit der Vereinigung beider deutscher Staaten wiederentstandene gesamtdeutsche Souverän ist – anders als je einzeln oder zusammen es Bundesrepublik Deutschland und DDR waren – berechtigt, auch über deutsches Territorium zu verfügen. Auch die Vier Mächte haben als Vertragsparteien des Moskauer Vertrags an der territorialen Neuordnung unmittelbar mitgewirkt. Möglicherweise entgegenstehende verfassungsrechtliche Einwände sind mit der am 3. Oktober 1990 wirksam gewordenen Aufhebung von Wiedervereinigungsgebot und Beitrittsmöglichkeit gemäß Art. 23 GG beseitigt worden.[11]

Die Territorialfrage ist sowohl im Verhältnis zur Sowjetunion als auch im Verhältnis zu Polen in einen weiteren Zusammenhang eingeordnet. Dazu gehört nicht nur die multilaterale Dimension der OSZE, sondern auch die Absicht, die Qualität der bilateralen Beziehungen insgesamt auf eine neue Stufe zu heben. Mit der Sowjetunion (9. November 1990) und Polen (17. Juni 1991) wurden deshalb Verträge über gute Nachbarschaft und Zusammenarbeit abgeschlossen (der Vertrag wird von Rußland und den anderen Nachfolgerepubliken fortgeführt). Im Vertrag mit Polen finden sich wichtige Vorschriften zum Schutz der deutschen Minderheit.

Auch im Verhältnis zu anderen osteuropäischen Staaten gibt es keine territorialen Probleme. Gleichwohl belasten Ereignisse aus der Zeit der deutschen Besetzung (Entrechtung und Verfolgung) und aus der Nachkriegszeit (Vertreibung, Konfiskation deutschen Eigentums) nach wie vor die Beziehungen. Es ist schwerlich denkbar, daß ohne Aufarbeitung dieser Fragen ein gedeihliches Zusammenleben in einer auf Erweiterung bedachten EU möglich ist.

5. Integrations- und verfassungsrechtliche Rückwirkungen: Die fundamentale Änderung der Rechtslage Deutschlands hat starke Impulse auf den europäischen Einigungsprozeß und die innerstaatliche Verfassungsreformdiskussion ausgelöst. Zu Recht oder zu Unrecht bestehende deutsche und ausländische Besorgnisse über ein politisch erstarktes Deutschland haben die Integrationsdiskussion erheblich beschleunigt und bereits am 7. Februar 1992 zum Abschluß des Maastrichter Vertrags über die Europäische Union geführt, der am 1. November 1993 in Kraft trat. Mit der parlamentarischen Zustimmung wurden Grundgesetzänderungen (Art. 23, 24) verbunden, die nunmehr sowohl den Bundestag als auch die Bundesländer über den Bundesrat verstärkt in den integrationspolitischen Entscheidungsprozeß der Bundesrepublik Deutschland einbeziehen, andererseits aber die Handlungsmöglichkeiten der Bundesregierung in nicht unbedenklicher Weise beschneiden.

Die Staats- und Regierungschefs der EU haben am 2. Mai 1998 dem Übergang in die dritte Stufe der Wirtschafts- und Währungsunion zugestimmt; am 1. Januar 1999 wurde der Euro als europäische Währung eingeführt, löste in elf von 15 Mitgliedstaaten der EU – auch in Deutschland – die nationale Währung ab und wird ab dem 1. Januar 2002 alleiniges Zahlungsmittel sein. Die Aufnahme von Beitrittsverhandlungen mit insgesamt zehn Staaten Osteuropas und mit Zypern wurde im Dezember 1997 beschlossen, mit Zypern und mit fünf osteuropäischen Staaten (Polen, Ungarn, Tschechische Republik, Estland und Slowenien) wurden im März 1998 Beitrittsverhandlungen aufgenommen; die Beitrittsverhandlungen mit den weiteren fünf Staaten (Slowakische Republik, Rumänien, Bulgarien, Lettland und Litauen) werden in drei bis vier Jahren beginnen. In den Prozeß der Beitrittsvorbereitungen sind ebenfalls Malta und die Türkei aufgenommen; ein Beschluß, mit diesen Staaten Beitrittsverhandlungen aufzunehmen, wurde jedoch noch nicht gefaßt.

Die mit der Wirtschafts- und Währungsunion verbundene Vertiefung der wirtschaftlichen, politischen und sozialen Integration und die gleichzeitig anvisierte Erweiterung der EU um elf Mitgliedstaaten stellt den Integrationsgedanken vor entscheidende Herausforderungen und Belastungsproben. Ihnen soll durch Stärkung und Straffung der institutionellen Strukturen der EU Rechnung getragen werden. Die zu diesem Zweck im März 1996 in Turin eröffnete Konferenz der EU-Mitgliedstaaten (»Maastricht II«) hat dieses Ziel freilich nicht erreicht. Der Vertrag von Amsterdam vom 2. Oktober 1997 hat keine grundlegenden strukturellen Änderungen gebracht. Die Verringerung der Zahl der Kommissionsmitglieder und die Änderung der Stimmgewichtung im Rat wurde auf eine spätere Regierungskonferenz verschoben. Allerdings wurden die Verfahren, in denen der Rat mit qualifizierter Mehrheit entscheidet, ausgeweitet und in den EU-Vertrag ein Abschnitt eingefügt, der einzelnen Mitgliedstaaten ermöglicht, eine engere Zusammenarbeit zu begründen. Es bleibt abzuwarten, wie die EU mit der internen Belastungsprobe, die die angestrebte Erweiterung mit sich bringt, umgehen wird.

Ungeachtet dieser Schwierigkeiten ist für die Charakterisierung der Rechtslage Deutschlands der starke Einfluß des Europäischen Gemeinschaftsrechts auf das deutsche Recht hervorzuheben, den dieses natürlich mit allen anderen mitgliedstaatlichen Rechtsordnungen teilt. Es findet hier eine präzedenzlose Verschränkung von Rechtsebenen statt, über die in Deutschland der Europäische Gerichtshof und das Bundesverfassungsgericht in einem noch nicht ganz ausgeloteten »Kooperationsverhältnis« wachen. Es ist offenbar, daß diese Entwicklungen Rückwirkungen auf die rechtlichen und faktischen Handlungsmöglichkeiten der Mitgliedstaaten haben, ohne daß der neue Rechtszustand bisher in eine wirklich befriedigende Formel gefaßt worden wäre. Das Bundesverfassungsgericht hat jedenfalls wie schon bisher der Integrationspolitik nur maßvolle Grenzen gewiesen.[12]

Mit einer wichtigen Entscheidung hat das Bundesverfassungsgericht die Blokkade der politischen Entscheidung über den Einsatz deutscher Streitkräfte jenseits des engen Verteidigungsbereichs, etwa zur Mitwirkung an den friedenserhaltenden Aktionen der Vereinten Nationen, aufgelöst.[13] Der hierdurch zugunsten einer internationalen friedlichen Entwicklung gewonnene Spielraum ist bisher durch Einsätze in Somalia und auf dem Gebiet des ehemaligen Jugoslawiens genutzt worden. Es ist offenkundig, daß die meisten Staaten ein starkes deutsches Engagement erwarten.

6. Resümee: Mit der Herstellung der staatlichen Einheit und dem damit verbundenen Wegfall der Vier-Mächte-Rechte ist Deutschland ein voll souveräner Staat geworden. Die Beendigung der Spaltung Deutschlands hat auch die Spaltung Europas beseitigt. Zugehörig der Gemeinschaft demokratischer Rechtsstaaten und eingeordnet in die Europäische Union kann die Bundesrepublik Deutschland ihre Rolle als politisch und wirtschaftlich bedeutender Staat verantwortungsvoll wahrnehmen. Es bleibt die wichtige Aufgabe, auch die Gestaltung der »inneren Einheit« weiterzuführen. Der – viel zu späte – Umzug von Parlament und Regierung nach Berlin dürfte mithelfen, die Problematik schärfer zu erkennen.

Eckart Klein

Anmerkungen:

1 E. Klein: An der Schwelle zur Wiedervereinigung Deutschlands, in: Neue Juristische Wochenschrift, 17/1990, S. 1065–1073, hier S. 1069.

2 Vgl. G. Ress: Die Rechtslage Deutschlands nach dem Grundlagenvertrag vom 21. 12. 1972, Berlin u. a. 1978, S. 216 ff.; vgl. auch J. Hacker: Der Rechtsstatus Deutschlands aus der Sicht der DDR, Köln 1974.

3 E. Klein: Das Selbstbestimmungsrecht der Völker und die deutsche Frage, Berlin 1990, S. 44 ff.

4 Vgl. einerseits H. v. Mangoldt/A. N. Makarov: Deutsches Staatsangehörigkeitsrecht, Kommentar, Frankfurt a. M., Stand 1987, Einleitung V.; andererseits G. Riege: Die Staatsbürgerschaft der DDR, Berlin 1986, S. 184 ff.

5 J. Isensee: Staatseinheit und Verfassungskontinuität, in: J. A. Frowein u. a.: Deutschlands aktuelle Verfassungslage, Berlin/New York 1990, S. 39–69, hier S. 51 ff.

6 Vgl. G. Zieger: Vier-Mächte-Verantwortung für Deutschland als Ganzes als Grundlage der staatlichen Einheit Deutschlands und Basis seiner Reorganisation, Berlin 1990; dazu D. Rauschning: Beendigung der Nachkriegszeit mit dem Vertrag über die abschließende Regelung in bezug auf Deutschland, in: Deutsches Verwaltungsblatt, 23/1990, S. 1275 ff. Der Vertrag trat am 15. 3. 1991 in Kraft, BGBl. 1991 II, S. 587.

7 Dazu D. Rauschning, a. a. O.

8 J. A. Frowein: Die Verfassungslage Deutschlands im Rahmen des Völkerrechts, in: ders. u. a.: Deutschlands aktuelle Verfassungslage, Berlin/New York 1990, S. 7–38, hier S. 25 ff.; E. Klein, a. a. O., S. 1072 f.

9 J. A. Frowein: Die Rechtslage Deutschlands und der Status Berlins, in: E. Benda/W. Maihofer/H. J. Vogel (Hrsg.): Handbuch des Verfassungsrechts der Bundesrepublik Deutschland, Berlin/New York 1983, S. 29–58, hier S. 35; B. Zündorf: Die Ostverträge, München 1979, S. 99 ff.

10 Vgl. S. Krülle: Die völkerrechtlichen Aspekte des Oder-Neiße-Problems, Berlin 1970, S. 210 ff.; D. Blumenwitz: »ex factis ius oritur – ex factis ius non oritur«. Zur Frage der Ersitzung der deutschen Ostgebiete durch die UdSSR und Polen, in: Ders./B. Meissner (Hrsg.): Staatliche und nationale Einheit Deutschlands – ihre Effektivität, Köln 1984, S. 13 ff.

11 Vgl. E. Klein: Die territoriale Reichweite des Wiedervereinigungsgebots, Bonn (2. Aufl.) 1984.

12 BVerfGE 89, 155 (Urt. v. 12. 10. 1993 – Maastricht –); BVerfG, in: Europäische Grundrechte-Zeitschrift, 1998, S. 164 (Beschl. v. 31. 3. 1998 – Euro).

13 BVerfGE 90, 236 (Urt. v. 12. 7. 1994).

Literatur:

BLUMENWITZ, DIETER: Die Überwindung der deutschen Teilung und die Vier Mächte. Berlin 1990. □ DERS.: Staatennachfolge und die Einigung Deutschlands, Teil I: Völkerrechtliche Verträge, Berlin 1992. □ BRAND, CHRISTOF-MATTHIAS: Souveränität für Deutschland, Köln 1993. □ FROWEIN, JOCHEN A. U. A.: Deutschlands aktuelle Verfasungslage, Berlin/New York 1990. □ GORNIG, GILBERT: Staatennachfolge und die Einigung Deutschlands, Teil II: Staatsvermögen und Staatsschulden, Belin 1992. □ ISENSEE, JOSEF/PAUL KIRCHHOF (Hrsg.): Handbuch des Staatsrechts der Bundesrepublik Deutschland, Bd. 1. Heidelberg 1987, S. 321–349. □ KLEIN, ECKART: Das Selbstbestimmungsrecht der Völker und die deutsche Frage, Berlin 1990. □ DERS./KARL ECKART (Hrsg.): Deutschland in der Weltordnung 1945–1995, Berlin 1996. □ RAUSCHNING, DIETRICH (Hrsg.): Rechtsstellung Deutschlands. Völkerrechtliche Verträge und andere rechtsgestaltende Akte, Nördlingen 1985. □ RESS, GEORG: Die Rechtslage Deutschlands nach dem Grundlagenvertrag vom 21.12.1972, Berlin/Heidelberg/New York 1978. □ SCHRÖDER, DIETER (Hrsg.): Das geltende Besatzungsrecht, Baden-Baden 1990. □ ZIEGER, GOTTFRIED (Hrsg.): Fünf Jahre Grundvertragsurteil des Bundesverfassungsgerichts, Köln u. a. 1979. □ ZÜNDORF, BENNO: Die Ostverträge. München 1979.

Deutschlandvertrag

→ Berlin, Deutschlandpolitik der Bundesrepublik Deutschland, **Deutschlandpolitik der Vier Mächte**, Deutschlands Rechtslage, Grundlagenvertrag, **Verträge zur deutschen Einheit.**

1. Name, Inhalt und Entstehung des Vertragswerks: Der am 26. Mai 1952 in Bonn und am 23. Oktober 1954 in einer revidierten Fassung in Paris unterzeichnete Deutschlandvertrag war bis 1989 noch ein rechtsgültiges Teilstück der deutschen und europäischen Verfassungsarchitektur. Diese wurde mit der Herstellung der deutschen Einheit durch den Einigungsvertrag vom 31. August 1990 und den »Zwei-plus-Vier«-Vertrag vom 12. September 1990 abgebaut. In Art. 7 des letzteren erklärten die vier früheren Besatzungsmächte ihre 1945 proklamierten »Rechte und Verantwortlichkeiten in bezug auf Deutschland« für beendet. Soweit das die Rechtsposition der drei Westmächte betraf, war der Deutschlandvertrag damit obsolet geworden. In einer durch Notenwechsel vom 27./28. September 1990 getroffenen Vereinbarung wurde klargestellt, daß er mit der Ratifikation des »Zwei-plus-Vier«-Vertrags außer Kraft getreten ist. Damit hatte sich der Deutschlandvertrag in ein Kapitel deutscher Nachkriegsgeschichte verwandelt – ein Kapitel allerdings, das insoweit immer noch aktuell geblieben ist, als es für die Orientierung in der Anfangsphase des gesamtdeutschen Vereinigungsprozesses Zeichen setzte.

Die Benennung des Vertragswerks als Deutschlandvertrag geht auf den Staatsmann zurück, der in seiner doppelten Eigenschaft als Bundeskanzler und als Bundesminister des Auswärtigen die Verhandlungen auf der deutschen Seite geleitet und abgeschlossen hat: Konrad Adenauer. Eine Einigung mit den Vertragspartnern über diese Namensgebung hat nie stattgefunden. Konrad Adenauer war an einem einfachen und einprägsamen Namen gelegen, der sich für die zu erwartenden Auseinandersetzungen in der deutschen Öffentlichkeit eignete; die westlichen Vertragspartner konnten sich für diese Namensgebung nie erwärmen und haben sie nicht übernommen. Sie sprachen von den ›Bonn Conventions‹ oder ›Conventions de Bonn‹, aber sie ließen den Bundeskanzler gewähren, für dessen innenpolitische Bedürfnisse sie Verständnis hatten.

Offiziell gibt es daher nur einen »Vertrag über die Beziehungen zwischen der Bundesrepublik Deutschland und den Drei Mächten«, häufig Generalvertrag genannt, weil er die allgemeinen Bestimmungen über die politischen Grundlagen des Vertragswerks enthält sowie eine Reihe von Zusatzverträgen, insbesondere den »Vertrag über die Rechte und Pflichten ausländischer Streitkräfte und ihrer Mitglieder in der Bundesrepublik Deutschland«, kurz »Truppenvertrag« genannt, einen »Finanzvertrag«, einen »Vertrag zur Regelung aus Krieg und Besatzung entstandener Fragen«, kurz »Überleitungsvertrag« genannt. Zu dem Vertragswerk gehören ergänzende Briefwechsel, eine Drei-Mächte-Erklärung über Berlin sowie ein »Vertrag über den Aufenthalt ausländischer Streitkräfte in der Bundesrepublik Deutschland«. Ein »Protokoll über die Beendigung des Besatzungsregimes in der Bundesrepublik Deutschland« vom 23. Oktober 1954 enthält die Änderungen, die im Vertragstext von 1952 vorgenommen wurden sowie Übergangsbestimmungen »bis zum Inkrafttreten der Abmachungen über den deutschen Verteidigungsbeitrag«.

Diese Stichworte kennzeichnen zugleich den Gesamtinhalt des Vertragswerks: Es handelt von der Beendigung des Besatzungsregimes und von einem deutschen Verteidigungsbeitrag. Der letztere sollte ursprünglich im Rahmen einer Europäischen Verteidigungsgemeinschaft (EVG) geleistet werden. Ein entsprechender Vertrag war am 27. Mai 1952 in Paris unterzeichnet worden. Ihm versagte jedoch die Französische Nationalversammlung im August 1954 ihre Zustimmung. Da die beiden Verträge durch ein Junktim verbunden waren, konnte auch der die Beendigung des Besatzungsregimes betreffende Bonner Vertrag zunächst nicht in Kraft gesetzt werden. Die dadurch ausgelöste politische Krise wurde durch eine kombinierte englisch-amerikanische Vermittlungsaktion überwunden. Auf der Londoner Neun-Mächte-Konferenz (28. September 1954 bis 3. Oktober 1954) wurde sie mit Hilfe einer neuen Konzeption bewältigt, die an Stelle der EVG-Mitgliedschaft den Beitritt der Bundesrepublik Deutschland zur NATO vorsah. Auf einer weiteren Konferenz in Paris (20. Oktober 1954 bis 23. Oktober 1954) wurde in einem Vertragsbündel zusammengefaßt, was unter dem Namen »Pariser Verträge« die maßgebliche Grundlage der westlichen Bündnisstruktur und einer darin eingebundenen souveränen und handlungsfähigen Bundesrepublik Deutschland bildete.

2. Deutschlandklauseln des Vertrags: Strittig war stets, ob die Bezeichnung »Deutschlandvertrag« durch den Inhalt des Vertrags gedeckt war. Dagegen läßt sich anführen, daß dieser Vertrag nicht Deutschland als Ganzes betraf, sondern nur Westdeutschland, d. h. das Gebiet der Besatzungszonen der drei Westmächte, das 1949 als »Bundesrepublik Deutschland« staatlich organisiert wurde. Man kann auch nicht verkennen, daß die Pariser Verträge nicht zu einer Annäherung an das von der Präambel des Grundgesetzes proklamierte Ziel der Vollendung der Einheit Deutschlands geführt haben, sondern durch die Eingliederung Westdeutschlands in das atlantische Bündnis die Spaltung und Teilung Deutschlands zunächst eher vertieft und verhärtet haben.

Dem steht auf der anderen Seite entgegen, daß sich die drei Mächte »die bisher von ihnen ausgeübten oder innegehabten Rechte und Verantwortlichkeiten in bezug auf Berlin und auf Deutschland als Ganzes einschließlich der Wiedervereinigung Deutschlands und einer friedensvertraglichen Regelung« vorbehalten haben. Den Hintergrund für diesen Vorbehalt bildete die Verantwortung, welche die vier Siegermächte mit den Berliner Erklärungen vom 5. Juni 1945 und im Potsdamer Abkommen vom 2. August 1945 für die Wiedererrichtung einer deutschen Zentralverwaltung, für die Regelung der Grenzfragen und für den Abschluß eines Friedensvertrags mit einer »für diesen Zweck geeigneten Regierung Deutschlands« (Ziffer II, 3, I des Potsdamer Abkommens) übernommen hatten. Als Gebiet und Grenzen Deutschlands wurden für alle Zwecke der Besatzungsverwaltung bis zum Abschluß eines Friedensvertrags die Grenzen vom 31. Dezember 1937 bezeichnet (Erklärung der Vier Mächte vom 5. Juni 1945). Auf diese Vier-Mächte-Verantwortung für Deutschland als Ganzes, die von allen Beteiligten immer wieder als fortbestehend bekräftigt worden ist, bezog sich der gesamtdeutsche Vorbehalt des Deutschlandvertrags. In ihm lagen die völkerrechtlich wichtigsten Elemente einer noch existierenden, Deutschland als Ganzes umfassenden Staatlichkeit. Der Name Deutschlandvertrag konnte insoweit auch damit gerechtfertigt werden, daß die Vertragspartner »eine zwischen Deutschland und seinen ehemaligen Gegnern frei vereinbarte friedensvertragliche Regelung« als »wesentliches Ziel« ihrer gemeinsamen Politik bezeichneten (Art. 7 Abs. 1) und daß sie sich verpflichteten, zusammenzuwirken, um mit friedlichen Mitteln das gemeinsame Ziel eines wiedervereinigten Deutschlands zu verwirklichen (Art. 7 Abs. 3). Auch sollte es im Falle der Wiedervereinigung Deutschlands jedem Unterzeichnerstaat freistehen, eine Überprüfung des Vertrags zu verlangen (Art. 10).

Der Deutschlandvertrag enthielt zwar keinen aktuellen Beitrag zur Lösung der deutschen Frage; er bekräftigte und bestätigte jedoch die noch verbliebenen Restbestandteile deutscher Gesamtstaatlichkeit; und er machte für die Zukunft die Wiederherstellung der deutschen Einheit zu einer zentralen Vertragszielbestimmung. Aus diesen Gründen ist den für die Formulierung des Deutschlandvertrags mitverantwortlichen deutschen Unterhändlern dieser gesamtdeutsche Vorbehalt nicht so sehr als eine die deutsche Seite belastende Hypothek, als vielmehr eine letzte politisch-völkerrechtliche, Deutschland als Ganzes umgreifende Klammer erschienen.

3. Der besatzungsrechtliche Sonderstatus von Berlin: Diese Bewertung galt insbesondere auch für den Berlin betreffenden Vorbehalt. Er hatte zur Folge, daß Westberlin bis zur Vereinigung Deutschlands unter einem Besatzungsregime der drei Mächte lebte, daß es nur nach dem Buchstaben des Grundgesetzes, aber nicht de facto Teil der Bundesrepublik war und seine Abgeordneten im Deutschen Bundestag kein Stimmrecht hatten. Er hatte aber auch zur Folge, daß die Freiheit und Sicherheit West-Berlins von den drei Mächten, die dort Truppenkontingente stationiert hatten, und indirekt von allen NATO-Staaten garantiert wurde. Der Wert dieser Garantie, die sich auch auf den Zugang nach Berlin zu Lande, zu Wasser und in der Luft erstreckte, hat sich in der Berlin-Krise der Jahre 1958–62 drastisch erwiesen. Der besatzungsrechtliche, auf die Vereinbarungen von 1945 zurückgehende Status Berlins – de jure Groß-Berlins, de facto infolge einseitiger Aufkündigung durch die Sowjetunion nur West-Berlins – war auch Voraussetzung und Grundlage für den West-Verkehr in den Luftkorridoren, der von dem letzten noch existierenden Vier-Mächte-Organ, dem interalliierten Air Safety Center, kontrolliert wurde.

Die Vier-Mächte-Vereinbarungen über Berlin vom 3. September 1971 hatten an diesem Rechtsstatus nichts geändert. Im Vorspruch zu diesem Abkommen hatten die Unterzeichner ausdrücklich bestätigt, daß sie auf der Grundlage ihrer Vier-Mächte-Rechte und -Verantwortlichkeiten handelten, die nicht berührt werden sollten.

Der »Zwei-plus-Vier«-Vertrag beendete die Vier-Mächte-Rechte ausdrücklich »in bezug auf Berlin und Deutschland als Ganzes«. Die für eine kurze Übergangszeit – nämlich bis zum Abzug der Sowjettruppen aus der DDR – vereinbarte Verlängerung der Truppenstationierung in Berlin fand für alle Truppenkontingente ihr Ende mit dem 1. August 1994, dem vorverlegten Datum des Abzugs aller sowjetischen Streitkräfte.

4. Vorbehaltsrechte und Souveränität: Die sogenannten »Vorbehaltsrechte« kennzeichnen das Konstruktionsprinzip des Deutschlandvertrags. Ausgangspunkt ist die in Art. 1 statuierte Beendigung des Besatzungsregimes und die Anerkennung der Souveränität der Bundesrepublik. »Im Hinblick auf die internationale Lage, die bisher die Wiedervereinigung Deutschlands und den Abschluß eines Friedensvertrags verhindert hat« (Art. 2 Satz 1), reservierten sich die drei Mächte aus der Fülle der von ihnen 1945 übernommenen obersten Gewalt (»supreme authority«) die genannten Vorbehaltsrechte, die sie jedoch nur nach Konsultation und unter Mitwirkung der Bundesrepublik auszuüben versprachen (Art. 5 Abs. 1 Ziff. a; Art. 6; Art. 7 Abs. 4). Ein mit der Truppenstationierung zusammenhängendes vorübergehendes Vorbehaltsrecht in bezug auf den Schutz der Sicherheit ihrer Streitkräfte war mit dem Inkrafttreten der deutschen Notstandsgesetzgebung 1968 erloschen (Art. 5 Abs. 2).

Bei den innenpolitischen Auseinandersetzungen um die Zustimmung zu den Vertragsgesetzen 1952/53 und 1954/55 bildeten die Vorbehaltsrechte einen der Hauptangriffspunkte der Kritik durch die parlamentarische Opposition der SPD. Das besonders heftig attackierte Notstandsrecht der drei Mächte in der Fassung des Vertragstextes von 1952 ist jedoch bereits bei der Textrevision von 1954 reduziert worden. Auch die verbliebene Restkompetenz ist 1968 erloschen.

Bei den übrigen Vorbehaltsrechten handelte es sich um solche, deren Aufrechterhaltung auch im deutschen Interesse lag. Die Kritik daran ist im Laufe der Zeit mehr und mehr verstummt, zumal diese Rechte in den seitdem verstrichenen drei Jahrzehnten nur in bezug auf Berlin in Anspruch genommen wurden – was besonders in den Jahren der Berlin-Krise nur erwünscht sein konnte. Die SPD stellte sich im Zuge ihrer außenpolitischen Neuorientierung nach dem Godesberger Parteitag von 1959 voll auf den Boden der durch die Pariser Verträge geschaffenen Lage, und ihr Kanzler als Chef der sozial-liberalen Koalition operierte bei den Verhandlungen über die Ostverträge 1970/71 auf diesem Boden.

Von Zeit zu Zeit hat sich erneut Kritik daran entzündet, daß der Deutschlandvertrag der Bundesrepublik nur eine beschränkte Souveränität eingebracht habe. Juristische Dogmatiker des Souveränitätsbegriffs haben diese Schwachstelle des Vertragswerks hochzuspielen versucht. Zuweilen wurde auch darauf hingewiesen, daß es den Japanern schon im Jahre 1951 gelungen sei, sich ihres Besatzungsregimes mit Hilfe eines Vertragswerks zu entledigen, das die Souveränität ihres Staats ohne Einschränkungen und Vorbehalte wiederherstellte und das Verbleiben von Militärstützpunkten im Lande auf eine eindeutig vertragsrechtliche Grundlage stellte.

Bei solcher Kritik wurde meist zweierlei verkannt: Absolute Souveränität ist in der heutigen, auf wachsende Interdependenz gegründeten Staatengesellschaft ohnehin weitgehend illusorisch. Souveränitätsverzichte sind die Voraussetzung für supranationale (EU) und internationale (NATO) Integration und gelten als geboten und wünschenswert. Natürlich sind Souveränitätsverzichte zugunsten der EU etwas anderes als solche zugunsten ehemaliger Besatzungsmächte. Aber gerade das japanische Beispiel lehrt – darauf haben viele Japaner häufig hingewiesen –, daß souveränitätsbeschränkende Verflechtungen wertvoller sein können als isolierende Voll-Souveränität – jedenfalls in der spezifischen historisch-politischen und geographischen Situation Deutschlands nach dem Zweiten Weltkrieg.

5. Westbindung und Wiedervereinigung: Die mit dem Deutschlandvertrag in den Anfangsjahren der Bundesrepublik getroffene Entscheidung war die für die weitere Entwicklung und Stellung des neuen Staates entscheidende Weichenstellung, die zusammen mit der im Vertrag implizierten NATO-Mitgliedschaft und der ebenfalls in der Logik des Vertrags liegenden Entwicklung zu den Römischen Verträgen von 1957 und zur EG das Gesicht der europäischen Nachkriegsordnung geprägt hat. Sie war die Entscheidung für die Westorientierung und Westbindung des freien deutschen Teilstaats diesseits von Elbe und Werra.

Von den Gegnern Konrad Adenauers und seiner Politik ist in der ersten Hälfte der 50er Jahre in erbitterten Auseinandersetzungen immer wieder behauptet worden, daß dies auch eine Entscheidung für die Beibehaltung der deutschen Teilung und gegen die Wiedervereinigung gewesen sei. Dabei spielte bis zum Herbst 1954 der Streit um die sogenannte »Bindungsklausel« des Art. 7 Abs. 3 in der Textfassung von 1952 eine herausragende Rolle.

Bei der Formulierung dieser Klausel hatten die Vertragsparteien unterschiedliche Absichten verfolgt: Die deutsche Seite wollte eine Sicherung gegen die Möglichkeit, daß es im Falle einer Wiedervereinigung der vier früheren Besatzungszonen zu einem Wiederaufleben des Alliierten Kontrollrats kommen könnte. Die Westmächte wollten eine Sicherung dagegen, daß sich in einem solchen Falle eine gesamtdeutsche Regierung oder gesetzgebende Versammlung dem Osten anschließen oder für eine prekäre, zwischen Ost und West schwankende Neutralität entscheiden könnte. Das Ergebnis war eine komplizierte, höchst verschachtelte Kompromiß-Formulierung, die bei vielen Deutschen den Verdacht erweckte, es solle damit schon im voraus eine automatische Westbindung eines künftigen gesamtdeutschen Staats verankert werden. Die durch solche Verdächtigungen belastete Diskussion fand ihr Ende dadurch, daß die deutschen Unterhändler bei der Revision der Vertragstexte im Herbst 1954 auf ersatzlose Streichung der gesamten Klausel drängten und sich damit auch durchsetzten. Der Deutschlandvertrag hat die Bundesrepublik fest im westlichen Bündnissystem verankert. Er hat ihr damit Sicherheit, diplomatischen Rückhalt in allen Verhandlungen mit dem Osten, Solidarität der Bündnispartner und deren Kooperationsbereitschaft auf allen Gebieten gebracht. Er hat auf der anderen Seite ein Ausscheiden aus diesem System und eine Lösung der deutschen Frage im Niemandsland zwischen Ost und West erschwert, wenn nicht unmöglich gemacht. Damit wurde jedoch nur eine Konsequenz aus der ohnehin bestehenden weltpolitischen Lage gezogen: Die deutsche Einheit, davon konnte man damals ausgehen, würde erst dann in den Bereich realer Möglichkeiten rücken, wenn die Block- und Bündnisbindungen überflüssig geworden wären. In einer solchermaßen veränderten Weltlage sollte der Deutschlandvertrag einer Wiedervereinigung nicht im Weg stehen, sondern ihr förderlich sein.

Er präjudizierte weder die Verfassung noch die Regierungsform noch die gesellschaftliche Ordnung eines künftigen vereinigten Deutschlands, noch beschränkte er die Optionen in bezug auf die Konstituierung dieses deutschen Gesamtstaats als Nationalstaat oder als Bestandteil einer europäischen Föderation. Er enthielt nur eine politische Zielvereinbarung der Vertragsparteien: »ein wiedervereinigtes Deutschland, das eine freiheitlich-demokratische Verfassung ähnlich wie die Bundesrepublik besitzt und das in die europäische Gemeinschaft integriert ist« (Art. 7 Abs. 2). Ein gesamtdeutscher Verfassungsgeber konnte durch diese Zielsetzung nicht gebunden werden. Die europäische Gemeinschaft, von der hier die Rede war, sollte weder die EU noch eine auch bislang nicht erreichte europäische Föderation sein; gemeint war die Verbindung mit der Familie freier europäischer Nationen, in welcher Form auch immer sie sich organisierte: als »Europa der Vaterländer«, als Europarat oder als supranationaler Bundesstaat.

6. Friedensvertrag und die Grenzen von 1937: Der Deutschlandvertrag war und ist kein Friedensvertrag. Der Wortlaut von Art. 2 und Art. 7 Abs. 1 läßt daran keinen Zweifel. Art. 2 verweist auf die internationale Lage, »die bisher den Abschluß eines Friedensvertrages verhindert hat«, Art. 7 Abs. 1 auf das gemeinsame Ziel ihrer gemeinsamen Politik, »eine zwischen Deutschland und seinen ehemaligen Gegnern frei vereinbarte friedensvertragliche Regelung für ganz Deutschland« zu erreichen. Der Deutschlandvertrag ist ein Überbrückungsvertrag, der das Vakuum zwischen Kapitulation und Friedensvertrag füllen sollte. Er enthält daher auch keine Regelungen, wie sie typischerweise im Mittelpunkt von Friedensverträgen stehen: Beendigung des Kriegszustands, Festlegung von Grenzen, Reparationen. Der Kriegszustand ist in der ersten Hälfte der 50er Jahre durch einseitige Akte der früheren Feindstaaten beendet worden, also außerhalb des Deutschlandvertrags. Die Frage der Reparationen wurde gemäß Art. 1 Abs. 1 Satz 1 im VI. Teil des Überleitungsvertrags bis zu einer Regelung im Friedensvertrag aufgeschoben.

Was die Grenzfragen betrifft, so bekundet er die Einigkeit der Vertragschließenden darüber, »daß die endgültige Festlegung der Grenzen Deutschlands bis zu dieser (Friedens-)Regelung aufgeschoben werden muß« (Art. 7 Abs. 1 Satz 2). Von diesem Gedanken des einstweiligen Aufschubs der Grenzfestlegung sind auch die Hauptsiegermächte auf ihrer Potsdamer Konferenz von 1945 ausgegangen.

Hauptsächlich von seiten einiger Sprecher der Vertriebenen wird die These vertreten, die Wiedervereinigungsverpflichtung des Art. 7 beziehe sich auf Deutschland in den Grenzen vom 31. Dezember 1937. Diese These läßt sich jedoch nicht halten. Die drei Westmächte waren weder 1952/54 noch früher oder später jemals bereit, eine Verpflichtung zur Wiederherstellung eines deutschen Staats in den Grenzen von 1937 zu übernehmen. Das war auch den deutschen Verhandlungspartnern bekannt. Wiedervereinigung bedeutete daher im Deutschlandvertrag stets nur die Zusammenführung von Bundesrepublik, DDR und Berlin. Davon ging auch der Deutsche Bundestag in dem von ihm am 2. Februar 1952 beschlossenen »Gesetz über die Grundsätze für die freie Wahl einer verfassunggebenden Deutschen Nationalversammlung« aus: Die Wahlen sollten »in den vier Besatzungszonen Deutschlands und in Berlin« abgehalten werden. Die durch das Potsdamer Abkommen polnischer und sowjetischer Verwaltung unterstellten Gebiete östlich der Oder und Neiße waren aus der sowjetischen Besatzungszone ausgegliedert worden: weder im deutschen noch im allgemeinen Sprachgebrauch wurden sie ihr noch zugerechnet. Welches die endgültigen Grenzen eines wiedervereinigten Deutschlands sein würden, diese Frage war damit nicht präjudiziert: sie blieb der abschließenden Regelung in bezug auf Deutschland vorbehalten. Bis zu diesem Zeitpunkt konnten die Grenzen von 1937 als ein verhandlungsrechtliches Ausgangsdatum, nicht aber als ein verbindliches Zieldatum, dienen: alle Vertragspartner des Deutschlandvertrags erkannten an, daß sie rechtlich nicht geändert oder beseitigt worden waren; keiner von ihnen – auch die Bundesrepublik nicht – war verpflichtet, sie als verbindliches Verhandlungsziel anzusehen. Die Grenzfrage war bis zur Vereinigung Deutschlands offen.

Wenn dieser Aufschub in allen einschlägigen Dokumenten bis zu einem »peace settlement for the whole of Germany« datiert wurde, so war darunter nicht notwendigerweise ein Vertragsinstrument in dem umfassenden Sinn herkömmlicher Friedensverträge zu verstehen. Wenn der »Zwei-plus-Vier«-Vertrag offiziell den Namen »Vertrag über die abschließende Regelung in bezug auf Deutschland« trägt, so kommt darin zum Ausdruck, daß es keinen Friedensvertrag herkömmlicher Art mehr geben wird. Ob die einzige Grenzfrage, die zum Zeitpunkt der Vereinigung noch offen war – die Oder-Neiße-Grenze mit Polen –, durch den Art. 1 des »Zwei- plus-Vier«-Vertrags oder erst durch den deutsch-polnischen Grenzvertrag vom 14. November 1990 endgültig geregelt worden ist, wird unterschiedlich beantwortet, ist jedoch eine Streitfrage von untergeordneter Bedeutung. Kein Zweifel kann jedenfalls noch daran bestehen, daß die Grenzfrage nicht mehr offen, sondern abschließend geregelt ist.

7. Alleinvertretungsanspruch und Grundvertrag: Im Rahmen der Londoner Schlußakte vom 3. Oktober 1954 gaben die drei Mächte im Zusammenhang mit dem Beschluß zur Aufnahme der Bundesrepublik in die NATO und in die WEU und der Revision des Deutschlandvertrags eine Erklärung ab, wonach sie »die Regierung der Bundesrepublik Deutschland als die einzige deutsche Regierung betrachten, die frei und rechtmäßig gebildet wurde und daher berechtigt ist, für Deutschland als Vertreter des deutschen Volkes in internationaler Angelegenheit zu sprechen«. Diese aus der New Yorker Deutschland-Erklärung von 1950 stammende Formulierung ist am 23. Oktober 1954 von allen NATO-Mitgliedstaaten übernommen worden. Der ihr entsprechende Alleinvertretungsanspruch der Bundesrepublik, der ihre Politik bis zum Ende der 60er Jahre beherrschte, ist jedoch nicht in den Text des Deutschlandvertrags eingegangen. Dieser stand daher auch nicht im Widerspruch zu Art. 4 des Grundvertrags vom 21. Dezember 1972, der im Verhältnis Bundesrepublik Deutschland/DDR feststellt, daß »keiner der beiden Staaten den anderen international vertreten oder in seinem Namen handeln kann«.

8. Die Bedeutung des Deutschlandvertrags: Anläßlich des 25. Jahrestags des Inkrafttretens des Deutschlandvertrags kam es im Mai 1980 zu einem Briefwechsel zwischen dem Bundesminister des Auswärtigen und den Außenministern der drei Westmächte, in dem sich Absender und Adressaten gegenseitig versicherten, daß die Pariser Verträge die Grundlage ihrer Zusammenarbeit in allen Deutschland als Ganzes und Berlin betreffenden Fragen bildeten und daß sie sich auch künftig zu den dort vereinbarten Zielen ihrer Politik bekennen würden. Das war zu einem Zeitpunkt, als die Ostverträge und der Grundvertrag schon jahrelang in Kraft waren, und es ließ erkennen, daß die damit eingeleitete neue Ost- und Deutschlandpolitik der Bundesrepublik und die ihr entsprechende modifizierte Haltung der Westmächte zur DDR nichts an der fortdauernden Verbindlichkeit des Deutschlandvertrags und seiner Zielsetzungen geändert hatte.

Diese Rechts- und Sachlage wurde eindeutig bestätigt, als nach dem Fall der Mauer und dem Zusammenbruch der kommunistischen Herrschaft in der DDR die Wiederherstellung der staatlichen Einheit Deutschlands plötzlich und für alle Seiten überraschend greifbare Wirklichkeit wurde. Die Zustimmung der drei Westmächte, die ja trotz aller vordergründigen Rhetorik niemals selbstverständlich gewesen war, und ihre konstruktive Haltung in den entscheidenden »Zwei-plus-Vier«-Verhandlungen des Jahres 1990 waren gewiß in erster Linie politisch motivierte Entscheidungen, die jedoch in hohem Maße beeinflußt – erleichtert, gefördert, gelenkt – wurden durch die unbezweifelbare Bindungswirkung des Vertragswerks von 1952/54. Entgegen aller Skepsis der zahlreichen Kritiker in der Entstehungszeit der Verträge wurde der Realitätsgehalt ihrer Verpflichtungsformeln eindeutig erwiesen.

Die Aktualität und Adäquanz des Vertragswerks in mehrfach erheblich und schließlich grundlegend veränderten Konstellationen ist mit Recht als Ergebnis einer großen diplomatisch-politischen Leistung gerühmt worden. Das gilt vor allem für die Vereinigung als oberstem Vertragsziel: Wenn der Deutschlandvertrag nicht die vielfältigen Bemühungen, dieses Ziel zu behindern und zu vereiteln, abgewehrt und den Weg dahin offen gehalten hätte, wäre seine Verwirklichung kaum unter den Bedingungen und zu dem Zeitpunkt möglich gewesen, unter denen sie schließlich vollzogen wurde.

Wilhelm G. Grewe

Literatur:

BERNHARDT, RUDOLF: Die deutsche Teilung und der Status Gesamtdeutschlands, in: Josef Isensee/Paul Kirchhof (Hrsg.): Handbuch des Staatsrechts, Bd. 1, Heidelberg 1987, S. 321–350. □ FROWEIN, JOCHEN A.: Deutschland-Vertrag, in: Staatslexikon der Görres- Gesellschaft, Bd. 9, l. Ergänzungsband (6. Aufl.) Freiburg 1969, S. 578. □ DERS.: Die Rechtslage Deutschlands und der Status Berlins, in: Ernst Benda/Werner Maihofer/Hans-Jochen Vogel (Hrsg.): Handbuch des Verfassungsrechts, Bd. I, Berlin/New York 1983, S. 29–58. □ GREWE, WILHELM G.: System und Grundgedanken des Bonner Vertragswerkes, Einleitung zu Hans Kutscher (Hrsg.): Bonner Vertrag, München 1952. □ DERS.: Deutsche Außenpolitik der Nachkriegszeit, Stuttgart 1960. □ DERS.: Der Deutschland-Vertrag nach zwanzig Jahren, in: Dieter Blumenwitz u. a. (Hrsg.): Konrad Adenauer und seine Zeit. Politik und Persönlichkeit des ersten Bundeskanzlers, Bd. I: Beiträge von Weg- und Zeitgenossen, Stuttgart 1976, S. 698–718. □ DERS.: Machtprojektionen und Rechtsschranken, Baden-Baden 1991. □ STERN, KLAUS/ BRUNO SCHMIDT-BLEIBTREU (Hrsg.): Verträge und Rechtsakte zur deutschen Einheit, Bd. 2: Einigungsvertrag, München 1990; Bd. 3: Zwei-plus-Vier-Vertrag, München 1990.

Doppelte Staatsgründung

→ Berlin, **Bundesrepublik Deutschland: Geschichte, DDR: Geschichte,** Deutschlandpolitik der Bundesrepublik Deutschland, Deutschlandpolitik der DDR, Deutschlandpolitik der Vier Mächte, Grundgesetz, Ost-West-Konflikt.

1. Äußere und innere Entwicklungen: »Das Provisorium hat Gültigkeit für längstens ein Jahr«, notierte Otto Grotewohl in der Woche vor der DDR-Gründung in seinem Kalender. Er bezog sich dabei auf die Konstituierung der Volkskammer und der Regierung sowie die Verschiebung der Volkskammer-Wahlen um ein Jahr. Er unterstrich damit aber auch die Vorläufigkeit der ostdeutschen Separatstaatsgründung. In Bonn war drei Wochen zuvor der erste Deutsche Bundestag zusammengetreten und hatte Konrad Adenauer am 15. September zum Bundeskanzler gewählt. In seiner Regierungserklärung machte Adenauer deutlich, daß sich die Bundesrepublik als Kernstaat eines künftigen wiedervereinigten Deutschlands verstehe und insofern ebenfalls ein Provisorium war. »Mit der Konstituierung der Bundesregierung, die am heutigen Tag erfolgt ist«, stellte der Bundeskanzler fest, »ist auch das Besatzungsstatut in Kraft getreten. Wenn auch die Zuständigkeit des

Bundestages und der Bundesregierung durch das Besatzungsstatut beschränkt ist, so darf uns doch diese Entwicklung, dieses Werden des deutschen Kernstaates mit Freude erfüllen.« Eine dauerhafte Teilung konnte und wollte sich damals kaum jemand vorstellen. Nationale Einheit bildete eine selbstverständliche Bezugsgröße der Politik – aber unter unvereinbaren Vorzeichen: freie Wahlen und parlamentarische Demokratie im Westen, Umgestaltung nach marxistisch-leninistischem Demokratieverständnis im Osten.

Die doppelte Staatsgründung erweist sich im Rückblick als komplizierter Prozeß außenpolitischer Entwicklungen, die mit der Spaltung Europas die Spaltung Deutschlands zur Folge hatten, aber auch innenpolitischer Optionen, die den nationalen Einheitsstaat nicht mit erster Priorität versahen. Das Jahr 1949 war primär ein politisches Datum. Es brachte den Spaltungsprozeß seit 1945 zu einem ersten Abschluß, ohne daß es in der Erinnerung als Schlüsseldatum haften blieb. Die Teilung Deutschlands als Voraussetzung der Gründung zweier Staaten war nicht das Produkt des Zweiten Weltkrieges, sondern des nach seinem Ende entstehenden Kalten Krieges. Keine Besatzungsmacht wollte 1945 konsequent die Teilung, wie sie sich später herausbildete, keine hat sie jedoch auch nachdrücklich zu verhindern versucht. Insofern entwickelte sich die deutsche Spaltung mit einer gewissen Folgerichtigkeit aus dem Kalten Krieg als »Teilung der Welt« (W. Loth).

Adenauer hatte bereits im Oktober 1945 eine Diagnose über die politische Lage Deutschlands abgegeben, die auf eine unvermeidliche – zumindest zeitweilige – Teilung hinwies und daraus die Konsequenz einer zielstrebigen Westorientierung zog. Was sich später als richtig erweisen sollte, erschien jedoch 1945 noch verfrüht. Adenauer hatte daher auch im eigenen politischen Lager zunächst starke Gegner.

Was Stalin wirklich wollte und wieweit Ulbricht mit ihm konform ging, ist trotz neuer Quellen nach wie vor strittig. Im Jahr 1949 spricht jedoch wenig dafür, daß die Situation noch ernsthaft offengehalten wurde. Zu diesem Zeitpunkt bestand offensichtlich Einmütigkeit zwischen Stalin, der sowjetischen Militärverwaltung in Deutschland (SMAD) und der SED, an den Ergebnissen der »antifaschistisch-demokratischen Umwälzung«, die seit 1945 stattgefunden hatte, festzuhalten. Dennoch waren die sowjetischen Ziele nicht von Anfang an klar, und die DDR läßt sich nicht ausschließlich als Schöpfung der sowjetischen Besatzungsmacht verstehen. Sie war vielmehr, wie Norman Naimark resümiert hat, »hauptsächlich ein Ergebnis der Interaktion von Russen und Deutschen in der sowjetischen Besatzungszone. Ihre Erfolge, ihre Fehlschläge und schließlich ihr Zusammenbruch leiten sich sämtlich von den anfänglichen Institutionen und Interaktionsformen her, die in der unmittelbaren Nachkriegsperiode entstanden waren.«[1]

Wenn man die Staatsgründung nicht nur in einem engen Sinne als politischen Akt versteht, sind zumindest einige Hinweise auf wirtschaftliche und soziale Gegebenheiten in den Besatzungszonen unerläßlich. Das Ende der Umbruch- und Ausnahmezeit der ersten Nachkriegsjahre wurde in den Westzonen am 21. Juni 1948 mit der Währungsreform eingeleitet. In der SBZ folgte einige Tage darauf ebenfalls eine Geldreform, die jedoch viel weniger radikal und einschneidend war. In den Westzonen war sie verbunden mit der Aufhebung der Zwangsbewirtschaftung und der

Preisbindung für ein breites Warenangebot. Das Programm der »sozialen Marktwirtschaft« sollte andererseits dafür sorgen, daß der wiederhergestellte Kapitalismus sozial gezähmt blieb und insofern die ökonomische Basis auch für politische Freiheit bildete. Zwar kletterten die Preise ebenso wie die Arbeitslosenzahlen nach der Reform schnell in die Höhe, die Bevölkerung aber hatte das Gefühl, es gehe wieder aufwärts. In der Erinnerung der Zeitgenossen ist daher die Währungsreform zu einem fast magischen Datum geworden, das wichtiger als die Staatsgründung im folgenden Jahr war. Für die Ostzone galt das keineswegs bzw. nur indirekt.

2. Die Rolle der Berlin-Blockade: Das Jahr 1948 vertiefte schlagartig die sich bereits abzeichnende Spaltung Deutschlands. Denn von nun an gab es zwei Währungen, und mit der sowjetischen Blockade Berlins, deren Vorwand die westdeutsche Währungsreform bildete, erreichte der Kalte Krieg einen ersten Höhepunkt.

Die Weichen für den Kalten Krieg und damit für die Teilung Deutschlands waren bereits früher gestellt worden, auch wenn strittig ist, wann. Sinnvoller als nach einem punktuellen Datum zu suchen, ist es daher, die Kumulation der Probleme und ihrer Wahrnehmung im Verhältnis der ehemaligen Kriegsalliierten in den Blick zu nehmen. Für die Sowjetunion bildete zweifellos das Jahr 1947, in dem der Marshallplan verkündet wurde, eine Zäsur. Als Antwort darauf erfolgte im September 1947 die Gründung des Kominform, eines blassen Abklatsches der 1943 aufgelösten Kommunistischen Internationale. Diese neue Koordinationsinstanz sollte sicherstellen, daß sich die osteuropäischen Staaten den sowjetischen Wünschen gemäß verhielten und nicht eigene nationale Wege gingen. Die SBZ war nicht Mitglied, wurde aber in die Disziplin eingebunden. In der Folgezeit verschärften sich die Spannungen zwischen den beiden Supermächten gerade in Deutschland in hohem Tempo und machten alle Chancen zu einer einvernehmlichen Lösung der deutschen Frage zunichte. Auf der Londoner Außenministerkonferenz im Dezember 1947 wurde das offenkundig. Eine Petition der sogenannten Volkskongreßbewegung in der SBZ konnte nicht einmal mehr offiziell überreicht werden.

Die vier Besatzungszonen wiesen zu diesem Zeitpunkt bereits deutlich unterschiedliche politische und ökonomische Strukturen auf. Erst seit 1947 wurden jedoch die Teilungstendenzen zwischen dem östlichen und westlichen Teil Deutschlands offen sichtbar und für lange Zeit irreversibel. Viele einschneidende Veränderungen, die bereits 1945/46 in der SBZ im Einklang mit dem Entnazifizierungs- und Erneuerungsprogramm der Potsdamer Konferenz der Siegermächte durchgeführt worden waren, erschienen nun als Vorstufe zur Sowjetisierung, d. h. der Übertragung des sowjetischen Modells und der Einbindung in das osteuropäische kommunistische Staatensystem. Vor allem drei Maßnahmen bildeten dafür die Grundlage: die schon im September 1945 begonnene Bodenreform mit der entschädigungslosen Enteignung des Großgrundbesitzes; die Verstaatlichung der Großindustrie und die erzwungene Vereinigung von KPD und SPD zur SED.

Mit diesen Struktureingriffen hatte die sowjetische Besatzungsmacht sichergestellt, daß zumindest die Möglichkeit gegeben war, aus der SBZ eine Volksdemokratie nach osteuropäischem Muster zu machen. Nach außen hin jedoch gab sich die Sowjetunion als nachdrücklicher Verfechter der Einheit Deutschlands und als Gegner einer Separatstaatsgründung. Dies war auch der Hintergrund der Berliner Blokkade. Sie war der letzte Versuch, die sich abzeichnende und kaum noch aufzuhaltende Bildung eines westdeutschen Staates doch noch zu verhindern. Denn diese konnte für die Sowjetunion nur Nachteile bringen.

Das Ergebnis war das genaue Gegenteil des Beabsichtigten: Die Annäherung des westlichen Deutschlands an die Westmächte wurde gestärkt, die Vorbereitungen für die Schaffung einer Verfassung beschleunigten sich. Am 8. Mai 1949 verabschiedete der Parlamentarische Rat das Grundgesetz. »Die Blockade«, hat der britische Historiker Michael Bell festgestellt, »beschleunigte und verstärkte Entwicklungen, die ansonsten viel länger gebraucht hätten ... Als die Blockade aufgehoben wurde, hatten sich der Charakter der deutschen Frage, aber auch die Rahmenbedingungen der Beziehungen zwischen Ost und West grundlegend verändert.«[2]

3. Volkskongreß und DDR-Verfassung: In der SBZ gingen aus der von der SED inszenierten Volkskongreßbewegung von 1947 die Vorbereitungen für eine eigene Verfassung und einen eigenen Staat hervor, propagandistisch kaschiert als »Kampf um die Einheit Deutschlands und einen gerechten Frieden«. Der im März 1948 in Erinnerung an die Revolution 100 Jahre zuvor als eine Art Vorparlament geschaffene »Deutsche Volksrat« mit 400 Delegierten erarbeitete nach Vorlagen der SED einen Verfassungsentwurf, der in allen wesentlichen Punkten die Grundlage für die erste DDR-Verfassung abgab. Sie hatte äußerlich zwar einen bürgerlich-parlamentarischen Anstrich und knüpfte in vielen Bestimmungen an die Reichsverfassung von Weimar an, stellte aber im politischen Kern ein völlig anderes Gebilde dar. Dies ist insbesondere ablesbar an der fehlenden Gewaltenteilung und der Einführung eines Artikels über »Boykotthetze«. Damit wurde de facto jeder bedroht, der nicht die Monopolisierung der politischen Macht durch die SED akzeptierte. Der Artikel resultierte aus der eigenen Schwäche, deren sich sowohl die ostdeutschen Verfassungsgeber wie ihre sowjetischen Kontrolleure bewußt waren. Ulbricht setzte unter diesen Bedingungen offenbar schon im Frühjahr 1948 auf eine konsequente ostdeutsche Seperatstaatsbildung, während die sowjetische Politik noch eine demokratische Tarnung wünschte. »Errichten wir die Diktatur des Proletariats, dann werden alle Dinge klar und einfach«, erklärte Ulbricht gegenüber einem Mitarbeiter des politischen Beraters der SMAD. »Doch dürfe dann nicht gefordert werden, daß wir Demokratie spielen und parlamentarische Wahlen durchführen.«[3] Zynischer konnte die demokratische Maskerade kaum charakterisiert werden.

Als der dritte Deutsche Volkskongreß im Mai 1949 die Verfassungsvorlage des Deutschen Volksrates annahm, war die politische Spaltung zementiert. Denn ihr Anspruch, als »antifaschistisch-demokratisches« Grundgesetz für ganz Deutschland zu gelten, konnte angesichts der revolutionären Umgestaltungen in der SBZ keinerlei Chance auf Verwirklichung mehr beanspruchen. Am 7. Oktober 1949 erklärte sich der Deutsche Volksrat zur Provisorischen Volkskammer und setzte die Verfassung in Kraft.

4. Kriterien der Option: Der Prozeß der doppelten Staatsgründung war ohne Zweifel primär ein Ergebnis des sich verschärfenden Kalten Krieges, weil die Konfrontationslinie zwischen Ost und West mitten durch Deutschland verlief. Insofern hatte dieses Ergebnis eine gewisse Zwangsläufigkeit. Andererseits sollte nicht übersehen werden, daß die politische Option für den Westen in der Bundesrepublik um den Preis einer zumindest zeitweiligen Teilung von den Politikern und der Bevölkerung hingenommen und akzeptiert wurde. Die außenpolitische Orientierung war nicht nur durch den Kalten Krieg von außen erzwungen, sondern auch innenpolitisch vermittelt. Welche politische Konstellation und welche politischen Kräfte konnten im Nachkriegsdeutschland Sicherheit am ehesten garantieren? Davon mußte letztlich die Entscheidung einer Bevölkerung abhängen, die politische und soziale Verunsicherung wie nie zuvor am eigenen Leibe erfahren hatte. Die sich abzeichnende Westintegration bot diese Sicherheit in zweifacher Hinsicht: als außenpolitischen Schutz gegenüber der kommunistischen Bedrohung aus dem Osten sowie als Schutz vor weiterem sozialen Abstieg und als Chance zum individuellen Wiederaufstieg. Diese Verbindung machte, bestätigt durch vielfältige Erfahrungen mit dem Kommunismus, die politische Option für den Westen und damit indirekt für die Teilung Deutschlands plausibel.

Die Ministerpräsidenten der westdeutschen Länder, die vor der Staatsgründung als Treuhänder der staatlichen Einheit die politischen Entscheidungen treffen mußten, waren sich der bedrückenden Situation durchaus bewußt. Der Württembergische Ministerpräsident Reinholt Maier sprach von einer »schauderhaften Gewissensqual«. Der Druck der Westalliierten, insbesondere der USA, war massiv. General Clay kritisierte die deutsche »Scheu vor der Verantwortung«, die Rückwirkungen auf die amerikanischen Sicherheitsgarantien für Berlin haben könne. Die deutschen Vorbehalte begannen daher zu bröckeln. Der Kompromiß zwischen den amerikanisch-britischen Wünschen nach einer »richtigen« Verfassung für den neu zu schaffenden Weststaat und den deutschen Wünschen nach Betonung gesamtstaatlicher Offenheit bestand in der Bezeichnung »Grundgesetz« statt Verfassung und im Modus der Verabschiedung durch die Länderparlamente statt durch eine Volksabstimmung.

Das Provisorium des westdeutschen Kernstaates sollte sich aber bald als ebenso dauerhaft wie funktionsfähig erweisen.

Im östlichen Teil Deutschlands gab es keine Chance zu einer freien Entscheidung. Die Option für die Ostintegration wurde von einer kleinen Minderheit mit Rükkendeckung der Sowjetunion erzwungen. Bereits die Wahl zum dritten Volkskongreß am 15./16. Mai 1949 verlief nach dem Prinzip der Einheitsliste mit vorab festgelegter Sitzverteilung für die Parteien und Massenorganisationen. Die Ergebnisse wurden überdies manipuliert. Die Wahl der Kandidaten war gekoppelt mit einer Abstimmung über die »Einheit Deutschlands und einen gerechten Frieden«. Dagegen konnte eigentlich niemand votieren. Stimmenthaltungen wurden als Ja-Stimmen gezählt. Gleichwohl belegt das unter den gegebenen politischen Umständen magere Ergebnis von 61,1 % (in Ost-Berlin nur 51,6 %) Zustimmung für die Einheitsliste ein breites Oppositionspotential. Davon war jedoch im Parlament nichts zu spüren. Die SED dominierte die Provisorische Volkskammer und steuerte alle weiteren Entscheidungen.

Die Gründung zweier deutscher Staaten im Jahre 1949 hat die Masse der Bevölkerung in der Bundesrepublik wenig interessiert, weil die Probleme des Nachkriegsalltags stärker auf den Nägeln brannten als die »große Politik«, die aus der Sicht des »kleinen Mannes« ohnehin von den Alliierten gemacht wurde. Über das Interesse der ostdeutschen Bevölkerung an der Gründung der DDR wissen wir wenig. Der Jubel war, wo es ihn gab, politisch inszeniert. Stalin schickte ein Grußtelegramm, in dem er die Bildung der DDR als »Wendepunkt in der Geschichte Europas« feierte. Ähnlich vollmundig fielen zeitgenössische Kommentare und spätere Urteile der DDR-Historiographie aus. »Der deutsche Arbeiter-und-Bauern-Staat«, hieß es in einer noch 1989 erschienenen Darstellung der Entstehungsgeschichte der DDR, »ging unmittelbar aus den unter Hegemonie der Arbeiterklasse vollzogenen antiimperialistisch-demokratischen Umwälzungen und dem Ringen um die Errichtung eines deutschen demokratischen Friedensstaates hervor. Aber ohne den antifaschistischen Widerstandskampf, ohne Novemberrevolution und Gründung der KPD, ohne den hundertjährigen Kampf der revolutionären deutschen Arbeiterbewegung wäre seine Errichtung nicht möglich gewesen.«[4] Die hier sichtbare historische und antifaschistische Ersatzlegitimation hat die Geschichte der DDR wie ein roter Faden durchzogen.

Die Bundesrepublik Deutschland verstand sich zwar ebenso wie die DDR als Provisorium, zugleich aber als Kernstaat für ein künftiges vereinigtes Deutschland. In diesem Sinne formulierte die Präambel des Grundgesetzes, das deutsche Volk in den westdeutschen Ländern habe »für eine Übergangszeit eine neue Ordnung« geschaffen und dabei »auch für jene Deutschen gehandelt, denen mitzuwirken versagt war.«

Die »innere Staatsgründung« war jedoch mit dem Datum von 1949 noch keineswegs gesichert. Die DDR ließ sich unter sowjetischem Schutz nur mit massiver Repression zusammenhalten, zumal ihre wirtschaftlichen Startbedingungen extrem ungünstig waren. Aber auch in der Bundesrepublik war zeitweilig zweifelhaft, ob die zweite deutsche Demokratiegründung ein Erfolg würde. Selbst ihre außenpolitische Option stand Anfang der 50er Jahre scheinbar noch zur Disposition.

5. Festigung und »innere Staatsgründung«: Die absolut prägenden Politiker der Gründerjahre der Bundesrepublik waren Konrad Adenauer als Kanzler und Kurt Schumacher als sein Gegenspieler in der Opposition. Daß Adenauer in der Geschichte des westdeutschen Staates, den er von Anfang an gewollt hatte, so dominierend geworden ist, hat viele Gründe. Sie liegen sowohl in der außenpolitischen Konstellation als auch in seiner Persönlichkeit, die auf eine tief verunsicherte Bevölkerung Vertrauen ausstrahlte. Sein Pragmatismus ebenso wie sein hohes taktisches Geschick im politischen Geschäft haben zur Etablierung des neuen Staates und zum Hineinwachsen der Bevölkerung in das parlamentarisch-demokratische System wesentlich beigetragen. Ob Adenauer auch ohne das erst 1950 nach Ausbruch des Korea-Kriegs voll einsetzende »Wirtschaftswunder« diesen Erfolg gehabt hätte, läßt sich durchaus bezweifeln.

Auch das innen- und außenpolitische Konzept der SPD unter Kurt Schumacher konnte anfänglich noch mit breiter Resonanz rechnen. Er vertrat vehement sozialistische Vorstellungen und bekämpfte die sich abzeichnende Restauration alter Besitzverhältnisse und kapitalistischer Strukturen. Zugleich stand Schumacher mit seinem bedingungslosen Einsatz für die Wiedervereinigung und der daraus resultierenden rigorosen Ablehnung der schnellen Westintegration in scharfem Kontrast zu Adenauer. Die Ablehnung der Wiederaufrüstung als Folge der Westintegration in breiten Bevölkerungskreisen war jedoch letztlich zu diffus, als daß sie sich in Wählerstimmen niederschlug und die Grundausrichtung des 1949 geschaffenen Staates in Frage gestellt hätte. So ist die Geschichte der Bundesrepublik Deutschland nach 1949 im Vergleich zur Weimarer Republik trotz Teilung des Landes und noch keineswegs akzeptierter Ostgrenze von erstaunlich schneller Konsolidierung geprägt.

In der DDR verlief die »innere Staatsgründung« und Stabilisierung des Herrschaftssystems in völlig anderen Formen und unterschiedlichen Phasen. 1949 war die innere und äußere Transformation der DDR in einen sozialistischen Staat nach dem Modell der Volksdemokratien Osteuropas bereits im vollen Gange, auch wenn die offizielle Parteipropaganda noch eine Sondersituation konstatierte und von einer »antifaschistisch-demokratischen Ordnung« sprach. Schon mit der ersten Parteikonferenz der SED vom Januar 1949 war die Umstrukturierung der SED in eine leninistische Kaderpartei sowjetischen Typs im wesentlichen abgeschlossen. Dieser Umbau und die feste Etablierung im Verwaltungs- und Wirtschaftsapparat waren eine wichtige Voraussetzung für die Durchsetzung der zentralen Planwirtschaft, die mit dem 1950 verabschiedeten ersten Fünfjahresplan begann.

Der »Aufbau des Sozialismus« fand unter politischen Bedingungen statt, die von einer extremen Agenten- und Spionenhysterie gekennzeichnet war und damit auf die innere Labilität des neuen Staatswesens verwies. Da der Sozialismus Ulbrichtscher Prägung nur gegen die Bevölkerung durchzusetzen war, mußten alle Formen von Opposition und Abweichung rigoros ausgeschaltet werden. Der offene und verdeckte Terror fiel daher in den frühen 50er Jahren besonders drastisch aus.

Trotz zeitweiliger Stabilisierungserfolge führte die Überbeanspruchung der wirtschaftlichen Ressourcen für die hochgesteckten sozialistischen Zielsetzungen 1953 nach Stalins Tod in die erste schwere Systemkrise. Der Aufstand vom 17. Juni hätte ohne Intervention sowjetischer Panzer das Ende des zweiten deutschen Staates bedeutet. Es spricht daher vieles für die These, daß sich die SED nach der für sie traumatischen Erfahrung des Aufstandes verstärkt der »inneren Staatsgründung« der DDR zuwandte. Diese differenzierte Form der Reorganisation des Herrschaftsapparats trug dazu bei, daß sich die doppelte Staatsgründung von 1949 zu einer scheinbar dauerhaften Trennung und Abgrenzung zweier deutscher Staaten entwickelte.

Christoph Kleßmann

Anmerkungen:

1 N. Naimark: Die Russen in Deutschland. Die sowjetische Besatzungszone 1945 bis 1949, Berlin 1997, S. 590.
2 M. Bell: Die Blockade Berlins. Konfrontation der Alliierten in Deutschland, in: J. Foschepoth (Hrsg.): Kalter Krieg und Deutsche Frage. Deutschland im Widerstreit der Mächte 1945–1952, Göttingen 1985, S. 217–239, hier: S. 239.
3 Unterredung Bychovskijs mit Ulbricht am 28. 4. 1948, zit. bei J. Laufer: Die Verfassungsgebung in der SBZ 1946–1949, in: Aus Politik und Zeitgeschichte, B 32–33/1998, S. 39.
4 R. Badstübner u. a.: Deutsche Geschichte, Bd. 9, Berlin 1989, S. 459.

Literatur:

Badstübner, Rolf u. a.: Deutsche Geschichte, Bd. 9, Berlin 1989. □ Benz, Wolfgang: Die Gründung der Bundesrepublik. Von der Bizone zum souveränen Staat, München 1989. □ Klessmann, Christoph: Die doppelte Staatsgründung. Deutsche Geschichte 1945–1955, Bonn (5. Aufl.) 1991. □ Laufer, Jochen: Die Verfassungsgebung in der SBZ 1946–1949, in: Aus Politik und Zeitgeschichte, B 32–33/1998, S. 29–41. □ Loth, Wilfried: Die Teilung der Welt. Geschichte des Kalten Krieges 1941–1955, München (8. Aufl.) 1990. □ Ders.: Stalins ungeliebtes Kind. Warum Moskau die DDR nicht wollte, Berlin 1994. □ Naimark, Norman: Die Russen in Deutschland. Die sowjetische Besatzungszone 1945 bis 1949, Berlin 1997. □ Scherstjanoi, Elke (Hrsg.): »Provisorium für längstens ein Jahr«. Protokoll des Kolloquiums Die Gründung der DDR, Berlin 1993. □ Steininger, Rolf: Deutsche Geschichte seit 1945. Darstellung und Dokumente in vier Bänden, Bd. 2: 1948 bis 1955, Frankfurt a. M. 1996.

Einstellungen zur deutschen Einheit

→ Deutschlandforschung, Deutschlandpolitik der Bundesrepublik Deutschland, Deutschlandpolitik der DDR, Extremismus und Innere Sicherheit, Identität, Innerdeutsche Beziehungen, **Innere Einheit**, Jugend, **Nation und Nationalbewußtsein**, **Politische Kultur**, Sozialer Wandel, Sozialpolitik.

1. Die Datenlage: Wie sich die Einstellungen zur deutschen Einheit nach 1949 in beiden Teilen Deutschlands entwickelten, läßt sich auf Grundlage eines umfangreichen, jedoch asymmetrischen demoskopischen Datenbestandes nachzeichnen. Während in der Bundesrepublik Deutschland zwischen 1949 und 1990 eine Vielzahl von Repräsentativerhebungen zur deutschen Frage – vorwiegend durch die Meinungsforschungsinstitute Emnid, Infas, Infratest sowie das Institut für Demoskopie (IfD) Allensbach – durchgeführt wurde, blieb dieses Thema in der DDR weitgehend unerforscht. Meinungsforschung unterlag dort erheblichen staatlichen Restriktionen und strikter Geheimhaltung. Mittlerweile zugängliche Daten ostdeutscher Institute erscheinen unter methodischen Gesichtspunkten fragwürdig. Das beim ZK der SED angesiedelte Institut für Meinungsforschung, das im Auftrag und unter Mithilfe des Parteiapparats schriftliche Befragungen in der DDR durchführte, wurde bereits 1979 auf Anordnung Honeckers geschlossen. Nur vereinzelt konnten durch das Leipziger Zentralinstitut für Jugendforschung (ZIJ) zwischen 1966 und 1989 Umfragedaten zur deutschen Frage erhoben werden. Hinzu kommen Daten des Münchener Infratest-Instituts, das von 1968 bis 1989 im Auftrag der Bundesregierung sogenannte »Stellvertreterbefragungen« durchführte. Dabei handelte es sich um eine standardisierte, kombinierte Variante teilnehmender Beobachtung und indirekter Befragung westdeutscher DDR-Besucher, die gewissermaßen eine Sprachrohrfunktion für die DDR-Bevölkerung übernahmen. Das ohnehin nur in begrenztem Umfang für die DDR vorliegende Datenmaterial wirft somit Validitätsprobleme auf und ist nur eingeschränkt mit den im Westen Deutschlands erhobenen Repräsentativdaten vergleichbar. Im Mittelpunkt steht im folgenden daher die Einstellungsentwicklung in der alten Bundesrepublik bis 1989/90, der nur punktuell Umfragedaten aus der DDR gegenübergestellt werden können.

Darüber hinaus ist auf spezifische Schwierigkeiten bei der Interpretation des Datenmaterials aus der Umbruchphase 1989/90 hinzuweisen: Der Befund teils erheblicher Stimmungsschwankungen in Westdeutschland, vor allem aber in Ostdeutschland, deutet zum einen auf Unsicherheiten der Bevölkerung angesichts des sich rasant beschleunigenden Einigungsprozesses hin. Langzeittrends wie sie für die alte Bundesrepublik existieren, fehlen jedoch als Einordnungshilfe für die Einstellungsentwicklung in der DDR. Zum anderen ist zu berücksichtigen, daß es den westdeutschen Meinungsforschungsinstituten erst mit einiger zeitlicher Verzögerung gelang, ihre Umfrageinfrastruktur in Ostdeutschland aufzubauen. Die ersten Umfrageergebnisse aus der Zeit nach der Maueröffnung sind daher eher als Momentaufnahmen zu werten.[1]

2. Die deutsche Frage im Bewußtsein der Deutschen 1949–1989: Das im Grundgesetz der Bundesrepublik Deutschland verankerte Gebot, in freier Selbstbestimmung die Einheit und Freiheit Deutschlands zu vollenden, hatte nicht nur im deutschlandpolitischen Zielkatalog sämtlicher amtierenden Bundesregierungen bis 1990 seinen festen Platz. In den Jahrzehnten der Teilung wurde dieses Ziel stets auch von der großen Mehrheit der Westdeutschen befürwortet. Die höchsten Zustimmungswerte von weit über 80 % ermittelte das Deutsche Institut für Volksumfragen (Divo) während der Adenauer-Ära. In weiten Teilen der Bevölkerung wurde die Spaltung Deutschlands anfangs als unerträglicher Zustand empfunden, dessen Überwindung man in der nahen Zukunft zu erreichen hoffte. Doch selbst in den 80er Jahren, als die Wiederherstellung der staatlichen Einheit längst nicht mehr im Mittelpunkt der deutschlandpolitischen Rhetorik stand, sprachen sich je nach Erhebungsinstrument zwei Drittel bis drei Viertel der Befragten für die Wiedervereinigung aus. Ebenso fand die Beibehaltung des Grundgesetzgebots breite Unterstützung. Nur ein geringer, tendenziell jedoch zunehmender Prozentsatz der Bevölkerung lehnte eine Vereinigung der beiden deutschen Staaten grundsätzlich ab. Vor allem in der jungen Generation war in dieser Frage eine immer distanziertere Haltung festzustellen.

Diese anhaltend hohen Zustimmungswerte machen deutlich, daß das Wiedervereinigungsziel normativ im Bewußtsein der Bevölkerung verankert blieb. Allerdings läßt sich hieraus keineswegs schlußfolgern, daß die Einheit zu den drängendsten Sorgen der Westdeutschen gezählt hätte. Vielmehr ist davon auszugehen, daß sich deren politischer Stellenwert im Zeitverlauf erheblich reduzierte. Bereits für die ersten Nachkriegsjahre gilt, daß andere, dringlichere Anliegen zunächst im Vordergrund standen. Die Sicherung des Friedens, der Wiederaufbau des zerstörten Landes und die Verbesserung der eigenen materiellen Lebensverhältnisse waren den Menschen wichtiger als die Vereinigung Deutschlands. Erst mit der Konsolidierung der Lage kehrten sich die Prioritäten um: Von 1953 an bis Mitte der 60er Jahre stellte die Wiedervereinigung einer Umfragereihe des IfD Allensbach zufolge für die Westdeutschen die wichtigste anstehende politische Aufgabe dar. Erst in der zweiten Hälfte der 60er Jahre gewannen die sich verschärfenden ökonomischen Probleme demgegenüber ein größeres Gewicht.

In der Längsschnittperspektive ist ablesbar, daß der Mauerbau vom 13. August 1961 den Referenzpunkt eines weitreichenden Einstellungswandels zur deutschen Frage bildet. Mit diesem Ereignis trat ein Faktum klar zutage, das die kraftvolle deutschlandpolitische Rhetorik bis dahin überdeckt hatte: Die Vereinigung Deutschlands stand auf absehbare Zeit nicht auf der weltpolitischen Tagesordnung. Damit verlor nicht nur Adenauers »Politik der Stärke« an Überzeugungskraft, sondern es setzte sich in der Bevölkerung auch zunehmend die Erkenntnis durch, daß die Überwindung der Teilung zwar wünschenswert, aber kaum zu realisieren sei. Mitte der 60er Jahre öffnete sich in der Vereinigungsfrage bereits jene »Meinungsschere« (E. Noelle-Neumann) zwischen steigendem Pessimismus einerseits und sinkendem Optimismus andererseits, die bis zum Umbruch in der DDR 1989/90 kennzeichnend bleiben sollte.

So wie der Glaube an eine Vereinigung Deutschlands im Laufe der 60er Jahre zusehends schwand, verschoben sich auch andere Einstellungsindikatoren zur deutschen Frage. Seit 1964 gestand eine wachsende Mehrheit der Westdeutschen in Infas-Umfragen ein, sich an die Teilung gewöhnt zu haben. Die Existenz eines zweiten deutschen Staates – nicht eines »Phänomens«, wie Bundeskanzler Kiesinger es noch 1967 vor dem Deutschen Bundestag formuliert hatte – rückte zunehmend ins Bewußtsein, auch wenn man die DDR mehrheitlich noch nicht anerkennen wollte. Anfang der 70er Jahre, etwa zeitgleich mit dem Abschluß der Ostverträge, verschwand das Thema Wiedervereinigung dann beinahe ganz von der politischen Prioritätenliste der Westdeutschen. In den hierzu durchgeführten offenen Befragungen wurde dieses Stichwort maximal noch von 1 % spontan genannt und schließlich kaum noch als eigene Antwortkategorie erfaßt. Die aktuelle politische Relevanz des von der Meinungsforschung durchgehend bestätigten Vereinigungswunsches ist somit als eher gering einzustufen.

Auch aus ostdeutscher Sicht besaß die Perspektive einer Vereinigung beider deutscher Staaten – die seitens der SED-Führung mit der Streichung des sogenannten

»Wiedervereinigungsartikels« aus der DDR-Verfassung vom 7. Oktober 1974 endgültig verworfen wurde – einen zunehmend spekulativen Charakter. Nach Berechnungen des Infratest-Instituts aus den 70er und 80er Jahren wurde die Wiederherstellung der Einheit zwar von beinahe 90 % der Ostdeutschen befürwortet, aber – ganz in Übereinstimmung mit den Westdeutschen – kaum jemals erwartet. Mitte der 80er Jahre tendierte der Anteil der Optimisten in dieser Frage in der DDR ebenfalls gegen Null. Die Überwindung der Teilung hatte für die DDR-Bevölkerung jedoch insofern einen anderen Stellenwert, als sich damit konkrete, das persönliche Lebensumfeld betreffende Erwartungen verknüpfen ließen. Diese Erwartungen, so ist begründet anzunehmen, reflektierten die politischen und ökonomischen Restriktionen in der DDR, aber auch das Bild, das sich die Bevölkerung vom Leben in der Bundesrepublik machte.[2]

3. Die Westbindung als Wertbindung: Wie schon Umfragedaten aus den 50er Jahren verdeutlichten, waren die Westdeutschen durchaus nicht bereit, die staatliche Vereinigung um jeden Preis zu verwirklichen. Dies betraf nicht allein die persönliche, materielle Opferbereitschaft der Bevölkerung. Eine Revision der freiheitlich-demokratischen Ordnung zugunsten der Wiedervereinigung wurde von der Mehrheit grundsätzlich – ganz im Einklang mit der weit verbreiteten anti-kommunistischen Grundstimmung in diesen Jahren – abgelehnt. Bevor der Prozeß einer wachsenden Demokratiezufriedenheit und Systemakzeptanz in der Bundesrepublik abgeschlossen war, orientierte sich der Vereinigungswunsch nach der Datenlage bereits am westlichen Ordnungsmodell. Sozialistische Gegenkonzepte stießen demgegenüber durchgängig auf klare Ablehnung. Hierbei handelt es sich um ein Grundmuster, das die Einstellungen der Bundesbürger zur deutschen Einheit über die Jahrzehnte prägte.

Weniger konsistent erscheinen dagegen die außenpolitischen Orientierungen der westdeutschen Bevölkerung. So ermittelte die Meinungsforschung immer wieder Neutralitätstendenzen, die in ihrer Intensität und Persistenz in klarem Widerspruch zur Standortbestimmung der Bundesrepublik Deutschland standen. Sofern eine demokratische innere Ordnung des vereinten Deutschland gewährleistet blieb, bestand bei bis zu einem Drittel die Bereitschaft, einen neutralen Status als Bedingung der Wiedervereinigung zu akzeptieren. Die vorliegenden Daten deuten zudem darauf hin, daß die Wahrnehmung der Bevölkerung erheblich von der weltpolitischen Konstellation des Blockantagonismus beeinflußt wurde. Einer staatlichen Vereinigung nach westlichem Vorbild ließen die Rahmenbedingungen des Ost-West-Konflikts nur geringe Chancen, so daß Varianten eines »dritten Weges« zur Vereinigung noch am ehesten realisierbar und Teilen der Bevölkerung durchaus unterstützenswert erschienen. Infratest bestätigte diesen Befund im April/Mai 1987, als es sowohl nach den Wunschmodellen der Vereinigung als auch nach ihren Realisierungschancen fragte. Einer Vereinigung unter kommunistischen Vorzeichen erteilten die Befragten wiederum eine einhellige Absage; statt dessen favorisierten sie freiheitliche Modelle. Jeder zweite sprach sich dabei für ein vereintes Deutschland nach dem Vorbild der Bundesrepublik aus, das mit der westlichen

Welt verbunden bleiben sollte. Nur 26 % der Befragten hielten dies allerdings für realistisch. Vielmehr erschien eine Vereinigung unter neutralen Vorzeichen, ähnlich wie Österreich, als der noch am ehesten gangbare Weg. 37 % betrachteten diese Variante als die wahrscheinlichste, wohingegen nur 22 % dieses Modell ausdrücklich bevorzugten.

Dennoch ist festzuhalten, daß die Richtungsentscheidung Adenauers für die Westintegration trotz anfänglicher Widerstände und wiederholt gemessener Neutralitätstendenzen im Grundsatz von der breiten Mehrheit befürwortet wurde. Der Europagedanke fand in den ersten Nachkriegsjahren, nach der Erfahrung zweier Weltkriege, große Resonanz in der westdeutschen Bevölkerung. Ab Mitte der 50er Jahre setzte erkennbar eine Abkehr vom Nationalstaatsgedanken zugunsten der europäischen Einigung ein. Im Sinne des außenpolitischen Konzepts des ersten Bonner Bundeskanzlers mag dies als Beleg dafür gelten, daß die Westintegration als einzig gangbarer Weg zur deutschen Einheit schließlich akzeptiert wurde. Dabei ist allerdings zu berücksichtigen, daß die Überwindung der deutschen Teilung bis Mitte der 60er Jahre die vorrangige Zielperspektive blieb – nicht nur im allgemeinen Themenhaushalt politischer Prioritäten, sondern auch gegenüber europäischen Einigungsbemühungen. Erst zu Beginn der 70er Jahre – als die kaum noch für realisierbar gehaltene Wiederherstellung der deutschen Einheit aus dem politischen Sorgehorizont rückte – wurde die europäische Integration gegenüber der nationalen Frage als vordringlicher eingestuft. Zudem gibt es Anhaltspunkte dafür, daß beide Perspektiven nicht in funktionalem Zusammenhang, sondern losgelöst voneinander betrachtet wurden. Mit der Aufgabe des Glaubens an die Wiedervereinigung verlor auch die Frage an Relevanz, inwieweit die Westintegration zur Verwirklichung jenes Ziels beitragen konnte oder diese gerade verhinderte. Einzelne, aus den 70er und 80er Jahren datierende Umfragen ergaben darüber hinaus, daß sich die Westdeutschen vom europäischen Integrationsprozeß, den sie nachhaltig befürworteten, kaum positive Impulse in der deutschen Frage erwarteten.

Eine vorübergehende Verstärkung außenpolitischer Neutralitätstendenzen wurde in den 80er Jahren, vor allem unter Befragten linker Parteipräferenz, beobachtet. Angesichts der Auseinandersetzungen um den NATO-Doppelbeschluß und die damit verknüpfte Stationierungsfrage wurden Befürchtungen laut, in der Bundesrepublik bestehe eine Tendenz zur Äquidistanz zwischen den Supermächten und zum Rückzug aus der Ost-West-Konfrontation. Der sogenannte »Gorbatschow-Effekt« und konkrete Erfolge in den Abrüstungsverhandlungen trugen schließlich dazu bei, daß das Bedrohungsempfinden in der Bevölkerung erheblich nachließ. Nach Ergebnissen des IfD Allensbach aus den Jahren 1981, 1984 und 1987 war mehr als die Hälfte der Westdeutschen bereit, einer Wiedervereinigung auch unter der Bedingung der Bündnislosigkeit zuzustimmen – allerdings nur, wenn gleichzeitig die innere und äußere Freiheit Deutschlands garantiert worden wäre. Ähnliche Befunde wurden auch während des Einigungsprozesses 1989/90 ermittelt. Die Forschungsgruppe Wahlen (FGW) bezifferte den Anteil derjenigen, die einer Neutralisierung Deutschlands zugunsten der Vereinigung zustimmten, im November 1989 sogar auf zwei Drittel der westdeutschen Bevölkerung. Wurde allerdings konkret nach einem

Austritt aus dem NATO-Bündnis gefragt, so fand dieser selbst in der Phase des Umbruchs keine Mehrheit unter den Westdeutschen.

4. Die Einheit der Nation: Die Aufnahme offizieller Beziehungen zur DDR durch die sozial-liberale Bundesregierung im Jahr 1969 basierte auf der normativen Prämisse, daß zwei Staaten einer Nation in Deutschland existierten, die füreinander nicht Ausland sein konnten. Die Nation wurde demnach als das einigende »Band um das gespaltene Deutschland« betrachtet, welches sich auf das fortdauernde Zusammengehörigkeitsgefühl der Deutschen gründete. Die Perspektive einer staatlichen Vereinigung wurde in der Folge hinter das Bemühen um menschliche Erleichterungen und praktische Verbesserungen im innerdeutschen Verhältnis zurückgestellt.

Das Zusammengehörigkeitsgefühl der Deutschen, das zu Beginn der Teilung in zwei Staaten noch als selbstverständlich vorausgesetzt werden konnte, drohte mit der Zeit allmählich auszuhöhlen – wurden Kommunikation und Kontakte zwischen beiden Bevölkerungsteilen durch die Abriegelung der DDR doch erheblich eingeschränkt. Etwa die Hälfte der Westdeutschen – wie auch der in ihrer durchschnittlichen Altersstruktur etwas jüngeren ostdeutschen Bevölkerung – zählte Ende 1989 zu den nach 1949 geborenen, kannte ein geeintes Deutschland also nicht mehr aus eigener Anschauung. Immerhin knapp ein Viertel der Westdeutschen ab 16 Jahre gab einer Erhebungsreihe des Emnid-Instituts zufolge Ende der 80er Jahre noch an, Verwandte oder Bekannte in der DDR zu haben, gegenüber 40 % zu Beginn der 50er Jahre. In der Längsschnittperspektive wird deutlich, daß sich dieser Rückgang der persönlichen Bindungen langsam, seit der zweiten Hälfte der 60er Jahre aber nahezu kontinuierlich vollzog.

Aus den Reisezahlen von West nach Ost ließ sich indes seit Beginn der 70er, vor allem aber in den 80er Jahren eindeutig ein positiver Trend ablesen. Das Bundesministerium für innerdeutsche Beziehungen bezifferte die Zahl der Besuchs- und Transitreisen von Westdeutschen in bzw. durch die DDR 1986 auf 3,79 Mio.; 1988 wurden 5,51 Mio. gezählt. Emnid zufolge hatte sich der Anteil derjenigen, die seit Errichtung der Mauer mindestens einmal in der DDR oder Ost-Berlin gewesen waren, von 1967 bis 1987 mehr als verdreifacht: auf beachtliche 36 %. Zu recht ist allerdings darauf hingewiesen worden, daß es sich hierbei häufig um (einmalige) Kurzbesuche handelte, die vermutlich eher oberflächliche Eindrücke vermittelten. Infratest bezifferte den Anteil der regelmäßigen DDR-Besucher für 1985 auf lediglich 9 %, was in etwa 6 Mio. Bundesbürgern entsprach. Die individuelle DDR-Erfahrung ist zugleich – neben persönlichen Kontakten sowie hohem politischen Interesse und formaler Bildung – zu den Faktoren zu rechnen, die mit einem gesteigerten Interesse an der DDR einhergingen.[3]

Allgemein zeigen die vorliegenden Umfrageergebnisse, daß die Westdeutschen nicht nur begrenzte Kenntnisse über die Verhältnisse in der DDR besaßen, sie brachten dem anderen Teil Deutschlands auch kein spezifisches Interesse entgegen. Durchschnittlich 42 % der in den Jahren 1971 bis 1989 von Infas und Infratest Befragten verfolgten die Entwicklung in der DDR nach eigenen Angaben aufmerksam, gegenüber 54 %, die sich wenig hierfür interessierten. Nur anläßlich herausragender deutschlandpolitischer Ereignisse, beispielsweise angesichts des Honekker-Besuchs in der Bundesrepublik Deutschland im Herbst 1987, steigerte sich kurzfristig das Interesse. Im Unterschied dazu schenkten die Ostdeutschen der Bundesrepublik eine erhöhte Aufmerksamkeit. Ablesbar ist die ausgeprägte Westorientierung an der intensiven Nutzung der Westmedien, wie sie beispielsweise das Leipziger ZIJ unter den Jugendlichen in der DDR feststellte. In den 80er Jahren stieg jedoch auch der Anteil derjenigen, die die Bundesrepublik aus eigener Anschauung kennengelernt hatten, in der Gesamtbevölkerung deutlich an: 1988 hatten 14 % der 14- bis 29jährigen, ein Drittel der 30- bis 49jährigen und gut die Hälfte der über 50jährigen bereits eine Westreise unternommen.

Nähe und Distanz zwischen den Deutschen in Ost und West lassen sich mit den Mitteln der Demoskopie nur schwer messen. Dennoch zeigen die vorliegenden Umfragedaten, daß die Bevölkerung noch in den 80er Jahren mit großer Mehrheit daran festhielt, die Deutschen seien ein Volk, wenn sie auch in zwei getrennten Staaten lebten. Rund drei Viertel (73 bzw. 78 %) der Westdeutschen waren 1984 wie auch 1987 laut Infratest der Auffassung, es gebe nur ein deutsches Volk. Eine anderes Umfrageergebnis des Instituts aus dem Jahr 1987 zeigt, daß sie die Bevölkerung der DDR auch oder gleichermaßen als Deutsche (53 bzw. 40 %) betrachteten, zu denen die Mehrheit allerdings nach eigenen Angaben nur wenig persönliche Beziehungen unterhielt. Es handelte sich somit eher um ein diffuses, latent vorhandenes Gefühl der Verbundenheit. Nur ein kleiner Teil betrachtete die Ostdeutschen als Bürger eines anderen Staates, denen man gleichgültig (3 %) oder gar fremd (4 %) gegenüberstand. Eine allgemein distanziertere Haltung wurde hingegen in der Altergruppe der 14- bis 29jährigen ermittelt: Lediglich 65 % hielten fest an der Vorstellung, die Deutschen seien ein Volk, gegenüber 34 %, die von zwei Völkern ausgingen. Zudem fühlten sich nur 21 % eng mit den Ostdeutschen verbunden, gegenüber 69 %, die sich interessiert zeigten, ohne intensivere persönliche Beziehungen zu unterhalten. Hervorzuheben ist in diesem Zusammenhang, daß persönliche Kontakte generell zum Gefühl der Zusammengehörigkeit der Deutschen beitrugen. Die Relevanz der Begegnungen und Reisemöglichkeiten, die seit Anfang der 70er Jahre wieder ermöglicht und in den 80er Jahren deutlich erweitert wurden, wird hierdurch unterstrichen

Demgegenüber erwies sich die Auffassung einer nationalen Zusammengehörigkeit der beiden deutschen Staaten – einer von 1973 bis 1987 reichenden Erhebungsreihe der Meinungsforschungsinstitute Infas und Infratest zufolge – eindeutig als rückläufig. Zwar hielt die große Mehrheit daran fest, daß die DDR ein eigenständiger Staat, aber kein Ausland sei; zugleich stieg jedoch der Anteil derjenigen, welche die DDR als Ausland betrachteten, deutlich auf etwa ein Drittel an. In der jüngeren Generation betrachtete 1987 sogar jeder zweite die DDR als Ausland. Das Sonderverhältnis von Bundesrepublik und DDR schien demnach zumindest in Teilen, vor allem aber in der jüngeren westdeutschen Bevölkerung, allmählich aus dem Bewußtsein zu rücken. Gegenüber der DDR bestanden zudem starke Distanzgefühle, die sich in fehlenden Symphatien für den anderen deutschen Staat wie auch in einem ausgeprägten Negativbild des SED-Systems und der dortigen Lebensverhältnisse äußerten. Im Unterschied dazu fungierte die Bundesrepublik aus ostdeutscher Perspektive als Referenzgesellschaft, die für die DDR-Bürger einen zentralen Vergleichsmaßstab ihrer eigenen Lebenszufriedenheit darstellte und zudem immer deutlicher an Attraktivität gewann.

Vereinzelt vorliegende Ergebnisse der Stellvertreterbefragungen lassen außerdem darauf schließen, daß die DDR-Bevölkerung ihrerseits an der Zusammengehörigkeit der Deutschen festhielt – trotz aller gegenteiliger Anstrengungen der SED-Regierung, der DDR eine eigenständige sozialistische Identität zu verordnen. So bekannten sich in einer vom ZIJ im Jahr 1988 zur nationalen Identität durchgeführten Schülerbefragung 78 % der Jugendlichen ohne Einschränkung zu dem Gefühl, Deutsche zu sein.[4] Infratest ermittelte in den Jahren 1977 wie auch 1984 stabile Zustimmungswerte von 79 bzw. 80 % zu der Frage, ob die Deutschen ein Volk seien. Ganz im Gegensatz zur offiziellen Sprachregelung in der DDR betrachtete zu beiden Erhebungszeitpunkten nur etwa ein Drittel (28 bzw. 31 %) der ostdeutschen Bevölkerung die Bundesrepublik als Ausland. Ähnlich wie im Westen wurde in der jüngeren Generation eine Distanzierung vom anderen Teil Deutschlands beobachtet: In der Gruppe der 14- bis 29jährigen sank der Anteil derjenigen, die Bundesbürger und DDR-Bevölkerung als ein Volk empfanden, demnach von 70 % im Jahr 1977 auf 61 % im Jahr 1988; im gleichen Zeitraum stieg der Anteil derjenigen, die die Bundesrepublik als Ausland betrachteten, von 42 % auf 54 % an.[5] Wohl zu recht wurden derartige Entfremdungstendenzen auf »die hermetische Abriegelung der DDR durch Mauer und Stacheldraht sowie die restriktiven Reisebedingungen« zurückgeführt, welche die Bundesrepublik insbesondere für die jüngere Generation zu einem »fiktiv über das Fernsehen vermittelten, de facto aber unbekannten Land« machten.[6]

5. Die unverhoffte Einheit: Noch im Januar 1989 meinten in einer Erhebung des IfD Allensbach 61 % der in der Bundesrepublik Befragten: »Für die deutsche Einheit muß man eintreten, auch wenn sie nicht sofort zu erreichen ist. Bei großen Zielen muß man in Kauf nehmen, daß man ihre Erfüllung selbst nicht mehr erlebt.« Wenige Monate später kam es zum Fall der Mauer, wurde der abstrakte Programmsatz des grundgesetzlichen Wiedervereinigungsgebots unversehens aktualisiert. In dieser historischen Phase zeichnete die Demoskopie ein uneinheitliches Bild vom Meinungsklima in Deutschland.[7] Folgende Grundtrends lassen sich festhalten, ohne die teils erheblich divergierenden Einzelergebnisse detailliert zu dokumentieren: Die Maueröffnung wurde freudig, jedoch ohne nationalen Überschwang begrüßt. Erstmals wurden die Chancen auf eine Wiederherstellung der deutschen Einheit wieder positiver eingeschätzt. Schon im Dezember 1989 hielt jeder zweite diese für realisierbar. Der in der Bevölkerung latent vorhandene Einheitswunsch war abrufbar: Eine klare Mehrheit aller Deutschen stimmte für dieses Ziel. Nach den Politbarometer-Daten der Forschungsgruppe Wahlen (FGW) ging der Anteil der Einheitsbefürworter im Herbst 1989 unter den Westdeutschen zwar vorübergehend auf gut zwei Drittel (68 %) zurück; ab dem Frühjahr 1990 lag er dann bei über 80 %.

Erste Umfragen in Ostdeutschland anläßlich des Mauerfalls ergaben zunächst eine etwas zurückhaltendere Einstellung zur Vereinigungsfrage. Hatten sich im November 1989 erst 48 % für die deutsche Einheit ausgesprochen, so stieg die Zustimmung bis zum Februar 1990 auf um die 80 % an.[8] In späteren Umfragen lag diese schließlich höher als in Westdeutschland. Zudem wurde der Sieg der »Allianz für Deutschland« bei der ersten freien Volkskammerwahl in der DDR vom März 1990 allgemein als Votum für die deutsche Einheit gewertet.

In beiden Teilen Deutschlands überwog im Einigungsprozeß eine positive Grundstimmung. Nach Daten des IfD Allensbach wuchs die Freude aus Anlaß der Einheit unter den Westdeutschen von 43 % im Juni 1990 auf 59 % im Dezember 1990 an. In Ostdeutschland lag der Anteil derjenigen, für die die Einheit Anlaß zur Freude war, bei sämtlichen im Laufe des Jahres 1990 durchgeführten Erhebungen über der 60-Prozentmarke. Gleichzeitig blieb der Anteil der Besorgten – im Durchschnitt ein Fünftel der Befragten – unter den im Westen ermittelten Werten von durchschnittlich 30 %. Doch jenseits dieser emotionalen Dimension wurden schon früh Bedenken laut, die Vereinigung könnte eher Nachteile als Vorteile mit sich bringen. Ostdeutsche wie Westdeutsche unterschieden hierbei jedoch zwischen den kurzfristigen und den langfristigen Auswirkungen: So wurden zunächst zwar Nachteile infolge der deutschen Einheit erwartet, die langfristigen Perspektiven aber überwiegend positiv eingeschätzt.

Im Westen richteten sich die Sorgen vor allem auf ökonomische und soziale Belastungen. Im Februar 1990 erwarteten weite Teile der Bevölkerung beispielsweise Steuererhöhungen (75 %), knapperen Wohnraum (71 %), höhere Sozialversicherungsabgaben sowie eine größere Staatsverschuldung (61 %). Die persönliche Opferbereitschaft der Bevölkerung ist zudem als eher begrenzt einzuschätzen. Insbesondere galt dies im Vorfeld der Einheit für die Bereitschaft, Steuern oder andere Abgaben für den Aufbau Ostdeutschlands zu zahlen. So meinten im Februar 1990 zwei Drittel der durch das IfD Allensbach befragten Westdeutschen, sich eine Ergänzungsabgabe zur Ankurbelung der Wirtschaft in der DDR nicht leisten zu können. Erst als sich die Perspektive der Einheit konkretisierte, wuchs allmählich die Einsicht, daß die neuen Bundesländer Transferleistungen in beträchtlicher Höhe benötigten.

Die ostdeutsche Bevölkerung war sich nach der Datenlage bei allem Optimismus durchaus darüber im klaren, daß die Vereinigung Deutschlands einen tiefgreifenden Einschnitt bedeuten würde. Infas zufolge zeigten sich bereits im November 1989 fast alle Befragten überzeugt, daß die Einheit einige (30 %) bzw. viele (69 %) Veränderungen mit sich bringen würde. Daß dies aus Sicht der ostdeutschen Bevölkerung nicht allein positive Implikationen beinhaltete, illustrieren die folgenden Ergebnisse: So ergab eine Emnid-Umfrage im Spätsommer 1990, daß ein Großteil (78 %) damit rechnete, »auf längere Zeit Bürger zweiter Klasse« zu sein. Finanzielle Opfer der Bundesbürger wurden als notwendig (77 %), die Bereitschaft hierzu aber eher verhalten (31 %) eingeschätzt. Gleichwohl meinten 41 % der Ostdeutschen, innerhalb von fünf Jahren würden sich die Lebensverhältnisse beider Teile Deutschlands angeglichen haben. 31 % rechneten für die Angleichung immerhin mit einem Zeitraum von zehn Jahren.

Unsicherheiten bestanden in beiden Bevölkerungsteilen auch hinsichtlich des richtigen Tempos und besten Weges zur Vereinigung. So hatte jeder zweite Westdeutsche (52 %) im Juni 1990 das Gefühl, auf dem Weg zur Einheit gehe es »zu rasch« voran. Das politische System der Bundesrepublik wurde dabei als Modell der Vereinigung klar bevorzugt. Betrachtet man den Anstieg der Demokratiezufriedenheit in dieser Phase, so hat es sogar fast den Anschein, als sei das politische System der Bundesrepublik mit einem Male von allen bis dahin kritisierten Problemen und Defiziten befreit worden. Im Frühjahr 1990 ermittelte Ipos mit 85 % den höchsten bis dahin und seither nicht mehr wieder gemessenen Wert in der Frage nach der Demokratiezufriedenheit der Bundesbürger. Rückblickend zeigten sich im November 1990 knapp drei Viertel der Westdeutschen zufrieden, »daß sich die Staatsform der Bundesrepublik durchgesetzt hat«. Dagegen hätte etwa ein Drittel der Ostdeutschen anfangs einen eigenständigen, dritten Weg der DDR bevorzugt. So meldete Infas im Dezember 1989, daß sich 46 % der DDR-Bürger ein »Mischsystem« wünschten; nur 26 % favorisierten demnach ein marktwirtschaftliches System in der DDR, gegenüber 21 %, die einen »demokratischen Sozialismus« verwirklicht sehen wollten.[9]

6. Das Meinungsbild im vereinten Deutschland: Die historische Zäsur der staatlichen Vereinigung wurde zum schnell konsumierten Alltag. Doch konnte die deutsche Einheit bisher offenbar kaum eine identitätsstiftende Wirkung entfalten. Vielmehr wurde bald diagnostiziert, daß die innere Einheit noch längst nicht erreicht sei. Im Westen, wo sich im Lebensalltag durch die Einheit unmittelbar nur wenig änderte, kehrte sich im Sommer 1992 die Stimmungslage um: Bis Ende 1993 überwog der Anteil derjenigen, die mit Sorge auf die Einheit blickten. Im Osten, wo sich mit dem Beitritt zur Bundesrepublik der gewohnte Orientierungsrahmen der Menschen mit einem Mal auflöste, blieb die Vereinigung Deutschlands hingegen stets Anlaß zur Freude. Auch drei Jahre nach Vollendung der Einheit brachten zwei Drittel der Ostdeutschen ihre Freude hierüber zum Ausdruck.[10] Gleichzeitig wird der Einigungsprozeß in den alten wie in den neuen Bundesländern nach wie vor äußerst zurückhaltend bewertet. Ein Großteil hatte sich den Verlauf reibungsloser, weniger problembelastet vorgestellt. Die Einführung einer politischen Ordnung nach westlichem Muster wird jedoch ebenso wenig in Frage gestellt wie die Vereinigung mit der Bundesrepublik.

Manuela Glaab

Anmerkungen:

1 Soweit nicht anders belegt, wurden die im folgenden zitierten Umfrageergebnisse entnommen aus M. Glaab: Deutschlandpolitik in der öffentlichen Meinung. Einstellungen und Regierungspolitik in der Bundesrepublik Deutschland 1949 bis 1990, Opladen 1999.

2 Vgl. A. Köhler: Nationalbewußtsein und Identitätsgefühl der Bürger der DDR unter besonderer Berücksichtigung der deutschen Frage, in: Deutscher Bundestag (Hrsg.): Materialien der Enquete-Kommission »Aufarbeitung von Geschichte und Folgen der SED-Diktatur in Deutschland«, Bd. V/2, Baden-Baden 1995, S. 1636–1675, hier S. 1653–1655.

3 Eine Zusammenschau von Umfragedaten zu DDR-Besuchen und -Kontakten der Westdeutschen vgl. bei W. Weidenfeld/M. Glaab: Die deutsche Frage im Bewußtsein der Bevölkerung in beiden Teilen Deutschlands. Das Zusammengehörigkeitsgefühl der Deutschen. Konstanten und Wandlungen. Einstellungen der westdeutschen Bevölkerung 1945/49–1990, in: Deutscher Bundestag (Hrsg.): Materialien der Enquete Kommission, Bd. V/3, a. a. O., S. 2798–2962, hier S. 2903–2907, hier S. 2898–2909.

4 Vgl. P. Förster: Die deutsche Frage im Bewußtsein der Bevölkerung in beiden Teilen Deutschlands. Einstellungen junger Menschen in der DDR, in: Deutscher Bundestag (Hrsg.): Materialien der Enquete-Kommission, Bd. V/2, a. a. O., S. 1212–1380, hier S. 1277 f.

5 Vgl. A. Köhler: Nationalbewußtsein, a. a. O., S. 1651–53.

6 Ebenda, S. 1658.

7 Überblicksartig zum Stimmungsbild 1989/90 vgl. K.-R. Korte: Die Chance genutzt? Die Politik zur Einheit Deutschlands, Frankfurt a. M./New York 1994, S. 99–107; M. Wolffs/S. Beil: Dokumentation. Deutsche Einheit, Nationalbewußtsein und Westbindung im Meinungsklima der Bevölkerung, Sankt Augustin 1991; E. Noelle-Neumann/R. Köcher (Hrsg.): Allensbacher Jahrbuch der Demoskopie 1984–1992, Bd. IX, München u. a. 1993.

8 Vgl. P. Förster/G. Roski: DDR zwischen Wende und Wahl. Meinungsforscher analysieren den Umbruch, Berlin 1990, S. 53.

9 Weiterführend vgl. W. Herbert/R. Wildenmann: Deutsche Identität. Die subjektive Verfassung der Deutschen vor der Vereinigung, in: R. Wildenmann (Hrsg.): Nation und Demokratie. Politisch-strukturelle Gestaltungsprobleme im neuen Deutschland, Baden-Baden 1991, S. 71–98; B. Westle: Einstellungen zur Nation und den Mitbürgern, in: O. W. Gabriel (Hrsg.): Politische Orientierungen und Verhaltensweisen im vereinigten Deutschland, Opladen 1997, S. 61–80.

10 Vgl. R. Köcher: »Ein ungeheurer Kraftakt«, in: R. Pohl (Hrsg.): Herausforderung Ostdeutschland. Fünf Jahre Währungs-, Wirtschafts- und Sozialunion, Berlin 1995, S. 199–214.

Literatur:

Förster, Peter: Die deutsche Frage im Bewußtsein der Bevölkerung in beiden Teilen Deutschlands. Einstellungen junger Menschen in der DDR, in: Deutscher Bundestag (Hrsg.): Materialien der Enquete-Kommission »Aufarbeitung von Geschichte und Folgen der SED-Diktatur in Deutschland«, Bd. V/2, Baden-Baden 1995, S. 1212–1380. □ Glaab, Manuela: Deutschlandpolitik in der öffentlichen Meinung. Einstellungen und Regierungspolitik in der Bundesrepublik Deutschland 1949 bis 1990, Opladen 1999. □ Infratest/Die Welt: Die Deutschen und ihr Vaterland, München/Bonn 1988. □ Köhler, Anne: Nationalbewußtsein und Identitätsgefühl der Bürger der DDR unter besonderer Berücksichtigung der deutschen Frage, in: Deutscher Bundestag (Hrsg.): Materialien der Enquete-Kommission »Aufarbeitung von Geschichte und Folgen der SED-Diktatur in Deutschland«, Bd. V/2, Baden-Baden 1995, S. 1636–1675. □ Noelle-Neumann, Elisabeth: Demoskopische Geschichtsstunde. Vom Wartesaal der Geschichte zur deutschen Einheit, Zürich/Osnabrück 1991. □ Weidenfeld, Werner/Manuela Glaab: Die deutsche Frage im Bewußtsein der Bevölkerung in beiden Teilen Deutschlands. Das Zusammengehörigkeitsgefühl der Deutschen. Konstanten und Wandlungen. Einstellungen der westdeutschen Bevölkerung 1945/49–1990, in: Deutscher Bundestag (Hrsg.): Materialien der Enquete-Kommission »Aufarbeitung von Geschichte und Folgen der SED-Diktatur in Deutschland«, Bd. V/3, Baden-Baden 1995, S. 2798–2962. □ Weidenfeld, Werner/Karl-Rudolf Korte: Die Deutschen. Profil einer Nation, Stuttgart 1991.

Eliten

→ **Bundesrepublik Deutschland: Geschichte**, Bundesrepublik Deutschland: Politisches System, **DDR: Geschichte**, DDR: Politisches System, Frauen, Juden, Kirche, Medien, Parteien, Politische Kultur, Sozialer Wandel, **Strukturwandel**, Verbände, Verhandlungen zur deutschen Einheit: Innerer Prozeß.

1. Elitebegriff und Eliteforschung: Unbeschadet der Tatsache, daß der Elitebegriff in der Alltagssprache meist mit normativen Erwartungen an die moralische und fachliche Qualität der Inhaber von Führungspositionen in der Gesellschaft verbunden ist, wird er in den Sozialwissenschaften als wertneutraler und empirisch operationalisierbarer Begriff verwendet, der als Instrument zur Erforschung gesellschaftlicher Machtstrukturen und der politischen Durchsetzungschancen verschiedener Interessen eingesetzt wird. Die Zugehörigkeit zur Elite wird dabei festgemacht an den Chancen einer Person, politische Entscheidungsprozesse regelmäßig und erheblich zu beeinflussen.

Durch die Demokratisierungsprozesse in zahlreichen Ländern Lateinamerikas, Südeuropas, Ostasiens sowie den vormals kommunistisch regierten Ländern Osteuropas seit den 70er Jahren ist die Rolle von Eliten im letzten Jahrzehnt zu einem wichtigen sozialwissenschaftlichen Forschungsgegenstand geworden. Vorrangig wird dabei untersucht, unter welchen Bedingungen sich in den Eliten nicht-demokratischer politischer Systeme die Bereitschaft zur Einführung demokratischer Institutionen entwikkelt, welches die Voraussetzungen für die erfolgreiche Bildung autonomer Parteien und Interessengruppen sind und in welchem Maße sich in Kooperation zwischen alten und neuen Eliten eine *konsensuell geeinte Elite*[1] herausbildet. Eine solche Eliteformation zeichnet sich durch die Existenz eines breiten Konsenses über die Wünschbarkeit einer funktionsfähigen Demokratie sowie durch die Bereitschaft aus, mit konkurrierenden Eliten auch über ideologisch-programmatische Trennlinien hinweg zu kooperieren.

Die empirische Erforschung gesellschaftlicher Eliten geht – soweit es sich um gesamtgesellschaftliche und nicht um lokale Eliten oder die Eliten einzelner Organisationen handelt – bei der Festlegung, welche Personen zur Elite gehören, vom sogenannten *Positionsansatz* aus. Dieser basiert auf der Annahme, daß die Zugehörigkeit zur Elite in komplexen Gesellschaften an die Einnahme von Führungspositionen in verschiedenen gesellschaftlichen Sektoren gebunden ist. Dabei legt man zunächst die in die Untersuchung einzubeziehenden Sektoren fest, zu denen in erster Linie Politik, öffentliche Verwaltung, Wirtschaft, Verbände und Massenmedien gehören. Daneben werden teilweise auch noch weitere Sektoren wie Wissenschaft, Kultur, Kirchen, Justiz, Militär usw. berücksichtigt. Diese breite Definition zeigt bereits, daß die politische Willensbildung nicht alleine durch *politische Eliten* dominiert wird, sondern auch durch die aktive Beteiligung von Angehörigen anderer Sektoren, die hier der Einfachheit halber als *nichtpolitische Eliten* bezeichnet werden sollen, obwohl sie natürlich ebenfalls eine eminent politische Rolle ausüben. Innerhalb der ausgewählten Sektoren werden dann jeweils die bedeutendsten Organisationen identifiziert und die Inhaber der wichtigsten Führungspositionen innerhalb dieser Organisationen schließlich für die Untersuchung ausgewählt.

Die empirische Eliteforschung befaßt sich vorrangig mit drei Fragestellungen. Erstens behandelt sie die soziale Komposition von Eliten, d. h. ihre soziodemographischen Merkmale (soziale Herkunft, Religionszugehörigkeit, Bildungsniveau) und ihre Karrieremuster. Diese geben Auskunft über die Zugangsvoraussetzungen zu Elitepositionen, die natürlich sektorspezifisch variieren können. Ein zweiter Fragenkomplex bezieht sich auf die Wertorientierungen und die politischen Einstellungen der Eliten. Diese können zeigen, wie breit der Konsens über politische Grundprinzipien ist und welche Konfliktlinien zwischen verschiedenen Parteien und Organisationen existieren. Eine dritte Fragestellung richtet sich auf die Elitennetzwerke. Hier sind sowohl die Beziehungen der Eliten untereinander als auch die zur übrigen Gesellschaft von Interesse. Netzwerkanalysen können ferner Auskunft darüber geben, welche Organisationen besonders eng miteinander verbunden sind und welche Eliten eher eine Außenseiterrolle zukommt.

Als methodisches Instrumentarium kommen die Sammlung und statistische Analyse von Informationen aus Nachschlagewerken, die Durchführung von Inhaltsanalysen (z. B. von Reden oder Publikationen) sowie die Durchführung von schriftlichen oder mündlichen Befragungen in Betracht. Auch eine teilnehmende Beobachtung kann Aufschlüsse liefern, ist aber aufgrund von Problemen beim Feldzugang in der Regel nicht möglich.

2. Eliten und Demokratie: Das Hauptanliegen der frühen Elitetheoretiker (V. Pareto, G. Mosca, R. Michels) war es, die Unmöglichkeit direkter Demokratie im Sinne einer Beteiligung aller Bürger an politischen Entscheidungen sowie die Universalität von Herrschaft und der Existenz von Eliten nachzuweisen. Diese Universalität impliziert allerdings keinesfalls, daß Herrschaftsbeziehungen überall in derselben Weise organisiert sind. Auch ergibt sich daraus noch keine Unvereinbarkeit von Eliten und Demokratie. Vielmehr setzt repräsentative Demokratie die Existenz konkurrierender politischer Eliten geradezu voraus. Gleichzeitig ist sie aber mit der Existenz einer exklusiven, homogenen Elite unvereinbar, die alle Aspekte des politischen, wirtschaftlichen und gesellschaftlichen Lebens dominiert. Aus den Prinzipien der Meinungsfreiheit, der Eigentumsgarantie und der Organisationsfreiheit ergibt sich, daß die Autonomie verschiedener gesellschaftlicher Sektoren respektiert wird. Dementsprechend ist auch der Zugang zu gesellschaftlichen Führungspositionen sehr viel offener als in nicht-demokratischen Gesellschaften.

Die Ungleichverteilung politischer und gesellschaftlicher Macht ist in Demokratien prinzipiell legitimationsbedürftig. Die Legitimationsgrundlage ist dabei je nach Sektor unterschiedlich: Während sie bei den politischen Eliten auf Wahl beruht, kann der politische Einfluß anderer Eliten lediglich aufgrund allgemeiner demokratischer Prinzipien legitimiert werden, v. a. der Meinungs- und Organisationsfreiheit sowie der prinzipiellen Offenheit des Zugangs zum politischen Willensbildungsprozeß, auch wenn dies spezifische Verzerrungen der politischen Willensbildung zugunsten etablierter, hochorganisierter und finanzstarker Interessen nicht ausschließt.

3. Eliten und politische Systembrüche in Deutschland: 1919, 1945, 1989

3.1. Zur Datenlage: Angesichts der diskontinuierlichen Entwicklung der Demokratie in Deutschland hat sich hier die Frage nach den Beziehungen zwischen Elitestruktur, Elitehandeln und Demokratie immer in besonderer Weise gestellt. Vielfach wurden die deutschen Eliten für den Zusammenbruch der Weimarer Republik und den Aufstieg Hitlers verantwortlich gemacht. Ebenso ist offenkundig, daß die unterschiedliche Entwicklung der beiden Teile Deutschlands nach 1945 in erster Linie ein Werk der Eliten war, die hier nach dem Zweiten Weltkrieg die politische Macht übernahmen. Von daher erhebt sich die Frage, wie sich diese politischen Systembrüche auf die Struktur und die soziale Zusammsetzung der deutschen Eliten ausgewirkt haben.

Die Daten- und Literaturlage über die Strukturmerkmale und den Wandel der deutschen Eliten seit dem Kaiserreich ist im internationalen Vergleich exzellent. Für die Zeit vor 1945 sind dabei vor allem die Untersuchungen von Zapf und Best zu nennen, die sich auf biographisches Material gestützt haben. Elitenumfragen, die zusätzlich auch Auskunft über die politischen Orientierungen der Eliten geben können, gibt es erst seit den 50er Jahren und für die Zeit vor 1989 auch nur für die alte Bundesrepublik. Hier sind vor allem vier Umfragen zu nennen, die es aufgrund ihrer relativ großen Fallzahlen erlauben, die Veränderungen in der Elitestruktur und den politischen Orientierungen der Eliten seit den 60er Jahren zu analysieren und auch die Auswirkungen des politischen Umbruchs in den neuen Bundesländern und der Vereinigung Deutschlands auf die Elitestruktur zu bestimmen. Es handelt sich dabei um die Mannheimer Elitestudien von 1968, 1972 und 1981 sowie die Potsdamer Elitestudie von 1995, für die erstmalig eine gesamtdeutsche Positionenauswahl zugrundegelegt wurde (vgl. Tabelle 1).[2]

Tabelle 1: Befragtenzahlen der Mannheimer und Potsdamer Elitestudien 1968–1995 (Spaltenprozent)

	1968		1972		1981		1995	
Sektor	n	%	n	%	n	%	n	%
Politik	120	14,9	285	15,6	274	15,7	338	16,3
Verwaltung	94	11,6	502	27,5	296	17,0	462	22,3
Wirtschaft[1]	222	27,4	447	24,5	459	26,3	407	19,7
Gewerkschaften	69	8,5	49	2,7	87	5,0	85	4,1
Massenmedien	145	17,9	274	15,0	222	12,7	248	12,0
Andere Sektoren[2]	158	19,5	268	14,6	406	23,4	529	25,6
Insgesamt	808	100,0	1 825	99,9	1 744	100,1	2 069	100,0

1 Großunternehmen und Wirtschaftsverbände.

2 Wissenschaft, Militär, kommunale Eliten (Oberbürgermeister und Oberstadtdirektoren der wichtigsten Großstädte), Berufsverbände, Neue Soziale Bewegungen (nur 1995), Kirchen, Kultur (nur 1981 und 1995), Justiz (nur 1981 und 1995) u. a.

Quellen: Mannheimer Elitestudien 1968, 1972, 1981; Potsdamer Elitestudie 1995 (nur westdeutsche Befragte).

3.2. Kaiserreich und Weimarer Republik: Eine Analyse der Beziehungen zwischen Elitestruktur und Demokratie in Deutschland muß mit der Reichsgründung im Jahr 1871 einsetzen. Denn die These vom deutschen Sonderweg geht davon aus, daß diese eine institutionelle Verfestigung vordemokratischer Machtstrukturen mit sich brachte, die sich später als Hypothek für die demokratische Entwicklung Deutschlands erwies. Hauptträger der politischen Ordnung des Kaiserreichs waren Bürokratie und Militär. Nach der vorherrschenden Ideologie der Trennung von Staat und Gesellschaft verkörperten sie das Allgemeinwohl, während politische Parteien und Interessengruppen als Vertreter partikularistischer Interessen galten und dementsprechend abschätzig betrachtet wurden. Der mit der Reichsverfassung geschaffene Dualismus von Exekutive und Legislative verhinderte die volle Parlamentarisierung und Demokratisierung. Da die politischen Parteien keine Verantwortung für die Regierungsbildung trugen, begünstigte die Verfassung des Kaiserreichs zudem die Herausbildung primär ideologisch motivierter Parteien, die nur bedingt zur Zusammenarbeit über Parteigrenzen hinweg bereit waren.

Der Übergang zur Weimarer Republik brachte dann 1919 eine parlamentarisch-demokratische Verfassung, war jedoch von keiner nennenswerten Elitentransformation begleitet. Große Teile der in ihren Positionen verbliebenen Eliten in Verwaltung, Justiz, Militär, Wirtschaft und Verbänden standen der neuen Demokratie distanziert bis ablehnend gegenüber. Zudem verharrten selbst die Eliten der demokratischen Parteien in ihrem ideologischen Lagerdenken und verkannten, daß ihnen mit der Parlamentarisierung auch die Verantwortung für die Bildung stabiler Regierungsmehrheiten zugefallen war. Angesichts der drängenden sozio-ökonomischen Probleme schätzten sie die Gefahr einer Erosion der eigenen Wählerbasis aufgrund von Kompromissen mit dem politischen Gegner höher ein als die Gefahr, die von der chronischen Regierungsinstabilität ausging. Die Probleme der parlamentarischen Mehrheitsbildung wurden durch die Präsenz links- und rechtsextremistischer Parteien noch verschärft. Die so entstandene Machtstruktur zeichnete sich also insgesamt durch einen extremen Pluralismus bei gleichzeitiger Unfähigkeit der Eliten zur Überbrückung der tiefgreifenden sozial- und wirtschaftspolitischen Interessenkonflikte aus.

Die nationalsozialistische Herrschaft führte dann zu einem durchgreifenden Elitenwandel, der in der zunehmenden Übernahme auch nicht unmittelbar politischer Führungspositionen durch nationalsozialistische Parteigänger bestand. Nach der Machtübernahme, die im übrigen nicht ohne Unterstützung durch Teile der konservativen Eliten möglich gewesen wäre, etablierten die Nationalsozialisten binnen kurzer Zeit ihre Kontrolle über den gesamten Regierungsapparat und erzwangen durch Verbote und Einschüchterung die Gleichschaltung aller wichtigen Interessenorganisationen. Dabei blieb allerdings während der ersten Jahre die Kontinuität in der Organisations- und Personalstruktur weitgehend gewahrt. Erst mit der Festigung der nationalsozialistischen Herrschaft wurden ab Mitte der 30er Jahre die in ihren Positionen verbliebenen traditionellen Eliten zunehmend entbehrlich und konnten nach und nach durch Nationalsozialisten ersetzt werden. Der einzige Sektor, der während der gesamten Zeit der nationalsozialistischen Herrschaft weitgehend unangetastet blieb, war die Wirtschaft, wobei sich die meisten Unternehmen mit dem Regime arrangierten.

3.3. Elitenwandel in der alten Bundesrepublik nach 1945: Nach 1945 fand in Westdeutschland vor allem in den Sektoren Politik und Massenmedien eine durchgreifende organisatorische Umstrukturierung statt. Diese wurde nicht zuletzt durch die Lizenzierungspolitik der alliierten Siegermächte erzwungen, durch die in den ersten Jahren nur solche politischen Parteien und Medien zugelassen wurden, deren Führungspersonal über den Verdacht nationalsozialistischen Mitläufertums erhaben war. Dies begünstigte in diesen beiden Sektoren den Aufbau einer neuen Führungsschicht, in der ehemalige Gegner des Nationalsozialismus tonangebend waren. Daneben boten sich auch Nachwuchskräften, die aus Altersgründen politisch unbelastet waren, schnelle Aufstiegsmöglichkeiten. Ehemalige Mitläufer wurden toleriert, sofern sie bereit waren, sich vorbehaltlos zur Demokratie zu bekennen.

In den übrigen Sektoren war die personelle Kontinuität demgegenüber relativ hoch. Lediglich Führungskräfte, die aufgrund ihrer engen Zusammenarbeit mit dem nationalsozialistischen Regime diskreditiert waren, mußten auf Drängen der Westalliierten ausgewechselt werden. Ganz generell genossen hier Effizienzkriterien Vorrang vor dem Wunsch, politisch belastete Personen aus dem öffentlichen Leben zu entfernen. Neben den Kirchen zeichnete sich die öffentliche Verwaltung durch das höchste Maß an Kontinuität aus. Hier wurde die offizielle Entnazifizierungspolitik im Interesse eines schnellen Wiederaufbaus effektiver Verwaltungsstrukturen schon bald wieder aufgegeben, so daß zahlreiche belastete Führungskräfte nach relativ kurzer Zeit in ihre Ämter zurückkehren konnten. Dementsprechend waren unter den westdeutschen Eliten der 50er Jahre mit Ausnahme der politischen, der Medien- und der Gewerkschaftselite durchweg mindestens zwei Fünftel bereits vor 1940 im selben Beruf bzw. Sektor tätig gewesen.

Die vielfach vertretene These von der Kontinuität der Eliten nach 1945 ist also in ihrer pauschalen Form unzutreffend und muß erheblich differenziert werden. Sie verweist zwar zu Recht darauf, daß ein Großteil des Führungskräftereservoirs, das nach dem Kriegsende für die Übernahme von Elitepositionen zur Verfügung stand, durch die Zusammenarbeit mit den Nationalsozialisten belastet war. Auch konnten – abgesehen von der engeren nationalsozialistischen Führungsmannschaft – selbst belastete Personen in der Regel sehr schnell wieder eine Berufstätigkeit aufnehmen und Karriere machen. Der Aufstieg in die Führungsetagen der neuen politischen Parteien war ihnen allerdings mit wenigen Ausnahmen versperrt. Ihre Integration war zudem an die Bedingung gebunden, sich nach außen den neuen politischen Verhältnissen anzupassen.

Andererseits hatte lediglich eine Minderheit der westdeutschen Nachkriegseliten dem Widerstand gegen den Nationalsozialismus angehört. Die meisten waren Mitläufer gewesen oder hatten in der inneren Emigration verharrt.

In der Folgezeit hat sich dann eine Elitestruktur entwickelt, die im wesentlichen der in anderen hochentwickelten, demokratischen Gesellschaften gleicht. Der Wandel von einer traditionellen, sozial exklusiven, nationalistischen und antidemokratischen Elite, in der die Gewerkschaften und die SPD bestenfalls als Außenseiter toleriert wurden, zu einer modernen, demokratischen Elite vollzog sich dabei über einen kontinuierlichen Generationenwandel. Da Eliten überwiegend einem im Vergleich zur Gesamtbevölkerung relativ schmalen Alterssegment angehören, verläuft der Generationswandel hier relativ schnell. Während noch 1956[3] fast die Hälfte der westdeutschen Eliten vor der Jahrhundertwende geboren war und vier politische Regime, zwei Weltkriege und die deutsche Teilung bewußt erlebt hatte, nahm der Anteil der im Kaiserreich Aufgewachsenen danach schnell ab. Allerdings wurde die westdeutsche Elite noch bis Mitte der 80er Jahre durch Personen dominiert, die durch die Erfahrung des Nationalsozialismus und durch Weltkriegserlebnisse geprägt waren (vgl. Tabelle 2). Dieser Erfahrungshintergrund hat in diesen Generationen eine Sensibilität für die historischen Belastungen Deutschlands geweckt, die den Nachkriegsgenerationen eher fremd ist. Demokratie und Wohlstand sind für

Tabelle 2: Generationswandel in der westdeutschen Elite 1968–1995 (Spaltenprozent)

	1968		1972		1981		1995		Bevölkerung 1996[1]	
Generation[2]	n	%	n	%	n	%	n	%	n	%
Kaiserreich (–1903)	102	12,6	56	3,1	2	0,1	–	–	2	0,1
Weimarer Republik (1904–1917)	394	48,8	657	36,0	102	6,0	7	0,3	67	2,8
Nazizeit (1918–1930)	289	35,8	890	48,8	1 027	59,0	117	5,7	292	12,2
Nachkrieg (1931–1945)	23	2,8	221	12,1	593	34,1	1 419	68,6	590	24,6
Wohlstand/ Protest (1946–1960)	–	–	–	–	16	0,9	487	23,5	651	27,1
Neue Soziale Bewegungen (1961–1970)	–	–	–	–	–	–	393	1,9	541	22,6
1989er (1971–)	–	–	–	–	–	–	–	–	255	10,6
Insgesamt	808	100,0	1824	100,0	1 740	100,1	2 069	100,0	2 398	100,0

1 Westdeutsche Bevölkerung ab 18 Jahren.
2 Für die Benennung der Generationen wurde das Alter von 14–18 Jahren als ausschlaggebend für die generationstypische politische Prägung zugrundegelegt.
3 Einschließlich zwei Befragten des Jahrgangs 1971.

Quellen: Mannheimer Elitestudien 1968, 1972, 1981; Potsdamer Elitestudie 1995 (nur westdeutsche Befragte); ALLBUS 1996 (westdeutsche Befragte ab 18 Jahren).

sie zudem nicht so selbstverständlich wie für die Nachgeborenen. Dies begünstigt unterschiedliche Problemwahrnehmungen und hat dazu beigetragen, daß die älteren Angehörigen der Elite 1989/90 vorbehaltlos die Verantwortung der alten Bundesrepublik für den Aufbau Ostdeutschlands bejahten und für eine Vereinigung Deutschlands eintraten, während viele der jüngeren Eliten sich mit der deutschen Zweistaatlichkeit abgefunden hatten und dementsprechend die Vereinigung lieber aufgeschoben hätten.

Im Hinblick auf die soziale Komposition der Eliten hatte paradoxerweise bereits die nationalsozialistische Herrschaft den Aufstieg neuer sozialer Gruppen in die Eliten begünstigt. Die Bildungsexpansion sowie die zunehmende soziale und regionale Mobilität führten dann nach 1945 zu einer weiteren sozialen Öffnung der Eliten, die heute von Personen dominiert werden, die der gehobenen Dienstklasse entstammen. Daneben hat die Akademisierung der Eliten, die schon immer relativ hoch war, seit den 60er Jahren noch zugenommen. Zunehmend ist dabei eine akademische Ausbildung auch in denjenigen Sektoren wichtig geworden, die traditionell Aufstiegschancen für die Angehörigen unterprivilegierter sozialer Gruppen bildeten, nämlich die SPD und die Gewerkschaften. Heute unterscheidet sich die Führung der SPD im Hinblick auf ihren Akademisierungsgrad nicht mehr von den Führungsgruppen der übrigen politischen Parteien, und selbst in der Gewerkschaftselite hat eine wachsende Minderheit einen Universitätsabschluß vorzuweisen. Dies ist einerseits eine Folge der allgemeinen Bildungsexpansion, verweist aber darüber hinaus auch darauf, daß intellektuelle Schulung und abstrakte Kenntnisse für die Einnahme von Führungspositionen in modernen Gesellschaften zunehmend wichtiger geworden sind.

3.4. Die Entwicklung in der DDR bis 1989: In der sowjetischen Besatzungszone erfolgte nach 1945 eine durch die sowjetische Besatzungsmacht und die KPD-Führung gesteuerte umfassende Elitentransformation. Die gesamte alte Führungsschicht wurde durch Personen ersetzt, die der KPD bzw. der SED angehörten oder ihr zumindest nahestanden. Dieser Elitenaustausch erstreckte sich auch auf den Wirtschaftssektor. Dabei genoß die Etablierung einer vollständigen politischen Kontrolle über die Gesellschaft eindeutigen Vorrang gegenüber Effizienzkriterien. Dementsprechend verzögerte sich im Vergleich zu Westdeutschland der Wiederaufbau von Verwaltungs-, Justiz- und Wirtschaftsstrukturen.

Analysen der DDR-Elite zeigen, daß es sich dabei um eine gerontokratische, monopolistische und von der Gesellschaft abgehobene Elitenformation handelte.[4] Interne Differenzierungen nach Generation oder Sektor spielten eine nur untergeordnete Rolle. Der einzig relevante Rekrutierungskanal war der Aufstieg über die Parteihierarchie. Nachdem das SED-Regime sich mit dem Mauerbau konsolidiert hatte, bahnte sich in den 60er Jahren ein Generationswechsel innerhalb der DDR-Elite an, von dem sich viele Beobachter eine Umorientierung der DDR-Politik in Richtung auf einen pragmatischeren ökonomischen und politischen Kurs versprachen. Die entsprechenden Reformansätze erwiesen sich aber als kurzlebig. Statt dessen erneuerte sich die SED-Führung über die Jahrzehnte des Bestehens der

DDR nur minimal, und das Durchschnittsalter der DDR-Elite nahm im Verlauf der Jahre beträchtlich zu.

3.5. Die Revolution von 1989 und die Vereinigung Deutschlands: Das Gebiet der neuen Bundesländer erlebte während der politischen Wende 1989/90 zum zweiten Mal seit 1945 einen abrupten Elitenwandel. Die Notwendigkeit einer schnellen Ablösung der DDR-Elite ergab sich sowohl aus deren Überalterung, als auch aus der monopolistischen Machtstruktur der DDR. Anders als 1945 in Westdeutschland waren nach fast 57 Jahren Diktatur allerdings keine organisatorischen Erfahrungen aus vortotalitärer Zeit mehr vorhanden, an die hätte angeknüpft werden können. Zudem mußte die Struktur der Wirtschaft neu geordnet werden. Mit der Ablösung der SED von der Macht entstand daher ein Elitenvakuum. Dementsprechend erstreckte sich der Elitenaustausch nicht nur auf die politische Elite im engeren Sinne, sondern auch auf alle übrigen Eliten.

Innerhalb des kurzen Zeitraums vom Herbst 1989 bis zum Frühjahr 1990 pluralisierte sich die ostdeutsche Elitestruktur durch eine zunehmende Unabhängigkeit der zuvor von der SED kontrollierten Blockparteien, Massenorganisationen und Medien. Zusätzlich wurden neue Parteien und Interessengruppen gegründet. Ab Anfang 1990 wurde die Elitentransformation allerdings weitgehend durch die Dynamik des Prozesses der deutschen Vereinigung bestimmt. Dabei bestand von Anbeginn weitgehender Konsens darüber, daß sich die Vereinigung unter »westlichen« Vorzeichen vollziehen sollte, d. h. durch Übernahme des Institutionensystems und des intermediären Systems der alten Bundesrepublik. Westdeutsche Parteien und Verbände versuchten daher bereits ab Anfang 1990, über Fusionen mit ihren ostdeutschen Pendants in der zunächst noch selbständigen DDR Fuß zu fassen. Die Zusammenschlüsse der ost- und westdeutschen Organisationen erfolgten dabei nicht paritätisch, sondern wurden durch die westdeutschen Partner dominiert. Dies war teilweise eine einfache Konsequenz des Zahlenverhältnisses bei den Mitgliedern. Aber mehr noch resultierte dieses Mißverhältnis aus der mangelnden Erfahrung der Ostdeutschen in westlichen Managementmethoden wie auch aus der größeren Finanzkraft der westdeutschen Organisationen.

4. Die gesamtdeutsche Elite seit 1990

4.1. Repräsentation von Ostdeutschen in der gesamtdeutschen Elite: Angesichts der Tatsache, daß mit der Vereinigung Deutschlands nicht nur das Grundgesetz, sondern auch die gesamte Verwaltungsstruktur, die Struktur des Interessengruppensystems sowie die wirtschaftlichen Strukturen auf die neuen Bundesländer übertragen wurden, ist es nicht weiter verwunderlich, daß Ostdeutsche innerhalb der neuen gesamtdeutschen Elite unterrepräsentiert sind (vgl. Tabelle 3). Dabei fällt diese Unterrepräsentation allerdings sektorspezifisch unterschiedlich aus. Nur 12 % der 1995 befragten Positionseliten waren Ostdeutsche, die vor 1989 in der DDR lebten. Im Sektor Politik sind die Ostdeutschen dabei mit 32 % am stärksten vertreten, in der Wirtschaftselite und im Militär am schwächsten. Der im Verhältnis zur Bevölkerungszahl hohe Anteil der Ostdeutschen in der politischen Elite ist darauf zu-

Tabelle 3: Ost- und Westdeutsche in der deutschen Elite 1995 (Zeilenprozent)

Sektor	Insgesamt	West		Ost	
	n	n	%	n	%
Politik: CDU/CSU	119	86	72,3	33	27,7
Politik: SPD	141	98	69,5	43	30,5
Politik: F.D.P.	63	49	77,8	14	22,2
Politik: Bündnis 90/Grüne	116	86	74,1	30	25,9
Politik: PDS	44	7	15,9	37	84,1
Politik insgesamt[1]	498	338	67,9	160	32,1
Verwaltung	474	462	97,5	12	2,5
Großunternehmen	249	248	99,6	1	0,4
Wirtschaftsverbände	173	159	91,9	14	8,1
Gewerkschaften	97	85	87,6	12	12,4
Massenmedien	281	248	88,3	33	11,7
Nichtpolitische Eliten insgesamt	1 843	1 731	93,9	112	6,1
Insgesamt	2 341	2 069	88,4	272	11,6

1 Einschließlich 15 Politikern ohne Parteimitgliedschaft.

Quelle: Potsdamer Elitestudie 1995.

rückzuführen, daß aufgrund der relativ großen Zahl der neuen Bundesländer und der Vertretung der PDS in den ostdeutschen Landesparlamenten die Zahl der politischen Führungspositionen hier relativ hoch ist.

4.2. Elitentransfer aus den alten Bundesländern: Angesichts des Mangels an einschlägig qualifiziertem ostdeutschem Personal wurde bei der Besetzung von Führungspositionen in den neuen Bundesländern vielfach auf westdeutsche Führungskräfte zurückgegriffen. Die Möglichkeit dieses Elitentransfers ergab sich aus der spezifischen Konstellation der deutschen Teilung und ist insofern als historischer Ausnahmefall zu betrachten. Eine Unterteilung der Befragten nach ihrem Arbeitsort erlaubt es, das Gewicht der aus den neuen Bundesländern stammenden Eliten in der gesamtdeutschen Elite sowie das Ausmaß des Elitentransfers genauer zu bestimmen (vgl. Tabelle 4). Dabei zeigt sich zunächst, daß der Anteil der Politiker aus den neuen Bundesländern in der Bundespolitik in etwa dem ostdeutschen Bevölkerungsanteil entspricht. Unter den Landespolitikern in den neuen Bundesländern ist der Elitentransfer mit fast 15 % zwar nicht unbeträchtlich, aber in ihrer großen Mehrheit stammen diese doch aus dem jeweiligen Bundesland. Die westdeutschen Politikerimporte finden sich zudem vor allem in den Landesexekutiven. Die aus Westdeutschland stammenden Landesminister gehörten dabei zunächst mit einer Ausnahme nicht den entsprechenden Landtagen an. Von der ersten zur zweiten Wahlperiode ergab sich jedoch eine »Normalisierung« in dem Sinne, daß einerseits der Anteil der Westdeutschen in den ostdeutschen Landesexekutiven von einem Drittel auf ein Viertel zurückgegangen ist, und andererseits die Rekrutierung der Exekutive aus den Parlamenten von 46 % auf 75 % zugenommen hat. Inzwischen gehören sechs der 13 aus Westdeutschland stammenden Landesminister dem jeweiligen Landtag an. Hieraus kann man schließen, daß sie sich dauerhaft in diesen Bundesländern niedergelassen haben und damit nur noch bedingt als »*Wessis*« betrachtet werden können.

Der Elitentransfer war vor allem in der Verwaltung ausgeprägt. Ganz abgesehen davon, daß das Gros der Bundesbehörden bislang an seinen Standorten im Westen verblieben ist, und es in der Bundesverwaltung kaum ostdeutsche Spitzenbeamte gibt, ist der Anteil der »*Westimporte*« auch in der Spitze der Landesverwaltungen der neuen Bundesländer mit 87,3 % außerordentlich hoch. Dies ist primär darauf zurückzuführen, daß in den oberen Rängen der Ministerialbürokratie juristische Kenntnisse unverzichtbar sind, über die Ostdeutsche zunächst nicht verfügten. Dies gilt insbesondere für die Justiz-, Wirtschafts- und Finanzministerien, wo selbst auf den unteren Rängen die Westdeutschen dominieren, während in den Ministerien, in denen technische Aufgaben im Vordergrund stehen (z. B. Landwirtschafts- und Umweltministerien), der Anteil der Westdeutschen deutlich geringer ist.[5]

In einigen anderen Sektoren, v. a. in der Wirtschaft, in den Verbänden und im Militär, bedurfte es eines Elitentransfers dagegen schon alleine aus dem Grunde nicht, weil praktisch alle Organisationszentralen im Westen verblieben sind. Dies ist daraus ersichtlich, daß nur ein gutes Zehntel der Befragten in diesen Sektoren ihren Arbeitsplatz in den neuen Bundesländern haben. Aber selbst von diesen stammt fast die Hälfte aus den alten Bundesländern, während umgekehrt lediglich eine verschwindend kleine Zahl der im Westen tätigen Eliten vor 1989 in der DDR gelebt hat.

Tabelle 4: Rekrutierung des Führungspersonals in Bund und Ländern aus den neuen und alten Bundesländern und Häufigkeit des Kontakts mit dem Führungspersonal der neuen/alten Bundesländer (Spaltenprozent)

	Tätigkeitsbereich und Einsatzort[1]							
	Politik Bund	**Landes-politik ABL**	**Landes-politik NBL**	**Verwal-tung Bund**	**Verwal-tung ABL**	**Verwal-tung NBL**	**Andere Sektoren ABL**	**Andere Sektoren NBL**
	Regionale Herkunft							
West	77,7	98,4	13,1	98,4	100,0	87,3	98,6	46,8
Ost	22,3	1,6	85,9	1,6	0,0	12,7	1,4	53,2
Häufigkeit des Kontakts mit Führungspersonal in den alten/neuen Bundesländern[2]								
oft	68,5	37,6	58,0	51,3	50,0	85,2	43,0	73,0
selten/nie	31,5	62,4	42,0	48,7	50,0	14,8	57,0	27,0

1 27 Befragte mit Einsatzort im Ausland (z. B. EU-Verwaltung, NATO) nicht berücksichtigt.
2 Politik und Verwaltung Bund bzw. Einsatzort ABL: Kontakt mit NBL; Einsatzort NBL: Kontakt mit ABL.

Quelle: Potsdamer Elitestudie 1995.

Allerdings ist der Elitentransfer auf den unteren Führungsebenen vor allem in denjenigen Bereichen weniger ausgeprägt gewesen, in denen genügend ostdeutsche Anwärter mit den entsprechenden Qualifikationsvoraussetzungen zur Verfügung standen. So sind beispielsweise im Wirtschaftssektor die meisten Unternehmen zwar in Westbesitz, für die Besetzung von Managementpositionen wurde jedoch überwiegend ortsansässiges Personal übernommen oder neu rekrutiert.[6]

4.3. Frühere Parteimitgliedschaften und politische Funktionen der ostdeutschen Eliten: Ähnlich wie in Westdeutschland nach 1945 hat in den neuen Bundesländern nach 1989 ein umfassender Austausch der politischen Elite stattgefunden, der sich selbst auf die PDS erstreckte. Praktisch das gesamte politische Führungspersonal – einschließlich ehemaliger Reformer wie Hans Modrow – wurde abgelöst. Allerdings war eine große Zahl der neuen ostdeutschen Politiker bereits zu DDR-Zeiten Mitglied in der SED oder einer Blockpartei. Der Anteil variiert dabei stark zwischen den Parteien. Zwei Drittel der in der Potsdamer Elitestudie 1995 befragten ostdeutschen Spitzenpolitiker der CDU und sogar über vier Fünftel der FDP-Politiker waren Mitglied einer Blockpartei. Über neun Zehntel der führenden PDS-Politiker hatten vor 1989 der SED angehört. Bei SPD und Bündnis 90/Die Grünen liegen die Anteilswerte dagegen weit niedriger, nämlich bei einem Zehntel bzw. einem Fünftel. Auch beim ostdeutschen Führungspersonal in den übrigen Sektoren beträgt der Anteil der ehemaligen SED-Mitglieder zwei Fünftel, und ein weiteres Zehntel gehörte einer der Blockparteien an. Andererseits waren aber die meisten Angehörigen der neuen ostdeutschen Elite lediglich passive Parteimitglieder und nahmen keine oder zumindest keine wichtigen Parteifunktionen wahr. Die Ergebnisse bestätigen also primär, daß in der DDR – wie generell in totalitären Systemen – eine Parteimitgliedschaft fast unabdingbare Voraussetzung für berufliches Fortkommen war.

Dementsprechend spielte die ehemalige Opposition als Rekrutierungsreservoir für die neue ostdeutsche Elite nur eine untergeordnete Rolle. Lediglich 30 % der Befragten gaben an, vor 1989 einer oppositionellen Organisation angehört zu haben. Dieser Wert ist zwar höher als der Anteil der Nazigegner in der frühen westdeutschen Elite. Berücksichtigt man jedoch die späte Entwicklung einer größeren Oppositionsbewegung in der DDR erst im Verlauf des Sommers 1989, so steht zu vermuten, daß die meisten der genannten Mitgliedschaften sich auf diese Zeit beziehen, zu der das SED-Regime bereits stark geschwächt und sein Ende absehbar war. Hierfür spricht auch, daß ein Viertel der Mitglieder der ehemaligen Blockparteien und sogar fast ein Zehntel der ehemaligen SED-Mitglieder zusätzlich zu ihrer Parteimitgliedschaft auch eine Mitgliedschaft in Oppositionsgruppen angaben. Zieht man diese Befragten ab, so vermindert sich der Anteil der Angehörigen der ehemaligen Opposition auf etwas über ein Fünftel. Über die Hälfte dieser Befragten sind Politiker von SPD und Bündnis 90/Die Grünen, also der beiden Parteien, die keine Wurzeln im alten System haben. Alles in allem gilt auch für die neue ostdeutsche Elite das für die westdeutsche Nachkriegselite konstatierte Muster. Ihre Angehörigen gehörten mehrheitlich weder der alten Elite, noch dem Widerstand, sondern der »*Grauzone*« der Mitläufer an.

4.4. Ostdeutsche Eliten – Anpassung an westliche Muster oder Sonderidentität? Mit der Entscheidung für die Angliederung der DDR an die alte Bundesrepublik wurden die seit 1949 bewährten politischen Institutionen auf die neuen Bundesländer übertragen. Wie bereits gezeigt wurde, hat dies – mit der Ausnahme des Sektors Politik – zu einer Dominanz der Westdeutschen in der gesamtdeutschen Elite geführt, die sich selbst auf die Landesverwaltungen und andere Organisationen mit Sitz in den neuen Bundesländern erstreckt. Wie aus zahlreichen Bevölkerungsumfragen bekannt, hat dies bei den Bürgern der neuen Bundesländer z. T. politische Entfremdungsgefühle ausgelöst. Neuere Bevölkerungsumfragen zeigen zudem eine Asymmetrie in den Kontaktmustern und in der Bereitschaft, von den Menschen im anderen Teil Deutschlands zu lernen. Während die Mehrheit der Bürger in den neuen Bundesländern sich durch Reisen in die alten Länder aus eigener Anschauung über die Lebensbedingungen im Westen informiert, ist dies umgekehrt weit weniger der Fall. Ansatzweise läßt sich ein vergleichbares Muster auch auf der Elitenebene zeigen. Landespolitiker und Angehörige der Verwaltungselite in den neuen Bundesländern haben weit häufiger regelmäßige Kontakte mit dem Führungspersonal der alten Bundesländer als umgekehrt (vgl. Tabelle 4). Darüber hinaus gaben die Angehörigen beider Seiten mehrheitlich an, daß die Zusammenarbeit mit Personen aus der anderen Region besondere Rücksichten erfordert. Dies spricht für – zumindest anfänglich – erhebliche Kommunikationsschwierigkeiten zwischen den ost- und den westdeutschen Eliten. Allerdings konstatierte die große Mehrheit bereits 1995, das Arbeitsverhältnis zwischen Ost- und Westdeutschen sei über die Zeit besser geworden.

Die aus den neuen Bundesländern stammenden Eliten sind deutlich jünger als ihre westlichen Pendants und haben durch den politischen Umbruch fast durchweg einen Karrierebruch erlitten. Dies ist typisch für neue Eliten, die im Gefolge politischer Machtveränderungen in Führungspositionen einrücken, und galt in den ersten Jahren beispielsweise auch für die Politiker der Grünen. Erfahrungsgemäß bringt die Stabilisierung der politischen und gesellschaftlichen Verhältnisse dann eine rasche Angleichung der neuen Eliten an die üblichen Karrieremuster mit sich. Verschiedene Untersuchungen über die Karrieremuster ostdeutscher Politiker bestätigen solche Angleichungstendenzen wie beispielsweise eine abnehmende Fluktuation bei den Kandidaturen für politische Ämter sowie eine zunehmende Verflechtung zwischen Parteiämtern und parlamentarischen Mandaten.[7]

5. Fazit: Die Wandlungen in der deutschen Elite seit Beginn des Jahrhunderts reflektieren einmal die tiefgreifenden Veränderungen, die in diesem Zeitraum in der deutschen Gesellschaft stattgefunden haben. Die sozioökonomische Modernisierung hat ihr soziales Rekrutierungsfeld verbreitert, während gleichzeitig die Anforderungen an ihre Bildungsqualifikationen selbst in denjenigen Sektoren zugenommen haben, in denen diese traditionell eine nur untergeordnete Rolle spielten.

Das Ausmaß der Elitentransformation im Gefolge der verschiedenen politischen Systembrüche gibt darüber hinaus Auskunft darüber, wie tiefgreifend die sozialen Veränderungen waren, die mit dem jeweiligen Systembruch einhergingen. Der Übergang vom Kaiserreich zur Weimarer Republik war durch ein hohes Maß an Kontinuität gekennzeichnet, was dazu führte, daß die Konfliktlinien des Kaiserreichs unvermindert weiterbestanden und nun, da keine obrigkeitsstaatliche Exekutive mehr vorhanden war, zur Regierungsinstabilität und schließlich zur Unregierbarkeit führten. Die Machtergreifung der Nationalsozialisten brachte dann eine neue politische Elite an die Macht, bewahrte jedoch die traditionellen sozialen Strukturen. Auch bei Gründung der Bundesrepublik überwog die Elitenkontinuität, und die Veränderungen beschränkten sich vor allem auf Politik und Massenmedien.

Ganz anders vollzog sich dagegen die Entwicklung in Ostdeutschland. Hier fand sowohl nach 1945 als auch nach 1989 eine durchgreifende Elitentransformation statt, die sich nicht auf die politische Elite im engeren Sinne beschränkte, sondern sich auch auf alle übrigen Eliten erstreckte. Während diese Transformation nach 1945 mit einer Ersetzung qualifizierten und erfahrenen, wenn auch politisch belasteten Führungspersonals durch SED-Parteigänger ohne vergleichbare Qualifikationen verbunden war, was den wirtschaftlichen Wiederaufbau nach dem Zweiten Weltkrieg behinderte, bestand nach 1989 die Möglichkeit des Elitentransfers aus den alten Bundesländern. Der Preis hierfür war die weitgehende Ersetzung einheimischer Eliten durch solche aus dem Westen und eine massive Unterrepräsentation der Ostdeutschen nicht nur in der gesamtdeutschen Elite, sondern auch auf den darunterliegenden Führungsebenen. Dabei sind allerdings beträchtliche sektorspezifische Unterschiede zu konstatieren. Während Ostdeutsche auf den Führungsebenen der öffentlichen Verwaltung, der Justiz, der Bundeswehr und der Wirtschaft, also in den typischen *Karriereeliten*, fast nicht vertreten sind, sind sie in den durch Wahl bestimmten *Delegationseliten*, d. h. in Gewerkschaften, Wirtschaftsverbänden und vor allem in der Politik, wesentlich besser repräsentiert. Da die gegenwärtigen Inhaber von Führungspositionen der zweiten Ebene den Pool für die Rekrutierung der nächsten Elitengeneration darstellen, kann man erwarten, daß diese Unterrepräsentation der Ostdeutschen in der gesamtdeutschen Elite noch längere Zeit andauern wird und einstweilen nur durch ihre relativ starke Repräsentation im Sektor Politik ausgeglichen wird.

Wilhelm Bürklin / Ursula Hoffmann-Lange

Anmerkungen:

1 Vgl. J. Higley/J. Kullberg/J. Pakulski: The Persistence of Postcommunist Elites, in: Journal of Democracy, 7/1996, S. 133–147.
2 Vgl. U. Hoffmann-Lange: Eliten und Demokratie in Deutschland. Opladen 1992; W. Bürklin/H. Rebenstorf u. a.: Eliten in Deutschland, Opladen 1997.
3 L. J. Edinger: Post-Totalitarian Leadership: Elites in the German Federal Republic, in: American Political Science Review, 54/1960, S. 58–82.
4 Vgl. G. Meyer: Die DDR-Machtelite in der Ära Honecker, Tübingen 1991; E. Schneider: Die politische Funktionselite der DDR, Opladen 1994.

5 Vgl. H.-U. Derlien: Elitezirkulation zwischen Implosion und Integration, in: Helmut Wollmann u. a.: Transformation der politisch-administrativen Strukturen in Ostdeutschland, Opladen 1997, S. 329–415, hier S. 377 ff.
6 P. Windolf: Die Transformation der ostdeutschen Betriebe, in: Berliner Journal für Soziologie, 4/1996, S. 467–488.
7 Vgl. S. Lock: Ostdeutsche Landtagsabgeordnete 1990–1994. Vom personellen Neubeginn zur politischen Professionalisierung?, Berlin 1998, S. 181 ff.

Literatur:

Best, Heinrich: Mandat ohne Macht. Strukturprobleme des deutschen Parlamentarismus 1867–1933, in: Ders. (Hrsg.): Politik und Milieu. Wahl- und Elitenforschung im historischen und interkulturellen Vergleich, St. Katharinen 1989, S. 175–222. □ Bürklin, Wilhelm u. a.: Eliten in Deutschland, Opladen 1997. □ Derlien, Hans-Ulrich: Elitezirkulation zwischen Implosion und Integration, in: Helmut Wollmann u. a.: Transformation der politisch-administrativen Strukturen in Ostdeutschland, Opladen 1997, S. 329–415. □ Edinger, Lewis J.: Post-Totalitarian Leadership: Elites in the German Federal Republic, in: American Political Science Review, 54/1960, S. 58–82. □ Higley, John/Judith Kullberg/Jan Pakulski: The Persistence of Postcommunist Elites, in: Journal of Democracy, 7/1996, S. 133–147. □ Hoffmann-Lange, Ursula: Eliten und Demokratie in Deutschland, Opladen 1992. □ Dies.: Demokratieentwicklung und Elitentransformation in Deutschland, in: Schweizerische Zeitschrift für Soziologie, 23/1997, S. 507–530. □ Lock, Stefan: Ostdeutsche Landtagsabgeordnete 1990–1994. Vom personellen Neubeginn zur politischen Professionalisierung?, Berlin 1998. □ Meyer, Gerd: Die DDR-Machtelite in der Ära Honecker, Tübingen 1991. □ Schneider, Eberhard: Die politische Funktionselite der DDR, Opladen 1994. □ Windolf, Paul: Die Transformation der ostdeutschen Betriebe, in: Berliner Journal für Soziologie, 4/1996, S. 467–488.

Enquete-Kommission

→ Bundesrepublik Deutschland: Politisches System, **DDR: Geschichte**, **DDR: Politisches System**, Deutschlandpolitik der Bundesrepublik Deutschland, Innere Einheit, Kirchen, Parteien, Staatssicherheit.

1. Einführung: Sechs Jahre lang, zwischen 1992 und 1998, arbeitete eine Enquete-Kommission des Deutschen Bundestages die Geschichte und die Folgen der SED-Diktatur auf. Genauer gesagt waren es zwei aufeinanderfolgende Kommissionen, denn Enquete-Kommissionen des Bundestages enden jeweils mit dem Ende einer Legislaturperiode. Der Einschnitt lag im Jahre 1994 mit dem Ende der 12. und, nach der Wahl vom 6. Oktober 1994, dem Beginn der 13. Wahlperiode des Deutschen Bundestages. Die Enquete-Kommission der 12. Wahlperiode arbeitete unter dem Titel »Aufarbeitung von Geschichte und Folgen der SED-Diktatur in Deutschland«

(im folgenden Kommission 12. Wahlperiode), ihre Nachfolgerin ab 1995 trug die Bezeichnung »Überwindung der Folgen der SED-Diktatur im Prozeß der deutschen Einheit« (im folgenden Kommission 13. Wahlperiode).[1]

Enquete-Kommissionen kann der Bundestag nach § 56 seiner Geschäftsordnung »zur Vorbereitung von Entscheidungen über umfangreiche und bedeutsame Sachkomplexe« einrichten. Obwohl wie Ausschüsse Organe des Bundestages, sind Enquete-Kommissionen »gemischte« Gremien: Sie werden gebildet aus Abgeordneten unter Hinzuziehung von externen Sachverständigen. Die Mitglieder werden von den Fraktionen nach dem Verhältnis ihrer Stärke benannt und vom Präsidenten bzw. von der Präsidentin berufen.

2. Zusammensetzung und Arbeitsweise: Der Anzahl ihrer Mitglieder nach, die sich 1992 wie 1995 nach jeweils gängigen Richtmaßen des Bundestages für Enquete-Kommissionen bestimmte, waren beide Kommissionen annähernd gleich groß. Die Kommission 12. Wahlperiode setzte sich aus 27 Mitgliedern – 16 Abgeordneten und 11 externen Sachverständigen –, davon 25 stimmberechtigt, zusammen. Die Kommission 13. Wahlperiode hatte 24 Mitglieder – 12 Abgeordnete und 12 externe Sachverständige –, davon 22 stimmberechtigt. Für die Abgeordneten-Mitglieder beider Kommissionen war je ein Stellvertreter benannt. Anders als in der Kommission 12. Wahlperiode war der PDS-Vertreter in der Kommission 13. Wahlperiode nicht mehr stimmberechtigt.[2] In beiden Kommissionen waren Ostdeutsche, »gelernte DDR-Bürger«, gemessen an ihrer Stärke im Bundestag, überproportional vertreten. Die externen Sachverständigen kamen überwiegend aus Westdeutschland.

Zwischen beiden Kommissionen herrschte beträchtliche personelle Kontinuität.[3] Von den 24 ordentlichen Mitgliedern (ohne Stellvertreter) der Kommission 13. Wahlperiode hatten 13 bereits der Vorgängerkommission angehört, darunter sechs der externen Sachverständigen. Den Vorsitz in beiden Kommissionen übte der CDU/CSU-Abgeordnete Rainer Eppelmann aus. Ihn vertrat in der Kommission 12. Wahlperiode die SPD-Abgeordnete Margot von Renesse, in der Kommission 13. Wahlperiode der SPD-Abgeordnete Siegfried Vergin. Auch CDU/CSU, SPD und Bündnis 90/Die Grünen stellten in beiden Kommissionen dieselben Obleute: die Abgeordneten Hartmut Koschyk, Markus Meckel und Gerd Poppe. Obmann der F.D.P. war in der Kommission 12. Wahlperiode Abgeordneter Dirk Hansen, in der Kommission 13. Wahlperiode Abgeordneter Prof. Dr. Rainer Ortleb. Die Stelle des Abgeordneten Dr. Dietmar Keller in der Kommission 12. Wahlperiode für die PDS/Linke Liste nahm in der Kommission 13. Wahlperiode für die Gruppe der PDS der Abgeordnete Dr. Ludwig Elm ein. Die »Obleuterunde« kam regelmäßig vor Kommissionssitzungen zusammen und einigte sich mit dem Vorsitzenden über Tagesordnung und Ablauf.

Zur Unterstützung der Kommission richtete die Bundestagsverwaltung jeweils ein Sekretariat ein, das in der Kommission 12. Wahlperiode mit neun, in der Kommission 13. Wahlperiode mit sieben Mitarbeitern des höheren Dienstes bzw. vergleichbarer Qualifikation besetzt war.

Auch in bezug auf Arbeitsweise und Instrumentarien bestand zwischen den Kommissionen weitgehende Kontinuität. Die eine wie die andere holte schriftliche Expertisen und Berichte ein und veranstaltete an verschiedenen Orten in den östlichen Bundesländern, vielfach in Berlin, gelegentlich auch in Bonn öffentliche Anhörungen mit Vorträgen und Zeitzeugenbefragungen. Insgesamt haben die Kommissionen rund 300 Gutachten, Expertisen und Berichte in Auftrag gegeben, jede von ihnen annähernd gleich viele (die Kommission 13. Wahlperiode 160). Bei der Zahl der öffentlichen Sitzungen (Anhörungen) blieb die Kommission 13. Wahlperiode mit 24 erheblich hinter ihrer Vorgängerin (44) zurück, obwohl dieser für ihre Arbeit ein um ein Drittel geringerer Zeitraum zur Verfügung gestanden hatte. Hinsichtlich der angehörten Zeitzeugen und Sachverständigen herrscht jedoch wieder annähernd Gleichstand: Kommission 12. Wahlperiode: 327, Kommission 13. Wahlperiode: 292. Zwischen 1992 und 1998 sind somit über 600 Personen vor der Enquete-Kommission des Deutschen Bundestages zu Wort gekommen, wurden von ihr angehört und befragt. Die Wortprotokolle der Anhörungen, die eingeholten Gutachten, Expertisen und Berichte sowie die parlamentarischen, d. h. auf das Plenum des Bundestages bezogenen »Niederschläge« ihrer Arbeit einschließlich des jeweiligen Schlußberichts bilden die »Materialien« der Kommission, die für die Kommission 12. Wahlperiode 1995 in 18 Teilbänden veröffentlicht wurden[4] und deren Veröffentlichung in bezug auf die Kommission 13. Wahlperiode für 1999 in Aussicht genommen ist.

Für den internen Arbeitsablauf waren jeweils die sogenannten Berichterstattergruppen ein bestimmendes Element. Sie wurden, in Ableitung vom Gesamtauftrag, zu bestimmten Themenfeldern eingerichtet. Die Kommission 12. Wahlperiode gliederte sich in sechs Berichterstattergruppen und vier Arbeitsgruppen, die Kommission 13. Wahlperiode richtete neun Berichterstattergruppen ein. Aufgabe der Berichterstattergruppen war es, Vorschläge für die Thematik und personelle Besetzung der Anhörungen sowie Aufträge für Gutachten, Expertisen und Berichte zu erarbeiten. Ihnen oblag auch die Erstellung der Entwürfe für diejenigen Teile des Schlußberichts, die sie inhaltlich bearbeitet hatten. In der Gliederung der inhaltlichen Teile der Schlußberichte (jeweils Teil B) spiegelt sich die Aufteilung der Kommission in Berichterstattergruppen wider. Sie hatte eine gewisse Fragmentierung der Kommissionsarbeit zur Folge, die dann auch in den Schlußberichten durchschlug. Beiden Kommissionen fehlte es am Ende an Kraft und Zeit – und abgesehen davon im Hinblick auf die jeweils anstehenden Wahlkämpfe auch an Interesse –, einen stärker integrierten, pointierteren Bericht zu verfassen.

2. Zwei Anfänge, zwei Aufträge: Die Einsetzungsmodalitäten beider Kommissionen wichen signifikant voneinander ab. Dem Einsetzungsbeschluß vom 12. März 1992 waren vier gesonderte Anträge der Fraktionen und Gruppen sowie ein gemeinsamer Antrag der Fraktionen der CDU/CSU, SPD und F.D.P. sowie der Gruppe Bündnis 90/Die Grünen vorausgegangen. Letzterer wurde vom Plenum angenommen. Er legte lediglich die Auftragsrichtung und die Zahl der Mitglieder fest, enthielt aber noch keine nähere Auftragsbestimmung – wie sonst bei der Einsetzung von Enquete-Kommissionen –, sondern gab dem zu bildenden Gremium auf, diese selbst vorzunehmen und dem Bundestag nach Ablauf einer bestimmten Frist vorzulegen (was auch geschah). Demgegenüber fußte der Beschluß des Bundestages vom 22. Juni 1995 zur Einsetzung der Kommission 13. Wahlperiode auf einem Antrag lediglich der Fraktionen der CDU/CSU, Bündnis 90/Die Grünen und F.D.P., der zwar die Auftragsbestimmung enthielt, von seiten der SPD-Bundestagsfraktion aber nur von zwei Angeordneten Zustimmung erhielt, während die Mehrheit dieser Fraktion sich der Stimme enthielt.

In der modifizierten Titelgebung und Einsetzung kam eine inzwischen veränderte Interessenkonstellation zum Ausdruck. Das Einsetzungsverfahren von 1992 war von der historischen Neuheit und Einmaligkeit der Situation geprägt: Die staatliche Vereinigung lag erst eineinhalb Jahre zurück; ein »Fachausschuß«, der den Auftrag hätte vorformulieren können, stand nicht zur Verfügung; jede Fraktion/Gruppe wollte die Kommission und agierte zunächst auf eigene Faust, bevor sich alle Fraktionen und die Gruppe Bündnis 90/Die Grünen – die PDS/Linke Liste blieb ausgenommen – auf den gemeinsamen (formalen) Einsetzungsantrag verständigten. 1995 fanden interfraktionelle Vorgespräche – Bündnis 90/Die Grünen hatte inzwischen wieder Fraktionsstatus erlangt – zwischen namhaften Vertretern der Vorgängerkommission über den Auftrag statt mit dem Ziel, einen gemeinsamen Antrag in das Plenum einzubringen. Einig war man sich, eine Fortsetzung der Kommissionsarbeit anzustreben, doch über den Auftrag konnte kein Einvernehmen erzielt werden. Die SPD legte einen eigenen Antrag vor, zog diesen aber, um die Einsetzung zweier paralleler Kommissionen zu verhindern, vor der Abstimmung zurück. Der Dissenspunkt lag in der Gewichtung des Auftrages. Ausgehend von der Einsicht, daß »im Zuge des Transformationsprozesses neue Probleme und Schäden entstanden [sind]«, wollte die SPD neben den Folgen der SED-Diktatur auch die Entscheidungen der Transformationsphase seit 1990 behandelt wissen, während die Koalition und Bündnis 90/Die Grünen ihr »Erkenntnisinteresse insbesondere auf die äußeren und inneren Folgen und Nachwirkungen der SED-Diktatur und die daraus erwachsenden Probleme für den Prozeß der inneren Einigung« richten wollten. Keine der beiden Seiten bestand indessen auf der Ausschließlichkeit ihrer Sichtweise, was auch praktisch kaum durchzuhalten gewesen wäre. Weder konnte die Transformationsphase ganz ausgeblendet werden, noch hätte es in den Kräften der Kommission gelegen, sich als »Oberrevisor« der gesetzgeberischen Tätigkeit seit 1990 zu betätigen. Gleichwohl entfaltete der Anfangsdissens im Schlußbericht der Kommission 13. Wahlperiode eine gewisse Wirkung.

3. **Historisch-politische Aufarbeitung:** Was die Kommission über sechs Jahre hinweg vereinte und zusammenhielt, war ihre Entstehung aus dem Geist der DDR-Opposition und der Bürgerrechtsbewegung des Herbstes 1989, auf den ebenfalls die schon von der demokratisch gewählten Volkskammer 1990 angestrebte Öffnung der MfS-Akten mittels der Gauck-Behörde zurückgeht. Die Erfahrungen der Diktatur und ihrer Beendigung durch die demokratische Revolution sollten geborgen, aufbewahrt und für das demokratische Bewußtsein fruchtbar gemacht werden.

Schon bald nach der Vereinigung geriet dieses Anliegen in Gefahr, durch sensationell aufgemachte Enthüllungen aus den Stasi-Akten verzerrt und diskreditiert zu werden. So entstand der Gedanke, durch eine Enquete-Kommission des Bundestages der drohenden Schieflage der öffentlichen Diskussion, in der sich der Blick auf die DDR-Geschichte auf den Stasi-Aspekt verengte, entgegenzusteuern. Die Absicht, der Öffentlichkeit beispielhaft und differenziert historisch-politische Aufarbeitung der DDR-Vergangenheit vorzuführen, wurde zum Auslöser für die Einrichtung der Enquete-Kommission. Dem entsprach der erste Arbeitsauftrag, der schon in den ursprünglichen parlamentarischen Anträgen vorgegeben war; sie wollten einhellig die Machtstrukturen des SED-Staates, seine repressiven Praktiken und deren Auswirkungen auf Verhalten und Lebenswirklichkeit in der DDR untersucht wissen. Die Kommission 12. Wahlperiode war insofern eine »historische« Kommission, als sie sich nahezu ausschließlich mit der Geschichte des SED-Staates und der Deutschlandpolitik befaßte. Ihr historisches Interesse war jedoch nicht fachlicher, sondern politischer Natur. Ihre politische Absicht war es, die SED-Diktatur durch Aufklärung nach den Normen und Maßstäben der liberalen Demokratie zu delegitimieren, den Opfern Genugtuung widerfahren zu lassen, demokratisches Bewußtsein, den »antitotalitären Konsens«, zu fördern, bei den Westdeutschen tieferes Verständnis für die DDR-Wirklichkeit und die ihr jahrzehntelang Unterworfenen zu wecken und so, gewissermaßen durch Aufklärung nach allen Seiten, zur inneren Verständigung und Versöhnung beizutragen. Dieser Impetus, wenn auch modifiziert, hielt sich bis 1998 durch, ablesbar an der mit großer Energie konsensual betriebenen und am Ende erfolgreichen Initiative der Kommission, über ihre Existenz hinaus ihr Anliegen »Aufarbeitung als gesellschaftlicher Prozeß« in Gestalt einer öffentlich-rechtlichen Bundesstiftung fortzuführen.

4. Wissenschaft als Helfer: Es mag idealistisch anmuten, über Aufklärung zu Verständigung und Versöhnung gelangen zu wollen, doch einem demokratischen Parlament steht kein anderer Weg an. Die Wissenschaft spielte in diesem Motivgefüge eine Helferrolle, freilich eine, die ihrem eigenen Selbstverständnis nicht fremd ist. Zwar wurde sie von der Politik in gewisser Weise vereinnahmt, aber doch nur auf der Basis der Annahme, daß sie, wenn sie die historische Wahrheit aufdecke, damit auch dem politischen Zweck diene, zumal dieser von vornherein das Prinzip der Toleranz respektive des Pluralismus einschloß. Eingedenk der Vielfalt der Positionen, Ansätze und Erfahrungshintergründe hat die Kommission bei etlichen Themen gleich mehrere Autoren – wo möglich Ost und West gemischt – um ihre Beiträge gebeten. Ihre eigenen Schlußberichte sind durchsetzt mit Sondervoten, was nur beweist, daß sie keine stringente wissenschaftliche Abhandlung im Sinne hatte, schon gar nicht »amtliche Geschichtsschreibung«. Im übrigen hat sie ihrerseits der wissenschaftlichen Forschung durchaus Anstöße geliefert und Dienste geleistet, so z. B. 1994 mit der Herausgabe des vom Arbeitsbereich DDR-Geschichte im Mannheimer Zentrum für Europäische Sozialforschung bearbeiteten Bandes »Forschungsprojekte zur DDR-Geschichte«, vor allem aber mit der Veröffentlichung ihrer »Materialien« (vorerst nur derjenigen der Kommission 12. Wahlperiode). Sie haben national wie international große Aufmerksamkeit gefunden und gelten als »Steinbruch für die Forschung« bzw. als ebenso unentbehrlich für die Erforschung der DDR wie die Nürnberger Prozeßakten für die Erforschung des Nationalsozialismus.[5] Den Forschungsboom der letzten Jahre zur DDR-Geschichte hat die Kommission zwar nicht ausgelöst – er verdankt sich in der Hauptsache wohl eher der Öffnung der Akten –, aber sie dürfte ihn mit ihrer Veröffentlichung zum richtigen Zeitpunkt bereichert haben.

Die vorwiegend von politikwissenschaftlichen und zeithistorischen Fragestellungen geprägte historische Aufarbeitung der DDR war in der Kommission selbst nicht unumstritten. Vor allem die bürgerrechtlich geprägten Väter des Enquete-Gedankens vermißten oft die Perspektive »von unten«, die Perspektive derer, die während 40 Jahren nicht gefragt wurden und zu schweigen genötigt waren. Mit Rücksicht darauf verzichtete die Kommission weitgehend auf die Heranziehung von Kenntnissen ehemaliger Träger und Insider des Regimes, was ihrer historisch-analytischen Aufarbeitung gewisse Grenzen setzte. Zu dieser gewollten Selbstbeschränkung kam die zunehmende Einsicht, daß die politikwissenschaftliche und zeithistorische Bearbeitung des Themas ihr Publikum in den östlichen Bundesländern verfehle, da sie das gelebte und erfahrene Leben der Menschen nicht hinreichend widerspiegele und somit vielfach als Fremdbeurteilung wahrgenommen werde.

Beide Gesichtspunkte drängten dazu, den Auftrag für die Kommission 13. Wahlperiode zu verändern. Schon im abschließenden Entschließungsantrag vom 16. Juni 1994 zum Schlußbericht der Kommission 12. Wahlperiode wurde hervorgehoben und im Einsetzungsbeschluß der Kommission 13. Wahlperiode als »grundlegende Erkenntnis« wiederholt: »Die politisch-moralische Verurteilung der SED-Diktatur bedeutet keine Verurteilung der ihr unterworfenen Menschen, im Gegenteil. Die Deutschen in der DDR haben den schwereren Teil der deutschen Nachkriegsgeschichte zu tragen gehabt.« Später heißt es dann im Einsetzungsbeschluß von 1995: »Die Enquete-Kommission soll helfen, daß sich die Menschen mit ihren unterschiedlichen Biographien im Einigungsprozeß besser wiederfinden.« Seine Konkretion fand dieses Anliegen in dem Themenbereich »Alltagsleben in der DDR und in den neuen Ländern«, zu dem die Kommission 13. Wahlperiode mehrere Expertisenaufträge vergab und vier öffentliche Anhörungen veranstaltete. Insgesamt hat die Kommission 1995 ihre Geschichtslastigkeit zugunsten gegenwartsnäherer Problematisierung der »Folgen der SED-Diktatur« aufgegeben.

Was das Zusammenwirken von Politikern und Wissenschaftlern in der Kommission betrifft, so hatten letztere die größeren Opfer zu erbringen. Politiker tun sich generell leichter – manchmal haben sie sogar ein Interesse daran –, eine Pluralität von Meinungen über »Tatsachen« hinzunehmen, als Wissenschaftler, deren Ethos dazu verpflichtet, einer Sache solange auf den Grund zu gehen, bis nach gegebenem Kenntnisstand vernünftigerweise keine Zweifel mehr bestehen. So gesehen ist nahezu jedes Sondervotum für die Wissenschaft ein verfrühter Abbruch des Diskurses und insoweit ein schmerzlicher Verzicht. Erleichtert wurde dieser jedoch durch die allgemeine Geschäftsgrundlage der Kommission, wonach ihr Daseinszweck nicht darin bestand, verbindliche Wahrheiten zu verkünden, sondern die Aufarbeitung von Geschichte und Folgen der SED-Diktatur als offenen diskursiven Prozeß vorzuführen, quasi Pluralismus vor den Augen und Ohren der Öffentlichkeit einzuüben.

5. Die Schlußberichte: In ihren Schlußberichten hat die Kommission jeweils ein inhaltliches Resümee ihrer Arbeit vorgelegt, das hier nicht weiter reduziert werden soll; vermutlich hätte jeder ernsthafte Versuch in dieser Richtung mit erheblichen Schwierigkeiten zu kämpfen. Die Kommission beansprucht für ihre Einsichten weder wissenschaftliche noch Amtsautorität, sondern versteht sie als Beitrag zur öffentlichen Diskussion, unterwirft sie damit deren Regeln und Kritik. Die eingestreuten Sondervoten deuten an, wo in der Kommission zu bestimmten Punkten keine Übereinstimmung erzielt werden konnte bzw. wo in der zum Schluß knappen Zeit die Einarbeitung ergänzender Gesichtspunkte nicht mehr möglich war. Wenn die Kommission selbst einmal historisch geworden sein wird, wird es von Interesse sein zu untersuchen, inwieweit die Voten der Schlußberichte das erhobene Hintergrundmaterial – Anhörungsprotokolle, Gutachten, Expertisen und Berichte – verwendet, sich zu eigen gemacht, modifiziert oder vernachlässigt haben. Unnötig zu sagen, daß die Kommission hinsichtlich der Übernahme frei war, so wie es ihr auch anheimgestellt war, eigenen Sachverstand ihrer Mitglieder und Mitarbeiter anzuwenden.

Der folgende Überblick versucht, anhand der Schlußberichte die spezifischen Interessenschwerpunkte und Eigenarten der beiden Kommissionen vorzustellen.

5.1. Kommission der 12. Wahlperiode: Bis auf wenige Ausnahmen zielt der Schlußbericht ausschließlich auf die Geschichte der DDR bzw. der SED-Diktatur bezogene Themen ab:

- »Machtstrukturen und Entscheidungsmechanismen im SED-Staat und die Frage der Verantwortung«,
- »Rolle und Bedeutung der Ideologie, integrativer Strukturen und disziplinierender Praktiken in Staat und Gesellschaft der DDR«,
- »Recht, Justiz und Polizei im SED-Staat«,
- »Kirchen in der SED-Diktatur«,
- »Möglichkeiten und Formen abweichenden und widerständigen Verhaltens und oppositionellen Handelns, die friedliche Revolution im Herbst 1989«,
- dazu als »besondere Probleme« das Ministerium für Staatssicherheit und die »Opfer des SED-Regimes«.

In diesen Partien kommt es nur gelegentlich in bezug auf Teilfragen zu kürzeren Sondervoten der Minderheit: zu den Blockparteien, zur Rolle der Ideologie, zur Gesellschaftspolitik der SED, zu Wissenschaft und Forschung in der DDR. Eine Ausnahme bildet hier lediglich das Kapitel »Kirchen«, zu dem von der SPD benannte Mitglieder ein vollständiges Gegenvotum vorlegen, eingangs aber betonen, sie lehnten das Mehrheitsvotum nicht in allen Teilen ab, sondern setzten nur »andere Schwerpunkte«.

Aufs ganze gesehen nimmt, am Kriterium des Konsens gemessen, gegenüber den DDR-historischen Teilen das Hauptkapitel »Innerdeutsche Beziehungen und internationale Rahmenbedignungen« eine Sonderstellung ein. Der Schlußbericht weist hier zu nahezu jedem Unterkapitel mindestens ein Sondervotum aus, insgesamt acht. Für alle Sondervoten dieses Abschnitts zeichnen – mit einer Ausnahme – die von der SPD benannten Mitglieder. Der Konsensmangel läßt sich auf eine klar bestimmbare Ursache zurückführen. Die umfangreiche Arbeit der Kommission 12. Wahlperiode zur Deutschland- und Außenpolitik war schwergewichtig auf die bundesdeutsche Deutschlandpolitik von 1945/49 bis 1989 gerichtet. Dadurch kam es zu einer Dominanz[6] der westdeutschen Perspektive, bei der oftmals frühere Kontroversen zwischen den Bonner Parteien durchschienen, jetzt mit dem Unterton, ob es nicht doch eine westdeutsche, an der Politik Konrad Adenauers festzumachende historische Verantwortung für die lange Dauer der Teilung gebe. Aber auch aktuelle Interessen der Parteien waren im Spiel, schließlich lag die Vereinigung noch nicht lange zurück. Gerungen wurde im Kern um die Frage, wessen Politik das (Haupt-) Verdienst an der Wiederherstellung der deutschen Einheit zukomme, der Politik Konrad Adenauers und Helmut Kohls oder der Entspannungspolitik Willy Brandts. Immerhin, als die ostdeutsche Seite im Zusammenhang mit der Antinachrüstungskampagne zu Beginn der achtziger Jahre ins Blickfeld trat, gelang es, fraktionsübergreifend festzustellen, daß es das Thema »Frieden« war, an dem in der DDR oppositionelle Gruppen zu Mut und Selbstbewußtsein fanden.

Festzuhalten bleibt die dem Schlußbericht der Kommission 12. Wahlperiode zu entnehmende Erfahrung, daß historisch-analytische Aussagen zur DDR-Vergangenheit weitgehend im Konsens getroffen wurden. Diese Erfahrung sollte sich in der Folgekommission fortsetzen; Abgeordneter Gerd Poppe hat sie in der Schlußdebatte des Bundestages am 17. Juni 1998 eigens hervorgehoben. Daß die PDS/Linke Liste sich von diesem Konsens ausnahm, ist eher selbstverständlich. Sie stellte dem Schlußbericht der Kommission 12. Wahlperiode in toto ein Gegenvotum gegenüber.

5.2. Kommission der 13. Wahlperiode: Der inhaltliche Teil des Schlußberichts (Teil B) gliedert sich in neun Hauptkapitel:

- »Strukturelle Leistungsfähigkeit des Rechtsstaats Bundesrepublik Deutschland bei der Überwindung der Folgen der SED-Diktatur im Prozeß der deutschen Einheit – Opfer der SED-Diktatur/Elitenwechsel im öffentlichen Dienst/justitielle Aufarbeitung«,
- »Wirtschafts-, Sozial- und Umweltpolitik«,
- »Bildung, Wissenschaft, Kultur«,
- »Alltagsleben in der DDR und in den neuen Ländern«,
- »Archive«,
- »Gesamtdeutsche Formen der Erinnerung an die beiden deutschen Diktaturen und ihre Opfer«,

- »Perspektiven der internationalen Zusammenarbeit bei der Aufarbeitung totalitärer Diktaturen in Mittel-, Ost- und Südosteuropa«,
- »Herausforderungen für die künftige Aufarbeitung der SED-Diktatur«,
- »Das geteilte Deutschland im geteilten Europa«.

Zwei der Hauptkapitel geben bereits in ihren Überschriften zu erkennen, daß sie die Transformation seit 1990 bzw. die gegenwärtige Lage vorrangig bzw. gleichrangig mit DDR-Zuständen bzw. -Hinterlassenschaften behandeln. Weitere Schwergewichte unter den Hauptkapiteln, Wirtschafts-, Sozial- und Umweltpolitik sowie Bildung, Wissenschaft und Kultur, tun dies realiter ebenfalls, und zwar jeweils mindestens gedoppelt, indem dem jeweiligen Mehrheitsvotum ein oder zwei Sondervoten entgegengestellt werden. Demgegenüber bleibt das Hauptkapitel »Rechtsstaat...« in der Sache weitgehend unangefochten, sieht man von dem Sondervotum der PDS zum Unterkapitel »Justitielle Aufarbeitung« ab. Somit sind die Hauptfelder, auf denen zwischen Koalition und Opposition kaum oder keine Einigung zu erzielen war, zu identifizieren. Es sind die innenpolitischen Konfliktfelder, auf denen seit 1990 mit wachsender Intensität um die Bewältigung der materiellen und gesellschaftlichen »SED-Folgen« gerungen wird. Eine Einigung wurde auch gar nicht erst gesucht. Die Mehrheitsvoten und die Sondervoten der SPD zur Wirtschafts- und Sozialpolitik, zu Bildung, Wissenschaft und Kultur sind erkennbar unabhängig voneinander verfaßt. Das Sondervotum »antwortet« nicht auf das Mehrheitsvotum, wie das in den meisten Fällen der PDS-Voten sowie in dem Sondervotum von Bündnis 90/Die Grünen zur Umweltpolitik geschieht. Generell unterscheiden sich, leicht erklärlich, SPD-Sondervoten von den Mehrheitsvoten zu den genannten Themen darin, daß sie die Transformation breiter und kritischer behandeln als letztere, die der Beschreibung und Bilanzierung des DDR-Erbes mehr Raum widmen, aber doch die Transformation und die Probleme der Gegenwart nicht aussparen.

Eine ganze Gruppe von Hauptkapiteln beschäftigt sich unter verschiedenen Gesichtspunkten mit der Aufarbeitung selbst: Archive, Gedenken, internationale Zusammenarbeit, Weiterführung des Prozesses der Aufarbeitung. Auch hier kommt es zu einer Vielzahl von Sondervoten, doch sind sie eher punktuell und erreichen nicht die Komplexität der Sondervoten zu den genannten Konfliktfeldern – hier war die Kommission bei ihrem ureigenen Anliegen.

Bei »Weiterführung« und »Gedenken« sah sich die Kommission in besonderer Weise durch den Einsetzungsbeschluß gefordert, denn er verlangte ihr konkrete Vorschläge ab. Das Stichwort »Stiftung« war bereits dort gefallen, und auch einer ihrer Hauptzwecke, die Förderung gesellschaftlicher Aufarbeitungsinitiativen, die vielfach aus der Bürgerrechtsbewegung der DDR hervorgegangen sind, war dort schon angedeutet (»gesamtgesellschaftlicher Aufarbeitungsprozeß«). Da die Zeit gerade im Hinblick auf das Überleben dieser Initiativen drängte, hat die Kommission ihren Stiftungsvorschlag in Form eines Zwischenberichts an den Deutschen Bundestag beizeiten vor dem regulären Ende ihrer Tätigkeit vorgelegt, so daß das Gesetzgebungsverfahren bis zum Ende der 13. Legislaturperiode zum Abschluß gebracht werden konnte.

Das Hauptkapitel »Gedenken« entspricht dem expliziten Auftrag, »Vorschläge zu einer umfassenden Gedenkstättenkonzeption« zu unterbreiten. Gemeint waren Gedenkstätten zur Erinnerung an die Opfer sowohl der NS- wie der SED-Diktatur. Hier stellten sich substantielle Probleme, einmal der Umgang mit der von der SED gepflegten »antifaschistischen« Erinnerungskultur und deren Hinterlassenschaften, zum anderen hinsichtlich der Bestimmung des Verhältnisses der beiden Diktaturen untereinander und dessen Darstellung. Das Hauptkapitel beschließt eine umfangreiche Liste mit Handlungsempfehlungen sowohl hinsichtlich Gedenkstätten in den neuen Ländern und Berlin als auch Gedenktagen. Besonders verwendet sich die Kommission dafür, den 17. Juni wieder verstärkt in das öffentliche Bewußtsein zu heben, als Datum vor allem zur Erinnerung an Opposition und Widerstand gegen die SED-Diktatur, und in Berlin ein Denkmal für die Opfer des Aufstandes von 1953 zu errichten.

Der Schlußbericht endet mit einem wieder historisch ausgerichteten Hauptkapitel zur Deutschland- und Außenpolitik. Es geht nicht mehr deskriptiv chronologisch vor, sondern behandelt bestimmte Teilprobleme in einem eher kursorisch-reflektierenden Duktus und mündet zwar nicht in Handlungsempfehlungen, aber doch in eine allgemeine Erwägung über »Hypotheken und Aufgaben«. Ähnlich strukturiert ist auch das diesbezügliche Sondervotum der von der SPD benannten Mitglieder. Von den Sondervoten der SPD zu den oben genannten gesellschaftspolitischen Konfliktfeldern unterscheidet es sich dadurch, daß es das Mehrheitsvotum zur Kenntnis nimmt und es allein der Zeitknappheit zuschreibt, wenn es nicht möglich gewesen sei, »das Mehrheits- und das Sondervotum ineinander zu schreiben und die Passagen der Übereinstimmung und des Dissenses klar zu kennzeichnen«. Deutlich wird so ebenso wie am Text selbst, daß in der Kommission 13. Wahlperiode die Deutschland- und Außenpolitik nicht mehr der Hauptzankapfel war.

Im Unterschied zu 1994 bringen die von der PDS benannten Mitglieder in den Bericht von 1998 statt eines Gesamtgegenvotums eine Reihe von Einzelvoten ein. Diese setzen sich in der Regel mit dem jeweiligen Mehrheitsvotum auseinander. Ihr Widerspruch äußert sich zumeist nicht durch simples Wiederholen alter SED-Argumentationsmuster, sondern räumt nicht selten Irrtümer und Verfehlungen der SED ein, um wenigstens die guten Absichten hinter deren Politik zu retten (z. B. bei Bildung und Wissenschaft). Gelegentlich bedient sich der Bericht auch zu SED-Zeiten abgelehnter »bürgerlicher« Denkrichtungen wie des Rechtspositivismus (bei der justitiellen Aufarbeitung) oder des Denkens in geopolitischen und Gleichgewichtskategorien (zur Deutschland- und Außenpolitik). Gewissermaßen aus dem – temperierten – Rahmen fällt das Sondervotum zu den Gedenkstätten. Es läßt einen polemischen Furor erkennen, der vermutlich in der Tendenz des Mehrheitsvotums begründet ist, den kommunistischen Antifaschismus als Legitimationsideologie der SED/DDR mit dem Argument der Demokratiefeindschaft zu entkräften, wodurch Kommunismus und Faschismus als Brüder im Geiste aufgewiesen werden. – In ihrem Entschließungsantrag zum Ende der Kommission 13. Wahlperiode kritisierte die PDS eine in der Arbeit der Kommission aufgetretene Tendenz zur »Parallelisierung von DDR und NS-Diktatur« und wiederholte im übrigen ihre schon bei Einsetzung der Kommission bekundete Überzeugung, daß eine von Politikern dominierte Kommission zur Aufarbeitung von Geschichte nicht geeignet sei.[7]

5.3. Die Schlußberichte im Vergleich: Sowohl inhaltlich wie strukturell weisen die von der Kommission 1994 und 1998 vorgelegten Berichte beträchtliche Unterschiede auf. Fokussiert sich der Bericht von 1994 auf die Geschichte der SED-Diktatur und der bundesdeutschen Deutschlandpolitik, so bilden im Bericht von 1998 die »Folgen« auf den gesellschaftlichen Problemfeldern Wirtschaft, Soziales, Bildung, Wissenschaft und Kultur sowie deren Bearbeitung im Transformationsprozeß und der Aufarbeitungsprozeß selbst die Schwerpunkte. Insgesamt ist dem Bericht von 1998 größere Gegenwartsnähe und ein höherer Reflexionsgrad zu eigen, er macht deutlich, welcher Weg bis zur inneren Einheit noch zurückzulegen ist. Der Unterschied spiegelt sich nicht zuletzt in den zahlreichen Handlungsempfehlungen wider, die nahezu allen Hauptkapiteln des Berichts von 1998 samt Sondervoten angefügt sind, ferner in verschiedenen Interventionen der Kommission 13. Wahlperiode zu aktuellen Fragen wie z. B. der moralischen Rehabilitierung der Opfer der SED-Diktatur.

Zur Anzahl wie auch zur Natur der Sondervoten läßt sich ebenfalls ein Unterschied feststellen. Während der Kommissionsbericht 12. Wahlperiode 18 Sondervoten enthält, bringt es der Bericht 13. Wahlperiode auf 28. Der Grund für die Differenz liegt hauptsächlich in der größeren Unstrittigkeit der von der Kommission 12. Wahlperiode behandelten Gegenstände (mit Ausnahme der Deutschlandpolitik). Aus der höheren Zahl der Sondervoten auf eine intensivere Konfliktlage in der Kommission 13. Wahlperiode zu schließen, wäre indessen falsch. Eher war das Gegenteil der Fall. Der Konflikt hinsichtlich der Gewichtung von SED-Folgen und Transformation bzw. »Transformationsfehlern« spielte sich nicht – oder doch nur sehr eingeschränkt – bei der Erhebung des Materials in der laufenden Kommissionsarbeit ab, sondern trat erst im Schlußbericht mit seinen Parallelvoten voll in Erscheinung. Anders in der Kommission 12. Wahlperiode, deren Konflikte um die Deutschlandpolitik die Kommissionsarbeit belasteten und bei Gelegenheit von Anhörungen nach außen traten. Auf der Suche nach einem Grund für den paradoxen Befund stößt man auf ein gewandeltes Verhältnis zum Instrument des Sondervotums. Man hatte inzwischen in der Kommission gelernt, dieses nicht so sehr als Behelf oder ultima ratio anzusehen, sondern als Ausweg, den schon bei der Einsetzung aufgebrochenen Konflikt von vornherein auf den Schlußbericht zu verlagern und dadurch Raum zu gewinnen für das Vorhaben, das man nur gemeinsam – jeder gegen Widerstände in der eigenen Fraktion – durchsetzen konnte: die Stiftung zur Weiterführung des gesamtgesellschaftlichen Aufarbeitungsprozesses. Sie bildete das zentrale gemeinsame Anliegen der Kommission 13. Wahlperiode.

Liest man beide Schlußberichte nebeneinander, so stellt sich in der Tat das vom Bundestag erwünschte Aufbau- und Ergänzungsverhältnis zwischen den beiden Kommissionen her. In Anpassung an die geänderten Zeitumstände und Problemlagen hat die Kommission die Geschichte und die Folgen der SED-Diktatur nicht erschöpfend, aber doch in wesentlichen Aspekten unter Aufbietung erheblichen Sachverstandes und breiter Zeiterfahrung aufbereitet. Mehrheits- und Sondervoten zusammen entfalten ein weitgefächertes Bild der deutschen Teilungsgeschichte seit 1945, der vierzigjährigen getrennten Entwicklung sowie der Anstrengungen, deren Folgen und Erbe nach der Vereinigung von 1990 zu bewältigen – und zugleich liefern sie im Subtext ein Abbild der zeitgenössischen politischen Diskussionslandschaft mit ihren unterschiedlichen Positionen und Interessen. Sie sind ein Zeugnis zugleich der Vergegenwärtigung und der Deutung einer noch sehr nahen Vergangenheit aus den Jahren Zwei bis Acht nach der deutschen Vereinigung und dürften, angereichert um die umfangreichen »Materialien«, die Kommission in der interessierten und Fachöffentlichkeit noch lange in Erinnerung halten.

In bezug auf die von der Kommission angestrebte unmittelbare Wirkung in der breiteren Öffentlichkeit ist hingegen ein Fragezeichen zu setzen. Die Kommission hat mit der Zeit ein Erlahmen der öffentlichen Aufmerksamkeit verspürt. Dabei muß offenbleiben, ob dieses eher der von ihr gewählten Aufarbeitungsart oder einer womöglich allgemeineren Tendenz zuzuschreiben ist, wie sie auch schon nach dem Ende der NS-Diktatur in der frühen Bundesrepublik zu beobachten war.

Marlies Jansen

Anmerkungen:

1 Ungeachtet der Zweiteilung und der zeitlichen Aufeinanderfolge ist es aus substantiellen wie aus Gründen der öffentlichen Wahrnehmung gerechtfertigt, beide Kommissionen als eine unter dem Stichwort »Enquete-Kommission« abzuhandeln.

2 Sämtliche hier genannten Festlegungen in den sog. Einsetzungsbeschlüssen des Deutschen Bundestages vom 12. März 1992 gem. Antrag BT-Drs. 12/2230 (vom 11. 3. 1992) und vom 22. 6. 1995 gem. Antrag BT-Drs. 13/1535 (vom 31. 5. 1995). Ungeachtet der Nichtstimmberechtigung des PDS-Abgeordneten in der Kommission 13. Wahlperiode konnten er und der von der PDS benannte externe Sachverständige Sondervoten zum Schlußbericht abgeben.

3 Die Namen der Kommissionsmitglieder in den Schlußberichten. Vgl. BT-Drs. 12/7820 vom 31. 5. 1994, S. 12–13, und BT-Drs. 13/11000 vom 10. 6. 1998, S. 12–13.

4 Deutscher Bundestag (Hrsg.): Materialien der Enquete-Kommission »Aufarbeitung von Geschichte und Folgen der SED-Diktatur in Deutschland« (12. Wahlperiode des Deutschen Bundestages), 9 Bde. in 18 Teilbde., Baden-Baden/Frankfurt a. M. 1995 (im folgenden »Materialien 1995«); dort auch (in Band I) die in den Anm. 2 und 3 für die Kommission 12. Wahlperiode genannten parlamentarischen Unterlagen.

5 So T. G. Ash: The Truth About Dictatorship, in: New York Book Review, 19. 2. 1998, S. 35–40 (Sammelbesprechung), hier: S. 38–39.

6 Diese war freilich auch zuweilen »materialbedingt«, siehe z. B. die umfangreiche Studie von W. Weidenfeld/M. Glaab: Die deutsche Frage im Bewußtsein der Bevölkerung in beiden Teilen Deutschlands. Das Zusammengehörigkeitsgefühl der Deutschen. Konstanten und Wandlungen. Einstellungen der westdeutschen Bevölkerung 1945/49–1990, in: Materialien 1995, Band V/3, S. 2798–2962.

7 Von seiten der PDS wurde die Kommission mit einer zehnbändigen Publikation »begleitet«. Vgl. Keller, H. Modrow, H. Wolf (Hrsg. der Bände I-IV), J. Cerny, D. Keller, M. Neuhaus (Hrsg. des Bandes V) und L. Elm, D. Keller, R. Mocek (Hrsg. der Bände VI-IX/X): Ansichten zur Geschichte der DDR, Bonn/Berlin 1993 ff.

Literatur:

BOCK, PETRA: Von der Tribunal-Idee zur Enquete-Kommission. Zur Vorgeschichte der Enquete-Kommission »Aufarbeitung von Geschichte und Folgen der SED-Diktatur in Deutschland«, in: Deutschland Archiv, 11/1995, S. 1171–1183. □ DEUTSCHER BUNDESTAG: Materialien der Enquete-Kommission »Aufarbeitung von Geschichte und Folgen der SED-Diktatur in Deutschland« (12. Wahlperiode des Deutschen Bundestages), 9 Bde. in 18 Teilbde., Baden-Baden/Frankfurt a. M. 1995. □ ENGLER, WOLFGANG: »Kommode Diktatur« oder »totalitäres System«? Die DDR im Kreuzverhör der Enquete-Kommission, in: Soziologische Revue, 19/1996, S. 443–449. □ FUCHS, JÜRGEN: Mißliche Wahrheiten, in: Der Spiegel, 5/1996, S. 50–59. □ GRÜNBAUM, ROBERT: Aufarbeitung der SED-Diktatur. Die Enquete-Kommission des Deutschen Bundestages zwischen Politik und Wissenschaft, in: deutsche studien, 33/1996, Sonderheft 130, S. 111–122. □ JESSE, ECKHARD: Die DDR durchleuchtet. Mammutwerk einer Enquete-Kommission, in: Neue Zürcher Zeitung, 6.8.1996. □ METZGER, CHRISTIAN: Enquete-Kommissionen des Deutschen Bundestages. Rechtliche Grundlagen, Aufgaben und Arbeitsweise, Frankfurt a. M. u. a. 1995. □ SCHULLER, WOLFGANG: Bericht der Enquete-Kommission »Aufarbeitung von Geschichte und Folgen der SED-Diktatur in Deutschland«, in: Geschichte in Wissenschaft und Unterricht, 12/1995, S. 738–742. □ STEINBACH, PETER: Der zweiten deutschen Diktatur ins Auge sehen! Materialien der Enquete-Kommission des Bundestages zur DDR-Geschichte, in: Die Mahnung, 1. 1. 1996. □ STEPHAN, GERD-RÜDIGER: »Aufarbeitung von Geschichte und Folgen der SED-Diktatur in Deutschland«. Ergebnisse der ersten Enquete-Kommission zur deutschen Zeitgeschichte, in: Deutschland Archiv, 1/1997, S. 145–148.

Europäische Integration

→ **Außenpolitik**, Bundesländer, Bundesrepublik Deutschland: Geschichte, Bundeswehr, Deutschlandpolitik der Vier Mächte, Grundgesetz, Identität, Nation und Nationalbewußtsein, Ost-West-Konflikt, **Sicherheitspolitik**, Staatsangehörigkeit, Strukturwandel, Umwelt, Verhandlungen zur deutschen Einheit: Internationaler Prozeß, Verträge zur deutschen Einheit.

1. Einführung: »Das klingt gut, aber wie soll man sich dies konkret vorstellen: eine Wiedervereinigung unter einem europäischen Dach? Als Anschluß der DDR zu westlichen Bedingungen an eine in Europa integrierte Bundesrepublik – also Preisgabe ihrer von aller Welt anerkannten Eigenstaatlichkeit? Totale Kapitulation mitten im Frieden? Das kann doch wohl im Ernst kein Mensch glauben.« Viele Beobachter und Analytiker dachten im Umbruch Deutschlands und Europas wie Marion Gräfin Dönhoff in ihrem Leitartikel für »Die Zeit« vom 20. Januar 1990, denn sie gingen von der Gegenläufigkeit der Aufträge des Grundgesetzes, die staatliche Einheit und die Einigung Europas, aus. Ein geeintes Deutschland hatte sich im 20. Jahrhundert als nicht kompatibel zur europäischen Ordnung erwiesen und die Einigung des demokratischen Teils des Kontinents erschien als die logische Folge der Weltkriege und der Spaltung in zwei antagonistische Blöcke. Die Geschichte Europas seit 1989 hat Konrad Adenauers These vom Zusammenhang beider Konzepte bestätigt, und zwar nicht in ihrer späteren Ausdeutung vom Wandel durch Annäherung der Systeme, die Willy Brandt und Egon Bahr in den 60er Jahren in die Politik eingeführt hatten, sondern in der kaum für möglich gehaltenen ursprünglichen Interpretation Adenauers – die ökonomische und politische Überlegenheit des westlichen Modells setzte sich durch, die östliche Vormacht gab ihr Ordnungsmonopol auf.

Im Rückblick auf 50 Jahre deutscher Politik wird so eine dynamische Beziehung zwischen Einheit und Integration erkennbar: Die Gründung der beiden deutschen Staaten 1949 und ihre spätere Eingliederung in NATO und Warschauer Pakt waren bewußte Entscheidungen gegen die Priorität der Einheit, die, wie die sowjetische Deutschlandpolitik der 50er Jahre zeigte, nur um den Preis der Zwischenlage zwischen den Blöcken und damit im ungünstigen Fall um den Preis der Freiheit zu erlangen war. Die Ostpolitik der sozial-liberalen Koalition seit 1969 hat diese Grundentscheidung nicht umgekehrt, sondern vielmehr an den Wandel der Rahmenbedingungen angepaßt. Mit den Ostverträgen unterstützte die westdeutsche Politik eine gesamteuropäische Annäherung zwischen den Blöcken, die in der Deutschlandpolitik neue Möglichkeiten der Begegnung und des Austausches eröffnete. Gleichzeitig nahm die Regierung Brandt nichts von der Einbettung der Bundesrepublik in die europäische Integration zurück; Vorschläge wie das Konzept Brandts zur Bildung einer Sozialunion im Rahmen der angestrebten Politischen Union zeigen die Eigendynamik, die der Prozeß der Westintegration trotz seiner Krisen bereits entfaltet hatte. Wiederum 20 Jahre später erwies sich im Winter 1989/90 die europäische Ebene als entscheidend: Zwar hob der europäische Rahmen die Reserven und Vorbehalte politischer Entscheidungsträger in Italien, Großbritannien oder Frankreich nicht auf, aber er moderierte sie, wie die Europapolitik nach dem für Kohl schwierigen Straßburger Gipfel vom 8. Dezember 1989 belegt. Durch die Europäische Gemeinschaft kam mit den Gemeinschaftsinstitutionen, vor allem durch die EG-Kommission unter der Präsidentschaft Jacques Delors', ein nicht-nationaler Akteur ins Spiel. Zugleich bot die Integration selbst Kompensationsraum zur Verarbeitung des Konstellationswandels: In François Mitterands Drängen auf die Umsetzung des vom Delors-Komitee im Frühjahr 1989 vorgelegten Plans zur Vollendung der Wirtschafts- und Währungsunion fand diese Funktion der Integration ihren sichtbarsten Ausdruck. Da schließlich kaum politisch zu vertreten war, eine selbständige, aber demokratische DDR nicht rasch in die EG aufzunehmen, war es bis zur Akzeptanz der deutschen Einheit bei gleichzeitiger EG-Integration der Ostdeutschen durch Erweiterung des Gebiets des Mitglieds Bundesrepublik nur noch ein kleiner gedanklicher Schritt.

Die zehn Jahre seit dem Fall der Mauer haben die Geschichte der dynamischen Wechselbeziehung zwischen deutscher Einheit und europäischer Integration fortgeschrieben und dabei manche der alten Annahmen in neuer Form aufgegriffen: Das zunächst auf die Bekräftigung der Einbindung Deutschlands gerichtete Interesse Frankreichs setzt sich in gewandelter Form fort – nun als Interesse Deutschlands und der skandinavischen Mitglieder auf Stabilisierung und Einbindung ihrer unmittelbaren Nachbarschaft in Ostmitteleuropa.

Die alte Frage der Balance des deutschen Gewichts in Europa ist integrationspolitisch mit der Einführung des Euro zum 1. Januar 1999 auch für das geeinte Deutschland beantwortet – sie setzt sich fort unter neuen Parametern: einerseits als Frage nach der Balance der großen und kleinen Mitgliedstaaten in einer größeren Europäischen Union, in der zunehmend mehr Gestaltungsfragen der Mehrheitsentscheidung unterworfen sein werden, und andererseits als Frage nach der politischen Führung Europas, vor allem in der Außen- und Sicherheitspolitik.

Die Tendenzen zur Renationalisierung und zur Belebung von Gleichgewichtskalkülen im Europa der 90er Jahre belegen auch die These vom Zusammenhalt der Integration durch den Druck von außen. Der Erweiterungsdruck auf die EU zeigt einerseits die Magnetwirkung des Integrationskonzepts; die Schwierigkeiten der Europapolitik in seiner Verarbeitung weisen andererseits die mangelnde gesamteuropäische Orientierung des Integrationsprozesses nach.

Mit der Herstellung der Einheit Deutschlands wurde ihre Vereinbarkeit mit der europäischen Einigung offensichtlich. Eine andere als die eingangs von Gräfin Dönhoff zitierte Lösung hätte die europäische Integration in eine tiefe Krise, wenn nicht sogar in den Zerfall führen können. Die Europapolitik hat derartige Zerreißproben bisher immer vermieden und vitalen Interessen ihrer Mitglieder auch dann Rechnung getragen, wenn sie außerhalb des Gemeinschaftskonsenses lagen, um keine Entscheidung »zwischen Integration und Nation« zu erzwingen: Dies war so in den Minderheitenkonflikten innerhalb einzelner EU-Staaten, in der französischen Statuspolitik »des leeren Stuhls«, im Falkland-Krieg Großbritanniens, in den griechischen Konflikten mit der Türkei, in der Mazedonien- wie der Zypern-Frage.

Die Einheit der Deutschen im Rahmen einer sich öffnenden und vertiefenden Europäischen Union stellt eine andere »deutsche Frage« als in den Jahrzehnten der Teilung – die nach der Auflösung des mitteleuropäischen Rollenkonflikts der deutschen Politik: als essentieller Teil der EU nach Westen Integrationspolitik zu betreiben und, als größter Nachbar, wichtigster Absatz- und Arbeitsmarkt, nach Osten Interessen, Konflikte und Spannungslagen mit nationaler Außenpolitik auszuhandeln.

Im Ergebnis dieser knappen Skizze weist das Verhältnis von Integration und Nation für Deutschland zwei Hauptkapitel auf, deren Scheidelinie die Jahre 1989/90 bilden. Das eine ist mit der staatlichen Einheit im Rahmen der EU politisch erfüllt und bleibt von historisch wie politisch-kulturellem Interesse, das andere wurde mit der Einheit und den in den Folgejahren wachsenden Ansprüchen an die internationale Gestaltungsrolle Deutschlands eröffnet, doch liest es sich nicht als Neuauflage der deutschen Frage nach 1871, in der Deutschland schon einmal Zentralmacht war – allerdings in einer völlig anderen gesamteuropäischen Konstellation. Der Ausgang dieses Kapitels hängt maßgeblich von der Zukunft der europäischen Integration ab, denn sie macht neben der globalen Macht Amerikas und den Wirkungen der wirtschaftlichen Globalisierung den wesentlichen Unterschied zur politischen Ordnung des ausgehenden 19. Jahrhunderts aus.

2. Europäische Einigung und das geteilte Deutschland: Die Diskussion um Priorität und Wechselwirkungen der zwei Optionen westdeutscher Politik wurde vor allem in der formativen Phase der Bundesrepublik Deutschland kontrovers geführt. Die Entscheidung Konrad Adenauers, den jungen Staat in ein vertraglich fixiertes Kooperationsnetz im westeuropäischen Rahmen einzugliedern, war eine grundlegende Weichenstellung, die die Freien Demokraten aus wirtschaftspolitischen wie parteitaktischen, die Sozialdemokraten vornehmlich aus deutschlandpolitischen Gründen kritisierten bzw. ablehnten.[1] Das Konzept Adenauers erscheint aus heutiger Sicht vielfach nur auf dem Hintergrund der auch innerparteilichen Auseinandersetzungen um seine Politik. Dahinter verblaßt sein Entwurf des Zusammenhangs zwischen europäischer Integration und deutscher Frage.[2] Während die Kritik Adenauer vorwarf, die Chancen einer Wiedervereinigung bewußt zugunsten der westeuropäischen Integration geopfert zu haben, ergibt sich aus den Überlegungen des ersten Bundeskanzlers ein Stufenplan, der Integration vorrangig aus außenpolitischen Gründen sowie zur Sicherung der Demokratie der Bundesrepublik anstrebte, aber diese daneben auch zur Herbeiführung einer Wiedervereinigung verfolgte. In Adenauers Vorstellungen verband sich die Notwendigkeit zur Wiedererlangung von Souveränität über den Verzicht auf Souveränität im Rahmen der Integration mit den Funktionen der wirtschaftlichen, sicherheitspolitischen und normativen Stabilisierung der Bundesrepublik Deutschland zu einem Konzept der Stärke des Westens, welche allein Ausgangspunkt eines Einlenkens der Sowjetunion sein konnte. Adenauer verstand die demokratische Nation vor allem als Träger von Werten, an deren Spitze die Freiheit stand. Die weitgehend an staatlicher Einheit orientierte Kritik – auch innerhalb der CDU – ist an dieser Akzentuierung vorbeigegangen.

Verfassungsrechtlich blieben alle Bundesregierungen verpflichtet, die offene deutsche Frage nicht durch letztgültige Bindungen in der Integrationspolitik zu schließen. Auf der Ebene der normativen Grunddispositionen entsprechen sich Grundgesetz und der Impuls zur Europäischen Einigung, der die Idee des demokratischen Verfassungsstaates auf überstaatlicher Ebene anstrebte. Die zentrale Forderung nach Freiheit ist in die Schlüsseldokumente der Europäischen Integration, von der Präambel der Römischen Verträge 1957 über die Kopenhagener Erklärung zur Identität Europas 1973 bis zur Feierlichen Deklaration zur Europäischen Union 1983, eingegangen. In territorial-staatlicher Hinsicht fixiert das Grundgesetz als außenpolitisch relevantes Verfassungsziel den Willen, »seine nationale und staatliche Einheit zu wahren und als gleichberechtigtes Glied in einem vereinten Europa dem Frieden der Welt zu dienen«.[3] Die Bestimmungen über den Beitritt weiterer Teile Deutschlands (Art. 23) und die Entscheidungsfreiheit eines gesamtdeutschen Souveräns (Art. 146) präzisieren die nationale Komponente, während Art. 24 GG explizit die Möglichkeit vorsieht, die Bundesrepublik Deutschland in ein »System kollektiver Sicherheit« einzuordnen und in diesem Prozeß Souveränität abzutreten. Nur vereinzelt ist daraus die These von der verfassungsrechtlichen Unvereinbarkeit beider Ziele abgeleitet worden.[4] In der Praxis wurde eine mögliche Kollision beider Ziele durch einen Protokollvorbehalt umgangen: In der Verhandlung der Römischen Verträge hatte die Bundesregierung am 28. Februar 1957 eine Erklärung zu Protokoll gegeben, daß sie von der Möglichkeit ausgehe, im Falle einer Wiedervereinigung eine Überprüfung der Verträge vornehmen zu können. Die Erklärung und die Entschließung des Deutschen Bundestages zum Ratifikationsgesetz wurden rechtlich dahingehend interpretiert, »daß die Bundesrepublik Deutschland bereits in einem konkreten Vorstadium der Wiedervereinigung sich den vertraglichen Bindungen entziehen kann, wenn dies Voraussetzung dafür ist, das Wiedervereinigungsziel zu erreichen.«[5]

Seit diesen Grundentscheidungen der 50er und 60er Jahre ist die Frage nach möglicherweise verschenkten Optionen der Einheit eine rein hypothetische. In der späteren Außenpolitik wurde sie nicht mehr grundsätzlich thematisiert – als intellektuelles Konstrukt ist diese Vorstellung jedoch wiederholt zurückgekehrt. Die Ostpolitik Brandts ging bewußt von der Verankerung der Bundesrepublik Deutschland in der Integration aus. In der Debatte um die Ostverträge spielte diese Zugehörigkeit keine Rolle. Die stärker auf das eigene Potential der Bundesrepublik Deutschland zugreifende Politik Helmut Schmidts verstand beide Felder als Bereiche pragmatischen Regierungshandelns: Seine Europapolitik zielte ab auf die Nutzung des Regulierungspotentials der Kooperation in der EG, seine Deutschlandpolitik auf die Minderung der Teilungsfolgen. Die Politik Helmut Kohls enthielt auch vor 1989 konzeptionelle Entwürfe für beide Felder, deren Konfliktstellung durch die Definition der deutschen Frage als europäisches Problem der Freiheit normativ aufgehoben wurde.

3. Die europäische Komponente der deutschen Einheit: Der rasche Verfall der SED-Herrschaft nach dem Rücktritt Erich Honeckers war der überraschende Testfall dieser Politik. Erstmals in der Geschichte der Bundesrepublik Deutschland bildeten Deutschland- und Europapolitik nicht nur dem Anspruch nach zwei Seiten einer Medaille. Die Verbindung von deutscher Einheit und Europäischer Integration wurde zum empirischen Faktum. Die in den Stellungnahmen der europäischen Partner immer wieder artikulierte Sorge vor einem Substanzverlust deutscher Europapolitik trat nicht ein. Für die Bundesregierung wurde im November 1989 nahezu täglich deutlicher, daß sie zugleich deutschlandpolitisch initiativ werden und europapolitisch glaubwürdig bleiben mußte.

Die Sensibilität der Lage zeigte sich in den europäischen Reaktionen auf das Zehn-Punkte-Programm Helmut Kohls vom 28. November 1989. Obgleich Kohl in seiner Außenpolitik eindeutig für eine Weiterentwicklung der Integration eingetreten war, wurde die Ernsthaftigkeit seines Anliegens mit Zweifeln besetzt. Das Programm war eine persönliche Initiative des Kanzlers und als solche kalkuliert. Nach innen sollte es Führung durch Orientierung demonstrieren, gegenüber den europäischen Nachbarn verdeutlichen, daß die Deutschen ihr Selbstbestimmungsrecht wahrzunehmen bereit waren. Für dieses Recht warb die deutsche Europapolitik um Zustimmung. Die Erklärung des Straßburger Gipfels vom Dezember 1989 zur deutschen Einheit bestätigte in ihrem ersten Teil den nachdrücklich vorgetragenen Wunsch der Bundesregierung. Damit hatte Kohl im Konsens mit der Gemeinschaft die europäische Qualität des Vereinigungsprozesses nicht dem Prinzip nach, sondern in der Schrittfolge verändert. Zuvor lag die Präferenz des Kanzlers wie des Außenministers (im übrigen in Übereinstimmung mit der EG-Kommission unter Delors) bei einem raschen Beitritt der DDR zur Europäischen Gemeinschaft, denn selbst dieser Schritt hätte bereits ein in ihrer Reichweite überraschendes Maß an Einheit hergestellt.

Mit der Vereinigung der beiden deutschen Staaten über den Weg des Beitritts zur Bundesrepublik wurde das Gebiet der ehemaligen DDR zugleich zum Teil der Europäischen Gemeinschaft. In der Vorbereitung dieses Schrittes erwies sich die rechtliche Konstruktion des Wiedervereinigungsvorbehalts als unbedeutend. Die Europäische Gemeinschaft, ihre Mitgliedstaaten wie die Kommission und das Europäische Parlament signalisierten frühzeitig, daß ihnen vor allem an einer EG-verträglichen Form der Einheit gelegen war. Seit dem November 1989 hatte die EG-Kommission die verschiedenen Optionen mit dem Ziel geprüft, den Rechtsrahmen der EG mit jeder der denkbaren Möglichkeiten in Übereinstimmung zu bringen. Auf dem EG-Gipfel vom 28. April 1990 in Dublin legten die Mitgliedstaaten drei Stufen der Eingliederung des Gebiets der DDR fest, die durch den vorgezogenen Termin der Einheit modifiziert wurden: Die Interimsphase fiel kürzer aus als geplant, nahezu 80 % des Gemeinschaftsrechts gelten jedoch in unmittelbarer Folge des Beitritts seit dem 3. Oktober in den neuen Bundesländern. Die übrigen Vorschriften wurden schrittweise bis 1992 bzw. 1995 übernommen.

Die Memoiren einzelner Akteure wie die zeitgeschichtliche Aufarbeitung zeigen im Rückblick, daß über die europäische Ebene allein die deutsche Einheit nicht zustande gekommen wäre. Schlüsselstaaten der EG wie Frankreich, Großbritannien, Italien oder Spanien waren verdeckt oder offen gegen eine rasche Vereinigung der deutschen Staaten, während allein die amerikanische Regierung den Prozeß von Anfang an ohne wesentliche Vorbehalte unterstützte. Während diese Position der Vereinigten Staaten die Einheit machtpolitisch ermöglichten, wurde die Veränderung der französischen Position 1990 zum Schlüssel ihrer europapolitischen Absicherung. Aus dem absehbaren Ende der deutschen Teilung und dem Ende der Spaltung Europas konnten aus der Sicht Mitterrands das alte Europa und damit die alten Risiken für Frankreich wiederentstehen. Dagegen setzte die französische Politik eine Strategie der forcierten Vertiefung der europäischen Integration und des Einforderns von Beweisen für die Integrationsbereitschaft der Deutschen, um die Option zu verlegen, die Bundesrepublik könne die Europäische Integration lähmen oder gar ihre Bindungen abstreifen. Die Strategie Mitterrands traf sich komplementär mit den deutschen Vertiefungsinteressen an der EG. In ihren Initiativen zu den Regierungskonferenzen des Jahres 1991 erneuerten Mitterrand und Kohl ihr gemeinsames Interesse an einer institutionellen Ausgestaltung der politischen Gemeinschaft: Die Europäische Gemeinschaft müsse wegen der deutschen Vereinigung vorangetrieben werden. Die Verhandlungen zum Maastrichter Vertrag über die Europäische Union verdeutlichten die Zielrichtung des wechselseitigen Bindungsinteresses. Mit der Währungsunion und mit einer gemeinsamen Außen- und Sicherheitspolitik, der die deutsch-französischen Vorschläge konkretere Aufgaben zuwiesen als der später unterzeichnete Vertrag, sollte die Integration irreversibel zu einer Schicksalsgemeinschaft werden.[6]

4. Europa und Deutschland – die mentale Landkarte der Deutschen: Politische Identitäten sind stets auch auf spezifische Raumbilder bezogen, die vielfach stabiler ausfallen als die mit ihnen verbundenen normativ-politischen Aspekte. In Deutschland sind, anders als in vielen anderen westlichen Demokratien, über die letzten 50 Jahre hinweg dynamische Begriffsverschiebungen und Bilderwechsel zu verzeichnen. Sie haben ihre Ursache in den Umbrüchen der Größe, Lage und Ausrichtung Deutschlands im 20. Jahrhundert.

Neben der Nation hat sich in Westeuropa im Gefolge der intensiven Kooperation eine zweite Ebene kollektiver Dispositionen herausgebildet, die auf die Europäische Union als der dichtesten Form der Zusammenarbeit ausgerichtet ist. Während im allgemeinen europäische und nationale Dispositionen als unterschiedliche Gemeinschaftsbezüge nebeneinander stehen und in unterschiedlichen Kontexten situationsbezogen artikuliert werden, schien die europäische Orientierung in der Bundesrepublik Deutschland das beschädigte Nationalbewußtsein der Deutschen im Westen zu kompensieren. In der Folge dieser Aneignung Europas ließ sich ein doppelter Perspektivenwechsel beobachten: Das Raumbild Westeuropas wurde in Verbindung mit den freiheitlich-demokratischen Werten zu Europa, während die Bundesrepublik Deutschland mit zunehmender Konsolidierung ihres politischen Systems zu Deutschland wurde. In der allgemeinen politischen Sprache der 80er Jahre, in den Werbebotschaften und Slogans, waren die Bundesrepublik und Deutschland zu Synonymen geworden; ein Prozeß, dem nur noch die beharrliche Bezeichnung der Bundesrepublik als »Westdeutschland« in der Sprache der West-Berliner entgegenstand. Dem Europabild in der DDR fehlte zumeist die normative Besetzung; er blieb ein überwiegend geographischer Begriff, der erst im Kontext der KSZE und der Krise der Entspannung nach 1979 als »Gesamteuropa« zu einer relevanten politischen Vokabel wurde. In der offiziellen Sicht Ostberlins, und damit auch für viele Menschen in der DDR, entfiel durch die Interpretation der DDR als sozialistischem Staat die Notwendigkeit der Abgrenzung zur deutschen Nation; die Propagierung einer »sozialistischen deutschen Nation« durch die SED, also die Bestimmung von zwei deutschen Nationen, setzte sich erst in den 70er Jahren durch, gewissermaßen als Identitätsversicherung gegenüber der Zunahme menschlicher und politischer Begegnungen im Zuge der Ost- und Entspannungspolitik.

Im Rückblick wird deutlich, daß auch unter den Westdeutschen kein vollständiger Austausch der Identifikationsebenen von Deutschland zu Europa stattgefunden hatte. Denn zum einen hatten die wirtschaftliche und politische Konsolidierung der Bundesrepublik Deutschland, die Entspannungspolitik und die Entwicklung der deutsch-deutschen Beziehungen gleichzeitig zur Ausbildung eines auf die Bundesrepublik Deutschland bezogenen Staatsbewußtseins beigetragen, das zumindest Elemente eines Nationalbewußtseins aufweist. Zum anderen war bereits vor 1989 die Euphorie über die Schritte und Wege zur Einigung Europas angesichts der Schwierigkeiten und Krisen der Gemeinschaftspolitik sowie der augenfälligen Beharrungskraft der Nationalstaaten in der Integration abgeklungen. Die Erfolge der Europäischen Gemeinschaft waren zum akzeptierten Teil der tagespolitischen Realität geworden, die keine neuen emotionalen Schübe auszulösen vermochte. Die Formel vom »deutschen Interesse« als »nationalem Interesse«, die Debatten um die Nettozahler-Position der Bundesrepublik Deutschland, über Kosten und Nutzen der deutschen EG-Mitgliedschaft sind Indizien für eine Entzauberung des Europabildes der Westdeutschen parallel zur Entwicklung eines auf die Bundesrepublik bezogenen deutschen Staats- und Nationalbewußtseins.

In den aufregenden Monaten 1989 und 1990 zeigten sich beide Tendenzen im Stimmungsbild der westdeutschen Bevölkerung. Zu keiner Zeit stand angesichts der nahenden Wiedervereinigung die Bindung an die Europäische Gemeinschaft zur Disposition. Gleichzeitig waren Irritationen über die Veränderungen der deutschen Lage zu beobachten, die sich überwiegend an den erwarteten Kosten der Einheit entzündeten. Dennoch bejahten und begrüßten die Westdeutschen wie die Ostdeutschen die Vereinigung unter europäischen Vorzeichen.

Im politischen Bewußtsein der Ostdeutschen war die Bedeutung der Integration zunächst deutlich schwächer verankert. Anfängliche Erwartungen, die spezifischen Orientierungen der ehemaligen DDR-Bürger würden das langfristige Stimmungsklima der Nation verschieben, haben sich insgesamt nicht bestätigt. Auf der Basis zunehmender Konvergenz in den Einstellungen hat sich vielmehr die Einstellung der Deutschen zu Europa insgesamt verändert. Die Ablehnung der Europäischen Währungsunion zwischen 1992 und 1997 sowie die Kritik am Maastrichter Vertrag signalisierten neue Vorbehalte – zum ersten Mal stand die Mehrheit der Deutschen einer europapolitischen Weichenstellung nicht grundsätzlich positiv gegenüber. Es scheint, als sei die diffuse Unterstützung für den Integrationsprozeß, der »permissive Konsens« in der Europapolitik stärker an die Lage des geteilten Europa gebunden gewesen als erwartet. In Deutschland hat der Begriff der Nation mit der Einheit seinen widersprüchlichen Charakter verloren; die Korrektur des Raumbildes von Deutschland hat sich rasch vollzogen. Im Bild von Europa scheint der Perspektivenwechsel längere Fristen zu erfordern. Zwar greift die normative Trennung in Ost und West angesichts der fortschreitenden Konsolidierung von Demokratie und Marktwirtschaft in der unmittelbaren Nachbarschaft nicht mehr, doch bildet offenbar das Raumbild einer nach Osten erweiterten Europäischen Union, das zwischen dem alten Westeuropa und dem geographisch definierten Europabild liegt, noch keinen relevanten Bezugsrahmen.

5. Deutschland in Europa – Interessenlage und Perspektiven: Wenn nicht Zentralmacht Europas, so wird Deutschland in der Perspektive des kommenden Jahrzehnts doch zumindest eine zentrale Macht des westlich vom russischen Einflußraum gelegenen Europas sein. Gleichzeitig werden sich die Bedeutung nationaler Macht, die Kategorien ihrer Bestimmung wie die Formen ihres Ausdrucks im Vergleich zur heutigen Lage nachhaltig verändern – sei es als Folge des Gelingens von Erweiterung und Vertiefung der Europäischen Union, sei es als Folge einer Relativierung oder Neubestimmung von Art und Bedeutung der Integration für die Staatenbeziehungen auf dem europäischen Kontinent. Kommt es zur Realisierung der bereits heute in den verschiedenen Verträgen und politischen Festlegungen enthaltenen Zukunftskonzepte, so wird ein Integrationsraum von 25 und mehr Staaten entstehen, dessen Steuerungsprobleme, innerer Zusammenhalt wie externe Verbindungen eine neue Qualität der Europapolitik erforderlich machen, und dies um so mehr, wenn es – wie zu erwarten steht – nicht zur Ausbildung supranationaler Staatlichkeit im klassischen Sinne kommt.

In diesem Europa befände sich Deutschland in der Mitte Europas, jedoch eindeutig nicht mehr in einer Mittellage zwischen unterschiedlich organisierten Teilräumen des Kontinents.[8] Gänzlich anders gelagerte, doch in ihren Wirkungen nicht weniger weitreichende Konsequenzen dürfte ein Mißlingen der Erweiterungsperspektive im Rahmen der EU, aber auch der Westeuropäischen Union oder der NATO nach sich ziehen. Die daraus folgende Auflockerung der Integration oder ihre Überlagerung durch andere Strukturen verdichteter Kooperation würde für Deutschland erneut das Mehrebenenproblem seiner zentralen Position im geographischen, politischen wie ökonomischen Koordinatensystem Europas aufwerfen. Aufgrund dieser Position wäre unter den Vorzeichen nicht-antagonistischer Trennlinien zwischen den Räumen Europas keine eindeutige Entscheidung Deutschlands für die Bindung an nur einen Bezugsrahmen möglich, sondern es würde die Mitwirkung in vielen nötig, deren Kompatibilität nicht ohne weiteres als gegeben angenommen werden kann.

Als bevölkerungsreichster und zugleich wirtschaftlich starker wie zentral gelegener Staat besitzt auch das vereinte Deutschland ein vorrangiges Interesse an der Einbindung in die europäische Integration und der Fortentwicklung wie Ausdehnung dieses Rahmens. Die wesentlichen nationalen Interessen bleiben außenpolitisch besser über einen europäischen Handlungsrahmen erreichbar. Die Modernisierung der wirtschaftlichen Basis im Binnenmarkt, die Stabilisierung von Demokratie und Marktwirtschaft, die Erneuerung der transatlantischen Partnerschaft und die Bewahrung von Sicherheit und Frieden durch Konfliktkontrolle und Konfliktbeendigung sind Ziele der Politik, zu deren Realisierung Deutschland allein nicht in der Lage ist.

Drei Milieufaktoren der Integration haben in der Vergangenheit die Bedeutung der Europapolitik für die deutsche Außenpolitik bestimmt: Der Integrationsprozeß hat sich als eine geeignete Rahmenbedingung zur Absicherung der Entwicklungs-, Wohlfahrts- und Sicherheitsinteressen erwiesen; zweitens haben seine Strukturen die Artikulation wie die erfolgreiche Vertretung deutscher Interessen in Europa ermöglicht und, drittens, hat die Bundesrepublik über die gemeinsame Politik feste Partner unter ihren unmittelbaren westlichen Nachbarn gefunden. Im Prozeß der deutschen Einheit hat sich allerdings gezeigt, daß der Integrationsprozeß insgesamt, aber auch der Integrationskern der Gründerstaaten von Montanunion und EWG, die Kalküle der Gleichgewichtspolitik nicht aufgehoben, sondern eher sublimiert hat. Der unter den Nachbarn registrierte Zuwachs Deutschlands an Handlungsspielraum wie an Macht brachte das im Gefüge der Integration aufbewahrte Gleichgewicht ins Wanken und rief zwei Verhaltensreaktionen hervor, die auch für die künftige Entwicklung von Belang sein dürften: zum einen die Betonung der nationalen Ebene, in der Kritik am Einigungstempo wie am Vorgehen des Bundeskanzlers deutlich ablesbar, zum anderen die Forcierung der europäischen Einbettung, von den Forderungen nach einer Öffnung des »Zwei-plus-Vier«-Prozesses bis zu Initiativen zur Vertiefung der europäischen Integration und damit zur Bekräftigung der Bindung der Mitgliedstaaten an den Prozeß.

In Deutschland ist dieses Reaktionsmuster hauptsächlich deshalb nicht als Problemfall empfunden worden, weil die skizzierte Wahrnehmung nicht die der eigenen politischen Elite war. Diese war und ist auf die Fortführung der Integration und damit auf die Fortdauer wie Vertiefung der deutschen Bindung in Europa ausgerichtet und konnte deshalb die Perzeptionen der Nachbarn zumindest partiell zur Durchsetzung der eigenen Präferenzen nutzen. Das Mißlingen des deutschen *linkage* – die Forderung nach der Symmetrie zwischen Währungsunion und Politischer Union – zeigt allerdings auch die Grenzen der aus einer solchen Perzeptionsdifferenz resultierenden Gestaltungsmacht.

Für Deutschland wie für seine Nachbarn bleibt die deutsche Frage die nach der Verträglichkeit des Gewichts Deutschlands mit der politischen Ordnung Europas. Unter den heutigen Bedingungen geht es dabei um Gegenmachtbildungen und Kooperationsvorbehalte innerhalb eines Verflechtungsraums, welche die Handlungsfähigkeit der gemeinsamen Institutionen schwächen sowie die Effizienz und damit den Nutzen der Integration mindern könnten. Beide Folgen widersprechen der deutschen Interessenlage einer möglichst effektiven Nutzung des Gemeinschaftsrahmens. Deutsche Europapolitik wird daher bestrebt sein, Balancekalküle dieser Art durch Integration zu unterlaufen. Dabei sind im Blick auf die größere Europäische Union Zielkonflikte nicht auszuschließen: Dem Bemühen, die eigene Macht in der der Gemeinschaft aufgehen zu lassen, steht bisher die machtpolitische Begrenztheit der Union entgegen. Zugleich dürfte sich aus den künftigen Verteilungsentscheidungen und Strukturanpassungen ein größer werdender Bedarf an politischer Führung ergeben, der auch sichtbar zu machen wäre. Wenn Deutschland also eine Führungsrolle in der Union übernehmen müßte, um seine Gestaltungsinteressen zu sichern, so wäre die Diffusion seiner Macht nicht die geeignete Strategie. Vielmehr müßte es im Interesse deutscher Integrationspolitik liegen, die Akzentuierung von Führungsrollen frühzeitig im Gemeinschaftskonsens zu verankern und Partner in der Führung zu gewinnen – die nicht allein aus dem Kreis der großen Mitgliedstaaten stammen sollten.

Teil dieser konstellationsbezogenen Interessenlagen in der Europapolitik ist die Position Deutschlands in der Frage der Osterweiterung der Europäischen Union. In der Verwirklichung der Öffnung der Union gegenüber den neuen Demokratien liegt ein spezifisch deutscher Vorteil: Eine nach Osten erweiterte Union wendet das Regelwerk und die Kooperationsstruktur auf die östliche Nachbarschaft an, die sich für Deutschland im Verhältnis zum Westen als so erfolgreich erwiesen hat. Angesichts der offensichtlichen Attraktion Deutschlands für Mittel- und Osteuropa und des deutlich fühlbaren politischen Gewichts der deutschen Leistungsfähigkeit bietet die Integration die Chance, Widerstände und Kooperationsreserven sowohl im Westen – zur Kontrolle einer quasi-hegemonialen Position Deutschlands – als auch im Osten – als Kompensation dort empfundener Unterlegenheit – integrativ zu minimieren.

Vor diesem Hintergrund wird die deutsche Europapolitik ihre bisher in den Grundfragen fast vorbehaltlos definierte Integrationsbereitschaft durch eine kalkulierte Integrationsstrategie ablösen müssen, um die eigenen Interessen und die eigenen Handlungsmöglichkeiten im Blick auf die Entwicklungsoptionen Europas intakt zu halten. Die europäischen Rahmenbedingungen für eine Führungsrolle der deutschen Europapolitik erscheinen günstig: Größe, Ressourcen und Lage machen Deutschland zu einem Schlüsselstaat der erweiterten Europäischen Union, die Notwendigkeit politischer Führung wird angesichts der Schwäche des alten Leitbilds bundesstaatlicher Integration kaum mehr bestritten und die Überdehnung der supranationalen Strukturen der EU macht ihre Steuerung durch Gruppen differenzierter Integration und Beiträge einzelner Staaten erforderlich. Deutsche Europapolitik ist – aus einer realistischen Sicht der Folgen – bisher nicht mit explizitem Führungsanspruch aufgetreten. In den kommenden Phasen der EU-Entwicklung ist davon nicht ohne weiteres auszugehen; das Beharren auf spezifischen Bereichen der Einstimmigkeit in den Verhandlungen zum Vertrag von Amsterdam ist mehr als ein Indiz. Integrationsverweigerung wäre jedoch die falsche Strategie, denn sie blockierte zugleich die Gestaltungsinteressen deutscher Europapolitik in anderen Bereichen der gemeinsamen Politik. Gerade deswegen wird die bewußte Wahrnehmung politischer Orientierung und Führung unerläßlich.

Josef Janning

Anmerkungen:

1 Vgl. dazu ausführlich P. Jeutter: EWG. Kein Weg nach Europa. Die Haltung der Freien Demokratischen Partei zu den Römischen Verträgen 1957, Bonn 1985; R. Hrbek: Die SPD. Deutschland und Europa. Die Haltung der Sozialdemokratie zum Verhältnis von Deutschland-Politik und West-Integration (1945–1957), Bonn 1972, hier v. a. S. 244 ff.

2 Vgl. zu beiden Aspekten grundlegend W. Weidenfeld: Konrad Adenauer und Europa. Die geistigen Grundlagen der westeuropäischen Integrationspolitik des ersten Bonner Bundeskanzlers, Bonn 1976, hier v. a. S. 108 ff.

3 Entsprechend allgemein wird der Europagedanke auch in anderen Texten formuliert. Die Begriffswahl im Deutschlandvertrag, der in Art. 7 Abs. 2 von der Integration in die europäische Gemeinschaft spricht, ist als politische Begriffssetzung aufzufassen, die mit der späteren Europäischen Gemeinschaft nicht identisch ist; vgl. E. Klein: Die Deutsche Frage in der Europäischen Gemeinschaft, in: D. Blumenwitz/B. Meissner (Hrsg.): Die Überwindung der europäischen Teilung und die deutsche Frage, Köln 1986, S. 65–82, hier S. 65.

4 Vgl. K. Doehring: Die Wiedervereinigung Deutschlands und die europäische Integration, in: Neue Juristische Wochenschrift, 40/1982, S. 2209–2214.

5 Klein, a. a. O., S. 70; auch L.-J. Constantinesco: Recht der Europäischen Gemeinschaften, Bd. I, Baden-Baden 1977, hier S. 182.

6 Vgl. dazu die im Detail die Analysen der Entwicklung für die 90er Jahre im Jahrbuch der Europäischen Integration 1989/90 ff.; hier v. a. die Beiträge von W. Weidenfeld zur Bilanz, von F. de La Serre/C. Lequesne zu Frankreich und von J. Janning zur Bundesrepublik Deutschland.

7 Vgl. zum Kontext der Debatte J. Janning: A German Europe – a European Germany? On the debate over Germany's foreign policy, in: International Affairs, 1/1996, S. 33–41.

8 Vgl. zum folgenden ausführlicher J. Janning: Deutschland und die Europäische Union. Integration und Erweiterung, in: K. Kaiser/J. Krause (Hrsg.): Deutschlands neue Außenpolitik, Bd. 3: Interessen und Strategien, München 1996, S. 31–54.

Literatur:

Blumenwitz, Dieter/Boris Meissner (Hrsg.): Die Überwindung der europäischen Teilung und die deutsche Frage, Köln 1986. □ Bohrer, Karl Heinz/Kurt Scheel (Hrsg.): Deutschland in der Welt. Über Außenpolitik und Nationalstaat, Sonderheft Merkur, September/Oktober 1994. □ Hrbek, Rudolf/Wolfgang Wessels (Hrsg.): EG-Mitgliedschaft. Ein vitales Interesse der Bundesrepublik Deutschland? Bonn 1984. □ Kaiser, Karl/Hanns W. Maull (Hrsg.): Deutschlands neue Außenpolitik, Bd. 1: Grundlagen, München 1994; Bd. 2: Herausforderungen, München 1995. □ Kaiser, Karl/Joachim Krause (Hrsg.): Deutschlands neue Außenpolitik, Bd. 3: Interessen und Strategien, München 1996. □ Korte, Karl-Rudolf (Hrsg.): Drei Fragen zu Europa. Antworten aus deutscher Sicht, München 1998. □ Schwarz, Hans-Peter: Die Zentralmacht Europas. Deutschlands Rückkehr auf die Weltbühne, Berlin 1994. □ Weidenfeld, Werner (Hrsg.): Deutsche Europapolitik. Optionen wirksamer Interessenvertretung, Bonn 1998. □ Ders. (Hrsg.): Amsterdam in der Analyse, Gütersloh 1998. □ Weidenfeld, Werner mit Peter M. Wagner u. Elke Bruck: Außenpolitik für die deutsche Einheit. Die Entscheidungsjahre 1989/90, Stuttgart 1998. □ Weidenfeld, Werner/Wolfgang Wessels (Hrsg.): Jahrbuch der Europäischen Integration 1980 ff., Bonn 1981 ff.

Extremismus und Innere Sicherheit

→ **Ausländer**, Bundesländer, DDR: Politisches System, Einstellungen zur deutschen Einheit, Europäische Integration, Geschichtsbewußtsein, Innere Einheit, Jugend, Lebensbedingungen, **Nation und Nationalbewußtsein**, Nationalsymbole, Parteien, Politische Kultur, Rechtssystem, Sozialpolitik, Sozialer Wandel, **Staatssicherheit**, Wahlen.

1. Extremismus-Definition: »Politischer Extremismus« gilt als eine Sammelbezeichnung für unterschiedliche Bestrebungen und Gesinnungen, die sich gegen die Minimalbedingungen eines modernen demokratischen Verfassungsstaates richten. Der Begriff definiert sich in diesem Verständnis also nicht positiv im Sinne von ihm eigenen Besonderheiten, sondern negativ über die Ablehnung eines anderen politischen Komplexes. Es handelt sich somit um einen Abgrenzungsbegriff, dessen Definition wiederum die Definition des abgelehnten Faktors – dem demokratischen Verfassungsstaat – voraussetzt. Darunter wird hier ein politisches System verstanden, welches zum einen durch das Mehrheitsprinzip und die Volkssouveränität und zum anderen durch deren Anbindung an eine auf den Menschenrechten basierende Verfassung geprägt ist.

Mit dem Verweis auf die formalen Gemeinsamkeiten bei der Ablehnung des demokratischen Verfassungsstaates kann das Verständnis von Extremismus im Sinne einer positiven Begriffsbestimmung erweitert werden, d. h. Extremismus wird dann nicht mehr nur negativ im Sinne von anti-demokratisch, sondern positiv mit Verweis auf strukturelle Gemeinsamkeiten bei der Ablehnung des demokratischen Verfassungsstaates definiert. Als solche wären zu nennen: offensive und defensive Absolutheitsansprüche, Dogmatismus, Utopismus bzw. kategorischer Utopie-Verzicht, Freund-Feind-Stereotype, Verschwörungstheorien, Fanatismus und Aktivismus (Backes), aber auch ein antipluralistisches Politik- und Gesellschaftsverständnis, gestützt auf Auffassungen von der Homogenität des Volkes und auf formalem oder informalem Autoritarismus. Nahezu alle diese Strukturmerkmale sind in der Regel den unterschiedlichen Erscheinungsformen des politischen Extremismus eigen. Es wird mit dem Begriff demnach nicht eine inhaltliche Gleichsetzung oder gar Identität der unterschiedlichen Formen des Extremismus behauptet, sondern lediglich auf die formalen Gemeinsamkeiten bei der Ablehnung des demokratischen Verfassungsstaates verwiesen.

Als inhaltliche Unterscheidung der verschiedenen ideologischen Varianten haben sich die ebenfalls Sammelbezeichnungen bildenden Begriffe Links- und Rechtsextremismus eingebürgert. Hier bedarf es bei der Differenzierung nicht einer formalen, sondern einer inhaltlichen Komponente. Damit stellt sich allgemein die Frage, wie nicht nur zwischen demokratisch und extremistisch, sondern bezogen auf diesen Aspekt auch politisch links und rechts unterschieden werden kann. Die Einstellung gegenüber der Freiheit kann hier nicht genannt werden, gibt es doch sowohl innerhalb der Linken als auch innerhalb der Rechten demokratische und extremistische Varianten. Demgegenüber bietet sich weitaus stärker die Einstellung zur Gleichheit als theoretisches Kriterium zur Unterscheidung von links und rechts an (Bobbio). Sie entspricht letztendlich dem Unterschied zwischen Egalitarismus und Nicht-Egalitarismus, wobei es verschiedene Varianten zwischen beiden idealtypischen Polen gibt. Hinsichtlich der extremistischen Einstellungen zum Ethos menschlicher Fundamentalgleichheit gilt demgegenüber: Während die politisch linke Variante diese bejaht, aber im antidemokratischen Sinne ideologisch integriert, lehnt die rechte Variante diesen Gleichheitsgrundsatz zugunsten ihres antiegalitären Differenzprinzips ab.

2. Linksradikalismus

2.1. Definition: Linksextremistische Ideologie ist zwar von einem egalitären Denken geprägt, allerdings auch so dominiert, daß mit diesbezüglichen Auffassungen Prinzipien des demokratischen Verfassungsstaates negiert werden. Mit der (auch demokratisch formulierbaren) Forderung nach mehr sozialer Gerechtigkeit und Gleichheit wird hier die Gültigkeit politischer Rechte der Individuen in Frage gestellt bzw. im Konfliktfall abgelehnt, wodurch sie eine extremistische Stoßrichtung annimmt. Ein derartiger ideologischer Diskurs geht denn auch davon aus, daß es eine Art feststehendes Allgemeinwohl nahezu aller abhängig beschäftigten Menschen gebe, welches seinen Ausdruck im Streben nach einer »klassenlosen Gesellschaft« findet. Demgegenüber gilt eine pluralistische Demokratie als ideologische Verschleierung von Ausbeutung und Herrschaft. Deren Überwindung soll zu einer Einheit von Regierung und Volk in einem sozialistischen System führen oder zur Zerschlagung jeglicher staatlicher Ordnung. In diesem letztgenannten Punkt unterscheiden sich die beiden ideologischen Hauptrichtungen im Linksextremismus: Die erstgenannte Variante wird von den unterschiedlich ausgerichteten kommunistischen Organisationen (Leninisten, Maoisten, Stalinisten etc.), die letztgenannte Variante von den anarchistisch ausgerichteten Strömungen bevorzugt.

2.2. Parteien: Der Bereich der linksextremistischen Parteien ist in der Geschichte der Bundesrepublik Deutschland bis 1989 von den beiden orthodox marxistisch-leninistischen Parteien »Kommunistische Partei Deutschlands« (KPD) und »Deutsche Kommunistische Partei« (DKP) dominiert worden. Beide standen nicht nur hochgradig in finanzieller, sondern auch ideologischer Abhängigkeit von der SED-Politik. Insofern handelte es sich weniger um eigenständig agierende Parteien – was sie allenfalls für die kommunalpolitische Ebene waren –, sondern vielmehr um Untergliederungen, was sicherlich nicht der Parteibasis, aber der diese zentralistisch leitenden Führung bewußt war. Die nach 1945 wieder in den westlichen Besatzungszonen aktiv gewordene KPD konnte bei den Wahlen zu den Landesparlamenten in der zweiten Hälfte der 40er Jahre noch gewisse Erfolge von bis zu 10 % der Stimmen erlangen, die Wahlzustimmung für sie sank danach allerdings immer mehr ab. Bei der Bundestagswahl 1949 erhielt die KPD noch 5,7 %, 1953 waren es nur noch 2,2 % der Stimmen.

1956 wurde die auch von einem kontinuierlichen Mitgliederverlust betroffene Partei vom Bundesverfassungsgericht verboten, hatte die KPD doch nicht nur das Grundgesetz offen abgelehnt, sondern auch zum revolutionären Sturz des »Adenauer-Regimes« aufgerufen. Einige der Parteiaktivisten wanderten in die DDR aus, andere betätigten sich in alten oder neugegründeten Bündnisorganisationen und wieder andere organisierten sich in einem illegalen Partei-Apparat. 1968 gründete sich dann – unter geänderten politischen Rahmenbedingungen – die DKP, die sich aus älteren KPD-Mitgliedern und orthodox-marxistischen Aktivisten der 68er-Bewegung zusammensetzte. Bei Wahlen knüpfte die neue Partei noch nicht einmal an die Ergebnisse der KPD in ihrer Niedergangsphase an. Dank der finanziellen Unterstützung aus der DDR wurde aber ein gut funktionierender, personalintensiver Parteiapparat aufgebaut, über den die Partei in bestimmten gesellschaftlichen Bereichen einen zwar nicht dominierenden, aber auch nicht zu unterschätzenden Einfluß erzielte (z. B. Friedensbewegung, Gewerkschaften, Universitäten).

Eine gravierende Veränderung hinsichtlich der Wahlzustimmung für eine linksextremistische Partei vollzog sich erst nach dem Jahr 1989: Die ehemalige extremistische Partei an der Macht, die »Sozialistische Einheitspartei Deutschlands« (SED), wandelte sich auf Druck der neuen politischen Rahmenbedingungen jener Zeit in die »Partei des Demokratischen Sozialismus« (PDS) um. Nicht nur namentlich, sondern auch ideologisch und organisatorisch erfolgte ein Wandel. Ob allerdings mit den diesbezüglichen, nicht zu verleugnenden Veränderungen auch ein Bekenntnis zu den Wertvorstellungen und Spielregeln des demokratischen Verfassungsstaates verbunden war, ist umstritten und fraglich. Im Unterschied zu KPD und DKP verfügt die PDS mit knapp unter 100 000 über ein hohes, wenngleich überaltertes Mitgliederpotential und kann bei Wahlen regelmäßig zwischen 17 und 22 % der Stimmen für sich verbuchen – allerdings nur in den östlichen Bundesländern.

2.3. K-Gruppen und Autonome: Als ein für die Entwicklung des deutschen Linksextremismus wichtiges, wenngleich überwiegend schon historisches Phänomen sind die sogenannten K-Gruppen der 70er Jahre anzusehen. Es handelte sich dabei um kommunistische Organisationen, die in der Folge des Zerfalls der 68er-Bewegung entstanden waren und sich nicht am orthodoxen Marxismus-Leninismus der DKP oder SED, sondern jeweils an bestimmten kommunistischen Staaten wie Albanien, China oder Vietnam bzw. an Theoretikern wie Mao, Stalin oder Trotzki orientierten. Es handelte sich um kleinere Organisationen, die sich primär der Auseinandersetzung um theoretische Fragen der Ideologiedeutung und der richtigen revolutionären Strategie stritten, was wiederum zu Abspaltungen und Neuorganisationen führte. Zu solchen Organisationen gehörte etwa die maoistisch-stalinistisch orientierte »Kommunistische Partei Deutschlands« (KPD), die am politischen System Albaniens ausgerichtete »Kommunistische Partei Deutschlands/Marxisten Leninisten« (KPD/ML) oder die ebenfalls maoistisch orientierten Organisationen »Kommunistischer Bund« (KB) und »Kommunistischer Bund Westdeutschland« (KBW). Darüber hinaus entstanden noch zahlreiche andere K-Gruppen, doch kamen quantitativ selbst die exemplarisch erwähnten größeren Organisationen kaum über 1 000 Mitglieder hinaus. Einige dieser Gruppierungen kandidierten auch zu Wahlen, erhielten in der Regel aber allenfalls unter 0,5 % der Stimmen. Die meisten K-Gruppen lösten sich gegen Ende der 70er Jahre selbst wieder auf, nur wenige blieben in neu-organisierter Form noch in den 90er Jahren existent. Zu den gegenwärtig noch bestehenden Organisationen gehört etwa die stalinistisch orientierte »Marxistisch-Leninistische Partei Deutschlands« (MLPD) mit um die 2 500 Mitglieder.

Ebenfalls aus der 68er-Bewegung über verschiedene andere Zwischenstation wie etwa den »Spontis« hervorgegangen sind die sogenannten »Autonomen«, die sich weniger wie die K-Gruppen der Theorie-Diskussion, sondern mehr der militanten Aktion hingaben. Gleichzeitig lehnten sie sowohl deren ideologischen Dogmatismus als auch deren zentralistische Organisationsstruktur ab. Statt dessen traten die »Autonomen« für organisatorische Eigenständigkeit ein und legitimierten ihre politischen Aktionen weniger durch Theorien und mehr durch Gefühlsäußerungen. Die fehlende Ideologie wurde in der Motivation durch einen subjektiven Voluntarismus ersetzt. Insofern können die »Autonomen« nur eingeschränkt als Anarchisten bezeichnet werden: Zwar lehnen sie den Staat in Gänze ab und treten für ein selbstbestimmtes Leben ein, allerdings sind diesbezügliche politische Positionen nicht aus einer inhaltlichen Auseinandersetzungen mit den politischen Theoretikern des Anarchismus wie etwa Bakunin, Kropotkin oder Landauer heraus entwikkelt. Vielmehr wird der Staat aus einer Haltung der Emotionalität und Subjektivität heraus als unterdrückerisches System abgelehnt.

Angesichts des Mangels an theoretischer Reflexion verwundert es auch nicht, daß die Autonomen kein Konzept und keine Strategie für eine gesamtgesellschaftliche Umsetzung ihrer Auffassungen haben. Ihre Grundeinstellung besteht in einer generellen politischen Verweigerungshaltung gegenüber Gesellschaft und Staat, die ganz bewußt bei politischen Aktivitäten das Überschreiten strafrechtlicher Konsequenzen miteinschließt. Gegen Ende der 90er Jahre gehörten um die 6 000 Personen zu den »Autonomen«, wobei diese insbesondere in städtischen Ballungszentren wie etwa Berlin, dem Rhein-Main-Gebiet oder dem Ruhrgebiet, aber auch in kleineren Universitätsstädten wie Freiburg oder Göttingen aktiv sind.

2.4. Linksterrorismus: Mit ihrem militanten Vorgehen handeln die »Autonomen« mitunter durchaus im terroristischen Sinne, gleichwohl nicht so strukturiert aus der Illegalität heraus und auch nicht systematisch gegen Menschen wie der Linksterrorismus der 70er Jahre. Auch dieser entwickelte sich aus Teilen der 68er-Bewegung. Einige wenige Aktivisten wie Andreas Baader und Gudrun Ensslin meinten, daß ihre politischen Zielsetzungen nicht mehr mit friedlichen und legalen Mitteln erreicht werden konnten und verübten 1968 einen Brandanschlag auf ein Frankfurter Kaufhaus. 1970 entschlossen sich deren Anhänger in den Untergrund zu gehen und dort eine terroristische Struktur aufzubauen. Ebenfalls 1970 schlossen sich ihnen auch die bekannte Journalistin Ulrike Meinhof, der frühere Anwalt Baaders, Horst Mahler, und andere Aktivisten an. Sie absolvierten eine paramilitärische Ausbildung in einem palästinensischen Camp in Jordanien, kehrten in die Bundesrepublik zurück und führten mehrere bewaffnete Banküberfälle durch. Dem folgten Anschläge auf US-amerikanische Militäreinrichtungen und das Hochhaus des Springer-Verlags. Gleichzeitig entwickelte man das »Konzept Stadtguerilla«, womit eine revolutionäre Zielsetzung vorangetrieben werden sollte.

Bereits 1972 konnten Baader, Ensslin und Meinhof von der Polizei verhaftet werden, was zu dem Eindruck führte, daß dadurch auch das von ihnen repräsentierte terroristische Projekt »Rote Armee Fraktion« (RAF) sein Ende gefunden hätte. Dem war indessen nicht so: Aus dem bisherigen Sympathisanten-Spektrum entstand eine »zweite Generation« von Aktivisten, die nicht nur die Praxis der bisherigen Anschläge fortsetzte, sondern dabei auch noch weitaus brutaler vorging. Im Jahr 1977 erreichten diese Aktionen ihren Höhepunkt: der Generalbundesanwalt Siegfried Buback, der Vorstandsvorsitzende der Dresdener Bank Jürgen Ponto und der Arbeitgeberpräsident Hanns Martin Schleyer kamen bei entsprechenden Aktionen mit einigen ihrer Mitarbeiter ums Leben.

In den folgenden Jahren gelang es den deutschen Sicherheitskräften viele dieser Aktivisten zu verhaften wie etwa 1982 Christian Klar und Brigitte Mohnhaupt. Trotz des hohen Verfolgungsdruckes führten einzelne Terroristen gleichwohl immer wieder gewalttätige Aktionen durch, so etwa zwischen 1979 und 1981 mehrere Anschläge gegen Einrichtungen und Personen der US-Streitkräfte. 1986 wurden das Siemens-Vorstandsmitglied Karlheinz Beckurts und der Ministerialdirektor im

Auswärtigen Amt, Gerold von Braunmühl, ermordet, 1987 führte man einen erfolglosen Anschlag auf den Staatsekretär im Bundesfinanzministerium, Hans Tietmeyer, durch und 1989 ermorderten RAF-Terroristen den Vorstandssprecher der Deutschen Bank, Alfred Herrhausen. Indessen erwies sich das von der ersten RAF-Generation entwickelte »Stadtguerilla«-Konzept, das den Terror als Beginn einer politischen Revolution ansah, für die nur noch Gewalt um der Gewalt willen anwendenden Aktivisten als gescheitert. Einige Aktivisten stiegen aus ihrer Untergrundtätigkeit aus und setzten sich – wie man später erfuhr – in die damalige DDR ab, wo ihnen das »Ministerium für Staatssicherheit« zu einer neuen kleinbürgerlichen Existenz verhalf. Die übrigen Aktivisten erklärten 1992 in einem Papier das vorläufige Aussetzen von bewaffneten Aktionen, brachen dieses Versprechen aber schon 1993 durch den Anschlag auf die Justizvollzugsanstalt Weiterstadt. Weitere Aktionen blieben aber in den Folgejahren aus.

Gleiches gilt für die anderen parellel zur Herausbildung und Entwicklung der RAF entstandenen terroristischen Organisationen. Dazu gehörte etwa die bereits Anfang der 70er Jahre entstandene »Bewegung 2. Juni«, die im Gegensatz zur marxistisch-leninistisch ausgerichten RAF mit einer hierarchisch strukturierten Kaderorganisation eher ein locker gefügter Personenzusammenschluß mit diffus anarchistischen Vorstellungen bildete. Ihre Aktivitäten konzentrierten sich insbesondere auf Erpressungsaktionen durch Geiselnanme, um die Freilassung inhaftierter Terroristen zu erreichen. Eine weitere parallel zur RAF entstandene terroristische Organisation waren die »Revolutionären Zellen«, die Anschläge gegen industrielle Anlagen und staatliche Einrichtungen vornahmen und mit ihrem Agieren weitaus stärker als die RAF auf der breiteren Vermittlung ihrer militanten Aktionen bestanden.

3. Rechtsextremismus

3.1. Definition: Rechtsextremistische Ideologie ist im Kern durch die antiegalitäre Ablehnung des demokratischen Verfassungsstaates geprägt. Sie artikuliert sich demnach auch in der Ideologie der Ungleichheit, welche ethnische, geistige und körperliche Unterschiede zum Kriterium für die Zuweisung eines minderen Rechts- und Wertestatus für bestimmte Individuen oder Gruppen erhebt. Spiegelbildlich dazu zeigt sich dieses Denken von der Überbewertung ethnischer Zugehörigkeit geprägt, d. h. »Nation« oder »Rasse« bilden die höchsten Kriterien der politischen Identität, denen Menschen- und Bürgerrechte untergeordnet sind. Strukturell ähnlich wie im Linksextremismus sind auch im Rechtsextremismus die Ideologiemerkmale Autoritarismus und identitäres Politikverständnis, wobei sich diese in letzterem ideologisch anders manifestieren: Zum einen in der Forderung nach einem autoritären und starken Staat, zum anderen in der Beschwörung der (Volks-)Gemeinschaft, wobei das Individuum sich jeweils beidem unterzuordnen hat. Diese vier Merkmale findet man mehr oder minder stark bei allen Rechtsextremisten, gleichwohl sind sie ideologisch nicht einheitlich ausgerichtet. Dies bedeutet etwa auch: Nicht jeder Rechtsextremist muß Anhänger des Nationalsozialismus sein, es gibt auch andere Ideologievarianten des Rechtsextremismus.

3.2. Parteien: Nach 1945 wurden Neugründungen von NSDAP-Nachfolgeorganisationen von den Besatzungsmächten verboten und insofern gründeten sich zunächst nur Organisationen, die dem nicht-nationalsozialistischen Teil des rechtsextremistischen Lagers zugerechnet werden können. Die stärker deutsch-nationalistischen Organisationen kamen aber über eine regionale Bedeutung nicht hinaus. Eine Ausnahme stellte die »Deutsche Konservative Partei – Deutsche Rechtspartei« (DKP-DRP) dar, die 1949 bei den Bundestagswahlen lediglich 1,8 %, aber in Niedersachsen 8,1 % der Stimmen erhielt und aufgrund der besonderen Wahlrechtsbestimmungen mit fünf Abgeordneten ins Parlament einzog. Aus der später zerfallenden Partei heraus gründeten stärker nationalsozialistisch orientierte, teilweise ausgeschlossene Mitglieder 1949 die »Sozialistische Reichspartei« (SRP), die 1951 bei den Landtagswahlen in Niedersachsen 11 % und bei den Wahlen zur Bremer Bürgerschaft 7,7 % der Stimmen erhielt. Ende des gleichen Jahres beantragte die Bundesregierung die Eröffnung eines Verbotsverfahrens gegen die Partei, das im Oktober 1952 u. a. aufgrund von deren Wesensverwandtschaft zum Nationalsozialismus durch Auflösung der SRP umgesetzt wurde.

Darauf folgend neu gegründete, eher deutsch-nationalistisch ausgerichtete rechtsextremistische Parteien, scheiterten jeweils bei den Wahlen mit großen Abständen an der 5-%-Hürde. Zu einer Änderung kam es erst durch die 1964 gegründete »National-Demokratische Partei Deutschlands« (NPD), die sich im öffentlichen Erscheinungsbild gemäßigt gab, aber eindeutig rechtsextremistische Positionen verinnerlicht hatte. Im Verlauf der zweiten Hälfte der 60er Jahre gelangen der NPD sowohl externe als auch interne Erfolge, die sich in diesem Ausmaß bislang für den deutschen parteipolitischen Rechtsextremismus nicht feststellen ließen. Die Zahl der Mitglieder wuchs 1969 auf 28 000, die NPD zog in sieben Landtage mit Fraktionen ein. Das knappe Scheitern bei den Bundestagswahlen 1969 mit 4,3 % der Stimmen ließ bereits latent vorhandene innere Konflikte aufbrechen und die Zahl der Mitglieder und der Wahlzustimmung rapide sinken, so daß die Partei seit Anfang der 70er Jahre als Wahlpartei nicht mehr von Bedeutung war. Insgesamt zeichneten sich tiefe Enttäuschung und Perspektivlosigkeit im rechtsextremistischen Parteienlager ab, eine Situation, die bis Mitte der zweiten Hälfte der 80er Jahre anhielt.

1987 erhielt die im gleichen Jahr als Partei gegründete »Deutsche Volksunion« (DVU) bei den Bremer Bürgerschaftswahlen 3,4 % der Stimmen und entsandte aufgrund Besonderheiten bei der Zusammensetzung der Bürgerschaft einen Abgeordneten. 1991 erhielt sie in Bremen 6,2 %, 1992 in Schleswig-Holstein 6,3 % und 1998 in Sachsen-Anhalt mit 12,9 % der Stimmen sogar das höchste Ergebnis einer rechtsextremistischen Partei bei einer Landtagswahl. All diese Erfolge erzielte die im Jahr ihres größten Wahlerfolges immerhin 15 000 Mitglieder starke DVU mit einem völlig unterentwickelten Parteiapparat und kaum funktionierenden Organisationsstrukturen, sondern primär durch einen millionenschweren Wahlkampf, den der Vorsitzende, der Münchener Verleger Gerhard Frey, finanzierte. Die NPD knüpfte angesichts dieser und einer anderen Konkurrenz bei Wahlen nicht mehr an die Erfolge früherer Zeiten an.

Die erwähnte andere Konkurrenz bei Wahlen im inner-rechtsextremistischen Lager ist die Partei »Die Republikaner« (REP), die 1983 als »Rechtsabspaltung« der CSU gegründet wurde und unter ihrem langjährigen Vorsitzenden Franz Schönhuber einen rechtsextremistischen Kurs einschlug. Mit einem populistisch geführten Wahlkampf gelangen der Partei bei den Berliner Wahlen 1989 mit 7,5 % und bei den Europa-Wahlen im gleichen Jahr mit 7,1 % sowie bei den Landtagswahlen in Baden-Württemberg 1992 mit 10,9 % und 1996 mit 9,1 % der Stimmen Wahlerfolge. Insgesamt sind die REP mit 15 000 Mitglieder besser als die DVU organisiert, wobei die ständigen Wahlniederlagen bei diesen auch zu Inaktivität und Zerstrittenheit führten. Der Schönhuber nachfolgende Parteivorsitzende Rolf Schlierer versuchte den REP ein seriöses Image zu geben, was mit der formalen Abgrenzung von anderen rechtsextremistischen Parteien und verbalen Mäßigungen bei der Formulierung von politischen Positionen verbunden war. Bei den Bundestagswahlen 1998 erhielten die REP in der inner-rechtsextremistischen Konkurrenz noch mit 1,8 % die meisten Stimmen, während die DVU lediglich 1,2 % und die NPD 0,3 % erzielten.

3.3. Die Neonazis: Neben den Parteien sind insbesondere die Neonazis für die Entwicklung des Rechtsextremismus von Bedeutung. Dabei handelt es sich um politische Bestrebungen, die in Folge des Niederganges der NPD als Wahl-Partei Anfang der 70er Jahre entstanden und für eine schärfere Form der Ablehnung des politischen Systems eintraten. Ideologisch orientierten sich diese Gruppen am historischen Nationalsozialismus: Das 25 Punkte-Programm der NSDAP von 1920 und Hitlers »Mein Kampf« bildeten die inhaltlichen Grundlagen, die Ablösung des Parlamentarismus durch einen autoritären Führerstaat im Sinne eines »Vierten Reiches« das politische Ziel. Überwiegend bestanden die Aktivisten der neonazistischen Gruppen aus Personen, die nicht im Dritten Reich sozialisiert wurden, was die Wortwahl »Neo-Nationalsozialisten« rechtfertigt. Angeleitet wurden sie zunächst aber von älteren Rechtsextremisten. Erste Gruppierungen waren hier die folgenden drei 1971 gegründeten Organisationen: die »Bürger- und Bauerninitiative« von Thies Christophersen, die »Deutsche Bürgerinitiative« (DBI) von Manfred Roeder und die »Partei der Arbeit« (PdA) von Friedhelm Busse. Über die genannten Organisationen hinaus entstanden noch eine Reihe von regional aktiven neonazistischen Zusammenschlüssen, deren Anhängerpotential von 1975 bis 1982 von 400 auf 1 050 anstieg.

Die weitere Entwicklung dieser Szene war insbesondere mit dem Wirken des wohl bekanntesten Neonazis Michael Kühnen verbunden. Trotz Kühnens zeitweiser Dominanz in der Szene gelang es ihm aber nicht, die in verschiedene Gruppierungen zersplitterte Neonazi-Szene zu einen. 1989 drückte sich dieses Defizit auch im Rückgang der aktiven Neonazis aus, deren Zahl von 2 100 im Jahr 1987 auf 1 500 gesunken war. Die Öffnung der Grenzen gestattete es aber in der DDR vorhandene informelle Organisationen und ideologische Sympathisanten als neue Anhänger zu werben. Dort gründeten sich mit der »Deutschen Alternative« oder der »Nationalen Alternative« neue Gruppen, die in bestimmten Regionen eine relativ hohe Bedeutung hatten. So verfügte etwa die »Deutsche Alternative« 1992 in Cottbus um die 200 Mitglieder.

Im Gefolge der seit Ende 1992 erfolgten Welle von Verbotsmaßnahmen gegen rechtsextremistische Organisationen wurden dann aber über zehn neonazistische Gruppen aufgelöst, was die Szene zunächst stark irritierte, dann aber auch zu einer Umorganisation nötigte. Statt fester Gruppen mit Strukturen entstanden lockere Personenzusammenschlüsse – etwa in Gestalt von »Kameradschaften«. Allerdings behinderten Verbote von Demonstrationen auch das öffentliche Agieren der in sich selbst immer noch zerstrittenen und um die 2 400 Personen umfassenden Neonazi-Szene. Dafür gelangen ihr zusammen mit der NPD in den Jahren 1997 und 1998 aber Mobilisierungserfolge, wo beide Teile des Rechtsextremismus zusammen mehrmals bis zu 4 000 Personen auf die Straße brachten. Regionale Bedeutung entfaltet die Szene insbesondere in den östlichen Bundesländern, wo es ihr in kleineren Kommunen mitunter gelungen ist, mit Anhängern der Skinheads eine Art rechtsextremistische Subkultur zu einer Alltagskultur im Jugendbereich werden zu lassen.

3.4. Rechtsterrorismus, gewaltbereite Rechtsextremisten und fremdenfeindliche Gewalttaten: Aus der Neonazi-Szene heraus entwickelten sich immer wieder auch Ansätze zu rechtsterroristischen Strukturen. Erste Organisationen wie etwa die »Nationalsozialistische Kampfgruppe Großdeutschland« entstanden bereits 1972, wurden aber schon in einem frühen Stadium von den Sicherheitsbehörden entdeckt. Andere neonazistische Organisationen entwickelten sich als eine Art Durchlaufstation für eine militante Karriere, wozu etwa die »Wehrsportgruppe Hoffmann« oder die »Wiking-Jugend« gehörten. Sie selbst bildeten aber keine terroristischen Organisationen, was indessen für die Anfang der 80er Jahre aktive »Hepp-Kexel-Gruppe« und die »Deutschen Aktionsgruppen« um Manfred Roeder nicht gilt, die beide Anschläge mit Todesfolgen durchführten, aber ebenfalls frühzeitig von den Sicherheitsbehörden zerschlagen wurden. Danach gelang ein Aufbau solcher Strukturen nicht mehr.

Gewalttaten müssen aber auch nicht notwendigerweise aus festen Strukturen heraus begangen werden. Es gibt ebenso weniger fest organisierte Rechtsextremisten, die als Gewaltbereite bezeichnet werden und ein Personenpotetial von um die 7 600 ausmachen. Dabei handelt es sich insbesondere um rechtsextremistisch orientierte Skinheads, wobei allerdings berücksichtigt werden muß, daß die Skinheads eine jugendliche Subkultur bilden und lediglich ein Teil, wenn auch ein relativ großer, als Bestandteil des Rechtsextremismus angesehen werden kann. Soziologisch gesehen handelt es sich bei ihnen um junge Männer aus unteren sozialen Schichten mit formal geringer Bildung, die in Beruf und Schule nur selten Erfolge vorweisen konnten. Insbesondere in den östlichen Ländern droht dieses Phänomen in bestimmten Regionen aber aus dem Bereich sozialer Isolation heraus zu geraten und ein Bestandteil von normaler Jugendkultur zu werden. Dort nutzen Rechtsextremisten aus dem Bereich der NPD und der Neonazi-Szene Skinheads auch weitaus stärker als in den westlichen Ländern als Mobilisierungspotential für ihre Aktionen.

Fremdenfeindliche Gewalttaten werden entgegen einem weit verbreiteten Eindruck keineswegs mehrheitlich von Neonazis oder Skinheads begangen. Lediglich ein geringer Teil gehört zum letztgenannten Bereich. Nach soziologischen Untersuchungen handelte es sich dabei mehrheitlich um unauffällige, »normale« Jugendliche und Ersttäter, die zur Hälfte unter 21 Jahre alt waren, einen niedrigen Bildungsstatus hatten und nahezu alle Männer waren. Der Anteil der Arbeitslosen lag mit um die 20 % zwar höher als die Arbeitslosenquote der Jugendlichen insgesamt, war aber keineswegs so deutlich erhöht, wie immer wieder angenommen wird. Die Zahl solcher Gewalttaten hatte 1992 mit 2 639 einen Höhepunkt erreicht, fiel danach aber wieder bis ins Jahr 1996 auf 624 ab. Gleichwohl liegt diese Zahl immer noch doppelt so hoch wie die von 1990 mit 309. 1997 zeigte sich wieder eine steigende Tendenz, waren es in diesem Jahr doch 790 fremdenfeindliche Gewalttaten.

4. Einschätzung des extremistischen Gefahrenpotentials: Bilanzierend betrachtet kann gesagt werden, daß weder der Links- noch der Rechtsextremismus in der Vergangenheit zu je einem Zeitpunkt so stark waren, daß sie die Existenz des demokratischen Verfassungsstaates ernsthaft in Frage hätten stellen können, und ähnliches auch nicht für die unmittelbare Zukunft vorstellbar ist. Empirische Untersuchungen belegen zwar das Vorhandensein eines rechtsextremistischen Wählerpotentials von weit über 5 % der Stimmen, gleichwohl dürfte es kaum einer der drei rechtsextremistischen Parteien längerfristig gelingen, dieses für sich zu mobilisieren. Eine kommunistische Partei konnte vor 1989 in der Bundesrepublik Deutschland noch nicht einmal ansatzweise an die nur sporadischen Wahlerfolge rechtsextremistischer Parteien anschließen. Anders sieht es nach 1989 hinsichtlich der PDS aus, welche sicherlich nicht mehr als kommunistische, aber auch nicht notwendigerweise als demokratische Partei anzusehen ist. Als Wahlpartei konnte sie sich in den letzten Jahren in den neuen Bundesländern eindeutig etablieren, nach der ersten Regierungsbeteiligung in Mecklenburg-Vorpommern 1998 möglicherweise auch als eine potentielle Regierungspartei. Ob dies angesichts der ihr noch eigenen extremistischen Eigenschaften eine aus demokratietheoretischer Sicht begrüßenswerte Entscheidung war, dürfte mehr als nur zweifelhaft sein.

Im Bereich der extremistischen Gewaltanwendung läßt sich seit Mitte der 80er Jahre das Fehlen fester rechtsterroristischer Strukturen und seit Mitte der 90er Jahre der Rückgang von Anschlägen aus festen linksterroristischen Strukturen feststellen. Gleichwohl deutet sich in beiden politischen Lagern die Gefahr eines potentiellen »Feierabend-Terrorismus« an, womit das Phänomen gemeint ist, daß nicht in der Illegalität lebende Aktivisten aus ihrem Alltagsleben heraus terroristische Taten begehen, sei es in informellen Gruppen, sei es als Einzelpersonen. Sowohl aus den »Autonomen« als auch aus der Neonazi-Szene heraus erfolgten bereits derartige Gewalttaten. So bedrohlich und so gefährlich solche Handlungen für die konkret Betroffenen sind, so wenig steht aber hier die Existenz der Republik auf dem Spiel. Überhaupt droht solches nicht von extremistischer Seite in einem nennenswerten Sinne. Gleichwohl sollte diese Feststellung nicht zur Ignoranz gegenüber dem Phänomen »politischer Extremismus« führen.

5. Der Begriff der Inneren Sicherheit: Innere Sicherheit ist die zusammenfassende Bezeichnung für die Erfüllung staatlicher Ordnungs- und Schutzaufgaben im Rahmen der Innenpolitik und greift über den traditionellen Begriff der öffentlichen Sicherheit hinaus. Nach dem seit 1972 fortgeschriebenen »Programm für die Innere Sicherheit« der Konferenz der Länderinnenminister umschließt die Innere Sicherheit neben dem Schutz des einzelnen vor dem Verbrechen die Gewährleistung des Bestandes der Rechtsordnung und der Einrichtungen des Staates. Demnach verbindet der Begriff drei bis dahin nicht unter einem Dach geschützte Bereiche: die freiheitlich demokratische Grundordnung als Aufgabenfeld des administrativen Verfassungsschutzes, die Abwehr von Gefahren für die öffentliche Sicherheit und die Strafverfolgung als Aufgaben von Polizei und Staatsanwaltschaft sowie die ständige Bereitschaft der Sicherheitsbehörden zur Abwendung von Störungen jenseits der Normallage. Innere Sicherheit verspricht den Bürgern somit umfassenden Schutz vor unterschiedlichsten Gefahren, vor Straftaten, extremistischen Bestrebungen, terroristischen Anschlägen und Staatsstreich.[1]

Der mehrdeutige Begriff Innere Sicherheit ist in keinem Gesetz rechtsverbindlich definiert. Das Grundgesetz sieht die Sicherheitsaufgabe des Staates als selbstverständliche Vorbedingung eines freien Gemeinwesens an und kennt daher nur Freiheit und Demokratie als höchste Rechtsgüter. Ein »liberales« Sicherheitsziel betont daher die primäre Funktion der Grund- und Freiheitsrechte als Abwehrrechte gegen staatliche Gewalt. Auf die Gefahren für die Innere Sicherheit darf der freiheitliche Rechtsstaat demzufolge nicht mit allen Mitteln reagieren, besonders nicht mit solchen, die Grundrechte beeinträchtigen. Sicherheit dient in dieser Sicht nicht dem Ordnungserhalt, sondern dem Freiheitserhalt des Individuums. Dagegen deuten im Sinne eines »konservativen« Sicherheitsziels einzelne Verfassungsrechtler die Innere Sicherheit als staatliche Handlungspflicht selbst zu einem subjektivrechtlichen »Grundrecht auf Sicherheit« um, auf das der Bürger zwingend Anspruch habe.[2]

6. Innere Sicherheit und politische Praxis: Der Wiederaufbau des staatlichen Gewaltmonopols stand in der Bundesrepublik unter dem Vorzeichen einer als »streitbar« bzw. »wehrhaft« konzipierten Demokratie. Noch bis in die Zeit der Großen Koalition von Union/SPD hinein blieb der zunächst wenig gebräuchliche Begriff Innere Sicherheit im Sinne des Staatsschutzes fixiert auf die von außen, zumindest aus dem östlichen Teil Deutschlands kommende kommunistische Bedrohung.

Die Debatte um die Notstandsverfassung bzw. -gesetzgebung gilt als Beginn der Entwicklung zu einem Konzept der Inneren Sicherheit. Mit der ersten sozial-liberalen Regierung Brandt/Scheel machte der Begriff dann rasch Karriere. Im Rahmen der »Inneren Reformen« und einer generellen Verwaltungsmodernisierung wurde die Innere Sicherheit zu einem Bereich bewußter politischer Gestaltung. Es fand ein massiver personeller Ausbau der Polizeien und des Verfassungsschutzes auf Bundesebene statt. Grundgesetzänderungen des Jahres 1972 machten den Bund mit seinen Sicherheitsbehörden – Bundeskriminalamt (BKA), Bundesgrenzschutz (BGS) und Bundesamt für Verfassungsschutz (BfV) – zur zentralen Steuerungsinstanz in diesem Verbundsystem der Inneren Sicherheit. Obwohl nach dem Grundgesetz die Polizei Ländersache bleibt, wurde sie dadurch faktisch zur Gemeinschaftsaufgabe von Bund und Ländern. Dem exekutiven Druck zur Vereinheitlichung folgend wird die Politik der Inneren Sicherheit seither maßgeblich von Innenministerkonferenzen mit ihren Arbeitskreisen formuliert.

Die terroristischen Erpressungen und Morde der 70er Jahre beschleunigten die Expansion präventiver und reaktiver Politik der Inneren Sicherheit. Die Anti-Terrorismus-Gesetze haben die staatliche Bereitschaft zu entschlossenem Handeln demonstriert. Diese »Gesetzgebung im Belagerungszustand«[3] war jedoch in einzelnen Aspekten, z. B. der Einschränkung von Verteidigerrechten im Jahr 1974, übereilt und rechtsstaatlich bedenklich. Linke und liberale Kritiker argwöhnten eine »Aufrüstungsspirale« der Inneren Sicherheit, ähnlich wie beim Pendantbegriff der äußeren Sicherheit. Die Herausforderung der 80er Jahre bestand im Umgang mit den politisch unkonventionellen, am Rande auch militanten Protestformen der Neuen Sozialen Bewegungen gegen den Ausbau der Atomenergie und den Rüstungswettlauf. Die vorherrschenden Themen der 80/90er Jahre waren die Drogenbekämpfung, die Organisierte Kriminalität und die Gewalt- bzw. Jugendkriminalität. Dazu kam, besonders gravierend in den Jahren 1991 bis 1993, die Gewalt gegen Ausländer.

Kontinuierlich gestiegen ist in Deutschland – wie in anderen Ländern mit vergleichbarer Sozialstruktur auch – das statistische Kriminalitätsvolumen, d. h. die in der Polizeilichen Kriminalstatistik (PKS) registrierte Kriminalität. Eine bündige Interpretation dieser Entwicklung ist nicht möglich, da zwischen verschiedenen Deliktbereichen, sozialer Schichtung und Altersgruppen unterschieden werden muß.

Stärker als von der objektiven Kriminalitätsbelastung ist die Politik der Inneren Sicherheit jedoch herausgefordert von den subjektiven Sicherheitseinschätzungen der Bürger. Während (in Westdeutschland) die Wahrnehmung der persönlichen Gefährdung in etwa stabil ist, steigt die gesellschaftliche Kriminalitätsfurcht beträchtlich.[4] Allgemeine Lebensängste infolge sozialstruktureller Umwälzungen und der Auflösung traditioneller Sozialmilieus in Individualisierungsprozessen führen zu einem gesellschaftlichen Bedarf an Sicherheiten, der nur wenig mit konkreten Erfahrungen von Kriminalität und Störungen der öffentlichen Ordnung im eigenen Lebensumfeld der Bürger zu tun hat. Dieses Sicherheitsbedürfnis findet Resonanz im Parteienwettbewerb (»Sicherheit kann man wählen«). Kaum ein Politikfeld eignet sich so gut zur Demonstration staatlicher Sicherungskompetenz wie das der Inneren Sicherheit. Entsprechend ist es von einer Bekämpfungs- und Bedrohungs-Rhetorik geprägt, die eine dramatische Inszenierung der Inneren Sicherheit und öffentlichen Ordnung fördert. Dabei sind die Feindbilder diffus (»gewaltbereite Jugendliche«) und manche in öffentlicher Diskussion und Medienberichterstattung prominente Sicherheitsrisiken sind kaum objektivierbar. Dies gilt besonders für die Organisierte Kriminalität, die in Bevölkerungsumfragen neuerdings als wesentliches soziales Problem genannt wird. Die »OK«, für die es keine Legaldefinition gibt, ist zwar keine reine Erfindung, wohl aber ein Konstrukt der Polizeipraxis. Sie faßt mehrere bekannte Formen komplexer und transnationaler Kriminalität (Drogen- und Waffenhandel, Wirtschaftsstraftaten usw.) zusammen. Die Bundesrepublik ist eines der repressionsfreundlichsten Länder Europas.[5] Dies resultiert jedoch weniger in einer »harten«, als vielmehr in einer symbolischen Politik der Strafgesetzgebung.[6]

Die aktuelle Entwicklung der Inneren Sicherheit ist umstritten. So weicht das nach den Erfahrungen mit der GeStaPo im Dritten Reich auf Druck der Alliierten (»Polizeibrief«) in das Grundgesetz geschriebene »Trennungsgebot« immer mehr auf. Während die deutschen Geheimdienste genuin polizeiliche Befugnisse (etwa bei der Bekämpfung der »OK«) übertragen bekommen, werden der zu einem offenen Auftreten verpflichteten Polizei vermehrt nachrichtendienstliche Mittel an die Hand gegeben. Auf eine rechtlich unklare Situation trifft das rasch wachsende private Sicherheitsgewerbe, das im öffentlichen Raum vor allem in größeren Städten Deutschlands auftritt. Während es die einen begrüßen, weil der Staat zwar ein Gewalt-, aber kein Sicherheitsmonopol beanspruchen dürfe, befürchten die anderen ein Ausfransen des Rechtsstaates durch »schwarze Sheriffs«.

Ausländische Vorbilder werden zunehmend diskutiert. Während das »Null-Toleranz-Modell«, für das das Beispiel New York als Beweis der Wirksamkeit gilt, Politik und Polizei gleichermaßen faszinierte, haben sich in den letzten Jahren nach dem Vorbild angelsächsischer »community policing«-Strategien[7] in einzelnen deutschen Städten und Bundesländern »Praventionsräte«, »Sicherheitskonferenzen« und »runde Tische« zur Gewalt- und Kriminalitätsvorbeugung etabliert. Es handelt sich um Bürgergruppen und wirtschaftliche Vereinigungen, die in Zusammenarbeit mit der Polizei kommunal und regional auf das Ziel hinarbeiten, Kriminalität erst gar nicht entstehen zu lassen. Sie helfen zweifellos, die Verbrechensfurcht zu mindern, können aber auch die Ausgrenzung unerwünschter Randgruppen vorantreiben. Unklar ist gegenwärtig, ob die rot-grüne Bundesregierung einen von Polizeipräsidenten oft angemahnten Konzeptionswechsel hin zu einer liberaleren Drogenpolitik vollzieht.

7. Innere Sicherheit und deutsche Einheit: Während die Politik der Inneren Sicherheit in der Bundesrepublik von Anfang an dazu verpflichtet war, die öffentliche Gewalt durch Gesetz und Verfassung zu beschränken und die Grundrechte der Bürger zu wahren, verfolgte die ehemalige DDR ein etatistisch definiertes Sicherheitsziel der »Staatssicherheit«. Ihre Sicherheits- und Justizbehörden stellten zur Herrschaftssicherung der Staatspartei SED planmäßig Rechtsunsicherheit her und nutzten weite Ermessensspielräume.

Die »Staatssicherheit« wurde durchgesetzt vom »Schutz und Schild der Partei«, dem allgegenwärtigen Überwachungs- und Repressionsapparat des Ministeriums für Staatssicherheit (MfS). Die dem Ministerium des Innern unterstellte Deutsche Volkspolizei (DVP) mit zuletzt rund 80 000 hauptamtlichen Polizisten und 177 500 »freiwilligen Helfern« war neben der öffentlichen Sicherheit und Ordnung auch für die Strafanstalten zuständig. Die für den Grenzschutz eingesetzten Grenztruppen der Nationalen Volksarmee (NVA) unterstanden dagegen dem Ministerium für nationale Verteidigung.

Mit dem Beitritt der DDR zur Bundesrepublik am 3. Oktober 1990 ging die Polizeihoheit an die neuen Bundesländer über. Etwa 40 % der früheren Volkspolizisten mußten nach Überprüfungen aus dem Dienst scheiden. Die Vereinigung brachte eine Ausweitung der westdeutschen Institutionen der Inneren Sicherheit auf das ostdeutsche »Beitrittsgebiet«. Die Länderpolizeien und die Ämter für Verfassungsschutz wurden wesentlich durch westliche Beamte aufgebaut. So tragen die Polizeigesetze der neuen Länder vielfach die Prägung ihrer westdeutschen »Patenländer«.

Nach der marxistisch-leninistischen Ideologie entsprang Kriminalität den gesellschaftlichen Verhältnissen des Kapitalismus. Dem Sozialismus sollte sie wesensfremd sein und spätestens mit dem Kommunismus überwunden werden. Eine rückläufige Kriminalität galt der Parteiführung als Beweis gesellschaftlichen Fortschritts. Die offizielle Statistik verschleierte die Tatsache, daß auch im sozialistischen Deutschland seit 1946 die Kriminalität zunahm. Schwerpunkte waren Diebstähle gegen das persönliche und »sozialistische Eigentum« sowie »Rowdytum« und Körperverletzung. Bei letzteren Delikten war der Anteil Jugendlicher besonders hoch. Diese auch offiziell nicht zu leugnende Kriminalität schrieb man schädlichen Einflüssen aus dem Westen zu, insbesondere dem Fernsehen. Durch Repression und dichte soziale Kontrolle konnte das Regime potentielle Straftäter z. B. in den Bereichen Gewalt- und Straßenkriminalität abschrecken.[8]

Die ostdeutsche Bevölkerung wurde nach der »Wende« mit neuen Kriminalitätsbildern konfrontiert. Die im Sommer 1990 eingeführte Wirtschafts- und Währungsunion schuf mit dem enorm erweiterten Warenangebot und seinen Konsumanreizen die Bedingungen für die moderne Massenkriminalität. Darüber hinaus wurden bisher ungewohnte Phänomene schwerer Kriminalität bekannt. Zudem wirkte sich mit der Grenzöffnung das Wohlstandsgefälle zu den östlichen Nachbarn aus, wobei jedoch die Rede von »importierter Kriminalität« unzulässig übertreibt. Die westdeutsche Gesellschaft hatte über Jahrzehnte hinweg gelernt, mit dem Modernisierungsrisiko Kriminalität umzugehen. Die Kriminalitätsfurcht im Osten lag dagegen aufgrund der größeren sozialen und wirtschaftlichen Beunruhigung im Zuge der rapiden »nachholenden« Modernisierung zeitweise doppelt so hoch wie im Westen. Seit Mitte der 90er Jahre gleicht sie sich – wie auch das Kriminalitätsprofil – dem freilich hohen Niveau der alten Bundesländer an.

8. Innere Sicherheit in europäischer Dimension: Die Möglichkeiten des Nationalstaats, allein die Innere Sicherheit zu konsolidieren, werden geringer. Diese Einsicht hat zur europäischen Zusammenarbeit in den Bereichen Justiz und Inneres (ZBJI) als dem sogenannten »dritten Pfeiler« der Europäischen Union geführt. Dabei besteht ein Spannungsverhältnis zwischen Kooperationszwang und Souveränitätsanspruch in den klassischen inneren Angelegenheiten fort. Die Innen- und Justizpolitik wurde zwar zu einem zentralen Thema bei der Fortentwicklung der EU durch den Amsterdamer Vertrag (1997). Aufgrund nationaler Einzelinteressen und zum Teil tiefverwurzelter Traditionen – im Verhältnis von Polizei und Gesellschaft oder in der Drogenpolitik – bleiben jedoch die Zusammenarbeit von Polizei und Justiz in Strafsachen auch weiterhin eine Verhandlungssache zwischen Regierungen. Von einer »europäischen Sicherheitsunion« im Sinne einer echten Vergemeinschaftung ist man noch weit entfernt.

Als in den 70er Jahren terroristische Anschläge das politische System der Bundesrepublik und anderer europäischer Staaten zu destabilisieren drohten, wurden öffentlich kaum wahrnehmbar die TREVI-Gruppe[9] und andere informelle Kooperationsgremien eingerichtet. Sie bekamen in den 80er Jahren neue Aufgaben mit der von Polizeibehörden eingeführten Legitimationsfigur der »Organisierten Kriminalität«, damals vor allem in der Ausprägung des internationalen Drogenhandels. Auch in der Sicht der Bürger brachten die neuen Freiheiten des Binnenmarktes und die Bewegungsfreiheit dank dem Schengener Abkommen (1985) neue Unsicherheiten (»Eurospur für Verbrecher«). Schon bald rückten mit dem Schengen-Durchführungsübereinkommen (1990) »Ausgleichsmaßnahmen« für den Abbau der Kontrollen an den innereuropäischen Staatsgrenzen in den Mittelpunkt. Die verstärkte Kooperation der Sicherheitsbehörden sollte die mit offenen Grenzen verbundenen Sicherheitsverluste kompensieren. Vor allem aber führte ab Mitte der 80er Jahre die Sorge der verantwortlichen Innenpolitiker vor unkontrollierter und unerwünschter Einwanderung (»Schleuserkriminalität«) zu einer neuen Dynamik der ZBJI und der Polizeikooperation. Zum neuen Kontrollsystem im Innern gehören der Aufbau mehrerer internationaler Datensysteme und des europäischen Kriminalamts EUROPOL, sowie Kompetenzzuwächse für die Polizeien (wie etwa verdachtsunabhängige Identitätskontrollen).[10] Aus der anfänglichen Ad-hoc-Kooperation hat sich damit ein komplexes und zugleich wenig transparentes Gefüge europäischer Innerer Sicherheit herausgebildet. Wegen seiner intergouvernementalen Form kann es jedoch kaum durch das Europäische Parlament oder durch den Gerichtshof kontrolliert werden. Dies hat für die Unionsbürger den Nachteil, daß ihr Grundrechts- und Datenschutz in diesem empfindlichen Bereich institutionell wenig abgesichert ist.

Armin Pfahl-Traughber/Uwe Berndt

Anmerkungen:

1 M. u. S. Greiffenhagen: Ein schwieriges Vaterland. Zur politischen Kultur im vereinigten Deutschland, München/Leipzig 1993, S. 92.

2 J. Isensee: Keine Freiheit ohne Sicherheit. Innere Sicherheit als Aufgabe und Grundlage des Rechtsstaates, in: Die politische Meinung, 42/1997, S. 31–39.

3 S. Scheerer: Gesetzgebung im Belagerungszustand, in: E. Blankenburg (Hrsg.): Politik der inneren Sicherheit, Frankfurt a. M. 1980, S. 120–168.

4 K.-H. Reuband: Gesellschaftlicher Wandel, Kriminalität und Kriminalitätsfurcht, in: Neue Praxis, 26/1996, S. 494–504.

5 M. Kaase/F. Neidhardt: Politische Gewalt und Repression. Ergebnisse von Bevölkerungsumfragen, in: H.-D. Schwind u. a. (Hrsg.): Ursachen, Prävention und Kontrolle von Gewalt. Analysen und Vorschläge der Unabhängigen Regierungskommission zur Verhinderung und Bekämpfung von Gewalt (Gewaltkommission), Bd. 4, Berlin 1990, S. 62.

6 Beispiele sind etwa das kaum praktikable »Vermummungsverbot« für Demonstranten und die rechtssystemfremde »Kronzeugenregelung«.

7 Übersetzt etwa: Gemeindenahe Polizeiarbeit.

8 H. Hildebrand: Art. »Kriminalität«, in: Bundesministerium für innerdeutsche Beziehungen (Hrsg.): DDR-Handbuch, Bd. 1, Köln (3. überarb. u. erw. Aufl.) 1985, S. 757–761.

9 TREVI steht für Terrorisme, Radicalisme, Extrémisme, Violence international. Es ist eine 1993 in den Maastrichter Vertrag integrierte Parallelstruktur zum Rat der europäischen Innen- und Justizminister.

10 Auch EUROPOL ist vorerst nur ein »Datenpool« ohne operative und exekutive Befugnisse, die ihm allerdings schrittweise zuwachsen sollen.

Literatur:

Backes, Uwe: Politischer Extremismus in demokratischen Verfassungsstaaten. Elemente einer normativen Rahmentheorie, Opladen 1989. □ Bobbio, Norberto: Rechts und Links. Gründe und Bedeutungen einer politischen Unterscheidung, Berlin 1994. □ Bundeskriminalamt (Hrsg.): Polizeiliche Kriminalstatistik. Bundesrepublik Deutschland, Wiesbaden 1953 ff. □ Busch, Heiner: Grenzenlose Polizei? Neue Grenzen und polizeiliche Zusammenarbeit in Europa, Münster 1995. □ Fülberth, Georg: KPD und DKP 1945–1990. Zwei kommunistische Parteien in der vierten Periode kapitalistischer Entwicklung, Heilbronn 1990. □ Funk, Albrecht: »Innere Sicherheit«: Symbolische Politik und exekutive Praxis, in: Blanke, Bernhard/Hellmut Wollmann (Hrsg.): Die alte Bundesrepublik. Kontinuität und Wandel, Opladen 1991, S. 367–385. □ Gössner, Rolf (Hrsg.): Mythos Sicherheit. Der hilflose Schrei nach dem starken Staat, Baden-Baden 1995. □ Hitzler, Ronald/Helge Peters (Hrsg.): Inszenierung: Innere Sicherheit. Daten und Diskurse, Opladen 1998. □ Jaschke, Hans-Gerd: Streitbare Demokratie und innere Sicherheit. Grundlagen, Praxis, Kritik, Opladen 1991. □ Kniesel, Michael: Staatsaufgabe Sicherheit. Grundgesetz und Polizei, in: Ders. u. a. (Hrsg.): Handbuch für Führungskräfte der Polizei. Wissenschaft und Praxis, Lübeck 1996, S. 41–98. □ Moreau, Patrick/Jürgen P. Lang: Linksextremismus. Eine unterschätzte Gefahr, Bonn 1996. □ Pfahl-Traughber, Armin: Rechtsextremismus. Eine kritische Bestandsaufnahme nach der Wiedervereinigung, Bonn 1995. □ Rabert, Bernhard: Links- und Rechtsterrorismus in der Bundesrepüblik Deutschland von 1970 bis heute, Bonn 1995. □ Stöss, Richard: Die extreme Rechte in der Bundesrepublik. Entwicklung, Ursachen, Gegenmaßnahmen, Opladen 1989.

Finanzierung der Einheit

→ Innere Einheit, Lebensbedingungen, Sozialer Wandel, Sozialpolitik, Strukturwandel, **Treuhandanstalt**, Verhandlungen zur deutschen Einheit: Ökonomischer Prozeß, Verträge zur deutschen Einheit, **Wirtschaft**.

1. Historische Perspektive: Jedes politische Projekt von historischer Dimension, wie es die deutsche Vereinigung zweifellos darstellt, hat auch eine pekuniäre Seite. Diese trifft nicht den Bedeutungskern, ist aber auch nicht zu vernachlässigen, zumal sie im politischen Kampf leicht instrumentalisiert wird und mentale Verletzungen und Stereotype bewirken kann. Die wichtigsten »Erträge« und »Kosten« der deutschen Einheit liegen sicherlich – soweit dürfte der Minimalkonsens tragen – jenseits finanziell rechenbarer Größen. So ist zu Recht vor einer Verengung der Betrachtung auf die pekuniäre Seite von »Erträgen« und »Kosten« gewarnt und darauf hingewiesen worden, daß die »Kosten« der Vereinigung für den einzelnen im Sinne einer grundlegenden Verhaltensanpassung im täglichen Leben in Richtung mehr Eigenverantwortung und weniger Staats- bzw. Parteivormundschaft notwendigerweise fast ausschließlich von den Bürgern in Ostdeutschland zu tragen waren.[1] Auffällig ist auch eine asymmetrische Fixierung auf die »Kostenseite«, die immerhin bei einer Minderheit von fast einem Viertel der Bürger der alten Bundesländer 1993 so weit ging, im Rahmen einer Meinungsumfrage die Frage zu bejahen, ob man nicht, wenn man gewußt hätte, was alles auf einen zukommt, alles so wie vor dem Fall der Mauer hätte lassen sollen.[2]

Zur angemessenen Wertung der Finanzierungslast der Einheit mag auch eine perspektivische Erweiterung beitragen, die die materiellen Folgen der deutschen Teilung einbezieht. Im innerdeutschen Wettkampf der Systeme sind von seiten der DDR stets die Startnachteile hervorgehoben worden. Als Beispiel für ein akzeptables Argument sei angeführt, daß die Teilung eines Landes mit der Zerstörung der etablierten Arbeitsteilung und des ökonomischen Beziehungsgeflechts ökonomische Anpassungslasten bedingt, die in der Regel den kleineren Teil – in diesem Fall die DDR – asymmetrisch härter treffen. Höchst problematisch sind dagegen die gigantischen DDR-Forderungen hinsichtlich der aus der Fluchtbewegung aus der DDR resultierenden materiellen Verluste für die DDR und entsprechende Gewinne für die alte Bundesrepublik, da die Flüchtlingsströme primär eine Folge der politischen Repression des DDR-Systems waren. Auch wenn die DDR-Flüchtlinge in den letzten Jahren vor dem Bau der Mauer unbestreitbar den Arbeitskräftemangel in Westdeutschland gemildert haben, galt in der Anfangsphase der Bundesrepublik, daß der Flüchtlingsstrom bei hoher Arbeitslosigkeit ökonomisch auch einen Belastungsfaktor darstellte.

Über die Kosten der Teilungsfolgen in der Bundesrepublik hinaus – z. B. Berlinhilfen, Zonenrandförderung – sind auch die Kosten von Maßnahmen zu berücksichtigen, die dazu dienten, die Teilungsfolgen im innerdeutschen Verhältnis zu lindern. Neben privaten Transfers gab es auch wachsende öffentliche Transfers zugunsten der DDR, wobei letztere von der Bundesregierung mit unterschiedlichem Erfolg als Anreizinstrument zugunsten politischer Erleichterungen eingesetzt wurden. Beispiele sind zinslose Kredite für den Saldo im innerdeutschen Wirtschaftsverkehr, der der DDR zudem den gewichtigen Vorteil einer indirekten Einbeziehung in den EG-Binnenmarkt brachte, die Transitpauschalen sowie der Freikauf politischer Häftlinge.

2. Ausgangslage und Eingrenzung: Der historische Glücksfall der deutschen Wiedervereinigung war auch im Hinblick auf den Zeitpunkt äußerst glücklich, insofern die westdeutsche Wirtschaft und insbesondere die öffentlichen Finanzen sich im internationalen Vergleich in einem hervorragenden Zustand befanden. Diese sehr günstige Ausgangslage mag zu der anfänglich vorherrschenden überoptimistischen Einschätzung beigetragen haben, die Finanzierung der Einheit stelle keine besondere Herausforderung dar. Diese Einschätzung beruhte auf der Annahme, daß der wirtschaftliche Aufholprozeß in Ostdeutschland und die Annäherung der Lebensbedingungen an die des Westens bei Übernahme des insgesamt bewährten wirtschaftlichen Ordnungsrahmens der Bundesrepublik und gleichzeitig zügiger Privatisierung der DDR-Wirtschaft sowie einer zeitlich und in der Größenordnung eng begrenzten Anschubfinanzierung aus öffentlichen Mitteln des Westens primär mit Mitteln der Privatwirtschaft geleistet werden könne. Im Hinblick auf die Anschubfinanzierung bestand die Hoffnung, sie weitgehend aus der öffentlichen Dividende an einem erhofften schnellen ostdeutschen Wirtschaftsaufschwung – wachsende Steuereinnahmen – sowie aus eingesparten Teilungskosten zu finanzieren.

Rasch erwies sich dieser Optimismus jedoch als illusorisch, wobei die sich verschlechternden internationalen Rahmenbedingungen – weitgehender Zusammenbruch der für die ostdeutschen Unternehmen dominierenden osteuropäischen Märkte – und genauere Kenntnis über den desolaten Zustand der ostdeutschen Betriebe und der öffentlichen Infrastruktur in Ostdeutschland eine wichtige Rolle spielten. Die Finanzpolitik entwickelte sich zu einem besonders interessanten und aussagefähigen Lackmustest im Prozeß der Vereinigung, zumal dieses Politikfeld durch erstens breiteste Betroffenheit an einem besonders sensiblen Punkt – dem eigenen Portemonnaie –, zweitens eine besonders komplexe politische Zuständigkeitsverteilung und drittens Abstraktheit schon aufgrund der schlichten Größe der Summen und notwendiges, nur in einem begrenzten Expertenkreis vorhandenes Spezialwissen charakterisiert ist. In der kontroversen politischen und wissenschaftlichen Debatte ist eine Reihe grundlegender Streitfragen, von der Abgrenzung staatlicher und privater Aufgaben über den optimalen Instrumentenmix und die damit verbundene Lastenverteilung bis hin zu den Strukturen einer föderalen Finanzverfassung, aktualisiert worden. Dabei gilt prinzipiell, daß mit der Größe der Herausforderung auch die Chancen für weitreichende Reformen zunehmen.

Die Formulierung »Finanzierung der Einheit« ist interpretationsbedürftig, da in ihr eine Vielzahl von Abgrenzungsproblemen steckt. Eine wichtige Unterscheidung ist die zwischen öffentlicher und privater Finanzierung, wobei letztere vor allem den Transfer von Privatkapital nach Ostdeutschland meint. Hier wird allein die öffentliche Finanzierung behandelt, wobei aber auf Grenzfälle hinzuweisen ist. So zählen öffentliche Unternehmen, wie z. B. Bahn und Post/Telekom sowie insbesondere der Spezialfall Treuhandanstalt, in der Abgrenzung der volkswirtschaftlichen Gesamtrechnung zum Unternehmenssektor, unterliegen bisher aber unterschiedlich starker politischer Steuerung und haben sich in hohem Maße in Ostdeutschland engagiert. Die Telekom ist der bisher größte Einzelinvestor in Ostdeutschland und hat das als Teil der Infrastruktur wichtige Kommunikationsnetz grundlegend modernisiert. Auch haben gesellschaftliche Großgruppen wie Parteien und Verbände, beispielsweise Kirchen und Gewerkschaften, in der Regel organisationsintern erhebliche Ressourcen zugunsten des Ausbaus ihrer Organisation in Ostdeutschland umgeschichtet.

Häufig wird auch zwischen Kosten der Einheit als finanzielle Gesamtbelastung der öffentlichen Haushalte einerseits und Transferleistungen nach Ostdeutschland andererseits unterschieden. Zu ersteren zählen z. B. die im Zusammenhang mit dem Truppenabzug der Sowjetunion zugesagten 15 Mrd. DM, andererseits als Lastenminderung auch die ersparten Kosten der Teilung wie große Teile der Berlinhilfe. Schwieriger noch wird es bei der Differenzierung von direkten und indirekten Kosten. Als indirekte Kosten der Einheit könnte man beispielsweise den hohen öffentlichen Mitteltransfer insbesondere nach Rußland betrachten, aber die kausale Zuordnung ist fragwürdig. Ein anderes Beispiel sind die finanziellen Folgen der Währungsunion. Die günstige, politisch gewollte und zu rechtfertigende Umstellung des Geldvermögens mit insgesamt 1 DM : 1,8 Mark Ost bei 1 : 2 Umstellung der Schulden führte z. B. einerseits direkt zu Ausgleichsforderungen der Banken, die vom Bund als zusätzliche Verschuldung übernommen wurden (Erblastentilgungsfonds). Darüber hinaus waren mit der Ausweitung der Geldmenge ohne entsprechende Ausweitung der Produktion Stabilitätsrisiken für die DM nach innen und außen verbunden, die aber aufgrund des insgesamt vernünftigen Ausgabeverhaltens der ostdeutschen Bevölkerung und einer restriktiven, zinssteigernden Geldpolitik der Bundesbank eng begrenzt blieben. Allerdings kommen Francke und Nitsch in einer Studie zu dem Schluß: »Die Währungsumstellung selbst sowie der dadurch ausgelöste Inflationsprozeß haben einen erheblichen Beitrag zur Finanzierung der vom Staat aufzubringenden Kosten der deutschen Wiedervereinigung geleistet.«[3] Zudem haben Partner im Europäischen Währungssystem, insbesondere Frankreich, geklagt, sie müßten der harten Geldpolitik der Bundesbank mit ihren konjunkturdämpfenden Wirkungen folgen und würden damit indirekt gezwungen, die Kosten der deutschen Einheit in Form zusätzlicher Arbeitslosigkeit mitzutragen. Umgekehrt hat die zusätzliche Nachfrage aus Ostdeutschland in Westdeutschland einen »Vereinigungsboom« ausgelöst (sowie durch erhöhte Importe anfänglich auch die Konjunktur in wichtigen Partnerländern gestützt) und damit auch zu zusätzlichen Steuereinnahmen geführt. Insbesondere solche indirekten Wirkungen sind mit wachsendem zeitlichem Abstand immer schwerer kausal zuzuordnen und zu quantifizieren, weshalb sie in den meisten Finanzierungsübersichten verständlicherweise vernachlässigt werden.

3. Die Dimension der Aufgabe – wie hoch ist der öffentliche Finanzierungsbedarf? Angesichts der Schnelligkeit der Vereinigung, zu der es aber aus außenpolitischen – prekäre Situation in der Sowjetunion – wie innerdeutschen Gründen – Fluchtbewegung aus Ostdeutschland – kaum eine ernstzunehmende politische Alternative gab, lag der »Schleier der Unwissenheit« anfangs auch über dem Finanzbedarf, wobei dieser durchaus politisch-taktisch eingesetzt werden konnte.[4] Für die anfängliche Unterschätzung zwei Beispiele: Der als zentrales Finanzierungsinstrument von Bund und Ländern vorgesehene Fonds »Deutsche Einheit« wurde ursprünglich mit 115 Mrd. DM für den Zeitraum 1990–1994 ausgestattet und sah ab 1992 wegen der dann erwarteten gewachsenen Wirtschafts- und Finanzkraft stark sinkende Transfers nach Ostdeutschland vor. Verbunden damit und noch extremer war die Fehleinschätzung im Hinblick auf die Treuhandanstalt. In den Einigungsvertrag wurde noch eine Klausel aufgenommen, welche die Beteiligung der ostdeutschen Bevölkerung an den erwarteten Nettoerlösen aus dem von der Modrow-Regierung der DDR 1989/90 noch auf 1,2 Bill. Mark geschätzten Marktwert der ostdeutschen Wirtschaftsbetriebe sichern sollte. Noch im September 1990 rechnete die Treuhandanstalt mit Erlösen aus Privatisierungen in der Größenordnung von 600 Mrd. DM. Realisiert wurden etwa 75 Mrd. DM, und die Treuhandanstalt ging mit einem Schuldenstand von insgesamt 205 Mrd. DM in den Erblastentilgungsfonds ein.

Der wichtigste Faktor der Prognoseunsicherheit ist die wechselseitige, aber asymmetrische Abhängigkeit von öffentlichen Finanzen und wirtschaftlicher Entwicklung. So wirken das politisch gesteuerte Volumen und die Struktur (Art und Anteil der Investitionen) des Finanztransfers nach Ostdeutschland als ein Faktor auf die wirtschaftliche Entwicklung ein, wie umgekehrt diese in noch stärkerem Maße die öffentlichen Finanzen sowohl auf der Einnahmen- wie auf der Ausgabenseite (z. B. Kosten der Arbeitslosigkeit) prägt. Im wesentlichen sind es drei Faktoren, die den Transferbedarf nach Ostdeutschland bestimmen: Erstens die wirtschaftliche Entwicklung, zweitens der angestrebte Grad der »Einheitlichkeit der Lebensverhältnisse« in Ost und West und drittens die Zeitdimension, d. h. der Zeitraum, der für die Annäherung der Lebensverhältnisse – von Einkommens- bis zu Wohnverhältnissen und öffentlicher Infrastruktur – zugestanden wird. Starke Abstriche bei den beiden letzten Zielen können allerdings massive Wanderungsbewegungen in begünstigte Regionen auslösen und die regionale Wirtschaftsentwicklung weiter schwächen, ein Moment, das die zeitliche Strategie der Wiedervereinigung erheblich beeinflußt hat. Fuest und Kroker haben in einer Modellrechnung ausgehend von 1993 die Auswirkungen der drei Faktoren auf den Transferbedarf bei folgenden Annahmen simuliert: Wachstumsrate des Bruttosozialprodukts (BSP) in Ostdeutschland alternativ 5 bzw. 10 %, in Westdeutschland 2 % jährlich; Einkommensniveau 80, 90, 100 % des jeweiligen Westniveaus; Angleichungszeitraum bis zum Jahr 2000 bzw. 2003. Als Extremwerte des jährlichen Transferbedarfs ergeben sich 68 Mrd. DM (kumuliert 685 Mrd. DM) bei den günstigsten und 250 Mrd. DM (kumuliert 1 747 Mrd. DM) bei den ungünstigsten Annahmen. Die Autoren schließen, »daß die Finanzierung des Transferbedarfs in den neuen Bundesländern grundsätzlich lösbar ist, ohne die Volkswirtschaft insgesamt zu überfordern, vorausgesetzt, die Einkommensansprüche sind, was die zeitliche und quantitative Dimension anlangt, nicht zu ehrgeizig.«[5] Nur in der ungünstigsten der durchgerechneten zwölf Modellvarianten gelingt es nicht, den ostdeutschen Transferbedarf aus dem Wachstum des westdeutschen BSP zu finanzieren. Solche Modellrechnungen sind hilfreich bei der Einschätzung der Größenordnung der Herausforderung; verläßliche, methodisch abgesicherte Prognosen der Entwicklung können sie nicht liefern.

Betrachtet man den tatsächlichen Finanztransfer, so führen unterschiedliche Abgrenzungen und Erfassungsprobleme zu sehr unterschiedlichen Zahlenangaben. Tabelle 1 macht die Bandbreite der Transferangaben auch zwischen renommierten Institutionen deutlich, die für den Zeitraum 1991 bis 1995 zwischen 607 und 888 Mrd. DM und damit um fast 50 % variiert.

Tabelle 1: Nettotransfers an Ostdeutschland – Berechnungen im Vergleich (in Mrd. DM)

Jahr	Sach-verständigen-rat*	Bundesfinanz-ministerium/ Bundesbank	Institut der deutschen Wirtschaft	Institut für Wirtschafts-forschung Halle	Institut für Weltwirt-schaft Kiel
1991	105	106	131	129	129
1992	123	115	148	152	253
1993	132	129	169	175	198
1994	123	125	162	169	165
1995	124	140	152	154	143
1991–1995	607	615	762	779	888

* Nettoleistungen ohne Zins- und Tilgungszahlungen für Altschulden.

Quelle: Monatsberichte der Deutschen Bundesbank, Oktober 1996, S. 26.

Die gut 150 Mrd. DM Differenz zwischen den niedrigen Zahlen der Bundesbank und den höheren des Instituts für Wirtschaftsforschung in Halle beruhen im wesentlichen darauf, daß letzteres das jeweilige Defizit der Treuhandanstalt und die aus den Steuervergünstigungen in Ostdeutschland resultierenden Steuerausfälle in Westdeutschland einbezogen hat. Das Kieler Institut für Weltwirtschaft weist einen nochmals um gut 100 Mrd. DM höheren Finanztransfer aus, der auch die vereinigungsbedingten Altschulden, insbesondere die den Kreditinstituten zugeteilten Ausgleichsforderungen aus der asymmetrischen Währungsumstellung berücksichtigt. Selbst wenn die enge Transferabgrenzung von Bundesfinanzministerium und Bundesbank zugrunde gelegt wird, ergibt sich für den Zeitraum 1991 bis 1995 ein jahresdurchschnittlicher Nettrotransfer von 4 % des BIP, ein auch in der Größenordnung beachtlicher Beitrag finanzieller Solidarität.

4. Arten der Finanzierung und ihre »politischen Kosten«: An möglichen Modi der Finanzierung stehen prinzipiell zur Verfügung: »Entsparen« und Privatisierung, Verschuldung, Erhöhung von Gebühren und Beiträgen, Steuererhöhungen sowie Ausgabenkürzungen.

Auch bei der Finanzierung der Transfers nach Ostdeutschland ging es nicht um den Rückgriff auf nur ein Instrument, sondern um einen angemessenen Policy Mix, wobei sich die gewählte Kombination im Zeitablauf erheblich verändert hat. Gleichwohl soll kurz auf die Vor- und Nachteile der einzelnen Instrumente und ihre tatsächliche Nutzung eingegangen werden. Zentral dabei ist, daß es sich um eine politische Wahl von Finanzinstrumenten handelt, in die neben den ökonomischen vor allem die politischen Kosten eingehen. Angenommen wird, daß die Reihenfolge auch eine aufsteigende Rangfolge der politischen Kosten aus der Sicht der Akteure darstellt, d. h. daß mit Ausgabenkürzungen tendenziell die höchsten politischen Kosten verbunden sind. Allerdings ist davon auszugehen, daß es auch bei

Tabelle 2: Öffentliche Leistungen für Ostdeutschland (in Mrd. DM)

Position	1991	1992	1993	1994	1995	1996[2]	1997[2]
Bruttoleistungen							
Bund	75	88	114	114	135	133	126
Westdt. Länder und Gemeinden	5	5	10	14	10	10	11
Fonds »Deutsche Einheit«	31	24	15	5	–	–	–
EG-Haushalt	4	5	5	6	7	7	7
Bundesanstalt für Arbeit	24	25	15	17	16	16	18
Gesetzliche Rentenversicherung	–	5	9	12	17	18	16
Zusammen	139	152	168	168	185	184	178
davon:							
Sozialleistungen	56	69	78	73	79	74	69
Subventionen	8	10	11	17	18	16	16
Investitionen	22	23	26	26	34	39	36
Allgemeine Finanzzuweisungen, nicht aufteilbar	53	50	53	52	54	55	57
Einnahmen des Bundes in Ostdeutschland							
Steuereinnahmen	– 31	– 35	– 37	– 41	– 43	– 48	– 46
Verwaltungs-einnahmen	– 2	– 2	– 2	– 2	– 2	– 2	– 2
Zusammen	– 33	– 37	– 39	– 43	– 45	– 50	– 48
Nettoleistung, insgesamt	106	115	129	125	140	134	130
Nachrichtlich: Defizit der THA[1]	9	14	24	24	–	–	–

1 Defizit bereinigt um Zinsausgaben und -erstattungen der Treuhandanstalt.
2 Auf Grundlage des Haushaltsplans 1996 und des Haushaltsentwurfs 1997 des Bundes.

Quelle: Bundesbankbericht Oktober 1996, S. 19.

prinzipiell leicht durchsetzbaren Instrumenten wie Erhöhung der Staatsverschuldung im einzelnen schwer bestimmbare Schwellenwerte gibt, ab denen die politischen Kosten stark ansteigen.

4.1. »Entsparen« und Privatisierung: Der Rückgriff auf vorhandene Reserven – ein Beispiel war die Nutzung der »Schwankungsreserve« in der Rentenversicherung – ist ein besonders widerstandsarmes Finanzierungsinstrument. Das gilt prinzipiell auch für den Verkauf staatlichen Unternehmensbesitzes, den insbesondere der Bund als Finanzierungsquelle genutzt hat. Die Privatisierung bisher staatlich wahrgenommener Aufgaben und damit auch eine Grenzziehung zwischen staatlichem und privatem Sektor ist allerdings eine ideologisch aufgeladene Streitfrage, die weit über den Finanzierungsaspekt der Einheit hinausgeht. Dennoch ist unabhängig von dem Sonderproblem der Privatisierung der ostdeutschen Betriebe im Rahmen der Treuhandanstalt auch die Finanzquelle Privatisierung – z. B. Telekom, Landesbanken – nicht zu unterschätzen und von der Monopolkommission potentiell in der Größenordnung eines dreistelligen Milliardenbetrages angesiedelt worden.

4.2. Verschuldung: Zusätzliche Kreditaufnahme ist ein besonders flexibles und politisch leicht durchsetzbares Instrument, dessen Risiken – insbesondere die mit der Zinsbelastung verbundene Einschränkung des Haushaltsspielraums und potentieller Vertrauensverlust – in der Perspektive »kurzsichtiger« Politiker und Wähler meist gering bewertet werden. Die Finanzierung der zusätzlichen Staatsschuld erwies sich als einfach, da insbesondere die Politik der Bundesbank einen Zufluß ausländischen Anlagekapitals nach Deutschland bewirkte, was auch als Vertrauensbeweis gewertet werden kann. Für eine Verschuldung ist die Einmaligkeit der Aufgabe Wiedervereinigung genannt worden, die es rechtfertige, die Finanzierungslast auf mehrere Generationen zu verteilen. Dagegen ist eingewandt worden, daß der nächsten Generation bereits durch die demographische Entwicklung und die Umweltprobleme übermäßige Belastungen aufgebürdet würden.

Verschuldung war insbesondere in den ersten Jahren das eindeutig dominierende Finanzierungsinstrument. Die Verschuldung der öffentlichen Haushalte – in der Abgrenzung der Deutschen Bundesbank (siehe Tabelle 3) – ist von 929 Mrd. DM Ende 1989 auf 2 215 Mrd. DM Ende 1997 auf fast das Zweieinhalbfache angewach-

Tabelle 3 Verschuldung der öffentlichen Haushalte (in Mrd. DM)

	Ende 1989	**Ende 1997**	**Zusatz-Verschuldung 1989–1997**
Bund	491	906	415
westdeutsche Länder	310	505	195
ostdeutsche Länder	–	90	90
westdeutsche Gemeinden	121	161	40
ostdeutsche Gemeinden	–	40*	40
Bundeseisenbahnvermögen	–	77	77
Fonds »Deutsche Einheit«	–	80	80
Erblastentilgungsfonds	–	322	322
ERP-Sondervermögen	7	34	27
Summe	929	2 215	1 286

* Schätzung für Ende September 1997.

Quelle: Monatsberichte der Deutschen Bundesbank.

sen. Von der Neuverschuldung von 1 286 Mrd. DM entfällt etwa ein Drittel auf den Fonds »Deutsche Einheit« und den Erblastentilgungsfonds, knapp 10 % auf die ostdeutschen Länder und Gemeinden. Zu berücksichtigen ist, daß die zusätzliche Verschuldung der westdeutschen Gebietskörperschaften auch eine »normale« Komponente enthält und darüber hinaus auch nicht nur zur Finanzierung der Einheit verwendet worden ist. Soweit die Kreditfinanzierung zudem investiv eingesetzt wird und tatsächlich zu Steuermehreinnahmen in der Zukunft führt, enthält sie ein Element der Selbstfinanzierung (so die Logik des Art. 115 GG, die Normalverschuldung durch die Investitionssumme zu begrenzen).

Im Vergleich zu den großen westlichen Industriestaaten besaß die Bundesrepublik, teilweise bedingt durch die staatliche »Entschuldung« mittels Währungsreform 1948, bezogen auf die Verschuldung bis 1989 eine komfortable Spitzenposition. Seitdem hat sie von den in Maastricht für die Teilnahme an der Europäischen Währungsunion vereinbarten zwei Verschuldungskriterien (maximal 3 % des BIP Neuverschuldung und maximal 60 % des BIP Gesamtverschuldung) das erste mehrfach verfehlt und auch das zweite 1997 knapp überschritten. Schon wegen der Europäischen Währungsunion und des in ihrem Rahmen vereinbarten Stabilitätspaktes ist ein weiterer exzessiver Rückgriff auf das Instrument Verschuldung zukünftig nicht mehr möglich.

4.3. Erhöhung von Gebühren und Beiträgen: Bei diesem Finanzierungsinstrument stehen die Parafisci[6] – insbesondere Arbeitslosen- und Rentenversicherung – im Mittelpunkt des Interesses. Der Finanztransfer nach Ostdeutschland ist in beachtlichem Maße über Beitragserhöhungen bei den Parafisci und insofern »verdeckt« vorgenommen worden. Kritisiert wird, daß durch diese Finanzierung den Parafisci »beitragsfremde«, nämlich über den Staatshaushalt zu finanzierende Lasten aufgebürdet worden seien, die zudem die ohnehin überhöhten Lohnnebenkosten weiter gesteigert hätten.

4.4. Steuererhöhungen: Mit Verzögerung ist auch das Instrument Steuererhöhung eingesetzt worden, und zwar mit dem »Solidaritätszuschlag« bei der Einkommen- und Körperschaftsteuer unter direktem Bezug zur Aufgabe der Vereinigung. Neben diesem zweimal genutzten Rückgriff auf eine direkte Steuer sind in einem Steuermix auch indirekte Steuern, insbesondere die Mehrwertsteuer, Mineralölsteuer und Tabaksteuer, angehoben worden. Bei der Wahl des Ansatzpunktes innerhalb des Steuersystems sind neben der begünstigten Gebietskörperschaft insbesondere die Folgen für die Investitionsbereitschaft – und genereller den Standort Deutschland – sowie die Verteilungswirkungen diskutiert worden.

4.5. Ausgabenkürzungen: Sie können sich sowohl aus einem Rückzug des Staates aus bestimmten Aufgaben (Verbindung zu Privatisierung), einer größeren Effizienz bei der Aufgabenwahrnehmung (Stichwort Verwaltungsreform) als auch einer Umschichtung innerhalb der Aufgaben, insbesondere Einsparungen bei großen Ausgabenblocks, z. B. Subventionen, ergeben. Subventionskürzungen sind, selbst soweit Subventionen teilungsbedingt waren, z. B. vielfältige Formen der Berlinhilfe und der Zonenrandförderung, nur zögerlich und insgesamt nachrangig vorgenommen worden, wobei der kumulierte politische Druck aller negativ betroffenen Bevölkerungsgruppen sicherlich eine große Rolle gespielt hat. In der wissenschaftlichen Diskussion dominiert dagegen die Forderung nach einem »Paradigmenwechsel« der Finanzpolitik im Sinne einer vorrangigen Begrenzung der Staatsausgaben,[7] die zumindest auch in die mittelfristige Finanzplanung eingegangen ist.

Die Vorschlagsliste für zusätzliche Finanzierungsinstrumente ist lang und reicht von Zwangsanleihen (als Brücke zwischen Steuer- und Kreditfinanzierung) über Investitionshilfeabgaben der Unternehmen (in Anlehnung an die Regelung von 1952) bis zu einer allgemeinen Arbeitsmarktabgabe zur Entlastung der Arbeitslosenversicherung und einem neuen Lastenausgleich mittels einer Vermögensabgabe. Für den Zeitraum 1991 bis 1995 ist folgende Rangfolge der Finanzierungsinstrumente geschätzt worden: Erstens Verschuldung, weit vor zweitens Steuern, drittens Sozialabgaben und viertens Ausgabenkürzungen. Allerdings hat sich im Zeitablauf eine eindeutige Verlagerung zu Lasten der Steuern und nachrangig der Ausgabeneinsparungen ergeben.

5. Träger der Finanzierung und Lastenverteilung: Richtet man den Blick als erstes auf die Gebietskörperschaften, so haben sich alle Ebenen von der EU bis zu den Gemeinden an der Finanzierung beteiligt, aber in extrem unterschiedlichem Maße. Wie bereits ein Blick auf Tabelle 2 zeigt, belegt der Bund – dies wohl erwartungsgemäß – die Spitzenposition. Überraschend ist aber doch, in welchem Maße es den westdeutschen Ländern und Gemeinden im föderalistischen System gelungen ist, die Finanzierungslast auf den Bund abzuschieben. Einschränkend gilt, daß die besonders produktiven Transfers im Wege spezieller Partnerschaften zwischen west- und ostdeutschen Ländern und Gemeinden zu berücksichtigen sind und der Bund auch bei der Steuerung der Einnahmeseite, z. B. Solidaritätszuschlag, dominiert. Zu berücksichtigen ist auch die sehr unterschiedliche Finanzsituation der einzelnen westdeutschen Länder und Gemeinden. Bezeichnend für die Schwierigkeiten einer angemessenen und d. h. auch differenzierten interkommunalen Lastenverteilung und die daraus resultierenden Akzeptanzprobleme ist ein Protestbrief von Ruhrgebietsstädten Anfang 1996, sie würden in der Bilanz von Belastungen und Fördermaßnahmen gegenüber ostdeutschen Kommunen einseitig benachteiligt: »Die Förderpräferenzen in der Strukturpolitik dürfen nicht weiter von regionalen Kriterien bestimmt werden. Finanz- und strukturschwache Kommunen in West und Ost bedürfen gleichermaßen der Förderung durch einheitliche Fördersätze.«[8] Die westdeutschen Gemeinden insgesamt sind aber netto frühestens 1993 durch die Finanzierung der Einheit belastet worden, da vorher die Steuermehreinnahmen aufgrund des »Vereinigungsbooms« ihre geringe Beteiligung überkompensiert haben dürften.

Die einseitige Belastung des Bundes fällt noch deutlicher aus, wenn die Expansion der Nebenhaushalte in Form diverser Fonds einbezogen wird. Die »Flucht aus dem Budget« ist kritisiert worden, weil damit wichtige Haushaltsgrundsätze, wie Vollständigkeit, Einheit, Öffentlichkeit, verletzt würden und die politische

Kontrolle erschwert werde. Eine gewisse Konsolidierung ist allerdings mit dem »Erblastentilgungsfonds« erreicht worden, in dem Anfang 1995 der Kreditabwicklungsfonds (102 Mrd. DM) die Schulden der Treuhandanstalt (205 Mrd. DM) und ein Teil der Schulden der ostdeutschen Wohnungswirtschaft (ab 1. Juli 1995 31 Mrd. DM) zusammengefaßt worden sind. Verzinsung und Tilgung des Erblastentilgungsfonds sind allein vom Bund übernommen worden, der eine Tilgung innerhalb einer Generation anstrebt und dazu einen Teil der an den Bund abgeführten Bundesbankgewinne einsetzt. Als partieller Ausgleich sind die Länder und Gemeinden an der Schuldenbedienung des Fonds »Deutsche Einheit« (88 Mrd. DM) stärker beteiligt worden. Nicht zu vernachlässigen sind aber auch kleinere Nebenhaushalte des Bundes wie das ERP-Sondervermögen (entstanden im Zusammenhang mit der Marshallplan-Hilfe), die im Zuge der ostdeutschen Wirtschaftshilfe extrem expandiert sind oder auch Spezialkreditinstitute des Bundes (vor allem Kreditanstalt für Wiederaufbau, Deutsche Ausgleichsbank, Berliner Industriebank), deren verbilligte Förderkredite stark ausgeweitet und auf Ostdeutschland konzentriert worden sind.

Auf den beachtlichen Finanzierungsanteil der Parafisci – an zweiter Stelle nach dem Bund – wurde schon hingewiesen. Verteilungspolitisch problematisch ist dieser Finanzierungsweg besonders deshalb, weil bestimmte Gruppen der Bevölkerung – Selbständige und Beamte – daran nicht beteiligt sind, auch wenn teilweise kompensatorische Maßnahmen – verzögerte und geringere Gehaltsanhebungen bei Beamten – ergriffen wurden.

Da die Finanzierungslasten letztlich von Personen zu tragen sind, ist die Frage einer »Gerechtigkeitslücke« bei der Finanzierung insbesondere im Hinblick auf Berufs- und Einkommensgruppen diskutiert worden. Das Rheinisch-Westfälische Institut für Wirtschaftsforschung (RWI) kommt auch hier zu zeitlich differenzierten Schätzungen. 1992 seien – bei einer durchschnittlichen Belastung des Bruttoeinkommens von 3 % – westdeutsche Arbeiter und Angestellte mit 4 % bzw. 3,5 % über-, Selbständige einschließlich Landwirte mit knapp 2 % unterproportional belastet und auch die obersten 5 % der Haushalte nach Einkommen mit etwa 2 % relativ geschont worden. »1995 dürfte sich die Verteilung der Abgabenbelastungen zur Finanzierung der deutschen Einheit bei einem deutlich erhöhten Niveau sowohl zwischen den sozialen Gruppen als auch zwischen den Einkommensschichten als ausgeglichener darstellen.«[9] Damit wird wiederum deutlich, daß zum einen die Größenordnung auch der privaten Belastung begrenzt ist und daß zum anderen – unabhängig von dem Problem angemessener Kriterien für Belastungsgerechtigkeit – diese als wichtiger Faktor für die gesellschaftliche Akzeptanz finanzieller Restriktionen zu berücksichtigen ist.

6. Konfliktlinien und Einflußfaktoren im politischen Entscheidungsprozeß: Der enorme Zeitdruck sowie die unsicheren außenpolitischen Rahmenbedingungen führten dazu, daß im Prozeß der deutschen Vereinigung das Gesetz des Handelns unter den innerdeutschen Akteuren weitestgehend bei der Bundesregierung lag. Finanzpolitisch war die Folge, daß mit dem Fonds »Deutsche Einheit« vorrangig auf das Instrument Verschuldung zurückgegriffen wurde und es mit dem ersten Staatsvertrag sowie dem Einigungsvertrag den westlichen Bundesländern gelang, das politisch schwache Ostdeutschland aus dem Länderfinanzausgleich vorerst auszuschließen und eine Neuregelung der föderalen Finanzbeziehungen auf 1995 zu verschieben. Die damit verbundene finanzielle Risikoabschiebung an den Bund – gemildert nur durch eine Revisionsklausel mit Prüfungsauftrag »bei grundlegender Veränderung der Gegebenheiten« (Art. 7 Abs. 6 Einigungsvertrag) – bedeutete aber auch, daß die neuen ostdeutschen Länder an den Bund verwiesen wurden, womit das politische Risiko einer Schwächung der Ländersolidarität und einer weiteren Stärkung des Bundes im föderalistischen System verbunden war. Die nach der formalen Vollendung der Wiedervereinigung folgende parteipolitische Konfrontation im Bundestagswahlkampf 1990 führte dazu, daß der SPD-Kanzlerkandidat Lafontaine die Finanzbelastungen für die westdeutsche Bevölkerung und die Notwendigkeit von Steuererhöhungen betonte, während die Regierungskoalition die objektive Informationsunsicherheit optimistisch interpretierte und sich gegen Steuererhöhungen festlegte. Diese sachlich verfehlte und im Rückblick auch politisch kostspielige Festlegung – Vorwurf der »Steuerlüge« und Verlust der Mehrheit im Bundesrat – war angesichts wachsender Einsicht in den Finanzbedarf und der schnellen Resignation bei dem Versuch, Finanzspielraum über eine massive Subventionskürzung im Westen zu gewinnen, nicht lange zu halten. Mit Verzögerung und formal mit dem Verweis auf den deutschen Finanzbeitrag zum Golfkrieg wurde auf Bundesebene Anfang 1991 ein Steuererhöhungspaket beschlossen und mit dem »Gemeinschaftswerk Aufschwung Ost« der Finanztransfer nach Ostdeutschland merklich aufgestockt. Auf der Länderseite wurden die neuen Bundesländer durch Beschluß der Ministerpräsidentenkonferenz im Februar 1991 zumindest voll in die Umsatzsteuerverteilung zwischen den Ländern einbezogen.

Die Eingliederung der neuen Bundesländer in die föderale Finanzverfassung bis 1995 galt vielen Beobachtern als wichtiger Test für die Problemlösungs- und Entscheidungsfähigkeit des politischen Systems. Skepsis war durchaus angebracht angesichts der vielfältigen, sich allerdings teilweise kreuzenden und damit auch neutralisierenden Konfliktlinien: innerhalb der Bundesregierung, parteipolitisch akzentuiert zwischen Finanz- und Wirtschaftsministerium; zwischen Bund und Ländern mit gegensätzlichen parteipolitischen Mehrheiten in Bundestag und Bundesrat; zwischen alten und neuen Bundesländern; zwischen CDU/CSU- und SPD-geführten Ländern bei unterschiedlichen Koalitionen; zwischen armen und reichen Westländern. Dennoch kam es bei akzentuierter exekutiver Führung bereits im März 1993 auf der Konferenz der Ministerpräsidenten mit Bundeskanzler und Bundesfinanzminister zu einer Einigung in Form des Föderalen Konsolidierungsprogramms (FKP). Dabei gelang es den Ländern offenbar, ungeachtet der internen Differenzen eine Einheitsfront zu bilden und einen Kompromiß überwiegend zu Lasten der Bundesfinanzen zu erreichen. Das im einzelnen sehr komplexe FKP verschob ein Finanzvolumen von etwa 100 Mrd. DM und enthielt als Kernelemente:

1. Aufstockung des Fonds »Deutsche Einheit« für 1993 und 1994 sowie ab 1995 volle Einbeziehung der ostdeutschen Länder in den in der Struktur kaum veränderten horizontalen Länderfinanzausgleich;
2. als Voraussetzung dafür die Erhöhung des Länderanteils an der Umsatzsteuer von 37 % auf 44 % und Ausgleich für den Bund im wesentlichen durch Steuererhöhungen, und zwar insbesondere durch den erneut eingeführten Solidaritätszuschlag;
3. neben der Konsolidierung des Hauptteils der Ostschulden im Erblastentilgungsfonds und Übernahme durch den Bund eine Reihe zusätzlicher auflagenfreier Bundeszuweisungen an die ostdeutschen und die ärmsten westdeutschen Bundesländer (überwiegend für zehn Jahre), wodurch die vertikale Komponente im Finanzausgleich deutlich verstärkt wird;
4. Beteiligung der westdeutschen Kommunen an den Lasten ihrer Länder zu etwa 40 %, wobei es sich insofern um einen Vertrag zu Lasten Dritter handelt, als die kommunalen Spitzenverbände entgegen ihrer Forderung an den Verhandlungen nicht beteiligt wurden.

Das FKP war Teil des breiter angelegten Solidarpaktes, mit dem versucht wurde, in »weicher« Form auch andere wirtschaftspolitische Akteure, insbesondere die Tarifparteien, einzubinden. Dies macht auch finanzpolitisch durchaus Sinn, da tarifpolitische Entscheidungen als wichtiger Einflußfaktor auf die wirtschaftliche Entwicklung direkte Konsequenzen für die Einnahme- und Ausgabenseite der öffentlichen Haushalte haben. So ist die der Produktivitätsentwicklung weit enteilte schnelle Aufholstrategie bei den Löhnen in Ostdeutschland z. B. bezogen auf die Treuhandunternehmen auch als Vertrag zu Lasten Dritter, hier nämlich der Steuerzahler, charakterisiert worden. Die konjunkturelle Abschwächung Ende 1994 und der von der FDP forcierte Einstieg in den Abbau des Solidaritätszuschlages haben die Diskussion um die Lastenverteilung neu entfacht. Tendenziell besteht aber Einigkeit darüber, daß im Hinblick auf die Maastricht-Kriterien in der Verschuldungspolitik kaum mehr Spielraum besteht und wegen der internationalen Konkurrenzsituation zumindest bei den direkten Steuern und den Lohnnebenkosten mittelfristig eine Entlastung notwendig ist, so daß sich – wie in der mittelfristigen Finanzplanung bisher vorgesehen – das Hauptgewicht auf die politisch dornige Begrenzung der Staatsausgaben verlagern muß.

7. Bewertung und Perspektiven: Die Bewertung der bisherigen Finanzierung der deutschen Einheit reicht von der harschen Charakterisierung »Fehlstart« (Hickel/Priewe) bis zu der differenziert positiven Einschätzung »nicht frei von Mängeln, Härten und Problemen, aber keineswegs entmutigend«.[10] Hervorzuheben ist die große Anpassungs- sowie die Entscheidungsfähigkeit der politischen Akteure, wenn auch mit deutlicher zeitlicher Verzögerung. Unter dem Aspekt der Belastungsgerechtigkeit sind Vorbehalte angebracht – sowohl im Verhältnis Bund-Länder, als auch bezüglich der sozialen Gruppen und der Finanzierungsmodi. Gerade das FKP ist ein bemerkenswerter Beleg dafür, daß einerseits die für das föderalistische System der Bundesrepublik prognostizierte Politikverflechtungsfalle nicht zuschnappte und auch die vermutete weitere Machtverlagerung zum Bund zumindest vorerst nicht deutlich wurde, andererseits aber das Gesetz der Gravitationskraft des Status quo wünschenswerte Reformen verhinderte. Gefordert wird eine entschiedenere Umsteuerung in der Verwendungsstruktur des Transfers, von der bisher dominant konsumptiven zu einer verstärkt investiven Verwendung. Die Bundesbank hat mittelfristig mit sich bessernder Wirtschaftslage darüber hinaus aber auch die allmähliche Rückführung der öffentlichen Finanztransfers nach Ostdeutschland angemahnt und vor dem Risiko von Fehlallokationen und einer sich verfestigenden Subventionsmentalität gewarnt.[11] Dagegen ist insbesondere mit dem Risiko der »Transferfalle« argumentiert worden. Überwiegend wird auf noch nicht konkret absehbare Zeit von einem weiterhin hohen, wenn auch rückläufigen Transferbedarf ausgegangen. Der in der Größenordnung beachtliche, aber auch tragbare innerdeutsche Finanztransfer ist trotz manchen »Knirschens« bisher von gesamtdeutscher Solidaritätsbereitschaft getragen worden und sei es auch nur in der Form einer Hinnahmebereitschaft. Wahlstrategisch stellen die ostdeutschen Wähler aufgrund ihrer größeren Wechselbereitschaft eine besonders wichtige Zielgruppe für die Parteien dar, und wie der Bundestagswahlkampf 1998 belegt, dürfte auch dies ein Faktor sein, der den Finanztransfer sichert. Beide Momente gelten für größere Solidarverbände wie die Europäische Union nicht oder nur in sehr eingeschränktem Maße. Insofern können die Erfahrungen mit der Finanzierung der deutschen Einheit auch als Warnung vor der politischen Durchsetzbarkeit hoher Transfererwartungen auf europäischer oder gar globaler Ebene interpretiert werden.

Für den innerdeutschen Finanztransfer scheint zudem der Hinweis angebracht, daß eine interregionale Transferbilanz sich nicht auf die Ost-West-Beziehungen beschränken dürfte, auch wenn diese unter dem Aspekt der Einheit verständlicherweise im Mittelpunkt des Interesses stehen. Bekanntlich finden auch beachtliche Transfers zwischen westlichen Regionen statt, und zwar nicht nur zwischen den staatlichen Haushalten – horizontaler und vertikaler Finanzausgleich –, sondern auch den Parafisci, z. B. der Arbeitslosenversicherung, bei regional sehr unterschiedlichen Arbeitslosenquoten. Gegen einen zu weit gehenden Finanzausgleich wehren sich zunehmend die besser situierten Länder, und die Landesregierungen von Bayern sowie Baden-Württemberg haben in dieser Frage nach vergeblichen politischen Vorstößen in der Ministerpräsidentenkonferenz das Bundesverfassungsgericht angerufen. Eine zuverlässigere regionale Aufschlüsselung aller öffentlichen Finanzströme stößt aufgrund der starken Verflechtung der westlichen Bundesländer auf große statistische Probleme, ein Faktor, der zunehmend auch für die neuen Bundesländer wirksam wird. Ungeachtet der weiterhin geltenden partiellen Sonderbedingungen Ostdeutschlands auch in der Finanzpolitik werden Probleme immer mehr zu gesamtdeutschen Problemen, ohne daß die von der Herausforderung der deutschen Vereinigung auch erhofften gesamtdeutschen Reformimpulse – z. B. in der Frage der Länderneugliederung – bisher deutlich wirksam geworden sind.

Uwe Andersen

Anmerkungen:

1 Vgl. z. B. F. Ihmels: Von Kosten, Zahlungsweisen, Schulden und Gewinn. Sozialethische Aspekte zum Einigungsprozeß, in: Ch. Hüttig/St. Tiedow (Hrsg.): Die Finanzierung der deutschen Einheit. Loccumer Protokolle 3/94, Loccum 1994, S. 12 f.
2 Vgl. Allensbacher Jahrbuch der Demoskopie, Bd. 9, 1993, S. 454.
3 In einer Überschlagsschätzung beziffern sie den Finanzierungsbeitrag der Währungsumstellung im Zeitraum 1990 bis 1993 auf eine Mindestgrößenordnung von 109 Mrd. DM. Vgl. H.-H. Francke/H. Nitsch: Der Beitrag der Währungsumstellung zur Finanzierung der deutschen Einheit, in: A. Oberhauser (Hrsg.): Finanzierungsprobleme der deutschen Einheit IV. Schriften des Vereins für Socialpolitik, Bd. 229/IV, Berlin 1996, S. 61 ff.
4 Für eine detaillierte Analyse des Entscheidungsprozesses in den innerdeutschen Verhandlungen gestützt auf Akteneinsicht und Interviews mit den Akteuren vgl. die grundlegende Studie von D. Grosser: Das Wagnis der Währungs-, Wirtschafts- und Sozialunion. Politische Zwänge im Konflikt mit ökonomischen Regeln, Stuttgart 1998, insbesondere S. 365 ff.
5 W. Fuest/R. Kroker: Die Finanzpolitik nach der Wiedervereinigung. Beiträge zur Wirtschafts- und Sozialpolitik des Instituts der deutschen Wirtschaft Köln Nr. 213, Köln 1993, S. 20.
6 Parafisci sind organisatorisch selbstverwaltete Institutionen (z. B. Kirchen, Religionsgemeinschaften, Arbeitslosen-, Kranken-, Renten- und Unfallversicherung) zur Güterversorgung zwischen privatem und öffentlichem Bereich. Sie finanzieren sich kollektiv durch Zwangsabgaben oder autonom verwaltete staatliche Zuschüsse.
7 So z. B. Fuest/Kroker, a. a. O., S. 45 f.; Wissenschaftlicher Beirat beim Bundesministerium der Finanzen: Perspektiven staatlicher Ausgabenpolitik. Gutachten BMF-Schriftenreihe, Heft 51, Bonn 1994, S. 72.
8 Vgl. Stellungnahme »Oberbürgermeister der Revierstädte fordern Hilfen zur Schaffung von Arbeitsplätzen«.
9 B. Fritzsche u. a.: Konsolidierungs- und Wachstumserfordernisse. Fiskalperspektiven der Bundesrepublik in den neunziger Jahren, in: RWI-Mitteilungen, 1/1995, S. 10.
10 Ebenda, S. 20.
11 Vgl. Deutsche Bundesbank: Zur Diskussion über die öffentlichen Transfers im Gefolge der Wiedervereinigung, in: Monatsbericht Oktober 1996, S. 31.

Literatur:

ANDERSEN, UWE: Die Finanzierung der deutschen Einheit, in: Hans-Hermann Hartwich/ Göttrik Wewer (Hrsg.): Regieren in der Bundesrepublik IV. Finanz- und wirtschaftspolitische Bestimmungsfaktoren des Regierens im Bundesstaat – unter besonderer Berücksichtigung des deutschen Vereinigungsprozesses, Opladen 1992, S. 227–243. □ BOSS, ALFRED/ASTRID ROSENSCHON: Öffentliche Transferleistungen zur Finanzierung der deutschen Einheit. Eine Bestandsaufnahme, Kiel 1996. □ CZADA, ROLAND: Der Kampf um die Finanzierung der deutschen Einheit, in: Gerhard Lehmbruch (Hrsg.): Einigung und Zerfall: Deutschland und Europa nach dem Ende des Ost-West-Konflikts, Opladen 1995, S. 73–102. □ DIES.: Zur Diskussion über die öffentlichen Transfers im Gefolge der Wiedervereinigung, in: Monatsbericht Oktober 1996, S. 17–31. □ FRANCKE, HANS-HERMANN/HARALD NITSCH: Der Beitrag der Währungsumstellung zur Finanzierung der deutschen Einheit, in: Alois Oberhauser (Hrsg.): Finanzierungsprobleme der deutschen Einheit IV. Schriften des Vereins für Socialpolitik, Bd. 229/IV, Berlin 1996, S. 37–67. □ FRITZSCHE, BERND U. A.: Konsolidierungs- und

Wachstumserfordernisse – Fiskalperspektiven der Bundesrepublik in den neunziger Jahren, in: RWI-Mitteilungen, 1/1995, S. 1–21. □ HEILEMANN, ULLRICH/HERMANN RAPPEN: Was kostet uns die Einheit?, in: Hamburger Jahrbuch für Wirtschafts- und Gesellschaftspolitik. 41. Jahr 1996, S. 85–110. □ HICKEL, RUDOLF/JAN PRIEWE: Nach dem Fehlstart. Ökonomische Perspektiven der deutschen Einigung, Frankfurt a. M. 1994. □ IHMELS, FOLKERT: Von Kosten, Zahlungsweisen, Schulden und Gewinn – Sozialethische Aspekte zum Einigungsprozeß, in: Christoph Hüttig/Stefan Tiedow (Hrsg.): Die Finanzierung der deutschen Einheit. Loccumer Protokolle 3/94, Loccum 1994, S. 11–20. □ MÄDING, HEINRICH: Reform oder Rekonstruktion: föderative Finanzkonflikte im Einigungsprozeß und ihre Beurteilung, in: Gerhard Lehmbruch (Hrsg.): Einigung und Zerfall: Deutschland und Europa nach dem Ende des Ost-West-Konflikts, Opladen 1995, S. 103–114. □ RENZSCH, WOLFGANG: Föderative Problembewältigung: Zur Einbeziehung der neuen Länder in einen gesamtdeutschen Finanzausgleich ab 1995, in: Zeitschrift für Parlamentsfragen, 1/1994, S. 116–138.

Frauen

→ Bildung und Wissenschaft, Eliten, Jugend, **Lebensbedingungen**, **Sozialer Wandel**, Sozialpolitik, Strukturwandel, Wirtschaft.

1. Leitbilder

1.1. Die 50er und 60er Jahre: Wie in der Bundesrepublik Deutschland hatten die Gleichberechtigung von Mann und Frau sowie der Schutz von Ehe und Familie auch in der DDR Verfassungsrang. Die rechtliche und politische Ausgestaltung dieser Normen verlief systembedingt zwar sehr unterschiedlich, wies jedoch eine bemerkenswerte Übereinstimmung auf: die durchgängige Verknüpfung von Frauen- und Familienpolitik als Ausdruck fortdauernder Fixierung auf eine funktionale Aufgabenteilung.

Dabei hatte es in der DDR zunächst den Anschein, als wollte man gerade in dieser Beziehung mit der gemeinsamen Vergangenheit brechen. Die 50er und 60er Jahre standen im Zeichen der Integration möglichst vieler Frauen in die Arbeitswelt. Ideologische und ökonomische Zielsetzungen trafen dabei zusammen: Die von den Klassikern des Marxismus-Leninismus geforderte Befreiung des weiblichen Geschlechts durch seine Eingliederung in den Produktionsprozeß entsprach angesichts des Mangels an Arbeitskräften den Intentionen von Partei und Staat. Die Entlastung von häuslichen Pflichten durch öffentliche und betriebliche Einrichtungen für die Kinderbetreuung und der Ausbau des Dienstleistungsnetzes sollten unerwünschte Kompromisse, wie eine zumindest zeitweilige Konzentration auf Familienaufgaben, überflüssig machen.

Bereits 1950 wurde Frauen in der DDR das Recht eingeräumt, jederzeit einen Beruf auszuüben, selbst wenn dadurch eine örtliche Trennung von der Familie erforderlich würde. Es folgte eine Fülle einschlägiger Gesetze, Verordnungen und offizieller Verlautbarungen. In den Medien wurden neben dem Anspruch der Frauen auf Entfaltung ihrer Fähigkeiten und Talente auch die positiven Auswirkungen ihrer Erwerbsarbeit auf die Familienbeziehungen sowie auf das Verhältnis zwischen Familie und Gesellschaft propagiert.

Das Familiengesetzbuch der DDR (FGB) von 1966 trug den Ehegatten auf, ihre Beziehungen zueinander so zu gestalten, »daß die Frau ihre berufliche und gesellschaftliche Tätigkeit mit der Mutterschaft vereinbaren kann«. Diese Forderung wurde bis zum Ende der DDR in unzähligen Varianten wiederholt, ohne daß sich die häusliche Arbeitsteilung entsprechend änderte. Trotzdem wurde Erwerbstätigkeit auch für Mütter mehrerer Kinder zu einem festen Bestandteil ihrer Biographie – wobei allerdings die finanzielle Motivation eine große Rolle spielte.

Eine gegenläufige Entwicklung war in den 50er und 60er Jahren in der Bundesrepublik zu verzeichnen. Die familienrechtlichen Festlegungen gingen an der Realität vorbei, indem sie die Erwerbsarbeit verheirateter Frauen als Ausnahme behandelten. Zudem widersprach das patriarchalische Leitbild dem Gebot des Grundgesetzes. Während in der DDR alle der Gleichberechtigung von Mann und Frau entgegenstehenden Gesetze mit Inkrafttreten der Verfassung von 1949 ihre Gültigkeit verloren hatten, sollte in der Bundesrepublik eine Anpassung des Rechts bis zum 31. März 1953 erfolgen. Doch erst am 1. Juli 1958 trat das sogenannte Gleichberechtigungsgesetz in Kraft. Es blieb dem Anspruch verhaftet, eine verheiratete Frau habe den häuslichen Pflichten absolute Priorität einzuräumen. Der Bundesgerichtshof befand noch 1968: »Bricht eine Frau ihr vor der Heirat gegebenes Versprechen, ihren Beruf aufzugeben und sich künftig ganz dem Mann zu widmen, so kann darin ein Scheidungsgrund liegen.«

Die Rollenbilder, die sich in den 60er Jahren in einer Reihe von Umfragen und Untersuchungen abzeichneten, waren entsprechend diffus. Weibliche Lehrlinge und Abiturienten befürworteten einerseits zwar eine qualifizierte Ausbildung, lehnten andererseits aber die Berufstätigkeit von Ehefrauen mehrheitlich ab und hielten eine Vereinbarkeit von Mutterpflichten und Erwerbsarbeit erst recht nicht für möglich. Der ifas-Report »Frau und Öffentlichkeit« aus dem Jahr 1963 beleuchtete die Diskrepanz zwischen eigenen Wünschen und der Orientierung an herrschenden Normvorstellungen: Frauen, die berufstätig waren und bleiben wollten, und Hausfrauen, die gern eine Arbeit aufgenommen hätten, behaupteten zu jeweils gut 60 %, sie hielten die Berufstätigkeit von Frauen »eigentlich nicht für normal«.

Bundesfamilienministerin Aenne Brauksiepe stellte 1969 fest, daß bei den wenigsten Frauen »ein wirklicher Lebensplan« vorzuliegen scheine, und kritisierte in diesem Zusammenhang auch die Schulen.

1.2. Die 70er und 80er Jahre: In den folgenden zwei Jahrzehnten waren in beiden Staaten Neuorientierungen in der Frauen- und Familienpolitik zu verzeichnen. In der DDR mußten Experten wenige Jahre nach Inkrafttreten des FGB einräumen, daß der Abstand zwischen dem dort skizzierten Leitbild und der Wirklichkeit eher größer als kleiner geworden war. Das »Recht der Frau auf allseitige Entfaltung ihrer Persönlichkeit« wurde nun praktisch zur Pflicht erklärt: »Worauf es ankommt, ist, daß die Frau den wachsenden Erwartungen und Anforderungen gemäß ihr Leben gestalten kann, daß sie nicht in dem einen Bereich (zum Beispiel durch Ausweichen auf Teilzeitbeschäftigung oder Ablehnung verantwortungsvollerer Funktionen, durch den Verzicht auf mehrere Kinder oder auch auf die Ehe) gravierende Zugeständnisse zugunsten des anderen Bereichs für notwendig oder unumgänglich erachtet.«[1]

War man bislang davon ausgegangen, daß der stetige Ausbau staatlicher Einrichtungen zur Kinderbetreuung allen Müttern volle Erwerbstätigkeit ermögliche, so sah man sich angesichts der aktuellen Entwicklung – anhaltender Trend zur Teilzeitarbeit, rapide sinkende Geburtenraten – zu gezielten Interventionen genötigt. In mehreren Stufen wurde die Frauen- und Familienförderung zwischen 1972 und 1986 systematisch ausgebaut. Die wesentlichen Maßnahmen waren: Arbeitszeitverkürzung und zusätzliche Urlaubstage für vollbeschäftigte Mütter mit mindestens zwei Kindern unter 16 Jahren, bezahlte Freistellung zur Pflege erkrankter Kinder, erweiterter Mutterschutz, Geburtenbeihilfen, ein bezahltes Babyjahr bei Fortdauer der Betriebszugehörigkeit, Sonderregelungen für Mütter in Ausbildung und Studium sowie Alleinerziehende.

Während sich die Quote der teilzeitbeschäftigten Frauen kaum änderte (1989 arbeiteten immer noch 27 % aller weiblichen Erwerbstätigen verkürzt), war bei der Geburtenrate ein erheblicher Anstieg zu verzeichnen. Als Anfang der 80er Jahre ein neuer Rückgang drohte, wurde – ohne nennenswerten Erfolg – die Drei-Kinder-Familie als gesellschaftliche Norm propagiert.

Insgesamt erreichte die Familienförderung in der DDR einen beachtlichen Stand. Die erwähnten Leistungen bestätigten und verfestigten jedoch – im Gegensatz zum Leitbild des FGB – die tradierten Geschlechterrollen. Unter Hinweis auf das Fortwirken historisch überkommener Arbeitsteilung wurde Frauen- und Familienförderung als »untrennbare Einheit« dargestellt.

In der Bundesrepublik trat am 1. Juli 1977 eine umfassende Reform des Ehe- und Familienrechts in Kraft, mit der das offizielle Leitbild der »Hausfrauenehe« aufgegeben wurde. Seither gilt, daß die Haushaltsführung in »gegenseitigem Einvernehmen« zu regeln sei. Beide Ehegatten sind »berechtigt, erwerbstätig zu sein« und haben »bei der Wahl und Ausübung einer Erwerbstätigkeit auf die Belange des anderen Ehegatten und der Familie die gebotene Rücksicht zu nehmen«. Bis heute fehlt es allerdings vielfach an den erforderlichen Rahmenbedingungen – zum Beispiel in der Kleinkindbetreuung –, um von dieser Gestaltungsfreiheit auch Gebrauch machen zu können.

Seit 1986 haben Mütter oder Väter, die ihr Kind überwiegend selbst betreuen, Anspruch auf Erziehungsgeld – maximal 600 DM pro Monat, das zur Zeit (1998) einkommensabhängig bis zu zwei Jahren gezahlt wird. Der gleichzeitig eingeführte Erziehungsurlaub für erwerbstätige Mütter oder Väter beträgt drei Jahre. Eine Teilzeitarbeit bis zu 19 Wochenstunden ist während dieses Urlaubs möglich.[2]

2. Ausbildung und Beruf

2.1. Bundesrepublik Deutschland: Im Vergleich zu den vorangegangenen Jahrzehnten veränderten sich die Voraussetzungen für die Lebensplanung weiblicher Jugendlicher in den 70er und 80er Jahren beträchtlich. Das gilt insbesondere für den

Bildungsbereich. Während bereits in den 60ern mehr Mädchen als Jungen die Abschlußprüfung an Realschulen erfolgreich absolvierten, lag ihr Anteil an den Abiturienten 1968 erst bei 39 %. Damals hatten noch viele Eltern für ihre Töchter, die sie vornehmlich als künftige Ehefrauen und Mütter sahen, eine »mittlere« Bildung für ausreichend gehalten. Diese Einstellung veränderte sich – nicht zuletzt aufgrund des in den 70er Jahren breit diskutierten Abbaus von Bildungsbarrieren – kontinuierlich. Seit Mitte der 80er Jahre liegt der Anteil der Abiturientinnen bei über 50 %. An den Hochschulen stieg die Quote der Studentinnen von 25 % 1965 auf 38,3 % 1990. Mitte der 90er Jahre betrug sie in den alten Bundesländern gut 40, in den neuen 46 %.

Die Wahl von Ausbildungsplatz oder Studienfach verlief allerdings auch weiterhin geschlechtsspezifisch. Schulabgängerinnen entschieden sich zum größten Teil für sogenannte Frauenberufe, und an den Universitäten bildeten Studentinnen in technischen Fachbereichen eine kleine Minderheit.

Dabei verzichten junge Frauen nicht wider besseren Wissens auf den Einstieg in zukunftsorientierte, gut bezahlte Karrieren. Die Berufsfindung verläuft bedeutend komplizierter, als es nach außen hin den Anschein hat. Im 1984 vorgelegten 6. Jugendbericht der Bundesregierung, der die Chancengleichheit von Mädchen zum Thema hatte, wurde auf der Grundlage zahlreicher Erhebungen und Analysen nachgewiesen, daß weibliche Jugendliche die Situation auf dem Ausbildungs- und Arbeitsmarkt durchaus realistisch sehen: »Sie verabschieden sich von Wunschberufen und konzentrieren sich auf die, in denen sie eine Ausbildungschance haben, zugleich lernen sie, sich als zweitrangige Arbeitskräfte zu begreifen.« Diese in den folgenden Jahren durch weitere Untersuchungen bestätigte Einschätzung trifft insbesondere dann zu, wenn nicht genügend Lehrstellen bzw. Arbeitsplätze zur Verfügung stehen – und männliche Anwärter häufig bevorzugt werden.

2.2. DDR: Während in der Bundesrepublik Ende der 80er Jahre rund 50 % aller Frauen im erwerbsfähigen Alter berufstätig waren, erreichten die Frauen in der DDR eine Beschäftigungsquote von 78,1 % – einschließlich derjenigen, die sich noch in der Schul- bzw. Berufsausbildung befanden, betrug die Quote 1989 sogar 91,2 %. In den Altersgruppen bis zu 40 Jahren gab es in bezug auf die formalen Qualifikationsstrukturen – Facharbeiter-, Fachschul-, Hochschulabschluß – praktisch keine geschlechtsspezifischen Unterschiede mehr. Das Spektrum der von Frauen ausgeübten Tätigkeiten war – vor allem durch die »Umlenkung« in gewerblich-technische Ausbildungsgänge – beträchtlich verbreitert worden. Ab Mitte der 70er Jahre gewann die Unterscheidung zwischen Frauen- und Männerbereichen allerdings zunehmend wieder an Bedeutung – gefördert durch die staatliche Berufslenkung. Aus einer erst nach der »Wende« veröffentlichten Studie des DDR-Instituts für Berufsbildung geht hervor, daß Betriebe die Bevorzugung männlicher Mitarbeiter für bestimmte Tätigkeiten vorrangig damit begründeten, daß die Ausfallquote und die Fluktuationsrate bei Frauen wesentlich höher lägen. Wenngleich der Zusammenhang mit den Sonderregelungen für berufstätige Mütter nur selten ausdrücklich hergestellt wurde, so liegt doch auf der Hand, daß diese Maßnahmen weibliche Mitarbeiter in den Augen von Betriebsleitern als schwer kalkulierbar erscheinen ließen. Auch wenn sie (noch) keine Kinder hatten, wurden mögliche spätere Fehlzeiten prophylaktisch in Erwägung gezogen.

Als Tabuthema galt in der DDR der geringe Anteil weiblicher Führungskräfte. Die Behauptung, rund ein Drittel aller leitenden Funktionen werde von Frauen ausgeübt, zog sich jahrelang durch die einschlägige Literatur. Auffallend war der Verzicht auf eine Aufschlüsselung nach Leitungsebenen. 1990, kurz vor dem Beitritt zur Bundesrepublik, wurde zum ersten und einzigen Mal in aller Deutlichkeit auf die geringen Aufstiegschancen von Frauen aufmerksam gemacht: »In keinem anderen Bereich der Erwerbsarbeit war die soziale Benachteiligung der Frau so groß wie in der Leitungstätigkeit. Frauen besaßen kaum Chancen, in Spitzenpositionen vorzurücken; einflußreiche Ämter und Bereiche mit Machteinfluß blieben ihnen fast völlig verschlossen.«[3]

2.3. Vereintes Deutschland: In der Bundesrepublik waren Mitte der 90er Jahre gut 40 % aller Beschäftigten weiblich. Zwischen 1970 und 1996 stieg die Erwerbsquote der Frauen (zwischen 15 und 65 Jahren) von 46 auf 55,5 %, was vor allem auf die zunehmende Berufstätigkeit von Müttern zurückzuführen ist.

Seit Jahren bereits arbeiten in Westdeutschland zwei Drittel aller Frauen in nur zehn Berufsgruppen. Die meisten sind in Büros und im Handel tätig, wo – wie auch im Gesundheits- und Pflegebereich – zwischen 1980 und 1996 viele neue Arbeitsplätze entstanden. In der DDR waren ebenfalls überdurchschnittlich viele Frauen im Dienstleistungssektor beschäftigt. In der Industrie lag die Quote allerdings bedeutend höher als im Westen.

Der Zusammenbruch der DDR-Wirtschaft, von dem insbesondere auch Bereiche mit überwiegend weiblichen Belegschaften – etwa in der Leichtindustrie – betroffen waren, hat die an kontinuierliche Erwerbsarbeit gewöhnten ostdeutschen Frauen vor massive Probleme gestellt. Hinzu kam, daß sie nun mit Männern um die dezimierten Arbeitsplätze konkurrieren müssen. Vor allem Mütter kleiner Kinder und Ältere zählen dabei zu den Verlierern. Die Arbeitslosenquote der Frauen ist seit 1991 durchgängig wesentlich höher als die der Männer, und das gleiche gilt in bezug auf Langzeitarbeitslosigkeit.

Dabei sind Unterschiede in Ausbildung und Motivation heutzutage eher marginal. Doch im Berufsalltag lassen sich offene oder verschleierte Benachteiligungen nicht übersehen. Sie sind letztlich darauf zurückzuführen, daß den Geschlechtern unterschiedliche Bereiche zugeordnet werden. Die vorrangige Zuständigkeit der Frau für das »Private« mindert prinzipiell ihre Aussichten auf Chancengleichheit außerhalb des Hauses. Sogar bei gleicher Arbeitszeit, Qualifikation und Beschäftigungsdauer verdienen weibliche Mitarbeiter häufig weniger als männliche. Die Tendenz, Männer generell zu bevorzugen, ist noch weit verbreitet. Das zeigt sich auch in bezug auf die Beförderungspraxis. In gehobenen Positionen mit entsprechendem Einkommen sind Frauen stark unterrepräsentiert, auf den höchsten Ebenen der betrieblichen Hierarchien bilden sie eine kleine Minderheit. An den westdeutschen Hochschulen beispielsweise waren 1993 24 % der Assistenten und Dozenten, jedoch nur 7 % der Professoren weiblich. Bei den höchstdotierten Stellen, den C4-Professuren, betrug der Frauenanteil lediglich 4 %.

Die Überlegung, wie Beruf und Familie miteinander zu vereinbaren wären, spielt bei jungen Männern allenfalls eine sehr untergeordnete Rolle, während junge Frauen mögliche Kollisionen bereits im vorhinein durchspielen. Berufswünsche werden auf ihre mögliche Harmonisierung mit häuslichen Aufgaben abgeklopft. Das große Interesse am Lehramt hängt beispielsweise nicht zuletzt damit zusammen, daß viele Teilzeitstellen angeboten werden und nach einer mehrjährigen Beurlaubung aus familiären Gründen für Beamtinnen die Wiedereinstellung garantiert ist. Weit mehr als die Hälfte aller Lehrerinnen sind teilzeitbeschäftigt. Halber Unterricht bedeutet halbes Gehalt und entsprechend weniger Rente bzw. Pension. Vor allem aber sind die Aufstiegschancen empfindlich eingeschränkt.

Von den 1995 insgesamt 5,3 Mio. Teilzeitbeschäftigten waren 90 % Frauen; zwei Drittel von ihnen hatten Kinder. Modelle für eine Kombination von Teilzeitarbeit und Führungsaufgaben gibt es sowohl im öffentlichen Dienst als auch hier und da in der Wirtschaft. Die allgemeine Akzeptanz wird jedoch davon abhängen, inwieweit auch Männer dafür gewonnen werden können.

Ökonomisch schwierige Zeiten mit Massenarbeitslosigkeit treffen Frauen besonders hart. Schnell fällt da wieder das längst überwunden geglaubte Schlagwort »Doppelverdiener«, und es wird vorgerechnet, daß die Erwerbslosenquote in den neuen Ländern nicht höher läge als in den alten, wenn sich ostdeutsche Ehefrauen und Mütter nicht häufiger um einen Arbeitsplatz bemühten als westdeutsche. Allerdings ist durchaus damit zu rechnen, daß es eher zu einer Angleichung in umgekehrter Richtung kommen könnte.

Wie auch immer die Arbeitswelt in Zukunft aussehen mag – vermutlich mit stark rückläufiger Beschäftigung in der Industrie und neuen Chancen in modernen Dienstleistungsbereichen – die Frauen werden um ihren Anteil kämpfen müssen, möglichst zusammen mit denen, die in Politik und Gewerkschaften, in Verbänden, Institutionen und Betrieben die Interessen von Arbeitnehmerinnen vertreten.

3. Vereinbarkeit von Beruf und Familie

3.1. Lebensplanung: Unabhängig von ihrer beruflichen Qualifikation tendieren Frauen vor allem im Westen generell dazu, die alleinige Zuständigkeit und Verantwortung für Kinder zu übernehmen. Der Entschluß, sich den damit verbundenen Problemen zu stellen, wird jedoch häufig hinausgeschoben. Die Zahl der Frauen, die mit Anfang 20 Mütter werden, hat sich zwischen 1970 und 1994 fast halbiert. Eheschließungen sind seit Jahren stark rückläufig, und das durchschnittliche Heiratsalter steigt. 1991 waren 28 % der Frauen im Alter zwischen 18 und 29 Jahren verheiratet, 1996 nur noch 18 %. Die Anzahl nicht-ehelicher Lebensgemeinschaften schätzte das Statistische Bundesamt Anfang 1997 auf der Grundlage des Mikrozensus von 1995 auf 1,7 Mio.

Berufstätigkeit ist für junge Frauen heute ein zentraler Aspekt ihrer Lebensplanung. Dies ergab neben weiteren Analysen aus den letzten Jahren auch eine Anfang 1996 veröffentlichte Studie des Bundesministeriums für Familie, Senioren, Frauen und Jugend. An der von 1989 bis 1993 durchgeführten Erhebung waren Frauen der Jahrgänge 1963 bis 1973 aus je einer ländlichen, kleinstädtischen und großstädtischen Region Bayerns und Sachsens beteiligt. Zwei Drittel der Frauen wünschen sich Kinder, wollen die Berufstätigkeit aber nur kurz unterbrechen.

Einer bundesweiten Umfrage des Bielefelder Emnid-Instituts von Ende 1996 zufolge sind die Frauen in den neuen Bundesländern stärker aufstiegsorientiert als die im alten Bundesgebiet. Während im Osten 21,4 % der Befragten angaben, Karriere und Erfolg seien für sie sehr wichtig, sagten dies im Westen nur 10 %. Dem Statement: »Die ideale Lebensform für Frauen wird es erst dann geben, wenn Männer sich mit der Doppelrolle Beruf und Familie genauso auseinandersetzen wie die Frauen und ihren Teil dazu beitragen«, stimmten in den neuen Ländern 47 %, in den alten 37 % »voll und ganz« zu.

Die Gründe für die deutlichere Berufsorientierung von Frauen in den neuen Ländern liegen auf der Hand. Die aus ökonomischen und ideologischen Gründen in der DDR forcierte Einbeziehung in den Erwerbsprozeß brachte den Frauen zwar nicht dieselben Aufstiegschancen wie den Männern, aber finanzielle Unabhängigkeit und ein gestärktes Selbstbewußtsein.

Im Westen dagegen hatten die Frauen schon wegen der unzulänglichen Kapazitäten der öffentlichen Kinderbetreuung große Probleme, Beruf und Familie auf einen Nenner zu bringen. Außerdem erlaubten die Öffnungszeiten von Kindergärten meistens nicht einmal eine reguläre Halbtagsbeschäftigung. Die Berufsbiographien westdeutscher Mütter weisen zu einem großen Teil so empfindliche Lücken auf, daß ihr selbst erworbener Rentenanspruch zur Existenzsicherung nicht ausreicht.

3.2. Partnerschaft: Insgesamt hat die gesellschaftliche Entwicklung mit der Emanzipation der Frauen nicht Schritt gehalten. Ihnen wird theoretisch zwar Chancengleichheit eingeräumt, aber es mangelt an den dafür notwendigen Voraussetzungen und Rahmenbedingungen. Politik und Wirtschaft sind noch immer vorwiegend an männlichen Lebensplänen und Verhaltensmustern ausgerichtet.

Die Einstellungen zur partnerschaftlichen Aufgabenteilung in Familie und Beruf bleiben bislang widersprüchlich. Es gibt ein teilweise enormes Gefälle zwischen verbal geäußerten Ansichten und tatsächlichem Verhalten. Bei Umfragen zeigt sich dies in stark voneinander abweichenden Antworten, wenn ein Sachverhalt einmal allgemein und ein anderes Mal auf die eigene Person bezogen zur Debatte steht. In einer ipos-Erhebung von 1995 wurden auch Meinungen zur Wahrnehmung des Erziehungsurlaubs durch Väter erfragt: »finde ich gut« sagten im Westen 69 % (im Osten 72 %) der Männer und 71 % (im Osten 73 %) der Frauen. Bei der Spezifizierung (»wenn sich die Frage bei Ihnen in der Familie stellen würde«) gingen die Prozentzahlen allerdings deutlich nach unten: »fände ich gut« meinten nur 49 % der Männer im Westen (53 % im Osten) und jeweils 52 % der Frauen. Daß die Kurve vollends abstürzen würde, wenn die eigene Entscheidung konkret anstünde, zeigt die Tatsache, daß bisher nicht einmal 1,5 % der Väter den Erziehungsurlaub in Anspruch nahmen.

Der Sozialwissenschaftler Walter Hollstein bringt die Versäumnisse, die seines Erachtens die »Lösung der Frauenfrage« bislang stagnieren lassen, auf den Punkt: »Die Forderungs- und Maßnahmenkataloge zur Gleichstellung der Geschlechter beschreiben zwar Wege der Frauenförderung, stellen aber umgekehrt keine Konzepte dar, wie männliche Herrschaftsformen abgelöst werden können. Wenn dies überzeugend geschehen soll, muß Männern konstruktiv verdeutlicht werden, warum eine Teilung der Macht historisch vonnöten ist und welche menschlichen Vorteile sie daraus auf Dauer gewinnen können. Doch solche Konzeptionen fehlen ebenso durchgängig in der frauendominierten Gleichstellungspolitik wie Instrumentarien der Veränderung auf seiten der Männer: Es gibt weder Maßnahmen noch Förderungspläne, um Männer in den Bereichen von Haushalt, Kindererziehung und anderen ›privaten‹ Aufgaben verstärkt anzusiedeln. Der dialektische Beitrag der Männerfrage zur Frauenbefreiung ist der offiziellen Politik bislang verborgen geblieben; jedenfalls ist er nicht politisch problematisiert worden.«[4]

4. Frauen in der Politik – Politik für Frauen: In den Mitgliedstaaten der Europäischen Union entfallen durchschnittlich 19,3 % der Parlamentssitze auf Frauen (1995). Außer in Skandinavien sind nur noch in Luxemburg mehr als ein Drittel der Abgeordneten weiblich. Das Schlußlicht bildet Griechenland mit 4,2 %.

In der Bundesrepublik ist in den letzten zehn Jahren immerhin ein beachtlicher Aufwärtstrend zu verzeichnen. Der Anteil weiblicher Bundestagsabgeordneter stieg von 15,4 % 1987 über 20,5 % 1990 und 26,3 % 1994 auf 30,9 % 1998.

Diese Entwicklung ist auf eine Reihe einander bedingender bzw. verstärkender Faktoren zurückzuführen. Dazu zählen u. a.: die weitgehende Aufhebung geschlechtsspezifischer Bildungsunterschiede in der jüngeren Generationen, wodurch die tradierten Leitbilder zugunsten eines höheren Partizipationsanspruchs der Frauen zunehmend in Frage gestellt wurden; außerparlamentarischer Druck und das schon aus wahltaktischen Erwägungen gebotene Bemühen der Parteien um ein frauenfreundlicheres Image. Der in den 70er Jahren begonnene öffentliche Diskurs über die Gleichberechtigung der Geschlechter, in den Standpunkte und Forderungen von Parteien, Gewerkschaften und Frauenverbänden einflossen, hat zu einer allmählichen Bewußtseinsveränderung wesentlich beigetragen. Vor allem die autonome Frauenbewegung[5] förderte die Sensibilität für offene und versteckte Diskriminierungen.

Insbesondere seit die Grünen 1986 eine Frauenquote von 50 % für alle Wahlämter einführten, wird die Frage, wie eine angemessene Vertretung von Männern und Frauen in der Politik zu realisieren sei, kontrovers diskutiert. Durch die Stellungnahmen für oder gegen Quotierungen wurde vielen zumindest bewußt, wie ungleichgewichtig die politische Partizipation verteilt ist.

Solange die soziale Ungleichheit der Geschlechter fortbesteht, solange insbesondere die Vereinbarkeit von Beruf und Familie als Aufgabe minderer Bedeutung behandelt wird, bleibt eine aktive, fordernde Frauenpolitik unverzichtbar. Die entsprechenden Instrumentarien wurden in den letzten Jahren erheblich ausgebaut. Auf Bundesebene und in allen 16 Bundesländern sind entweder eigenständige Ministerien oder den Staats- bzw. Senatskanzleien zugeordnete Ämter mit Fragen der Gleichstellung von Mann und Frau befaßt. In den Kommunen gab es 1995 rund 1 400 Gleichstellungsstellen. Die Frauenförderung im öffentlichen Dienst regeln Gleichstellungsgesetze: u. a. soll der Anteil weiblicher Bediensteter in den höheren Laufbahnen gesteigert, Diskriminierung wegen des Geschlechts unterbunden, sexuelle Belästigung am Arbeitsplatz geahndet sowie die Harmonisierung beruflicher und häuslicher Aufgaben durch flexible Arbeitszeiten und (unbezahlte) Beurlaubungen für Frauen und Männer erleichtert werden. Einige Regelungen des 2. Bundesgleichberechtigungsgesetzes von 1994 gelten auch für die freie Wirtschaft: Stellen müssen grundsätzlich alternativ für Männer oder Frauen ausgeschrieben werden und auch beim »beruflichen Aufstieg« ist eine Benachteiligung wegen des Geschlechts untersagt. Das »Gesetz zum Schutz der Beschäftigten vor sexueller Belästigung am Arbeitsplatz« ist ebenfalls für Unternehmen des »privaten Rechts« verbindlich.

Sowohl eine aktive Frauenförderung als auch die in jüngster Zeit zunehmende Präsenz von Frauen in allen Bereichen des öffentlichen Lebens kann dazu beitragen, die Politikverdrossenheit abzubauen, die sich vor allem bei jungen Frauen in einer schwachen Wahlbeteiligung niederschlägt. Sie müssen ermutigt werden, innerhalb von Parteien und sonstigen Interessenvertretungen zu einem Abbau der männlich geprägten Organisationsstrukturen beizutragen und ihren Forderungen Geltung zu verschaffen.

Gisela Helwig

Anmerkungen:

1 Autorenkollektiv unter Leitung von A. Grandke: Familienrecht. Lehrbuch, Berlin (Ost) 1972, S. 34.
2 Vgl. zur Wiedereingliederung in den Beruf: Gesellschaft für Informationstechnologie und Pädagogik am IMBSE (Hrsg.): Beschäftigungsrisiko Erziehungsurlaub, Opladen/Wiesbaden 1998.
3 G. Winkler (Hrsg.): Frauenreport ’90, Berlin (Ost) 1990, S. 93 f.
4 W. Hollstein: Ende der Frauenpolitik? Zur unvollendeten Emanzipation von Männern und Frauen, in: Aus Politik und Zeitgeschichte, B 42/96, S. 44.
5 Vgl. zur Frauenbewegung R. Nave-Herz: Die Geschichte der Frauenbewegung in Deutschland, Opladen (4. Aufl.) 1993.

Literatur:

Budde, Gunilla-Friederike: Frauen arbeiten. Weibliche Erwerbstätigkeit in Ost- und Westdeutschland nach 1945, Göttingen 1995. □ Cordes, Mechthild: Frauenpolitik. Gleichstellung oder Gesellschaftsveränderung? Ziele. Institutionen. Strategien, Opladen 1996. □ Helwerth, Ulrike/Gislinde Schwarz: Von Muttis und Emanzen. Feministinnen in Ost- und Westdeutschland, Frankfurt a. M. 1995. □ Helwig, Gisela/Hildegard Maria Nickel (Hrsg.): Frauen in Deutschland 1945–1992, Berlin 1993. □ Hildebrandt, Regine/Ruth Winkler (Hrsg.): Die Hälfte der Zukunft. Lebenswelten junger Frauen, Köln 1994. □ Hoecker, Beate (Hrsg.): Handbuch Politische Partizipation von Frauen in Europa, Opladen 1998. □ NAVE-HERZ, ROSEMARIE: Die Geschichte der Frauenbewegung in Deutschland, Opladen (4. Aufl.) 1993. □ RHEINBAY-LEHMANN, BARBARA: Frauen in den neuen Bundesländern. Auswirkungen der wirtschaftlichen und politischen Einheit auf die Situation der weiblichen Bevölkerung Thüringens, Frankfurt a. M. 1998. □ ROHNSTOCK, KATRIN: Stiefschwestern. Was Ost-Frauen und West-Frauen voneinander denken, Frankfurt a. M. 1996. □ TRAPPE, HEIKE: Emanzipation oder Zwang? Frauen in der DDR zwischen Beruf, Familie und Sozialpolitik, Berlin 1995.

Geschichtsbewußtsein

→ Bundesrepublik Deutschland: Geschichte, Bundesrepublik Deutschland: Politisches System, DDR: Geschichte, DDR: Politisches System, Deutschlandforschung, **Einstellungen zur deutschen Einheit**, Enquete-Kommission, Identität, Innere Einheit, **Nation und Nationalbewußtsein, Politische Kultur**.

1. Begriffsbestimmung: Geschichtsbewußtsein ist ein Konstrukt zur Umschreibung und Erklärung intellektueller Fähigkeiten, Bewußtseinsfunktionen, Verhaltensweisen und Einstellungen von Individuen und Gruppen. Es beinhaltet die Fähigkeit einer Person, die jeweils eigene Lebenssituation in den gesellschaftlichen, historisch-politischen Gesamtkontext einordnen zu können. Das Individuum leistet dabei eine kritisch-reflektierende Bewertung der eigenen Position sowohl im zeitlichen Ablauf der Geschichte als auch im sozialen Umfeld. Geschichtsbewußtsein konstituiert sich einerseits durch soziale Interaktion und gesellschaftliche Vermittlungsprozesse sowie andererseits durch die psychologische Verarbeitung jeweils eigener historischer und biographischer Erfahrungen. Neben Individuen sind auch Kollektive in der Lage, ein gemeinsames historisch-politisches Bewußtsein zu entwickeln. Ein kollektiv geteiltes Geschichtsbewußtsein trägt einen bedeutsamen Teilbereich der politischen Einstellungen und Verhaltensweisen einer Gesellschaft und ist daher Ausdruck der jeweiligen politischen Kultur. Es beeinflußt die gesamtgesellschaftlichen Entscheidungsfindungsprozesse und Konfliktregelungsmechanismen und schlägt sich in der Ausgestaltung politischer und sozialer Institutionen nieder.[1]

Ein kollektives – nationales, regionales etc. – Geschichtsbewußtsein transportiert darüber hinaus die kollektiven Sinnbestände, Normen und Traditionen einer Gruppe durch die Zeit und trägt dadurch in unterschiedlichem Maße zur Stabilität und Kontinuität von Gesellschaften bei.

2. Geschichtsbewußtsein und Umgang mit der Vergangenheit im vereinten Deutschland: Nach der Wiedervereinigung haben sich verschiedene konträr diskutierte Themenkomplexe um die Erinnerung und Aufarbeitung der Vergangenheiten

Deutschlands in einem neuen Strang getroffen. Die in der alten Bundesrepublik geführten Diskurse um den 8. Mai 1985 respektive 1945, der sogenannte Historikerstreit – der 1986 begonnen hatte – und der Streit um ein zentrales Mahnmal für die ermordeten Juden Europas in Berlin formen zusammen den materiellen Unterbau einer neuen Debatte, die zentral das Selbstverständnis der Deutschen im neuen vereinigten Deutschland mit Berlin als Hauptstadt betrifft. Die Beiträge zur Mahnmalsdiskussion kreisen um die Frage der Selbstdarstellung und des Selbstverständnisses Deutschlands angesichts des Verblassens der problematischen Vergangenheit. Aspekte der Größe, des Aussehens, der Funktion und auch der ausgewählte Ort des Mahnmals waren Elemente einer über zehnjährigen Planung und Diskussion. Noch immer ist nicht entschieden, wie der Ort letztendlich aussehen soll, ob ein Mahnmal in Verbindung mit einem Museum und einer Forschungsstätte oder ein anderes Modell gebaut werden soll. Sogar an eine neue Ausschreibung ist gedacht, da der Entwurf des amerikanischen Architekten Eisenmann immer aufs neue Vorbehalte und Bedenken auslöst. Dabei geht es nicht um die Frage, ob ein Mahnmal errichtet werden soll, sondern vielmehr um die Problematik der Wirkung eines derart monumentalen Symbols der Verbrechen des Nationalsozialismus an zentraler Stelle im zukünftigen Berliner Regierungsviertel.[2]

Das Geschichtsbewußtsein der Menschen ist verantwortlich für den Umgang mit ihrer je individuellen und kollektiven Vergangenheit. Der Begriff der Vergangenheitsbewältigung – seit langem kontrovers diskutiert – meint dabei im folgenden die Aufarbeitung von Geschichte im Sinne von Erinnerung, ihre Durcharbeitung, der Annahme auch der schuldbehafteten Aspekte und der persönlichen, gesellschaftlichen, politischen etc. Umsetzung der aus diesem Prozeß gewonnenen Erkenntnisse.

Die Aufarbeitung der Vergangenheit betrifft sowohl die Ostdeutschen als auch die Westdeutschen, sie bezieht sich sowohl auf die Geschichte der DDR als auch auf das Dritte Reich. Selbst die Bundesrepublik vor der Vereinigung ist Subjekt vielfältiger Debatten um die Deutung und Bewertung einzelner Aspekte ihrer Geschichte geworden, beispielsweise bei der Beurteilung der Ostpolitik der westdeutschen Parteien und Regierungen, der Deutschlandpolitik in der Nachkriegszeit und im Rückblick der Einordnung der Vergangenheitsbewältigung des Nationalsozialismus in den späten 40er und 50er Jahren.

Mit dem selbstgerechten moralischen Anspruch der DDR, ein antifaschistischer Staat zu sein, wurde der Aufgabe der Vergangenheitsbewältigung des Nationalsozialismus entsagt. Die Rechtsnachfolge Deutschlands bzw. des Dritten Reiches wurde von der Bundesrepublik beansprucht, die DDR leistete in keiner Weise Wiedergutmachung, weder moralisch noch finanziell. Die Nazi-Vergangenheit wurde praktisch aus der politischen Kultur ausgeblendet, sie wurde externalisiert und auf die Bundesrepublik übertragen.

In Westdeutschland wurden im Laufe der Jahre zwar in vielfältiger Weise – in der politischen Bildung, in der zeitgeschichtlichen Forschung etc. – die Vergangenheitsbewältigung vorangetrieben, doch die justizielle Aufarbeitung muß kritisch gesehen werden. Viele Täter, Mitläufer und Schreibtisch-Verantwortliche gelangten nach dem Krieg wieder in einflußreiche und teilweise angesehene Positionen, so in der Justiz, der Medizin, an den Hochschulen und in der Verwaltung.

Auch die Aufarbeitung des DDR-Unrechts ist noch in vollem Gange. Die Geschichte der DDR wird anhand der Akten und jetzt zugänglichen Materialien neu geschrieben, die Enquete-Kommission des Bundestages hat ihren Abschlußbericht erst nach einer kontroversen Schlußdiskussion vorgelegt und die justizielle Aufarbeitung der Verbrechen des Systems und einzelner Personen beschäftigen die Gerichte. Auch wird die Qualität und Bedeutung der Stasi-Akten unterschiedlich beurteilt, besonders im Hinblick auf ihre Aussagekraft und Zuverlässigkeit bei der Beurteilung von Biographien und Taten in der ehemaligen DDR. Die Frage nach der Schließung oder Verwendung der Akten wird weiterhin aktuell bleiben.

Die Vergangenheit holt die Gegenwart in Deutschland immer wieder ein, sei es durch die Forderung von früheren Zwangsarbeitern, die Entschädigungen von deutschen Industrieunternehmen einfordern, oder durch die Klagen von Holocaust-Opfern, deren Vermögen im Nationalsozialismus beschlagnahmt wurden, gegen deutsche Geldinstitute. Die Deutschen sind mehr als 50 Jahre nach dem Ende der Nazi-Diktatur und zehn Jahre nach dem Zusammenbruch der SED-Diktatur intensiv mit der Aufarbeitung ihrer Vergangenheit beschäftigt.

2.1. Die alten Bundesländer: In mehreren empirischen Befragungen in den Jahren 1989 bis 1991 wurde das Geschichtsbewußtsein der Westdeutschen sowohl qualitativ als auch mit Hilfe einer Repräsentativbefragung erhoben.[3]

Obwohl die letzten Daten 1991 erhoben wurden, kann man aufgrund der theoretischen Annahmen zum Geschichtsbewußtsein als einem längerfristig stabilen Wertesyndrom von einer noch andauernden Gültigkeit und Stabilität der damals erhobenen Ergebnisse ausgehen.[4]

In den westdeutschen Ländern war der Nationalsozialismus das dominierende Thema bei der Beschäftigung mit der Vergangenheit. Das Dritte Reich stellt hier die vom Bewußtsein vorrangig aktualisierte und problematisierte Epoche dar. Eine Mehrheit der Bürger wollte einerseits nichts mehr davon hören, andererseits wurde und wird eine besondere Verantwortung, die sich für die Deutschen aus den nationalsozialistischen Verbrechen ergibt, durchaus akzeptiert. Darüber hinaus zeigte sich im Geschichtsbewußtsein der Westdeutschen ein verbreiteter Stolz auf den Wiederaufbau und das Wirtschaftswunder, worauf sich ein Wirtschaftspatriotismus gründet, der ein Kernelement der (west-)deutschen Identität geworden ist. Ein starker Systempatriotismus ergibt sich aus dem Bewußtsein und dem Stolz, im freiesten Staat der deutschen Geschichte zu leben. Die Einstellungsunterschiede zwischen verschiedenen Generationen im Westen sind relativ gering.

Die Kriegs- und die Nachkriegsgeneration in der alten Bundesrepublik haben die historischen Grundlagen der Westbindung persönlich – »physisch« – erfahren, sie wurden sozialisiert während der nationalsozialistischen Diktatur, der Mangeljahre der Nachkriegszeit und der Phase des Wirtschaftswunders. Die jüngeren Generationen hingegen gründen ihre Einstellungen und Meinungen zum Nationalsozialismus und zur Nachkriegsepoche lediglich auf indirekte Vermittlungsprozesse wie

Schulunterricht und Medien. Diese Generationen verfügen nicht über vergleichbare existentielle Prägungen im Lebenslauf wie ihre Väter und Großväter. Viele Westdeutsche bis 34 Jahre (rund 17 % der Gesamtbevölkerung der westlichen Bundesländer) zeigten in der Befragung von 1991 einen Pessimismus, der historisch begründet ist: Das, was im Dritten Reich passiert ist, könne sich jederzeit wiederholen, die Deutschen hätten aus der Geschichte wenig gelernt. Dazu kommt in dieser Gruppe eine sehr kritische Einstellung gegenüber der Bundesrepublik und ein deutlicher Identitätsbruch bezogen auf das Selbstbild als Deutscher.

Die jüngste Generation der Deutschen (West) bezog sich ebenso wie alle anderen Altersgruppen in ihren Interpretationen in großem Umfange auf die NS-Zeit und den Zweiten Weltkrieg. Diese Epoche zusammen mit der als Erfolgsgeschichte angesehenen Nachkriegs- und Aufbauzeit war der wichtigste Referenzpunkt im Geschichtsbewußtsein. Persönliche Schuldzuweisungen wurden jedoch nicht akzeptiert, auch herrscht oftmals Überdruß am Thema Nationalsozialismus. In den alten Bundesländern herrscht ein weitgehender Konsens bezüglich der Einordnung der für alle Generationen wichtigsten historischen Epoche, des Nationalsozialismus. Allerdings verfügten etwa 14 % der Westdeutschen über ein eher positives Bild bezüglich dieser Epoche. Tendenzen der Verklärung laufen parallel mit einer kritischen Einstellung dem aktuellen politischen System gegenüber.

2.2. Die neuen Bundesländer: In den neuen Bundesländern bildeten zum Zeitpunkt der Befragung der Zusammenbruch des SED-Staates, die Öffnung der Grenzen und die notwendig gewordene Umorientierung jedes einzelnen das dominierende Thema. Das Geschichtsbewußtsein der Ostdeutschen wurde in erster Linie bestimmt von der Beschäftigung mit dem eigenen Lebenslauf und dem gleichzeitigen Versuch, die eigene biographische Kontinuität zu wahren.

Die Bewältigung der eigenen Verstrickung in das alte System oder das Gefühl, verraten und betrogen worden zu sein von der Staatsführung, von der Schule und von den Eltern, prägen das jeweilige Geschichtsbewußtsein der verschiedenen Generationen.

Die jüngste Generation steht in großer Distanz zur früheren DDR. Der Zusammenbruch des alten Regimes wurde überwiegend positiv erlebt. Er bedeutete das Ende der Bevormundung, das Ende staatlicher Eingriffe und Lenkungsversuche nicht nur bei der Ausbildung und Berufswahl.

Die Nachkriegsgeneration, also diejenigen Personen, welche in der DDR sozialisiert wurden und im System am stärksten etabliert waren, zeigten die größte Verbitterung über die Entwicklungen im Zuge der Vereinigung. Für diese Altersgruppe war und ist der Umorientierungsprozeß am schwierigsten, da ihre Biographien zwangsläufig engmaschig mit dem SED-Staat verwoben waren und sich daraus erhebliche Probleme für die eigene Identität ergeben.

Die »Nachkriegsgeneration« hat als prägende Erfahrung die Gründung der DDR erlebt. Die eigene Aufbauleistung und die der DDR-Gründung zugestandene Absicht, damit etwas besseres schaffen zu wollen, erzeugten ursprünglich Vertrauen in die neue Gesellschaftsordnung. Die »Kriegsgeneration« fühlt sich von den Veränderungen der Geschichte des 20. Jahrhunderts im Übermaß getroffen, die Bilanz des eigenen Lebens läßt Resignation erkennen, bei vielen fehlt der Wille, sich nochmals gänzlich neu zu orientieren.

Bei allen Altersgruppen fand sich die Tendenz, die Geschichte der DDR bis Anfang der 70er Jahre positiv zu beurteilen. Dies liegt in dem Versuch begründet, einen Teil der eigenen Identität und Biographie über den Umbruch und Zusammenbruch hinaus zu retten. Der Nationalsozialismus hingegen spielt in der ehemaligen DDR eine deutlich geringere Rolle als im Westen, auch ist der Umgang mit der NS-Zeit offener und unverkrampfter als in der alten Bundesrepublik. Die SED-Ideologie mit ihrem Selbstverständnis von der DDR als antifaschistischem Staat hat sich im Selbstbewußtsein der Bevölkerung niedergeschlagen. Den Bürgern der ehemaligen DDR wurde vom System ein offizielles Bewältigungsmuster der nationalsozialistischen Vergangenheit angeboten, das der individuellen psychologischen Disposition jedes einzelnen zugute kam. Für viele ist der Antifaschismus der legitimatorische Steinbruch, aus dessen Reservoir der Glaube an das prinzipiell Gute in der ehemaligen DDR abgeleitet wird.

3. Geschichtsbewußtsein in der ehemaligen DDR: Geschichte, Geschichtsbewußtsein und Geschichtsschreibung waren funktionale Elemente im Selbst- und Herrschaftsverständnis des SED-Staates. »Das sozialistische Geschichtsbewußtsein beruht auf der wissenschaftlichen Weltanschauung der Arbeiterklasse, dem Marxismus-Leninismus, seinen Kern bildet das von der Geschichtswissenschaft erarbeitete marxistisch-leninistische Geschichtsbild.«[5]

Die Beschäftigung mit Geschichte war nur möglich und legitim vor dem Hintergrund und unter Anwendung des historischen Materialismus. Entsprechend waren die Geschichtswissenschaft und die Historiographie ideologisch ausgerichtet. Die ihr vom politischen System zugedachten Funktionen prägten den politischen und zugleich wissenschaftlichen »Doppelcharakter« der DDR-Geschichtswissenschaft. Die Gesetzmäßigkeit des Geschichtsprozesses und die Parteilichkeit für den sozialistischen Staat und die Arbeiterklasse bildeten die Eckpunkte im Rahmen der Beweglichkeit bei der Beschäftigung mit Geschichte. Neben dem offiziellen Geschichtsverständnis der SED bzw. des Staates wurden keine anderen Interpretationen oder Sichtweisen zugelassen.

Das Geschichtsbewußtsein der Bevölkerung durfte auch kaum in demoskopischen Umfragen erhoben werden. Die empirische Meinungsforschung wurde von der Parteiführung bewußt ignoriert und gezielt abgebaut, so daß keine verläßlichen Daten vorliegen, aufgrund derer die Bewußtseinslage der Bevölkerung in der ehemaligen DDR im nachhinein beschrieben werden könnte.

Die Geschichtswissenschaft in der DDR unterschied zwischen »Erbe« und »Tradition« im Hinblick auf die Erforschung und Verarbeitung der deutschen Geschichte. Das Erbe umfaßte die Gesamtheit der historischen Ereignisse, wohingegen Tradition diejenigen Elemente, Epochen und Entwicklungen der deutschen Geschichte umfaßte, welche die Existenz des politischen Systems und den Sozialismus rechtfertigen ließen und damit zur Unterstützung und Stabilisierung des bestehenden Herrschaftssystems beitrugen. Damit verfügte die SED über einen politischen Filter, mit dessen Hilfe sie alle geschichtlichen Stoffe behandeln konnte, aber gleichzeitig – voluntaristisch – nur dasjenige in den Katalog pflegewürdiger und erhaltenswerter historischer Traditionen aufnehmen konnte, was ihr nützlich erschien.

Doch auch in der ehemaligen DDR war seit Ende der 70er Jahre Bewegung in die historische Forschung und Geschichtsschreibung geraten. Es wurden zunehmend Themenstellungen und Epochen bearbeitet, die aus ideologischen Gründen lange Zeit als Tabuzonen galten. Die DDR-Geschichtswissenschaft entdeckte preußische Tugenden wie Disziplin, Fleiß und Ordnungsliebe zur Propagierung als systemstabilisierende Elemente. Friedrich der Große wurde nun auch danach beurteilt, welchen Anteil er an der Durchsetzung gesellschaftlichen Fortschritts hatte, unabhängig davon, ob er diesen Fortschritt selbst so gewollt hatte oder nicht. Auch bezüglich Martin Luther fand eine Neubewertung statt. Ursprünglich als Verräter und Fürstenknecht angesehen, wurde Luthers historischer Verdienst 450 Jahre nach dem Thesenanschlag darin gesehen, als Auslöser der frühbürgerlichen Revolution fungiert und gleichzeitig Struktur und Autorität der Kirche erschüttert zu haben. Dennoch hatte dieser Pluralisierungs- und Erweiterungsprozeß nicht zu freien und kritischen Diskussionsmöglichkeiten geführt. Die Entwicklung zeigte eindeutig auch systemstabilisierende Absichten vor dem Hintergrund einer unruhiger gewordenen Bevölkerung.

4. Geschichtsbewußtsein in der Bundesrepublik Deutschland bis zur deutschen Einheit: Die für die Entstehung der Bundesrepublik und für die Ausgestaltung des politischen Systems notwendigen politischen Entscheidungen wurden Ende der 40er Jahre vor dem Hintergrund historischer Erfahrungen in der Weimarer Republik und mit dem Nationalsozialismus herbeigeführt. Dabei wurden Teile der Verfassung, politisch-gesellschaftliche Institutionen, strukturelle Grundentscheidungen und Entscheidungsprozesse sowohl in bewußter Anknüpfung an verfassungsrechtliche Elemente von Weimar als auch in Negation der unmenschlichen Willkürherrschaft der Nazis entworfen. Das föderative Prinzip, der Parlamentarismus und der Grundrechtskatalog des Grundgesetzes reflektieren beispielhaft das zur sozialen und politischen Realität gewordene Geschichtsbewußtsein.

Die Zeit unmittelbar nach Kriegsende und bis zum Ende der 50er Jahre war bestimmt durch eine punktuelle Aufarbeitung der NS-Vergangenheit und durch den Versuch, die Vergangenheit in ihren problematischen Teilen weitgehend zu verdrängen. Die Geschichtswissenschaft konzentrierte sich auf die Erklärung des Nationalsozialismus als Diskontinuität in der deutschen Geschichte. Abgesehen von einigen Einzelwerken wurde der Nationalsozialismus nicht umfassend thematisiert. Erst allmählich verbreiterte sich der Zugriff auf die unmittelbare Vergangenheit, beispielsweise mit der Gründung des Instituts für Zeitgeschichte in München. Die Geschichte des Dritten Reiches spielte durchaus eine Rolle in der Öffentlichkeit, sie wurde jedoch häufig reduziert auf die Darstellung der Kriegshandlungen, verbunden mit Entschuldigungsstrategien für die deutschen Soldaten und Offiziere. Der

Nationalsozialismus wurde als »Ausrutscher«, als »Betriebsunfall« der deutschen Geschichte interpretiert.

Für die These, daß die Bewältigung der Vergangenheit nur durch ihre Verdrängung möglich war, spricht die Tatsache, daß die Deutschen in der Bundesrepublik eine positive Selbstbestätigung primär im Wirtschaftsaufschwung, im Rückzug ins Private und in einer harmlosen Massenkultur der Heimatfilme fanden. Der schuldbeladene Teil der Vergangenheit wurde verdrängt. So war beispielsweise weder die zehnjährige Wiederkehr des Kriegsendes im Jahre 1955 Anlaß zu umfassendem Gedenken und Reflexion, noch fand der 20. Juli 1954 als zehnter Jahrestag des Attentats auf Hitler Beachtung in den Medien. Erst in den 60er Jahren trat ein deutlicher Wandel in der Aufarbeitung der Vergangenheit und in der Geschichtswissenschaft selbst ein. Angekündigt wurde dieser Wandel durch die Diskussion Anfang der 60er Jahre um die Thesen Fritz Fischers zur Schuldfrage des Ersten Weltkrieges. Neben neuen Fragestellungen hielten mit der aufkommenden Sozialgeschichte auch neue Methoden Einzug in die Geschichtswissenschaft.

Die Prozesse gegen Adolf Eichmann, andere Nazi-Größen und auch gegen KZ-Aufseher ließen ein Vergessen nicht zu. Die verbale Radikalität der Studentenbewegung der späten 60er Jahre polarisierte die politischen Lager, und die Debatten um die Ostpolitik zeigten zusammen mit der inflationären Verwendung des Faschismusbegriffs einen höheren Grad an politischer Instrumentalisierung von Geschichte und Geschichtsbildern. Der Generationswechsel in der Geschichtswissenschaft und in der Gesellschaft trug neben anderen Faktoren zur weiteren Erforschung und Aufklärung der umstrittenen Vergangenheit bei.

In den 70er Jahren begannen die Menschen in der Bundesrepublik Deutschland, sich verstärkt für ihre Herkunft und Geschichte zu interessieren. Historische Ausstellungen erlebten großen Zulauf. Eine sehr kontrovers ausgetragene Debatte um die Identität der Deutschen – die auch nach der Vereinigung der beiden deutschen Staaten nicht beendet wurde – stellte erneut die Frage nach dem Standort Deutschlands und seiner politischen Kultur.

Seit Beginn der 80er Jahre kam Geschichte sowohl als Träger von Politik, Ästhetik und Kultur wie als Element der Didaktik eine verstärkte Bedeutung zu. Im kulturellen Leben wurde eine steigende Anzahl von Ausstellungen mit historischen Inhalten und Bezügen mit gleichzeitig stark zunehmenden Besucherzahlen verzeichnet. Die Preußen-Ausstellung in Berlin im Jahr 1981 stellte ein Beispiel von Geschichte als Konsumgut und ästhetischem Lebensstilelement einerseits und als Träger politischer Inhalte andererseits dar. In der öffentlichen Diskussion wurde das Vermächtnis Preußens aktualisiert. Darin wurde auch die Ambivalenz der Vergegenwärtigung von Vergangenheit deutlich. Preußische Tugenden wurden einerseits als vorbildhaft und konstitutiv für die bundesdeutsche Industriegesellschaft gepriesen, andererseits wurde die direkte Linie von Preußen zu Adolf Hitler beschworen und alles Negative in der deutschen politischen Kultur aus preußischen Ursprüngen hergeleitet.

Gleichzeitig mit der Preußen-Welle zog sich auch ein intensiver politischer Streit um den Bau von zwei historischen Museen durch die 80er Jahre. Den Protagonisten der Museumsneubauten in Berlin, das ein neues Museum für die gesamte deutsche Geschichte erhielt, und Bonn, wo ein Museum für die Darstellung der Geschichte der Bundesrepublik Deutschland eröffnet wurde, war vorgeworfen worden, die Vergangenheit einseitig vereinnahmen zu wollen. Außerdem solle durch die Museumsgründungen eine neue deutsche Identität geschaffen werden, deren Inhalt dann problematisch sei, wenn sie sich an einem überkommenen und gefährlichen nationalen Gedanken orientiere. Der sogenannte Historikerstreit, der 1986 durch den Historiker Ernst Nolte ausgelöst wurde, verdeutlichte in besonderem Maße die Schwierigkeiten der Deutschen, die Bedeutung des Nationalsozialismus und des Holocaust für die politische Gegenwart zu erklären. Die Fragen nach der Einzigartigkeit der nationalsozialistischen Verbrechen, besonders der Ermordung der Juden, und der Vergleichbarkeit des Holocaust mit dem Archipel Gulag der Stalinzeit standen im Vordergrund. Dabei wurde besonders um die Frage eines kausalen Zusammenhangs zwischen den stalinistischen Verbrechen und der Judenvernichtung gestritten. Diskutiert wurde auch das Problem einer Historisierung des Nationalsozialismus und dessen Einordnung in den Ablauf der deutschen Geschichte.

Ein neuartiges Phänomen der 80er Jahre stellten die sogenannten »Barfußhistoriker« dar. Die Bezeichnung beruht auf den teilweise nichtwissenschaftlichen und unkonventionellen Forschungsmethoden der beteiligten Wissenschaftler und Laien. Bedeutsam dabei ist der gesellschaftliche und politisch-emanzipatorische Anspruch der Akteure dieser neuen Geschichtsbewegung, die das Augenmerk der Geschichtsschreibung weg von der großen Politik auf den Alltag und die Lebenswirklichkeit der breiten Bevölkerung legen wollen, ohne jedoch an die etablierte Sozial- oder Wirtschaftsgeschichte anzuknüpfen.

Die 50er Jahre erleben in den 90er Jahren eine Renaissance in zweifacher Hinsicht: zum einen im Rahmen eines breiteren Prozesses, innerhalb dessen die Bundesrepublik sich selbst zur Geschichte wird. Die »alte« Bundesrepublik wird mit dem Abtreten Helmut Kohls – stellvertretend für viele andere Politiker und Zeitzeugen – und dem baldigen Umzug der Bundesregierung nach Berlin immer stärker zu einem abgeschlossenen Teil der Nachkriegsgeschichte und der Epoche des Kalten Krieges. Die Bundesrepublik wird musealisiert und zu einem Gegenstand der Forschung sowie zum ästhetischen Stilgeber des vereinten Deutschland. Beispiele dafür sind das Wiederaufleben von Designelementen der 50er Jahre im Automobilbau, die Anerkennung der Architektur der Nachkriegszeit sowie die Wiederentdekkung der 50er und 70er Jahre in der Mode.

5. Geschichtsbewußtsein und politische Kultur: Mehr als 50 Jahre nach Kriegsende und nach der Gründung der beiden deutschen Staaten und zehn Jahre nach dem Fall der Mauer bestimmt die Aufarbeitung der deutschen Geschichte die kulturellen und gesellschaftlichen vergangenheitsbezogenen Diskurse. Während im Westen der Nationalsozialismus und die Gründungs- und Aufbauphase der Bundesrepublik die dominanten historischen Epochen im Geschichtsbewußtsein repräsentieren, ist dies im Osten vorrangig die Geschichte der DDR, die Teilung Deutschlands und die Wiedervereinigung. Das Geschichtsbewußtsein der Ostdeutschen ist eher gegenwartsorientiert und auf die jüngere Vergangenheit fokussiert. Dabei werden identitätsstabilisierende Elemente in der Vergangenheit gesucht, um die aktuellen Schwierigkeiten besser bewältigen zu können.

In Ost- und Westdeutschland gleichermaßen ausgebildet ist der Stolz auf die Wiederaufbauleistungen nach dem Krieg 1945. In den neuen Bundesländern ist dieses Bewußtsein noch stärker als in den alten, weil man dort auf die Reparationen verweist, die an die Sowjetunion zu erbringen waren, während im Westen schon frühzeitig mit dem Marshall-Plan wirtschaftliche Aufbauhilfe geleistet worden sei. Dieser Stolz auf die eigenen Leistungen mündet aber nicht in gegenseitige Anerkennung, sondern vielmehr in eine Haltung charakterisiert durch »das lassen wir uns nicht nehmen« auf beiden Seiten.

Überhaupt wird die überwiegende Mehrzahl von historischen Daten, Ereignissen und Personen der Zeit seit 1945 in Ost und West sehr unterschiedlich bewertet und eingeordnet. Vietnam, die Studentenproteste Ende der 60er Jahre, Ölkrise, KSZE-Konferenz 1975, EG, NATO, Mauerbau, Walter Ulbricht und Konrad Adenauer: Kenntnisse und Bewertungen fallen in Ost und West grundverschieden aus. Am Beispiel Adenauers wird dies deutlich. Während Adenauer im Westen synonym für die als positiv und erfolgreich angesehene Westintegration und Europapolitik steht, wird er von den Ostdeutschen häufig als Hauptverantwortlicher der endgültigen Spaltung Deutschlands gesehen. Die gravierenden Unterschiede im Geschichtsbewußtsein der Deutschen in Ost und West werden noch mindestens für die Dauer der aktiven Teilnahme der jetzt 25- bis 30jährigen am politischen und gesellschaftlichen Leben das Zusammenwachsen Deutschlands beeinflussen.

Die zukünftige politische Kultur des geeinten Deutschlands wird durch die anderen Sozialisationsbedingungen und Erfahrungsmuster der Menschen im Osten Deutschlands entscheidend mitgeprägt. Eine Mehrheit der Deutschen in Ost und West glaubt, daß das vereinigte Deutschland eine neue Qualität habe, die es trotz institutioneller Kontinuität von der alten Bundesrepublik deutlich unterscheide.

Eine gewisse DDR-Nostalgie wird für lange Zeit als fester Bestandteil der politischen Kultur dazu tendieren, die Realität der untergegangenen SED-Diktatur zu verklären. Einen ähnlichen rückwirkenden Verklärungseffekt gab es für viele Jahre nach Kriegsende, als viele Westdeutsche die beste Zeit Deutschlands im Nationalsozialismus sahen. Eine positive Grundeinschätzung der Idee des Sozialismus ist in den neuen Bundesländern noch tief verwurzelt.[6]

Zusammen mit dem Mythos des Antifaschismus und anderem SED-Gedankengut wird einerseits eine endgültige Aufarbeitung des Nationalsozialismus blockiert und andererseits eine Tendenz zur Verklärung des SED-Staates deutlich. Dies führt jedoch nicht dazu, daß die Bürger in den neuen Bundesländern den DDR-Sozialismus zurückhaben wollen.

Belastungen für die weitere Integration und für ein besseres gegenseitiges Verständnis der Deutschen in Ost und West entstehen höchstens aus den unterschiedlichen Ansichten und Erwartungen bezüglich der vom Staat zu leistenden Aufgaben. Werden die deutlich höheren Anspruchsprofile der Ostdeutschen in Bereichen wie Arbeitsplatzgarantie, Kontrolle der Preise und Abbau der Einkommensunterschiede als Aufgaben des Staates nicht erfüllt, wird dies weiterhin zu einer Verklärung der DDR führen – und damit zu einer Verdrängung der realen Erfahrungen – ungeachtet der tatsächlichen Gegebenheiten.

Deutschland nähert sich dem Zeitpunkt, wo die Generation der Kriegsteilnehmer, der Augenzeugen, der Täter und der Opfer abtreten wird. Ab dann werden Mahnmale, Museen, die politische Bildung, die Schulen und Universitäten und nicht zuletzt das Geschichtsbewußtsein der Eltern und Lehrer die Verantwortung und die Aufgabe der »Erziehung nach Auschwitz« übernehmen müssen. Daher wird aufgrund des fehlenden persönlichen Bezuges eine umso größere Last der Vermittlung der historischen Botschaft auf den zu abstraktem Stein gewordenen Erinnerungen der aktiv Beteiligten lasten. Die aktuelle Umsetzung persönlicher Erfahrungen und Geschichten in Museumskonzepte und Mahnmale im Rahmen einer verantwortungsbewußten Geschichtskultur stellt den Prüfstein für die politische Kultur des vereinten Deutschlands im Aufbruch zur politischen Union in Europa dar.

Felix Philipp Lutz

Anmerkungen:

1 Vgl. K.-E. Jeismann: Verlust der Geschichte? Zur gesellschaftlichen und anthropologischen Funktion des Geschichtsbewußtseins in der gegenwärtigen Situation, in: Ders. (Hrsg.): Geschichte als Horizont der Gegenwart, Paderborn 1985, S. 11–27, hier S. 13.

2 Siehe dazu die zahlreichen Beiträge in Fachzeitschriften und der Tagespresse, exemplarisch die Diskussion zwischen M. Walser, K. von Dohnanyi und I. Bubis in der Frankfurter Allgemeinen Zeitung im Jahr 1998. Dazu besonders P. Reichel: Politik mit der Erinnerung. Über sieben Streitfragen in der Auseinandersetzung um die NS-Vergangenheit, in: Frankfurter Allgemeine Zeitung, 27. 1. 1999.

3 Vgl. W. Weidenfeld/F. Ph. Lutz: Die gespaltene Nation. Das Geschichtsbewußtsein der Deutschen nach der Einheit, in: Aus Politik und Zeitgeschichte, B 31–32/1992, S. 3–22.

4 Zur aktuellen Überprüfung von Aussagen aus der Untersuchung mit Hilfe neuerer Umfragedaten siehe E. Noelle-Neumann/R. Köcher (Hrsg.): Allensbacher Jahrbuch der Demoskopie 1993–1997. Demoskopische Entdeckungen, München 1997.

5 A. Rögner-Francke: Die SED und die deutsche Geschichte, Melle 1987, S. 13 f., zitiert aus dem »Kleinen politischen Wörterbuch der DDR« von 1986.

6 Siehe dazu die Zahlen in E. Noelle-Neumann: Eigentlich war es eine schöne Zeit, in: Frankfurter Allgemeine Zeitung, 10. 12. 1997. Darin Umfrageergebnisse zur Einschätzung der Idee des Sozialismus und der ehemaligen DDR.

Literatur:

Altenhof, Ralf/Eckhard Jesse: Das wiedervereinigte Deutschland. Zwischenbilanz und Perspektiven, München 1995. □ Bergmann, Klaus u. a. (Hrsg.): Handbuch der Geschichtsdidaktik, Düsseldorf (3. Aufl.) 1985. □ Bergmann, Werner/Rainer Erb/Albert Lichtblau (Hrsg.): Schwieriges Erbe. Der Umgang mit Nationalsozialismus und Antisemitismus in Österreich, der DDR und der Bundesrepublik Deutschland, Frankfurt a. M./New York 1995. □ Blanke, Horst Walter/Friedrich Jaeger/Thomas Sandkühler

(Hrsg.): Dimensionen der Historik. Geschichtstheorie, Wissenschaftsgeschichte und Geschichtskultur heute, Köln u. a. 1998. □ Borries, Bodo von/Jörn Rüsen u. a.: Geschichtsbewußtsein im interkulturellen Vergleich. Zwei empirische Pilotstudien, Pfaffenweiler 1994. □ Faulenbach, Bernd: NS-Interpretationen und Zeitklima. Zum Wandel in der Aufarbeitung der jüngsten Vergangenheit, in: Aus Politik und Zeitgeschichte, B 22/1987, S. 19–30. □ Heer, Hannes/Volker Ulrich (Hrsg.): Geschichte entdecken. Erfahrungen und Projekte der neuen deutschen Geschichtsbewegung, Reinbek 1985. □ Kuhrt, Eberhard/Henning von Löwis: Griff nach der deutschen Geschichte. Erbeanerkennung und Traditionspflege in der DDR, Paderborn u. a. 1988. □ Lutz, Felix Ph.: Das Geschichtsbewußtsein der Deutschen. Grundlagen der politischen Kultur, Köln/Weimar 1999. □ Ders.: The Germans and their Past. Between Ambiguity, Collective Amnesia and Responsibility, in: Jocelyn Letourneau (Direction): Le Lieu Identitaire De La Jeneusse D'Aujourd'hui. Etudes De Cas, L'Harmattan, Paris/Montreal 1997, S. 111–138. □ Maaz, Hans-Joachim: Die Entrüstung, Berlin 1993. □ Weidenfeld, Werner (Hrsg.): Deutschland. Eine Nation – doppelte Geschichte. Materialien zum deutschen Selbstverständnis, Köln 1993. □ Ders./Felix Ph. Lutz: Die gespaltene Nation. Das Geschichtsbewußtsein der Deutschen nach der Einheit, in: Aus Politik und Zeitgeschichte, B 31–32/1992, S. 3–22.

Grundgesetz

→ **Bundesverfassungsgericht**, **Deutschlands Rechtslage**, Europäische Integration, Rechtssystem, Selbstbestimmungsrecht, Staatsangehörigkeit, Verhandlungen zur deutschen Einheit: Innerer Prozeß, Verhandlungen zur deutschen Einheit: Internationaler Prozeß, **Verträge zur deutschen Einheit**.

1. Änderungen des Grundgesetzes im Zuge der deutschen Einigung: Die Herstellung der Einheit Deutschlands hat tiefgreifende Verfassungsänderungen mit sich gebracht. Diese Änderungen sind größtenteils schon im Vertrag der Vier Mächte und der beiden deutschen Staaten zur endgültigen Regelung der deutschen Frage vom 12. September 1990 (»Zwei-plus-Vier«-Vertrag) verbindlich vereinbart worden. Sie traten mit dem Vertrag zwischen der Bundesrepublik Deutschland und der DDR über die Herstellung der Einheit Deutschlands (Einigungsvertrag) vom 31. August 1990 nebst Zustimmungsgesetz (Einigungsvertragsgesetz), das am 21. September 1990 von Volkskammer, Bundestag und Bundesrat mit qualifizierten, d. h. verfassungsändernden Mehrheiten verabschiedet worden war, in Kraft.

Anders als der Vertrag über die Schaffung einer Währungs-, Wirtschafts- und Sozialunion vom 18. Mai 1990, der in erster Linie für die DDR ein Verfassungsvertrag war, verpflichtet der Einigungsvertrag auch die Bundesrepublik Deutschland zu Verfassungsänderungen. Genau genommen erfolgte die Verfassungsänderung durch das Zustimmungsgesetz, durch das Bundestag und Bundesrat gemäß Art. 59 Abs. 2

Satz 1 GG dem Einigungsvertrag zugestimmt haben. Art. 4 des Einigungsvertrages sieht sechs beitrittsbedingte Änderungen des Grundgesetzes vor, der Präambel und der Art. 23, Art. 51 Abs. 2, Art. 135a, Art. 143 und Art. 146. Da die Vereinigung der Bundesrepublik, der DDR und Berlins die Einheit Deutschlands vollenden sollten, mußten die Präambel des Grundgesetzes und Art. 23 GG, die zur Wiedervereinigung verpflichteten, geändert bzw. aufgehoben werden. Dementsprechend stellt die Präambel nunmehr fest, daß die Deutschen in den nun 16 Bundesländern die Einheit vollendet haben, womit dieses Grundgesetz für das ganze deutsche Volk gilt. Der bisherige Art. 23 GG, der die Erstreckung des Grundgesetzes auf andere Teile Deutschlands für den Fall eines Beitritts vorsah, wurde aufgehoben. Damit sollte ausgedrückt werden, daß es keine anderen Teile Deutschlands mehr gibt, denen der Beitritt aufgrund eines einfachen Gesetzes offen steht. Diese Änderung schließt nicht aus, daß weitere Gebiete völkerrechtlich wirksam beitreten. Nur bedarf es dazu in Zukunft eines Zustimmungsgesetzes mit verfassungsändernder Mehrheit.

Angesichts der Streichung des alten Art. 23 GG wäre auch eine Streichung des Art. 146 GG folgerichtig gewesen. Die Vertragsparteien haben sich jedoch nur über die Herausnahme des Wiedervereinigungsauftrages verständigt und den Artikel mit neuem Sinngehalt beibehalten: »Dieses Grundgesetz, das nach Vollendung der Einheit und Freiheit Deutschlands für das gesamte deutsche Volk gilt, verliert seine Gültigkeit an dem Tage, an dem eine Verfassung in Kraft tritt, die von dem deutschen Volke in freier Entscheidung beschlossen worden ist.«

Ferner wurde Art. 51 Abs. 2 GG, der die Stimmenverteilung im Bundesrat regelt, dahingehend geändert, daß Bundesländer mit mehr als 7 Mio. Einwohnern künftig 6 statt 5 Stimmen im Bundesrat haben, und es wurde ein neuer Art. 143 GG aufgenommen, nach dessen Abs. 1 Abweichungen von den Bestimmungen des Grundgesetzes bis längstens zum 31. Dezember 1992 unter Beachtung der Grundsätze des Art. 19 Abs. 2 und des Art. 79 Abs. 3 GG zulässig waren, »soweit und solange infolge der unterschiedlichen Verhältnisse die völlige Anpassung an die grundgesetzliche Ordnung noch nicht erreicht werden« konnte. Nach Abs. 2 waren Abweichungen von den Abschnitten des Grundgesetzes über das Verhältnis von Bund und Ländern (Abschnitt II), über die Ausführung der Bundesgesetze und die Bundesverwaltung (Abschnitt VIII), über die Gemeinschaftsaufgaben (Abschnitt VIIIa), über die Rechtsprechung (Abschnitt IX), über das Finanzwesen (Abschnitt X) sowie hinsichtlich der Übergangs- und Schlußbestimmungen (Abschnitt XI) längstens bis zum 31. Dezember 1995 zulässig. Diese Differenzierungen waren im Hinblick auf die besonderen Verhältnisse im beigetretenen Teil Deutschlands, insbesondere der unterschiedlichen Regelungen über die Straflosigkeit des gewollten Schwangerschaftsabbruches notwendig.

Die in Art. 4 Nr. 4 des Einigungsvertrages vorgesehene Ergänzung des Art. 135a GG um einen Absatz soll dem Umstand Rechnung tragen, daß mit dem Beitritt der DDR nach Art. 23 GG Forderungen und Verbindlichkeiten der DDR auf die Bundesrepublik Deutschland übergegangen sind. Dadurch sollte dem gesamtdeutschen Gesetzgeber unabhängig von Art. 14 GG bei der Regelung von Eigentums- und Vermögensfragen ein gewisser Gestaltungsspielraum eingeräumt werden.

Von zentraler Bedeutung ist der neue Art. 143 Abs. 3 GG, eingefügt durch Art. 4 Nr. 5 des Einigungsvertrages, wonach Art. 41 des Einigungsvertrages und Regelungen zu dessen Durchführung auch insoweit Bestand haben, als sie vorsehen, daß Eingriffe in das Eigentum auf dem beigetretenen Gebiet nicht mehr rückgängig gemacht werden.

Der Einigungsvertrag enthält ferner in Art. 5 Empfehlungen an die gesetzgebenden Körperschaften des vereinten Deutschlands, innerhalb von zwei Jahren über weitere Verfassungsänderungen und Verfassungsergänzungen zu entscheiden, insbesondere in bezug auf das Verhältnis von Bund und Ländern, die Neugliederung für den Raum Berlin/Brandenburg, die Aufnahme von Staatszielbestimmungen in das Grundgesetz sowie über die Frage der Anwendung des neuen Art. 146 GG und einer Volksabstimmung in deren Rahmen. Am 16. Januar 1992 konstituierte sich die auf Art. 5 Einigungsvertrag basierende Gemeinsame Verfassungskommission von Bundestag und Bundesrat.

Die Grundgesetznovelle vom 27. Oktober 1994 orientierte sich an den Vorschlägen dieser Kommission. Art. 3 GG wurde ergänzt um das ausdrückliche Gebot zur Förderung der Durchsetzung der Gleichberechtigung von Mann und Frau (Abs. 2 Satz 2) und das Verbot der Diskriminierung Behinderter (Abs. 3 Satz 2). Mit Art. 20a GG wurde die Verpflichtung des Staates in das Grundgesetz aufgenommen, die Umwelt im Rahmen der verfassungsmäßigen Ordnung durch die Gesetzgebung und nach Maßgabe von Gesetz und Recht durch die Verwaltung und die Rechtsprechung zu schützen. Die Garantie der kommunalen Selbstverwaltung wurde um den Bereich der finanziellen Eigenverantwortung erweitert (Art. 28 Abs. 2 Satz 3 GG). Die in Art. 29 GG geregelte Neugliederung des Bundes wurde um die Möglichkeit einer Neugliederung durch Staatsvertrag erweitert (Art. 29 Abs. 8 GG). Eingefügt wurde Art. 118a GG, der eine Volksabstimmung über den Staatsvertrag zur Vereinigung der Länder Berlin und Brandenburg vorsieht, die jedoch am 5. Mai 1996 die erforderliche Mehrheit für eine Fusion nicht erbrachte. Schließlich erfuhren auch die Gesetzgebungskompetenzen und das Gesetzgebungsverfahren einige Änderungen.

Gemäß Art. 7 des Einigungsvertrages wird die Finanzverfassung der Bundesrepublik Deutschland auf das Gebiet der neuen Bundesländer – allerdings mit verschiedenen Übergangsregelungen – erstreckt.

2. Die Eigentumsfrage im Zuge der deutschen Einigung

2.1. Die Änderung des Grundgesetzes und ihre internationale Herkunft: Von Beginn an problematisch und schwierig gestaltete sich die Regelung der Eigentumsfragen und der Entschädigungen für Enteignungen in der Sowjetischen Besatzungszone (SBZ) und der DDR. Dabei ist zwischen Enteignungsmaßnahmen in der SBZ von 1945 bis 1949 auf besatzungsrechtlicher Grundlage und solchen in der DDR zu unterscheiden. Für die ersteren gilt, daß sie bestehen bleiben, aber eine Ausgleichsregelung zugunsten der früheren Eigentümer getroffen werden muß, für die letzteren, daß Rückgabe vor Entschädigung (Art. 143 Abs. 3 GG neue Fassung in Verbindung mit Art. 4 Nr. 5 und Art. 41 Einigungsvertrag) zu erfolgen hat. Dem »Zwei-plus-Vier«-Vertrag vom 12. September 1990 war ein »Gemeinsamer Brief« der beiden Außenminister hinsichtlich der Regelung offener Vermögensfragen beigegeben, der in unmittelbarem Zusammenhang zu diesem Vertrag stand und eine »Bedingung« der Vereinigung Deutschlands formulierte, die dem innerdeutschen Währungsvertrag als politische Absichtserklärung (vom 15. Juni 1990) hinzugefügt, im Einigungsvertrag dann zum Bestandteil (Art. 41 Abs. 1 in Verbindung mit der Anlage III) erhoben wurde. In dieser Gemeinsamen Erklärung heißt es: »Die Enteignungen auf besatzungsrechtlicher bzw. besatzungshoheitlicher Grundlage (1945–1949) sind nicht mehr rückgängig zu machen. Die Regierungen der Sowjetunion und der Deutschen Demokratischen Republik sehen keine Möglichkeit, die damals getroffenen Maßnahmen zu revidieren. Die Regierung der Bundesrepublik Deutschland nimmt dies im Hinblick auf die historische Entwicklung zur Kenntnis. Sie ist der Auffassung, daß einem künftigen gesamtdeutschen Parlament eine abschließende Entscheidung über etwaige staatliche Ausgleichsleistungen vorbehalten bleiben muß.«

In Art. 4 Nr. 5 Einigungsvertrag, der die beitrittsbedingten Änderungen des Grundgesetzes betrifft, ist der neu in das Grundgesetz eingefügte Art. 143 Abs. 3 genannt, der bestimmt, daß Art. 41 des Einigungsvertrages und Regelungen zu seiner Durchführung auch insoweit Bestand haben, als sie vorsehen, daß Eingriffe in das Eigentum auf dem Gebiet der neuen Bundesländer »nicht mehr rückgängig gemacht werden«. Art. 41 Abs. 1 Einigungsvertrag bestimmt: »Die von der Regierung der Bundesrepublik Deutschland und der Regierung der Deutschen Demokratischen Republik abgegebene Gemeinsame Erklärung vom 15. Juni 1990 zur Regelung offener Vermögensfragen (Anlage III) ist Bestandteil dieses Vertrages.« In Art. 41 Abs. 3 Einigungsvertrag verpflichtete sich die Bundesrepublik Deutschland zugleich, keine neuen Rechtsvorschriften zu erlassen, die der Gemeinsamen Erklärung widersprechen. Angesichts dessen war auch die Vorschrift zur Regelung von DDR-Verbindlichkeiten im neuen Art. 135a Abs. 2 GG – eingefügt durch Art. 4 Nr. 4 Einigungsvertrag – erforderlich, um dem gesamtdeutschen Gesetzgeber unabhängig von Art. 14 GG bei der Regelung von Eigentums- und Vermögensfragen Gestaltungsspielraum zu geben.

Art. 41 Abs. 1 und 3 Einigungsvertrag lassen demnach Enteignungen in der SBZ und der DDR, die an sich von den Art. 14 und 15 GG nicht gedeckt gewesen wären, unberührt.

2.2. Die Enteignungsproblematik und die Entscheidung des Bundesverfassungsgerichts: Die radikale Umgestaltung der Eigentumsordnung in der SBZ nach 1945 (Enteignung von Boden und auch Produktionsmitteln) erfolgte weitgehend außerhalb der Schutzgarantie des Eigentumsrechts, wie es rechtsstaatlichen Verfassungen eigen ist. Es handelte sich vielmehr um Konfiskationen.

Daß die Bundesrepublik Deutschland diese Unrechtsmaßnahmen hinnimmt und aufrechterhält, ist verfassungsrechtlich bedenklich, selbst wenn das Grundgesetz erst mit Inkrafttreten des Einigungsvertrages mit der DDR in den neuen Bundesländern seine volle Rechts- und Schutzwirkung für das Eigentum entfaltet hat.

Selbst wenn diese »Hinnahme« im Wege einer Grundgesetzänderung (durch Art. 4 Nr. 4 und Nr. 5 Einigungsvertrag) erfolgte, sind die Verfassungsänderungen an den Schranken des Art. 79 Abs. 3 GG (u. a. an der in Art. 1 und Art. 20 GG festgelegten Menschenwürde und des Rechts- und Sozialstaatsprinzips) zu messen. Bei dieser noch als Kriegsfolgen und Kriegsfolgenlasten anzusehenden Problematik hat der Bundesgesetzgeber nach der bisherigen Rechtsprechung des Bundesverfassungsgerichtes (BVerfGE 2, 237; 15, 126; 45, 83) einen nicht an Art. 14 Abs. 3 GG zu messenden weiten Gestaltungsspielraum; denn es handelt sich um die Bewältigung außergewöhnlicher Probleme, die ihren Ursprung in den historischen Vorgängen aus der Zeit vor der Entstehung des Grundgesetzes haben.

Das BVerfG hat am 23. April 1991 die Verfassungsbeschwerden gegen diese im Einigungsvertrag enthaltene Regelung, daß »Enteignungen auf besatzungsrechtlicher bzw. besatzungshoheitlicher Grundlage (1945–1949) nicht mehr rückgängig« gemacht werden, zurückgewiesen (BVerfGE 84, 90; »Bodenreform«-Urteil). Art. 143 Abs. 3 GG in der Fassung des Art. 4 Nr. 5 Einigungsvertrag sei mit Art. 79 Abs. 3 GG vereinbar. Art. 79 Abs. 3 GG verlange nicht, daß zur Wiedergutmachung von Enteignungsmaßnahmen einer fremden Staatsgewalt, die sich für den dem Grundgesetz verpflichteten Gesetzgeber als nicht hinnehmbar erweisen, die enteigneten Objekte zurückgegeben werden. Es sei »von Verfassungs wegen nicht zu beanstanden, daß nach deutschem internationalem Enteignungsrecht die Enteignungsmaßnahmen eines anderen Staates einschließlich entschädigungsloser Konfiskationen, auch wenn diese mit der eigenen Verfassungsordnung unvereinbar sind, grundsätzlich als wirksam angesehen werden, soweit sie Vermögen im Gebiet des fremden Staates betreffen« (BVerfGE 84, 90; [90, 123]). Auch Entschädigungsansprüche im verfassungsrechtlichen Sinne des Art. 14 Abs. 3 GG kommen nicht in Betracht; vielmehr greifen hier die Grundsätze der Kriegsfolgenjudikatur des BVerfG ein. Das BVerfG geht von einem weiten Kriegsfolgenbegriff aus, wonach »Kriegsfolge« alles sein kann, was historisch durch den Zusammenbruch des Reiches 1945 ausgelöst wurde, somit auch Anstrengungen zum wirtschaftlichen Wiederaufbau für die neuen Länder. Die Ungleichbehandlung der Opfer der besatzungsrechtlichen Konfiskationen gegenüber den Opfern späterer entschädigungsloser Enteignungen rechtfertige sich dadurch, daß DDR und Sowjetunion auf die Einführung dieser Regelung bestanden hätten und die Bundesregierung nach ihrer pflichtgemäßen Einschätzung auf diese Bedingung eingehen mußte, um die Einheit Deutschlands zu erreichen (BVerfGE 84, 90, 114 f.). Allerdings gebiete Art. 3 Abs. 1 GG nach der Rechtsprechung des Bundesverfassungsgerichts immerhin, daß der Gesetzgeber auch für die Enteignungen auf besatzungsrechtlicher oder besatzungshoheitlicher Grundlage im Sinne von Anlage III Nr. 1 Einigungsvertrag eine Ausgleichsregelung schaffe. Diese Rechtsprechung geriet durch eine Äußerung des ehemaligen Präsidenten der Sowjetunion, Michail Gorbatschow, von einer Alternative zwischen Restitution und Wiedervereinigung habe keine Rede sein können[1], unter Kritik. Da der Fortbestand der besatzungsrechtlichen Konfiskationen nicht politische Bedingung der Wiedervereinigung gewesen sei, müsse auch das Urteil des Bundesverfassungsgerichts revidiert werden. Das Bundesverfassungsgericht hat diese

Auffassung im Beschluß vom 18. April 1996 zurückgewiesen und seine Rechtsprechung im vollen Umfang bestätigt (sogenannter »Bodenreform-II«-Beschluß, BVerfGE 94, 12).

Das »Bodenreform«-Urteil des Bundesverfassungsgerichts wurde jüngst auch von der Europäischen Kommission für Menschenrechte in Straßburg sachlich bestätigt. Die Kommission war der Auffassung, daß eine Verletzung der Europäischen Konvention für Menschenrechte und Art. 1 des 1. Zusatzprotokolls durch die Hinnahme der besatzungsrechtlichen Enteignungen deshalb nicht in Frage komme, weil die Beschwerdeführer zum Zeitpunkt des Einigungsvertrags über keine eigentumsrechtliche Position mehr verfügten. Daher schied auch eine Diskriminierung (Art. 14 EMRK) aus.[2]

2.3. Das Entschädigungsgesetz: Das Gleichbehandlungsgebot des Art. 3 Abs. 1 GG erfordert laut BVerfG eine Ausgleichsregelung auch für Enteignungen im Sinne der Nr. 1 der Anlage III (BVerfGE 84, 90 [128 ff.]). Nach Ansicht des BVerfG ergeben sich Ansprüche der Betroffenen dabei allein aus der »Wertordnung des Grundgesetzes, besonders im Hinblick auf das in Art. 20 Abs. 1 GG zum Ausdruck kommende Sozialstaatsprinzip«; verlangt werden könne nur ein »innerstaatlicher Lastenausgleich«. Die erforderlichen Ausgleichsregelungen haben nichts mit dem Grundrechtsschutz zu tun, sie wurzeln »ausschließlich im Rechts- und Sozialstaatsgedanken«, so daß daraus kein Restitutionsanspruch und auch kein Recht auf eine Entschädigung, die sich am vollen Substanzwert des Entzogenen orientierte, hergeleitet werden könne. Im übrigen überläßt das BVerfG die Ausgleichsregelung der freien Entscheidung des Gesetzgebers – zu Lasten wie zugunsten der Betroffenen. Diese Argumentation ist bedenklich, da sie den Maßstab »Menschenwürdegehalt des Eigentumsrechts« außer Betracht läßt.

Am 1. Dezember 1994 trat das in einem langwierigen parlamentarischen Verfahren entwickelte Entschädigungs- und Ausgleichsleistungsgesetz (auch kurz: Entschädigungsgesetz; EALG) in Kraft. Es regelt unter anderem den Ausgleichsanspruch von Opfern besatzungsrechtlicher Konfiskationen, deren Eigentum nicht zurückerstattet wird. Die Ausgleichsleistungen werden aus einem Entschädigungsfonds finanziert, der als Sondervermögen des Bundes über im selben Gesetz geregelte Einnahmen verfügt. Nicht durchgesetzt haben sich Vorschläge, nach denen die Ausgleichszahlungen aus einer Abgabe derer finanziert werden sollte, die ihr Eigentum zurückerhielten. So ist es zu einer Lösung gekommen, die solidarisch alle Bürger belastet und die Lasten nicht einseitig den Eigentümern von Grundstücken im Osten aufbürdet.

Zum gleichen Zeitpunkt ist auch das NS-Verfolgtenentschädigungsgesetz in Kraft getreten, nach dem Vermögensverluste von Opfern nationalsozialistischer Verfolgungsmaßnahmen entschädigt werden. Ihnen war nach 1945 vorübergehend das Eigentum zurückerstattet, dann aber ein zweites Mal entzogen worden.

3. Der neue verfassungsrechtliche Deutschlandbegriff: Mit der Wahl der Bezeichnung »Grundgesetz« wollte der Parlamentarische Rat in Bonn 1949 zum Ausdruck bringen, daß diese Verfassung nicht eine endgültige rechtliche Ordnung für einen Staat »im vollen und strengen Sinn des Wortes« schaffen sollte. Kein eigener westdeutscher Staat, sondern nur ein zeitliches und räumliches – nicht aber strukturelles – Provisorium sollte begründet werden. Es galt, »für eine Übergangszeit eine neue Ordnung zu geben«, bis die »Einheit und Freiheit Deutschlands« in freier Selbstbestimmung vollendet sei. Eine besondere Möglichkeit zur Vollendung der staatlichen Einheit Deutschlands sah Art. 23 Satz 2 GG vor. Danach war das Grundgesetz »in anderen Teilen Deutschlands nach deren Beitritt in Kraft zu setzen«. Mit den »anderen Teilen Deutschlands« waren nach überwiegender Auffassung die Gebiete des Deutschen Reiches in den Grenzen vom 31. Dezember 1937 zu verstehen. Art. 23 Satz 2 GG bezog sich nicht nur auf »Westdeutschland«; andernfalls wäre dieser Artikel nach der Rückgliederung des Saarlandes 1956 überflüssig geworden. Vielmehr eröffnete dieser Artikel gerade auch der DDR die Möglichkeit zum Beitritt zur Bundesrepublik. Diese Möglichkeit nutzte die DDR am 3. Oktober 1990. Die Neufassung der Präambel des Grundgesetzes durch Art. 4 Nr. 1 des Einigungsvertrages und der Wegfall des Art. 23 GG durch Art. 4 Nr. 2 des Einigungsvertrages bestätigen dies.

Ferner ist auch der durch die Stellung Deutschlands in der Völkerrechtsgemeinschaft motivierte Grund für die Bezeichnung »Grundgesetz« am 3. Oktober 1990 entfallen. Diese Bezeichnung sollte seinerzeit der Tatsache Rechnung tragen, daß die Bundesrepublik Deutschland nur beschränkte völkerrechtliche Handlungsfreiheit besaß und auch im Innern durch das Besatzungsstatut der Alliierten nur über eingeschränkte Souveränität verfügte. Nachdem bereits in der ersten Hälfte der 50er Jahre das Besatzungsregime abgebaut worden war, sind mit der Vereinigung Deutschlands nun auch die noch verbliebenen Vorbehalte in bezug auf Berlin und Deutschland als Ganzes – für die drei Westmächte verankert in Art. 2 Abs. 2 des Deutschlandvertrages – entfallen. Seinen Übergangscharakter hat das Grundgesetz mit der Vereinigung Deutschlands verloren.

Mit der Streichung des Wiedervereinigungsgebots und der Beitrittsklausel wird die jetzige gebietliche Vollständigkeit der Bundesrepublik Deutschland und damit ein neuer Deutschlandbegriff proklamiert: Die Summe der Territorien der jetzigen Bundesländer ist das ganze Deutschland. Die Abkehr von dem sowohl dem Wiedervereinigungsgebot der alten Präambel als auch Art. 23 Satz 2 GG (a. F.) zugrundeliegenden Deutschlandbegriff (nämlich Deutschland in den Grenzen vom 31. Dezember 1937) erforderte diese Verfassungsänderung.

Diese als Anerkennung einer völkerrechtswidrigen Annexion[3] oder – nach Auffassung anderer Autoren[4] – als Gebietsabtretung zu verstehende Verfügung ist völkerrechtlich nach außen vom gesamtdeutschen Souverän vorgenommen worden und verfassungsgemäß, da sich die Vereinigung von Bundesrepublik und DDR nur unter Inkaufnahme des endgültigen Ausscheidens der ehemaligen Ostgebiete erreichen ließ.

4. Die neue Stimmengewichtung im Bundesrat: Die bisherige grundgesetzliche Lösung ging von der Gleichheit und Eigenstaatlichkeit der Länder aus, die aus demokratiepolitischen Gründen durch Berücksichtigung der jeweiligen Einwohnerzahl erhöht wurde. Gemäß Art. 51 Abs. 2 GG (alter Fassung) hatte daher jedes Land mindestens drei Stimmen, Länder mit mehr als 2 Mio. Einwohnern vier Stimmen und Länder mit mehr als 6 Mio. Einwohnern fünf Stimmen; es ergab sich eine Unterteilung in vier große, vier mittlere und drei kleine Bundesländer. Die großen Länder verfügten so mit 20 von insgesamt 45 Stimmen über eine Sperrminorität gegen Verfassungsänderungen und hielten jeweils zusammen mit nur einem weiteren Bundesland sogar die einfache Mehrheit.

Mit Aufnahme der fünf neuen Länder wurde eine Neuorientierung für die Stimmenverteilung erforderlich. Nach dem alten Art. 51 Abs. 2 GG wäre nämlich jedes der fünf neuen Länder, die zwischen 2 und 4 Mio. Einwohner haben, im Bundesrat mit vier Stimmen vertreten gewesen, dessen Gesamtzahl sich auf 65 Stimmen erhöht hätte, so daß die neuen Länder mit insgesamt 20 Stimmen das gleiche Stimmenvolumen wie die vier großen alten Bundesländer gehabt hätten. Letztere hätten damit die verfassungsrechtliche Sperrminorität von einem Drittel der Bundesratsstimmen verloren; eine Sperrminorität hätten aber die neuen Bundesländer unter Einschluß von Berlin (24) erhalten. Hinzu kommt, daß die neuen Länder insgesamt nur knapp die Einwohnerzahl Nordrhein-Westfalens und die Wirtschaftskraft Hessens besitzen. Dies machte eine »Ausspreizung« der Stimmen im Bundesrat nach oben erforderlich, nämlich den größeren Ländern eine größere Stimmenanzahl einzuräumen, damit sie wieder über eine Sperrminorität gegen Verfassungsänderungen verfügen.

In diesem Zusammenhang wurde der Vorwurf erhoben, die »großen unter den alten Bundesländern beabsichtigten, sich vor den zu erwartenden neuen Mitgliedern durch Erhöhung ihrer Stimmenzahl zu schützen«.[5] Dem ist entgegenzuhalten, daß mit einer Neuregelung sichergestellt werden muß, daß auch im vereinigten Deutschland die einwohnerreichen Länder nicht im Bundesrat mit Zweidrittelmehrheit überstimmt werden können.

In diesem Sinne erfolgte mit dem neuen Art. 51 Abs. 2 GG eine vierte Abschichtung zugunsten der großen Bundesländer, die ab einer Einwohnerzahl von mehr als 7 Mio. eine sechste Stimme erhalten. Mit nunmehr 68 Mitgliedern erfordert die absolute Mehrheit damit 35 Stimmen, die für Grundgesetzänderungen erforderliche Zweidrittelmehrheit 46, so daß die Sperrminorität gegen Verfassungsänderungen 23 Stimmen beträgt, also von den vier großen Ländern mit insgesamt 24 Stimmen erreicht wird. Diese »Ausspreizung« durch lediglich eine weitere Abschichtung hat andererseits zur Folge, daß auch die fünf neuen Bundesländer zusammen mit Berlin oder einem anderen »mittleren« Bundesland eine Sperrminorität gegen Verfassungsänderungen besitzen.

5. Zur Neufassung des Art. 146 GG

5.1. Der Anlaß: Mit der Herstellung der Einheit Deutschlands wird das Wiedervereinigungsgebot als erfüllt angesehen. Angesichts dessen wäre eine Streichung des Art. 146 GG (alter Fassung), wonach »das Grundgesetz seine Gültigkeit an dem Tage verliert, an dem eine Verfassung in Kraft tritt, die vom deutschen Volke in freier Entscheidung beschlossen worden ist«, folgerichtig gewesen. Im Einigungsvertrag ist Art. 146 aber neu gefaßt worden: »Dieses Grundgesetz, das nach Vollendung der Einheit und Freiheit Deutschlands für das gesamte deutsche Volk gilt, verliert seine Gültigkeit an dem Tage, an dem eine Verfassung in Kraft tritt, die von dem deutschen Volke in freier Entscheidung beschlossen worden ist«. Diese Norm wird nur in Verbindung mit der Empfehlung des Art. 5 Einigungsvertrag an die gesetzgebenden Körperschaften des vereinten Deutschlands verständlich, sich innerhalb von zwei Jahren »mit der Frage der Anwendung des Art. 146 GG und in deren Rahmen einer Volksabstimmung« zu befassen.

Damit stellte sich die Frage, ob im Anschluß an ein ordentliches Verfassungsänderungsverfahren nach Art. 79 GG mit Zweidrittelmehrheit des Bundestages und des Bundesrates sich noch ein Volksentscheid über das geänderte Grundgesetz – und wenn ja, für welche Fälle – anschließen sollte. Die Befürworter begründeten die Notwendigkeit eines Volksentscheides damit, daß das Grundgesetz von Anfang an an dem »Geburtsfehler« leide, nie vom Volk beschlossen worden zu sein. Auch das deutsche Volk in den neuen Bundesländern müsse zum Grundgesetz »ja« sagen können;[6] der Volksentscheid sei als Integrationsprozeß im Rahmen der Wiedervereinigung notwendig. Art. 146 GG verlange als »Krönung« der Wiedervereinigung eine vom Gesamtvolk beschlossene Verfassung. Aus guten Gründen wurde aber von einem Volksentscheid über das geänderte Grundgesetz abgesehen, denn die erstmals im März 1990 freigewählte Volkskammer der ehemaligen DDR hatte den Beitritt mit überwältigender Mehrheit beschlossen und damit für die Vereinigung unter dem Grundgesetz votiert. Ein Volksentscheid hätte demgegenüber kein »Mehr« an demokratischer Legitimation vermitteln können.

5.2. Verfassungsänderung oder Verfassungsneuschöpfung: Die im neuen Art. 146 GG eröffnete Möglichkeit der Durchführung eines Volksentscheides wirft die Frage nach der Kontinuität der grundgesetzlichen Ordnung auf. Dabei ist klar zwischen Verfassungsänderung und Verfassungsneuschöpfung (Erlaß einer neuen Verfassung) zu unterscheiden. Die Verfassungsänderung hält sich im System der bisherigen Verfassung und gewährleistet ihre Kontinuität. Im Rahmen einer Verfassungsneuschöpfung tritt an die Stelle der alten Verfassung eine neue als originärer Akt der verfassunggebenden Gewalt des Volkes, die weder an die prozeduralen noch an die inhaltlichen Regelungen der bisherigen Verfassung gebunden ist. Art. 146 GG (neuer Fassung) ermächtigt nicht zur Verfassungsneuschöpfung; das wäre mit den Grundlagen des Einigungsprozesses unvereinbar. Auch das Staatsvolk im beigetretenen Teil geht von Verfassungskontinuität aus. Demnach kann von der Ermächtigung des Art. 146 GG (neuer Fassung) nur im Rahmen des Art. 79 Abs. 3 GG Gebrauch gemacht werden.

Sinn des neuen Art. 146 GG ist es, Verfassungsänderungen, die sich als eine Totalrevision des Grundgesetzes darstellen, neben der in Art. 79 Abs. 2 GG erforderlichen Zweidrittelmehrheit zusätzlich einem Volksentscheid zu unterwerfen. So gesehen erweitert Art. 146 GG (neuer Fassung) nicht die Möglichkeiten der Verfassungsgebung, sondern begrenzt die Verfassungsänderungen, wenn diese grundlegende Merkmale des Grundgesetzes verändern. Allerdings sieht der Wortlaut des Art. 146 GG (neuer Fassung) nicht notwendigerweise eine Volksabstimmung vor. Eine »vom deutschen Volk beschlossene Verfassung« kann auch von einer vom Volk gewählten Nationalversammlung beschlossen sein. Welches Verfahren gelten soll, muß der verfassungsändernde Gesetzgeber entscheiden.

6. Zu den Verfassungsänderungen im Zuge der europäischen Integration

6.1. Die EG und die fünf neuen Bundesländer: Die Eingliederung der fünf neuen Länder in die EG erfolgte mit der deutschen Wiedervereinigung »automatisch«, ohne daß es einer Anpassung der Römischen Verträge bedurft hätte. Damit ist das gesamte Gemeinschaftsrecht seit dem Tage der Wiedervereinigung in den neuen Bundesländern anwendbar geworden. Dies ergibt sich daraus, daß z. B. der EWG-Vertrag gemäß Art. 227 EWGV für die Bundesrepublik Deutschland in ihrem jeweiligen Gebietsbestand verbindlich ist. Nach dem völkerrechtlichen Grundsatz der »beweglichen Vertragsgrenzen« tritt kein neuer Staat »Gesamtdeutschland« der EG bei, sondern es verändert sich lediglich der Umfang des Gebiets des bisherigen Mitgliedstaates »Bundesrepublik Deutschland«. Insoweit handelte es sich zwar formal nicht um einen Beitritt im Sinne des Art. 237 EWGV, jedoch kommt diese Inkorporation eines Gemeinwesens mit bislang völlig unterschiedlichem Wirtschaftssystem in seiner politischen, wirtschaftlichen und sozialen Dimension einem Beitritt nahe; demnach waren erhebliche Anpassungs- und Übergangsvorschriften unerläßlich. Art. 10 Einigungsvertrag bestätigt insoweit lediglich die Geltung des EG-Rechts in den fünf neuen Ländern, indem er die Geltung der Verträge über die Europäischen Gemeinschaften, der damit verbundenen Verträge und der darauf beruhenden Rechtsakte auf das Gebiet der ehemaligen DDR erstreckt, soweit nicht die Europäischen Gemeinschaften Sonderregelungen einführen.

6.2. Die Stellung der Bundesrepublik im Europäischen Parlament: Gemäß Art. 1 des Aktes zur Einführung allgemeiner unmittelbarer Wahlen der Abgeordneten der Versammlung werden die Parlamentsabgeordneten »in allgemeiner, unmittelbarer Wahl gewählt«. Gemäß Art. 2 dieses Aktes entfallen dabei auf die einzelnen Mitgliedstaaten Abgeordnetenkontingente, die ursprünglich von sechs Abgeordneten (Luxemburg) bis zu 81 (Bundesrepublik Deutschland, Frankreich, Italien und Großbritannien) reichten. Nach der deutschen Wiedervereinigung erkannte man zunächst den neuen deutschen Ländern das Recht zu, 18 Beobachter in das Europäische Parlament zu entsenden. Auf Vorschlag des Europäischen Parlaments wurde die Anzahl der deutschen Abgeordneten mit Wirkung ab 1994 auf 99 erhöht. Zugleich stieg auch die Zahl der Abgeordneten für die anderen Mitgliedstaaten, mit Ausnahme der kleinen Staaten, so daß die Gesamtzahl der Abgeordneten von 518 auf 567 wuchs.

Mit dem Beitritt von Finnland, Schweden und Österreich 1995 kamen 59 weitere Mandate für die Beitrittsländer hinzu, so daß die Gesamtzahl gegenwärtig bei 626 liegt, ohne daß sich das deutsche Kontingent nochmals erhöhte.

6.3. Die Änderungen des Grundgesetzes im Zuge der fortschreitenden europäischen Integration: Am 18. Dezember 1992 hat der Bundesrat einstimmig das Ratifizierungsgesetz für das Vertragswerk von Maastricht gebilligt und gleichzeitig (bzw. eine logische Sekunde zuvor) die damit verbundenen Verfassungsänderungen verabschiedet, nachdem der Bundestag das Vertragswerk am 2. Dezember 1992 verabschiedet hatte. Die Grundgesetzänderung postuliert die Europäische Union als Staatsziel und begründet Beteiligungsrechte von Bundestag und Bundesrat an den europäischen Gesetzgebungsprozessen entsprechend ihren nationalen Zuständigkeiten; zugleich macht sie jede Übertragung von Hoheitsrechten auf die Europäischen Gemeinschaften in Zukunft von Zweidrittelmehrheiten in Bundestag und Bundesrat abhängig. Die Grundgesetzänderung geht auf die Beschlüsse der Gemeinsamen Verfassungskommission von Bundestag und Bundesrat zurück. Die Kommission hat sich nach ihrer Konstituierung als erstes Reformthema in mehreren Sitzungen mit dem Vertrag über die Europäische Union bzw. dem Prozeß der weiteren europäischen Einigung und den für diese notwendigen Verfassungsänderungen befaßt. Kern der Änderungen ist der neue Art. 23 GG, der sich mit den Auswirkungen des Maastrichter Vertrages auf die deutsche Verfassungsordnung, der verfassungsrechtlichen Ermächtigung zur Übertragung von Hoheitsrechten, den Beziehungen zwischen den Verfassungsorganen Bundestag, Bundesrat und Bundesregierung in Angelegenheiten der Europäischen Union und Kompensationsmöglichkeiten befaßt. Danach wirkt die Bundesrepublik an der Verwirklichung eines vereinten Europas mit, das demokratischen, rechtsstaatlichen, sozialen und föderativen Grundsätzen und der Wahrung der Grundrechte verpflichtet ist. Zu diesem Zweck wird der Bund ermächtigt, der Europäischen Union Hoheitsrechte zu übertragen. Soweit damit Änderungen des Grundgesetzes verbunden sind, müssen Bundestag und Bundesrat mit einer Zweidrittelmehrheit zustimmen (Art. 79 Abs. 2 GG). Zugleich bestätigt Art. 23 GG in der Neufassung, daß auf diesem Wege auch die Bundesstaatlichkeit und die in Art. 1 und 20 GG niedergelegten Grundsätze nicht abgeschafft werden dürfen (Art. 79 Abs. 3 GG). Ausdrücklich festgeschrieben ist, daß die Bundesregierung in Sachen der Europäischen Union mit dem Bundestag und dem Bundesrat zusammenwirkt (Art. 23 Abs. 2 Satz 1 GG). Besondere Bedeutung kommt den neu eingeführten Regelungen zu, die die Mitwirkung des Bundesrates und die Wahrung der Rechte der Bundesländer betreffen. Der Bundesrat ist so zu beteiligen, wie er bei einem innerstaatlichen Vorhaben zu beteiligen wäre (Art. 23 Abs. 4 GG). Wirkt die Bundesregierung an einer Maßnahme der Europäischen Union mit, für die der Bund die ausschließliche Gesetzgebungszuständigkeit hat, muß die Stellungnahme des Bundesrates »berücksichtigt« werden (Art. 23 Abs. 5 Satz 1 GG). Fällt die Maßnahme dagegen innerstaatlich in die ausschließliche Zuständigkeit der Länder, ist die Auffassung des Bundesrates »maßgeblich« zu berücksichtigen; »dabei ist die gesamtpolitische Verantwortung des Bundes zu wahren« (Art. 23 Abs. 5 Satz 2 GG). Das Bundesverfassungsgericht hat diese Verpflichtung in seiner Entscheidung zur Fernsehrichtlinie der Europäischen Gemeinschaft 1995 dahin präzisiert, daß eine Abweichung vom Standpunkt des Bundesrates in diesem Fall nur aus zwingenden Gründen zulässig ist (BVerfGE 92, 203).

Schließlich eröffnet Art. 23 Abs. 6 GG die Möglichkeit, an Stelle eines Vertreters der Bundesregierung einen vom Bundesrat beauftragten Minister einer Landesregierung als Vertreter für Deutschland in die zuständigen Gremien der Europäischen Union zu entsenden. Die näheren Einzelheiten (Art. 23 Abs. 7 GG) regelt das »Gesetz über die Zusammenarbeit von Bund und Ländern in Angelegenheiten der Europäischen Union« von 1993.

Art. 24 Abs. 1 GG bleibt für die Übertragung von Hoheitsrechten auf andere »zwischenstaatliche Einrichtungen« unverändert gültig, so daß künftig zwischen der Übertragung von Hoheitsrechten auf »europäische« und auf »zwischenstaatliche« Einrichtungen zu unterscheiden ist. Allerdings wurde Art. 24 GG durch einen Absatz 1a ergänzt, wonach den Ländern die Möglichkeit eröffnet wird, Hoheitsrechte im Rahmen ihrer Zuständigkeiten auf grenznachbarschaftliche Einrichtungen, namentlich zu Zwecken der interregionalen Zusammenarbeit, zu übertragen, soweit ein verfassungsgemäßer Rechtsschutz gewährleistet ist.

Gemäß dem neu eingefügten Abs. 3a des Art. 52 GG wird nun der Bundesrat ermächtigt, einen besonderen Europa-Ausschuß einzusetzen, der im Wege der Delegation anstelle des Bundesratsplenums abschließend und verbindlich in »Angelegenheiten der Europäischen Union« gemäß Art. 23 GG (neuer Fassung) entscheiden kann. Da der Maastrichter Unionsvertrag nicht nur die EG-Zuständigkeiten erweitert, sondern auch die Einführung der »gemeinsamen Unionsbürgerschaft« mit dem kommmunalen Unionsbürgerwahlrecht (Art. 8 ff. EGV) und die Einführung der Währungsunion (Art. 3, 4a EGV) vorsieht, wurde auch eine Änderung des Art. 28 Abs. 1 GG (Einführung des kommunalen Unionsbürgerwahlrechts) und des Art. 88 GG (Einschränkung der Befugnisse der Bundesbank zugunsten der Europäischen Zentralbank) erforderlich. In Art. 28 Abs. 1 GG wurde als Satz 3 eingefügt: »Bei Wahlen in Kreisen und Gemeinden sind auch Personen, die die Staatsangehörigkeit eines Mitgliedstaates der Europäischen Gemeinschaft besitzen, nach Maßgabe von Recht der Europäischen Gemeinschaft wahlberechtigt und wählbar.«

In Art. 88 GG ist ein Satz 2 eingefügt worden: »Ihre (Bundesbank) Aufgaben und Befugnisse können im Rahmen der Europäischen Union der Europäischen Zentralbank übertragen werden, die unabhängig ist und dem vorrangigen Ziel der Sicherung der Preisstabilität verpflichtet.« Das Bundesverfassungsgericht hat im »Maastricht«-Urteil vom 12. Oktober 1993 (BVerfG 89, S. 155) die Verfassungsmäßigkeit des Vertrags über die EU bestätigt, aber gleichzeitig zwei für die Entwicklung des Verhältnisses Deutschlands zur EU wesentliche Feststellungen getroffen:

- Im Anwendungsbereich des Art. 23 GG schließt Art. 38 GG aus, die durch die Wahl bewirkte Legitimation und Einflußnahme auf die Ausübung von Staatsgewalt durch die Verlagerung von Aufgaben und Befugnissen des Bundestages so zu entleeren, daß das demokratische Prinzip, soweit es Art. 79 Abs. 3 in Verbindung mit Art. 20 Abs. 1 und 2 GG für unantastbar erklärt, verletzt wird (1. Leitsatz).
- Vermitteln – wie gegenwärtig – die Staatsvölker über die nationalen Parlamente demokratische Legitimation, sind der Ausdehnung der Aufgaben und Befugnisse der Europäischen Gemeinschaften vom demokratischen Prinzip her Grenzen gesetzt. Dem Deutschen Bundestag müssen Aufgaben und Befugnisse von substantiellem Gewicht verbleiben (4. Leitsatz).

- Das BVerfG prüft, ob Rechtsakte der europäischen Einrichtungen und Organe sich in den Grenzen der ihnen eingeräumten Hoheitsrechte halten oder aus ihnen ausbrechen (5. Leitsatz, Satz 3).

7. Die Auslegung des Grundgesetzes durch Gerichte anläßlich von Folgeproblemen der Vereinigung

7.1. Wichtige Urteile infolge der Vereinigung: Der Beitritt der DDR zur Bundesrepublik zog weitere rechtliche Fragen neben den schon angesprochenen »Bodenreform«-Beschlüssen des BVerfG nach sich, mit denen die obersten Bundesgerichte und das BVerfG befaßt wurden. Einige dieser Urteile sollen kurz dargestellt werden.

a) Gesamtdeutsche Wahl I (BVerfGE 82, 322): Mit diesem Urteil wurde die 5-%-Sperrklausel, im Ergebnis zugunsten von Parteien mit regionalen Schwerpunkt in der bisherigen DDR, aufgehoben. Nach Ansicht des BVerfG findet die »erste gesamtdeutsche Wahl des Deutschen Bundestages ... unter besonderen Umständen statt, die eine unveränderte Aufrechterhaltung der herkömmlichen, wahlgebietsbezogenen Sperrklausel von 5 v. H. nicht erlauben« (Leitsatz 4a). »Die unterschiedlichen Startbedingungen der im Gebiet der Deutschen Demokratischen Republik zur Wahl antretenden Parteien und politischen Vereinigungen können allein durch die Regionalisierung der Sperrklausel nicht hinreichend ausgeglichen werden. Als Ausgleich bietet sich die Zulassung von Listenvereinigungen für Parteien und politische Vereinigungen an, soweit sie im Gebiet der Deutschen Demokratischen Republik ihren Sitz haben« (Leitsatz 4c).
b) Gesamtdeutsche Wahl II (BVerfGE 82, 353): Parteien, politische Vereinigungen und Listenvereinigungen, welche bestimmte Voraussetzungen erfüllen, wurden aufgrund der besonderen Situation in der ersten gesamtdeutschen Bundestagswahl von der Pflicht zur Beibringung von Unterstützungsunterschriften für die Einreichung von Kreiswahlvorschlägen und von Landeslisten befreit.
c) Warteschleifenregelung (BVerfGE 84, 133): Nach Ansicht des BVerfG gewährt das Grundrecht der Berufsfreiheit zwar die freie Wahl des Arbeitsplatzes, aber keinen Anspruch auf Bereitstellung oder Sicherung eines Arbeitsplatzes eigener Wahl. Die Frage war aufgekommen, als Arbeitnehmer infolge der im Einigungsvertrag vorgesehen sogenannten Abwicklung von Einrichtungen der öffentlichen Verwaltung und Rechtspflege der DDR ihrer Arbeitsplätze verlustig gingen.
d) PDS-Vermögen (BVerwGE 92, 196): Der Gesetzgeber hat das Vermögen der ehemaligen Einheitspartei der DDR (SED) der Zwangsverwaltung unterstellt. Das Urteil betraf die Frage der Erstreckung der Vermögensverwaltung auf die PDS. Das BVerfG entschied, daß das »Vermögen einer im März 1990 mit Mitteln der SED-Nachfolgepartei PDS gegründeten GmbH zur Vermögens- und Grundstücksverwaltung, die Vermögen der SED/PDS zur Verwaltung und Nutzung übernommen hat, ... der treuhänderischen Verwaltung durch die Treuhandanstalt« unterliegt (Leitsatz).

e) Spionage (Markus Wolf Fall; BVerfGE 92, 277): Spionage ist völkerrechtlich nicht verboten. Die Staaten sind daher frei, deren Strafbarkeit zu regeln. Allerdings sind Grenzen des Verfassungsrechts (Vertrauensschutzgrundsatz) zu beachten. Daher ist nach der Vereinigung Spionage gegen die Bundesrepublik dann nicht mehr strafrechtlich verfolgbar, wenn sie von Personen mit Wohnsitz in der DDR im Ministerium für Staatssicherheit der DDR in Ostberlin betrieben wurde, denn im eigenen Land (hier DDR) wird sie nie bestraft und die Angeklagten mußten nicht mit der Wiedervereinigung rechnen. Eine entsprechende Bestrafung wegen Landesverrats würde dem Grundsatz der Verhältnismäßigkeit widersprechen. Umgekehrt bleibt Spionage, die von Personen mit Wohnsitz in der Bundesrepublik zugunsten der DDR betrieben wurde, strafbar.
f) Spionage Fall Wienand (BGH-Urteil vom 28. November 1997): Das im Fall Markus Wolf vom Bundesverfassungsgericht abgeleitete »besondere Verfolgungshinderniss« »steht der Annahme eines Beteiligungsverdachts i. S. d. § 60 Nr 2 StPO an einer durch Dritte begangenen geheimdienstlichen Agententätigkeit nicht entgegen« (Leitsatz 3).
In diesem Fall ging es um einen in der Bundesrepublik ansässigen ehemaligen Parlamentarier, der mehr als zehn Jahre – bis 1989 – dem Ministerium für Staatssicherheit Informationen aus dem Bereich der Politik der Bundesrepublik sowie über Interna der SPD mitteilte.
g) Bestrafung sogenannter »Mauerschützen« (BVerfGE 95, 96): Das Bundesverfassungsgericht hielt die Strafbarkeit der DDR-Grenzsoldaten für Tötungen und Körperverletzungen an der Grenze für gegeben, auch wenn das ehemalige DDR-Recht die Schüsse »erlaubt« habe. Einer solchen »rückwirkenden« Strafbarkeit könnte das verfassungsrechtliche Rückwirkungsverbot entgegen stehen. Denn »das strikte Rückwirkungsverbot des Art. 103 Abs. 2 GG findet seine rechtsstaatliche Rechtfertigung in der besonderen Vertrauensgrundlage, welche die Strafgesetze tragen, wenn sie von einem an die Grundrechte gebundenen demokratischen Gesetzgeber erlassen werden« (Leitsatz 2).
»An einer solchen besonderen Vertrauensgrundlage fehlt es, wenn der Träger der Staatsmacht für den Bereich schwersten kriminellen Unrechts die Strafbarkeit durch Rechtfertigungsgründe ausschließt, indem er über die geschriebenen Normen hinaus zu solchem Unrecht auffordert, es begünstigt und so die in der Völkerrechtsgemeinschaft allgemein anerkannten Menschenrechte in schwerwiegender Weise mißachtet. Der strikte Schutz von Vertrauen durch Art. 103 Abs. 2 GG muß dann zurücktreten« (Leitsatz 3).

7.2. Die Vereinigung und das Bundesverfassungsgericht: Die zur Zeit viel diskutierte Arbeitslastkrise des Bundesverfassungsgerichts findet ihre Ursachen auch im Bevölkerungszuwachs von 25 % und in der Erweiterung um fünf Länder. Um dem entgegenzuwirken, hat das Bundesministerium der Justiz eine Kommission zur Entlastung des Bundesverfassungsgerichts ins Leben gerufen, deren Bericht im Januar 1998 erschienen ist.[7] Der Europäische Gerichtshof für Menschenrechte hat die vereinigungsbedingten Verzögerungen im Verfahren vor dem Bundesverfassungsgericht in einem Fall[8] unter den besonderen Umständen für vertretbar angesehen (keine Verletzung von Art. 6 Abs. 1 EMRK), in anderen Fällen[9] jedoch eine Verletzung festgestellt.

8. Ausblick: Die durch den Einigungsvertrag und den Maastrichter Unionsvertrag bewirkten Verfassungsänderungen haben die Gefahr einer Zerstückelung des Grundgesetzes, das ursprünglich eine Verfassung »aus einem Guß« war, heraufbeschworen. Problematisch sind die Einflüsse, die die Anpassung an den Rechtszustand in der DDR direkt oder indirekt im Grundgesetz hinterlassen haben, insbesondere in der Frage des Schutzes des Eigentums und des Lebens.

Der neue Europa-Artikel 23 ließ befürchten, daß die Bundesrepublik innerhalb des Rates zeitweilig handlungsunfähig werden könnte, weil interne Auseinandersetzungen zwischen Bund und Ländern den Entscheidungsprozeß belasten. Die Befürchtungen haben sich bislang nicht bewahrheitet. Das BVerfG hat im Urteil zur Fernsehrichtlinie vom 22. März 1995[10] der Europäischen Gemeinschaft auf die gegenseitigen Pflichten im Bund-Länder-Verhältnis, die sich aus der Bundestreue ergeben, hingewiesen, und festgestellt: »Beansprucht die Europäische Gemeinschaft eine Rechtsetzungskompetenz, so ist es Sache des Bundes, die Rechte der Bundesrepublik Deutschland gegenüber der Gemeinschaft und ihren Organen zu vertreten. Behält das Grundgesetz die Regelung des von der Gemeinschaft beanspruchten Gegenstandes innerstaatlich dem Landesgesetzgeber vor, so vertritt der Bund gegenüber der Gemeinschaft als Sachwalter der Länder auch deren verfassungsmäßige Rechte« (1. Leitsatz).

Der neue Art. 20a GG (Staatsziel Umweltschutz) hat wenig Neues gebracht, da dem Staat das zweckvolle Handeln auf diesen Gebieten ohnedies schon vorher eröffnet war, der eigentliche Regelungsgehalt der Norm aber dunkel ist.

Nachdem einige Jahre verstrichen sind, läßt sich feststellen, daß die Wiedervereinigung das Grundgesetz nicht in seiner Grundkonzeption berührt hat, auch wenn vermeidbare Brüche entstanden sind. Entgegen mancher Befürchtungen haben sich die verfassungsrechtlichen Gewichtungen nicht in Richtung eines erstarkenden Nationalismus verschoben. Das Gegenteil ist der Fall. Im Zuge der Vereinigung Deutschlands wurde vielmehr die besondere Bedeutung der Integration in die Europäische Union verfassungsrechtlich in Art. 23 GG anerkannt.

Georg Ress

Anmerkungen:

1 Interview vom 5. 7. 1994 mit Norman Stone, Oxford, zit. nach G. Felix: Vielleicht eine verdeckte Junkerabgabe?, in: Neue Juristische Wochenschrift, 41/1995, S. 2697 f.

2 Beschluß der Europäischen Kommission für Menschenrechte vom 4. 3. 1996, Bericht in: Neue Juristische Wochenschrift, 1996, S. 2291: Siehe ferner Decisions and Reports of the European Commission of Human Rights, 85-A, S. 5 ff, und exemplarisch die Beschlüsse der Kommission vom 21. 5. 1998, u. a. Nr. 37255/97 und 37696/97.

3 G. Ress: Die abschließende Regelung in bezug auf Deutschland. Garantiefunktion der Vier Mächte, in: Recht zwischen Umbruch und Bewahrung, Heidelberg 1995, S. 825, 833.

4 E. Klein: An der Schwelle zur Wiedervereinigung Deutschlands, in: Neue Jursistische Wochenschrift, 17/1990, S. 1065.
5 F.-K. Fromme: Überfordertes Verfassungsgericht, in: FAZ, 2. 5. 1991.
6 Vgl. E. G. Mahrenholz: Das Volk muß »ja« sagen können, in: Die Zeit, 14. 9. 1990.
7 Entlastung des Bundesverfassungsgerichts. Bericht der Kommission, Bonn 1998.
8 Fall Süssmann, Urteil vom 16. 9. 1996, Reports of Judgments and Decisions 1996-IV, S. 1158 ff.
9 Fälle Pamel und Probstmair, Urteil vom 1. 7. 1997, Reports of Judgments and Decisions 1997-IV, S. 1096, 1123 ff.
10 Deutsches Verwaltungsblatt 1995, S. 561.

Literatur:

BLUMENWITZ, DIETER: Braucht Deutschland ein neues Grundgesetz? Verfassungsgebende und verfassungsändernde Gewalt nach dem Einigungsvertrag, in: Zeitschrift für Politik, 1/1992, S. 1–23. □ ISENSEE, JOSEF/PAUL KIRCHHOF (Hrsg.): Handbuch des Staatsrechts. Bd. 8: Die Einheit Deutschlands. Entwicklung und Grundlagen, Heidelberg 1995. □ DIES. (Hrsg.): Handbuch des Staatsrechts. Bd. 8: Die Einheit Deutschlands. Festigung und Übergang, Heidelberg 1997. □ KLEIN, ECKART: Verfassungsentwicklung in Deutschland nach der Wiedervereinigung, Berlin 1994. □ MURSWIEK, DIETRICH: Staatsziel Umweltschutz (Art. 20a GG), in: Neue Zeitschrift für Verwaltungsrecht, 1996, S. 209. □ PAPIER, HANS-JÜRGEN: Die Entwicklung des Verfassungsrechts seit der Einigung und seit Maastricht, in: Neue Juristische Wochenschrift, 1997, S. 2841. □ RESS, GEORG: Die Rechtslage Deutschlands nach dem Grundlagenvertrag vom 21. Dezember 1972, Berlin u. a. 1978. □ DERS.: Die abschließende Regelung in bezug auf Deutschland. Garantiefunktion der Vier Mächte, in: Recht zwischen Umbruch und Bewahrung, Heidelberg 1995, S. 825–850. □ GRAF VON SCHLIEFFEN, ALBRECHT: Zur Verfassungswidrigkeit der Wiedergutmachungsregelungen besatzungshoheitlichen Enteignungsunrechts, in: Neue Juristische Wochenschrift, 1998, S. 1688. □ STÜCKRATH, BIRGITTA: Art. 146 GG. Verfassungsablösung zwischen Legalität und Legitimität, Berlin 1997. □ WINKEL, OLAF: Die Deutsche Einheit als verfassungspolitischer Konflikt, in: Zeitschrift für Parlamentsfragen, 1997, S. 475.

Grundlagenvertrag

→ Berlin, Bundesrepublik Deutschland: Geschichte, DDR: Geschichte, Deutschlandpolitik der Bundesrepublik Deutschland, Deutschlandpolitik der DDR, Deutschlands Rechtslage, **Innerdeutsche Beziehungen**, Nation und Nationalbewußtsein, Oder-Neiße-Linie, Ostverträge, Staatsangehörigkeit.

1. **Begriff:** Der am 21. Dezember 1972 unterzeichnete Vertrag über die Grundlagen der Beziehungen zwischen der Bundesrepublik Deutschland und der Deutschen Demokratischen Republik markiert einen der wichtigsten Einschnitte in der Ge-

schichte der Bundesrepublik Deutschland, da er »den rechtlich und politisch komplizierten Prozeß einer sich über mehr als zwei Jahrzehnte erstreckenden Deutschlandpolitik der Bundesrepublik Deutschland gegenüber der DDR zu einem weitgehenden Abschluß«[1] gebracht hat. Das Vertragswerk besteht aus dem Text des Grundlagenvertrags, einem Zusatzprotokoll, Erklärungen zu Protokoll, Briefwechseln und Erläuterungen. Bereits bei der Paraphierung des Vertrags haben die Unterhändler Egon Bahr und Michael Kohl am 8. November 1972 klargestellt, daß alle Dokumente zusammen den Vertrag bilden und als Bestandteile des Vertrags voll verbindlich sind.

2. Vorgeschichte und politische Rahmenbedingungen: Nachdem es der Bundesregierung der Großen Koalition in der Zeit von Ende 1966 bis 1969 angesichts der unversöhnlichen Haltung der DDR-Führung nicht gelungen war, menschliche Erleichterungen im gespaltenen Deutschland zu erreichen, wurde mit dem Antritt der SPD/F.D.P.-Bundesregierung mit Bundeskanzler Willy Brandt und Außenminister Walter Scheel im Oktober 1969 eine neue Phase der Deutschlandpolitik eingeleitet. Die Bundesregierung erklärte von Anfang an ihre Bereitschaft, von der Respektierung der Teilung Deutschlands auszugehen, und attestierte der DDR zum ersten Mal die Staatsqualität. Außerdem gab sie den zur Zeit der Großen Koalition auf die Allein-Sprecher-Berechtigung reduzierten Alleinvertretungsanspruch auf. Ebenso wie ihre Vorgängerinnen war die Bundesregierung jedoch nicht bereit, die DDR völkerrechtlich anzuerkennen. Am 28. Oktober 1969 führte Willy Brandt vor dem Deutschen Bundestag dazu aus: »Auch wenn zwei Staaten in Deutschland existieren, sind sie doch füreinander nicht Ausland. Ihre Beziehungen zueinander können nur von besonderer Art sein.«

Einige zentrale Aussagen hat Willy Brandt schon in seinem ersten Bericht zur Lage der Nation am 14. Januar 1970 vor dem Deutschen Bundestag konkretisiert. Von besonderer Bedeutung sind darüber hinaus die »Vorstellungen über Grundsätze und Vertragselemente für die Regelung gleichberechtigter Beziehungen zwischen der Bundesrepublik Deutschland und der Deutschen Demokratischen Republik«, die Brandt am 21. Mai 1970 in seinem zweiten Gespräch mit Ministerpräsident Willi Stoph in Kassel vorgetragen hat.

Angesichts der Machtverhältnisse im Ostblock hat die Bundesregierung von Anfang an ihre neue Deutschlandpolitik eng mit ihrer neuen Ostpolitik verknüpft. Im Bahr-Papier, das dem Moskauer Vertrag vom 12. August 1970 beigefügt ist, erklärte die Bundesrepublik Deutschland, daß sie die Verträge mit den Oststaaten und die angestrebte vertragliche Regelung mit der DDR als »einheitliches Ganzes« betrachte. Der Bundesregierung ging es vornehmlich darum, zu einem Modus vivendi mit den kommunistischen Staaten zu gelangen, wobei sie der Sowjetunion die Priorität einräumte. Es war von vornherein völlig klar, daß die mit der DDR angestrebte Regelung des innerdeutschen Verhältnisses am schwierigsten zu erreichen war, da sie sich nicht auf den Gewaltverzicht und die Akzeptanz der innerdeutschen Demarkationslinie als Staatsgrenze beschränken, sondern vor allem Erleichterungen für die Menschen in den beiden Staaten Deutschlands schaffen sollte.

Faßt man die Vorstellungen der Bundesregierung im Hinblick auf die angestrebten vertraglichen Vereinbarungen mit der DDR vor Beginn des innerdeutschen Dialogs thesenartig zusammen, so läßt sich feststellen: Der Grundlagenvertrag sollte die besondere Lage in Deutschland berücksichtigen, vom Fortbestehen der Einheit der deutschen Nation und der Vier-Mächte-Rechte und -Verantwortung für Deutschland als Ganzes ausgehen und die Wiederherstellung der staatlichen Einheit Deutschlands nicht verhindern.

Die SED-Führung kritisierte besonders zwei zentrale Aussagen der Regierungserklärung Brandts vom 28. Oktober 1969: die Feststellung, eine völkerrechtliche Anerkennung der DDR durch die Bundesregierung könne nicht in Betracht kommen, und die neue These, nach der die Beziehungen zwischen den beiden Staaten in Deutschland nur von »besonderer Art« sein könnten. Die DDR begegnete der deutschlandpolitischen Offensive der SPD/F.D.P.-Bundesregierung von Anfang an mit einem Maximalprogramm, das sie in dem Entwurf eines »Vertrags über die Aufnahme gleichberechtigter Beziehungen zwischen der Deutschen Demokratischen Republik und der Bundesrepublik Deutschland« vom 17. Dezember 1969 formulierte. Darin schlug sie die Aufnahme diplomatischer Beziehungen vor: Die Deutsche Demokratische Republik und die Bundesrepublik Deutschland »lassen sich gegenseitig in den Hauptstädten Berlin und Bonn durch Botschaften vertreten«.

Auch sollte die Bundesregierung nicht nur die Grenze zwischen den beiden Staaten Deutschlands, sondern auch »die Grenze an Oder und Neiße zwischen der Deutschen Demokratischen Republik und der Volksrepublik Polen« anerkennen. Kompromißlos war ebenfalls der Vorschlag, nach dem sich beide Staaten in Deutschland verpflichten sollten, »den Status Westberlins als selbständige politische Einheit zu achten und unter Berücksichtigung dieses Status ihre Beziehungen zu Westberlin zu regeln«. Schließlich sah der Vertragsentwurf vom 17. Dezember 1969 vor, beide Staaten in Deutschland sollten ohne Verzögerung die Aufnahme als vollberechtigte Mitglieder in der UNO beantragen. Von der Fortexistenz der Vier-Mächte-Rechte für Deutschland als Ganzes und Berlin war im Vertragsentwurf der DDR ebensowenig die Rede wie von der Einheit der Nation. Die von der Bundesregierung gewünschten menschlichen Erleichterungen in Deutschland blieben in Ulbrichts Vertragsentwurf vom 17. Dezember 1969 völlig unerwähnt. Angesichts dieser Ausgangspositionen Bonns und Ost-Berlins war es nicht verwunderlich, daß sich Bundeskanzler Brandt und Ministerpräsident Stoph bei ihren beiden Treffen am 19. März 1970 in Erfurt und am 21. Mai 1970 in Kassel in den zentralen Fragen nicht auf ein gemeinsames deutschlandpolitisches Programm zu einigen vermochten.

Der Abschluß des Moskauer Vertrags am 12. August 1970 und die daraus resultierenden möglichen Folgen für die Beziehungen zwischen der UdSSR und der Bundesrepublik Deutschland dürften neben den Ende März 1970 aufgenommenen Vier-Mächte-Verhandlungen über Berlin dazu beigetragen haben, daß sich die DDR im Oktober 1970 zu einem Meinungsaustausch mit der Bundesregierung bereitfand. Ein kompromißloses Festhalten an ihren Maximalpositionen hätte die DDR unausweichlich in die außen- und deutschlandpolitische Isolierung geführt. Am

27. November 1970 nahmen die Delegationen unter Leitung von Egon Bahr, Staatssekretär im Bundeskanzleramt, und Michael Kohl, Staatssekretär beim Ministerrat der DDR, den Meinungsaustausch auf, der im September 1971 in formelle Verhandlungen über eine Durchführungsvereinbarung zu dem am 3. September 1971 ausgehandelten Vier-Mächte-Abkommen über Berlin und über einen Verkehrsvertrag zwischen den beiden Staaten in Deutschland mündete.

Nach der Unterzeichnung des Protokolls über den Post- und Fernmeldeverkehr vom 30. September 1971 wurde am 17. Dezember 1971 zwischen den Regierungen der Bundesrepublik Deutschland und der DDR das Abkommen über den Transitverkehr zwischen der Bundesrepublik Deutschland und West-Berlin geschlossen, das mit seinen Begleitdokumenten in das Schlußprotokoll zum Vier-Mächte-Abkommen aufgenommen und damit von den Alliierten sanktioniert wurde. Es folgten die Vereinbarungen zwischen dem Senat von Berlin und der Regierung der DDR über Erleichterungen und Verbesserungen des Reise- und Besucherverkehrs und über die Regelung der Fragen von Enklaven durch Gebietsumtausch vom 20. Dezember 1971.

Am 26. Mai 1972 wurde der Vertrag zwischen der Bundesrepublik Deutschland und der Deutschen Demokratischen Republik über Fragen des Verkehrs unterzeichnet. Gegenstand des Verkehrsvertrags ist der gegenseitige Wechsel- und Transitverkehr auf Straßen, Schienen- und Wasserwegen mit Transportmitteln, die im Geltungsbereich dieses Vertrags zugelassen oder registriert sind.

Nach der Annahme der Verträge von Moskau vom 12. August 1970 und Warschau vom 7. Dezember 1970 durch den Deutschen Bundestag am 17. Mai 1972, der Unterzeichnung des Verkehrsvertrags am 26. Mai 1972 und des Schlußprotokolls zum Vier-Mächte-Abkommen über Berlin am 3. Mai 1972 – an diesem Tag sind das Berlin-Abkommen sowie der deutsch-sowjetische Vertrag und der deutsch-polnische Vertrag in Kraft getreten – konnte der deutsch-deutsche Meinungsaustausch am 15. Juni 1972 beginnen, der mit der Unterzeichnung des Grundlagenvertrags am 21. Dezember 1972 seinen vorläufigen Abschluß fand.

3. Inhalt: Von vornherein stand fest, daß der Grundlagenvertrag keinerlei Aussagen über die Vereinigung machen würde. Im Grundlagenvertrag, der von der staatlichen Spaltung Deutschlands ausgeht, haben sich beide Seiten nur über einen Konsens über den Dissens in der nationalen Frage zu einigen vermocht – in der Feststellung, daß sie dazu »unterschiedliche Auffassungen« haben. Diese Formel erlaubte es der Bundesrepublik Deutschland, an ihrer Ansicht vom Fortbestand der deutschen Nation festzuhalten, während es der DDR unbenommen blieb, mit ihrer eingeschränkten Zwei-Nationen-These zu operieren. Der Grundlagenvertrag hatte – entgegen der Position der DDR – die Teilung Deutschlands nicht legalisiert; die deutsche Frage war auch weiterhin rechtlich und politisch offen geblieben.

Art. 1 des Grundlagenvertrags sah vor, daß die Bundesrepublik Deutschland und die DDR »normale gutnachbarliche Beziehungen zueinander auf der Grundlage der Gleichberechtigung« entwickeln. Art. 2 legte fest, daß sich beide Seiten von den Zielen und Prinzipien der UN-Charta leiten lassen – »insbesondere der souveränen

Gleichheit aller Staaten, der Achtung der Unabhängigkeit, Selbständigkeit und territorialen Integrität, dem Selbstbestimmungsrecht, der Wahrung der Menschenrechte und der Nichtdiskriminierung«. Das Selbstbestimmungsrecht wurde hier ohne ausdrückliche Bezeichnung seines Trägers, des in beiden Staaten lebenden deutschen Staatsvolks, aufgeführt.

In Art. 3 hatten sich beide Staaten verpflichtet, entsprechend der UN-Charta ihre Streitfragen ausschließlich mit friedlichen Mitteln zu lösen und sich der Drohung mit Gewalt oder der Anwendung von Gewalt zu enthalten. Außerdem bekräftigten sie »die Unverletzlichkeit der zwischen ihnen bestehenden Grenze jetzt und in der Zukunft und verpflichten sich zur uneingeschränkten Achtung ihrer territorialen Integrität«. Gemäß Art. 4 gingen die Bundesrepublik Deutschland und die DDR davon aus, »daß keiner der beiden Staaten den anderen international vertreten oder in seinem Namen handeln kann«. In engem Zusammenhang damit stand Art. 6, in dem sich beide Seiten zu dem Grundsatz bekannten, »daß die Hoheitsgewalt jedes der beiden Staaten sich auf sein Gebiet beschränkt. Sie respektieren die Unabhängigkeit und Selbständigkeit jedes der beiden Staaten in seinen inneren und äußeren Angelegenheiten«. In Art. 5 hatten die Bundesrepublik Deutschland und die DDR vereinbart, das Ziel einer allgemeinen und vollständigen Abrüstung unter wirksamer internationaler Kontrolle der internationalen Sicherheit dienenden Bemühungen um Rüstungsbegrenzung und Abrüstung zu unterstützen. Diese Bestimmung begründete keine Rechte und Pflichten, sondern nur Absichtserklärungen der Vertragsparteien; die Bundesrepublik Deutschland hatte sich darin nicht auf bestimmte Maßnahmen festgelegt.

Während gemäß Art. 8 die Bundesrepublik Deutschland und die DDR Ständige Vertretungen am Sitz der jeweiligen Regierung austauschten, war in Art. 9 die »Nichtberührungsklausel« verankert: Beide Seiten stimmten darin überein, »daß durch diesen Vertrag die von ihnen früher abgeschlossenen oder sie betreffenden zweiseitigen und mehrseitigen internationalen Verträge und Vereinbarungen nicht berührt werden«. Dadurch war der Fortbestand der Rechte und Verantwortlichkeiten sichergestellt, die sich die drei Westmächte gegenüber der Bundesrepublik und die UdSSR gegenüber der DDR in der Deutschland-Frage vorbehalten hatten.

Zu den wichtigsten Begleitdokumenten des Grundvertrags gehörten neben dem Zusatzprotokoll zu den Art. 3 und 7 der Protokollvermerk, daß wegen der unterschiedlichen Rechtspositionen zu Vermögensfragen diese durch den Vertrag nicht geregelt werden konnten, und die Erklärungen zu Protokoll über die Fragen der Staatsangehörigkeit. Weiterhin seien genannt: der Brief der Bundesregierung zur deutschen Einheit an die Regierung der DDR, der Briefwechsel zum Antrag auf Mitgliedschaft in den Vereinten Nationen (UNO), der Briefwechsel mit dem Wortlaut der Noten der Bundesregierung an die drei Westmächte und der DDR an die UdSSR zu Art. 9 des Vertrags, Erklärungen beider Seiten in bezug auf Berlin (West), der Briefwechsel über Arbeitsmöglichkeiten für Journalisten, der Briefwechsel zur Familienzusammenführung, zu Reise-Erleichterungen und Verbesserungen des nichtkommerziellen Warenverkehrs und der Briefwechsel zur Öffnung weiterer Grenzübergangsstellen.

In Art. 7 hatten die beiden Staaten in Deutschland ihre Bereitschaft erklärt, »im Zuge der Normalisierung ihrer Beziehungen praktische und humanitäre Fragen zu regeln«. Eine Prüfung der im Zusatzprotokoll zu Art. 7 aufgeführten Sachfragen ergibt, daß nur im Bereich des Rechtsverkehrs keine vertraglichen Abmachungen getroffen werden konnten. Gemäß dem Zusatzprotokoll zu Art. 3 des Grundlagenvertrags hatten die beiden Staaten in Deutschland vereinbart, eine Kommission aus Beauftragten der Regierungen zu bilden, die »die Markierung der zwischen den beiden Staaten bestehenden Grenze überprüfen und, soweit erforderlich, erneuern oder ergänzen sowie die erforderlichen Dokumentationen über den Grenzverlauf erarbeiten« sollte. Die Grenz-Kommission, die 1973, 1974 und 1978 mehrere Vereinbarungen getroffen hatte, konnte ihre Arbeit nicht abschließen, da man sich bei der Grenz-Feststellung an der Elbe nicht zu einigen vermochte.

Mit dem Abschluß des Grundvertrags hatte die DDR das zentrale Ziel ihrer Außenpolitik erreicht: die Freigabe des internationalen Parketts durch die Bundesrepublik Deutschland. Als die Bundesregierung am 28. Oktober 1969 ihre »neue Deutschlandpolitik« proklamierte, verknüpfte sie das innerdeutsche Verhältnis eng mit dem Außenverhältnis beider Staaten. Es gelang ihr, die Mehrzahl aller Staaten zu veranlassen, mit der völkerrechtlichen Anerkennung der DDR bis zur vertraglichen Regelung des deutsch-deutschen Verhältnisses zu warten. Seit dem 21. Dezember 1972 vereinbarte die DDR mit der überwiegenden Mehrzahl der Staaten die Aufnahme diplomatischer Beziehungen. Hinzu kommt: Am 18. September 1973 wurden die DDR und die Bundesrepublik Deutschland als 133. und 134. Mitglied in die UNO aufgenommen.

Die Auswertung der inzwischen zugänglichen DDR- und SED-Dokumente bestätigt den bisherigen Kenntnisstand: Das erfolglose Drängen von Staatssekretär Michael Kohl, zwischen den beiden Staaten in Deutschland völkerrechtliche Beziehungen zu etablieren und die Bundesregierung von ihrem Konzept eines deutsch-deutschen »Sonderverhältnisses« abzubringen. So mußte sich Ost-Berlin damit abfinden, nicht Botschaften, sondern Ständige Vertretungen zu errichten. Die strikte Ablehnung der DDR-Führung, im Grundlagenvertrag den Begriff »deutsche Nation« zu verankern und nur die relativierende Formel über einen Konsens über den Dissens in der »nationalen Frage« hinzunehmen, suchte Bahr mit dem Hinweis auf die noch gültige Verfassung der DDR vom 6. April 1968 zu unterlaufen, deren Art. 1 bestimmte, die DDR sei ein »sozialistischer Staat deutscher Nation«.

Erst aufgrund der Revision der Verfassung vom 7. Oktober 1974 wurde diese Formel ersatzlos gestrichen. Seitdem war die DDR nicht mehr ein »sozialistischer Staat deutscher Nation« oder ein »sozialistischer deutscher Nationalstaat«, sondern – wie es nun in dem geänderten Art. 1 der Verfassung hieß – ein »sozialistischer Staat der Arbeiter und Bauern«.[2]

Die SED-Dokumente lassen »bei einer ersten Durchsicht weder einen eindeutigen Gewinner noch einen Verlierer erkennen. Einerseits hatte Bahr manchmal atemberaubend schnell seine Endpositionen preisgegeben und erstaunlich offen von seinen Gesprächen mit den drei Westmächten erzählt. Andererseits hat er mit Michael Kohl Tacheles geredet. Die SED mußte letzten Endes auf das Schlüsselwort

›völkerrechtlich‹ verzichten. ... Nach dem Ende der Verhandlungen verstärkte die SED ihre Abgrenzungspolitik, ein Zeichen, daß sie die Annäherung auch fürchtete. Viele Fragen bleiben offen: Haben diese Verhandlungen die innen- und außenpolitische Situation der SED eher verbessert oder verschlechtert? Welche Rolle spielte die Sowjetunion dabei?«[3]

Eine Analyse des Grundvertrags und seiner Zusatzdokumente hat nicht nur die Ostverträge, sondern auch die Entscheidung des Bundesverfassungsgerichts vom 31. Juli 1973 einzubeziehen, das einstimmig das Gesetz zum Grundvertrag »in der sich aus den Gründen ergebenden Auslegung mit dem Grundgesetz« für vereinbar erklärte und gleichzeitig den Rahmen absteckte, in dem die Rechtsbeziehungen zwischen den beiden Staaten in Deutschland weiter ausgestaltet werden konnten.

Nach Auffassung des Bundesverfassungsgerichts hat der Grundlagenvertrag einen »Doppelcharakter, er ist seiner Art nach ein völkerrechtlicher Vertrag, seinem spezifischen Inhalt nach ein Vertrag, der vor allem Inter-se-Beziehungen regelt«. Inter-se-Beziehungen in einem völkerrechtlichen Vertrag zu regeln, könne vor allem dann nötig sein, wenn eine staatsrechtliche Ordnung, wie hier wegen der Desorganisation des Gesamtstaats, fehle. Das Bundesverfassungsgericht stellte alle Regelungen des Grundlagenvertrags und seiner Begleitdokumente zusammen, die es rechtfertigen, von »Inter-se-Beziehungen« zu sprechen. Es verwies dabei auf die Errichtung der Ständigen Vertretungen anstelle von Botschaften und die Besonderheit des Ratifikationsverfahrens, das nicht mit dem Austausch von Ratifikationsurkunden aufgrund Vollmacht des Bundespräsidenten, sondern mit dem Austausch »entsprechender Noten« endete. Außerdem erwähnte das Gericht die Erklärung im Zusatzprotokoll zu Art. 7, daß der Handel zwischen der Bundesrepublik Deutschland und der DDR auf der Grundlage der bestehenden Abkommen entwickelt wird; dies mache deutlich, »daß dieser Handel von den Vertragspartnern übereinstimmend nicht als Außenhandel betrachtet wird«.

Auch betonte das Bundesverfassungsgericht die »grundgesetzliche Pflicht der für die Bundesrepublik Deutschland handelnden Organe«, bei jedem Abkommen und bei jeder Vereinbarung mit der Deutschen Demokratischen Republik, die ihrem Inhalt nach auf das Land Berlin und seine Bürger ausgedehnt werden können, auf der Ausdehnung auf Berlin zu bestehen und nur abzuschließen, wenn der Rechtsstand Berlins und seiner Bürger gegenüber dem für den Geltungsbereich des Grundgesetzes geltenden Rechtsstand – vorbehaltlich des für Berlin geltenden alliierten Vorbehalts und in Übereinstimmung mit dem Vier-Mächte-Abkommen vom 3. September 1971 – nicht verkürzt wird. In Übereinstimmung mit der damaligen Bundesregierung und der parlamentarischen Opposition gelangte das Bundesverfassungsgericht zu dem Schluß, daß der Grundlagenvertrag keine »endgültige Lösung der deutschen Frage« sei. Großen Wert legte es auf die Feststellung, daß im Grundgesetz die Auffassung vom gesamtdeutschen Staatsvolk verankert ist und von der deutschen Nation nur gesprochen werden dürfte, »wenn darunter auch ein Synonym für das ›deutsche Staatsvolk‹ verstanden wird, an jener Rechtsposition also festgehalten wird und nur aus politischen Rücksichten eine andere Formel verwandt wird«.[4]

4. Die innerdeutschen Beziehungen nach Abschluß des Grundlagenvertrags: Überblickt man die Entwicklung der innerdeutschen Beziehungen vom Abschluß des Grundlagenvertrags bis 1989/90, dann stellt sich die Frage, ob es opportun oder gar notwendig ist, den im Oktober 1982 vollzogenen, durch die Wahlen zum Bundestag am 6. März 1983 und 25. Januar 1987 bestätigten Regierungswechsel in Bonn als Einschnitt zu werten. Die immer wieder gestellte Frage, ob die neue Bundesregierung Kohl/Genscher die vor dem 6. März 1983 angekündigte »Wende« auch in der Deutschland-Politik eingeleitet oder gar vollzogen habe, war theoretischer Natur. Die Bundesregierung und die sie tragenden Parteien wußten von Anfang an, daß zumindest die vorgegebenen deutschlandrechtlichen Positionen einer »Wende« überhaupt nicht zugänglich waren. Bundeskanzler Helmut Kohl hat in seiner ersten Regierungserklärung am 13. Oktober 1982 unmißverständlich die Kontinuität seiner Deutschland-Politik zum Ausdruck gebracht: »Die DDR kann sich darauf verlassen, daß wir zu allen übernommenen Verpflichtungen stehen. Und wir erwarten, daß sie sich ebenfalls an Inhalt und Geist dieser Verträge hält.«

Obwohl die DDR auf diese Regierungserklärung zunächst unsicher und höchst polemisch reagierte, wußte sie, daß an der Vertragstreue Bonns auch in Zukunft keine Zweifel bestanden. Auch wenn die von CDU/CSU und F.D.P. getragene Bundesregierung seit Herbst 1982 die Westbindung und wichtige Rechtspositionen in der Deutschland-Frage stärker akzentuierte und besonderen Wert auf die Feststellung legte, die »deutsche Frage« bleibe sowohl in politischer als auch in rechtlicher Hinsicht offen, ging es ihr – ebenso wie ihren Vorgängerinnen – vor allem darum, das Erreichte zu bewahren und auszubauen.

Wichtigstes Ziel der seit Herbst 1982 amtierenden Bundesregierung war es dabei, auf der Basis der zuvor mit der DDR abgeschlossenen Verträge das Geflecht der Beziehungen zwischen den beiden Staaten in Deutschland weiter zu verdichten. Ihren markanten Ausdruck fand diese Politik in dem Beschluß zum Bericht zur Lage der Nation im geteilten Deutschland vom 23. Juni 1983, den der Deutsche Bundestag am 9. Februar 1984 mit den Stimmen von CDU/CSU, F.D.P. und SPD faßte. Da also auch die Bundesregierung unter Bundeskanzler Kohl ihre Deutschlandpolitik bewußt in die Kontinuität der Vorgängerinnen gestellt und dies die Führung der DDR auch frühzeitig erkannt hat, erscheint es nicht angebracht, die Entwicklung der innerdeutschen Beziehungen seit Ende 1972 in mehrere Phasen einzuteilen.

Im Gefolge des Grundlagenvertrags ist zwischen den beiden Staaten in Deutschland ein ganzes Geflecht von Vereinbarungen auf verschiedenen Gebieten entstanden. Auszugehen ist von Art. 7 des Vertrags, in dem beide Seiten ihre Bereitschaft erklärten, »im Zuge der Normalisierung ihrer Beziehungen praktische und humanitäre Fragen zu regeln«. Dies geschah auf zahlreichen Gebieten.

Voraussetzung für die Wahrnehmung und den Ausbau der Beziehungen bildete das Protokoll über die Errichtung der Ständigen Vertretungen vom 14. März 1974, das als eine Durchführungsvereinbarung zu Art. 8 des Grundlagenvertrags klarstellte, daß die Vertretungen keine diplomatischen Missionen sind. In drei Bereichen führten die innerdeutschen Verhandlungen bereits im Frühjahr 1974 zu Ergebnissen: Nachdem am 25. April 1974 das Gesundheitsabkommen und Vereinbarungen über nichtkommerziellen Zahlungs- und Verrechnungsverkehr unterzeichnet worden waren, konnten die Sport-Beziehungen am 8. Mai 1974 durch ein Protokoll zwischen dem Deutschen Sportbund und dem Deutschen Turn- und Sportbund auf eine neue Grundlage gestellt werden.

Die meisten vertraglichen Vereinbarungen zwischen der Bundesrepublik Deutschland und der DDR dienten den Interessen Berlins – vor allem der Verbesserung der Transitstrecken auf Straße, Schiene und Wasserwegen. Zumeist knüpften sie an das Transitabkommen vom 17. Dezember 1971 an, das Teil des Vier-Mächte-Abkommens vom 3. September 1971 war. Aufgrund der Vereinbarungen mit der Bundesrepublik Deutschland über die Höhe der Transit-Pauschale, die Abgeltung der Beförderungsleistungen der DDR im Postverkehr zwischen dem Bundesgebiet und Berlin, den Fernsprechverkehr und über die pauschale Abgeltung der Straßenbenutzungsgebühren der DDR durch die Bundesregierung hat sich die DDR »einen ständig fließenden Strom von Zahlungen in ihre Devisenkassen erschlossen, der in der volkswirtschaftlichen Gesamtrechnung des Landes eine nicht unerhebliche Rolle spielt. Es ist nicht zu bestreiten, daß die Bundesrepublik hier auch ›politische Preise‹ gezahlt hat und zahlt.«[5]

Die Bundesregierung begründete die beträchtlichen finanziellen Leistungen mit dem richtigen Hinweis auf die Interessen von West-Berlin, da die Lebensfähigkeit der Stadt von der Sicherung eines ungehinderten und schnellen Transit-Verkehrs in hohem Maße abhängig war. Am 21. Dezember 1979 unterzeichneten die Regierungen der beiden Staaten in Deutschland ein Abkommen über die Zusammenarbeit im Veterinärwesen, das den Rahmen für die fachlich-administrative Kooperation auf diesem Gebiet schuf.

Zu Beginn der 80er Jahre setzte die sich rapide verschlechternde internationale Großwetterlage dem Ausbau der innerdeutschen Beziehungen enge Grenzen. Nachdem die UdSSR seit Mitte der 70er Jahre mit ihrer forcierten Vorrüstung das militärische Gleichgewicht in Europa empfindlich gestört hatte, reagierte die NATO am 12. Dezember 1979 mit dem Doppelbeschluß: Bis Ende 1983 sollte die Sowjetunion in Verhandlungen veranlaßt werden, ihr eurostrategisches Gewicht in Europa abzubauen. Sollte sie dazu nicht bereit sein, werde die NATO ab Ende 1983 insgesamt 572 nukleare Mittelstreckensysteme in Europa stationieren. Durch die Invasion in Afghanistan Ende 1979 belastete die sowjetische Führung zusätzlich die Ost-West-Beziehungen auf das Schwerste. In Polen entwickelte sich 1980 die politische Situation zunehmend krisenhaft, so daß die SED-Führung – ähnlich wie 1968 im Falle des »Prager Frühlings« – Rückwirkungen auf die innere Situation der DDR befürchtete. Die Hoffnung Ost-Berlins, zwischen dem Nachrüstungsbeschluß der NATO und der weiteren »Normalisierung« der deutsch-deutschen Beziehungen ein Junktim herzustellen, war jedoch trügerisch.

Auch wenn die DDR-Führung im Herbst 1980 ihrer auf »Normalisierung« gerichteten Politik gegenüber der Bundesrepublik Deutschland mehrere Keulenschläge versetzte und das innerdeutsche Verhältnis einer schweren Belastungsprobe aussetzte, war sie bestrebt, die Beziehungen zwischen beiden Staaten nicht gänzlich

»einzufrieren«. Maßgebend dafür waren vornehmlich handfeste und weitreichende ökonomische Interessen. Am 9. Oktober 1980, vier Tage nach der Wahl zum Bundestag, die der SPD/F.D.P.-Bundesregierung unter Bundeskanzler Helmut Schmidt wiederum die Mehrheit verschaffte, verfügte die DDR-Führung eine drastische Erhöhung der Mindestumtauschsätze für Reisende aus »nichtsozialistischen Staaten«. Diese rigorose Maßnahme führte zu einem erheblichen Rückgang des Reiseverkehrs aus der Bundesrepublik in die DDR sowie von West-Berlin nach Ost-Berlin und war ein eindeutiger Verstoß gegen die Geschäftsgrundlage der Reise- und Besuchsregelung. Erst im September 1983 hat die DDR nur den Mindestumtausch für Jugendliche bis zum vollendeten 14. Lebensjahr aufgehoben.

Am 13. Oktober 1980 machte SED-Chef Honecker mit seiner Rede in Gera den massiven Versuch, die innerdeutschen Beziehungen uneingeschränkt auf die völkerrechtliche Ebene zu heben und sie – mit Ausnahme des Gebiets des Handelsverkehrs – von allen noch fortbestehenden Besonderheiten zu befreien (Geraer Forderungen). So verlangte er nicht nur, daß sich »die BRD in der Frage der DDR-Staatsbürgerschaft endlich auf die Realitäten besinnt...«, sondern forderte auch die Umwandlung der Ständigen Vertretungen in Botschaften, die Hinnahme der DDR-Position beim Streit um die Elbe-Grenze und die »Auflösung der sogenannten ›zentralen Erfassungsstelle‹ Salzgitter«. Verständlicherweise war die Bundesregierung Schmidt/Genscher nicht bereit, die im Grundlagenvertrag vereinbarte rechtliche Basis des innerdeutschen Sonderverhältnisses zu verändern. Für sie und die parlamentarische Opposition standen die Besonderheiten der innerdeutschen Beziehungen angesichts der fortexistierenden Rechte und Verantwortlichkeiten der Vier Mächte nicht zur Disposition.

Aufgrund der verhärteten Haltung Ost-Berlins war es nicht erstaunlich, daß der Arbeitsbesuch Bundeskanzler Helmut Schmidts in der DDR vom 11. bis 13. Dezember 1981 nur wenige konkrete Ergebnisse aufwies. Auch wenn Honecker eine Revision des NATO-Doppelbeschlusses verlangte und wiederum darauf drang, die innerdeutschen Beziehungen auf die völkerrechtliche Ebene zu transponieren, führte er in seinen Besprechungen mit Bundeskanzler Schmidt am 12. Dezember 1981 gleichzeitig aus: »Wir können uns von der Weltpolitik nicht abkoppeln, aber wir können, jeder auf seine Weise, einen wesentlichen Beitrag leisten zur Verbesserung des internationalen Klimas, vor allem zur Stabilisierung des Friedens in Europa.«

Zwar blieb die innerdeutsche Bilanz Anfang der 80er Jahre nicht völlig negativ, doch wurden wichtige Erwartungen an die DDR-Führung bis zum Ende der Regierungszeit der sozial-liberalen Koalition im Herbst 1982 nicht erfüllt: »Die innerdeutschen Beziehungen waren, trotz erheblicher Leistungen der Bundesrepublik Deutschland, ins Stocken geraten. Ursache dafür war, neben dem Abgrenzungsbedürfnis der SED, ihr Versuch, die innerdeutschen Beziehungen vom Wohlverhalten der Bundesrepublik Deutschland in sicherheitspolitischen Fragen abhängig zu machen.«[6]

Obwohl die DDR-Führung 1982/83 nach dem Regierungswechsel in Bonn vor den einschneidenden Folgen einer Nachrüstung auch für das innerdeutsche Verhältnis warnte, war sie gleichfalls bestrebt, zumindest auf wirtschaftlichem Gebiet die

Beziehungen auszubauen. Da die Bundesregierung um die verschlechterte ökonomische Situation der DDR wußte, beschloß sie am 29. Juni 1983 einen Milliarden-Kredit westdeutscher Banken an die DDR, den der bayerische Ministerpräsident Franz Josef Strauß »eingefädelt« hatte. Nach Begegnungen mit führenden bundesdeutschen Politikern, die Honecker zur Beseitigung der Selbstschußanlagen an der innerdeutschen Grenze aufgefordert hatten, versicherte er am 5. Oktober 1983, die Selbstschußanlagen »an der gesamten Länge der Grenze« zur Bundesrepublik wurden »vollkommen« abgebaut. Bereits zuvor, am 15. September 1983, hatte die DDR eine Verordnung erlassen, mit der die Familienzusammenführung und die Eheschließung von DDR-Bürgern mit »Ausländern« geregelt wurden.

Während die Arbeit der innerdeutschen Kommissionen auf den verschiedenen Gebieten in den Jahren ab 1980 trotz der deutlich abgekühlten Ost-West-Beziehungen nicht unterbrochen wurde, hatte die DDR schon im März 1975 die Ende November 1973 mit Bonn aufgenommenen Verhandlungen über den Abschluß eines Abkommens über die kulturelle Zusammenarbeit blockiert, als sie die Herausgabe jener Kunstgegenstände forderte, die vor 1945 ihren Standort auf dem Territorium des späteren Ost-Berlin hatten und sich im Eigentum der Stiftung Preußischer Kulturbesitz in West-Berlin befanden. Erst am 20. September 1983 wurden die Verhandlungen wiederaufgenommen, die am 6. Mai 1986 erfolgreich abgeschlossen werden konnten. Sowohl hinsichtlich der unterschiedlichen Rechtsauffassungen über die von der Stiftung Preußischer Kulturbesitz verwalteten Museumsbestände des ehemaligen preußischen Staats als auch durch die volle Einbeziehung West-Berlins in den Kulturaustausch konnte eine für beide Seiten befriedigende Lösung erzielt werden. Das Kulturabkommen war eine der erfreulichsten und produktivsten innerdeutschen »Errungenschaften«, da es neben Musik, Theater, bildender Kunst, Literatur und Filmwesen, auch Bildung und Wissenschaft, Archiv- und Bibliothekswesen, Museen und Denkmalspflege einschloß.

Zu den unerfüllten Aufträgen des Grundlagenvertrags, wie sie im Zusatzprotokoll zu Art. 7 umschrieben waren, gehörten bis 1982 Regelungen über den Umweltschutz, obwohl die DDR in Art. 15 ihrer revidierten Verfassung aus dem Jahre 1974 ihn mit Verfassungsrang ausgestattet hatte. Erst am 28. September 1982 wurde zwischen der Bundesrepublik Deutschland und der DDR eine Vereinbarung über die Reinigung von DDR-Abwässern getroffen, die nach West-Berlin fließen; am 12. Oktober 1983 folgte die Unterzeichnung eines Abkommens über die Reinhaltung des thüringisch-fränkischen Grenzflusses Röden.

Nach dem Abschluß des Kulturabkommens zwischen den beiden Staaten in Deutschland vom 6. Mai 1986 hegten Bundesregierung und parlamentarische Opposition berechtigte Hoffnungen, nun auch in jenen wenigen Sachbereichen mit der DDR vertragliche Vereinbarungen zu erreichen, die gemäß dem Zusatzprotokoll zu Art. 7 des Grundlagenvertrags zuvor nicht erzielt werden konnten. Das galt vor allem für ein Abkommen über den Rechtshilfeverkehr, dessen Abschluß die DDR von einer einschneidenden Änderung der im Grundgesetz verankerten (gesamt)-deutschen Staatsangehörigkeit abhängig gemacht hatte. Darüber hinaus hatten sich die beiden Staaten in Deutschland im Zusatzprotokoll zum Grundlagenvertrag verpflichtet, Abkommen über die Zusammenarbeit im Bereich Wissenschaft und Technik zu schließen.

Erst der mehrfach verschobene Arbeitsbesuch von Staats- und Parteichef Honekker vom 7. bis 11. September 1987 in der Bundesrepublik Deutschland – in Erwiderung der Visite Bundeskanzler Schmidts im Dezember 1981 in der DDR – führte zu einer beachtlichen »Ausfüllung« des Grundlagenvertrags. Am 8. September 1987 wurden in Bonn Abkommen über die Zusammenarbeit auf den Gebieten der Wissenschaft und Technik, die weitere Gestaltung der Beziehungen auf dem Gebiet des Umweltschutzes sowie Informations- und Erfahrungsaustausch auf dem Gebiet des Strahlenschutzes unterzeichnet. Das Abkommen über die Zusammenarbeit auf den Gebieten der Wissenschaft und Technik schuf erstmals die Voraussetzungen für wissenschaftlich-technologische Kooperation zwischen Wissenschaftlern und Institutionen der beiden Staaten in Deutschland. Die drei Abmachungen bezogen – gemäß der Rechtsprechung des Bundesverfassungsgerichts – ausdrücklich West-Berlin ein. Damals vermochte niemand vorauszusehen, daß nach gut zwei Jahren die Mauer offen und ein Jahr später Deutschland staatlich vereinigt sein würde.

5. Fazit: Auch wenn der Grundlagenvertrag zunächst sowohl von politischer als auch wissenschaftlicher Seite kontrovers beurteilt worden ist, bildete er mit den zusätzlichen Abmachungen eine tragfähige Basis für die Gestaltung der innerdeutschen Beziehungen. Strittig bleibt die Frage, ob die Bundesregierung gut beraten war, sich – aufgrund der vorgezogenen Wahl zum Deutschen Bundestag am 19. November 1972 – unter Zeitdruck und Erfolgszwang zu setzen. Aus diesen innenpolitischen Gründen heraus schien es ihr unerläßlich, bis zum 19. November 1972 ein Verhandlungsergebnis vorzuweisen und die Regelung wichtiger innerdeutscher Fragen der Zukunft zu überlassen.[7] Egon Bahr und die sozialdemokratischen Interpreten des Verlaufs und der Ergebnisse der innerdeutschen Verhandlungen weisen diesen Einwurf strikt zurück. Die Tatsache, daß im Verlauf der 70er Jahre und später die Bonner Deutschland-Politik von einem breiten parlamentarischen Konsens getragen wurde, geht vor allem auf das Grundlagenvertragsurteil des Bundesverfassungsgerichts vom 31. Juli 1973 zurück. Die integrative Wirkung dieser Entscheidung auf Politik und Wissenschaft kann gar nicht hoch genug veranschlagt werden. Mit seinem Diktum, der Vertrag sei keine »endgültige Lösung der deutschen Frage«, seinem unmißverständlichen Festhalten am Wiedervereinigungsgebot des Grundgesetzes und seiner prononcierten Berufung auf den Brief der Bundesregierung zur deutschen Einheit an die Regierung der DDR sorgte das höchste deutsche Gericht dafür, daß die »deutsche Frage« rechtlich, historisch und politisch offen blieb. In der Retrospektive sollte gleichfalls an den Beschluß des Bundesverfassungsgerichts vom 21. Oktober 1987 erinnert werden, in dem es nachdrücklich betonte, auch nach Abschluß des Grundlagenvertrags sei die Deutsche Demokratische Republik »ein anderer Teil Deutschlands. ... Erst wenn eine Trennung der Deutschen Demokratischen Republik von Deutschland durch eine freie Ausübung des Selbstbestimmungsrechts besiegelt wäre, ließe sich die in der Deutschen Demokratischen Republik ausgeübte Hoheitsgewalt aus der Sicht des Grundgesetzes als eine von Deutschland abgelöste fremdstaatliche Gewalt qualifizieren«. Zukunftsweisend hob das Bundesverfassungsgericht in seinem Beschluß vom 21. Oktober 1987 – ebenso wie im Urteil vom 31. Juli 1973 – den fortbestehenden Vier-Mächte-Status für Deutschland als Ganzes akzentuiert hervor. Diese Rechtsauffassung erwies sich insofern nach der friedlichen Revolution in der DDR im Herbst 1989 als richtig, als die drei Westmächte und die UdSSR keinen Zweifel an ihrem Mitspracherecht an der »Lösung« der »deutschen Frage« ließen. Bundeskanzler Helmut Kohl ist zu attestieren, daß für ihn seit seinem Amtsantritt am 1. Oktober 1982 die Fortexistenz der Vier-Mächte Rechte und -Verantwortung für Deutschland als Ganzes (und Berlin) zu den unumstößlichen Prämissen seiner Deutschland-Politik bis zur Zeitenwende 1989/90 gehörte.[8] Dieses Faktum wird auch nicht dadurch relativiert, daß der innerdeutsche Einigungsprozeß angesichts des schnellen Kollapses der DDR den »Zwei-plus-Vier«-Prozeß wesentlich beschleunigt hat, so daß er mit der Unterzeichnung des »Zwei-plus-Vier«-Vertrags am 12. September 1990 abgeschlossen werden konnte.

Jens Hacker

Anmerkungen:

1 Vgl. G. Ress: Die Rechtslage Deutschlands nach dem Grundlagenvertrag vom 21. Dezember 1972, Berlin 1978, S. 1.
2 Vgl. dazu J. Hacker: SED und nationale Frage, in: I. Spittmann (Hrsg.): Die SED in Geschichte und Gegenwart, Köln 1987, S. 43–64.
3 So M. E. Sarotte: Wie der Osten es sah – SED-Dokumente über deutsch-deutsche Gespräche vor 25 Jahren, in: Die Zeit, 24. 11. 1995.
4 Entscheidungen des Bundesverfassungsgerichts, 36. Bd., Tübingen 1974, S. 1–36.
5 Vgl. P. J. Winters: Vereinbarungen und Verhandlungen mit der DDR im Gefolge des Grundlagenvertrages, in: Deutschland Archiv, 12/1982, S. 1305–1313.
6 Bundesministerium für innerdeutsche Beziehungen (Hrsg.): Innerdeutsche Beziehungen. Die Entwicklung der Beziehungen zwischen der Bundesrepublik Deutschland und der Deutschen Demokratischen Republik 1980–1986. Eine Dokumentation, Bonn 1986, S. 10.
7 Vgl. dazu J. Hacker: Die Deutschland-Politik der SPD/F.D.P.-Koalition 1969–1982, in: Deutscher Bundestag (Hrsg.): Materialien der Enquete-Kommission »Aufarbeitung von Geschichte und Folgen der SED-Diktatur in Deutschland« (12. Wahlperiode des Deutschen Bundestages), Band V/2, Baden-Baden 1995, S. 1489–1542, hier S. 1528 f.
8 Vgl. dazu nun umfassend K.-R. Korte: Deutschlandpolitik in Helmut Kohls Kanzlerschaft – Regierungsstil und Entscheidungen 1982–1989, Stuttgart 1998.

Literatur:

BAHR, EGON: Zu meiner Zeit, München 1996. □ BUNDESMINISTERIUM FÜR GESAMTDEUTSCHE FRAGEN (Hrsg.): Texte zur Deutschlandpolitik, Bd. 1 ff., ab Bd. 3 hrsg. vom Bundesministerium für innerdeutsche Beziehungen, Bonn/Berlin 1968 ff. □ BUNDESMINISTERIUM FÜR INNERDEUTSCHE BEZIEHUNGEN (Hrsg.): Zehn Jahre Deutschlandpolitik. Die Entwicklung der Beziehungen zwischen der Bundesrepublik Deutschland und der Deutschen Demokratischen Republik 1969–1979, Bonn 1980. □ Hacker, Jens: Deutsche unter sich. Politik mit dem Grundvertrag, Stuttgart 1977. □ Ders.: Deutsche Irrtümer. Schönfärber und Helfershelfer der SED-Diktatur im Westen, Berlin 1992. □ Kimminich, Otto: Grundvertrag. Anhang zum Kommentar zum Bonner Grundgesetz (Bonner Kommentar), Hamburg 1974. □ Korte, Karl-Rudolf: Deutschlandpolitik in Helmut Kohls Kanzlerschaft. Regierungsstil und Entscheidungen 1982–1989, Stuttgart 1998. □ Potthoff, Heinrich: Bonn und Ost-Berlin 1969–1982. Dialog auf höchster Ebene und vertrauliche Kanäle. Darstellung und Dokumente, Bonn 1997. □ Ress, Georg: Die Rechtslage Deutschlands nach dem Grundlagenvertrag vom 21. 12. 1972, Berlin 1978. □ Vogtmeier, Andreas: Egon Bahr und die deutsche Frage. Zur Entwicklung der sozialdemokratischen Ost- und Deutschlandpolitik vom Kriegsende bis zur Vereinigung, Bonn 1996. □ Wilke, Kay-Michael: Bundesrepublik Deutschland und Deutsche Demokratische Republik. Grundlagen und ausgewählte Probleme des gegenseitigen Verhältnisses der beiden deutschen Staaten, Berlin 1976. □ Zieger, Gottfried (Hrsg.): Fünf Jahre Grundvertragsurteil des Bundesverfassungsgerichts. Symposium vom 2. bis 4. 10. 1978, Köln 1979.

Identität

→ Berichte zur Lage der Nation, Deutschland von außen, Deutschlandbegriff im sprachlichen Wandel, Doppelte Staatsgründung, Einstellungen zur deutschen Einheit, **Geschichtsbewußtsein**, Innerdeutsche Beziehungen, Innere Einheit, Medien, **Nation und Nationalbewußtsein**, Politische Kultur.

1. Kollektive Identität und moderne Gesellschaft: Der Identitätsbegriff des sozial-psychologischen Ansatzes differenziert zwei Dimensionen: personale und kollektive Identität. Beide ergeben sich aus einem Prozeß der Selbstdefinition. Analog zur personalen Identität entsteht kollektive Identität in einem sozialen Vorgang aus Interaktion, aus Rollen und Symbolen. Kollektive Identitätsfindung bedarf der gemeinsamen Überzeugungen, Zuschreibungen und Einordnungen. Identität äußert sich in der Art und Weise, wie Menschen denken sowie in der Form der Verankerungen ihrer Weltbilder und gesellschaftlichen Konstruktionen. Sie formt sich als Amalgam aus Gedächtnisstoff, Gegenwartserfahrung und Zukunftsprojektion. Jede Form von Identität kennt diese drei Komponenten: Geschichte stiftet Identität durch das Verhältnis der Menschen zur Vergangenheit; Gegenwart begründet Identität durch politische und soziale Ortsbestimmung; Zukunft formt Identität durch die Antizipation künftigen Handelns. Danach ist Identität ein Informationsmuster zur Koordination des jeweiligen Akteurs mit seiner Umwelt. Sie ist die Summe unseres Orientierungswissens. Orientierungen fungieren als Ordnungsrahmen für die eingehenden Informationen. Sie sind allgemeine Umweltbeschreibungen, grundlegende Erwartungen, Bestandsaufnahmen und Selektionshilfen.[1]

Mit der Frage nach der Identität ist also nicht ein esoterisch-intellektuelles Glasperlenspiel initiiert, sondern das elementare Konstruktionsprinzip moderner Gesellschaften thematisiert und problematisiert. Sie wird erst dort aufgeworfen, wo Identitätsmängel und Identitätsstörungen ausgemacht werden, wo die Einbettung in die Sozialwelt keine unproblematische Selbstverständlichkeit ist, wenn sie vielmehr als reflexionsbedürftig angesehen wird. Die Identität eines jeden Individuums ist geprägt von einer Fülle von Intersubjektivitäten und Gemeinschaftserfahrungen, die mehr oder weniger eng verbunden als Varianten relativierter und sich wechselseitig relativierender Schichten der Identität nebeneinander stehen. Das Individuum erkennt das »Wir« seiner Heimatgemeinde, seiner Region, seines Staates und seiner Nation. Es lebt im Horizont Europas und zugleich im Horizont einer Weltgesellschaft. Hatte die Vormoderne die kollektive Identität durch Milieus, geschlossene Weltbilder und Transzendenzbezug noch vorgegeben, muß die moderne Gesellschaft diese selbst entwerfen, um existenzfähig zu sein. Mit der Auflösung vorgefundener Interpretationsanordnungen für die Lebenswelt wird der Bedarf an Orientierung besonders groß. Mit dem hohen Maß an Mobilität, Pluralität und Differenzierung sind auch Identifikationsmöglichkeiten zerbrochen. Hinzu kommt, daß mit dem Ende des Ost-West-Konflikts das kommunistische Gegenbild und damit die einfachere Form der Identitätsbildung durch Abgrenzung und Anderssein weggefallen ist. Denn die jetzt notwendige positive Definition von Identitäten zählt zu den theoretisch und ebenso praktisch schwierigsten Unterfangen.

Insgesamt kann man diese Überlegungen in einer Grundlinie zusammenfassen, welche die Problematik der kollektiven Identität in modernen Gesellschaften bündelt: Tiefgreifender Wandel, Aufgabe traditioneller Bindungen, Streben nach Sicherheit, Übersteigen der Fähigkeit zur bewußten Erlebnisverarbeitung durch die Flut an Informationen, der Eindruck anonymer Institutionen – dies alles läßt den Wunsch nach Orientierung zum überragenden Verlangen werden.[2]

Dabei taten sich die Deutschen schon immer schwer, ihre Identität befriedigend zu beschreiben. Die Frage, was Deutschland sei, durchzieht die deutsche Geschichte als Ausdruck der Permanenz eines Problems. Die Aufgabe, eine gemeinsame Identität im vereinten Deutschland zu verwirklichen, wird durch die doppelte Nachkriegsgeschichte zusätzlich verkompliziert: Nicht nur die Selbstwahrnehmung der Deutschen vor dem Hintergrund ihres Herkunftsbewußtseins, sondern auch ihre doppelten Erfahrungshorizonte in den Jahren der Teilung sowie die Muster der gegenseitigen Wahrnehmung in Ost und West prägen die vielfach friktionierte Gemeinschaftserfahrung. Eine genauere Beleuchtung dieser Themenfelder kann einen Beitrag zur Klärung der Frage liefern, woher die Probleme auf dem Weg zu einer gesamtdeutschen Identität rühren.

2. Deutsche Selbstwahrnehmungen

2.1. Herkunftsbewußtsein: Nicht von ungefähr ist die alte Frage der Deutschen nach ihrer Identität durch die Jahrhunderte nie ganz verstummt und nicht von ungefähr ist sie bis heute immer wieder mit Nachdruck gestellt worden. Das liegt nicht zuletzt daran, daß die eigentliche Kontinuität der deutschen Geschichte in ihrer

Diskontinuität zu liegen scheint: die Konflikte zwischen römischer und germanischer Rechtstradition, zwischen römisch-katholischem und reformiertem Christentum, zwischen nationaler Vision und tatsächlicher Zerrissenheit. Die historischen Zäsuren haben bisher eine einfache Selbstbeschreibung verhindert. In Deutschland konnte sich der geistig-politische Idealismus nicht abnutzen, sondern er wurde vielmehr zur Kompensation des politischen Scheiterns. Die Erfahrung ihrer Unterlegenheit im Ersten Weltkrieg konnten die Deutschen wettmachen durch den geistigen Zweifel am Wertesystem der Sieger. Die moralisierenden und romantischen Vorbehalte gegenüber der demokratisch organisierten Industriegesellschaft bestimmten die Distanz gegenüber der Weimarer Republik und auch die Suche nach einer Mittlerposition zwischen Ost und West. Die Skepsis und Distanz zum neuen demokratischen Staat und zu den komplizierten Mechanismen der Konfliktregelung in Demokratien, die Sehnsucht nach Rückkehr zu einer neuen Gesellschaft bildeten eine wichtige Grundlage für die Etablierung der nationalsozialistischen Herrschaft. Vor diesem Hintergrund gibt es seit der ersten Hälfte des 19. Jahrhunderts eine immer wieder neu belebte Diskussion über einen deutschen Sonderweg.[3] Bis heute hat sich dieses Thema als eine Kategorie des Geschichtsbewußtseins behauptet.

Nach dem Zweiten Weltkrieg setzte sich die politische und staatliche Diskontinuität Deutschlands mit der Teilung in zwei Staaten fort. Beide haben dabei entgegengesetzte gesellschaftspolitische Positionen und ordnungspolitische Vorstellungen vertreten. Sie waren jeweils Mitglieder in einem antagonistischen Bündnissystem und somit fester Bestandteil des Ost-West-Konflikts. Diese unterschiedlichen Erfahrungshorizonte prägen die Identität der Deutschen.

2.2. Erfahrungshorizont der Bundesrepublik Deutschland: Für die alte Bundesrepublik läßt sich eine ausgeprägte Stabilität konstatieren – politisch, ökonomisch, sozial. Keiner der großen politischen Richtungskämpfe der Nachkriegszeit hatte sich zu einer Krise der Demokratie entwickelt. Das Parteiensystem hat aus wenigen großen Parteien bestanden. Die sozialen Spannungen haben eine geringere Intensität erreicht als in anderen vergleichbaren Industriestaaten. Auch der Grundbestand an Wertschätzungen der Bürger zeigte ein hohes Maß an Konstanz: Wunsch nach Sicherheit, hohe Einschätzung von Ehe und Familie, materieller Wohlstand, Befürwortung der Demokratie. Auf der Ebene des nationalen Bewußtseins gab es ein hohes Maß an Zustimmung zur Präambel des Grundgesetzes und zum langfristigen Ziel der Wiedervereinigung. Auch wenn sie kurzfristig nur von wenigen Bundesbürgern für möglich gehalten worden ist, wurde sie dann von einer großen Mehrheit begrüßt, obwohl auch Vorbehalte aufgrund der hohen Kosten laut wurden.[4]

Zwar gab es auch manche Unsicherheiten: die Klage über fehlende demokratische Leidenschaft, das Unverhältnis zwischen privater Gefühlslage und öffentlichem Gefühl, Ängste und Bedrohungsvorstellungen, die Frage nach der Räson des Staates, nach der politischen Idee der Bundesrepublik Deutschland. Doch bot ihre 40jährige Geschichte mannigfaltige Identifikationsmöglichkeiten. Sie ist eine

Quelle für Stolz und Zufriedenheit mit dem Geleisteten. In den 50er Jahren deckten Wiederaufbau, Wohlstand und soziale Sicherheit, Errichtung einer stabilen Demokratie sowie Rückgewinnung internationalen Vertrauens den Bedarf an politischer Gemeinschaftserfahrung. In den 60er Jahren wurde vieles kritisch befragt; nach der Großen Koalition dann der neue Aufbruch mit großen emotionalen Investitionen, mit weitgesteckten Erwartungen an die Fähigkeit der Politik zur Glücksvermittlung. Vom Aufbruchs- und Fortschrittspathos vom Anfang der 70er Jahre war am Ende des Jahrzehnts wenig geblieben. Die prägenden Ideen der Nachkriegszeit hatten ihre Schubkraft verloren. In diesem Kontext wurden alternative geistig-politische Standortbilder neu erwogen. Hierbei ging es um das Verhältnis zwischen nationaler Teilung und innerer Verfassung, um die Spannung zwischen Wiedervereinigungspostulat und demokratischer Stabilisierung in der Bundesrepublik, welche die Identitätsdebatte wesentlich prägte.[5]

2.3. Erfahrungshorizont der DDR: Die Dispositionen zur deutschen Identität haben sich in der ehemaligen DDR weitgehend den Instrumenten einer systematisch vorgehenden empirischen Sozialforschung entzogen. Die offizielle Haltung der DDR zum Problem der deutschen Identität ist eindeutig gewesen. Sie vertrat einen inhaltlich fixierten, wertgebundenen und wertbezogenen Nation-Begriff, der verbunden war mit den Begriffen Klasse, Klassenkampf und Sozialismus. Die stärkere Konzentration des Nation-Begriffs auf den Sozialismus seit Ende der 60er Jahre hatte seine politisch-strategische Ergänzung in der Abgrenzungspolitik gegenüber dem Klassenfeind in der Bundesrepublik Deutschland gefunden, der eine kapitalistische Nation formierte. Zur sozialistischen Nation gehörten alle Deutschen, deren Klassenstandpunkt sie – aus der Sicht der SED – auf der Seite des Friedens, des Fortschritts und des Sozialismus stehen ließ.

Neben der offiziellen Positionsbeschreibung muß auch die gesellschaftliche Realität der DDR gesehen werden. Gerade Mitte der 80er Jahre rückten Entwicklungen in den Vordergrund, die in ihren langfristigen Konsequenzen das Ende des SED-Staates besiegelten: Äußerungen oppositioneller Kräfte und wirtschaftliche Probleme. Beide Aspekte waren längere Zeit festzustellen. Was aber im Grundsätzlichen ihre Brisanz ausmachte, ist ihre spezifische Verknüpfung gewesen. Es äußerten sich oppositionelle Kräfte, die einerseits ihre Kritik als Votum für einen veränderten Sozialismus verstanden, die andererseits aber nicht bei abstrakten Theorien, sondern bei Phänomenen des Alltags ansetzten. Wirtschaftliche Schwierigkeiten, die die Bedürfnisse des Einzelnen in der DDR getroffen haben, sind deutlich in den Vordergrund getreten. Die Verknüpfung beider Elemente in Ansatzpunkten, die Alltagserfahrungen aufgegriffen und thematisiert haben, dies scheint der wesentliche Zugang zu den damals beobachtbaren Phänomenen in der ehemaligen DDR zu sein. Sie hat ihr zusätzliches Gewicht durch die verdichtete Kommunikation zwischen den Bürgern im geteilten Deutschland erhalten. Die Gesellschaft in der Bundesrepublik Deutschland als ständiger Bezugspunkt – gerade auch über die Massenmedien vermittelt –, dies führte zu einer Vergegenständlichung der Idee der nationalen Einheit, wie sie prägender kaum vorstellbar gewesen ist.

3. Wechselseitige Wahrnehmungen im geteilten Deutschland

3.1. Staatliche Teilung und Spaltung der Gesellschaften 1945–1961: Das Ende des Krieges, die »Stunde Nichts« (H. Böll), leitete zunächst eine kurze Phase gesamtdeutscher Erwartungen ein. Die Suche nach einer neuen Identität knüpfte an die Traditionen der Kulturnation an. Sie orientierte sich am antifaschistischen Konsens, sondierte die Idee eines eigenen Weges und zielte anfangs häufig auf eine Synthese von Demokratie und Sozialismus. Nach kurzer Zeit wurde deutlich, daß diese Leitbegriffe von den Protagonisten in Ost und West unterschiedlich verstanden wurden. Die politische Entwicklung in den Westzonen folgte dem Vorbild der liberalen Demokratie, während in der östlichen Zone das sowjetsozialistische Herrschaftsmodell, verbunden mit einem »Klassenkampf nach innen« (W. Ulbricht), etabliert wurde. Wer von dieser Politik betroffen war, wanderte häufig schon in dieser Zeit in den Westen ab.

Der Beginn des Kalten Krieges und die Flüchtlinge aus der SBZ bestimmten daher im Westen am Ende der 40er Jahre das vorherrschende Wahrnehmungsmuster eines essentiellen Antikommunismus. Im Osten Deutschlands zeichnete sich eine Spaltung der Gesellschaft ab: Während sich einerseits Distanz und Widerspruch gegenüber der »antifaschistisch-demokratischen Ordnung« manifestierten, gelang es der SED, Teile der Gesellschaft durch eine revolutionäre Aufbruchstimmung zu mobilisieren, die mit dem Anspruch verknüpft war, ein neues Deutschland aufzubauen, das sich vom Nationalsozialismus befreit und den Kapitalismus überwunden habe.

Die westdeutsche Wahrnehmung der doppelten Staatsgründung 1949 war durch den zweifachen Antagonismus: Demokratie oder Totalitarismus, Freiheit oder Diktatur gekennzeichnet. Die Studie von Ernst Richert »Macht ohne Mandat« (1958) signalisierte die vorherrschende Grundeinstellung der westdeutschen Bevölkerung gegenüber dem SED-Staat. Die Einschätzung der DDR in der Bundesrepublik wurde vornehmlich durch zwei politische Grunderfahrungen bestimmt: den Aufstand vom 17. Juni 1953 und die anhaltende Fluchtwelle, die als »Abstimmung mit den Füßen« empfunden wurde. Bis zum Mauerbau haben etwa 2,7 Mio. Menschen die DDR verlassen, ein Siebtel der Bevölkerung. Beide Vorgänge zeigten deutlich an, daß sich weite Teile der Gesellschaft in der DDR von der SED distanzierten. Aus dieser Wahrnehmung resultierte im Westen eine doppelte Reaktion: Einerseits wurde die politische Ohnmacht bewußt, die Verhältnisse in der DDR im Sinne einer Demokratisierung und einer Wiederannäherung wirksam beeinflussen zu können; andererseits wurde eine Solidarität mit den »Brüdern und Schwestern« im anderen Teil Deutschlands beschworen, von denen man nicht genau wußte, wie sich ihre Einstellungen und Wertorientierungen unter den Bedingungen der SED-Diktatur und der damit verbundenen ideologischen Propaganda verändert hatten. Das Bild der Westdeutschen von der Gesellschaft der DDR wurde zunehmend diffus: Es wurde von der großen Politik geprägt, die sich in der Block-Konfrontation des Kalten Krieges manifestierte, und von den Übersiedlern beeinflußt, die – sozusagen als frühe Zeitzeugen – ihre Konflikterfahrungen aus der DDR in den westdeutschen Wahrnehmungshorizont einbrachten.

In den 50er Jahren setzte eine Entwicklung ein, die durch eine Asymmetrie der wechselseitigen Wahrnehmung beider deutscher (Teil-)Gesellschaften charakterisiert ist. Während sich für viele Westdeutsche die DDR zunehmend als unbekanntes Land darstellte, wurde der Westen Deutschlands für die Bevölkerung der DDR im wachsenden Maß zur »Beziehungsgesellschaft« (M. R. Lepsius). Selbst die SED konnte sich dieser Westfixierung trotz aufwendiger ideologischer Feindpropaganda nicht entziehen. Auf dem V. Parteitag der SED (Juli 1958) zollte Walter Ulbricht dem westdeutschen »Wirtschaftswunder« Tribut, indem er für die DDR das Ziel formulierte, den Pro-Kopf-Verbrauch an allen wichtigen Lebensmitteln und Konsumgütern Westdeutschlands zu übertreffen.

3.2. Die blockierte Beziehungsgesellschaft 1961 bis 1971: Die politische Kluft zwischen den beiden Teilen Deutschlands schien nach der gewaltsamen Selbstabschließung der DDR am 13. August 1961 endgültig und unüberbrückbar. Durch den Mauerbau hatte sich die politische Konstellation in Deutschland grundlegend verändert. Die rigorose Abriegelung stoppte die Massenflucht und blockierte die Kontakte zwischen den Menschen in beiden Teilen Berlins, nachhaltig wurden auch die Begegnungsmöglichkeiten zwischen den Ost- und Westdeutschen eingeschränkt.

Unter diesen Bedingungen erhielten die Medien für die ostdeutsche Bevölkerung eine zentrale Bedeutung als Informationsquelle über die Entwicklung in Westdeutschland. Weil die Einfuhr von Printmedien weitgehend verboten war, stand dabei zunächst der Hörfunk im Vordergrund, doch konnte sich in den 60er Jahren auch in der DDR das Fernsehen zunehmend etablieren: Während 1960 erst knapp ein Fünftel der Haushalte ein Fernsehgerät besaß, waren es zehn Jahre später bereits mehr als zwei Drittel. Der intensive Einfluß der westdeutschen Medien auf die DDR-Bevölkerung erstreckte sich ebenso auf politische Informationen wie auf Unterhaltungssendungen, er hat vor allem die Konsumansprüche und die Jugendkultur in der DDR zunehmend geprägt.

Während ein großer Teil der DDR-Bevölkerung an einer gesamtdeutschen Orientierung festhielt, hatte die Bundesrepublik in den 60er Jahren den Prozeß ihrer Selbstanerkennung weitgehend abgeschlossen. In der westdeutschen Gesellschaft war ein eigenes Identitätsbewußtsein entstanden, das die Ostdeutschen als eine separate Gemeinschaft empfand, die als Folge einer zwei Jahrzehnte andauernden SED-Herrschaft durch ein anderes politisch-kulturelles Selbstverständnis geprägt schien. Die Gefahr einer wachsenden Entfremdung wurde seit Mitte der 60er Jahre durch den Umstand reduziert, daß die Literatur aus der DDR von vielen Westdeutschen als eine wichtige Möglichkeit entdeckt wurde, Auskünfte über ein fremd gewordenes Land zu erhalten. Aus höchst unterschiedlichen Perspektiven und mit verschiedenem weltanschaulichen Hintergrund wurden Nachrichten aus dem anderen Deutschland empfangen. Sie wurden nicht nur als Literatur gelesen, sondern auch als verschlüsselte politische Botschaften aus einer geschlossenen Gesellschaft. Dadurch wurde die Wahrnehmung der DDR-Gesellschaft deutlicher von der Wahrnehmung des SED-Staates im westlichen Deutschland unterschieden.

Die Große Koalition unternahm im Mai/Juni 1967 erste deutschlandpolitische Sondierungen mit dem Stoph-Kiesinger-Briefwechsel. Eine Veränderung der Politik bahnte sich an, die in erster Linie auf menschliche Erleichterungen abzielte. Damit war die Frage nach einer gesamtdeutschen Verantwortung der bundesdeutschen Politik auf neue Weise virulent geworden, sie manifestierte sich in den kontroversen Debatten über die »Einheit der Nation« und kulminierte in einem deutschlandpolitischen Paradigmenwechsel.

3.3. Folgen des Grundlagenvertrages 1972–1989: Nachdem die Regierung der sozial-liberalen Koalition im Dezember 1969 die staatliche Existenz der DDR anerkannt hatte, war der Weg zu deutsch-deutschen Verhandlungen gebahnt, die genau drei Jahre später mit der Unterzeichnung des Grundlagenvertrages ihren vorläufigen Abschluß fanden. Auf die Frage, ob die Deutschen trotz der anhaltenden staatlichen Teilung eine Nation geblieben wären, fand Bundeskanzler Willy Brandt eine lapidare Antwort: »Nation ist, wenn man sich trifft.« Diese Maxime hat die Politik mit dem Grundlagenvertrag wesentlich bestimmt. Seit Juni 1972 konnten die Westberliner – nach langer Trennung mit wenigen Ausnahmen – wieder regelmäßig den Ostteil der Stadt besuchen, und der westdeutsche Reiseverkehr in die DDR hat sich zwischen 1969 und 1975 fast verdreifacht.

Unabhängig von diesen erweiterten Reisemöglichkeiten wurde im Westen durch die Vertragspolitik eine intensive Neugierde auf den unbekannten deutschen Nachbarn geweckt, ein verstärktes Interesse an Informationen wurde erkennbar, das in erster Linie durch die Berichterstattung der Medien befriedigt wurde, die seit März 1973 eigene Korrespondenten in der DDR akkreditieren konnten. Zahlreiche Publikationen, aber auch die »Materialien zum Bericht zur Lage der Nation«, die von der Bundesregierung zwischen 1971 und 1974 vorgelegt worden sind, haben zu einer neuen Wahrnehmung der DDR beigetragen, in der die Hoffnung auf Veränderung die kritische Sicht auf die Mechanismen der DDR-Diktatur allerdings zuweilen überdeckt hat.

Schon seit dem Ende der 60er Jahre begann sich im Westen eine neue gesamtdeutsche Orientierung auszuprägen, die nicht auf die staatliche Wiedervereinigung, sondern auf eine möglichst weitreichende Annäherung zwischen beiden deutschen Staaten gerichtet war. Dieser Einstellungswandel hatte zwei Wurzeln. Er war motiviert durch die Reformeuphorie der frühen 70er Jahre in der Bundesrepublik, die nach der Ablösung Ulbrichts auch in der DDR zunächst eine gewisse Parallele gefunden zu haben schien, mindestens ebenso aber durch ein Sachzwangdenken, das aus der Konvergenztheorie abgeleitet war. Der niederländische Nationalökonom Jan Tinbergen hatte 1963 die These entwickelt, daß die industriegesellschaftlichen Modernisierungszwänge eine ökonomische Rationalität erforderten, die schließlich auch eine Annäherung der politischen Systeme implizieren würde. Bei vielen westdeutschen DDR-Forschern und Publizisten war es vor allem diese Perspektive eines technokratischen Sozialismus, die dazu führte, daß die DDR nicht politisch-strukturell als totalitäres System, sondern in einer sozioökonomischen Entwicklungsperspektive als sozialistische Industriegesellschaft perzipiert wurde, die durch ein doppeltes Defizit gekennzeichnet war: Sie blieb hinter ihrem sozialistischen Anspruch zurück, weil sie nicht demokratisch war, und war als Industriegesellschaft rückständig, weil sie ökonomische Funktionsmängel aufwies.

Die Erwartung eines Systemwandels in der DDR und die Perspektive einer antagonistischen Kooperation rückten in den 70er Jahren unter dem Vorzeichen einer globalen Entspannungspolitik in den Vordergrund wechselseitiger Wahrnehmung, wobei reformsozialistische Ansätze zur Ausprägung einer intellektuellen Opposition in der DDR beitrugen. In dieser politischen »Gegenkultur«, die im Westen nur partiell wahrgenommen wurde, manifestierte sich auch ein gesamtdeutsches Bewußtsein, das eine staatliche Vereinigung Deutschlands auf der Grundlage einer Neutralisierung intendierte. Während solche Vorstellungen in der Bundesrepublik weitgehend als illusionär betrachtet wurden, fand das Konzept der »Einheit der Nation« seit Mitte der 70er Jahre auch im westdeutschen Kulturmilieu wieder eine zunehmende Resonanz. Die Aufbruchstimmung, die in der ersten Hälfte der 70er Jahre entstanden war, wurde durch die politische Repression gegen marxistische Systemkritiker wie Robert Havemann sowie durch die Zwangsausbürgerung von Wolf Biermann im November 1976 jäh unterbrochen. Desillusioniert sahen sich zahlreiche Schriftsteller sowie andere prominente Künstler »gezwungen, die DDR freiwillig zu verlassen« (H. J. Schädlich). Schon Ende der 70er Jahre hatten nach Erkundungen von Infratest zwei Drittel der DDR-Bürger erklärt, daß sie lieber in der Bundesrepublik leben würden, wobei sogar 90 % dem Westen die besseren Lebensumstände zuschrieben.[6] Seit Anfang der 80er Jahre haben sich die ideologischen Bindungen an den DDR-Sozialismus auch in der jungen Generation zunehmend gelöst. Sofern sie nicht das Rentenalter erreicht hatten, blieb den Ostdeutschen eine Reise in die Bundesrepublik in den meisten Fällen für lange Zeit verwehrt. Erst seit 1987 hat sich diese Situation deutlich verbessert. Die Menschen in der DDR waren daher auf eine durch westdeutsche Besucher und Medien vermittelte Wahrnehmung der Bundesrepublik angewiesen, die sie nicht selbst konkret überprüfen konnten. Dieser Umstand hat eine idealisierte Betrachtung der westdeutschen Beziehungsgesellschaft eher begünstigt, ebenso wie die vergeblichen Abgrenzungspraktiken der SED-Führung. Trotz erleichterter Reisemöglichkeiten erreichte der Anteil regelmäßiger DDR-Besucher aus der Bundesrepublik nur einen Anteil von knapp 10 %, 1985 waren fast zwei Drittel der Westdeutschen noch nie in der DDR oder in Ost-Berlin gewesen.[7]

Die »Finalitätskrise« (S. Meuschel) war in der DDR bereits am Beginn der achtziger Jahre stärker vorangeschritten, als dies im öffentlichen Bewußtsein der Bundesrepublik allgemein wahrgenommen wurde. Man spürte zwar, daß das Klima im deutsch-deutschen Verhältnis kälter geworden war, aber die von der SED propagierten Erfolge sozialistischer Wohlfahrtspolitik erweckten den Anschein relativer Stabilität in einer mit allen Machtmitteln disziplinierten Gesellschaft, die sich auch der Perestroika-Politik Gorbatschows in der Sowjetunion widersetzte. Die krisenhafte Zuspitzung der ökonomischen Situation in der DDR wurde – auch von manchen Experten – unterschätzt, die wachsende Kluft zwischen der politischen Führung und weiten Teilen der Gesellschaft häufig nicht wahrgenommen. Die Mehrheit der Westdeutschen hatte auf die Möglichkeit verzichtet, eine eigene Anschauung von den politischen Verhältnissen und der konkreten Lebenssituation der Menschen in der DDR zu gewinnen. Die genaue Wahrnehmung aktueller Veränderungen im Selbstverständnis der ostdeutschen Gesellschaft blieb daher auf eine Minderheit beschränkt. Das Ende der SED-Diktatur kam unerwartet und unvorbereitet, die Westdeutschen konnten kaum nachvollziehen, daß ein großer Teil der Ostdeutschen lange Jahre mit einer gespaltenen Identität gelebt hatte, in der sich gesamtdeutsche Orientierungen und ein DDR-spezifisches Gemeinschaftsbewußtsein häufig in einer widerspruchsvollen Beziehung vermischten.

4. Identität im vereinten Deutschland: Für Deutschland hat mit der Vereinigung eine neue Zukunft begonnen. Der Abschied von der alten weltpolitischen Ordnung war zugleich ein Abschied vom deutschen Provisorium. Damit werden die tieferen Schichten der Selbstwahrnehmung berührt; es werden neue Fragen gestellt. Die Welt will wissen, wie die Deutschen ihre neue gemeinsame Zukunft gestalten wollen. Wohin werden die Deutschen gehen? Wie werden sie ihren Standort definieren? Welches Maß an weltpolitischer Verantwortung werden sie übernehmen?

Das Problem der politischen Ortsbestimmung Deutschlands entzieht sich einfachen Beschreibungsversuchen. Historisch hat das intensive Nachdenken über sich selbst eine Fülle von Dispositionen zu Tage gefördert: Westwendung, Ostorientierung, Sonderweg, Mittellage, Vermittlerrolle zwischen Ost und West und schließlich der Traum von einem anderen Deutschland als einer geistigen Wirklichkeit sind hier nur einige beispielhaft genannte Varianten. Die bis heute andauernde Suche nach Anworten auf die Fragen »Woher kommen wir? Wer sind wir? Wohin gehören wir?« ist die zentrale politisch-kulturelle Herausforderung der Deutschen, zu deren Bearbeitung sie nur die gewonnenen historischen Erfahrungen heranziehen können. Die Zeit drängt – innenpolitisch, weil jeder vagabundierende Identitätsbedarf unkalkulierbare Risiken birgt; außenpolitisch, weil unsere Nachbarn und Partner im Blick auf die Leistungsfähigkeit Erwartungen und Sorgen mit dem vereinten Deutschland verbinden.

Die Selbstwahrnehmung der Deutschen, ihr Zugriff auf die im historischen Gedächtnis vorhandenen Standortbeschreibungen, wird abhängen vom ökonomischen, aber auch vom sozialpsychologischen Gelingen des Einigungsprozesses. Die Menschen in der DDR haben in gewaltloser Aktion die SED-Diktatur überwunden. Die Euphorie der Wiederbegegnung blieb aber nur eine kurze Episode. Die Ursachen dafür sind vielfältig. Die neue Freiheit im Osten war verbunden mit dem Verlust altgewohnter Sicherheiten. Die Anforderungen an die neuen Bundesbürger, sich in dem tiefgreifenden Transformationsprozeß zu behaupten, der nahezu alle Lebensbereiche umfaßte, waren erheblich. Für sie stellten der Beitritt zum Grundgesetz und der Übergang von der Planwirtschaft zur Sozialen Marktwirtschaft einen Modernisierungsschock dar. Die zu verarbeitende und in das Selbstkonzept einzuordnende Vergangenheit ist die DDR-Geschichte. Der Umbruch zerstörte alte Wertstrukturen, Glaubenssätze und Wahrheiten. Es galt und gilt, das Selbst neu zu verorten. Es zeigte sich auch rasch, daß es vielen Westdeutschen schwerfiel, diese Belastungen zu erkennen, so daß sich ein wechselseitiges Unver-

Abbildung 1: Angestrebte Wertorientierungen in Deutschland 1997

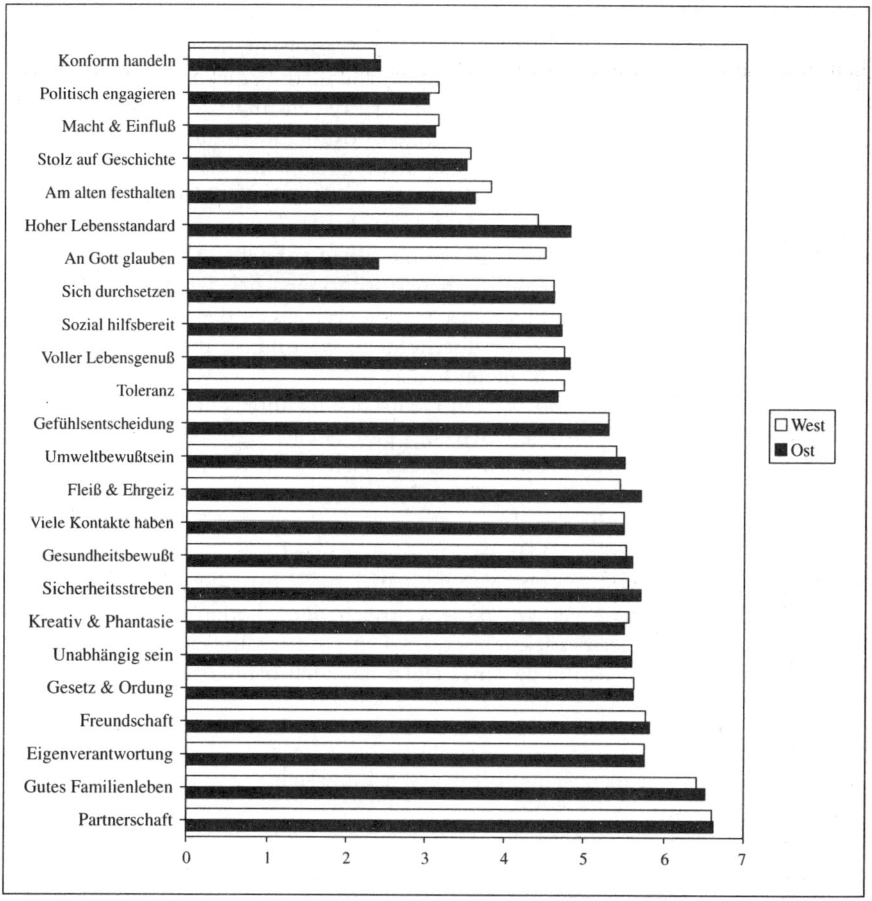

Quelle: Wertesurvey 1997.

ständnis über die Unfähigkeit des jeweils anderen Deutschen ausprägte, die Gestaltung der deutschen Einheit gemeinsam zu realisieren. Symptomatisch dafür sind die befremdlich-provozierenden Formeln von der »Mauer in den Köpfen« und der »Ostalgie«. Im Rückblick auf zehn Jahre friedliche Revolution stellt sich die Frage, ob die gegenseitigen Fehlwahrnehmungen, die heute registriert werden, in erster Linie aus aktuellen Interessenkonflikten oder aus mangelhafter Verarbeitung historischer Erfahrungen resultieren.

In der Nachwende-DDR war eine sehr hohe Zustimmung zu den Prinzipien einer liberal-pluralistischen Demokratie vorhanden, so daß in dieser Hinsicht keine signifikanten Ost-West-Unterschiede bestehen.[8] Dieser bei einem Systemwechsel überraschende Sachverhalt läßt sich durch den Umstand erklären, daß die DDR-Bevölkerung bereits in der Zeit der Teilung an der westlichen Wertegemeinschaft im Sinne einer latent wirksamen politischen Gegenkultur partizipiert hat.[9] Eine große Übereinstimmung ist auch bei fast allen Wertorientierungen (vgl. Abb. 1) vorhanden.[10] Auffällige Unterschiede bestehen vor allem in der signifikant höheren Wertschätzung der Gleichheit im Vergleich zur Freiheit im Osten Deutschlands.[11] Diese stärkere Orientierung auf das Gleichheitspostulat kann durch nachwirkende politisch-soziale Erfahrungen und Mentalitätsprägungen aus der DDR-Periode erklärt werden. Das Institutionenvertrauen (mitunter auch als Systemzufriedenheit gemessen) ist in den neuen Bundesländern deutlich niedriger ausgeprägt. Dieser Befund verweist auf Enttäuschungen über eine als unzureichend wahrgenommene Problemlösungskompetenz der politischen Institutionen bei der Bewältigung der ökonomischen und sozialen Folgen des Systemwechsels in der ehemaligen DDR und ist insofern auch ein Indiz für überhöhte Erwartungen, die den Beginn des deutschen Einigungsprozesses begleitet haben.

Die Menschen im Osten und Westen Deutschlands unterscheiden sich kaum in ihrer Identifikation als Deutsche, allerdings gibt es eine signifikante Differenz in ihrer Selbstidentifikation als West- bzw. Ostdeutsche (vgl. Abb. 2). Sie dürfte einerseits aus der Tatsache resultieren, daß die Ostdeutschen nach dem selbstgewählten Beitritt zur Bundesrepublik ihre Identität neu bestimmen mußten, kann aber auch als »Abgrenzungsidentität« (D. Pollack) gedeutet werden,[12] die sich als Reaktion auf frustrierende Erfahrungen und eine dramatisierte Selbstwahrnehmung im Einigungsprozeß ergeben hat. Wenn man die weitreichende Übereinstimmung wesentlicher Identitätsmerkmale berücksichtigt, erscheint es allerdings verfehlt, aus dieser Beobachtung auf die Ausbildung einer eigenständigen ostdeutschen »Ethnizität«

Abbildung 2: Als was man sich selbst in erster Linie sieht

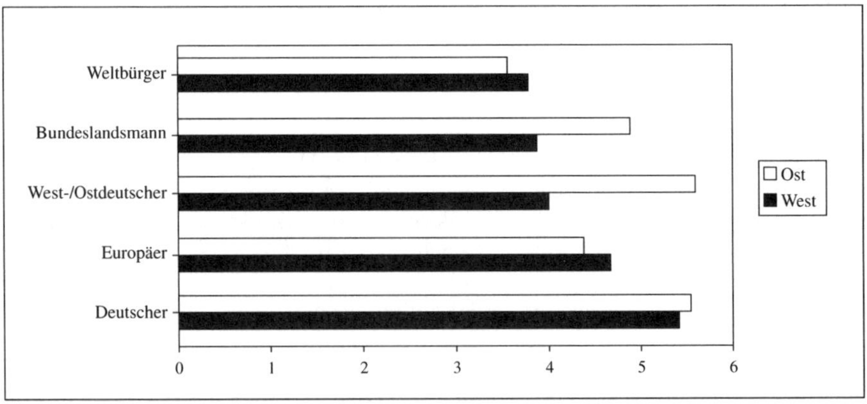

Quelle: Wertesurvey 1997.

(M. Howard) zu schließen. Im »Zeitalter der neuen Identitätsfindungen« (W. Lepenies) ist es notwendig, daß nicht nur eine durch Empathie bestimmte gemeinsame Wahrnehmung der deutschen Teilungsgeschichte entsteht, sondern sich in einem Prozeß kommunikativen Handelns auch ein gemeinsames Bewußtsein für die Gestaltung der Zukunftsaufgaben ausprägt.

Rüdiger Thomas/Werner Weidenfeld

Anmerkungen:

1 Vgl. als Überblick für die Instrumentalisierung des Begriffs aus unterschiedlichen Perspektiven G. H. Mead: Geist, Identität und Gesellschaft, Frankfurt a. M. 1968; E.H. Erikson: Identität und Lebenszyklus, Frankfurt a. M. 1966; J. Habermas: Können komplexe Gesellschaften eine vernünftige Identität ausbilden?, in: Ders.: Zur Rekonstruktion des Historischen Materialismus, Frankfurt a. M. 1976; W. Weidenfeld (Hrsg.): Die Identität der Deutschen, München 1983.

2 Vgl. grundsätzlich zur Identität in modernen Gesellschaften P. Berger/Th. Luckmann: Die gesellschaftliche Konstruktion der Wirklichkeit. Eine Theorie der Wissenssoziologie, Frankfurt a. M. (5. Aufl.) 1970; P. Berger: Das Unbehagen in der Modernität, Frankfurt a. M./New York 1975; zum Orientierungsverlust in der Post-Ost-West-Konflikt-Ära W. Weidenfeld/D. Rumberg (Hrsg.): Orientierungsverlust. Zur Bindewirkung der modernen Gesellschaft, Gütersloh 1994; W. Weidenfeld (Hrsg.): Demokratie am Wendepunkt. Die demokratische Frage als Projekt des 21. Jahrhunderts, Berlin 1996.

3 Vgl. dazu B. Faulenbach: Ideologie des deutschen Weges. Die deutsche Geschichte in der Historiographie zwischen Kaiserreich und Nationalsozialismus, München 1980; W. Weidenfeld: Der deutsche Weg, Berlin (2. Aufl.) 1991.

4 Vgl. zu den Einstellungen zur deutschen Einheit: M. Glaab: Deutschlandpolitik in der öffentlichen Meinung. Einstellungen und Regierungspolitik in der Bundesrepublik Deutschland 1949–1990, Opladen 1999; G. Herdegen: Perspektiven und Begrenzungen. Eine Bestandsaufnahme der öffentlichen Meinung zur deutschen Frage, Teil I: Nation und deutsche Teilung, in: Deutschland Archiv, 12/1987, S. 1259–1273.

5 Vgl. K. D. Bracher: Politik und Zeitgeist. Tendenzen in den 70er Jahren, in: Ders./W. Jäger/W. Link: Geschichte der Bundesrepublik Deutschland, Bd. 5,1: Republik im Wandel 1969–1974. Die Ära Brandt, Stuttgart 1986, S. 369–401.

6 A. Köhler, in: Protokoll der 34. Sitzung der Enquete-Kommission »Überwindung der Folgen der SED-Diktatur im Prozeß der deutschen Einheit«, 2. 6. 1997, S. 23.

7 Ebd., S. 26.

8 Vgl. dazu O. W. Gabriel: Politische Orientierungen und Verhaltensweisen, in: M. Kaase u. a.: Politisches System, Opladen 1996, S. 231–312.

9 Siehe R.J. Dalton: Communists and Democratic Attitudes in the Two Germanies, in: British Journal of Political Science, 24/1994, S. 469–493; E. Jesse: Zwei verschiedene politische Kulturen in Deutschland, in: H. Jäckel (Hrsg.): Die neue Bundesrepublik, Baden-Baden 1994, S. 97–125.

10 T. Gensicke: Deutschland am Ausgang der neunziger Jahre: Lebensgefühl und Werte, in: Deutschland Archiv, 1/1998, S. 19–36.

11 Das Institut für Demoskopie in Allensbach hat 1994 und 1998 einen Differenzwert von etwa 20 % ermittelt. Im Osten hielten 1994 50 % (gegenüber 30 % im Westen) und 1998 60 % (im Westen 42 %) die Gleichheit für wichtiger als die Freiheit, dabei ist eine parallel zunehmende Tendenz im Osten und Westen auffällig.

12 Vgl. D. Pollack: Ostdeutsche Identität. Ein multidimensionales Phänomen, in: H. Meulemann (Hrsg.): Werte und nationale Identität im vereinten Deutschland. Erklärungsansätze der Umfrageforschung, Opladen 1998, S. 301–318.

Literatur:

Engler, Wolfgang: Die Ostdeutschen. Kunde von einem verlorenen Land, Berlin 1999. □ Gensicke, Thomas: Die neuen Bundesländer. Transformation ohne Integration, Wiesbaden 1998. □ Greiffenhagen, Martin/Sylvia Greiffenhagen: Ein schwieriges Vaterland. Zur politischen Kultur im vereinten Deutschland, München/Leipzig 1993. □ Giesen, Bernhard (Hrsg.): Nationale und kulturelle Identität, Frankfurt a. M. 1991. □ Kocka, Jürgen: Vereinigungskrise. Zur Geschichte der Gegenwart, Göttingen 1995. □ Lepenies, Wolf: Folgen einer unerhörten Begebenheit. Die Deutschen nach der Vereinigung, Berlin 1992. □ Lohauss, Peter: Moderne Identität und Gesellschaft. Theorien und Konzepte, Opladen 1995. □ Meulemann, Heiner (Hrsg.): Werte und nationale Identität im vereinten Deutschland. Erklärungsansätze der Umfrageforschung, Opladen 1998. □ Rauschenbach, Brigitte (Hrsg.): Erinnern, Wiederholen, Durcharbeiten. Zur Psycho-Analyse deutscher Wenden, Berlin 1992. □ Schröder, Richard: Deutschland schwierig Vaterland. Für eine neue politische Kultur, Freiburg im Breisgau 1993. □ Thomas, Rüdiger: Wahrnehmungsmuster in Ost- und Westdeutschland gestern und heute, in: Deutschland Archiv, 5/1997, S. 772–780. □ Veen, Hans Joachim/Carsten Zelle: Zusammenwachsen oder Auseinanderdriften? Eine empirische Analyse der Werthaltungen, der Prioritäten und der nationalen Identifikationen der Ost- und Westdeutschen, St. Augustin 1996. □ Weidenfeld, Werner: Die Identität der Deutschen, München 1983. □ Ders.: Der deutsche Weg, Berlin (2. Aufl.) 1991. □ Ders./Karl-Rudolf Korte: Die Deutschen. Profil einer Nation, Stuttgart 1991.

Innerdeutsche Beziehungen

→ Berlin, Bundesrepublik Deutschland: Geschichte, Bundesverfassungsgericht, DDR: Geschichte, **Deutschlandpolitik der Bundesrepublik Deutschland, Deutschlandpolitik der DDR**, Enquete-Kommission, Grundlagenvertrag, Literatur, Mauer, Nation und Nationalbewußtsein, Ostverträge, Ost-West-Konflikt, Staatssicherheit.

1. Begriff: Unter dem Begriff »Innerdeutsche Beziehungen« wurden zu den Zeiten der Teilung Deutschlands zunächst sowohl in der Bundesrepublik wie in der DDR, seit den 60er Jahren jedoch nur noch in Westdeutschland, im weitesten Sinne alle staatlichen und nichtstaatlichen Kontakte zwischen den beiden Teilen Deutschlands und Berlins verstanden. Das Deutsche Reich hatte nach dem westdeutschen Verfassungsverständnis den Zusammenbruch 1945 überdauert und war weder mit der Kapitulation noch durch Ausübung fremder Staatsgewalt in Deutschland durch die alliierten Okkupationsmächte noch später untergegangen. Die Bundesrepublik Deutschland (alt) war nicht »Rechtsnachfolger« des Deutschen Reiches, sondern als Staat identisch mit dem Staat »Deutsches Reich« – in bezug auf seine räumliche Ausdehnung allerdings »teilidentisch«, befand das Bundesverfassungsgericht 1973. Die DDR gehörte demnach zu Deutschland und konnte im Verhältnis zur Bundesrepublik Deutschland nicht als Ausland angesehen werden.

2. DDR und innerdeutsche Beziehungen: Die Verfassungen der beiden Staaten in Deutschland waren 1949 jeweils für das ganze Deutschland konzipiert. Das Grundgesetz für die Bundesrepublik Deutschland enthielt ein ausdrückliches Wiedervereinigungsgebot. In der DDR wich der gesamtdeutsche Anspruch und das Bemühen um »Deutsche an einen Tisch« jedoch nach dem Bau der Berliner Mauer immer mehr dem Bestreben nach »Abgrenzung« von der Bundesrepublik Deutschland und der Etablierung der DDR als »sozialistischem« Staat im Gegensatz zur angeblich »kapitalistischen« Bundesrepublik.

Die Verfassung von 1968 bezeichnete die DDR als »sozialistischen Staat deutscher Nation«, woraus 1974 unter Verzicht auf die einheitliche deutsche Nation »ein sozialistischer Staat der Arbeiter und Bauern« wurde. Bereits im Februar 1967 war das Gesetz über die Staatsbürgerschaft der DDR erlassen worden, durch das alle Deutschen, die 1949 auf dem Territorium der DDR lebten, und ihre Nachkommen zu DDR-Bürgern erklärt wurden. Die Bundesrepublik hingegen hielt an der einheitlichen Staatsangehörigkeit aller Deutschen unverändert fest. Ebenfalls 1967 wurde aus dem DDR-Ministerium für Außenhandel und Innerdeutschen Handel das Ministerium für Außenwirtschaft. Das 1965 errichtete Staatssekretariat für gesamtdeutsche Fragen, das zur Verständigung zwischen den beiden deutschen Staaten beitragen sollte, wurde 1967 in Staatssekretariat für westdeutsche Fragen umbenannt und 1971 aufgelöst. Zuständig für die Beziehungen zur Bundesrepublik, die sie als Ausland behandelte, war in der DDR das Ministerium für Auswärtige Angelegenheiten. West-Berlin wurde als »eine selbständige politische Einheit« angesehen, eine Formel, die sich erstmals völkerrechtlich verankert im Freundschafts- und Beistandsvertrag der DDR mit der Sowjetunion von 1964 findet. Die erstrebte völkerrechtliche Anerkennung durch die Bundesrepublik ist der DDR nie zuteil geworden.

3. Zuständigkeiten in der Bundesrepublik: In der Bundesrepublik war 1949 das für innerdeutsche Beziehungen zuständige Bundesministerium für gesamtdeutsche Fragen errichtet worden. Aufgabe dieses Ministeriums, das 1969 in Bundesministerium für innerdeutsche Beziehungen umbenannt wurde und als solches bis zum 18. Januar 1991 bestand, war: der Einheit der Nation zu dienen, den Zusammenhang des deutschen Volkes zu stärken, die Beziehungen der beiden Staaten in Deutschland zu fördern, die deutschlandpolitische Verantwortung der Bundesregierung wahrzunehmen. Das Ministerium war in Zusammenarbeit mit den anderen Bundesressorts und dem Senat von Berlin in allen innerdeutschen und deutschlandpolitischen Fragen – zum Beispiel bei der Gesetzgebung – koordinierend und beratend beteiligt.

Die »operative« Deutschlandpolitik, die ab 1969 intensiv betriebene Vertragspolitik mit der DDR, war Sache des Bundeskanzleramtes. Die Gespräche und Verhandlungen mit der DDR in den einzelnen Fachgebieten wurden jedoch vom Ministerium für innerdeutsche Beziehungen vorbereitet und koordiniert. Die 1974 in Ost-Berlin eröffnete Ständige Vertretung der Bundesrepublik Deutschland bei der Regierung der DDR war keine vom Auswärtigen Amt geführte Botschaft, sondern unterstand dem Kanzleramt. Während für die Angelegenheiten der Ständigen Vertretung der Bundesrepublik Deutschland in Ost-Berlin das Ministerium für Auswärtige Angelegenheiten der DDR verantwortlich war, lag die Zuständigkeit für die Ständige Vertretung der DDR in Bonn beim Kanzleramt.

4. Innerdeutsche Verträge und Vereinbarungen: Seit den 70er Jahren entstand nach dem Abschluß des Vier-Mächte-Abkommens über Berlin zwischen den beiden Staaten in Deutschland ein Geflecht von staatlichen Verträgen und Vereinbarungen über praktische Fragen des Zusammenlebens der Deutschen im geteilten Land, das durch nichtstaatliche Abmachungen ergänzt wurde. Der Bundesregierung ging es dabei um menschliche Erleichterungen und auch darum, die Bindungen von Berlin (West) an den Bund zu stärken und auszubauen. Diese innerdeutschen Verträge waren nach dem Urteil des Bundesverfassungsgerichts zum Grundlagenvertrag vom 31. Juli 1973 bilaterale Verträge zwischen zwei Staaten, für die die Regeln des Völkerrechts galten. Sie waren aber Verträge zwischen zwei Staaten, die Teile eines noch immer existierenden, wenn auch handlungsunfähigen, weil noch nicht reorganisierten umfassenden Staats Gesamtdeutschland waren. Insofern regelten sie »inter-se-Beziehungen«. Die Verträge hatten also einen Doppelcharakter.

4.1. Innerdeutscher Handel: Das Grunddokument für die innerdeutschen Vertragsbeziehungen stellt der Grundlagenvertrag dar, der jedoch nicht die erste vertragliche Vereinbarung zwischen der Bundesrepublik und der DDR war. Bereits am 20. September 1951 wurde das »Abkommen über den Handel zwischen den Währungsgebieten der Deutschen Mark (DM-West) und den Währungsgebieten der Deutschen Mark der Deutschen Notenbank (DM-Ost)« zwischen der Treuhandstelle für den Interzonenhandel und dem damaligen Ministerium für Außenhandel und Innerdeutschen Handel geschlossen. Dieses bis 1990 gültige »Berliner Abkommen« regelte den innerdeutschen Handel, der für die Bundesrepublik niemals Außenhandel war. So gab es nie eine Zollgrenze im kommerziellen Warenverkehr zwischen den beiden deutschen Staaten. Da das Abkommen für die beiden »Währungsgebiete« galt, war West-Berlin unzweifelhaft und perfekter als durch jede andere Formel in das Abkommen einbezogen. Der – allerdings streng reglementierte – innerdeutsche Handel bedeutete nach der sich ständig vertiefenden Spaltung eines der wesentlichen Bindeglieder zwischen den beiden Teilen Deutschlands. Deshalb gewährte die Bundesrepublik der DDR auch einen zinslosen Überziehungskredit (Swing), dessen Höhe mehrfach verändert wurde.

4.2. Reiseverkehr: Der private Reiseverkehr, die wohl stärkste Verbindung zwischen den Menschen im geteilten Deutschland, ist nicht erst seit der Gründung der beiden Staaten in Deutschland 1949 von der östlichen Seite immer wieder als politische Waffe mißbraucht worden. Nach der Berliner Blockade 1948/49, bei der auch der Verkehr zwischen den Westzonen und der Sowjetzone fast vollständig unterbrochen worden war, kam es im Mai 1952 zu erneuten Einschränkungen durch die von der DDR verfügte Sperrung der innerdeutschen Grenze. Nach vorübergehender Lockerung der Reisebedingungen gab es ab 1957 abermals Behinderungen und Drosselungen des Reiseverkehrs, die 1961 durch den Bau der Mauer in Berlin ihren Höhepunkt erreichten. Der private Reise- und Besucherverkehr in West-Ost-Richtung wurde fortan durch einschneidende administrative Maßnahmen der DDR auf ein Mindestmaß reduziert. Ab 1964 durften Rentner einmal im Jahr ihre Verwandten im Westen besuchen, zwischen 1965 und 1971 behinderten die Behörden der DDR auch den Verkehr zwischen Berlin (West) und dem übrigen Bundesgebiet immer wieder erheblich.

Dies änderte sich erst durch den Abschluß des Vier-Mächte-Abkommens über Berlin 1971 und die unter seinem Dach zustandegekommenen innerdeutschen Abkommen sowie den 1972 abgeschlossenen Verkehrs- und den 1973 in Kraft getretenen Grundlagenvertrag. Ein großer Teil der Vereinbarungen über Reiseerleichterungen hatte nicht die Form eines Vertrags oder eines Regierungsabkommens, sondern war in Briefwechseln oder Protokollen enthalten, denn beide Seiten mußten sich hier über Regelungen verständigen, die der innerstaatlichen Gesetzgebung der DDR unterlagen.

Mit dem Inkrafttreten des Vier-Mächte-Abkommens erhielten die West-Berliner, die seit 1952 nicht mehr in die DDR und seit 1961 nicht mehr nach Berlin (Ost) durften, die Möglichkeit zu Besuchen und Reisen sowohl in die DDR wie auch nach Ost-Berlin. Waren für Bundesbürger vor dem Inkrafttreten des Verkehrsvertrags in der Regel nur der Besuch enger Verwandter in der DDR und Tagesaufenthalte in Berlin (Ost) möglich, so verbesserten sich ihre Reisemöglichkeiten nun erheblich. Bereits 1978 wurden mehr als 3 Mio. Reisen in die DDR registriert. Zudem konnten die Bewohner grenznaher Kreise der Bundesrepublik zu Tagesaufenthalten (ab 1984 zu Zwei-Tage-Aufenthalten) in ebenfalls grenznahe Kreise der DDR fahren.

Fanden zunächst enge Begrenzungen der Zahl der Reisenden aus der DDR unterhalb des Rentenalters statt, wurden später erweitert »Reisen in dringenden Familienangelegenheiten« gestattet. Im Jahr 1986, dem Jahr vor dem offiziellen Besuch Honeckers in der Bundesrepublik, wurden 3,8 Mio. Reisen aus der Bundesrepublik in die DDR und Berlin (Ost) statistisch festgehalten, davon 325 000 in grenznahe Kreise der DDR. West-Berliner unternahmen rund 1,8 Mio. Reisen nach Ost-Berlin und in die DDR. In die Gegenrichtung wurden 1,5 Mio. Rentnerreisen aus der DDR in die Bundesrepublik einschließlich Berlin (West) sowie 244 000 Reisen in dringenden Familienangelegenheiten gezählt. Bei Besuchen in der DDR und Ost-Berlin mußte ein nach Aufenthaltstagen berechneter Mindestumtausch im Verhältnis 1:1 vorgenommen werden, dessen Höhe die DDR mehrfach veränderte. Besucher aus der DDR und Ost-Berlin erhielten im Westen ein Begrüßungsgeld.

4.3. Zuwanderer, Flüchtlinge, Familienzusammenführung: Bei den Zuwanderern aus der DDR unterschied die Bundesrepublik bis 1990 in Übersiedler und Flüchtlinge. Übersiedler waren jene, die nach dem Mauerbau in Berlin und der hermetischen Abriegelung der DDR 1961 mit Genehmigung der dortigen Behörden in die Bundesrepublik Deutschland mit Einschluß West-Berlins dauerhaft übersiedelten, Flüchtlinge alle anderen. Unter den Flüchtlingen bildeten die »Sperrbrecher«, die »unter Einsatz von Leib und Leben« die Grenzsperren der DDR überwanden, eine besondere Kategorie. Bei Fluchtversuchen kamen durch Schußwaffengebrauch von DDR-Grenzposten sowie Erd- und Splitterminen nach bisherigen Ermittlungen an der Berliner Grenze 239, an der innerdeutschen Grenze 616 Menschen ums Leben. Am Tag der Vereinigung Deutschlands lebten in den neuen Ländern und im Ostteil Berlins noch 16,1 Mio. Menschen. Insgesamt haben in den 40 Jahren des Bestehens der DDR rund 4,2 Mio. Menschen das Land in Richtung Westen verlassen, davon rund 3,1 Mio. bis zum Mauerbau am 13. August 1961. Nach der Abriegelung Ost-Berlins und der DDR gelang es nur noch relativ wenigen Flüchtlingen, auf verschiedenen Wegen die Bundesrepublik oder West-Berlin zu erreichen. Eine Genehmigung zur dauerhaften Übersiedlung in den Westen erhielten in den Jahren 1961 bis Ende 1988 rund 555 000 Menschen. Bis 1975 handelte es sich bei den Übersiedlern zum größten Teil um Menschen im Rentenalter. Nach der Unterzeichnung der Schlußakte der Konferenz für Sicherheit und Zusammenarbeit in Europa (KSZE) 1975 in Helsinki erließ die DDR erst 1983 eine Verordnung, nach der in wenigen besonderen Fällen auch Personen unterhalb des Rentenalters offiziell im Wege der Familienzusammenführung übersiedeln durften.

Die »Familienzusammenführung« beschränkte sich jedoch nicht nur auf Familienangehörige, die durch die Teilung Deutschlands getrennt worden waren. Bereits seit Mitte der 60er Jahre bemühte sich das Bundesministerium für innerdeutsche Beziehungen, auch anderen ausreisewilligen DDR-Bewohnern die Übersiedlung zu ermöglichen. In Bonn erstellte Listen mit Übersiedlungswilligen wurden dem Ost-Berliner Rechtsanwalt Wolfgang Vogel zugeleitet, der sie seit 1975 mit dem Leiter der damals gebildeten Zentralen Koordinierungsgruppe (ZKG) im Ministerium für Staatssicherheit (MfS) unter Zugrundelegung bestimmter Kriterien abstimmte. Die ZKG war mit sämtlichen Ausreiseangelegenheiten befaßt und traf die maßgeblichen Entscheidungen in Übersiedlungsfragen, die vom Ministerium des Innern umgesetzt wurden. Für die Personen, die schließlich übersiedeln durften, erhielt die DDR von der Bundesregierung eine in ihrer Höhe schwankende Gegenleistung in Form von Warenlieferungen. Bis 1989 wurde auf diese Weise rund 250 000 Personen unter Entlassung aus der Staatsbürgerschaft der DDR die Ausreise in die Bundesrepublik ermöglicht. Immobilien mußten von den Ausreisewilligen zuvor verschenkt oder zu behördlich festgesetzten Preisen an zumeist vorgegebene Personen verkauft werden. Als sich Mitte 1989 immer sichtbarer der politische Zusammenbruch der DDR anbahnte, kam es wie vor dem 13. August

1961 zu einer Massenabwanderung. Von Anfang 1989 bis zum Beitritt der DDR zur Bundesrepublik am 3. Oktober 1990 kehrten rund 570 000 Menschen der DDR den Rücken. Ein Teil von ihnen flüchtete 1989 über Ungarn, die Tschechoslowakei oder Polen. Der größte Teil aber nutzte den Fall der Berliner Mauer und die Öffnung der Grenze zur Bundesrepublik am 9. November 1989.

4.4. Häftlingsfreikauf: Zu den humanitären Bemühungen der Bundesregierung gehörte seit 1963 auch der Häftlingsfreikauf. Dafür zuständig war das Bundesministerium für gesamtdeutsche Fragen beziehungsweise innerdeutsche Beziehungen. Verhandlungspartner auf DDR-Seite war von Anfang an der Ost-Berliner Rechtsanwalt Wolfgang Vogel, der seit 1969 über eine schriftliche Vollmacht des Generalstaatsanwalts der DDR verfügte. Die DDR-Regierung hatte sich gegenüber der Bundesregierung bereit erklärt, aus politischen Gründen inhaftierte Menschen vorzeitig aus dem Strafvollzug zu entlassen und die Ausreise in die Bundesrepublik zu genehmigen. Als Gegenleistung hatte die Bundesregierung Warenlieferungen zugunsten der DDR an den seit 1966 von Staatssekretär Alexander Schalck-Golodkowski – seit 1967 Offizier im besonderen Einsatz des Ministeriums für Staatssicherheit – geleiteten Bereich Kommerzielle Koordinierung, zu finanzieren. Die kommerzielle Abwicklung dieser Warenlieferungen erfolgte – wie auch derjenigen für die »Familienzusammenführung« – durch einen von der Bundesregierung bevollmächtigten Vertreter des Diakonischen Werks in Stuttgart und den Bevollmächtigten des Rates der Evangelischen Kirche in Deutschland (EKD) in Bonn als »Kirchengeschäft B«. Die evangelische, aber auch die katholische Kirche, hatten bereits vor der Bundesregierung über den Rechtsanwalt Vogel mit dem Freikauf inhaftierter kirchlicher Mitarbeiter begonnen. Der Häftlingsfreikauf – pro Kopf mußten zunächst 40 000 Mark, ab 1977 rund 96 000 Mark bezahlt werden – wurde aus dem Haushalt des Bundesministeriums für innerdeutsche Beziehungen finanziert. Insgesamt hat die Bundesregierung zwischen 1963 und 1989 31 775 Häftlinge aus der DDR freigekauft.

4.5. Post- und Fernmeldeverkehr: Eine weitere bedeutende Klammer war während der Zeit der Teilung der Post- und Fernmeldeverkehr. Dabei spielten neben dem Brief- und Telefonverkehr vor allem Geschenksendungen, die auf dem Postweg von West nach Ost befördert wurden, für die Versorgung der DDR-Bevölkerung eine große Rolle. In der Bundesrepublik wurde der Post- und Telefonverkehr mit der DDR als Inlandsverkehr mit Inlandsgebühren abgewickelt. Die DDR hingegen behandelte seit 1971 den Post- und Fernmeldeverkehr mit der Bundesrepublik und West-Berlin als Auslandsverkehr mit entsprechenden Gebühren. Während die Beförderung von Briefen und Postkarten – anders als etwa im geteilten Korea – seit Kriegsende niemals ganz unterbunden war und allenfalls durch lange Laufzeiten und Kontrollen der DDR-Behörden beeinträchtigt wurde, ist der Versand von Päckchen und Paketen in die DDR und nach Ost-Berlin seit 1954 empfindlich gestört worden, so daß zeitweise ein großer Teil der Geschenksendungen ihre Empfänger nicht erreichte. Auch der Telefonverkehr war lange Zeit ganz erheblich eingeschränkt. Von 1952 bis 1972 ganz unterbrochen war der Telefonverkehr zwischen den beiden Teilen Berlins. Bis 1970 gab es keine vertraglichen Regelungen zwischen der deutschen Bundespost und der Deutschen Post der DDR. Als Folge des Grundlagenvertrags wurde 1976 ein umfangreiches Postabkommen geschlossen, das so abgefaßt war, daß der Post- und Fernmeldeverkehr mit der DDR und Ost-Berlin nicht als Auslandsverkehr erschien, sondern von der Bundesrepublik weiterhin als Inlandsverkehr behandelt werden konnte. Für ihre Mehrleistungen gegenüber der Deutschen Bundespost und der Landespostdirektion Berlin erhielt die Deutsche Post der DDR seit 1970 eine jährliche Postpauschale, die von 30 Mio. DM auf zuletzt 200 Mio. DM anstieg.

4.6. Jugendreisen: Ein touristischer Jugendreiseverkehr zwischen den beiden Teilen Deutschlands ist erst relativ spät in Gang gekommen. 1982 schlossen der Deutsche Bundesjugendring und die Freie Deutsche Jugend (FDJ) der DDR eine Vereinbarung über den Austausch von Jugendgruppen. Damit wurde zum ersten Mal ein gegenseitiger innerdeutscher Jugendaustausch – auch für nicht-organisierte Jugendliche – möglich. Es handelte sich in der Regel um einwöchige Reisen mit einem touristischen Begegnungsprogramm in beiden Richtungen, die von Reisebüros organisiert wurden. Da die Kosten für Reisen in beiden Richtungen jährlich gleich hoch sein mußten, konnten auf Grund dieser Vereinbarung – wegen der niedrigeren Preise in der DDR – rund dreimal so viele Jugendliche in die DDR fahren wie umgekehrt. Die Zahlen der Besuche von Jugendlichen aus der DDR stiegen nur langsam. 1988, dem Jahr vor der Öffnung der Mauer, kamen 187 Jugendgruppen aus der DDR mit mehr als 5 500 Teilnehmern. Das Bundesministerium für innerdeutsche Beziehungen förderte Informationsfahrten (ein bis zwei Tage) und drei- bis zehntägige Begegnungsfahrten von Jugendlichen in die DDR mit Einschluß von Berlin (Ost). Zusätzlich unterstützten die Länder Reisen von Schüler-, Jugend- und Studentengruppen. So fuhren 1988 – gefördert durch Bund und Land – rund 74 000 Jugendliche in die DDR, zumeist im Rahmen von Schulklassenfahrten. Das Ziel, daß jeder Schüler während seiner Schulzeit einmal in die DDR fahren sollte, wurde jedoch nur in Baden-Württemberg annähernd erreicht. Außerhalb der organisierten und staatlich geförderten Informations- und Begegnungsfahrten besuchten Jugendliche zumeist nur dann in die DDR, wenn sie dort Verwandte hatten. Als Urlaubsziel von Jugendlichen spielte der östliche Teil während der Spaltung Deutschlands so gut wie keine Rolle.

4.7. Sportverkehr: Die internationale Anerkennung des DDR-Sports durch Aufnahme der DDR-Fachverbände in die internationalen Föderationen erfolgte zwischen 1950 (Schachverband) und 1965 (Pferdesport-Verband). Das 1951 gegründete Nationale Olympische Komitee der DDR konnte jedoch erst 1968 beim Internationalen Olympischen Komitee (IOC) erreichen, daß die DDR an den Olympischen Spielen von 1972 an – die in der Bundesrepublik stattfanden – mit eigener Flagge, eigenem Emblem und eigener Hymne teilnehmen durfte. 1952 hatte nur die Mannschaft der Bundesrepublik teilgenommen, weil es zu keiner Einigung der beiden deutschen Olympischen Komitees gekommen war. Bei den Olympischen Spielen 1956, 1960 und 1964 traten dann gesamtdeutsche Mannschaften an. 1968 in Mexiko gab es zwar schon zwei deutsche Mannschaften, doch noch unter einer Fahne – der olympischen – und einer Hymne – Beethovens »Ode an die Freude«. Dies war das letzte Mal, daß vor der deutschen Vereinigung alle deutschen Olympiateilnehmer das gleiche Emblem trugen – fünf weiße Ringe auf schwarz-rot-goldenem Untergrund.

Der bis 1960 durchaus rege innerdeutsche Sportverkehr war durch den Mauerbau 1961 fast ganz zum Erliegen gekommen. Nach elf Jahren Pause trafen sich 1970 in Halle zum ersten Mal wieder die Spitzen der Sportorganisationen aus der Bundesrepublik und der DDR. Doch erst 1974 konnten der Deutsche Sportbund (DSB) und der Deutsche Turn- und Sportbund (DTSB) der DDR ein »Protokoll über die Regelung der Sportbeziehungen zwischen dem DSB und dem DTSB« vereinbaren, das auch den West-Berliner Sport in den innerdeutschen Sportverkehr einbezog. Darin war festgelegt, daß jährlich ein Plan über Sportveranstaltungen vereinbart werden sollte. Dieses »Sport-Protokoll« und der jährlich zu vereinbarende Wettkampfkalender waren fortan die rechtliche Grundlage des innerdeutschen Sportverkehrs. Allerdings kam dieser nur sehr schleppend in Gang und war von vornherein dadurch eingeschränkt, daß die DDR den innerdeutschen Sportverkehr strikt auf den Bereich des Spitzensports beschränkte. So wurden 1985 lediglich 71 Begegnungen gezählt, sogar noch drei weniger als 1978. Im Jahr 1987 fanden erstmals mehr als 100 Begegnungen statt (110), und am 17. November 1989 wurde der gesamtdeutsche Sportverkehr freigegeben.

4.8. Städtepartnerschaften: Viele Einzelinitiativen von Städten, Landkreisen und Gemeinden in der Bundesrepublik zum Abschluß von Partnerschaftsverträgen mit Kommunen in der DDR haben – tatkräftig gefördert und unterstützt durch die Bundesregierung und zunächst immer wieder verhindert durch die DDR-Führung – 1986 zum Abschluß der ersten innerdeutschen Städtepartnerschaft zwischen Saarlouis und Eisenhüttenstadt geführt. Noch im gleichen Jahr folgten weitere Partnerschaften: zwischen Wuppertal und Schwerin sowie zwischen Neunkirchen (Saar) und Lübben. Wesentlicher Inhalt solcher Städtepartnerschaften sollte nach Ansicht der Bundesregierung ein intensiver und vielfältiger bürgerschaftlicher Austausch sein. Ermöglicht werden sollten vor allem persönliche Verbindungen zwischen den Bürgern der Partnerstädte. Vorgesehen waren auch sportliche und kulturelle Veranstaltungen unter kommunaler Verantwortung. Bis zum Jahresende 1989 waren 62 Städtepartnerschaften vereinbart worden. Daran beteiligt waren alle Hauptstädte der 14 DDR-Bezirke: Dresden zum Beispiel als Partner von Hamburg, Erfurt von Mainz, Rostock von Bremen und Karl-Marx-Stadt (Chemnitz) von Düsseldorf. Einbezogen waren aber auch Bezirke von Berlin (West). So begründete der Bezirk Spandau mit 200 000 Einwohnern eine Partnerschaft mit dem benachbarten Nauen mit 12 000 Einwohnern.

4.9. Kulturbeziehungen: Auch ohne vertragliche Regelungen zwischen den beiden Staaten hat es zur Zeit der Teilung vielfältige innerdeutsche kulturelle Kontakte gegeben. Das gilt sowohl für Gastspiele von Bühnen und Orchestern im jeweils anderen Teil als auch für Ausstellungsbeteiligungen durch Leihgaben von Museen und kommerziellen Literaturaustausch sowie Lizenzvergaben von Verlagen. Auch der innerdeutsche Leihverkehr zwischen den wissenschaftlichen Bibliotheken verlief nach zeitweiligen Schwierigkeiten weithin zufriedenstellend. Im Westen spielten die Theater Stücke von DDR-Dramatikern, und die Verlage druckten die Werke von DDR-Schriftstellern; im Osten hingegen wurden dem Publikum Bücher und Theaterstücke nur von bestimmten, zumeist »antifaschistischen« bundesdeutschen Autoren durch Publikation und Aufführung zugänglich gemacht. Während es nur sehr wenige Ausstellungen bundesdeutscher Künstler in der DDR gab – alle nicht realistischen Kunstrichtungen waren dort verpönt – wurden Werke von DDR-Künstlern im Westen vor allem seit den 70er Jahren ausgestellt. Auf der documenta in Kassel stellten 1977 erstmals Werner Tübke, Wolfgang Mattheuer, Bernhard Heisig und Willi Sitte ihre Werke aus.

Über das im Grundlagenvertrag vorgesehene Abkommen über kulturelle Zusammenarbeit ist zwischen 1973 und 1986 mit einer jahrelangen Pause verhandelt worden. Streitpunkte waren die 1959 durch Bundesgesetz errichtete Stiftung »Preußischer Kulturbesitz« und die von der Bundesregierung geforderte tatsächliche Einbeziehung West-Berlins in den innerdeutschen Kulturaustausch. Die Preußen-Stiftung war aufgrund des Stiftungsgesetzes Eigentümer derjenigen Teile des Kulturbesitzes des ehemaligen, 1947 von den Alliierten aufgelösten Preußen geworden, die sich durch Auslagerung bei Kriegsende in den Westzonen und den Westsektoren Berlins befanden. Die DDR verstand sich als Eigentümer aller Teile des preußischen Kulturbesitzes, die vor dem Zweiten Weltkrieg ihren Standort auf dem Territorium der heutigen DDR und Ost-Berlins hatten.

Schließlich wurde die Eigentumsfrage ausgeklammert: »Die unterschiedlichen Auffassungen in der Frage kriegsbedingt verlagerter Kulturgüter bleiben unberührt.« Nach der Vereinigung wurden die Bestände des ehemals preußischen Kulturbesitzes in Berlin unter dem Dach der weiterbestehenden Stiftung »Preußischer Kulturbesitz« wieder vereint. Seit dem Beitritt der fünf neuen Länder wird die Stiftung gemeinsam vom Bund und allen Ländern getragen. Das 1986 abgeschlossene Kulturabkommen sah die Vereinbarung von Arbeitsplänen vor. Jährlich wurden daraufhin 200 bis 350 Vorhaben realisiert. Im Zusammenhang mit dem Abkommen ist es in den folgenden Jahren auch zur Rückführung von kriegsbedingt verlagerten Archivmaterialien, Gemälden aus öffentlichen Sammlungen sowie Museumsgut, wissenschaftlichen Sammlungen und öffentlichem Bibliotheksgut gekommen.

4.10. Journalisten: Seit 1973 lebten und arbeiteten in Ost-Berlin und Bonn ständig akkreditierte Korrespondenten aus dem jeweils anderen deutschen Staat. Formal zuständig für Journalisten aus der Bundesrepublik Deutschland und Berlin (West) war bis Ende 1971 das Presseamt beim Vorsitzenden des Ministerrats beziehungsweise das Büro des Ministerrats, ab 1972 die Abteilung Journalistische Beziehungen im Ministerium für Auswärtige Angelegenheiten der DDR. Tatsächlich aber waren fast alle sie betreffenden Entscheidungen, nicht zuletzt die Genehmigung oder Nichtgenehmigung von beantragten »journalistischen Vorhaben«, der Abteilung Agitation des Zentralkomitees der SED beziehungsweise dem ZK-Sekretär für Agitation und Propaganda sowie in besonderen Fällen dem Generalsekretär des ZK der SED selbst vorbehalten. Von Anfang an sah das Ministerium für Staatssicherheit (MfS) mit seiner dem Minister Mielke direkt unterstellten Hauptabteilung II – Spionageabwehr – eine besondere Aufgabe in der Kontrolle der Korrespondenten sowie in der Einschränkung ihrer Arbeit. Für Journalisten aus der DDR war Berichterstattung aus der Bundesrepublik Deutschland mit Einschluß von Berlin (West) seit den 50er Jahren unter den gleichen Bedingungen möglich wie für alle anderen Korrespondenten. Berichterstattung aus der DDR bedeutete für bundesdeutsche Journalisten nicht Auslandsberichterstattung. Sie mischten sich nicht in fremde Angelegenheiten ein, sondern berichteten über deutsche, innerdeutsche Themen. Das Einmischungsverbot, das immer wieder Gegenstand von Auseinandersetzungen mit den Behörden der DDR war, stellt ein Völkerrechtsprinzip dar, das sich auf Staaten und ihre Organe bezieht, nicht aber auf Bürger und schon gar nicht auf Journalisten.

In den Staatsverträgen und Rundfunkgesetzen der Länder der alten Bundesrepublik sowie in den Satzungen ihrer Rundfunkanstalten war die Verpflichtung enthalten, bei der Programmgestaltung das Wiedervereinigungsgebot zu beachten. Während die DDR-Berichte der westlichen Zeitungskorrespondenten den DDR-Bewohnern unbekannt blieben – weil westliche Zeitungen in der DDR nicht vertrieben werden durften – konnten die Berichte der Rundfunk- und Fernsehkorrespondenten von bis zu 90 % der Rundfunk- und Fernsehteilnehmer in der DDR gehört und gesehen werden. Die elektronischen Medien brachten durch ihre DDR-Korrespondenten Informationen über Ereignisse in der DDR wieder dorthin zurück, wo das Ereignis in den eigenen Medien unter Umständen mit keiner Silbe erwähnt wurde. So trugen Rundfunk und Fernsehen wesentlich dazu bei, die Informationslücken der DDR-Bevölkerung zu schließen, die durch die selektive und ideologisch aufbereitete Berichterstattung der DDR-Medien, die zu Agitation und Propaganda im Sinne der SED verpflichtet waren, entstanden. Ein rechtlicher Rahmen für journalistische Tätigkeit im jeweils anderen deutschen Staat wurde im Zusammenhang mit dem Abschluß des Grundlagenvertrags im »Briefwechsel vom 8. November 1972 über Arbeitsmöglichkeiten für Journalisten« geschaffen. Darin wurde Journalisten das Recht zur beruflichen Niederlassung als ständige Korrespondenten gewährt und die Tätigkeit im Rahmen eines konkreten Vorhabens – als »Reisekorrespondenten« – im jeweils anderen Staat zugelassen.

Die Tätigkeit in der DDR stand nach dem Briefwechsel unter Vorbehalt: »Die DDR gewährt im Rahmen ihrer geltenden Rechtsordnung Journalisten aus der Bundesrepublik Deutschland und deren Hilfspersonen das Recht zur Ausübung der beruflichen Tätigkeit und der freien Information und Berichterstattung.« Darüber, was unter »freie Information und Berichterstattung« zu verstehen sei, gab es tiefgreifende Meinungsunterschiede zwischen den beiden Staaten. Bereits am 21. Februar 1973 änderte die DDR durch den Erlaß einer rigiden Korrespondentenverordnung, auf deren Formulierung das MfS Einfluß genommen hatte, die rechtliche Grundlage entscheidend.

Die in der DDR ständig tätigen Korrespondenten wurden vom Ministerium für Auswärtige Angelegenheiten akkreditiert. Voraussetzung war, daß der Korrespondent seinen Wohnsitz in Berlin (Ost) nahm. Er erhielt einen Presseausweis sowie ein kostenloses Visum zur mehrmaligen Ein- und Ausreise, die beide in der Regel ein Jahr lang gültig waren. Ab 1976 erhielten ständig akkreditierte Korrespondenten »Grenzempfehlungen«, die zur bevorzugten Grenzabfertigung berechtigten. Die Arbeit in der DDR unterlag zahlreichen Beschränkungen. Journalistische Vorhaben in staatlichen Organen und Einrichtungen, volkseigenen Kombinaten und Betrieben sowie Genossenschaften waren genehmigungspflichtig.

Seit dem Erlaß neuer Durchführungsbestimmungen am 11. April 1979 mußte das Außenministerium über Reisen außerhalb der »Hauptstadt der DDR« nicht später als 24 Stunden vor Antritt der Reise unter genauer Angabe des Reiseziels und des Reisegrundes informiert werden. Das gab dem Ministerium die Möglichkeit, die »Information« als »Antrag« zu werten und diesen nicht zu genehmigen. Mit der Vorschrift, daß nun auch journalistische Vorhaben in »gesellschaftlichen Einrichtungen und Institutionen sowie Interviews und Befragungen jeder Art« genehmigungspflichtig seien, sollten Berichterstattung aus dem Bereich der Kirchen, Straßenbefragungen sowie Interviews mit Schriftstellern, Künstlern und Kirchenvertretern unter staatliche Kontrolle gebracht werden.

Das Ministerium für Auswärtige Angelegenheiten hat mehrmals angebliche Verstöße mit den in der Korrespondentenverordnung angedrohten Maßnahmen geahndet und bundesdeutsche Korrespondenten aus der DDR ausgewiesen, das betreffende Korrespondentenbüro geschlossen und neuen Korrespondenten die Akkreditierung verweigert. Keinesfalls durch die Korrespondentenverordnung gedeckt waren die bis Herbst 1989 vorkommenden Attacken von DDR-Sicherheitskräften gegen westliche Fernsehteams und Rundfunkreporter, bei denen Korrespondenten und technische Hilfskräfte brutal angegriffen und mißhandelt wurden. Nach der »Wende« in der DDR wurden die einschränkenden Bestimmungen sukzessive aufgehoben; seit dem 1. Juli 1990 entfiel auch die Akkreditierung westdeutscher Korrespondenten.

5. Fazit: In den 45 Jahren, in denen die Deutschen in unterschiedlichen, ja gegensätzlichen gesellschaftlichen und staatlichen Ordnungen leben mußten, haben sie trotz aller Abgrenzungsversuche der östlichen Seite dank der vielfältigen innerdeutschen Beziehungen die Einheit der Nation aufrechterhalten und die staatliche Einheit und Freiheit schließlich in freier Selbstbestimung wiederherstellen können. Entscheidend war, daß alle Bundesregierungen sich trotz mancher Anfechtungen ihrer in der von 1949 bis 1990 geltenden Präambel des Grundgesetzes ausgesprochenen Verantwortung bewußt waren, die nationale und staatliche Einheit Deutschlands zu wahren, die von der DDR als ihre Staatsbürger reklamierten Deutschen nicht aus der einheitlichen deutschen Staatsangehörigkeit zu entlassen. Als seit Beginn der 70er Jahre zwischen den beiden Staaten in Deutschland ein Geflecht von staatlichen Verträgen und Vereinbarungen entstand, blieb gültig, was Bundeskanzler Willy Brandt in seiner Regierungserklärung vom 28. Oktober 1969 ausgesprochen hat: »Eine völkerrechtliche Anerkennung der DDR durch die Bundesregierung kann nicht in Betracht kommen. Auch wenn zwei Staaten in Deutschland existieren, sind sie doch füreinander nicht Ausland; ihre Beziehungen zueinander können nur von besonderer Art sein.« Unter Beibehaltung unterschiedlicher, ja gegensätzlicher Rechtspositionen in grundsätzlichen Fragen kamen so im Interesse der Menschen Regelungen einer ganzen Reihe von praktischen Problemen zustande – bis hin zu den stillen Wegen der Lösung »humanitärer Fragen«. Die Partei- und Staatsführung der DDR mußte sich auf »innerdeutsche Beziehungen« einlassen, weil sie das Vertrauen der Menschen nicht erwerben und den wachsenden Widerspruch zwischen ihren erklärten Zielen und der tatsächlichen Lage – die durch sich verschlechternde ökonomische Bedingungen seit den 70er Jahren und zunehmende Repressionen gegenüber der Bevölkerung gekennzeichnet war – anders nicht überwinden zu können glaubte.

Peter Jochen Winters

Literatur:

Bundesministerium für innerdeutsche Beziehungen (Hrsg.): Zehn Jahre Deutschlandpolitik. Die Entwicklung der Beziehungen zwischen der Bundesrepublik Deutschland und der Deutschen Demokratischen Republik 1969–1979. Bericht und Dokumentation, Bonn 1980. □ Dass. (Hrsg.): Innerdeutsche Beziehungen. Die Entwicklung der Beziehungen zwischen der Bundesrepublik Deutschland und der Deutschen Demokratischen Republik 1980–1986. Eine Dokumentation, Bonn 1986. □ Deutscher Bundestag (Hrsg.): Materialien der Enquete-Kommission »Aufarbeitung von Geschichte und Folgen der SED-Diktatur in Deutschland«, Bde. V/1, V/2, V/3 Deutschlandpolitik, innerdeutsche Beziehungen und internationale Rahmenbedingungen, Baden-Baden/Frankfurt a. M. 1995. □ Garton Ash, Timothy: Im Namen Europas. Deutschland und der geteilte Kontinent, Frankfurt a. M. 1995. □ Korte, Karl-Rudolf: Deutschlandpolitik in Helmut Kohls Kanzlerschaft. Entscheidungsprozeß und Regierungsstil 1982–1989, Stuttgart 1998. □ Nakath, Detlef/ Gerd-Rüdiger, Stephan: Von Hubertusstock nach Bonn. Eine dokumentierte Geschichte der deutsch-deutschen Beziehungen auf höchster Ebene 1981–1987, Berlin 1995. □ Dies.: Countdown zur deutschen Einheit. Dokumentierte Geschichte der deutsch-deutschen Beziehungen 1987–1990, Berlin 1996. □ Nawrocki, Joachim: Die Beziehungen zwischen den beiden Staaten in Deutschland. Entwicklungen, Möglichkeiten und Grenzen, Berlin (2. Aufl.) 1988. □ Nitz, Jürgen: Länderspiel. Deutsch-deutsche Geheimgespräche, Berlin 1995. □ Plück, Kurt: Der schwarz-rot-goldene Faden. Vier Jahrzehnte erlebter Deutschlandpolitik, Bonn 1997. □ Potthoff, Heinrich: Bonn und Ost-Berlin 1969–1982. Dialog auf höchster Ebene und vertrauliche Kanäle. Darstellung und Dokumente, Bonn 1997. □ Presse- und Informationsamt der Bundesregierung (Hrsg.): Dokumentation zu den innerdeutschen Beziehungen. Abmachungen und Erklärungen, Bonn (12. Aufl.) 1989. □ Staadt, Jochen: Dem Westen zugewandt. Deutschlandpolitik der SED von 1970 bis 1989, Berlin 1997.

Innere Einheit

→ Berichte zur Lage der Nation, **Einstellungen zur deutschen Einheit**, Extremismus und Innere Sicherheit, Geschichtsbewußtsein, Lebensbedingungen, Politische Bildung, **Politische Kultur**, Sozialer Wandel, Sozialpolitik, Strukturwandel.

1. Einleitung: Im erstmals 1997 vorgelegten »Jahresbericht der Bundesregierung zum Stand der Deutschen Einheit« heißt es, daß für die Bundesregierung »der Einigungsprozeß erst dann abgeschlossen ist, wenn neben der materiellen Einheit die innere Einheit vollendet ist«. Im Gegensatz zum materiellen Einigungsprozeß, der sehr schnell vorangegangen sei und in Teilen bereits als abgeschlossen gelten könne, verlaufe der Prozeß der inneren Einigung deutlich langsamer; die zwischen beiden bestehende Schere müsse geschlossen werden.

Der normative Kern der inneren Einigung, so die Bundesregierung weiter, liege im Bekenntnis zu den Grundwerten der Verfassung. »Innere Einheit (wird) verstanden als der Weg des einzelnen zum aktiven und verantwortungsbewußten Staatsbürger der Bundesrepublik Deutschland auf der Grundlage der durch die Verfassung vorgegebenen Wertordnung.« Und da es letztlich um die Identität des gemeinsamen Landes gehe, sei innere Einigung nicht nur eine Angelegenheit der Menschen in den neuen, sondern auch in den alten Bundesländern.

Eigentlich muß dem angesprochenen Gegensatz von materieller und inhaltlicher, das heißt auf gesamtdeutsche Einstellungen und Befindlichkeiten abstellender Einheit das Konzept der konstitutionell-institutionellen Einheit vorangestellt werden. Damit ist der Gesichtspunkt gemeint, daß durch den im Einigungsvertrag vom September 1990 festgelegten Modus der am 3. Oktober 1990 vollzogenen Zusammenführung der beiden deutschen Staaten ein neues Staatsgebilde entstanden war, das in praktisch allen relevanten Strukturdimensionen der alten Bundesrepublik entsprach. Vor diesem Hintergrund bedeutet materielle Einheit, daß der durchschnittliche westdeutsche Standard der sachlichen Lebensverhältnisse durch die Menschen in den neuen Bundesländern zumindest erreicht worden sein muß. Das entspricht dem Postulat in Art. 72 GG nach Herstellung gleichwertiger Lebensverhältnisse. Hinsichtlich der inneren Einheit geht es unter dem Blickwinkel der Bundesregierung in erster Linie darum, die Bürger der früheren DDR auf das Niveau der Zustimmung zu den bundesrepublikanischen demokratischen Institutionen zu bringen, das in den alten Ländern bereits seit längerem gegeben ist.

Dieses politisch-institutionalistisch definierte Verständnis von innerer Einheit, wie es gelegentlich auch in der wissenschaftlichen Diskussion befürwortet wird, ist seit der Vereinigung Gegenstand kontinuierlicher Forschung im Zusammenhang mit Studien zur politischen Kultur des vereinten Deutschland geworden. Die Befunde lassen sich im wesentlichen so zusammenfassen, daß nach wie vor die Bürger in den neuen Ländern auf der Suche nach ihrer politischen Identität sind, sich mit der (west-)deutschen Demokratie schwer tun und überdies ein weitaus stärker sozialstaatlich wie plebiszitär geprägtes Demokratieverständnis aufweisen als ihre westdeutschen Mitbürger (siehe dazu ausführlicher Abschnitt 3.3).

Es zeigen sich jedoch auch zahlreiche Unterschiede in den sozio-kulturellen Mentalitäten der beiden Bevölkerungen, die über die Variabilitäten hinausgehen, die man als »normale« Eigenheiten in der alten Bundesrepublik z. B. zwischen Nord- und Süddeutschen seit jeher – zum Teil schmunzelnd – als Selbstverständlichkeiten zur Kenntnis genommen hat. Für die Frage des Zusammenwachsens der Menschen in den alten und neuen Bundesländern geht es allerdings noch um mehr. Zu behandeln unter dem Oberbegriff der »inneren Einheit« ist auch und ganz besonders die Frage der wechselseitigen Eigen- und Fremdwahrnehmungen von West- und Ostdeutschen unter Bezug auf die deutsche Vereinigung und deren Veränderungen über Zeit, denn sie stellen eine wichtige Bedingung für das Zusammenwachsen der beiden Deutschlands dar.

2. Vorüberlegungen: Viele Forschungen haben belegt, daß die »alte« Bundesrepublik von ihrer Gründung 1949 an etwa zwanzig Jahre benötigt hat, um von ihren eigenen Bürgern als eine Demokratie so akzeptiert zu werden, daß selbst (vor allem wirtschaftlich) schlechtere Zeiten nichts Entscheidendes mehr an der positiven Identifikation der Bürger mit der von ihnen mitgestalteten neuen politischen Ordnung ändern konnten. Wenn nun die Stabilität der deutschen Demokratie auch nach der Vereinigung nicht ernsthaft in Frage gestellt worden ist, so darf dies angesichts der umfassenden und langen Sozialisation der Ostdeutschen in ein totalitäres politisches System nicht als Selbstverständlichkeit betrachtet werden. Wesentliche Gründe für diesen Optimismus dürften neben der demokratischen »Bewährung« der Westdeutschen und dem demokratiestabilisierenden Institutionensystem der alten Bundesländer auch in den konstitutionellen Rahmenbedingungen der Vereinigung nach Artikel 23 GG und in dem nur auf den ersten Blick vordergründigen Aspekt der ungleichen Bevölkerungszahl der beiden deutschen Staaten zu suchen sein.

Gerade diese letztgenannten Faktoren helfen zu verstehen, warum die Vereinigung von den beiden deutschen Bevölkerungen zunächst unter so unterschiedlichem Blickwinkel gesehen worden ist: Für die Westdeutschen hatte sich scheinbar nichts verändert; alle zentralen Rahmenbedingungen ihrer Existenz und ihre Lebensverhältnisse waren unverändert geblieben. Für die Ostdeutschen hingegen war die Vereinigung mit einem Verlust ihrer konstitutionellen, institutionellen, rechtlichen und damit teilweise auch persönlichen Identität verbunden. Dieser Verlust konnte alleine durch Rekurs auf eine gemeinsame deutsche Kultur und Geschichte angesichts des Umstandes, daß der Anteil der 1945 und später in der DDR geborenen Menschen 1990 schon rund 60 % betrug, nicht hinreichend kompensiert werden. Hinzu kommt, daß der durch die ostdeutschen Bürger in der Volkskammerwahl vom 18. März 1990 zum Ausdruck gebrachte Vereinigungswille den Wunsch nach wirtschaftlichen Verbesserungen als wesentliche Triebfeder besaß. Gerade diese später im Wahlkampf zur Bundestagswahl 1990 von ost- wie westdeutschen Regierungspolitikern noch weiter genährten hohen Erwartungen (die »blühenden Landschaften«) wurden allerdings in Ostdeutschland schon vor der formalen Vereinigung zunehmend von Sorgen über die künftige Wirtschaftsentwicklung verdrängt.

Zwar hätte man bei einem weniger gravierenden Einschnitt in die wirtschaftlichen Verhältnisse in Ostdeutschland, wie er tatsächlich eingetreten ist, zumindest kurzfristig eine Milderung der durch den Identitätsverlust unvermeidlichen Enttäuschungseffekte erwarten können. Diese Hoffnung erwies sich jedoch angesichts der langfristigen politischen und wirtschaftlichen Rahmenbedingungen für das vereinigte Deutschland zu Beginn der 90er Jahre (Globalisierung, Arbeitslosigkeit) als nicht realistisch.

Gerade der weitaus schwieriger als erwartet verlaufene Vereinigungsprozeß, dessen politische (PDS; Rechtsextreme) und finanzielle (Solidaritätszuschlag; West-Ost-Transferleistungen) Auswirkungen längst auch die selbstzufriedene »alte« Bundesrepublik erreicht haben, verleiht der Beantwortung der weiter vorne formulierten Fragen bezüglich der »inneren Einheit« ein besonderes Gewicht. Im folgenden soll dabei zunächst erörtert werden, welche Gemeinsamkeiten und Unterschiedlichkeiten in den Mentalitäten und politischen Orientierungen zwischen den Bevölkerungen der beiden deutschen Staaten im Vereinigungsjahr und danach durch die sozialwissenschaftliche Forschung dokumentiert worden sind.

3. Zur politischen Kultur der beiden deutschen Staaten

3.1. Methodische Vorbemerkung: Das Instrument der Wahl für die zuverlässige Beschreibung von individuellen Befindlichkeiten ist die Befragung von repräsentativen Bevölkerungsstichproben. Bemerkenswerterweise haben sich totalitäre Staaten auch in der Nachkriegszeit, in der die einschlägigen Forschungstechniken in den entwickelten Demokratien längst zur vollen Anwendungsreife gebracht worden waren, stets sehr schwer mit diesem Instrument getan, weil sie dessen aufklärerisches und demokratisierendes Potential fürchteten. Ganz auf dieser Linie liegt z. B. die 1978 unmittelbar von Honecker verfügte Schließung des beim Zentralkomitee der SED angesiedelten Instituts für Meinungsforschung, die mit dazu geführt hat, daß eine regelmäßige gesellschaftlich-politische Dauerbeobachtung mit repräsentativen nationalen Bevölkerungsstichproben in der DDR nicht zustande gekommen ist.

Mit der Grenzöffnung im November 1989 wurde dieses Defizit durch das Engagement der westdeutschen Sozial- und Marktforschung schnell beseitigt. Schon ab Februar/März 1990 fanden in der DDR kontinuierlich repräsentativ angelegte Befragungen statt. Diese sollten zwar überwiegend die Marktforschungsinteressen westdeutscher Klienten befriedigen, doch kam es auch zu einer Reihe sozialwissenschaftlicher Untersuchungen, auf deren Grundlage der deutsch-deutsche Transformationsprozeß in bezug auf die Einstellungen der Bevölkerung umfassend beschrieben worden ist. Dabei spricht für sich, daß bis 1997 in Westdeutschland und Ostdeutschland durchgängig mit getrennten Stichproben gearbeitet wurde. Hauptgrund hierfür war, daß Situation und Orientierungen in den alten und neuen Ländern so unterschiedlich waren, daß eine gemeinsame Stichprobe, in der Ostdeutsche dann nur noch proportional zu ihrem Bevölkerungsanteil mit circa einem Fünftel vertreten gewesen wären, diese Unterschiede unangemessen verwischt hätten.

3.2. Zur Ausgangslage: Eine mögliche Vereinigung der beiden deutschen Staaten gehörte bis in die Mitte der 60er Jahre hinein zum gesicherten Bestand des politischen Zielhaushalts in Westdeutschland. Der mit der neuen Ostpolitik der sozialliberalen Koalition nach 1969 einsetzende Prozeß der Abdrängung dieser Problematik gleichsam in das kollektive Unterbewußtsein der westdeutschen Gesellschaft konnte jedoch nicht mit einer völligen Abkehr vom Wunsch nach einer möglichen Vereinigung gleichgesetzt werden, wie dies in der politischen Diskussion jener Periode häufig geschah. Er reflektierte vielmehr die kognitiv gesteuerte Einschätzung der westdeutschen Bevölkerung und insbesondere der dortigen Eliten, daß für absehbare Zeit unter den gegebenen außenpolitischen Verhältnissen eine Vereinigung der beiden deutschen Staaten nicht erreichbar sei. Die latente Befürwortung einer Vereinigung war allerdings eine wichtige Voraussetzung für deren umfassende und schnelle Bejahung im Westen ab 1989, nachdem deutlich geworden war, daß es sich dabei tatsächlich um eine realistische politische Chance handelte.

Viele Unsicherheiten in den Einstellungen der westdeutschen Bevölkerung gegenüber den Einzelheiten des Vereinigungsprozesses in der Zeit vom Herbst 1989 bis zum Sommer 1990 sind auf dessen ungeklärte und sich von Tag zu Tag verändernde Rahmenbedingungen zurückzuführen. Zu keinem Zeitpunkt kann jedoch davon gesprochen werden, daß die Westdeutschen die Vereinigungsoption – bei grundsätzlicher allgemeiner Unterstützung – ohne konkrete Vorbehalte und Sorgen beobachtet hätten. Während die inzwischen offenkundig gewordene tatsächliche Größenordnung vor allem der finanzwirtschaftlichen Folgeprobleme der Vereinigung von den regierenden politischen Eliten lange Zeit falsch eingeschätzt worden war, bezeugt eine Vielzahl von Befragungsergebnissen, daß die westdeutschen Bürger sich schon früh um mögliche negative Folgen vor allem für die Wirtschafts-, Finanz-, Steuer- und Sozialpolitik sorgten. Nach übereinstimmender Auffassung in West- und Ostdeutschland war man seitens der Westdeutschen aber nicht etwa nur wegen überbordender Gefühle der Solidarität gegenüber dem Osten bereit, gewisse negative Konsequenzen der Vereinigung in Kauf zu nehmen. Vielmehr schätzte man im Westen diese Konsequenzen eher als kurzfristig ein und erwartete langfristig vor allem wirtschaftlich einen neuen Aufschwung durch die Vereinigung. Diese Blüte trat sogar ein; wie man heute weiß, verzögerte sie letztlich jedoch die Erkenntnis in der alten Bundesrepublik, daß im Zeichen des sich intensivierenden internationalen Wettbewerbs nicht zuletzt auch zwischen den OECD-Demokratien die bewährten Konsens- und Kooperationsstrukturen dabei waren, rapide an Geltung zu verlieren.

3.3. Zur politischen Kultur in West- und Ostdeutschland: Nach dem von Almond und Verba geprägten individualistischen Konzept politischer Kultur handelt es sich dabei um Orientierungen der Bevölkerung gegenüber dem politischen System insgesamt, gegenüber den Beeinflussungsmöglichkeiten des politischen Prozesses vor allem durch politische Beteiligung, der Bewertung dessen Ergebnisses und schließlich dem Selbstbild des Bürgers in einer Demokratie.

Die Entwicklung der Bundesrepublik von einer Untertanen- zu einer Bürgerkultur, von der schon die Rede war, hat in Westdeutschland auf dem Fundament klarer repräsentativer Institutionen zu einer Konsolidierung der Demokratie als Verfassungs- und Lebensform geführt. Zwei wesentliche Aspekte sind hier hervorzuheben. Zum einen haben sich die Einstellungen gegenüber der Demokratie in einem langsamen Prozeß zunehmend positiv gestaltet. Zum zweiten hat sich die zunächst enge Verkoppelung von Einstellungen gegenüber der (wirtschaftlichen) Leistungsfähigkeit der politischen Herrschaftsträger einerseits und den Institutionen und Werten des demokratischen Regimes andererseits zunehmend verselbständigt, wie das in etablierten Demokratien schon lange beobachtet worden war. Dies ist ein systemstabilisierendes Element von herausragender Bedeutung, ganz besonders unter der Annahme eines funktionierenden Parteienwettbewerbs mit Regierungswechseln auf der Ebene der politischen Herrschaftsträger.

Bedenkt man die lange Dauer der demokratischen »Lernphase« in Westdeutschland und in anderen Ländern, in denen ein Übergang von einem nicht-demokratischen zu einem demokratischen Regime stattgefunden hat, so mußte man im Prinzip für Ostdeutschland erwarten, daß dessen Bevölkerung in den Antworten auf Fragen nach den Einstellungen zur Demokratie eine Position einnehmen würde, die etwa der in der Bundesrepublik Deutschland um 1950 entsprechen würde. Tatsächlich haben mehrere frühe Untersuchungen zu dieser Thematik jedoch zunächst übereinstimmend erbracht, daß die Ostdeutschen auf der Konsensdimension, welche die Zustimmung zu grundlegenden Werten der Demokratie (z.B. zu den Grundrechten) mißt, in etwa auf der heutigen, hoch zustimmenden Position der Westdeutschen liegen. Auf der Konfliktdimension, bei der es im wesentlichen um die Akzeptanz von (friedlichen) Konflikten als zentralem Element der demokratischen Streitkultur geht, wiesen die Ostdeutschen 1990 sogar tendenziell günstigere Werte als die Westdeutschen auf, auch wenn sich diese Zahlen in den neuen Ländern nach 1990 schnell verschlechterten.

Ob diese bezüglich der Bürger der neuen Länder positiven Befunde lediglich die Antworten von »Fragebogendemokraten« waren, wie dies ein amerikanischer Sozialwissenschaftler skeptisch formulierte, oder den Enthusiasmus über die durch eigenes Handeln gewonnene Freiheit widerspiegelte, ist nachträglich nicht mehr zuverlässig zu klären. Keinen Zweifel läßt die vorhandene empirische Evidenz jedoch an der Schlußfolgerung zu, daß sich im Laufe der Zeit deutlich unterschiedlichere Konturen in der politischen Kultur der West- und Ostdeutschen herauskristallisierten, als dies zunächst den Anschein hatte. Dabei sollen hier lediglich drei Aspekte hervorgehoben werden.

Zunächst einmal unterscheiden sich beide Bevölkerungen in einer in Ostdeutschland kontinuierlich um etwa 20 Prozentpunkte niedriger liegenden Akzeptanz der (west-)deutschen Demokratie. Dies mag angesichts der schleppenden Wirtschaftsentwicklung und vor allem der sehr hohen Arbeitslosigkeit in Ostdeutschland verständlich sein und bestätigt frühere Theorien über die Bedingungen, unter denen

Demokratie als politische Form von der Bevölkerung angenommen wird. Dies ändert jedoch nichts an den Problemen einer solchen Demokratiedistanz für den politischen Prozeß und insbesondere das Parteiensystem in Deutschland.

Zum zweiten haben sich bei näherer Betrachtung erhebliche Unterschiede im Demokratieverständnis zwischen West- und Ostdeutschen herausgestellt. In den neuen Ländern dokumentiert sich ein ausgeprägter Wunsch nach sozialstaatlichem Schutz in allen Lebensbereichen, der quer zu der internationalen Entwicklung der Rücknahme einer umfassenden Absicherung von Lebensrisiken durch den Staat und einer stärkeren Betonung von Eigeninitiative und –verantwortung liegt. Das so entstandene Konfliktpotential liegt auf der Hand. Entsprechend kann nicht überraschen, daß die Frage nach der relativen Wertigkeit von Freiheit und Gleichheit in den neuen Ländern stets überwiegend und viel stärker als in den alten Ländern im Osten zugunsten der Gleichheit beantwortet wird.

Drittens schließlich zeigt eine Vielzahl von Untersuchungen, daß die Ostdeutschen, und zwar sowohl in der Bevölkerung als auch bei den Eliten, stärker auf plebiszitäre, direktdemokratische Partizipation als die Bürger im Westen setzen; damit sind Konflikte mit der Repräsentativverfassung der Bundesrepublik vorprogrammiert. In allen drei Fällen kann nicht eindeutig entschieden werden, ob hier letztlich die unterschiedlichen Sozialisationsbedingungen in den beiden deutschen Staaten oder situationsabhängige Einflüsse ausschlaggebend für die Unterschiede sind. Es spricht jedoch vieles für die Annahme, daß beide Faktoren im Spiel sind.

4. Innere Einheit als Selbst- und Fremdwahrnehmung: »Innere Einheit« ist in seinen zahlreichen Facetten in erster Linie ein politischer und nicht ein sozialwissenschaftlich fundierter Begriff. Insofern kann nicht überraschen, daß damit, wie bereits gezeigt wurde, sehr unterschiedliche Inhalte verbunden werden. Das erreichte Maß an Zustimmung in den neuen Ländern zu den Kernelementen der staatlich-demokratischen Ordnung der Bundesrepublik ist dabei eine Option, die hier wegen ihrer normativen Ambivalenz nicht weiter verfolgt wird. Im Mittelpunkt der weiteren Darstellung wird vielmehr die Analyse stehen, wie die West- und Ostdeutschen sich selber und die jeweils »anderen« in bezug auf die deutsche Vereinigung im zeitlichen Verlauf sehen und ob es hier zu Annäherungen der Wahrnehmungen gekommen ist. Dazu werden Daten aus repräsentativen Stichproben der bei Bundestagswahlen teilnahmeberechtigten Bürger in beiden Teilen Deutschlands aus den Jahren 1992 bzw. 1993 bis 1995 sowie 1997 ausgewertet. Dieser Analyse werden einige kurze Anmerkungen vorangestellt.

Angesichts der unterschiedlichen Nachkriegsgeschichte der beiden deutschen Staaten kann der Befund des Allensbacher Instituts für Demoskopie nicht überraschen, daß nach Auffassung beider Bevölkerungen die Unterschiede zwischen ihnen die Gemeinsamkeiten nicht nur 1992, sondern auch noch 1996 weit überwiegen. Das müßte noch nicht viel bedeuten, denn kulturelle Unterschiede zwischen Regionen bestehen nicht nur in Deutschland, sondern auch in vielen anderen Ländern Europas. Für das vereinigte Deutschland wäre es aber nicht abwegig gewesen zu vermuten, daß das Zusammenleben seit 1990 in einem gemeinsamen Staat bestehende abweichende Stereotypisierungen in bezug auf allgemeine Charaktereigenschaften der jeweils anderen Gruppe vermindert hat. Das ist, wie die Allensbacher Daten belegen, zwischen 1991 und 1996 tatsächlich, wenn auch in geringem Umfang, der Fall. Wesentlich mehr ins Auge fällt jedoch der Befund, daß sich die Einschätzungen der Ost- durch die Westdeutschen im zeitlichen Verlauf kaum, die der West- durch die Ostdeutschen jedoch prägnant, und zwar durchweg in Richtung einer skeptischeren Bewertung von positiven Eigenschaften verändert haben. In dem unpolitischen Feld allgemeiner Charakterisierungen sind die ostdeutschen Bürger also ganz deutlich auf mehr Distanz zu ihren westdeutschen Mitbürgern gegangen. Dieses Ergebnis – man könnte es auch als Ernüchterung oder Desillusionierung interpretieren – wird durch eine Reihe anderer Arbeiten gestützt. Um so interessanter wird es sein, im folgenden die Entwicklung der politischen Eigen- und Fremdstereotypisierungen der beiden Bevölkerungen hinsichtlich der deutschen Vereinigung zu untersuchen. Dabei wurden die Eigen- und Fremdstereotype der beiden deutschen Bevölkerungsteile in bezug auf die Vereinigungsprobleme, die als Indikatoren für den Zustand der »inneren Einheit« Verwendung finden sollen, über die folgenden acht Aussagen erfaßt[1]:

»Anti-West«-Aussagen:

1 »Die Westdeutschen haben die ehemalige DDR im Kolonialstil erobert.«
2 »Die Deutschen im Westen haben trotz ihres Wohlstands nicht gelernt zu teilen.«
3 »Ostdeutschland wird fast nur als Absatzgebiet für Westwaren angesehen, viel zu wenig wird getan, um Ostdeutschland als Produktionsland zu erhalten.«
4 »Im Westen gibt es Leute, die am liebsten so leben möchten, als hätte es gar keine Wiedervereinigung gegeben.«
5 »Die Bonner Regierung tut zu wenig, um die Arbeitsplätze in der Ex-DDR zu retten.«

»Anti-Ost«-Aussagen:

1 »Viele frühere DDR-Bürger machen es sich zu einfach. Sie wollen leben wie im Westen und nur so arbeiten wie früher im Osten.«
2 »Die Ostdeutschen neigen dazu, sich selbst zu bemitleiden.«
3 »Viele Arbeiter und Angestellte in Ostdeutschland sind westlichem Leistungsdruck nicht gewachsen.«

Die fünf »Anti-West«-Items wurden zur besseren Übersichtlichkeit zu einem von 0 bis 5 reichenden und die drei »Anti-Ost«-Items zu einem von 0 bis 3 reichenden Index zusammengefaßt. Jede eindeutige Zustimmung (voll und ganz bzw. ziemlich) zu einer der oben genannten Aussagen brachte einen Punkt für diesen Index. Da die Befragten in West- und Ostdeutschland jeweils zu allen acht Items Stellung nahmen, ergeben sich vier Indizes, die im Westen und Osten spiegelbildlich genau das Gegensätzliche aussagen: Im Westen bedeutet eine Zustimmung zu den »Anti-West«-Items eine Selbstzuschreibung der Verantwortung für die gegebenen Vereinigungsprobleme, im Osten hingegen eine Schuldzuweisung auf den Westen; entsprechendes gilt in umgekehrter Weise für den »Anti-Ost«-Index (vgl. Tab. 1a und b).

Bei diesen Daten fällt als erstes die Stabilität der Randverteilungen über die ersten zwei Zeitpunkte auf. Zweitens zeigt sich eine in den hohen Prozentpunktdifferenzen zum Ausdruck kommende erhebliche Polarisierung zwischen den west- und ostdeutschen Befragten insofern, als man auf der jeweiligen Dimension jeweils der anderen Seite die Verantwortung für die Vereinigungsprobleme zuschiebt und sich selbst davon freispricht. Ein deutliches West-Ost-Ungleichgewicht ist allerdings insofern erkennbar, als die Westdeutschen eher bereit sind, auch bei sich selbst Fehler zu sehen.

Tabelle 1a: Index Anti-West-Stereotype in West- und Ostdeutschland 1992–1997 (in %)

Index-Werte*	West				Ost				Prozentpunktdifferenz (W–O)			
	1993	1994	1995	1997	1993	1994	1995	1997	1993	1994	1995	1997
0	10,8	12,9	22,8	19,4	0,9	2,1	3,7	1,1	+ 9,9	+ 10,8	+ 19,1	+ 18,3
1	18,2	20,2	27,3	27,6	2,6	5,5	5,5	3,9	+ 15,6	+ 14,7	+ 21,8	+ 23,7
2	21,4	20,6	18,9	18,9	5,9	10,4	13,7	8,3	+ 15,5	+ 10,2	+ 5,2	+ 10,6
3	21,1	19,7	15,2	15,3	13,3	15,9	15,9	18,3	+ 7,8	+ 3,8	– 0,7	– 3,0
4	16,4	16,0	9,8	10,9	21,8	29,7	21,8	26,8	– 5,4	– 13,7	– 12,0	– 15,9
5	12,1	10,6	6,0	7,9	55,5	36,4	39,4	41,6	– 43,4	– 25,8	– 33,4	– 33,7
Summe	100,0	100,0	100,0	100,0	100,0	100,0	100,0	100,0				
n =	981	990	1 013	1 019	949	1 032	1 043	1 004				

* Index-Werte: 0 = niedrig, 5 = hoch

Tabelle 1b: Index Anti-Ost-Stereotype in West- und Ostdeutschland 1992–1997 (in %)

Index-Werte*	West				Ost				Prozentpunktdifferenz (W–O)			
	1993	1994	1995	1997	1993	1994	1995	1997	1993	1994	1995	1997
0	14,7	16,7	23,4	18,4	52,7	48,8	56,9	63,5	– 38,0	– 32,1	– 33,5	– 45,1
1	16,2	17,1	16,6	19,1	21,6	26,2	24,2	22,7	– 5,4	– 9,1	– 7,6	– 3,6
2	23,8	27,1	21,6	23,0	15,7	17,2	12,9	10,0	+ 8,1	+ 9,9	+ 8,7	+ 13,0
3	45,3	39,1	38,4	39,6	10,0	7,8	6,0	3,8	+ 35,3	+ 31,3	+ 32,4	+ 35,8
Summe	100,0	100,0	100,0	100,0	100,0	100,0	100,0	100,0				
n =	990	993	1 019	1 018	955	1 038	1 044	999				

* Index-Werte: 0 = niedrig, 5 = hoch

Zwar existiert kein verbindlicher Maßstab, nach dem diese Befunde bewertet werden können. Eine plausible Interpretation von innerer Einheit als Erwartung, auch der Position der »Gegenseite« werde im zeitlichen Verlauf durch besseres Kennenlernen zunehmend Verständnis entgegengebracht, hätte jedoch z. B. Antworttendenzen nahegelegt, nach denen sich in West und Ost Fremd- und Eigenzuschreibung für die Schwierigkeiten des Vereinigungsprozesses zumindest die Waage hielten. Von einer solchen Balance oder auch einer Annäherung der Standpunkte, das zeigen die Daten, kann jedoch nicht die Rede sein. Vielmehr hat sich die Polarisierung zwischen West- und Ostdeutschen 1995 und 1997 noch einmal leicht verschärft. Hierzu tragen zum einen die Ostdeutschen bei, die – aus Überzeugung oder aus Intransigenz – den Westdeutschen noch mehr als zuvor den schwarzen Vereinigungspeter zuschieben. Zum anderen hat es den Anschein, daß auch die Westdeutschen nicht mehr in früherem Maße bereit sind, die Vereinigungsprobleme überwiegend sich selbst und ihrer Einstellung gegenüber den Ostdeutschen anzulasten.

Um das Verhältnis von Eigen- und Fremdattribuierung genauer zu analysieren, wurde im folgenden der Anti-West-Index und der Anti-Ost-Index jeweils getrennt für die West-Ost-Stichproben zu einer Typologie zusammengefaßt.

Diese Typologie arbeitet noch einmal mit der wünschenswerten Klarheit die bereits angesprochene Unterschiedlichkeit der beiden Populationen heraus: 1997 sind es bereits drei Viertel der Ostdeutschen, aber nur ein gutes Drittel der Westdeutschen, welche die Vereinigungsprobleme ausschließlich der anderen Seite zuschreiben (Externalisierer). Von einem wachsenden Verständnis im Osten für die »andere Seite« kann also keine Rede sein; das Gegenteil ist der Fall. Ob die seit 1992 fast konstante Zahl der Externalisierer im Westen Verständnis oder Gleichgültigkeit signalisiert, kann hier nicht entschieden werden. Auf die Kategorie der Negativisten entfallen bis 1994 im Westen immerhin etwa drei Zehntel und im Osten etwa zwei Zehntel der Befragten; ihre Zahl hat seither allerdings vor allem im Osten kontinuierlich abgenommen, in erster Linie zugunsten der Externalisierer.

Hoffnungen konnte man 1995 aus dem Umstand ableiten, daß – besonders ausgeprägt im Westen – der Anteil der Positivisten, und zwar (im Aggregat) vor allem auf Kosten der Negativisten und – im Westen – zusätzlich der Internalisierer zunahm. So erfreulich diese Tendenz zur Abkehr von »leichten« Fremd- oder Selbst-Negativstereotypisierungen war: sie fand 1997 nicht nur keine Fortsetzung, sondern sogar eine Umkehrung. In beiden Teilen Deutschlands fiel der Anteil der Positivisten wieder, dabei im Osten sogar auf das Niveau der ersten Messung 1992, und zwar fast ausschließlich zugunsten der problematischsten Kategorie der Typologie, der Externalisierer.

Hinsichtlich der politischen Orientierungen der vier Typen können die Negativisten am ehesten als politisch nur durchschnittlich interessierte Formaldemokraten gekennzeichnet werden, die eine gemäßigt negative Haltung in bezug auf alle Aspekte des politischen Lebens aufweisen. Ihre Ost- und West-Profilähnlichkeit endet allerdings bei den präferierten politischen Parteien. Im Westen neigen etwa zwei Drittel kontinuierlich SPD und Grünen zu, während sie sich im Osten in von Meßzeitpunkt zu Meßzeitpunkt unterschiedlicher Gewichtung auf CDU, SPD und PDS verteilen.

Die Externalisierer zeichnen sich demgegenüber durch eine durchweg negative Grundstimmung gegenüber allen Aspekten der politischen Situation aus. Im Osten identifizieren sie sich besonders 1997 mit der SPD und mit der PDS (1995 rund ein Drittel), bewerten die Idee des Sozialismus eher positiv, äußern Skepsis gegenüber der Realität (allerdings nicht: Idee) der Demokratie, weisen bei durchschnittlichem Interesse an Politik Affinität zu direkten Formen politischer Partizipation auf und wenden sich tendenziell von der Wahl als zentralem demokratischen Entscheidungsmechanismus ab. Sowohl Größe als auch Orientierungen dieser Gruppe zeigen, daß in Ostdeutschland der Weg zur inneren Einheit noch weit ist. Die Externalisierer im Westen lassen sich bei ebenfalls moderatem politischen Interesse bis 1995 eher als regierungsnah kennzeichnen; 1997 allerdings neigen sie erstmals zu fast zwei Dritteln der SPD zu. Darüber hinaus tendieren sie dazu, die Verhältnisse in Ostdeutschland »gesundzubeten«, dies dabei vor dem Hintergrund einer sehr negativen Einschätzung der Situation der DDR vor der Vereinigung.

Der Typ des Positivisten ist durchschnittlich interessiert an Politik, unterscheidet sich aber bis 1995 in allen prinzipiellen politischen Orientierungen zwischen Ost und West kaum. Bemerkenswert ist, daß sich seine Nähe zu den Bonner Regierungsparteien 1997 zugunsten der SPD geradezu umkehrt. Diese Befragten teilen moderat positive Einschätzungen der Gesamtlage, befürworten ausgeprägt Idee und – im Westen mehr als im Osten – Realität der Demokratie, bejahen die Vereinigung, sehen positiv in die Zukunft und besitzen keine gegenseitigen Berührungs-

Tabelle 2: Typen von Stereotypisierungen im Westen 1992–1997 (in %)

	Anti-West	**Anti-Ost**	**1992**	**1993**	**1994**	**1995**	**1997**
Positivist	niedrig (0–2)	niedrig (0–1)	14,3	13,6	16,6	29,1	25,3
Externalisierer	niedrig (0–2)	hoch (2–3)	38,6	37,2	37,0	39,8	40,7
Internalisierer	hoch (3–5)	niedrig (0–1)	14,9	17,2	17,4	10,8	12,3
Negativist	hoch (3–5)	hoch (2–3)	32,2	32,0	29,0	20,3	21,7
Summe			100	100	100	100	100
n =			1 936	969	988	1 010	1 011

Tabelle 3: Typen von Stereotypisierungen im Osten 1992–1997 (in %)

	Anti-West	**Anti-Ost**	**1992**	**1993**	**1994**	**1995**	**1997**
Positivist	niedrig (0–2)	niedrig (0–1)	10,3	6,2	13,4	18,5	10,9
Externalisierer	hoch (3–5)	niedrig (0–1)	67,5	67,9	61,7	62,4	75,4
Internalisierer	niedrig (0–2)	hoch (2–3)	3,8	3,4	4,6	4,4	2,5
Negativist	hoch (3–5)	hoch (2–3)	18,4	22,5	20,3	14,6	11,2
Summe			100	100	100	100	100
n =			956	936	1 029	1 038	994

ängste. Für diese Gruppe von Befragten scheint die innere Einheit bereits weitgehend vollzogen. Ihr Anwachsen 1995 gab Anlaß zu Hoffnung; ihr Rückgang 1997 ist unter dem Blickwinkel der inneren Einheit enttäuschend.

Sowohl West-Ost-Gemeinsamkeiten als auch eine leicht positive Grundstimmung lassen sich für den letzten hier zu erörtenden Typ – die Internalisierer – nicht feststellen. Würde man auf den ersten Blick vermutet haben, daß in dieser Gruppe besonders günstige Voraussetzungen für einen verständnisvollen Umgang der beiden Bevölkerungen miteinander vorliegen, so zeigen sich bei näherer Betrachtung große Unterschiede zwischen den West- und den Ostdeutschen. Bei ersteren ist über alle Zeitpunkte konsistent eine ausschließliche Selbstzuschreibung für die vereinigungsbedingten Probleme abgeleiteter Ausdruck einer grundlegenden Skepsis gegenüber der etablierten Politik, ihren Politikern und ihren Institutionen. Genau in diesem Typ findet sich im Westen schwerpunktmäßig die Gruppe der linken Postmaterialisten mit einer eindeutigen Nähe zur SPD und zu den Grünen, die von Anfang an der deutschen Vereinigung skeptisch bis ablehnend gegenübergestanden hatte und für die die Selbstzuschreibung der Verantwortung für die Probleme der Vereinigung nur eine andere Ausdrucksform für manifeste Regierungskritik und latente Systemkritik ist. Diese Gruppe ist im Westen allerdings, darauf soll noch einmal hingewiesen werden, 1995 um rund ein Drittel geschrumpft und 1997 nur wenig angewachsen.

Nicht gegensätzlicher könnte man sich das Profil der Internalisierer in Ostdeutschland vorstellen, der dort nach wie vor mit Abstand kleinsten Gruppe. Hier vereinigen sich Distanz zur Idee des Sozialismus mit einer ambivalenten Demokratieorientierung sowie mit ausgeprägten nationalistischen und autoritären Elementen bei weit überdurchschnittlicher Zustimmung zur Tatsache und zum Verlauf der Vereinigung. Auf diese Gruppe dürfte am ehesten der Teil der Analyse von Maaz[2] zutreffen, in dem argumentiert wird, daß die rasche, unvermittelte Ablösung des Sozialismus einen unreflektierten Autoritätstransfer auf neue Akteure begünstigt habe, der mit einer bedingungslosen Überidentifikation mit diesen Autoritäten Hand in Hand gehe. Insofern kann auch nicht überraschen, daß in dieser Gruppe die Nähe zur dominanten Regierungspartei CDU besonders ausgeprägt ist.

5. Perspektiven: Die Bundesrepublik Deutschland befindet sich, ähnlich wie ihre europäischen Nachbarn, in einer Phase des strukturellen Umbruchs, der vor allem ihre wirtschaftliche Wettbewerbsfähigkeit auf dem Weltmarkt herausfordert. Die krisenhaften Erscheinungen auf den Arbeitsmärkten erschweren den Prozeß der inneren Angleichung in Deutschland und fördern Polarisierungen zwischen den beiden Bevölkerungen und den Eliten des vereinigten Deutschlands.

Vor diesem Hintergrund zeichnen die Ergebnisse der Forschungen zu den Mentalitäten und politischen Orientierungen der west- und ostdeutschen Bürger ein ambivalentes Bild. Naive Erwartungen, das gemeinsame Reservoir an geschichtlichen, kulturellen und sprachlichen Gemeinsamkeiten bilde eine sichere Grundlage für die Einigung auch in den Köpfen der Menschen, können nicht bestätigt werden. Die in diesem Beitrag präsentierten Daten, aber auch zahlreiche andere Untersuchungen belegen, daß noch fast 10 Jahre nach der deutschen Vereinigung die zahlreichen Unterschiede in den politischen, sozialen und kulturellen Orientierungen von West- und Ostdeutschen mehr sind als nur landschaftliche Besonderheiten, wie sie stets auch innerhalb der alten Bundesrepublik aufzufinden waren. 45 Jahre eines unterschiedlichen politischen Weges lassen sich eben nicht mit einem Federstrich beseitigen. Insofern ist die Herstellung der inneren Einheit ein langwieriger Prozeß, in dem immer wieder Rückschläge zu verzeichnen sein werden. Von der inneren Einheit als emotionaler Identifikation in West und Ost mit dem vereinigten Deutschland ist die Bundesrepublik auch 1999 noch weit entfernt.

Max Kaase

Anmerkungen:

1 Vgl. Emnid-Umfrage, in: Der Spiegel, 18.1.1993. Der Verfasser dankt W. Harenberg vom Spiegel und K.-P. Schöppner von Emnid für die Weitergabe der Daten. Die Erhebung 1993 wurde ebenfalls in West- und Ostdeutschland durch Emnid im Mai/Juni 1993 gemeinsam für den Verfasser und Bettina Westle durchgeführt. Die Daten für 1994 entstammen einer Nachwahlbefragung zur Bundestagswahl im Oktober 1994, die das GFM-GETAS Institut für das Wissenschaftszentrum Berlin für Sozialforschung und für das Zentrum für Umfragen, Methoden und Analysen, Mannheim, durchgeführt hat. Die Daten für 1995 und 1997 wurden im Auftrag des Wissenschaftszentrums Berlin für Sozialforschung, ebenfalls von GFM-GETAS, erhoben.

2 Vgl. H.-J. Maaz: Das gestürzte Volk, Berlin 1991.

Literatur:

Bauer, Petra: Politische Orientierungen im Übergang. Eine Analyse politischer Einstellungen der Bürger in West- und Ostdeutschland 1990/91, in: Kölner Zeitschrift für Soziologie und Sozialpsychologie, 43/1991, S. 433–453. □ Bauer-Kaase, Petra: Die Entwicklung politischer Orientierungen in Ost- und Westdeutschland seit der deutschen Vereinigung, in: Oskar Niedermayer/Richard Stöss (Hrsg.): Parteien und Wähler im Umbruch, Opladen 1994, S. 266–297. □ Dies./Max Kaase: Five Years of Unification: The Germans on the Road to Inner Unity, in: German Politics, 5/1996, S. 1–25. □ Gabriel, Oscar (Hrsg.): Politische Einstellungen und politisches Verhalten in Ost- und Westdeutschland, Opladen 1997. □ Glaab, Manuela: Deutschlandpolitik in der öffentlichen Meinung. Einstellungen und Regierungspolitik in der Bundesrepublik Deutschland 1949 bis 1990, Opladen 1999. □ Herbert, Willi/Rudolf Wildenmann: Deutsche Identität. Die subjektive Verfassung der Deutschen vor der Wiedervereinigung, in: Rudolf Wildenmann (Hrsg.): Nation und Demokratie. Politisch-strukturelle Gestaltungsprobleme im neuen Deutschland, Baden-Baden 1991, S. 71–98. □ Kaase, Max: Bewußtseinslagen und Leitbilder in der Bundesrepublik Deutschland, in: Werner Weidenfeld/Hartmut Zimmermann (Hrsg.): Deutschland-Handbuch. Eine doppelte Bilanz 1949–1989, München 1989, S. 203–220. □ Ders./Petra Bauer-Kaase: Deutsche Vereinigung und innere Einheit, in: Heiner Meulemann (Hrsg.): Werte und nationale Identität im vereinigten Deutschland. Erklärungsansätze der Umfrageforschung, Opladen 1998. □ Veen, Hans-Joachim: Innere Einheit – aber wo liegt sie?, in: Aus Politik und Zeitgeschichte, B 40–41/1997, S. 19–28. □ Weidenfeld, Werner/Karl-Rudolf

KORTE: Die Deutschen. Profil einer Nation, Stuttgart 1991. □ WESTLE, BETTINA: Demokratie und Sozialismus. Politische Ordnungsvorstellungen im vereinigten Deutschland zwischen Ideologie, Protest und Nostalgie, in: Kölner Zeitschrift für Soziologie und Sozialpsychologie, 46/1994, S. 571–596.

Juden

→ Bundesrepublik Deutschland: Geschichte, Bundeswehr, DDR: Geschichte, Doppelte Staatsgründung, **Extremismus und Innere Sicherheit**, Geschichtsbewußtsein, Kirchen.

1. Politische Remigranten: Die Vorstellung, daß Deutschland, nach dem was zwischen 1933 und 1945 geschah, ein Land ohne Juden sein werde, hat sich nicht erfüllt. Unmittelbar nach Kriegsende kehrten eine Reihe ehemaliger deutscher Juden in das von den Alliierten besetzte Land zurück, überzeugt, sie würden bei dem Vorhaben gebraucht, ein neues, ein besseres, ein demokratisches Deutschland aufzubauen. Zu nennen sind Politiker wie der spätere Bürgermeister von Hamburg Herbert Weichmann, der spätere Justizminister von Nordrhein-Westfalen Josef Neuberger und der spätere Wissenschaftssenator von Berlin Paul Hertz. Aber es kehrten auch Wissenschaftler zurück wie Max Horkheimer (1949), Ernst Fraenkel (1951), Theodor W. Adorno (1951), Richard Loewenthal (1948) oder Hans-Joachim Schoeps (1947), die großen Einfluß auf die Studenten der ersten Nachkriegsgeneration hatten, die zumeist noch als Soldaten den Krieg mitgemacht und desillusioniert und zum Teil mit einem zerbrochenen Weltbild[1] aus diesem heimgekehrt waren.

Die meisten der politischen Remigranten nach 1945 waren Kommunisten, die sich deshalb auch dafür entschieden, in die Sowjetische Besatzungszone beziehungsweise in die Deutsche Demokratische Republik zu gehen. Zu ihnen gehörten der Schriftsteller Stefan Heym und der Literaturhistoriker Hans Mayer, der spätere Kulturminister der DDR Alexander Abusch, die späteren Mitglieder des Zentralkomitees der SED Gerhard Eisler und Albert Norden sowie der Literaturhistoriker Alfred Kantorowicz 1945, die Schriftstellerin Anna Seghers 1947, der Komponist Hanns Eisler und der Schriftsteller Arnold Zweig 1948, der Philosoph Ernst Bloch 1949 und der Karikaturist John Heartfield 1950. Viele von ihnen haben beim Aufbau der DDR eine wichtige Rolle gespielt.[2]

2. Zur Struktur der jüdischen Gemeinschaft vor 1989: In der Bundesrepublik lebten vor 1989 rund 30 000 Juden, die in den Jüdischen Gemeinden gemeldet waren. Die Zahl derjenigen, die keiner Gemeinde angehörten, läßt sich nur schätzen. Vermutlich waren es noch einmal zirka 15 000 Juden, die zu der Zahl von 30 000 hinzugerechnet werden mußten. Geht man von den rund 500 000 Juden aus, die vor 1933 in Deutschland gelebt haben, so entsprach die Zahl von 45 000 in der Bundesrepublik lebenden Juden ungefähr 10 % der jüdischen Population vor 1933.

Was bei der Vorstellung dieser demographischen Daten jedoch nicht übersehen werden darf, ist der Sachverhalt, daß die Jüdischen Gemeinden in der Bundesrepublik vor 1989 erstens primär Einwanderungsgemeinden waren und sie zweitens nicht mehr in der Kontinuität des deutschen Judentums standen. Von den rund 230 000 deutschen Juden, die nach 1933 noch auswandern konnten, ist nur ein ganz geringer Bruchteil von vorwiegend älteren Menschen zurückgekehrt, die in ihrem Einwanderungsland oft weder wirtschaftlich noch kulturell hatten Fuß fassen können. Zur Remigration hätten sich gewiß mehr entschlossen, wenn ein Bundespräsident oder Bundeskanzler in den ersten Nachkriegsjahren die ehemaligen deutschen Juden expressis verbis zur Rückkehr eingeladen hätte. Eine solche als Geste verstandene Einladung hat es aber nicht gegeben.

Die jüdische Gemeinschaft vor 1989 setzte sich in ihrer Struktur hauptsächlich aus polnischen, rumänischen, tschechischen und ungarischen Juden zusammen, die als Displaced Persons, als Flüchtlinge und Gestrandete aus den Arbeits-, Konzentrations- und Vernichtungslagern Osteuropas nach 1945 in Deutschland gleichsam hängengeblieben sind. Sie fühlten sich einer anderen jüdischen Tradition verpflichtet als die deutschen Juden, die vor 1989 nur noch rund 10 % der Mitglieder in den Gemeinden ausmachten.

Die Gemeinden waren außerdem hoffnungslos überaltert, das Durchschnittsalter schwankte in den Jahrzehnten vor 1989 zwischen 45 und 50 Jahren. Ständig starben etwa siebenmal soviel Juden wie geboren wurden. Die Bevölkerungsabnahme wurde durch einen entsprechenden Einwanderungsüberschuß ausgeglichen. Jährlich zogen über 1 000 Juden nach Deutschland, während etwa 400 das Land verließen. Die Gesamtzahl der jüdischen Einwanderer betrug in den Jahrzehnten vor 1989 etwa 40 000 Personen.

Vor 1989 existierten in der Bundesrepublik 64 Gemeinden, von denen Berlin über 6 000 und Frankfurt über 4 000 Mitglieder hatten, entsprechend ihrer Größe gefolgt von den Gemeinden in München, Hamburg, Düsseldorf und Köln. Die meisten Neueinwanderer, die hauptsächlich aus Osteuropa, aber auch aus dem Iran kamen, ließen sich in den Großstädten nieder. Die kleineren Gemeinden, die primär von deutschen Juden gebildet wurden, starben zusehends aus, so daß man prognostizierte, daß in Zukunft nur noch Gemeinden in den größeren Städten übrigbleiben würden.

3. Probleme aus der Minoritätensituation: Die Minoritätensituation als solche führte dazu, daß die jüdische Gemeinschaft in der Bundesrepublik sich fast nur mit den Problemen der eigenen Gruppe beschäftigte. Die Angst, daß mangels Mitgliedern die Jüdischen Gemeinden in der Zukunft verschwinden könnten, führte vor 1989 dazu, daß in den Gemeinden und Repräsentativorganen wie dem »Zentralrat der Juden in Deutschland« Überlebensstrategien diskutiert wurden. Insbesondere wurde über Religion und Familie nachgedacht, denjenigen sozialen Institutionen also, deren Erhalt für die Lebensfähigkeit der Jüdischen Gemeinden unabdingbar ist.

Vor 1989 war eines der großen Probleme der Mangel an Rabbinern, Kantoren und Lehrern in den Gemeinden. Auf den Ratstagungen des Zentralrats wurde dieser Zustand fortwährend beklagt. Man veranstaltete regelmäßig Jugend- und Kulturtagungen, auf denen der jungen Generation jüdisches Wissen vermittelt werden sollte. Auch war man bemüht, jüdische Schulen und Erwachsenenbildungsstätten zu errichten. Die 1979 mit finanzieller Unterstützung von Bund und Ländern in Heidelberg errichtete »Hochschule für Jüdische Studien« erhielt nicht nur den Auftrag, Studenten auszubilden, sondern wurde auch verpflichtet, die Gemeinden beim geistigen Wiederaufbau zu unterstützen.

Die besondere Sorge der Gemeinde- und der Zentralratsfunktionäre galt der Zunahme der sogenannten Mischehen, die ihrer Ansicht nach »die Überlebensfähigkeit der Gemeinden in Deutschland« (G. Breitbart) bedroht. Diese Sorge war und ist insofern nicht unbegründet, weil die Zahl der Mischehen in der Bundesrepublik tatsächlich weit über dem Durchschnitt anderer Länder liegt. Folgt man dem Statistischen Jahrbuch 1985, dann wurden in der Bundesrepublik 1983 von insgesamt 163 Ehen nur 51, knapp ein Drittel also, mit zwei jüdischen Partnern geschlossen.

4. Holocaustidentität und Israelfixierung: Das stärkste Integrationsmittel für die äußerst inhomogene Gruppe der Juden in der Bundesrepublik war und ist auch noch heute der *Holocaust* und das Bekenntnis zum Staat Israel. Die Identifizierung mit dem *Holocaust,* der in Israel die Funktion einer »weltlichen Staatsreligion« (M. Wolffsohn) angenommen hat, ist auch bei den Juden in der Bundesrepublik festzustellen. Der *Holocaust* summiert und symbolisiert die jüdische Leidensgeschichte, ist gleichsam ein »Kürzel jüdischer Geschichte« geworden.

Das Bekenntnis zu Israel nahm bei den Juden in der Bundesrepublik vor 1989 – wahrscheinlich stärker noch als in anderen Ländern – den Stellenwert eines Dogmas an. Gefordert wurde nicht nur die bedingungslose Identifikation mit der gerade herrschenden israelischen Regierungspolitik, weitgehend hat sich geradezu die Vorstellung durchgesetzt, Israel und Judentum seien identische Größen. Das Gemeindeleben war deshalb in starkem Maß auf Israel ausgerichtet. Kinder und Jugendliche werden nicht auf ein Leben in der Bundesrepublik, sondern auf die *Alija,* das heißt die Auswanderung nach Israel, vorbereitet.

Feststand, daß Juden in der Bundesrepublik sich mit Rechtfertigungszwängen auseinandersetzen mußten. Das Gefühl der Schuld spielte dabei eine besondere Rolle, daß man zwar die Vernichtungslager überlebt, nicht jedoch nach Israel übergesiedelt sei. Dieses Gefühl, das nicht nur die Überlebenden, sondern auch deren Kinder und Kindeskinder kennen (survivor guilt), wurde dadurch verschärft, daß man ausgerechnet in Deutschland lebt, dem Land also, von dem der schlimmste Judenmord seit Menschengedenken ausgegangen ist.

Von den Problemen, die sich aus diesen Konflikten ergaben, kündete der Titel des Buches »Fremd im eigenen Land«, in dem in der Bundesrepublik lebende Juden von ihren Schwierigkeiten berichten. Die Autoren äußerten Mißtrauen (G. Kreisler), fragten sich, ob es richtig gewesen sei, daß Juden in der Bundesrepublik wieder seßhaft geworden sind (A. Brauner), berichteten, daß rechtsradikale Tendenzen Angst auslösen (W. Goldberg), erörterten die Möglichkeiten, das Land zu verlassen (L. Fleischmann), und schrieben davon, daß schon das beiläufig geäußerte Wort Jude bei ihnen Entsetzen und Schuldgefühle auslöse (P. Parnass).

Zum Problem der Schuld kam hinzu, daß die Juden im Nachkriegsdeutschland in eine Verteidigungshaltung gedrängt wurden. Für das Judentum in aller Welt war es fast unerträglich, daß im »Land der Mörder« wieder Juden lebten. Im August 1950 kam es sogar zu einem Ultimatum seitens der »Jewish Agency«. Innerhalb von sechs Wochen hätten sämtliche Juden das Land zu verlassen. Wer sich danach in Deutschland aufhalte, würde nicht mehr als Jude angesehen und könnte bei einer späteren Einwanderung nach Israel nicht mit den üblichen Vergünstigungen rechnen. Dieses Ultimatum – das einem Bann gleichkam – spielte zwar später kaum noch eine Rolle, was aber nicht hieß, daß jüdisches Leben in der Bundesrepublik in der jüdischen Welt vorbehaltlos akzeptiert wurde.

5. Juden und Bundeswehr: In der jüdischen Gemeinschaft wurde vor 1989 heftig darüber diskutiert, ob junge Juden, Angehörige der »Dritten Generation«, zur Bundeswehr sollen oder nicht. Die Debatte, die im Kern auch eine Debatte um das Selbstverständnis der Juden in der Bundesrepublik ist, wurde im Herbst 1988 heftig angefacht, als ein 23jähriger eine Klage gegen den Einberufungsbescheid der Wehrbereichsverwaltung einreichte.

Im Oktober 1988 fällte die 17. Kammer des Verwaltungsgerichts in Ansbach das Urteil: Jüdischer Glaube befreie nicht von der Wehrpflicht. Grundsätzlich müßten heute auch junge Juden die Uniform der Bundeswehr tragen. Das Urteil entsprach damit der Rechtslage, derzufolge zwar junge Juden der Zweiten Generation von der Wehrpflicht befreit seien (»Wehrpflichtige jüdischen Bekenntnisses oder jüdischer Abstammung, deren nächste Angehörige aus rassischen Gründen nationalsozialistischen Verfolgungsmaßnahmen ausgesetzt waren, sind auf Antrag gemäß Paragraph 12 Abs. 4 Satz 1 WpflG bis auf weiteres vom Wehrdienst zurückzustellen«), nicht jedoch Angehörige der sogenannten Enkelgeneration.

Der Zentralrat der Juden und der Bundesminister der Verteidigung trafen eine Regelung, daß die Wehrpflichtigen der sogenannten Enkelgeneration bis auf weiteres ebenfalls nicht eingezogen werden. Diese Regelung wiederum löste insofern eine Diskussion aus, als jetzt bei betroffenen jüdischen jungen Männern die Sorge wuchs, ob nicht auf solche Art das demokratische Prinzip »gleiche Rechte, gleiche Pflichten« unterlaufen werde. Berauben die Juden, so fragte man, sich nicht freiwillig staatsbürgerlicher Rechte, die ihnen verfassungsmäßig zustehen? Werden sie dadurch, daß sie Sonderrechte für sich in Anspruch nehmen, nicht zu Bürgern zweiter Klasse und in die sattsam bekannte Rolle des Schutzjuden gedrängt?

6. Legitimationszwänge und Instrumentalisierungsprozesse: In den Anfängen der Bundesrepublik waren Konrad Adenauer und seine Berater klug genug zu wissen, daß die Aufnahme des geächteten Deutschland in die Völkerfamilie eine wohlwollende Geste gegenüber den Juden erforderte. Die »Wiedergutmachung«, die Adenauer gegen heftige Widerstände in der Bevölkerung durchsetzte, war sicher ein Werk, »einmalig in seiner Art«, das in der Rechtsgeschichte als ein Beispiel dafür eingehen wird, wie ein Volk darum bemüht war, ein in seinem Namen begangenes Unrecht zu sühnen.

Andererseits hat Adenauer aber sehr wohl gewußt, daß die »Wiedergutmachung« nicht nur bei der Wiederherstellung der deutschen Selbstachtung und Integrität helfen, sondern auch dazu beitragen würde, das verlorengegangene Ansehen in der Welt wiederzuerlangen. Die Erklärungen Adenauers im Bundestag, in der Öffentlichkeit wie in seinen Memoiren lassen den Schluß zu, daß der erste deutsche Bundeskanzler es als eine der wichtigsten Aufgaben ansah, die Beziehungen zu den Juden zu ordnen.

In der materiellen »Wiedergutmachung« für das geschehene Unrecht sah Adenauer ein Zeichen des deutschen Bestrebens nach Sühne des von Deutschen begangenen Unrechts. Seinen Erinnerungen zufolge hatte er sich entschlossen, seine ganze Kraft und Autorität für einen erfolgreichen Abschluß der jüdisch-deutschen Verhandlungen einzusetzen und war auch bereit, ein »finanzielles Wagnis«[3] einzugehen. Adenauer empfand in dieser Angelegenheit tiefe Schuld und betonte den Vorrang moralischer Verpflichtung vor möglichen ökonomischen Nachteilen.[4]

Daß jedoch auch wirtschaftspolitische Überlegungen Adenauers eine Rolle spielten, geht aus den internen Sitzungsprotokollen der jeweiligen Bonner Runden hervor. In den Kabinettsprotokollen finden sich Äußerungen Adenauers, die auf die amerikanischen Juden und deren großen wirtschaftlichen Einfluß für die deutsche Exportwirtschaft hinweisen.[5] Adenauers Entscheidung in der »Wiedergutmachungsfrage« wurde von seinen engsten Mitarbeitern einer seiner »einsamen Beschlüsse« genannt.

In einem Interview aus Anlaß seines 90. Geburtstags im Januar 1966 bezeichnete Adenauer als Hauptziele seiner politischen Tätigkeit die Versöhnung Deutschlands mit Frankreich und die Aussöhnung zwischen dem deutschen Volk und den Juden. Über seine Motive, die ihn dazu bewogen, die Aussöhnung mit den Juden zu suchen, führte er aus: »Erstens aus einem Gefühl der Gerechtigkeit. Wir hatten den Juden ... soviel ... Unrecht angetan, wir hatten solche Verbrechen an ihnen begangen, daß sie irgendwie gesühnt werden mußten oder wiedergutgemacht werden mußten, wenn wir wieder Ansehen unter den Völkern der Erde gewinnen wollten. Und weiter: Die Macht der Juden, auch heute noch, insbesondere in Amerika soll man nicht unterschätzen. Und daher habe ich sehr überlegt und sehr bewußt, und das war von jeher meine Meinung, meine ganze Kraft drangesetzt, so gut es ging, eine Versöhnung herbeizuführen zwischen dem jüdischen Volk und dem deutschen Volk«.[6]

Mit der Konsolidierung der Bundesrepublik ging auch eine gewisse äußere Konsolidierung Jüdischer Gemeinden Hand in Hand. Die Bonner Politik tat alles, um jüdische Präsenz aufrechtzuerhalten. Die wieder entstandenen Gemeinden wurden finanziell unterstützt, Bund und Länder traten als Garant jüdischer Unversehrtheit auf. Antisemitische Schmierereien und Anschläge konnten von Seiten der Polizei und der Justiz nicht mit Nachsicht rechnen. Das Vorhandensein jüdischen Lebens wurde gewissermaßen zu einem Ausweis der neuen demokratischen Kultur.

7. Die Juden und der Aufbau des demokratischen Rechtsstaates: Im Nachkriegsdeutschland haben Juden beim Aufbau der demokratischen Ordnung nur vereinzelt eine Rolle gespielt. In der Politik waren Frauen und Männer jüdischer Herkunft wie Jeannette Wolff, Herbert Weichmann, Josef Neuberger, Jakob Altmaler, Peter Blachstein oder Paul Hertz Ausnahmen. Die 1888 geborene Jeannette Wolff zum Beispiel war vor der Machtübernahme durch die Nationalsozialisten kommunalpolitisch in ihrer Heimatstadt Bocholt tätig gewesen. Während der Hitlerdiktatur hatte sie mehrere Jahre in Konzentrationslagern verbringen müssen. Nach ihrer Befreiung stellte sie sich sofort dem Aufbau einer demokratischen Gesellschaft in Deutschland zur Verfügung: Im Berliner SPD-Vorstand, als Stadtverordnete von Berlin, als Mitglied des Deutschen Bundestags, im Vorstand der Deutschen Angestellten-Gewerkschaft, als führendes Mitglied der Jüdischen Gemeinde zu Berlin, in der Gesellschaft für Christlich-Jüdische Zusammenarbeit und in der Frauenbewegung.

Ein Feld, auf dem Remigranten sich besonders betätigt haben, waren die Medien. Hans Wallenberg, Ernst J. Cramer und Hans Habe haben in den 50er und 60er Jahren bei der Schaffung der geistigen Fundamente mitgeholfen, auf welchen das neue Deutschland gebaut werden konnte. Alle drei aktivierten durch ihr publizistisches Wirken nicht nur demokratisches Bewußtsein, sondern trieben sowohl die Aussöhnung zwischen Deutschen und Juden als auch die Aufnahme der diplomatischen Beziehungen zwischen der Bundesrepublik Deutschland und dem Staat Israel voran.

Besonders erwähnt werden sollte die Tatsache, daß der Beitrag der Juden zum Aufbau der Demokratie vor 1933 bis in die Gegenwart nachwirkt. Was die Rechtskultur zum Beispiel angeht, in deren Traditionen das Bonner Grundgesetz steht, so ist bereits auf den Beitrag von Juristen jüdischer Herkunft hingewiesen worden. Im Nachkriegsdeutschland waren es Fachleute wie Robert M. W. Kempner, einst stellvertretender Hauptankläger in den Nürnberger Kriegsverbrecherprozessen, oder der hessische Generalstaatsanwalt Fritz Bauer, ohne den vermutlich der Frankfurter Auschwitz-Prozeß nie zustande gekommen wäre, die durch ihre Tätigkeit mithalfen, das Vertrauen des Auslandes gegenüber der Bundesrepublik wiederherzustellen.

Vergleichbares läßt sich auch für das Feld der Gesellschaftswissenschaften sagen, auf welchem Juden vor 1933 eine gewichtige Rolle gespielt haben. Sozialismus, Marxismus, Probleme der Sozialpolitik und -reform haben den Wertvorstellungen der Juden immer sehr nahe gelegen. Ernst Noam hat dazu in dem Sammelband »Juden im deutschen Kulturbereich« bemerkt: »Die Idee der sozialen Gerechtigkeit und die messianische Erlösungshoffnung sind Hauptgrundlagen der jüdischen Religion und haben sich im Laufe der Generationen tief in die Seele des einzelnen Juden, in sein Bewußtsein und Lebensgefühl eingegraben, auch bei demjenigen, der die Beziehung zur Religion verloren hat. Oft ist die Beschäftigung mit Sozialwissenschaft und Sozialpolitik oder Politik geradezu zum Ersatz für Religion geworden«.[7]

Einer derjenigen, dessen Lehren bis heute wirken, ist der Soziologe und Nationalökonom Franz Oppenheimer. Ludwig Erhard, der 1925 bei ihm promoviert hat, war immer stolz darauf, sein Schüler zu sein und hat bei verschiedenen Gelegenheiten betont, Oppenheimers Theorien seien in das Konzept der »Sozialen Marktwirtschaft« eingeflossen. In dem Geleitwort zur Autobiographie Oppenheimers, die zu dessen

100. Geburtstag 1964 erschien, bemerkte Erhard: »Franz Oppenheimer, mein geliebter Lehrer, war ein Mann, der mit heißem Herzen, aber mit kühlem Kopfe an die Probleme herangegangen ist... Solange ich lebe, werde ich Franz Oppenheimer nicht vergessen! Ich werde glücklich sein, wenn die soziale Marktwirtschaft – so vollkommen oder unvollkommen sie auch sein mag – weiter zeugen wird auch für das Werk, für den geistigen Ansatz der Gedanken und der Lehre von Franz Oppenheimer«.[8]

8. Juden in der Deutschen Demokratischen Republik: Nach dem Ende des Zweiten Weltkrieges und der Befreiung vom Hitlerregime durch die Alliierten begann in der SBZ/DDR ein zaghafter Neubeginn in den ehemals blühenden Zentren jüdischen Lebens. Es waren nur wenige Juden, die die Vernichtungslager überlebt oder sich entschlossen hatten, aus der Emigration in den sowjetisch besetzten Teil Deutschlands zurückzukehren. 1945 gab es etwa 3 100 Menschen, die sich den wieder errichteten Gemeinden zugehörig fühlten; 1952 waren es nur noch 2 600 Personen; 1989 waren die Gemeinden faktisch nicht mehr existent, denn es gab auf dem Gebiet der DDR nur noch 350 eingeschriebene Gemeindemitglieder.

In der damaligen Sowjetischen Besatzungszone (SBZ) kam es zu einer umfassenden Entnazifizierung sowie zu tiefgreifenden politischen und wirtschaftlichen Umwälzungen. Zahlreiche jüdische Überlebende des Holocaust waren an diesem als »antifaschistisch-demokratisch« bezeichneten gesellschaftlichen Neubeginn beteiligt. Zumeist waren es Remigranten, alte Mitglieder der früheren SPD oder KPD, die der Wunsch einte, ein neues und freies Deutschland aufzubauen.

Die führenden Politiker der SBZ/DDR versicherten den Juden und der jüdischen Welt stets aufs neue, daß ein Wiederaufleben von Faschismus oder Antisemitismus in diesem Teil Deutschlands ausgeschlossen sei. Die Prozesse gegen Nazis und Kriegsverbrecher schienen diese gegebenen Zusicherungen zu bekräftigen. Bis zur Zeit des mit Todesurteilen und Hinrichtungen endenden Slansky-Prozesses 1952 in der CSSR herrschte in der DDR eine durchaus freundschaftliche Atmosphäre zwischen den Jüdischen Gemeinden und den führenden Repräsentanten von Partei und Staat. Bei Gedenk- und Feierstunden wurde diese jüdisch-kommunistische Freundschaft immer wieder wortreich beschworen.

Von staatlicher Seite haben die Juden in der DDR stets besondere Aufmerksamkeit und Fürsorge erfahren, da sie zum Kreis der Verfolgten der NS-Gewaltherrschaft gehörten und daher als »Opfer des Faschismus« anerkannt wurden. Welche Konsequenzen dies für die Juden hatte, ist bei Helmut Eschwege nachzulesen. Seine Stellungnahme macht deutlich, daß Partei und Staat säuberlich differenzierten: Unter »Opfer des Faschismus« verstand man die Juden, und die politisch Verfolgten wurden als »Kämpfer gegen den Faschismus« benannt.

Infolge der geringen Zahl von nur 350 Gemeindemitgliedern ließ sich an ihnen eindrucksvoll die vorgebliche Religionsfreiheit und die ideologisch motivierte antifaschistische Haltung des sozialistischen Staates demonstrieren. Hätten die Gemeinden einen stärkeren Zulauf erhalten, dann ist anzunehmen, daß man sie ebenso wie die christlichen Kirchen argwöhnisch beobachtet hätte und es zu Konflikten mit der Staatsmacht gekommen wäre.

Während die Zahl der Mitglieder Jüdischer Gemeinden sank, wuchs ihre Bedeutung in den Medien; Partei- und Staatsführung hoben die Rolle der Juden immer deutlicher hervor. Dies entsprach einem vergleichbaren Trend in der Bundesrepublik, wo ebenfalls das Interesse an den Juden und ihren Problemen deutlich erkennbar gewachsen ist. Wie hier begann auch in der DDR eine neue Phase der Auseinandersetzung mit der jüngsten Geschichte, die erkennen läßt, daß die Erinnerung an die NS-Vergangenheit in beiden deutschen Staaten als ein gemeinsames Erbe empfunden wurde, von dem man der Meinung war, es werde die Bevölkerung in beiden Staaten noch lange beschäftigen.

9. Die Zukunft im vereinten Deutschland: Die jüngste Entwicklung, die im November 1989 zum Fall der Mauer und Oktober 1990 zur Vereinigung der beiden deutschen Teilstaaten führte, wird Auswirkungen auf das deutsch-jüdische Beziehungsverhältnis haben, ohne daß es sich schon sagen ließe, ob zum Guten oder Schlechten. Denn niemand weiß, wie dieses größer gewordene Deutschland in ein paar Jahren aussehen und welche Rolle es in der Welt spielen wird.

Immerhin sind – über bloßes Mutmaßen hinaus – ein paar Feststellungen möglich. Durch die Zuwanderung von einigen zehntausend Juden aus den GUS-Staaten in den letzten Jahren haben sich die Verhältnisse grundlegend geändert. Die Gemeinden stehen vor schwierigsten Problemen. Sie müssen einerseits sich um die Neuzuwanderer kümmern, zum anderen sind sie gezwungen, das Selbstverständnis der jüdischen Gemeinschaft, die sich in ihrer Struktur immer mehr verändert, in Deutschland neu zu definieren. Man beginnt sich zunehmend darüber klar zu werden, daß die bisherige Rolle als eine Gemeinschaft von Überlebenden in der Zukunft kein Modell mehr sein kann und man vor die Entscheidung gestellt ist, ob man sich als Jude zu Deutschland bekennen soll oder nicht.

Bis zum Herbst 1989 konnte man sich als Jude mit der Bundesrepublik oder der DDR ohne Schwierigkeiten identifizieren. Man verstand sich als Bürger des Staates, in dem man lebte, und es war nicht notwendig, ein wie auch immer geartetes Bekenntnis zu Deutschland und dem Deutschtum abzulegen. Erleichtert wurde dies durch die Tatsache, daß beide Staaten quasi besetzte Staaten waren. Den Juden in der Bundesrepublik und in der DDR bot die eingeschränkte Souveränität, das heißt die Anwesenheit der Siegermächte des Zweiten Weltkrieges, einen gewissen Schutz, der es ihnen ermöglichte, ohne Ängste und Befürchtungen im Nachkriegsdeutschland zu leben.

Die Meinungen darüber, ob der Vereinigungsprozeß den Juden Vorteile oder doch überwiegend Nachteile bringt, gehen indes weit auseinander. Das Datum des 9. November 1989 hat nämlich für die Nichtjuden auch eine versteckte symbolische Bedeutung; nicht wenige verbinden mit diesem Tag nicht allein das Ende der DDR, sondern wollen nun auch einen endgültigen Schlußstrich unter die Vergangenheit gezogen wissen.

Wenn auch die nunmehr über 10 Jahre andauernde Debatte um ein Holocaust-Mahnmal in Berlin weite Kreise zieht, ist heute doch zunehmend zu hören, daß eine neue Zeit begonnen habe, daß man jetzt endlich stolz sein könne auf das, was in vier Jahrzehnten aufgebaut worden ist. Wegen des Erreichten habe man es verdient, nicht mehr an die dunkelste Seite der deutschen Geschichte erinnert zu werden. Viele meinen auch, es sei genug gebüßt worden, die Zeit sei vorbei, sich vor der Welt selbst verleugnen zu müssen. In gewisser Weise wird das, was sich im Augenblick vollzieht, als ein Prozeß der Normalisierung begriffen.

Für die Juden hat dies alles Folgen, deren Tragweite noch nicht absehbar ist. Im Gegensatz zu der Mehrzahl ihrer Mitbürger erscheint ihnen die Vereinigung nicht als Chance, sondern als Risiko, als Unwägbarkeit, ja Bedrohung. Mißtrauisch hören sie die Formel Willy Brandts: »Jetzt wächst zusammen, was zusammengehört«. Dahinter werden Anfänge eines neuen Nationalismus vermutet, den auch die Versicherung, daß die Vereinigung der beiden Staaten sich im europäischen Kontext vollziehe, nicht beschwichtigt.

Der von den Nazis im Marienbader Exil heimtückisch ermordete Schriftsteller und Philosoph Theodor Lessing hatte 1932 in einem Essay prophezeit, würde es in Deutschland in nächster Zukunft zu Pogromen kommen, dann würde dies jüdische Deutsche und christliche Deutsche gleichermaßen treffen. Beide hätten dann eine gemeinsame Erinnerung, an welcher beide tragen – und an der beide leiden würden.

Diese Prophezeiung hat sich in gewisser Weise erfüllt und hat nach 1945 vier Jahrzehnte bundesrepublikanisches Bewußtsein geprägt. Mit dem 9. November 1989 hat sich etwas verändert. Für die Mehrzahl der Deutschen in Ost und West wird dieser Tag nicht mehr ein Tag verordneter Trauer, sondern ein Tag nationaler Freude sein. Für die Juden aber wird das Datum des 9. November nach wie vor verbunden bleiben mit der Zeit, als in Deutschland die Synagogen brannten. Aus dieser nicht bloß im Akzent unterschiedlichen Erinnerung erwachsen – so ist zu befürchten – vermutlich Konflikte, die das ohnehin schon schwierige Verhältnis von Juden und Nichtjuden noch weiter belasten werden.

Julius H. Schoeps

Anmerkungen:

1 H.-J. Schoeps: Rückblicke. Die letzten dreißig Jahre (1925–1955) und danach, Berlin 1963, S. 153.
2 M. Richarz: Juden in der Bundesrepublik Deutschland und in der Deutschen Demokratischen Republik, in: M. Brumlik u. a. (Hrsg.): Jüdisches Leben in Deutschland nach 1945, Frankfurt a. M. 1986, S. 19 f.
3 K. Adenauer: Erinnerungen 1953–1955, Stuttgart 1966, S. 147.
4 Ebd., S. 155.
5 Vgl. M. Wolffsohn: Ewige Schuld? 40 Jahre deutsch-jüdisch-israelische Beziehungen, München u. a. 1988, S. 27.
6 Deutschland-Berichte, Bonn, 1/1966.
7 E. Noam: Volkswirtschaft und Soziologie, in: Juden im deutschen Kulturbereich. Ein Sammelwerk, hrsg. von S. Kaznelson, Bonn 1962, S. 674.
8 F. Oppenheimer: Erlebtes, Erstrebtes, Erreichtes, Düsseldorf 1964, S. 6.

Literatur:

Bodemann, Y. Michal: Staat und Ethnizität: Der Aufhau der jüdischen Gemeinden im Kalten Krieg, in: Micha Brumlik u. a. (Hrsg.): Jüdisches Leben in Deutschland nach 1945, Frankfurt a. M. 1986, S. 49 ff. □ Deligdisch, Jekutiel: Die Einstellung der Bundesrepublik Deutschland zum Staate Israel, Bonn-Bad Godesberg 1974. □ Eckardt, Felix von: Ein unordentliches Leben: Lebenserinnerungen, Düsseldorf 1968. □ Dähn, Horst: Konfrontation oder Kooperation? Das Verhältnis von Staat und Kirche in der SBZ/DDR 1945–1980, Opladen 1982. □ Eschwege, Helmut: Die jüdische Bevölkerung der Jahre nach der Kapitulation Hitlerdeutschlands auf dem Gebiet der DDR bis zum Jahre 1953, in: Siegfried Theodor Arndt u. a.: Juden in der DDR. Geschichte – Probleme – Perspektiven, Köln 1988, S. 63–83. □ Mertens, Lothar: Davidstern unter Hammer und Zirkel. Die Jüdischen Gemeinden in der SBZ/DDR und ihre Behandlung durch Partei und Staat 1945 – 1990, Hildesheim u. a. 1997. □ Schoeps, Julius H.: Leiden an Deutschland. Vom antisemitischen Wahn und der Last der Erinnerung, München u. a. 1990. □ Ders.: Über Juden und Deutsche. Historisch-politische Betrachtungen, Stuttgart/Bonn 1986. □ Ders.: Das Gewaltsyndrom. Verformungen und Brüche im deutsch-jüdischen Verhältnis, Berlin 1998. □ Wolffsohn, Michael: Die Deutschland-Akte. Juden und Deutsche in Ost und West. Tatsachen und Legenden, München 1995.

Jugend

→ **Einstellungen zur deutschen Einheit**, Extremismus und Innere Sicherheit, Identität, Innere Einheit, Lebensbedingungen, Nation und Nationalbewußtsein, **Politische Kultur**, Sozialer Wandel.

1. Grundlagen: Jugend hat immer ihre Eigenständigkeit betont. Sie versteht sich als Alternative zur vorgefundenen Hochkultur und damit als Gegenkultur zur bestehenden Gesellschaft. Sie fordert und provoziert den Generationenkonflikt und sieht sich selbst als Hervorbringerin der Kulturen der Zukunft. Dies galt und gilt auch für die Jugend in Deutschland.

Der Blick der Erwachsenen auf die Jugendkulturen ist notwendig ein fremder und gleichzeitig ein befremdeter. Während die Erwachsenengeneration glaubt, ihre Werte und Erfahrungen auf die jeweils nächste Generation übertragen zu können, projiziert sie doch nur ihre Hoffnungen und Erwartungen auf die ihr nachfolgende Generation. Jugend wird dadurch zum Hoffnungsträger, zur Bedrohung oder aber zu einer fremden Spezie.

Bedingt durch die Teilung Deutschlands verliefen die Jugenden in den beiden Teilen unterschiedlich. Werteverlust und Orientierungslosigkeit, Sinndefizite und moralische Verwahrlosung sowie wachsende Aggressions- und Gewaltbereitschaft, so lauten Vorwürfe gegen die Jugend der Bundesrepublik Deutschland – nicht nur heute, sondern bereits in den 50er Jahren. Die Wirtschaftswundergeneration wollte, so sahen es die, die das »Wunder« geschaffen hatten, nur noch den Wohlstand genießen und nichts mehr leisten. Damals offenbarten sich die Anfänge einer Entwicklung, die die Forschung heute mit »Wertewandel« bezeichnet. Werte wie Pflichterfüllung und Disziplin werden von der jeweils jungen Generation nicht nur in Frage gestellt, sondern zunehmend durch Selbstverwirklichungswerte ersetzt.

Ende der 60er Jahre konfrontierte dann ein Teil der akademischen Jugend die Bundesrepublik Deutschland mit revolutionären Parolen und Bewegungen. Die 68er-Generation hatte damit einen weitreichenden Einfluß auf die politische Kultur der alten Bundesrepublik Deutschland, der in zwei Richtungen wirkte. Die eine wird durch die Geschichte der Rote Armee Fraktion (RAF) markiert, während die andere Richtung den Marsch durch die Institutionen wählte.

Ende der 70er Jahre fand die Jugendkultur im Widerstand gegen die Atompolitik und dem Engagement für den Umweltschutz ein breites Aktionsfeld. Mit der Gründung einer neuen Partei, »Den Grünen« (in Westberlin »Die Alternativen« [AL]), etablierte sich die Bewegung langfristig und erfolgreich in der politischen Kultur Deutschlands. Diese Institutionalisierung war und ist ein Versuch gewesen, die Alt-68er-Generation mit der aktuellen Jugendkultur zu verbinden.

Hausbesetzungen, No-Future und Null Bock sind die Stichworte und Labels, mit denen versucht wurde, diese Generation Anfang der 80er Jahre zu umschreiben. Wie alle Etiketten entsprachen solche Labels nie den Realitäten Jugendlicher, gab es doch auch schon zu diesem Zeitpunkt Gegenbewegungen wie beispielsweise die angepaßten »Popper«. Bereits damals sprachen Jugendforscher und Jugendarbeiter von einer neuen Unübersichtlichkeit der Vielfalt der Jugendkulturen, die sich in Musikstilen und Moderichtungen ausdrückte.

In der DDR verlief die Geschichte der Jugend im Vergleich dazu in zunächst ruhigeren Bahnen. Das Regime wußte um die Bedeutung der nächsten Generation und installierte ein umfassendes Bildungs- und Betreuungssystem, das bei aller gebotenen Sicherheit für den Einzelnen auch dessen Vereinnahmung zum Ziel hatte. Bis zum Bau der Mauer entzogen sich diesem Zugriff vor allem auch junge Menschen, die ihre Zukunft im Westen suchten. Die Mauer beruhigte und stabilisierte zunächst die DDR. Sie machte mit Gewalt deutlich, daß jeder seinen Platz in der DDR-Gesellschaft finden mußte. Plenzdorfs »Werther« ist bis heute der gelungenste literarische Ausdruck für den Versuch, Individualität und jugendlichen Aufbruch auch unter diesen Bedingungen leben zu können. In der Realität wurde die frühe Heirat und Familiengründung mit traditioneller Doppelbelastung der Frau zum bevorzugten Modell des Rückzuges aus der offiziösen DDR-Gesellschaft. Gleichwohl entwikkelte sich auch in der DDR eine zunehmende Alternativkultur, die vielfältige Kontakte zu westlichen Jugendkulturen unterhielt und deren Träger vor allem die evangelischen Kirchen waren. Aus ihr ging die Bürgerbewegung der DDR hervor, die das Regime 1989 in der ersten friedlichen Revolution Deutschlands stürzte.

2. Jugendkulturen: Neben nationalen Besonderheiten ist Jugend am Vorabend des Millenniums auch und vor allem ein unter Beteiligung der Märkte und Medien global geprägtes Phänomen. Die Vielzahl von Jugendkulturen in Deutschland ist ohne die Vermittlung durch Musik-TV, Moden und Trends, die Jugendliche in Paris, London, New York, Tokio, Moskau, Singapur oder Tel Aviv miteinander teilen, nicht denkbar. Die Vielzahl der Stile und Zeichen, mit all den verschiedenen Szene-Outfits und jeweiligen In-Medien, ist geprägt von einer nicht mehr zu durchschauenden Unübersichtlichkeit und zunehmenden Beschleunigung der Trendwechsel.

In der Bundesrepublik Deutschland wächst die erste gesamtdeutsche Nachkriegsgeneration heran, die die deutsche Einheit daher vor allem als Vereinigung und nicht als Wiedervereinigung erlebte. Wesentliche Sozialisationserlebnisse, die Jugend als Lebensphase bestimmen, werden von ihr gesamtdeutsch erlebt. Sie ist daher stärker durch die Probleme und Gegebenheiten Gesamt-Deutschlands geprägt als durch die unterschiedlichen Systeme des geteilten Deutschlands.

Folgt man den vielfältigen Jugenduntersuchungen, so findet sich die zentrale These in der Shell-Studie '97: Die gesellschaftliche Krise, d. h. die Krise der Arbeitsgesellschaft, hat die Jugend erreicht.[1] Dementsprechend steht die Sorge um die berufliche Perspektive in allen Jugendumfragen an erster Stelle und hat die Sorge um die Umwelt verdrängt. Waren 1991 noch 59 % aller Jugendlichen eher zuversichtlich, was ihre persönlichen Zukunftsaussichten anging, so sind es 1996 nur noch 35 % gewesen. Gleichzeitig stieg der Anteil derjenigen, die ihre Zukunftsaussichten eher düster einschätzten, von 4 % (1991) auf 14 %.[2]

Die Jugendtheorie ist sich einig darin, daß die Individualisierung jugendlicher Lebenslagen und die Pluralisierung jugendlicher Problemlagen zur Auflösung einer einheitlichen Jugendphase geführt haben. *Die* Jugend existiert demnach nicht mehr, sondern die Erwachsenengeneration steht einer Vielzahl unterschiedlicher, für sie nur schwer zu dekodierender und extrem dynamischer Jugendkulturen gegenüber. Die Individualisierung hat eben nicht nur vorgegebene soziale Formen und Milieus aufgelöst und damit traditionelle Kategorien wie Klasse, Stand, Nachbarschaft, Geschlechterrolle und Familie brüchig werden lassen, sondern sie konfrontiert Jugendliche auch mit der Notwendigkeit neuer Orientierungsmuster und Verhaltensweisen.

Eben gerade weil die Werteebene, die die Gesellschaft der Jugend verbindlich zu vermitteln sucht, in krassem Gegensatz zu den Alltagserfordernissen ihrer realen Lebensbewältigung steht, lehnen Jugendliche umfassende Wertemodelle und Lebensentwürfe ab. Während die Elterngeneration von Jugendlichen Beständigkeit, Disziplin, Zielstrebigkeit, langfristige und verantwortungsvolle Planung verlangt, erfordert das Leben von ihnen Flexibilität in der Ausbildung und im Beruf, räumliche Mobilität und eine kurzfristige Anpassung an eine sich extrem dynamisch wandelnde Welt. Die Diskrepanz zwischen aktuell noch geltenden Orientierungsangeboten und ihrer eigenen Lebensrealität wird von vielen Jugendlichen als Krise empfunden. Doch wie jede Krise birgt auch diese die Chance für neue Entwicklungen. Jugendliche beantworten die Herausforderung mit neuen Wegen der Orientierungssuche, bei der die Orientierungslosigkeit beinahe zur neuen Tugend erhoben wird.

Jugendkulturen sind Szenekulturen: Szenen strukturieren den Alltag von Jugendlichen in einer sich zunehmend verflüssigenden Gesellschaft. Sie sind soziale Netzwerke für Menschen mit gleichgerichteten Interessen, Bedürfnissen und Weltanschauungen. Damit geben Szenen Raum für jugendkulturelles Anderssein. Szenen sind global und überregional, Funsportarten wie Skaten, Streetball oder Snowborden kennen ebensowenig wie Musikstile – beispielsweise HipHop oder Techno – nationale noch kontinentale Grenzen. Die Mehrheit der heute unter 24jährigen ist in Szenen integriert. 80 % der 13- bis 18jährigen in Deutschland fühlen sich einer Szene zugehörig. Die Szenebindung setzt in relativ jungen Jahren ein und beginnt sich ab dem 19. Jahr langsam zu lösen. Junge Frauen lösen sich früher und quantitativ bedeutender aus den Szenen. Junge Männer verweilen deutlich länger in Szenen, zum Teil weit über das 20. Lebensjahr hinaus. Aber auch mit 29 Jahren geben noch knapp 60 % der Befragten an, sich mindestens einer Szene zugehörig zu fühlen. Szenen ermöglichen den Jugendlichen Orientierung und ein alltägliches Leben und Handeln in Netzwerken. Sie sind damit funktional auf die Bedingungen und Herausforderungen der Globalisierung ideal angepaßt. So ist auch in den Jugendkulturen die Zeit des großen Abgrenzungsbedürfnisses vorbei. Mehrdeutigkeiten beherrschen die Jugendkulturen. Der Szenepurismus scheint am Ende zu sein. Alles ist erlaubt und das Handlungsprinzip heißt »sampling«. Je nach Stimmung begibt man sich in den passenden Szenekontext. Durchschnittlich fühlt sich jeder Jugendliche drei unterschiedlichen Szenen zugehörig. »Sampling« erfordert ein hohes Maß an komplexen Kompetenzen und Fähigkeiten, die unter dem Begriff des »Selfmanagements« zusammengefaßt werden können. Ein Jugendlicher, der morgens im HipHop-Outfit in die Schule geht, kann am Nachmittag in einer Fun-Sportartszene mitmachen – selbstverständlich im erneut passenden Outfit – und abends eine Housemusik oder Technoparty besuchen, auch hier wieder mit dem richtigen Outfit. Dabei läßt sich die Intensität der Zugehörigkeiten zu einer Szene aufgrund von Kleidung, Sprachcodes und Musik genau beschreiben: Da ist zunächst einmal die *Freizeitszene*, in der die Jugendlichen nur gelegentlich auftauchen. Sie würden z. B. beim Skaten Begriffe wie »Hindernis«, »relaxen« und »cool« benutzen. In der *Randszene* sind wir dann mit Begriffen wie »Funbox«, »Poser« oder »grinden« konfrontiert und für Außenseiter völlig unverständlich ist die *Kernszene*, die von »Soulgrind«, »Obstacle«, »krank« oder »chillen« spricht. Ähnliche Strukturen finden sich auch in allen anderen Szenen.

Eine wesentliche Auswirkung dieser Aufspaltungen ist eine Zunahme der sozialen Lebensbezüge im Jugendalter, die zu einer immensen Steigerung an Erlebnis- und Erfahrungsmomenten führt, die nur schwer wieder in ein Gesamtbild transformiert werden können. Die Szenebindungen können hier eine wesentliche Hilfestellung sein, erfordern aber – aufgrund der den Jugendkulturen eigenen Dynamik – ständig »am Ball zu bleiben«, um nicht den Anschluß zu verlieren.

Damit ist eine weitere wesentliche Veränderung der Jugendkultur angesprochen. Das Zeitempfinden hat sich insgesamt und besonders unter Jugendlichen verändert. Was heute noch »trendy« ist, ist morgen schon »mega-out«. Die Marketingforschung hat auf diese schnellen Trendwechsel bereits vor längerer Zeit mit sogenannten Trendscouts reagiert, die neue Trends in New York oder Berlin ausfindig machen sollen, da ein Trendsetting durch Firmen und Marken bis heute nicht gelungen ist, sondern nur die Vermarktung entstehender Trends. Ebenso dynamisch entwikkeln sich die Sprach- und Musikstile. Diese Dynamik sichert die Abgrenzung gegenüber der Erwachsenengeneration – wann immer diese glaubt verstanden zu haben, hat sich alles wieder verändert – und erfüllt somit eine wesentliche Funktion von Jugendkultur.

Kaum abzusehen sind bisher die Folgen der Verbreitung und Bedeutungszunahme »viruteller Welten« und »Gemeinschaften« im jugendlichen Alltag. Steht auf der einen Seite der selbstverständliche Gebrauch neuer Medien und Kommunikationsformen, fragt die Erwachsenengeneration verängstigt, ob damit das »Realitätsprinzip« in Frage gestellt wird.

All diese massiven Veränderungen jugendlicher Lebenswelten können unterschiedliche Auswirkungen haben, die heute nur schwer abzuschätzen sind. Während beispielsweise Ulrich Beck davon ausgeht, daß Jugendliche auf diese Weise die für die Zweite Moderne notwendigen Kompetenzen quasi von selbst einüben und damit für das neue Jahrhundert bestens vorbereitet sind,[3] sehen andere Probleme. So könnten Jugendliche Schwierigkeiten bei der Orientierungsfindung in der sozialen Welt haben. Gewohnt sich selbst immer passend zu inszenieren, empfinden sie sich möglicherweise mitunter wie Schauspieler auf einer Bühne, denen kein Drehbuch vorliegt.[4] Welche Bedeutung die Szenen zukünftig haben werden, ist noch nicht abzusehen. Einige Jugendforscher gehen soweit, daß Jugendkulturen und Szenen an die Stelle der traditionellen Orientierungsmilieus – wie etwa der Familie – treten werden.

Die Alltagserfahrungen der ersten gesamtdeutschen Jugend sind somit beeinflußt durch unsichere Zukunftsaussichten, ökonomische Rezession, ungleich verteilte Berufschancen, Mediatisierung und Computerisierung. Die Freisetzung aus traditionellen Milieus ermöglicht die Wahlfreiheit, die gleichzeitig aber auch ein Wahlzwang ist. Die unübersichtliche Szenekultur bietet Jugendlichen den notwendigen Raum, diese Freiheit als Abenteuer und gefährlichen Ausflug mit starkem Nervenkitzel und überraschenden Abstürzen ins Ungewisse zu erleben.

3. Einstellungen zur Vereinigung Deutschlands: Die Vereinigung beider deutscher Staaten begann nicht erst mit der friedlichen Revolution in der DDR und dem Fall der Berliner Mauer. Mental ging diesen Ereignissen eine grundlegende Veränderung in den Einstellungen der DDR-Bevölkerung gegenüber der Bundesrepublik Deutschland voraus. Insbesondere bei der Jugend in der DDR zeigte sich spätestens seit Mitte der 70er Jahre eine stete Abnahme der Identifikation mit der DDR und der propagierten herrschenden Lehre der Einheitspartei. Parallel hierzu vollzog sich eine Hinwendung zur Bundesrepublik Deutschland. Während sich 1979 nur ein Drittel der Studenten mit der Bundesrepublik verbunden fühlten, waren es 1989, kurz vor der Wende, bereits über die Hälfte. Die besondere Brisanz dieser Daten liegt darin, daß die DDR-Studenten die politisch-loyale Elite der DDR waren und – im Vergleich zur Gesamtbevölkerung – bis zuletzt blieben. Die zunehmende Hinwendung zeigt sich auch in den Eigenschaften, die die ostdeutschen Jugendlichen den bundesdeutschen Bürgern zuordneten. Dabei stieg der Anteil positiver Eigenschaften von 1968 bis 1988 kontinuierlich und gravierend an, während sich die DDR-Jugendlichen im Vergleich hierzu selbst weniger positiv einschätzten.[5] Einen wesentlichen Beitrag hierzu haben mit Sicherheit die verbesserten Besuchs- und Reisemöglichkeiten des Grundlagenvertrags geschaffen. Der Vielzahl persönlicher Begegnungen entsprach die zunehmende Bedeutung der Medien, insbesondere des westdeutschen Fernsehens, das bis auf wenige Ausnahmen in der Dresdner Gegend überall in der DDR empfangen werden konnte.

Mit der Ära Gorbatschow begann auch in der DDR die Diskussion über Alternativen zum bestehenden System. Obgleich die DDR-Jugendlichen mehrheitlich dem DDR-System kritisch bis distanziert gegenüberstanden, befürworteten 1989 nur 10 % bis 15 % eine Gesellschafts- und Wirtschaftsform, wie sie in der Bundesrepublik bestand.[6] Statt dessen befürworteten sie eine Verbindung der in der DDR aus ihrer Sicht gewährleisteten hohen sozialen Sicherheit mit den materiellen und freiheitlichen Vorzügen der liberalen Demokratie.

Wie sehr diese Vorstellung eines »Dritten Weges« die Einstellungen der Jugendlichen in der DDR 1989 noch bestimmte, belegen Daten vom November 1989, also bereits nach dem Fall der Mauer: 88 % der Jugendlichen votierten seinerzeit für einen »besseren, reformierten Sozialismus«. Für die Vereinigung waren zu diesem Zeitpunkt allerdings bereits über 46 % – ein relativ hoher Prozentsatz, vergegenwärtigt man sich, welch einen immer noch utopischen Gehalt ein vereinigtes Deutschland wenige Tage nach dem Fall der Mauer hatte. Tatsächlich stieg die Zahl der Befürworter einer Vereinigung dann mit der zunehmenden Chance auf deren Realisierung beträchtlich an und erreichte im August 1990 mit über 90 % den absoluten Höchststand.[7] Anschließend fielen diese Werte wieder. Nunmehr zeigten Zukunftsängste, die vor allem durch den grundlegenden Wirtschaftswandel mit seinen Folgen wie Arbeitslosigkeit, Neuorientierung und Umschulung auftraten, ihre Wirkung. Gleichwohl stand eine große Mehrheit der deutschen Einheit weiterhin positiv gegenüber.

Die Jugend in Deutschland begleitete die Vereinigung mit gemischten Gefühlen. Im Sommer 1990 gaben über die Hälfte der ostdeutschen Jugendlichen an, daß der Prozeß der deutschen Vereinigung zu schnell vonstatten gehe.[8] Auch die Erwartungen an die deutsche Einheit waren nur bei etwa 25 % ungeteilt positiv. 1996 gewannen dann Bedenken bei den ostdeutschen Jugendlichen die Oberhand (49 % beantworteten die Frage, ob sie mit der deutschen Einheit zufrieden seien, zu diesem Zeitpunkt mit »teils-teils«)[9]. Anders stellte sich die Situation dagegen bei den westdeutschen Altersgenossen dar: Hier erwartete ein Drittel vor allem negative Auswirkungen, und nur jeder Fünfte stand der Vereinigung vorbehaltlos positiv gegenüber.

Insgesamt war und ist die Unterstützung für die deutsche Einheit in der alten Bundesrepublik generationsspezifisch unterschiedlich. Wesentlich hierfür ist, daß die nach 1961 geborenen über keinerlei gesamtdeutsche Erfahrung verfügten. Darin mag man eine Erklärung finden, warum 1990 fast 40 % der befragten Schüler im Westen gegen die Einheit waren – Ostdeutschland war für sie ein fremdes Terrain, mit dem sie nichts verband. Allerdings stimmten die westdeutschen Jugendlichen bereits in einem wesentlichen Punkt mit ihren Altersgenossen aus Leipzig, Magdeburg und Rostock überein: Auch ihnen ging die Vereinigung zu schnell vonstatten.

Die Einheit betraf und betrifft die Jugendlichen in den neuen Bundesländern in einem sehr viel umfassenderen Sinn als ihre westdeutschen Altersgenossen. Für die Jugendlichen in den neuen Bundesländern veränderten sich 1990 alle Rahmenbedingungen ihrer Existenz radikal. Es konnte daher nicht verwundern, daß sich fast kein Jugendlicher in den neuen Bundesländern durch die Veränderungen nicht betroffen fühlte. Im Westen dagegen gab fast die Hälfte der Jugendlichen an, keinerlei Veränderungen für ihr persönliches Leben feststellen zu können.

Bis vor kurzem war sich die Jugendforschung darin einig, daß das Zusammenwachsen vor allem ein Anpassungsprozeß des Ostens an den Westen werden würde. Tatsächlich hat die Analyse der Jugendkulturen bestätigt, daß Jugendliche in Deutschland heute von den gleichen Trends und Bedingungen geprägt werden. Gleichwohl mehren sich seit dem Regierungswechsel im Herbst 1998 Stimmen, die Elemente von bislang als typisch ostdeutsch angesehenen Einstellungen zunehmend auch in den alten Bundesländern ausmachen. Angesichts der Verunsicherungen von Globalisierung und Arbeitslosigkeit finden sich in ganz Deutschland Anfragen nach Sicherheit, Abgrenzung und staatlicher Regulierungspolitik.

4. Jugend und Politik: Das Verhältnis von Jugend und Politik ist schwierig. Auf der einen Seite hat der Bereich der Politik für Jugendliche im Gegensatz zur Berufswelt, der Freizeit und der Familie nicht die gleiche Relevanz und Bedeutung. Auf der anderen Seite tut sich aber auch die Politik schwer mit der Jugend. Gesprochen wird meist nur darüber, welche Probleme Jugendliche machen, aber nicht über die, die sie haben. Parteien, Kirchen, Großunternehmen und die Presse mußten in den letzten Jahren einen immer größeren Vertrauensschwund bei Jugendlichen feststellen, während parallel dazu der Vertrauensvorschuß in alternative Politikformen, wie sie etwa durch Umwelt- und Menschenrechtsgruppen repräsentiert werden, gestiegen ist.

Dieses geringe Interesse Jugendlicher an traditionellen Formen von Politik, das in allen Umfragen in West und Ost gemeinsam mit der Religion immer die letzten Plätze auf der Wichtigkeitsskala belegt, ist von zentraler Bedeutung, da es eine ernstzunehmende Anfrage an die Legitimation von Politik stellt und für das politische und gesellschaftliche Engagement entscheidend ist.

Nichts war wahrscheinlicher, als daß die deutsche Vereinigung eine meßbare Zunahme des Politikinteresses bei Jugendlichen bewirkte. Insbesondere bei den Jugendlichen in den neuen Bundesländern hatte das Politikinteresse im ersten Jahr nach der Vereinigung noch weiter zugenommen. Dies wurde als besondere politische Sensibilisierung durch die Wende und den Prozeß der Vereinigung gedeutet. Mittlerweile hat sich jedoch gezeigt, daß auch in den neuen Bundesländern diese anfangs hohen Werte wieder zurückgegangen sind.

Bis 1995 nahm dann dieses Interesse ab, wobei der Rückgang in den neuen Bundesländern tiefgreifender als bei den Altersgenossen aus dem Westen gewesen ist. Dabei schien es sich insgesamt zunächst um einen Normalisierungsprozeß nach der Ausnahmesituation der Vereinigung zu handeln. Die neuesten Ergebnisse haben jedoch den Trend bestätigt. Lag das Interesse 1991 noch bei 57 %, so ermittelte die

Shell-Studie, daß dieser Wert 1997 bereits deutlich unter 50 % gefallen war (47 %). Daß Politik »langweilig« sei, bejahen 58 % aller Jugendlichen. Der durch Wahlen zustande gebrachte Machtwechsel hat das Politikinteresse auch unter Jugendlichen sprunghaft ansteigen lassen, doch kann dieses erhöhte Interesse wieder ebenso schnell sinken.

Nach wie vor bestätigen alle Jugendstudien eine geschlechtsspezifische Ausprägung des politischen Interesses. Frauen geben sowohl im Osten als auch im Westen ein geringeres Interesse an Politik an als Männer (Frauen 35 %, Männer 45 %). Weiterhin stellt das Bildungsniveau einen nicht unerheblichen Faktor in bezug auf das geäußerte politische Interesse dar. Je höher die formale Bildung, um so höher der Anteil der politisch Interessierten. Tatsächlich überwiegt weder die Bildung als Faktor noch das Alter. Zwar nimmt mit zunehmenden Alter auch das Interesse an der Politik zu, doch ist dieser Zuwachs fast ausschließlich bei denjenigen zu verzeichnen, die ihre formale Bildung weitergeführt haben.

Die Teilnahme an politischen Prozessen ist einer der zentralen Aspekte der demokratischen Ordnung. In welchem Ausmaß werden die politischen Partizipationsmöglichkeiten von Jugendlichen wahrgenommen und welche Formen werden dabei bevorzugt? Zur besseren Systematisierung unterscheidet man hierbei verschiedene Formen der Partizipation. Neben den konventionellen und institutionalisierten Partizipationsformen wie Wahl und Mitarbeiter in einer Partei oder Gewerkschaft, finden sich die nicht institutionalisierten (auch problemorientiert genannten), unkonventionellen Formen. Hierbei wird wiederum zwischen legalen Formen – wie Teilnahme an einer genehmigten Demonstration oder auch Unterschriftensammlungen – und nicht-legalen Formen – wie Teilnahme an einer nicht genehmigten Demonstration (ziviler Ungehorsam) oder aber Hausbesetzungen – bis hin zu Gewaltanwendung zur Durchsetzung politischer Ziele unterschieden.

Insgesamt zeigen die Daten, daß sich eine Ausweitung des Aktionsrepertoires der Jugendlichen um die problemorientierten Formen weiter stabilisiert hat, wobei gleichzeitig die konventionellen Formen beibehalten werden. Problemorientierte Formen werden heute von einem Großteil der Jugendlichen als akzeptierter Teil des normalen Repertoires politischer Partizipation angesehen und entsprechend angewendet. Dabei zeigt sich, daß dies für die Jugendlichen in den neuen Bundesländern in stärkerem Maße gilt als für die im Westen. Während also die Teilnahme an Demonstrationen, Streiks, aber auch nicht genehmigten Demonstrationen zugenommen hat, bleibt die Wahrnehmung des Wahlrechts als konventionelle Partizipationsform für über 90 % der Jugendlichen in Deutschland ein adäquates Mittel der politischen Beteiligung.

Demgegenüber sind andere Formen der politischen Teilhabe wie Mitarbeit in einer Partei oder Übernahme eines politischen Amts nur für etwa 20 % der Befragten denkbar. Insgesamt überwiegt der Typus der problemorientierten und mit wenig Zeitaufwand verbundenen, situations- und kontextgebundenen Partizipation. Aber auch die erwähnte Geschlechtsspezifik wird durch die neuen Daten belegt. Frauen haben, unabhängig von ihrer Sozialisation, ein anderes Politikverständnis als junge Männer. Frauen favorisieren in weitaus stärkerem Maße als Männer unkonventionelle Partizipationsformen und bevorzugen entsprechende Aktionen wie Friedensmärsche oder Menschenketten. Außerdem meiden Frauen die konventionellen Partizipationsformen wie Parteiarbeit wegen des Diskriminierungsverhaltens der dort dominierenden Männer.[10]

Die Bereitschaft, politische Ziele gegebenenfalls auch mit Gewalt durchzusetzen, zeigt einen klaren Zusammenhang zum Alter auf. Insgesamt ist die Gewaltbereitschaft in den neuen Bundesländern höher als in den alten. So geben von den 16- bis 17jährigen im Westen 12,2 % an, Gewalt als legitimes Mittel zur Durchsetzung politischer Ziele anzusehen, während es im Osten 26,4 % sind. Bei den 25- bis 29jährigen sinkt diese Rate dann im Westen auf 8,6 %, im Osten auf 9,5 %. Neben dem Alter existieren auch ausgeprägte Zusammenhänge zum politisch-ideologischen Standpunkt und zum Geschlecht des Jugendlichen. So sind die Jugendlichen, die sich selbst im rechts-links Spektrum eher in der Mitte einordnen, weit weniger gewaltbereit als diejenigen, die sich an den Rändern lokalisieren – wobei die rechtsextremen jungen Männer im Osten mit über 70 % die höchste Gewaltbereitschaft zeigen.

Die Ergebnisse der Jugendstudien widerlegen das Bild der Jugendlichen, die sich von der Politik ab und hedonistischen Verhaltensweisen zuwenden. Fast jeder zweite Jugendliche sowohl im Westen als auch im Osten engagiert sich heute in gesellschaftlichen Organisationen und Agenturen. Während die jungen Männer und diejenigen mit mittleren oder unterem Bildungsgrad traditionelle Verbände oder Organisationen bevorzugen, sind junge Frauen und Höhergebildete vor allem in den Neuen Sozialen Bewegungen engagiert. Ein Viertel derjenigen, die sich engagieren, ist in beiden Formen aktiv. Wahlen als Mittel zur politischen Teilhabe sind nach wie vor attraktiv, allerdings sieht immerhin ein Drittel der Jugendlichen in ihnen auch eine Möglichkeit des politischen Protests.

Gleichwohl muß betont werden, daß die gegenwärtige Jugend beginnt, eigene Wege in ihrem politischen und gesellschaftlichen Engagement zu gehen. Erste Trends sind bereits sichtbar. Die Beteiligung an Entscheidungsszenarien wird zukünftig darum wichtiger sein als das Reproduktionsbedürfnis der bisherigen politischen Institutionen. Politische Entscheidungen müssen daher generationsbezogener werden. Wollen die politischen Akteure den Dialog mit der Jugend wieder aufnehmen, so müssen sie dem aufgebauten Mißtrauen und Desinteresse mit innovativen Strategien begegnen. Hierfür wären Mediatoren und Vermittler notwendig, die den Dialog zwischen Politik und Jugend organisieren und ermöglichen.

5. Nationale Identität und Nationalismus: Ein ungebrochenes Verhältnis zur eigenen Nation ist unter den Jugendlichen in Deutschland nur selten zu finden. Angesichts der deutschen Geschichte ist dieser Befund nicht überraschend: Über die Hälfte der Jugendlichen nimmt eine ambivalente Haltung zur deutschen Nation ein. Das epochale Ereignis der deutschen Einheit hat sich tief in das nationale Selbstwertgefühl der jungen Deutschen eingeprägt. Auch zehn Jahre nach dem Fall der Mauer lassen sich dessen Spuren mühelos aufzeigen.

Der Anteil derjenigen Jugendlichen, die mit dem System der Demokratie insgesamt unzufrieden sind, liegt in den neuen Bundesländern signifikant höher als in den alten. Jeder zweite Jugendliche im Alter von 18 bis 24 muß in Ostdeutschland hierzu gezählt werden, in den alten Bundesländern sind es immer noch ein Drittel aller Befragten dieses Alters.[11] Unter Systemverdrossenen werden Jugendliche gefaßt, die nicht nur damit unzufrieden sind, wie die Demokratie von Politikern und Parteien in die Praxis umgesetzt wird – dies wird mit dem Begriff der Politikverdrossenheit besser gefaßt –, sondern darüber hinaus das demokratische Prinzip, wie es im Grundgesetz festgelegt ist, kritisieren. Systemverdrossenheit begünstigt unterschiedliche Formen von unkonventionellem Verhalten, wie beispielsweise Protest, Gewalt, Wahlenthaltung oder die Wahl extremer Parteien.

Auch bei der Nennung der Demokratie als Objekt des Nationalstolzes zeigen sich nach wie vor erhebliche Unterschiede: Während in den alten Bundesländern die Demokratie an dritter Stelle von 14 % der Jugendlichen benannt wird, sind es in den neuen Bundesländern gerade einmal 4 %. Das bedeutet, daß weder Merkmale des demokratischen Systems noch positive Erfahrungen der demokratischen Wende nennenswert angeführt werden. Demgegenüber betonen Jugendliche aus Ostdeutschland Merkmale der sozialen Gemeinschaft. Übereinstimmungen zeigen sich jedoch im Stolz der Jugendlichen auf die wirtschaftliche Macht und Fähigkeit ihres Landes (Osten 26 %, Westen 29 %) und die Nation als politische Gemeinschaft.

Faßt man die Ergebnisse der Jugendforschung für den Bereich des Nationalgefühls zusammen, so ergibt sich ein schillerndes Bild: Sowohl im Westen als auch im Osten überwiegt bei denjenigen, die »stolz« sind, das Bild des »Wirtschaftspatriotismus«. Allerdings ist dieses Bild unterschiedlich gefärbt. Während es im Westen mit staatsbürgerlichen Elementen wie Demokratie verknüpft wird, dominiert bei den ostdeutschen Jugendlichen eine eher apolitische Motivation volks- und kulturnationaler Art. Doch zehn Jahre nach der deutschen Einheit haben auch die Jugendlichen in den neuen Bundesländern neben ihrer regionalspezifischen Verbundenheit eine bundesdeutsche Identität aufgebaut. Der von den Wählern erreichte Machtwechsel auf Bundesebene hat hier einen äußerst positiven Effekt für die Integration gehabt, dessen Auswirkungen auf das Demokratieverständnis noch nicht abzusehen sind.

Ausländerfeindliche und rechtsextreme Haltungen und Einstellungen sind ein gesamtdeutsches Phänomen mit unterschiedlichen regionalen Ausprägungen. Die große Anzahl von Unzufriedenen mit der Demokratie bedeutet nicht notwendigerweise Demokratiefeindschaft. Gleichwohl ist das Potential rechtsextremer Einstellungen in den neuen Bundesländern eineinhalbmal so groß wie in den alten Ländern. Trotz vereinzelt erschreckender Befunde über rechtsextreme Einstellungen hält sich die Verbreitung dieser Einstellungen zum gegenwärtigen Zeitpunkt in Grenzen. Es ist deutlich, daß der hohe Anteil von Systemverdrossenheit in den neuen Bundesländern rechtsextreme Einstellungen begünstigt. Hinzu kommt, daß anders als in den alten Bundesländern, auch Jugendliche, die aus der Ober- bzw. Mittelschicht stammen, eineinhalbmal so häufig zu rechtsextremen Einstellungen neigen wie im Westen. Während Rechtsextremismus im Westen wesentlich häufiger ein Unterschichtenphänomen ist, findet er sich in den neuen Bundesländern praktisch in allen Schichten.

6. Jugend in Deutschland: Zusammenfassend läßt sich festhalten, daß Jugend in der Geschichte der Bundesrepublik Deutschland eine wesentliche Rolle gespielt hat und weiterhin spielt. Bedeutende Innovationen und Veränderungen der politischen Kultur sind ohne die alternativen Ansätze und Gegenbewegungen Jugendlicher in Deutschland nicht nachvollziehbar. Dies gilt für die Jugend der 50er Jahre ebenso, wie für die 68er-Generation und die Gründer der »Grünen Partei« bis hin zu den Reformkräften in der ehemaligen DDR. Auch bei der heutigen Jugend findet sich ein enormes und kreatives Veränderungspotential. Gleichsam aus sich selbst heraus trainieren sie die Erfordernisse einer sich immer dynamischer und in globalen Dimensionen verändernden Gesellschaft. Szenekulturen ermöglichen es den Jugendlichen, Orientierung zu finden und gleichzeitig Pluralitätskompetenz zum Umgang mit der neuen Vielfalt und Unübersichtlichkeit einzuüben. Toleranz gegenüber anderen Szenen gehört dabei ebenso dazu, wie eigene Flexibilität und die Fähigkeit zum Selbstmanagement. Die Politik reagiert auf diese dynamischen Veränderungen nach wie vor unzureichend. Verständnislos und mit Skepsis werden Phänomene wie die Love Parade und der pragmatische Umgang Jugendlicher mit Märkten und neuen Medien von der Erwachsenengeneration beobachtet. Auch in der Jugendpolitik ist ein Paradigmenwechsel, der die modernen Anforderungen Jugendlicher berücksichtigt und gerecht wird, notwendig. Sehr viel radikaler als Ende der 60er Jahre stellt sich die Frage, wie eine Generation in die Gesellschaft integriert werden kann, bevor sie sich völlig vom traditionellen politischen System abwendet, welches offensichtlich noch keine Bereitschaft zeigt, auf Jugendliche zuzugehen. Diese Generation stellt ernste Anfragen an das Bildungssystem und die Legitimität von Politik. Die politische Ebene wird auf diese Fragen antworten müssen, ansonsten werden die heute Jugendlichen als Erwachsene Wege gehen, die den Rahmen des gegenwärtigen demokratischen Systems überschreiten.

Thomas R. Henschel

Anmerkungen:

1 Vgl. Jugendwerk der Deutschen Shell (Hrsg.): Jugend '97. Zukunftsperspektiven, Gesellschaftliches Engagement, Politische Orientierungen, Opladen 1997.

2 Ebd., S. 291.

3 U. Beck (Hrsg.): Kinder der Freiheit, Frankfurt a. M. (2. Aufl.) 1997.

4 T. Freund: Die »fun-generation«. Lebensstile und jugendkulturelle Inszenierungen, in: Zukunftsforum 2000, 2/1998, S. 12.

5 Siehe hierzu die zahlreichen Untersuchungen des Zentralinstituts für Jugendforschung (ZIJ), das im Auftrag der DDR-Regierung Umfragen in der DDR durchführte, deren Ergebnisse jedoch wegen der für die Führung schockierenden Ergebnisse geheimgehalten wurden; vgl. P. Förster. Weltanschaulich-politisches Bewußtsein, in: W. Friedrich/H. Griese (Hrsg.): Jugend und Jugendforschung in der DDR, Opladen 1991, S. 135–162. Diese Ergebnisse belegen die These vom parallelen Wertewandel.

6 G. Lange: Kurzinformation zur Studie »Jugend mit dem Blick auf das Jahr 2000«, unveröffentlichter Forschungsbericht. Zentralinstitut für Jugendforschung, Leipzig 1991, hier

zitiert nach: B. Bütow: Jugend im politischen Umbruch, in: U. Hoffmann-Lange (Hrsg.): Jugend und Demokratie in Deutschland, DJI-Jugendsurvey 1, Opladen 1995, S. 85–103.
7 Meinungsumfragen des ZIJ M1 (November 1989) und M7 (August 1990), vgl. hierzu auch B. Bütow, a. a. O., S. 89.
8 W. Schubart: Einstellungen zur deutschen Nation und Wiedervereinigung, in: Deutsches Jugendinstitut (Hrsg.): Schüler an der Schwelle zur deutschen Einheit, Opladen 1992, S. 67–87.
9 P. Förster/W. Friedrich: Jugendliche in den neuen Bundesländern, in: Aus Politik und Zeitgeschichte, B 19/1996, S. 24.
10 Vgl. hierzu auch die Shell-Studie '97, a. a. O.
11 R. Stöss: Unzufriedenheit mit der Demokratie in der Bundesrepublik. Wahlabsicht der Unzufriedenen und ihre Neigung zur Wahl rechtsextremer Parteien bzw. der PDS im Sommer 1998, Berlin 1998; Internet: http://www.polwiss.fu-berlin.de/OSI/.

Literatur:

BISCHOFF, PETER/CORNELIA LANG: Ostdeutsche Jugendliche und ihr Verhältnis zur Politik in den ersten fünf Jahren nach der Wende, Sozialreport, Sonderheft 2/1995. □ BOLZ, ALEXANDER/HARTMUT M. GRIESE (Hrsg.): Deutsch-deutsche Jugendforschung. Theoretische und empirische Studien zur Lage der Jugend aus ostdeutscher Sicht, Weinheim/München 1995. □ BÜCHNER, PETER U. A.: Teenie-Welten. Aufwachsen in drei europäischen Regionen, Opladen 1998. □ GOEBEL, JOHANNES/CHRISTOPH CLERMONT: Die Tugend der Orientierungslosigkeit, Berlin 1997. □ HENSCHEL, THOMAS R.: Die deutschen Europäer. Einstellungen Jugendlicher zu Europa 1990–1995, München 1997. □ HEITMEYER, WILHELM: Rechtsextremistische Orientierungen bei Jugendlichen. Empirische Ergebnisse und Erklärungsmuster einer Untersuchung zur politischen Sozialisation, Weinheim 1994. □ HOFFMANN-LANGE, URSULA (Hrsg.): Jugend und Demokratie in Deutschland. DJI-Jugendsurvey 1, Opladen 1995. □ JUGENDWERK DER DEUTSCHEN SHELL (Hrsg.): Jugend '97. Zukunftsperspektiven, Gesellschaftliches Engagement, Politische Orientierungen, Opladen 1997. □ LINDNER, WERNER: Jugendprotest seit den fünfziger Jahren. Dissens und kultureller Eigensinn, Opladen 1996. □ SPOKK (Hrsg.): Kursbuch: Jugendkultur, Stile, Szenen und Identitäten vor der Jahrtausendwende, Mannheim 1998.

Kirchen

→ Bundesrepublik Deutschland: Geschichte, DDR: Geschichte, Deutschlandpolitik der DDR, Einigungsprozeß, Enquete-Kommission, Innerdeutsche Beziehungen, Innere Einheit, Lebensbedingungen, **Staatssicherheit**.

1. Gegenwartslage: Ende 1996 gehörten mehr als zwei Drittel der Bevölkerung in Deutschland einer der beiden großen Kirchen an. Die Evangelische Kirche in Deutschland verzeichnete 27,7 Mio. Kirchenglieder, mit 27,5 Mio. erreichte die katholische Kirche fast die gleiche Größe. Die orthodoxen Kirchen zählten 1,2 Mio.

und die Freikirchen 328 000 Kirchenglieder. Ab etwa 1970 mußten die beiden großen Kirchen eine steigende Zahl von Austritten hinnehmen; ebenso gingen der sonntägliche Gottesdienstbesuch und die Inanspruchnahme kirchlicher Amtshandlungen (Taufen, Trauungen, Beerdigungen) stark zurück. In den neuen Bundesländern sind die kirchlich gebundenen Menschen als Folge der Entchristianisierungspolitik der SED-Machthaber in eine deutliche Minderheitensituation geraten. Nach kirchlichen Angaben, die in internen Schätzungen noch deutlich nach unten korrigiert werden, liegt der Anteil der Christen an der Bevölkerung dort noch bei rund 25 %, während er in den alten Bundesländern knapp 80 % erreicht. Obwohl die kirchlichen Strukturen (evangelische Landeskirchen und kirchliche Zusammenschlüsse wie die Evangelische Kirche in Deutschland [EKD], die Evangelische Kirche der Union [EKU] und die Vereinigte Evangelisch-Lutherische Kirche Deutschland [VELKD] sowie die katholischen Diözesen, die in der Deutschen Bischofskonferenz zusammengeschlossen sind) im geteilten Deutschland im wesentlichen unverändert blieben, ist die Lage der Kirchen in den alten und neuen Bundesländern gegenwärtig durch tiefgehende Unterschiede geprägt. Insbesondere die Kirchen in den neuen Bundesländern sehen sich durch ihre desolate Finanzsituation, die auch durch beträchtliche Ausgleichszahlungen der westlichen Schwesterkirchen nicht grundlegend gebessert wird, vor die Aufgabe gestellt, schmerzliche Einschnitte in allen Bereichen des kirchlichen Lebens (Verringerung der Mitarbeiterschaft, Zusammenlegung von Gemeinden, Straffung der besonderen kirchlichen Arbeitsbereiche) vorzunehmen, ohne dabei die Erfüllung ihres Auftrages zu gefährden.

2. Die Kirchen in der Phase der deutschen Teilung: Nach dem Kriegsende hatten sich die Kirchen zunächst mit ihrem Verhalten während der nationalsozialistischen Diktatur kritisch auseinanderzusetzen. Die katholische Deutsche Bischofskonferenz erließ dazu schon am 23. August 1945 ein Hirtenwort, in dem individuelle Schuld bekannt, eine theologisch begründete Kollektivschuldthese aber abgelehnt wurde. Stärkere Beachtung fand jedoch das »Stuttgarter Schuldbekenntnis« der vorläufigen Leitung der EKD vom 18./19. Oktober 1945: »Wir klagen uns an, daß wir nicht mutiger bekannt, nicht treuer gebetet, nicht fröhlicher geglaubt und nicht brennender geliebt haben«. Der Wiederaufbau der zahlreich zerstörten Kirchengebäude, Gemeindehäuser und Krankenhäuser sowie die Integration der Flüchtlinge und Vertriebenen konnten nur allmählich vorangetrieben werden. Die kirchlichen Hilfswerke von Caritas und Diakonie organisierten aber nicht nur die kircheneigenen Kräfte in Deutschland, sondern auch die Hilfe internationaler christlicher Netzwerke für die notleidende Bevölkerung, in deren Rahmen Sach- und Geldspenden in vielfacher, niemals genau festgestellter Millionenhöhe transferiert wurden. Trotz tiefer Einbrüche der nationalsozialistischen Ideologie insbesondere in die evangelischen Kirchen (»Deutsche Christen«) genossen die Kirchen als Gegenkräfte gegen die nationalsozialistische Gewaltherrschaft bei allen Besatzungsmächten hohes Ansehen. Das ermöglichte es ihnen, sich schon sehr früh gegen die Vertreibung der Deutschen aus den Ostgebieten, eine formalistische Entnazifizierungspraktik, das Unrecht der sog. Bodenreform und die zeitlich unbegrenzte und willkürliche Inhaftierung von Zehntausenden Deutschen in den sowjetischen Speziallagern auch öffentlich zu wenden. Über die Zonengrenzen hinweg hielten die Kirchen zäh an ihren gesamtdeutschen Strukturen fest und erhoben immer wieder die »Forderung eines gerechten Friedens für ein einheitliches Deutschland«.

Mit der Gründung der Bundesrepublik Deutschland am 23. Mai und der DDR am 7. Oktober 1949 wurde die deutsche Teilung auch für die Kirchen zur grundlegenden Rahmenbedingung. Während in der Bundesrepublik der umfassende kirchliche Wiederaufbau zügig vorangetrieben werden konnte, sahen sich die Kirchen in der DDR rasch in grundlegende Auseinandersetzungen mit dem SED-Staat verstrickt. Die schon ab dem Sommer 1945 in der SBZ von der SMAD und der SED erzwungene Trennung der Kirche von der Schule, der Kampf gegen die kirchliche Jugendarbeit und die Studentengemeinden sowie Pläne zur Auflösung der evangelischen Theologischen Fakultäten an den staatlichen Universitäten kulminierten 1952. Nach der Ablehnung der sowjetischen »Deutschlandnote« vom 10. März 1952 durch die Westmächte, wandte sich Stalin von der bisherigen Politik der Nationalen Front, des antifaschistisch-demokratischen Aufbaus und der Einbeziehung bürgerlicher Schichten, darunter auch der Kirchen, ab und proklamierte den »beschleunigten Aufbau des Sozialismus« in der DDR, der auf der 2. Parteikonferenz der SED im Juli 1952 offiziell verkündet wurde. Für die Kirchen bedeutete das entsprechend der marxistisch-leninistischen Ideologie ihre Zurückdrängung auf den Status reiner »Kultkirchen« nach dem Vorbild der orthodoxen Kirche in der Sowjetunion, die Kürzung der Staatsleistungen an die Kirchen um fast die Hälfte, das Verbot der von beiden Kirchen gemeinsam betriebenen Bahnhofsmission, eine Eskalation der Konflikte um die kirchliche Jugendarbeit, schwerwiegende Eingriffe in die Arbeit von Diakonie und Caritas und die Verhaftung zahlreicher kirchlicher Mitarbeiter und Amtsträger. Nach dem Tode Stalins kam es jedoch in der neuen sowjetischen Führung zu einem Umdenken in der Deutschlandpolitik. Die Führungsspitze der DDR wurde Anfang Juni nach Moskau bestellt, um dort das Dokument »Über die Maßnahmen zur Gesundung der politischen Lage in der DDR« entgegenzunehmen, in dem die bisherige SED-Kirchenpolitik zu den schwerwiegendsten Fehlern der SED-Führung gezählt und insgesamt ein »Neuer Kurs« angeordnet wurde. Als Ergebnis eines Spitzengespräches zwischen der DDR-Führung und leitenden Persönlichkeiten der evangelischen Kirchen erschien am 10. Juni 1953 ein Kommuniqué, in dem die Rücknahme der meisten antikirchlichen Maßnahmen angekündigt wurde.

Der »Kirchenkampf« 1952/53 machte deutlich, daß die SED ihre Kirchenpolitik vorrangig als Instrument in der internationalen Klassenauseinandersetzung, insbesondere gegenüber der Bundesrepublik, verstand und einsetzte. Diesem Ziel wurden auch grundlegende ideologische und atheistische Positionen eindeutig nachgeordnet. Das bedeutete für die Kirchen zwar einerseits einen Bestandsschutz, wie er nirgends sonst in den anderen Staaten der sozialistischen Staatengemeinschaft galt, andererseits wurde den Kirchen durch die SED damit eine zentrale Rolle in den künftigen politischen Auseinandersetzungen mit dem »Klassenfeind« im Westen zugewiesen, die insbesondere die evangelischen Kirchen immer wieder schwer belasten sollte. Die Kirchen mußten erkennen, daß sie im totalitären SED-Staat dem Zugriff der Machthaber weitgehend hilf- und rechtlos ausgesetzt waren. Die Flucht zahlreicher kirchlich gebundener Jugendlicher in den Westen bewirkte zudem eine fühlbare Schwächung der kirchlichen Kräfte. Mit der Einführung der Jugendweihe ab dem November 1954, die sich angesichts scharfer Repressionsmaßnahmen gegenüber den Schülern und ihren Eltern auch gegen den erbitterten Widerstand der Kirchen rasch flächendeckend durchsetzte, gelang es der SED, die dieses Ziel wahrscheinlich ursprünglich gar nicht mit der Jugendweihe verbunden hatte, den volkskirchlichen Charakter der Kirchen in der DDR allmählich abzubauen und eine umfassende Entchristianisierung der DDR-Gesellschaft einzuleiten. Diese ist nicht mit den Säkularisierungsvorgängen, die auf die Aufhebung der Identität von kirchlich-religiösem Christentum einerseits sowie moderner Gesellschaftsstruktur und alltäglicher Lebenswelt andererseits hinzielen, zu vergleichen, die auch die Gesellschaft der Bundesrepublik verändert haben. Entchristianisierung meint vielmehr die staatlich organisierte und durchgesetzte Verdrängung von Kirche und Christentum aus der Mitte an die Ränder der Gesellschaft und den weitgehenden Verlust des Wissens um die mit dem Christentum in Verbindung stehenden Prägungen der Kultur, Gesellschaft und Wertevorstellungen.

Zum offenen Konflikt eskalierten die Auseinandersetzungen um den Militärseelsorgevertrag, den die EKD mit der Bundesregierung 1957 abschloß. Obwohl dieser Vertrag keinerlei Bindungen für die Kirchen an die Bundeswehr oder die NATO beinhaltete, sondern lediglich die Seelsorge für die Soldaten regelte, und die Kirchen zudem parallele Regelungen für die NVA angeboten hatten, interpretierte die SED-Führung den Militärseelsorgevertrag als ein Bündnis der Kirchen mit dem »Militarismus«, an dessen Zustandekommen die EKD-Synodalen aus der DDR durch ihre Zustimmung unmittelbaren Anteil gehabt hätten. Vor dem Hintergrund der Abgrenzungspolitik, die Ulbricht auf der 30. Tagung des ZK der SED Anfang 1957 durchgesetzt hatte, wurden den Kirchen jetzt nicht mehr nur Loyalitätserklärungen gegenüber dem sozialistischen Staat abverlangt, sondern auch die Trennung von der gesamtdeutschen EKD als Ausdruck der »Beachtung der Existenz zweier deutscher Staaten mit grundlegend verschiedener gesellschaftlicher Struktur und grundsätzlichen Unterschieden in ihrer Politik«. Folgerichtig ließ Ministerpräsident Otto Grotewohl im Mai 1958 den EKD-Bevollmächtigten bei der DDR-Regierung, Propst Heinrich Grüber, wissen, daß er in dieser Funktion nicht mehr anerkannt würde, man jedoch bereit wäre, »eine Delegation der evangelischen Kirche in der DDR zu empfangen, deren Teilnehmer ihren Wohnsitz innerhalb der DDR oder im demokratischen Sektor von Berlin haben«.

Mit dem Bau der Mauer 1961 und vor allem der neuen DDR-Verfassung von 1968 wurde die gesamtdeutsche Kirchenorganisation aber je länger je mehr zu einer Fiktion, die die kirchliche Arbeit vor Ort immer stärker behinderte. Der thüringische Landesbischof Mitzenheim erklärte in der Verfassungsdiskussion in Anwesenheit Ulbrichts öffentlich: »Die Staatsgrenzen der DDR bilden auch die Grenze für die kirchlichen Organisationsmöglichkeiten.« Damit machte er sich nicht nur zum

Sprecher der Interessen der SED-Machthaber, sondern auch solcher innerkirchlicher Kräfte in Ost und West, die seit dem Streit um den Militärseelsorgevertrag verstärkt über die Chancen nachdachten, die der »Christ in der DDR« haben könnte. Die Bildung des Bundes der Evangelischen Kirchen in der DDR (BEK) und damit die Trennung von der EKD vollzog sich daraufhin am 10. Juni 1969 nach außen hin einigermaßen konfliktlos. Die Proteste und Vorbehalte der westlichen Kirchen blieben in der Öffentlichkeit weithin unbekannt. Die Kirchen in der DDR hatten dem Druck der SED-Führung zwar schließlich nachgeben müssen, die Bildung eines Kirchenbundes entsprach aber keineswegs den Wünschen der Machthaber. Diese hatten die Aufspaltung des DDR-Protestantismus in einzelne Landeskirchen angestrebt, um so ihrer Differenzierungspolitik gegenüber den Kirchen noch bessere Einwirkungsmöglichkeiten zu eröffnen. Insbesondere aber mußte die SED den Art. 4.4 der Grundordnung des BEK als Niederlage registrieren, in dem an der »besonderen Gemeinschaft der ganzen evangelischen Christenheit in Deutschland« ausdrücklich festgehalten wurde. Die Verstörung der SED-Führung darüber wirkte so nachhaltig, daß es erst im Februar 1971 zur Aufnahme offizieller Beziehungen von Kirchenbund und DDR-Regierung kam.

Mit geringer zeitlicher Phasenverschiebung mußte sich auch die katholische Kirche in der DDR mit der Forderung nach einer Verselbständigung gegenüber den westdeutschen Diözesen auseinandersetzen. Für die auf dem Gebiet der DDR liegenden Jurisdiktionsbezirke waren – außer für Berlin, Meißen und Görlitz – in der Bundesrepublik residierende Ortsordinarien (Paderborn, Osnabrück, Fulda, Würzburg und Hildesheim) zuständig, die in der DDR durch Generalvikare und Weihbischöfe vertreten wurden. Zudem war 1950 als regionale Bischofskonferenz der Deutschen Bischofskonferenz die Berliner Ordinarienkonferenz (BOK) errichtet worden, die erst 1976 nach der Neuordnung der Jurisdiktionsverhältnisse in der DDR durch die Bestellung von Apostolischen Administratoren und Bischöflichen Kommissaren zur selbständigen regionalen, aber nicht nationalen Berliner Bischofskonferenz (BBK) umgewandelt wurde. Kardinal Alfred Bengsch hatte im Gegenüber zu dem Meinungsumschwung, der sich im Zusammenhang mit dem Zweiten Vatikanischen Konzil, dem Briefwechsel der deutschen und polnischen Bischöfe zur Versöhnung, der vatikanischen Ostpolitik unter Paul VI. und der neuen deutschen Ostpolitik der sozial-liberalen Koalition ergeben hatte, insbesondere die Verselbständigung der Berliner Bischofskonferenz als eine gegen die Einheit der Kirche gerichtete Maßnahme in zahlreichen Eingaben beim Vatikan bekämpft. Der Vorschlag des Kirchenstaatssekretärs Hans Seigewasser, die BBK in »Bischofskonferenz der DDR« umzubenennen, konnte nur durch eine Note der DDR-Bischöfe vom September 1977 an Nuntius Del Mestri abgewehrt werden. Erst mit der Wahl von Papst Johannes Paul II. am 28. Oktober 1978 begann eine neue Phase vatikanischer Ostpolitik. Diese brachte für den DDR-Katholizismus kirchenpolitisch ruhigere Zeiten, zumal der SED-Staat und die katholische Kirche allmählich zu einem modus vivendi gefunden hatten und an der Wahrung des Status quo interessiert waren: Die SED-Vertreter mußten registrieren, wie ihre innenpolitische Basis immer brüchiger wurde. Aber auch die katholische Kirche bekam die Folgen der fortschreitenden Entchristianisierung zu spüren: Alleine in Ost-Berlin ging die Zahl der Katholiken von 178 000 im Jahr 1975 über 150 442 im Jahr 1983 bis 1988 auf 131 919 zurück.

Eine besondere Bedeutung für das Zusammengehörigkeitsgefühl der Deutschen in ihrem geteilten Land gewannen die Patenschaftsbeziehungen, die Kirchengemeinden im Westen mit denen im Osten verbanden und die sich bald zu echten Partnerbeziehungen entwickelten. Es gab »keine andere Organisation in Deutschland, die in der Zeit der Trennung ein derartig umfangreiches Beziehungsgeflecht zwischen Ost und West aufgebaut und mit Leben erfüllt hat« (Bischof H. Rathke). Da es sich hier um echte Basiskontakte handelte, sind genauere Zahlenangaben zum Umfang dieser Partnerschaften nicht möglich. In ihnen ging es keineswegs nur um materielle Hilfen, sondern immer stärker auch um gemeinsame Gespräche über Glaubensfragen und die Rolle der Christen in den unterschiedlichen Gesellschaftsordnungen. Diese Gemeinsamkeiten kamen auch auf den Kirchentagen zur Geltung. So gelang es immer zumindest einigen Vertretern des DDR-Protestantismus, sich an den Kirchentagen in der Bundesrepublik zu beteiligen. Auch die Teilnahme westdeutscher Repräsentanten an den vergleichbaren Veranstaltungen in der DDR konnte von der SED-Führung niemals gänzlich unterbunden werden. Gerade der Besuch führender Laienchristen aus den westdeutschen Landeskirchen, unter ihnen auch immer wieder prominente Politiker, wirkte weit in die Öffentlichkeit der DDR hinein. Das gilt auch für die Feierlichkeiten zum Lutherjahr 1983, das von den Kirchen in Ost und West weithin als ein gesamtdeutsches und ökumenisches Ereignis begangen werden konnte, weil die DDR-Führung die Neuformierung ihrer Erbe-Rezeption auch international und deutschlandpolitisch zu instrumentalisieren beabsichtigte.

Die westlichen Kirchen haben ihren östlichen Schwesterkirchen kontinuierlich durch bedeutende finanzielle Transferleistungen und Sachspenden geholfen. Diese Mittel, die teilweise auch vom Bundesministerium für Gesamtdeutsche Fragen bzw. Innerdeutsche Beziehungen kamen, erreichten im evangelischen Bereich eine Gesamtsumme von rund 2 Mrd. DM. Die EKD, die von den Umlagen ihrer Gliedkirchen lebt, gab z. B. 1986 rund die Hälfte dieser Einkünfte für die DDR-Kirchen aus. Für den Bereich der katholischen Kirche werden die Transferleistungen im Zeitraum von 1966 bis 1989 auf etwa 630 Mio. beziffert. Die westlichen Zuschüsse ermöglichten den Kirchen in der DDR die Aufrechterhaltung volkskirchlicher Strukturen, eine beachtliche publizistische Wirksamkeit und den kontinuierlichen Ausbau von Caritas und Diakonie. Die Stimmen, die auf die das SED-System stabilisierende Funktion dieser Hilfen hinwiesen, konnten angesichts der akuten Notlagen in der DDR ebenso wenig auf Gehör rechnen wie diejenigen, die meinten, daß es den DDR-Kirchen damit ermöglicht würde, eigentlich über ihre Verhältnisse zu leben. Einen besonderen Dienst leisteten die evangelischen Kirchen, indem sie ab 1962 ihre gesamtdeutschen Transferwege zur Abwicklung des Häftlingsfreikaufs zur Verfügung stellten, ohne an der Auswahl der insgesamt etwa 32 000 freigekauften Häftlinge unmittelbar beteiligt zu sein. Über das Diakonische Werk in Stuttgart sind in diesem Zusammenhang bis zum Ende der DDR mit größter Diskretion rund

3,4 Mrd. DM weitergeleitet worden, die von den verschiedenen Bundesregierungen im Rahmen ihrer »humanitären Bemühungen« zur Verfügung gestellt wurden.

Die Kontakte auf kirchenleitender Ebene über die Grenzen hinweg waren allerdings vor allem im Bereich der evangelischen Kirchen nicht frei von Spannungen. Auch wenn das in der Öffentlichkeit kaum angesprochen wurde, gab es doch einen deutlichen Dissens in der Bewertung der beiden deutschen Staaten und ihrer Politik durch EKD und BEK. In EKD-Kreisen wurde die äußerst kritische Betrachtung des Westens, die sowohl im Linksprotestantismus der Bundesrepublik als auch im BEK gepflegt wurde, als eine Verharmlosung der SED-Diktatur empfunden. Unterschiedlich votierten die beiden deutschen Kirchenbünde auch in der Friedensfrage und in der Beurteilung der freiheitlichen Demokratie, so daß es hier gelegentlich »bis an die Grenze des gegenseitigen Ertragens« ging. Die bestehenden Konfliktpotentiale ließen sich nur steuern, indem sich die evangelischen Kirchen in Ost und West immer wieder auf die Leitvorstellungen »Einander freigeben« und »Respektieren« orientierten. Diese Regel galt auch für die sowohl in der DDR als auch in der Bundesrepublik heftig umstrittene Konzeption der »Kirche im Sozialismus«, die auf der BEK-Synode 1971 mit der Formel »Wir wollen Kirche nicht neben, nicht gegen, sondern Kirche im Sozialismus sein« erstmals umschrieben worden war. Im Gefolge eines aufsehenerregenden Aufsatzes von Richard Schröder aus dem Jahr 1988 »Was kann ›Kirche im Sozialismus‹ sinnvoll heißen?« brachte der thüringische Landesbischof Werner Leich erst im März 1989 die Kritik an dieser Konzeption auch öffentlich in der DDR auf den Punkt, als er feststellte, es sei niemals inhaltlich geklärt worden, was mit »Kirche« und »Sozialismus« hier wirklich gemeint sei. Unbestritten blieb hingegen die Auffassung, daß sich die Kirchen im geteilten Deutschland als »Parlamentäre« zu bewähren hätten, die trotz aller Unterschiede das Gespräch mit der anderen Seite zu suchen hätten. In den Kontext einer grundsätzlichen Bejahung des »Brückendienstes der Versöhnung« sind auch jene öffentlichen Stellungnahmen einzuordnen, in denen sich EKD und BEK »in Wahrnehmung gemeinsamer öffentlicher Verantwortung« äußerten. Diese »gemeinsamen Worte« von EKD und BEK fanden in den westlichen Medien zumeist eine breite Resonanz, während solche gesamtdeutschen Aktivitäten in der DDR praktisch totgeschwiegen wurden.

Für die katholische Kirche in der DDR, die zu keiner Zeit in einer mit den evangelischen Kirchen vergleichbaren Weise im Mittelpunkt der SED-Kirchenpolitik gestanden hatte, war es wichtig, sich als Glied der weltweiten Kirchengemeinschaft zu wissen. Auch nach dem Mauerbau fanden die ad limina-Besuche der DDR-Bischöfe zur Berichterstattung beim Apostolischen Stuhl regelmäßig statt, die Kontakte zur Deutschen Bischofskonferenz rissen nicht ab, und der Bischof von Berlin repräsentierte nach wie vor auch öffentlich die innere Einheit des deutschen Katholizismus.

3. Opposition unter dem Dach der Kirche: Die Unterzeichnung der KSZE-Schlußakte im Sommer 1975 schien zunächst den Weg der Zusammenarbeit und des allmählichen Ausgleiches über die Grenzen der politischen Blöcke hinweg zu bestätigen und auch für die Kirchen eine ruhigere Phase in den Auseinandersetzungen mit der SED-Führung anzukündigen. Wie oberflächlich der erreichte Frieden zwischen dem SED-Regime und den Kirchen jedoch geblieben war, offenbarte die Selbstverbrennung des Pfarrers Oskar Brüsewitz am 18. August 1976 vor der Michaeliskirche in Zeitz.

Kirchenleitungen und SED-Führung fanden sich nach anfänglichen Irritationen zum gemeinsamen Krisenmanagement zusammen. Das konnte aber nicht mehr verdecken, wie groß inzwischen die Kluft zwischen dem geworden war, was auf den oberen Leitungsebenen von Kirche und SED-Staat abgestimmt wurde, und was das alltägliche Leben der Christen im »Realsozialismus« an der kirchlichen Basis belastete. Das Spitzengespräch zwischen dem Vorstand des BEK mit Bischof Albrecht Schönherr an der Spitze und dem Generalsekretär der SED, Erich Honecker, das nach langen Vorgesprächen am 6. März 1978 zustande kam, betonte demgegenüber, »daß die Beziehungen der Kirchen zum Staat in den letzten Jahren zunehmend von Sachlichkeit, Vertrauen und Freimütigkeit geprägt werden«. Als Urkunde von verfassungsgleichem Rang wurde es in der Folgezeit auch immer wieder von beiden Seiten in Anspruch genommen.

Die entscheidenden neuen Entwicklungen in Gesellschaft und Kirche vollzogen sich damals jedoch schon längst nicht mehr auf der Ebene von Spitzengesprächen zwischen Staat und Kirchenleitungen oder in den konspirativen Kontakten leitender Funktionäre beider Seiten untereinander. Historische Bedeutung erlangten vielmehr jetzt immer mehr jene Gruppen und Basisinitiativen im Raum der Kirchen, die sich mit wachsender Selbstverständlichkeit gegenüber dem SED-Regime auf die völkerrechtlich verbindlichen Regelungen im Korb III der KSZE-Schlußakte beriefen. Ihre Anfänge reichten zurück bis in die Mitte der fünfziger Jahre, als die EKD zugleich die Bundesrepublik Deutschland und die DDR bat, die Waffendienstverweigerung und den Zivildienst gesetzlich zu ordnen. 1964 reagierte die DDR-Führung auf diese Wünsche unter Berücksichtigung der gespannten innen- und außenpolitischen Situation mit der Einführung eines waffenlosen Dienstes in den »Baueinheiten im Bereich des Ministeriums für Nationale Verteidigung«. Sicherlich haben die meisten jungen Menschen, die damals den Waffendienst verweigerten, damit zunächst vor allem ein »deutlicheres Zeichen des gegenwärtigen Friedensgebotes« geben wollen. Die Verweigerung des Waffendienstes in der NVA wies aber von Anfang an auch Elemente einer über die kirchlichen Intentionen hinausgehenden politischen Opposition auf. In den Augen der SED-Machthaber konnte das Experiment mit den Baueinheiten zunächst jedoch als gelungen gelten. Nur noch sehr wenige Jugendliche verweigerten von da an den Wehrdienst überhaupt und gingen dafür in das Gefängnis. Andererseits aber entwickelten sich die Baueinheiten allmählich regelrecht zu »Schulen der Opposition«.

Die Erfahrung, daß auch in der seit dem Mauerbau scheinbar endgültig »geschlossenen Gesellschaft« der DDR öffentlicher Widerspruch in Teilbereichen möglich war, bestimmte die Pioniere der kirchlichen Friedensarbeit, die seit 1968 Regionalkreise »Friedensdienst« und seit Beginn der siebziger Jahre »Friedensseminare« zu organisieren begannen. Sie bildeten die Wurzeln einer kirchlich unabhängigen Friedens- und Oppositionsbewegung. Um die Bedeutung dieser oppositionellen Initiativen vollständig zu erfassen, wird man berücksichtigen müssen, daß ein alles umfassendes und bestimmendes Grundprinzip der SED-Diktatur das der Konspiration war. In Fortführung der Leninschen Revolutionstheorien war die SED selber konspirativ strukturiert. Das konspirative Grundprinzip der SED bestimmte auch die gesamte DDR-Gesellschaft, in der fast alles, was wichtig war, als »geheim« eingestuft wurde. Teilweise war es der SED-Führung gelungen, auch die Kirchen mit Hilfe ihrer »Gesprächspolitik« in die konspirativen Strukturen ihrer Herrschaft einzubinden. Die verschiedenen Gruppen und Initiativen einer kirchlich orientierten Friedensbewegung durchbrachen das konspirative Grundmuster der SED-Herrschaft. Sie konkretisierten den Öffentlichkeitsanspruch des Evangeliums, um dessen Aufrechterhaltung sich die Kirchen mit wechselnder Lautstärke und schwindendem Erfolg immer wieder bemühten. Allerdings mußten sie auch lernen, daß die »Öffentlichkeit« der Kirchen immer nur eine begrenzte sein konnte. Wenn die Gruppen und Initiativen auch eine eindeutige Bindung an das noch vorhandene christliche Milieu in der DDR aufwiesen, so bedeutete das doch nicht mehr ihre vollständige Einbindung in den institutionellen Rahmen der Kirchen. Damit stand die unabhängige Friedensbewegung in der DDR trotz aller kirchlichen Anbindung, die für ihre Formierung von größter Wichtigkeit gewesen war, bald auch in einer unübersehbaren Spannung zu dem kirchlichen Establishment, das sich in den Kirchenleitungen, auf Synoden, in Pfarrkonventen, theologischen Fachausschüssen und Gemeindekirchenräten artikulierte.

Eine qualitativ neue Konfliktstufe wurde mit dem von Robert Havemann und dem Berliner Jugendpfarrer Rainer Eppelmann gemeinsam am 25. Januar 1982 veröffentlichten »Berliner Appell – Frieden schaffen ohne Waffen« erreicht. Unter Benutzung der überkommenen Formen des christlichen Friedenszeugnisses wurde hier die ausschließlich politische Konzeption einer Neutralisierung beider deutscher Staaten als Voraussetzung einer dauerhaften Friedenssicherung vorgetragen. War schon durch diese eindeutig politische Stellungnahme ein bisher sorgfältig beachtetes politisches Tabu verletzt, so mußte die Vernetzung zwischen dem kirchlich orientierten Protestpotential und Dissidentenkreisen aus dem Umkreis der SED bzw. der Partei selbst, die sich hier abzeichnete, die SED-Führung noch sehr viel stärker alarmieren. Die Enttäuschung über die ablehnende Haltung auch der Kirchenleitungen gegenüber dem »Berliner Appell« unter der Jugend wurde beim ersten »Friedensforum« der DDR anläßlich des Jahrestages der Zerstörung Dresdens am 13. Februar 1982 öffentlich gemacht.

Die Staats- und Parteiführung der DDR stand diesem zunächst innerkirchlich ablaufenden Emanzipationsprozeß der oppositionellen Gruppen weitgehend hilflos gegenüber. Nach den Beschlüssen der KSZE-Konferenz war die administrative Verfolgung der Gruppenmitglieder schwieriger geworden. Die Korrespondenten der Westmedien berichteten über solche Aktionen stets sofort so ausführlich, daß dadurch das internationale Ansehen der DDR beschädigt wurde. Die Überwachung und konspirative Durchdringung der Gruppen durch den Staatssicherheitsdienst häufte zwar ein enormes Berichtsmaterial an, dessen operative Verwertbarkeit reduzierte sich allerdings in dem Maß, in dem sich die Oppositionsbewegung ausbreitete und verzweigte. Schließlich darf auch nicht unterschlagen werden, daß die Kirchenleitungen trotz aller internen Auseinandersetzungen mit der Friedensbewegung und einzelnen ihrer Aktivisten und Strömungen die Solidarität mit dieser Emanzipationsbewegung nicht aufkündigte. In der Folgezeit weiteten die Kritiker der realsozialistischen Entwicklung in der DDR aus dem Raum der Kirchen die Themenbreite ihrer Anfragen, Alternativvorschläge und Proteste immer weiter aus. Sie ließen sich nicht mehr auf »kirchliche Themen« im engeren Sinn eingrenzen, benannten immer konkreter die Defizite im gesellschaftlichen Leben der DDR und suchten den Schulterschluß mit kirchenfremden, regimekritischen Kräften auch über die Grenzen hinaus.

Die großen Themen Frieden, Ökologie und Gerechtigkeit vereinten ab Mitte der 80er Jahre immer mehr Menschen in der DDR zu gemeinsamem Handeln. Der Olof-Palme-Friedensmarsch im September 1987 machte diese neue Situation auch international sichtbar. Daß zu dieser Zeit die Oppositionsbewegung sich nicht mehr alleine auf die KSZE-Beschlüsse stützen mußte, sondern die neue Freiheit auch aus den politischen Veränderungen in der Sowjetunion ihre Kraft bezog, machte das Plakat »Weiter so, Gorbi!« klar, das bei diesem Friedensmarsch gezeigt wurde. Die Kirchenleitungen reagierten auf die neuen Entwicklungen innerhalb und außerhalb der DDR auf eine doppelte Weise. Einerseits versuchten sie, die im Raum der Kirchen agierenden Gruppen und Initiativen zu disziplinieren. Andererseits gab es nun aber auch zahlreiche Versuche, die Existenz der Gruppen theologisch positiv aufzunehmen.

Deutschlandpolitische Zielstellungen bewegten die DDR-Opposition zunächst nur am Rande, verstanden sich doch die meisten ihrer Aktivisten als Teil einer systemimmanenten Opposition. Erst ab 1987 kam es zu einer vertieften Beschäftigung mit deutschlandpolitischen Fragen. Zu dieser Zeit erwachte auch das Interesse der etablierten Parteien der Bundesrepublik an der DDR-Opposition. Im Gesamtzusammenhang ihrer Entspannungspolitik beurteilte die SPD die DDR-Opposition insgesamt eher als Störfaktor. Auch die intensiven Kontakte führender SPD-Vertreter zu den Leitungsebenen der evangelischen Kirchen in der DDR waren vornehmlich von der Konzeption der Sicherheitspartnerschaft bestimmt, so daß es nur einzelne SPD-Abgeordnete waren, die intensivere Kontakte zur Opposition in Ost-Berlin pflegten, weil sie davon überzeugt waren, daß die Friedensfrage nicht von der nach den Menschenrechten getrennt werden dürfe. Wesentlich unkomplizierter stellte sich die Verbindung der Grünen zur DDR-Opposition dar, die schon auf den Beginn der 80er Jahre zurückgeht und auch kirchliche Kreise einschloß. Die SED-Führung ging gegen diese Kontakte mit langfristigen Einreiseverboten für zahlreiche Grünen-Politikerinnen und -Politiker vor.

Auch bei den Kirchen konnte die DDR-Opposition bei der Entwicklung klarerer deutschlandpolitischer Vorstellungen kaum auf Unterstützung hoffen, galt dort doch als theologischer Common sense, daß die deutsche Teilung als Folge der deutschen Schuld ausgehalten werden müsse. Zum offenen Konflikt kam es in der Haltung zu den sogenannten »Ausreisern«, die bewußt oder unbewußt die Frage nach der Einheit Deutschlands stellten. Die Kirchen erklärten sich zwar zur Einzelseelsorge gegenüber diesen von harten Repressionen des SED-Staates betroffenen Menschen bereit, delegitimierten deren Anliegen aber zugleich auch theologisch, wenn sie darauf verwiesen, der Christ habe dort zu bleiben, wo ihn Gott hingestellt habe. Vor allem in Leipzig kam es jedoch trotzdem zu einem engeren Zusammenwirken einzelner Pfarrer und oppositioneller Gruppen mit Ausreisewilligen im Rahmen der Solidaritäts- und Friedensgebete. Die »Initiative Absage an Praxis und Prinzip der Abgrenzung«, die auf der Synode der Berlin-Brandenburgischen Kirche im April 1987 zur Verhandlung stand, wurde kirchenamtlich zwar rasch in die Ausschüsse abgedrängt, entfaltete aber doch eine innerkirchliche Diskussion, in der die Zielvorstellung einer Konföderation der beiden deutschen Staaten formuliert und damit die Grundvorstellung der meisten Entspannungspolitiker aufgegeben wurde, die Erhaltung des Status quo sei die wichtigste Voraussetzung für die Bewahrung des Friedens.

Die Politisierung des Engagements für Gerechtigkeit, Frieden und Bewahrung der Schöpfung hatte schon 1986 eine neue Qualitätsstufe erreicht, als sich maßgebliche Gruppen der Opposition und der Kirchen in den internationalen Konziliaren Prozeß einschalteten. Die Vorbereitung der Ökumenischen Versammlungen, die der Förderung dieses Prozesses innerhalb der DDR dienen sollten, wurde seit dem Februar 1987 von der Arbeitsgemeinschaft christlicher Kirchen in der DDR (AGCK) getragen, in der die evangelischen Landeskirchen, die katholische Kirche und zahlreiche Freikirchen zusammenarbeiteten. In der Vorbereitungsphase für die Ökumenischen Versammlungen wurden in den Kirchengemeinden und Gruppen rund 10 000 Einzelbeiträge schriftlich erarbeitet, die ein ungeschminktes Bild von der sozialistischen Wirklichkeit in der DDR entwarfen, die Dekonspiration der geschlossenen DDR-Gesellschaft flächendeckend vorantrieben und Wege zu einer Reform des Sozialismus erörterten. Die politische Bedeutung des Konziliaren Prozesses und der Ökumenischen Versammlungen beruhte vor allem darin, daß dabei eine umfassende Vernetzung der verschiedenen oppositionellen Ansätze und Aktivitäten – auch über den ursprünglich kirchlichen Raum hinaus – erreicht wurde. Erstmals beteiligten sich Tausende von Menschen in der DDR öffentlich an einer von der SED nicht mehr zu verhindernden kritischen Aussprache über die tatsächlichen Perspektiven eines Lebens »in den Farben des Sozialismus«. Als die dritte Sitzungsperiode der Ökumenischen Versammlung in der DDR im Frühjahr 1989 mit Zweidrittelmehrheit den Text »Mehr Gerechtigkeit in der DDR – unsere Aufgabe, unsere Erwartung« verabschiedete, zeigten sich schon die ersten Auflösungserscheinungen des SED-Regimes.

Die Ökumenischen Versammlungen stellten den Höhepunkt der Oppositionsbewegung unter dem Schutzdach der Kirchen in der DDR dar. Zugleich bezeichnen sie aber auch jenen Punkt, an dem sich die Wege der Kirchen und der Opposition endgültig voneinander zu trennen begannen. Die Opposition bedurfte der Legitimierung durch die Kirchen nicht mehr. Ihre ideologische und politische Kritik erreichte jetzt Dimensionen, die weit über das von der »Kirche im Sozialismus« Gewollte hinausreichten. Theologische Kritik an gesellschaftlichen Mißständen wurde in dem Maße entbehrlich, in dem klare politische Konzeptionen entwickelt und radikal vertreten wurden. Die Opposition bedurfte jetzt auch immer weniger jener Öffentlichkeit, welche die Kirchen in der konspirativ strukturierten DDR-Gesellschaft ermöglicht hatten. Sie waren selbst zu Bestandteilen einer demokratischen Öffentlichkeit geworden, die die SED-Machthaber kaum noch administrieren und manipulieren konnte.

4. Die Kirchen in der Phase des Umbruchs 1989: Im Herbst 1989 fiel den Kirchen beim Sturz der SED-Diktatur nochmals für kurze Zeit eine Rolle von historischer Bedeutung zu. Die Friedensgebete wurden im ganzen Land, trotz mancher Vorbehalte in den Kirchenleitungen, zu Keimzellen des öffentlichen Protestes. Erich Honecker hat in seinen »Moabiter Notizen« zutreffend notiert, daß damals aus den Gotteshäusern »Parteihäuser« geworden seien. Aus den Kirchen heraus pflanzte sich der Ruf »Keine Gewalt!« fort, der entscheidend dazu beitrug, daß der Sturz der SED-Diktatur friedlich verlief. Niemals zuvor hatten die Kirchen eine solche unbestrittene moralische Autorität in der Bevölkerung der DDR genossen wie in jenen Tagen. Es war deshalb selbstverständlich, daß in der Übergangszeit bis zur deutschen Wiedervereinigung unzählige kirchliche Amtsträger und Mitarbeiter sowie engagierte Laien auf vielfache Weise politische Verantwortung, insbesondere an den »Runden Tischen«, übernahmen.

Dabei blieb zunächst unbemerkt, daß in dem Moment, in dem die SED-Diktatur zusammenbrach, auch die lang andauernde, immer spannungsreiche und in ihrer historischen Bedeutung kaum zu überschätzende Koalition von Kirchen und Oppositionsbewegung zerbrach. Die Kontinuität der Personen verdeckte jedoch zunächst noch die Tatsache, daß die politisch emanzipierte Opposition nichts mehr von den Kirchen erwartete, sondern ihr zukünftiges Tun jetzt immer stärker nach den Prinzipien einer parlamentarischen Demokratie, wie sie in der Parteienlandschaft der Bundesrepublik Deutschland vorgegeben war, professionalisierte.

In den jetzt anstehenden Auseinandersetzungen um die Lösung der deutschen Frage vor dem Hintergrund des DDR-spezifischen Antifaschismus-Syndroms und einiger, wahrscheinlich ferngesteuerter rechtsradikaler Aktionen, wirkte sich im kirchlichen Umfeld das Schuldtrauma wieder verstärkt aus. Während sich immer weitere Kreise der Opposition und das Volk auf den Straßen bereits eindeutig für die deutsche Einheit aussprachen, unterschrieben auch prominente evangelische Kirchenvertreter noch den Aufruf »Für unser Land« vom 29. November 1989, in dem vor dem »Ausverkauf unserer materiellen und moralischen Werte« sowie der Vereinnahmung der DDR durch die Bundesrepublik gewarnt und für einen »demokratischen Sozialismus« geworben wurde.

Der Einfluß der katholischen Kirche auf die Erneuerungsbewegung in der DDR war wegen ihrer selbstverordneten politischen Abstinenz gering geblieben, wenn sich auch zahlreiche katholische Laien in den Gruppen engagiert hatten. Auf dem Katholikentag 1990 in Berlin gestand Bischof Sterzinsky ein, man habe es nicht für möglich gehalten, daß die Öffnung von Kirchen durch evangelische Christen und Pfarrer für politische Manifestationen Erfolg haben könnte. Hier habe sich die katholische Kirche geirrt. Für die Zeit bis 1988 sah der Bischof kein Fehlverhalten auf katholischer Seite: »Wir haben immer nein zum Sozialismus und nein zur ›Kirche im Sozialismus‹ gesagt und wir haben nein gesagt zu Bemühungen um eine Verbesserung des Sozialismus. Wir wollten den Sozialismus abschaffen.« Erst im November 1989 erklärte sich die BBK dazu bereit, offiziell den Kontakt zu unterschiedlichen Parteien und gesellschaftlichen Organisationen aufzunehmen, und gab für Priester und Laien den Weg zum politischen Engagement frei. Zu den Volkskammerwahlen am 8. März 1990 bekräftigte die BBK ihre Überzeugung, »daß ein geeintes Deutschland ein verläßlicher Partner in der Völkergemeinschaft Europas sein wird«. Im gleichen Tenor war das Gemeinsame Wort der Deutschen Bischofskonferenz, der BBK, des Rates der EKD und der Konferenz der Kirchenleitungen in der DDR vom 26. Juni 1990 gehalten.

5. Der kirchliche Wiedervereinigungsprozeß: Das hohe moralische Ansehen und die Meinungsführerschaft, die sich insbesondere die evangelischen Kirchen in der DDR in der Zeit des Sturzes der SED-Diktatur erworben hatten, hat die deutsche Wiedervereinigung nicht überdauert. Dafür gibt es eine Vielzahl von Gründen. So zeigte sich innerkirchlich bald, daß der politische Aufbruch, den die Kirchen mitgetragen hatten, nicht von einem geistlichen Neuanfang begleitet worden war. Vielmehr offenbarten die quälenden Diskussionen über die Wiedereinführung der Kirchensteuer und des Religionsunterrichtes, die Wiedereingliederung des BEK in die EKD, die Regelung der Militärseelsorge oder auch der Glockenstreit zum Tag der deutschen Wiedervereinigung am 3. Oktober 1990, wie wenig die Kirchen zu den neuen politischen Gegebenheiten beizutragen hatten. Irritierend mußten auch die Unsicherheiten der evangelischen Kirchen der DDR in ihrer Stellung zur sozialen Marktwirtschaft, zur parlamentarischen Demokratie und zum eigenen Selbstverständnis als Volkskirche oder Minderheitskirche wirken. Vertrauen ging auch verloren, als die konspirativen Verbindungen führender Kirchenvertreter mit dem Staatssicherheitsdienst der DDR und anderen SED-Dienststellen bekannt wurden. Ebenso mußte das Zögern der Kirchen gegenüber einer offensiven und kritischen Aufarbeitung der eigenen Vergangenheit befremden. Die Ansätze, die dafür auf der EKD-Synode in Suhl 1992 gewagt wurden, versickerten rasch.

Die Evangelische Kirche in Berlin-Brandenburg stellte im Januar 1990 fest, die Landeskirche sei jetzt verpflichtet, »Schritte zur Wiedervereinigung der organisatorischen Einheit und einer gemeinsamen Rechtsordnung einschließlich der Wiedergewinnung einer einheitlichen Grundordnung zu gehen«. Die durch den Mauerbau geteilte Landeskirche konnte ihre Wiedervereinigung im Januar 1991 durch die Verabschiedung eines neuen Bischofsgesetzes vorläufig abschließen. Auf der Ebene von EKD und BEK wurde die Wiedervereinigung eingeleitet durch die »Loccumer Erklärung« vom 17. Januar 1990, die zunächst innerkirchlich heftig umstritten war. Als juristischer Termin der gesamtdeutschen Kirchenvereinigung gilt der 27. Juni 1991: »Dieser abschließende Akt wurde in Coburg ohne große Feierlichkeit begangen, ohne besondere Bekundungen der Dankbarkeit. Man wollte ganz bewußt die kirchliche Wiedervereinigung nicht zelebrieren. Nur die Grußworte aus verschiedenen Kirchen des Auslandes würdigten die Einmaligkeit der Situation.« Die Evangelische Kirche der Union (EKU) beschloß die Aufhebung ihrer Regionalgliederung zum 1. Januar 1992. Die Synodalverhandlungen der beteiligten Kirchen ließen jedoch erkennen, wie weit man auch innerkirchlich auseinandergekommen war. Die kirchlichen Vereinigungsprozesse wurden von den Ostvertretern ganz überwiegend zögernd, ja widerstrebend auf den Weg gebracht. Die Westvertreter verhielten sich korrekt, ließen aber auch oft erkennen, wie wenig sie mit manchen Einlassungen der Schwestern und Brüder aus dem Osten anfangen konnten. Alle diese Schwierigkeiten haben dazu beigetragen, daß die kirchliche Wiedervereinigung kaum etwas zum Prozeß der inneren Vereinigung in Deutschland beigetragen hat. Als dauerhafte Belastung dürfte sich erweisen, daß die kirchliche Wiedervereinigung eine Sache der Räte und Synoden blieb. Die Gemeinden, die Pfarrerschaft und die kirchlichen Mitarbeiter hatten keine Möglichkeiten, sich über die zukünftige Gestalt der Kirchengemeinschaft zu äußern und sich damit die unausweichlichen Entwicklungen zu eigen zu machen. Damit hält die in 40 Jahren der deutschen Teilung entstandene innere Trennung der evangelischen Kirchen vorerst noch an. Sie wird im Gegenüber zu den Anforderungen, die das Kirchesein in einer säkularisierten, in Teilen sogar entchristianisierten Gesellschaft stellt, erst dann zu überwinden sein, wenn sich die Kirchengemeinschaft nicht nur auf synodaler und kirchenleitender Ebene etabliert hat, sondern auch in den Gemeinden und in der Mitarbeiterschaft.

Für die katholische Kirche stellten sich die Folgen der deutschen Wiedervereinigung einfacher dar, war es doch niemals zu einer wirklichen Teilung der betroffenen Bistümer gekommen. Im Mai 1990 rief der Vorsitzende der Deutschen Bischofskonferenz, Bischof Karl Lehmann, dazu auf, der Vereinigung Deutschlands nicht mit Mißtrauen und Ängsten zu begegnen. Im September 1990 gab Bischof Sterzinsky die Auflösung der BBK und ihren Übergang in die Deutsche Bischofskonferenz bekannt.

6. Situation und Stellung der Kirchen im vereinten Deutschland: Mit der Wiedervereinigung ist der Bevölkerungsanteil der Christen in der Bundesrepublik auf einen Schlag von 84 % auf 72 % gesunken. Die »protestantische Revolution«, die sich die Protestanten nicht wirklich zurechnen dürfen und die auch keine Revolution im üblichen Sinn gewesen ist, hat nicht bewirkt, daß das vereinigte Deutschland »protestantischer« oder gar noch »östlicher« geworden wäre. Die unterschiedlichen religiösen und konfessionellen Strukturen in den alten und neuen Bundesländern werden sich wie auch auf anderen Gebieten allmählich in westlicher Richtung angleichen. Sehr viel wichtiger ist für die Kirchen heute und in Zukunft die Frage nach ihrem Platz in der Gesellschaft. Alle Trends weisen, folgt man den Einsichten, die sich aus der dritten EKD-Erhebung über Kirchenmitgliedschaft ergeben, darauf hin, daß sich die Kirchen schon jetzt damit auseinandersetzen müssen, mit welcher Geschwindigkeit sich der Prozeß der Abkoppelung von den überkommenen religiösen Strukturen hin zu einer individuellen religiösen Praxis entwickelt: »Der Bedeutungsverlust institutionell verankerter Religion geht zeitlich einher mit einem wachsenden Interesse an religiösen Erklärungsmustern und Sinnangeboten unterschiedlicher Herkunft sowie individuell vermittelter Reichweite.« Das Christentum befindet sich heute in einer durch den Beitritt der neuen Bundesländer weiter pluralisierten gesellschaftlichen Situation, die auch auf dem Gebiet des Religiösen von Angebot und Nachfrage sowie Konkurrenz bestimmt wird. Diese Verhältnisse bestimmen auch die innerkirchliche Situation, da das Christentum heute selber pluralistisch verfaßt ist. Die Zeit der Nationalkirchen geht unaufhaltsam ihrem Ende entgegen. Als »Volkskirchen« werden die Kirchen nur dann überleben, wenn sie sich nicht länger mehr als »Funktionärskirchen« organisieren, sondern als Kirchen hin zum Volk. Gefordert werden klare Antworten auf die Frage nach dem spezifischen Inhalt der christlichen Botschaft. Mit dem Erweis sozial-ethischer Kompetenzen oder der überdehnten Wahrnehmung eines »öffentlichen Wächteramtes« werden sich die Kirchen dabei nicht mehr länger begnügen können. Gefragt sind vielmehr (wieder) missionarische Kompetenz und Profilierung durch die Konzentration auf das Zentrum der biblischen Botschaft: »Profil gewinnt die Kirche, wenn sie das tut, was sie und nur sie kann und deutlich macht, worin ihre Kompetenz liegt, nämlich durch ihre Verkündigung, ihre Diakonie, ihr Gemeinschaftsangebot lebensdienlichen religiösen Rückhalt zu geben.« Da diese Anforderungen sich an alle Kirchen in gleicher Weise richten, wird hier auch eine neue Basis ökumenischer Gemeinsamkeit erkennbar. Mit differenzierten und nicht mit den Angeboten anderer gesellschaftlicher Sinnvermittler verwechselbaren Beiträgen zur Ausformung der Kultur der pluralistischen Gesellschaft, zur Wertediskiskussion und zu den Fragen nach Gerechtigkeit und Teilhabe können die Kirchen einen Platz in der Mitte der Gesellschaft behaupten.

Schon 1981 hat Ernst-Wolfgang Böckenförde darauf aufmerksam gemacht, daß auch der freiheitliche, säkularisierte Staat von Voraussetzungen und Übereinkünften lebt, die er nicht selbst hervorbringen und gewährleisten kann. Wenn das zutrifft, dann werden die Kirchen allen Tendenzen zum selbstgewählten Rückzug aus der Gesellschaft ebenso zu widerstehen haben wie allen Ansprüchen auf die Restaurierung eines Staatskirchentums, das auf unterschiedliche, aber doch auch erstaunlich ähnliche Weise noch die Situation im geteilten Deutschland prägte. Die deutsche Wiedervereinigung zwingt auch die Kirchen zu einer umfassenden Erneuerung – um ihrer selbst und um der Gesellschaft willen, die in einer Situation der Unübersichtlichkeit und der Neuorientierung auf individuelle und kollektive Vergewisserung angewiesen ist.

Peter Maser

Literatur:

BESIER, GERHARD: Der SED-Staat und die Kirche, 3 Bde., München-Berlin 1993/95. □ ENGELHARDT, KLAUS/HERMANN VON LOEWENICH/PETER STEINACKER (Hrsg.): Fremde Heimat Kirche. Die dritte EKD-Erhebung über Kirchenmitgliedschaft, Gütersloh 1997. □ GOECKEL, ROBERT F.: Die evangelische Kirche und die DDR. Konflikte, Gespräche, Vereinbarungen unter Ulbricht und Honecker, Leipzig 1995. □ GOERNER, MARTIN GEORG: Die Kirche als Problem der SED. Strukturen kommunistischer Herrschaftsausübung gegenüber der evangelischen Kirche 1945 bis 1958, Berlin 1997. □ Lange, Gerhard u. a. (Hrsg.): Katholische Kirche – sozialistischer Staat DDR. Dokumente und öffentliche Äußerungen 1945–1990, Leipzig (2. Aufl.) 1993. □ Deutscher Bundestag (Hrsg.): Materialien der Enquete-Kommission »Aufarbeitung von Geschichte und Folgen der SED-Diktatur in Deutschland«. 12. Wahlperiode des Deutschen Bundestages, Bd. VI/1.2: Rolle und Selbstverständnis der Kirchen in den verschiedenen Phasen der SED-Diktatur (Redaktion: Peter Maser), Baden-Baden/Frankfurt a. M. 1995. □ Maser, Peter: Kirchen und Religionsgemeinschaften in der DDR 1949–1989. Ein Rückblick auf vierzig Jahre in Daten, Fakten und Meinungen, Konstanz 1992. □ Neubert, Ehrhart: Geschichte der Opposition in der DDR 1949–1989, Berlin 1997. □ Raabe, Thomas: SED-Staat und katholische Kirche. Politische Beziehungen 1949–1961, Paderborn 1995. □ Schäfer, Bernd: Staat und katholische Kirche in der DDR, Köln u. a. 1998.

Kontroversen zur deutschen Frage

→ Berlin, Bundesrepublik Deutschland: Geschichte, **Deutschlandforschung**, Deutschlandpolitik der Bundesrepublik Deutschland, Einstellungen zur deutschen Einheit, Eliten, Geschichtsbewußtsein, **Identität, Nation und Nationalbewußtsein**.

1. **Einführung:** Es gab deutlich unterschiedliche Überlegungen, wie die spezielle Situation der Teilung Deutschlands – und das ist die neualte deutsche Frage, wie sie sich spätestens seit 1948 entsprechend der internationalen Lage stellt – überwunden werden könnte. In den 50er Jahren waren die Konzepte einesteils kurzatmiger angelegt, insofern eine lange Teilungsperiode unvorstellbar schien und »Pankow« oder »der Zone« keine lange Überlebenschance eingeräumt wurde, wie sich 1953 zu bestätigen schien. Im Kalten Krieg dachte man zugleich auch konfrontativer, ein Denken in Entweder-oder-Lösungen, in Sieg oder Niederlage. Da man den berühmten Schlüssel zur Wiedervereinigung ohnehin in Moskau liegen sah, war der zweite deutsche Staat allenfalls die sogenannte DDR. Gerade der später so bezeichnete »real existierende« Sozialismus wurde als irreal im Sinne eines unter keinen Umständen hinnehmbaren Affronts gegenüber dem Willen des deutschen Volkes angesehen. Die machtpolitischen Konstellationen lasteten auf allen Diskussionsansätzen, die deshalb zum Teil utopisches Material in und mit sich trugen. Denn die Lösbarkeit der deutschen Frage setzte ja voraus, daß elementare Umbrüche im bis 1948 entstandenen bipolaren System geschehen müßten. Deshalb bestand ganz notwendigerweise eine gewaltige Lücke zwischen der Phantasie der Lösungsansätze und den Realitäten.

Im Gegensatz dazu galt es in der Entspannungsära seit Mitte der 60er Jahre als Ziel, eben diese Realitäten nun doch anzuerkennen und darauf aufbauend Formen der Koexistenz zu praktizieren: sei es auf Dauer (Anerkennung der Teilung) oder auf Zeit (dabei auf die Chance der Wiedervereinigung wartend). Die Paradoxie, die deutsche Frage durch Anerkennung der Teilung zu befördern, führte im Alltagsprozeß ganz überwiegend dazu, daß die Rede von der deutschen Frage bzw. der Wiedervereinigung aufgegeben wurde: die Frage war aus Sicht dieser Mehrheit der Entspannungsbefürworter beantwortet.

Weder konfrontative noch koexistive Konzepte der Erörterung der deutschen Frage waren historisch gesehen falsch, denn retrospektiv betrachtet erweist sich, entgegen der historischen Reihenfolge, der koexistive Attentismus – keinesfalls waren jedoch alle koexistiven Beiträge attentistisch, d. h. auf die Wiedervereinigung ausgerichtet – als Grundlage der Lösung der deutschen Frage. Diese entsprang zwar überhaupt nicht dem konfrontativen Ansatz, de facto aber wurde die Lösung über eben diese Negation des zweiten deutschen Staates – und später gar der Sowjetunion – erreicht. Und eben diese elementare Erschütterung Europas war, würde die deutsche Frage angesichts der massiven Ost-West-Gegensätzlichkeit aufgeworfen werden, immer erwartet bzw. befürchtet worden. Diese Befürchtungen bestimmten in vier Jahrzehnten die Kontroversen um die Lösungschancen der deutschen Frage. Namentlich die Forderung aus den 50er Jahren und später nochmals vereinzelt geäußert, die deutsche Frage auf die Tagesordnung der Weltpolitik zu setzen, hätte eine gouvernementale Aktivität bedeutet, die in der intellektuellen Diskussion ein Thema war, nicht aber in der Realpolitik unterschiedlicher Regierungen.

2. Kalter Krieg: Kontroversen können nur in demokratischen politischen Kulturen ausgetragen werden, weshalb Überlegungen aus der SBZ/DDR unberücksichtigt bleiben müssen. Die Bewohner »der Zone« haben aber mit dem 17. Juni 1953 auf eindeutige Weise ihre Einstellung zur Ostbindung der DDR und zur Legitimität »ihres Staates« zum Ausdruck gebracht.

Daß dennoch nicht nur die westdeutsche Diskussion eine Rolle spielt, ergibt sich aus der Situation Berlins, als der eiserne Vorhang noch nicht gefallen war. Das zwar besetzte, aber noch nicht nach Ost und West aufgeteilte Deutschland ließ etwa bei dem CDU-Politiker Jakob Kaiser und seinen Beratern das Konzept entstehen, Deutschland als Brücke zwischen Ost und West zu definieren, um so der Teilung Berlins und ganz Deutschlands zu entgehen. Kaiser war als ehemaliger Zentrumspolitiker eindeutig westlich orientiert. Doch das besiegte Reich dürfe sich seiner Ansicht nach in der Zonenphase der Entwicklung Deutschlands nicht einseitig und vorschnell an eine Seite binden. Ein »christlicher Sozialismus« sollte innenpolitisch das Brückendenken flankieren, die »Unions«-Partei CDU sollte als transzonale Gruppierung hervortreten.

Im Westen waren, lange bevor staatlich-gouvernemental eine deutsche Politik formuliert werden mußte, weder Kurt Schumacher noch Konrad Adenauer dieser Berliner Ansicht. Und letztlich setzte sich ihre strikt antisowjetische Option der sofortigen Westbindung Westdeutschlands durch, auch deshalb, weil Kaisers Kurs außenpolitisch nicht die nötige Resonanz fand. Die Erfahrung dieses Mißerfolgs eines prominent diskutierten Konzepts prägte die Auseinandersetzung mit allen Offerten, die von kommunistischer Seite später unterbreitet wurden. Und sie übertrug sich auch auf alle Orientierungen, die in den 50er Jahren als neutralistische Ansichten Geltung beanspruchten. Ulrich Noacks Bemühungen im Nauheimer

Kreis ebenso wie Gustav Heinemanns Gesamtdeutsche Volkspartei oder die Konzepte eines sogenannten Dritten Weges standen den wiederholten, abschreckenden Erfahrungen der Ost-West-Konfrontation entgegen. Selbst die Kritik an der Wiederbewaffnung Westdeutschlands konnte nicht greifen, weil das Sicherheitsinteresse der Westdeutschen höher rangierte als der Wunsch nach Wiedervereinigung. Die Westintegration ab Mitte der 50er Jahre bot diese Sicherheit. Neutralistische Bestrebungen, Dritte Wege, Kritiken der Westbindung in den 50er Jahren fielen hinter diese Sicherheitsinteressen zurück. Die Militanz der Sowjetunion im Kalten Krieg zwischen Berlin-Ultimatum und Kuba-Krise sowie die Art der Existenz der DDR – ihre Militarisierung und Abgrenzung nach außen – trugen das ihre dazu bei, daß die deutsche Frage nicht ernsthaft entlang dieser Konzeptlinien diskutierbar war. Chancen für eine Wiedervereinigung, wie sie von einem Teil der Bevölkerung in den Stalin-Noten vom März 1952 gesehen wurden, galten erneut als Finten, um West-Deutschland von der westeuropäischen Integration abzubringen. Ebenso wie die Brückenkonzeption Jakob Kaisers außenpolitisch keinen Rückhalt fand, weil sich die Ost-West-Gegensätze als stärker erwiesen, waren im Gegensatz dazu alle diejenigen innenpolitischen Bemühungen auf »der Linie der amerikanischen Strategie jener Jahre gelegen«, die mit den Namen Eucken, Müller-Armack, Röpke, Böhm und Erhard verknüpft sind.[1] Im Umkehrschluß sind deshalb alle Überlegungen, Deutschland als »Dritte Kraft« zu definieren, einen »Dritten Weg« zu finden oder es gar neutralisieren zu wollen, von vornherein als abwegige Positionen empfunden worden. Entsprechende Bemühungen von Bogislaw von Bonin, Wolf Schenke und Ulrich Noack erfuhren dennoch viel Beachtung. Denn Adenauers Kurs der von Anfang an eindeutigen Westbindung und der früh angestrebten Westintegration wurde gegen massive Opposition – »Kanzler der Alliierten« (K. Schumacher) – durchgesetzt. In den Augen der Opponenten, die sich auf hohe Zustimmungswerte für die Wiedervereinigung beziehen konnten, bedeutete seine Politik eine unnötig deutliche Konfrontation mit »dem Osten«. Jedoch enthielt Adenauers Konzept auch kooperationsbereite Offerten gegenüber der Sowjetunion.

Gegner der Westbindung verwiesen auf ihren Preis, die Teilung Deutschlands nicht beseitigen zu können. Ein latenter Neutralismus hat sich bis in die 70er und 80er Jahre hinein erhalten, als die Friedensbewegung gegen die NATO-Nachrüstung vorging. Es sollte die »Einheit durch Blockfreiheit« erzielt werden, ein »Friedensvertrag« für Deutschland wurde immer wieder gefordert und von konservativer Seite formuliert, daß »Neutralität kein Verrat« (General Kießling) sei. Andere Gruppen und Autoren forderten, eine »ideologische Äquidistanz« zu beiden »Blöcken« einzuhalten, oder griffen die alte Konföderationsidee wieder auf (W. Venohr, T. Schweisfurth, H. Groepper u. a.).[2] Ein durchgehaltenes Argumentationsmuster gegenüber Kritikern der Westbindung lautete, Deutschland würde andernfalls wieder zu der verhängnisvollen Schaukelpolitik zwischen Ost und West neigen und auch seine geistig-politische Standortverankerung im freiheitlichen Westen zur Disposition stellen. Egon Bahr sprach noch 1988 davon, daß ein neutrales Deutschland unsicherer wäre, als seine beiden Teile es zu dieser Zeit waren. Für eine gemeinsame Sicherheit bräuchte man beide Bündnisse.

Der Bau der Mauer und ihre Hinnahme durch die westlichen Alliierten, vor allem den USA, schloß eine Entwicklung des Ost-West-Konflikts ab, die keinerlei Durchbruch in der deutschen Frage bewirkt hatte. Deshalb offenbarte die Neutralitätsdiskussion und die Flut von sogenannten Deutschlandplänen zur Wiedervereinigung mehr das Unbehagen mit dem Status quo, als realistische Alternativen für die praktische Politik liefern zu können.

Ähnliches gilt für die sogenannte Österreich-Lösung der deutschen Frage, an der sich in vier Jahrzehnten Vertreter unterschiedlicher politischer Ansichten beteiligt haben, darunter selbst Konrad Adenauer. Im Kern ging es dabei stets um die Einsicht, daß die deutsche Frage insofern erledigt wäre, wenn sich die Deutschen in der DDR in freien Wahlen für einen eigenen Staat mit garantierten Grund- und Freiheitsrechten entscheiden würden, also ihr (regionales) Selbstbestimmungsrecht auf diese Weise in Anspruch nähmen. Das Konzept setzte stets voraus, daß Österreich zur Thematik der historischen deutschen Frage hinzugerechnet werden müßte, wofür auch die zahlreichen Verbotsregelungen im österreichischen Staatsvertrag einen eindeutigen Beleg lieferten. Die Österreicher hatten demnach unter den vorherrschenden geschichtlichen Umständen einer Lösung zugestimmt, die ihre innere Freiheit und Unabhängigkeit garantierte, nicht jedoch den historisch belegten Wunsch aufleben lassen konnte, einen Staat aller Deutschen bilden zu wollen. Ähnliches sollte wiederum den DDR-Bewohnern von Seiten der Sowjetunion zugestanden werden. Doch die DDR war kein historisch entstandenes Gebilde, ihre Bewohner hatten keine eigene staatliche Tradition – trotz Preußen und Sachsen – aufzuweisen, die auf Zeit separierbar aufleben könnte, und vor allem nahm die DDR im Ostblock eine geostrategisch unverzichtbare Position und Größe ein. Mit der Formel »Wir sind ein Volk« quittierten die DDR-Bürger 1989 alle derartigen ahistorischen Bemühungen endgültig, die zuletzt von SED-Vertretern zugunsten eines selbständigen Staates im Winter 1989 aufgebracht wurden.

3. Entspannungsära: »Die DDR ist keine Zone mehr« war die eine Formel, mit der entspannungsinteressiert und optimistisch auf die mauerbildende Zubetonierung der deutsch-deutschen Verbindungen geantwortet wurde, »Wandel durch Annäherung« die andere. In den 60er Jahren setzte sich in Deutschland eine Entspannungsorientierung durch, die die Wiedervereinigungsforderung zugunsten der Anerkennung des Status quo zurückstellte. Zwar hatte schon früh, 1963, Thomas Dehler bezüglich der Anerkennung von Realitäten gefragt, was denn Realitäten seien, bekanntlich seien auch Krankheiten Realitäten und jeder wolle sie doch wohl überwinden. Doch Egon Bahrs Formel war stärker, zumal sie seit 1968 gesellschaftspolitisch von einer Auf- und Umbruchsstimmung aufgenommen zu werden schien und 1969 die Regierungspolitik mitbestimmte. Im Kern ging es in der Entspannungsära um zwei Argumentationsmuster, die vielfach variiert wurden.

Dabei handelte es sich zum einen um die später von Erhard Eppler 1982 formulierte Auffassung: »Frieden geht vor Wiedervereinigung. Die sicherste Methode, den Frieden zu gefährden und das Zusammenkommen der Deutschen unmöglich zu machen, wäre, jetzt das Thema Wiedervereinigung in den Vordergrund zu spielen«[3]. Die sich durchhaltende Anti-Wiedervereinigungsposition machte mit aller Härte Peter Bender deutlich. Er behauptete 1981, die deutsche Einheit stehe mit vorrangigeren Zielen in Widerspruch, nämlich wiederum mit dem Frieden: »Der Frieden wie die Annäherung der Ost- und Westeuropäer verlangen Entspannung, Entspannung aber verlangt Gleichgewicht, und das Gleichgewicht verlangt die weitere Teilung Deutschlands.« Vor diesem Hintergrund ergibt sich unschwer der Zusammenhang zwischen Friedensbewegung und Anerkennung der Teilung Deutschlands. Dagegen verfing die Kritik an der Anerkennungspolitik offensichtlich nicht, wie sie etwa Baron Guttenberg vortrug. Er sah in ihr eine Gefahr für die Freiheit und Sicherheit der Bundesrepublik; außerdem bedeute die Anerkennung eines Unrechtsregimes als gleichberechtigtem zweiten deutschen Staat einen Verstoß gegen die politische Moral. Daß damals die Oder-Neiße-Grenze bzw. ein Deutschland in den Grenzen von 1937 außerhalb der Diskussion stand, ist mit der zitierten Friedensphilosophie unmittelbar verknüpft.

Das zweite Argumentationsmuster innerhalb der Entspannungspolitik betraf die Stabilisierung der DDR. »Man meinte, durch eine beachtliche Aufwertung des SED-Regimes dieses veranlassen zu können, eine innere Liberalisierung in der DDR einzuleiten. Das war auch die Position der meisten periodisch erscheinenden bundesdeutschen Zeitschriften der damaligen Zeit und später« (J. Hacker). In den Worten Peter Benders wiederum gefaßt (1968): »Damit Lockerungen, ein milderes Regiment in der DDR, allmählich auch eine Öffnung nach Westen möglich werden, muß die SED-Führung stärker werden ... Liberalisierung in der DDR verlangt daher Stabilisierung der DDR ...«.[4]

Gegen diese herrschenden Argumentationsstränge konnte europapolitisch eingewendet werden, daß die deutsche Frage eine europäische sei (A. Mertes), weil auch die europäische Frage offen sei. Ihre Lösung erfahre sie dann, wenn eine von den Völkern legitimierte Verfassung gefunden würde, was nur gegen das systembedingte Unvermögen des kommunistischen Herrschaftsapparates durchzusetzen sei.

Der Friedensargumentation hielt Wolfgang Venohr plastisch entgegen, daß eben der Status quo der deutschen Spaltung die Kriegsgefahr sei; die deutsche Frage ungelöst zu lassen, sei das Krebsgeschwür am Körper Europas. Daß es eigentlich im westlichen Interesse liegen müßte, die Abhängigkeit Polens, Ungarns oder der Tschechoslowakei – von der DDR ganz zu schweigen – durch einen Abzug sowjetischer Truppen zu mildern, bemerkte im Dezember 1987 der Leiter des Gesamtdeutschen Instituts, Detlef Kühn. Und aus der Friedensbewegung selbst ließ sich vernehmen (H. Ammon, T. Schweisfurth), daß der Kontinent Europa und mit ihm Deutschland und Berlin schon 40 Jahre geteilt seien und es nun an der Zeit wäre, diesen Zustand zu beenden.

Peter Brandt und Herbert Ammon hatten bereits 1981 gegen die einseitig »friedens«-politische und stabilisierungsorientierte Interpretation der sozial-liberalen Ost- und Deutschlandpolitik massive Bedenken vorgetragen und zwar wiederum aus der Perspektive West-Berlins heraus, das außerhalb der gesamtnationalen Perspektive für Deutschland keine Chance habe. Deshalb müsse man die deutsche Frage erneut aufwerfen. Sie zweifelten – ähnlich wie Martin Walser – die Redlichkeit einer Argumentation an, die das fortdauernde Leiden des deutschen Volkes im Zustand der Teilung ignoriere. In West-Berlin jedenfalls, das inmitten des ostdeutschen Staates liege, gebe es keine ideologischen Fluchtwege in ein sogenanntes bundesrepublikanisches Selbstbewußtsein. Sie bedauerten, daß parallel zur Durchsetzung der Ostpolitik im akademisch-publizistischen Umfeld der sozial-liberalen Koalition die Tendenz spürbar sei, die auf eine gesamtdeutsche Zukunft gerichteten Intentionen der Ostpolitik (W. Brandt) zu ignorieren. Bei großen Teilen der »Neuen Linken« würde die Bereitschaft zur nationalen Selbstaufgabe als eigene pädagogische Leistung begriffen. Die nationale Frage sei für manche Linke nichts als ein bürgerlicher Ladenhüter gewesen (W. Venohr).

Irritiert reagierte diese Linke bereits 1978, als aus der DDR heraus ein wiedervereinigungsorientiertes Manifest eines Bundes demokratischer Kommunisten im »Spiegel« publiziert wurde, und die Konfliktlinie der nationalen Frage im Entspannungszeitalter aufzeigte, daß sich die Frage nach der Einheit der Nation also sehr wohl stelle.

Realistisch schien es in der Ära der Entspannung mit der SED-Nomenklatur zu sein, diejenigen widerstreitenden Instanzen abzurüsten (»entspannen«), die den fortexistierenden Unrechtscharakter der Nomenklaturherrschaft dokumentierten. Jürgen Schmude, später Präses der Evangelischen Kirche in Deutschland (EKD), nannte die Zentrale Erfassungsstelle für Verbrechen an der innerdeutschen Grenze und in der DDR 1984 ein »fragwürdiges Symbol«. Klaus Bölling, Ständiger Vertreter der Bundesrepublik in der DDR, empfahl, die Präambel des Grundgesetzes wiedervereinigungsüberwindend umzuändern. In der Diskussion um die deutsche Frage herrschte eine Art Destabilisierungs-Verbot vor, das schon gegen die Infragestellung des Status quo bemüht wurde. Die Aufwertung der DDR verselbständigte sich bei vielen Verfechtern einer sich auch ideologisch verstehenden Entspannungspolitik (Systemannäherung) zum friedenspolitischen Ziel an sich und sie verloren dadurch die ursprüngliche, gesamtdeutsche Erwartung der Entspannungspolitik aus den Augen; diese Erwartung wurde mehrheitlich – in der veröffentlichten, nicht in der öffentlichen Meinung – nicht mehr gehegt. Zu dem Bewußtseinsstand trugen der Grundlagenvertrag und die ostpolitischen Verträge erheblich bei, die vielfach als Anerkennung der Konstellation von 1948 verstanden wurden, also der dauerhaften Teilung Deutschlands und Europas. Das Bundesverfassungsgerichtsurteil vom 31. Juli 1973 (BVerfGE 36, 1) verpflichtete dagegen die Bundesregierung, auf das ursprüngliche, gesamtdeutsche Ziel hinzuarbeiten und auf die Beseitigung menschenrechtswidriger Zustände insbesondere an der innerdeutschen Grenze zu bestehen. Damit hatte sich eine juristisch instrumentierte Opponentengruppe Geltung verschafft, die auch gegen die Anerkennung der Oder-Neiße-Grenze völkerrechtlich zu argumentieren suchte. Gegen die Auffassung des BVerfG wurde eingewendet, mit Gerichtsurteilen ließe sich keine Politik betreiben. Für diejenigen, die mit dem Grundlagenvertrag die Anerkennung der Teilung verknüpften – als Vorwurf verstanden oder als Entspannungsleistung begrüßt – lieferte der nach einigen Debatten zustande gekommene Besuch Erich Honeckers im September 1987 in der Bundesrepublik erneut Anlaß, den Eindruck der Dauerhaftigkeit der Teilung festzustellen bzw. zu befürchten. Übersehen wurde dabei anscheinend, daß der Bundeskanzler in Anwesenheit Honeckers in der Godesberger Redoute seine Wiedervereinigungsprogrammatik fast schon schroff konsequent vortrug, die deutsche Frage also keinesfalls als gelöst ansah.

Über die Einheit der Nation unabhängig zu befinden, bereitete im intellektuellen Diskurs größte Probleme. Nicht zufällig tauchte deshalb Anfang der 80er Jahre die suchende Frage nach der deutschen Identität auf (z. B. Weidenfeld 1982). Was ist deutsch? Wer sind wir? Welche Werte bestimmen die Deutschen und ihre politische Kultur? Wird der deutsche Sonderweg fortgesetzt? Ist die »verspätete Nation« Deutschland von der Geschichte widerlegt? Welche Bedeutung hat Europa für diese suchende, geteilte Nation? Gibt es eine Mittellage Deutschlands? Erörterungen dieser Art waren nötig, um neuen Halt zu finden.

Günter Grass' Beitrag bestand im Verweis auf die Gemeinsamkeiten der einen Kulturnation der Deutschen unterschiedlicher Staaten. Martin Walser rätselte darüber, warum einige Wortführer, links und rechts, an der Vernünftigmachung der Teilung arbeiteten, die Teilung hinzunehmen empfehlen würden? Peter Glotz beispielsweise exponierte sich vor einer deutsch-deutschen Historiker-Gruppe mit dem Satz, es widerspreche keineswegs der deutschen Geschichte, wenn es mehrere deutsche Staaten gebe. 1945 seien nicht nur zwölf Jahre Hitler, sondern 150 Jahre deutsche Geschichte gescheitert, überhaupt auch die ganze nationalstaatliche Geschichtsform. Der Vielvölkerstaat sei im übrigen viel eher ein Modell als die Idee des Nationalstaates. Klaus Harpprecht hatte schon 1982 während des »Hambacher Disputs« kategorisch erklärt, die Wiederherstellung eines deutschen Nationalstaates liege nicht im Interesse der deutschen Nation, isoliere die Bundesrepublik, gefährde den Frieden und bedrohe die europäische Balance. Diese Anträge zur Beendigung der Diskussion um die deutsche Frage wurden jedoch nochmals übertroffen durch die Hinweise nicht weniger, daß die Bundesrepublik selbst auf dem Weg zur Nation sei, bereits eine Art »Krypto-Nation« bilde (L. Niethammer), die Nationswerdung der Bundesrepublik weit vorangeschritten sei. Der Historiker Hans Mommsen ging bereits davon aus, daß die Bundesrepublik zumindest im Bewußtsein der Jüngeren eine voll ausgebildete Nation sei. Nur das Bundesverfassungsgerichtsurteil hindere die Westdeutschen daran, sich gleichsam als »separate Nation« zu deklarieren. Der Prozeß der Bi-Nationalisierung Deutschlands sei weit fortgeschritten.[5]

Dagegen stellte der Historiker Andreas Hillgruber 1984 vier Trends gegen die Bi-Nationalisierung fest:

1. Eine Piemont-Rolle der DDR, von wo aus bei günstiger Gelegenheit die deutsche Frage zu lösen gesucht werde;
2. linksnationalistische Ansätze in der Friedensbewegung;
3. eine Restaurationstendenz von rechts, die auf einen vollständig souveränen Nationalstaat zulaufe und ihn wieder als Großmacht etablieren wolle;
4. die einheitsorientierte Tendenz derjenigen, die einen in Europa integrierten deutschen Nationalstaat grundgesetzgemäß anstrebten, das »nationale Prinzip« im Sinne von Helmut Schmidt (P. Glotz) für geschichtswirksam ansahen.

Wolfgang Seiffert verwies in den 80er Jahren mehrfach darauf, daß die sowjetische Führung erkenne, daß sie über ihre wirtschaftlichen und sicherheitspolitischen Interessen hinaus eine stabile europäische Friedensordnung brauche und daß sie auf dieser Grundlage bereit sein könnte, den Deutschen ihr Selbstbestimmungsrecht zuzugestehen,[6] eine Analyse, die der Lösung der deutschen Frage am allernächsten kam – nur daß die Sowjetunion diese Politik nicht überlebte.

Karl Dietrich Bracher hat Deutschland nicht bi-national gedeutet, sondern beurteilte die Bundesrepublik als postnationale Demokratie und gespaltene Nation in einer Welt von Nationalstaaten. Auch die Postnationalitätsannahme blieb kontrovers, denn der Verfassungsauftrag, der 1989 den gesamten Wiedervereinigungsprozeß absicherte, definierte korrekt das nationale Selbstbestimmungsrecht.

Der von Dolf Sternberger vorgeschlagene Begriff des Verfassungspatriotismus hätte gute Chancen gehabt, Westdeutschland verfassungskonform auf den denkmöglichen Zustand einer neuen nationalen Einheit der Deutschen vorzubereiten – und zwar unter Einbeziehung der Westbindung der politischen Kultur Westdeutschlands. Der Verfassungspatriotismus als Verpflichtung auf allgemeine Humanitätswerte, als spezifisch nationale Verantwortung verstanden (D. Kluxen-Pyta) hätte die These sein können, mit der die Nation ihre Fortexistenz mit Erwartungen über ihre innere Ordnung hätte verbinden können. Allerdings legten andere den Verfassungspatriotismus dahingehend aus, daß gerade anstelle der Nation die Verfassung zum Konzentrat einer nationsindifferenten deutschen Identität werden könnte. Die Bindung an die Verfassung und das sie tragende Land ersetzte, so verstanden, die Bindung an die historisch ohnehin problematische Nation. In dieser Sicht wäre Verfassungspatriotismus eine Flucht, im anderen Fall Ausdruck einer modernen Lösung der nationalen Frage.

4. Schlußbemerkung: Am Ende ereignete sich eine Wiedervereinigung auf die Art, wie sie in den 50er Jahren erwartet wurde, daß der Schlüssel zur deutschen Einheit in Moskau zu erwerben sein müßte. Weder der Kalte Krieg noch die Entspannungspolitik waren für sich genommen zielführend. Dennoch lieferte die Entspannungsära das nötige Vertrauenskapital, aus dem heraus das im Kalten Krieg viel stärker erwartete Einheitsziel erreichbar wurde.

Die Diskussion um die Einheit Deutschlands offenbarte in vier Jahrzehnten Positionen, die bis zur Selbstpreisgabe der Nation als Nation reichten. Die Traditionsbrüche des 20. Jahrhunderts wirkten auch im intellektuellen Diskurs als Schwierigkeit der nationalen Selbstverständigung nach. Die an Sonderwege gewöhnten Deutschen tun sich schwer mit der Normalität. Deshalb wird die Frage nach der Nation auch im übernationalen Europa virulent und kontrovers bleiben, wenn auch aus dem Untergang der DDR und vielen Fehlprognosen zu lernen ist, daß sich bestraft, wer sie ignoriert.

Tilman Mayer

Anmerkungen:

1 H.-P. Schwarz: Die außenpolitischen Grundlagen des westdeutschen Staates, in: R. Löwenthal/H.-P. Schwarz: Die zweite Republik, Stuttgart (3. Aufl.) 1979, S. 522.

2 R. Zitelmann: Die deutsche Frage. Analysen und Standpunkte, in: Zeitschrift für Politikwissenschaft, 3/1990, S. 322–349; E. Jesse: Der »dritte Weg« in der deutschen Frage. Über die Aktualität, Problematik und Randständigkeit einer deutschlandpolitischen Position, in: Deutschland Archiv, 22/1989, S. 543–560; R. Dohse: Der Dritte Weg. Neutralitätsbestrebungen in Westdeutschland zwischen 1945–1955, Hamburg 1974; T. Mayer: Jakob Kaiser. Gewerkschafter und Patriot, Köln 1988; K.-R. Korte: Der Standort der Deutschen. Akzentverlagerungen der deutschen Frage in der Bundesrepublik Deutschland seit den 70er Jahren, Köln 1990.

3 Zitat nach M. Strübel: Friedensbewegung und nationale Frage, in: Aus Politik und Zeitgeschichte, B 3–4/1984, S. 36–38, hier S. 37.

4 Das Bender-Zitat von 1981 wurde zitiert nach G. Minnerup: Die deutsche Frage und der Status quo in Europa. Anmerkungen zur Diskussion um die Friedens- und Deutschlandpolitik, in: Deutschland-Archiv, 9/1981, S. 928–930, hier S. 928. Zum Bender-Zitat von 1968 siehe H.-P. Schwarz: Brauchen wir ein neues deutschlandpolitisches Konzept?, in: Europa-Archiv, 11/1977, S. 327–338, hier S. 335; zu folgendem Verweis auf A. Mertes (»Die deutsche Frage bleibt offen«) siehe K. Lange (Hrsg.): Aspekte der deutsche Frage, Herford 1986, S. 189.

5 P. Glotz: Wider das »nationale Prinzip«, in: S. Miller/M. Ristau (Hrsg.): Erben deutscher Geschichte. DDR-BRD: Protokolle einer historischen Begegnung, Reinbek 1988, S. 88–93; L. Niethammer: Bundesrepublik und Nation, in: Politik und Kultur, 2/1977, S. 31; H. Mommsen: Die Nation ist tot. Es lebe die Region, in: G. Knopp/S. Quandt/H. Scheffler (Hrsg.): Nation Deutschland?, Paderborn 1984, S. 35 ff. (»Hambacher Disput«); A. Hillgruber: Die Last der Nation. Fünf Beitrage über Deutschland und die Deutschen, 1984, S. 28 f.

6 Vergleiche H. von Berg (Hrsg.): Gespräche über Deutschland, Kiel 1988, S. 103: »Den Stier bei den Hörnern packen« (W. Seiffert); zur »Nationsvergessenheit« vgl. die Schriften des Neo-Hegelianers B. Willms.

Literatur:

Bahr, Egon: Zum europäischen Frieden. Eine Antwort auf Gorbatschow, Berlin 1988. □ Bender, Peter: Neue Ostpolitik. Vom Mauerbau bis zum Moskauer Vertrag, München 1986. □ Deuerlein, Ernst (Hrsg.): DDR. Geschichte und Bestandsaufnahme, München 1966. □ Hacker, Jens: Deutsche Irrtümer. Schönfärber und Helfershelfer der SED-Diktatur im Westen, Berlin (3. erw. und durchges. Taschenbuchausgabe) 1994. □ Kluxen-Pyta, Donate: Nation und Ethos. Die Moral des Patriotismus, Freiburg i. Brsg. 1991. □ Korte, Karl-Rudolf: Der Standort der Deutschen. Akzentverlagerungen der deutschen Frage in der Bundesrepublik Deutschland seit den 70er Jahren, Köln 1990. □ Mayer, Tilman: Prinzip Nation. Dimensionen der nationalen Frage am Beispiel Deutschlands, Opladen (2. Aufl.) 1987. □ Roos, Sören: Das Wiedervereinigungsgebot des Grundgesetzes in der deutschen Kritik zwischen 1982 und 1989, Berlin 1996. □ Seiffert, Wolfgang: Das ganze Deutschland. Perspektiven der Wiedervereinigung, München 1986. □ Venohr, Wolfgang (Hrsg.): Die deutsche Einheit kommt bestimmt, Bergisch Gladbach 1982. □ Weidenfeld, Werner: Die Frage nach der Einheit der deutschen Nation, München 1982.

Kultur

→ Berlin, Finanzierung der Einheit, Identität, Literatur, Medien, Nation und Nationalbewußtsein, Nationalsymbole, Verhandlungen zur deutschen Einheit: Innerer Prozeß, **Verträge zur deutschen Einheit.**

1. Begriff: Kultur umfaßt alle geschichtlich gewachsenen Facetten der Lebensordnung und nicht zuletzt unsere Zukunftsvorstellungen. »Kultur ist das, was die Menschen aus sich und ihrer Welt machen, was sie dabei denken und sprechen.«[1] Durch die Kultur, in die der einzelne Mensch hineinwächst und in der er seine Umwelt erlebt, eignet er sich Vergangenheit an, reflektiert und gestaltet die Realität seiner Gegenwart und entwirft Strategien für die Bewältigung der Zukunft. Aus den kulturellen Strukturen erwächst das kommunikative Verhältnis des Einzelnen zur Gemeinschaft, etablieren und erneuern sich die Formen des sozialen Zusammenlebens.

2. Kulturentwicklung und Kulturbegriff in der alten Bundesrepublik Deutschland: In dezidierter Absage an die ideologische und politische Indienstnahme von Kunst und Wissenschaft durch den Nationalsozialismus garantierte das Grundgesetz der 1949 gegründeten Bundesrepublik Deutschland die freie Entfaltung der Kultur als Grundrecht einer demokratischen Gesellschaft in Gestalt von Meinungs-, Informations- und Vereinigungsfreiheit sowie im Verzicht auf jede Zensur (Art. 5 Abs. 1 Satz 3). Zugleich wurde mit dem konstitutiven Kulturföderalismus die ausschließliche Kulturhoheit der Länder festgeschrieben. In der Kulturpolitik der ersten Nachkriegsjahre spielten Erziehungs- und Bildungspolitik mit dem Wiederaufbau von Schul- und Universitätswesen eine dominante Rolle, das Kunstleben reaktivierte nach dem Kahlschlag durch Diktatur und Krieg vor allem mit den Klassikerinszenierungen der rasch wieder aufblühenden Theaterlandschaft einen traditionsverhafteten, idealistischen Wertekanon. Neue Akzente setzten – allerdings nur punktuell – Kulturimporte der westlichen Besatzungsmächte, die auch für eine publizistische Vermittlung der Exilliteratur sorgten. Mit der Verschärfung des Kalten Krieges ab 1948 trat die kulturtheoretische Basis, die in den ersten Nachkriegsjahren zonenübergreifend der Antifaschismus geliefert hatte, in Westdeutschland hinter einen antikommunistischen Kurs der Kulturpolitik zurück. Abstrakte Kunst, in Paris und New York bereits vor und während des Krieges entstanden, an ihren Ursprungsorten jedoch schon in ihrer innovativen Kraft mit Verbrauchserscheinungen behaftet, wurde nun von deutschen Kunstvermittlern euphorisch gefeiert. Die ersten beiden Documenta-Veranstaltungen in Kassel an der Zonengrenze, die erstmals wieder internationale Kunst auf deutschem Boden 1955 und 1959 repräsentativ zur Schau stellten, interpretierten Werke des Abstrakten Expressionismus als Modelle einer freien Menschheitskultur und als Gegenwelten des Geistes zu den Relikten des grauen Trümmeralltags. Mit wachsendem Wohlstand richtete sich die westdeutsche Gesellschaft ein in unpolitischer Saturiertheit, die der aus dem amerikanischen Exil zurückgekehrte Theodor W. Adorno schon 1950 als gefährliche Geborgenheit im Provinziellen diagnostizierte.[2] Auftritte renommierter Musikinterpreten mit klassischen Programmen, Wiederaufbau von Theatern und Opernhäusern, Schöner Wohnen und Reiselust prägten das Kulturklima der 50er Jahre.

Mit der sich über Amerika und Westeuropa rasch ausbreitenden revolutionären Studentenbewegung der wilden Sechziger formierte sich auch in der Bundesrepublik und Westberlin ein aus der Subkultur von Beat und Pop gespeister tiefgreifender Wandel, der die bejahenden Kulturrituale im Wirtschaftswunderland durch kritische Infragestellungen und antiautoritäre Gegenmodelle unterlief. Aufgerüttelt durch die amerikanische Bürgerrechtsbewegung und den Jugendprotest gegen den Vietnamkrieg, durch den Verlauf der Auschwitz-Prozesse und eine stagnierende Wiedervereinigungspolitik nach dem Mauerbau 1961, forderte eine kritische Jugend mit Sit-ins und Teach-ins eine alternative Kultur durch die Aufarbeitung der verdrängten Vergangenheit, durch aktive Beteiligung des Einzelnen am urbanen Kulturbetrieb und durch Schaffung besserer sozialer Bedingungen. Mit den Begriffen Sozio- und Alltagskultur erhielt die Kulturvorstellung eine gesellschaftspolitische Orientierung, in der sich zugleich das Bewußtsein niederschlug, daß sich der Wiederaufbau der Städte in Destruktion von Urbanität, in die »Unwirtlichkeit der Städte« verkehrt hatte.[3] Die Politisierung der Kultur durch die 68er-Bewegung hatte nicht nur die elitäre Feiertagskultur der 50er und 60er Jahre verdrängt, sondern auch kulturelle Praxis auf allen Ebenen seit den 70er Jahren durch ein emanzipatorisches Subjektivitätsgefühl, durch gesteigerte Kritikfähigkeit des einzelnen Bürgers und durch wachsende Forderungen der Gesellschaft nach Mitbestimmung kommunaler Kultur anstelle einer Elitekultur verändert: Ökologisches Problembewußtsein oder Ressourcenverschwendung trieben in der Folgezeit Menschen aller Schichten zum Protest auf die Straße, Künstler und Literaten thematisierten die noch nicht geleistete Trauerarbeit der Deutschen an ihrer Vergangenheit, und kommunale Kulturpolitiker entdeckten Plätze, Straßen, Fabrikhallen, Lofts und Depots als Orte kommunikativer Kulturnutzung. Im Verlauf der 80er Jahre verlor sich dieser Aufbruch jedoch in Enttäuschungserscheinungen und Utopieverlusten. Die weltweit sich ausbreitende Wirtschaftskrise in den Industrienationen mit rapide wachsenden Arbeitslosenzahlen und die Katastrophenprognosen des Club of Rome für die globale Zukunft erzeugten eine resignative Stimmung, in der individuelle Krisenauswege nicht mehr möglich erschienen. Wie die Globalisierung der Wirtschaft und ihrer Krisen erhält auch die Kultur globale Dimensionen vor allem durch die globale Medienpräsenz, in der sich das Individuum atomisiert fühlen muß. Superstars wie Andy Warhol markieren zwar den absoluten Höhepunkt eines globalisierten Künstlerkults, doch ihre Individualisierung erweist sich in der postmodernen Gesellschaft letztendlich als fortgeschrittenste Form marktabhängiger Vergesellschaftung. Nicht zuletzt durch die Medienvernetzung der Popkultur und durch eine großzügige Neubaupolitik der Städte gefördert, sind die Museen moderner Kunst zu Zentren einer neuen Unterhaltungskultur geworden. In den Zeiten einer allenthalben angespannten Haushaltslage der öffentlichen Hand erweisen sich nun die Nachfolgekosten als nicht mehr tragbar. Wollen sie weiterhin besucherfreundlich bleiben, müssen sich Museumsdirektoren seit den 80er Jahren mehr und mehr zu Managern eines Kulturbetriebs wandeln, statt der Kunst vorrangig durch wissenschaftlich orientierte Arbeit zu dienen.[4]

Doch die institutionalisierte Kultur ist am Ende der 80er Jahre ohnehin kaum noch ein effektives Instrumentarium, um die sozialen Herausforderungen von Massenarbeitslosigkeit und die Verlorenheit des Einzelnen in einer von Medienüberflutung und ökonomischer Globalisierung geprägten Alltagswelt aufzufangen. Dies wird umso deutlicher, als mit der politischen Wiedervereinigung Deutschlands 1990 auch das mentale Zusammenwachsen der Deutschen aus Ost und West zu einer der Zentralaufgaben von Kulturpolitik avanciert.

3. Kulturentwicklung in der ehemaligen DDR: Seit 1946 kamen die politischen Anweisungen in der SBZ von der Deutschen Zentralverwaltung für Volksbildung, die sich in allen ihren Entscheidungen unmittelbar gegenüber der sowjetischen Militäradministration verantworten mußte. Als vorrangige Aufgabe hatte sie zunächst für alle Bereiche der Kultur die Kontrolle der Institutionen durch Stellenbesetzung mit Parteimitgliedern zu sichern und Richtlinien für die Aufgaben der parteigesteuerten Kulturabteilungen zu erarbeiten. Dabei war das Hauptaugenmerk ähnlich wie in den Westzonen zunächst auf Bildungs- und Erziehungsfragen gerichtet.

Die frühe Kunstpolitik in der SBZ gab sich in der Zeit zwischen 1946 und 1948 einen erstaunlich liberalen Anschein. Im Mai und Juni 1946 fand im Berliner Zeughaus die »1. Deutsche Kunstausstellung der Deutschen Zentralverwaltung für Volksbildung in der sowjetischen Besatzungszone« statt, und im August des gleichen Jahres folgte die »Allgemeine Deutsche Kunstausstellung« in der Dresdner Stadthalle. Künstler in allen Zonen hatte man zur Teilnahme aufgerufen, und die konzentriert geführte Werbekampagne war so erfolgreich, daß die Dresdner Ausstellung mit 600 Exponaten die wichtigste Gesamtschau deutscher Kunst der ersten Nachkriegsphase wurde.

Doch bereits in der parteigesteuerten Nachlese der Ausstellung meldeten sich Pressestimmen, die eine negative Publikumsreaktion auf die expressionistischen Werke erwähnten und deren mangelnde Volkstümlichkeit kritisierten. Den am Ende der Ausstellung im Oktober 1946 einberufenen Künstlerkongreß machte die Partei zum öffentlichen Forum, um durch Berufung auf Volkes Stimme angesichts der Dresdner Ausstellung zur Gestaltung einer »Volkskunst« aufzufordern, die »mit aller Kraft um Klarheit und Verständlichkeit« zu ringen hätte.

1948 brach in Deutschland mit der Berlin-Krise der Kalte Krieg aus, und die Einführung der Planwirtschaft wurde auch auf die Tätigkeit von Künstlern ausgedehnt. Am 24. November 1948 veröffentlichte die »Tägliche Rundschau«, das Sprachorgan der sowjetischen Militäradministration in Deutschland, den berüchtigten Artikel von Major Alexander Dymschitz »Über die formalistische Richtung in der deutschen Malerei«, mit dem die Künstler in der SBZ auf den Sozialistischen Realismus sowjetischer Machart eingeschworen werden sollten. Die meisten Künstler verhielten sich jedoch distanziert bis ablehnend gegenüber dieser Forderung. Erst seit Beginn der 50er Jahren konnte in der DDR der Kampf gegen westliche Dekadenz und Formalismus offen zutage treten. 1949 schlug die SED zunächst noch indirekte Wege über die Auftragsvergabe, über die wachsende parteipolitische Instrumentalisierung des Kulturbundes und über die Apostrophierung einer antifaschistischen Kunst zur Erhaltung des Friedens in der Welt ein, um sich unter den Künstlern sowohl einen institutionalisierten wie auch moralisch legitimierten Einfluß zu sichern. 1949 wurde als Instrument zur Auftragsgenehmigung an bildende Künstler die Gründung des Kulturfonds verfügt, dessen Kuratorium je zu einem Drittel vom wenig später gegründeten Bildungsministerium, vom Kulturbund und vom FDGB personell besetzt war und durch den eingeführten »Kulturgroschen« finanziert wurde. Da dem Kulturfonds Ankäufe und Auftragserteilungen oblagen, konnte durch seine Tätigkeit die Ausgrenzung von Künstlern, gegen die der Vorwurf formalistischer Tendenzen erhoben wurde, voll wirksam werden.

Das Rezeptionsverhalten der DDR-Bevölkerung gegenüber der Kunstproduktion unterschied sich in den 50er Jahren tendenziell kaum von dem zeitgleich in der Bundesrepublik Deutschland vorherrschenden, wo beispielsweise die den Gegenstand destruierende Bildsprache von Pablo Picasso unwidersprochen mit den willkürlichen Farbübungen eines malenden Affen verglichen werden konnte. Die Entwöhnung im Umgang mit zeitgenössischer Kunst seit 1933 hatte eine stark eingegrenzte Wahrnehmungstradition in beiden deutschen Staaten hinterlassen. So brach das Besucherpublikum auf den im Rhythmus von vier Jahren in Dresden stattfindenden Kunstausstellungen zwar nicht in Begeisterung angesichts der dort gezeigten sozialistisch-realistischen Arbeiterbilder aus, aber diese waren ihm doch allemal genehmer als die den Gegenstand auflösenden Darstellungsformen. Die Propagierung von Arbeiterliteratur und Arbeiterkunst wurde durch den 1959 verkündeten Bitterfelder Weg noch verstärkt, der unter dem Motto: »Greif zur Feder Kumpel! Die sozialistische Nationalkultur braucht dich«, den Brückenschlag zwischen der hohen Kunst und dem Volke forcieren sollte. Einige von der Partei als vorbildlich gelobte Werke dieser Zeit wurden ständig zitiert bzw. reproduziert, um ihr stilistisches und inhaltliches Konzept anderen Künstlern und dem Publikum immer wieder ins Bewußtsein zu rufen. Die inzwischen wissenschaftlich aufgearbeitete »Rezeptionsgeschichte bildender Kunst im Osten Deutschlands« zeigt, daß die seit den frühen 60er Jahren von Malern wie Wolfgang Mattheuer, Werner Tübke, Bernhard Heisig und Willi Sitte vorsichtig praktizierten Modernisierungstendenzen künstlerischen Ausdrucks in der Akzeptanz des Publikums kaum eine Chance hatten. Erst das Beharren auf eigenständiger Bildsprache und auf einer Reflexion realsozialistischer Widersprüche, was seit 1971 durch Erich Honeckers Aufforderung zur Erprobung von Weite und Vielfalt gestalterischer Möglichkeiten im begrenzten Umfang toleriert wurde, schuf allmählich den Boden für neue Allianzen, die seit den 70er Jahren ständig wuchsen und zu einer qualitativen Identifikation weiter Publikumsteile mit den Inhalten der eigenen Gegenwartskunst führten.

Die sich lange fortsetzende Reglementierung, weitgehende Disziplinierung und ideologische Zensierung künstlerischer Arbeit durch die Parteipolitik erklärt sich aus der ökonomischen Situation der Künstler in der DDR, die eine freiberufliche

Existenz nach westlicher Vorstellung ausschloß. Finanzielle Mittel für Kunst und Kultur setzten sich zusammen aus Geldern staatlicher und parteilicher Institutionen sowie der Betriebe und Massenorganisationen, die Vermittlung künstlerischer Arbeit über Galerien und einen freien Kunstmarkt gab es in der DDR kaum, sie erfolgte bis weit in die 70er Jahre vorrangig über die Verbandspolitik. Durch die wachsende Zulassung von Galerien als Institutionen des Kulturbundes und des 1974 eingeführten Staatlichen Kunsthandels der DDR entstand ein – wenn auch kontrollierter – Kunstmarkt, der den Künstlern finanzielle Einnahmen erbrachte. Trotzdem blieben für jene Künstler, die keine privaten Sammler fanden und für die jungen Absolventen der Hochschulen die Förderverträge staatlicher Institutionen und Betriebe die einzige oder die zentrale Einnahmequelle.

1972 wurden im Deutschen Bundestag die Ostverträge angenommen und der Grundlagenvertrag zwischen den beiden Staaten in Deutschland unterzeichnet. Im Vorfeld dieser politischen Zielsetzung war es für die DDR wichtig, ein differenziertes Bild ihres Staates gerade auch durch die Kunst nach außen zu vermitteln. 1974 tilgte der SED-Staat alle Hinweise auf den Fortbestand einer einheitlichen deutschen Nation aus der 1968 verabschiedeten »sozialistischen Verfassung« und versuchte statt dessen mit allen Mitteln – auch denjenigen der kulturellen Erberezeption –, die Eigenständigkeit der »sozialistischen Nationalkultur« in der DDR zu etablieren. Dazu brauchte man künstlerische Ausdrucksformen, die qualitativ im westlichen Ausland Akzeptanz finden konnten. 1971 explodierte daher nach Honeckers Aufforderung zur Ausbildung differenzierter Handschriften eine engagierte Kunst, die u. a. auch subkutan die Frage stellte: Wie lassen sich die Bedürfnisse individueller Selbstverwirklichung mit den gesellschaftlichen Normen in Einklang bringen?

Das Arbeiterbild der 70er Jahre thematisierte nun die Lebensqualität und den Sinnzusammenhang von menschlichen Verhaltensweisen in allen Bereichen des Alltags, und das Historienbild analysierte zunehmend das Nebeneinander von Fortschritt und Zerstörung im Zivilisationsprozeß der Menschheit. Trotz der von den Künstlern stets moderat formulierten Problemaussagen ihrer Konfliktbilder reagierte der Staatsapparat nach der Zwangsausbürgerung Wolf Biermanns im November 1976 überängstlich auf den Emanzipationsversuch der Kunst aus den Zwängen der staatlichen Bevormundung. Mit Rücksicht auf die große Resonanz, die die argumentierende Konfliktmalerei im Westen, vor allem aber in der Bundesrepublik Deutschland, erzielt hatte, richtete die Kulturpolitik der DDR ihre Disziplinierungsstrategien auf eine ideologische Kanalisierung der Inhalte. Sie verlangte ihren Künstlern nachdrücklich ein positives, pathetisches »Epochenbewußtsein« mit nationalem sozialistischen Selbstgefühl als Abwehr gegen »Selbstzweifel« und »Lebensangst« ab und griff dabei auf die alten Maximen des Sozialistischen Realismus – sozialistischer Ideengehalt, Parteilichkeit und Volksverbundenheit – zurück.

Als Folge dieser reaktivierten Reglementierung der Kunst durch den Staat war ab 1982 ein wachsendes Auseinanderklaffen der DDR-Kunstszene in unterschiedliche Abstufungen der Identifikation mit dem Staat festzustellen. Junge Hochschulabsolventen verweigerten nach der Biermann-Ausbürgerung häufig jede Berührung mit der Kulturbürokratie und orientierten sich am autonomen Selbstverständnis internationaler westlicher Kunst, über die man sich durch gelegentliche Ausstellungsbesuche in Westberlin und Buchpublikationen informierte. Produzentengalerien wagten ein alternatives Ausstellungskonzept zu den Galerien des Staatlichen Kunsthandels und des Kulturbundes, und in multimedialen Aktivitäten erprobten Künstlergruppen neue Formen existentieller Selbstbefragung. Die Kulturadministration reagierte mit intensiver Bespitzelung, umfangreichen Ausbürgerungsaktivitäten, aber ab 1988 auch mit vorsichtigen Integrationsversuchen der autonomen Bewegung in die offizielle DDR-Kunstszene, vermochte jedoch die Kluft zwischen den Verbandskünstlern und den nonkonformistischen Aussteigern nicht mehr zu überbrücken. Symptomatisch für die Agonie der Kulturbürokratie wurde schließlich die widersprüchliche Praxis zwischen Reisegenehmigungen und restriktiven Maßnahmen. 1989 waren es gerade auch Künstler dieser nonkonformistischen Szene, die den Boden für die Wende in der DDR maßgeblich bereiteten, indem sie mit ihrer Verweigerungshaltung die Verbrauchtheit des zentralistischen Gesellschaftssystems der DDR ins Bewußtsein hoben.

4. Kultur im Einigungsvertrag: Die generelle Feststellung, daß die Einheit der deutschen Nation in den 40 Jahren der Teilung und »trotz unterschiedlicher Entwicklung der beiden Staaten in Deutschland« fortbestanden habe, war das entscheidende Kriterium dafür, daß sich die Verhandlungspartner des Einigungsvertrags, der Bund und die Länder der Bundesrepublik Deutschland sowie die Regierung der DDR, mit der gemeinsamen Formulierung des Art. 35 zum »Erhalt der kulturellen Substanz« verpflichteten. Dahinter stand die Überzeugung, daß in der Kultur der DDR – trotz massiver Eingriffe einer ideologisch und zentralistisch gesteuerten Politik – im einzelnen künstlerisch Bedeutsames geleistet worden war, was für die Zukunft des geeinten Deutschlands und darüber hinaus für den Einigungsprozeß Europas Bestand haben würde. Mit dieser Feststellung sollte zugleich aber auch die Bedeutung der Kultur für die Wiederherstellung der staatlichen Einheit Deutschlands hervorgehoben und die Mitverantwortung des Gesamtstaats (Bund und Länder) für die Erhaltung der kulturellen Substanz sowie für die Finanzierung kultureller Aufgaben in den neuen Ländern festgeschrieben werden.

Nach Art. 35 Abs. 3 und 4 Einigungsvertrag sollten die zuvor im SED-Staat zentral geleiteten kulturellen Einrichtungen »in die Trägerschaft« der neuen Länder und Kommunen übergehen, »in denen sie gelegen sind«. Der Bund verpflichtete sich, durch eine Übergangsfinanzierung den kulturellen Substanzerhalt sowie die Förderung kultureller Infrastrukturen zu übernehmen, bis die neuen Länder selbständig ohne eine flächendeckende Bundeshilfe das kulturelle Leben in wünschenswertem Umfang aufrechterhalten können. Vor dem Hintergrund einer vierzigjährigen Tradition der Länderzuständigkeiten für Kultur in der alten Bundesrepublik Deutschland und der dort gewachsenen pluralistischen Kulturstruktur in einer demokratischen Staats- und Gesellschaftsform galt es, die vorhandenen kulturellen Einrichtungen der neuen Länder entsprechend zu modernisieren, regionale Benachteiligungen auszugleichen und ein eigenständiges Verantwortungsbewußtsein für kulturelle Prozesse bis in die kommunalen Verwaltungsebenen hinein zu fördern.

Die Ausgangssituation der kulturellen Substanz stellte sich wie folgt dar: In den neuen Bundesländern gab es 1990 zum Zeitpunkt der Vereinigung 217 Theater und Spielstätten unterschiedlicher Größenordnung, 87 Orchester, rund 1 000 Museen, 112 Musikschulen, über 7 000 öffentliche Bibliotheken, etwa 250 000 Einzeldenkmäler, 180 historisch bedeutsame Stadt- und Dorfkerne und über 1 500 Kultur- und Clubhäuser. Diese Zahlen bekunden, daß die Kulturlandschaft der DDR eine bemerkenswerte Dichte an Einrichtungen besaß, deren Ausstattung und Erhalt allerdings erheblich vernachlässigt waren. Kriegsschäden waren oftmals nicht beseitigt worden, der Verfall historischen Baubestandes war durch mangelnde Pflege weit vorangeschritten, Neubauten gab es nur wenige, und beim Personalbestand ihrer Kultureinrichtungen hatte die DDR häufig der ideologischen Parteitreue den Vorrang vor kritischem Sachverstand gegeben.

4.1. Kulturfinanzierungen des Bundes in den neuen Ländern: Von 1991 bis 1994 wurden vom Bund in Erfüllung des Art. 35 Einigungsvertrag rund 3,3 Mrd. DM zur Finanzierung der kulturellen Sonderprogramme in den neuen Bundesländern zur Verfügung gestellt. Dabei konzentrierte sich das »Substanzerhaltungsprogramm« auf Einrichtungen und Veranstaltungen, die schon vor der Einigung bestanden hatten. Das »Infrastrukturprogramm« diente der strukturellen Modernisierung auf Gemeinde-, Stadt- und Landkreisebene und förderte Aktivitäten in den Bereichen darstellende und bildende Kunst, Musik, Literatur, Film und Medien, Bibliotheken, Museen und Sammlungen, Denkmalpflege, Jugend- und Erwachsenenbildung, Soziokultur, Volks- und Landeskunde. Das »Denkmalschutzsonderprogramm« diente der Bestandsaufnahme, Sicherung, Erhaltung und Restaurierung von unbeweglichen Kulturdenkmälern und wertvollen historischen Bauten sowie der Bereitstellung von Fortbildungshilfen im Bereich der Denkmalpflege.

Durch die Übergangsfinanzierung des Bundes bekamen die neuen Länder und Kommunen einen zeitlichen Spielraum für Strukturveränderungen und für die allmähliche Bereitstellung von Mitteln zur Kulturpflege in den eigenen Haushalten. Um den neuen Ländern den Prozeß der eigenverantwortlichen Übernahme kultureller Pflichten nach dem schrittweisen Rückzug des Bundes aus der Übergangsfinanzierung zu erleichtern, wurden aus dem Vermögen der Parteien und Massenorganisationen der DDR im Jahr 1994 noch einmal 250 Mio. DM für investive Maßnahmen zur Verfügung gestellt. Ab 1995 trat dann der neue Bund-Länder-Finanzausgleich in Kraft, der den neuen Bundesländern Mehreinnahmen garantieren und damit trotz erheblicher wirtschaftlicher und finanzieller Probleme die schwierige Aufgabe erleichtern sollte, eine lebendige Kulturlandschaft im urbanen und ländlichen Umfeld zu erhalten und zu fördern.

Darüber hinaus hatte das Bundeskabinett bereits am 18. Juli 1994 den vom Bundesministerium des Innern erarbeiteten Vorschlag gebilligt, daß sich der Bund ab 1. Januar 1995 auch weiterhin mit zusätzlichen Mitteln an der Förderung national bedeutsamer Kultureinrichtungen beteiligen sollte. Zu diesen sogenannten »Leuchttürmen« der Bundesförderung gehören im Jahr 1998 weiterhin: Stiftung Preußische Schlösser und Gärten Berlin-Brandenburg, Bach-Archiv Leipzig, Stiftung Bauhaus Dessau, Stiftung Weimarer Klassik (im Kulturstadtjahr 1999 werden Goethe-Nationalmuseum, Kirms-Krachow-Haus und Römisches Haus wiederhergestellt sein), Kultureinrichtungen der Sorben, Stiftung Luthergedenkstätten in Sachsen-Anhalt, Franckesche Stiftung in Halle (die Hauptbibliothek wurde 1998 wieder eingeweiht), Stiftung Fürst-Pückler-Park Bad Muskau, Deutsches Museum für Meereskunde und Fischerei mit Aquarium in Stralsund, Stiftung Archiv der Akademie der Künste Berlin-Brandenburg, Wartburg-Stiftung in Eisenach, Kulturstiftung Dessau-Wörlitz, Stiftung Fürst-Pückler-Museum, Park und Schloß Branitz, Lessing-Museum in Kamenz, Kleist-Gedenk- und Forschungsstätte in Frankfurt/Oder, Arbeitsgemeinschaft Mitteldeutsche Barockmusik in Sachsen, Sachsen-Anhalt und Thüringen, Barlach-Gedenkstätten Güstrow, Panorama-Museum Bad Frankenhausen (seit 1997) und Galerie für Zeitgenössische Kunst Leipzig (seit 1998). Zu den ausschließlich vom Bund geförderten Einrichtungen zählen auch die Deutsche Bücherei in Leipzig und das Deutsche Historische Museum in Berlin, das seit 1998 für die Zeit des Umbaus das renovierte Kronprinzenpalais als Ausstellungsstätte nutzen konnte.

4.2. Denkmalpflege: Mit den unmittelbar nach der Wiedervereinigung einsetzenden Maßnahmen der Denkmalsicherung und -restaurierung wurden – vor allem in historischen Städten wie Weimar, Dresden oder Quedlinburg, aber auch in Dörfern und Gemeinden – inzwischen deutlich sichtbare Zeichen kultureller Tatkraft durch das Denkmalschutzsonderprogramm gesetzt. Von 1991 bis 1997 wurden aus diversen Sonderprogrammen des Bundes Finanzhilfen von rd. 2,3 Mrd. DM für den Erhalt historischer Stadt- und Dorfkerne, für Kirchen und Gutshäuser bereitgestellt. In den Genuß derartiger Fördermittel einschließlich des Geldes der Stiftung, das aus dem SED-Vermögen abfließt, kamen 1998 rund 350 kleinere Kulturdenkmäler; bis zu 20 000 sind jedoch noch weiterhin vom Verfall bedroht. Nachdem der Deutsche Bundestag 1993 der Gesamtkonzeption zur Beteiligung des Bundes an Gedenkstätten in der Bundesrepublik Deutschland mit der Maßnahme der Beschränkung auf die neuen Länder zugestimmt hatte, wurden bisher acht Einrichtungen und elf Gedenkstätten für die Opfer der NS-Diktatur, des Stalinismus und des SED-Regimes gefördert. All diese Aktivitäten konnten auch eine Vielzahl von örtlichen Privatinitiativen nach sich ziehen, von denen die durch den Trompeter Güttler ins Leben gerufene Stiftung für den Wiederaufbau der Dresdner Frauenkirche inzwischen weltweite Beachtung und Unterstützung gefunden hat.

Durch eilfertige Maßnahmen oder Zugeständnisse an spezifische Standortwünsche von Industrie und Wirtschaft traten Konflikte zwischen den Interessen der sich in den Stadtkernen etablierenden Banken, Gastronomie- und Handelsunternehmen und den um möglichst umfassenden Substanzerhalt bemühten Zielsetzungen der Denkmalpflege auf. Da jedoch schon unmittelbar nach der Vereinigung ein intensiver Erfahrungs- und Gedankenaustausch zwischen Denkmalpflegern aus Ost- und Westdeutschland in Gang kam, wurde ein öffentliches Bewußtsein für den kulturellen Wert historischer Baubestände und für einen sensiblen Erhaltungs- und Nutzungsumgang wachgerufen. Rigorose Verluste durch vermeidbaren Abriß, wie sie in den 50er und 60er Jahren auch in der alten Bundesrepublik Deutschland im Zuge eines raschen Wiederaufbaus verursacht worden waren, wollte man verhindern und hat sie weitgehend verhindern können. Um so erstaunlicher war die Tatsache, daß die Anlagen der Schlösser und Gärten von Potsdam-Sanssouci, eines der herausragenden deutschen Kulturdenkmale, das die UNESCO bereits zu DDR-Zeiten zum schützenswerten Weltkulturerbe erklärt hatte, durch eilfertige Baubewilligungen am Glienicker Ufer erheblichen Gefährdungen ausgesetzt werden sollten. Daher sah sich die UNESCO-Kommission seit 1995 mehrfach zu dringlichen Mahnungen an das Land Brandenburg veranlaßt, Eingriffe in das Sichtachsensystem dieses landschaftlichen Ensembles zu unterlassen bzw. wieder rückgängig zu machen.

4.3. Hauptstadt Berlin: Einen besonderen Schwerpunkt der Kulturförderung durch den Bund bildet aufgrund des Hauptstadtvertrages vom 30. Juni 1994 die Bundeshauptstadt Berlin, die mit rd. 420 Mio. DM seit 1996 jährlich gefördert worden ist. Zu den geförderten Kultureinrichtungen gehören u. a. die Berliner Festspiele GmbH, dazu seit 1998 die Staatsoper Unter den Linden, das Deutsche Theater sowie das Schauspielhaus Berlin-Konzerthaus am Gendarmenmarkt.

Die bedeutendste kulturelle Einrichtung in Berlin ist die Stiftung Preußischer Kulturbesitz, getragen vom Bund und allen Bundesländern. Der Stiftung obliegt es, die ehemals Staatlichen Preußischen Museen und Sammlungen zu bewahren und weiterzuentwickeln. Seit der 1992 vollzogenen Zusammenführung der Einrichtungen wurde damit begonnen, die Sammlungen und Bestände – z. B. im 1998 neueröffneten Berliner Kulturforum – auch räumlich zu vereinigen. Obwohl der Bund auch 1999 60 Mio. DM in die Hauptstadt-Kulturförderung einzubringen gewillt ist, sah sich der Rat der Künste Mitte 1998 zu dem sorgenvollen Hinweis veranlaßt, daß Ende 1999 mit dem Umzug der Bundesregierung nach Berlin der Hauptstadt-Kulturförderungsvertrag ausläuft, daher neue Regelungen zu schaffen sind und dabei ein erheblich erhöhter Betrag zu veranschlagen ist.

5. Bilanz zur Wirkung der Förderprogramme des Bundes: Fast ein Jahrzehnt nach dem Fall der Mauer läßt sich eine insgesamt positive Bilanz für das Kulturförderprogramm des Bundes in den neuen Bundesländern ziehen. Denn trotz der heute radikal veränderten politischen und wirtschaftlichen Gesamtlage in der Bundesrepublik Deutschland ist das kulturelle Netz in den neuen Ländern nicht zerrissen, was man in den ersten beiden Jahren nach der Wende in vielen Bereichen der kommunalen Infrastruktur befürchten mußte. Dennoch ist nicht zu übersehen, daß die Kulturförderung des Bundes Einrichtungen der Hochkultur erheblich begünstigt hat. Diese Gewichtung war bereits mit der unterschiedlichen Finanzausstattung der Förderinitiativen vorprogrammiert. So wurden zwei Drittel des Finanzvolumens für das Substanzerhaltungsprogramm und nur ein Drittel für das Infrastrukturprogramm eingesetzt. Dadurch erfolgte eine deutliche Prioritätensetzung zugunsten der bereits etablierten, prestigeträchtigen Hochkultureinrichtungen von überregionaler bzw. nationaler Bedeutung. Mit dieser Bewertung wurde dem nationalen Traditionsaspekt des gesamtdeutschen kulturellen Erbes ein vorrangiger Stellenwert für die mentale Vereinigung der beiden deutschen Staaten eingeräumt. Dagegen wurde der gesamte Bereich DDR-spezifischer Kultureinrichtungen – wie betriebliche oder gewerkschaftliche Kulturhäuser, Jugendclubs und Kulturzirkel – auf den Förderlisten ausgespart, weshalb er sehr rasch mangels ausreichender Finanzierung aus der kommunalen Infrastruktur verschwand. Fragebogenerhebungen, die das Bundesministerium des Innern 1991 und 1992 mit Hilfe der Stiftung Lesen und des Deutschen Kulturrates durchführen ließ, ergaben im Sommer 1991 einen drastischen Rückgang des kulturellen Infrastrukturbestands um 21 %, der jedoch bereits 1992 durch die inzwischen angelaufenen Förderprogramme gebremst werden konnte.[6]

Während sich im Bereich hochkultureller Einrichtungen schon 1991 ein Bestandszuwachs bei Musik- und Kunstschulen (+ 10 %) sowie bei den Museen (+ 2,7 %) und 1992 auch wieder bei den Theatern und Orchestern registrieren ließ (hier überschritten die neuen Zuwächse die bis 1991 erfolgten Verluste um fast 2 %), blieben die Schließungen bei kommunalen Kinos, Jugendclubs und Kulturhäusern auch 1992 genauso überproportional hoch (– 14 %) wie im Jahr zuvor. Die größten Bestandsverluste verzeichneten überwiegend ländliche Regionen wie Mecklenburg-Vorpommern oder Sachsen-Anhalt. Da 1991 noch rund 42 % der ostdeutschen Bevölkerung in Kleingemeinden von bis zu 10 000 Einwohnern lebten, verwundert es nicht, daß die 1991 und 1992 von der Stiftung Lesen und dem Deutschen Kulturrat befragten Kommunen den DDR-spezifischen Jugendclubs und Kulturhäusern bei den Finanzierungshilfen einen deutlichen Vorzug gegenüber hochkulturellen Aktivitäten wie Kunstausstellungen gaben.[7] Im Rückblick kann man sicher die Feststellung treffen, daß die alten Jugendclubs und Kulturhäuser auf längere Zeit gesehen mit ihrer veralteten Infrastruktur den neuen Freizeitbedürfnissen und -wünschen der Jugend nicht mehr hätten gerecht werden können. Aber diesen Einrichtungen waren oftmals Bibliotheken angegliedert, deren Schließung gerade in den Landgemeinden einen erheblichen Substanzverlust mit sich brachte. Denn nach einem Einbruch in den Jahren 1990 und 1991, der auf ein inzwischen unattraktiv gewordenes und noch nicht aktualisiertes Leseangebot zurückzuführen war, zeigt die Benutzung öffentlicher Bibliotheken seit 1992 bis heute eine kontinuierlich steigende Tendenz, wobei vor allem berufliche Fachliteratur sehr gefragt ist.

Das Kulturförderungsprogramm des Bundes für die neuen Länder machte den Erhalt der kulturellen Substanz zur vorrangigen Zielsetzung des Umstrukturierungsprozesses. Mit dem Wort »Erhalt« wurde jedoch eine eher konservative Seite der Aufgabenstellung suggeriert, obwohl tatsächlich eine Neustrukturierung unter den für die ostdeutsche Bevölkerung wesentlich veränderten gesellschaftlichen Verhältnissen vonnöten gewesen wäre.[8]

Wie das oben dargelegte Resümee der Kulturentwicklung in den beiden deutschen Staaten verdeutlicht hat, herrschten in Ost und West vor der Wende sehr unterschiedliche Vorstellungen von dem, was Kultur zu sein und zu leisten hat. Die in den alten Bundesländern fortgeschrittene Interferenz von hoher Kultur und Alltagskultur hatte sich in der DDR nicht vollzogen, dort blieb das Kulturschaffen entweder ein vom Staat gelenktes und mit Privilegien versehenes Feld für die künstlerische und intellektuelle Elite, oder es war künstlerische Reflexion über defizitäre Lebensgefühle und leistete dem Rezipienten gewissermaßen Lebenshilfe, eine Erwartung, die sich bis heute in den neuen Ländern für den Sinn von Kunst und Literatur fortgeschrieben hat. Um diese Kluft zu überwinden, bedarf es des Verstehens, und dazu wären z. B. vergleichende Kulturanalysen und eine raschere Aufarbeitung der Kulturarchive in der DDR nützlich gewesen.

Es waren nicht zuletzt die Erfahrungen mentaler Differenz zwischen der Bevölkerung in den alten und neuen Bundesländern, die dazu geführt haben, daß seit 1998 vom Deutschen Bundestag parteienübergreifend ein Richtungswechsel für die Bundeskulturpolitik angestrebt wird, ohne dabei den gewachsenen Föderalismus einschränken zu wollen. Zielvorstellungen sind z. B. eine stärkere Vernetzung der Kulturpolitik zwischen dem Bund und den Ländern durch ein Staatsministerium für Kultur und einen Kulturausschuß im Deutschen Bundestag sowie die Schaffung verbesserter Rahmenbedingungen für die Kulturwirtschaft durch die Novellierung des Stiftungs- und Stiftungssteuerrechts, um aktives Bürgerengagement zu fördern.

6. Zur Situation in den Kulturbereichen der neuen Bundesländer: Zur Zeit der Vereinigung gab es 15 000 freiberufliche Kunst- und Kulturschaffende in den neuen Bundesländern, von denen ca. 6 000 zuvor im Verband Bildender Künstler der DDR organisiert waren: Maler und Grafiker, Bildhauer, Kunsthandwerker, Formgestalter, Gebrauchsgrafiker, Szenografen, Bühnenbildner, Restauratoren, Kunsthistoriker, Kunstwissenschaftler. Außerdem wurden 1990 7 500 freiberufliche Unterhaltungskünstler, 750 Schriftsteller, 600 Theaterschaffende, ca. 100 Komponisten und Musikwissenschaftler registriert. Durch das Infrastrukturprogramm des Bundes konnten viele Kulturschaffende – vor allem durch ABM-Maßnahmen – weiterbeschäftigt und mit einem modernisierten Konzept ihres Berufes vertraut gemacht werden. Dennoch ist nicht zu übersehen, daß eine große Zahl der Kulturschaffenden durch die auslaufenden Fördermittel des Bundes und die nur kurzfristige Verlängerung von ABM-Stellen in existentieller Unsicherheit lebt, was besonders für Frauen gilt, deren Projekte noch unter gesteigerten Rechtfertigungszwang gestellt werden.[9]

6.1. Bildende Kunst: Nach der Wende gestaltete sich die Anpassung freiberuflicher Künstler an die risikoreiche Situation des freien Marktes besonders schwierig, da die meisten in das staatliche Alimentierungssystem der DDR eingebunden gewesen waren. Ältere, durch den Staatlichen Kunsthandel der DDR vor der Wende nicht geförderte Künstler hatten praktisch keine Möglichkeit, sich auf dem westlichen Kunstmarkt, geschweige denn international, zu etablieren, sie blieben weiterhin unbekannt.

Über den Kulturfonds, der inzwischen in eine Stiftung umgewandelt wurde, konnten soziale Übergangshilfen geschaffen werden. Außerdem erhielten eine Reihe von jungen Galerien aus den neuen Bundesländern zur Förderung ihrer Künstler zeitweise kostenlose Teilnahmemöglichkeiten an den großen Kunstmärkten. Auch das Institut für Auslandsbeziehungen und die Goethe-Institute organisierten bereits unmittelbar nach der Vereinigung Lesungen und Ausstellungen ostdeutscher Literaten und Künstler im In- und Ausland. Dennoch ist nicht zu übersehen, daß sich die Zahl freischaffender Künstler in den neuen Bundesländern erheblich reduziert hat, weil viele dem Zwang zu Eigeninitiativen, zur Findung neuer Sinnhorizonte der kreativen Arbeit und zur qualitativen Bewährung auf dem freien Markt nicht gewachsen waren.

Die große Kluft zwischen den Künstlern aus Ost und West wurde auch durch den heftigen Streit nach der Wiedervereinigung um die Frage vertieft, wieweit sich die vom Staatlichen Kunsthandel der DDR geförderten Künstler als Verweser der offiziellen Kunstdoktrin der SED mißbrauchen ließen. Dieser Streit hat zwar inzwischen an Polemik und Relevanz verloren, aber das Zusammenwachsen der ost- und westdeutschen Kunstszene ist trotzdem nur mühsam vorangekommen, was sich an der Tatsache ablesen läßt, daß gemeinsame Ausstellungen nach dem Beispiel der »Deutschlandbilder« (Martin-Gropius-Bau, Berlin, September 1997-Januar 1998) noch immer die Ausnahme bilden. Wie wenig man sich im Westen noch 1996/97 über die vergangene und gegenwärtige Entwicklung in der ostdeutschen Kunstszene informiert hat, entnehmen Künstler in den neuen Bundesländern mit einiger Enttäuschung der Tatsache, daß im Unterschied zu fünf Künstlern aus den alten Bundesländern mit Bernhard Heisig nur ein einziger Künstler aus den neuen Bundesländern einen repräsentativen Kunst am Bau-Auftrag für die Renovation des Reichstagsgebäudes, dem zukünftigen Sitz des Bundestages in Berlin, erhalten hat.

Was bis heute gefehlt hat, ist eine Kulturpolitik der Dialoge zwischen Künstlern, Kulturschaffenden und Kunstvermittlern aller Generationen aus Ost und West im Sinne einer wechselseitigen Geschichtserzählung. Wenn Künstler aus dem Osten mit Blick auf die Marktzwänge des Kunsthandels gegen den Autonomieanspruch westdeutscher Künstler polemisieren, dann verbirgt sich dahinter ein falsch verstandener Begriff von Subjektivitätsansprüchen, und wenn man andererseits im Westen immer noch die Tatsache ignoriert, daß die Übergänge zwischen dem staatlich organisierten Kulturbetrieb und selbstorganisierten Kulturformen in der DDR fließend waren, dann werden die Mythenbildungen des einseitigen Blicks auf beiden Seiten fortgeschrieben.

6.2. Neuer Regionalismus in Ostdeutschland? Studien über kulturelle Interessenlagen in der ostdeutschen Bevölkerung bekunden einen anhaltenden Grundprozeß: Die Ostdeutschen müssen sich in dem für sie immer noch neuen Gesellschaftssystem zurechtfinden, unterstehen dabei dem Zwang, sich den Westdeutschen anzupassen und leiden nach einem Höchstmaß an sozialer Sicherheit heute an einem Übermaß an Unsicherheit, zumal ihre Bevölkerung vorrangig aus werktätigen Schichten besteht. Daraus hat sich scheinbar eine Verklärung der früher ungeliebten DDR entwickelt. Hinter dieser Suche nach Haltepunkten in der Vergangenheit verbirgt sich die Sehnsucht nach dem Eigenen in der Erinnerung, die der Identitätswahrung dient, weil man sich die mit Amerikanismen durchsetzte andere Identität der westdeutschen Mittelstandsgesellschaft nicht einfach aneignen kann. Diese Zusammenhänge subkutan wahrzunehmen, ist für Westdeutsche schwierig, weil es getrennte Medienmärkte in Ost und West gibt und ostdeutsche Intellektuelle nach der Wende nur selten die Chance hatten, in den vielgelesenen Zeitungen und Zeitschriften ihre ostdeutsche Mentalität zu artikulieren. Doch die Wahrnehmung des ostdeutschen Selbstverständnisses in der Gesamtgesellschaft der Bundesrepublik als das Eigene ist Bedingung für das mentale Zusammenwachsen.[10] Dieses Eigene zu integrieren ist nicht zuletzt deshalb so wichtig, weil es die alltagskulturelle Leistung der ostdeutschen Bevölkerung gegen die Verlustangst in der Nachwendezeit darstellt. Verlustangst aber ist gleichermaßen heute in der ostdeutschen und westdeutschen Gesellschaft virulent, im Westen verbirgt sie sich lediglich hinter dem Glamour einer industrialisierten Erlebnis- und Freizeitkultur.[11]

Karin Thomas

Anmerkungen:

1 R. Jaurer: Artikel »Kultur«, in: H. Krings u. a. (Hrsg.): Handbuch philosophischer Grundbegriffe, München 1973.
2 Th. W. Adorno: Auferstehung der Kultur in Deutschland, in: Frankfurter Hefte, 5/1950, S. 469 ff.
3 1965 veröffentlichte Alexander Mitscherlich das viel diskutierte Buch: Die Unwirtlichkeit unserer Städte.
4 H. Klotz: Kunst und Architektur. Von der Moderne zur Postmoderne, in: H. Hoffmann/H. Klotz (Hrsg.): Die Kultur unseres Jahrhunderts 1976–1990, Düsseldorf u. a. 1990, S. 167 ff.
5 B. Lindner: Verstellter, offener Blick. Eine Rezeptionsgeschichte bildender Kunst im Osten Deutschlands 1945–1995, Köln 1998.
6 D. Fischer: Ostdeutsche kommunale Kulturfinanzierung im Nach-Wende-Wandel, in: Kulturpolitische Mitteilungen, 70 III/1995, S. 25–28.
7 Bei der ersten Umfrage 1991 wurden 2 578 Kommunen, bei der zweiten im Oktober 1992 durchgeführten Aktion 1 290 Kommunen beteiligt. Die Ergebnisse der Stiftung Lesen/Deutscher Kulturrat sind unter den Titeln »Strukturwandel oder Substanzverlust?«, Mainz 1992, und »Kultur im Übergang – wohin«, Mainz 1993, erschienen.
8 T. Strittmatter: Strukturwandel gleich kultureller Wandel?, in: Kulturpolitische Mitteilungen, 70 III/1995, S. 19–24.
9 S. Kandler: ». . . die tun was!« Die öffentliche Förderung von Frauen in Kunst und Kultur, in: Kulturpolitische Mitteilungen, 82 III/1998, S. 18 f.
10 D. Mühlberg: Über Interessenlagen, kulturelle Differenzen und Öffentlichkeit, in: Broschüre zum 3. Ostdeutschen Kultur Tag, Berlin 1998, S. 4–7.
11 Th. Oberender: Angst in der Popmoderne, in: Die Zeit, 29/1997.

Literatur:

Deiritz, Karl/Hannes Krauss (Hrsg.): Verrat an der Kunst. Rückblende auf die DDR-Literatur, Berlin 1993. □ Engler, Wolfgang: Die Ostdeutschen. Kunde von einem verlorenen Land, Berlin 1999. □ Feist, Günter/Eckhart Gillen/Beatrice Vierneisel (Hrsg.): Kunstdokumentation SBZ/DDR 1945–1990. Aufsätze, Berichte, Materialien, Köln 1996. □ Gillen, Eckhart (Hrsg.): Ausstellungskatalog Deutschlandbilder. Kunst aus einem geteilten Land, Berlin und Köln 1997. □ Glaser, Hermann (Hrsg.): Was bleibt – was wird. Der kulturelle Umbruch in den neuen Bundesländern, Bonn 1994. □ Ders.: Deutsche Kultur.

Ein historischer Überblick von 1945 bis zur Gegenwart, Bonn 1997. □ Jäger, Manfred: Kultur und Politik in der DDR 1945–1990, Köln 1994. □ Kulturpolitische Mitteilungen: Themenheft »Perspektiven einer zukünftigen Kulturpolitik«, 69 II/1995 □ Dies.: Themenheft »Kulturpolitik in den neuen Ländern«, 70 III/1995. □ Muschter, Gabriele/ Rüdiger Thomas (Hrsg.): Jenseits der Staatskultur. Traditionen autonomer Kunst in der DDR, München 1992. □ Sievers, Norbert/Andreas Liedtke: Reform der Kulturverwaltungen in den neuen Bundesländern, Hagen 1995. □ Statistisches Bundesamt (Hrsg.): Im Blickpunkt: Kultur in Deutschland. Zahlen und Fakten, Wiesbaden 1994. □ Thomas, Karin: Zweimal deutsche Kunst nach 1945. 40 Jahre Nähe und Ferne, Köln 1985.

Lebensbedingungen

→ Bildung und Wissenschaft, Extremismus und Innere Sicherheit, Finanzierung der Einheit, Frauen, Innere Einheit, Jugend, Kultur, Politische Kultur, **Sozialer Wandel**, Sozialpolitik, **Strukturwandel**, Verbände, Wirtschaft.

1. Begriff: Unter dem Begriff »Lebensbedingungen« werden im folgenden zunächst vor allem solche Aspekte der sozialen Lage von Personen, Familien und privaten Haushalten verstanden, die letztlich das Niveau der individuellen Wohlfahrt der Bevölkerung ausmachen. Hierzu zählen nicht nur die »objektiven Lebensbedingungen« in verschiedenen Lebensbereichen (zum Beispiel Familie, Wohnen, Arbeitsmarkt, Einkommen), sondern auch das subjektive Wohlbefinden der Bürger, das heißt die jeweilige Wahrnehmung und Bewertung der gegebenen Situation, beispielsweise im Sinne von Zufriedenheit oder Unzufriedenheit. Solche Indikatoren des subjektiven Wohlbefindens beschreiben im Vergleich mit der objektiven Situation einen sozialen Tatbestand eigener Art, in den unter anderem das »soziale Klima«, die mögliche Diskrepanz zwischen Anspruch und Realisierungschancen, die Bewertung des bisher Erreichten einfließen. Das Ziel der Angleichung der Lebensverhältnisse zwischen Ost- und Westdeutschland ist so gesehen mehr als die Angleichung der materiellen Lebenslagen – moderne Gesellschaften zeichnen sich auch dadurch aus, daß sie ihren Bürgern Chancen im Hinblick auf Dimensionen der Zugehörigkeit und der Selbstverwirklichung bieten. Neben den objektiven Lebensbedingungen und dem subjektiven Wohlbefinden sollen deshalb Indikatoren über die »Qualität der Gesellschaft« Aufschluß darüber geben, wie die Bürger in Ost- und Westdeutschland die »gemeinsame« Gesellschaft wahrnehmen und wie sie sich in dieser Gesellschaft verankern.

Datengrundlage des vorliegenden Beitrags sind neben den zahlreichen einschlägigen Daten der amtlichen Statistik auch Ergebnisse aus sozialwissenschaftlichen Umfragen, die über das Erhebungsprogramm der amtlichen Statistik hinausgehen und Niveau und Verteilung der individuellen Wohlfahrt in der Kombination von objektiven und subjektiven Komponenten sowie die von den Bürgern wahrgenommene Qualität der Gesellschaft erfassen. Dazu zählen die Daten der sogenannten Wohlfahrtssurveys, der regelmäßigen Umfragen zur Erfassung von objektiven Lebensbedingungen und subjektivem Wohlbefinden (seit 1978; zuletzt Ende 1998), und die Daten des Sozio-ökonomischen Panels, einer jährlichen Wiederholungsbefragung (seit 1984 in Westdeutschland, seit 1990 in Ostdeutschland) bei identischen Haushalten.[1]

2. Bevölkerungsstruktur und demographische Entwicklung: Familien und private Haushalte sind diejenigen Instanzen, in denen letztlich die individuelle Wohlfahrt realisiert wird; sie sind darüber hinaus Adressaten vielfältiger staatlicher Politik. Die heutige Bevölkerungsstruktur ist dabei das Ergebnis mehrerer Trends der gesellschaftlichen Entwicklung. Unter dem Begriff des »säkularen Trends« werden unter anderem die Phänomene langfristiger Geburtenrückgang, abnehmende Heirats- und steigende Scheidungsquoten, ansteigende Lebenserwartung sowie stetige Alterung der Gesellschaft beschrieben. Abnehmende Geburtenzahlen und höhere Lebenserwartungen führen im Ergebnis zu wesentlichen Veränderungen im Altersaufbau der Gesellschaft. Die Lebenserwartung der Neugeborenen stieg seit den 50er Jahren um gut zehn Jahre an, in Westdeutschland liegt sie inzwischen (1994/96) bei 73,8 Jahren bei den Männern und sogar bei 80 Jahren bei den Frauen, wobei die Lebenserwartung der Männer seit den 60er Jahren um ca. sieben Jahre niedriger liegt als die der Frauen. Ein wesentlicher Unterschied zwischen Ost- und Westdeutschland zeigt sich darin, daß die Lebenserwartung in Ostdeutschland noch hinter der westdeutschen zurückliegt – bei Männern etwa um drei, bei Frauen um zwei Jahre.

Während in der zunehmenden Lebenserwartung ein säkularer Trend zum Ausdruck kommt, gilt der Indikator der Säuglingssterblichkeit (perinatale Sterblichkeit) im internationalen Vergleich als Qualitätsmaß für die allgemeinen Gesundheitsverhältnisse. Gemessen an diesem Indikator waren sowohl die frühere Bundesrepublik als auch die DDR weit hinter internationalen Standards zurück. Insgesamt ist seit den 50er Jahren die perinatale Sterblichkeit erheblich reduziert worden; von einem Wert von 55 (auf 1 000 Geburten) in Westdeutschland bzw. 72 in Ostdeutschland auf einen Wert von fünf seit Mitte der 90er Jahre. Dabei hatte es die DDR zeitlich sogar etwas früher als die Bundesrepublik geschafft, an internationale Standards anzuschließen. Seit Mitte der 80er Jahre befinden sich beide Länder im oberen Feld.

Der allgemeine Trend der Bevölkerungsentwicklung geht wie in allen industrialisierten Gesellschaften in die Richtung einer zunehmend älter werdenden Gesellschaft bei insgesamt schrumpfender Bevölkerungszahl. Modellrechnungen weisen darauf hin, daß selbst bei weiter anhaltenden Zuwanderungen deutschstämmiger Aussiedler aus Osteuropa, die zwischen 1990 und 1997 bei etwa 1,8 Mio. lagen, der Bevölkerungsrückgang spätestens nach der Jahrtausendwende deutlich einsetzen wird. Entsprechende Schätzungen ergeben so für das Jahr 2030 eine Bevölkerungszahl von unter 70 Mio.; dies entspricht der Zahl zu Beginn der 50er Jahre und läge um gut 12 Mio. unter dem heutigen Stand von 82,1 Mio. (Ende 1997). In diesem

Zusammenhang darf nicht unberücksichtigt bleiben, daß die Bevölkerungsentwicklung in Westdeutschland seit den 60er Jahren auch durch die Zu- und Abwanderung von Ausländern beeinflußt worden ist. Insgesamt sind etwa 22 Mio. ausländische Staatsangehörige zugezogen und etwa 16 Mio. wieder weggezogen. Ende 1997 lebten etwa 7,2 Mio. Ausländer in Deutschland, gegenüber dem Jahre 1989 eine Steigerung um etwa 2,5 Mio.; ihr Anteil an der Gesamtbevölkerung beträgt somit 9 %. Der negative Bevölkerungssaldo (Geburten vs. Gestorbene) hätte ohne den Zuzug von Aussiedlern und Ausländern sowie ohne die vergleichsweise relativ höheren Geburtenraten dieser Gruppen bereits seit einigen Jahren zu einem beachtenswerten Bevölkerungsrückgang geführt.

Der drastische Geburtenrückgang in Ostdeutschland und die geringere Lebenserwartung führen in Kombination mit innerdeutschen Wanderungsbewegungen dazu, daß in den neuen Bundesländern der Rückgang der Bevölkerungszahl bereits jetzt zu beobachten ist. So gingen beispielsweise die Einwohnerzahlen in den ostdeutschen Bundesländern zwischen 1989 und 1995 zwischen 6 % und 7 % zurück. Die zugrundeliegenden Abwanderungen haben sich aber inzwischen auf niedrigerem Niveau stabilisiert und werden inzwischen auch von einer kompensierenden West-Ost-Wanderung begleitet. 1995 betrug die Ost-West-Wanderung noch 168 000, die West-Ost-Wanderung immerhin 143 000.

Einzigartig waren in Ostdeutschland die demographischen Umbrüche nach der Wende. Der erhebliche Rückgang von Eheschließungen, Geburten und Scheidungen erreichte einen Höhepunkt im Jahre 1991, setzte sich 1992 fort, wurde ab 1993 leicht abgebremst und hat sich seit 1996 stabilisiert. Einzigartig sind diese Verhaltensänderungen deshalb, weil in keinem anderen osteuropäischen Transformationsstaat ein solch dramatischer Einbruch zu beobachten war. Während die Geburtenraten beispielsweise in der damaligen Tschechoslowakei nach 1989 zunächst sogar noch leicht anstiegen und sich in Ungarn bis Mitte der 90er Jahre nur wenig verändert haben, betrug der ostdeutsche Geburtenrückgang von 1990 auf 1991 40 %, von 1991 auf 1992 19 % und von 1992 auf 1993 nochmals 8 %, und er hat sich erst seit 1994 stabilisiert. Ab 1996 ist wieder eine leichte Zunahme zu verzeichnen; mit einer Geburtenrate von 6,5 pro 1 000 Einwohner im Jahre 1997 hat sich das ostdeutsche Geburtenniveau gegenüber dem Jahre 1989 beinahe halbiert und erreicht lediglich 60 % des westdeutschen Niveaus, das in diesem Zeitraum praktisch stabil geblieben ist.

Parallel verlief der Rückgang der Eheschließungen und auch der Scheidungen. Die Zahl der Eheschließungen halbierte sich von 1990 nach 1991. Ab 1993/94 kann ein geringfügiger Wiederanstieg beobachtet werden, der sich aber bis 1997 nicht weiter verändert. Somit ist 1997 erst ein Niveau von etwa 60 % der westdeutschen Eheschließungen erreicht. Damit einher geht eine deutliche Verschiebung des mittleren Heiratsalters um zwei Jahre und des Alters von Frauen bei der Geburt des ersten Kindes um etwa drei Jahre nach hinten, wobei in Ostdeutschland im Durchschnitt (Männer knapp 28 Jahre, Frauen knapp 27 Jahre) dennoch etwa zwei Jahre früher als in Westdeutschland geheiratet wird.

Der Rückgang der Ehescheidungen verlief noch drastischer: Während in den 80er Jahren in Ostdeutschland im Durchschnitt jährlich 50 000 Ehen geschieden wurden, sank diese Zahl von 32 000 Scheidungen im Jahre 1990 auf knapp 9 000 Scheidungen im Jahre 1991 und steigt seit 1992 wieder an. Die Scheidungen im Jahre 1994 führten zu einer Quote von 60 Scheidungen pro 10 000 bestehender Ehen, die deutlich unter der westdeutschen Scheidungsquote von 80 bis 85 pro 10 000 bestehender Ehen lag. Die Maßzahl Ehescheidungen pro 10 000 Einwohner fiel in Ostdeutschland von einem Wert von 30 (1989) auf einen Wert von 6,6 (1992), um dann bis 1997 auf eine Quote von 19 anzusteigen. Die entsprechenden westdeutschen Quoten sind seit 1990 (19,3) ebenfalls angestiegen und weisen im Jahre 1997 einen Wert von 24 auf.

Die Einzigartigkeit dieser Entwicklung im internationalen und auch im historischen Vergleich hat dazu geführt, von einer »demographischen Revolution« (W. Zapf) zu sprechen. Dabei wird aber kein einfacher Kausalzusammenhang zwischen dem ökonomischen Einbruch und den demographischen Veränderungen unterstellt. Vielmehr wird davon ausgegangen, daß die erheblichen Belastungen, aber auch die vielfältigen neuen Optionen gemeinsam die Verhaltensänderungen bewirkt haben. Sie sind in Teilen als individuelle Reaktion auf eine unsichere Zukunft zu verstehen. Dies wird zugleich überlagert durch eine Auflockerung des ostdeutschen Verhaltensmusters von vergleichsweise frühen Eheschließungen und frühen Geburten, das in eine Annäherung an westliche Muster übergeht.

Dabei wird aber auch deutlich, daß nicht das gesamte demographische Verhalten bruchlos in westliche Muster übergeht. Eine Besonderheit aus der DDR, nämlich die hohe Zahl der außerehelich Geborenen, hat sich nicht nur nicht verändert, sondern sogar erhöht. In der heutigen Bundesrepublik Deutschland werden etwa 16 % der Kinder außerehelich geboren; dagegen hat sich ihr Anteil in Ostdeutschland seit 1989 von etwa 33 % auf 44 % im Jahre 1997 erhöht, wohingegen er in Westdeutschland nach einer leichten Zunahme nunmehr bei lediglich 14 % liegt.

Mit diesen Verschiebungen gehen veränderte Werteinstellungen und abnehmende Verbindlichkeiten traditioneller Werte, zum Beispiel über die Rolle von Familie, Kindern oder des Zusammenlebens, einher, die im Westen Deutschlands zu einer scheinbar unüberschaubaren Vielfalt und Vielzahl von Partner- und Familienbeziehungen jenseits der traditionellen Familie mit Kindern geführt haben: Nichteheliche Lebensgemeinschaften mit und ohne Kinder, Alleinerziehende und Singles scheinen das Bild der sich in Auflösung befindenden Institution Familie zu bestätigen. Mit Begriffen wie »Individualisierung« und »Pluralisierung der Lebensformen« werden solche Entwicklungen des Strukturwandels von Haushalts- und Familienformen beschrieben. Dabei wird immer wieder betont, daß sich vor allem im Hinblick auf den Bereich Familie traditionelle Bewertungen und Orientierungen in den letzten Jahrzehnten fundamental gewandelt haben.

Dennoch kommt der Familie nach wie vor ein hoher Stellenwert zu – sowohl in der Wertschätzung der Bevölkerung als auch in der quantitativen Verteilung. Versteht man unter Familie alle Ehepaare (mit und ohne Kinder) sowie die Alleinerziehenden, dann ergibt dies (für das Jahr 1995) über 25 Mio. »Familienhaushalte«. Allerdings ist nicht zu übersehen, daß vollständige Familien mit Kind(ern) dabei lediglich 56 % ausmachen. Mehr als vier von zehn Familien bestehen aus Ehepaaren, die keine Kinder (mehr) haben, und es gibt (1995) in Westdeutschland knapp 1,2 Mio. Alleinerziehende, was einen Anteil von 16 % an allen Familien mit Kindern ausmacht. In Ostdeutschland beträgt dieser Anteil sogar 26 %. Die erhebliche Zunahme von nichtehelichen Lebensgemeinschaften – für Westdeutschland geht man von einer Verneunfachung innerhalb von 20 Jahren aus – auf etwa 1,3 Mio. im Jahre 1995 verdeutlicht jedoch die Relevanz neuer Lebensformen.

Mit der Entwicklung zu Familien mit höchstens einem Kind auf der einen Seite und der Zunahme kinderloser Ehen auf der anderen Seite geht schließlich eine Abnahme der durchschnittlichen Haushaltsgröße auf nunmehr etwa 2,2 Personen pro Haushalt bei einer insgesamt zunehmenden Zahl von Haushalten (seit 1991 um 2,2 Mio. auf 37,5 Mio.) einher. Der Anteil der Einpersonenhaushalte, die aus Singles, aber auch aus alleinlebenden Rentnern bestehen, ist in den letzten Jahrzehnten systematisch angestiegen und erreicht in Westdeutschland inzwischen (1995) einen Anteil von 36 % und in Ostdeutschland einen Anteil von 30 %. Das heißt, daß nahezu jeder sechste Westdeutsche und etwa jeder siebte Ostdeutsche alleine lebt. Obwohl bei dieser Betrachtung lediglich jeder dritte Haushalt ein Haushalt mit Kindern ist, lebt mehr als jeder zweite Westdeutsche in diesen Haushalten. Ebenfalls etwa jeder dritte Haushalt besteht inzwischen aufgrund der Veränderung der Altersstruktur aus Rentnern oder Rentnerehepaaren. Diese Entwicklung hat somit dazu geführt, daß bezogen auf alle Haushalte der alleinstehende Rentnerhaushalt zur relativ größten Gruppe geworden ist. Die »moderneren« Variationen des Zusammenlebens, die auf der Personenebene zu beobachten sind, haben sich auf der Ebene von Haushalten bisher noch nicht quantitativ bedeutsam niedergeschlagen.

Eine genauere Betrachtung von Haushalts- und Erwerbsstrukturen (Berger u. a.) verweist jenseits gesamtdeutscher Gemeinsamkeiten im Hinblick auf säkulare Trends auf noch bestehende erhebliche Unterschiede zwischen Ost- und Westdeutschland. Während in Partnerhaushalten mit und ohne Kindern früher bestehende ostdeutsche Erwerbsmuster – beide Partner waren erwerbstätig – mehr oder weniger drastisch durch westdeutsche Muster ersetzt worden sind, scheint die ausgeprägte Erwerbsorientierung der ostdeutschen Bevölkerung nach wie vor zu bestehen. Der Anteil derjenigen Haushalte mit lediglich einem Erwerbstätigen liegt in nahezu allen Gruppen deutlich unter den vergleichbaren westdeutschen Anteilen. Noch im Jahre 1996 waren in jedem zweiten Partnerhaushalt mit Kindern beide Partner erwerbstätig; nur in jedem zehnten dieser Haushalte war ein Partner nicht erwerbstätig – der entsprechende westdeutsche Anteil von fast 40 % dokumentiert u. a. die in Ost und West unterschiedlichen Einstellungs- und Verhaltensmuster bezüglich Erwerbstätigkeit und Kindererziehung.

Solche noch bestehenden unterschiedlichen Erwerbsmuster und auch -orientierungen stehen dabei aber in keinem Spannungsverhältnis zu einer ausgeprägten Familienorientierung. Nach den Daten des Wohlfahrtssurveys 1998 bestehen sowohl im Hinblick auf die Wichtigkeit von Familie und Partnerschaft als auch im Hinblick auf die entsprechenden Zufriedenheiten praktisch keine Unterschiede zwischen Ost- und Westdeutschland. Die Familie genießt in beiden Landesteilen eine hohe Wertschätzung, und es gibt kaum Anzeichen dafür, daß diese Einschätzung beispielsweise bei jüngeren Personen zurückgenommen wird. Wesentliche Unterschiede zwischen Ost und West finden sich aber beispielsweise in der Wichtigkeit, die der Erwerbsarbeit oder dem Erfolg im Beruf zugewiesen wird; im Osten werden sie generell als bedeutsamer eingestuft, und dies auch unabhängig von der jeweiligen Haushaltssituation. Ähnliche Muster zeigen sich bei Merkmalen, die für eine erfolgreiche Integration in die Gesellschaft als wichtig angesehen werden. Auch hier werden in Ostdeutschland sowohl der Familie als auch dem Erwerbssystem eine höhere Bedeutung als in Westdeutschland zugewiesen.

3. Arbeitsmarkt und Erwerbsbeteiligung: Nach den Daten des Mikrozensus 1997 waren von den etwa 82 Mio. in Deutschland lebenden Personen knapp zwei Drittel im Alter zwischen 20 und 64 Jahren, wobei deren Anzahl im Westen seit 1991 gestiegen ist, in Ostdeutschland sich hingegen verringert hat. Insgesamt gab es etwa 55 Mio. potentiell Erwerbstätige, davon waren jedoch lediglich etwas mehr als 40 Mio. Erwerbspersonen, konkreter 35 Mio. Erwerbstätige und fast 4,5 Mio. Erwerbslose. Die andere Hälfte der Bevölkerung zählten als Kinder, Schüler, Studenten, Hausfrauen oder Rentner zu den Nichterwerbspersonen. Unter den Erwerbstätigen finden sich nahezu 4 Mio. Selbständige und deren mithelfende Familienangehörige sowie 12,5 Mio. Arbeiter und 19,4 Mio. Angestellte und Beamte.

Im gesamten Durchschnitt gesehen lagen die »bereinigten« Erwerbsquoten (Anteil der Erwerspersonen an der Bevölkerung gleicher Altersgruppe) bei 80,2 % bei den Männern und bei 62,8 % bei den Frauen. Der Anteil der Erwerbspersonen an der Gesamtbevölkerung (allgemeine Erwerbsquote) lag 1997 mit 46,6 % etwa auf dem westdeutschen Niveau von 1950. Die großen Wellen der Nachkriegskonjunktur und die demographischen Veränderungen finden ihren Niederschlag in der allgemeinen Erwerbsquote. Nach einem Anstieg in den 50er Jahren folgte in den 60er Jahren eine Abwärtsbewegung, die bei den Quoten für die Männer bis Ende der 70er Jahre anhielt, während der vermehrte Zugang von Frauen in den Arbeitsmarkt bereits Ende der 60er Jahre begann und bis heute anhält. Auch in den 80er Jahren konnte insgesamt ein leichter Anstieg beobachtet werden, der nicht zuletzt durch Zuwanderer beeinflußt wurde. In den 90er Jahren weicht die Erwerbsquote von Männern und Frauen deutlich voneinander ab – einem Rückgang bei den Männern steht ein Anstieg bei den Frauen gegenüber.

Die Arbeitslosenquote in ihrem Verlauf seit den 50er Jahren reicht von der zunächst hohen Nachkriegsarbeitslosigkeit (1950: 11 %) bis zur Vollbeschäftigung zu Beginn der 60er und wieder Anfang der 70er Jahre mit Werten unter 1 %. Danach beginnt die stufenweise Zunahme bis zur heutigen hohen Arbeitslosigkeit, wobei konjunkturelle Aufschwünge die aufgebaute Sockelarbeitslosigkeit kaum noch nach unten drücken konnten. Nach dem Zusammenbruch der DDR und dem dann folgenden drastischen Arbeitsplatzabbau in Ostdeutschland ergibt sich für die Bundesrepublik Deutschland ein bisher nicht gekanntes Ausmaß an Arbeitslosigkeit.

Die unterschiedliche Erwerbsbeteiligung von Männern und Frauen sowie die unterschiedlichen Arbeitsmarktchancen in Ost- und Westdeutschland dokumentieren sich in deutlich voneinander unterscheidbaren altersspezifischen Erwerbsquoten.

Während in Westdeutschland die Erwerbsbeteiligung der Männer im Durchschnitt bei über 80 % und bei den Altersgruppen zwischen 35 und 55 Jahren sogar über 90 % liegt, ergibt sich für die ostdeutschen Männer eine durchschnittliche Quote von unter 80 %, wobei der Wert bei jüngeren Männern über dem westdeutschen, bei den über 55jährigen aber aufgrund der massiven Inanspruchnahme von Vorruhestandsregelungen weit unter dem westdeutschen Niveau liegt. Dennoch weisen die altersspezifischen Erwerbsquoten der ost- und westdeutschen Männer einen ähnlichen Verlauf auf, wohingegen sich die entsprechenden Werte der Frauen nach wie vor voneinander unterscheiden. Die ostdeutsche »Normalität« einer ausgeprägt hohen Erwerbsneigung der Frauen führt dazu, daß die altersspezifischen Erwerbsquoten bis etwa 1995 von denen der Männer nur unwesentlich abweichen. Sie liegen in den mittleren Jahrgängen noch um mehr als 10 Prozentpunkte über den Werten der westdeutschen Frauen. Und während in Westdeutschland aufgrund von Familiengründungsphasen die Erwerbsquoten von Frauen in der Altersgruppe zwischen 30 und 34 Jahren vorübergehend sinken, kann ein solcher Knick in Ostdeutschland kaum beobachtet werden.

Die Arbeitsmarktbilanz weist auf eine hohe Unterbeschäftigung in Ostdeutschland hin. Der Arbeitsplatzabbau im Zuge des Strukturwandels der ostdeutschen Wirtschaft, in dessen Verlauf die Zahl der Beschäftigten zwischen 1989/90 und 1993 um etwa 3,5 Mio. auf 6,21 Mio. Erwerbstätige zurückgegangen war, hat sich danach zwar deutlich verlangsamt, aber eine klare Besserung ist nicht in Sicht. Im Oktober 1998 lag die Zahl der Erwerbstätigen in Ostdeutschland noch immer bei 6,2 Mio., die Zahl der Arbeitslosen lag im Dezember bei 1,3 Mio., was einer Quote von 17,4 % entspricht. Im Vergleich zum entsprechenden Monat des Vorjahres ist jedoch ein Rückgang der Arbeitslosigkeit zu beobachten. Auch die westdeutsche Quote lag im Dezember 1998 mit 9,3 % leicht unter dem Wert des Vorjahres; gesamtdeutsch gesehen waren am Ende des letzten Jahres nahezu 4,2 Mio. Personen arbeitslos. Die Arbeitsmarktbilanz in den ostdeutschen Bundesländern seit 1990 fällt noch düsterer aus, wenn man alle Arbeitnehmer mit einbezieht, die sich beispielsweise in Arbeitsbeschaffungsmaßnahmen (ABM) o. ä. befinden.

Auch in der gesamtdeutschen Arbeitsmarktbilanz kann bisher kaum von Entspannung die Rede sein. In Westdeutschland steigen nach dem Rückgang der Arbeitslosigkeit von 1988 (8,7 %) bis 1991 (6,3 %) die Zahlen seit 1992 wieder an und erreichen mit einer Quote von nahezu 11 % im Jahre 1997 ein neues Hoch. Dies führte zusammen mit den Arbeitslosen in Ostdeutschland zu einer gesamtdeutschen Quote von 12,7 % im Jahre 1997, die sich im Jahresdurchschnitt 1998 wohl leicht verbessern wird.

Die Fragen, wie sich der ostdeutsche Umbauprozeß auf die im Arbeitsmarkt verbliebenen zwei Drittel der ehemals Beschäftigten ausgewirkt hat, und ob es dabei die befürchtete massive »sozialstrukturelle Verwirbelung« – etwa durch soziale Abstiege – gegeben hat, sind mit den Daten des Sozio-ökonomischen Panels beantwortbar. Mit dieser Datenbasis ist es möglich, die beruflichen Verläufe im einzelnen nachzuzeichnen und die beobachtete soziale Mobilität mit westdeutschen Mobilitätsprozessen zu vergleichen. Während in Westdeutschland nur eine geringfügige

Zunahme von Positionswechseln innerhalb der sozialen Schichtung zu erwarten ist, finden in Ostdeutschland enorm beschleunigte Umschichtungsprozesse statt, und zwar durch den massiven Abbau von Arbeitsplätzen sowie die weitgehenden Anpassung der Beschäftigungsstruktur an die westdeutschen Proportionen. Beides sind Aspekte einer durch Strukturveränderungen induzierten »erzwungenen Mobilität«.

Für Ostdeutschland zeigt sich der Befund einer vergleichsweise hohen Berufs- und Statusstabilität. Im Hinblick auf das Tempo des berufsstrukturellen Wandels werden die rapiden Veränderungen in den ersten Jahren bestätigt, die sich aber seit 1992 verlangsamt haben und danach praktisch dem westdeutschen Niveau entsprechen. Die sozialen Mobilitätsprozesse weisen bis auf Ausnahmen zudem nur wenige große Sprünge auf, d. h. große berufliche Auf- oder gar Abstiege sind eher selten. Kleinere Statusverluste oder -gewinne und eine hohe Stabilität in der beruflichen Statushierarchie widerlegen Thesen einer massiven Verwirbelung.

Die Entwicklungen auf dem ostdeutschen Arbeitsmarkt können jenseits der individuellen Betroffenheit durch Arbeitslosigkeit und durch mangelnde Realisierungschancen ausgeprägter Erwerbsorientierungen zusammenfassend durchaus als Angleichung an westdeutsche Verhältnisse beschrieben werden. Aber dies schlägt sich noch nicht unmittelbar in darauf bezogene subjektive Befindlichkeiten nieder. So haben sich die noch im Jahre 1990 sehr umfassenden Befürchtungen der Ostdeutschen, arbeitslos zu werden, von damals 38 % auf nunmehr (Ende 1998) knapp 20 % reduziert. Sie liegen damit immer noch deutlich über dem westdeutschen Vergleichswert. Und die nach wie vor starke Erwerbsorientierung der Ostdeutschen findet noch immer ihren Niederschlag in der subjektiven Schichteinschätzung, die sich seit Beginn der Transformation offenbar überhaupt nicht verändert hat und sich von der westdeutschen Einschätzung deutlich abhebt. Nach wie vor sehen sich sechs von zehn Ostdeutschen als Angehörige der »Arbeiterschicht«, während sich in Westdeutschland sechs von zehn Bürgern der »Mittelschicht« zugehörig einstufen. Eine obere Mittelklasse oder gar eine Oberklasse findet sich im Osten Deutschlands praktisch nicht, während immerhin jeder achte Westdeutsche sich entsprechend positioniert.

4. Einkommen und Lebensstandard: Die frühere Bundesrepublik Deutschland war zum Zeitpunkt der deutschen Wiedervereinigung eine – auch im internationalen Vergleich – überaus wohlhabende Gesellschaft. Das wirtschaftliche Wachstum seit den 50er Jahren erbrachte beispielsweise beim Einkommen eine Vervierfachung der Reallöhne. Die wenigen Einbrüche (1967; 1974/75; 1981/82 und 1993) haben den langfristigen und stetigen Trend der »Wohlstandsexplosion« (R. Geißler) zwar in den Zuwachsraten verlangsamt, aber die Vervierfachung des (realen) Volkseinkommens, das sich auch in den Haushaltseinkommen niedergeschlagen hat, legt durchaus die Formulierung einer »verkannten Revolution« (M. Miegel) nahe. An diesem Trend konnten praktisch alle sozialen Schichten und Gruppen partizipieren, wenn auch in unterschiedlichem Ausmaß. Neben der Verbesserung der Einkommen und der Konsummöglichkeiten führte auch das System sozialer Sicherung dazu, daß materielle Unterversorgungslagen weitgehend beseitigt wurden. Diese Entwicklungen haben die Ungleichheitsstruktur zwar nicht aufgehoben, aber auf ein vergleichsweise hohes Niveau angehoben.

Als deutliche Niveauanhebung bei gleichzeitig mäßigem Abbau von Ungleichheiten kann die Entwicklung hin zum Massenwohlstand beschrieben werden. Dies kann anschaulich am Indikator »restitutiver Einkommensanteil« gezeigt werden, der denjenigen Anteil des verfügbaren Haushaltseinkommens mißt, der für die lebensnotwendigen Ausgaben (Ernährung, Kleidung, Wohnen) ausgegeben werden muß. Noch in den 50er Jahren benötigte ein Zwei-Personenhaushalt mit mittlerem Einkommen oder ein Rentnerhaushalt um die 80 % des verfügbaren Einkommens für diese lebensnotwendigen Ausgaben. Bis zum Jahre 1997 ist dieser Anteil stetig bis zur 40 %-Marke abgesunken. Diese Entwicklung geht einher mit den immer größer werdenden Kosummöglichkeiten, die sich beispielsweise in den zeitgleich anwachsenden Anschaffungen langlebiger Verbrauchsgüter ausdrückt. Aber während Haushalte mit mittlerem Einkommen und Rentnerhaushalte nahezu 40 Jahre dafür benötigten, daß sie über mehr als die Hälfte ihres verfügbaren Einkommens auch tatsächlich »frei« verfügen konnten, waren Haushalte mit höherem Einkommen bereits Mitte der 60er Jahre dazu in der Lage. Zugleich stieg aber die Abgabenlast für alle Haushalte deutlich an. Die Abstände zwischen einzelnen Haushaltstypen haben sich über die Zeit nur wenig verändert. Die ungleiche Verteilung von Ressourcen blieb somit über die gesamte Entwicklung der Bundesrepublik bestehen.

Die Herstellung der deutschen Einheit verschob nun dieses Ungleichheitsgefüge und kontrastierte die Unterschiede der beiden deutschen Gesellschaften. Was vorher ein erhebliches Wohlfahrtsgefälle zwischen Staaten war, wurde nun ein Wohlstandsgefälle innerhalb eines Staates, das zu beseitigen das Grundgesetz gebot. Das Ziel der »Einheitlichkeit der Lebensverhältnisse« hat sich inzwischen allerdings hin zur »Herstellung gleichwertiger Lebensverhältnisse« verwandelt, was nicht nur eine semantische Verschiebung bedeutet.

In den letzten acht Jahren haben in Ostdeutschland auf der Ebene der objektiven Lebensbedingungen rasante und grundlegende Veränderungen stattgefunden, die in der Summe als positive Entwicklung zu kennzeichnen sind. Der Abstand zu den westdeutschen Lebensbedingungen hat sich fast durchweg deutlich verringert, ohne allerdings in zentralen wohlfahrtsrelevanten Dimensionen wie Einkommen, Erwerbstätigkeit oder Wohnen das westdeutsche Niveau für breite Bevölkerungsgruppen gänzlich zu erreichen. Entsprechend den allgemeinen objektiven Verbesserungen ist auch das subjektive Wohlbefinden zunächst langsam und zeitlich verzögert angestiegen. Die Bilanz der Ostdeutschen im Hinblick auf die Verbesserung ihrer Lebensverhältnisse ist nach vorliegenden Daten aus der Wohlfahrtsforschung positiv.

Bei der Betrachtung der *Einkommen* in Ost- und Westdeutschland zeigt sich auf den ersten Blick eine deutliche Steigerung sowohl der Erwerbseinkommen als auch der Haushaltseinkommen. Die Wirtschaftsleistung in Ostdeutschland hat sich zwar seit 1991 deutlich verbessert, liegt aber auch 1998 noch deutlich hinter dem westdeutschen Niveau zurück: 1991 erreichte das Bruttoinlandsprodukt in Ostdeutschland 46,7 % des westdeutschen Niveaus und ist bis 1998 auf 56 % angestiegen. Die Bruttoarbeitseinkommen haben sich noch positiver entwickelt, von 46,7 % des Niveaus im Westen im Jahre 1991 auf nunmehr 74 % im Jahre 1998. Entsprechende Zuwächse sind auch in den Nettoeinkommen zu finden.

Auf der Ebene der Haushaltseinkommen sind nach den Daten des Sozio-ökonomischen Panels vergleichbare Entwicklungen erkennbar, die je nach Betrachtungsweise zu etwas anderen Werten führen, den Trend aber bestätigen. Der Vergleich der absoluten Haushaltsnettoeinkommen ergibt für 1991 einen Durchschnitt in Ostdeutschland von rund 1 760 DM und steigt bis 1997 auf einen Wert von 3 510 DM an, was 80,6 % des entsprechenden westdeutschen Durchschnitts (ca. 4 360 DM) ergibt. 1991 verfügte ein ostdeutscher Haushalt im Durchschnitt noch über ca. 48 % des westdeutschen Einkommens.

Beim Haushaltsnettoeinkommen pro Kopf verringert sich das ostdeutsche Niveau etwas; die sogenannten äquivalenzgewichteten Haushaltsnettoeinkommen pro Kopf, die als Wohlfahrtsmaß begriffen werden, da sie Wirkungen der Haushaltszusammensetzung und des Transfer- und Steuersystems einbeziehen, ergeben für die ostdeutsche Entwicklung Werte von 873 DM im Jahre 1991, was 53,4 % des westdeutschen Niveaus entspricht, und schließlich 1 561 DM im Jahre 1997, was nun 81,5 % des westdeutschen Niveaus ausmacht. Da die Kaufkraft in Ostdeutschland noch etwas höher ist als in Westdeutschland, führen entsprechende Korrekturen für das Jahr 1997 zu einem durchschnittlichen ostdeutschen Haushaltsnettoeinkommen in Höhe von 85,5 % des westdeutschen Einkommens.

Je nach Art der Berechnung variierend, ergeben sich Zuwächse, die in Ostdeutschland eine Verdoppelung des verfügbaren Einkommens auf Haushaltsebene ausweisen. Aufgrund der überproportionalen Zuwächse in Ostdeutschland hat sich die Kluft zwischen Ost- und Westdeutschland verringert. Dabei hat die Ungleichheit der Einkommensverteilung in Ostdeutschland zwischen 1990 und 1992 nur geringfügig zugenommen und steigt erst seit 1993 etwas kräftiger an, liegt aber noch unter dem langjährigen westdeutschen Niveau. Die erkennbare verstärkte Differenzierung der Lohnstruktur hat bislang nur schwach auf die Haushaltseinkommen durchgeschlagen.

Während im Bereich der Einkommen von deutlichen Zuwächsen in Ostdeutschland auszugehen ist, bestehen auch im Bereich der *Ausgaben und des privaten Verbrauchs* mehr Ähnlichkeiten als Unterschiede. Die deutlichsten Beispiele für eine Angleichung sind bei der Ausstattung der Haushalte mit Telefon und Pkw zu finden. Hier kann von einem Aufholungsprozeß gesprochen werden, der doppelt bis dreimal so schnell war wie in den 60er und 70er Jahren in Westdeutschland. Beim Telefon ist bereits 1998 praktisch eine Vollversorgung gegenüber Werten unter 20 % Mitte der 80er Jahre erreicht; die Ausstattung mit Pkw liegt ebenfalls auf westdeutschem Niveau.

Bei den verschiedenen Haushaltstypen zeigen sich auch noch für das Jahr 1997 berichtenswerte Unterschiede zwischen Ost- und Westdeutschland; etwa im Anteil des monatlichen Einkommens, der für die Wohnung ausgegeben werden muß

(Mietbelastungsquote), beim Anteil, der auf die Ernährung entfällt und schließlich beim Anteil für Auto, Telefon etc. Während bei den beiden letzten Indikatoren in Ostdeutschland leicht höhere Anteile als in Westdeutschland zu finden sind, zeigt die Mietbelastung ein gegenteiliges Bild. Zwar hat sich die Mietbelastung für alle Haushaltstypen von 1992 bis 1997 praktisch verdoppelt, sie liegt allerdings noch erheblich hinter dem westdeutschen Niveau, wo bereits im Jahre 1993 im Durchschnitt mehr als 20 % des verfügbaren Einkommens für die Miete (ohne Energie) ausgegeben werden mußte. Diese Quote liegt in Ostdeutschland im Jahre 1997 zwischen 11,7 % (Haushalte mit höherem Einkommen) und 17,6 % bei Rentnerhaushalten – solche Anteile waren in Westdeutschland in den 60er Jahren zu finden.

Im Bereich der *Haushaltsausstattung* mit hochwertigen und langlebigen Konsumgütern bestanden große Diskrepanzen zwischen Ost- und Westdeutschland. Ein Vergleich des Ausstattungsgrades mit Konsumgütern in Vier-Personen-Haushalten von Arbeitern und Angestellten dokumentiert den Ausstattungsrückstand in der DDR. Zur Standardausstattung in beiden deutschen Staaten gehörten der Kühlschrank und die Waschmaschine. Deutliche Rückstände gab es unter anderem beim Pkw (West: 97 %, Ost: 73 %) und dem Farbfernseher (West: 94 %, Ost: 59 %). Praktisch gar nicht vorhanden waren Konsumartikel wie Videorecorder, Mikrowellengerät oder Geschirrspüler. Seit dem Jahre 1990 hat es in Ostdeutschland einen enormen Ausstattungsschub gegeben, der dazu geführt hat, daß die bestehenden Unterschiede weitgehend reduziert und die alten Bundesländer teilweise sogar überholt wurden. Bei der Standardausstattung (Kühlschränke, Waschmaschinen, Fernsehgeräte etc.) gab es 1998 praktisch keinerlei Unterschiede mehr. Und bei weiteren Haushaltsgeräten hatten ostdeutsche Haushalte zwischen 1993 und 1998 nochmals deutlich aufgeholt – so stieg der Anteil der Haushalte mit einem Mikrowellengerät von 15 % im Jahre 1993 auf 41 % im Jahre 1998 an, der Anteil mit einer Geschirrspülmaschine von 3 % auf rund 20 %.

Auch im Bereich der Unterhaltungselektronik zeigen die Daten der Einkommens- und Verbrauchsstichprobe von 1998 nur wenig klare Unterschiede zwischen ost- und westdeutschen Haushalten. Ob es sich um Personal Computer, um CD-Spieler, um Fernsehanschlüsse mit Kabel oder Satellitenschüsseln, um Faxgeräte, um Anrufbeantworter, um Videokameras oder Camcorder handelt – noch bestehende geringfügige Ausstattungsunterschiede dürften in kurzer Zeit verschwunden sein.

Auch die *Wohnverhältnisse* sind ein aussagekräftiger Indikator für den Lebensstandard der Bevölkerung. In Westdeutschland kann seit den 50er Jahren eine anhaltende Verbesserung der Wohnverhältnisse dokumentiert werden, wenn auch die Verbesserung des Wohnstandards mit einer Erhöhung der Kostenbelastung einhergeht. Der Wohnungsmarkt zeigt über die Zeit beachtliche Schwankungen, denen kurze Konjunkturzyklen zugrunde liegen. Die westdeutsche Diskussion über eine neue Wohnungsnot zu Beginn der 80er Jahre war dadurch nachvollziehbar, daß die Zahl der Haushaltsgründungen schneller anstieg als der Bau neuer Wohnungen. In Ostdeutschland brach nach der Wende der Wohnungsbau bis 1992 fast vollständig zusammen und erreichte erst 1995 die Marke von jährlich 100 000 fertiggestellten Wohnungen.

In Gesamtdeutschland standen nach den Daten der Wohnungszählung von 1993 den insgesamt etwa 81 Mio. Einwohnern etwas mehr als 32 Mio. Wohnungen zur Verfügung, und mehr als eine Mio. Wohnungen standen vor allem aufgrund des schlechten baulichen Zustandes leer. Nach den Daten der EVS 1998 ergibt sich eine Eigentümerquote von 40 %, die im internationalen Vergleich relativ niedrig ausfällt und zwischen Ost und West immer noch erheblich variiert. In Ostdeutschland stieg die Eigentümerquote von 1993 (19 %) bis 1998 (26 %) zwar deutlich an, verglichen mit der westdeutschen Quote (44 %) lag sie allerdings noch deutlich zurück. Erstaunlich ist aber auch, daß sich die westdeutsche Eigentümerquote seit den 60er Jahren nur unwesentlich erhöht hat und somit niedriger als in vergleichbaren Ländern ist.

Im Vergleich zur Bundesrepublik wohnten die Bürger der DDR in kleineren und weniger gut ausgestatteten Wohnungen. Die durchschnittliche Wohnungsgröße lag 1986 bei 84 qm im Westen und bei 64 qm im Osten, die Wohnfläche je Einwohner bei 37 qm (West) und 26 qm (Ost). Seit 1990 haben sich die Wohnverhältnisse in Ostdeutschland deutlich in Richtung einer gehobeneren Ausstattung verändert. Allerdings ist der Nachholbedarf in den neuen Bundesländern noch erheblich. Die Wohnfläche pro Person hat sich bis 1996 immerhin bereits auf 32,6 qm erhöht, im Westen findet sich jedoch bereits ein Wert von 38,3 qm. Die Kombination Bad, Innen-WC und Zentralheizung ist in Westdeutschland seit langem ein Standard, den 88 % der Bevölkerung erreichen, während in Ostdeutschland 1990 noch 47 % der Bevölkerung, 1995 bereits 62 % in Wohnungen dieser Qualität leben.

Die Unterschiede in den durchschnittlichen Größen der Wohnungen bleiben bestehen, sowohl zwischen Eigentümer- und Mieterhaushalten als auch zwischen Ost und West. Westdeutsche Eigentümerhaushalte haben 1998 im Durchschnitt etwa 120 qm zur Verfügung, ostdeutsche dagegen 106 qm. Die durchschnittliche Wohnfläche in westdeutschen Mieterhaushalten liegt bei 71 qm, die der ostdeutschen bei 61 qm.

5. Ungleichheit und Armut: Die dauerhaft hohe Arbeitslosigkeit mit steigendem Anteil an Langzeitarbeitslosigkeit sowie die dramatisch ansteigende Zahl der Sozialhilfeempfänger scheinen zentrale Indikatoren dafür zu sein, daß trotz des hohen westdeutschen Wohlstandsniveaus und der bisher durchaus erfolgreichen Angleichung der Lebensverhältnisse in Ost und West eine zunehmende Anzahl der Bürger in dieser Gesellschaft durch Einkommensarmut in ihren Lebenschancen und Lebensbedingungen beeinträchtigt wird. Allgemeiner geht es dabei im Hinblick auf die »Qualität der Gesellschaft« um die Frage, ob Teile dieser Gesellschaft systematisch und auf Dauer von der sozialen Teilhabe an den Erträgen der Gesellschaft ausgeschlossen werden.

In der öffentlichen Diskussion gibt es um die Messung der Vermögens- und Einkommensverteilung sowie deren Ungleichheit eine heftige Kontroverse. Während beispielsweise die Wohnverhältnisse und ihre zeitliche Entwicklung mit Daten der amtlichen Statistik gut dokumentiert werden können, gibt es für die Einkommensverteilung lediglich einige wenige zuverlässige Zeitreihen, die im Bereich der Vermögensverteilung praktisch nicht vorhanden sind. Einsichtig ist dabei, daß die Vermögensverteilung weitaus ungleicher ist als die Verteilung der Bruttogeldvermögen, die wiederum durch die Umverteilungseffekte des Sozialstaates zu weniger Ungleichheit im Bereich der Haushaltsnettoeinkommen führen. Und lediglich auf der Ebene dieser Haushaltsnettoeinkommen kann Ungleichheit und ihre Entwicklung über die Zeit angemessen dargestellt werden. Die Hauptdatenquellen sind die seit 1962 durchgeführten Einkommens- und Verbrauchsstichproben der amtlichen Statistik und seit 1984 die Daten des Sozio-ökonomischen Panels.

Wichtige Basisdaten zur Entwicklung der Einkommensverteilung von 1962 bis 1997 relativieren dabei nicht nur Ansichten einer erheblich zunehmenden Ungleichheit, sondern signalisieren eher eine erstaunliche Stabilität über die Zeit. Zwar ist ein leichter Rückgang der Einkommenskonzentration in den 70er Jahren zu beobachten, der von einem Wiederanstieg abgelöst wird, aber die Indikatoren zur Messung von Ungleichheit (Gini-Index; Randgruppenanteile; Dezil-Ratios) verändern sich nicht dramatisch und dokumentieren weniger Ungleichheit als in vergleichbaren Ländern.

Einkommensarmut wird in diesen Zusammenhängen daran gemessen, wie hoch der Anteil derjenigen Personen oder Haushalte ist, die über weniger als 50 % des durchschnittlichen Nettoeinkommens (bedarfsgewichtet nach der Zahl und dem Alter der Haushaltsmitglieder: Äquivalenzgewichtung) verfügen. Dieser »relative« Armutsbegriff hat sich mit verschiedenen Schwellwerten international durchgesetzt. Die entsprechende Zeitreihe für die frühere Bundesrepublik seit 1962 zeigt zunächst einen Rückgang der Armutsquoten von 10,6 % im Jahre 1962 bis auf 7,8 % Mitte der 80er Jahre und dann einen Wiederanstieg bis auf 11,9 % im Jahre 1993.

Etwas höhere Werte ergeben sich seit 1984 mit den Daten des Sozio-ökonomischen Panels. Die Armutsraten für Westdeutschland sind aber auch hier für die Zeit zwischen 1984 und 1995 nahezu konstant. Die durchschnittliche Armutsrate – gemessen an der 50 %-Armutsschwelle – beträgt etwa 11 %. Berechnungen für das Jahr 1995 (13 %) berücksichtigen auch die bisher vernachlässigte Gruppe der Zuwanderer. Die Armutsquote von Ausländern ist seit 1984 mehr als doppelt so hoch wie die der Deutschen und liegt im Jahre 1995 bei 26 %. Etwa 5 % der westdeutschen Bevölkerung leben in relativ strenger Einkommensarmut und haben weniger als 40 % des Durchschnittseinkommens zur Verfügung, und etwa jeder fünfte Westdeutsche wohnt in einem Haushalt mit einem Einkommen im »armutsnahen« Bereich mit weniger als 60 % des durchschnittlichen Einkommensniveaus.

Verwendet man die Äquivalenzgewichtung auch für Ostdeutschland, zeigt sich, daß im Jahre 1990 Einkommensarmut mit einer Quote von etwas über 3 % praktisch nicht vorhanden war. Ausnahmen betrafen wie in Westdeutschland die Gruppe der Alleinerziehenden sowie Haushalte mit mehr als fünf Personen. Die Armutslage hat sich in Ostdeutschland bis 1995 aber deutlich verändert und erreicht gemessen an der 5-%-Schwelle einen Wert von knapp 8 %.

Die jüngsten Daten seit 1995, die auf einer veränderten Berechnungsgrundlage basieren, zeigen – entgegen der sich verstärkenden öffentlichen Debatte – keine weiteren Anstiege der Einkommensarmut an. In Ostdeutschland verändert sich das Ausmaß an Armut von 1995 bis 1997 nicht weiter; in Westdeutschland deuten die Daten sogar einen Rückgang an.

Diese Befunde machen auf ein nicht unerhebliches, aber über die Zeit scheinbar konstantes Armutspotential aufmerksam. Die Armutsraten sagen jedoch noch nichts darüber aus, ob Armut im Zeitverlauf auch ein dauerhaftes und unüberwindbares Problem der Betroffenen ist. Dementsprechend muß die Analyseperspektive in Richtung des zeitlichen Verlaufs geändert werden. Dazu wird die zeitliche Dauer der Armut für Westdeutschland betrachtet. Bezogen auf das 50 %-Armutsniveau waren sowohl in den Jahren 1984 bis 1989 als auch 1990 bis 1995 etwa 30 % bis 35 % der Bevölkerung mindestens einmal von Einkommensarmut betroffen, 70 bis 77 % lebten in diesem Zeitraum in Haushalten ohne Armutsperioden.

Die Daten zur zeitlichen Dauer von Einkommensarmut widersprechen Thesen von einer über die Zeit zunehmenden Armutspopulation und verdeutlichen, daß die meisten Armutsphasen eher kurzzeitiger Natur sind. Aber das Armutsrisiko ist in den betrachteten neun Jahren dennoch ausgeprägter, als die jährlichen Durchschnittswerte von etwa 10 bis 11 % nahelegen. In den betrachteten Zeiträumen waren immerhin bis zu 18 % aller Haushalte in Westdeutschland kurzzeitig arm, d. h. das jeweilige Einkommen lag höchstens zweimal unter der Armutsgrenze, und 13 % waren längerfristig bzw. häufiger als zweimal arm. Mit zunehmender Armutsdauer nimmt der betroffene Bevölkerungsanteil weiter ab, mit einem allerdings harten Kern von dauerhaft Armen.

Ein wichtiges Ergebnis solcher Analysen liegt darin, daß Armut als eher kurzfristiger Einkommensverlust zu verstehen ist. Zugleich wird deutlich, daß insgesamt auch für breite Bevölkerungsteile ein nicht zu unterschätzendes Risiko besteht, unter die Armutsgrenze zu fallen. Bewegungen in und aus Armutssituationen führen somit im Aggregat zur Stabilität der Armutsraten. Das Fazit, das daraus zu ziehen ist, wendet sich zwar klar gegen Thesen einer Ausgrenzungsgesellschaft, es wendet sich aber auch gegen die Vorstellung von über die Zeit stabilen Lebenslagen.

6. Bilanzierungen und Bewertungen der Bürger: An mehreren Stellen wurden den Verbesserungen in den ostdeutschen objektiven Lebensbedingungen die entsprechenden Verbesserungen in darauf bezogenen subjektiven Wahrnehmungen gegenübergestellt. Zusammenfassend läßt sich dabei feststellen, daß die Zufriedenheitsbewertungen in praktisch allen Lebensbereichen (z. B. Einkommen, Wohnverhältnisse, Lebensstandard, allgemeine Lebenszufriedenheit) mit einer gewissen zeitlichen Verzögerung den objektiven Verbesserungen folgen. In den Daten des Wohlfahrtssurveys 1998 (Oktober/November) lassen sich gegenüber den Daten aus den Jahren 1990 und 1993 deutliche Anstiege auch im subjektiven Wohlbefinden erkennen. Zwar liegen die Zufriedenheitswerte in Ostdeutschland bis auf wenige Ausnahmen noch leicht hinter den entsprechenden westdeutschen Einschätzungen zurück, der Trend in Richtung einer Angleichung ist aber unbestreitbar.

Weitere einfache Tests zur Bewertung des Verlaufs der deutschen Vereinigung wurden 1993, 1994, 1995, 1996 und 1998 mit der Frage: »Haben sich Ihre Lebensbedingungen seit 1990 eher verbessert, eher verschlechtert oder ist da kein großer Unterschied?« im Rahmen der Wohlfahrtsforschung gemacht. Die Ergebnisse in Ost- und Westdeutschland unterscheiden sich dabei in erstaunlicher Weise. Zunächst scheint für die Mehrheit der Westdeutschen kein Unterschied erkennbar, aber bereits im Jahre 1993 meinen 31 %, ihre Lebensverhältnisse hätten sich verschlechtert. 1994 reduzierte sich dieser Anteil, stieg aber im Jahre 1995 wieder auf 30 % an. 1998 lag er schließlich bei 21 %. Dies hat nach den vorliegenden Daten wenig realen Hintergrund, sondern verweist eher auf eine Stimmung des Unbehagens über die allgemeine Lage. In Ostdeutschland dagegen stieg der Anteil derjenigen, die angaben, ihre Lebensbedingungen haben sich verbessert, von 48 % im Jahre 1993 über 59 % (1994) auf 61 % (1995) an, reduzierte sich 1996 auf 46 %, um 1998 wieder auf 56 % anzusteigen. Alles in allem scheint sich darin die objektive Entwicklung niederzuschlagen. Dies dokumentiert sich auch in ähnlicher Weise, wenn nach der wirtschaftlichen Situation des eigenen Haushalts im Vergleich zu früher gefragt wird: Die große Mehrheit berichtet über Verbesserungen, lediglich eine Minderheit über Verschlechterungen.

Abschließend stellt sich die Frage, ob die bisherigen positiven Entwicklungen der objektiven Lebensbedingungen und des subjektiven Wohlbefindens zu einer gesamtdeutschen Einschätzung unserer Gesellschaft geführt haben, ob somit die »Qualität der Gesellschaft« in Ost und West ähnlich wahrgenommen und bewertet wird. Die Daten von 1998 machen deutlich, daß dies jedoch noch nicht so ist. Wesentliche Unterschiede finden sich zum Beispiel darin, ob und inwieweit die deutsche Gesellschaft als konfliktreich wahrgenommen wird – hier nehmen die ostdeutschen Bürger erheblich mehr und stärkere Konflikte (z. B. zwischen Links und Rechts, zwischen Arm und Reich) wahr, und diese Konfliktwahrnehmung hat sich seit 1993 eher noch verstärkt. In Teilen erheblich gegensätzlich sind die Wahrnehmungen darüber, inwieweit unsere Gesellschaft bestimmte Freiheiten, Rechte und Sicherheiten »realisiert« hat. Darauf bezogen gibt es nur sehr wenige deutsch-deutsche Gemeinsamkeiten. Die »gerechte Verteilung des Wohlstands«, das »Recht auf Arbeit«, die »soziale Sicherheit« oder die »Solidarität mit den Benachteiligten« beispielsweise werden in Ostdeutschland mehrheitlich als »nicht realisiert« bewertet, während in Westdeutschland überwiegend positive Einschätzungen abgegeben werden. Das Fazit, das an dieser Stelle dann zu ziehen wäre, darf nicht nur auf die positiven Entwicklungen der objektiven Lebensbedingungen und des subjektiven Wohlbefindens abstellen, sondern muß darüber hinaus darauf hinweisen, daß sich trotz dieser Entwicklungen die jeweiligen Ansprüche an eine »gute Gesellschaft« in Ost und West erheblich unterscheiden. Eine »einheitliche« gesamtdeutsche Gesellschaft, vor allem im Hinblick auf Merkmale der »Qualität der Gesellschaft«, scheint (noch) nicht wahrgenommen zu werden.

Roland Habich

Anmerkungen:

1 Bei dem vorliegenden Beitrag handelt es sich um eine gründliche Überarbeitung des Handbuchartikels der Ausgabe 1996. Bei der damaligen Fassung hatten T. Bulmahn und S. Mau mitgearbeitet.

2 Es wird wegen der besseren Lesbarkeit und Übersichtlichkeit des Textes in der Regel darauf verzichtet, für jede Zahl und Kennziffer die exakte Quelle anzuführen. Bei den Daten aus der amtlichen Statistik handelt es sich überwiegend um Ergebnisse aus der Bundesstatistik, die beispielsweise in den Statistischen Jahrbüchern und anderen einschlägigen Publikationen veröffentlicht werden. Als weitere Datenquelle wurde vor allem das »Handwörterbuch zur Gesellschaft Deutschlands« genutzt. Darüber hinausgehende Quellen werden genannt. Daten aus den Wohlfahrtssurveys und aus dem Sozio-ökonomischen Panel finden sich u. a. in der Publikation »Datenreport 1997« und dem Sammelband »Wohlfahrtsentwicklung im vereinten Deutschland«.

Literatur:

Arbeitsmappe Sozial- und Wirtschaftskunde: Zahlenbilder, Berlin verschiedene Ausgaben. □ Berger, Horst u. a.: Privathaushalte im Vereinigungsprozeß. Ihre soziale Lage in Ost- und Westdeutschland, Frankfurt a. M. 1999. □ Bundesministerium für Arbeit und Sozialordnung: Statistisches Taschenbuch. Arbeits- und Sozialstatistik, Bonn verschiedene Jahrgänge. □ Hauser, Richard/Irene Becker: Die langfristige Entwicklung der personellen Einkommensverteilung in der Bundesrepublik Deutschland, in: Heinz P. Galler/Gert Wagner (Hrsg.): Empirische Forschung und wirtschaftspolitische Beratung. Festschrift für Hans-Jürgen Krupp, Frankfurt a. M. 1998, S. 119–134. □ Schäfers, Bernhard/Wolfgang Zapf (Hrsg.): Handwörterbuch zur Gesellschaft Deutschlands, Opladen 1998. □ Statistisches Bundesamt (Hrsg.): Datenreport 1997. Daten und Fakten über die Bundesrepublik Deutschland, Bonn 1997. □ Statistisches Bundesamt: Statistische Jahrbücher und weitere Publikationen, Bonn verschiedene Ausgaben. □ Zapf, Wolfgang/Roland Habich (Hrsg.): Wohlfahrtsentwicklung im vereinten Deutschland. Sozialstruktur, sozialer Wandel und Lebensqualität, Berlin 1996.

Literatur

→ Deutschlandbegriff im sprachlichen Wandel, **Geschichtsbewußtsein**, Kultur, **Nation und Nationalbewußtsein**, Politische Kultur.

1. Politische Literaturgeschichte: Schriftsteller können mit ihrer Literatur prägende Anstöße für das Selbstverständnis und die Identität einer Nation liefern. Es war maßgeblich die Kultur, die ein deutsches Nationalgefühl entstehen ließ, wobei es im späten 18. Jahrhundert nicht gleich um politische Ziele, sondern um geistige Eigenständigkeit ging. Im Land der Dichter und Denker haben jedoch die Schriftsteller die politische Macht oft als Unterdrückung erfahren, und die politische Macht betrachtete häufig jede selbständige intellektuelle Regung als dreiste Einmischung. Schriftsteller thematisierten die Idee der von der Staatsnation unabhängigen Kulturnation. Als Chiffre der Hoffnung, als Versprechen auf eine zukünftige nationale Einheit blieb die von Schriftstellern beschriebene Kulturnation – trotz der damit historisch verknüpften Gefahren nationaler Selbstüberhebung und dem Umschlag des Weltbürgertums in den Nationalismus – auch nach 1945 aktuell. Literaten als Anwälte der Nation und oft auch als Repräsentanten wider Willen erschienen seither als Bindeglied der geteilten Nation. Im Roman von Günter Grass »Das Treffen in Telgte« (1979) treffen sich gegen Ende des Dreißigjährigen Kriegs im Sommer 1647 rund 20 deutsche Dichter, Literaturkritiker, Verleger. Sie kommen zusammen wie 300 Jahre später die »Gruppe 47«. In den Aktivitäten der Dichtergruppe manifestierte sich die deutsche Nation, die gleichzeitig in Münster und Osnabrück von den Politikern zerrissen wurde: »Einzig die Dichter wüßten noch, was deutsch zu nennen sich lohne. Sie hätten ... die deutsche Sprache als letztes Band geknüpft. Sie seien das andere, wahrhaftige Deutschland.«[1] Gemeint ist hiermit erneut die Kulturnation als letzter Bezugspunkt deutscher territorialer Zerrissenheit.

Das sind nicht literarische Glasperlenspiele. Denn Literatur spitzt immer Zeiterfahrungen zu. Sie spiegelt Grundgefühle wider. Literaten prägen so indirekt die dominierenden Symbole unserer öffentlichen Kommunikationswelt. Sie sind Merker, Meinungsmacher, Moralisten und als Trenddetektive auch Reflektoren gesellschaftlicher Wirklichkeit. Literatur ist ein wichtiges Medium geistiger Wirklichkeitsaneignung. Sie ist Vorreiterin eines gesellschaftlichen Selbstverständnisses. Denn die Bedeutung der Literatur als gesellschaftliche Bewußtseinsform zeigt sich darin, daß Belletristik eine Vielzahl von Themen aufgreift, die im öffentlichen Bewußtsein manifest sind, ohne daß sie jedoch bereits auf der offiziellen Ebene schon ausgesprochen wurden. Besonders in der ehemaligen DDR war Literatur auch immer ästhetisches Medium zur Verarbeitung gesellschaftlicher Mangelerfahrungen. Über die Vermittlung durch die Literatur aus der ehemaligen DDR lernte der Leser in der Bundesrepublik Deutschland viel über Kultur und Alltag im anderen Teil Deutschlands. Im Kontext der Frage nach einer politischen Literaturgeschichte kommt jedoch noch eine Aufgabe hinzu: Literatur hat auch konservierende Funktion. Sie schützt vor Vergessen und ist Aufbewahrungsort für abgetane Erfahrungen und unterdrückte Lebensfragen. Sie leistet Erinnerungsarbeit. Literatur wirkt dadurch, daß sie aufhebt und bewahrt als eine Art erinnerndes Gewissen, eine Sammlung von Erlebtem und Gedachtem. Literatur kann schnell altern, aber auch hellsichtig sein. So kann der richtige Gebrauch von Literatur manchmal auch vor Fehlurteilen und Überraschungen schützen. Ein Beispiel dazu: Schon in »Jahrestage« berichtet Uwe Johnson über die Existenz der erst 1990 entdeckten Todeslager auf dem Gebiet der ehemaligen DDR. Präzise beschreibt Johnson darin das Todeslager Fünfeichen bei Neubrandenburg, Namenslisten der Opfer, die grausamen Praktiken der Täter. Schuld und Versagen der Deutschen unter zwei Diktaturen bietet Johnson an – dies bereits vor rund 20 Jahren.

Die eigenständigen Momente im Kulturleben beider Staaten in Deutschland haben nicht verhindert, daß man sich beiderseits des gemeinsamen Erbes wieder bewußter wurde. Tendenzen der Abgrenzung der beiden Literaturen schwächten sich in den 80er Jahren deutlich ab. Vergleichende Untersuchungen zur deutschen

Sprache zeigten ferner, daß durch die innerdeutsche Grenze auch die Sprache nicht beschädigt worden war. Die starke Rezeption von DDR-Autoren, von übergesiedelten oder ausgebürgerten DDR-Schriftstellern, das gewachsene Leseinteresse an Belletristik und Alltagsgeschichten aus der DDR war seit Mitte der 70er Jahre in Westdeutschland auffallend. In der grenzüberschreitenden Literaturrezeption in Deutschland zeigte sich, wie Grass betonte, »ein Verständnis deutscher Identität«.[2] Autoren wie beispielsweise Sarah Kirsch und Christa Wolf konnten in beiden Staaten populär sein, weil ihre literarischen Appelle gegen Entfremdung und Selbstentfremdung der Menschen vom Publikum in Ost und West gleichermaßen verstanden wurden. Die Literaturkritik sprach von einer dritten deutschen Literatur jener Autoren, die aus der DDR in die Bundesrepublik Deutschland übergesiedelt waren. Durch die Einheit litten zunächst besonders die Schriftsteller der ehemaligen DDR an Bedeutungsverlust; mehr noch, mit dem Thema Literatur und Staatssicherheit wurden nicht nur Feuilletonkämpfe ausgefochten, sondern auch stellvertretend Formen der DDR-Geschichtsaufarbeitung betrieben, die den Westkritiker selber schonte.

2. Literarische Deutschlandbilder: Die deutsche Teilung wies den Literaten Rolle und Themen zu. Seit der staatlichen Einheit haben die Literaten als Intellektuelle in Deutschland ihre Funktion teilweise eingebüßt. Ihre Marktnische als Repräsentanten und gutes Gewissen der bundesrepublikanischen Identität ging mit der deutschen Einheit verloren. In Deutschland fand eine Revolution statt. Die Literaten können sagen, sie sind nicht dabei gewesen. Das muß man differenzieren: Einige ehemalige DDR-Schriftsteller schlüpften zumindest in einer frühen Phase des Umbruchs bis Dezember 1989 in die Rolle der Revolutionäre auf öffentlichen Bühnen. Doch ihr Engagement galt mehr der Freiheit als der Einheit. Indem sie – parallel zu einigen westdeutschen Autoren – die staatliche Vereinigung öffentlich ablehnten, manövrierten sie sich selbst als revolutionäre Elite schließlich ins Abseits. Politisch trafen sie, ebenso wie andere DDR-Dissidenten die falschen Entscheidungen, verfehlten sie die vorherrschende Stimmung. War zu DDR-Zeiten der geschickte Widerspruch und die Ermutigung gegen das System für den Leser im sogenannten Leseland lebenswichtig – und wurde das spektakulär Politische im Westen oft über den literarischen Anspruch erhoben –, so veränderte sich nun der Stellenwert des Geschriebenen. »Was bleibt«, diese Erzählung von Christa Wolf war der exemplarische Kulminationspunkt des Literaturstreits 1990 und der Bewertung von DDR-Literatur und DDR-Literaten aus westdeutscher Sicht. Im Bewußtsein der Leser verkörperten die Literaten in der DDR immer eine Gegen-Elite zum SED-Regime. Sie erfreuten sich damit einer doppelten Aufmerksamkeit in West wie in Ost. Indem westdeutsche Kritiker während des Schriftsteller-Streits 1990 aber gerade diese Funktion zur Diskussion bzw. in Frage stellten, stießen sie die Autoren gleichzeitig – gewollt oder ungewollt – vom überhöhten Podest. Die ehemalige DDR-Literatur ist inzwischen – ebenso wie die ehemalige Bürgerbewegung – ein politischer Markenartikel von hohem, jedoch überwiegend historischem Wert. Da beim Streit um Kurse in der Regel die Mehrheiten und nicht die Minderheiten entscheiden, verloren die DDR-Literaten ihren politisch bedingten Bonus, der schnell aufgebraucht war. Sie haben, wie alle Ostdeutschen, aus westdeutscher Sicht den Status des Besonderen längst verloren.

Aber auch die Literaten der Bonner Republik haben durch die deutsche Einheit weiter an Einfluß verloren. Zunächst hatten sie – ebenso wie die meisten anderen Exponenten der Deutungskultur – als Orientierungsexperten nichts anzubieten. Zeiten des Umbruchs sind normalerweise Zeiten gesteigerter intellektueller Präsenz. Doch mit dem politischen Wandel erfolgte nicht sprachlicher Wandel, sondern es stellten sich eher Stummheit und Begrenztheit ein.

Wichtiger bleibt jedoch, neben diesem situationellen Versagen, daß die Literaten durch die Einheit den Markt als Repräsentanten für bundesrepublikanische Identität verloren haben. Nur wenige schrieben in all den Jahrzehnten unmittelbar über die deutsche Frage als Problem der Teilung einer Nation in zwei Staaten. Doch zum Selbstverständis kollektiver Identität der Deutschen gehörten immer auch die nationalen Fragen: Wer sind wir? Wohin gehören wir? Wohin gehen wir? Ihre Thematisierungsbrisanz lag in der weitgehenden Tabuisierung der Teilung und der Aktualisierung der nationalsozialistischen Vergangenheit Deutschlands begründet. Westdeutsche Identität lebte auch von der negativen Vergleichsgesellschaft der DDR. Die Teilung ist aufgehoben, und der Nationalsozialismus als wichtigster Referenzpunkt westdeutschen Geschichtsbewußtseins verliert seine Prägewirkung. Was bleibt da für Literaten, die früher im Westen dazu aufriefen, Brücken zu schlagen und Verständnis für die andere Seite aufzubringen?

Trotz der zum Teil massiven Kritik an Westdeutschland schufen die Romane Ende der 50er und Anfang der 60er Jahre eine auch international anerkannte Legitimation der westdeutschen Gesellschaft. Besonders die Gruppe 47 war aus heutiger Sicht eine Produktionsstätte westdeutscher Identität. Die Gruppe kanonisierte und repräsentierte Literatur, die gerade durch die Kritik am restaurativen Klima international zum Anwalt der Nation und zum Repräsentanten wider Willen avancierte. Bei einem demokratisch verläßlichen Partner, wie ihn die alte Bundesrepublik darstellte, eingebunden in den Westen und wohlstands-saturiert, wartete die Weltgemeinschaft nicht mehr auf kritisch-warnende Deutschlandbilder. Die Anwaltschaft der Literaten auf universalistische Prinzipien verlor an Strahlkraft. Rückwärtsgewandt erklärten sie im Prozeß der Vereinigung Bonn zum Sinnbild eines demokratischen Wunderlands. Plötzlich stand Bonn für Modernität, westliches Demokratiemodell, europäische Einbindung. Die Dauerkritiker verklärten so im Umbruch die Bonner Demokratie, die nun offenbar nicht mehr bieder, provinziell, klerikal, korrumpierbar war. Der Schriftsteller Patrick Süskind skizzierte den Wandel des Verhältnisses so: »Das Verhältnis zu dem Staat, in dem wir lebten, war zunächst zurückhaltend skeptisch, später aufmüpfig, dann pragmatisch, und zuletzt vielleicht sogar von distanzierter Sympathie geprägt.«[3]

Romane sind die einfühlsamen Berichte zur Lage der Nation. Als Souffleure des Zeitgeists lieferten die Literaten mit ihrer Prosa – und nicht mit ihren Statements – Zeitdiagnose. Ihre Revue an Deutschlandbildern enthält in kondensierter Form die politische Brisanz der Vereinigung. Die erzählende Literatur zum Deutschland-

Thema erhält durchaus einen wichtigen Platz, wenn auch nicht aus der Rolle des globalen Chefkommentators. Geht man jedoch bescheidener ans Werk, lassen sich zu zentralen Politikfeldern im Umfeld des Deutschlandthemas durchaus literarische Beispiele finden. Wenn im Privaten auch das Politische steckt, dann deuten Figurenkonstellation und Motivstrukturen in der erzählenden Literatur treffsicher auf diese subjektive Dimension von Politik. Dies kann ein Rollenspiel sein, als unmittelbar Betroffener der epochalen Veränderung ebenso wie als aufmerksamer Zuschauer. Immer steht die Detail-Beobachtung im Zentrum der Merker, Meinungsmacher und Moralisten, wenn man sich mit den Texten beschäftigt. Einige exemplarische Beispiele aus der Zeit vor und nach dem Umbruch sollen das anschließend dokumentieren.

2.1. Das alte Leiden an Teilung und Trennung: Von den westdeutschen Autoren gab es erst verstärkt in den 80er Jahren Romane und Erzählungen, die das Sujet der staatlichen Teilung aufnahmen. Wie sehr dabei diese Suche nach nationaler Identität, das Leiden an der Zerrissenheit der Identität und die Kritik an allzuviel deutscher Saturiertheit verschmelzen, sollen einige literarische Beispiele belegen. Im »Mauerspringer« (1982) von Peter Schneider springen die Grenzgänger heimatlos zwischen zwei ungeliebten gesellschaftlichen Ordnungen hin und her. Sie wollen sich an keine binden lassen. Mehrmals überwinden die Hauptpersonen die Mauer in beiden Richtungen, ohne jedoch das zu finden, was sie eigentlich suchen. Die Mauer im Kopf verhindert neue Heimatbindungen in West oder Ost. Verantwortlich für die Identitätsprobleme ist nicht nur die Spaltung in zwei Staaten, sondern auch das eigene Selbstverständnis. Auch Thorsten Becker benutzt in »Die Bürgschaft« (1985) den Austausch, den Ortswechsel als erzählerisches Moment, um deutsch-deutsche Identitätsprobleme zu veranschaulichen. Geschildert wird der Erfahrungsalltag des Westdeutschen in der DDR. Kriminalistisch hat Martin Walser in der Novelle »Dorle und Wolf« (1987) das existentielle Identitätsproblem als Leiden an der Teilung dargestellt. Walser hat sich seit vielen Jahren prononciert in zahlreichen Aufsätzen und Essays gegen die Akzeptierung der deutschen Teilung ausgesprochen, an die sich viele im Bewußtsein gewöhnt hatten. Mit der Novelle »Dorle und Wolf« setzte er seine Gedankenimpulse erstmals in Szene. So bildhaft wurde die deutsche Teilung selten beschrieben.

Erich Loest, als ausgereister DDR-Literat zeitweise in Westdeutschland lebend, hat mit »Fallhöhe« (1989) ebenfalls einen deutsch-deutschen Agentenroman geschrieben. Zwei Beamte des Ostberliner Staatssicherheitsdiensts wollen sich auf den Tag nach Honecker, auf Demokratisierung und Öffnung einstellen – interessanterweise jedoch nicht auf die staatliche Vereinigung.

Die »Verteidigung der Kindheit« (1991) von Martin Walser bleibt wohl für längere Zeit der chronologisch angelegte Überblicksroman zur deutschen Teilung. Ihm gelingt es am Beispiel des Dresdners Alfred Dorn, die psychosozialen Folgen der Teilung zu dramatisieren. Dabei kombiniert er historisch-politische Ereignisse wie den Februarangriff auf Dresden am Ende des Zweiten Weltkriegs, Vier-Mächte-Konferenzen, Arbeiteraufstand, Mauerbau u. a. mit den biographischen

Daten des Protagonisten vom Studium bis zum Umzug nach Westdeutschland. Doch nur die Erinnerungen und Gefühle werden von der Hauptperson Alfred verklärt. Die schöne Elblandschaft und die sanfte Topographie kontrastieren mit der rauhen Realität des DDR-Alltags, die er bei seinen Besuchen erlebt. Dabei läßt er kein Detail der schikanösen Ein- und Ausreiseprozeduren aus. Die Unzufriedenheit, Armut, Isoliertheit der Menschen in Dresden nimmt von Besuch zu Besuch zu. Die Teilung teilt immer mehr. Die Suche nach der verlorenen Kindheit wird für Alfred Dorn zu einer Chronik des deutsch-deutschen Alltags. Individuell scheitert er, weil sein persönliches Vergangenheits-Projekt angeblich kein Zukunftsprofil enthält.

Teilung, Trennung, Tausch verursachen, wie die Beispiele zeigen, individuelle Identitätsprobleme. Das Engagement gegen die Gewöhnung an die Schizophrenie der Teilung verbindet sich mit Gedanken zur Überwindung der Spaltung, aber auch mit deutlicher Kritik am eigenen westdeutschen Standort.

Daneben gibt es noch die Gruppe der westdeutschen Literaten, die eher distanziert den Gesamtvorgang betrachten und ihn als völlig unnötig und obsolet charakterisieren.

2.2. DDR-Alltag und Aktenfunde: Das Psychogramm des Umbruchs, die innere Betroffenheit kam bereits in einem frühen Stadium unmittelbar nach dem Mauerfall vor allem in den Veröffentlichungen zum gesamten Stasi-Komplex zum Ausdruck. Ein mit dokumentarischen Mitteln gestaltetes Abbild der menschenverachtenden Methoden des Überwachungsstaats zeichnen die Bücher von Erich Loest »Der Zorn des Schafes« (1990) und »Die Stasi war mein Eckermann oder: mein Leben mit der Wanze« (1991). Beide Bücher sind autobiographisch und zeigen, wie die Staatssicherheit den Autor zum Feind erkor. Die 300 Seiten Aktenkopien geben ein fast lückenloses Porträt vom Lebensalltag des Schriftstellers wieder. Anders als im Buch »Was bleibt« von Christa Wolf spricht die Aktenlage für sich selbst. Das ist weitaus erschreckender und auch glaubhafter als die epische Verarbeitung von Stasi-Beobachtungen. Die Geheimdienstdossiers offenbaren die Skrupellosigkeit der Spitzel, aber auch die Wankelmütigkeit von Freunden und Kollegen.

Einen anderen Blickwinkel eröffnet Jürgen Fuchs mit seiner Roman-Recherche über die Gauck-Behörde: »Magdalena. MfS. Memfisblues. Stasi. Die Firma. VEB Horch & Gauck« (1998). Sozusagen auf der Meta-Ebene wird das Problem des Umgangs mit DDR-Vergangenheiten abgehandelt. Unter seinem kompromißlosen, aber auch ressentimentgeladenen Blick wird die Behörde zur Aufarbeitung der Stasi-Verbrechen zu einer Art Einfriedungsstelle, die wahre Aufklärung eher verhindert als fördert.

Neben den oft geradezu absurden Formen und Strukturen dieses manischen Bespitzelungssystems werfen die Werke ein besonderes Licht auf die Schwierigkeiten, ja oft die Unfähigkeit zur Kommunikation unter den ehemaligen DDR-Bürgern als immer wiederkehrendes Drama von Vertrauen und Enttäuschung, Wut und Hilflosigkeit. Gerade auf diesen Zusammenhang zwischen Verrat und Unterdrückung verweist Wolfgang Hilbig im Buch »Ich« (1993).

Die totalitären Systemstrukturen und ideologisierten politisch-kulturellen Aspekte des DDR-Alltags schildert Monika Maron in »Stille Zeile Sechs« (1991). Sollte nicht die Abrechnung der Rosa Polkowski mit dem Spitzenfunktionär Herbert Beerenbaum Pflichtlektüre jeder Kommission zur Aufarbeitung der DDR-Vergangenheit sein? In diesem Roman werden ohne geschichtsträchtige Nostalgie das ideologisierte Selbstverständnis der DDR, der Machtrausch der Funktionäre, die Geschichte der Neurosen einer Vorkriegsgeneration, die Scheinfassade des Antifaschismus und der politische Alltags-Opportunismus präzise entwickelt.

Zu den Ausnahmen gehört auch das Buch von Wolfgang Hilbig »Grünes grünes Grab« (1993). Er wagte sich früher als seine Kollegen dorthin, wo in der Literatur kaum jemand war, nämlich in die DDR, nach ihrem Untergang. Ein Zeitalter wird dabei besichtigt: »Es waren wirkungslose und nicht mehr zu begründende Funktionen«, heißt es in der Doppelgängererzählung »Er, nicht ich«. »Funktionen, die in der Art altüberkommener, sinnentleerter Etikette weiterhin in Gebrauch waren ... niemand mehr wußte, aus welchem Anlaß sie in Gebrauch geraten waren, doch bestanden sie mangels wahrer Alternativen weiter fort ...«[4] So bleibt der Eindruck einer Regierung, die nicht mehr regiert, und von Menschen, die Formeln pflegen. Ein gelungenes Beispiel für die resistente Kontinuität kleinbürgerlich politisch-kultureller Strömungen.

2.3. Die Tage der Revolution: Das Bild des neuen Deutschlands nach dem 9. November 1989 ist in der erzählenden Literatur noch immer erst bruchstückhaft abgebildet. Die vorliegenden Reden, Tagebücher, Aufrufe, Chroniken, Essays sind Sequenzen des Revolutionsdramas. Bislang bleibt es bei relativ oberflächlichen und klischeehaften Berichten zum Fall der Mauer. Eine Ausnahme macht da die Detailchronik von Erich Loest. Wie es schließlich zum Umbruch kam, welcher Motive und Taten es bedurfte, das kann man in »Nikolaikirche« (1995) am Beispiel der Stadt Leipzig nachlesen: Stimmungen, Ängste, Drohungen, menschliche Größe und verräterische Niedertracht, aus diesem explosiven Gemisch besteht die Normalität des Alltags. Aus ihr erwuchs die Kraft für den Umbruch.

Zeitlich früher entstandene Bücher nehmen die Zeitchronik nur als Hintergrund, um das Trennende zwischen West- und Ostdeutschen herauszuarbeiten. So protokolliert Thomas Rosenlöcher in seinem Buch »Die verkauften Pflastersteine« (1990) die Ereignisse zwischen September 1989 und März 1990. Die staatliche Einheit ist zwar in diesem Zeitraum noch nicht vollzogen, doch der Typ des »Westspießers« und des »Ostspießers« treffen bereits voll aufeinander. Grenzgänger-Erfahrungen zwischen beiden Gesellschaften sammelt auch Ronald D. Schernikau im Buch »Die Tage in L.« (1989). Seine eigentliche Intention ist dem Untertitel zu entnehmen: »darüber, daß die ddr und die brd sich niemals verständigen können, geschweige mittels ihrer literatur«. Ebenso wie Schernikau schildert auch Friedrich Christian Delius die Vereinigung als einen Akt der »Kolonialisierung« durch die Bundesrepublik. »Die Birnen von Ribbeck« (1991) bezieht sich ganz bewußt auf Fontanes Ballade, die das Dorf Ribbeck, vierzig Kilometer von Berlin entfernt, berühmt gemacht hat. Im Frühjahr 1990 kommen Westberliner nach Ribbeck, um einen Birnbaum zu pflanzen und mit den Ribbeckern die neue deutsche Einheit zu feiern. Da wird kein Klischee ausgelassen. Der Beschwerdebericht des Ich-Erzählers enthält praktisch nur Enttäuschungen angesichts der Eingemeindung der ehemaligen DDR durch die vormalige Bundesrepublik. Der Westautor Delius überzeichnet hier spektakulär die aus seiner Sicht atemlose Inbesitznahme Ostdeutschlands durch den Westkommerz, der die Westdeutschen zu Marionetten des Wirtschaftssystems degradiert hat. Mitgefühl der »Wessis« gegenüber den »Ossis« taucht nur als verkleidete Arroganz auf. Es ist eine Fundgrube an auferstandenen Feindbildern von Ost und West, von der besserwisserischen Arroganz und der Raubgier neokolonialer Herrenmenschen hier, von Arbeitsscheu, Wehleidigkeit, anmaßendem Einfordern immer größerer Unterstützung dort. Andererseits – und leicht ironisch – zeigt Monika Marons Artikel »Zonophobie« (1992), wie man sich als Leidtragender an der zerstörten Idylle hüben und drüben fühlt. Ohne die gängigen Klischees von westlicher Arroganz und östlicher Larmoyanz kommt Bernd Wagner in seinem Roman der Wendezeit aus: »Paradies« (1997). Die Heldin interessiert sich in Westdeutschland mehr für die Realität als für ideologische Verlautbarungen.

2.4. Einheits-Alltag und Geschichtskonstruktionen: Die Teilung war in der Argumentation vieler Literaten eine Folge deutscher historischer Schuld. Wenn die Teilung nicht mehr besteht, wird somit am Ende die Wiedervereinigung selbst wieder zur Schuld, die das künftige Unheil in sich birgt. Günter Grass hat mit seinem Buch »Ein weites Feld« (1995) diese Stimmung gebündelt zum Ausdruck gebracht. Es ist das Vermächtnis der sogenannten alten Linken in der Bonner Republik, die der Einheit nie etwas abgewinnen konnten, da sie die Vokabeln »Nation« und »Deutschland« sofort mit dem Topos »Großdeutschland« assoziierten. Insofern ist auch dieses Buch ein genaues Abbild der verbreiteten einheitskritischen Haltung vieler Literaten. Grass' Geschichtskonstruktion, die gezielt nicht der genauen Beobachtung entspricht, sondern ein Abbild seiner politischen Wahrnehmung darstellt, ist legitim. Nicht als verläßliche Quelle historischer Abläufe, doch als politisches Vermächtnis eines für die Bonner Republik typischen Denkmusters.

Konkreter gehen andere da vor. Helga Königsdorf läßt »Im Schatten des Regenbogens« (1993) eine Wohngemeinschaft mit der Einheit hadern. Der Alltag bleibt grau und trist. Anders bei Hanns-Josef Ortheil. Aus Westsicht hat er erneut privates Erleben und zeitgeschichtliche Abläufe romanhaft verarbeitet. »Blauer Weg« (1996) zeichnet vom Mauerfall bis zum Jahr 1995 individuelles Erleben der Einheit nach. Seine Spurensuche verklärt nichts. Die Gelassenheit und Unbekümmertheit des »Wessis« als Zuschauer des Umbruchs spiegelt Ortheils Protagonist. Anders im Buch von Volker Braun »Wendehals« (1995), das sich eher, wie Loest, exemplarisch einer Stadt zuwendet. Diesmal ist es Berlin. Die Stadt dient ihm als Kulisse für die Veränderungen, die das ICH und das ER in der Unterhaltung des Buches durchlaufen. Witziger und ironischer hat sich da Thomas Brussig eingelassen. »Helden wie wir« (1995) packt das Einheitsspektakel und die Folgen in eine Satire. Immerhin stürzt der Held des Romans eigenhändig die Berliner Mauer um.

Den lang ersehnten Roman über das vereinigte Deutschland schrieb Ingo Schulze. »Simple Storys« (1998) ist kein Buch über die deutsche Einheit. Vielmehr wählt Schulze wie die großen Vorbilder der deutschen Literatur die kleine Stadt, hier Altenburg, eine Kleinstadt in der ostdeutschen Provinz, um sein Thema zu entwickeln. Alle Einwohner sind unmittelbar von der Wendezeit betroffen, ohne daß Politik direkt artikuliert würde. Der Mikrokosmos ermöglicht dem Autor, die Lebensläufe der Bürger präzise zu beschreiben.

Karl-Rudolf Korte

Anmerkungen:

1 G. Grass: Das Treffen in Telgte, Darmstadt–Neuwied 1979, S. 92.
2 Ders., in: Deutschland – wohin? Gespräche über die Deutschen, Konstanz 1985, S. 31.
3 P. Süskind: Deutschland – Eine Midlife-crisis, in: Der Spiegel, 38/1990, S. 116–125.
4 W. Hilbig: Grünes grünes Grab. Erzählungen, Frankfurt a. M. 1993, S. 56.

Literatur:

Anz, Thomas (Hrsg.): Es geht nicht um Christa Wolf. Der Literaturstreit im vereinten Deutschland, München 1991. □ Arnold, Heinz Ludwig (Hrsg.): Bestandsaufnahme Gegenwartsliteratur. Bundesrepublik Deutschland, Deutsche Demokratische Republik, Republik Österreich, Schweiz, München 1988. □ Barck, Simone/Martina Langermann/Siegfried Lokatis: »Jedes Buch ein Abenteuer. Zensur-System und literarische Öffentlichkeit in der DDR bis Ende der sechziger Jahre, Berlin 1997. □ Deutschland – Nachdenken über das eigene Land, München 1988. □ Emmerich, Wolfgang: Kleine Literaturgeschichte der DDR, Leipzig (erw. Neuausgabe) 1996. □ Hanke, Irma: Alltag und Politik: Zur politischen Kultur einer unpolitischen Gesellschaft. Eine Untersuchung zur erzählenden Gegenwartsliteratur in der DDR in den 70er Jahren, Wiesbaden 1987. □ Korte, Karl-Rudolf: Über Deutschland schreiben. Schriftsteller leiden am deutschen Weg, in: Deutschland Archiv, 9/1984, S. 958–962. □ Ders.: Der Standort der Deutschen. Akzentverlagerungen der deutschen Frage in der Bundesrepublik Deutschland seit den 70er Jahren, Köln 1990. □ Ders.: Demokratie braucht Literatur. Vom deutschen Umgang mit erzählender Literatur, in: Aus Politik und Zeitgeschichte, B 13–14/1996, S. 24–31. □ Langguth, gerd (Hrsg.): Autor, Macht, Staat. Literatur und Politik in Deutschland. Ein notwendiger Dialog, Düsseldorf 1994. □ Lehmstedt, Mark/Siegfried Lokatis (Hrsg.): Das Loch in der Mauer. Der innerdeutsche Literaturaustausch, Wiesbaden 1997. □ Lützeler, Paul Michael: Die Schriftsteller und Europa, München 1992. □ Müller, Helmut L.: Die literarische Republik. Westdeutsche Schriftsteller und die Politik, Basel 1982. □ Noack, Paul: Deutschland, Deine Intellektuellen. Die Kunst, sich ins Abseits zu stellen, Stuttgart u. a. 1991. □ Rietzschel, Thomas (Hrsg.): Über Deutschland. Schriftsteller geben Auskunft, Leipzig 1993. □ Ross, Werner (Hrsg.): Deutsche Schriftsteller. Was wollen, können, sollen sie?, Bonn 1996. □ Rüther, Günther: Greif zur Feder, Kumpel. Schriftsteller, Literatur und Politik in der DDR 1949–1990, Düsseldorf 1991. □ Ders. (Hrsg.): Literatur in der Diktatur. Schreiben im Nationalsozialismus und DDR-Sozialismus, Paderborn 1997. □ Schnell, Ralf: Geschichte der deutschsprachigen Literatur seit 1945, Stuttgart–Weimar 1993. □ Wagenbach, Klaus u. a. (Hrsg.): Vaterland, Muttersprache. Deutsche Schriftsteller und ihr Staat seit 1945, Berlin (Neuausgabe) 1994. □ Walwei-Wiegelmann, hedwig (Hrsg.): Die Wunde namens Deutschland. Ein Lesebuch zur deutschen Teilung, Heidelberg 1981.

Mauer

→ Berlin, **DDR:** Geschichte, DDR: Politisches System, Deutschlandpolitik der Bundesrepublik Deutschland, **Deutschlandpolitik der Vier Mächte**, Grundlagenvertrag, **Ost-West-Konflikt,** Verhandlungen zur deutschen Einheit: Innerer Prozeß, Verhandlungen zur deutschen Einheit: Internationaler Prozeß.

1. Begriff: Unter »Mauer« wird die in der Nacht vom 12. auf den 13. August 1961 von Einheiten der Volkspolizei und der Nationalen Volksarmee der DDR errichtete Befestigung zwischen dem sowjetischen und den drei westlichen Sektoren Berlins (45 km lang) sowie rund um den Westteil Berlins (120 km lang) verstanden, die in den folgenden Wochen zu einer unüberwindbaren Mauer ausgebaut wurde. So wie ihre Errichtung die letzte Verzahnung zwischen den beiden deutschen Staaten unterbrach, wurde ihre Öffnung in der Nacht vom 9. auf den 10. November 1989 zum entscheidenden Schritt zur deutschen Wiedervereinigung.

In der Terminologie der SED handelte es sich um einen »antifaschistischen Schutzwall«, der in dem offiziellen Nachschlagewerk »Kleines Politisches Wörterbuch« (Ost-Berlin 1988) folgendermaßen charakterisiert wurde: »Seit dem 13. 8. 1961 bestehende gesicherte Grenzanlage an der Staatsgrenze der DDR zu Westberlin. Im Einvernehmen mit den verbündeten sozialistischen Staaten des Warschauer Vertrages und völlig überraschend für den Imperialismus der BRD, seine Spionagezentralen und die NATO übernahmen die bewaffneten Kräfte der DDR die militärische Sicherung der Staatsgrenze zu Westberlin.«

2. Historische Entwicklung: Nach dem Zweiten Weltkrieg wurde Berlin wie Deutschland in vier Besatzungszonen eingeteilt, seine Verwaltung sollte jedoch gemeinsam von einer interalliierten Regierungsbehörde, der Kommandantur, übernommen werden. Schon bald brach allerdings der ideologische Graben zwischen den Westmächten USA, Großbritannien und Frankreich und der Sowjetunion auf. Berlin stellte in dieser Interessenkonfrontation, die in der Berlinkrise von 1948/49 kulminierte, von Anfang an den Brennpunkt dar.

Auch nach der Gründung der beiden deutschen Staaten 1949 bestand offiziell der besatzungsrechtliche Status fort, wenngleich die Vier-Mächte-Verwaltung für Berlin auf Dauer weitgehend wegfiel. West-Berlin behielt seinem alliierten Status entsprechend eine Sonderstellung innerhalb der Bundesrepublik Deutschland bei, Ost-Berlin jedoch wurde als Hauptstadt in die DDR integriert. Der westliche Teil der Stadt wurde aufgrund der Präsenz der westlichen Alliierten inmitten der DDR für die Sowjetunion und die DDR zunehmend zu einer offenen Flanke: Seit 1949 schwoll der Flüchtlingsstrom aus der DDR in die Bundesrepublik fast kontinuierlich an und schwächte die DDR wirtschaftlich und politisch. Da die DDR ihre Staatsgrenze im Westen 1952 verstärkt abriegelte und 1957 den Reiseverkehr einschränkte, konzentrierten sich Grenzverkehr und Flüchtlingsstrom auf Berlin, wo der Übergang an der Sektoren-, im Gegensatz zur Staatsgrenze, noch unbehindert möglich war.

Dieser Exodus beraubte die DDR überproportional vieler junger Leute (über die Hälfte der Flüchtlinge waren jünger als 25 Jahre gegenüber einem Anteil von 36,5 % dieser Altersstufe in der DDR-Bevölkerung) und Erwerbstätiger (60 % gegenüber 47,1 %). Um ihn einzudämmen, sah man in der Sowjetunion und der DDR zwei Möglichkeiten. Zuerst strebte der sowjetische Staats- und Parteichef Chruschtschow mit seinem Ultimatum an die drei Westmächte vom 27. November 1958 die für die Sowjetunion und die DDR günstigere Lösung an: Er schlug eine Umgestaltung West-Berlins zu einer entmilitarisierten freien Stadt vor und drohte für den Fall einer Ablehnung mit einem separaten Friedensschluß mit der DDR, der dieser die Kontrolle über alle Zugangsmöglichkeiten zum Westteil der Stadt übertragen hätte. Trotz dieser Drohung lehnten die westlichen Alliierten die Forderung Chruschtschows ab, da sie einem entmilitarisierten freien West-Berlin keine Überlebenschance einräumten. Die Gespräche, die im folgenden halben Jahr zwischen den vier Alliierten zum Status Berlins stattfanden, brachten keine Einigung. Stattdessen nahmen die Spannungen zu und als Chruschtschow schließlich im Juni 1961 massive Drohungen gegen West-Berlin und Westeuropa aussprach, veranlaßte dies den neuen amerikanischen Präsidenten Kennedy, am 25. Juli drei unverrückbare Grundsätze der amerikanischen Berlin-Politik, die »three essentials«, zu proklamieren: das Recht der Westalliierten auf Anwesenheit in West-Berlin, den freien Zugang nach West-Berlin und das Recht der West-Berliner, über ihre Zukunft und Lebensweise selbst zu entscheiden.

Diese Grundsätze untermauerten nicht nur den festen Willen, West-Berlin zu verteidigen, sondern enthielten als weiteren wesentlichen Kern den Verzicht auf den westlichen Einfluß auf den Ostteil der Stadt. Obwohl bereits vorher die Sektorengrenze praktisch der Einflußgrenze gleichkam, hatten sich die westlichen Versicherungen immer auf Gesamt-Berlin bezogen. Nun erklärten die USA also, ihren Einfluß nur zur Erhaltung der Sicherheit und Lebensfähigkeit West-Berlins geltend machen zu wollen.

Für die Sowjetunion und die DDR war die für sie günstigere Lösung einer entmilitarisierten Stadt nicht zustande gekommen. Gleichzeitig öffnete die neue Haltung der USA den Weg zur defensiveren Lösung, der physischen Abriegelung des sowjetischen Sektors von Berlin. Nachdem auch die verschärfte Eindämmung des Reiseverkehrs und der seit 1959 erhöhte Druck auf die noch im Westen der Stadt arbeitenden 63 000 (Juni 1961) »Grenzgänger« nicht den gewünschten Erfolg gebracht hatten und sich im Juli 1961 erstmals seit März 1953 mehr als 30 000 DDR-Bürger in den Notaufnahmelagern der Bundesrepublik meldeten, errichteten in der Nacht vom 12. auf den 13. August 1961 Einheiten der Volkspolizei und der Nationalen Volksarmee der DDR an der Sektorengrenze zu West-Berlin Stacheldrahtverhaue und Straßensperren. Diese provisorischen Anlagen wurden anschließend durch die Mauer ersetzt. Von nun an war Ost-Berlinern der Zugang nach West-Berlin untersagt, die Übergangsstellen wurden bis auf 13 geschlossen und das gemeinsame Verkehrsnetz unterbrochen. 10 Tage später wurde die Zahl der Grenzübergänge auf 7 verringert und auch West-Berliner bedurften nun einer Sondergenehmigung, um in den Osten der Stadt zu gelangen. Am 26. August fiel auch diese

Möglichkeit der Begegnung weg. Trotz der hermetischen Abriegelung konnten ab dem 13. August bis Ende des Jahres 1961 noch über 25 000 Menschen die DDR und Ost-Berlin über die Sektorengrenze verlassen. Ein berühmtes Beispiel für die Fluchtmöglichkeiten nach dem Bau der Mauer sind die Bewohner der Bernauer Straße, in der die Häuserwand der einen Straßenseite selber die Sektorengrenze darstellte. Die Bilder der Bewohner dieser Häuser, die sich aus ihren Fenstern auf die Straße abseilten, gingen um die Welt. Später mußten die Häuser dem Sperrsystem weichen, das nun in kürzester Zeit die provisorische Abgrenzung ersetzte. Hinter der Beton- und Metallgitterwand bestand dieses Sperrsystem aus einem Kontrollstreifen – dem »Todesstreifen« –, einer zweiten Mauer oder einem Graben zur Abwehr von Fahrzeugen, einem Kolonnenweg für die Grenzsoldaten, Schutzbunkern und Hundelaufanlagen. Abgeschlossen wurde das System durch einen Kontaktzaun, der bei Berührung Ton- und Lichtsignale auslöste. An die Grenzsoldaten erging der Schießbefehl bei Fluchtversuchen. In der Zeit von 1961 bis 1989 starben bei Fluchtversuchen an der Mauer mindestens 80 Menschen, von denen mindestens 60 erschossen wurden, mindestens 118 Personen wurden durch Schußwaffengebrauch verletzt und mehr als 3 000 festgenommen. Über 5 000 »Mauerbrechern« gelang die Flucht.[1]

Der Bau der Mauer, die für Jahrzehnte Berliner Familien und Freunde auseinanderreißen sollte, machte deutlich, daß die Sowjetunion auf der Teilung Deutschlands und Berlins bestand. Für die DDR brachte der »antifaschistische Schutzwall« zunächst eine politische und wirtschaftliche Stabilisierung. Auch die Sowjetunion war offensichtlich mit dem Ergebnis dieser Aktion zufrieden, denn der angekündigte Abschluß eines separaten Friedensvertrages mit der DDR verschwand von der Tagesordnung der sowjetischen Politik, wozu allerdings in erster Linie der aus sowjetischer Sicht wenig erfolgreiche Verlauf der Kuba-Krise 1962 beigetragen hatte.

Der West-Berliner Regierende Bürgermeister Willy Brandt nahm bald die Zementierung der Teilung Berlins als neue Realität hin und konzentrierte sich im folgenden darauf, die Mauer durchlässiger zu machen. Nach 28 Monaten wurde am 17. Dezember 1963 erstmals eine Passierschein-Regelung für Eintagesbesuche von West-Berlinern im Ostteil der Stadt in der Zeit vom 20. Dezember 1963 bis 5. Januar 1964 beschlossen, von der 720 000 Menschen Gebrauch machten. Vom 2. November 1964 an waren Westreisen für Rentner aus der DDR erlaubt. Nach einer Reihe von Fortschritten (z. B. Telefonverbindungen zwischen Ost- und West-Berlin) und Rückschlägen (z. B. Zwang zum Geldumtausch) brachte aber erst das am 3. Juni 1972 in Kraft getretene Vier-Mächte-Abkommen über Berlin wesentliche Verbesserungen in der Transit-, Reise- und Besuchsregelung als Folge von Zugeständnissen des Ostens gegenüber den Rechtsauffassungen der Westalliierten und der Bundesrepublik Deutschland. Dank dieses Abkommens verlor Berlin seine Bedeutung als Dreh- und Angelpunkt des Kalten Krieges. Trotzdem konnte die Stadt aufgrund ihrer exponierten Lage und der Mauer durch ihre Mitte keine normale Stadt werden.

Mitte der 80er Jahre begannen die vom sowjetischen Staats- und Parteichef Gorbatschow eingeleitete Reformpolitik sowie die Entwicklungen in Polen und Ungarn die DDR zu destabilisieren und parteiinternen Reformkräften und Oppositionellen Mut zu geben. Die sich im Sommer 1989 verstärkende Ausreisewelle über Ungarn und diplomatische Vertretungen der Bundesrepublik in den sozialistischen Ländern erreichte im Oktober eine neue Dimension, als 10 000 Menschen die DDR verließen. Um einen völligen Zusammenbruch der DDR zu vermeiden, wurde in Ost-Berlin über ein neues Reisegesetz verhandelt. Am 9. November 1989 verkündete die SED-Führung, daß ab sofort Privatreisen ins Ausland und die Ausreise aus der DDR beantragt werden könnten. Eine Erlaubnis werde kurzfristig erteilt.

In der darauffolgenden Nacht, in der Tausende von Berlinern aus Ost und West ohne Widerstand die Grenze in Berlin passierten, verlor die Berliner Mauer ihre trennende Funktion, der entscheidende Schritt zur Wiedervereinigung der beiden deutschen Staaten war gemacht.

Nach der Vereinigung der beiden deutschen Staaten begann die juristische Aufarbeitung des DDR-Grenzregimes, die auch 1999 noch nicht abgeschlossen ist. Es kam wegen der Schüsse an der Berliner Mauer bisher[2] zu insgesamt 101 Anklagen gegen Angehörige der DDR-Grenztruppen sowie Mitglieder der politischen und militärischen Führung. Von bisher 226 angeklagten Personen wurden bislang 78 rechtskräftig verurteilt und 45 freigesprochen. Von 111 angeklagten Soldaten der Grenztruppen wurden zwei zu einer Freiheitsstrafe verurteilt. 61 bekamen eine Bewährungsstrafe und 44 Soldaten wurden freigesprochen.

Am 10. September 1996 endete der Prozeß gegen den Chef der DDR-Grenztruppen, Klaus-Dieter Baumgarten, und fünf seiner Stellvertreter wegen Totschlags und versuchten Totschlags von DDR-Flüchtlingen bzw. der Beihilfe dazu. Die Angeklagten wurden zu Haftstrafen zwischen sechs Jahren und drei Jahren und drei Monaten verurteilt. Das Urteil wurde am 21. Mai 1997 in der Berufungsverhandlung vom Bundesgerichtshof bestätigt. Zuvor hatte das Bundesverfassungsgericht am 24. Oktober 1996 in einem Grundsatzurteil entschieden, daß die Strafverfolgung von ehemaligen DDR-Spitzen nicht gegen das in Artikel 103 Absatz 2 des Grundgesetzes niedergelegte Verbot rückwirkender Strafgesetze verstoße. Angehörigen der Grenztruppen vor Ort sei von den Befehlsgebern vermittelt worden, Grenzverletzer wären zu »vernichten«, wenn der Grenzübertritt mit anderen Mitteln nicht verhindert werden könne. Diese Unterordnung des Lebensrechts des Einzelnen unter staatliche Interessen sei materiell schwerstes Unrecht, das nicht unter den Vertrauensschutz fallen könne.[3] Die Entscheidung des höchsten deutschen Gerichtes war das Resultat einer Verfassungsbeschwerde der ersten, 1994 vom Bundesgerichtshof wegen Totschlags bzw. Beihilfe zum Totschlag zu Freiheitsstrafen rechtskräftig verurteilten ehemaligen Mitgliedern des Nationalen Verteidigungsrates um den früheren DDR-Verteidigungsminister Heinz Keßler. Diese Karlsruher Entscheidung war die Grundlage für spätere Urteile gegen die Führungsspitze der DDR, die sich in ihrer Verteidigung immer auf das Rückwirkungsverbot berufen hatte.

Am 25. August 1997 wurde vor dem Berliner Landgericht das Urteil im Prozeß gegen die drei verbliebenen Mitglieder (E. Krenz, G. Kleiber und G. Schabowski) des Politbüros gesprochen. Verhandelt wurde die persönliche Schuld der Angeklagten am Tod von vier Flüchtlingen zwischen Dezember 1984 und Februar 1989. Die angeklagten Politbüromitglieder Erich Mückenberger, Kurt Hager und Horst Dohlus waren im Lauf des Verfahrens wegen Krankheit ausgeschieden. Der letzte SED-Generalsekretär Krenz wurde nach 116 Verhandlungstagen wegen tateinheitlich begangenen Totschlags in mehreren Fällen zu einer Gesamtfreiheitsstrafe von sechs Jahren und sechs Monaten verurteilt. Im Urteil heißt es: »Für die tödlich wirkende Aufgabenstellung an die Grenztruppen war stets das Politbüro verantwortlich.«[4] Kleiber und Schabowski wurden zu jeweils drei Jahren Freiheitsentzug verurteilt. Die Urteile sind allerdings noch nicht rechtskräftig und die Haftbefehle deswegen ausgesetzt. Die Angeklagten hatten sich unter anderem auf die mangelnde Entscheidungsfreiheit der DDR zur Änderung des Grenzregimes, vor allem wegen ihrer starken Abhängigkeit von der Sowjetunion, zur Begründung ihrer Unschuld berufen.

1997 wurden schließlich führende Mitarbeiter und Militärs des DDR-Verteidigungsministeriums wegen ihrer Mitarbeit an der Ausarbeitung und Umsetzung des Befehls 101, der die Grenztruppen zur Waffengewalt gegen Flüchtlinge aufforderte, zu Haft- und Bewährungsstrafen verurteilt. Zuletzt verurteilte das Berliner Landgericht am 24. Juli 1998 vier politische und militärische Berater des Verteidigungsministers wegen Beihilfe zum Totschlag zu Bewährungsstrafen.

3. Begründungen und Standpunkte der östlichen Seite: Für die Führungsmacht des sozialistischen Lagers, die Sowjetunion, ging es bei dem Konflikt um Berlin um die Lösung einer Frage von strategischer Bedeutung. Nach außen wurde so argumentiert, daß man für den Frieden in Europa bereit sei, das Opfer zu bringen, eine »Freie Stadt Westberlin« auf dem Territorium der DDR zu dulden.

Aus sowjetischer Sicht war die Existenz von West-Berlin als fest mit der NATO-Macht Bundesrepublik Deutschland verbundene politische Einheit eine Gefahr für die Stabilität des eigenen Einflußbereiches, der sich seit dem Ende des Zweiten Weltkrieges manifestiert hatte. Man sah in Moskau die Gefahr einer Kettenreaktion, nämlich daß zunächst von West-Berlin aus die DDR unterminiert werden könnte und nach deren Fall als sozialistischem Staat die gesamte Hegemonie der Sowjetunion in Mittel- und Osteuropa gefährdet werde. Für SED-Chef Ulbricht und sein Regime ging es bei dieser Frage schlichtweg um die eigene Existenz. Beide Partner, die Sowjetunion und die DDR, sahen die Lösung des Problems in dem kurzfristigen Ziel, eine »Freie Stadt Westberlin« zu etablieren, die keine besonderen Bindungen zur Bundesrepublik hat und in der keine ausländischen Streitkräfte mehr stationiert sind. Damit hätte auch das konkrete Interesse der SED, den Bürgern des eigenen Staates das Schlupfloch in den Westen zu nehmen, leicht im Wege einer geschlossenen Staatsgrenze zwischen zwei souveränen Staaten, nämlich der DDR und »Westberlin«, befriedigt werden können. Fernziel war die Eingliederung dieses Territoriums in die DDR.

Da die Verwirklichung dieses Zieles aufgrund der ablehnenden Haltung der Westalliierten zu Chruschtschows Forderungen unrealistisch erschien, unternahm SED-Chef Ulbricht Ende März 1961 einen ersten Versuch, die Zustimmung des sozialistischen Lagers zur Errichtung einer Stacheldrahtgrenze zwischen dem Ostsektor und den Westsektoren, also nur innerhalb der Stadt, zu erhalten. Diese Zustimmung wurde diesmal noch verweigert, besonders deshalb, weil Chruschtschow nach der Amtsübernahme des neuen US-Präsidenten John F. Kennedy im Januar 1961 erst dessen Haltung zur Berlin-Frage ausloten wollte. Aber auch weil andere Führer von kommunistischen Parteien wie der Ungar Kadar und der Rumäne Gheorghiu-Dej sich über die Radikalität des Vorschlages entsetzt zeigten, fand der Ulbricht-Vorschlag keine Zustimmung in Moskau. Diese Ablehnung wird auch als Hintergrund für Ulbrichts berühmt gewordenen Satz während einer Pressekonferenz vom 15. Juni 1961 gesehen: »Niemand hat die Absicht, eine Mauer zu errichten.« Mit dem Wort »Mauer« war Ulbricht allerdings bereits weiter gegangen als die Pläne zur Errichtung einer Stacheldrahtgrenze noch im März vermuten ließen.

Nach dem Mauerbau erläuterte Chruschtschow gegenüber dem Botschafter der Bundesrepublik in Moskau, Hans Kroll, daß der Befehl dazu aus Moskau gekommen sei und man keine andere Wahl gehabt habe. Außerdem verwies er darauf, daß die Mauer verschwinden werde, wenn die Gründe zu ihrer Errichtung verschwunden wären. Diese Argumentation wurde auch noch 1986 vom damaligen SED-Chef Honecker genauso verwendet.

Die SED war mit dem Ergebnis der Aktionen vom 13. August 1961 sehr zufrieden und propagierte das Erreichen ihres Zieles. In einer Stellungnahme des Zentralkomitees der SED vom 4. Oktober 1961 wurde betont, daß »der gefährliche Brandherd Westberlin« unter Kontrolle gebracht worden sei und nun die Perspektive für eine freie und entmilitarisierte Stadt Westberlin klar sei. Gleichzeitig schöpfte sie aus dem Mauerbau und den zurückhaltenden Reaktionen des Westens neues Selbstbewußtsein: »Die Anerkennung der DDR steht auf der Tagesordnung. [. . .] Es hat sich gezeigt, daß die DDR niemals zu besiegen ist.« Auch aus sowjetischer Sicht war die Aktion offensichtlich zufriedenstellend verlaufen und ihre Deutschlandpolitik wurde der neuen Lage angepaßt (z. B. kein Abschluß eines separaten Friedensvertrages mit der DDR). Aus östlicher Sicht folgerichtig setzte nach dem Mauerbau eine allmähliche innenpolitische Stabilisierung der DDR ein, so daß man ab 1963 sogar zu einer vorsichtigen Liberalisierung in Kultur und Wirtschaft kam. Andererseits ließ die SED-Führung die Propagandakampagne zur Rechtfertigung des Mauerbaus noch einige Zeit weiterlaufen und baute die Grenzanlagen weiter aus, indem z. B. der Todesstreifen geschaffen wurde.

Die Haltung der SED-Führung wurde in den darauffolgenden Jahren etwas kompromißbereiter soweit es um die Durchlässigkeit der Mauer von West nach Ost ging. Beleg hierfür sind die vier seit Dezember 1963 geschlossenen Passierscheinabkommen, die den Bürgern West-Berlins den begrenzten Besuch im Ostteil der Stadt oder in der DDR gestatteten. Im Rahmen solcher Vertragsverhandlungen versuchte die SED immer wieder, allerdings ohne durchgreifenden Erfolg, Formulierungen durchzusetzen, die West-Berlin als selbständige politische Einheit behandelten. Der Status der Stadt wurde 1972 in dem Vier-Mächte-Abkommen wenigstens umrissen, wenn auch nicht exakt definiert. Ulbricht war gegen dieses Vier-Mächte-Abkommen, das natürlich Zugeständnisse und Kompromisse hinsichtlich der unterschiedlichen Rechtsauffassungen bringen mußte und dann auch brachte. Wohl auch deshalb wurde Ulbricht noch im Frühjahr 1971 als SED-Chef gestürzt, denn die Sowjetunion war im Zuge der Annäherung an die USA auch an einer Entspannung in der Berlin-Frage interessiert.[5] Noch 1970 hatte Ulbricht ausdrücklich betont, daß West-Berlin Besatzungsgebiet sei und auf dem Territorium der DDR liege. Diese Position wurde durch das Vier-Mächte-Abkommen überholt.

Ein wesentlicher Bestandteil der östlichen Argumentation für die Errichtung des »antifaschistischen Schutzwalles« war bis in die 80er Jahre hinein die Behauptung, mit dem Mauerbau einen drohenden Überfall der Bundeswehr auf die DDR verhindert zu haben. Immer wieder wurden völlig entstellte Zitate aus der westdeutschen Presse angeführt, um die angeblichen Kriegsvorbereitungen des Westens zu belegen. So hatte die Düsseldorfer Zeitung »Industriekurier« am 2. September 1961 in einem Leitartikel folgenden Satz geschrieben: »Eine Wiedervereinigung, wie sie sich jeder deutsche Patriot erträumte – eine Wiedervereinigung mit Girlanden und wehenden Fahnen und siegreichem Einzug der Bundeswehr durchs Brandenburger Tor – eine solche Wiedervereinigung wird es auf absehbare Zeit nicht geben.« Daraus wurde in den alljährlichen Leitartikeln des Neuen Deutschland zum 13. August die Bedrohung durch die Bundeswehr konstruiert. So hieß es z. B. im Neuen Deutschland noch am 13. August 1985: »Massenmedien der BRD kündigten den bevorstehenden Einmarsch der Bundeswehr mit klingendem Spiel durch das Brandenburger Tor an.« Auch noch in der letzten Phase der DDR, als wieder Tausende Bürger den ersten deutschen Arbeiter-und Bauern-Staat Richtung Westen verließen, reagierte die SED mit starrigem Trotz auf Fragen nach dem weiteren Fortbestand der Mauer. Erich Honecker sagte beispielsweise in einer Rede im Januar 1989, die Mauer werde noch 100 Jahre stehen, wenn die Gründe ihrer Errichtung nicht verschwunden wären.

Hart hatte die SED nicht nur gegenüber Flüchtlingen reagiert, sondern auch gegenüber sogenannten »Provokationen« an der Mauer, wie etwa zu Pfingsten 1987. Damals hatten sich Ost-Berliner Jugendliche an der Mauer am Brandenburger Tor versammelt, um einem Rockkonzert auf der westlichen Seite der Mauer zuzuhören. Als die Staatsmacht dagegen einschritt, wurden zum ersten Mal Sprechchöre wie »Die Mauer muß weg« und »Wir wollen Gorbatschow« laut. Verbunden mit dem Wandel der sowjetischen Deutschlandpolitik seit Mitte der 80er Jahre setzte eine zunehmende Distanzierung zwischen der Führungsmacht und ihrem einstigen Musterschüler DDR ein, an deren Ende die Zurückhaltung der Sowjetunion während der Ereignisse 1989/90 stand. Es häuften sich die Äußerungen immer höherrangiger Vertreter der Sowjetunion über die Mauer, die die Position der SED unterhöhlten. Dies gipfelte zunächst in der Aussage des Gorbatschow-Beraters Daschitschew 1988, die Mauer sei ein Relikt des Kalten Krieges. Der sowjetische Außenminister Schewardnadse erklärte am 18. Februar 1989 im sowjetischen Fernsehen, also in aller Öffentlichkeit: »Diese Berliner Mauer, das möchte ich mit aller Offenheit sagen, ist eine innere Angelegenheit der Deutschen Demokratischen Republik. Wir haben nicht die Absicht, uns in die inneren Angelegenheiten dieses souveränen Staates einzumischen.« Alexander Jakowlew, Politbüro-Mitglied der KPdSU, sagte sogar im Bonner Presseclub: »Nicht wir haben diese Mauer gebaut. Das ist eine Sache der DDR.«

Mit dieser Distanzierung der politischen und militärischen Garantiemacht des SED-Regimes wurde die Mauer bereits brüchig.

4. Die Haltung der drei westlichen Alliierten: Obwohl die drei westlichen Alliierten USA, Großbritannien und Frankreich in Übereinstimmung mit den Vorstellungen der Regierung der Bundesrepublik Deutschland das Chruschtschow-Ultimatum Ende 1958 einhellig ablehnten, gab es innerhalb dieser Allianz divergierende Ansichten, die über 1961 hinaus vor allem die deutsch-amerikanischen Beziehungen belasteten.

Die Bundesregierung sah in Konsequenz der bisherigen Entwicklung die Berlin-Krise als Symbol für den Kampf um die Zukunft Gesamt-Deutschlands, dessen Ausgang wiederum entscheidend für das Kräfteverhältnis der beiden ideologischen Blöcke sei. Deshalb erwartete man von den Westalliierten die resolute Verteidigung Berlins und die Förderung einer deutschen Wiedervereinigung auf der Basis freier Wahlen.

Für die Verantwortlichen der US-amerikanischen Politik hatte sich die Situation im Herbst 1958 jedoch verändert. Angesichts der jüngsten sowjetischen Raketenerfolge und des atomaren Gleichgewichts wirkte das bislang propagierte Prinzip der »massiven Vergeltung« unangemessen. Präsident Eisenhower, der für Chruschtschows Ultimatum innenpolitische Ursachen ausmachte und weiterhin auf seine Bereitschaft zur Entspannung baute, signalisierte deshalb zugleich mit der Ablehnung des Ultimatums Verhandlungsbereitschaft. Eine Reihe von »neuen Ideen« (z.B. »technische Kontakte« mit DDR-Bediensteten als Agenten der Besatzungsmacht oder eine Wiedervereinigung als Konföderation ohne vorherige freie Wahlen) war Ausdruck der Entscheidung, für Grenzkontrollformalitäten keinen Atomkrieg zu riskieren. Unterstützung bekamen die USA in dieser Phase von der britischen Regierung, deren Bereitschaft, Berlin zu verteidigen, gering war. Während Großbritannien und die USA nun für Verhandlungen mit der sowjetischen Führung eintraten, um das Ultimatum von der Tagesordnung abzusetzen, bekam die deutsche Regierung in ihrer Ablehnung jeden Kompromisses unerwartet Stärkung aus Frankreich, das die Westbindung der Bundesrepublik durch das Verhalten der Briten und Amerikaner gefährdet sah.

Die Verhandlungen, die im Mai 1959 in Genf aufgenommen wurden, brachten trotz weitgehender Zugeständnisse des Westens während der Amtszeit Eisenhowers keine Lösung.

Mit dem Amtsantritt des neuen amerikanischen Präsidenten Kennedy am 30. Januar 1961 wurde eine neue Außenpolitik eingeführt, die mit Hilfe eines stabilisierten Mächtegleichgewichts, Rüstungskontrolle und des Modells der »flexible response« zur Entspannung zwischen den Blöcken führen sollte. Die Rolle, die dabei Berlin zugeordnet wurde, deutete er im April bei seinem ersten Treffen mit Adenauer an. Klar umriß er sie jedoch erst, nachdem Chruschtschow am 4. Juni im Rahmen eines Gipfeltreffens in Wien sein Ultimatum in scharfer Form wiederholt hatte. Kennedy bezeichnete es als »eine ausgesprochene Dummheit, das Leben von einer Mio. Amerikanern wegen einer Auseinandersetzung über Zugangsrechte zu einer Autobahn zu riskieren [. . .] oder weil die Deutschen wollen, daß Deutschland wiedervereinigt wird. Wenn ich Rußland mit einem Atomkrieg drohe, dann nur um bedeutenderer und schwerwiegenderer Gründe willen als diese«.[6] Gleichzeitig demonstrierten die USA nun jedoch Entschlossenheit, indem sie den Verteidigungshaushalt erhöhten, den Ausbau der konventionellen Streitkräfte beschleunigten und Vorbereitungen für eine Luftbrücke trafen. Am 25. Juli hielt Kennedy dann die Rundfunk- und Fernsehansprache, in der er mit den drei »Essentials« signalisierte, daß die USA auf der Sicherung des Status Quo in West-Berlin bestehe, ohne auf die Rechte aller Vier Mächte in Gesamt-Berlin zu pochen.

Der Bau der Mauer kam für die USA nicht völlig überraschend. Senator Fulbright hatte eine Grenzschließung zwischen Ost- und West-Berlin sogar bereits ausdrücklich als Recht der DDR anerkannt. Da die Abriegelung in der Nacht zum 13. August 1961 keines der drei »Essentials« verletzte, zeigte Washington keine besondere Reaktion: Erst am nächsten Tag kam die offizielle Reaktion, daß der Mauerbau das Eingeständnis der fehlgeschlagenen kommunistischen Politik sei. Am 15. August übergaben die drei westlichen Stadtkommandanten ihrem sowjetischen Kollegen ihre Protestnote und wiederum zwei Tage später wurden die drei Westmächte wegen des Verstoßes gegen den Vier-Mächte-Status in Moskau vorstellig. Die Solidaritätsbekundungen durch die Verstärkung der Berliner Garnison um 1 500 Mann sowie den Besuch des amerikanischen Vizepräsidenten Johnson in Begleitung des Helden der Luftbrücke, General Clay, am 19. August konnte die Entrüstung und Ängste der West-Berliner kaum beruhigen. Auf Brandts Forderung vom 16. August, »Berlin erwartet mehr als Worte – Berlin erwartet politische Aktion« und seinen vorwurfsvollen Brief an Kennedy machte der amerikanische Präsident den West-Berlinern ihre neue Situation jedoch deutlich: Er zeigte Verständnis, forderte sie aber auf, Positionen und Ansprüche fallenzulassen, die nicht durchsetzbar wären. Statt über die Untätigkeit der westlichen Alliierten zu klagen, solle Brandt eigene Gedanken zur Entspannung der Lage Berlins entwickeln.

Die West-Berliner mußten zudem eine weitere Enttäuschung erleben. Denn im Rahmen des Wahlkampfes zu den Bundestagswahlen, dessen Gallionsfiguren Adenauer (CDU) und Brandt (SPD) waren, fand der Bundeskanzler im Anschluß an den Bau der Mauer den Weg nach Berlin zunächst nicht. Er kam erst am 22. August, um gegen den Mauerbau zu protestieren und die West-Berliner der Unterstützung durch die Bundesregierung zu versichern.

So hatte der Bau der Mauer nicht nur den Status Quo in Europa zementiert, sondern den Westdeutschen deutlich gemacht, daß ihr Konflikt mit dem Ostblock nicht mit dem der Westmächte identisch war, daß das deutsche Interesse an der deutschen Wiedervereinigung nicht mehr die gemeinsame Sache des Westens war. Andererseits hatten die Westalliierten unter amerikanischer Führung ihre Garantie für West-Berlin gegeben, auf die sich die West-Berliner in den folgenden Jahrzehnten verlassen konnten. Bis zum Ende der Berlin-Krise 1963 waren eine Auseinandersetzung um die alliierten Rechte in Berlin im Oktober 1961 und Kennedys berühmt gewordener Satz »Ich bin ein Berliner« vom 26. Juni 1963 in Berlin Symbole für diese Garantie. Ein weiterer Höhepunkt dieser Solidarität waren die Verhandlungen zum 1972 in Kraft getretenen Vier-Mächte-Abkommen. Anläßlich der 25jährigen Existenz der Mauer 1986 bekräftigten die USA erneut ihre Verpflichtung gegenüber West-Berlin und forderten den Abriß der Mauer. Das folgende Jahr brachte West-Berlin Besuche und Sympathiebekundungen aus allen drei Westmächten, die im Dezember 1987 der Sowjetunion Vorschläge zur Verbesserung der Lage in und um Berlin unterbreiteten.

Vom Fall der Mauer wurden auch die Westalliierten überrascht. Der sich anschließende Prozeß bis zur Vereinigung der beiden deutschen Staaten wurde von den USA unter der Bedingung der Stabilität gefördert, so daß in den Zwei-plus-Vier-Verhandlungen die internationalen Rahmenbedingungen geregelt werden konnten. Auch in Frankreich und Großbritannien setzte sich nach stärkerer Zurückhaltung und trotz Zweifeln, vor allem in der politischen Klasse, die Überzeugung durch, sich der deutschen Vereinigung nicht widersetzen zu können. Am 18. Juni 1994 verabschiedeten sich die Truppen der westlichen Alliierten nach 49jähriger Präsenz von Berlin.

5. Der Fall der Mauer am 9. November 1989: Den handelnden Personen in der DDR war in der Nacht vom 9. auf den 10. November 1989 die sowjetische Haltung der Nichteinmischung bewußt, als sie sich gegen militärische Maßnahmen zum Schutz des »antifaschistischen Schutzwalles« entschieden und den Fall der Mauer nach über 28 Jahren Existenz zuließen. Die sowjetische Botschaft Unter den Linden hatte für die Zeit nach Gorbatschows Visite zum 40. Jahrestag der DDR am 7. Oktober die Anweisung erhalten, den SED-Verantwortlichen keine Ratschläge zu erteilen. Die DDR trage die Verantwortung in dieser Lage selbst. Es solle zwar Entschlossenheit für den Fortbestand der DDR demonstriert werden, aber ein Blutvergießen sei unbedingt zu verhindern.[7]

Massiver Druck, endlich zu handeln, ging in dieser Phase vor allem von der tschechoslowakischen Parteiführung aus, die die Massenflucht von DDR-Bürgern über ihr Staatsgebiet nicht länger hinnehmen wollte. Die tschechoslowakische Bruderpartei drohte der SED mit Schließung ihrer Grenzen zur DDR, was die Lage vollends hätte eskalieren lassen.

Aus diesen Gründen stellte das SED-Politbüro am 7. November Überlegungen an, den DDR-Bürgern die »Ständige Ausreise« (Übersiedlung in die Bundesrepublik) sofort zu gestatten. Jene Obristen des Ministeriums des Innern und des Ministeriums für Staatssicherheit, die mit der Ausarbeitung einer entsprechenden Regelung beauftragt wurden, stellten jedoch weitergehende Überlegungen an. Sie kamen zu dem Ergebnis, daß eine solche Regelung ohne gleichzeitige allgemeine Reisefreiheit das personelle Ausbluten der DDR noch verstärkt hätte. Auch der Widersinn, jemandem zu erlauben, die DDR für immer zu verlassen, aber dem Antragsteller beispielsweise den Besuch der Tante in Köln für ein Wochenende zu versagen, wurde den Verfassern der neuen Regelung deutlich. So kam es zum Vorschlag jener Reiseregelung, die die allgemeine Reisefreiheit auf Antrag und nach kurzfristiger Genehmigungsphase für die Besitzer eines Reisepasses (das waren damals ca. vier Mio. DDR-Bürger) gestatten sollte.

Diese Regelung wurde vom Politbüro der SED auch so am 9. November beschlossen und sollte am 10. November in Kraft treten. Zuvor hatte der neue Staats- und Parteichef Egon Krenz noch versucht, die Zustimmung Moskaus zu dieser Maßnahme einzuholen. Dem sowjetischen Botschafter in Ost-Berlin, Kotschemassow, gelang es jedoch nur, in Moskau einen stellvertretenden Außenminister ans Telefon zu bekommen, der dann die Zustimmung zu dieser Reiseregelung gab. Der Weg war frei für den Pressesprecher des SED-Politbüros, Günther Schabowski, die neue Regelung am Ende seiner Pressekonferenz in den Abendstunden des 9. November kurz vor 19.00 Uhr der Öffentlichkeit bekanntzumachen. Auf die Frage eines Journalisten nach dem Zeitpunkt des Inkrafttretens dieser Regelungen nahm Schabowski, der nicht an den nachmittäglichen Beratungen des Politbüros teilgenommen hatte, zwei Worte vom Anfang der Politbüro-Erklärung auf und sagte: »Sofort, unverzüglich!«

Diese Aussage war das Signal für Tausende Ost-Berliner, noch am selben Abend zu den Grenzübergangsstellen zu gehen und dort den Wahrheitsgehalt von Schabowskis Worten zu überprüfen. Insbesondere am Grenzübergang Bornholmer Straße zwischen den Berliner Bezirken Prenzlauer Berg (Ost) und Wedding (West) versammelten sich rasch so viele Menschen, daß die Grenzbeamten, die über keine Handlungsanweisungen für diese Situation verfügten, zunächst nur einige »Ruhestörer« ausreisen ließen und deren Pässe ungültig stempelten (durch den Kontrollstempel quer über das Paßbild), um sie nicht wieder einreisen zu lassen. Später jedoch wurde der Andrang so stark, daß gegen 22.30 Uhr alle Kontrollen eingestellt wurden und sogar West-Berliner unkontrolliert den Ostteil der Stadt betreten konnten. Gleiches spielte sich auch an den anderen Grenzübergangsstellen entlang der Mauer ab. Die Bilder der ausreisenden Ost-Berliner und der vielen Menschen, die die breite Mauer vor dem Brandenburger Tor besetzt hatten, gingen anschließend um die Welt. Die Mauer als undurchlässige Systemgrenze inmitten der geteilten Stadt Berlin existierte nicht mehr.

In den folgenden Tagen war man von östlicher Seite vor allem bestrebt, »Ruhe und Ordnung« an der Staatsgrenze der DDR wiederherzustellen. Neue Grenzübergangsstellen wurden eröffnet, um mit dem Andrang fertig zu werden. Nicht alle in der DDR waren von dieser Entwicklung begeistert, zumal die Mauer auch eine ökonomische Funktion als Einnahmequelle für den SED-Staat hatte.[8] Nun mußte man dagegen Geld aufwenden, um neue Übergänge zu schaffen.

Schon bald begannen die DDR-Grenzorgane auch mit dem physischen Abriß der Mauer durch Berlin. Die Betonreste der Mauer wurden, soweit sie nicht bereits zu Touristensouvenirs umfunktioniert worden waren, zu Straßenschotter verarbeitet. Heute existieren nur noch an jeweils zwei Stellen Reste der Hauptmauer (Niederkirchner Straße und Bernauer Straße) und der Hinterlandmauer. Mittlerweile wurde einiges unternommen, um die Erinnerung an das Bauwerk Mauer wachzuhalten. Am 20. Februar 1997 begann man mit der Markierung des einstigen Verlaufs der Mauer mit einer roten Linie. Diese Linie soll eine Länge von 20 km erreichen und später durch eine doppelspurige Großpflastersteinreihe ersetzt werden. Am ehemaligen Grenzübergang »Checkpoint Charlie« existiert heute bereits das gleichnamige Museum mit einer Dauerausstellung zum Thema Mauer. An der Grenze zwischen den Bezirken Wedding und Mitte wurde am 13. August 1998 an der Bernauer Straße eine Mauergedenkstätte eröffnet. Auch die Eigentumsfrage um das Mauergelände ist geklärt. Am 15. Juli 1996 trat das Gesetz über den Verkauf von Mauer- und Grenzgrundstücken an die früheren Eigentümer in Kraft. Danach fallen entsprechende Grundstücke in das Vermögen des Staates, der den ehemaligen Eigentümern ein Vorkaufsrecht zu gesonderten Konditionen einräumen muß, sofern sie nicht für öffentliche Zwecke verwendet werden. Mit dieser Regelung schloß man einen Kompromiß zwischen der Forderung nach uneingeschränkter Rückgabe der Immobilien und der Sonderregelung für Grundstücke mit symbolhaftem Charakter für die Teilung Deutschlands.

Christina Bollin/Peter Fischer-Bollin

Anmerkungen:

1 Diese Zahlen sind der vom Presse- und Informationsamt des Landes Berlin herausgegebenen Sonderausgabe zum 5. Jahrestag des Mauerfalls »Die Mauer und ihr Fall«, Berlin (6. Aufl.) 1994, S. 20, entnommen. Nach der Statistik der Staatsanwaltschaft II bei dem Landgericht Berlin wurden an der innerstädtischen Grenze und dem Ring um West-Berlin nachweislich 110 Personen getötet. Hinzu kommen 44 vermutete Opfer.
2 Diese Angaben beziehen sich auf eine Information der Staatsanwaltschaft II bei dem Landgericht Berlin, die für die Anklagen im Zusammenhang mit den Schüssen an der Mauer zuständig ist. Stand: 31. 3. 1998.
3 Vgl. Pressemitteilung Nr. 69/96 vom 12. 11. 1996 zum Beschluß des Zweiten Senats des Bundesverfassungsgerichts vom 24. 10. 1996.
4 Pressemitteilung Nr. 103/97, Senatsverwaltung für Justiz, Justizpressestelle Moabit (sinngemäße Zusammenfassung der mündlichen Urteilsbegründung), in: Deutschland Archiv, 5/1997, S. 699.
5 Vgl. J. Rühle/G. Holzweißig: 13. August 1961. Die Mauer von Berlin, Köln (3. erw. Aufl.) 1988, S. 125.
6 M. R. Beschloss: The Crisis Years: Kennedy and Khrushchev 1960–1963, New York 1991, S. 225.
7 I. W. Maximytschew/H.-H. Hertle: Die Maueröffnung. Eine russisch-deutsche Trilogie. Teil I und II, in: Deutschland-Archiv, 11/1994, S. 1139 f.
8 Diesen Wandel bedauerte der letzte SED-Ministerpräsident der DDR, Hans Modrow, als er am 29. 11. 1989 in einer Dienstbesprechung mit Stasi-Generälen feststellte: »Früher hat jeder Grenzübergang der DDR zig oder hundert Millionen gebracht.«

Literatur:

Beschoss, Michael R.: The Crisis Years: Kennedy and Khrushchev 1960–1963, New York 1991. □ Bundesministerium für innerdeutsche Beziehungen: Der Bau der Mauer durch Berlin. Die Flucht aus der Sowjetzone und die Sperrmaßnahmen des kommunistischen Regimes vom 13. August 1961, Bonn (1. erg. Aufl.) 1988. □ Catudal, Honore M.: Kennedy in der Mauer-Krise. Eine Fallstudie zur Entscheidungsfindung in den USA, Berlin 1981.

□ HERTLE, HANS-HERMANN: Der Fall der Mauer aus der Sicht der NVA und der Grenztruppen der DDR, in: Deutschland-Archiv, 9/1995, S. 901–919. □ DERS.: »Kontrollen eingestellt – nicht mehr in der Lage – Punkt.« Wie die Mauer am Grenzübergang Bornholmer Straße fiel, in: Deutschland-Archiv, 11/1995, S. 1127–1134. □ GRAEFE, ROMAN: Die Strafverfolgung von DDR-Grenzschützen und ihren Befehlsgebern. Eine vorläufige Bilanz, in: Deutschland Archiv, 3/1997, S. 377–383. □ DERS.: »Ziele mit dem Feuerstoß vernichten.« Urteile gegen die Militärführung der DDR, in: Deutschland Archiv, 4/1997, S. 525–526. □ MAXIMYTSCHEW, IGOR W./HANS-HERMANN HERTLE: Die Maueröffnung. Eine russisch-deutsche Trilogie. Teil I und II, in: Deutschland-Archiv, 11/1994, S. 1137–1158. □ DIES.: Die Maueröffnung. Eine russisch-deutsche Trilogie. Teil III, in: Deutschland-Archiv, 12/1994, S. 1241–1251. □ RÜHLE, JÜRGEN/GUNTER HOLZWEISSIG: 13. August 1961. Die Mauer von Berlin, Köln (3. erw. Aufl.) 1988. □ STÜTZLE, WALTHER: Kennedy und Adenauer in der Berlin-Krise 1961–1962, Bonn-Bad Godesberg 1973.

Medien

→ **Eliten, Innerdeutsche Beziehungen**, Lebensbedingungen, Politische Kultur, Verträge zur deutschen Einheit.

1. Grundlagen: Massenmedien sind in der modernen Informationsgesellschaft allgegenwärtig. Sie sind in erheblichem Maße an der öffentlichen Meinungsbildung beteiligt und erfüllen wichtige Kontrollfunktionen im demokratischen politischen Prozeß. Während der Teilung in zwei Staaten entwickelten sich in Deutschland zwei gegensätzliche Mediensysteme. Rechtsgrundlage der Medienordnung in der Bundesrepublik Deutschland ist das Grundgesetz, in dem es in Art. 5 Abs. 1 heißt: »Die Pressefreiheit und die Freiheit der Berichterstattung durch Rundfunk und Film werden gewährleistet. Eine Zensur findet nicht statt.« Die verfassungsrechtlichen Garantien werden ausgestaltet durch das Bundesrundfunkgesetz, die Gesetzgebung und Staatsverträge der Länder sowie durch die Rechtsprechung des Bundesverfassungsgerichts. Medienrechtliche Kompetenz beansprucht außerdem die Europäische Union. Seit der Vereinigung von Bundesrepublik und DDR am 3. Oktober 1990 gelten die Grundsätze der Presse- und Rundfunkfreiheit in ganz Deutschland.

2. Presse

2.1. Das Pressewesen in der Bundesrepublik Deutschland bis 1990: Die Aufhebung des Lizenzzwangs für die Herausgabe von Zeitungen und Zeitschriften in den westlichen Besatzungszonen durch das Gesetz Nr. 5 der Alliierten Hohen Kommission, das am 21. September 1949 in Kraft trat, markiert den Beginn eines eigenständigen Pressewesens in der Bundesrepublik Deutschland. Auch »Altverleger«, die vor 1945 Zeitungen herausgebracht hatten, konnten von da an wieder in das Zeitungsgeschäft einsteigen. Innerhalb kurzer Zeit kam es zu zahlreichen Neugründungen, die in Konkurrenz zu den bis dahin zugelassenen Lizenzzeitungen traten. Die Phase des Wiederaufbaus des Zeitungswesens in Westdeutschland mit einer steigenden Zahl von Titeln gilt mit dem Jahr 1954 als abgeschlossen. Bereits Mitte der 50er Jahre setzte dann ein Konzentrationsprozeß ein, der die Struktur der Presselandschaft nachhaltig veränderte. Bis 1976 ging die Zahl der selbständig redigierten politischen Teile im Zuge der sogenannten publizistischen Konzentration um ein Drittel zurück. Parallel dazu vollzog sich ein Prozeß der Verlagskonzentration, d. h. die Vielzahl von Presseerzeugnissen wurde von immer weniger Verlagen herausgegeben. In den 80er Jahren hat sich die Struktur des westdeutschen Pressemarktes insgesamt konsolidiert. Die in der zweiten Hälfte des Jahrzehnts einsetzende neuerliche Konzentrationsbewegung beschränkte sich vor allem auf Zeitungen mit geringer Auflage.

Im europäischen Vergleich zeichnet sich die Bundesrepublik Deutschland durch ein besonders vielfältiges und auflagenstarkes Angebot an Tageszeitungen aus. Ende der 80er Jahre erschienen 119 publizistische Einheiten in 1 344 redaktionellen Ausgaben, von denen rund 20,3 Mio. Exemplare verkauft wurden. Dies entspricht gleichwohl nur einem Restbestand der früheren Pressevielfalt, die gegen Ende der Weimarer Republik mit über 4 000 Titeln ihren Höchststand erreicht hatte. Weiterhin kennzeichnend blieb der große Anteil regional und lokal gebundener Titel. Nur wenigen Blättern gelang es hingegen, sich auf dem überregionalen Tageszeitungsmarkt zu etablieren. Führend sind die »Süddeutsche Zeitung«, die »Frankfurter Allgemeine Zeitung«, »Die Welt« und die »Frankfurter Rundschau«. Überregional verbreitet, jedoch mit eher geringer Gesamtauflage, sind auch Wochenzeitungen wie »Die Zeit«, »Deutsches Allgemeines Sonntagsblatt« oder »Rheinischer Merkur/Christ und Welt«. Hierbei handelt es sich um einen neuen Zeitungstyp, der erst nach dem Ende des Zweiten Weltkriegs auf dem westdeutschen Zeitungsmarkt entstand und sich vor allem durch kommentierende Hintergrundberichterstattung auszeichnet. Die Mehrzahl der in der Bundesrepublik erscheinenden Zeitungen betrachtet sich als unabhängig von bestimmten parteipolitischen oder weltanschaulichen Richtungen. Die Parteipresse spielt zudem nur eine untergeordnete Rolle.

Darüber hinaus wird dem Leser ein breites Spektrum von Zeitschriften angeboten. Da eine Gesamtstatistik fehlt, wird die Zahl der Publikums-, Fach- und anderer Zeitschriften auf bis zu 20 000 geschätzt. Allein die Publikumszeitschriften erreichten zuletzt eine Auflage von fast 120 Mio. Exemplaren. Dieser Sektor unterscheidet sich durch zwei Merkmale erheblich von dem der Tagespresse: zum einen durch die vergleichsweise hohe Titelfluktuation und zum anderen durch die Konzentration von zwei Dritteln der Marktanteile auf nur vier Großverlage (Bauer, Springer, Burda, Bertelsmann/Gruner+Jahr).

2.2. Struktur und Funktion der Presse in der DDR: Während das Pressewesen in der Übergangsphase der SBZ trotz der Lizenzpolitik der Sowjets noch durch eine relative Vielfalt der Presseerzeugnisse gekennzeichnet war, wurde die bürgerliche Presse nach der Gründung der DDR gleichgeschaltet. Massenmedien wurden von staatlicher Seite als »Instrumente der Arbeiter-und Bauern-Macht« betrachtet, die der »Entwicklung des Volkes im Geiste des Sozialismus« dienen sollten.

Das Zeitungswesen in der ehemaligen DDR war gekennzeichnet von einer strikten Reglementierung und politischen Instrumentalisierung durch Partei und Staat. Alle Zeitungen unterstanden der Lizenzierung durch das Presseamt beim Vorsitzenden des Ministerrats. Die SED-Parteispitze gab Anweisungen zur redaktionellen Linie wie auch zur Auswahl der Themen. Das Zentralorgan »Neues Deutschland« unterstand der Weisungsbefugnis des zuständigen ZK-Sekretärs. Die Bezirkszeitungen waren dem ZK und der jeweiligen Bezirksleitung der SED unterstellt. Zeitungen der Blockparteien unterstanden formal den jeweiligen Parteivorständen. Auch die Journalistenausbildung unterlag staatlichen Reglementierungen. Zwei Drittel der Journalisten durchliefen in ihrem Berufsweg die als »Rotes Kloster« bekannte »Sektion Journalistik« an der Karl-Marx-Universität in Leipzig. Die Zulassung zum Studium erhielt jedoch nur, wer sich durch gesellschaftliche Aktivitäten im Sinne der SED ausgezeichnet hatte. Als ein wichtiges »Informationsregulativ« ist außerdem die staatliche Nachrichtenagentur ADN einzustufen, die das Monopol für die Auslandsberichterstattung besaß. Lediglich das »Neue Deutschland« beschäftigte eigene Korrespondenten. Ein wesentliches Element der staatlichen Pressekontrolle war schließlich die Reglementierung der Papierversorgung, durch die Auflagenhöhen und Umfänge zentral gesteuert werden konnten.

Gedruckt wurde viel in der DDR: Mit einer Auflagenhöhe von 9,7 Mio. Exemplaren der 39 Tageszeitungen betrug der Pro-Kopf-Bezug 583 Exemplare je tausend Einwohner. Insgesamt erschienen 1988 1 812 unterschiedliche Presseerzeugnisse, davon 39 Tageszeitungen, 667 Betriebszeitungen der SED, 508 Zeitschriften, 176 zentrale Mitteilungsblätter, 4 Kreiszeitungen, 354 regionale Mitteilungsblätter sowie 34 Wochenzeitungen und Zeitschriften.

Im Zeitschriftensektor gab es jedoch Angebotslücken, etwa im Bereich von Wochen- und Hobbyzeitschriften. Zudem konnte die Nachfrage der Leserschaft nicht gedeckt werden. Sowohl Abonnements als auch Einzelstücke am Kiosk waren nur begrenzt erhältlich. Zugleich galten Zeitungen als »Gegenstände des täglichen Bedarfs«, die staatlich subventioniert wurden. Die Einzelverkaufspreise nahezu aller DDR-Regionalzeitungen lagen bei nur 0,15 Mark. Ein Monatsabonnement kostete in der Regel 3,00 bis 3,50 Mark.

Von den 39 Tageszeitungen gab die SED allein 16, nämlich 2 zentrale und 14 regionale Blätter heraus. Diese Zeitungen dominierten den Pressemarkt der ehemaligen DDR hinsichtlich der Auflagenhöhe und Verbreitungsdichte. Die ehemaligen SED-Bezirkszeitungen waren Monopolzeitungen, die zu DDR-Zeiten mehr als 90 % der Auflage ausmachten. Die ehemaligen Blockparteien CDU, LDPD, NDPD und DBD hielten zusammen 4 zentrale und 14 regionale Tageszeitungen. Hinzu kamen zentrale Organe des Freien Deutschen Gewerkschaftsbunds (FDGB) und der Freien Deutschen Jugend (FDJ). Das einzige Boulevardblatt der DDR war die Berliner »Bz am Abend«. Daneben gab es eine Tageszeitung in sorbischer Sprache, die von der Domowina herausgegeben wurde, und das »Sportecho«.

2.3. Der Pressemarkt im vereinten Deutschland: Die einschneidendsten Veränderungen im Pressesektor vollzogen sich in den 90er Jahren im Osten Deutschlands. Im Zuge der innenpolitischen Wende in der DDR wurden zunächst schrittweise die rechtlichen Rahmenbedingungen zur Verwirklichung der Medienfreiheit geschaffen. Das geplante Mediengesetz konnte allerdings nicht mehr verwirklicht werden. Ein zentrales Datum stellte der Beschluß der Volkskammer »über die Gewährleistung der Meinungs-, Informations- und Medienfreiheit« vom 5. Februar 1990 dar, auf dessen Grundlage sich am 13. Februar 1990 der Medienkontrollrat aus Vertretern der Parteien, Massenorganisationen und demokratischen Gruppen konstituierte. Der freie Verkauf westlicher Presseerzeugnisse wurde zugelassen, das Monopol des Postzeitungsvertriebs aufgehoben. Privatwirtschaftliche Organisationsformen wurden eingeführt, ohne kartell- und wettbewerbsrechtliche Regelungen nach dem Vorbild der Bundesrepublik zu treffen. Mit dem Auslaufen der staatlichen Subventionierung von Presseerzeugnissen am 30. März 1990 verschärfte sich der Konkurrenzdruck auf dem ostdeutschen Zeitungsmarkt. Trotz der schrittweisen Anhebung der Verkaufspreise war ein kostendeckendes Wirtschaften nach dem Wegfall der Preissubventionen kaum möglich. Unterstützungsmaßnahmen westlicher oder etablierter Ostredaktionen konnten Wettbewerbsnachteile neu gegründeter Blätter, die durch unzureichende Druckkapazitäten und Vertriebsmöglichkeiten noch verschärft wurden, nur begrenzt ausgleichen. Benachteiligt blieben auch die Zeitungen der ehemaligen Blockparteien. Bereits im Januar 1990 – noch vor der Aufhebung des Lizenzzwanges mit der »Verordnung über die Registrierung von Presseerzeugnissen« am 15. Februar 1990 – lösten sich die alten SED-Bezirkszeitungen von ihrem Herausgeber SED-PDS. Lediglich das »Neue Deutschland« machte hier eine Ausnahme. Die PDS ist heute somit die einzige Partei in Deutschland, die über eine eigene Tageszeitung verfügt.

Bei der Neuordnung des ostdeutschen Pressemarkts lassen sich mehrere Phasen unterscheiden:[1] Bevor westdeutsche Verlage mit der Herausgabe lokaler Nebenausgaben begannen, hatten sie zunächst Zeitungen aus der Bundesrepublik in die DDR geliefert. In einer dritten Phase kam es zu einer Vielzahl von Verlagsneugründungen, die neue Printmedien in Ostdeutschland herausbrachten – häufig unter Beteiligung westdeutscher Verlagshäuser. Bis Ende des Jahres 1990 war die Kooperation westlicher (Groß-)Verlage mit ostdeutschen Zeitungshäusern in den Bereichen Redaktion, Technik und Vertrieb bereits fast lückenlos. Mit der Vereinigung trat dann die Treuhandanstalt die Rechtsnachfolge als Eigentümerin der Zeitungen in Ostdeutschland an. Bis zum 15. Mai 1991 veräußerte sie sämtliche frühere SED-Bezirkszeitungen an westdeutsche Großverlage.

Die neue Vielfalt auf dem ostdeutschen Zeitungsmarkt, wie sie sich im Verlauf des Jahres 1990 herausgebildet hatte, war nur von kurzer Dauer. Ein enormer Konzentrationsprozeß führte ab Mitte 1991 vielmehr zu einer drastischen Verringerung des publizistischen Angebots. Diese Entwicklung wird auf den massiven wirtschaftlichen Verdrängungswettbewerb, vor allem aber auf die Vergabepolitik der Treuhandanstalt zurückgeführt. Nachdem die Zahl der publizistischen Einheiten in den Jahren 1991 bis 1993 um fast die Hälfte (von 40 auf 23) gesunken war, wurden 1995 wie auch 1996 noch 21 Vollredaktionen in den neuen Bundesländern gezählt. Lediglich eine der früher 13 regionalen Zeitungen der Blockparteien, die »Thüringische Landeszeitung«, verfügt noch über eine eigenständige Vollredaktion. Der Konzentrationsprozeß erfaßte Zeitungen aller Kategorien mit Ausnahme der früheren SED-Bezirkszeitungen. Fünf der ursprünglich sieben überregionalen DDR-Zeitungen, die sogenannten »Zentralorgane« der SED und der gesellschaftlichen Massenorganisationen, wie auch fast alle neugegründeten Lokalzeitungen haben ihr Erscheinen eingestellt. Vom Zeitungssterben erfaßt wurden auch Ost-Ausgaben westdeutscher Verlage. Die verbliebenen Titel mußten ebenfalls drastische Auflageneinbußen hinnehmen. Nach Schätzungen wurden 1991 in Ostdeutschland noch etwa 7,5 Mio. Tageszeitungen verkauft gegenüber 20,3 Mio. in Westdeutschland. In den folgenden Jahren sank die verkaufte Auflage in den neuen Bundesländern rapide bis auf 4,1 Mio. Exemplare 1998. Auch die Millionenauflage des »Neuen Deutschland« ist auf rund 65 200 verkaufte Exemplare gesunken. Dagegen blieb der westdeutsche Tageszeitungsmarkt hinsichtlich der verkauften Gesamtauflage im gleichen Zeitraum stabil: Berechnungen aus dem ersten Quartal 1998 zufolge liegt diese bei 20,8 Mio. Sinkende Auflagen der Abonnement-, vor allem aber der Kaufzeitungen, werden hier bislang durch steigende Auflagen der überregionalen Qualitätszeitungen wettgemacht.[2]

Nach umbruchartigen Anpassungsprozessen in der ersten Hälfte der 90er Jahre hat sich die Lage auf dem ostdeutschen Zeitungsmarkt inzwischen stabilisiert. Hervorstechendstes Merkmal ist die ungebrochene publizistische Dominanz der früheren SED-Bezirkszeitungen. Aufgrund ihrer großen Verbreitungsgebiete, ihrer hohen Auflagen und des von den westdeutschen Verlagshäusern eingebrachten Potentials besaßen sie entscheidende Wettbewerbsvorteile. Zwar mußten auch diese Blätter erhebliche Auflagenverluste hinnehmen, doch liegt ihr Marktanteil in den neuen Bundesländern weiterhin bei über 90 % und damit über dem Niveau der DDR-Zeit. Neun von ihnen zählten 1997 zu den 25 auflagenstärksten Tageszeitungen in Deutschland. In den meisten ostdeutschen Landkreisen bestehen zudem Zeitungsmonopole, die von den ehemaligen Bezirkszeitungen gehalten werden. Insgesamt hat sich die durchschnittliche Zeitungsdichte im vereinten Deutschland weiter verringert. Mehr als 55 % aller Kreise im gesamten Bundesgebiet sind heute »Ein-Zeitungs-Kreise«.

Die Entwicklung auf dem Zeitschriftenmarkt ist weitaus uneinheitlicher verlaufen. Frühere DDR-Titel wurden zwar größtenteils eingestellt, doch kristallisierten sich bald auch Akzeptanzprobleme der westdeutschen Zeitschriften in den neuen Bundesländern heraus. Gründe hierfür werden im zu hohen Preisniveau vermutet, aber auch in Aufmachung, Stil und Inhalt, die nicht den Bedürfnissen der ostdeutschen Leserschaft entsprächen. Auf positive Resonanz stoßen insbesondere Titel aus dem unteren Preissegment sowie Zeitschriften, die Angebotslücken der ehemaligen DDR füllen oder Servicecharakter besitzen. Bevorzugt werden außerdem Zeitschriften, die von den Westverlagen eigens für den ostdeutschen Markt konzipiert wurden (z. B. »Super-Illu«, »Super-TV«) oder in modifizierter Form herausgebracht werden. Ihre Verbreitung bleibt dabei fast ausschließlich auf den Osten

Deutschlands beschränkt. Die Reichweiten traditioneller Westtitel liegen hingegen in fast allen Sparten unter denen der alten Bundesländer. Aktuelle Illustrierte oder Nachrichtenmagazine wie »stern«, »Der Spiegel« oder »Focus« konnten 1995 nur zwischen vier und sechs Prozent ihrer Auflage in Ostdeutschland absetzen. Insgesamt ist der Zeitschriftenmarkt erheblich in Bewegung geraten: Eine ständig steigende Zahl von Titeln führt bei einem vergleichsweise geringen Auflagenwachstum zu einem scharfen Verdrängungswettbewerb. Dennoch stieg die verkaufte Gesamtauflage der Publikumszeitschriftenverlage – bei fortgesetzt hoher Titelfluktuation – 1997 in ganz Deutschland erstmals über 128 Mio. Exemplare.[3]

Zu den wichtigsten Strukturveränderungen im Bereich der Massenkommunikation zählt die Grenzaufhebung zwischen Print- und Funkmedien. Seit der Einführung des privaten Rundfunks in den 80er Jahren ist es zahlreichen Presseunternehmen gelungen, auch zu Programmanbietern in Hörfunk und Fernsehen zu werden. Dabei sind zwei Tendenzen zu beobachten: Während sich die großen Verlagskonzerne vor allem an der Produktion landesweiter Programme beteiligen, engagieren sich die regionalen Abonnementzeitungen eher im lokalen Hörfunk oder Fernsehen. Eine wachsende Anzahl von Zeitungen und Zeitschriften nutzt außerdem das World Wide Web als neuen Kommunikationskanal. Nach einer Erhebung aus dem Jahr 1997 bieten etwa 100 Tageszeitungen Onlineausgaben an, die allerdings in Aufbau und Inhalt in der Regel noch der Printversion entsprechen.[4] In der medienpolitischen Diskussion werden derartige Entwicklungen und die daraus resultierende Gefahr medienübergreifender Konzentrationsformen unter den Stichworten »Doppelmonopole« bzw. »mediendiagonale Verflechtung« thematisiert.

3. Rundfunk

3.1. Das Rundfunksystem der Bundesrepublik Deutschland bis 1990: Nach dem Zusammenbruch des nationalsozialistischen Regimes und seines zentralistisch organisierten Staatsrundfunks übernahmen die vier Siegermächte die Rundfunkhoheit in Deutschland und verboten zunächst jeden deutschen Sendebetrieb. Die Rundfunkpolitik der Alliierten entschied in den Nachkriegsjahren über zwei wesentliche Merkmale des westdeutschen Rundfunksystems: die föderale Struktur und die staatsferne, öffentlich-rechtliche Organisation. Zwischen 1948 und 1949 wurden auf dem Gebiet der Bundesrepublik die ersten Rundfunkanstalten gegründet, teils unter Aufsicht der Besatzungsmächte, teils durch diese selbst. Bayerischer Rundfunk, Hessischer Rundfunk, Radio Bremen, Süddeutscher Rundfunk, Südwestfunk und Nordwestdeutscher Rundfunk, aus dem später der Westdeutsche Rundfunk, der Norddeutsche Rundfunk und der Sender Freies Berlin hervorgingen, mußten weiterhin Auflagen der Alliierten Hohen Kommission erfüllen. Erst mit dem Deutschlandvertrag vom 5. Mai 1955 erlangte die Bundesrepublik Deutschland die volle Souveränität auch im Rundfunkbereich.

Die Rundfunkgarantie ist eingebettet in das Gefüge der Kommunikationsgrundrechte – Meinungs-, Presse- und Informationsfreiheit –, die auf die Gewährleistung der freien individuellen und öffentlichen Meinungsbildung abzielen. Nach der allgemeinen Zuständigkeitsvermutung des Art. 70 Abs. 1 GG liegt die Rundfunkhoheit in der Bundesrepublik Deutschland bei den Ländern. Die Landesrundfunkanstalten sind als öffentlich-rechtliche Einrichtungen von behördlicher Fachkontrolle freigestellt, mit Selbstverwaltungsbefugnissen ausgestattet und finanzieren sich aus Gebühren und zusätzlichen Werbeeinnahmen. 1950 gründeten die Länder die »Arbeitsgemeinschaft der öffentlich-rechtlichen Rundfunkanstalten der Bundesrepublik Deutschland (ARD)«. Die beteiligten Landesrundfunkanstalten verbreiten jeweils eigene Hörfunk- und Fernsehprogramme. Mit dem »Abkommen der Länder über die Koordinierung des Ersten Fernsehprogramms« von 1959 erhielt das gemeinsam veranstaltete Fernsehprogramm eine Rechtsgrundlage. Durch das Bundesrundfunkgesetz wurden 1960 außerdem zwei Hörfunkprogramme mit besonderem Sendeauftrag eingerichtet: die Deutsche Welle (DW), die sich aus Bundesmitteln finanziert und dem Ausland ein umfassendes Bild von der Bundesrepublik Deutschland vermitteln soll, und der Deutschlandfunk, der bis zur Neuordnung des bundesweiten Hörfunks zum 1. Januar 1994 als werbungsfreier, ausschließlich durch Gebühren finanzierter Sender Informations- und Kulturprogramme für ganz Deutschland und das Ausland ausstrahlte. Der Versuch des Bundes, ein nationales Fernsehprogramm einzurichten, scheiterte am Bundesverfassungsgericht (Urteil vom 28. Februar 1961). Mit dem »Staatsvertrag« vom 6. Juni 1961 gründeten die Länder das »Zweite Deutsche Fernsehen (ZDF)« als Anstalt des öffentlichen Rechts mit Sitz in Mainz. Im Gegensatz zur föderalistisch organisierten ARD ist das von allen Ländern gemeinsam getragene ZDF zentralistisch aufgebaut.

Die medienpolitische Diskussion in der Bundesrepublik Deutschland wurde in den 80er Jahren von der Entwicklung einer »dualen Rundfunkordnung«, bestehend aus öffentlich-rechtlichem und privatem Rundfunk, bestimmt. 1981 bestätigte das Bundesverfassungsgericht seine Rechtsauffassung, wonach der öffentlich-rechtliche Rundfunk eine, jedoch nicht die ausschließliche Organisationsform des Rundfunks in der Bundesrepublik darstellt. Zudem wurde die Notwendigkeit ausgestaltender gesetzlicher Regelungen dargelegt. Der Einstieg in den privaten Rundfunk erfolgte mit der Durchführung von vier Kabelpilotprojekten, zuerst in Mannheim-Ludwigshafen, dann in Berlin, München und Dortmund. In der Folge erließen die Bundesländer zwischen 1984 und 1989 »Landesmediengesetze« zur Einführung des privaten Rundfunks. Die Zulassung und Beaufsichtigung privater Rundfunkanbieter untersteht den »Landesmedienanstalten«, deren Organe von Land zu Land unterschiedlich aus den gesellschaftlich relevanten Gruppen besetzt werden. Weitere Rechtsgrundlagen bilden die Urteile des Bundesverfassungsgerichts sowie der Rundfunkstaatsvertrag von 1987. Wesentliche Eckpunkte wurden bereits durch das Urteil des Bundesverfassungsgerichts von 1986 abgesteckt. Demnach sind die öffentlich-rechtlichen Anstalten zuständig für die unerläßliche »Grundversorgung« der Bevölkerung. Dazu zählen drei Elemente: die Übertragungstechnik zur flachendeckenden Verbreitung des Programms, der inhaltliche Programmstandard und schließlich die wirksame Sicherung gleichgewichtiger Vielfalt. Die privaten Anbieter können der Aufgabe der »Grundversorgung« nach Meinung des Gerichts nicht in gleichem Ausmaß gerecht werden. Dies wurde zum einen auf deren beschränkte technische Empfangbarkeit zurückgeführt und zum anderen auf die finanzielle

Notwendigkeit, auf hohe Einschaltquoten abzielende Programme auszustrahlen. Damit ergänzen und legitimieren sich öffentlich-rechtlicher und privater Rundfunk gegenseitig.[5]

Die kommerziellen Anbieter konnten ihre Marktanteile seit ihrer Zulassung erheblich ausbauen. Aufgrund ihrer Reichweiten stehen insbesondere RTL und SAT 1 in enger Konkurrenz zu den öffentlich-rechtlichen Fernsehanstalten. Uneinheitlich verläuft die Entwicklung im Bereich des privaten Hörfunks. Während landesweite Sender zum Teil sehr erfolgreich agieren, können sich lokale Veranstalter nur schwer durchsetzen. Kennzeichnend ist für beide der hohe Musikanteil in ihren Programmen.

3.2. Hörfunk und Fernsehen in der DDR: In der sowjetischen Besatzungszone wurde der Rundfunk bereits am 21. Dezember 1945 der »Deutschen Zentralverwaltung für Volksbildung« unterstellt. Das Kontroll- und Zensurrecht verblieb zunächst bei der Sowjetischen Militäradministration. Zwischen September 1945 und Januar 1946 entstanden in Leipzig, Dresden, Schwerin, Erfurt, Potsdam, Halle und Weimar Landessender, die jedoch 1952 durch Beschluß der Volkskammer der DDR zusammen mit den Bundesländern aufgelöst wurden. Die bis dahin bestehende »Generalintendanz des Deutschen Demokratischen Rundfunks« wurde per Verordnung des Ministerrats vom 14. August 1952 durch das »Staatliche Rundfunkkomitee beim Ministerrat der DDR« als oberste Kontrollinstanz ersetzt. Dieses wurde 1968 in getrennte Organisationseinheiten, die staatlichen Komitees für Rundfunk und Fernsehen, umgewandelt. Der Rundfunk als Ganzes blieb zentralisiert und verstaatlicht. Nach mehreren Reorganisationen trat am 1. Dezember 1987 eine Struktur- und Programmreform des Hörfunks in Kraft, welche das Profil der sechs Radioprogramme schärfen sollte: »Radio DDR I« sendete ein aktuelles Hörfunk- und Musikprogramm; »Radio DDR II« strahlte vormittags Regionalprogramme und danach Bildungs- und Unterhaltungsprogramme aus; das Programm des »Berliner Rundfunks« richtete sich vor allem an Hörer in der Hauptstadt; die »Stimme der DDR« sendete ein deutschsprachiges Programm für das Ausland; ein mehrsprachiges Programm wurde weltweit von »Radio DDR International« ausgestrahlt; außerdem wurde das »Jugendradio DT 64« gegründet, das mit Popmusik und einem lockeren Präsentationsstil vor allem die Jugendlichen erreichen sollte. 1950 begann man mit dem Aufbau eines eigenen Fernsehsystems. Als erste Sendung wurde am 21. Dezember 1952 auf dem Kanal »DFF 1« die Nachrichtensendung »Aktuelle Kamera« ausgestrahlt. Im Oktober 1969 ging ein zweites Fernsehprogramm »DFF 2« auf Sendung. Gleichzeitig wurde das SECAM-Farbfernsehsystem eingeführt, um den Empfang westdeutscher Programme zu beeinträchtigen, die im PAL-System gesendet und von den DDR-Bürgern als »Schaufenster in den Westen« intensiv genutzt wurden. 1972 wurde der »Deutsche Fernsehfunk« in »Fernsehen der DDR« umbenannt. Berlin nahm im Sendebetrieb eine dominierende Stellung ein. Vorhandene Außenstudios fungierten lediglich als Zulieferer. Große Programmteile wurden zentral von der Hörfunkzentrale in der Nalepastraße und dem TV-Zentrum in Adlershof produziert. Für kritische Berichterstattung bestanden nur enge Spielräume. Insbesondere das 1987 eingerichtete »Jugendradio DT 64« machte in diesem Zusammenhang auf sich aufmerksam. Auf dieser Linie lag auch das Jugendmagazin »elf 99«, das seit dem 1. September 1989 in DFF 2 ausgestrahlt wurde.

3.3. Die duale Rundfunkordnung im vereinten Deutschland: Im Einigungsprozeß stand die Entwicklung eines gesamtdeutschen Rundfunksystems im Vordergrund. Dabei ging es vor allem um die Neuordnung des Rundfunks in Ostdeutschland, die in enger Anlehnung an die medienrechtlichen Bestimmungen der Bundesrepublik Deutschland vollzogen wurde.

Der Beschluß der Volkskammer »über die Gewährleistung der Meinungs-, Informations- und Medienfreiheit« vom 5. Februar 1990 verfolgte neben der Liberalisierung des Pressewesens auch die Schaffung eines staatsunabhängigen, öffentlichen Rundfunks in der damaligen DDR. Die Kontrollgremien Fernsehrat und Hörfunkrat erhielten den Auftrag, Statute für einen demokratischen Sendebetrieb auszuarbeiten. Am 13. September 1990 wurde noch das »Rundfunküberleitungsgesetz« verabschiedet, doch schrieb Art. 36 des zwischenzeitlich unterzeichneten Einigungsvertrags bereits die Auflösung des »Rundfunks der DDR« und des »Deutschen Fernsehfunks« bis spätestens zum 31. Dezember 1991 vor. Im ». . . genannten Zeitraum (war) die Einrichtung nach Maßgabe der föderalen Struktur des Rundfunks durch gemeinsamen Staatsvertrag der in Artikel 1 genannten Länder aufzulösen oder in Anstalten des öffentlichen Rechts einzelner oder mehrerer Länder überzuführen«. Ferner legte er die Wahl und Aufgaben des Rundfunkbeauftragten sowie die Besetzung und Funktion des Rundfunkbeirats fest.

Der Aufbau regionaler Landessender in Ostdeutschland konnte an die Rundfunkstrukturen der ehemaligen DDR anknüpfen. Bereits Anfang 1990 wurden erste Schritte zur Dezentralisierung des Hörfunks umgesetzt. Es entstanden die Sender »Antenne Brandenburg«, »Sachsenradio«, »Radio Sachsen-Anhalt«, »Radio Thüringen« und »Radio Mecklenburg-Vorpommern 1«. Zur Freischaltung einer Frequenz für die Landessender fusionierten Radio DDR II und der »Deutschlandsender« (ehemals »Stimme der DDR«) zum Hörfunkprogramm »DS-Kultur«. Schwierig gestaltete sich die Regionalisierung des Fernsehens. Lediglich in Rostock, Dresden und Halle gab es Fernsehstudios, die nach der Wende zu Landessendern ausgebaut werden konnten. In Thüringen und Brandenburg mußten ganz neue Anstalten geschaffen werden. Die Fernsehprogramme DFF 1 und DFF 2 wurden zur DFF-Länderkette zusammengeschlossen. Die »Einrichtung« veranstaltete hier ein Programm, das den Dritten Programmen der westdeutschen Landesrundfunkanstalten vergleichbar war. Seit Dezember 1990 nutzt die ARD auf Grundlage einer Entscheidung des Rundfunkbeauftragten die TV-Frequenz von DFF 1. Das ZDF startete einen Betriebsversuch auf bis dahin ungenutzten Frequenzen. Nach der schrittweisen Regionalisierung des Fernsehprogrammes erfolgte die offizielle Gründung der Landessender am 1. Juli 1990.

Mit dem »Staatsvertrag über den Rundfunk im vereinten Deutschland« vom 31. August 1991 wurde die Rahmenordnung für das duale Rundfunksystem im geeinten Deutschland geschaffen. Die Beteiligung der neu gegründeten Rundfunkanstalten an der ARD sowie der neuen Bundesländer am ZDF ist darin ebenso geregelt wie die schrittweise Angleichung der Gebührenordnungen bis zum 1. Januar 1995. Seit der Fusion des Süddeutschen Rundfunks (SDR) mit dem Südwestfunk (SWF) am 1. Januar 1998 gibt es in der Bundesrepublik Deutschland zehn öffentlich-rechtliche Landesrundfunkanstalten:

- Bayerischer Rundfunk (BR): Bayern;
- Hessischer Rundfunk (HR): Hessen;
- Norddeutscher Rundfunk (NDR): Hamburg, Mecklenburg-Vorpommern, Niedersachsen, Schleswig-Holstein;
- Mitteldeutscher Rundfunk (MDR): Sachsen, Sachsen-Anhalt, Thüringen;
- Ostdeutscher Rundfunk Brandenburg (ORB): Brandenburg;
- Radio Bremen (RB): Bremen;
- Saarländischer Rundfunk (SR): Saarland;
- Sender Freies Berlin (SFB): Berlin;
- Südwestrundfunk (SWR): Baden-Württemberg, Rheinland-Pfalz;
- Westdeutscher Rundfunk (WDR): Nordrhein-Westfalen.

ARD und ZDF sind darüber hinaus nicht nur an europäischen Fernsehprojekten (ARTE, 3sat) beteiligt, sondern bieten seit einiger Zeit auch eigene Spartenprogramme an. So wurde zum Jahresbeginn 1997 auf Grundlage der Novelle des Rundfunkstaatsvertrags von 1996 der werbefreie »Kinderkanal« eingeführt. Im April desselben Jahres nahm der gemeinsame Ereignis- und Dokumentationskanal »Phönix« den Sendebetrieb auf. Zudem strahlt seit Januar 1998 der Satelliten-Spartenkanal »Alpha« des Bayerischen Rundfunks sein Bildungsprogramm aus.

Die erhebliche Ausweitung des Hörfunkangebots in Deutschland ist unmittelbar ablesbar an der Tatsache, daß den insgesamt 57 öffentlich-rechtlichen Sendern Mitte 1997 bereits 178 private Hörfunkveranstalter gegenüberstanden. Im Hörfunkbereich ist außerdem die Schaffung neuer rechtlicher Grundlagen für den nationalen Hörfunk hervorzuheben. Nach langwierigen Verhandlungen unterzeichneten die Bundesregierung und die Ministerpräsidenten aller Bundesländer am 17. Juni 1993 zwei Staatsverträge, mit denen Deutschlandfunk, RIAS Berlin und DS Kultur zum öffentlich-rechtlichen Informations- und Kulturkanal »Deutschlandradio« zusammengefaßt wurden. Am 1. Januar 1994 ging der neue Sender mit Sitz in Köln und Berlin auf Sendung. ARD und ZDF sind im Verwaltungsrat der Körperschaft, die unter Rundfunkhoheit der Länder steht, vertreten. Mit dem sogenannten »Deutsche-Welle-Gesetz«, das am 1. Januar 1998 vollständig in Kraft getreten ist, erhielt zudem die Rundfunkanstalt des Bundesrechts »Deutsche Welle« eine neue gesetzliche Grundlage. Als bedeutende Erweiterung ihres an das Ausland gerichteten Programmangebots ist die Ausstrahlung eines täglich aktuellen Fernsehprogramms einzustufen, das seit 1. Juli 1995 als 24-Stunden-Programm gesendet wird.

Die privaten Rundfunkanbieter konnten in den neuen Bundesländern – anders als in der alten Bundesrepublik – eine Art Vorreiterrolle übernehmen, da sie aufgrund der weiten Verbreitung von Satelliten-Empfangsgeräten dort von Anfang an empfangbar waren. So erreichten die Privatsender RTL und SAT 1 bereits 1992 acht von zehn bundesdeutschen Haushalten. Bis Ende 1996 konnten sie ihre technische Reichweite auf über 95 Prozent ausbauen. Weiter verfestigt hat sich ein Ost-West-Gefälle der Mediennutzung: Erreichte der Fernsehkonsum der Deutschen 1995 insgesamt einen Höhepunkt, so lag die durchschnittliche Sehdauer in den neuen Bundesländern mit täglich 3:11 Stunden wiederum deutlich über dem in den alten Bundesländern ermittelten Wert von 2:30 Stunden. Vom gestiegenen Zeitaufwand für das Fernsehen profitierten in den 90er Jahren vor allem die privaten Anbieter. Belief sich die Nutzung öffentlich-rechtlicher Programme 1990 in Westdeutschland noch auf 75 % der täglichen Sehdauer, waren es 1995 nur noch 47 %. In Ostdeutschland wurden noch 38 % der Fernsehzeit öffentlich-rechtlichen Programmen gewidmet. Entsprechend differiert das Sehbeteiligungsverhältnis von privaten und öffentlich-rechtlichen Programmen. Klarer Marktanteilsführer in den neuen Bundesländern war auch 1997 RTL, gefolgt von SAT 1 und den dritten Programmen der ARD. Dagegen hat die ARD in den alten Bundesländern wieder die Marktführung vor RTL und dem ZDF übernommen. Insgesamt blieb RTL trotz leichter Verluste das meistgesehene Programm in Deutschland.[6] Eine positive Bilanz zog Anfang Januar 1999 auch der digitale Fernsehsender DF1, der mit einem breiten Pay-per-View-Angebot für sich wirbt. Rund 300 000 Abonnenten bedeuteten eine Verdreifachung der Kundenzahl im Vergleich zu Anfang 1998.

Die duale Rundfunkordnung im vereinten Deutschland wurde durch die sogenannten »Rundfunkänderungsstaatsverträge« von 1994, 1995 und 1996 weiterentwickelt. Damit wurden insbesondere die Bestimmungen zum Jugendschutz, zum Sponsoring, zur Finanzierung besonderer Aufgaben und zur Konzentrationskontrolle konkretisiert und den aktuellen Erfordernissen angepaßt. Im Mittelpunkt der rundfunkpolitischen Diskussion steht dabei seit Jahren die Frage nach der Zukunft der öffentlich-rechtlichen Sendeanstalten. Der Regelungsbedarf hinsichtlich der Finanzierung wurde durch das Rundfunkgebührenurteil des Bundesverfassungsgerichts vom Februar 1994, das die Praxis der Gebührenfestsetzung in Teilen für verfassungswidrig erklärte, noch verstärkt. Vor allem die ARD geriet als Zusammenschluß der Landessender in diesem Zusammenhang unter Druck. Zwar einigten sich die Regierungschefs der Länder im Oktober 1995 auf eine Bestands- und Entwicklungsgarantie für die öffentlich-rechtlichen Sendeanstalten bis Ende des Jahres 2000. Doch ist die Existenz der kleineren Sendeanstalten mit der danach avisierten Beendigung des Rundfunkfinanzausgleichs in Frage gestellt. Die Senderfusion von SDR und SWR, aber auch Kooperationsbeziehungen, wie sie mit dem gemeinsamen Hörfunkprogramm »Radio 1« von SFB und ORB eingegangen wurden und von anderen Sendern in Erwägung gezogen werden, sind Ausdruck des Rationalisierungsdrucks. Neben der Erhöhung der Rundfunkgebühren zum 1. Januar 1997 und der Zulassung von öffentlich-rechtlichen Spartenprogrammen ist die Neuordnung des materiellen Medienkonzentrationsrechts für den privaten Rundfunk ein weiteres Kernstück der Novelle des Rundfunkstaatsvertrags vom 5. Juli 1996. Das sogenannte »Marktanteilsmodell« ermöglicht es einzelnen TV-Unternehmen, künftig eine unbegrenzte Zahl von Programmen zu veranstalten, sofern deren Zuschaueranteil am gesamten deutschen Fernsehmarkt die 30 %-Marke nicht überschreitet.

Auf diese Weise soll die Herausbildung einer »vorherrschenden Meinungsmacht« verhindert werden. Kontrolliert wird dies durch die neu errichtete »Kommission zur Ermittlung der Konzentration im Medienbereich (KEK)«.

Die Entwicklung des Rundfunks in Deutschland wird schließlich in wachsendem Maße von der internationalen Medienpolitik beeinflußt. So forciert die Europäische Union Maßnahmen zur Deregulierung und Harmonisierung des Medienmarkts, wie sie bereits in der »Fernsehrichtlinie« aus dem Jahr 1989 ihren Niederschlag fanden. Auf Druck des Europäischen Parlaments wurde die bisherige Quotenregelung für den Anteil europäischer Produktionen in Fernsehprogrammen der Mitgliedsländer durch die 1997 verabschiedete Novelle der Fernsehrichtlinie allerdings nicht verschärft. Zudem verständigte man sich auf eine Regelung zur Sicherung großer Sportereignisse für das Free-TV. Das im Mai 1998 von der EU-Kommission vorgelegte »Grünbuch zur Konvergenz der Branchen Telekommunikation, Medien und Informationstechnologie und ihren ordnungspolitischen Auswirkungen« zeigt jedoch, daß die medienpolitische Debatte um die Deregulierung des Rundfunks in den Mitgliedstaaten noch keineswegs beendet ist. In der Bundesrepublik kreist die Auseinandersetzung dabei insbesondere um die künftige Rolle des öffentlich-rechtlichen Rundfunks und dessen Anpassungsnotwendigkeiten an die durch private Anbieter und elektronische Massenkommunikation veränderten Marktbedingungen.

4. Fazit und Ausblick: Im Zuge des Einigungsprozesses wurde das staatlich gelenkte und zentralistisch organisierte Mediensystem der DDR neu geordnet. Im Kern handelt es sich dabei um eine Anpassung an die in der alten Bundesrepublik geltenden Bestimmungen, die an den demokratischen Normen des Art. 5 GG ausgerichtet sind. Anders als im Rundfunksektor haben sich in der Presselandschaft grundlegende strukturelle Unterschiede zwischen West- und Ostdeutschland herausgebildet. Die Situation in den neuen Bundesländern läßt sich als »monopolisierte Einfalt« (W. J. Schütz) charakterisieren. Pressevielfalt hat sich dort aufgrund der Marktzutrittsbarrieren insbesondere im lokalen Bereich nur begrenzt entwickeln können. Die Zeitungen haben größere Verbreitungsgebiete und wesentlich höhere Auflagen als im Westen. »Ein-Zeitungs-Kreise« sind der Regelfall. Während sich die publizistische und ökonomische Konzentration in Westdeutschland mit kleinen Schritten vollzieht, erfolgten in Ostdeutschland umbruchartige Konzentrationsprozesse. So kam es zu einer Vielzahl von Zeitungseinstellungen bei gleichzeitiger Konsolidierung der großen Regionalzeitungen (ehemalige SED-Bezirksblätter). Der überwiegend mittelständisch geprägten westdeutschen Zeitungslandschaft mit vielen Standorten steht damit in Ostdeutschland eine monopolartige Struktur weniger großauflagiger Zeitungen gegenüber. Gleichzeitig sind die Marktgewichte des westdeutschen Pressesystems in Bewegung geraten. So konnten Großverlage ihre Marktposition durch den Erwerb ostdeutscher Zeitungen weiter ausbauen. Hinzu kommt, daß Presseunternehmen, die bis dahin ausschließlich im Zeitschriftensektor tätig waren, erstmals auch in das Zeitungsgeschäft einstiegen.

Der Aufbau eines gesamtdeutschen dualen Rundfunksystems ist abgeschlossen. Hörfunk und Fernsehen der DDR wurden – wie im Einigungsvertrag vorgesehen –

aufgelöst. In den ostdeutschen Sendeanstalten kam es dabei zu einem massiven Personalabbau. Die neugegründeten Landesrundfunkanstalten konkurrieren wie ARD und ZDF mit den privaten Anbietern. Diese konnten ihren Marktanteil in den neuen Bundesländern gegenüber den öffentlich-rechtlichen Sendern ausbauen. Die Neugestaltung der Rundfunklandschaft im Osten wirkte sich jedoch auch bundesweit aus. Die Proportionen der Programmanteile in der ARD haben sich verschoben. Ablesbar ist dies an den Auseinandersetzungen über den Finanzausgleich zwischen den Landesrundfunkanstalten. Der Reformbedarf wird durch den steigenden Kosten- und Konkurrenzdruck noch verstärkt.

Einschneidende Veränderungen des Mediensystems vollziehen sich an der Schwelle zum 21. Jahrhundert aufgrund des rasant fortschreitenden technischen Wandels. Die Digitalisierung und Kompression von Daten ermöglicht deren Bearbeitung, Speicherung und ihren Transport unabhängig vom Übertragungsweg. Mit dem Zusammenwachsen von Computer-, Telekommunikations- und audiovisueller Technik (»Multimedia«) verwischen zugleich die Grenzen zwischen Individual- und Massenkommunikation. Auch die Bundesrepublik befindet sich längst auf dem Weg zur Informations- und Wissensgesellschaft: Die flächendeckende Versorgung mit digitalen Telekommunikations- und Mobilkommunikationsnetzen gilt als abgeschlossen. 60 Prozent der Haushalte haben inzwischen Zugang zu digitalen Hörfunk- und TV-Angeboten über das Kabelnetz. Während die Angebotsformen des digitalen Pay-TV noch mit Akzeptanzproblemen zu kämpfen haben, sind auf dem Gebiet der Internetnutzung enorme Zuwachsraten zu verzeichnen: bereits jeder sechste Einwohner hat Zugang zum Internet; davon circa 4,5 Mio. als Online-Abonnenten. Experten sind sich einig darin, daß die »digitale Revolution« mit ihren immer kürzer werdenden Innovationszyklen nicht nur einen milliardenschweren Wachstumsmarkt eröffnet, sondern zugleich zu fundamentalen gesellschaftlichen Strukturveränderungen führen wird. Der globale Charakter der neuen Informations- und Kommunikationstechniken (IuK-Techniken) stellt die demokratische Medienpolitik daher weltweit vor einen völlig neuen Regelungsbedarf.

Manuela Glaab

Anmerkungen:

1 Vgl. B. Schneider: Pressemarkt Ost: Ein Refugium des »demokratischen Zentralismus«, in: W. A. Mahle (Hrsg.): Medien im vereinten Deutschland. Nationale und internationale Perspektiven, München 1991, S. 71–80.

2 Vgl. W. J. Schütz: Deutsche Tagespresse 1997, in: Media Perspektiven, 12/1997, S. 663–684 sowie die aktuellen Daten des Bundesverbandes der deutschen Zeitschriftenverleger: http://www.bdzv.de.

3 Vgl. M. Haller u. a.: Entwicklungschancen und strukturelle Probleme der Zeitschriftenpresse in den neuen Bundesländern, Leipzig 1994; H. Röper: Konzentration im Zeitschriftenmarkt leicht rückläufig, in: Media Perspektiven, 7/1998, S. 337–351.

4 Vgl. C. Neuberger u. a.: Die deutschen Tageszeitungen im World Wide Web, in: Media Perspektiven, 12/1997, S. 652–662.

5 Vgl. ausführlich bei M. Schuler-Harms: Rundfunksystem der Bundesrepublik Deutschland, in: Hans-Bredow-Institut für Rundfunk und Fernsehen der Universität Hamburg (Hrsg.): Internationales Handbuch für Hörfunk und Fernsehen 1992/93, Baden-Baden (21. Aufl.) 1992, A 64–84.
6 Vgl. W. Darschin/B. Frank: Tendenzen im Zuschauerverhalten, in: Media Perspektiven, 4/1998, S. 154–166.

Literatur:

KLEINSTEUBER, HANS J./TORSTEN ROSSMANN: Europa als Kommunikationsraum. Akteure, Strukturen und Konfliktpotentiale in der europäischen Medienpolitik, Opladen 1994. □ MAHLE, WALTER A. (Hrsg.): Pressemarkt Ost. Nationale und internationale Perspektiven, München 1992. □ MEYN, HERMANN: Massenmedien in der Bundesrepublik Deutschland, Berlin 1996. □ NOELLE-NEUMANN, ELISABETH U. A. (Hrsg.): Das Fischer Lexikon Publizistik. Massenkommunikation, Frankfurt a. M. 1997. □ PRESSE- UND INFORMATIONSAMT DER BUNDESREGIERUNG (Hrsg.): Bericht der Bundesregierung über die Lage der Medien in der Bundesrepublik Deutschland 1998. Medienbericht 1998, Drucksache 13/10650 des Deutschen Bundestages. □ PÜRER, HEINZ/JOHANNES RAABE: Medien in Deutschland, Bd. 1: Presse, Konstanz (2. überarb. Aufl.) 1996. □ SCHNEIDER, BEATE: Strukturen, Anpassungsprobleme und Entwicklungschancen der Presse auf dem Gebiet der neuen Bundesländer (einschließlich des Gebiets des früheren Berlin-Ost), Hannover 1992. □ STUIBER, HEINZ-WERNER U. A.: Medien in Deutschland, Bd. 2: Rundfunk, Konstanz 1998.

Nation und Nationalbewußtsein

→ Bundesrepublik Deutschland: Geschichte, DDR: Geschichte, Deutschland von außen, **Einstellungen zur deutschen Einheit, Europäische Integration**, Grundgesetz, Nationalsymbole, Politische Kultur, Selbstbestimmungsrecht, Staatsangehörigkeit.

1. **Begriffe:** Die wissenschaftliche Diskussion um den Begriff der Nation besitzt eine eigene Tradition. Es besteht keineswegs Einigkeit darüber, was Wesensmerkmale, Voraussetzungen und Implikationen einer Nation sind. Die Deutungen des Verständnisses von der Nation reichen vom Begriff Kulturnation, der Nation als hochorganisierte Gruppe, als Gefühls- und Zweckgemeinschaft bis zur Identifikation von Nation und staatlichem Verband sowie der Betonung des nationalen Bewußtseins und des Willens zur Zusammengehörigkeit. Nach Boyd C. Shafer konstituiert sich Nation durch ein einheitliches Territorium und gemeinsame Züge wie Sprache, Literatur und Sitten; ein Mindestmaß gemeinsamer sozialer und ökonomischer Institutionen; eine gemeinsame souveräne Regierung; den Glauben an Gemeinsamkeit von Geschichte und Abstammung; relative Wertschätzung zwischen Nationszugehörigen; Hingabe an ein wie auch immer aufgefaßtes Ganzes; Stolz über Errungenschaften; Trauer über

nationale Mißerfolge; Geringschätzung fremder Nationalitäten und Hoffnung auf zukünftigen nationalen Machterwerb.[1] Diese Auflistung enthält die Gesichtspunkte, die im Zusammenhang mit der Konstituierung und dem Erhalt von Nationen genannt werden – bis auf die Willenskomponente (E. Renan). Danach ist der entscheidende Faktor der Nation der Wille. Ein sozialer Verband wird erst dadurch zur Nation, daß er Nation sein will, indem er sich als Einheit zu organisieren beabsichtigt.

Wenn man die divergierenden Gesichtspunkte aus der wissenschaftlichen und politischen Debatte zum Nation-Verständnis systematisiert, kann man drei Aspekte differenzieren: Der Nation-Begriff hat eine sozialpsychologische, eine phänomenologische und eine kommunikationstheoretische Dimension. Im Rahmen der sozialpsychologischen Dimension definiert ein gemeinsames Grundverständnis die Nation als eine Form kollektiver Identifikation, die sich auf das Zusammenleben einer Gemeinschaft insgesamt bezieht. Für ein sicheres Selbstgefühl, für die Verarbeitung der Information der Umwelt und für die Abwägung von individuellen und gesellschaftlichen Ansprüchen ist diese Möglichkeit der Identitätsbildung von Relevanz. Phänomenologisch kreist die Diskussion um den Nation-Begriff immer wieder um zwei Typen: Kulturnation und Staatsnation. Die Kulturnation findet ihre Begründung im Zusammengehörigkeitsgefühl aus dem Bewußtsein gemeinsamer Kultur. Gemeinsame Sprache, Geschichte, Sitten, Religion und Abstammung sind Kernelemente der Kulturnation. Die diffuse Unbestimmtheit des Begriffs, seine irrationalen Elemente und die Möglichkeit, ihn mit beliebigen, auch unfreiheitlichen und undemokratischen Inhalten aufzuladen, treffen jedoch auf Kritik und verweisen darauf, welche Sprengkraft er entwickeln kann. Der Begriff der Staatsnation geht demgegenüber davon aus, daß es einem Staat gelingt, das innerhalb seiner Grenzen lebende Volk zu einer Nation zusammenzuführen. Dieser Begriff bindet die Nation an die konkrete Erscheinung des Staats.

Eine schematische Auflösung von Nation erscheint ebenso unzutreffend wie der bloße Verweis auf die Kulturnation. Insofern ist es sinnvoll, das Nation-Verständnis zu präzisieren, indem die Nation in ihrer kommunikationstheoretischen Dimension ausformuliert wird. Danach manifestiert sich Nationalbewußtsein aufgrund von Kommunikationsbereitschaft und dem Interesse, ein stabiles Kommunikationssystem zu schaffen. Die Merkmale der Nation gehen im Rahmen dieses Ansatzes auf das Prinzip sozialer Kommunikation zurück. Demnach wird eine Bevölkerung durch ein hohes Maß an sozialer Kommunikation gegenüber Fremdgruppen integriert. Dazu dient auch die Schaffung eines sozial standardisierten Systems von Symbolen oder Normen. Die Umsetzung von Kommunikation in Nationalbewußtsein resultiert aus dem Prozeß der Modernisierung. Der Zwang zum schnellen sozialen Lernen, der mit dem raschen sozialen Wandel und der wachsenden Mobilität zusammenhängt, führt zu jenen interkommunikativen Symbolen, die den Bezugsrahmen für Nationalbewußtsein darstellen. Dieses Bewußtsein entwickelt sich dann, wenn die Akteure in einem Kommunikationssystem davon überzeugt sind, daß sie von anderen Menschen in anderen Kommunikationssystemen unterschieden sind und diesen Unterschied bewußt positiv bewerten. Nationalbewußtsein ist somit das Fühlen oder Wissen einer Gruppe von Menschen oder eines Individuums, einer sozialen oder politischen Gemeinschaft anzugehören und diese als Einheit organisieren zu wollen. Nationalbewußtsein oder der verwandte Begriff des Nationalgefühls enthalten danach rationale, emotionale und auch irrationale Elemente. Nationalbewußtsein artikuliert sich im legitimen Bekenntnis zur Nation ebenso wie in aggressiver Übersteigerung.

2. Die historischen Erfahrungen: In Deutschland war die Nationbildung und der Nationalstaat einer besonderen Entwicklung unterworfen, da die Frage, was Deutschland sei, stets Probleme aufwarf. Die nationale Frage trat in der deutschen Geschichte in zahlreichen Varianten auf. Es gab das Deutschland des Heiligen Römischen Reichs Deutscher Nation, das Ringen um die Alternativen Groß- bzw. Kleindeutschland, das Deutsche Reich Bismarcks, das Großdeutsche Reich des Nationalsozialismus, die Errichtung von Bundesrepublik Deutschland und Deutscher Demokratischer Republik und schließlich das vereinte Deutschland der Gegenwart. Das Verständnis der Nation in Deutschland ist nicht nur von der eigenen Entwicklung geprägt, die sich von der der Nachbarn Deutschlands unterscheidet, sondern auch durch die Perversion nationalen Bewußtseins im Deutschland des 20. Jahrhunderts. Im Nationalsozialismus, dem Höhepunkt der Ideologisierung des deutschen Nationalbewußtseins, trafen sich mehrere Grundstränge. Neben das nationale Sendungsbewußtsein trat ein die staatliche Norm übersteigendes quasireligiöses Verständnis, das die politische Wirklichkeit nur als Unvollkommenheit empfand, dem die Vollkommenheit der Nation gegenübergestellt werden mußte. Dies verband sich mit einer expansiven Rassenideologie zu jenem pseudoreligiösen Widersinn nationalen Denkens, der Deutschland in dieser Zeit prägte.

3. Die nationale Frage im geteilten Deutschland: Die Grunddisposition der nationalen Frage während der Teilung war gekennzeichnet von dem Bewußtsein der Zusammengehörigkeit der Deutschen, von der Bejahung des Grundgesetzauftrags, in freier Selbstbestimmung die Einheit und Freiheit Deutschlands zu vollenden, und durch den auch formal in Art. 5 des Grundlagenvertrags festgehaltenen Dissens der beiden deutschen Staaten über die deutsche Nation. Das Bundesverfassungsgericht hatte den grundsätzlichen Gegensatz in der nationalen Frage zum Kernpunkt seines Urteils vom 31. Juli 1973 gemacht und dabei die Auslegung des Vertrags an seine bisherige Grundgesetzauslegung gebunden. Die Grundmarkierung der nationalen Frage war in der Folgezeit hauptsächlich durch einen Interpretationskonflikt beider deutscher Staaten gekennzeichnet.

3.1. Nation und Nationalbewußtsein in der DDR: Im Zuge der Abgrenzungspolitik der DDR kam es zu einer grundlegenden Revision der Definition von Nation. War früher noch ganz Deutschland Gegenstand der Entwicklung zur einheitlichen, sozialistischen und deutschen Nation, so galt diese Entwicklung nur noch für die DDR, in der sich die sozialistische Nation herausgebildet hatte. Die DDR stellte sich somit positiv zum Begriff der Nation. Sie vertrat einen inhaltlich fixierten, wertgebundenen und wertbezogenen Nation-Begriff, der untrennbar verbunden war mit den Begriffen Klasse, Klassenkampf und Sozialismus.

Die Bürger der DDR entwickelten in den Jahren der Teilung zwar eine gewisse Identifikation mit der DDR als Staat (Staatsbewußtsein), ein sozialistisches Nationalbewußtsein existierte bei ihnen jedoch nicht. Vielmehr deutet einiges darauf hin, daß ein gesamtdeutsches Nationalbewußtsein in der Bevölkerung der DDR – ungeachtet aller gegenteiligen Bemühungen der Staatsführung – weitaus stärker ausgeprägt war als in der alten Bundesrepublik. Die Forderung nach deutscher Einheit wurde im Herbst 1989 so auch zuerst in Leipzig laut.[2]

3.2. Nation und Nationalbewußtsein in der alten Bundesrepublik: Die Haltung der Bundesrepublik Deutschland zur Frage der staatlichen und nationalen Einheit wurde in der Präambel des Grundgesetzes ausgedrückt, in der das gesamte Deutsche Volk aufgefordert wurde, in freier Selbstbestimmung die Einheit und Freiheit Deutschlands zu vollenden. Die darin enthaltene Staatszielbestimmung verbot deutschen Staatsorganen diesem Ziel widerstrebende Handlungen.

Das Wiedervereinigungsgebot des Grundgesetzes entsprach nach dem Zweiten Weltkrieg dem politischen Konsens der politischen Akteure in der Bundesrepublik. Dennoch war es immer Gegenstand von Diskussionen. So plädierte bereits 1966 Karl Jaspers für einen Verzicht auf die Wiedervereinigung.[3] Mitte der 80er Jahre wurde das Wiedervereinigungsgebot des Grundgesetzes im Rahmen einer breiten politischen Kontroverse kritisch thematisiert. So mündete die Stellungnahme des stellvertretenden Vorsitzenden der SPD-Bundestagsfraktion, Jürgen Schmude, der in der Gegenüberstellung der Präambel des Grundgesetzes mit Art. 6 des Grundlagenvertrags einen unzeitgemäßen Wiedervereinigungsauftrag sah,[4] in eine angeregte parlamentarische Debatte.

Empirisches Datenmaterial, das Rückschlüsse auf das Nationalbewußtsein in der alten Bundesrepublik zuließ, war – im Gegensatz zur Datenlage aus der DDR – reichhaltig vorhanden, obwohl nur wenige Umfragen explizit das Nationalbewußtsein thematisiert hatten. Eine Bestandsaufnahme der öffentlichen Meinung zur deutschen Frage bilanzierte noch für die 80er Jahre eine hohe Zustimmung zur Präambel des Grundgesetzes (über 80 %). Die Wiedervereinigung Deutschlands wurde als langfristiges Ziel von einer großen Mehrheit der Bundesbürger unterstützt: Differenziert nach Ermittlungsform und aktuellem Umfeld ergaben sich Größenordnungen um 70 % bis 80 %. Allerdings hielten nur 8 % der Bevölkerung eine Wiedervereinigung noch in diesem Jahrhundert für möglich.[5]

Neben diesem Nationalbewußtsein der Westdeutschen, das auch die Deutschen in der DDR mit einschloß, existierte ein Staatsbewußtsein. Es integrierte ein eindeutiges Bekenntnis zur politischen und sozialen Grundordnung der Bundesrepublik Deutschland in Form eines Verfassungspatriotismus.

4. Nation und Nationalbewußtsein im Einigungsprozeß: Die Forderungen nach einer staatlichen Einheit der Deutschen bereits kurz nach dem Fall der Berliner Mauer legt die Vermutung nahe, daß trotz der Ausbildung von Identifikationen mit ihrem jeweiligen Teilstaat ein gesamtdeutsches Nationalbewußtsein existierte. Die deutsche Kulturnation überdauerte in jedem Fall die Zeit der Teilung.

Der Begriff der sozialistischen Nation tauchte im Umbruch 1989 nicht auf. Die Parole lautete »Wir sind das Volk« und wandelte sich seit November 1989 in »Wir sind ein Volk«. Die Staatsgewalt sollte vom Volk ausgehen, nicht vom Staatsapparat. Die demonstrierenden Massen forderten die Definitionsmacht über diesen zentralen Begriff zurück mit verfassungsrechtlichem Anspruch. Der Westen schloß sich dem Aktionsbegriff »Deutschland – einig Vaterland« und den Bekenntnissen zur Einheit der Nation an, wobei Nation als Synonym für Nationalstaat gebraucht wurde.

Der Prozeß der deutschen Einheit führte neben einer breiten Zustimmung im In- und Ausland auch zu Befürchtungen einer wirtschaftlichen Dominanz oder der Wiederkehr eines aggressiven Nationalismus des vereinigten Deutschlands. Demoskopischen Erhebungen zufolge hatte die deutsche Einheit bei der breiten Bevölkerung allerdings keine nationalistischen Potentiale mobilisiert. Daß es nach dem 9. November 1989 nicht zum Nationalrausch kam, hing maßgeblich auch mit einer modernen Ausprägung des Nationalbewußtseins zusammen, wie es sich in Westdeutschland herausgebildet hatte. Der Prozeß der staatlichen Einheit vollzog sich kaufmännisch, unter Kosten-Nutzen-Gesichtspunkten. Die Kehrseite dieser Abgeklärtheit zeigte sich in der oft fehlenden inneren Teilnahme an den Schwierigkeiten des Aufbaus und in der mangelnden Opferbereitschaft vieler Westdeutscher. Bei den Bürgern in den neuen Bundesländern verbarg sich hinter dem Einheitsverlangen ebenfalls kein großdeutscher Nationalismus, sondern vielmehr das Streben nach individuellem Glück.

Die ausländerfeindlichen Ausschreitungen in Ost- und Westdeutschland ließen allerdings einen aggressiv rassistischen Nationalismus in Teilen der Bevölkerung zum Vorschein kommen. In den neuen Bundesländern tritt in das vom Zusammenbruch des SED-Staats verursachte ideologische Vakuum die nationale Orientierung als Basis gemeinsamer Selbstdefinition. Diese Form des »Abwehr-Nationalismus«, der sich grundsätzlich gegen Fremde richtet, droht zum gemeinsamen Nenner der vermeintlichen Verlierer der deutschen Einheit zu werden.

5. Nation und Europa: Der Kontext von europäischer Integration und deutscher Einheit produzierte seit Gründung der alten Bundesrepublik Kontroversen. Die Literatur zur deutschen Außenpolitik und zum Selbstverständnis der Bundesrepublik Deutschland durchzog ein Dissens zu dem Anliegen, die Integration Europas und die deutsche Frage als einheitliche Option zu betrachten. Vor dem Hintergrund der weltpolitischen Lage bedeutete für die Bundesrepublik jedoch Integration die Voraussetzung zur deutschlandpolitischen Handlungsfähigkeit. Nationalbewußtsein und europäisches Bewußtsein sind offensichtlich zwei Formen eines relativierten Gemeinschaftsbewußtseins. Seit dem Vertrag zur Europäischen Union von Maastricht hat das Europabewußtsein jedoch zugunsten des Konzepts eines Nationalstaats einen Rückschlag erlitten. Wie es scheint, wächst in dem Maße der Bedarf an nationaler Identifikation, in dem politische und ökonomische Nivellierungsprozesse in Europa zunehmen. Je mehr Vielfalt in Europa eingeebnet wird, desto größer wird das Unbehagen gegenüber mehr Integration. Eine relativierende Ergänzung zwischen beiden Konzepten scheint für die Zukunft unerläßlich.

Die Nation kann nicht aus sich selbst heraus Sinn stiften. Sie kann auch kein Ersatzmythos sein, um über die noch für viele Jahre unterschiedlichen Gesellschaften in Ost- und Westdeutschland hinwegzutrösten. Der moderne Nationalstaat ist jedoch nicht homogen, sondern durchaus mit Regionen unterschiedlicher Entwicklungsniveaus vorstellbar. Dennoch steht das für viele europäische Nachbarstaaten prägende historisch-affektive Bezugsfeld der Nation nach der Einheit auch in Deutschland langfristig zur Befriedigung individueller und kollektiver Identitätsbedürfnisse zur Verfügung. Mit der Einheit kehrt unter diesem Gesichtspunkt ein Stück europäischer Normalität ein. Denn die Teilung war, neben dem noch lange nachwirkenden nationalsozialistischen Erbe, ein gewichtiges Element, das die Schwierigkeiten der Bundesrepublik markierte, sich selbst zu begreifen.

Für die weiter notwendige Vertiefung der europäischen Integration kann dies nur von Vorteil sein. Denn dem Nationalstaat kommt an der Schwelle zur Jahrtausendwende noch eine ergänzende Aufgabe zu: Nationalstaaten können die europäische Integration sinnvoll ergänzen, wenn man die Identitätsbedürfnisse der Bürger ernst nimmt.

6. Selbstbestimmung: Je größer das Bedürfnis der Bürger nach Identität unter den Zwängen der Entfremdung und Fremdbestimmung ist, um so größer wird die potentielle Macht der Nationalstaaten. Sie können diese Sehnsüchte kanalisieren. Dieses Dilemma spricht nicht gegen Europa. Ganz im Gegenteil: Nur ein geduldiges, langfristiges Zusammenwachsen garantiert ein demokratisch verfaßtes Europa. Die EG war jahrzehntelang Nutzen- und Schicksalsgemeinschaft. Wir sind erst noch auf dem Weg zur notwendigen Erfahrungsgemeinschaft. Doch wenn es Lehren aus der europäischen Historie gibt, dann die, daß die europäische Einigung nur mit, nicht gegen die Nationen und ihre legitimen Eigenschaften vor sich gehen kann. Ebenso müssen die Nationen lernen, daß auch sie sich aus einer Vielzahl von regionalen, ethnischen, sprachlichen Einheiten zusammensetzen. Sie sind vielfach längst multikulturell, ohne daß es die politischen Akteure zugeben.

Europäische Integration als werthafte Bindung und Garantin der Freiheit, als Gemeinschaft, in der nationale Rivalitäten und machtpolitische Konfliktpotentiale durch das gemeinsame Recht gezähmt werden, diese Integration ist eine willkommene Ergänzung der Nationalstaaten. Sie repräsentiert europäisches Bewußtsein. Aber diese Integration muß auch stets mit den Nationen rechnen. Denn sie sind noch immer der Baustein einer zukünftigen Weltgesellschaft. Wie können Nationalstaaten Europa bedrohen, das selbst immer nur ein Europa der Nationen war?

Nation und Nationalbewußtsein sind nach der Zeitenwende in Europa neuen Belastungsproben ausgesetzt. Beide Begriffe verweisen auf die Selbstorganisation, Selbstbestimmung und Selbstwahrnehmung politischer Handlungseinheiten. Beide Begriffe trennen gleichzeitig eine Gemeinschaft von einer anderen. Sie bleiben Schlüsselbegriffe bei jeder Beschreibung der Identität der Deutschen.

Werner Weidenfeld/Karl-Rudolf Korte

Anmerkungen:

1 Vgl. B. C. Shafer: Nationalism in Colonial Africa, London 1956, sowie: Ders.: Nationalism, Interpreters and Interpretations. History of the United States, New York 1966.
2 Vgl. P. Alter: Nationalbewußtsein, in: W. Weidenfeld/K.-R. Korte (Hrsg.): Handwörterbuch zur deutschen Einheit, Frankfurt a. M./New York 1992, S. 486–493, hier S. 491.
3 Vgl. K. Jaspers: Wohin treibt die Bundesrepublik?, München 1966, S. 241.
4 Vgl. J. Schmude: Deutsch-deutsches Verhältnis. Aus der Geschichte lernen!, in: Informationen der sozialdemokratischen Bundestagsfraktion, Tagesdienst Nr. 931 vom 17. Mai 1985, S. 9 ff.
5 Vgl. G. Herdegen: Perspektiven und Begrenzungen. Eine Bestandsaufnahme der öffentlichen Meinung zur deutschen Frage, Teil 1: Nation und deutsche Teilung, in: Deutschland Archiv, 12/1987, S. 1259–1237; W. Weidenfeld/M. Glaab: Die deutsche Frage im Bewußtsein der Bevölkerung in beiden Teilen Deutschlands. Das Zusammengehörigkeitsgefühl der Deutschen. Konstanten und Wandlungen. Einstellungen der westdeutschen Bevölkerung 1945/49–1990, in: Deutscher Bundestag (Hrsg.): Materialien der Enquete-Kommission »Aufarbeitung von Geschichte und Folgen der SED-Diktatur in Deutschland«, Bd. V/3: Deutschlandpolitik, innerdeutsche Beziehungen und internationale Rahmenbedingungen, Baden-Baden 1995, S. 2798–2962.

Literatur:

ALTER, PETER: Nationalismus, Frankfurt a. M. 1985. □ DANN, OTTO: Nation und Nationalismus in Deutschland: 1770–1990, München (2. Aufl.) 1994. □ DEUTSCH, KARL W.: Nationalism and Social Communication, Cambridge 1953. □ GLAAB, MANUELA: Deutschlandpolitik in der öffentlichen Meinung. Einstellungen und Regierungspolitik in der Bundesrepublik Deutschland 1949 bis 1990, Opladen 1999. □ KORTE, KARL-RUDOLF: Der Standort der Deutschen. Akzentverlagerungen der deutschen Frage in der Bundesrepublik seit den siebziger Jahren, Köln 1990. □ DERS.: Nation und Nationalstaat. Bausteine einer europäischen Identität, Melle 1993. □ DERS.: Unbefangen und gelassen. Über die außenpolitische Normalität der Berliner Republik, in: Internationale Politik, 12/1998, S. 3–12. □ MAYER, TILMAN: Prinzip Nation. Dimensionen der nationalen Frage am Beispiel Deutschlands, Opladen (2. Aufl.) 1987. □ RICHTER, DIRK: Nation als Form, Opladen 1996. □ SCHULZE, HAGEN: Staat und Nation in der europäischen Geschichte, München 1994. □ STERNBERGER, DOLF: Verfassungspatriotismus, Frankfurt a. M. 1990. □ WEIDENFELD, WERNER: Die Frage nach der Einheit der deutschen Nation, München/Wien 1981. □ DERS. (Hrsg.): Die Identität der Deutschen, München 1983. □ DERS. (Hrsg.): Nachdenken über Deutschland, Köln (2. Aufl.) 1987. □ DERS. (Hrsg.): Der deutsche Weg, Berlin (2. Aufl.) 1991. □ DERS. (Hrsg.): Deutschland: Eine Nation – doppelte Geschichte. Materialien zum deutschen Selbstverständnis, Köln 1993. □ DERS./KARL-RUDOLF KORTE: Die Deutschen. Profil einer Nation, Stuttgart 1991. □ DERS./MANUELA GLAAB: Die deutsche Frage im Bewußtsein der Bevölkerung in beiden Teilen Deutschlands. Das Zusammengehörigkeitsgefühl der Deutschen. Konstanten und Wandlungen. Einstellungen der westdeutschen Bevölkerung 1945/49–1990, in: Deutscher Bundestag (Hrsg.): Materialien der Enquete-Kommission »Aufarbeitung von Geschichte und Folgen der SED-Diktatur in Deutschland«, Bd. V/3: Deutschlandpolitik, innerdeutsche Beziehungen und internationale Rahmenbedingungen, Baden-Baden 1995, S. 2798–2962.

Nationalsymbole

→ Berlin, Deutschland von außen, Deutschlandbegriff im sprachlichen Wandel, Geschichtsbewußtsein, **Nation und Nationalbewußtsein.**

1. **Begriff:** Bei der Pflege staatlicher Gefühlshaushalte sollen Nationalsymbole die – zumal in Republiken – an sich unanschaulichen, die Gemeinschaft tragenden Ideen zur Anschauung bringen und dadurch persönliches Bekenntnis des Bürgers zu seinem Volk und seine Anteilnahme an dessen Schicksal ermöglichen. Einen fest umrissenen Begriff des Nationalsymbols gibt es nicht. Man rechnet hierzu insbesondere Farben, Hymnen und Wappen. Hinzu treten Feiertage, Denkmäler und Ehrungen, während man andere, das Gemeinschaftsgefühl stärkende Ereignisse, wie zum Beispiel Sportwettkämpfe und kulturelle Veranstaltungen, Ausstellungen und Festspiele, trotz deren oft zunehmender politischen Bedeutung, noch nicht als Nationalsymbole ansieht. Nationalsymbole sind selten das Ergebnis zweckgerichteter Staatspflege und scheitern um so eher, je angestrengter man sich um ihre Einführung bemüht. Zumeist entstehen sie spontan, oft als Protestsymbole gegen die herrschende politische Ordnung, um nach deren erfolgreicher Überwindung zu Siegeszeichen der erneuerten politischen Kultur zu werden. Nationalsymbole haben oft einen volkstümlich-naiven Charakter, während große Werke der Kunst seltener den Aufstieg zum Nationalsymbol schaffen.

2. **Geschichte:** Die großen europäischen Symbole waren bis zur Französischen Revolution auch dort durch ihren christlichen Charakter geprägt, wo sie bereits nationale Vorzüge zu rühmen bestimmt waren. Beispiele hierfür sind etwa die Heilige Lanze des Heiligen Römischen Reiches und die Heilige Ampulle des Französischen Königtums. Auch die Farbenverbindung rot-weiß hat christlichen Symbolgehalt und ist in ihrer Verbreitung über ganz Europa nicht eigentlich Kennzeichen einer bestimmten Nation. Das gleiche gilt für die Kreuzesform von Orden. Erste Nationalsymbole säkularisierter Art tauchten vor der Französischen Revolution bereits in den Niederlanden auf, wo man in der Auseinandersetzung mit den Spaniern seit 1568 eine Nationalhymne (»W. van Nassouwe«) sang und 1572 bereits eine Trikolore besaß. Säkularisierte Nationalsymbole sind auch die Hymnen zum Lobe des Herrschers, unter denen Henry Careys 1743 gedichtetes »God save the King« die bedeutendste wurde.

Die eigentliche Wiege der modernen Nationalsymbole wurde jedoch die auf der Idee der Nation beruhende Französische Revolution von 1789. Sie setzte mit der Trikolore und der Marseillaise Vorbilder, denen alle anderen Völker des kontinentalen Europas auf ihre Weise zu entsprechen suchten. Die vielfältige Geschichte der deutschen Nationalsymbole im 19. Jahrhundert ist durch die eigentümliche, vom französischen unterschiedene Fassung des deutschen Nationalbegriffs bestimmt. Nationen waren hier bis zur Mitte des 19. Jahrhunderts die Länder (Preußen, Bayern, Österreich usw.), während das Heilige Reich, durch Vielfalt und Polyzentrismus geprägt, weder Nation noch Staat im modernen Sinne des Wortes war. Dementsprechend besaßen alle deutschen Länder ihre Nationalsymbole, während der Gebrauch gemeindeutscher Symbole während der ersten Hälfte des 19. Jahrhunderts eine Parteisache der Bürgerlich-Nationalen blieb. Erst etwa 20 Jahre nach der Errichtung des kleindeutschen Reiches durch Bismarck (1871) entstand um 1890 ein alle Bundesstaaten umfassendes gemeindeutsches Nationalbewußtsein. Die Farben schwarz-weiß-rot und Hoffmann von Fallerslebens »Lied der Deutschen« wurden nun Nationalsymbole. Sein Wappentier, den Adler, hatte das Bismarckreich dagegen vom Heiligen Römischen Reich übernommen. Die Identifikation mit ihm war um so leichter möglich, weil der Adler in mancherlei Gestalt ein altes, weitverbreitetes Herrschaftssymbol der Bundesstaaten gewesen war.

Mit der Abdankung der Monarchie und Teilung der politischen Macht zwischen Bürgertum und Sozialismus 1918 führte die Spaltung der Nation in zwei einander hart bekämpfende und um die Alleinherrschaft eifernde politische Blöcke zu entsprechendem Symbolstreit. Während der Kampf um die Nationalfarben, schwarz-rot-gold und schwarz-weiß-rot, die Republik bis zuletzt erschütterte, gab Friedrich Ebert dem Deutschlandlied 1922 förmlich den Charakter einer Nationalhymne, den es bis dahin seit etwa 1890 nur inoffiziell gehabt hatte. Am Wappentier entzündete sich dagegen kein Streit, jedoch beging jede Partei ihre eigenen Feiertage. Der Versuch staatlicher Einführung eines Verfassungstages überzeugte wenig. Das in der Reichsverfassung (Art. 109) verankerte Verbot staatlicher Ordensverleihung führte zu mancherlei Umgehungsversuchen. Eine nationale Gedenkstätte zu errichten, gelang dem Reich nur im Ansatz mit der Schinkelschen Neuen Wache in Berlin Unter den Linden.

Hitler nutzte den Symbolmangel der Republik. Er schuf eine Vielfalt neuer Symbole und befestigte sie durch strafrechtliche Schutzvorschriften sowie betont sakrale Darstellung. Dabei ergänzte und veränderte er die vorhandenen Nationalsymbole und stellte ihnen die Parteisymbole der NSDAP als gleichrangig zur Seite. Das Deutschlandlied wurde durch das Horst-Wessel-Lied ergänzt. Bei den Farben wurde die Rückkehr zu schwarz-weiß-rot in der Gestalt der von Hitler selbst entworfenen Hakenkreuzflagge vorgenommen. Das Programm großer Bauten, Feiern und Aufmärsche wurde ausgeweitet, die Vergabe von Orden – insbesondere im Krieg – inflationär vermehrt.

3. Nationalsymbole im geteilten Deutschland: Die Flut übermäßig politisierter National- und Parteisymbole der NS-Zeit war mit einem Bekenntniszwang einhergegangen, der den Deutschen nach 1945 für lange Zeit Nationalsymbole verdächtig machte. Während in der SBZ/DDR die staatlich gelenkte Symbolflut üppig strömte, entdeckten die Deutschen in der alten Bundesrepublik den Sinn für Nationalsymbole erst allmählich in den 70er und 80er Jahren wieder. An der Pflege und Verwaltung von Nationalsymbolen hat es in der Bundesrepublik Deutschland seit ihrer Gründung dennoch nicht gefehlt. Dabei bestand das besondere Problem darin, daß nur mit begrenztem Recht von Nationalsymbolen die Rede sein konnte. Die

Bundesrepublik Deutschland deutete sich als Treuhänderin der gesamten Nation. Angesichts der Tatsache, daß diese in zwei Staaten gespalten war, mußte man zwischen solchen Symbolen unterscheiden, die kraft gemeinsamer Geschichte von beiden Staaten als Nationalsymbole im eigentlichen Sinn übernommen worden waren, und solchen, die nicht als Nationalsymbole, sondern nur als Staatssymbole dienten. Seine Entsprechung fand dieser Notstand in dem in dieser Lage durchaus berechtigten Vorschlag Dolf Sternbergers, das nicht vollkommen darstellbare Nationalbewußtsein durch den geprägten Begriff »Verfassungspatriotismus« zu ersetzen. Die Zeit zwischen dem 9. November 1989 und dem 3. Oktober 1990 erlebte eine unerwartet lebhafte Diskussion zur Frage der künftigen deutschen Nationalsymbole. Es ging dem linken politischen Lager darum, das Erbe der DDR zu retten, soweit man es für erhaltenswürdig hielt, und zugleich die Symbole der alten Bundesrepublik Deutschland entsprechend zu verdrängen. Das Problem wurde gelöst durch den Beitritt der Deutschen Demokratischen Republik zur Bundesrepublik Deutschland aufgrund des Beschlusses ihrer Volkskammer vom 23. August 1990 mit Wirkung vom 3. Oktober 1990 gemäß Art. 23 GG a. F. Das vereinigte Deutschland hielt fest an den Symbolen der alten Bundesrepublik als seinen nun im eigentlichen Sinne deutschen National- und Staatssymbolen.

4. Farben: Das wichtigste Nationalsymbol der Deutschen – sogar aller dreier Nachfolgestaaten des Heiligen Römischen Reiches: Bundesrepublik Deutschland, Österreich, Deutsche Demokratische Republik – waren bzw. sind die Nationalfarben schwarz-rot-gold. Aus der Studentenbewegung der Befreiungskriege hervorgegangen und in der Revolution von 1848 zum Symbol des aufsteigenden Bürgertums und der sozialen Frage geworden, blieb der »Dreifarb« Schwarz-Rot-Gold auch bei den Österreichern im Brustschild des Wappenadlers enthalten. Im Reich ist er 1919 – angeregt durch die großdeutschen Bestrebungen Deutsch-Österreichs – in der Weimarer Reichsverfassung zur vorherrschenden Nationalfarbenverbindung erhoben worden. Von Hitler vorübergehend verbannt, hat man nach 1945 weder in der DDR noch in der Bundesrepublik Deutschland daran gezweifelt, daß Schwarz-Rot-Gold wieder die Nationalfarben sein mußten. Zu einem Flaggenstreit Weimarer Art ist es nicht wieder gekommen, so daß die Identifikation aller Deutschen mit dem alten Symbol auch während der Spaltung der Nation ein gesicherter Tatbestand blieb. In beiden Staaten besaßen Schwarz-Rot-Gold Verfassungsrang. Nach dem Aufbrechen der Berliner Mauer und der innerdeutschen Grenze am 9. November 1989 wurde Schwarz-Rot-Gold unter dem Motto »Wir sind ein Volk!« das entscheidende einheitstiftende Symbol, unter dem die Deutschen in der Deutschen Demokratischen Republik den Beitritt ihres Staates zur Bundesrepublik Deutschland und damit dessen Auflösung erzwangen. Die Fußballweltmeisterschaft im Sommer 1990 bewies, daß die Bürger der Bundesrepublik Deutschland Schwarz-Rot-Gold als ihr Nationalsymbol angenommen hatten.

5. Hymne: Das seit 1890 allmählich zur Nationalhymne aufgestiegene Lied »Deutschland, Deutschland über alles« wurde nach dem Zweiten Weltkrieg bis zum Bruch der Berliner Mauer nur in der Bundesrepublik Deutschland gesungen. Die Melodie stammt von Joseph Haydn (1797) und wurde ursprünglich mit dem Text »Gott erhalte Franz den Kaiser« gesungen. Die Verse hat Hoffmann von Fallersleben im Jahre 1841 auf der damals englischen Insel Helgoland gedichtet. Verfassungsrechtliche Sanktion als Nationalhymne erhielt das Lied erst durch eine Proklamation des Reichspräsidenten Friedrich Ebert im Jahre 1922.

Das Verdienst um die Bewahrung von Melodie und Lied kommt Konrad Adenauer zu. In einer Auseinandersetzung mit dem Bundespräsidenten Theodor Heuss hat er dessen Versuch der Einführung einer neuen Hymne mit besserem politischen Gespür scheitern lassen. Den neuerlichen Rang einer Nationalhymne hat das Deutschlandlied nicht durch einen Akt des in dieser Frage zerstrittenen Deutschen Bundestages erlangt. Vielmehr hat man, bei dessen stillschweigender Duldung und unter Bezugnahme auf die Zuständigkeiten des Reichspräsidenten der Weimarer Republik, eine Symbolkompetenz des Bundespräsidenten behauptet, um die Symbolfragen aus dem Streit der Parteien herauszuhalten. Mochte diese Analogie zur Weimarer Republik auch nicht der Verfassungslehre entsprechen, hat doch Bundespräsident Heuss nach Einsicht in die Vergeblichkeit seines Widerstandes dem Wunsch der Bundesregierung schließlich nachgegeben und in einem Schreiben vom 2. Mai 1952 an den Bundeskanzler die bereits von Friedrich Ebert erwählte Nationalhymne der Bundesrepublik Deutschland erneut gestiftet. Nach einem neueren in der rechtswissenschaftlichen Literatur unternommenen Versuch, der Hymne ihren rechtsverbindlichen Charakter als Nationalhymne zu bestreiten, hat sie ihre Bestätigung durch den Deutschen Bundestag am Abend des 9. November 1989 erhalten; auf die Nachricht von der Öffnung der Mauer in Berlin erhoben sich die Abgeordneten mit Ausnahme der Fraktion Die Grünen und sangen die dritte Strophe des Deutschlandliedes.

Auch das Bundesverfassungsgericht hat keinen Anlaß gesehen, den Charakter des Liedes als Nationalsymbol in Frage zu ziehen. In seiner Entscheidung vom 7. März 1990 hat es sich auf die Frage der Abgrenzung der Freiheit der Kunst vom Symbolschutz beschränkt. Es hat bei dieser Gelegenheit festgestellt, daß nur die dritte Strophe vom »Lied der Deutschen« den Schutz als Staatssymbol genieße. Bundespräsident Richard von Weizsäcker beendete am 26. August 1991 die Diskussion um die Nationalhymne. In einem Schreiben an Bundeskanzler Helmut Kohl bestimmte er die dritte Strophe des Liedes der Deutschen von Hoffmann von Fallersleben mit der Melodie von Joseph Haydn zur »Nationalhymne für das Deutsche Volk«. Damit war zugleich der Versuch der Einführung einer neuen Nationalhymne gescheitert; als solche hatte man Berthold Brechts »Kinderhymne« vorgeschlagen und auch den Gesang von »Einigkeit und Recht und Freiheit« auf die Melodie der alten DDR-Hymne »Auferstanden aus Ruinen« angeboten.

6. Wappen: Den Adler als Wappentier verdankt die Bundesrepublik Deutschland der Weimarer Republik. Die Reichsregierung hatte 1919 von einem Heraldiker der untergegangenen Monarchie das alte Wappentier in neuer Gestalt entwerfen lassen. Ebert hat aus bisher ungeklärtem Grund seinem Erlaß den Satz beigefügt: »Die künstlerische Ausgestaltung bleibt vorbehalten.« Dennoch überlebte der von der Monarchie beigesteuerte Adler der Republik die Reformbestrebungen des Reichskunstwartes Redslob und wurde in seiner zu Weimarer Zeiten gebräuchlichen Fassung und mit fast dem gleichen Erlaßtext, den schon Friedrich Ebert gewählt hatte, von Bundespräsident Heuss am 20. Januar 1950 bekanntgemacht. Er ist die sichtbare Verbindung zur Weimarer Republik. Mit den Kabinettsbeschlüssen vom 22. Mai 1969 und 12. März 1970 wurde das Symbol des Adlers politisch geschützt.

Sichtbarer Ausdruck des Zusammenbruchs der DDR wurden im November 1989 Fahnentücher, aus deren Mitte das Staatswappen »Hammer und Zirkel« herausgetrennt worden war. Der Versuch des »Runden Tisches« vom April 1990, »Hammer und Zirkel« durch »Schwerter zu Pflugscharen« zu ersetzen, blieb erfolglos. Die erste frei gewählte Volkskammer der DDR beschloß im Mai 1990 die Entfernung des DDR-Staatswappens, notfalls Verhängung des Symbols in der Öffentlichkeit.

7. Feiertag: Die Weimarer Republik hat keinen überzeugenden Nationalfeiertag zustande gebracht. Der 1. Mai und der 18. Januar (Reichsgründungstag) waren parteilich gebundene Veranstaltungen geblieben. Der Volkstrauertag war als das Werk des Volksbundes deutscher Kriegsgräberfürsorge zwar im Aufstieg begriffen, nicht aber als Feiertag geeignet. Hitlers Festkalender, zusehends als gegenkirchliches Programm entwickelt, fand 1945 sein Ende. Zwar feierte man den 1. Mai nach 1945 weiter – wie schon seit 1933 – mit bezahltem Urlaub, doch blieb er ein Tag der Arbeiter und war als Nationalsymbol nicht geeignet.

In der alten Bundesrepublik Deutschland machte die Suche nach einem Staatsfeiertag besondere Schwierigkeiten. Dem Gedenken an alle Opfer der NS-Jahre dient der Volkstrauertag am vorletzten Sonntag im November. Ihm seinen Platz und Rang zuzuweisen und ihn vom »Heldengedenktag« der Weimarer Republik und Hitlerzeit (Sonntag Reminiscere) abzugrenzen, wurde durch das einmütige Vorgehen der Bundesländer möglich. Ein zum fröhlichen Feiern einladender Tag wurde der Bundesrepublik Deutschland nicht durch eigene Leistung geschenkt. Während das Kabinett über einen Verfassungstag nachdachte und der Deutsche Bundestag 1951 den Jahrestag seines ersten Zusammentritts beging, suchte Bundesinnenminister Gustav Heinemann eine Verbindung von Volkstrauertag und Verfassungstag für den Monat September auf den Weg zu bringen, scheiterte aber an den Bedenken des Bundespräsidenten Heuss.

Der erste Staatsfeiertag der Bundesrepublik wurde durch den Volksaufstand am 17. Juni 1953 in der DDR begründet. Bereits im Vorwahlkampf begriffen und kurz vor dem Ende der Ersten Legislaturperiode stehend, tat die SPD unter der Initiative von Herbert Wehner unmittelbar nach dem 17. Juni den entscheidenden Schritt. Daß in der DDR Arbeiter für Freiheit und Einheit gestreikt hatten und gestorben waren, entsprach einerseits dem Selbstverständnis der SPD als einer Klassenpartei und war andererseits im politischen Tageskampf eine Waffe gegen die Westintegrationspolitik Konrad Adenauers. Herbert Wehner schlug einen »Nationalfeiertag« als »Tag der deutschen Einheit« vor. Die CDU-Fraktion versuchte das Vorhaben mitzubestimmen, obwohl Bundeskanzler und Bundespräsident von solch eiligem

Vorgehen nichts hielten. In wenigen Tagen einigten sich die Fraktionen auf den »Tag der deutschen Einheit« als »nationalen Gedenktag«, während der CDU-Vorschlag »Tag der deutschen Freiheit« als »Nationalfeiertag« scheiterte. Der Tag der deutschen Einheit sollte nach der Präambel des Gesetzes vom 4. August 1953 ein Symbol der deutschen Freiheit in Einheit sein. Gegen die Stimmen der Kommunisten nahm der Deutsche Bundestag das wesentlich von Herbert Wehner geprägte Gesetz an.

In den folgenden Jahrzehnten wurde die Berechtigung des Tages der deutschen Einheit wiederholt und von unterschiedlicher Seite in Frage gezogen. Zumal die sommerliche Freizeitstimmung, mit welcher der Tag von der Bevölkerung angenommen und bejaht wurde, angeblich nicht zum Scheitern des Aufstandes paßte. Der Feiertag verdankte seine Rettung letztlich dem Protest der Gewerkschaften gegen den mit seiner Abschaffung verbundenen Wegfall eines arbeitsfreien Tages. Aus dieser prekären Lage wurde er durch den Zusammenbruch der DDR befreit. Der 17. Juni 1990 wurde von beiden frei gewählten deutschen Parlamenten in Berlin gemeinsam begangen. In Art. 2 des Einigungsvertrages vom 31. August 1990 wurde als gesetzlicher Feiertag »Tag der Deutschen Einheit« mit Zustimmung aller Bundesländer und unter Übergang zur Großschreibung von »Deutsch« der 3. Oktober, der Tag der Vereinigung, vorgesehen und mit verfassungsändernder Mehrheit in beiden deutschen Parlamenten beschlossen. Der 17. Juni verlor gleichzeitig seinen Rang als gesetzlicher Feiertag, blieb aber ein nationaler Gedenktag.

8. Ehrungen: Die Bundesrepublik hatte zwar Schwierigkeiten mit der Frage, ob die ehemaligen Kriegsauszeichnungen weiter getragen werden dürften, doch ging es dabei nicht eigentlich um den nun angemessenen Stil staatlicher Ehrung. Mit dem am 7. September 1951 von Bundespräsident Heuss gestifteten »Verdienstorden der Bundesrepublik Deutschland«, dem Bundesverdienstkreuz, schuf sie sich ihren Orden. Sie zog aus den Erfahrungen mit der Ordensfeindlichkeit der Weimarer Republik die Konsequenz, daß ein Staat nicht auf Ehrungen verzichten kann. Daneben wuchsen mit den Jahren andere staatliche Ehrenzeichen für Sportler, Musiker, Soldaten usw. nach. Jedoch erreichte die Bundesrepublik auch bei Ausweitung ihres Kataloges öffentlicher Ehrungen nicht das Maß des Medaillensegens der DDR, wo man mehr als einhundert staatliche Anerkennungen geschaffen hatte. Die Frage, ob und gegebenenfalls in welcher Form die von der DDR verliehenen Orden nach dem Beitritt vom 3. Oktober 1990 weiter getragen werden können, überläßt man in der politischen Praxis als das Problem einer aussterbenden Generation dem Zeitablauf.

9. Bauten und Denkmäler: Nachdem der Einigungsvertrag vom 31. August 1990 in Art. 2 Abs. 1 Berlin als Hauptstadt Deutschlands bestimmt hatte, beschloß der Deutsche Bundestag am 20. Juni 1991, daß Berlin auch Sitz von Parlament und Regierung sein soll. Damit besitzt die erneuerte Bundesrepublik Deutschland wieder eine historisch geprägte Hauptstadt. Der Prozeß der Schaffung eines modernen Regierungsviertels und der Beseitigung baulicher Spuren der DDR-Diktatur ist noch im Gange, während die Auseinandersetzungen um die zeitgemäße Einrichtung des 1894 eröffneten, 1933 abgebrannten und 1963 wiedererrichteten Gebäudes des Deutschen Reichstags inzwischen beigelegt worden sind. Das Brandenburger Tor hat als Zeuge der deutschen Spaltung und prominenter Ort der Ereignisse von 1989/90 in seiner Bedeutung als Nationalsymbol keinen Streit erfahren und darin noch zugenommen. Durch die Einweihung von Schinkels Neuer Wache Unter den Linden in Berlin konnte der jahrzehntelang in der alten Bundesrepublik geführte Streit um eine angemessene nationale Gedenkstätte überraschend leicht beigelegt werden. Im Zuge der Beseitigung alter DDR-Denkmäler verstärkte sich der Widerstand der alten DDR-Kader, die aber den Abbruch des Lenindenkmals in Berlin schließlich nicht verhindern konnten. Die Umbenennung von Straßennamen ist noch nicht abgeschlossen. Über Sinn und Bestand einer Fülle neuer Denkmalprojekte wird erst die Zukunft entscheiden. Dies gilt insbesondere für das geplante Holocaust-Denkmal in Berlin.

10. Europasymbole: Keine Nationalsymbole im herkömmlichen Sinn sind bisher die im Entstehen begriffenen Symbole der Europäischen Union. Ihre Symbole verdankt sie den Deutschen. Diese nahmen sich unmittelbar nach dem Krieg dieser Frage wohl auch deshalb besonders gern an, weil sie sich im vereinten Europa einen Nationalersatz erhofften.

Als Fahne ist unter Preisgabe des traditionellen europäischen Kreuzsymbols nach langjährigem Ringen das azurblaue Tuch mit der festen Zahl von zwölf goldenen Sternen Siegerin geworden. Der Entwurf stammte von der Europa-Union Hamburgs und ist über den Europarat in Straßburg schon in den 50er Jahren verbreitet worden, bis das Europaparlament im Jahre 1983 die Flagge für ganz Europa zum Symbol erhob. Damit war zugleich die Farbenverbindung blau-gold Europasymbol geworden. Als Hymne war schon früh Beethovens Melodie zu Schillers »Ode an die Freude« aus der Neunten Symphonie Siegerin in der Konkurrenz mit Charpentiers Takten in den Eurovisionssendungen geworden. Daß sich auch Schillers Text durchsetzt, fällt weitaus schwerer und ist bis heute nicht ganz gesichert. An Ehrungen hat Europa eine Fülle von Preisen privater Stiftungen hervorgebracht, während die Europabehörden und das Europaparlament untätig geblieben sind. Der Kampf um die Europahauptstadt – ob Straßburg oder/und Brüssel – ist noch im Gange. Bestrebungen zur Schaffung eines Europatages am 5. Mai haben das öffentliche Bewußtsein noch nicht erreicht.

Hans Hattenhauer

Literatur:

Friedel, Alois: Deutsche Staatssymbole, Frankfurt a. M./Bonn 1968. □ Gauger, Dieter/Justin Stagl (Hrsg.): Staatsrepräsentation, Berlin 1992. □ Hartmann, Jürgen: Staatszeremoniell, Köln u. a. 1988. □ Hattenhauer, Hans: Geschichte der deutschen Nationalsymbole. Zeichen und Bedeutung, Köln (3. Aufl.) 1998. □ Klein, Eckart: Kommentar zu Art. 22 GG, in: Bonner Kommentar 1982. □ Ders.: Staatssymbole, in: Josef Isensee/Paul

Kirchhof (Hrsg.): Handbuch des Staatsrechts, Bd. I, Heidelberg 1987, S. 733–743. □ KUHN, EKKEHARD: Einigkeit und Recht und Freiheit. Die nationalen Symbole der Deutschen, Berlin 1991. □ QUARITSCH, HELMUT (Hrsg.): Probleme der Selbstdarstellung des Staates, Tübingen 1977. □ RABBOW, ARNOLD: dtv-Lexikon politischer Symbole, München 1970. □ WEISSMANN, KARL-HEINZ: Die Zeichen des Reiches. Symbole der Deutschen, Asendorf 1989.

Oder-Neiße-Linie

→ Bundesverfassungsgericht, Deutschlandpolitik der Vier Mächte bis 1989, Deutschlands Rechtslage, Deutschlandvertrag, Grundgesetz, **Ostverträge, Verhandlungen zur deutschen Einheit: Internationaler Prozeß,** Verträge zur deutschen Einheit, **Vertriebene**.

1. Die Entstehung der Oder-Neiße-Linie: Die Oder und Lausitzer Neiße als Trennungslinie zwischen Deutschland und Polen ist ein Produkt der Bemühungen der Alliierten um Einigkeit in der Gestaltung der Nachkriegswelt, ohne die ein gemeinsamer Kampf gegen Deutschland nicht möglich gewesen wäre. Dabei waren die Interessen der Alliierten und Polens sehr unterschiedlich.

Die Festlegung der polnischen Westgrenze wurde von den Alliierten nicht so sehr als Frage des Schicksals Deutschlands als vielmehr Polens angesehen. Die UdSSR verlangte kategorisch von Polen die Rückgabe der im Frieden von Riga am 18. März 1921 abgetretenen Gebiete. Dieser Gebietsverlust sollte im Westen durch deutsche Gebiete kompensiert werden. Insoweit bestand Einigkeit. Schon in der Konferenz von Teheran formulierten die Alliierten in dem keinen offiziellen Beschluß darstellenden Abschlußkommuniqué: »Es ist grundsätzlich anzunehmen, daß die Heimstätte des polnischen Staates und der polnischen Nation zwischen der sogenannten Curzon-Linie und der Linie der Oder liegen und Ostpreußen (wie definiert) sowie Oppeln einschließen sollte, die endgültige Grenzziehung erfordert aber ein eingehendes Studium und möglicherweise an einigen Stellen einen Bevölkerungsaustausch«[1].

Diese als Angebot an die polnische Exilregierung anzusehende Formel vermochte deren Haltung zu der Frage der polnischen Nachkriegsgrenzen nicht zu ändern. Bis zuletzt bestand die polnische Exilregierung auf Beibehaltung der Ostgrenze aus dem Friedensvertrag von Riga und vergleichsweise maßvollen Zugewinnen an deutschen Gebieten. Im einzelnen verstand sie darunter Ostpreußen, Danzig, Oberschlesien und kleine Teile Pommerns. Weitergehende Forderungen lehnte sie unter Hinweis auf die dann für notwendig, aber undurchführbar gehaltene Umsiedlung von 8 bis 10 Mio. Deutschen ab. Mit eben dieser Begründung wiesen auch die Briten und Amerikaner die Forderung der UdSSR nach Verlagerung der polnischen Westgrenze an die Oder und Lausitzer Neiße ab, wenngleich sie einen gegenüber den polnischen Forderungen größeren Gebietszuwachs für verkraftbar hielten.

Die interalliierten Differenzen konnten auch auf der Konferenz von Jalta nicht bereinigt werden; als Ergebnis zur Grenzfrage wurde im abschließenden Bericht in Abschnitt VI unter »Polen« festgestellt: »Nach Ansicht der drei Regierungschefs soll die Ostgrenze Polens entlang der Curzon-Linie verlaufen, wobei sie in einigen Gebieten 5 bis 8 km zugunsten Polens davon abweichen soll. Sie erkennen an, daß Polen einen beträchtlichen Gebietszuwachs im Norden und Westen erhalten muß. Sie sind der Meinung, daß die Ansicht der Polnischen Provisorischen Regierung der Nationalen Einheit über den Umfang dieser Neuerwerbungen zu gegebener Zeit einzuholen ist und daß die endgültige Festlegung der Westgrenze Polens danach bis zur Friedenskonferenz zurückzustellen ist«[2].

Auch nach Ende des Krieges konnten die Alliierten keine Einigung in der Frage der polnischen Westgrenze erzielen. Verhängnisvoll wirkte sich insbesondere das Fehlen von Vereinbarungen über Art und Umfang der Verwaltung der besetzten Gebiete Deutschlands aus. Dadurch konnten Josef W. Stalin und unter seinem Schutz Polen in den von der sowjetischen Armee eroberten deutschen Ostgebieten Fakten schaffen. Bereits am 5. Februar 1945 kündigte der Präsident des polnischen Nationalrates, Bierut, die Übernahme der Zivilverwaltung in den »befreiten« Gebieten durch die Provisorische Regierung an. Mit Dekret vom 2. März 1945 wurde das deutsche »aufgegebene und verlassene« Vermögen eingezogen; mit »aufgegeben und verlassen« wurde nicht auf die tatsächlichen Verhältnisse abgestellt, vielmehr kam dem deutschen Vermögen diese Eigenschaft ganz abstrakt zu. Das Dekret definierte einfach das deutsche Vermögen als »aufgegeben und verlassen«[3]. Am 14. bzw. 20. März 1945 wurde die Einrichtung von vier bzw. fünf Woiwodschaften verkündet: Masuren, Oberschlesien, Niederschlesien, Pommern und Danzig. Die UdSSR unterstellte am 24. Mai 1945 die Oder-Neiße-Gebiete offiziell den Organen des polnischen Staates.

Allen britischen und amerikanischen Demarchen gegen die sowjetische Besatzungspolitik hielt die UdSSR ihr alleiniges Zonen-Verwaltungsrecht entgegen und erklärte immer wieder, daß die getroffenen Maßnahmen keine friedensvertragliche Regelung präjudizierten.

Eine Revision der von Stalin geschaffenen vollendeten Tatsachen war von den Westalliierten nach Kriegsende nicht zu erreichen. Auf der Potsdamer Konferenz fanden sich die Westalliierten mit der Herauslösung der deutschen Gebiete östlich der Oder und Lausitzer Neiße aus der sowjetischen Besatzungszone ab; alle drei Mächte betonten allerdings ausdrücklich, daß eine endgültige Regelung der Grenzfrage einem Friedensvertrag vorbehalten sein müsse. Sie stimmten darin überein, »daß bis zur endgültigen Festlegung der Westgrenze Polens die früher deutschen Gebiete östlich der Linie, die von der Ostsee unmittelbar westlich von Swinemünde und von dort die Oder entlang bis zur tschechoslowakischen Grenze verläuft, ... unter die Verwaltung des polnischen Staates kommen und in dieser Hinsicht nicht als ein Teil der sowjetischen Besatzungszone in Deutschland betrachtet werden sollen«[4].

2. Die Oder-Neiße-Linie in den deutsch-polnischen Nachkriegsbeziehungen (1945 bis 1990): Die sich aus dem Vorbehalt der Friedensregelung ergebende Vorläufigkeit der Gebietszuweisung wurde nach dem Abschluß der Potsdamer Konferenz von der Sowjetunion und Polen zunächst akzeptiert. Der sowjetisch-polnische Vertrag vom 16. August 1945, der den Verlauf der sowjetisch-polnischen Grenzlinie in Ostpreußen beschreibt, wiederholt in seinem Art. 3 ausdrücklich den Friedensvertragsvorbehalt unter Bezugnahme auf die Potsdamer Konferenz. Dennoch ging Polen bald dazu über, die in Potsdam ausgesprochene vorläufige Gebietszuweisung als endgültige Übertragung territorialer Souveränität anzusehen. Die von den Polen als »wiedergewonnene Gebiete« bezeichneten deutschen Ostgebiete wurden zunächst unter die Verwaltung eines eigens zu diesem Zweck eingerichteten Ministeriums gestellt. Zu seinen Aufgaben gehörten die Durchführung einer planmäßigen Aussiedlungsaktion und die Verwaltung des von den ausgesiedelten Deutschen »zurückgelassenen« Vermögens. Das Sonderministerium wurde durch Gesetz vom 11. Januar 1949 wieder aufgelöst und seine Kompetenzen auf die allgemeine Verwaltung der Republik Polen übertragen. Aus der Sicht der polnischen Rechtsordnung waren damit die deutschen Ostgebiete endgültig eingegliedert. An dieser Rechtsauffassung hat auch das demokratische Polen festgehalten.

Polen fand förmliche Unterstützung seines Rechtsstandpunktes in einer Reihe von völkerrechtlichen Verträgen, die es mit der DDR über die Oder-Neiße-Linie abschloß:

- Am 6. Juni 1950 vereinbarten die Provisorische Regierung der DDR und die Regierung der Republik Polen in Warschau, »die festgelegte, zwischen den beiden Staaten bestehende unantastbare Friedens- und Freundschaftsgrenze an Oder und Lausitzer Neiße zu markieren«[5].
- Am 6. Juli 1950 unterzeichneten die Vertreter der Präsidenten der DDR und der Republik Polen in Görlitz das Abkommen über die Markierung der Oder-Neiße-Grenze. Beide Seiten stellten übereinstimmend fest, »daß die festgelegte und bestehende Grenze, die von der Ostsee entlang der Linie westlich von der Ortschaft Swinoujscie und von dort entlang dem Fluß Oder bis zur Einmündung der Lausitzer Neiße und die Lausitzer Neiße entlang bis zur tschechoslowakischen Grenze verläuft, die Staatsgrenze zwischen Deutschland und Polen bildet« (Art. 1). Zwecks »Markierung der Staatsgrenze im Terrain« wurde eine gemischte deutsch-polnische Kommission gebildet (Art. 3).
- Am 27. Januar 1951 unterzeichneten die Staatsoberhäupter der DDR und Polens in Frankfurt/Oder den Akt über die Ausführung der Markierung der Oder-Neiße-Grenze. Die »Staatsgrenze zwischen Deutschland und Polen« wurde gemäß übereinstimmender Feststellung markiert (Art. 1), und der genaue Grenzlinienverlauf in drei Anlagebänden sowie in 34 numerierten Karten dokumentiert (Art. 2 in Verbindung mit Anlage Nr. 1).
- Der Vertrag vom 22. Mai 1989 zwischen der DDR und der Volksrepublik Polen über die Abgrenzung der Seegebiete in der Oderbucht ergänzt seewärtig die Grenzverträge der Jahre 1950/51.

Die zwischen der DDR und Polen geschlossenen Verträge haben – was die Übertragung deutscher Gebiete anbelangt – nur deklaratorische, nicht aber konstitutive

Bedeutung. Die DDR wie Polen gingen übereinstimmend vom Untergang des Deutschen Reiches und von der Befugnis der in Potsdam versammelten hauptverantwortlichen Siegermächte aus, über »ehemals deutsches Gebiet« zu verfügen (»adiudicatio«):

- Demgegenüber hat die Bundesrepublik Deutschland – mit Zustimmung der Siegermächte Großbritannien und USA, denen sich später auch Frankreich anschloß – den Standpunkt vertreten, daß der als »Deutsches Reich« bezeichnete deutsche Staat weder im Jahre 1945 durch die Kapitulation der deutschen Wehrmacht noch im Jahre 1949 durch die Konstituierung von Bundesrepublik und DDR rechtlich untergegangen sei (BVerfGE 36, 1 [15] [»Grundvertragsurteil«]), daß die Bundesrepublik Deutschland mit dem fortbestehenden deutschen Staat »subjektsidentisch« geblieben ist (BVerfGE 36, 1 [16] und 77, 137 [«Teso-Beschluß«]), und daß die in Potsdam getroffenen Regelungen Deutschland rechtlich nicht binden könnten (BVerfGE 5, 85 [»KPD-Urteil«]).
- Die Bundesrepublik Deutschland protestierte demgemäß gegen die von der DDR und Polen über die Oder-Neiße-Grenze geschlossenen Verträge. In Art. 7 des am 5. Mai 1955 in Kraft getretenen Deutschlandvertrags verständigten sich die Bundesrepublik Deutschland und ihre drei westlichen Verbündeten, daß die »endgültige Festlegung der Grenzen Deutschlands«, also auch die Bestimmung der Ostgrenze Deutschlands, einer »frei vereinbarten friedensvertraglichen Regelung für ganz Deutschland« vorbehalten bleiben muß. Damit gaben die drei westlichen Siegermächte keine Garantie für die Grenzen Deutschlands nach dem Stand vom 31. Dezember 1937 ab; es sollte aber ihrer Ansicht nach weder eine »adiudicatio«, d. h. eine Zuteilung deutschen Staatsgebiets ohne die Mitwirkung Deutschlands, noch ein Grenzdiktat geben.
- Diese Grundprämissen westlicher Deutschlandpolitik blieben auch von der 1969 einsetzenden neuen deutschen Ostpolitik unberührt.

Der Vertrag zwischen der Bundesrepublik Deutschland und der Volksrepublik Polen über die Grundlagen der Normalisierung ihrer gegenseitigen Beziehungen (Warschauer Vertrag) vom 7. Dezember 1970 greift erneut die Oder-Neiße-Problematik auf. Bundesrepublik Deutschland und Polen stellen übereinstimmend fest, »daß die bestehende Grenzlinie, deren Verlauf in Kapitel IX der Beschlüsse der Potsdamer Konferenz vom 2. August 1945 von der Ostsee unmittelbar westlich von Swinemünde und von dort die Oder entlang bis zur Einmündung der Lausitzer Neiße und die Lausitzer Neiße entlang bis zur Grenze mit der Tschechoslowakei festgelegt worden ist, die westliche Staatsgrenze der Volksrepublik Polen bildet« (Art. I Abs. 1). Andererseits berührt der Vertrag nicht »die von den Parteien früher geschlossenen oder sie betreffenden zweiseitigen oder mehrseitigen internationalen Vereinbarungen« (Art. IV). Der Friedensvertragsvorbehalt behielt seine Gültigkeit. Im Warschauer Vertrag wird nicht über deutsches Staatsgebiet verfügt. Dies haben die drei Westmächte schon anläßlich der Paraphierung des Vertrags in einem Notenwechsel vom 19. November 1970, der auch der polnischen Seite zur Kenntnis gebracht wurde, ausdrücklich klargestellt. Sie erklärten, »daß der Vertrag die Rechte und Verantwortlichkeiten der Vier Mächte, wie sie in den bekannten Verträgen und Vereinbarungen ihren Niederschlag gefunden haben, nicht berührt und nicht berühren kann« und bezogen sich insoweit auch auf ihre in Art. 2 Deutschlandvertrag angeführten Vorbehaltsrechte in bezug auf »Deutschland als Ganzes ... einschließlich einer friedensvertraglichen Regelung«.

Demgemäß entschied das Bundesverfassungsgericht am 7. Juli 1975, daß die Gebiete östlich von Oder und Neiße mit dem Inkrafttreten der Verträge von Moskau und Warschau »nicht aus der rechtlichen Zugehörigkeit zu Deutschland entlassen« wurden (BVerfGE 40, 141 [171]).

3. Die Bestätigung des endgültigen Charakters der Oder-Neiße-Grenze als wesentlicher Bestandteil der Friedensordnung in Europa: Die auf eine neue Friedensordnung in Europa ausgerichteten evolutionären und revolutionären Wandlungen in Mittel- und Osteuropa, die die staatliche Einheit Deutschlands bewirken sollten, verdeutlichten erneut die Dringlichkeit der Regelung noch offener Grenzfragen und der Sicherheit der Nachbarn Deutschlands.

Am 13. Februar 1990 verständigten sich die beiden deutschen Staaten und die vier Siegermächte des Zweiten Weltkriegs auf der Konferenz der Außenminister der NATO und des Warschauer Pakts auf die sogenannten »Zwei-plus-Vier«-Gespräche, in deren Verlauf die »äußeren Aspekte der Herstellung der deutschen Einheit« abgeklärt werden sollten:

- Durch den gewählten *modus procedendi* wurde deutlich, daß es 45 Jahre nach der bedingungslosen Kapitulation Deutschlands nicht mehr um den Abschluß eines klassischen Friedensvertrags aller Kriegführenden mit Deutschland gehen konnte, sondern um die Gestaltung der künftigen Friedensordnung in Europa. Hierbei spielte die Oder-Neiße-Grenze eine bedeutsame Rolle. Polen hatte deshalb auch gefordert, als Hauptbetroffener gleichberechtigt an den Gesprächen über die äußeren Aspekte der Herstellung der deutschen Einheit beteiligt zu werden. Man einigte sich kompromißweise auf die Beteiligung des polnischen Außenministers an den »Zwei-plus-Vier«-Gesprächen, die am 17. Juli 1990 in Paris über die Grenzen Deutschlands geführt wurden.
- Am 12. September 1990 unterzeichneten die Außenminister der vier Siegermächte und der beiden deutschen Staaten in Moskau den Vertrag über die abschließende Regelung in bezug auf Deutschland (»Zwei-plus-Vier«-Vertrag), der am 15. März 1991 in Kraft getreten ist. Art. 1 Abs. 1 des Vertrags hält die Bestätigung der bestehenden Außengrenzen von Bundesrepublik und DDR für einen »wesentlichen Bestandteil der Friedensordnung in Europa«. Der Vertrag läßt hierbei offen, durch welche konstitutiven Akte die territoriale Souveränität auf die neuen Gebietsherrn übergeht oder bereits übergegangen ist. Der Vertrag erklärt die nach 1945 faktisch durchgeführte Neuverteilung des territorialen Besitzstandes in Mitteleuropa für endgültig. Der »endgültige Charakter der Grenzen des vereinten Deutschlands« wird bewirkt durch eine Reihe von Verpflich-

tungen und Erklärungen, die deutscherseits abgegeben und von den Vier Mächten förmlich angenommen werden (vgl. Art. 1 Abs. 5). Durch diese Verfahrensweise wird gleichzeitig sichergestellt, daß – neben der vereinbarten völkervertraglichen Bestätigung der deutsch-polnischen Grenze (Abs. 2) und ihrer außenpolitischen (Abs. 3) wie innerstaatlichen Absicherung (Abs. 4) – für die »Verwirklichung« des endgültigen Charakters der Grenzen keine weiteren Elemente oder förmlichen Garantien eingefordert werden können.

- Art. 1 Abs. 2 des Vertrags stellt fest, daß das vereinte Deutschland und die Republik Polen die »zwischen ihnen bestehende Grenze in einem völkerrechtlich verbindlichen Vertrag« bestätigen werden, regelt also weder mit konstitutiver noch mit deklaratorischer Wirkung selbst die Grenzfrage. Insoweit kann auch nicht von einer Regelung zugunsten Dritter, nämlich zugunsten Polens, das trotz seiner im letzten Präambelsatz förmlich festgestellten Konsultierung nicht Vertragspartei wurde, gesprochen werden. Deutscherseits geht die Verpflichtung über ein »pactum de negotiando« deutlich hinaus, da das Ziel der Vertragsverhandlungen, die »Bestätigung der bestehenden Grenzen«, vorgegeben wird. Vertragsgemäß ist der Grenzvertrag das wichtigste Element des in Art. 1 Abs. 1 und 5 angesprochenen »endgültigen Charakters« der Grenzen des vereinten Deutschlands. Der Grenzvertrag ist damit Geschäftsgrundlage des »Zwei-plus-Vier«-Vertrags und gleichzeitig ein »wesentlicher Bestandteil der Friedensordnung in Europa« (Art. 1 Abs. 1).

Die im politischen Vorfeld des Vertragsschlusses gelegentlich aufgeworfene Frage, ob die deutsche Seite bei Abschluß des Vertrages ausreichend frei agieren konnte, wenn ihre staatliche Reorganisierung de facto vom Verzicht auf 104 000 km^2 deutschen Gebiets abhängig gemacht wird, beantwortet der Vertrag durch den Hinweis darauf, »daß das deutsche Volk in freier Ausübung des Selbstbestimmungsrechts seinen Willen bekundet« habe (10. Präambelsatz).

Unmittelbar nach Herstellung der staatlichen Einheit Deutschlands am 3. Oktober 1990 wurde der in Art. 1 Abs. 2 des »Zwei-plus-Vier«-Vertrags angesprochene »Vertrag zwischen der Bundesrepublik Deutschland und der Republik Polen über die Bestätigung der zwischen ihnen bestehenden Grenze« (Grenzvertrag) abschließend beraten und am 14. November 1990 in Warschau unterzeichnet:

- In Art. 1 des Grenzvertrags »bestätigen« die Bundesrepublik Deutschland und die Republik Polen »die zwischen ihnen bestehende Grenze«. Der genaue Verlauf der Grenze soll sich nach den vier zwischen der DDR und Polen über die Oder-Neiße-Grenze abgeschlossenen Verträgen vom 6. Juni 1950, 6. Juli 1950, 27. Januar 1951, 22. Mai 1989 und dem zwischen der Bundesrepublik Deutschland und der Volksrepublik Polen abgeschlossenen Warschauer Vertrag vom 7. Dezember 1970 bestimmen.

Die Potsdamer Konferenzbeschlüsse, die durch die Souveränitätsbestimmung des Art. 7 »Zwei-plus-Vier«-Vertrag überholt wurden, werden nicht mehr erwähnt.

Die grenzbezogene Regelung entspricht in all ihren Elementen dem Wortlaut der Entschließungen, die der Deutsche Bundestag und die ehemalige Volkskammer bereits am 21. Juni 1990 anläßlich der Billigung des deutsch-deutschen Staatsvertrags zur Währungs-, Wirtschafts- und Sozialunion abgegeben hatten, und die auch der polnischen Seite förmlich notifiziert worden waren:

- In Art. 2 Grenzvertrag verpflichten sich die Vertragsstaaten »gegenseitig zur uneingeschränkten Achtung ihrer Souveränität«. Diese Bestimmung richtet sich auch gegen frühere Praktiken, Grenzvereinbarungen durch den Hinweis auf Souveränitätsmängel zu relativieren.
- In Art. 3 erklären die Vertragsparteien, daß sie gegeneinander keinerlei Gebietsansprüche haben und solche auch in Zukunft nicht erheben werden. Diese Vorschrift steht in Zusammenhang mit Art. 1 Abs. 3 und 4 des »Zwei-plus-Vier«-Vertrags. Die Regierungen der Bundesrepublik Deutschland und der DDR stellen demgemäß sicher, daß die Verfassung des vereinten Deutschlands keinerlei Bestimmungen enthalten wird, die mit dem Verzicht auf Gebietsansprüche unvereinbar wären; der Vertragstext bezieht sich auf das in der Präambel und in den Art. 23 Satz 2 und 146 des Grundgesetzes alter Fassung verankerte Wiedervereinigungs- bzw. Einheitsvollendungsgebot. Dieser völkervertraglichen Verpflichtung sind die beiden deutschen Staaten bereits mit dem Einigungsvertrag vom 31. August 1990 nachgekommen. Art. 4 Einigungsvertrag, der verfassungsändernden Charakter hat (BVerfGE 82, 316 [321]), bewirkte die drei (unmittelbar) wiedervereinigungsbedingten Grundgesetzänderungen.
- Ebenso wie dem »Zwei-plus-Vier«-Vertrag läßt sich auch dem Grenzvertrag nichts zu der Frage entnehmen, durch welchen rechtsgestaltenden Akt und zu welchem Zeitpunkt die territoriale Souveränität über die Oder-Neiße-Gebiete von Deutschland auf Polen übergegangen ist. Es muß davon ausgegangen werden, daß die Vertragsstaaten diesen Problemkreis nicht schlicht übersehen haben, sondern bewußt nichts zur Rechtsgrundlage (z. B. adiudicatio, Annexion, Zession oder Ersitzung) ausführen wollten, da diesbezüglich eine Einigung nicht möglich war. Insoweit besteht weiterhin ein tiefgreifender Dissens zwischen der Bundesrepublik Deutschland und der Republik Polen: Polen kann den Rechtsstandpunkt vertreten, daß »ehemals deutsches Gebiet« ihm bereits in Potsdam durch »adiudicatio« zugefallen ist. Auch der Bundesrepublik Deutschland wird es nicht verwehrt, ihren Rechtsstandpunkt, wonach erst das staatlich reorganisierte Deutschland – der »gesamtdeutsche Souverän« – über deutsche Gebiete rechtsverbindlich verfügen kann, geltend zu machen; die territoriale Souveränität (im Gegensatz zur Gebietshoheit) über die Oder-Neiße-Gebiete ist erst mit dem Inkrafttreten des Grenzvertrags endgültig auf Polen übergegangen. Durch die Vertragskonzeption wird jedoch auf alle Fälle sichergestellt, daß der Dissens über die Rechtsgrundlage nicht das zweifelsfreie Ergebnis der mehrstufigen Vertragsverhandlungen, die Endgültigkeit der Oder-Neiße-Grenze in einer europäischen Friedensordnung, berühren kann – es also auch kein »juristisches Loch« in der Kette von Rechtsgeschäften, die zur territorialen Souveränität Polens geführt haben, geben kann.

Der fortdauernde Dissens über die Rechtsgrundlage der Oder-Neiße-Grenze kann zu Problemen bei der Bewältigung praktischer politischer Fragen in den deutsch-polnischen Beziehungen führen. Sie einzugrenzen – z. B. im wichtigen Bereich der Schutzpflichten der Bundesrepublik Deutschland für die in den Oder-Neiße-Gebieten zurückgebliebene deutsche Restbevölkerung oder für die Heimatvertriebenen – war Aufgabe des nach dem 14. November 1990 noch auszuhandelnden »umfassenden« Vertrags.

Am 17. Juni 1991 unterzeichneten Bundeskanzler Kohl und der polnische Ministerpräsident Bielecki den Vertrag zwischen der Bundesrepublik Deutschland und der Republik Polen über gute Nachbarschaft und freundschaftliche Zusammenarbeit, der am 16. Januar 1992 – zusammen mit dem Grenzbestätigungsvertrag – in Kraft getreten ist (BGBl. 1991 II, S. 1315 ff.). Von einem »umfassenden« Vertrag wird deshalb nicht gesprochen, weil zwei wichtige Bereiche, die üblicherweise im Zusammenhang mit Grenzfragen geregelt werden, in den deutsch-polnischen Beziehungen offenbleiben. Bei der Unterzeichnung des Nachbarschaftsvertrags tauschten der deutsche und der polnische Außenminister Briefe aus, die als Auslegungsmittel im Sinne der Wiener Vertragsrechtskonvention zu werten sind (BGBl. 1985 II, S. 926) und klarstellen, daß der Vertrag sich nicht »mit Fragen der Staatsangehörigkeit und nicht mit Vermögensfragen« befaßt.

- Für die Bundesrepublik Deutschland besitzen die Deutschen, die 1945 in den Oder-Neiße-Gebieten und anderen Teilen Polens zurückgeblieben sind sowie deren Abkömmlinge, weiterhin die deutsche Staatsangehörigkeit. Polen bestreitet die deutsche Staatsangehörigkeit der genannten Personen und fordert die Änderung des einschlägigen deutschen Staatsangehörigkeitsrechts. Seit dem Inkrafttreten der Verträge besitzt der Personenkreis auch für die Bundesrepublik unbestreitbar die polnische Staatsangehörigkeit. Es handelt sich mithin aus deutscher Sicht um deutsch-polnische Doppelstaatler. Die Betroffenen haben weiterhin Anspruch auf Ausstellung eines deutschen Reisepasses, können aber in Polen von der Bundesregierung weder diplomatisch noch konsularisch geschützt werden.
- Für die Bundesrepublik Deutschland umfaßt die nicht geregelte und damit noch offene Vermögensfrage alle sich aus der völkerrechtswidrigen Konfiskation und Vertreibung ergebenden vermögensrechtlichen Aspekte. Nach der Auffassung des Bundesverfassungsgerichts haben die Vertriebenen ihr Eigentum an den konfiszierten Gegenständen aufgrund des Grenzbestätigungsvertrags nicht verloren, da mit dem Vertrag lediglich eine faktisch seit langem bestehende Grenze bestätigt wurde, ohne daß damit die Anerkennung früherer polnischer Enteignungsmaßnahmen verbunden war[6]. Die polnische Seite weist alle Ansprüche aus Konfiskation und Vertreibung zurück und verlangt ihrerseits weitere Wiedergutmachung für Schäden aus der Zeit der NS-Verfolgung.

Das deutsch-polnische Vertragswerk sieht aber auch Maßnahmen vor, die geeignet erscheinen, der Grenze an Oder und Neiße ihre trennende Funktion zu nehmen.

Der deutschen Minderheit in Polen und den Vertriebenen in der Bundesrepublik Deutschland wird im Prozeß der Aussöhnung der Staaten eine besondere Brückenfunktion eingeräumt. Art. 20 und 21 Nachbarschaftsvertrag gewähren der deutschen Minderheit in Polen erstmals einen umfassenden – wenn auch in Einzelfragen noch konkretisierungsbedürftigen – Minderheitenschutz[7]. Die deutsch-polnische Staatsgrenze an Oder und Neiße trennt einen in vielen Jahrhunderten organisch gewachsenen einheitlichen Kultur- und Wirtschaftsraum. Der Trennung soll mit gezielten Maßnahmen grenzüberschreitender Zusammenarbeit entgegengewirkt werden. Die Vertragsstaaten messen deshalb der partnerschaftlichen Zusammenarbeit zwischen Regionen, Städten, Gemeinden und anderen Gebietskörperschaften im grenznahen Bereich hohe Bedeutung bei.

Diese Aussage hat zunächst keinen rechtsverbindlichen Charakter. Die Leitbilder betreffen drei Themenschwerpunkte:

- Schutz der Naturpotentiale und Sanierung geschädigter Gebiete,
- Entwicklung bzw. Förderung einer dezentralen Siedlungsstruktur und
- Entwicklung der technischen Infrastruktur.

Am 2. Juli 1992 wurde die Deutsch-Polnische Raumordnungskommission eingerichtet, in der das polnische Ministerium für Raumwirtschaft und Bauwesen und das Bundesministerium für Raumordnung, Bauwesen und Städtebau, die Länder Mecklenburg-Vorpommern, Berlin, Brandenburg und Sachsen sowie die vier Woiwodschaften Stettin (Szczecin), Landsberg (Gorzów Wielkopolskie), Grünberg (Zielona Góra) und Hirschberg (Jelenia Góra) eng zusammenarbeiten. Ergebnis dieser Kooperation sind die mit der Entschließung vom 24. Mai 1995 von der Kommission angenommenen »Raumordnerischen Leitbilder für den Raum entlang der deutsch-polnischen Grenze«. Damit liegt erstmals eine von beiden Seiten gemeinsam erarbeitete und getragene raumordnungspolitische Entwicklungsvorstellung für den Grenzraum als einheitliches Siedlungsgebiet vor.

Die raumordnerischen Leitbilder für den Raum entlang der deutsch-polnischen Grenze – welche wesentlicher Inhalt des Berichts sind – wurden in der Zeit von Oktober 1992 bis Mai 1995 in zwei Schritten aufgestellt. Als erstes wurde eine Analyse der Ausgangssituation erstellt, um einen über die Staatsgrenze reichenden Vergleich der Entwicklungspotentiale und -barrieren zu erhalten. Darauf aufbauend wurden in einem zweiten Schritt grenzüberschreitende Entwicklungsziele und Handlungsansätze aus raumordnungspolitischer Sicht festgelegt.

Bei rechtzeitig abgestimmten Entwicklungsvorstellungen, besserer Nutzung der räumlichen Potentiale und gleichzeitigem Abbau bestehender Entwicklungshemmnisse kann die Raumordnung als integrierende Politik die Annäherung Polens an die Europäische Union erleichtern, und die Region an Oder und Neiße kann zu einer zentralen Drehscheibe zwischen den Staaten West- und Mitteleuropas werden.

Die Flutkatastrophe an der Oder im Jahre 1997 führte nicht nur zu einer Welle grenzüberschreitender Hilfsbereitschaft in Deutschland, die vor allem in Schlesien nachhaltigen Eindruck hinterließ; im trilateralen Rahmen (zusammen mit

Tschechien) wird nunmehr an einem Konzept zur grenzüberschreitenden Hochwasservorbeugung und Restrukturierung der besonders betroffenen Gebiete gearbeitet.

Ein Schwerpunkt der deutsch-polnischen Kontakte liegt beim weiteren Ausbau der Grenzübergänge. Die Regierungschefs beider Länder haben zur Lösung persönliche Beauftragte eingesetzt. Gesichtspunkten der wirtschaftlichen Offenheit im Blick auf die künftige EU-Mitgliedschaft Polens ist hierbei ebenso Rechnung zu tragen wie dem Umstand, daß die Oder-Neiße-Linie als sogenannte Schengen-Außengrenze besondere Sicherheitsmaßnahmen erfordert. Gemäß dem deutsch-polnischen Regierungsabkommen über Grenzübergänge und Arten des grenzüberschreitenden Verkehrs vom 6. November 1992 sollen insgesamt 13 neue Übergangsstellen geöffnet werden, so daß künftig insgesamt 41 Übergänge an der Grenze zu Polen für den Personen- und teilweise auch für den Warenverkehr zur Verfügung stehen werden.

Eine besondere Regelung wurde hinsichtlich Nutzung und Grenzlinie in der Oderbucht getroffen. Die Änderung des Seerechts nach Vertragsschluß (Ausdehnung der Breite des Küstenmeeres auf zwölf Seemeilen) machten eine Ergänzung des Vertrags zwischen der DDR und der Volksrepublik Polen über die Abgrenzung der Seegebiete in der Oderbucht vom 22. Mai 1989 (GBl. DDR 1989 II, S. 150) erforderlich. Im Vorfeld des Inkrafttretens des Seerechtsübereinkommens der Vereinten Nationen am 16. November 1994 (BGBl. 1994 II, S. 1799) wurde am 19. Juni 1993 das deutsch-polnische Abkommen über die Durchfahrt von Schiffen durch die inneren Gewässer im Bereich der Insel Usedom (BGBl. 1993 II, S. 1206) abgeschlossen. Das Abkommen nimmt ausdrücklich Bezug auf den Vertrag über gute Nachbarschaft und freundschaftliche Zusammenarbeit. Deutschland und Polen handeln im Bestreben, »möglichst günstige Bedingungen für die Nutzung ihrer Wasserwege im Interesse der Wirtschaft, des Verkehrs, des Tourismus und der regionalen Zusammenarbeit zu schaffen«[8].

Dieter Blumenwitz

Anmerkungen:

1 Zit. nach G. Rhode/W. Wagner (Hrsg.): Quellen zur Entstehung der Oder-Neiße-Linie in den diplomatischen Verhandlungen des Zweiten Weltkrieges, Stuttgart (2.Aufl.) 1959, S. 80.

2 Zit. nach Ebd., S. 228.

3 Vgl. Bundesministerium für Vertriebene, Flüchtlinge und Kriegsgeschädigte (Hrsg.): Dokumentation der Vertreibung aus Ost-Mitteleuropa, Band I/1, Bonn 1953, S. 114.

4 Vgl. Ziffer IX. der »Mitteilung über die Drei-Mächte-Konferenz von Berlin« (Potsdamer Protokoll), Amtsblatt des Kontrollrates in Deutschland, Ergänzungsblatt Nr. 1, S. 13 ff.

5 Deutsches Institut für Zeitgeschichte: Dokumentation zur Außenpolitik der DDR, Bd. 4, Berlin 1957, S. 113.

6 Vgl. D. Blumenwitz: Das Offenhalten der Vermögensfrage in den deutsch-polnischen Beziehungen, Bonn 1992.

7 Vgl. ders.: Minderheiten und Volksgruppenrecht. Aktuelle Entwicklung, Bonn 1992, S. 77 ff.

8 Vgl. in diesem Zusammenhang auch die Bekanntmachung der Proklamation der Bundesregierung über die Ausweitung des deutschen Küstenmeeres vom 11. November 1994 (BGBl. 1994 I, S. 3428).

Literatur:

BLUMENWITZ, DIETER: Der Vertrag vom 12. September 1990 über die abschließende Regelung in bezug auf Deutschland, in: Neue Juristische Wochenschrift, 48/1990, S. 3041–3049. □ DERS.: Die Grenze, die die beiden Völker nicht trennen, sondern einigen soll ... – Zur abschließenden Bestätigung der Oder-Neiße-Linie aus völkerrechtlicher Sicht, in: Politische Studien, 319/1991, S. 455–468. □ DERS.: Das Offenhalten der Vermögensfrage in den deutsch-polnischen Beziehungen, Bonn 1992. □ DERS.: Minderheiten- und Volksgruppenrecht. Aktuelle Entwicklung, Bonn 1992. □ DERS.: Inhalt und Umfang der Verpflichtungen gemäß Art. 20 Abs. 2 des deutsch-polnischen Nachbarschaftsvertrages vom 17. Juni 1991 im Hinblick auf den internationalen Standard für Minderheiten, in: Ders./Dietrich Murswiek (Hrsg.): Aktuelle rechtliche und praktische Fragen des Volksgruppen- und Minderheitenschutzrechts, Köln 1994, S. 63–73. □ KEMPEN, BERNHARD: Die deutsch-polnische Grenze nach der Friedensregelung des Zwei-plus-Vier-Vertrags, Frankfurt a. M. 1997 □ KETTWIG, KNUT: Rechtsgrundlagen dezentraler grenzüberschreitender Zusammenarbeit im deutsch-polnischen und deutsch-tschechischen Grenzraum, Frankfurt a. M. 1994. □ KRÜLLE, SIEGRID: Die völkerrechtlichen Aspekte des Oder-Neiße-Problems, Berlin 1970. □ RHODE, GOTTHOLD/WOLFGANG WAGNER: Quellen zur Entstehung der Oder-Neiße-Linie, Stuttgart 1956. □ WAGNER, WOLFGANG: Die Entstehung der Oder-Neiße-Linie in den diplomatischen Verhandlungen während des Zweiten Weltkriegs, Stuttgart (3. Aufl.) 1964.

Ostverträge

→ Bundesrepublik Deutschland: Geschichte, Deutschlandpolitik der Bundesrepublik Deutschland, Deutschlandpolitik der Vier Mächte, Deutschlands Rechtslage, **Grundlagenvertrag**, Innerdeutsche Beziehungen, Kontroversen zur deutschen Frage, **Oder-Neiße-Linie**, Ost-West-Konflikt, Verträge zur deutschen Einheit, Vertriebene.

1. Begriff: Die Verträge, die von der sozial-liberalen Bundesregierung unter Bundeskanzler Willy Brandt (SPD) und Außenminister Walter Scheel (FDP) in den Jahren 1970 bis 1973 mit der Sowjetunion (12. August 1970), Polen (7. Dezember 1970) und der Tschechoslowakei (11. Dezember 1973) als Besiegelung der Normalisierungspolitik mit den Ländern des Warschauer Pakts im Rahmen der neuen deutschen Ostpolitik abgeschlossen wurden, werden als Ostverträge bezeichnet. In einem engen politischen Zusammenhang mit den Ostverträgen stehen die deutsch-deutschen Verträge (Verkehrsvertrag, Grundlagenvertrag) und das Berlin-Abkommen vom 3. September 1971, das von den Vier Mächten abgeschlossen wurde und unter maßgeblicher Beteiligung der Bundesrepublik Deutschland und der DDR (Post-Protokoll, Transit-Abkommen, Vereinbarungen des Berliner Senats und der DDR) zustande kam.

Nach der demokratischen Wende im östlichen Teil Europas und unmittelbar nach der Vollendung der staatlichen Einheit Deutschlands schloß die Bundesrepublik Deutschland Verträge mit den ehemaligen Warschauer Pakt-Staaten, für die der Begriff »Nachbarschaftsverträge« gefunden wurde. Diese Vertragswerke sind um ein vielfaches umfangreicher als die Ostverträge der 70er Jahre, die Interessenlagen und Machtverhältnisse in einem historisch abgeschlossenen Zeitraum reflektieren. Wortlaut und Geist der Nachbarschaftsverträge entsprechen der neuen Qualität der Beziehungen zwischen dem vereinigten Deutschland und seinen östlichen Nachbarn.

2. Historische und politische Grundlagen: Die Ostverträge waren das staats- und völkerrechtlich fixierte Ergebnis eines außenpolitischen Umdenkens sowohl in der Bundesrepublik Deutschland als auch bei den Vertragspartnern. Ohne Aufgabe der langfristigen Zielvorgaben (friedensvertragliche Regelung mit Deutschland als Ganzem, Verwirklichung des nationalen Selbstbestimmungsrechts und der deutschen Einheit) paßte sich die bundesdeutsche Außenpolitik vor dem Hintergrund der Entspannungspolitik den neuen Entwicklungstendenzen der amerikanisch-westeuropäischen Osteuropapolitik an und bemühte sich zugleich um die Wiedergewinnung der deutschland- und ostpolitischen Initiative. Sie erweiterte tatsächlich den Handlungsspielraum deutscher Politik gegenüber der Sowjetunion und den anderen Staaten des Warschauer Pakts, die sich ihrerseits veranlaßt sahen, von ihren deutschlandpolitischen Maximalforderungen (Drei-Staaten-Theorie, völkerrechtliche Anerkennung der DDR als Ausland durch die Bundesrepublik u. a.) abzurücken.

Die Ostpolitik der Regierung Brandt/Scheel konnte an Normalisierungsversuche früherer Bundesregierungen anknüpfen: die Aufnahme diplomatischer Beziehungen zur Sowjetunion 1955 durch Bundeskanzler Konrad Adenauer, die Einrichtung von Handelsmissionen in Polen, Ungarn, Bulgarien und Rumänien unter Außenminister Gerhard Schröder, die Friedensnote von Bundeskanzler Ludwig Erhard vom März 1966, die Ostpolitik der Großen Koalition von CDU/CSU und SPD (1966 bis 1969) unter konzeptioneller Federführung von Außenminister Willy Brandt und seinem Stab (Planungsstab des Auswärtigen Amts unter Leitung von Staatssekretär Egon Bahr).

Der politische Durchbruch in den Beziehungen zu den Staaten des Warschauer Pakts scheiterte jedoch bis 1969 – teils an der zögerlichen Revision bisheriger deutschlandpolitischer Positionen der Bundesregierung (Alleinvertretungsanspruch, Nichtanerkennung der DDR-Staatlichkeit, Oder-Neiße-Grenzproblematik), teils an den Maximalforderungen der Warschauer-Pakt-Staaten (Karlsbader Beschlüsse 1967, Notenwechsel Bonn-Moskau 1967/68) und ihrer Abgrenzungspolitik gegenüber der Bundesrepublik Deutschland mit Ausnahme Rumäniens (Aufnahme diplomatischer Beziehungen 1967). Erst im Laufe des Jahres 1969 zeichnete sich ein Abgehen der Ostblock-Staaten von diesen Maximalforderungen ab.

Die Regierungserklärung von Bundeskanzler Brandt (28. Oktober 1969) setzte das Signal für einen politischen Durchbruch. Zum ersten Mal wurde die Existenz eines zweiten deutschen Staates amtlich anerkannt. Die Bundesregierung bot der DDR wie den anderen Warschauer Pakt-Staaten »gleichmäßig verbindliche Abkommen über den gegenseitigen Verzicht auf Anwendung oder Androhung von Gewalt«[1] an. Eine Politik des Gewaltverzichts, »die die territoriale Integrität des jeweiligen Partners berücksichtigt«, sollte Ausdruck in Verträgen mit den betreffenden Warschauer Pakt-Staaten (Sowjetunion, Polen, DDR, Tschechoslowakei) finden. Dafür erwartete die Bundesregierung die östliche Respektierung von Realitäten wie die Bindungen von Berlin (West) an den Bund bei Anerkennung des Vier-Mächte-Status der ganzen Stadt, das Bestreben nach der Verwirklichung des Selbstbestimmungsrechts aller Deutschen, den Wunsch nach Erleichterungen für die Menschen im geteilten Deutschland.

3. Der Moskauer Vertrag

3.1. Vorgeschichte: Der »Vertrag zwischen der Bundesrepublik Deutschland und der Union der Sozialistischen Sowjetrepubliken« vom 12. August 1970 war das Ergebnis von Verhandlungen, die im Dezember 1969 begannen und zwischen Januar und Mai 1970 in drei Gesprächsrunden von Staatssekretär Bahr auf deutscher Seite und Außenminister Gromyko auf sowjetischer Seite geleitet wurden. Im sogenannten Bahr-Papier vom Mai 1970, das durch Indiskretionen an die Öffentlichkeit gelangte, wurden vom deutschen Verhandlungsleiter zehn Leitsätze zusammengefaßt, die im wesentlichen die Grundlage des Moskauer Vertrags bildeten. Die Abschlußverhandlungen führte Außenminister Scheel mit seinem sowjetischen Kollegen Ende Juli/Anfang August in Moskau. Der Vertrag wurde am 12. August in Moskau unterzeichnet.

Politischer Kern des Vertrags sind die Art. 2 und 3. In Art. 2 verpflichten sich die beiden Seiten, »ihre Streitfragen ausschließlich mit friedlichen Mitteln (zu) lösen« und »sich in Fragen, die die Sicherheit in Europa und die internationale Sicherheit berühren, sowie in ihren gegenseitigen Beziehungen gemäß Art. 2 der Charta der Vereinten Nationen der Drohung mit Gewalt oder der Anwendung von Gewalt zu enthalten«[2]. In Art. 3 stimmen die Bundesrepublik Deutschland und die Sowjetunion darin überein, »daß der Friede in Europa nur erhalten werden kann, wenn niemand die gegenwärtigen Grenzen antastet. Sie verpflichten sich, die territoriale Integrität aller Staaten in Europa in ihren heutigen Grenzen uneingeschränkt zu achten; sie erklären, daß sie keine Gebietsansprüche gegen irgend jemand haben und solche in Zukunft auch nicht erheben werden; sie betrachten heute und künftig die Grenzen aller Staaten in Europa als unverletzlich, wie sie am Tage der Unterzeichnung dieses Vertrags verlaufen, einschließlich der Oder-Neiße-Linie, die die Westgrenze der Volksrepublik Polen bildet, und der Grenze zwischen der Bundesrepublik Deutschland und der Deutschen Demokratischen Republik.«[3]

3.2. Völkerrechtliche, verfassungsrechtliche, vertragsrechtliche Grundlagen: Mit Art. 2 wurde jegliche Gewalt unzweideutig ausgeschlossen und Art. 53 und 107 der Charta der Vereinten Nationen (Feindstaatenklausel) überlagert. Artikel 3 schließt einvernehmliche Grenzkorrekturen nicht aus. Die Bundesrepublik Deutschland erklärte sich in dem Artikel zur Respektierung der deutsch-deutschen Grenze und der Oder-Neiße-Grenze bereit, nicht aber zu ihrer ausdrücklichen völkerrechtlichen Anerkennung. Auf deutscher Seite wurde festgehalten, daß der Verzicht auf Gebietsansprüche »nicht heiße, daß die Bundesregierung auf ihre friedliche Wiedervereinigungspolitik verzichte ... Im übrigen richten sich Gebietsansprüche gegen Teile eines fremden Staatsgebiets und nicht auf die Fusion zweier Staaten – und nur als solche ist eine Wiedervereinigung seit der Anerkennung der DDR als Staat möglich.«[4] Die Nicht-Berührungs-Klausel des Art. 4 war für die Bundesrepublik insofern von besonderem politischem Gewicht, als damit insbesondere die fortdauernde Gültigkeit der Bestimmungen des Deutschlandvertrags von 1952/54 bestätigt wurde.

Das gesamte Vertragswerk besteht aus dem eigentlichen Moskauer Vertrag, dem Brief zur deutschen Einheit und aus einem Notenwechsel der Bundesregierung mit den Westmächten. »Der Moskauer Vertrag ist mit Gewaltverzicht und Grenzachtung so nachdrücklich am Status quo orientiert, daß die Bundesregierung dafür Sorge zu tragen hatte, daß ihre legitimen Bemühungen um eine friedliche Verbesserung des Status quo, d. h. um eine Wiedervereinigung, nicht unter den Vorwurf gerieten, vertragswidrig zu sein ... Man wünschte ... eine auch dem Laien erkennbare Verankerung der Wiedervereinigungspolitik im Vertragswerk und erreichte, daß die Sowjetunion den ... sogenannten ›Brief zur deutschen Einheit‹ widerspruchslos entgegennahm.«[5] In dem Notenwechsel der Bundesrepublik Deutschland mit den Westmächten wurden die originären Rechte der Vier Mächte, die sich aus der Besiegung und Besetzung des Deutschen Reichs ergaben, nochmals ausdrücklich bestätigt, womit der Modus-vivendi-Charakter des Moskauer Vertrags und der Friedensvertragsvorbehalt der Bundesrepublik Deutschland unterstrichen werden sollten.

4. Der Warschauer Vertrag

4.1. Vorgeschichte: Der »Vertrag zwischen der Bundesrepublik Deutschland und der Volksrepublik Polen über die Grundlagen der Normalisierung ihrer gegenseitigen Beziehungen« vom 7. Dezember 1970 stand am Ende von Verhandlungen, die im Februar 1970 aufgenommen worden waren und deutscherseits von Staatssekretär Duckwitz, polnischerseits von Vizeaußenminister Winiewicz geleitet wurden. Die verhältnismäßig lange Dauer von beinahe fünf Monaten für die einleitenden Sondierungen in fünf Gesprächsrunden war auf die unterschiedlichen Ausgangspositionen beider Seiten zur Frage des Wesens eines auszuhandelnden Vertrags zurückzuführen. Die Bundesregierung dachte ursprünglich an einen Gewaltverzichtsvertrag mit Grenzformel, die polnische Regierung an einen reinen Grenzvertrag in Anlehnung an den Görlitzer Vertrag zwischen der DDR und Polen (6. Juli 1950), wie ihn Parteichef Gomulka am 17. Mai 1969 mit seinem Gesprächsangebot an die Bundesregierung vorgeschlagen hatte. Vor Beginn der sechsten Gesprächsrunde wurde von polnischer Seite die Grenzformel des Moskauer Vertrags als ungenügend abgelehnt. Die abschließenden Verhandlungen führten im November die Außenminister Scheel und Jedrychowski. Der Vertrag wurde von Bundeskanzler Brandt und Ministerpräsident Cyrankiewicz sowie den beiden Außenministern am 7. Dezember 1970 in Warschau unterzeichnet.

Die politische und rechtliche Signalwirkung des Vertrags ging von Art. 1 mit seinen drei Absätzen aus: »Die Bundesrepublik Deutschland und die Volksrepublik Polen stellen übereinstimmend fest, daß die bestehende Grenzlinie, deren Verlauf im Kapitel IX der Beschlüsse der Potsdamer Konferenz vom 2. August 1945 von der Ostsee unmittelbar westlich von Swinemünde und von dort die Oder entlang bis zur Einmündung der Lausitzer Neiße und die Lausitzer Neiße entlang bis zur Grenze mit der Tschechoslowakei festgelegt worden ist, die westliche Staatsgrenze der Volksrepublik Polen bildet. Sie bekräftigen die Unverletzlichkeit ihrer bestehenden Grenzen jetzt und in der Zukunft und verpflichten sich gegenseitig zur uneingeschränkten Achtung ihrer territorialen Integrität. Sie erklären, daß sie gegeneinander keinerlei Gebietsansprüche haben und solche auch in Zukunft nicht erheben werden.«[6] Art. 4 besagt, daß dieser Vertrag »nicht die von den Parteien früher geschlossenen oder sie betreffenden zweiseitigen oder mehrseitigen internationalen Vereinbarungen« berührt.

Die Ausreiseregelung für Deutsche aus Polen war nicht Bestandteil des Warschauer Vertrags, da die polnische Regierung diese »innere Angelegenheit« nicht zum Gegenstand von Verhandlungen machen wollte. Sie fand sich lediglich dazu bereit, in einer Information vom 18. November 1970 zuzusagen, »Personen mit unbestreitbarer deutscher Volkszugehörigkeit« und »Personen aus gemischten Familien«, insgesamt »einigen Zehntausenden Personen«, die Ausreise bzw. Familienzusammenführung zu ermöglichen.

4.2. Völkerrechtliche, verfassungsrechtliche, vertragsrechtliche Grundlagen: Der Völkerrechtler Claus Arndt stellte zu dem Art. 1 des Vertrags fest, daß er nicht gleichbedeutend mit einer Anerkennung der Potsdamer Deklaration durch die Bundesrepublik sei, keine Stellungnahme zur Entstehung der Oder-Neiße-Grenze enthalte und nur die Bundesrepublik Deutschland, nicht jedoch Deutschland als Ganzes, rechtlich binde: »Die Verpflichtung aus Art. 1 Abs. 1 des Vertrags ist eine konkrete Ausformung des Gewaltverzichts, erweitert um das, was die Bundesrepublik im Rahmen ihrer Kompetenzen dafür tun kann, daß Polen endgültig in gesicherten Grenzen leben kann – es ist jedoch nicht der Verzicht auf einen politischen Anspruch, der gar nicht erhoben worden ist.«[7]

Der Moskauer und der Warschauer Vertrag waren ratifikationsbedürftig. Durch die politischen Verflechtungen der einzelnen Schritte der Ostpolitik wurde der Ratifikationsvorgang freilich zu einer Prozedur, in die außer der Sowjetunion und Polen die drei Westmächte und die DDR direkt oder indirekt miteinbezogen waren. Es gab kein juristisches Junktim zwischen der Ratifikation der Verträge von Moskau und Warschau und dem Abschluß eines Vier-Mächte-Abkommens über Berlin, jedoch bildeten sie zusammen ein Paket, d. h. sie waren zusammengehörige Teile ein und desselben politischen Ganzen. Mit dem Scheitern eines Bestandteils des Pakets wäre das ganze Paket verloren gewesen – ohne Berlin-Abkommen keine Ratifikation der Ostverträge, aber auch: ohne Ratifikation der Verträge von Moskau und Warschau kein Inkrafttreten des Vier-Mächte-Abkommens über Berlin.

Nach einer der erbittertsten politischen Auseinandersetzungen in der Geschichte der »alten« Bundesrepublik Deutschland zwischen Regierung und parlamentarischer Opposition wurden die Verträge am 17. Mai 1972 durch den Deutschen Bundestag, am 19. Mai durch den Deutschen Bundesrat ratifiziert. Sie traten mit dem Austausch der Ratifikationsurkunden am 3. Juni 1972 in Kraft. Im Zusammenhang mit der Abstimmung über den Warschauer und den Moskauer Vertrag nahm der Deutsche Bundestag am 17. Mai 1972 einstimmig bei fünf Enthaltungen eine Entschließung an, in der erklärt wurde: »Die Verträge nehmen eine friedensvertragliche Regelung für Deutschland nicht vorweg und schaffen keine Rechtsgrundlage für die heute bestehenden Grenzen.« Gleichzeitig wurde darauf hingewiesen, daß »die Rechte und Verantwortlichkeiten der Vier Mächte in bezug auf Deutschland als Ganzes und auf Berlin ... durch die Verträge nicht berührt« werden.[8]

5. Das Vier-Mächte-Abkommen: Das Berlin-Abkommen vom 3. September 1971 trat am 3. Juni 1972, am selben Tag wie der Moskauer und Warschauer Vertrag, in Kraft. Damit wurde sinnfällig, daß das »Vierseitige Abkommen« ein Bestandteil des Systems der Ostverträge war, wenngleich es wegen der völkerrechtlichen Lage nicht von Bonn, sondern von den drei Westmächten mit der Sowjetunion geschlossen wurde. Die Verhandlungen begannen auf Botschafter-Ebene im März 1970 und führten nach 33 Sitzungen in 17 Monaten zum Erfolg. Die Berlin-Einigung war ein Kompromiß, der darauf basierte, daß unvereinbare Rechtspositionen um praktischer Regelungen willen ausgeklammert wurden. Weder die Sowjetunion und die DDR noch die Westmächte und die Bundesrepublik Deutschland konnten ihre Maximalvorstellungen durchsetzen. Die Westsektoren Berlins wurden nicht wie ein vollwertiges Bundesland behandelt, wie es den Wünschen der Bundesregierung entsprochen hätte, und keine »Selbständige politische Einheit« als gleichsam dritter deutsche Staat, wovon die DDR-Regierung jahrelang geträumt hatte. Berlin (West) blieb unter alliierter Oberhoheit, basierend auf den originären Rechten der Siegermächte in Berlin als Ganzem, mit besonders engen Bindungen zur Bundesrepublik Deutschland.

6. Der Grundlagenvertrag mit der DDR: Der »Vertrag über die Grundlagen der Beziehungen zwischen der Bundesrepublik Deutschland und der Deutschen Demokratischen Republik« wurde am 21. Dezember 1972 unterzeichnet und am 11. Mai 1973 ratifiziert. Er trat am 21. Juni 1973 in Kraft.

Die Verhandlungen zwischen den beiden deutschen Staaten liefen nur mühsam an, denn die Ausgangspositionen waren bei der Aufnahme des Meinungsaustauschs zum Grundlagenvertrag ungleichgewichtig. Die DDR hatte mit dem Verkehrsvertrag vom 26. Mai 1972 – dem ersten Staatsvertrag, den sie mit der Bundesrepublik Deutschland geschlossen hatte – den gewünschten Rahmen für ihre beim Berlin-Abkommen erbrachten Leistungen erhalten und betrachtete nur noch zwei wichtigere Ziele in ihrer Westpolitik als nicht erfüllt: die vorbehaltlose völkerrechtliche

Anerkennung mit allen Konsequenzen durch die Bundesrepublik und die Aufhebung der Blockade ihrer Außenbeziehungen, soweit sie von Bonn noch beeinflußt wurden. Der Bundesrepublik Deutschland ging es um die Bestätigung der besonderen Qualität der deutsch-deutschen Beziehungen, menschliche Erleichterungen und die Anerkennung der Bindungen Berlins (West) an die Bundesrepublik Deutschland. Schließlich einigten sich beide Seiten auf einen Kompromiß. Der Grundlagenvertrag brachte einerseits die Normalisierung der innerdeutschen Beziehungen (unterhalb der Schwelle der völkerrechtlichen Anerkennung der DDR als Ausland), andererseits menschliche Erleichterungen und die Aussichten auf einen weiteren Ausbau der innerdeutschen Beziehungen.

7. Der Prager Vertrag

7.1. Vorgeschichte: Der »Vertrag über die gegenseitigen Beziehungen zwischen der Bundesrepublik Deutschland und der Tschechoslowakischen Sozialistischen Republik« vom 11. Dezember 1973 stand am Ende von langwierigen Sondierungsgesprächen und Verhandlungen. Hauptgegenstand der zähen Sondierungen waren zwei Probleme: Ab welchem Zeitpunkt war das Münchener Abkommen von 1938 als ungültig zu betrachten, und welche rechtlichen Konsequenzen ergaben sich aus der zu vereinbarenden Ungültigkeitserklärung? Die Gespräche wurden im Oktober 1970 aufgenommen. Im Mai/Juni 1973 führten die Außenminister Scheel und Chnoupek die offiziellen Abschlußverhandlungen und paraphierten das Vertragswerk am 20. Juni 1973. Als die Einbeziehung Berlins (West) (Rechtshilfe für Westberliner Gerichte) nach einer Abmachung Außenminister Scheels in Moskau, die Vorbildfunktion für die Verbündeten der Sowjetunion hatte, gesichert war, wurde der Vertrag am 11. Dezember 1973 von Bundeskanzler Brandt und Ministerpräsident Strougal und den beiden Außenministern in Prag unterzeichnet. Am selben Tag wurden die diplomatischen Beziehungen aufgenommen.

Zehn Tage nach der Unterzeichnung des Prager Vertrags nahm die Bundesrepublik Deutschland die diplomatischen Beziehungen mit Bulgarien und Ungarn auf.

7.2. Völkerrechtliche, verfassungsrechtliche, vertragsrechtliche Grundlagen: Das Münchener Abkommen stand im Mittelpunkt des Vertrags. Artikel 1 sagt dazu: »Die Bundesrepublik Deutschland und die Tschechoslowakische Sozialistische Republik betrachten das Münchener Abkommen vom 29. September 1938 im Hinblick auf ihre gegenseitigen Beziehungen nach Maßgabe dieses Vertrags als nichtig.«[9] Die CSSR hatte sich mit ihrem Wunsch durchgesetzt, eine Aussage zur Nichtigkeit des Münchener Abkommens in den Vertrag aufzunehmen. Die Bundesrepublik Deutschland konnte ihre Weigerung aufrechterhalten, diese Nichtigkeit als eine von Anfang an wirkende zu bezeichnen. Mit Blick auf die Rechtswirkungen war für die deutsche Seite auch eine nicht-anfängliche Nichtigkeit nicht vorbehaltlos akzeptabel. Der Vertrag enthielt deshalb in Art. 2 eine Reihe von Vorbehalten mit Bezug auf eine nachträgliche Nichtigkeit des Münchener Abkommens (Probleme der Staatsangehörigkeit, materielle Ansprüche u. a.). Des weiteren werden in dem Vertrag wie im Moskauer und im Warschauer Vertrag und im Grundlagenvertrag der

Gewaltverzicht (Art. 3), die Unverletzlichkeit der Grenzen (Art. 4) und die Zusammenarbeit (Art. 5) geregelt.

8. Nachbarschaftsverträge als Weiterentwicklung der Ostverträge: Wie schon in der Chronologie der Ostvertragspolitik der 70er Jahre stand der Vertrag mit der Sowjetunion am Anfang der Nachbarschaftsverträge, die Deutschland unmittelbar nach Vollendung der deutschen Einheit mit seinen östlichen Nachbarn abschloß. Der »Vertrag zwischen der Bundesrepublik Deutschland und der Union der Sozialistischen Sowjetrepubliken über gute Nachbarschaft, Partnerschaft und Zusammenarbeit«,[10] der am 9. November 1990 von Bundeskanzler Kohl und Staatspräsident Gorbatschow in Bonn unterzeichnet wurde, umfaßt 22 Artikel. Er enthält unter anderem einen Gewaltverzicht, Aussagen zur Rüstungskontrolle sowie Vereinbarungen über regelmäßige Konsultationen der Außen- und Verteidigungsminister. Außerdem sollen laut Vertrag die Zusammenarbeit auf wirtschaftlichem, wissenschaftlichem und kulturellem Gebiet sowie beim Umweltschutz verstärkt und die menschlichen Kontakte vertieft werden. Nach dem Auseinanderfallen der Sowjetunion übernahm die Rußländische Föderation die Verpflichtungen aus dem Vertrag. Gemeinsame Erklärungen über die Grundlagen der Beziehungen schloß die Bundesrepublik Deutschland mit der Republik Lettland (20. April 1993), der Republik Estland (29. April 1993), mit der Ukraine (10. Juni 1993) und mit der Republik Litauen (21. Juli 1993) ab.

Die politisch wichtigsten Verträge wurden mit Polen abgeschlossen, das nicht an den »Zwei-plus-Vier«-Verhandlungen teilnahm, aber wegen der mit der deutschen Einheit verknüpften endgültigen Grenzregelung mit Deutschland eng konsultiert worden war. Der am 14. November 1990 in Warschau unterzeichnete »Vertrag zwischen der Bundesrepublik Deutschland und der Republik Polen über die Bestätigung der zwischen ihnen bestehenden Grenze«[11] war die Erfüllung des in Art. 1 des Vertrags vom 12. September 1990 gegebenen Versprechens. Auch der Inhalt des Grenzvertrags war durch jenen Art. 1 vorgegeben. Dieser Inhalt war seinerseits durch den Warschauer Vertrag vom 7. Dezember 1970 präjudiziert, der in seinem Art. 1 die im Potsdamer Protokoll beschriebene Oder-Neiße-Linie als westliche Staatsgrenze Polens anerkannt hatte. Mit dem Grenzvertrag beabsichtigten die deutsche und die polnische Regierung, das Kapitel Vergangenheit abzuschließen. Ein großer Entwurf zukünftiger deutsch-polnischer Beziehungen blieb dem am 17. Juni 1991 abgeschlossenen »Vertrag zwischen der Bundesrepublik Deutschland und der Republik Polen über gute Nachbarschaft und freundschaftliche Zusammenarbeit«[12] vorbehalten. Der 38 Artikel umfassende Vertrag sollte die »deutsch-polnische Interessengemeinschaft in Europa« (so der polnische Außenminister Krzysztof Skubiszewski) materialisieren. Tatsächlich spiegelte der Vertragstext die weit über das Bilaterale hinausgehende europäische Funktion der Ausgestaltung der deutsch-polnischen Beziehungen wider. Politisch werden besonders die vorbildliche Minderheitenregelung (Art. 20–22) und die Selbstverpflichtung Deutschlands, Polen an die Europäischen Union heranzuführen (Art. 8), hervorgehoben.

In Thematik, Aufbau und Wortlaut vergleichbare Nachbarschaftsverträge schloß Deutschland mit Bulgarien am 9. Oktober 1991, mit Ungarn am 6. Februar 1992, mit der CSFR am 27. Februar 1992 und mit Rumänien am 21. April 1992.[13] Zahlreiche Bestimmungen sind deckungsgleich. Präambeln und Vertragstexte spiegeln zugleich die historischen und sachlichen Besonderheiten in den jeweiligen bilateralen Beziehungen wider. Ungarn und die CSFR waren Vertragspartner, welche für Deutschland unter den Gesichtspunkten direkter Nachbarschaft und des Beitrags zum deutschen Einigungsprozeß besondere Bedeutung besaßen.

Der »Vertrag zwischen der Bundesrepublik Deutschland und der Republik Ungarn über freundschaftliche Zusammenarbeit und Partnerschaft in Europa« vom 6. Februar 1992 enthält 33 Artikel. Der »Vertrag zwischen der Bundesrepublik Deutschland und der Tschechischen und Slowakischen Föderativen Republik über gute Nachbarschaft und freundschaftliche Zusammenarbeit« vom 27. Februar 1992 umfaßt 35 Artikel. Ihm ist, ebenso wie dem deutsch-polnischen Vertrag, ein Briefwechsel angefügt. Von spezifischer Bedeutung sind im deutsch-tschechoslowakischen Vertrag die Feststellung der Tatsache, daß der tschechoslowakische Staat seit 1918 nie zu bestehen aufgehört hat, und die Bestätigung des Vertrags vom 11. Dezember 1973 auch hinsichtlich einer Nichtigkeit des Münchener Abkommens vom 29. September 1938. Der Vertrag vom 27. Februar 1992 gilt im Verhältnis zur Tschechischen Republik und zur Slowakischen Republik fort, »bis beide Seiten etwas Abweichendes vereinbaren«.[14] Da die Fragen der historisch-moralischen Bewertung der Vergangenheitsprobleme (NS-Verbrechen, Vertreibung der Sudetendeutschen) in dem Nachbarschaftsvertrag von 1992 eine untergeordnete Rolle gespielt hatten und zwischenzeitlich zu Mißstimmungen im deutsch-tschechischen Verhältnis führten, sahen sich die beiden Seiten veranlaßt, diese Problematik nochmals aufzugreifen.

Nach langwierigen deutsch-tschechischen Verhandlungen unterzeichneten am 21. Januar 1997 Bundeskanzler Helmut Kohl und Ministerpräsident Václav Klaus sowie die Außenminister Klaus Kinkel und Josef Zieleniec in Prag eine »Deutsch-Tschechische Erklärung über die gegenseitigen Beziehungen und deren künftige Entwicklung«[15], in der das erfahrene Leid und Unrecht auf beiden Seiten bedauert und die Errichtung eines deutsch-tschechischen Zukunftsfonds vereinbart wurde. Der Zukunftsfonds konnte nach längerem Tauziehen über die Vertretung der Sudetendeutschen in dessen Verwaltungsrat im Januar 1998 seine Arbeit aufnehmen.

9. Bilanz: Die politische und rechtliche Bewertung der Ostverträge war Gegenstand harter politischer, juristischer und publizistischer Kontroversen in der Bundesrepublik Deutschland. Das Bundesverfassungsgericht hatte in insgesamt drei Entscheidungen Rechtsfragen der Ostvertragspolitik zu behandeln. Die Vereinbarkeit der Ostverträge mit dem Grundgesetz wurde in den Karlsruher Urteilen bestätigt. Im Rückblick kann man feststellen, daß die Ostverträge in der ersten Hälfte der 70er Jahre mit sehr gegensätzlichen Hoffnungen und Befürchtungen sowohl in der Bundesrepublik Deutschland als auch bei den östlichen Vertragspartnern verknüpft waren, die sich im Verlauf der 70er Jahre und in den 80er Jahren wieder verschoben.

Bis zum Abschluß der Konferenz über Sicherheit und Zusammenarbeit in Europa (KSZE) im August 1975 herrschte bei den Gegnern der Ostvertragspolitik in der Bundesrepublik die Befürchtung vor, daß mit den Ostverträgen und der Philosophie der neuen Ostpolitik die langfristigen nationalen Ziele bundesdeutscher Politik seit 1949, die in der Präambel des Grundgesetzes programmatisch zusammengefaßt waren, praktisch aufgegeben worden seien und ein Bruch in der Bonner Deutschland- und Ostpolitik zu registrieren sei. Was in der Bundesrepublik als Befürchtung geäußert wurde, artikulierte sich bei den östlichen Vertragspartnern als Hoffnung, nämlich daß mit den Ostverträgen und mit der KSZE-Schlußakte als Ersatzfriedensverträgen die deutsche Frage zu existieren aufgehört habe.

Seit der zweiten Hälfte der 70er Jahre und verstärkt in den 80er Jahren veränderten sich die Bewertungsmaßstäbe. Der Nutzen der Ostverträge als politische, ökonomische und kulturelle Entblockierungsverträge, die den bundesdeutschen Handlungsspielraum in Osteuropa vergrößerten, wurde nun zunehmend auch von den ursprünglichen Gegnern der Ostverträge entdeckt. Der völkerrechtliche Modus-vivendi-Charakter der Ostverträge rückte zeitweise so sehr in den Vordergrund der innenpolitischen Diskussion, daß der Buchstabe und Geist der Verträge, insbesondere des Warschauer Vertrags, in Vergessenheit zu geraten drohte. Die Feststellung der politischen Bindungswirkung der Ostverträge, speziell des Vertrags mit Polen im Hinblick auf die Haltung eines möglichen gesamtdeutschen Souveräns zur deutschen Ostgrenze, beschrieb einen Minimalkonsens zwischen den außenpolitischen Entscheidungsträgern in den Bundestagsparteien, der sich in den »Zwei-plus-Vier-Verhandlungen« 1990 bewährte. Die deutsche Einheit wurde unter Einbeziehung der östlichen Nachbarn erreicht.

Die glückliche Wendung der Geschichte im »Völkerfrühling« des Jahres 1989 sollte allerdings nicht dazu veranlassen, sich mit Blick auf die Finalität der Ostvertragspolitik mit einem deterministischen Denken in neuem Gewande zu beruhigen. Auf die nachträgliche Verknüpfung der bundesdeutschen Ost(vertrags)politik der 70er und 80er Jahre mit der Wende von 1989 könnte Henri Bergsons Begriff von den »Illusionen des retrospektiven Determinismus« zutreffen, wenn diese Politik schlicht teleologisch geschrieben würde, »als hätte sie geradlinig, unvermeidbar und majestätisch zum dualen Crescendo von Revolution und Vereinigung geführt« (Timothy Garton Ash). Andererseits darf eine historisch distanzierte Betrachtung bundesdeutscher Ostpolitik nicht deren systemüberwindendes Potential geringschätzen, auch wenn es von manchen Akteuren insbesondere in den 80er Jahren eher mit Bangen als mit Hoffen beobachtet worden sein sollte.

Unberührt von dieser noch nicht abgeschlossenen Debatte stehen die Anfang der 90er Jahre abgeschlossenen Nachbarschaftsverträge in der Kontinuität der Bemühungen der Bundesrepublik Deutschland um eine stete Verbesserung der Beziehungen zu Osteuropa. Demgemäß stellen sie eine Weiterentwicklung und zugleich Überwindung der Ostverträge unter den Bedingungen des vollzogenen Umbruchs in Europa dar, der den Weg zur Erweiterung des europäisch-nordatlantischen Integrationsraums in den 90er Jahren geöffnet hat.

Dieter Bingen

Anmerkungen:

1 Presse- und Informationsamt der Bundesregierung (Hrsg.): Bulletin, Sonderdruck Nr. 132/1969, S. 6, 34.
2 Presse- und Informationsamt der Bundesregierung (Hrsg.): Bulletin, Nr. 109/1970, S. 1094
3 Ebd.
4 B. Zürndorf: Die Ostverträge. Die Verträge von Moskau, Warschau, Prag, das Berlin-Abkommen und die Verträge mit der DDR, München 1979, S. 40.
5 Ebd., S. 58.
6 Presse- und Informationsamt der Bundesregierung (Hrsg.): Der Vertrag zwischen der Bundesrepublik Deutschland und der Volksrepublik Polen, Bonn 1970, S. 7 ff.
7 C. Arndt: Die Verträge von Moskau und Warschau. Politische, verfassungsrechtliche und völkerrechtliche Aspekte, Bonn 1982, S. 162.
8 Archiv der Gegenwart, 1972, S. 17095 f.
9 Presse- und Informationsamt der Bundesregierung (Hrsg.): Dokumentation zur Entspannungspolitik der Bundesregierung, Bonn 1974, S. 41 ff.
10 Außenpolitik der Bundesrepublik Deutschland. Dokumente von 1949 bis 1994. Hrsg. aus Anlaß des 125. Jubiläums des Auswärtigen Amts, Köln 1995, S. 738–744.
11 Ebd., S. 744 f.
12 Ebd., S. 800–810.
13 Europa-Archiv, 10/1992, S. D 370–376 (Bulgarien), S. D 377–385 (Ungarn), S. D 385–395 (CSFR), S. D 395–402 (Rumänien).
14 BGBl Teil II 1993, S. 762.
15 Presse- und Informationsamt der Bundesregierung (Hrsg.): Bulletin Nr. 7/1997, S. 61 f.

Literatur:

ARNDT, CLAUS: Die Verträge von Moskau und Warschau. Politische, verfassungsrechtliche und völkerrechtliche Aspekte, Bonn 1982. □ BENDER, PETER: Die »Neue Ostpolitik«. Vom Mauerbau bis zur Vereinigung, München (3. Aufl.) 1995. □ BINGEN, DIETER: Deutschland und Polen in Europa. Probleme, Verträge und Perspektiven, Köln 1991. □ DERS.: Westverschiebung Polens und Revisionsanspruch der Bundesrepublik Deutschland. Die polnische Westgrenze als Stein des Anstoßes in den polnisch-deutschen Beziehungen, in: Othmar Nikola Haberl/Hans Hecker (Hrsg.): Unfertige Nachbarschaften. Die Staaten Osteuropas und die Bundesrepublik Deutschland, Essen 1989, S. 155–176. □ HACKE, CHRISTIAN: Die Ost- und Deutschlandpolitik der CDU/CSU, Köln 1975. □ KIMMINICH, OTTO: Die abschließende Regelung mit Polen, in: Zeitschrift für Politik, 4/1991, S. 361–391. □ DERS.: Der Moskauer Vertrag. Eine völkerrechtliche Analyse, Hamburg 1972. □ KLEIN, ECKART: Bundesverfassungsgericht und Ostverträge, Bonn 1977. □ MAJOROS, FERENC: Die Verträge Deutschlands mit Ungarn und mit der CSFR, Köln 1993. □ SCHMID, GÜNTHER: Entscheidung in Bonn. Die Entstehung der Ost- und Deutschlandpolitik 1969/1970, Köln (2. Aufl.) 1980. □ ZÜRNDORF, BENNO: Die Ostverträge. Die Verträge von Moskau, Warschau, Prag, das Berlin-Abkommen und die Verträge mit der DDR, München 1979.

Ost-West-Konflikt

→ Außenpolitik, Berlin, Bundesrepublik Deutschland: Geschichte, DDR: Geschichte, **Deutschlandpolitik der Bundesrepublik Deutschland, Deutschlandpolitik der DDR, Deutschlandpolitik der Vier Mächte,** Innerdeutsche Beziehungen, Mauer, Ostverträge, Selbstbestimmungsrecht, Sicherheitspolitik, Verhandlungen zur deutschen Einheit: Internationaler Prozeß, Vertriebene.

1. **Begriff:** Der Ost-West-Konflikt war ein struktureller Weltkonflikt, weil die widerstreitenden Vorstellungen die Frage betrafen, wie die internen und internationalen Strukturen gestaltet werden sollten. Konstitutiv für diesen Konflikt waren die entgegengesetzten, unvereinbaren Tendenzen von kommunistischer und demokratischer Ordnung, die intern – in Gesellschaft, Wirtschaft und Staat – und international verfolgt wurden. Im internationalen Bereich waren die beiden Hauptkontrahenten, die Vereinigten Staaten und die Sowjetunion, zugleich die Hauptverfechter der widerstreitenden Ordnungstendenzen. Dadurch entstand eine spezifische internationale Konfliktkonstellation, die durch einen unauflöslichen Zusammenhang von ordnungs- und machtpolitischen Elementen gekennzeichnet war. Die kritische Spannung entstand aufgrund der bewußten und aktiven Verfolgung dieser widerstreitenden Tendenzen im internationalen System. Mithin waren auch dessen Bedingungen für den Konfliktaustrag von entscheidender Bedeutung, d. h. der Verlauf und die Regulierung des Ost-West-Konflikts sind von den Bedingungen des internationalen Systems als einem dezentralisierten Selbsthilfesystem bestimmt worden, für das die Bildung von Macht und Gegenmacht konstitutiv ist.

Da dieser Konflikt bis zu den Reformen in der Sowjetunion, deren Zerfall 1991 und dem System- und Allianzwandel in den Staaten Mittel- und Osteuropas lange Zeit als in seinem Kern nicht lösbar erschien, kam in der Vergangenheit der Konfliktregulierung zentrale Bedeutung zu. Ihre Aufgabe bestand darin, durch Änderungen im Organisationsbereich der zwischen den Konfliktparteien bestehenden Beziehungen eine Eindämmung, Verringerung oder gar Beseitigung der kritischen Spannung zu erreichen. Die vier Haupttypen einer solchen Konfliktregulierung sind: (1) Integration (Verdichtung des Beziehungszusammenhangs), (2) Regression (Verminderung der Beziehungen, Abgrenzung, Gegenmachtbildung), (3) Revolution (Beseitigung der Organisation, um den Beziehungszusammenhang grundlegend neu zu gestalten) und schließlich (4) Isolation (Rückzug aus dem Beziehungszusammenhang). In der politischen Realität des Ost-West-Konflikts kamen diese Typen nie in Reinform vor; vielmehr waren im Lauf der Zeit verschiedene Mischungen zwischen diesen Grundformen zu beobachten. Die je spezifischen Mischungsverhältnisse haben sich aus den tatsächlich vorhandenen bzw. den perzipierten Gemeinsamkeiten und Gegensätzen ergeben, die unter den Konfliktparteien bestanden.

2. **Die Bedeutung des Ost-West-Konflikts für die deutsche Frage:** Die Dominanz der internationalen Politik bei der staatlichen Organisierung Deutschlands ist eines

der hervorstechenden Merkmale neuzeitlicher deutscher Geschichte. Dieses »weltpolitische Primat« resultierte im wesentlichen aus dem für Deutschland grundlegenden Faktum seiner geographischen Mittellage, die für die deutsche Politik – je nach Beschaffenheit der internationalen Umwelt – Chance und Gefährdung zugleich bedeutete. So verdankte das Deutsche Reich seine Entstehung jener internationalen Konstellation, die im Gefolge des Krim-Krieges (1854–1856) entstanden ist und die durch den Gegensatz zwischen den beiden Flügelmächten England und Rußland sowie durch eine dauerhafte Abwendung des Zarenreiches von Mitteleuropa gekennzeichnet war. Der Erhalt des Deutschen Reiches trotz seiner Niederlage im Ersten Weltkrieg als Einheit, resultierte nicht zuletzt daraus, daß – ähnlich wie in der Krim-Kriegs-Konstellation – der Einfluß Rußlands infolge seiner militärischen Niederlage von 1917 und der bolschewistischen Oktoberrevolution weit nach Osten zurückgedrängt wurde. Somit konnte das Deutsche Reich seine kontinentale Großmachtstellung zurückgewinnen. Es brach jedoch endgültig zusammen, als die Vereinigten Staaten und die wiedererstarkte Sowjetunion unter Hintanstellung ihrer macht- und ordnungspolitisch begründeten Interessengegensätze gemeinsam die von Hitlers »Griff nach der Weltmacht« für die internationale Ordnung ausgehende Bedrohung beendeten. Nach einer fast 75 Jahre währenden Rolle als voll souveräne Großmacht wurde Deutschland 1945 zu einem Objekt der internationalen Politik. Mit der totalen Niederlage des Dritten Reiches entfiel jedoch auch die wesentliche Voraussetzung für die Fortführung jener antagonistischen Kriegskooperation der beiden neuen weltpolitischen Flügelmächte. Fortan stellte der Ost-West-Konflikt die die internationale Politik in dominanter Weise struktur- und prozeßbestimmende Tendenz dar, und die deutsche Frage wurde sowohl Bestandteil als auch Funktion dieses umfassenden Systemgegensatzes zwischen Ost und West.

Die Teilung Deutschlands bzw. die Gründung der Bundesrepublik Deutschland und der DDR im Jahre 1949 waren direkte Ergebnisse jener macht- und ordnungspolitischen Konkurrenz, die seit 1946/47 zwischen den Vereinigten Staaten und der Sowjetunion in Europa und in den angrenzenden Regionen bestand. Mit ihrer Einfügung in die jeweiligen internationalen Teilordnungen in Ost und West sowie mit dem damit einhergehenden schrittweisen Hineinwachsen in eine Subjektrolle der internationalen Politik wurden die beiden deutschen Staaten aufgrund ihrer unterschiedlichen wertemäßigen Orientierung und ihrer jeweiligen sicherheitspolitischen Interessenlagen selbst zu Konfliktparteien – und zwar sowohl in dem umfassenden Systemkonflikt als auch in jenem Sonderkonflikt um die nationale Einheit. Dabei hatte die deutsche Politik in Ost und West einen grundlegenden Widerspruch zu bewältigen. Er bestand darin, daß sich die beiden deutschen Staaten mit der Herausbildung des antagonistischen amerikanisch-sowjetischen Mächtesystems in einer europäischen Mittellage und weltpolitischen Grenzlage zugleich befanden. Die Art und Weise, wie dieser Widerspruch in der operativen deutschen Politik jeweils aufzulösen bzw. abzumildern versucht wurde, war im Laufe der Zeit sehr verschieden und hing nicht zuletzt von der vorherrschenden Regulierungsart des Ost-West-Konflikts bzw. von deren Perzeption durch die politisch Verantwortlichen in Deutschland ab. Die Richtung dieser Konfliktregulierung – ob sie nun eher regressiv-konfrontativ oder eher integrativ-kooperativ orientiert war – wurde jedoch nicht von europäischen Mittelmächten wie der Bundesrepublik Deutschland, sondern vielmehr von den beiden strukturprägenden Hauptmächten USA und Sowjetunion vorgegeben. Für die bundesdeutsche Außenpolitik ging es deshalb in dieser Situation vorrangig um die Frage, ob und gegebenenfalls »wie man die von anderen geschaffenen Umstände für die eigenen Interessen nutzbar machen konnte.«[1]

3. Die deutsche Frage in der westdeutschen Politik und die Anfänge des Ost-West-Konflikts: In den ersten Nachkriegsjahren hat es nicht an Versuchen gemangelt, eine künftige westdeutsche Außenpolitik sowohl von der traditionellen Mittellage als auch von der sich anbahnenden weltpolitischen Grenzlage her zu definieren. Die Brückenkonzeption Jakob Kaisers und das von Konrad Adenauer vertretene Konzept der Westbindung waren die beiden Alternativen, die in diesem Zusammenhang zur Diskussion standen. Die Brückenkonzeption Kaisers knüpfte dabei ganz bewußt an die mitteleuropäische Ausgangslage des Deutschen Reiches in der Zwischenkriegszeit an. Deutschland als geographische und politische Brücke zwischen Ost und West schien für die Verfechter dieser Richtung das adäquate Konzept zu sein, um sowohl die deutsche Einheit in dem aufbrechenden weltpolitischen Dualismus zu erhalten als auch dem neuen Deutschland mit der Funktion eines Mittlers zwischen Ost und West eine neue Staatsräson zu geben. Demgegenüber war für Konrad Adenauer die Teilung Europas und Deutschlands bereits gegen Ende 1945 eine feststehende und – zumindest mittelfristig – nicht mehr rückgängig zu machende Tatsache. Der erste deutsche Bundeskanzler zog daraus den Schluß, daß der nicht von der Sowjetunion besetzte Teil Deutschlands zu einem festen Bestandteil Westeuropas werden müsse. Eine Synthese zwischen Ost und West, wie sie Kaiser vorschwebte, war für Adenauer schlicht nicht vorstellbar. Konrad Adenauer hat sich gegen Jakob Kaiser durchgesetzt, und die weltpolitische Grenzlage ist in dem ersten Jahrzehnt der Geschichte der Bundesrepublik Deutschland zu einer unumstößlichen, wenn nicht gar zu der ausschließlichen Bezugsgröße ihrer Außenpolitik geworden.

Entscheidend für das Scheitern der Brückenkonzeption war dabei die Tatsache, daß diese Konzeption gegen das internationale System stand, wie es sich seit 1945 entwickelte. Obwohl beide Großmächte die antagonistische Kooperation untereinander in Deutschland am intensivsten angestrebt und in Form der Drei- bzw. Vier-Mächte-Kontrolle über Deutschland institutionalisiert hatten, waren die Ost-West-Beziehungen schon 1945 weitgehend von Elementen der Abgrenzung und Konfrontation bestimmt. Dies nicht zuletzt deshalb, weil der ordnungspolitische und ideologische Systemgegensatz unter den Bedingungen einer zugunsten der Vereinigten Staaten bestehenden machtpolitischen und ökonomischen Asymmetrie in Form eines Gegensatzes von Universalismus und Interessenssphärenpolitik für die Politik der beiden Hauptkontrahenten des Ost-West-Konflikts handlungsbestimmend wurde. So hätte die Verwirklichung der in dem UN-Entwurf angelegten integrativ-kooperativen Friedensordnung, die auf einer universal ausgerichteten internationalen Zusammenarbeit basieren und neben dem politischen auch den wirtschaftlichen Bereich umfassen sollte, bei dem damals vorhandenen Übergewicht der USA nicht nur zu einer kooperativen Suprematie auf ökonomischem Gebiet, sondern nach Auffassung der amerikanischen und sowjetischen Führungseliten auch zu einer globalen politischen Vormachtstellung der Vereinigten Staaten geführt. Die von der Sowjetunion unmittelbar nach Kriegsende betriebende Abgrenzungspolitik in Osteuropa war daher – zumindest teilweise – eine Reaktion auf diese drohende Unterordnung unter bzw. Einordnung in das dann von den USA dominierte kapitalistische Weltsystem. In diesem Sinne war das sowjetische Verhalten nicht nur ein Element der internationalen Staatenkonkurrenz, sondern auch Ausdruck einer bestehenden ordnungspolitischen Herrschaftskonkurrenz.[2] Letztlich scheiterte das Konzept einer integrativ-kooperativ ausgerichteten Friedenssicherung an der einseitigen Politik der beiden Großmächte im strategisch-militärischen Bereich (Ausschluß der UdSSR von der Teilhabe am atomaren Geheimnis) und den sowjetischen Expansionsbestrebungen im Mittleren Osten und Mittelmeerraum.

4. Europäische Sicherheit, Westbindung und deutsche Frage: Daß unter diesen Bedingungen die 1945 in Potsdam zwischen den Siegermächten vereinbarte Kooperation in Deutschland über kurz oder lang zerbrechen mußte, war offenkundig. Die Eingliederung der SBZ in den sowjetischen Herrschaftsbereich sowie die Einfügung der Bi- bzw. Trizone in die westliche Interessenssphäre waren somit die logische Konsequenz der bereits im globalen Rahmen von den beiden Großmächten zur Regulierung der zwischen ihnen bestehenden prinzipiellen Konfliktbeziehung gewählten Methode der Abgrenzung unter Beimischung konfrontativer Elemente. Das Resultat dieser regressiv-konfrontativ ausgerichteten Konfliktregulierung war eine allseitige Polarisierung der Beziehungen zwischen Ost und West, die sich in Europa unter den Bedingungen der Unipolarität mit der Sowjetunion als alleinigem Machtpol vollzog. Angesichts der Schwächung der europäischen Staaten durch den Zweiten Weltkrieg konnte nur eine dauerhaft gemeinsam mit den Vereinigten Staaten betriebene Gegenmachtbildung das sowjetische Übergewicht auf dem Alten Kontinent ausgleichen. In diesem Prozeß fügte sich das von Adenauer vertretene Konzept der Westbindung komplementär in die von den USA betriebene Politik der Eindämmung der Sowjetunion durch ökonomische und allianzpolitische Stabilisierung Westeuropas ein. Aus amerikanischer Sicht war es unabdingbar, daß auch der neue westdeutsche Staat in die Wirtschafts- und Militärorganisation eingebunden werden mußte, und zwar aus doppeltem Grund: Ohne das westdeutsche Potential schienen ein westeuropäischer Wiederaufbau und eine westeuropäische Verteidigung – selbst mit amerikanischer Hilfe – nicht möglich zu sein, und ohne eine europäisch-atlantische Integration des Potentials Westdeutschlands waren der Wiederaufbau seiner Wirtschaft und ihre Wiederbewaffnung politisch nicht vertretbar.

Diesem Konzept der Kontrolle durch Integration entsprach aus deutscher Sicht die freiwillige Westbindung in mehrfacher Hinsicht: Erstens konnten nur auf diese Weise Sicherheit und Wohlstand als die beiden aufeinander bezogenen Hauptziele westdeutscher Politik erreicht und erhalten werden, denn die bei der Gründung der

Bundesrepublik Deutschland getroffene Entscheidung für eine rechtsstaatliche Demokratie schloß eine Anlehnung an die östliche Führungsmacht logisch und praktisch aus. Zweitens sollte eine enge Bindung an den Westen auch dazu genutzt werden, die Besatzungsherrschaft abzulösen und ein höheres Maß an internationaler Gleichberechtigung und Eigenständigkeit der Bundesrepublik zu erreichen. Und drittens schließlich war nach Auffassung der damaligen Regierungsmehrheit die Wiedervereinigung – wenn auch erst in langfristiger Perspektive – ebenfalls nur dann zu verwirklichen, wenn man zu einer festen Integration in den Westen bereit war. Denn – so wurde argumentiert – erst die Anziehungskraft einer politisch gefestigten und wirtschaftlich prosperierenden Bundesrepublik Deutschland und die Stärke eines einheitlichen Westens könnten die Sowjetunion dazu veranlassen, die DDR aus ihrem Einflußbereich zu entlassen und somit die Wiederherstellung der deutschen Einheit auf einer freiheitlich-demokratischen Grundlage zu ermöglichen.

Die beiden ersten Ziele wurden 1955 realisiert: Mit dem Inkrafttreten der Pariser Verträge am 5. Mai 1955 wurde der Bundesrepublik die weitgehende Souveränität übertragen, und der Beitritt zur NATO brachte eine deutliche Milderung des allseits perzipierten Sicherheitsdilemmas, das von dem machtpolitischen Übergewicht der Sowjetunion auf dem Alten Kontinent herrührte. Die Hoffnung auf ein wiedervereinigtes, fest im Westen verankertes Deutschland wurde – zumindest rechtlich – in der Weise untermauert, daß in Art. 7 des am 26. Mai 1952 unterzeichneten Deutschlandvertrages »ein wiedervereinigtes Deutschland, das eine freiheitlich-demokratische Verfassung, ähnlich wie die der Bundesrepublik, besitzt und das in die europäische Gemeinschaft integriert ist« als gemeinsames Ziel der drei Westmächte und der Bundesrepublik Deutschland proklamiert wurde. Mit anderen Worten: Die Westbindung der Bundesrepublik Deutschland resultierte aus der Struktur des internationalen Systems, die durch eine bipolare Machtverteilung sowie durch den Ost-West-Konflikt gekennzeichnet war, und aus der zwischen den drei Westmächten und der Bundesrepublik Deutschland bestehenden engen interessenpolitischen Übereinstimmung. Die ausschließliche Orientierung an der weltpolitischen Grenzlage und die damit verbundene weitgehende Ausblendung der mitteleuropäischen Tradition in der operativen bundesdeutschen Außenpolitik war indes nur unter den Bedingungen des Kalten Krieges möglich. Nur hier konnte das von Adenauer aufgestellte Junktim von Wiedervereinigung unter westlichen Vorzeichen und gesamteuropäischem Ausgleich mit den Interessen der Westmächte, insbesondere der Vereinigten Staaten, in Einklang gebracht werden.

5. Anpassung an den Wandel der internationalen Politik: Mit der Einfügung der deutschen Staaten in die beiden entgegengesetzten Militärblöcke im Jahre 1955 war das System der Allianzen und Gegenallianzen in Europa voll ausgebildet. Gleichzeitig setzte die wechselseitige Stabilisierung der beiden Bündnissysteme aber auch die Tendenz zu einer einvernehmlichen Regulierung des Konfliktes der beiden Supermächte auf der Basis des Status quo frei. Der österreichische Neutralitätsvertrag (Mai 1955), mit dem an einer Stelle der Grenze zwischen den beiden Interessenssphären eine Pufferzone geschaffen wurde, und die Genfer

Vier-Mächte-Konferenz (Juli 1955) waren Ausdruck jener Tendenz, die – mit Unterbrechungen – allmählich einen Wandel im internationalen System vom Kalten Krieg zur Détente bewirkte.

In diesem Prozeß war die Bundesrepublik Deutschland einem doppelten Anpassungsdruck ausgesetzt. Zum einen, weil durch die Bemühungen der USA und der Sowjetunion, ihre Beziehungen auf der Basis des territorialen Status quo kooperativ zu regeln, die Politik Adenauers einer junktimsartigen Verknüpfung zwischen Wiedervereinigung und gesamteuropäischem Ausgleich praktisch zum Scheitern verurteilt hatten. So ist in den Gesprächen von Camp David (1959) zwischen Dwight D. Eisenhower und Nikita Chruschtschow Einigkeit darüber erzielt worden, die deutsche Frage von der Entspannung zwischen den Supermächten und die Berlin-Frage von der deutschen Frage abzukoppeln. Zum anderen, weil sich das Kräfteverhältnis zwischen den USA und der Sowjetunion im nuklear-strategischen Bereich von einer ehedem zugunsten der Vereinigten Staaten bestehenden Unipolarität schrittweise in Richtung auf eine symmetrische Bipolarität veränderte. Dadurch, daß bereits gegen Ende der 50er Jahre auch das Territorium der westlichen Vormacht – wenn auch in weit geringerem Maße als das sowjetische Staatsgebiet – nuklear verwundbar wurde, wurde schon zum damaligen Zeitpunkt die Glaubwürdigkeit der erweiterten amerikanischen Nuklearabschreckung bei einer auf Westeuropa beschränkten Bedrohung zunehmend fragwürdig. Vor dem Hintergrund dieser Entwicklungen entstand daher bei Konrad Adenauer in jenen Jahren die Befürchtung, die Supermächte könnten in Mitteleuropa über die Bundesrepublik hinweg zu einem Arrangement gelangen und damit Deutschland – ähnlich wie 1945 in Potsdam – wieder in eine Objektrolle der internationalen Politik hineindrängen.

Auf diese tatsächlichen und perzipierten systemischen Herausforderungen schien die europäische Konzeption des französischen Staatspräsidenten Charles de Gaulle, die an Stelle der Zweierhegemonie Amerika-Russland ein »Europa vom Atlantik bis zum Ural« vorsah, eine adäquate Antwort zu bieten. Ihre Attraktivität für die deutsche Politik bestand nicht zuletzt darin, daß sie sowohl die Perspektive einer größeren Eigenständigkeit Westeuropas in der Weltpolitik eröffnete als auch mit ihrer gesamteuropäischen Vision auf lange Sicht die Möglichkeit zur Überwindung der deutschen Teilung bot. Das de Gaullesche Konzept war für die bundesdeutsche Außenpolitik letztlich jedoch keine realistische Option. Zum einen, weil die europapolitischen Ziele, wie sie zu jener Zeit in Paris formuliert wurden, mit den deutschen Bestrebungen, die europäische Integration entscheidend voranzutreiben, unvereinbar waren. Zum anderen – und dies war hier entscheidend – konnte die Sicherheit der Bundesrepublik Deutschland nach wie vor nur in engem Zusammenwirken mit den Vereinigten Staaten realisiert werden. Angesichts der exponierten Lage der Bundesrepublik blieb daher auch in der Folgezeit die Orientierung an der weltpolitischen Grenzlage und nicht die europäische Mittellage für die Politik Bonns handlungsbestimmend. Konkret bedeutete dies, daß die amerikanische Antwort auf die weltpolitischen Veränderungen, nämlich eine Entspannung auf der Grundlage der Bipolarität und des europäischen Status quo, auch von der deutschen Politik akzeptiert werden mußte.

Die Anpassung an die zu Beginn der 60er Jahre noch rudimentär ausgeprägte amerikanisch-sowjetische Entspannungspolitik wurde mit der Osteuropa-Politik von Außenminister Gerhard Schröder begonnen und von der Regierung der Großen Koalition (1966–1969) fortgesetzt. Doch erst als sich Ende der 60er Jahre der entspannungspolitische Bilateralismus der beiden Supermächte voll entfaltet hatte und die integrativ-kooperative Konfliktregulierung für das kommende Jahrzehnt zu der den Ost-West-Konflikt prozeßbestimmenden Tendenz wurde, konnten die geographische Mittellage und die mitteleuropäische Tradition wieder für die bundesdeutsche Außenpolitik relevant werden. Es war die Leistung der ersten sozialliberalen Koalition unter der Führung von Willy Brandt und Walter Scheel, diese neuen weltpolitischen Tendenzen erkannt und daraus für die eigene Politik die entsprechenden Konsequenzen gezogen zu haben. Unter Hinnahme des macht- und ordnungspolitischen Status quo in Europa wurde in konsequenter Einbeziehung der DDR ein enges Netz von konstruktiven Beziehungen zu den Staaten Ost- und Mitteleuropas geknüpft mit dem mittelfristigen Ziel, die System- und die innerdeutsche Grenze durchlässiger zu machen. Langfristig sollten die traditionellen Strukturen europäischer Sicherheit durch eine neue, gesamteuropäische Friedensordnung ersetzt werden, in der dann die welt- und ordnungspolitische Scheidelinie in der Mitte Deutschlands und damit auch die innerdeutsche Grenze nicht mehr strukturbestimmend sein würden. Es war jedoch diese langfristige gedankliche Perspektive, die bei den westlichen Partnern und Verbündeten, insbesondere aber in Frankreich, erhebliche Besorgnis hervorrief, weil man hier nicht mehr – wie noch zu Mitte der 60er Jahre – von der prinzipiellen Möglichkeit einer Überwindung des bestehenden weltpolitischen Dualismus ausging und von daher die Gefahr des Entstehens einer neutralistischen Tendenz in der bundesdeutschen Außenpolitik als durchaus real einschätzte.[3]

In der Praxis lief die deutsche Ostpolitik sowohl auf bilateraler als auch auf multilateraler Ebene allerdings auf die Hinnahme und die Stabilisierung des territorialen Status quo hinaus. Daß in der bundesdeutschen Außenpolitik die weltpolitische Grenzlage auch unter den Bedingungen einer allgemeinen Détente – neben der europäischen Mittellage – nach wie vor als fester Orientierungspunkt erhalten blieb, war das Ergebnis einer engen interessenpolitischen Übereinstimmung der Bundesrepublik Deutschland mit ihren Verbündeten. Sie bestand in der Einsicht, daß intersystemare Zusammenarbeit nur unter Wahrung des sicherheitspolitischen Gleichgewichts zwischen Ost und West möglich war. Und das bedeutete für die Bundesrepublik Deutschland, daß Sicherheitspolitik und Ostpolitik ineinandergreifen mußten, daß also die geographische Mittellage nur in engem Zusammenhang und Zusammenwirken mit den übrigen euro-atlantischen Staaten produktiv genutzt werden konnte. Umgekehrt hieß dies für ihre westlichen Partner, daß ohne eine feste Einbindung der Bundesrepublik Deutschland in den Westen eine wesentliche Voraussetzung für einen gesamteuropäischen Ausgleich entfallen wäre.

6. Der Ost-West-Konflikt und die deutsche Frage – Bilanz und Perspektiven: Ebenso wie die deutsche Teilung ein direktes Ergebnis des nach dem Ende des

Zweiten Weltkrieges aufbrechenden umfassenden Systemgegensatzes zwischen Ost und West gewesen ist, wäre die staatliche Vereinigung der beiden Teile Deutschlands ohne die Überwindung des Ost-West-Konflikts nicht möglich geworden. So waren es in der Vergangenheit nicht nur die Krise und schließlich das vorläufige Ende der Détente zu Beginn der 80er Jahre, die die Weiterführung der gesamteuropäisch und gesamtdeutsch konzipierten Neuen Ostpolitik verhindert haben – und dies obwohl die sozial-liberale Koalitionsregierung unter Bundeskanzler Helmut Schmidt immer darauf bestanden hat, daß der Entspannungsprozeß teilbar sein und gegenüber außereuropäischen Störungen abgeschirmt werden müsse. Darüber hinaus stand die Bonner Diplomatie seit den frühen 70er Jahren mit ihren Bestrebungen, Sicherheit und Entspannung gleichzeitig realisieren zu wollen, stets vor dem grundsätzlichen Problem, daß wegen des anhaltenden Systemgegensatzes der Widerspruch zwischen dem Imperativ der Stabilisierung des sicherheitspolitischen Status quo und der Notwendigkeit von dessen Überwindung nur auf die Gefahr einer »unkontrollierten Desintegration des Westens«[4] hätte überwunden werden können. Unter diesen Bedingungen wurde der allianzpolitischen Stabilität und damit der Abgrenzung gegenüber dem Konfliktgegner der Vorrang vor dem Ziel struktureller Veränderungen gegeben. Das Ergebnis war ein Modus vivendi in Europa, in den die deutsch-deutschen Beziehungen mittels des Grundlagenvertrags (1972) eingefügt waren. Rückblickend kann das deutschlandpolitische Verdienst dieses Vertrags darin gesehen werden, »die nationale Frage und das gemeinsame Deutschtum sozusagen im letzten Augenblick« (nämlich vor der Eliminierung der »deutschen Nation« aus der DDR-Verfassung im Oktober 1974) »in einem Vertrag festgeschrieben und ihnen damit im Recht der DDR eine letzte, aber auch sichere Heimstatt verschafft zu haben; denn aus dem Vertrag können sie, anders als aus der Verfassung, auch durch einstimmigen Volkskammer-Beschluß nicht mehr entfernt werden.«[5] In langwierigen Dauerverhandlungen wurden die Rahmenbedingungen des Grundlagenvertrags ausgefüllt. Dadurch wurden die Verbindungen zwischen den Deutschen gestärkt und der Zusammenhalt der Nation gefördert. Politische Konsultationen haben auf allen Ebenen stattgefunden – am sichtbarsten bei den beiden deutsch-deutschen Gipfeltreffen in den Jahren 1981 und 1987, die die Verantwortungsgemeinschaft der Bundesrepublik und der DDR trotz aller Gegensätze und Krisen zum Ausdruck brachten.

Erst der System- und Allianzwandel in den Staaten Ost- und Mitteleuropas im Herbst und Winter des Revolutionsjahres 1989 sowie der strategische Rückzug der Sowjetunion aus ihrem ost- und mitteleuropäischen Vorfeld, bedingt durch gravierende interne Schwierigkeiten und Konflikte, schufen günstige internationale Rahmenbedingungen für neue, gesamteuropäische Entwicklungen. Daß diese Entwicklungen auch deutschlandpolitisch genutzt werden konnten, wurde von Bundeskanzler Helmut Kohl klar erkannt: Bereits am 28. November 1989 präsentierte er sein Zehn-Punkte-Programm zur Überwindung der Teilung Deutschlands und Europas. Die Dynamisierung der gesellschaftlichen Entwicklung in der DDR ließen das in diesem Programm anvisierte mittelfristige Ziel einer deutsch-deutschen Konföderation jedoch schon sehr bald obsolet werden. Am 1. Juli 1990 wurde mit der

Errichtung einer Währungs-, Wirtschafts- und Sozialunion zwischen der Bundesrepublik Deutschland und der DDR der erste Schritt in Richtung auf die deutsche Einheit getan, die dann bereits am 3. Oktober 1990 mit der staatlichen Vereinigung der beiden deutschen Staaten vollendet wurde.

Voraussetzung für die rasche Realisierung der deutschen Einheit war freilich, daß sie nicht gegen, sondern in enger Abstimmung mit den westlichen Verbündeten und der Sowjetunion erfolgte. Dabei haben eine enge Übereinstimmung zwischen Washington und Bonn im Hinblick auf die von der Regierung Kohl-Genscher verfolgten deutschlandpolitischen Zielsetzungen sowie eine entschiedene amerikanische Führung wesentlich dazu beigetragen, daß sich die Kräfte, die die deutsche Vereinigung verzögern oder gar verhindern wollten, nicht haben durchsetzen können.[6] Frankreich und Großbritannien gaben entsprechende Versuche nicht zuletzt deshalb auf, weil sie erkennen mußten, daß die USA dabei nicht mitspielen würden. So hatte Washington die auf einen ursprünglich sowjetischen Vorschlag zurückgehenden französischen und britischen Pläne, die KSZE als Forum zur Aushandlung der Modalitäten der deutschen Einheit zu nutzen, kategorisch abgelehnt. Exklusive Verhandlungen unter den Vier Mächten, wie sie von Frankreich und der Sowjetunion bevorzugt wurden, sind ebenfalls von Washington zurückgewiesen worden, weil nach amerikanischer Auffassung nichts über die Köpfe der Deutschen entschieden werden sollte. Statt dessen ist auf Vorschlag Washingtons der Rahmen der »Zwei-plus-Vier«-Verhandlungen geschaffen worden. In diesen Verhandlungen haben die Außenminister der vier Siegermächte und der beiden deutschen Staaten in knapp vier Monaten »alle äußeren Aspekte der deutschen Einheit, einschließlich der Fragen der Sicherheit der Nachbarstaaten« geregelt und in eine vertragliche Form gegossen, so daß am 12. September 1990 der Vertrag über die abschließende Regelung in bezug auf Deutschland als Ganzes (»Zwei-plus-Vier«-Vertrag) in Moskau unterzeichnet werden konnte.

Schließlich wirkte die USA federführend an dem Zustandekommen der »Londoner Erklärung« vom 6. Juli 1990 mit, in der die Staats- und Regierungschefs der NATO-Mitgliedstaaten eine umfassende Reform des Bündnisses angekündigt haben.[7] Die »Londoner Erklärung« war die entscheidende Voraussetzung dafür, daß in den bilateralen Gesprächen, die Bundeskanzler Kohl und Staatspräsident Gorbatschow Mitte Juli 1990 in Moskau und im Kaukasus geführt hatten, der entscheidende Durchbruch in der so zentralen Frage des künftigen militärpolitischen Status eines vereinten Deutschlands erzielt werden konnte. Hier willigte Gorbatschow darin ein, daß »das vereinte Deutschland ... in Ausübung seiner uneingeschränkten Souveränität frei und selbst entscheiden« kann, »ob und welchem Bündnis es angehören will«.[8] Er nahm damit das bis dahin bestehende prinzipielle sowjetische Veto gegen einen Verbleib Gesamtdeutschlands in der NATO zurück. Für die westlichen Verbündeten war (und ist) dies eine conditio sine qua non für die internationale Verträglichkeit der deutschen Einheit. Neben der vor allem von Frankreich forcierten Vertiefung des europäischen Einigungsprozesses als Antwort auf die deutsche Einheit erschien eine feste Bündnisbindung Deutschlands als das sicherste Mittel, um auch in Zukunft jenen »deutschen Ungewißheiten« zu wehren und die neue

Macht des vereinten Deutschlands erfolgreich einzuhegen. Mit dem Ende des Ost-West-Konflikts hatte sich somit das, »was jahrzehntelang als strukturell unvereinbar erschienen war – Westintegration und Wiedervereinigung – . . . in ein komplementäres Zusammenwirken« verkehrt, das in dem bei allen wesentlichen politischen Kräften des vereinten Deutschlands anzutreffenden Willen zur dauerhaften Selbsteinbindung Deutschlands seine notwendige innenpolitische Entsprechung und Unterstützung findet.

Michael Meimeth

Anmerkungen:

1 W. F. Hanrieder: Deutschland, Europa, Amerika. Die Außenpolitik der Bundesrepublik Deutschland 1949–1994, Paderborn u. a. (2. überarb. und erw. Auflage) 1995, S. 3.
2 W. Link: Der Ost-West-Konflikt. Die Organisation der internationalen Beziehungen im 20. Jahrhundert, Stuttgart (2. erw. Auflage) 1988, S. 87 ff.
3 M. Meimeth: Frankreichs Entspannungspolitik der 70er Jahre: Zwischen Status quo und friedlichem Wandel. Die Ära Georges Pompidou und Valéry Giscard d'Estaing, Baden-Baden 1990, S. 62 ff.
4 P. Hassner: Die amerikanische Weltmacht und die westeuropäischen Mächte, in: K. Kaiser/H.-P. Schwarz (Hrsg.): Amerika und Westeuropa. Gegenwarts- und Zukunftsprobleme, Stuttgart u. a. 1977, S. 301–314, hier S. 311.
5 B. Zündorf: Die Ostverträge. Die Verträge von Moskau, Warschau, das Berlin-Abkommen und die Verträge mit der DDR, München 1979, S. 224.
6 P. Zelikow/C. Rice: Germany Unified and Europe Transformed. A Study in Statecraft, Cambridge/Mass. u. a. 1995, S. 99 ff.
7 Text der Erklärung abgedruckt in: Europa-Archiv, 17/1990, S. D 456–460.
8 Punkt 3 der Erklärung des Bundeskanzlers der Bundesrepublik Deutschland, Helmut Kohl, über die Ergebnisse seines Besuches in der Sowjetunion, abgegeben vor der Presse in Schelesnowodsk am 16. Juli 1990, abgedruckt in: Europa-Archiv, 18/1990, S. D 480.

Literatur:

Becker, Josef/Andreas Hillgruber (Hrsg): Die Deutsche Frage im 19. und 20. Jahrhundert, München 1983. □ Besson, Waldemar: Die Außenpolitik der Bundesrepublik Deutschland. Erfahrungen und Maßstäbe, München 1970. □ Genscher, Hans-Dietrich: Erinnerungen, Berlin 1995. □ Haftendorn, Helga: Sicherheit und Entspannung. Zur Außenpolitik der Bundesrepublik Deutschland 1955–1982, Baden-Baden 1983. □ Hanrieder, Wolfram F.: Deutschland, Europa, Amerika. Die Außenpolitik der Bundesrepublik Deutschland 1949–1994, Paderborn u. a. (2. überarb. und erw. Auflage) 1995. □ Hillgruber, Andreas: Deutsche Geschichte 1945–1982. Die deutsche Frage in der Weltpolitik, Stuttgart u. a. (4. erw. Auflage) 1983. □ Link, Werner: Außen- und Deutschlandpolitik in der Ära Brandt. 1969–1974, in: Karl-Dietrich Bracher/Wolfgang Jäger/Werner Link: Republik im Wandel, 1969–1974, Stuttgart u. a. 1986, S. 161–282. □ Ders.: Außen- und Deutschlandpolitik in der Ära Schmidt. 1974–1982, in: Wolfgang Jäger/Werner Link: Republik im Wandel. 1974–1982, Stuttgart u. a. 1987, S. 273–432. □ Ders.: Der Ost-West-Konflikt. Die Organisation der internationalen Beziehungen im 20. Jahrhundert, Stuttgart u. a. (2. erw. Aufl.) 1988. □ Schwarz, Hans-Peter: Die Ära Adenauer. Gründerjahre der Republik 1949–1957,

Stuttgart u.a. 1981. □ DERS.: Die Ära Adenauer. Epochenwandel, Stuttgart u.a. 1983. □ WEIDENFELD, WERNER MIT PETER M. WAGNER UND ELKE BRUCK: Außenpolitik für die deutsche Einheit, Stuttgart 1998.

Parteien

→ **Bundesrepublik Deutschland: Politisches System**, Einigungsprozeß, Extremismus und Innere Sicherheit, Kirchen, Politische Kultur, **Wahlen**.

1. Einordnung: Das Parteiensystem der Bundesrepublik Deutschland hat in seiner nunmehr 50jährigen Geschichte ein hohes Maß an Stabilität und auch die Flexibilität zur Integration gesellschaftlicher Veränderungsprozesse gezeigt. Mit CDU/CSU, SPD und F.D.P. prägten von Beginn an drei der derzeit fünf im Bundestag vertretenen Parteien ganz wesentlich die Nachkriegsgeschichte. In den 80er Jahren konnte sich dann mit den Grünen eine neue Partei etablieren, die vor allem das veränderte Lebensgefühl vieler jüngerer Menschen widerspiegelt. Die 1990 erfolgte deutsche Einheit unterstreicht die Absorptionskraft des bundesdeutschen Parteiensystems. Die neuen, spezifisch ostdeutschen Problemlagen ließen sich weitgehend in den Rahmen der bestehenden Strukturen einbinden. Lediglich der PDS, der Nachfolgerin der DDR-Staatspartei SED, gelang es, sich dauerhaft als eigenständige Partei im nunmehr gesamtdeutschen Kontext zu behaupten. Diese auch im europäischen Vergleich beachtliche strukturelle Konstanz des deutschen Parteiensystems läßt sich auf institutionelle, kulturelle und parteienspezifische Gründe zurückführen.

Parteien nehmen in modernen politischen Systemen als vermittelnde, intermediäre Institutionen eine wichtige Scharnierfunktion zwischen Gesellschaft und Staat ein. Ihr freier Wettbewerb um Wählerstimmen integriert die Bürger in das politische System und beschafft Legitimation für staatliches Handeln. Parteien bündeln und artikulieren die unterschiedlichen gesellschaftlichen Interessen und agieren in dieser Hinsicht als Sprachrohr entsprechender sozialer Gruppen und Schichten. Durch die turnusmäßige Wählermobilisierung, vielfältige Bildungsangebote und die Bereitstellung von Interpretationshilfen zur Wahrnehmung und Einordnung politischer Prozesse leisten sie zudem einen wichtigen Beitrag bei der politischen Sozialisation der Bürgerinnen und Bürger. Die Zufriedenheit der Bevölkerung mit den Ergebnissen staatlichen Handels hängt wiederum in hohem Maße von der Effizienz der Parteien in Regierungs- und Oppositionsfunktionen ab.

Pluralistische Parteiensysteme ermöglichen im günstigen Fall Stabilität und Wandel zugleich. Ihre Ausprägung und Entwicklung wird im Rahmen der institutionellen Vorgaben letztlich sowohl von den politischen Interessen und Loyalitäten der Wählerschaft als auch von der Interessenvertretungspolitik der Parteien bestimmt.

Beide Faktoren stehen in einem gewissen Wechselverhältnis zueinander, auch wenn konkrete Personal- und Programmangebote der Parteien vor allem kurzfristig das Ergebnis innerparteilicher Macht- und Entscheidungsstrukturen sind. Die nachfolgende Darstellung der Hauptentwicklungslinien des deutschen Parteiensystems legt einen Schwerpunkt auf die Transformation des ostdeutschen Parteiensystems ab 1989 und seine Integration in den gesamtdeutschen Kontext.

2. Entstehung und Entwicklung des westdeutschen Parteiensystems: Die Anfänge des westdeutschen Parteiensystems standen noch ganz im Zeichen der Auseinandersetzung mit den Weimarer Erfahrungen. Der in den 50er Jahren einsetzende Konsolidierungsprozeß überwand diese historische Bürde und führte zu einem polarisierenden Wettbewerb der beiden großen Volksparteien CDU/CSU und SPD um politische Mehrheiten, der das Parteiensystem bis zum heutigen Tag kennzeichnet.

Bereits kurz nach Ende des Zweiten Weltkriegs begann in Westdeutschland der erneute Aufbau eines freiheitlich-pluralistischen Parteiensystems. Anfangs noch unter der Aufsicht und Kontrolle der Alliierten erfolgten zunächst in den einzelnen Besatzungszonen und sodann bundesweit verschiedene Neu- und Wiedergründungen. Die Sozialdemokraten konnten 1945 direkt an frühere Traditionen anknüpfen. Als politische Interessenvertretung der vor allem gewerkschaftlich gebundenen Arbeiterschaft erweckten sie unter dem Vorsitz von Kurt Schumacher die alte Weimarer SPD zu neuem Leben. Die Liberalen hingegen, die sich vor 1932 traditionell auf mehrere Parteien verteilt hatten, schlossen sich in der Bundesrepublik unter Theodor Heuss erstmals zu einer gemeinsamen Partei, zur FDP (in Baden-Württemberg: FDP/DVP), zusammen. In den süddeutschen Landesverbänden dominierten Linksliberale, in Hessen und Nordrhein-Westfalen eher nationalliberale Strömungen. Gemeinsames Anliegen aller liberalen Gruppierungen war jedoch eine antisozialistische und antiklerikale Politikausrichtung. Als völlige Neugründungen entstanden die christlich orientierten Volksparteien CDU und CSU (Bayern). Durch ihre überkonfessionelle Ausrichtung konnten sie die katholischen Milieugrenzen der Weimarer Zentrumspartei überwinden und den unterschiedlichsten Bevölkerungsgruppen – von katholischen Arbeitern über das demokratische Bürgertum bis zu konservativen Protestanten – eine neue politische Heimat bieten. Darüber hinaus formierten sich nach dem Krieg verschiedene weitere Parteien, etwa extremistische Gruppierungen wie die Kommunistische Partei Deutschlands (KPD) und die Sozialistische Reichspartei (SRP), Regionalparteien in Bayern und Niedersachsen, die katholische Deutsche Zentrumspartei oder auch ab 1950 der Bund der Heimatvertriebenen und Entrechteten (BHE).[1]

Als ein bedeutsames Merkmal der westdeutschen Nachkriegsgeschichte gilt der früh einsetzende Konzentrationsprozeß des anfänglichen Vielparteiensystems zu einem stabilen Dreiparteiensystem bestehend aus CDU/CSU, SPD und FDP. So zogen nach der ersten Bundestagswahl 1949 noch weitere acht Parteien und Gruppierungen in den Deutschen Bundestag ein. Die Kräftekonstellation der verschiedenen ideologischen Strömungen erinnerte hierbei stark an die Weimarer Republik.

Bereits 1953 erlangten neben CDU/CSU, SPD und F.D.P. nur noch drei (GB/BHE, DP, Zentrum) und 1957 dann lediglich noch die Deutsche Partei (DP) ein politisches Mandat. Ab 1961 waren Christdemokraten, Sozialdemokraten und Liberale im Bundestag dann zunächst einmal unter sich. Bei den Bundestagswahlen 1972 und 1976 entfielen sogar über 99 % der gültigen Stimmen auf die drei Bonner Parteien. Erst 1983 erfuhr der politische Wettbewerb eine weitere, einschneidende Veränderung. Den Grünen gelang es als ökologisch orientierter Neugründung, das Parteienspektrum dauerhaft zu erweitern.

Dieser Konzentrationsprozeß des politischen Wettbewerbs verlieh dem westdeutschen Parteiensystem eine gerade auch im Vergleich zu Weimar außerordentliche Stabilität. Die Ursachen hierfür lassen sich unter drei Gesichtspunkten zusammenfassen, dem zeitversetzten Anwachsen von CDU/CSU und SPD in den 50er bzw. 60er Jahren sowie der prinzipiellen Koalitionsfähigkeit der drei Bonner Parteien.

Am augenfälligsten erscheint zunächst der rasante Aufstieg der CDU/CSU unter dem ersten Bundeskanzler Konrad Adenauer zur dominierenden politischen Kraft der ersten Jahrzehnte. 1949 startete die Union mit 31 % der Stimmen. Bereits 1957 erzielte sie mit 50,2 % die absolute Mehrheit und konnte sich bis in die 80er Jahre mit leichten Schwankungen knapp unterhalb der 50-%-Marke behaupten. Schon frühzeitig bestimmten die Auseinandersetzungen zwischen der CDU/CSU als Regierungspartei und der SPD als stärkster Oppositionspartei den politischen Wettbewerb. Mit dieser Polarisierung der beiden großen Parteien schwanden kontinuierlich die Chancen der kleineren Parteien auf eine parlamentarische Repräsentanz. Zudem entzog das einsetzende deutsche Wirtschaftswunder zum einen den extremistischen Kräften den Boden, zum anderen ermöglichte es eine weitgehende Integration der Flüchtlinge und Vertriebenen. Als überkonfessionelle bürgerliche Sammlungspartei vereinnahmte die Union dann Ende der 50er Jahre in großen Teilen ihre früheren, inzwischen weitgehend bedeutungslosen Koalitionspartner BHE und DP. Andere scheiterten an der seit 1953 eingeführten bundesweiten 5-%-Hürde. Lediglich die Liberalen behaupteten ihre strategische Position zwischen Union und SPD.

Ein weiteres Ursachenbündel bezieht sich auf den kontinuierlichen Aufschwung der SPD ab den frühen 60er Jahren. Mit der Verabschiedung des Godesberger Grundsatzprogramms von 1959 und der programmatischen Wende von 1960 hin zu einer realitätsgerechten Außen- und Deutschlandpolitik hatten die Sozialdemokraten den Grundstein für einen Wandel zur Volkspartei gelegt. Es galt, den Charakter einer Klassenpartei zu überwinden und die Mehrheitsfähigkeit durch eine Verbreiterung der eigenen Wählerbasis über die Grenzen des traditionellen Arbeitermilieus hinaus zu erreichen. Gleich mehrfach profitierte die SPD hierbei vom sozialen Wandel. So gelangen deutliche Einbrüche in die katholische Arbeiterschaft an Ruhr und Saar, da dort mit nachlassender Konfessionsbindung auch die bisherigen CDU-Bindungen zunehmend in Frage standen. Unter den Angestellten und Beamten des stetig anwachsenden nichtselbständigen Mittelstands, dem strategischen Wählerreservoir der 60er und 70er Jahre, konnte die SPD zudem eine immer breitere Unterstützung mobilisieren. Erzielten die Sozialdemokraten in den 50er Jahren noch bundesweite Stimmenanteile von etwa 30 %, so gelang ihnen ab den 60er Jahren eine längerfristige Stabilisierung in der Nähe der 40-%-Marke.

Die Stabilität des westdeutschen Dreiparteiensystems basierte nicht zuletzt entscheidend auf der prinzipiellen Koalitionsfähigkeit aller drei Parteien. Beide großen Parteien verstanden sich frühzeitig als Volksparteien und überdies ermöglichte das Fehlen einer extremistischen Herausforderung im Bundestag eine konsequente Orientierung an der politischen Mitte. Regierungswechsel wurden möglich, ohne daß Staatskrisen drohten. Eine besondere Bedeutung kam hierbei der F.D.P. zu, die zuerst der Union und später – nach dem kurzen Intermezzo der Großen Koalition von 1966 bis 1969 – der SPD als Koalitionspartner die notwendige Kanzlermehrheit sicherte. Es ist bezeichnend für die Stabilitätsorientierung der politischen Kultur in Deutschland, daß ein Regierungswechsel vor 1998 immer nur durch einen Koalitionswechsel und eben nicht durch die direkte Abwahl eines Kanzlers erfolgte.

3. Das ostdeutsche Parteiensystem 1949–1990

3.1. Die Herrschaft der SED bis 1989: Einen völlig anderen Verlauf nahm die Entwicklung in der sowjetischen Besatzungszone und späteren DDR. Auf Anordnung der Sowjetischen Militäradministration wurden 1945 zunächst die vier Parteien KPD, SPD, CDU und LDPD (Liberal-Demokratische Partei Deutschlands) gegründet und in einer antifaschistischen Einheitsfront zusammengefaßt. Im Juni 1946 fusionierten SPD und KPD zwangsweise zur Sozialistischen Einheitspartei Deutschlands (SED). Nachdem diese bei den Landtagswahlen 1946 trotz deutlicher Benachteiligung der beiden anderen, bürgerlichen Parteien durch die Besatzungsmacht keine absoluten Mehrheiten erzielen konnte, erfolgte die Gleichschaltung von CDU und LDPD. Einheitslisten ersetzten fortan freie Wahlen.

Das Parteiensystem der DDR umfaßte neben der Staatspartei SED und unter ihrem auch in der Verfassung verankertem Führungsanspruch die vier Blockparteien CDU, LDPD, DBD (Demokratische Bauernpartei Deutschlands) und NDPD (National-Demokratische Partei Deutschlands) – diese beiden waren 1948 zur Schwächung des bürgerlichen Lagers geschaffen worden – sowie verschiedene Massenorganisationen.[2] Als Partei der Arbeiterklasse war die SED den Prinzipien des Marxismus-Leninismus verpflichtet. Den Blockparteien kam die Funktion zu, nichtproletarische Schichten und Bevölkerungsgruppen in das Herrschaftssystem zu integrieren. Eine entsprechende Mitgliedschaft eröffnete auch nichtsozialistisch orientierten Bürgern die Möglichkeit zur beruflichen Karriere und eventuellen Übernahme einer Leitungsposition. Das bevorzugte Rekrutierungspotential der CDU waren Bürger christlicher Konfessionen, die bis in die 80er Jahre noch etwa ein Drittel der Bevölkerung ausmachten. Die DBD wandte sich vorwiegend an Genossenschaftsbauern. Handwerker und Gewerbetreibende organisierten sich in erster Linie in der LDPD sowie in der NDPD. Politisch gesehen kamen der CDU und der LDPD noch die größte Bedeutung zu. Sie repräsentierten bis in die Endphase der DDR quantitativ und qualitativ wichtige Zielgruppen, etwa die große Anzahl der Christen oder Selbständige und Berufstätige des Dienstleistungsbereichs, deren Arbeitsleistung gerade in ökonomischen Krisenzeiten für die SED-Politik unverzichtbar war.

Im Herbst 1989 kollabierte die SED-Herrschaft. Die politische Führung der bis zu diesem Zeitpunkt allgemein als stabil angesehenen DDR reagierte auf die massenhaften Fluchtbewegungen in den Westen und die sich zu einem Protestritual entwickelnden, republikweiten Großdemonstrationen ohne jegliches Konzept. In dieser Situation konnte sich dann auch in der DDR in mehreren Etappen ein freiheitliches Parteiensystem herausbilden.

3.2. Die Formierung eines freiheitlichen Parteiensystems 1989/1990: Eine vom Herbst 1989 bis in den Februar 1990 andauernde Phase umfaßt den Zeitraum einer vorwiegend eigenständigen ostdeutschen Entwicklung. Die Geschwindigkeit der Ereignisse im Umbruchjahr 1989 überraschte Beobachter und Beteiligte in Ost und West.

Die Aktivitäten der Oppositionsbewegung datieren jedoch bis in die späten 70er Jahre zurück. Sozialethisch orientierte Gruppierungen formierten sich vorwiegend unter dem Schutz der evangelischen Kirche und traten für Bürger- und Menschenrechte, für Frieden und Abrüstung sowie für den Schutz der Umwelt ein. 1985 schlossen sich mehrere Gruppen zur Initiative für Frieden und Menschenrechte (IFM) zusammen. In verschiedenen Dokumenten thematisierten die in der Illegalität arbeitenden Bürgerrechtler wiederholt die Menschenrechtsproblematik und forderten eine Demokratisierung der Gesellschaft.

In der zweiten Hälfte des Jahres 1989 verfestigten sich die organisatorischen Strukturen der Bürgerbewegungen. Im Zuge von Massenflucht und Großdemonstrationen präsentierten sich zunehmend verschiedene Gruppierungen in der Öffentlichkeit als unabhängige politische Opposition. Neben der bereits existierenden IFM formierten sich zwischen September und November die Bürgerbewegungen Neues Forum (NF), Demokratie Jetzt (DJ), Demokratischer Aufbruch (DA) und als dezidiert linke Systemalternative die Vereinigte Linke (VL). Die Sozialdemokratische Partei der DDR (SDP) wurde am 7. Oktober gegründet, der Initiativaufruf datiert vom 26. August. Trotz dieser organisatorischen Ausdifferenzierung unterschieden sich die programmatischen Positionen der wichtigsten oppositionellen Gruppen und Parteien zu diesem Zeitpunkt nur in Nuancen. Alle Gruppierungen gingen im Oktober 1989 noch von der Eigenständigkeit der DDR aus. Im Zentrum der Kritik stand der real existierende Staatssozialismus mit dem absoluten Wahrheits- und Machtanspruch der SED. Freie Wahlen und die Einhaltung der Prinzipien der Rechtsstaatlichkeit sollten nach den Vorstellungen der Bürgerbewegung zur demokratischen Erneuerung des sozialistischen Systems der DDR beitragen. Lediglich das Neue Forum präsentierte kein Reformprogramm, sondern verstand sich in erster Linie als politische Plattform. Sein Aufruf zum Dialog fand in der Öffentlichkeit mit Abstand die größte Resonanz. Über 200 000 Bürger unterstützten bereits im Oktober durch ihre Unterschrift die Forderungen des Neuen Forums nach Reformdiskussionen.

Die Staats- und Parteiführung der SED reagierte auf die seit dem 4. September 1989 zunehmenden Protestdemonstrationen zunächst mit massiven Verhinderungs-

und Unterdrückungsmaßnahmen. Am 7. Oktober fand die pompöse 40-Jahr-Feier der DDR statt, begleitet von den größten Massenprotesten seit dem 17. Juni 1953. Vor dem Hintergrund der osteuropäischen Reformentwicklungen und in Anbetracht der deutlichen Distanzierung Gorbatschows vom harten Honecker-Kurs ließ sich jedoch auch in der DDR die Protestbewegung nicht mehr mit militärischer Gewalt ersticken. Den Wendepunkt markierte der 9. Oktober 1989. Die entscheidende Konfrontation zwischen der Staatsmacht und den Demonstranten in Leipzig verlief gewaltfrei. Die SED setzte fortan auf eine Strategie der Schadensbegrenzung und signalisierte am 11. Oktober eine gewisse Dialogbereitschaft. Am 18. Oktober zwang eine Gruppe von Spitzenfunktionären Honecker zum Rücktritt, doch auch sein nur 50 Tage amtierender Nachfolger Egon Krenz wirkte konzeptlos. Die seit August anhaltende Ausreisewelle riß nicht ab. Die Vorlage eines neuen, weiterhin restriktiven Reisegesetzes führte wiederum zu massiven Protesten und in der Folge zur Öffnung der Mauer am 9. November 1989. Auch innerparteilich geriet die SED-Führung zunehmend unter Druck. Der revolutionäre Funke war inzwischen auf die Parteibasis übergesprungen. Massenaustritte und Forderungen sowohl nach Reformen als auch nach einer Wiederherstellung der alten Ordnung lähmten die Partei. Zahlreiche Bezirks- und Kreisleitungen wurden gestürzt. Die alten Machtstrukturen brachen zusammen. Am 1. Dezember strich die Volkskammer die Vormachtstellung der SED aus der Verfassung, am 3. Dezember traten das Politbüro und das Zentralkomitee geschlossen zurück. Der Weg für die Entfaltung eines pluralistischen Parteiensystems war endgültig frei.

Der rapide Machtzerfall der SED im November 1989 eröffnete der Opposition neue programmatische und auch machtpolitische Handlungsspielräume, vor deren Konsequenzen sie jedoch zurückschreckte. Die im Herbst 1989 unversehens an die Spitze einer breiten Protestwelle gegen das alte System gelangten Bürgerbewegungen widersetzten sich den Mitte November lauter werdenden Forderungen nach einer schnellen Machtübernahme. Die Losung der Demonstranten »Neues Forum an die Macht!« fand bei den Bürgerrechtlern nur geringen Widerhall. Weder konzeptionell noch personell waren sie auf eine Regierungsübernahme vorbereitet. Ihre auf Kommunikation und Konsens basierenden Demokratie- und Politikvorstellungen, ihre dezentralen Organisationsstrukturen und ihr Selbstverständnis als gewaltfreie Oppositionsgruppen standen einer klaren Machtorientierung entgegen. Kurz, sie waren »kulturorientiert statt machtorientiert, basisdemokratisch statt zentralistisch, reaktiv statt offensiv«[3].

Die veränderte politische Situation im November 1989 förderte dennoch eine weitere Ausdifferenzierung der Opposition. Die direkte Konfrontation mit der Machtfrage führte innerhalb der Bürgerbewegungen zu kontroversen Diskussionen um ihre zukünftige Organisationsform und die weiteren Entwicklungsperspektiven der DDR. Das Neue Forum, Demokratie Jetzt, die Initiative für Frieden und Menschenrechte sowie die Vereinigte Linke nahmen nur zögerliche Änderungen an ihrer bisherigen Haltung vor. Ebenso wie der im Dezember 1989 initiierte Unabhängige Frauenverband (UFV) entschieden sie sich dafür, den Charakter einer Bürgerbewegung weiterhin beizubehalten. Programmatisch standen die Bürgerrechtler mit Ausnahme der Vereinigten Linken reformsozialistischen Vorstellungen zunehmend skeptischer gegenüber, insgesamt favorisierten sie jedoch die weitere Eigenständigkeit der DDR. Demgegenüber erachtete ein anderer Teil der bisherigen Oppositionsbewegung ab November 1989 den weiteren Ausbau fester Parteistrukturen als notwendig. Verbunden hiermit war in einigen Fällen eine deutliche Annäherung an westliche Demokratievorstellungen. So konstituierte sich Mitte Dezember der Demokratische Aufbruch (DA) nach einem längeren Diskussionsprozeß als Partei, distanzierte sich vom Sozialismus und wandte sich christlich-demokratischen Positionen zu. Als Abspaltung vom Neuen Forum entwickelte sich die Deutsche Forumpartei (DFP) ebenfalls im Dezember aus der Bürgerbewegung heraus. Sie verstand sich als Partei der Mitte mit christlichem, konservativem und liberalem Gedankengut. Die Sozialdemokraten änderten im Januar 1990 ihren Namen in SPD um. Sie bekannten sich zur Einheit Deutschlands, traten allerdings für die Neutralität eines schrittweise zu vereinigenden Deutschlands ein. Als Neugründungen formierten sich im November die Grüne Partei (Grüne) und im Januar 1990 mit bürgerlich-konservativer Ausrichtung die Deutsche Soziale Union (DSU). Insgesamt bot die Oppositionsbewegung um die Jahreswende somit ein vielschichtiges Bild: Anstatt eine Machtübernahme anzustreben, warfen sich die Bürgerbewegungen im Dezember in die Arbeit des Zentralen Runden Tisches und seiner Pendants auf lokaler Ebene. Sie verloren aber aufgrund ihrer kritischen Haltung zur deutschen Einheit zunehmend ihren bisherigen Rückhalt in der Bevölkerung. Die zum Teil aus dem Oppositionsbündnis hervorgegangenen Parteien repräsentierten dagegen in weitaus höherem Maße die öffentliche Stimmung im Land. Zudem versuchten sie durch den Aufbau von festen Strukturen, sich eine Grundlage für den späteren Machterwerb zu schaffen.

Die vier Blockparteien der DDR waren nicht als Motor der Wende in Erscheinung getreten. Erst die Ereignisse im Oktober und November 1989 führten auch bei ihnen zu einer personellen und programmatischen Neuorientierung. Formell entzogen sie sich Anfang Dezember durch den Austritt aus dem Demokratischen Block und der Nationalen Front dem Führungsanspruch der SED. Als erste hatte die CDU die konsequente personelle und programmatische Erneuerung in Angriff genommen. Der Wahl von Lothar de Maizière zum Parteivorsitzenden im November 1989 folgte Mitte Dezember die Distanzierung von weiteren sozialistischen Experimenten. Als Volkspartei mit christlichem Profil bekannte sich die CDU fortan zu einer ökologisch orientierten sozialen Marktwirtschaft und forderte eine Konföderation der beiden deutschen Staaten. Am 19. Januar 1990 erteilte sie einer eventuellen Koalition mit der SED/PDS nach der Volkskammerwahl 1990 eine klare Absage. Trotz der bereits vor der Wende vom LDPD-Vorsitzenden Manfred Gerlach vorsichtig geäußerten Kritik forderte die Liberal-Demokratische Partei erst ab Mitte Dezember die Einführung der Marktwirtschaft. Auf dem Sonderparteitag Anfang Februar 1990 beschloß die sich nun LDP nennende Partei einen Führungswechsel an der Parteispitze und sprach sich für die baldige Herstellung der deutschen Einheit aus. DBD und NDPD lösten sich zum Jahresende ebenfalls von der SED. Auf die weitere politische Entwicklung nahmen sie jedoch keinen nennenswerten Einfluß.

Die SED überstand die für sie kritische Phase Mitte November 1989, ohne die politische Macht vollständig zu verlieren. Unter Vermittlung der Kirchen kam es am 7. Dezember 1989 zur ersten Sitzung des Zentralen Runden Tisches, um den sich neben der SED und den ehemaligen Blockparteien auch die wichtigsten Oppositionsgruppen versammelten. Eine der bedeutendsten Leistungen dieses Gremiums war sicherlich, freie und demokratische Wahlen zu ermöglichen. Eine direkte Regierungsbeteiligung der Opposition erfolgte erst am 28. Januar 1990, nachdem die Modrow-Regierung aufgrund der massiven Bürgerproteste im Zusammenhang mit der geplanten Reorganisation des ehemaligen Ministeriums für Staatssicherheit nahezu handlungsunfähig geworden war. Auch innerparteilich gelang es der SED, den Zusammenbruch zu verhindern. Die Parteispitze widerstand allen, auch von Parteimitgliedern vorgetragenen Forderungen nach einer Auflösung, in erster Linie, um das Parteivermögen zu retten. Nach dem Rücktritt der gesamten Parteiführung am 3. Dezember 1989 lag die Macht in den Händen einer jüngeren Reformgruppe um den politisch unbelasteten neuen Vorsitzenden Gregor Gysi. Die Partei nannte sich fortan SED/PDS. Am 4. Februar 1990 erfolgte die Umbenennung in Partei des Demokratischen Sozialismus (PDS). Programmatisch bekannte sich die PDS im Februar zu einem demokratischen Sozialismus, zur Gewaltenteilung und zum Parteienpluralismus. Nachdrücklich trat sie für die weitere Selbständigkeit der DDR ein.

Die institutionelle Ausdifferenzierung eines eigenständigen ostdeutschen Parteiensystems war bis Februar 1990 zu einem gewissen Abschluß gekommen. Das Machtmonopol der SED war gebrochen, ein Parteienpluralismus hatte sich etabliert. Das zentrale Ziel eines Großteils der Demonstranten war seit Mitte Januar jedoch die Vereinigung der beiden deutschen Staaten. Zudem rissen die Übersiedlungsströme von Ost nach West nicht ab. In dieser Situation beschloß der Runde Tisch am 28. Januar, die ursprünglich für den 6. Mai 1990 vorgesehene freie Volkskammerwahl auf den 18. März 1990 vorzuverlegen. Wiederum konturierten außenpolitische Faktoren die weitere Entwicklung: Gorbatschow sprach sich am 10. Februar 1990 anläßlich des Besuchs von Bundeskanzler Kohl in Moskau für das Selbstbestimmungsrecht der Deutschen aus. Die Frage der deutschen Einheit stand somit auf der aktuellen politischen Tagesordnung.

4. Die Herausbildung eines gesamtdeutschen Parteiensystems im Jahresverlauf 1990: Eine von Februar 1990 bis zur ersten gesamtdeutschen Bundestagswahl im Dezember 1990 andauernde Phase umfaßt die Annäherung und Vereinigung der beiden deutschen Parteiensysteme. Standen die westdeutschen Parteieliten dem ostdeutschen Umbruch 1989 noch abwartend gegenüber, so änderte sich ihre Haltung nach dem Jahreswechsel. Der durch Demonstranten und Übersiedler ausgelöste öffentliche Druck, die offenkundig desolate ökonomische Situation und der rapide Autoritätsverlust der Modrow-Regierung destabilisierten die DDR im Januar 1990 in einem bislang nicht erreichten Ausmaß. Die im März bevorstehende freie Volkskammerwahl bekam vor diesem Hintergrund zunehmend den Charakter einer Entscheidungswahl. Angesichts der unverhofften Chance zur baldigen deutschen Einheit mußten die teilweise deutlichen Vorbehalte der westdeutschen Parteien gegenüber potentiellen Bündnispartnern in der DDR zurückstehen. Insbesondere für CDU und F.D.P. wurden die ehemaligen Blockparteien interessant, da deren organisatorische und logistische Strukturen im Wahlkampf gegen eine vermeintlich überlegene Sozialdemokratie von hohem Nutzen waren.

Im Vorfeld der Volkskammerwahl strukturierte sich der politische Markt entsprechend der westdeutschen Ausprägung. Das teilweise schon länger andauernde Werben der ostdeutschen Parteien um westdeutsche Partner stieß dort zu Beginn des Jahres 1990 nicht nur auf offene Ohren, die Bonner Parteizentralen übernahmen aufgrund der veränderten Rahmenbedingungen zunehmend die Regie im ostdeutschen Wahlkampf. Damit ging nach der bereits 1989 erfolgten institutionellen nun auch eine programmatische Ausdifferenzierung der politischen Landschaft einher.

Lange hatte sich die Parteispitze der West-CDU gegen eine engere Zusammenarbeit mit der gleichnamigen ehemaligen Blockpartei gesträubt. Ihre Hoffnungen auf einen demokratischen Wandel im Osten ruhten in erster Linie auf dem aus der Bürgerbewegung hervorgegangenen Demokratischen Aufbruch. Unter dem Druck der Ereignisse veranlaßte die Bonner CDU-Führung jedoch die Ost-CDU, den DA und die neu gegründete DSU, am 5. Februar 1990 das Wahlbündnis Allianz für Deutschland (AfD) einzugehen. Unbesehen aller internen Konflikte und programmatischen Differenzen zwischen den drei unterschiedlichen Parteien traten sie im Wahlkampf für ein marktwirtschaftliches und soziales Wirtschaftssystem, die Einführung der westdeutschen Währung sowie die schnellstmögliche Realisierung der deutschen Einheit ein. Im liberalen Lager formierte sich unter dem Druck der West-F.D.P. ebenfalls ein Wahlbündnis. Der Bund Freier Demokraten (BFD) entstand am 12. Februar 1990 und umfaßte die LDP, die Deutsche Forumpartei sowie die am 4. Februar neu gegründete Ost-F.D.P. Auch hier gestaltete sich die Zusammenarbeit zwischen ehemaligen Bürgerrechtlern und Mitgliedern einer ehemaligen Blockpartei keineswegs immer reibungsfrei. Dennoch forderten alle drei Parteien im Wahlkampf die schnelle Einführung einer Wirtschafts- und Währungsunion sowie den Vollzug der deutschen Einheit in gemäßigtem Tempo. Auch die anderen Bonner Parteien fanden ein ostdeutsches Pendant. Die West-SPD unterstützte die unbelastete Ost-SPD, die Mitte Februar sogar eine Aufnahmebeschränkung für ehemalige SED-Mitglieder beschloß. Die Grünen arbeiteten mit den Ost-Grünen zusammen, die ihrerseits ein Wahlbündnis mit dem UFV eingingen. Beide politischen Lager standen einer schnellen deutschen Einheit wesentlich skeptischer gegenüber als die bürgerlichen und liberalen Parteien. Die Sozialdemokraten forderten eine föderativ geprägte Einheit im europäischen Rahmen, die Grünen sprachen sich für eine Konföderation nach wechselseitigem Reformprozeß aus. Ohne westdeutsche Partner traten zur Volkskammerwahl im März die PDS, weiterhin die seit dem 7. Februar 1990 im Bündnis 90 zusammengeschlossenen Bürgerbewegungen Neues Forum, Demokratie Jetzt und Initiative für Frieden und Menschenrechte, das Aktionsbündnis Vereinigte Linke – gebildet aus der VL und der Parteineugründung Die Nelken – sowie die ehemaligen Blockparteien DBD und NDPD an. Das Bündnis 90 forderte einen kontrollierten Einigungsprozeß gleichberechtigter Partner, die PDS befürwortete einen schrittweisen Übergang zu einem Staatenbund. Einzig die

Vereinigte Linke trat für eine weiterhin souveräne DDR ein. Über alle Bündnis- und ideologischen Grenzen hinweg gab es im Frühjahr 1990 jedoch auch bemerkenswerte programmatische Gemeinsamkeiten. So sahen vor der Volkskammerwahl noch nahezu alle wichtigen Parteien ein neutrales oder teilweise entmilitarisiertes Deutschland als Voraussetzung für eine deutsche Einheit an. Zudem vertraten sie mit Ausnahme der Vereinigten Linken gesellschaftspolitische Vorstellungen, die mit den Regelungen des Grundgesetzes überwiegend vereinbar waren.

Die Volkskammerwahl besiegelte das Ende der DDR. Entgegen den meisten längerfristigen Prognosen ging die Allianz für Deutschland mit über 48 % der gültigen Stimmen als klare Gewinnerin aus der Wahl hervor. Öffentlich unter Druck durch die konstant hohen Übersiedlerzahlen, politisch legitimiert durch das Ergebnis der Volkskammerwahl sowie außenpolitisch flankiert durch die »Zwei-Plus-Vier«-Verhandlungen konnte der Fahrplan der deutschen Einheit zügig in Angriff genommen werden. Am 14. Oktober 1990 fanden die konstituierenden Wahlen in den fünf neuen Bundesländern statt, am 2. Dezember 1990 wurde der gesamtdeutsche Bundestag gewählt.

Auf der Ebene der Parteien erfolgte die Vereinigung überwiegend im Verlaufe des Jahres 1990. In der Allianz kam der Ost-CDU aufgrund der guten Wahlergebnisse eine Vormachtstellung zu. Die DSU verließ daraufhin im April das Bündnis. Im Juni schloß sich die marginalisierte DBD den Christdemokraten an, der DA folgte im August. Der Vereinigungsparteitag der CDU fand unmittelbar vor dem 3. Oktober 1990 statt. Im liberalen Lager verhinderten interne Querelen eine schnelle Vereinigung nach der Volkskammerwahl. Die LDP änderte im März ihren Namen in BFD und akzeptierte den Beitritt der bislang selbständigen NDPD. Im Juni trat die DFP bei und im August vereinigten sich die ost- und westdeutsche F.D.P. mit dem BFD. Die Sozialdemokraten fusionierten im September trotz deutlicher Unterschiede zwischen der Ost- und der West-SPD in der Deutschlandpolitik. In der Kritik stand insbesondere die zögerliche Haltung der westdeutschen Partei bezüglich der deutschen Einheit. Die Grünen verzichteten zunächst auf eine Vereinigung der beiden Parteien. Die Ost-Grünen bildeten mit den im Bündnis 90 zusammengefaßten Bürgerbewegungen im Bundestagswahlkampf 1990 ein gleichberechtigtes Wahlbündnis. Erst im Januar 1993 gingen die ostdeutsche Vereinigung Bündnis 90/GRÜNE und die westdeutschen Grünen einen Assoziationsvertrag ein. Die PDS restrukturierte im Anschluß an die verlorene Volkskammerwahl ihre Parteigliederungen und startete Mitte des Jahres 1990 erste Versuche, sich auf die Bundesrepublik Deutschland auszudehnen.

Die Vereinigung der beiden Parteiensysteme bestand vor dem Urteil der Wählerinnen und Wähler in der ehemaligen DDR. Die Ergebnisse der insgesamt vier Urnengänge im Verlaufe des Jahres 1990 zeigen ein hohes Maß an Stabilität. Insbesondere bei den überregionalen Wahlen konnten mit Ausnahme der PDS lediglich die mit West-Parteien liierten Gruppierungen nennenswerte Stimmenanteile verbuchen. Im Wechselspiel zwischen den Forderungen der öffentlichen Meinung, einem sich zunehmend verbreiternden Parteienangebot und den über mehrere Wahlen hinweg eindeutigen Wählerpräferenzen hat sich in der ehemaligen DDR binnen eines Jahres somit ein freies, pluralistisches Parteiensystem herausgebildet, das in seiner Ausprägung und seinen Machtverhältnissen in den Grundzügen dem westdeutschen ähnelt.

5. Das deutsche Parteiensystem in den 90er Jahren und Zukunftsperspektiven: Die Einheit hat die politischen Kräfteverhältnisse in Deutschland zunächst kaum verändert, obwohl in Gestalt der PDS seit 1990 eine weitere Partei im Deutschen Bundestag vertreten ist. Insbesondere die Bundestagswahl 1994 unterscheidet sich im Gesamtergebnis nur graduell von den vorangegangenen Wahlen. Gleichwohl verdeutlichen die Landtags- und Bundestagswahlen seit 1993 Unterschiede zwischen Ost und West. Konzentrierte sich in den westlichen Bundesländern der politische Wettbewerb auch weiterhin auf die gewohnte Auseinandersetzung zwischen den vier Bonner Parteien, so hat sich in den fünf östlichen Ländern inzwischen ein Dreiparteiensystem bestehend aus CDU, SPD und PDS herausgebildet. Lediglich in Sachsen-Anhalt gelangten Bündnis 90/GRÜNE 1993 mit 5,1 % und die rechtsextreme Deutsche Volksunion (DVU) 1998 mit überraschenden 12,9 % in den Magdeburger Landtag. Eine einschneidende Zäsur erfolgte erst mit der Bundestagswahl 1998. Zum ersten Mal in der Geschichte der Bundesrepublik wurde ein amtierender Bundeskanzler abgewählt, zum ersten Mal fand sich im Parlament eine Kanzlermehrheit jenseits der bürgerlichen Parteien CDU/CSU und F.D.P. Helmut Kohl und die Union haben die Wahlen in Ost und West gleichermaßen verloren. Seit Oktober 1998 steht Gerhard Schröder als neuer, sozialdemokratischer Bundeskanzler einer Koalitionsregierung aus SPD und Bündnis 90/ Grüne vor.

Die sich seit 1990 herausgebildeten eigenständigen ostdeutschen Strukturen werden aller Voraussicht nach auch weiterhin den Parteienwettbewerb sowie die innerparteilichen Diskussionen und Positionsbestimmungen beeinflussen. Empirische Studien belegen, daß die im Osten maßgebliche politisch-ideologische Konfliktlinie zwischen CDU und PDS eine sozialstrukturelle Fundierung aufweist, die sich allerdings im Verlauf der 90er Jahre in einigen Punkten verschoben hat.[4] Direkt nach der Wende repräsentierte die PDS das noch weitgehend intakte sozialistische Milieu. Inzwischen finden sich unter ihren Wählern neben ehemaligen Funktionseliten und überzeugten Sozialisten aber auch etliche DDR-Nostalgiker und Protestwähler. Die überragende Vormachtstellung der Union in den frühen 90er Jahren gründete zunächst auf einer stabilen Verankerung in ländlich-kleinstädtischen Kontexten und christlich orientierten Bevölkerungsgruppen. Hinzu kam ganz wesentlich der enorme Zuspruch durch die ostdeutsche Arbeiterschaft, die sich von Helmut Kohl eine rasche Einheit und Angleichung der Lebensverhältnisse versprochen hatte. Mit zunehmender Desillusionierung durch die Probleme und Härten des Vereinigungsprozesses schmolz diese Unterstützung jedoch kontinuierlich ab. Die SPD ringt zwischen den beiden Polen der ostdeutschen Hauptspannungslinie um eine sozialstrukturelle Profilierung ihrer Wählerschaft, zumal sie sich als Neugründung auch organisatorisch im Nachteil befindet. 1998 gelang es ihr erstmals, in der ostdeutschen Arbeiterschaft als stärkste Partei abzuschneiden. Dennoch ist eine sozialdemokratische Kernwählerschaft im Osten trotz kontinuierlicher Zugewinne seit 1990 bis heute nur in Ansätzen auszumachen.

Die Verschiebungen in den Wählerschaften zeigen, daß die Parteibindungen im Osten bislang weniger stark ausgeprägt sind als im Westen. In dieser Situation kommt bei Wahlen den kurzfristigen politischen Stimmungen eine größere Bedeutung zu, die Ausschläge bei den Gewinnen und Verlusten der Parteien fallen höher aus. Selbst rechtsextreme Protestparteien können, wie in Sachsen-Anhalt 1998 geschehen, aus dem Stand zweistellige Stimmenanteile erzielen. Dennoch wird die Dreieckskonstellation zwischen PDS, CDU und SPD wohl auch weiterhin das bestimmende Modell im Osten bleiben, zumal die SPD inzwischen zwei potentielle Koalitionspartner zur Auswahl hat. Die PDS bleibt auf absehbare Zeit eine feste politische Größe in den ostdeutschen Bundesländern, auch wenn sie bei der letzten Bundestagswahl in ihren Hochburgen keine weiteren Zuwächse mehr erzielen konnte. Der 1998 erstmals erfolgte Eintritt in die Regierungsverantwortung in Mecklenburg-Vorpommern schafft eine neue Situation auch für andere Bundesländer. Er eröffnet der PDS mittelfristig bessere Chancen zur gezielten Klientelpolitik und birgt allerdings auch die Gefahr der Desillusionierung bisheriger Wählerkreise. Gerade angesichts ihrer heterogenen Wählerschaft und ihrer schillernden Programmatik, die von sozialdemokratischen Positionen bis zur kommunistischen Plattform reicht, wird die PDS daher auf ihren Anspruch, als einzige Partei die ostdeutschen Interessen zu vertreten, auch weiterhin de facto nicht verzichten wollen.

Die Herausbildung eigenständiger ostdeutscher Strukturen hat das bundesweite, regional vielfach gebrochene Muster der politischen Auseinandersetzung um eine weitere Facette angereichert. Der aktuelle Parteienwettbewerb verläuft seit den frühen 90er Jahren im wesentlichen vor dem Hintergrund zweier tiefgreifender Konflikte.[5] Eine erste Konfliktdimension umfaßt die Fragen der zukünftigen wirtschaftlichen Entwicklung. In idealtypischer Zuspitzung stehen hierbei neoliberale, marktregulierende Modelle einem sozialstaatlichen, auf Verteilungsgerechtigkeit bedachten Interventionismus gegenüber, also Angebotsorientierung vs. Nachfrageorientierung. Eine zweite Konfliktdimension resultiert aus der Verbreitung ganz unterschiedlicher Lebensstile und bezieht sich auf eher kulturelle Aspekte der politischen Machtausübung. Im Zuge des Wertewandels hat sich vorwiegend bei jüngeren Generationen ein partizipationsorientiertes, auf Kommunikation abhebendes Politikverständnis herausgebildet, das häufig durch entsprechende lebensweltliche Erfahrungen und Arbeitsbedingungen in modernen Humandienstleistungsberufen gestützt wird. Der traditionelle, auf Interessenrepräsentation und politischer Führung basierende Politikstil älterer Generationen wird hierdurch zunehmend in Frage stellt. Beide Konfliktdimensionen überlagern sich in den aktuellen politischen Auseinandersetzungen, wenn auch seit Jahren die Fragen nach der zukünftigen wirtschaftlichen Entwicklung und entsprechenden Steuerungsmöglichkeiten ganz eindeutig im Vordergrund stehen.

Auch aus dieser Perspektive markiert die Bundestagswahl 1998 einen wichtigen Einschnitt.[6] Seit dem fulminanten Wahlsieg der SPD befinden sich neoliberale Positionen auch in der Bundesrepublik eindeutig in der Defensive. Die ganz auf Geldwertstabilität und Deregulierung setzende Wirtschaftspolitik der Regierung Kohl in den 90er Jahren hat die Arbeitslosigkeit letztlich nicht in den Griff bekommen. Die Erfolglosigkeit der neoliberalen Zumutungen, der Eindruck lähmenden Stillstands in der politischen Führung sowie die gebetsmühlenartigen Klagen seitens der Industrie über die Standortnachteile Deutschlands bis kurz vor der Wahl verstärkten eine Grundstimmung von Unzufriedenheit und diffuser Bedrohung bis weit in die bürgerlichen Mittelschichten hinein. Mit einem Befreiungsschlag wandten sich mittlere und untere Schichten der Arbeitnehmerschaft in Ost und West von der Union ab und verhalfen der SPD zum Wahlsieg. Selbst bei den älteren Frauen mußte die CDU weit überdurchschnittliche Einbußen hinnehmen. Es liegt nun an der neuen Regierung, zwischen der notwendigen Modernisierung von Staat und Gesellschaft und den Forderungen nach mehr sozialer Gerechtigkeit einen erfolgreichen Kompromiß zu finden, letztlich die Arbeitslosigkeit spürbar zu verringern ohne jedoch die Staatsfinanzen weiter zu belasten.

Die Anforderungen an die Integrationskapazitäten der beiden großen Parteien CDU und SPD sind in den letzten beiden Jahrzehnten kontinuierlich gestiegen und mit der Einheit nochmals gewachsen. Die innerparteilichen Interessenlagen und Problemwahrnehmungen differieren beträchtlich. In beiden Volksparteien wird insbesondere auch über die Grundsätze einer modernen Wirtschafts- und Sozialpolitik kontrovers diskutiert. Zudem stellen die Frage nach dem Umgang mit der PDS und die spezifischen Interessen der jeweiligen ostdeutschen Wählerschaft weiterhin konfliktträchtige Themen der innerparteilichen Auseinandersetzung dar. Die programmatischen Diskussionen werden durch die Veränderungen des Wählerverhaltens nicht gerade erleichtert. Seit geraumer Zeit erodieren im Westen die traditionellen Milieus der Parteien. Durch die Einheit hat diese Entwicklung weitere Schubkraft erhalten, der Anteil der Stammwähler hat sich nochmals verringert. Heterogene Wählerschaften und ein stark von der Tagespolitik abhängiges Meinungsklima bestimmen in immer größerem Ausmaß den politischen Wettbewerb. In den letzten Jahren wurde zunehmend deutlich, daß die Parteien den Herausforderungen durch eine verstärkte Konzentration auf die Spitzenkandidaten und eine konsequentere Ausrichtung an den Grundsätzen der Stimmenmaximierung zu begegnen versuchen. Vor dem Hintergrund des amerikanischen Parteiensystems läßt sich diese Abkehr von vereinsähnlichen, patriarchalischen Parteistrukturen durchaus als Modernisierungsprozeß, als notwendige Anpassung an die Bedingungen moderner pluralistischer Industriegesellschaften ansehen.[7] Hinzukommen muß jedoch auch eine grundlegende Reform der Strukturen innerparteilicher Willensbildung, eine stärkere Berücksichtigung plebiszitärer Entscheidungsverfahren.

Neun Jahre nach der Einheit scheint die Integration der beiden Parteiensysteme weitgehend geglückt. Das bundesdeutsche Parteiensystem wurde keineswegs in seinen Fundamenten erschüttert. Die massive Politikverdrossenheit von 1992 muß im Nachhinein als ein Ventil für die Härten des Einigungsprozesses angesehen werden, die im übrigen in erster Linie die neuen Bundesbürger zu tragen haben. Allerdings sind die bereits vor der Vereinigung vielfach konstatierten Probleme des Parteienstaates keineswegs gelöst. Der Anspruch der Parteien auf Allzuständigkeit steht auch weiterhin im direkten Widerspruch zu ihren eher geringen Problemlösungs- und Steuerungskapazitäten. Die kontinuierlichen Stimmenanteile rechtsextremer Parteien signalisieren ernstzunehmende Abkopplungsprozesse von den etablierten demokratischen Parteien. Notwendig erscheint eine Besinnung auf die ursprünglichen Funktionen von Parteien in pluralistischen Systemen. Ihnen obliegt die schwierige Aufgabe, die durch die Vereinigung weiter fragmentierten Interessen und Bedürfnisse ihrer Wählerinnen und Wähler auch künftig in mehrheitsfähige politische Konzepte umzusetzen. Auf der Schwelle zum neuen Jahrhundert stehen die Parteien und insbesondere natürlich die neu gewählte Regierung in der Pflicht, einem zeitgemäßen, bürgergesellschaftlichen Konzept der Sozialen Marktwirtschaft zum Durchbruch zu verhelfen.

Ulrich Eith

Anmerkungen:

1 Siehe zu den einzelnen Parteien die Beiträge in R. Stöss (Hrsg.): Parteienhandbuch. Die Parteien der Bundesrepublik Deutschland 1945–1980, Opladen 1983.

2 Vgl. P. J. Lapp: Die »befreundeten Parteien« der SED. DDR-Blockparteien heute, Köln 1988; Ders.: Ausverkauf. Das Ende der Blockparteien, Berlin 1998.

3 H. Knabe: Politische Opposition in der DDR. Ursprünge, Programmatik, Perspektiven, in: Aus Politik und Zeitgeschichte, B 1–2/1990, S. 21–32, hier S. 23.

4 Vgl. u. a. K. Schmitt: Im Osten nichts Neues? Das Kernland der deutschen Arbeiterbewegung und die Zukunft der politischen Linken, in: W. Bürklin/D. Roth (Hrsg.): Das Superwahljahr, Köln 1994, S. 185–218.

5 Vgl. H. Kitschelt: The Transformation of European Social Democracy, Cambridge 1994, bes. S. 8–39; U. Eith: Arbeitslosigkeit und politische Partizipation als zentrale Herausforderungen an die Politik im Medienzeitalter, in: R. Schneider-Wilkes (Hrsg.): Demokratie in Gefahr? Zum Zustand der deutschen Republik, Münster 1997, S. 389–409.

6 Vgl. D. Oberndörfer/G. Mielke/U. Eith: Der Befreiungsschlag. Eine Analyse der Bundestagswahl vom 27. 9. 1998, in: Frankfurter Rundschau, 2. 10. 1998, S. 12; R. Köcher: In der neuen Lage hat die CDU neue Aufgaben, in: Frankfurter Allgemeine Zeitung, 14. 10. 1998, S. 5; Forschungsgruppe Wahlen: Bundestagswahl 1998. Eine Analyse der Wahl vom 27. 9. 1998, Mannheim 1998.

7 Vgl. G. Mielke: Parteiensystem in der Krise oder Annäherung an die demokratische Normalität?, in: W. Jäger/H.-O. Mühleisen/H.-J. Veen (Hrsg.): Republik und Dritte Welt. Festschrift für Dieter Oberndörfer zum 65. Geburtstag, Paderborn 1994, S. 231–242.

Literatur:

Gabriel, Oscar W./Oskar Niedermayer/Richard Stöss: Parteiendemokratie in Deutschland, Opladen 1997. □ Gros, Jürgen: Politikgestaltung im Machtdreieck Partei, Fraktion, Regierung. Zum Verhältnis von CDU-Parteiführungsgremien, Unionsfraktion und Bundesregierung 1982–1989 an den Beispielen der Finanz-, Deutschland- und Umweltpolitik, Berlin 1998. □ Jäger, Wolfgang: Die Überwindung der Teilung. Der innerdeutsche Prozeß der Vereinigung 1989/90, Stuttgart 1998. □ Jarausch, Konrad H.: Die unverhoffte Einheit 1989–1990, Frankfurt a. M. 1995. □ Korte, Karl-Rudolf: Die Chance genutzt? Die Politik zur Einheit Deutschlands, Frankfurt a. M. 1994. □ DERS.: Wahlen in der Bundesrepublik Deutschland, Bonn (2. Aufl.) 1999. □ MINTZEL, ALF/HEINRICH OBERREUTER (Hrsg.): Parteien in der Bundesrepublik Deutschland, (2. Aufl.) Opladen 1992. □ MÜLLER-ENBERGS, HELMUT/MARIANNE SCHULZ/JAN WIELGOHS (Hrsg.): Von der Illegalität ins Parlament. Werdegang und Konzept der neuen Bürgerbewegungen, Berlin 1991. □ NICLAUSS, KARL-HEINZ: Das Parteiensystem der Bundesrepublik Deutschland, Paderborn u. a. 1995. □ NIEDERMAYER, OSKAR/RICHARD STÖSS (Hrsg.): Parteien und Wähler im Umbruch, Opladen 1994. □ MUSIOLEK, BERND/CAROLA WUTTKE (Hrsg.): Parteien und politische Bewegungen im letzten Jahr der DDR, Berlin 1991.

Politische Bildung

→ Bildung und Wissenschaft, Einstellungen zur deutschen Einheit, Geschichtsbewußtsein, Innere Einheit, Jugend, **Politische Kultur**.

1. Begriff: Politische Bildung bezeichnet ein Bildungsziel, das in der Bundesrepublik neben der allgemeinen, kulturellen und beruflichen Bildung Teil des öffentlich-rechtlichen Bildungsauftrages ist. Politische Bildung soll die Vermittlung von Kenntnissen und Fähigkeiten leisten, die den einzelnen als Person in der Gesellschaft und als Bürger im Staat in die Lage versetzen, verantwortlich und selbstbestimmt am demokratischen Gemeinwesen mitwirken zu können. Im Sinne des klassischen Bildungsbegriffes – nach Hegel die Fähigkeit, sich vom Eigenen zum Allgemeinen zu erheben, um schließlich in jenem das Eigene zu erkennen – geht es freiheitlicher politischer Bildung um die Ermöglichung der Selbstbestimmung des einzelnen im Verhältnis zur Allgemeinheit.

Politische Bildung im öffentlichen Auftrag soll aber auch gewährleisten, daß der Einzelne durch aktive Teilhabe die demokratische Verfassungsordnung stützt. Nach Artikel 20 GG ist die Bundesrepublik ein »demokratischer und sozialer Rechtsstaat«, in der der Staat über die bloße Gewährleistung der Grundrechte hinaus für die Funktionsfähigkeit der Demokratie dadurch sorgt, daß er den Anspruch auf Mitwirkung am Staate nicht nur sichert, sondern auch fördert. Dies kann der demokratische Staat einer pluralistischen Gesellschaft allerdings nur, wenn er die Möglichkeit der allgemeinen Teilhabe im Sinne der politischen Pluralität sichert. Der öffentlichen Verantwortung für politische Bildung sind durch das Grundgesetz deshalb insofern Grenzen gesetzt, als sie nicht zu einer Einengung der Persönlichkeitsrechte und der politischen Grundrechte führen darf (Art. 7 GG). Die Vorgabe inhaltlicher oder gar weltanschaulicher Bildungsziele findet am Anspruch der Freiheit von Indoktrination ihre Begrenzung.

Gleichwohl unterliegen die Bildungsziele dem jeweiligen gesellschaftlichen und politischen Grundkonsens. Die Befähigung zum selbständigen politischen Urteil und die Bereitschaft, die Möglichkeiten politischer Mitwirkung wahrzunehmen, setzt voraus, daß den sich verändernden Informations- und Partizipationsbedürfnissen wie -verhältnissen Rechnung getragen wird. Die Erschließung und Einübung in politische Handlungsfelder tritt umso mehr in den Vordergrund, je mehr durch wachsende Informationsangebote der Eindruck eines wachsenden Mißverhältnisses zu den eigenen politischen Mitwirkungsmöglichkeiten entsteht. Die politische Bildung muß sich dem zwangsläufig als Herausforderung ihrer Praxis stellen. Theorie und Praxis politischer Bildung sind somit nicht losgelöst von der geschichtlichen Situation, den konkreten gesellschaftlichen und politischen Verhältnissen und deren Wandel zu verstehen. Die Aufgaben und die Stellung der politischen Bildung spiegeln in der Geschichte der Bundesrepublik immer auch den Wandel im Umgang mit der eigenen gesellschaftlichen Wirklichkeit wider. Inhaltlich und methodisch treten so entweder überwiegend affirmative oder vorwiegend kritische Ansätze in den Vordergrund.[1]

2. Politische Bildung im öffentlichen Auftrag: Politische Bildung wurde in der früheren Bundesrepublik in Anknüpfung an die Reeducation-Programme der Alliierten als Instrument des demokratischen Umbaus installiert und hat sich als Institution der demokratischen Praxis etabliert. In der Bundesrepublik herrscht seither ein überparteilicher Konsens darüber, daß das Ziel einer freiheitlich-demokratischen politischen Bildung in der »Vermittlung von demokratischem Bewußtsein, von Kenntnissen und der Fähigkeit, an politischen Prozessen mitzuwirken«[2], besteht. Politische Bildung wird mit diesem Ziel in staatlichen Bildungseinrichtungen gelehrt, aber auch im Bereich außerschulischer Erwachsenenbildung durch die Zentralen für politische Bildung und staatlich geförderte Einrichtungen in freier Trägerschaft angeboten. Unter diesen nehmen die politischen Stiftungen der im Bundestag vertretenen Parteien eine besondere Rolle ein. Sie sind als gemeinnützige Einrichtungen in ihrem staatspolitischen Bildungsauftrag nicht parteipolitisch limitiert und werden daher aus öffentlichen Mitteln subventioniert.

Dem freiheitlich-demokratischen Charakter politischer Bildung soll in der Erwachsenenbildung durch die Freiwilligkeit der Teilnahme und die Pluralität des Angebotes von seiten staatlicher oder privat-rechtlicher Träger entsprochen werden. Für den politischen Unterricht und politische Bildungsveranstaltungen im Rahmen der Erwachsenenbildung soll der Grundsatz des Überwältigungsverbotes, der im sogenannten »Beutelsbacher Konsens« 1976 beschrieben ist, gelten: Eine Indoktrination durch eine vorgegebene politische Meinung wird ausgeschlossen, indem die den Sachverhalten innewohnenden Kontroversen darzustellen, die verschiedenen Perspektiven aufzuzeigen und einem selbständigen Urteil zu überlassen sind. Dieser allgemeine Grundsatz trägt der Tatsache Rechnung, daß die Verbindlichkeit oder gar die Akzeptanz politischer Inhalte und Wertungen in einer demokratischen Gesellschaft umstritten bleiben müssen.

Die Zentralen für politische Bildung bei Bund und Ländern haben eine Schlüsselfunktion für die Förderung und Definition der Ziele politischer Erwachsenenbildung. Sie sollen die Vielfalt und Ausgewogenheit der politischen Bildungsangebote freier Träger garantieren und durch eigene Impulse ergänzen. Entsprechend der föderalen Gliederung der Bundesrepublik ist die Verantwortung für politische Bildung als Bestandteil der Kulturhoheit Ländersache und im außerschulischen Bereich Aufgabe der Landeszentralen für politische Bildung. Die Bundeszentrale für politische Bildung ergänzt durch ihre Tätigkeit und die Förderung von Projekten überregionaler Bedeutung und Beteiligung die originäre Zuständigkeit der Länder.

Die Zentralen für politische Bildung sorgen auf der Grundlage von Gesetzen bzw. Erlassen für eine überparteiliche Förderung und Gestaltung politischer Bildungsarbeit. Sie sind verpflichtet, Pluralität, Ausgewogenheit und Qualität in der politischen Bildung im öffentlichen Auftrag zu garantieren. Ein politisch plurales, dezentrales und bürgernahes Angebot politischer Bildung braucht Träger mit gesellschaftlicher Verankerung und eigener, lokaler oder regionaler, thematischer oder interessenspezifischer Kompetenz. Ein Schwerpunkt der Aufgabe der Zentralen für politische Bildung besteht in der Vernetzung dezentraler politischer Bildungsangebote, deren Qualitätssicherung und Weiterentwicklung.

Die inhaltliche Arbeit der Zentralen für politische Bildung geschieht unabhängig und ohne Weisungen. Darauf beruht ihre Akzeptanz und ihre Inanspruchnahme als vertrauenswürdige Einrichtung zum Zwecke der politischen Information und Partizipation.

Diese im internationalen Vergleich einmalige Einrichtung macht die Zentralen der politischen Bildung zu einer Besonderheit der demokratischen politischen Kultur in Deutschland. In dem sie dauernd zur Vermittlung zwischen unterschiedlichen Sachpositionen beitragen, eröffnen sie Möglichkeiten der differenzierten Betrachtung wie auch der konsensorientierten Behandlung neuer Themen. Politische Bildung trägt somit mittelbar oder unmittelbar zur Einübung einer demokratischen Streitkultur und in die Praxis der Verständigung über gemeinsame Belange auch bei denjenigen bei, die Parteien oder Organisationen distanziert gegenüberstehen. Insbesondere für die Auseinandersetzung mit den gesellschaftlichen Zukunftsaufgaben sind politische Bildungsangebote gefordert, die anstehenden Entwicklungen jeweils im Hinblick auf die unterschiedlichen Interessen einerseits und gemeinsamen Grundwerte andererseits zu gewichten. Damit wirkt politische Bildung jeweils an der Definition dessen mit, was im Sinne des Gemeinwohls ist. Deshalb ist politische Bildung nicht frei von Wertbindungen, sondern praktisch an der Auslegung der Wertordnung des Grundgesetzes beteiligt.

3. Politische Bildung und die Herstellung der »inneren Einheit« Deutschlands: Die Bedeutung der politischen Bildung für die Herstellung der inneren Einheit Deutschlands wurde im »Bericht der Bundesregierung zu Stand und Perspektiven der politischen Bildung in der Bundesrepublik« vom Dezember 1991 hervorgehoben: »Nach dem Niederreißen der Mauer und nach der Vereinigung Deutschlands muß politische Bildung ihren Beitrag dazu leisten, daß aus den bisherigen beiden Teilen Deutschlands ein geistiges und gesellschaftliches Miteinander wird«.[3] Politische Bildung sollte in einem Prozeß der Verständigung, der gegenseitigen Wahrnehmung und der Herausbildung eines gemeinsamen Selbstverständnisses der Deutschen ihren Beitrag leisten.

In ihrer Antwort auf eine Große Anfrage zur »Politischen Bildung in Deutschland« vom 27. Mai 1998 zieht die Bundesregierung eine vorsichtige, gleichwohl immer noch positive Bilanz: »Nach dem Sturz des SED-Regimes haben sich naturgemäß nicht alle Erwartungen und Hoffnungen auf einen raschen, mit dem System der freiheitlichen Demokratie verbundenen Wohlstand erfüllen können. Gleichwohl wird das politische System der Bundesrepublik Deutschland ebenso wie die Wiedervereinigung von der großen Mehrheit der Menschen positiv bewertet. An dieser Entwicklung hat die politische Bildungsarbeit ihren Anteil«.[4]

Daß inzwischen von der »inneren Einheit« nur im Hinblick auf ein langfristiges Ziel gesprochen wird, zeugt letztlich von der Einsicht, daß weder eine perfekte institutionelle Anpassung noch die weitere wirtschaftliche Angleichung hinreichen, Differenzen im Bereich der Wahrnehmungen und Einstellungen zu eliminieren. Dazu gehören Besonderheiten des ostdeutschen Wahlverhaltens und Symptome einer fremdenfeindlichen Grundströmung, bleibende Abstinenz gegenüber politischen Parteien und hohe Erwartungen an die soziale Verantwortung des Staates. Tatsächlich wird acht Jahre nach der deutschen Einheit allerdings deutlich, daß zwei unterschiedliche politische Kulturen in Ost und West prägen. Festzustellen ist, daß sich die Mehrheit der ostdeutschen Bevölkerung eher distanziert zur politischen Ordnung der Bundesrepublik verhält. Das Vertrauen der Ostdeutschen in die demokratischen Institutionen ist seit 1990 sogar gesunken. Gleichwohl betont eine große Mehrheit ihre grundsätzliche Zustimmung zur Demokratie. Die Tatsache, daß sich die politischen Einstellungen im Osten im Hinblick auf Demokratie, Rechtsstaat und geltender Wirtschaftsordnung nicht widerspruchsfrei entwickeln, zeichnet sich verstärkt seit 1994/95 ab. Seitdem hat es dramatische Einbrüche bezüglich des sogenannten Systemvertrauens im Osten gegeben. Diese Entwicklung ist begleitet von einer sich wechselseitig stabilisierenden Vorurteilshaltung zwischen Ost und West.

Diese Befunde machen noch auf absehbare Zeit die Folgen eines genetischen Schadens der demokratischen Umgestaltung im Osten deutlich. Allzulange sind in der öffentlichen Diskussion lediglich sogenannte Mentalitätsunterschiede dafür verantwortlich gemacht worden, als ob es sich hierbei um Unterschiede handele, wie man sie zwischen Westfalen und Ostfriesen auch noch findet. Die tiefgreifenden ökonomischen und – damit verbunden – existenziellen Einschnitte, die der Systemwechsel der Mehrheit der Ostdeutschen in kurzer Frist abverlangte, haben einen wichtigen Anteil daran, daß sich die gegenwärtigen politischen Einstellungen und Erwartungen von denen der westdeutschen Bevölkerung unterscheiden. Viel stärker sind allerdings jene Rückwirkungen zu veranschlagen, die von links bis rechts vom politischen und kulturellen Establishment der alten Bundesrepublik ausgingen und die öffentliche Wahrnehmung und Deutung der Probleme des Ostens dominierten. Der Preis für die »freundliche Übernahme«, der zügigen und lückenlosen institutionellen Angleichung des Ostens an den Westen, ist das Fehlen einer geistigen Elite für die demokratische Transformation im Osten. Die Abwesenheit ostdeutscher Kompetenz in den Medien, Hochschulen, Parteien und Verwaltungen hat, wodurch auch immer gerechtfertigt, den geistigen Graben zwischen Ost und West eher vertieft als eingeebnet.

Die Rückwendung eines Teils der Ostdeutschen auf sozialistische Grundwerte einerseits, und die Hinwendung eines anderen Teils zu nationalistisch motivierten Ressentiments sind Symptome einer Entfremdung und Distanzierung vom politischen Prozeß und damit von den zunächst bereitwillig akzeptierten westlichen Grundwerten. Daß politische Bildung in dieser Situation schwerlich mit bloßen Gegendarstellungen oder positiver Wertevermittlung überzeugen kann, sollte politische Pädagogen überzeugen. Politische Bildung muß immer an den konkreten Erfahrungen der Menschen ansetzen. Daß es darauf verschiedene Antworten gibt, schließt ein, daß politische Bildung dann zu ihrem Recht kommen kann, wenn sie die Möglichkeiten und Ressourcen demokratischen Handelns im Interesse der Menschen zu erschließen hilft. Über die Langfristigkeit der Nachwirkung der durch die Teilung und die Erfahrungen des politischen und wirtschaftlichen Umbruchs im Osten entstandenen Einstellungen dürfte es allerdings keine Zweifel mehr geben.

Die Defizite der Ostdeutschen im praktischen politischen Interessenspiel, ihre Artikulations- und Durchsetzungsschwäche haben zunächst alte Wurzeln. Die auf Konsens orientierte ostdeutsche politische Kultur, die stagnierenden, zum Teil dramatisch sinkenden Mitgliederzahlen der Parteien, sind Schwächen, die man in einer demokratischen, von Konkurrenz lebenden politischen Kultur nur selbst überwinden kann. Das in den Medien offensichtliche und organisatorisch in Parteien und Verbänden noch immer eklatante Repräsentationsdefizit ostdeutscher Interessenlagen kann nicht über die endogenen Rückzugstendenzen der Ostdeutschen aus der Politik hinwegtäuschen. Politische Bildung kann dieser Entwicklung insofern begegnen, als sie durch die öffentlichen Diskussionsangebote eines pluralistischen Spektrums freier Träger das Vorfeld einer demokratischen Kommunikationskultur schafft und die Einübung in politische Partizipation ermöglicht.

4. Politische Bildung und die kritische Aufarbeitung der deutschen Geschichte: »Um eine Nation zu werden, muß man zweierlei lernen: zu erinnern und zu vergessen« (Ernest Renan). Was als Erinnerung oder Tradition zum Allgemeingut wird, was schließlich zum gemeinsamen Geschichtsbewußtsein gehört, formt den Zusammenhalt und das Selbstverständnis eines Gemeinwesens, seine Art und Weise auf gegenwärtige Herausforderungen zu reagieren. Wie weit wir von der »Herstellung der inneren Einheit« entfernt sind, mag man daran messen, wie lange es dauern wird, bis Westdeutsche und Ostdeutsche sich auf einen gemeinsamen Erinnerungsbestand verständigen und dabei das in den Hintergrund tritt, was nicht geteilt werden kann.

Thomas Meyer hatte 1991 zu recht betont, daß der »... Aufbau einer politischen Kultur der Demokratie – also die Übernahme ihrer Regeln, Chancen, Zumutungen und Grundwerte als Teil des persönlichen Selbstverständnisses – ... die Aufarbeitung der typischen Biographien in der Rückbesinnung auf die Geschichte des kommunistischen Systems in Deutschland voraus(setzt). Dazu muß politische Bildung einen, vielleicht den entscheidenden Beitrag leisten«.[5] Ende letzten Jahres stellte der Berliner Historiker Jürgen Kocka nüchtern fest: »Nach mehr als vierzig Jahren getrennter Geschichte und sieben Jahren Wiedervereinigung treten im Geschichtsbewußtsein von Ost- und Westdeutschen tiefreichende Spaltungen zutage, besonders im Blick auf die Zeitgeschichte. Von einem gemeinsamen Bild der geteilten Geschichte sind wir weit entfernt«.[6] Trotz oder auch wegen des großen Aufwandes an zeitgeschichtlicher Forschung, der beiden Enquete-Kommissionen des Bundestages und des medialen Interesses an der DDR-Vergangenheitsbewältigung bindet und verbindet die Ostdeutschen ihre geschichtliche Erfahrung mehr, als ihnen gelegentlich lieb ist. Die Ostdeutschen haben ihre Vergangenheit in das vereinte Deutschland mitgenommen. Die Enthüllungen über Stasi und den politischen Unterdrückungsapparat der DDR, die Prozesse gegen eine Reihe von SED-Verantwortlichen – all das hat bei den Ostdeutschen eher ein Gefühl der kollektiven Belastung als Entlastung hinterlassen. Was der ostdeutschen Mehrheit zunächst als Generalamnestie erscheinen mochte, stellte sich alsbald als ein Art Generalverdikt heraus: Angesichts nicht eingelöster wirtschaftlicher Versprechen, dem Zurückbleiben der Wirklichkeit hinter den Erwartungen, haben die Menschen den Eindruck, doch noch für ein System in kollektive Haftung genommen zu werden, daß einmal Mauer und Stasi brauchte, um sie gefügig zu halten.

Nach dem Fall der Mauer zweifelte niemand daran, daß nun »zusammenwächst, was zusammengehört«. Die Entscheidung für die Vereinigung – je schneller, desto besser – konnte sich auf eine breite Zustimmung in Ost und West stützen. Dabei nährte die Rede von »Wiedervereinigung« im Osten die Illusion der kollektiven Auswanderung aus der eigenen, gescheiterten Geschichte. Und im Westen glaubte man gern, die Ostdeutschen seien nur eine über vierzig Jahre verhinderte Spezies der eigenen Art geblieben. Die Bestätigung des westdeutschen Selbstverständnisses konnte somit gar nicht besser ausfallen, als es das Ergebnis der ersten freien Wahlen in der DDR am 18. März 1990 nahelegte. Die DDR-Geschichte wurde abgewählt angesichts der Aussicht auf den Anschluß an eine bessere. Wieso also sollte man die Geschichte der Bundesrepublik nicht einfach fortschreiben, frei nach dem Spruch: Never change a winning history?[7]

Für die ostdeutsche Bevölkerung bedeutete im Jahre 1990 die Rede von der »Wiedervereinigung« ein Wiederanknüpfen an eine offensichtlich verpaßte Geschichte nach dem verlorenen Krieg. Unter dem Motto »Stunde Null« wollte man dem Legende gewordenen Konzept des westdeutschen Wiederaufbaus beitreten, einer Wiederholung des »Wirtschaftswunders« auf ostdeutschem Boden, um, wie im Westen gehabt, in 10 bis 15 Jahren aus dem Gröbsten heraus zu sein. Und sie versprach auch kollektive Entlastung: So wie nach 1945 hatte die Einwilligung in die bedingungslose Übergabe, in den Status des Besiegt-Seins, auch eine psychologische Hintertür: die Selbstwahrnehmung als Opfer der Geschichte. Aber statt in nationaler »Schicksalsgemeinschaft« finden sich die Ostdeutschen an der Peripherie der bundesdeutschen Gesellschaft wieder. Sie reklamieren ihre Opfergeschichte und machen unfreiwillig die Erfahrung, daß sie diese nur im Osten miteinander teilen.

Was ihnen zusammen bleibt, ist ein wachsendes antiwestdeutsches Ressentiment. Peter Bender spricht von einem »verhängnisvollen Irrtum« der mit der Rede von »Wiedervereinigung« einherging: Man habe vorausgesetzt, was das Ziel ist und die Politik der Fähigkeit beraubt, rationale Ziele für den Vereinigungsprozeß abzustekken. Nun müsse man sich mit den notwendigerweise erst durch Enttäuschung korrigierbaren Vorstellungen voneinander auseinandersetzen.[8]

Wir werden demnach den existierenden geistigen Graben auch nicht mit einem Sprung in die Zukunft überwinden können. Der Versuch, eine Generation einfach zu überspringen, die Empfehlung, nun auf die Jugend zu setzen, wird vergeblich sein, solange auf die Frage des Umgangs mit dem ostdeutschen Erbe keine neue Antworten gegeben werden. Es wird sich an dieser Frage mitentscheiden, ob der deutsch-deutsche Integrationsprozeß politisch gelingt oder ob es, wie nach dem amerikanischen Bürgerkrieg, ein gutes Jahrhundert brauchen wird, die Wunden der Spaltung zwischen Ost und West vernarben zu lassen. Solange der deutsche Vereinigungsprozeß aus ostdeutscher Sicht mit einer Negation wesentlicher eigener geschichtlicher Erfahrungen einhergeht, wird die noch existierende gesellschaftliche Teilung über mindestens eine Generation reproduziert werden.

Die notwendige Aufarbeitung der ostdeutschen Vergangenheit kann aber nur erfolgreich sein, wenn sie auf Verständnis zielt und Verständigung bewirkt. Generell muß daher gelten, daß nur in einem Klima der Respektierung unterschiedlicher Erfahrungen und politischer Kontexte die Aufklärung geschichtlicher Verantwortung und moralisch-politischen Versagens erfolgreich sein kann. Tatsächlich steht die politische Bildung im Osten und im Westen Deutschlands dabei vor einem gemeinsamen Problem. Das faktische Ende der DDR ist erst der Anfang der Herstellung eines in Ost und West gemeinsamen Geschichtsbildes über die Zeit zwischen 1945 und 1990. Sorgfalt und Einfühlungsvermögen in die jeweiligen geschichtlichen Umstände sind nicht bloß eine Frage des fairen Umgangs, sondern eine Voraussetzung dafür, daß neue Einsichten zum Bestandteil der kollektiven Erinnerung werden können. Dieser Aufgabe muß sich insbesondere die politische Bildung stellen, wenn sie ihren Beitrag für die deutsche Vereinigung leisten will. Das heißt, der Grundsatz vom Fortbestand der einen Nation über die Teilung hinweg, schließt die Integration der geteilten geschichtlichen Erfahrungen ein. Das kann nur gelingen, wenn das Augenmerk der historisch-politischen Bildung die Aspekte der wechselseitigen Bedingtheit der getrennten Entwicklung in Ost und West wieder in den Blick nimmt und dabei ost- und westdeutsche Geschichte gleichermaßen neu beurteilt.

5. Neue Herausforderungen an die politische Bildung: Acht Jahre nach der Vereinigung Deutschlands ist unbestritten, daß sich nach dem radikalen politischen Umbruch im Osten auch der Westen in einer Phase neuartiger gesellschaftlicher Herausforderungen befindet. Nachdem im Osten eine Neubegründung der Praxis und der Inhalte politischer Bildung erforderlich war, sind nun die Auswirkungen gesellschaftlichen Wandels auf die politische Bildung im Westen nicht länger zu verdecken. Längst ist über die sogenannte »Einigungskrise« hinaus die gesamte

Gesellschaft in den Sog eines umfassenden Wandels geraten, die die demokratischen Institutionen und nicht zuletzt die politische Bildung vor neue Legitimationsfragen stellen.

Zweifellos ist es die Politik selbst, die herausgefordert ist, auf diese für das demokratische Gemeinwesen Bundesrepublik Deutschland neue Situation Antworten zu finden. Ob sie es kann, wird aber nicht nur von der sogenannten »politischen Klasse«, ihrer Kompetenz und ihrem Tun abhängen. Politische Antworten auf Krisen und Zeiten strukturellen Wandels setzen in einer Demokratie auch die Zustimmung und Mitwirkung der Bürgerinnen und Bürger voraus. Die gegenwärtigen zentralen gesellschaftlichen Problemfelder verlangen nach neuen Ansätzen für die Vermittlung von Medienkompetenz, Umweltbildung, interkulturellem Dialog und Orientierungsfähigkeit in einer sich verändernden Arbeitsgesellschaft.

Die neuen Wechselbeziehungen zwischen globaler Realität und nationaler Identität, das Aufleben gewaltsamer innergesellschaftlicher Konflikte haben angesichts von ausländerfeindlichen Übergriffen und ethnisch motivierter Bürgerkriege große Aktualität bekommen. Der beschleunigte technologische Wandel, insbesondere das Vordringen neuer Medien und deren globale Vernetzung, haben Rückwirkungen auf das Verhältnis zwischen dem Einzelnen und der Gesellschaft. Welche Anforderungen stellt dieser Prozeß an die Weiterentwicklung des freiheitlich-demokratischen Systems? Wie lassen sich die stärker gewordenen Einflüsse internationaler Entwicklungen, globaler ökologischer und ökonomischer Herausforderungen auf die Ebene politischer Diskurse und Handlungsoptionen bringen, damit sie für den Einzelnen überschaubar und zugänglich werden? Welche Bereiche verlangen nach Neuorientierung unseres politischen Wissens, nach Korrektur, sofern sie Elemente eines allgemeinen politischen Orientierungsrahmens waren?

Epochenwechsel, politische Umbrüche oder Systemkrisen stellen zu jeder Zeit neue Anforderungen an die politische Bildung. Alle heute klassischen politischen Theorien wurden geradezu als Reflex auf epochale Krisen- und Unordnungserfahrungen formuliert. In seiner Analyse der Demokratie im Amerika des 19. Jahrhunderts stellte Alexis de Toqueville fest: »Eine völlig neue Welt bedarf einer neuen politischen Wissenschaft«. Nicht zu bezweifeln ist daher, daß das in den letzten 40 Jahren dominierende politische Wissen von den Herausforderungen der jüngsten Zeit überholt wird. Eine Neuorientierung unseres politischen Wissens steht für die Deutschen in Ost und West auf der Tagesordnung.[9]

In ihrem »Münchner Manifest«[10] vom 26. Mai 1997 mahnen die Zentralen für politische Bildung eine verstärkte Hinwendung der politischen Bildungsarbeit zu den globalen Zukunftsaufgaben angesichts der mit dem globalen Wandel einhergehenden gesellschaftlichen, ökonomischen und politischen Umbrüche an. Zuvor hatte im »Darmstädter Appell« eine Initiativgruppe von prominenten Politologen und Vertretern der politischen Bildungsorganisationen festgestellt und gefordert: »Der Zustand und die gegenwärtige Entwicklung der Politischen Bildung an Schulen sowie ihre wissenschaftliche Fundierung in den Hochschulen drohen zu einer Gefahr für Demokratie und Staat zu werden. Der Standort Deutschlands in der Welt ist nicht nur vom wissenschaftlich-technischen Erfolg, sondern ebenso von der Kontinuität und dem Ausbau der sozial- und rechtsstaatlichen Demokratie abhängig... Gerade in einer Zeit, in der schwierige Probleme die Grenzen der Problemlösungsfähigkeit auch demokratischer Politik erahnen lassen und autoritäre Scheinlösungen Anziehungskraft gewinnen, bedarf politische Bildungsarbeit verstärkter Unterstützung und neuer Entwicklungsimpulse«.[11]

Politische Bildung sollte zur Herstellung eines künftig tragfähigen Konsenses in die von der Verfassung vorgegebene Ordnung durch die Vermittlung spezifischer Kompetenzen beitragen, die sich insbesondere aus den Problemen des Wandels der Arbeitsgesellschaft, der ökologischen Verantwortung, der Verarbeitung medialer Informationsangebote und dem Wandel von politischen Werten und kulturellen Leitbildern ergeben. Politisches Lernen erfordert künftig noch mehr als zuvor das Zusammenleben verschiedener Menschen und Kulturen. Ein Prüfstein für die demokratische Kultur unserer Gesellschaft ist die Integrationsfähigkeit für soziale und nationale Minderheiten. Ausländerfeindliche Stimmungen oder gar Gewalt bedrohen nicht nur den inneren Frieden, sondern die Existenz der freiheitlich-demokratischen Ordnung, ihre prinzipielle Offenheit und Entwicklungsfähigkeit in der Gemeinschaft der Völker. Dies ist eine Bedingung für das Gelingen des Konzeptes eines gemeinsamen Europas, dem eigentlichen großen Thema der politischen Neugestaltung des kommenden Jahrzehnts. Weit über diesen Zeitraum hinaus werden uns die Probleme der Umgestaltung unserer umweltfeindlichen Zivilisation zu tiefgreifenden Änderungen unserer Kultur drängen. Der Westen hatte Ende der 80er Jahre bereits einen parteienübergreifenden Konsens zum Thema »ökologischer Umbau der Industriegesellschaft« anvisiert. Im Osten ist hier das Bewußtsein erst noch zu schärfen.

6. Politische Bildung als Katalysator für eine neue demokratische Infrastruktur: Die oft beschriebene und beklagte Krise der Politik – anschaulich gemacht an der abnehmenden Integrationskraft der politischen Parteien, Kirchen und Verbände – ist keinesfalls Ausdruck eines allgemeinen Verfalls politischer Motivation und gesellschaftlichen Engagements, sondern Ausdruck der Veränderung der Beteiligungsformen der Bürgerinnen und Bürger. Das partizipatorische Potential und politische Interesse wird immer weniger von den Regeln und Ritualen der Großorganisationen befriedigt. Besonders die in Ostdeutschland dramatisch wachsende Distanz der Bürgerinnen und Bürger zu den demokratischen Institutionen zeugt neben neugewachsenen Vorbehalten und altvererbten Vorurteilen von einem veränderten Partizipationsbedürfnis und -verhalten in bezug auf Organisationen, Parteien und Verbände. Empirische Untersuchungen signalisieren den Bedarf an neuen Politikformen mit größerer Offenheit und Zugangsfreiheit für den Bürger. Nachgefragt werden gleichermaßen im Osten wie im Westen Deutschlands befristete und zielorientierte Engagements, bürgernahe Organisationsformen, ein Potential, das der Soziologe Helmut Klages noch immer als eine »riesige schlafende Ressource« bezeichnet.[12] Für Thomas Leif ist die »Notwendigkeit der Vitalisierung der Bürgergesellschaft« nur eine Frage, wie ein »noch längst nicht erschlossenes Reservoir aktiver Bürgerschaft« freigesetzt werden kann: »Eine aktive Bürgergesellschaft, die sich einer starken Demokratie verpflichtet fühlt, ist allerdings auf die motivierende Akzeptanz durch den etablierten Politikbetrieb angewiesen. Diese Unterstützung für den gesamten ›Dritten Sektor‹ zwischen Markt und Staat darf jedoch nicht länger nur in wohlwollenden Reden vorkommen. Künftig muß die Entwicklung einer sozialen Infrastruktur für Initiativen, kommunale Agenturen, Informations- und Kontaktstellen vom Staat aktiv gefördert werden. Nur mit Hilfe einer solchen Infrastruktur können sich die vorhandenen Kräfte der Selbstorganisation und Selbstverwaltung in der Gesellschaft entfalten«.[13]

Die in den neuen Bundesländern noch wenig entfaltete Kommunikation zwischen Bürgerschaft und Politik bietet hinreichend Beispiele für die Fragwürdigkeit der Effizienzvorteile, die für die Politik aus mangelnder bürgerschaftlicher Kontrolle und Vermittlung entstehen. Partizipationsdefizite, besonders auch im Bereich institutionalisierter Bürgerbeteiligung und Interessenausgleiche, stehen nicht selten für schlecht ausgehandelte Entscheidungen und unangepaßte Strukturen samt aller Folgekosten. Daher sollte dem Ausbau eines Netzwerkes von freien Trägern politischer Bildung besondere Aufmerksamkeit gelten. Die Träger der politischen Erwachsenenbildung können mit ihren Möglichkeiten ihren Beitrag zur politischen Willensbildung leisten, indem sie praxis- oder problembezogene Angebote für politische Diskurse unter Akteuren und Betroffenen organisieren. Die auf Vereinsbasis organisierten freien Träger können somit eine entscheidende Katalysator-Rolle bei der Herausbildung zivilgesellschaftlicher Strukturen spielen. Als lokale oder regionale, klientel- oder interessengeprägte Initiativen vermitteln sie Organisations- und Handlungskompetenz sowie Zugänge zu Personen und Sachverhalten, die durch die mediale Politikkommunikation verschlossen bleiben. Sie können als Orte kultureller Begegnung, sozialer Identifikation und politischer Konsenserfahrung viel mehr als Parteien zu Räumen der Erfahrung des Politischen werden – das heißt: der Praxis der freien Verständigung über gemeinsame Belange.

Die freien Träger politischer Bildung sind das Gerüst einer in den Anfängen befindlichen demokratischen Infrastruktur. Deren finanzielle Förderung sollte Infrastrukturhilfen, die für Existenzgründer in der Wirtschaft selbstverständlich sind, der Bedeutung nach gleichgestellt werden. Wegen der Knappheit öffentlicher Mittel besteht gegenwärtig allerdings die Gefahr, daß die von staatlicher Förderung abhängige Landschaft freier Träger der politischen Erwachsenenbildung stärker auf die korporatistischen Strukturen und aktuell-politische Interventionsaufgaben reduziert wird. Während im Westen ein allmählicher Rückbau der Angebotsstrukturen politischer Bildung einer angeblich gesättigten Nachfrage folgt, stagniert im Osten sogar der Aufbau von Trägerstrukturen auf halbem Wege.

Grundsätzlich handelt es sich dabei aber nicht nur um ein finanzielles Problem, sondern um eine Frage des politischen Willens. Ohne einen neuen konzeptionellen Ansatz hinsichtlich der strukturellen Anforderungen einerseits und ohne einen erneuerten politischen Konsens hinsichtlich der gesellschaftlichen Aufgaben andererseits, bleibt der politischen Bildung nur noch eine Alibifunktion in einem aussichtslosen Interventionismus gegen extremistische Abweichungen. Statt einer aktiven Steuerungsfunktion in Richtung notwendiger neuer struktureller und methodischer

Ansätze tendieren staatliche Mittelgeber verstärkt zur unvermeidlichen Versorgung der am stärksten etablierten Träger einerseits und zur Selektion der Angebote über immer enger werdende Förderkonditionen andererseits. Ohne eine stabile, aber nach neuen Kriterien reformierte öffentliche Förderung wird der Pluralismus der Träger und Angebote politischer Bildung verschwinden und damit letztlich deren gesellschaftliche Akzeptanz. Gesetzliche Regelungen oder Richtlinien der freien Mittelvergabe definieren Leistungen und Trägerstukturen im voraus. Das Profil freier Träger der politischen Bildung paßt sich somit den Finanzierungsvorgaben an. Eine lediglich an Sparsamkeit oder Effektivität orientierte Förderpolitik ist blind für motivations- und standortspezifische Besonderheiten, werden der sach- oder klientelorientierte Charakter der Vereinsinitiativen zugunsten abrechenbarer Standards verdrängt. Die Verknappung öffentlicher Fördermittel gefährdet darüber hinaus die erforderliche Kontinuität und Professionalität der Träger und führt über Konkurrenz zur Konzentration, von der Träger-Pluralität zum Träger-Proporz. Eine Antwort auf die veränderte Situation besteht darin, die Förderinstrumente so zu verändern, daß die Träger in die Lage versetzt werden, über verschiedene Mittelgeber ihre Arbeit komplementär zu finanzieren. Das könnte Trägerprofile begünstigen, in denen sich verschiedene Kompetenzen sozialer, kultureller und politischer Art vereinen. Dadurch könnte nicht nur ein höherer Grad an Ausstrahlung und Attraktivität entstehen, sondern auch das Profil einer neuen politischen Bildungslandschaft. Für derartige alternative Trägerstrukturen müssen offenere Fördermodalitäten entwickelt werden, die die Möglichkeit der Kombination verschiedener »Töpfe« und die Entwicklung einer breiteren Kompetenz der Träger als soziale, kulturelle und politische Zentren begünstigen.

Hans-J. Misselwitz

Anmerkungen:

1 Vgl. u. a. K.-P. Hufer: Politische Erwachsenenbildung, Schwalbach/Ts. 1992; W. Gagel: Geschichte der politischen Bildung in der alten Bundesrepublik bis 1989, in: A. H. Noll/ L. R. Reuter: Politische Bildung im vereinten Deutschland. Geschichte, Konzeptionen, Perspektiven, Opladen 1993, S. 13–35.

2 Vgl. Bericht der Bundesregierung zu Stand und Perspektiven der politischen Bildung in der Bundesrepublik Deutschland vor dem Deutschen Bundestag am 10. 12. 1991, Drucksache 12/1773, Einleitung.

3 Vgl. ebenda.

4 Antwort der Bundesregierung auf die Große Anfrage der Abgeordneten Doris Odendahl, Wolf-Michael Catenhusen, Edelgard Bulmahn, weiterer Abgeordneter und der Fraktion der SPD vom 27. 5. 1998, Drucksache 13/10810, S. 2.

5 T. Meyer: Die Gleichzeitigkeit des Ungleichzeitigen. Politische Bildung im vereinigten Deutschland, in: Aus Politik und Zeitgeschichte, B 37–38/1991, S. 13.

6 J. Kocka: Geteilte Erinnerungen. Zweierlei Geschichtsbewußtsein im vereinten Deutschland, in: Blätter für deutsche und internationale Politik, 1/1996, S. 104.

7 H. G. Hockerts: Zeitgeschichte in Deutschland. Begriff, Methoden, Themenfelder, in: Aus Politik und Zeitgeschichte, B 29–30/1993, S. 19.

8 P. Bender, in: Tagesspiegel, 28. 9. 1997.
9 Vgl. T. Stammen: Verfall und Neukonstituierung politischen Wissens, in: M. Hättich (Hrsg.): Politische Bildung nach der Wiedervereinigung, München 1992, S. 9–26.
10 »Demokratie braucht politische Bildung«. »Münchner Manifest« zum Auftrag der Bundeszentrale und der Landeszentralen für politische Bildung vom 26. 5. 1997, in: Aus Politik und Zeitgeschichte, B 32/1997, S. 36–39.
11 »Darmstädter Appell«, in: Aus Politik und Zeitgeschichte, B 47/1996, S. 34–38.
12 Vgl. H. Klages: Engagement und Engagementpotential in Deutschland, in: Aus Politik und Zeitgeschichte, B 38/1998, S. 29–38.
13 T. Leif: Unkonventionelle Beteiligungsformen und die Notwendigkeit der Vitalisierung der Bürgergesellschaft, in: Aus Politik und Zeitgeschichte, B 38/1998, S. 16.

Literatur:

BREIT, GOTTHARD/PETER MASSING (Hrsg.): Grundfragen und Praxisprobleme der politischen Bildung, Bonn 1992. □ CLAUSSEN, BERNHARD/BIRGIT WELLIE (Hrsg.): Bewältigungen. Politik und politische Bildung im vereinigten Deutschland, Hamburg 1994. □ HÄTTICH, MANFRED (Hrsg.): Politische Bildung nach der Wiedervereinigung, München 1992. □ HUFER, KLAUS-PETER: Politische Erwachsenenbildung, Schwalbach/Ts. 1992. □ MORITZ, PETER: Politische Bildung aus ostdeutscher Sicht, in: Aus Politik und Zeitgeschichte, B 47/1995, S. 13–19. □ MUSZYNSKI, BERNHARD: Politische Bildung im vereinten Deutschland, in: Aus Politik und Zeitgeschichte, B 47/1995, S. 3–12. □ NOLL, ADOLF H./LUTZ R. REUTER. (Hrsg.): Politische Bildung im vereinten Deutschland, Opladen 1993. □ PATZELT, WERNER J.: Aufgaben politischer Bildung in den neuen Bundesländern, Dresden 1994.

Politische Kultur

→ Bundesrepublik Deutschland: Geschichte, Bundesrepublik Deutschland: Politisches System, DDR: Geschichte, DDR: Politisches System, Extremismus und Innere Sicherheit, **Geschichtsbewußtsein, Identität, Innere Einheit**, Jugend, Kirchen, Lebensbedingungen, Nation und Nationalbewußtsein, Politische Bildung, Sozialer Wandel.

1. **Begriffsbestimmung:** Politische Kultur steht als Begriff für die Summe der politisch relevanten Einstellungen, Meinungen und Wertorientierungen innerhalb der Bevölkerung einer Gesellschaft zu einem bestimmten Zeitpunkt. Enger gefaßt bezeichnet politische Kultur die in einer Gemeinschaft feststellbare Verteilung individueller Orientierungen auf politische Objekte. Die subjektive Dimension der gesellschaftlichen Grundlagen des politischen Systems stehen somit im Mittelpunkt. Als prägende Faktoren werden dabei gegenwartsbezogene und historische Aspekte mitberücksichtigt. Dies macht deutlich, daß politische Kultur immer mehr sein muß als ein Durchschnittswert der politischen Einstellungen zu einem bestimmten Erhebungszeitpunkt. Auch die subjektiven und individuell abgelagerten

Dispositionen des Geschichtsbewußtseins sind so miteinzubeziehen. In der ehemaligen DDR hatte politische Kultur offiziellen Charakter. Es wurde ein Leitbild von Normen und Wertvorstellungen gezeichnet, die von den tatsächlichen Einstellungen und Verhaltensweisen unterschieden werden müssen.

2. Politische Kultur im Wandel: Die Beschäftigung mit der subjektiven Dimension von Politik war von Beginn an mit Fragen nach den kulturellen Voraussetzungen demokratischer Regierungsweise verknüpft. Dies steht in Zusammenhang mit den Erfahrungen des nationalsozialistischen Regimes in Deutschland. Ralf Dahrendorf bezeichnete es daher als die eigentliche deutsche Frage: »Warum hat das Prinzip der liberalen Demokratie so wenig Freunde gehabt?«[1] Die Frage nach dem demokratischen Selbstverständnis der Deutschen, ihrer Haltung gegenüber den Traditionen der westlich-liberalen Demokratie markiert somit eine zentrale Dimension der politischen Kulturforschung. Erste grundlegende Ergebnisse lieferte hierzu die internationale Vergleichsstudie »The Civic Culture« von Gabriel A. Almond und Sidney Verba aus dem Jahre 1959, die in insgesamt fünf Staaten durchgeführt wurde: Trotz gut entwickeltem demokratischen Parteiensystem, hoher Wahlbeteiligung und einer beträchtlichen Bereitschaft, sich politische Kenntnisse anzueignen, sei die Bereitschaft der Westdeutschen, sich aktiv zu engagieren, sehr gering. Die persönliche Identifikation mit dem politischen System sei schwach ausgeprägt. Passivität verbinde sich mit einer pragmatischen Grundorientierung, aus der heraus man den Staat primär als einen Leistungsproduzenten ansehe und bewerte. Partizipation wurde danach in den 50er Jahren passiv und formal aufgefaßt. Der Umgang mit Politik war legalistisch, etatistisch und konfliktfeindlich geprägt. Staatsidealismus und obrigkeitsstaatliches Denken dominierten noch immer.

Die starken Relikte autoritärer Einstellungen in Westdeutschland sind in den 70er und 80er Jahren den vergleichenden empirischen Untersuchungen nicht mehr zu entnehmen. Sie lassen die Bundesrepublik geradezu als Modell stabiler Demokratie erscheinen: »Die Politische Kultur hat sich von obrigkeitsstaatlichen Einstellungen zu demokratischen gewandelt, das politische Interesse ist gestärkt, zusammen mit dem Vertrauen in die politische Kompetenz auch des einfachen Bürgers, der seine Rolle nicht mehr in der des Wählers erschöpft sieht«.[2] Passive Politikorientierung ist von aktivem Engagement abgelöst worden. Die affektive Bindung an das politische System hat nach diesen Ergebnisinterpretationen deutlich zugenommen. Im internationalen Vergleich ist die Demokratiezufriedenheit kontinuierlich relativ hoch. Die Gemeinschaftsorientierung der Westdeutschen beruht nicht mehr wie noch in den 50er Jahren vorrangig auf Volkseigenschaften und Leistungen des Wirtschaftssystems. Vielmehr haben sich die Westdeutschen dem westlichen Typus nationaler Identität angenähert; denn der Stolz auf politische Systemmerkmale, etwa auf die Freiheitsrechte des Grundgesetzes, hat sich deutlich nach vorne geschoben.

Dennoch ist das Niveau der Systemzufriedenheit in Westdeutschland auch im Kontext von politisch-kulturellen Traditionsströmen in Deutschland zu bewerten. Trotz partizipatorischer Revolution gibt es unter den Deutschen weiter Restbestände obrigkeitsstaatlich-etatistischer Grundorientierungen. Gesellschaftlich wächst das Unbehagen über Heterogenität, über ein Leben in einer multikulturellen Gesellschaft. Entgegen der allgemein hohen Lebenszufriedenheit ist gleichzeitig eine weite Verbreitung von Besorgnissen und Anomie-Symptomen festzustellen. Die objektive Stabilität ist somit mit einer Labilität des subjektiven Bewußtseins der Bürger konfrontiert. Noch immer herrschen die Neigung zur politischen Repression, mangelnde Konfliktfähigkeit, großer Homogenitätsbedarf, eine tiefe Sehnsucht nach vorbeugender Sicherheit als Bewahrung des Bestehenden und die starke Nachfrage nach Sinndeutungsangeboten.

Das alles hängt mit anderen Veränderungen im gesellschaftlichen Leben zusammen, die auf den ersten Blick wenig mit dem Kernbereich der Politik verbindet, die aber in Wirklichkeit richtungsweisend die Bewußtseinsprofile in allen Lebensbereichen – also auch dem politischen – bestimmen. Es handelt sich um die Pluralisierung der Lebensstile und die Werte des neuen Individualismus. Die Einbindung des einzelnen in traditionelle Milieus und soziale Gruppen nimmt ab. Immer stärker differenzieren sich gegensätzliche Interessen, Meinungen, moralische Standpunkte und Lebenswelten heraus. Gerade diese neuen Strömungen lassen eher eine pragmatisch als idealistisch begründete Zustimmung zur Demokratie wachsen. Der Konsens im Staatsbewußtsein und der Gemeinschaftsorientierung muß so auf private Lebensentwürfe, auf gleichartige individuelle Zielsetzungen abzielen, weniger auf übergreifende Ideen. Die in der Pluralisierung der Lebensstile zum Ausdruck kommenden ambivalenten Grunddispositionen integrieren Wünsche nach mehr Selbstverwirklichung und mehr Beteiligung, Säkularisierung und Werterelativierung, Vertrauensschwund und Bindungsbereitschaft. Sicherheitsbedarf als neue Sehnsucht nach Übersicht nimmt zu. Ein rascher Wechsel von Themenkonjunkturen und unterschiedlichen situationsspezifischen Problemwahrnehmungen ist zu beobachten.

Die Orientierung an Politik erscheint punktuell, situativ, kontextabhängig, erlebnis- und betroffenheitsorientiert. Die traditionellen Parteibindungen nehmen ab. Der Wähler wird wählerischer. Er reagiert sehr viel unmittelbarer auf die Politik der Parteien, belohnt ihre Leistungen und sanktioniert ihr Versagen. Nichtwähler, Wechselwähler und Protestwähler sind die Symptome. Zunehmend wird Politik- und Parteienverdrossenheit festgestellt. Beides resultiert auch daraus, daß die Bürger zwar politisch interessiert, aber mit den konkreten Partizipationsmöglichkeiten häufig unzufrieden sind. Das hat vor allem zwei Konsequenzen: Auf der einen Seite wird politisches Engagement allgemein geringer eingeschätzt und die Bereitschaft, sich in Parteien und anderen Institutionen zu engagieren, sinkt. Gleichzeitig wächst vor allem in den jüngeren Generationen das Interesse an unkonventionellen Beteiligungsformen. Dazu zählen Bürgerinitiativen, Unterschriftensammlungen, Demonstrationen und Boykotts, aber auch nicht legale Formen politischer Beteiligung wie Verkehrsblockaden und Gebäudebesetzungen. Die partizipatorische Revolution ist somit gekennzeichnet von der Suche nach Beteiligungsformen, die direkte Erfolge versprechen und in die man eigene Interessen besser einbringen kann. Man engagiert sich – für einen bestimmten Zeitraum – für diejenigen Belange, von denen man persönlich und unmittelbar betroffen ist. Die abnehmenden Loyalitäten sind jedoch auch als Ausdruck eines wachsenden politischen Selbstbewußtseins und politischer Sensibilität der Bürger zu werten. Die Grundloyalität zum Gemeinwesen bleibt meist unberührt. Es wird nicht das System als Ganzes in Frage gestellt, sondern es werden primär dessen Funktionsdefizite kritisiert und mangelnde Lösungskompetenz der Politik unterstellt.

3. Das Orientierungsdilemma im vereinten Deutschland: Für die Bürger der ehemaligen DDR hat sich mit der deutschen Einheit der vertraute Lebensrahmen aufgelöst. Die institutionelle Neuordnung wurde mit dem Beitritt zur Bundesrepublik Deutschland rasch vollzogen. Inwieweit die Menschen diesen Systemwechsel auf der Ebene der Einstellungen und Wertorientierungen mitvollziehen konnten, steht seither im Mittelpunkt des Forschungsinteresses. Im Kern geht es hier um die Frage nach der Stabilität der demokratischen politischen Ordnung. Auch knapp zehn Jahre nach der Vereinigung der beiden deutschen Staaten bleibt jedoch die Vermessung der politischen Kultur in den neuen Bundesländern schwierig. Dazu tragen verschiedene Faktoren bei, etwa die Tatsache, daß die Meinungs- und Einstellungslandschaft eher instabil und noch schwach strukturiert ist. Trotz widersprüchlicher Ergebnisse ist eines deutlich geworden: Die doppelte Geschichte hat Spuren in den Einstellungsprofilen hinterlassen.

»Ungleichzeitigkeiten der politischen Kulturen« (M. und S. Greiffenhagen) in Ost- und Westdeutschland sind vor allem und am ausgeprägtesten im Bereich der politischen Wertorientierungen meßbar. Anders als die Meinungen zur Tagespolitik, die sich in einer Vielzahl politischer Sachfragen inzwischen angeglichen haben, verändern sich diese nur langfristig. In sozialisationstheoretischer Perspektive handelt es sich hier um Gegensätze entlang der normativen Konfliktlinie zwischen freiheitlich liberalen und sozialistischen Gesellschaftsordnungen. Die formale Anpassung der Ostdeutschen an das übernommene politische und wirtschaftliche System bedeutet nicht, daß bereits ein geschlossenes Überzeugungssystem demokratischer Grundwerte und marktwirtschaftlicher Orientierungen fest verankert ist.

Trotz großer Emanzipationsleistungen während des Umbruchs im Oktober/November 1989 kam eine politisch-kulturelle Wertekontinuität kleinbürgerlicher, obrigkeitsstaatlicher Traditionen zum Vorschein: Etatismus, unpolitische Innerlichkeit, Konfliktscheu, Formalismus, Sicherheitsbedürfnis. Der von der SED-Diktatur verordneten Identität der »sozialistischen Staatsnation« begegnete die Bevölkerung der ehemaligen DDR mit einem Rückzug in gesellschaftliche Nischen, mit der Trennung zwischen öffentlichem und privatem Leben. Diese Reduktion auf kleinräumige Beziehungen, die Konzentration auf die private Existenz spielen in der Wertehierarchie der Menschen in den neuen Bundesländern auch weiterhin eine wichtige Rolle.

Wirtschaftlich-soziale Gleichheit, einer der zentralen Werte der offiziellen politischen Kultur der ehemaligen DDR, wird deutlich höher geschätzt als in den alten Bundesländern – bei gleichzeitig großer persönlicher Leistungsbereitschaft. Mit der Konsequenz sozialer Ungleichheit wird das Leistungsprinzip indes abgelehnt. Während in der westlichen Wohlstandsgesellschaft der Stellenwert der Arbeit gegenüber der Freizeit deutlich zurückgegangen ist, herrscht im Osten eine traditionelle Arbeitsorientierung vor. Vom Staat wird Unterstützung und Initiative auch in den Feldern erwartet, die in liberalen Systemen dem persönlichen Verantwortungsbereich zugerechnet werden. Die plurale, pragmatische und freizeitorientierte westdeutsche Gesellschaft »ist den Ostdeutschen fremd und muß ihnen bedenklich erscheinen. Es sind diese riskanten Seiten einer zwischen Autonomie und Anomie aufgespannten Identität, die in Ostdeutschland mit Argwohn . . . verfolgt werden.«[3]

Das Bild von der ehemaligen DDR als dem »deutscheren Staat«, in dem sich eine Art von »50er-Jahre-Mentalität« konservieren konnte, greift jedoch zu kurz. Modernisierungsprozesse führten auch in der östlichen deutschen Industriegesellschaft seit den 70er Jahren vor allem bei den Jugendlichen zu Werteverschiebungen. Diese bewegten sich in die gleiche Richtung wie von der politischen Kulturforschung für den Westen Deutschlands beschrieben – mit einem entscheidenden Unterschied: Die Selbstentfaltungsorientierung der Ostdeutschen ist in den mehr hedonistisch-materiellen Bereich verschoben. Der schonungslose Druck der Modernisierung wird schneller und abrupter, als es in der ersten formativen Phase der alten Bundesrepublik möglich war, zur Abfederung und Überlagerung traditioneller kollektiver Prägemuster führen. Die Westwendung eröffnete Spielräume individueller Differenzierung.[4]

Die Kehrseite der Übernahme einer bewährten Institutionen- und Werteordnung, des »fertigen Modells« (W. Bürklin), zeigt sich jedoch in Abwehrreaktionen gegen den als fremdbestimmt wahrgenommenen Transformationsprozeß. So bestätigen zahlreiche Erhebungen die Tendenz, wonach sich die Ostdeutschen vom herrschenden Wirtschaftssystem, der sozialen Marktwirtschaft, zunehmend distanzieren. Zwar werden die Erfolge der Systemtransformation durchaus wahrgenommen: Die eigenen Lebensverhältnisse haben sich in den Augen der Mehrheit seit der Vereinigung verbessert. Warenangebot und Wohlstand, Leistung und Erfolg werden als Kennzeichen der Marktwirtschaft anerkannt. Doch erscheint die Planwirtschaft den Ostdeutschen als das weitaus menschlichere System, das überdies besser imstande sei, die sozialen Sicherheiten zu gewährleisten. Die inneren Widerstände gegen die Regeln des neuen Systems sind demnach groß. Egalitäre Orientierungen und Sicherheitsbedürfnisse stehen zudem in einem Spannungsverhältnis zum Freiheitsaspekt der demokratischen Ordnung. Hier lassen sich wiederum Bruchlinien in der politischen Kultur der Deutschen ablesen: So werden die individuellen Freiheitsrechte von den Ostdeutschen deutlich geringer geschätzt als von den Westdeutschen. Soziale Sicherheit und Gerechtigkeit besitzen klar den Vorrang gegenüber dem Schutz des Bürgers vor staatlichen Eingriffen in seine Privatsphäre. Aufgabe des Staats sei es, der Bevölkerung die Freiheit von Not zu sichern.

Die Einführung einer politischen Ordnung nach westlichem Muster stellen die Ostdeutschen nicht in Frage. In der Unterstützung demokratischer Werte und Normen herrscht breiter Konsens. Dennoch gibt es Anzeichen dafür, daß die Distanz zum politischen System der Bundesrepublik Deutschland wächst. Während die Bürger in den alten Bundesländern von der Überlegenheit des eigenen Gesellschaftssystems mehrheitlich überzeugt sind, erleben die Menschen in den neuen Bundesländern dies als Dominanz des Westens. Unterdessen verfestigt sich die Mehrheit, die den Sozialismus als Idee für machbar und sinnvoll hält. Dies schlägt sich auch in den parteipolitischen Orientierungen nieder: Die PDS wird von den Ostdeutschen mehrheitlich als demokratische Partei akzeptiert. Zu den Symptomen politischer Desintegration zählen das geringe Institutionenvertrauen, die im Vergleich zum Westen verhaltene Partizipationsbereitschaft und die von einem niedrigen Ausgangsniveau weiter absinkende Demokratiezufriedenheit. Auch im Westen wurde in der ersten Hälfte der 90er Jahre ein erheblicher Rückgang der Demokratiezufriedenheit festgestellt. Doch haben sich dort – im Unterschied zum Osten – belastungsfähige, affektive Bindungen an das politische System herausgebildet. Hinzu kommt, daß sich die Systemverbundenheit der Ostdeutschen nach der Wirtschaft vor allem auf politikferne, im Historischen und Sozialen verwurzelte Bereiche bezieht. Gleichzeitig konkurrieren die »gesamtdeutschen« mit den auf die ehemalige DDR gerichteten Bindungen. Stolz auf die DDR ist den meisten Ostdeutschen fremd. Sie halten aber fest an der positiven Bewertung des »gelebten Lebens«, ihren eigenen Erfahrungen und Leistungen. Zu beobachten ist ein selektiver Umgang mit der Vergangenheit. Die große Mehrheit ist sich einig: In der DDR ließ es sich weitaus besser leben, als es heute von vielen – zumal den Westdeutschen – behauptet wird. Dabei scheint es zu einer doppelten Verschiebung in der Wahrnehmung zu kommen. So wie der untergegangene ostdeutsche Staat rückblickend in einem milderen Licht erscheint, verblaßt angesichts der Belastungen des Einheitsalltags die früher so positiv gezeichnete Gegenfolie der Bundesrepublik Deutschland.

In welchem Tempo es den Bürgern in den neuen Bundesländern gelingt, das Orientierungsdilemma zu überwinden, hängt maßgeblich vom Erfolg des wirtschaftlichen Aufbaus ab. Wirtschaftliche Effektivität war in der politischen Geschichte der Deutschen auch immer ein Kriterium politischer Leistungsfähigkeit. Mit wirtschaftlicher Effektivität könnte ebenso wie in den Anfängen der Bundesrepublik demokratische Stabilität gelingen. Der Transformationsprozeß verläuft jedoch schwieriger als erwartet: Noch ist die Situation der Menschen in Ost und West nicht nur von Unterschieden in den Erfahrungshorizonten und Alltagswelten, sondern auch von materiellen Ungleichgewichten bestimmt. Arbeit und ein eigenes Einkommen fallen für weite Teile der Bevölkerung als Quelle des persönlichen Sicherheitsgefühls weg. Die Konsequenzen des unterschätzten Zusammenbruchs der ostdeutschen Wirtschaft, die enttäuschten Erwartungen sind für die Menschen nur schwer zu kompensieren. Die Folgekosten des Transformationsprozesses lassen Unzufriedenheiten wachsen: Zwei Drittel der Ostdeutschen sind mit dem, was bisher zur Angleichung der Lebenverhältnisse in Deutschland unternommen wurde, nicht zufrieden. Statusunsicherheiten und Ängste sind auch im Westen spürbar. Die wirtschaftliche Lage wird zunehmend pessimistischer eingeschätzt. So haben sich unter dem Druck ökonomischer und sozialer Probleme die Vorstellungen darüber, welche Aufgaben auf der politischen Tagesordnung obenan stehen sollten, merklich angeglichen. In beiden Teilen des Landes ist die Prioritätenliste bestimmt von Themen der materiellen wie sozialen Sicherheit.

4. »Republik der Neuen Mitte«: Das immer wiederkehrende Fremdbild vom unruhigen und wandelbaren Deutschen hatte seine Ursachen in dem spannungsreichen Wechselverhältnis von politischer Kultur und deutscher Frage: dem Fehlen einer kontinuierlichen Tradition demokratischen Lebens in Gesellschaft und Staat, der Teilung von Staat und Nation sowie den daraus resultierenden Fragen nach der Identität der Deutschen und dem Nachwirken von politisch-kulturellen Traditionen, die sich gegen eine einseitige Westorientierung und Westbindung richteten. Für die alte Bundesrepublik bleibt jedoch auch der Befund, daß die politische Kultur demokratische Züge angelsächsischen Musters aufweist. Der Sinn für Toleranz, Kompromiß, Freiheitsrechte und Opposition ist gewachsen. Die Zustimmung zur Demokratie ist pragmatisch, nicht idealistisch. Dem eher unheroischen Gesellschaftsideal und der Gemeinschaftsorientierung der Westdeutschen fehlen übergreifende Ideen. Das Profil der Deutschen ist stabilitätsorientiert, demokratisch, pragmatisch und selbstzufrieden.

Mit der Vollendung der staatlichen Einheit stellte sich auch die Frage nach der politischen Kultur der Deutschen neu. Die Befunde sind ambivalent: Die Befürchtungen einiger Nachbarstaaten haben sich nicht bestätigt. Es gehört in der Bundesrepublik weiterhin zum breiten Konsens, daß man der Zugehörigkeit zur westlichen Wertegemeinschaft Sicherheit und Wohlstand verdankt. Die Einheit wurde für die West- wie für die Ostdeutschen zum schnell konsumierten Alltag. Eher kaufmännisch als im Nationalrausch kam die Einheit daher.

In den alten wie in den neuen Bundesländern wird der Einigungsprozeß nach wie vor äußerst zurückhaltend bewertet. Ein Großteil hatte sich den Verlauf reibungsloser, weniger problembelastet vorgestellt. Im Alltag viel stärker von den Umwälzungen und Folgekosten betroffen, bedeutet der Einigungsprozeß für die Ostdeutschen ein kritisches Lebensereignis. Auch zehn Jahre nach der Herstellung der staatlichen Einheit fühlen sie sich in ihrem neuen Staat nicht zuhause. Zwei zentrale Hindernisse lassen sich hier ausmachen: Die konservierte oder neu entdeckte Identifikation mit der DDR und der Idee des Sozialismus wie auch die kritische Einschätzung der wirtschaftlich-sozialen Lage. Es besteht somit die Gefahr, daß Defizite im Bereich der Lebenszufriedenheit in den Entzug der spezifischen oder diffusen Systemunterstützung umschlagen. Die Kluft zwischen den Erfahrungshorizonten und Lebenswelten der Deutschen in Ost und West beinhaltet auch, daß sich zwei politische Kulturen aneinander reiben. In ihren persönlichen Wertorientierungen und demokratischen Grundüberzeugungen unterscheiden sich Ost- und Westdeutsche kaum, doch sind weiterhin grundlegende Unterschiede in den politischen Wertehierarchien auszumachen.

Neben diesen West-Ost-Unterschieden sind auf einer diachronen Betrachtungslinie gesamtdeutsche politisch-kulturelle Akzentveränderungen gerade in den Jahren 1998/99 meßbar. Weithin als Ausdruck gelassener demokratischer Normalität ist der Regierungswechsel 1998 wahrgenommen worden. Erstmals in der Geschichte der Bundesrepublik haben die Wähler eine Bundesregierung abgewählt. Im illusionslosen, rot-grünen Aufbruchsjubel wurde der politische Wandel zunächst mit Kontinuitätsversprechen abgefedert. Der Wandel entsprach damit ganz dem politisch-kulturellen Traditionsmuster, wie er sich zwangsläufig in Konsens- und Konkordanzdemokratien seinen Weg bahnt. Der Regierungswechsel von 1998 verknüpfte sich schließlich noch im 50. Gründungsjahr der Bundesrepublik Deutschland mit dem Umzug des Bundestages und der Bundesregierung nach Berlin. Die neue Bundesregierung hat ganz gezielt die Interpretation der neuen Berliner Republik in die ersten Regierungserklärung mit aufgenommen. Das Deutschland, so Bundeskanzler Schröder, »das wir repräsentieren, wird unbefangener sein, in einem guten Sinne vielleicht deutscher.«[5] Das gehört mit zur Agenda der Berliner Republik, die jedoch bei Schröder als »ganz und gar unaggressive Vision«, eben nicht »preußisch-autoritär, zu zentralistisch«[6] angelegt ist. Insofern trifft dieser sich andeutende politisch-kulturelle Wechsel die diffuse Stimmungslage der neuen Mehrheit. Diese ist dadurch charakterisiert, daß ihr die existentiellen Kriegs- und Nachkriegserfahrungen fehlen. Die ausgeprägte Fixierung der deutschen Politik auf die NS-Schreckensherrschaft lockert sich, ohne die Verantwortung für die Hypotheken zu leugnen. Diese Unbefangenheit wirkt auch deshalb so unverdächtig, weil zeitbedingt die Erinnerung mittlerweile von dem kommunikativen ins kulturelle Gedächtnis überführt wurde[7]. Die NS-Zeit und bereits auch die DDR-Realität gehören heute nur noch zu den gelernten Bezugsordnungen. Die Ära Kohl hingegen bezog ihre Sicherheit aus dem politischen Kompaß, eingestellt nach den Erfahrungen der Nachkriegshistorie. Die Zeitläufe haben jedoch diese im Ost-West-Konflikt tief verwurzelte kollektive Ideenwelt zu einem Erfahrungsschatz von Minderheiten gemacht. Mit dem Topos der Berliner Republik wird somit durchaus eine politisch-kulturelle gelassene Normalität der neuen Mitte faßbar, die nicht sozialstrukturell, jedoch ideenpolitisch manifest ist.

Manuela Glaab/Karl-Rudolf Korte

Anmerkungen:

1 R. Dahrendorf: Gesellschaft und Demokratie in Deutschland, München 1965, S. 26.
2 M. Greiffenhagen: Von Potsdam nach Bonn. Zehn Kapitel zur politischen Kultur Deutschlands, München 1986, S. 198.
3 M. u. S. Greiffenhagen: Eine Nation. Zwei Politische Kulturen, in: W. Weidenfeld (Hrsg.): Deutschland. Eine Nation – doppelte Geschichte. Materialien zum deutschen Selbstverständnis, Köln 1993, S. 29–45, hier S. 42.
4 Vgl. T. Gensicke: Die Stimmung ist besser als die Lage. Stimmungs- und Wertewandel in den neuen Bundesländern, in: Deutschland Archiv, 7/1994, S. 802–815.
5 Bundeskanzler Schröder in der Sendung »Talk im Turm«, zit. n. Die Zeit, 5. 11. 1998.
6 »Weil wir Deutschlands Kraft vertrauen«, Regierungserklärung von Bundeskanzler Schröder, 10. 11. 1998.
7 Vgl. M. R. Lepsius: Die Prägung der politischen Kultur der Bundesrepublik durch institutionelle Ordnungen, in: Ders.: Interessen, Ideen und Institutionen, Opladen 1990, S. 63–84.

Literatur:

Berg-Schlosser, Dirk/Jakob Schissler (Hrsg.): Politische Kultur in Deutschland. Bilanz und Perspektiven der Forschung, PVS-Sonderheft 18, Opladen 1987. □ Bürklin, Wilhelm: Die politische Kultur in Ost- und Westdeutschland. Eine Zwischenbilanz, in: Gerhard Lehmbruch (Hrsg.): Einigung und Zerfall. Deutschland und Europa nach dem Ende des Ost-

West-Konflikts, Opladen 1995, S. 11–24. □ CONRADT, DAVID P.: Changing German Political Culture, in: Gabriel A. Almond/Sidney Verba (Hrsg.): The Civic Culture Revisited. An Analytic Study, Boston 1980, S. 212–272. □ GLAAB, MANUELA: Deutschlandpolitik in der öffentlichen Meinung. Einstellungen und Regierungspolitik in der Bundesrepublik Deutschland 1949 bis 1990, Opladen 1999. □ GREIFFENHAGEN, MARTIN: Politische Legitimität in Deutschland, Gütersloh 1997. □ DERS./SYLVIA GREIFFENHAGEN: Ein schwieriges Vaterland. Zur Politischen Kultur Deutschlands, München 1993. □ KORTE, KARL-RUDOLF: Der Standort der Deutschen. Akzentverlagerungen der deutschen Frage in der Bundesrepublik seit den siebziger Jahren, Köln 1990. □ DERS.: Unbefangen und gelassen. Über die außenpolitische Normalität der Berliner Republik, in: Internationale Politik, 12/1998, S. 3–12. □ NIEDERMAYER, OSKAR/KLAUS VON BEYME: Politische Kultur in Ost- und Westdeutschland, Berlin 1994. □ WEIDENFELD, WERNER (Hrsg.): Politische Kultur und deutsche Frage. Materialien zum Staats- und Nationalbewußtsein in der Bundesrepublik, Köln 1989. □ DERS. (Hrsg.): Die Identität der Deutschen, München (2. Aufl.) 1985. □ DERS. (Hrsg.): Deutschland. Eine Nation – doppelte Geschichte. Materialien zum deutschen Selbstverständnis, Köln 1993. □ DERS.: Der deutsche Weg, Berlin (2. Aufl.) 1991. □ DERS./KARL-RUDOLF KORTE: Die Deutschen. Profil einer Nation, Stuttgart 1991.

Rechtssystem

→ Bundesrepublik Deutschland: Politisches System, **Bundesverfassungsgericht**, DDR: Politisches System, Einigungsprozeß, Europäische Integration, **Grundgesetz**, Verträge zur deutschen Einheit.

1. Begriffsbestimmung: Unter Rechtssystem versteht man eine aus Normen (Geboten und Verboten) bestehende soziale Ordnung, deren Einhaltung durch eine besondere Organisation – regelmäßig durch den Staat – erzwungen werden kann. Bis 1945 galt in Deutschland einheitliches Recht. Die seitherige Entwicklung, die 1949 zur Errichtung der Bundesrepublik Deutschland und der Deutschen Demokratischen Republik führte, bildete zwei schroff gegensätzliche Rechtssysteme heraus, die sich zum Zeitpunkt der Vereinigung denkbar fremd gegenüberstanden.

1.1. Das Rechtssystem der Bundesrepublik Deutschland: Die Katastrophe von 1945, durch die Deutschland »in einem vernichtet und erlöst« (T. Heuss) wurde, eröffnete die Chance grundlegender Abkehr von obrigkeitsstaatlichen Vorstellungen. Wie das politische System, so erhielt, als 1949 eine neue Staatlichkeit entstand, auch das Rechtssystem seine Prägung durch die Idee des liberal-demokratischen Rechts- und Verfassungsstaates. Vom Grundgesetz als Staat gesetzlicher Freiheit verfaßt, entwickelte sich die Bundesrepublik Deutschland zu einem sozialen Rechtsstaat, der ein hohes Maß individueller Freiheit mit einem eng geknüpften Netz sozialer Sicherung verbindet. Die rechtliche Ordnung wird vornehmlich bestimmt durch

Gewaltenteilung, strikte Gesetzmäßigkeit der Verwaltung und effektive Gewährleistung der Grundrechte, die als unmittelbar geltendes Recht Gesetzgebung, Verwaltung und Rechtsprechung binden.

Die Gewaltenteilung ist so ausgestaltet, daß keine der Gewalten – Gesetzgebung, Verwaltung, Rechtsprechung – ein Zugriffsrecht auf die andere hat. Der Grundsatz der Gesetzmäßigkeit der Verwaltung sichert die Verwirklichung des Rechtsstaats bei der Tätigkeit der vornehmlich aus Berufsbeamten bestehenden Verwaltung. Als »Krönung des Rechtsstaats« eröffnet das Grundgesetz den Rechtsweg für jedermann, der durch die öffentliche Gewalt in seinen Rechten verletzt ist.

Die rechtsprechende Gewalt ist sachlich wie persönlich unabhängigen Richtern anvertraut, die Gerichtsbarkeit in die ordentliche, Verwaltungs-, Finanz-, Arbeits- und Sozialgerichtsbarkeit gegliedert. Die Einhaltung der verfassungsmäßigen Schranken durch die Gesetzgebung überwacht die Verfassungsgerichtsbarkeit (Bundesverfassungsgericht, Landesverfassungsgerichte). Bei Grundrechtsverletzungen kann jeder Bürger das Bundesverfassungsgericht mit der Verfassungsbeschwerde anrufen. Seine ausgedehnte Zuständigkeit macht dieses Gericht zum machtvollen »Hüter der Verfassung«, der als mäßigendes Element gegenüber der parlamentarischen Parteiendemokratie wirkt und vor allem kraft seiner Interpretationsherrschaft über die eine Wertordnung konstituierenden Grundrechte dafür sorgt, daß diese im gerichtlichen Alltag zur Geltung kommen.

Nach einer Restaurationsperiode, in der die nationalsozialistische Überformung des Rechtssystems im NS-Staat beseitigt und an den Rechtszustand in der Weimarer Republik wieder angeknüpft wurde, wetteiferten Gesetzgebung und Rechtsprechung von Mitte der 60er bis Mitte der 70er Jahre darin, das Rechtssystem im Interesse des Schutzes des Einzelnen vor dem Staat zu liberalisieren. Die Hauptströmung des öffentlichen Bewußtseins trug den Ausbau des individuellen Freiheitsschutzes bis ins Detail, sei es bei der Rechtsstellung des einer strafbaren Handlung Beschuldigten, sei es beim Datenschutz. Nachdem der politische Terrorismus in den 70er Jahren den Rechtsstaat herausgefordert hatte, nahmen in den 80er Jahren Gewalt- und Jugendkriminalität in einem die Bürger beunruhigenden Umfang zu, wobei der schwindende Rechtsgehorsam auf der einen Seite mit der zunehmenden Scheu, das Recht gegen Widerstrebende durchzusetzen, korrespondierte. Die daraus resultierenden Besorgnisse ließen, als 1989 des vierzigjährigen Bestehens der Bundesrepublik Deutschland gedacht wurde, die Frage einer Korrektur der von überzogenem Liberalismus bestimmten Tendenzen aufkommen, um eine wirksamere Verfolgung von Straftaten zu erreichen.

1.2. Das Rechtssystem der DDR: Im selben Jahr, in dem die Bundesrepublik entstand, errichtete die von der SED gesteuerte DDR in Anlehnung an die UdSSR ein sozialistisches Rechtssystem, dessen Aufgabe es war, die in den SED-Parteitagsbeschlüssen formulierten, entsprechend den Lehren des Marxismus-Leninismus aus vermeintlich »objektiven gesellschaftlichen Gesetzmäßigkeiten« abgeleiteten Zielsetzungen allgemeinverbindlich durchzusetzen. Das Rechtssystem der Bundesrepublik wurde als »bürgerlicher Rechtsstaat« im Dienst »kapitalistischer Ausbeuterinteressen« verworfen. In der sozialistischen Rechtsordnung gab es weder Gewaltenteilung, Gesetzmäßigkeit der Verwaltung oder effektiven Grundrechtsschutz, ebensowenig die Kontrolle der Gesetzgebung durch Verfassungsgerichtsbarkeit. Das Recht war ein Mittel zur Unterdrückung, das die allmächtige, streng hierarchisch aufgebaute SED im Konfliktfall als Schranke ihres politischen Handelns nicht zu achten hatte.

Der Aufbau des sozialistischen Rechtssystems vollzog sich stufenweise entsprechend den Etappen der gesellschaftlichen Umgestaltung. Für die wichtigsten Lebensbereiche wurden in den 60er und 70er Jahren sozialistische Gesetzbücher (Zivil-, Arbeits-, Familien- und Strafgesetzbücher) und die diesen entsprechenden Verfahrensordnungen geschaffen. Zugleich wurden die »bürgerlichen Gerichtsinstitutionen« getreu den Lehren Lenins zerschlagen und durch sozialistische Gerichte ersetzt. Diese waren keine eigenständigen Institutionen, sondern Bestandteil des einheitlichen Staatsapparats unter der Führung der als Kaderpartei organisierten SED und deren grundlegenden Prinzipien – demokratischer Zentralismus, sozialistische Gesetzlichkeit, Parteilichkeit – unterworfen. Die Richter – fast ausnahmslos SED-Mitglieder – waren Objekte der SED-Kaderpolitik. Sie wurden von den Schein-Volksvertretungen oder in Bürgerversammlungen gewählt, waren ihren Wahlkörperschaften rechenschaftspflichtig und konnten von diesen abberufen werden. Formell wurde die rechtliche Unabhängigkeit für Rechtsprechung, d. h. bei der Entscheidung einzelner Fälle, anerkannt, tatsächlich aber durch ein umfangreiches System der Justizlenkung (»Anleitung«) ausgehöhlt, das die Justiz teils durch die Partei, teils durch staatliche Stellen (u. a. Oberstes Gericht, »Instrukteursbrigaden«) steuerte, um die Anwendung des Rechts vom »Klassenstandpunkt« und gemäß der wechselnden Parteilinie sicherzustellen. Über dem geschriebenen Recht stand der Wille der Partei, der sich bis in den konkreten Einzelfall hinein korrigierend auswirken konnte.

Wie in allen Systemen des sozialistischen Rechtskreises spielte das Zivilrecht in Rechtspraxis und Rechtstheorie eine geringfügige Rolle, weil die Konflikte handels- und wirtschaftsrechtlicher Herkunft im planwirtschaftlichen System auf die administrative Ebene (»Vertragsgerichte«) verlegt wurden. Eine gerichtliche Kontrolle von Verwaltungsentscheidungen wurde erst kurz vor dem Ende der DDR für systemverträglich gehalten, als Gorbatschows Reformpolitik zu Diskussionen über einen »sozialistischen Rechtsstaat« führte. Zu praktischer Wirksamkeit gelangte sie nicht. Im Mittelpunkt der sozialistischen Rechtspflege stand die Strafjustiz, deren primäre Aufgabe darin bestand, im »Klassenkampf« durch Justizterror den »reaktionären Imperialismus« und dessen Agenten zu bekämpfen, die nach der marxistisch-leninistischen Rechtslehre »unausgesetzt die sozialistische Entwicklung zu stören« versuchen. Von dieser »konterrevolutionären« Kriminalität, der die Hauptstoßkraft der Strafjustiz galt, wurde die sogenannte spontane, allgemeine Kriminalität unterschieden, die in der sozialistischen Gesellschaft, in der wegen der Interessenübereinstimmung niemand mehr zum Verbrecher zu werden brauche, als »Nach- und Fortwirken von Relikten der Ausbeutergesellschaft« erklärt wurde. Die Ahndung kleiner Delikte wurde aus der Justiz ausgegliedert und Schieds- und Kontrollkommissionen übertragen.

Das Rechtspflegesystem der DDR war daher nicht nur von einem anderen Grundverständnis geprägt, sondern auch von ungleich geringerer Dimension als das der Bundesrepublik Deutschland. In der DDR waren rund 1 400 Richter und 600 Rechtsanwälte tätig. Im Land Nordrhein-Westfalen, dessen Einwohnerzahl der der DDR entsprach, amtieren 4 200 Richter und 13 000 Rechtsanwälte. Die DDR-Juristen wurden getrennt für ihre Aufgaben in Justiz und Wirtschaft (»Justitiare«) in einem dreijährigen Studium ausgebildet, das von den Lehren des Marxismus-Leninismus beherrscht war und sich nach Struktur, Dauer und Inhalt grundlegend von der westdeutschen Juristenausbildung unterschied.

Nach sowjetischem Vorbild war die Position des Generalstaatsanwalts als des »Hüters der sozialistischen Gesetzlichkeit« wesentlich machtvoller gestaltet als die der Staatsanwaltschaften in der Bundesrepublik. Das Ministerium für Staatssicherheit (MfS) hatte in Prozessen von politischer Relevanz die Funktion eines Untersuchungsorgans, das auch den Prozeßverlauf festlegte und sogar Urteile entwarf. Der Strafvollzug war dem Namen nach auf Resozialisierung gerichtet, aber tatsächlich im wesentlichen Einschließung, gekennzeichnet durch Drill und Bespitzelung.

2. Recht und Justiz im Prozeß der Vereinigung: Bei der Vereinigung ließen die tiefgreifenden Unterschiede zwischen den beiden Rechtssystemen den Gedanken einer Verschmelzung nicht aufkommen. Nachgedacht wurde jedoch darüber, ob es richtig sei, das immer komplizierter gewordene Rechtssystem der Bundesrepublik den neuen Ländern gleichsam überzustülpen. Indessen bestanden gerade die Vertreter der DDR bei den Beitrittsverhandlungen darauf, daß die östlichen Länder kein »Recht zweiter Klasse« erhielten. Dieser Standpunkt traf sich mit der Erwägung, daß ein homogenes Rechtssystem eine wichtige Klammer der Einheit sei. Grundsätzlich wurde daher für das »Beitrittsgebiet« die Rechtsordnung der Bundesrepublik übernommen. Übergangslösungen mußten gleichwohl schon aus technischen Gründen erarbeitet und im Einigungsvertrag niedergelegt werden.

Eine Besonderheit der im Herbst 1989 einsetzenden Umwälzung in der DDR war, daß sie sich in der »Spur des Rechts« (S. Heitmann) vollzogen hatte. Die sozialistische Verfassung der DDR wurde nicht außer Kraft gesetzt, sondern den neuen, ihrem ursprünglichen Geist völlig entgegengesetzten politischen Zielen, angepaßt. Die sozialistische Volkskammer formalisierte den Erneuerungsprozeß, bremste ihn aber auch und gab den alten Funktionsträgern Zeit und Einfluß für einen geordneten Rückzug, der die eigene Entwicklung kaschierte. Zu den wichtigen Rechtsetzungsakten der sozialistischen Volkskammer gehörte das Gesetz vom 7. März 1990 (Gbl. DDR I, S. 157), das den Verkauf volkseigener Gebäude zuließ, um deren Rückerstattung an die enteigneten Eigentümer zu erschweren. Auch die am 18. März 1990 frei gewählte Volkskammer erließ unentwegt Gesetze, zwischen ihrem Zusammentreten und dem Beitrittsbeschluß am 22. August 1990 nicht weniger als 164.

Die hektische Gesetzgebungsproduktion betraf im Rechtswesen u. a. die Gerichtsverfassung, die Stellung der Staatsanwaltschaft und das Strafgesetzbuch. Dem Recht der Bundesrepublik angepaßte Richter- und Rechtsanwaltsgesetze wurden erlassen. Diese Gesetze erlangten keine praktische Bedeutung. Anders das Treuhandgesetz zur Privatisierung der volkseigenen Betriebe vom 17. Juni 1990 (GBl. DDR I, S. 300). Die Volkskammer beschloß ferner ein Gesetz zur Rehabilitierung rechtsstaatswidrig verfolgter Personen vom 6. September 1990 (Gbl. DDR I, S. 1459) sowie – jeweils am 23. September 1990 – Gesetze zur Regelung der durch rechtsstaatswidrige Enteignungen ausgelösten Vermögensprobleme (Gesetz zur Regelung offener Vermögensfragen, BGBl. II, S. 885, 1159) und über die Vorzugsbehandlung von Investitionsvorhaben (BGBl. II, S. 1157). Diese Gesetzgebung verfolgte den Zweck, dem Rechtswesen durch Liberalisierung ein anderes Gesicht zu geben, als es die SED-Justiz bis dahin hatte. Zugleich wollte sie die neu entstehenden Gebietskörperschaften mit Vermögen ausstatten und für die DDR-Bevölkerung Besitzstände schaffen, die im vereinigten Deutschland Bestand haben sollten.

Die Eigentumsordnung der DDR war durch die Dominanz des als »Volkseigentum« bezeichneten Staatseigentums gekennzeichnet, das vornehmlich durch Enteignung privater Eigentümer entstanden war. Wenngleich bei den Beitrittsverhandlungen Einigung über die Privatisierung des »Volkseigentums« bestand, regte sich in der DDR Widerstand gegen die Rückgabe insbesondere des Grundvermögens an die Alt-Eigentümer. In der – in den Einigungsvertrag aufgenommenen – gemeinsamen Erklärung der beiden Regierungen vom 15. Juni 1990 wurde vereinbart, daß die Enteignungen zwischen 1945 und dem 8. Oktober 1949, dem Tag der Gründung der DDR, als besatzungsrechtliche bzw. besatzungshoheitliche Akte nicht rückgängig zu machen seien. Dabei wurde davon ausgegangen, daß der Ausschluß der Rückgabe Vorbedingung der UdSSR für ihre Zustimmung zur Wiedervereinigung sei. Für die übrigen rechtsstaatswidrigen Enteignungen wurde im Einigungsvertrag vereinbart, daß das enteignete Vermögen grundsätzlich zurückzugeben sei (»Rückgabe vor Entschädigung«). Die erwähnten, ebenfalls in den Einigungsvertrag aufgenommenen Gesetze vom 23. September 1990 legten jedoch zahlreiche Ausnahmen fest (so für den »redlichen« Erwerb enteigneter Grundstücke in der DDR-Zeit und für die Grundstücksverwendung zu gewerblichen und öffentlichen Zwecken) und ordneten das Entfallen von Restitutionsansprüchen an, wenn Investoren Grundstücke für zu fördernde Vorhaben beanspruchten.

3. Der Aufbau des Rechtswesens in den neuen Ländern: Der Aufbau des Rechtswesens in den neuen Ländern vollzog sich von oben nach unten. Zunächst wurden bei den Landesregierungen die Justizministerien eingerichtet, dann die Gerichte umorganisiert. Erforderlich war die Abordnung zahlreicher Richter, Staatsanwälte und Beamter aus den alten Ländern, von denen viele später in den Dienst der neuen Länder übernommen wurden. Dabei bildeten sich, einem Beschluß der Justizministerkonferenz folgend, Partnerschaften heraus. So erhielt beispielsweise der Freistaat Sachsen vor allem von Baden-Württemberg Unterstützung, Brandenburg von Nordrhein-Westfalen, Sachsen-Anhalt von Niedersachsen. Die Personalpolitik zielte trotz der Bedenken gegen die Weiterbeschäftigung bisheriger Funktionsinhaber, die auch von der ostdeutschen Bevölkerung unter dem Gesichtspunkt persönlicher und fachlicher Eignung geltend gemacht wurden, keineswegs auf die Eliminierung ostdeutscher Beschäftigter, sondern auf deren Integration in dem weitverzweigten, föderalistisch gegliederten Behördenapparat, der an die Stelle der zentralistischen Justizstruktur der DDR trat.

Einer kurzfristigen Übergangsregelung folgte in den Jahren 1991 bis 1993 die vollständige Angleichung des Gerichtsaufbaues der neuen an den der alten Länder. Die bestehenden Kreisgerichte wurden in Amtsgerichte umgewandelt. Landgerichte wurden neu errichtet, und jedes Land erhielt ein Oberlandesgericht (Brandenburg: Potsdam, Mecklenburg-Vorpommern: Rostock, Sachsen: Dresden, Sachsen-Anhalt: Naumburg, Thüringen: Jena). Entsprechend der bundesdeutschen Gerichtsstruktur wurde aus der ordentlichen Gerichtsbarkeit die Arbeitsgerichtsbarkeit ausgegliedert. Neu geschaffen wurden die Verwaltungs-, Finanz- und Sozialgerichtsbarkeit.

Da Richter oder Staatsanwalt in der DDR nur werden konnte, wer als zuverlässiger, dem Klassenstandpunkt verpflichteter SED-Genosse zum Studium der Rechtswissenschaft delegiert und nach den kaderpolitischen Richtlinien als zum Richter oder Staatsanwalt geeignet befunden war, hätte es nahe gelegen, die Distanz der neuen rechtsstaatlichen Justiz von der alten kommunistischen durch eine schroffe Zäsur deutlich zu machen. Ein solcher Einschnitt, der alle DDR-Richter und Staatsanwälte ihrer Ämter enthoben hätte, widersprach jedoch dem schonenden Übergang, der für die Vereinigung beschlossen war. Die Weiterbeschäftigung der Richter und Staatsanwälte wurde deshalb von einer individuellen Eignungsprüfung abhängig gemacht, die die Länder (mit Ausnahme von Mecklenburg-Vorpommern) den nach dem DDR-Richtergesetz vom 5. Juli 1990 gebildeten Ausschüssen für die Richterwahl und die Berufung zum Staatsanwalt anvertrauten.

Die Prüfungskriterien waren von Land zu Land unterschiedlich, stimmten aber darin überein, daß ein prognostisches Urteil zu fällen sei, ob sich der Bewerber im Falle seiner Weiterbeschäftigung von der Wert- und Rechtsordnung der Bundesrepublik werde leiten lassen und von den Bürgern als glaubhafter Repräsentant einer rechtsstaatlichen Justiz akzeptiert werden könne. Bei über 50 % der Bewerber, die sich der Prüfung stellten, wurde beides bejaht. Die vergleichsweise hohe Anzahl der positiv Beurteilten resultiert aus dem Bestreben, SED-Aktivitäten in gewissem Rahmen nicht als kompromittierend zu betrachten. Die im Stil politischer Agitation abgefaßten Strafurteile belasteten aber mindestens dann, wenn die verhängten Strafen als unmenschlich erschienen. Schärfer ging man in Berlin vor, wo alle DDR-Richter und -Staatsanwälte entlassen und nur wenige nach Überprüfung wieder eingestellt wurden. Die fachlichen Mängel der übernommenen DDR-Richter und -Staatsanwälte, deren Qualifikation der Einigungsvertrag wie bei allen amtierenden Juristen der DDR unterstellt, sollen im Lauf der praktischen Tätigkeit behoben werden.

Rechtspfleger, die in den alten Ländern große Bereiche der vorsorgenden Rechtspflege und das gesamte Mahn- und Vollstreckungswesen selbständig erledigen, kannte die DDR nicht. Als Notlösung sind neben aus den alten Ländern abgeordneten Rechtspflegern auch DDR-Gerichtssekretäre tätig, die in Kursen auf ihre Aufgaben vorbereitet wurden.

Ein wahrer Zulassungsboom hat vor und nach dem Beitritt zu einem sprunghaften Anstieg der Anzahl der Rechtsanwälte geführt. Gab es zuvor in der DDR nur etwa 600 Rechtsanwälte, die bis auf wenige in Rechtsanwaltskollegien zusammengeschlossen waren, so beträgt ihre Zahl jetzt nahezu das Vierzehnfache (8 324 – ohne Berlin, Stand: 1. Januar 1998). Die 561 neuen Notare dürfen daneben keinen anderen Beruf ausüben (»Nur-Notare«). Da vor dem 3. Oktober 1990 zahlreiche Personen als Anwalt zugelassen oder zum Notar bestellt wurden, die in erheblichem Maße mit dem SED-Regime verbunden waren und gegen fundamentale Grundsätze der Menschlichkeit und Rechtsstaatlichkeit verstoßen haben, können die damals von der DDR vorgenommenen Anwaltszulassungen oder Notarbestellungen auf Grund des Gesetzes vom 24. Juli 1992 (BGBl. I, S. 1380) zurückgenommen werden, wenn Tatsachen den Anwalt als unwürdig oder den Notar als ungeeignet zur Ausübung seines Berufs erscheinen lassen, etwa wegen Verstrickung in die Tätigkeit des Ministeriums für Staatssicherheit (MfS).

4. Rechtliche Aufarbeitung des SED-Unrechts: Wie nach dem Untergang des NS-Systems stellte sich auch nach dem Ende des SED-Regimes die Aufgabe der strafrechtlichen Aufarbeitung des durch das Regime begangenen Unrechts. Eingeschränkt ist die strafrechtliche Verfolgung vor allem durch den sich aus dem rechtsstaatlichen, in Art. 103 Absatz 2 des Grundgesetzes verankerten Grundsatz »Keine Strafe ohne Gesetz« (nulla poena sine lege) legitimierenden Verzicht auf besondere Strafgesetze zur Ahndung der Funktionärs- und Regierungskriminalität. Dabei wurde verkannt, daß es Sinn des Rückwirkungsverbotes ist, den einzelnen vor willkürlichen Übergriffen des Staates zu schützen, nicht aber, diktatorischen Staatsgewalten zu ermöglichen, systemkonforme Kriminalität straffrei zu stellen. Nach dem Einigungsvertrag können DDR-Verbrechen nur bestraft werden, wenn sie zur Tatzeit nicht nur nach dem Recht der Bundesrepublik, sondern auch nach dem der DDR strafbar gewesen sind. Regelmäßig ist das bei den in Betracht kommenden Delikten (Tötung eines Menschen, Freiheitsberaubung, Erpressung, Körperverletzung, Untreue, Wahlfälschung, Rechtsbeugung, Bruch des Fernmeldegeheimnisses) der Fall. Die Normen des Strafrechts waren hier in beiden Rechtssystemen im wesentlichen identisch.

Meinungsverschiedenheiten bestehen insoweit, als es darum geht, ob die Beschuldigten sich mit Erfolg darauf berufen können, daß das DDR-Recht ihr Verhalten – etwa die Todesschüsse an der Mauer, die Folterung in Gefängnissen, die Mißhandlung, die Freiheitsberaubung, die Erpressung etwa nach dem Muster »Grundstück gegen Ausreise« – gewollt oder gebilligt hat. Die spektakulären Fälle betreffen die sogenannte Republikflucht, die unter Strafe gestellt war, sowie den »Schießbefehl« und das Grenzgesetz, die die Todesschüsse zur Verhinderung der »Republikflucht« erlaubten. Die Rechtswissenschaft ist überwiegend der Ansicht, daß das Verhalten, das mit dem DDR-Recht im Einklang stand, nicht verfolgt werden darf. Der Bundesgerichtshof (BGH) hat jedoch entschieden, daß die an der Grenze herrschende, die Vernichtung von Flüchtlingen einschließende brutale Praxis wegen offensichtlichen, unerträglichen Verstoßes gegen elementare Gebote der Gerechtigkeit und gegen völkerrechtlich geschützte Menschenrechte strafbar ist (Urteil vom 3. November 1992, Neue Juristische Wochenschrift 1993, S. 141).

Der Schwerpunkt der Strafverfolgung wegen solcher Verbrechen liegt in Berlin, weil dort die SED und die DDR-Regierung ihren Sitz hatten. Zahlreiche Strafverfahren sind aber auch außerhalb Berlins anhängig, insbesondere wegen Rechtsbeugung, Tötungen an der innerdeutschen Grenze, Korruption und Wahlfälschung. Da die strafrechtliche Aufarbeitung des SED-Unrechts durchweg von Nachsicht und Milde geprägt ist, hält sich die Zahl der Verurteilungen in engen Grenzen. Nach dem Stand vom 28. Februar 1998 wurden in Berlin insgesamt 578 Personen angeklagt. Rechtskräftig abgeschlossen sind die Verfahren gegen 243 Angeklagte. Verurteilt wurden 122, davon 17 zu Freiheitsstrafen ohne Bewährung und 95 zu Freiheitsstrafen, die zur Bewährung ausgesetzt wurden.

Die meisten Verurteilungen betreffen die Tötungen an der Grenze. Außer den »Mauerschützen«, die die tödlichen Schüsse abgegeben haben, wurden auch die Mitglieder des Nationalen Verteidigungsrats der DDR sowie die Generäle und die Kommandeure der Grenztruppen, die für das Grenzregime mit den Todesschüssen und Minenanlagen verantwortlich waren, strafrechtlich zur Rechenschaft gezogen. Der Hauptverantwortliche, Erich Honecker, kam allerdings nach einer Intervention des Berliner Verfassungsgerichtshofs ungeschoren davon, weil dieser, abweichend vom geltenden Recht, in der Möglichkeit, Honecker könne aus Krankheitsgründen trotz derzeitiger Verhandlungsfähigkeit das Prozeßende nicht mehr erleben, einen Grund für die Einstellung des Verfahrens sah. Die Mitglieder des DDR-Politbüros – mit Egon Krenz an der Spitze – wurden 1997 zu mehrjährigen Freiheitsstrafen verurteilt, soweit sie nicht wegen Verhandlungsunfähigkeit aus dem Prozeß ausgeschieden waren.

Den zweitgrößten Themenkomplex bilden die Verfahren gegen ehemalige DDR-Richter und -Staatsanwälte. Da die Justiz ein Hauptinstrument des SED-Regimes zur Unterdrückung der Bevölkerung war, war Rechtsbeugung in der DDR ein Massendelikt. Der BGH hat jedoch die Strafbarkeit der DDR-Justizfunktionäre durch die Forderung erheblich eingeschränkt, zu deren Gunsten die Abhängigkeit von der SED, die Indoktrination durch den Marxismus-Leninismus und die Beeinflussung durch die Lenkungsmechanismen des Regimes zu berücksichtigen. Verurteilt werden dürfen die Justizfunktionäre nur dann, wenn ihnen offensichtlich willkürliche Menschenrechtsverletzungen oder ein grobes Mißverhältnis zwischen Tat und Strafe anzulasten sind. Die geringe Zahl der Verurteilungen von Justizfunktionären (von 136 in Berlin angeklagten Personen wurden nur 14 verurteilt) zeigt, daß die Meßlatte viel zu niedrig angesetzt worden ist. Ähnliche Einschränkungen wie hier gelten für Denunzianten, die sich nach § 241 StGB strafbar gemacht haben.

Auf Schonung und Versöhnung bedacht ist auch die Rechtsprechung des Bundesverfassungsgerichts zur DDR-Spionage, die im Wege der Wiederaufnahme der Verfahren zu Freisprüchen und milden Urteilen führt. Die von Ost-Berlin aus betriebene Spionage gegen die Bundesrepublik ist danach überhaupt straflos, während die DDR-Spione, die in der Bundesrepublik agierten, nur milde bestraft werden sollen, sofern das Verfahren nicht überhaupt einzustellen ist.

Da trotz der Kritik, die diese Entscheidungen erfahren haben, mit einer Änderung der Rechtsprechung nicht zu rechnen ist, wird erörtert, ob angesichts der geringen Effizienz der Strafverfolgung nicht Amnestien angezeigt sind, die einen Schlußstrich unter die strafrechtliche Aufarbeitung des SED-Regimes ziehen. Die überwiegende Meinung hält dies jedoch nach wie vor für verfehlt, weil dies dem Verdrängen und Vergessen des SED-Unrechts Vorschub leisten würde.

Der rechtlichen Aufarbeitung der DDR-Vergangenheit dienen auch die Aufhebung von Unrechtsurteilen und die Leistungen zur Wiedergutmachung des den Regimeopfern zugefügten Schadens. Zunächst bedienten sich die Gerichte des in der Strafprozeßordnung der DDR vorgesehenen Rechtsmittels der Kassation rechtskräftiger Urteile. Eine neue gesetzliche Grundlage schuf das erwähnte Rehabilitationsgesetz vom 6. September 1990 (GBl. DDR I, S. 1459), das im Einigungsvertrag teilweise aufrechterhalten wurde. Dieses Gesetz wurde durch das Erste Unrechtsbereinigungsgesetz vom 3. November 1992 (BGBl. I, S. 1814) ersetzt. Neben der strafrechtlichen Rehabilitierung durch Urteilsaufhebung sieht das Gesetz auch die Leistung von Geldentschädigung an die Opfer rechtsstaatswidriger Verfolgungsmaßnahmen vor, wobei zu der Kapitalentschädigung ergänzende Unterstützungsleistungen treten können. Das Zweite Unrechtsbereinigungsgesetz vom 22. Juni 1994 (BGBl. I, S. 1311) betrifft die Aufhebung rechtsstaatswidriger Verwaltungsentscheidungen und den Ausgleich beruflicher Benachteiligungen für Opfer politischer Verfolgung.

Das Gesetz vom 3. November 1992 bezieht auch die Opfer von Maßnahmen der sowjetischen Besatzungsmacht in die Wiedergutmachung ein, um dem Umstand Rechnung zu tragen, daß es oft von Zufälligkeiten abhing, ob der Freiheitsentzug durch Sowjets oder Deutsche erfolgte. Die Rehabilitierung selbst wird allerdings, wenn die Verhaftung und/oder Verurteilung durch die Sowjets erfolgte, vom Generalstaatsanwalt der Russischen Föderation in Moskau vorgenommen. Vielen Tausenden, die während der Besatzungszeit von den Sowjets verfolgt worden sind, ist von der russischen Generalstaatsanwaltschaft bescheinigt worden, daß sie unschuldige Opfer sowjetischer Repression waren. Die Rehabilitierung erstreckt sich auch auf Kriegsgefangene, die wegen angeblicher Kriegsverbrechen oder Spionage von sowjetischen Militärtribunalen verurteilt wurden.

Vermögensverluste werden den Opfern des SED-Regimes nur nach Maßgabe des bereits erwähnten Gesetzes zur Regelung offener Vermögensfragen erstattet (BGBl. II, S. 885, 1159). Die Änderungen dieser Regelungen durch das Hemmnisbeseitigungsgesetz vom 22. März 1992 (BGBl. I, S. 766) und das Zweite Vermögensrechtsänderungsgesetz vom 14. Juli 1992 (BGBl. I, S. 1257) haben die Position der Regimeopfer weiter verschlechtert und die der »redlichen Erwerber« von Opfervermögen, der öffentlichen Hand und der Investoren weiter gestärkt. Diejenigen Regimeopfer, die ihre Grundstücke oder sonstigen Vermögenswerte nicht zurückerhalten, werden aufgrund des Entschädigungs- und Leistungsausgleichsgesetzes (EALG) vom 27. September 1994 (BGBl. I, S. 2624) durch im Jahr 2004 fällig werdende Schuldverschreibungen entschädigt, die beträchtlich hinter dem Wert des enteigneten Vermögens zurückbleiben. Anders als nach 1945 wird somit keine echte Wiedergutmachung angestrebt, die spiegelbildlich dem Unrecht entspricht. Die Wiedergutmachung wird vielmehr überlagert von den Besitzinteressen der ostdeutschen Bevölkerung, die das vor oder nach dem Umbruch erworbene Grundvermögen behalten will, und dem Interesse der öffentlichen Hand, die aus der Veräußerung des enteigneten Eigentums Gewinn erzielen will.

Ausgesprochen günstig sind auch die Regelungen ausgefallen, mit denen der Gesetzgeber das aus dem DDR-Recht resultierende Auseinanderfallen von Grundstücks- und Gebäudeeigentum überwinden will. Das Sachenrechtsänderungsgesetz vom 21. September 1994 (BGBl. I, S. 2457) gibt dem Eigentümer oder (dinglichen) Nutzer eines Gebäudes das Recht, vom Grundstückseigentümer den Verkauf des Grundstücks zum halben Verkehrswert zu verlangen (oder die Bestellung eines Erbbaurechts zum halben üblichen Erbbauzins). Der Gesetzgeber sieht damit die Regelung der »offenen Vermögensfragen« als im sozialverträglichen Sinne gelöst an. Nach der statistischen Übersicht des Bundesamts zur Regelung offener Vermögensfragen wurden bis Ende 1997 von rund 2,2 Mio. vermögensrechtlichen Anträgen mit etwa 2,8 Mio. Einzelansprüchen ca. 82 % erledigt. Dennoch ist im »größten Vermögensstreit der deutschen Geschichte« noch kein Ende abzusehen, da die Alteigentümer Gesetze und Entscheidungen zumeist als ungerecht empfinden und deshalb mit rechtlichen und politischen Mitteln eine Änderung zu erreichen suchen.

Von Bedeutung sind insbesondere die Verfassungsbeschwerden, mit denen die Opfer der Enteignungen während der Besatzungszeit (1945 bis 1949), die von der Restitution ausgeschlossen sind, die Gleichbehandlung mit den später Enteigneten erstreben. Das Bundesverfassungsgericht mußte hier u. a. prüfen, ob es zutreffe, daß – wie von der Bundesregierung behauptet und vom Bundesverfassungsgericht in seinem Urteil vom 23. April 1991 (BVerfGE 84, 90 – »Bodenreform«) übernommen – die Sowjetunion ihre Zustimmung zur Vereinigung von der Unantastbarkeit der Enteignungen während der Besatzungszeit abhängig gemacht hat. Weitere Verfassungsbeschwerden, mit denen Verstöße gegen den Gleichheitssatz des Grundgesetzes gerügt werden, richten sich gegen das EALG.

5. Unbehagen am Rechtsstaat: Während sich die Übernahme des bundesdeutschen Rechtssystems durch die Gerichte und Behörden der neuen Länder reibungslos vollzogen hat, unterscheidet sich das Rechtsbewußtsein in den beiden Teilen Deutschlands beträchtlich voneinander. Nicht nur in der Wiedergutmachungsfrage bestehen Gegensätze. Selbst namhafte Politiker sträuben sich gegen die Erkenntnis, daß der SED-Staat ein Unrechtsregime gewesen ist, in dem das Recht ein parteiliches Instrument der Klassenherrschaft war, das obendrein zur Disposition der Machthaber stand, die sich nach Gutdünken über das geschriebene Recht hinwegsetzten. Als Nachwirkung der vierzigjährigen Sozialisation in einem vom Marxismus-Leninismus geformten sozialistischen System wird das Rechtsbewußtsein nicht – wie im Westen – vom Freiheitswert geprägt; bewußtseinsbildend sind vielmehr die Werte Gleichheit und Sicherheit.

Das Unbehagen am Recht nährt sich zudem von der erdrückenden Normenflut als Folge der Verrechtlichung des sozialen Lebens und von der mangelnden Verständlichkeit des komplizierten Rechtssystems. Wer Geborgenheit im Recht erwartet, findet sich in einem »Paragraphendschungel« wieder, in dem er sich nicht zurechtzufinden vermag. Mehr noch enttäuscht, daß der Rechtsstaat zwar Außerordentliches für den Freiheitsschutz vor dem Staat leistet, aber sich schwer tut, der zunehmenden Kriminalität, die die Menschen in den neuen Ländern stark beunruhigt, Herr zu werden und die SED-Verbrechen angemessen zu ahnden.

Inadäquat ist es, wenn westdeutsche Juristen der ostdeutschen Bevölkerung ein überzogenes Gerechtigkeitsempfinden vorhalten, das zu hohe Erwartungen in die Fähigkeit der Justiz zu gerechter Konfliktlösung und Verbrechensahndung setze. Im Interesse der deutschen Einheit würde es vielmehr liegen, das Rechts- und Justizsystem der Bundesrepublik ohne Preisgabe grundlegender rechtsstaatlicher Prinzipien sowohl einfacher und verständlicher zu gestalten als auch zur erfolgreicheren Bekämpfung der Kriminalität und wirksameren Rechtsdurchsetzung zu befähigen, als dies zur Zeit der Fall ist. In der gegenwärtigen Phase anhaltender Unsicherheit kann sich schwerlich ein dem Rechtsstaat angemessenes Rechtsbewußtsein herausbilden, das Voraussetzung für das Zusammenwachsen der Deutschen in Ost und West wie für den inneren Frieden im vereinigten Deutschland ist.

Rudolf Wassermann

Literatur:

Deutscher Bundestag (Hrsg.): Materialien der Enquete-Kommission »Aufarbeitung von Geschichte und Folgen der SED-Diktatur in Deutschland«, Bd. IV: Recht, Justiz, Polizei im SED-Staat; Bd. IX: Formen und Ziele der Auseinandersetzung mit den beiden Diktaturen in Deutschland, Baden-Baden/Frankfurt a. M. 1995. □ Fricke, Karl Wilhelm: Politik und Justiz in der DDR, Köln (2. Aufl.) 1990. □ Lampe, Ernst-Joachim: Die Verfolgung der Regierungskriminalität der DDR nach der Wiedervereinigung. Deutsche Wiedervereinigung: die Rechtseinheit, Bd. 2, Köln u. a. 1993. □ Leutheuser-Schnarrenberger, Sabine: Bewältigung der rechtlichen Probleme der Wiedervereinigung, in: Deutsch-deutsche Rechtszeitschrift, 5/1994, S. 290–297. □ Roggemann, Herwig: Fragen und Wege der Rechtseinheit in Deutschland, Berlin 1995. □ Rottleutner, Hubert: Steuerung der Justiz in der DDR, Köln 1994. □ Schaefgen, Christoph: Die Strafverfolgung von Regierungskriminalität der DDR. Probleme, Ergebnisse, Perspektiven, in: Recht und Politik, 30/1994, S. 150–160. □ Scheugenpflug, Martin: Die Überleitung der DDR-Justiz in rechtsstaatliche Strukturen, Berlin 1995. □ Sobotka, bruno J. (Hrsg.): Wiedergutmachungsverbot? Die Enteignungen in der ehemaligen SBZ zwischen 1945 und 1949, Mainz 1998. □ Tappert, Wilhelm: Die Wiedergutmachung von Staatsunrecht der SBZ/DDR durch die Bundesrepublik Deutschland nach der Wiedervereinigung, Berlin 1995. □ Wassermann, Rudolf: Die SED-Diktatur kein Unrechtsstaat?, in: Recht und Politik, 33/1997, S. 102–104. □ Ders.: Die strafrechtliche Aufarbeitung der DDR-Vergangenheit, in: Recht und Politik, 28/1992, S. 121–134. □ Ders.: Die Vereinheitlichung des Rechtswesens. Von der sozialistischen Rechtspflege zur Justiz des freiheitlich-demokratischen Rechtsstaats, in: Eckhard Jesse/Armin Mitter (Hrsg.): Die Gestaltung der deutschen Einheit. Geschichte – Politik – Gesellschaft, Bonn 1992, S. 246–278. □ Weber, Jürgen/Michael Piazolo (Hrsg.): Eine Diktatur vor Gericht. Aufarbeitung von SED-Unrecht durch die Justiz, München/Landsberg a. L. 1995.

Selbstbestimmungsrecht

→ Bundesverfassungsgericht, Deutschlands Rechtslage, **Grundgesetz,** Verträge zur deutschen Einheit.

1. Das Selbstbestimmungsrecht in der Völkerrechtsordnung: Das Selbstbestimmungsrecht ist nach dem Zweiten Weltkrieg als Grundsatz des universalen Völkerrechts anerkannt worden. Seine Geltungsgrundlage findet es sowohl in vertraglichen Festlegungen wie in sonstigen Bekundungen der Staatspraxis. In Art. 1 Ziff. 2 sowie Art. 55 der Charta der Vereinten Nationen wird das Selbstbestimmungsrecht als »Grundsatz« angesprochen. In den beiden Pakten der Vereinten Nationen über bürgerliche und politische Rechte bzw. über wirtschaftliche, soziale und kulturelle Rechte vom 19. Dezember 1966 wird das Selbstbestimmungsrecht erstmals als subjektives Recht aller Völker in einem menschenrechtlichen Vertragswerk anerkannt: Art. 1 Abs. 1 beider Pakte bestimmt jeweils: »Alle Völker haben das Recht auf Selbstbestimmung. Kraft dieses Rechts entscheiden sie frei über ihren politischen Status und gestalten in Freiheit ihre wirtschaftliche, soziale und kulturelle Entwicklung«. Juristisch ist das Selbstbestimmungsrecht durch die beiden Gutachten des Internationalen Gerichtshofes über Namibia und die West-Sahara als Grundsatz des Völkerrechts bestätigt worden. In der Völkerrechtslehre besteht heute Einigkeit darüber, daß das Selbstbestimmungsrecht – unabhängig von seinem kollektiven Charakter – echten Rechtscharakter besitzt. Lediglich sein *ius cogens*-Charakter im Sinne von Art. 53 des Wiener Übereinkommens über das Recht der Verträge ist umstritten. Inhaltlich wird jedem »Volk« das Recht gewährt, selbstverantwortlich über sein Schicksal zu bestimmen und, falls es den Wunsch hat, ein eigenes Staatswesen zu begründen. Dabei ist zwischen dem offensiven Selbstbestimmungsrecht der Völker als Nationen und dem defensiven Selbstbestimmungsrecht des Staatsvolkes zu unterscheiden. Träger des Selbstbestimmungsrechts sind entsprechend der Formulierung der UN-Menschenrechtspakte »all peoples«; eine Beschränkung auf Völker unter kolonialer Herrschaft ist weder der Völkerrechtslehre noch der Staatenpraxis zu entnehmen.

2. Selbstbestimmungsrecht und Herstellung der Einheit Deutschlands: Das gesamte deutsche Volk (die deutsche Nation) ist nach Aussage des Bundesverfassungsgerichts Träger des Selbstbestimmungsrechts (BVerfGE 77, 137 [161]). Entscheidend für den Fortbestand der deutschen Nation im kulturellen und politischen Sinne ist allein der objektive Befund. Auch wenn die DDR in ihrer Verfassung aus dem Jahr 1974 nicht mehr von der »deutschen Nation« sprach, sondern sich nur noch zur »deutschen Nationalität« bekannte, bestanden angesichts des in gemeinsamer Geschichte, Sprache und Kultur verankerten Wir-Bewußtseins der nationalen Zusammengehörigkeit und des Willens zur nationalen Einheit, am Fortbestand der deutschen Nation keine Zweifel. Der in der Präambel des Grundlagenvertrages zum Ausdruck kommende Konsens über den Dissens in der nationalen Frage ermöglichte es, unter Ausklammerung des Streites über die von der DDR behauptete Spaltung in eine »bürgerliche« und eine »sozialistische« Nation, dem Auseinanderleben der Menschen durch eine Vielzahl von Kontakten vorzubeugen und damit das Bewußtsein der Zusammengehörigkeit in Ost wie West zu erhalten. Entscheidend zur Aufrechterhaltung der Zusammengehörigkeit hat auch die *menschenrechtlich* (subjektive) Sicht des Selbstbestimmungsrechts (neben der vorherrschend objektiven Sicht) beigetragen.

Das deutsche Volk hat das Recht auf Selbstbestimmung durch die Herstellung der staatlichen Einheit Deutschlands am 3. Oktober 1990 ausgeübt. Diese Ausübung war nur deshalb problemlos möglich, weil zu diesem Zeitpunkt die Spannung zwischen dem Recht jedes Volkes auf Selbstbestimmung und dem Recht jedes Staates auf Achtung seiner Souveränität nicht mehr bestand. Nachdem vorangegangene Versuche der DDR, eine eigene sozialistische deutsche Nation zu etablieren, gescheitert waren, hat die DDR sich nach der friedlichen Revolution des Herbstes 1990 nicht bloß erneut zur »deutschen Nation« bekannt, sondern sich in den deutschen Staat, genannt Bundesrepublik, rückgegliedert, aus dem sie sich nicht hatte endgültig separieren können[1]. Ein von der Bundesrepublik Deutschland nicht nur kraft Verfassungs-, sondern auch kraft Völkerrechts zu respektierender Wille, den Staat DDR beizubehalten, war bei dem in diesem Staat organisierten Volk – für jedermann ersichtlich durch das Ergebnis der Volkskammerwahlen vom März 1990 – nicht vorhanden. Von einem »Anschluß« der DDR kann in Anbetracht der in freier Selbstbestimmung getroffenen Entscheidung der Deutschen in der DDR, von der Option auf die staatliche Einheit, die ihnen das Grundgesetz eröffnete, Gebrauch zu machen, keine Rede sein.

3. Selbstbestimmungsrecht, Vier-Mächte-Rechte und -Verantwortlichkeiten in bezug auf Deutschland: Das Selbstbestimmungsrecht band auch die Vier Mächte in ihrem Verhältnis zu »Deutschland als Ganzem« wie zu den beiden deutschen Staaten[2]. Mitspracherechte hinsichtlich der inneren Aspekte der Verwirklichung des Selbstbestimmungsrechts existierten nicht. Insbesondere lag die Entscheidung über das Verfahren zur Herstellung der Einheit gänzlich in deutscher Hand. Auch die UdSSR hat dies im Rahmen der Umstrukturierung ihrer Außenpolitik, der allmählichen Abkehr von einem »sozialistischen« Völkerrechtsverständnis sowie der Anerkennung des Selbstbestimmungsrechts nicht nur von Staaten, sondern auch von Völkern, nach zeitweiligen Vorbehalten im Frühjahr 1990 schließlich akzeptiert. Verfehlt wäre es also, die Ausübung des Selbstbestimmungsrechts als Konflikt zu den Vier-Mächte-Rechten zu verstehen. »Eine derartige Polarisierung [wäre] sowohl rechtlich als auch historisch unangemessen. Eine entsprechende Konfrontation war von den Vier Mächten und ihren Vertretern möglicherweise vorausgesehen worden, doch wurden die Aktivitäten, die sich 1989 so unvermutet in Deutschland zeigten, im Rahmen des »Zwei-plus-Vier«-Prozesses umgeleitet in die europäische Bindung des vereinigten Deutschlands. Insofern kam es nicht zu einer offenen Konfrontation, und auch nicht zu jenem Gesichtsverlust, den eine entsprechende Auseinandersetzung für die vier Alliierten möglicherweise mit sich gebracht hätte.«[3] Dementsprechend wissen sich auch die Verhandlungsparteien des »Vertrages über die abschließende Regelung in bezug auf Deutschland« (den sog. »Zwei-plus-Vier«-Vertrag) dem Selbstbestimmungsrecht der Völker verpflichtet (4. Satz der Präambel). Sie nehmen – wie der Ausdruck »würdigen« aufzeigt – von der freien Ausübung des Selbstbestimmungsrechts durch das deutsche Volk und von deren Ergebnis, der Willensbekundung, die staatliche Einheit Deutschlands herzustellen, positiv Kenntnis (10. Satz der Präambel) und anerkennen, daß durch den Vertrag über die abschließende Regelung in bezug auf Deutschland und mit der Vereinigung Deutschlands als einem demokratischen und friedlichen Staat die Rechte und Verantwortlichkeiten der Vier Mächte in bezug auf Berlin und Deutschland als Ganzes ihre Bedeutung verlieren; sie werden mit diesem Vertrag beendet (13. Satz der Präambel und Art. 7 Abs. 1).[4]

Auch bei Berücksichtigung der maßgeblichen Mitgestaltung der Vier Mächte bei der deutschen Einheit und bei Kenntnis der von ihnen beanspruchten Rechte kann, ja muß von einer freien Entscheidung gesprochen werden[5]. Die Rechtspflicht zu einer solchen Wertung folgt aus dem Vertrag selbst, der die Freiheit der Ausübung des Selbstbestimmungsrechts im Verhältnis der Vertragsparteien zueinander verbindlich festlegt. Daß es sich hierbei um keine konstitutive, sondern nur eine deklaratorische Festlegung handelt, folgt aus dem gebotenen Freiheitsverständnis: auch Völkerrechtssetzung steht stets unter dem »Zwang« der Lage. Die Entscheidung der Deutschen ist auch dann frei, wenn der Preis der staatlichen Einheit ein Viertel des Staatsgebiets von Deutschland in den Grenzen von 1937 ist. Hier ist Freiheit Einsicht in die innere Notwendigkeit des Verzichts auf bis dahin fortbestehende Rechtspositionen. Zudem war mit dem Selbstbestimmungsrecht des deutschen Volkes ein Anspruch auf eine bestimmte räumliche Ausdehnung der territorialen Souveränität eines staatlich vereinten Deutschlands ohnedies nicht vorgegeben.

4. Selbstbestimmungsrecht und die Deutschen in den ehemaligen deutschen Ostgebieten: Die Bundesrepublik Deutschland kann sich gegenüber Polen nicht mehr auf ein Selbstbestimmungsrecht für die Deutschen in den ehemaligen Ostgebieten berufen. Der Begriff des deutschen Volkes als Träger des Selbstbestimmungsrechts ist verfassungsrechtlich durch die Modifizierung der Präambel des Grundgesetzes und des Art. 146 GG sowie die Streichung des Art. 23 GG mit seiner Beitrittsoption für die »anderen Teile Deutschlands«, zu denen auch die Gebiete des Deutschen Reiches in den Grenzen vom 31. Dezember 1937 jenseits der Oder-Neiße-Linie gehörten, abschließend geregelt. Die Deutschen in den nunmehr 16 Bundesländern bilden das »gesamte Deutsche Volk«. Dem verfassungsrechtlichen entspricht auch der völkerrechtliche Befund: nicht nur bezieht sich der Rekurs auf die Ausübung des Selbstbestimmungsrechts durch das deutsche Volk im »Zwei-plus-Vier«-Vertrag nur auf die Deutschen in der Bundesrepublik Deutschland und der DDR (9. Satz der Präambel); darüber hinaus wird im »Zwei-plus-Vier«-Vertrag auch auf die im Einigungsvertrag zwischen der Bundesrepublik und der DDR vorgesehenen Verfassungsänderungen, durch die das selbstbestimmungsberechtigte deutsche Volk abschließend gekennzeichnet wird, ausdrücklich Bezug genommen (Art. 1 Abs. 4). Auch der Vertrag zwischen der Bundesrepublik Deutschland und der Republik Polen über die Bestätigung der zwischen ihnen bestehenden Grenze ist im Sinne einer Beschränkung des selbstbestimmungsberechtigten deutschen Volkes auf die Einwohner des vereinten Deutschlands zu verstehen. Ein Staat, der eine bestimmte Rechtslage – wie die freie Ausübung des Selbstbestimmungsrechts – als bestehend bestätigt, bleibt der Beurteilung der Sach- und Rechtslage verpflichtet. Die Deutschen in den ehemaligen deutschen Ostgebieten genießen daher in Zukunft lediglich Minderheitenrechte. Diese sind in dem deutsch-polnischen Nachbarschaftsvertrag vom 17. Juni 1991 in § 20 für die »Angehörigen der deutschen Minderheit in der Republik Polen, das heißt Personen polnischer Staatsangehörigkeit, die deutscher Abstammung sind oder die sich zur deutschen Sprache, Kultur oder Tradition bekennen« im einzelnen geregelt. Sie haben das Recht, »einzeln oder in Gemeinschaft mit anderen Mitgliedern ihrer Gruppe ihre ethnische, kulturelle, sprachliche und religiöse Identität frei zum Ausdruck zu bringen, zu bewahren und weiterzuentwickeln, frei von jeglichen Versuchen, gegen ihren Willen assimiliert zu werden. Sie haben das Recht, ihre Menschrenrechte und Grundfreiheiten ohne jegliche Diskriminierung und in voller Gleichheit vor dem Gesetz voll und wirksam auszuüben.«

5. Selbstbestimmungsrecht, Zeitfaktor und Gewaltverbot: Das nicht ausgeübte Selbstbestimmungsrecht des gesamten deutschen Volkes war ein wesentlicher rechtlicher Grund für die Offenheit der deutschen Frage (= Nichtabgeschlossenheit der deutschen Teilung). Dieses im Hintergrund stehende Selbstbestimmungsrecht der deutschen Nation hat bewirkt, daß auch die Alliierten nicht frei in ihrer besatzungsrechtlichen Dispositionsbefugnis waren, selbst wenn man den außergewöhnlichen Charakter (*sui generis* Charakter) der Besetzung Deutschlands akzeptiert. Der rechtliche Zustand blieb in der Schwebe. Viele haben argumentiert, daß das stets latent vorhandene Selbstbestimmungsrecht der deutschen Nation (des deutschen Gesamtvolkes) diesen Schwebezustand nicht dauernd aufrecht erhalten könne und haben – unter Verkennung des *zeitlichen* Elements derartiger Prozesse – für die Endgültigkeit der Teilung und damit für die Erschöpfung des Selbstbestimmungsrechts plädiert.[6] Derartige Einschätzungen haben sich rechtlich und faktisch als verfehlt erwiesen. Zwar zählt es zu den außergewöhnlichen Ereignissen des 20. Jahrhunderts, daß einem Staat nach Jahrzehnten der Spaltung die Wiedervereinigung zweier beinahe selbständig gewordener Teile gelungen ist. »Aus der Sicht des Völkerrechts stellt die Wiedervereinigung von 1990 einen der seltenen Fälle einer abgebrochenen bzw. mißlungenen Sezession dar, und insofern wurde die Staatenpraxis in einem Umfang erweitert, wie dies die Theoretiker des Völkerrechts bis vor kurzem nicht erwartet hatten. Denn es fehlte an Beispielen für die gelungene Vereinigung von Staaten bzw. für die erfolgreiche Eingliederung von Staatsteilen, die sich im Zustand der Abspaltung befanden.«[7]

Dennoch stand einer vorschnellen Annahme der Erschöpfung des Selbstbestimmungsrechts vor allem eine *veränderte Bewertung des Zeitfaktors* im modernen Völkerrecht entgegen. Denn seit der Anerkennung des Gewaltverbots als zwingender Norm des Völkergewohnheitsrechts (seit 1945, besonders deutlich im Nicaragua Fall vom IGH ausgesprochen)[8] ist es den Staaten nicht mehr möglich, völkerrechtliche Territorialansprüche und die damit in Verbindung stehende Ausübung des Selbstbestimmungsrechts gewaltsam durchzusetzen. Sie sind zum Abwarten verpflichtet, bis sich durch politischen Wandel die Möglichkeit zur Ausübung des Selbstbestimmungsrechts – wie bei der internen und externen Vereinigung Deutschlands im Jahr 1990 – bietet.

Georg Ress

Anmerkungen:

1 Vgl. die Präambel des Gesetzes zur Änderung und Ergänzung der Verfassung der DDR v. 17.6.1990: »In der Erkenntnis, daß in der Deutschen Demokratischen Republik im Herbst 1989 eine friedliche und demokratische Revolution stattgefunden hat, und in der Erwartung einer baldigen Herstellung der staatlichen Einheit Deutschlands ...« (abgedruckt in: Deutschland-Archiv, 23/1990, S. 1300).

2 Mit Ausnahme der USA sind auch alle Parteien des Vertrages über die abschließende Regelung in bezug auf Deutschland durch die UN-Menschenrechtspakte von 1966 gebunden.

3 W. Fiedler: Faktoren bei den staatlichen (Wieder-)Vereinigungen Deutschlands, in: Der Staat 1998, S. 205.

4 Die Vier Mächte haben ferner am 1. 10. 1990 unter Berücksichtigung des »Zwei-plus-Vier«-Vertrages erklärt, daß die Wirksamkeit ihrer Rechte und Verantwortlichkeiten in bezug auf Berlin und Deutschland als Ganzes mit Wirkung vom Zeitpunkt der Vereinigung Deutschlands bis zum Inkrafttreten des »Zwei-plus-Vier«-Vertrages ausgesetzt wird (Die Erklärung ist abgedruckt in: Bulletin Nr. 121 v. 10. 10. 1990, S. 1266).

5 Zweifelnd D. Blumenwitz: Der Vertrag vom 12. 9. 1990 über die abschließende Regelung in bezug auf Deutschland, in: Neue Juristische Wochenschrift, 43/1990, S. 3043.

6 Nachweise bei G. Ress: Grundlagen und Entwicklung der innerdeutscchen Beziehungen, in: J. Isensee/P. Kirchhof (Hrsg.): Handbuch des Staatsrechts, Bd. I: Grundlagen von Staat und Verfassung, Heidelberg 1987, S. 449–546; M. Schweitzer: Die Verträge Deutschlands mit den Siegermächten, in: J. Isensee/P. Kirchhof (Hrsg.): Handbuch des Staatsrechts, Bd. VIII: Die Einheit Deutschlands. Entwicklung und Grundlagen, Heidelberg 1995, S. 199–224.

7 W. Fiedler: Faktoren bei den staatlichen (Wieder)Vereinigungen Deutschlands, in: Der Staat 1998, S. 205.

8 Fall betreffend militärische und paramilitärische Aktivitäten in und gegen Nicaragua, [Nicaragua v. United States of America], ICJ Reports 1986, S. 14 und S. 98 ff.

Literatur:

BLUMENWITZ, DIETER: Der Vertrag vom 12. 9. 1990 über die abschließende Regelung in bezug auf Deutschland, in: Neue Juristische Wochenschrift, 43/1990, S. 3041–3048. □ DOEHRING, KARL: Das Selbstbestimmungsrecht der Völker als Grundsatz des Völkerrechts, in: Berichte der Deutschen Gesellschaft für Völkerrecht, 14/1974, S. 7–33. □ FROWEIN, JOCHEN ABR.: Die Verfassungslage Deutschlands im Rahmen des Völkerrechts, in: Veröffentlichungen der Vereinigung der Deutschen Staatsrechtslehrer, 49/1990, S. 7–33. □ NOWAK, MANFRED: CCPR-Kommentar, Kehl am Rhein u. a. 1989. □ QUARITSCH, HELMUT: Wiedervereinigung in Selbstbestimmung. Recht, Realität, Legitimation, in: Josef Isensee/Paul Kirchhof (Hrsg.): Handbuch des Staatsrechts, Bd. VIII: Die Einheit Deutschlands. Entwicklung und Grundlagen, Heidelberg 1995, S. 321–401. □ RESS, GEORG: Die abschließende Regelung in bezug auf Deutschland: Garantiefunktion der Vier Mächte?, in: Ulrich Beyerlin u.a. (Hrsg.): Recht zwischen Umbruch und Bewahrung, Heidelberg 1995, S. 825–850. □ SCHWEITZER, MICHAEL: Verträge Deutschlands mit den Siegermächten, in: Josef Isensee/Paul Kirchof (Hrsg): Handbuch des Staatsrechts, Bd. VIII: Die Einheit Deutschlands. Entwicklung und Grundlagen, Heidelberg 1995, S. 199–224. □ TOMUSCHAT, CHRISTIAN : Staatsvolk ohne Staat?, in: Kay Hailbronner/Georg Ress/Torsten Stein (Hrsg.) : Staat und Völkerrechtsordnung, Berlin u. a. 1989, S. 996–1008. □ VERDROSS, ALFRED/BRUNO SIMMA: Universelles Völkerrecht, Berlin (3. Aufl.) 1984. □ WENGLER, WILHELM: Das Selbstbestimmungsrecht als Menschenrecht, in: Vorträge, Reden und Berichte aus dem Europa-Institut, 76/1986. □ WENGLER, WILHELM: Das Offenhalten der deutschen Frage, in: Gottfried Zieger (Hrsg.): Fünf Jahre Grundvertragsurteil des Bundesverfassungsgerichts, Köln 1979, S. 323 ff.

Sicherheitspolitik

→ **Außenpolitik**, Bundesrepublik Deutschland: Geschichte, Bundesverfassungsgericht, **Bundeswehr**, Deutschland von außen, Deutschlandpolitik der Vier Mächte, Deutschlands Rechtslage, **Europäische Integration**, Grundgesetz, Ost-West-Konflikt, Verhandlungen zur deutschen Einheit: Internationaler Prozeß, Verträge zur deutschen Einheit.

1. Begriff: Der Begriff (äußere) Sicherheitspolitik bezeichnet alle Maßnahmen eines Staates, die darauf abzielen, eine Bedrohung der Unversehrtheit seines Territoriums und der Stabilität seines Gesellschaftssystems zu vermeiden, einzudämmen oder zu beenden. Die klassische Form der Bedrohung ist die militärische Gewalt, das klassische Mittel zur Reduzierung der Verwundbarkeit der Aufbau einer Landesverteidigung und die Bildung von Allianzen. Teils ergänzend, teils konkurrierend hat sich seit der Gründung des Völkerbundes 1920 das Prinzip der kollektiven Sicherheit etabliert. In einem System kollektiver Sicherheit ist jeder Staat verpflichtet, seine Machtmittel gegen einen Friedensbrecher einzusetzen. In jüngerer Zeit erfuhr der Sicherheitsbegriff dadurch eine Erweiterung, daß neue Bedrohungen, vor allem ökonomische und ökologische, zu den klassischen militärischen hinzutraten.

2. Die veränderten Rahmenbedingungen für die deutsche Sicherheitspolitik: Mehr als 40 Jahre war die sicherheitspolitische Lage Deutschlands einfach zu beschreiben gewesen: An der Nahtstelle der Blockkonfrontation gelegen, mußte die Bundesrepublik einerseits besonders an einem intakten Abschreckungssystem interessiert sein, dessen Kern die amerikanische Nukleargarantie bildete; andererseits erforderte es die exponierte geostrategische Position des Landes, auf einen Abbau der Spannungen in Mitteleuropa hinzuwirken, weil es von jeder Verschärfung des Ost-West-Konflikts mehr als seine Partner betroffen war. Um bei den westlichen Verbündeten, allen voran Frankreich und Großbritannien, keine Befürchtungen über deutsche Alleingänge aufkommen zu lassen, verfolgte die Bundesrepublik ihre sicherheitspolitischen Ziele ausschließlich im internationalen Rahmen. Die NATO erwies sich dabei als zentrale Organisation, um Sicherheit für Deutschland und Sicherheit vor Deutschland zu gewährleisten. Die sicherheitspolitische Zusammenarbeit im Rahmen des Bündnisses diente Deutschland gleichzeitig als Garant für ein permanentes Mitspracherecht im westlichen Bündnis und als Schrittmacher in Richtung auf völlige Gleichberechtigung.

Mit der Auflösung des Warschauer Pakts und dem Zerfall der Sowjetunion im Jahr 1991 ist auch die Gefahr einer großangelegten und existenzbedrohenden Aggression gegen Deutschland überwunden. Die Bundesrepublik ist mit Ausnahme der Schweiz nur mehr von Nachbarn umgeben, die entweder schon Mitglieder der Europäischen Union und der NATO sind oder eine Mitgliedschaft in möglichst naher Zukunft anstreben. Das Ende der unmittelbaren Bedrohung der territorialen Integrität Deutschlands und seiner gesellschaftlichen Werte geht jedoch einher mit dem Aufkommen neuer Gefährdungspotentiale. Das klare Strukturmuster des Ost-West-Konflikts hat einem Zustand der Weltunordnung Platz gemacht, in der Zonen des Friedens und des Aufruhrs zeitgleich und räumlich eng nebeneinander existieren.

Deutlichsten Ausdruck fand die Überwindung der bipolaren Weltordnung in der Vereinigung der beiden deutschen Staaten. Dabei veränderte der Beitritt der ostdeutschen Länder zur Bundesrepublik zwar die reale sicherheitspolitische Potenz Deutschlands kaum, weil sie mit einer massiven Abrüstung der Streitkräfte einherging. Psychologisch aber führte die Vereinigung zu einem dramatischen Wandel, vor allem, was die Perzeption der Bundesrepublik im Ausland betraf. Nach dem Zweiten Weltkrieg hatte sich Deutschland als »Zivilmacht« (H. W. Maull) und Handelsstaat im internationalen System etabliert. Während andere Länder, insbesondere die USA, Sicherheit exportierten, beschränkte sich die Bundesrepublik auf ihre Bündnisverpflichtungen und ging ansonsten zivilen Geschäften nach. Die Verbündeten akzeptierten, ja förderten diese Haltung, weil sie die sicherheitspolitische Einbindung Deutschlands erleichterte. Die sich Anfang 1990 abzeichnende deutsche Vereinigung rief bei einigen Partnerländern wie Frankreich und Großbritannien zunächst Befürchtungen hervor, es könne schwierig sein, diese Einbindung aufrechtzuerhalten. Je unbegründeter sich diese Sorgen erwiesen, desto nachdrücklicher wurde Deutschland von seinen Verbündeten, insbesondere den Vereingten Staaten, und internationalen Organisationen, vor allem der UNO, bedrängt, als Exporteur von Sicherheit aufzutreten.

Diese veränderten Rahmenbedingungen erfordern eine Neudefinition der deutschen Sicherheitspolitik. Das wiedervereinigte Deutschland sah sich vor der schwierigen Aufgabe, den Aufforderungen der Bündnispartner nach einem aktiven Engagement bei der Bewältigung internationaler Konflikte nachzukommen, ohne Befürchtungen zu wecken, es instrumentalisiere seine ökonomische und militärische Stärke für machtpolitische Zwecke. Im Zentrum stand dabei die Rolle der Bundeswehr bei friedenserhaltenden oder friedensschaffenden Aktionen der Staatengemeinschaft. Die politische Elite, die Gesellschaft und auch die Bundeswehr selbst waren auf die neuen Herausforderungen nur unzureichend vorbereitet.

3. Die neuen sicherheitspolitischen Risiken: Konnte zu Zeiten des Ost-West-Konflikts das Bedrohungsszenario für die Bundesrepublik noch sehr direkt beschrieben werden, so fällt es seit 1990 immer schwerer, spezifische Risiken auszumachen. Dies liegt nicht an der Abwesenheit von Gefahren, sondern vielmehr daran, daß sie in neuen Formen auftreten und nicht mehr in erster Linie traditionell militärische Herausforderungen darstellen. Die sicherheitspolitische Lage des vereinten Deutschland ist deshalb schwieriger zu kalkulieren als zuvor. Es lassen sich aber drei Problembündel identifizieren:

An erster Stelle stehen Bürgerkriege und innenpolitische Krisen auf dem Balkan, der Levante und in Osteuropa. Sie bedrohen zwar nicht die territoriale Integrität der Bundesrepublik, aber ihre Folgen vermögen die Stabilität des deutschen Gesellschaftssystems zu erschüttern. Dies kann wie im Falle des Krieges im ehemaligen Jugoslawien in Form massiver Flüchtlingsströme geschehen; oder es kann wie im Falle des türkischen Vorgehens gegen kurdische Rebellen zu Stellvertreterkonflikten der Kombattanten auf deutschem Boden führen. Moskau schließlich hat zwar nach dem Zusammenbruch des Sowjetimperiums die Fähigkeit verloren, Deutschland und Westeuropa militärisch ernsthaft zu gefährden, aber nach wie vor ist Rußland die atomar und konventionell stärkste Macht in Eurasien. Berechenbare und rational agierende Partner im Kreml sind deshalb von zentraler Bedeutung für die westliche und insbesondere die deutsche Sicherheitspolitik. Der – vom Westen akzeptierte – Bruch des »Vertrages über konventionelle Streitkräfte in Europa« (KSE) von 1990, die Aktivitäten in den ex-sowjetischen Kaukasus-Republiken und das brutale Niederwerfen der tschetschenischen Sezessionsbewegung haben deutlich gemacht, daß die russische Außenpolitik auch unter semi-demokratischen Verhältnissen ein Gemisch aus partieller Kooperation mit dem Westen und imperialer Machtpolitik darstellt.

Zweitens sind die neuen Proliferationsrisiken zu nennen, die zum Großteil aus dem Zerfall der Atommacht UdSSR resultieren. Die Kombination von 27 000 Nuklearsprengköpfen auf russischem Territorium ohne ausreichende Sicherung mit zahlungskräftigen Staaten der Dritten Welt, die sich zu regionalen Hegemonien aufschwingen wollen, bildet ein gefährliches Gemisch. Dem Westen ist es unter Führung der USA allerdings gelungen, daß die Atomwaffen der Ukraine und Kasachstans nach Rußland gebracht wurden.

Drittens schließlich gilt es sicherheitspolitische Gefährdungen mit globaler Reichweite zu berücksichtigen. Dazu zählen vor allem Umweltzerstörung, Bevölkerungswachstum und Migration. Obwohl die Relevanz dieses Risikopotentials für Deutschland aus politischen Gründen oft übertrieben wird, ist die Bedeutung dieser Faktoren nach dem Ende des Ost-West-Konflikts doch gewachsen. So stellen etwa die Kernkraftwerke in der Ukraine und in Westrußland mit ihren geringen Sicherheitsstandards und ihrer mangelhaften Wartung Gefahrenquellen ersten Ranges für Mitteleuropa und Deutschland dar. Bevölkerungswachstum und Migration sind als Probleme zwar seit Jahrzehnten bekannt, haben aber mit dem Ausbau von Kommunikations- und Transportmöglichkeiten in den 80er und 90er Jahren eine neue Qualität gewonnen. Seit immer mehr Bürger von Entwicklungsländern durch Medien und Mundpropaganda vom Wohlstand und der politischen Stabilität der westlichen Industriestaaten erfahren und sich die Möglichkeiten verbessert haben, der heimischen Misere zu entfliehen, sind bestimmte Probleme der Dritten Welt auch zu Problemen der Ersten Welt geworden.

Vor allem die sicherheitspolitischen Herausforderungen der zweiten und dritten Kategorie lassen sich kaum mit den traditionell militärischen Machtmitteln bewältigen. So ist es etwa schwer vorstellbar, daß einem Staat, der die Umwelt massiv verschmutzt, Waffengewalt angedroht wird. Dasselbe gilt für einen Truppeneinsatz zur Eindämmung von Migrationsströmen. Bei der Bewältigung der neuen sicherheitspolitischen Risiken setzt die Bundesrepublik auf die Verstärkung traditioneller Polizeikräfte und – meist multilaterale – Maßnahmen, die das Problem vor Ort in den Griff zu bekommen versuchen. Zu nennen sind hier zum Beispiel das Projekt der G-7 zur Fortbeschäftigung ex-sowjetischer Nuklearexperten, Hilfen für die Sicherheit der ukrainischen Atomreaktoren und Wiederaufbauhilfe für Bosnien-Herzegowina. Im folgenden soll jedoch das traditionelle Mittel der Sicherheitspolitik, der Einsatz der Streitkräfte, im Mittelpunkt der Analyse stehen.

4. Die rechtliche Lage: Im Zuge der Wiedervereinigung haben auch die rechtlichen Grundlagen für den Einsatz deutschen Militärs eine Veränderung beziehungsweise eine Präzisierung erfahren, und zwar durch äußere und innere Entscheidungen.

Seit der Ratifizierung des »Vertrages über die abschließende Regelung in bezug auf Deutschland«, der am Ende des »Zwei-plus-Vier«-Prozesses stand und am 12. September 1990 in Moskau unterzeichnet wurde, hat Deutschland »volle Souveränität über seine inneren und äußeren Angelegenheiten« (Art. 7). Allerdings ist festzuhalten, daß Bonn im Gegenzug für die Ablösung der aus Art. 2 des Deutschlandvertrages von 1954 stammenden Vorbehaltsrechte der westlichen Alliierten einwilligte, seinen sicherheitspolitischen Handlungsspielraum zu beschränken. Zum einen wiederholte die Bundesrepublik im »Zwei-plus-Vier«-Vertrag nicht nur ihren bereits früher bekundeten Verzicht auf die Herstellung von atomaren, biologischen und chemischen (ABC-)Waffen, sondern verpflichtete sich auch, weder den Besitz solcher Waffen noch die Verfügungsgewalt über sie anzustreben (Art. 3 I). Zum anderen stimmte Deutschland zu, die Truppenstärke der Bundeswehr auf 370 000 Mann zu begrenzen (Art. 3 II). Schließlich sagte Deutschland zu, auch keine seiner konventionellen Waffen jemals zu gebrauchen, »es sei denn in Übereinstimmung mit seiner Verfassung und der Charta der Vereinten Nationen« (Art. 2). Da Deutschland sich bei verschiedenen Gelegenheiten völkerrechtlich verbindlich darauf festgelegt hatte, seine Streitkräfte nur im Einklang mit der UNO-Satzung, der NATO und der Westeuropäischen Union (WEU) einzusetzen, sind militärische Aktionen allein im Rahmen von völkerrechtlichen Verträgen und im multilateralen

Verbund vorstellbar. Damit steht die militär- und sicherheitspolitische Souveränität Deutschlands allerdings der seiner wichtigsten Bündnispartner nach.

Rechtlich wichtiger für die deutsche Sicherheitspolitik als die internationalen Verpflichtungen sind die Normen des Grundgesetzes. Da die Europäische Union im Bereich der Außen- und Sicherheitspolitik keinen supranationalen Charakter besitzt – die »Gemeinsame Außen- und Sicherheitspolitik« (GASP) sieht lediglich intergouvernementale Zusammenarbeit vor –, ist die Frage der Beteiligung der Bundeswehr an Aktionen von UNO, NATO und WEU ausschließlich an der Verfassung zu messen. Es war insofern nur konsequent, daß die innenpolitische Debatte der Jahre 1991 bis 1994 um die Mitwirkung deutscher Soldaten an internationalen Missionen in die Frage mündete, wie die relevanten Verfassungsartikel zu interpretieren seien und ob das Grundgesetz gegebenenfalls geändert werden müsse.

Von 1992 bis 1994 kam es zu drei Verfahren zum Einsatz deutscher Soldaten vor dem Bundesverfassungsgericht, die letztlich zu einer Verhandlung verbunden wurden. Das erste Verfahren drehte sich um den Beschluß der Bundesregierung im Sommer 1992, an der Überwachung der vom UNO-Sicherheitsrat verhängten Embargos gegen Jugoslawien (Res. 713) sowie Serbien und Montenegro (Res. 757) mitzuwirken und deutsche Schiffe und Marineflieger im Rahmen einer gemeinsamen Aktion von NATO und WEU in die Adria zu entsenden. Dagegen wandten sich die SPD-Bundestagsfraktion und mehr als ein Drittel ihrer Abgeordneten mit einer Organklage an das Bundesverfassungsgericht. Im Gegensatz zu den beiden anderen Fällen kam es hier zu keinen Anträgen, eine einstweilige Anordnung gegen den Einsatz der Bundeswehr zu erlassen.

Beim zweiten Verfahren ging es um ein Flugverbot über Bosnien-Herzegowina, das vom UNO-Sicherheitsrat im Frühjahr 1993 (Res. 781/786/816) beschlossen und dessen Überwachung der NATO übertragen worden war. Bei der Mission sollten mit dem Frühwarnsystem AWACS ausgestattete Flugzeuge eine Schlüsselrolle spielen, die von voll integrierten NATO-Einheiten – also unter Mitwirkung deutscher Soldaten – betrieben wurden. Die F.D.P. hielt dies für verfassungsrechtlich unzulässig, da es sich dabei um einen »Out-of-area«-Einsatz der Bundeswehr handele. Politisch allerdings befürwortete die Partei eine deutsche Beteiligung. Die Koalition einigte sich auf einen Kompromiß: Er sah vor, daß sich die F.D.P.-Minister im Kabinett von ihren CDU/CSU-Kollegen überstimmen lassen würden, die F.D.P. aber die Möglichkeit haben sollte, die Vereinbarkeit des Beschlusses mit dem Grundgesetz durch Anrufung des Bundesverfassungsgerichts zu klären. Der Klage der F.D.P.-Fraktion und 55 ihrer Mitglieder schloß sich die SPD-Fraktion an. Ihren gemeinsamen Antrag auf einstweilige Anordnung gegen den Einsatz deutscher Soldaten in den AWACS-Flugzeugen lehnte das höchste Gericht am 8. April 1993 mit fünf zu drei Stimmen ab.

Das dritte Verfahren hatte die Beteiligung von Bundeswehreinheiten bei einer humanitären Aktion in Somalia zum Gegenstand. In mehreren Resolutionen (Res. 794/814) hatte der UNO-Sicherheitsrat seit dem Frühjahr 1992 Maßnahmen beschlossen, um die politischen Unruhen in dem afrikanischen Land einzudämmen und dringend erforderliche humanitäre Hilfe zu leisten. Die Bundeswehr sollte sich in einer bereits befriedeten Region an humanitären Aufgaben beteiligen. Am 21. April 1993 entschied die Bundesregierung, diesem Wunsch zu entsprechen, und erhielt am selben Tag die Zustimmung des Bundestags. Als es in den folgenden Wochen in anderen Landesteilen zu bewaffneten Auseinandersetzungen zwischen den somalischen Bürgerkriegsparteien und den UNO-Truppen kam, beantragte die SPD-Bundestagsfraktion beim Bundesverfassungsgericht die Aussetzung des Regierungsbeschlusses. Am 23. Juni 1993 erließ das Gericht einstimmig die Anordnung, daß die Fortsetzung der deutschen Beteiligung von einem konstitutiven Beschluß des Bundestags abhängig zu machen sei. »Konstitutiv« bedeutet, daß das Parlament eine Entscheidungskompetenz bezüglich des Einsatzes selbst beanspruchen muß und nicht lediglich eine Regierungsentscheidung bekräftigen darf.

In seiner abschließenden Entscheidung vom 12. Juli 1994 regelte das Bundesverfassungsgericht, daß erstens Art. 87a GG, der in seinem ersten Absatz die Landesverteidigung der Bundeswehr erwähnt, Art. 24 II GG nicht entgegensteht, der es dem Bund erlaubt, sich einem »System kollektiver Sicherheit« einzuordnen und die damit typischerweise verbundenen Aufgaben zu übernehmen, und zweitens der Begriff »System kollektiver Sicherheit« nicht nur die Vereinten Nationen, sondern auch die NATO und die WEU umfassen kann, weil es unerheblich sei, ob ein solches System den Frieden unter den Mitgliedsstaaten garantieren soll oder bei einem Angriff von außen zu einem kollektiven Beistand verpflichtet.

Obwohl es politikwissenschaftlich und historisch falsch war, kollektive Sicherheit und kollektive Selbstverteidigung gleichzusetzen, sanktionierte das Bundesverfassungsgericht damit die bisherigen Einsätze der Bundeswehr. Gleichzeitig machte es jeden Auslandseinsatz deutscher Soldaten von der auf eigene Initiative zustandegekommenen Zustimmung einer relativen Mehrheit des Bundestags abhängig. Beide Streitparteien, Regierungskoalition und SPD-Opposition, zeigten sich mit dem Ergebnis zufrieden. Einige Fragen blieben aber auch nach der Entscheidung der Karlsruher Richter vom 12. Juli offen. So ist nicht klar, ob deutsche Soldaten ohne UNO-Mandat auf Einladung einer Regierung zur Befriedung einer Bürgerkriegssituation entsandt werden dürfen. Ein solcher Fall ist zumindest vorstellbar. Dagegen entbehrt die von der SPD unmittelbar nach der Urteilsverkündung aufgestellte Behauptung, »Out-of-area«-Einsätze der Bundeswehr seien nur unter dem Oberkommando der Vereinten Nationen zulässig, jeder Grundlage. Die vom Verfassungsgericht gutgeheißene Teilnahme deutscher Soldaten an Adria- und AWACS-Einsatz fand nämlich nicht unter UN-Kontrolle statt.

Insgesamt suchte das Bundesverfassungsgericht zu vermeiden, zu tief in die Frage nach dem politischen Für und Wider einer deutschen Beteiligung an internationalen Militäraktionen hineingezogen zu werden und wies die politische Entscheidung für jeden Einzelfall an Bonn zurück. Regierung und Parlament zeigen seit 1995 in der Tat auch größere Bereitschaft, die Diskussion über Auslandseinsätze der Bundeswehr weniger mit verfassungsrechtlichen und mehr mit politischen Argumenten zu führen. So rief die Opposition nicht das Bundesverfassungsgericht an, als die Regierung im Dezember 1996 nach der konstitutiven Zustimmung des Bundestags deutsche Streitkräfte im Rahmen der SFOR-Mission nach Bosnien entsandte, obwohl es sich dabei erstmals um Kampftruppen handelte und die Aktion unter Führung der NATO und nicht der UNO stand.

5. Die Positionen von Parteien und Öffentlichkeit: Trotz aller Differenzen in der Sicherheitspolitik, etwa über den Doppelbeschluß der NATO, stimmten Union, SPD und F.D.P. bis zur Wiedervereinigung darin überein, die Bundeswehr nur zur Landesverteidigung einzusetzen. An UN-Operationen beteiligte sich die Bundesrepublik nur in Form humanitärer Leistungen, Sachleistungen oder der Bereitstellung von Transportkapazitäten. Auch als der Irak am 2. August 1990 Kuwait überfiel und der UN-Sicherheitsrat »alle erforderlichen Mittel« guthieß, um Saddam Hussein zu einem Rückzug aus den besetzten Gebieten zu veranlassen, hielt Bonn an der Maxime fest, daß deutsches Militär nicht an Kampfhandlungen außerhalb des NATO-Gebiets teilnehmen sollte. Die Entsendung von Bundeswehreinheiten in die Türkei wurde als vorsorgliche militärische Maßnahme begründet, um einen Angriff auf den Bündnispartner zu verhindern. Deutsche Minensuchboote schickte die Bundesregierung erst in den Persischen Golf, als die Kampfhandlungen zwischen der von Amerika geführten Koalition und dem Irak beendet waren. Darüber hinaus beschränkte sich die deutsche Unterstützung der Golfkriegsallianz auf einen, allerdings recht hohen, finanziellen Beitrag von 17,9 Mrd. DM. Besonders schädlich war für das Ansehen Deutschlands, daß große Teile der Linken in Massendemonstrationen die Operation »Desert Storm« zur Befreiung Kuwaits als imperialistische Aggression der USA und »Blut-für-Öl«-Feldzug diffamierten und sich damit auf der Seite des Irak wiederfanden. Als sich die Bundesrepublik mit großer Verzögerung Ende Januar 1991 doch noch klar zur Golfallianz bekannte, hatte sich im Ausland bereits das Bild von Deutschland als einem »Drückeberger, Opportunisten und sicherheitspolitischen Trittbrettfahrer«[1] festgesetzt.

Nach dem Golfkrieg wurde der Bundesregierung klar, daß sich Deutschland kein zweites Mal den Wünschen der Verbündeten oder der Vereinten Nationen nach militärischer Unterstützung würde entziehen können, ohne seine Reputation als verläßlicher Partner aufs Spiel zu setzen. Zwei Entwicklungen bestärkten dabei die Bundesregierung in ihrer Haltung die Mitwirkung deutscher Streitkräfte an internationalen Missionen ausbauen zu wollen: Zum einen zeigte der Krieg in Jugoslawien, wie begrenzt der deutsche Einfluß auf die Ereignisse blieb, wenn man eine Rolle der Bundeswehr bei der Konfliktregelung kategorisch ausschloß. So war die Entscheidung der Bundesregierung vom Dezember 1991, die Unabhängigkeit Sloweniens und Kroatiens wenn nötig im Alleingang anzuerkennen und den Krieg damit zu internationalisieren, nicht deshalb problematisch, weil sie Bonn in Gegensatz zu Paris und London brachte, sondern weil sie ohne die Bereitschaft, in einem nächsten Schritt auch an einer Befriedungsaktion mitzuwirken, Stückwerk blieb. Zum anderen strebte Deutschland immer stärker einen ständigen Sitz im Sicherheitsrat der UNO an, was es geboten erschienen ließ, auch mehr Pflichten innerhalb der Weltorganisation zu übernehmen. Im Frühjahr 1991 setzte in der Bundesrepublik deshalb eine heftige Diskussion über das Spektrum möglicher Bundeswehraktionen ein.

Während Kanzler Kohl und die Union argumentierten, rechtlich sei die Teilnahme deutscher Truppen an friedenserhaltenden oder -schaffenden Maßnahmen unter dem Dach der UNO mit dem Grundgesetz vereinbar, und deshalb lediglich eine »klarstellende Ergänzung« der Verfassung anstrebten, erachtete der Koalitionspartner F.D.P. – bei ähnlichen politischen Zielen – eine Grundgesetzänderung aus juristischen Gründen für erforderlich. Seit dem Entscheid des Bundesverfassungsgerichts vom 12. Juli 1994 unterstützt auch die F.D.P. prinzipiell die Teilnahme deutscher Streitkräfte an UNO-Missionen. Die Beteiligung von mehreren tausend Bundeswehrsoldaten an der internationalen Friedenstruppe (Implementation Force = IFOR) in Bosnien-Herzegowina, die unter dem Kommando der NATO die Einhaltung des Vertrages von Dayton überwachte, wurde von den Koalitionsparteien am 6. Dezember 1995 einhellig befürwortet. Auch die Folgemission SFOR-1 (Stabilization Force) bis 30. Juni 1998 und SFOR-2 (ohne zeitliche Begrenzung), die erstmals eine volle militärische Mitarbeit der Bundeswehr vorsahen, fanden die im Dezember 1996 und im Mai 1998 einstimmige Unterstützung von Unions- und F.D.P.-Abgeordneten. Die SPD hielt nach der Wiedervereinigung zunächst an ihrer Forderung fest, die Bundeswehr nur für reine friedenserhaltende Maßnahmen (»Blauhelm-Missionen«) einzusetzen, um sich allerdings in den Petersberger Beschlüssen vom August 1992 auch für die Teilnahme an friedensschaffenden Aktionen unter Leitung des UN-Sicherheitsrats auszusprechen. Militäraktionen, die zwar unter dem Dach der Vereinten Nationen, aber unter dem Oberkommando eines von der UNO ermächtigten Staates stattfänden wie der Golfkrieg, blieben für die Sozialdemokraten nach wie vor strikt ausgeschlossen. Im Dezember 1995 votierte dann aber doch eine Mehrheit der SPD-Bundestagsfraktion für die IFOR-Mission, obwohl diese von der NATO und nicht von der UNO kontrolliert wurde. Die Folgemissionen fanden dann eine noch höhere Zustimmmung der sozialdemokratischen Abgeordneten. Im Vorfeld des Bundestagswahlkampfes 1998 arrangierte sich die SPD auch durch Parteitagsbeschlüsse mit einer aktiveren Rolle der Bundeswehr bei der Bewältigung internationaler Krisen. Die Partei Bündnis 90/Die Grünen lehnt nach wie vor jeden Einsatz von Gewalt, also auch Blauhelm-Einsätze, als Mittel der internationalen Politik ab. Allerdings votierten mehr als die Hälfte ihrer Bundestagsabgeordneten für die Bundeswehreinsätze in Bosnien-Herzegowina. Der Konflikt zwischen pazifistischem und realpolitischem Flügel der Partei ist aber nicht entschieden. Die Gespaltenheit der Bündnis 90/Die Grünen in dieser Frage zeigte sich auch darin, daß ein Parteitag in Magdeburg im März 1998 friedenserzwingende Missionen der Bundeswehr mit knapper Mehrheit verwarf. Unter der Führung von Joseph Fischer sprach sich die Bundestagsfraktion im Oktober 1998 aber für den Kosovo-Einsatz aus. Allerdings gehen SPD und vor allem Bündnis 90/Die Grünen davon aus, daß die Allianz für einen »Out-of-area«-Einsatz in der Regel ein Mandat der Vereinten Nationen benötigt. Dies wird von CDU/CSU und F.D.P. sowie den wichtigsten Bündnispartnern bestritten. Im Kosovo sind im Frühjahr 1999 aber auch unter der rot-grünen Bundesregierung deutsche Soldaten an den Luftschlägen der NATO beteiligt, die ohne UN-Mandat erfolgen. Als völkerrechtliche Rechtfertigung wird dafür die Abwendung einer humanitären

Katastrophe dort angeführt. Als einzige Partei im Bundestag votierte die PDS bei allen Abstimmungen zur Beteiligung der Bundeswehr geschlossen mit Nein.

Die bis auf die PDS in allen Parteien erkennbare Bereitschaft, sich international stärker zu engagieren, wird von der Bevölkerung geteilt.[2] Während sich 1990/91 nur eine Minderheit (zwischen 23 und 32 %) dafür aussprach, Deutschland solle »mehr Verantwortung in der Welt« übernehmen, vertraten 1993 82 % der Befragten diese Meinung. Von diesen wollten aber auch 1993 noch 39 % in den alten und 57 % in den neuen Bundesländern »Verantwortung« auf den politischen und diplomatischen Bereich beschränkt sehen. Lediglich 44 % in den alten und 22 % in den neuen Ländern befürworteten auch den Einsatz militärischer Machtmittel zur Friedenssicherung. Zählt man diejenigen hinzu, die ein stärkeres Engagement prinzipiell ablehnen, so unterstützte weniger als ein Drittel der Bundesbürger Gewaltanwendung als Instrument internationaler Friedenssicherung. Seitdem ist der Widerstand allerdings zurückgegangen: Im Juli 1995 sprachen sich nur noch 35 % der Westdeutschen, aber 51 % der Ostdeutschen gegen einen »Out-of-area«-Einsatz der Bundeswehr gemäß dem Spruch des Bundesverfassungsgerichts aus. Blauhelm-Einsätze deutscher Streitkräfte werden seit 1992 von einer Mehrheit der Wähler befürwortet. Auffällig ist bei allen Antworten die voneinander abweichende Einstellung der Bürger in den alten und den neuen Bundesländern: Die Westdeutschen sehen ein internationales Engagement der Bundesrepublik sehr viel positiver als die Ostdeutschen. Besonders deutlich ist diese Meinungsdivergenz auch bei der Frage, wie wichtig die NATO-Mitgliedschaft für Deutschland ist. Im Westen gehen die Zustimmungsraten für die Zugehörigkeit zum atlantischen Bündnis seit Anfang der 80er Jahre zurück (von etwa 80 % im Jahr 1983 auf knapp 70 % 1993 und 64 % Mitte 1996), was angesichts der Beendigung des Kalten Krieges und des Zerfalls der UdSSR nicht verwundert. Im Osten ist die Tendenz umgekehrt, allerdings von einer sehr niedrigen Basis ausgehend. So sah 1993 nur jeder fünfte Ostdeutsche in der NATO den besten Weg zur Gewährleistung der Sicherheit, Mitte 1996 aber schon jeder zweite. Aber nicht nur gegenüber der westlichen Allianz, sondern auch gegenüber der Bündnisvormacht USA nimmt die von der SED über vier Jahrzehnte geschürte Feindseligkeit in Ostdeutschland ab. Waren es 1990 noch 76 % der Bürger in den neuen Ländern, die einen völligen Abzug der amerikanischen Truppen aus Europa begrüßten, fiel diese Zahl bis 1996 auf 48 %, bei den Westdeutschen lauteten die entsprechenden Werte 49 und 26 %. Insgesamt belegen die Daten eine wachsende Bereitschaft der deutschen Öffentlichkeit, Verantwortung in der Welt zu übernehmen. Auch das Führungspersonal der Bundeswehr äußert sich überwiegend zustimmend zu den UN-Einsätzen.[3]

Öffentlichkeit und politische Elite bewegen sich also in etwa im Gleichschritt in der Frage des militärischen Engagements im Ausland. Dies hat auch damit zu tun, daß die Regierung seit 1991 sukzessiv Schritte zu einer Ausweitung des Aktionsradius des Bundeswehr einleitete. Zwar waren nicht alle Operationen erfolgreich, aber der Gewöhnungseffekt dürfte hier nicht zu unterschätzen sein. Nach dem Golfkrieg versorgten deutsche Soldaten die in den Iran und die Türkei geflohenen Kurden, wirkten bei der Räumung der Minen im Persischen Golf mit und nahmen an den UN-Inspektionen des irakischen Waffenpotentials teil. Vom Mai 1992 bis Oktober 1993 sicherten 150 deutsche Sanitätssoldaten die Versorgung der 16 000 Mann starken Blauhelmtruppe in Kambodscha. 1993 wurden 1 700 Bundeswehrsoldaten in Somalia stationiert, um humanitäre Hilfe in dem bürgerkriegsgeschüttelten Land zu leisten. Als die Vereinten Nationen immer mehr zur Kriegspartei und zum Ziel von Angriffen wurden, zog Verteidigungsminister Rühe allerdings in Übereinstimmung mit den wichtigsten Verbündeten das deutsche Kontingent zum März 1994 wieder ab. Seit Mitte 1992 wirkte vor allem der Krieg in Jugoslawien wie ein Katalysator für die Teilnahme der Bundeswehr an multinationalen Aktionen. Die Kette der immer tieferen Involvierung deutscher Truppen reichte von der Kontrolle des Seembargos gegen Serbien und Montenegro im Juli 1992 über die Luftraumüberwachung des von der UNO angeordneten Flugverbots über Bosnien-Herzegowina im Oktober 1992 bis hin zur logistischen Unterstützung der NATO-Friedenstruppe, die die Einhaltung des Dayton-Abkommens kontrollierte, im Dezember 1995 und schließlich zur vollen Teilnahme am SFOR-Einsatz im Februar 1997. Eine neue Qualität erreichte dann die deutsche Beteiligung an internationalen militärischen Einsätzen im März 1999 im Kosovo. Zum ersten Mal seit dem Zweiten Weltkrieg sind hier deutsche Soldaten direkt in Kampfhandlungen eingebunden.

6. Die internationale Einbettung der deutschen Sicherheitspolitik: Der Einsatz der Bundeswehr, ja deutsche Sicherheitspolitik überhaupt, ist verfassungsrechtlich und politisch nur denkbar im multinationalen Konzert, d. h. im Rahmen von Organisationen wie der NATO, der Europäischen Union, der WEU, der UNO und der Organisation für Sicherheit und Zusammenarbeit in Europa (OSZE).

Wichtigste Institution ist und bleibt auf absehbare Zukunft dabei die NATO, und zwar vor allem aus vier Gründen: Erstens gewährleistet das Bündnis die sicherheitspolitische Zusammenarbeit seiner Mitglieder und wirkt damit den seit 1990 aufkommenden Renationalisierungstendenzen entgegen. Dies geschieht durch die volle Integration von NATO-Einheiten wie dem AWACS-Verband und der schnellen Eingreiftruppe oder durch gemeinsame Korps einzelner Mitgliedsländer bei den Hauptverteidigungsstreitkräften. Die NATO dient außerdem als Konsultationsforum und organisiert gemeinsame Missionen der Mitglieder. So treibt das Bündnis seit Jahren die Schaffung multinationaler Truppenverbände voran (Combined Joint Task Forces), die rasch zur Bewältigung von Krisensituationen von der NATO und der WEU eingesetzt werden können. Zweitens garantiert die NATO die sicherheitspolitische Anbindung der USA an Europa. Dies ist insbesondere für Deutschland wichtig, das traditionell auf die ausgleichende Rolle Washingtons in Europa vertraut hat. Drittens bindet die NATO die Bundesrepublik weiterhin sicherheitspolitisch ein und vermindert damit Ängste vor einem übermächtigen Deutschland. Dazu trägt auch die weitere Stationierung amerikanischer, britischer und französischer Truppen in Deutschland auf Einladung der Bundesregierung bei. Viertens schließlich bleibt das Bündnis *die* militärische Rückversicherung der Bundesrepublik gegenüber allen potentiellen Bedrohungen aus dem Osten. Hinzu kommt, daß die NATO neben der EU die wichtigste Institution für die Verwirklichung eines zentralen außen- und sicherheitspolitischen Ziels Deutschlands ist: der Stabilisierung Osteuropas. Als östlichstes Bündnismitglied muß die Bundesrepublik nämlich besonderes Interesse daran haben, daß das bestehende sicherheitspolitische Vakuum im ehemaligen Satellitengürtel der UdSSR nicht zu instabilen Verhältnissen in der Region führt. Vor allem Verteidigungsminister Rühe plädierte seit 1993 nachdrücklich für eine schnelle Ausdehnung des Bündnisses nach Osten. Das Weißbuch 1994 des Bundesverteidigungsministeriums formulierte deshalb als Ziel der deutschen Außenpolitik, die westliche Prosperitäts- und Stabilitätszone über seine Grenzen hinaus auf die östlichen Nachbarstaaten auszudehnen. Der NATO-Kooperationsrat (NAKR), der Ende 1991 ins Leben gerufen wurde und zunächst alle Warschauer Pakt-Staaten und die drei baltischen Republiken umfaßte, und die Partnerschaft für den Frieden (PfP), in deren Rahmen die NATO seit 1994 individuelle Partnerschaftsprogramme mit mittel- und osteuropäischen Staaten entwickelt, könnten, so das Weißbuch, langfristig kein Ersatz für die Erweiterung der Allianz sein.[4] Bei den Koalitionsverhandlungen nach der Bundestagswahl im Oktober 1994 setzte sich jedoch die vorsichtigere Linie von Außenminister Kinkel und Kanzler Kohl durch, die eine Provokation Rußlands vermeiden wollten. In der Vereinbarung für die 13. Legislaturperiode war nur von einer schrittweisen Erweiterung der NATO die Rede, die parallel zur EU-Erweiterung verlaufen müsse. Das Blatt zugunsten Rühes wendete sich erst, als die Clinton-Administration im Herbst 1994 ihre Zurückhaltung in der Frage der Aufnahme neuer Mitglieder aufgab und die zögernden Bündnispartner nach und nach auf Kurs brachte. Im Oktober 1995 sprach sich Rühe für eine erste kleine Osterweiterung bis zum Jahr 1999 aus und erhielt dafür indirekt Schützenhilfe, als der amerikanische Präsident in seiner Ansprache zur Lage der Nation im Februar 1997 dasselbe Datum nannte. Im Streit zwischen Washington und Paris, ob neben Polen, Tschechien und Ungarn auch noch Slowenien und Rumänien der Beitritt angeboten werden sollte, vermied es die Bundesrepublik, Position zu beziehen, nicht nur, weil es keinen der beiden wichtigsten Partner verprellen wollte, sondern auch, weil die Frage innerhalb der Koalition umstritten war. Mit der Unterzeichnung der Grundakte über gegenseitige Beziehungen, Zusammenarbeit und Sicherheit zwischen der NATO und Rußland am 27. Mai 1997 in Paris, für die sich insbesondere Bonn eingesetzt hatte, gelang es dem Westen, die Sicherheitsbedürfnisse Moskaus zu befriedigen und eine Kompromißformel für die Osterweiterung zu finden. Wie von Kohl und Kinkel gefordert, verzichtete die NATO in einer einseitigen Erklärung auf die Stationierung von Kernwaffen in den neuen Mitgliedsländern. Sechs Wochen später bot die Allianz auf dem Gipfel von Madrid Polen, Tschechien und Ungarn die Mitgliedschaft an. Bonn hatte ein zentrales außenpolitisches Ziel erreicht: die Integration der Staaten an seiner östlichen Peripherie in die NATO bei gleichzeitigem Interessenausgleich mit Rußland. Der Beitritt der drei Staaten wurde im März 1999 vollzogen.

Deutschland darf sich aber nicht nur auf das atlantische Bündnis verlassen. Der Jugoslawienkonflikt hat demonstriert, daß die NATO nur voll funktionsfähig ist, wenn die USA die Führung übernehmen. Es liegt deshalb im Interesse der Bundesrepublik, die sicherheitspolitische Zusammenarbeit der Staaten der Europäischen

Union zu fördern. Allerdings hat sich schon bei den Verhandlungen zum Vertrag von Maastricht gezeigt, daß nur eine knappe Mehrheit der EG-Mitglieder eine engere Integration der Sicherheits- und Verteidigungspolitik unterstützt. Den Befürwortern substantieller Änderungen (Deutschland, Italien, Spanien, Belgien, Griechenland, Luxemburg und – mit Einschränkungen – Frankreich) standen die »Bremser« Großbritannien, Portugal, Dänemark, Niederlande und Irland gegenüber, die den Vorrang der NATO nicht in Frage stellen wollten. Es kam deshalb im Maastricht-Vertrag vom 7. Februar 1992 zu keiner qualitativ neuen Form einer »vergemeinschafteten« Außen- und Sicherheitspolitik. Zwar wurde die 1970 gegründete Europäische Politische Zusammenarbeit (EPZ) durch die Gemeinsame Außen- und Sicherheitspolitik (GASP) mit erweiterter Zuständigkeit ersetzt, aber es blieb bei intergouvernementaler Zusammenarbeit und dem Einstimmigkeitsprizip. Allerdings bekennen sich die Mitglieder im Vertrag zur Entwicklung einer eigenständigen europäischen Sicherheits- und Verteidigungsidentität. Dazu soll die WEU »stufenweise zur Verteidigungskomponente der Europäischen Union« und »als Mittel zur Stärkung des europäischen Pfeilers der Atlantischen Allianz« ausgebaut werden. Grundsätzliche konzeptionelle und praktische Fragen, etwa nach dem Verhältnis der WEU zur NATO oder zum Weisungsrecht gegenüber der WEU, blieben aber offen. Auch besteht die Westeuropäische Union zumindest bis zum Auslaufen des WEU-Vertrages im Jahre 1998 als separates institutionelles Gefüge fort. Inwieweit es der EU gelingt, mit der im Amsterdamer Vertrag Mitte 1997 beschlossenen Einrichtung einer »Strategieplanungs- und Frühwarneinheit« eigenständige Perspektiven gegenüber außenpolitischen Herausforderungen zu entwickeln, bleibt abzuwarten. Großbritannien jedenfalls hat bereits signalisiert, daß es eine Verschmelzung von EU und WEU notfalls mit einem Veto verhindern würde. Zudem bleiben alle Absichtserklärungen über eine eigenständige Sicherheitspolitik der Europäer solange wenig überzeugend, wie die nötige militärische »Hardware« für von den USA unabhängige Auslandseinsätze – Infrarot-Aufklärungssatelliten und Großraumflugzeuge für Truppentransporte – nicht zur Verfügung steht.

Die Zuordnung des auf dem deutsch-französischen Gipfel von La Rochelle im Mai 1992 aus der Taufe gehobenen Euro-Korps ist im Vertrag von Maastricht ebenfalls nicht geregelt. Erst im Januar 1993 einigten sich der amerikanische Oberbefehlshaber der Alliierten Streitkräfte in Europa, der französische Generalstabschef und der Generalinspekteur der Bundeswehr darauf, das Euro-Korps im Verteidigungsfall vollständig, also einschließlich der französischen Truppenteile, dem Atlantischen Bündnis unterzuordnen und es für NATO-Einsätze im Rahmen von UNO- und KSZE-Missionen zumindest in Teilen zur Verfügung zu stellen. Außerhalb dieser Einsätze verbleibt das Euro-Korps, das seit Ende November 1995 teilweise einsatzfähig ist, unter dem Dach der WEU. Die ursprünglich bilaterale deutsch-französische Verteidigungskooperation, zu der später Belgien, Spanien und Luxemburg stießen, ist damit fest in das euro-atlantische Sicherheitsgefüge eingebunden.

Angesichts der geringen Fortschritte bei der Etablierung einer europäischen Sicherheitsarchitektur im Rahmen der Europäischen Union regten Bonn und Paris

Ende 1995 an, diesen Prozeß durch die Bestellung eines Generalsekretärs für die gemeinsame Außen- und Sicherheitspolitik voranzubringen, dessen Amtszeit nicht an die Rotation der EU-Präsidentschaft gebunden sein soll. Am 9. Dezember 1996 billigte der deutsch-französische Verteidigungs- und Sicherheitsrat ein »Gemeinsames deutsch-französisches Sicherheits- und Verteidigungskonzept«. Zwar ist dieses Strategiepapier vom Bemühen um eine stärkere Integration der beiden Militärpolitiken im konzeptionellen und materiellen Bereich im Rahmen einer Gemeinsamen europäischen Verteidigungspolitik (GEVP) gekennzeichnet; auch geht die Bundesrepublik darin erstmals offiziell auf das von Premierminister Juppé im September 1995 unterbreitete Angebot einer »dissuasion concertée«, einer konzertierten nuklearen Abschreckung, ein. Aber die entscheidende Stelle des Dokuments spricht davon, daß Europas strategische Verteidigung von der NATO und insbesondere von den USA gewährleistet werden muß. Damit rückt Frankreich ein Stück von seinem Ziel einer eigenständigen europäischen Sicherheitspolitik ab.

Insgesamt steht eine überzeugende gesamteuropäische Sicherheits- und Verteidigungspolitik also auch nach GASP und GEVP noch in den Sternen. Deutschland wird auch in Zukunft an der seit den 50er Jahren gültigen sicherheitspolitischen Prämisse festhalten, sich nicht definitiv zwischen der atlantischen und der europäischen Option zu entscheiden. Es wird allerdings viel diplomatisches Geschick verlangt, dieses nationalstaatliche Interesse mit den von außen – vor allem aus Paris und Washington – herangetragenen Erwartungen zu versöhnen und nicht als wankelmütig zu erscheinen.

Die Vereinten Nationen sind für die Sicherheitspolitik der Bundesrepublik nach dem Ende des Ost-West-Konflikts zunächst wichtiger geworden. Während zu Zeiten des Kalten Krieges beiden deutschen Staaten kein besonderes Engagement innerhalb der UNO abverlangt wurde, trifft dies für das vereinte Deutschland nicht mehr zu. Mit der Zunahme der Blauhelm-Einsätze nach 1990 stieg auch die Erwartung an die Bundesrepublik, einen stärkeren Beitrag zu leisten. Wiederholt appellierte Generalsekretär Boutros Ghali an Bonn, die friedenserhaltenden Missionen der Vereinten Nationen tatkräftig zu unterstützen. Mit der Beteiligung von Bundeswehr-Soldaten an den UN-Aktionen im Irak, in Kambodscha, Somalia und dem ehemaligen Jugoslawien signalisierte Bonn seine Bereitschaft, diesen Wünschen nachzukommen. Allerdings haben die Mißerfolge der Blauhelm-Einsätze insbesondere in Somalia die Bereitschaft der deutschen Politiker zur Teilnahme an weiteren UN-Missionen reduziert. So hat die Bundesregierung 1994 mehrere Bitten aus New York um eine Beteiligung an Friedenseinsätzen zurückgewiesen. Eine Wende kam erst mit der Teilnahme der Implementierung des Friedensabkommens von Dayton Ende 1997, die allerdings unter dem Kommando der NATO steht.

Allen zur Epochenwende 1989 bis 1991 geäußerten Erwartungen zum Trotz ist die Bedeutung der KSZE/OSZE für die deutsche Sicherheitspolitik nach dem Ende des Ost-West-Konflikts nicht gewachsen. Der KSZE ist es nämlich nicht gelungen, den Verlust ihrer Hauptaufgabe, nämlich in Zeiten der Blockkonfrontation einen Dialog zwischen Ost und West zu ermöglichen, überzeugend zu kompensieren. Das lag zum einen daran, daß die USA und Großbritannien alle Initiativen blokkierten, die Möglichkeiten der KSZE beim Management regionaler Krisen auszubauen. Zwar darf die KSZE seit Juli 1992, als sie sich als Regionalabmachung der UNO deklarierte, friedenserhaltende Operationen unter Anleitung des UN-Sicherheitsrats organisieren, ober ohne eigene Infrastruktur bleibt sie völlig auf die NATO und die WEU angewiesen. Zum anderen ist sie mit 54 Mitgliedern zu groß und heterogen geworden, als daß sie den neuen Herausforderungen wirkungsvoll begegnen könnte. Auch der auf dem Gipfel von Budapest 1994 beschlossene Schritt von der Staatenkonferenz zu einer internationalen Organisation hat daran nichts Grundlegendes ändern können.

Als Forum für multilaterale Verhandlungen oder zur Überwachung von Wahlen kann die OSZE durchaus nützliche Dienste leisten, Krisen- und Konfliktbewältigung wird jedoch in den Händen der NATO bleiben. Auch ad-hoc-Gremien wie die Bosnien-Kontaktgruppe, eingerichtet im April 1994 von den USA, Rußland, Großbritannien, Frankreich und der Bundesrepublik, machen der Allianz diesen Rang nicht streitig. Erst die mehrtägigen Luftangriffe der NATO auf die militärische Infrastruktur der bosnischen Serben im September 1995 zum Beispiel konnten nämlich zusammen mit der kroatischen Bodenoffensive den Grundstein für das Dayton-Abkommen legen. Heute zeichnet sich deutlich ab, daß alle Hoffnungen der frühen 90er Jahre, die KSZE zu einer übergeordneten europäischen Sicherheitsgemeinschaft zu machen oder Konflikte zumindest durch ein reibungsloses »interlocking of institutions«[5] zu regulieren, bis auf weiteres keine Realisierungschance haben.

7. Resümee: Neun Jahre nach der Herstellung der deutschen Einheit bleibt festzuhalten, daß die Sicherheitspolitik der Bundesrepublik einen dramatischen Wandel vollzogen hat. Vom Importeur von Sicherheit hat sich Deutschland zum Exporteur von Sicherheit entwickelt. »Out-of-area«-Einsätze der Bundeswehr wie der zur Überwachung des Friedensabkommens für Bosnien wären noch während des Golfkrieges 1990/91 unvorstellbar gewesen. Daß dieser Prozeß nicht ohne Spannungen und Verwerfungen ablief und abläuft, ist angesichts der Dimension der Herausforderung sowie der psychologischen Anpassungsleistung der politischen Elite und der Bevölkerung nicht verwunderlich. Überraschend ist vielmehr die Selbstverständlichkeit, mit der heute eine deutsche Beteiligung an UN-Aktionen diskutiert wird. Die Bundesrepublik wird schon bald als wichtiger Teilnehmer an internationalen Friedensmissionen nicht mehr wegzudenken sein. Auch mittel- und langfristig bleibt dabei die NATO der wichtigste Bezugsrahmen für die deutsche Sicherheits- und Verteidigungspolitik. Daran ändert auch der von Außenminister Fischer im November 1998 kurz nach seiner Amtsübernahme vom Zaun gebrochene Streit über den Ersteinsatz von Atomwaffen nichts, da dieser Vorstoß vor allem als Tribut an die eigene Partei zu sehen ist und angesichts des geschlossenen Widerstandes der NATO-Partner keinerlei Realisierungschancen hat. Die EU wird auf absehbare Zeit keine größere Handlungsfähigkeit in diesem Bereich gewinnen, weil weder zu erwarten ist, daß sich Paris und London zu einer vertieften außenpolitischen Integration bereit finden, noch reale Aussichten für eine verbesserte Abstimmung der drei großen Mitgliedsländer bestehen. Auch absorbiert die Bewältigung der wirtschaftlichen Herausforderungen so viel Energien und bindet so viele Ressourcen, daß die Entwicklung der für eine eigenständige Sicherheitspolitik notwendigen »Hardware« nur langsam vorankommt. Das wahrscheinlichste Szenario ist deshalb die Schaffung einer eigenständigen EU-Identität innerhalb der NATO.

Stephan Bierling

Anmerkungen:

1 N. Philippi: Bundeswehr-Auslandseinsätze als außen- und sicherheitspolitisches Problem des geeinten Deutschland, Frankfurt a. M. 1997, S. 75.

2 Siehe vor allem J. Groß: Die unterschätzte Öffentlichkeit. Sicherheitspolitische Einstellungen der Bundesbürger, in: S+F: Vierteljahresschrift für Sicherheit und Frieden, 2/1995, S. 114–119; und E. Noelle-Neumann: In der Nische, in: Frankfurter Allgemeine Zeitung, 21. 8. 1996.

3 Vgl. G.-M. Meyer/S. Collmer: Zum UN-Einsatz bereit? Bundeswehrsoldaten und ihr neuer Auftrag, Wiesbaden 1997.

4 Bundesministerium für Verteidigung: Weißbuch 1994. Weißbuch zur Sicherheit der Bundesrepublik Deutschland und zur Lage und Zukunft der Bundeswehr, Bonn 1994, Punkte 419 und 426.

5 U. Nerlich: Das Zusammenwirken multinationaler Institutionen: Neue Optionen für kollektive Verteidigung und internationale Friedensmissionen?, in: B. v. Plate (Hrsg.): Europa auf dem Wege zur kollektiven Sicherheit, Baden-Baden 1994, S. 283–303, hier: S. 292.

Literatur:

Bierling, Stephan: Die Außenpolitik der Bundesrepublik Deutschland 1949–1998, München 1999. □ Borkenhagen, Franz: Europa braucht GASP. Gemeinsame Außen- und Sicherheitspolitik in und für Europa, Bonn/Berlin 1993. □ Forndran, Erhard/Hans-Dieter Lemke (Hrsg.): Sicherheitspolitik für Europa zwischen Konsens und Konflikt, Baden-Baden 1995. □ Heydrich, Wolfgang (Hrsg.): Sicherheitspolitik Deutschlands. Neue Konstellationen, Risiken, Instrumente, Baden-Baden 1992. □ Kamp, Karl-Heinz: Zwischen Friedenspartnerschaft und Vollmitgliedschaft. Die NATO und die Erweiterungsfrage, Sankt Augustin 1995. □ Korte, Karl-Rudolf: Unbefangen und gelassen. Über die außenpolitische Normalität der Berliner Republik, in: Internationale Politik, 12/1998, S. 3–12. □ Maier, Gerhart: Sicherheitspolitik, Bonn 1993 (Quellen- und Materialsammlung). □ Philippi, Nina: Bundeswehr-Auslandseinsätze als außen- und sicherheitspolitisches Problem des geeinten Deutschland, Frankfurt a. M. 1997. □ Schwarz, Henning: Die verfassungsgerichtliche Kontrolle der Außen- und Sicherheitspolitik. Ein Verfassungsvergleich Deutschland – USA, Berlin 1995. □ Siedschlag, Alexander: Die aktive Beteiligung Deutschlands an militärischen Aktionen zur Verwirklichung Kollektiver Sicherheit, Frankfurt a. M. u. a. 1995. □ Thränert, Oliver: Aspekte deutscher Sicherheitspolitik in den neunziger Jahren, Bonn 1993. □ Weidenfeld, Werner (Hrsg.): Was ändert die Einheit? Deutschlands Standort in Europa, Gütersloh 1993. □ Ders. mit Peter M. Wagner und Elke Bruck: Außenpolitik für die deutsche Einheit. Die Entscheidungsjahre 1989/90, Stuttgart 1998.

Sozialer Wandel

→ Eliten, Extremismus und Innere Sicherheit, Frauen, Innere Einheit, Jugend, **Lebensbedingungen**, Politische Kultur, **Sozialpolitik**, Strukturwandel, Verbände, Verhandlungen zur deutschen Einheit: Ökonomischer Prozeß, Wirtschaft.

1. Begriffliches und Forschungsansätze: Gesellschaften – insbesondere moderne Gesellschaften – sind dynamische Gebilde, deren Strukturen sich ständig verändern. Auf diese Prozesse der gesellschaftlichen Dynamik bezieht sich der vage, unscharfe Begriff des sozialen Wandels. Häufig wird er unter Rückgriff auf das ebenso unscharfe Konzept der Sozialstruktur definiert: sozialer Wandel meint dann die quantitativen und qualitativen Veränderungen der Sozialstruktur oder ihrer Teilbereiche. Die folgende Darstellung orientiert sich am Ansatz der neueren Ungleichheitsforschung – einer Erweiterung der traditionellen Schicht- und Klassenanalyse; im Zentrum stehen Verschiebungen und Umbrüche im Gefüge der sozialen Ungleichheit.

Um Grundzüge des sozialen Wandels in fortgeschrittenen Gesellschaften zu analysieren, erfreut sich im letzten Jahrzehnt das umstrittene Konzept der Modernisierung wieder einer steigenden Beliebtheit. Es wird in verschiedenen Varianten benutzt und birgt bei unbedachter Verwendung Gefahren: bestehende Zustände in modernen Gesellschaften können idealisiert und zum einzigen Maßstab einer sinnvollen, wünschenswerten Entwicklung hochstilisiert werden; Widersprüche und Probleme der Moderne können dabei vernachlässigt oder übersehen werden. Dennoch ist dieser Begriff besser als andere in der Lage, wichtige Entwicklungstendenzen der Sozialstruktur im geteilten und vereinten Deutschland zu bündeln und zu vergleichen. Daher wird in den folgenden Abschnitten die Situation in der DDR als »Modernisierungsdefizit« und der soziale Umbruch in Ostdeutschland als »nachholende Modernisierung« bezeichnet. Diese Begriffe dürften die Bilanz eines Ost-West-Strukturvergleichs und den wesentlichen Zug der derzeit ablaufenden Transformationsprozesse zutreffend markieren. Besondere Aufmerksamkeit wird dabei der Effizienzproblematik gewidmet. Dahinter steckt die Annahme, daß die treibende Kraft der Modernisierung die Leistungssteigerung einer Sozialstruktur ist, d. h. die Steigerung ihrer Fähigkeit, die Bedürfnisbefriedigung möglichst vieler Menschen durch ein bestimmtes Arrangement ihrer Wirkungszusammenhänge zu optimieren. Leistungsdefizite führten zum Zusammenbruch des sozialistischen Systems, und um den Abbau dieser Defizite ging und geht es derzeit im wesentlichen beim sozialen Umbruch in Ostdeutschland. Um den skizzierten Gefahren des Modernisierungskonzeptes zu entgehen, wird bei der folgenden Darstellung auch auf widersprüchliche Entwicklungen in den beiden deutschen Gesellschaften und auf Probleme und Konflikte des sozialen Umbruchs hingewiesen.

2. Sozialer Wandel im geteilten Deutschland – Modernisierungsdefizite in der DDR: Beide deutsche Gesellschaften haben sich in den Jahrzehnten nach dem

Zweiten Weltkrieg modernisiert, aber in wichtigen Sektoren blieb die Entwicklung in der DDR hinter dem westdeutschen Modernisierungstempo zurück, oder sie wich vom Pfad der Modernisierung ab. In zehn Bereichen der ostdeutschen Sozialstruktur lassen sich Modernisierungsdefizite ausmachen, die alle zum Symptom- und Ursachenkomplex der Leistungsschwäche des sozialistischen Systems gehören.

- *Ost-West-Wohlstandsgefälle*: Die Ost-West-Wohlstandsschere öffnete sich wegen des zunehmenden sozioökonomischen Leistungsdefizits immer weiter.
- *Übermäßige Machtkonzentration*: Macht blieb in hohem Maß zusammengeballt und verhinderte effizienzsteigernde Differenzierungsprozesse, die relative Autonomie und funktionale Eigendynamik von Teilbereichen der Sozialstruktur. Eine überalterte Machtelite, bei der Macht durch übermäßige Konzentration paralysiert war, reagierte unflexibel; sie stützte ihre Herrschaft auf eine personell aufgeblähte Dienstklasse von Funktionären und Staatsangestellten; dadurch wurden übermäßig viele Kräfte zur Herrschaftssicherung absorbiert, die dann in anderen gesellschaftlichen Bereichen fehlten.
- *Politisierung des sozialen Ungleichheitsgefüges*: Als Stütze der autoritären Herrschaft war ein weiterer leistungshemmender Mechanismus erforderlich: sozialer Aufstieg war gekoppelt an politische Loyalität. Die Politisierung behinderte eine optimale Zuordnung und Nutzung der sachlich-funktionalen Qualifikationen.
- *Tertiärisierungsrückstand und deformierter Dienstleistungssektor*: Der westdeutsche Tertiärisierungsschub in den 70er und 80er Jahren blieb in der DDR aus; dadurch wurde die Produktions- und Schichtstruktur »deformiert«. Kennzeichen dafür waren überdimensionierte Arbeiter- und Bauernschaften sowie unterentwickelte Dienstleistungsschichten, insbesondere im privaten Bereich, wobei der leistungshemmende Effekt noch dadurch verstärkt wurde, daß die unterentwickelten Dienstleistungssegmente personell überbesetzt waren.
- *Quasi-Vernichtung des alten Mittelstandes*: Der Mittelstand der Selbständigen – Kennzeichen einer effizienten modernen Sozialstruktur – wurde auf 2,2 % der Erwerbstätigen (alte Länder: 11 %) zusammengedrückt und sein kleiner Rest durch politische Vorgaben zu einem Kümmerdasein verurteilt.
- *Übermäßige soziale Nivellierungen*: Das Leistungspotential wichtiger Berufsgruppen – Hochqualifizierte, Selbständige – wurde durch Nivellierungen nach unten (Einkommen, Arbeitsqualität, Lebenschancen im allgemeinen) gebremst. Relative Nutznießer der Einebnungen waren Arbeiterschaft und Genossenschaftsbauern; vernachlässigt und an den Rand gedrängt waren dagegen die Rentner.
- *Defizitäre Arbeitsgesellschaft:* Die Erwerbstätigenquote war höher, die Arbeitswoche länger, die Bindung an den Arbeitsplatz durch Arbeitskollektive und betriebliche Sozialpolitik stärker; Arbeit hatte im Leben der Ostdeutschen einen höheren Stellenwert, dennoch war ihre Leistungsbereitschaft gebremst und ihre Arbeitsdisziplin locker.
- *Erstarrungstendenzen*: Auch die zunehmende soziale Schließung der Hochschulen gegenüber Kindern aus unteren Schichten läßt sich in der Schlußphase der

DDR (80er Jahre) als Verstoß gegen das leistungsbezogene Prinzip der Chancengleichheit deuten.

- *Niedrigere Lebenserwartungen*: Der Anstieg der Lebenserwartungen war in der DDR wegen der schlechteren Lebensbedingungen hinter der westdeutschen Entwicklung zurückgeblieben.
- *Abwanderungsdruck*: Die Defizite an Wohlstand, Freiheit und Demokratie setzten die ostdeutsche Sozialstruktur unter einen kontinuierlichen Abwanderungsdruck; die Ost-West-Migration verstärkte die Leistungsschwäche zusätzlich.

Der Vergleich der Entwicklungen bei den Qualifikations- und Familienstrukturen ergibt uneinheitlichere Ergebnisse. Mit den rückständigen DDR-Produktionsstrukturen waren auch rückständige *Qualifikationsstrukturen* verbunden, aber die Versorgung der Bevölkerung mit beruflichen Grundqualifikationen – ein Merkmal der Modernisierung – war in der DDR besser als in der Bundesrepublik. In Ost und West verliert die traditionelle *Familie* ihr Monopol als einzig legitime Form des privaten Zusammenlebens, aber die Situation in der DDR war teils »unmoderner« und teils »moderner«: Ostdeutsche waren einerseits familistischer – sie heirateten häufiger und früher, zeugten mehr Kinder, lebten seltener in nichtehelichen Lebensgemeinschaften, kinderlosen Ehen oder als Singles und maßen der Familie einen höheren Stellenwert in ihrem Leben zu (Nischenfunktion der Familie); andererseits waren die Scheidungsraten sowie die Zahl der Alleinerziehenden und der nichtehelichen Geburten in der DDR erheblich höher.

In einem wichtigen Bereich war die Modernisierung in der DDR deutlich weiter vorangeschritten: die *soziale Ungleichheit zwischen Frauen und Männern* war *weiter verringert* worden – im Bildungssystem, in der Arbeitswelt, in der Politik und auch in der Familie, dort allerdings am wenigsten. Auch das *Mehr an sozialer Sicherheit* – keine Arbeitslosen, keine Wohnungslosen, keine manifeste Obdachlosigkeit, keine Armut unter der »Normalbevölkerung« – ist an dieser Stelle zu erwähnen.

3. Wenig Auswirkungen auf die westdeutsche Sozialstruktur: Die deutsche Vereinigung beeinflußt den sozialen Wandel in Ost und West in sehr unterschiedlicher Weise und Heftigkeit. Im Vergleich zu den radikalen sozialen Umbrüchen in den neuen Ländern wurde und wird die westdeutsche Sozialstruktur nur am Rande berührt. Erwähnenswert sind drei Auswirkungen:

- Am augenfälligsten ist der Übergang einer über Jahrzehnte nahezu kontinuierlichen Wohlstandssteigerung in eine Phase der Wohlstandsstagnation mit vorübergehenden Rückgängen auf insgesamt hohem Wohlstandsniveau. Das vorläufige Ende des Wohlstandsanstiegs ist u. a. eine Folge davon, daß langfristig Leistungstransfers in die neuen Länder erforderlich sind, um das West-Ost-Wohlstandsgefälle aus Gründen nationaler Solidarität rascher abzubauen, als es die Produktivitätsfortschritte in den neuen Ländern zulassen.
- Für eine Minderheit der Westdeutschen bringt die Vereinigung keine Einschränkungen oder Belastungen, sondern zusätzliche soziale Chancen mit sich: durch

die partielle »westdeutsche Überschichtung« der ostdeutschen Sozialstruktur sowie durch die Rückgewinnung verlorengegangenen Eigentums – bis Ende 1992 waren insgesamt (alte und neue Länder) über 2,5 Mio. Anträge auf Rückübertragung von Unternehmen, Immobilien und anderen Vermögenswerten gestellt worden. Die Gewinner der partiellen Überschichtung gehören insbesonderen den höheren Schichten an – der Machtelite, den Kapitalbesitzern, den gehobenen Dienstleistungsschichten und den Selbständigen (Politiker, Journalisten, Wissenschaftler, Manager, gehobene und höhere Beamte und Angestellte, Unternehmer, Geschäftsleute, Freiberufler, Selbständige).
- Einige schwache Impulse gehen auch auf den weiteren Abbau der sozialen Unterschiede zwischen Frauen und Männern aus.

4. Sozialer Umbruch in Ostdeutschland – nachholende Modernisierung im Zeitraffertempo: Die ostdeutsche Sozialstruktur befindet sich dagegen in einer Phase der radikalen, ja man kann sagen revolutionären Umwälzung. Der Austausch des politischen Institutionensystems, des Rechtssystems und der offiziellen Ideologie sowie die schnelle Transformation des ökonomischen Systems haben Umbrüche in der Sozialstruktur ausgelöst, die in verschiedenen Bereichen in unterschiedlichem Tempo ablaufen. Die Geschwindigkeit der Umwälzungen war in solchen Sektoren besonders hoch, die relativ eng mit der Revolution der politischen Strukturen oder mit den schnellen wirtschaftlichen Veränderungen verknüpft sind.

Wichtige Tendenzen des sozialen Umbruchs lassen sich mit dem Begriff der »nachholenden Modernisierung« zusammenfassen. Der Kernbereich der Modernisierung ist derselbe, der im sozialistischen System wegen der diesbezüglichen Defizite eine zerstörerische Kraft entfaltet hatte: es geht in erster Linie um den Abbau des Wohlstandsgefälles und seiner Ursache, des Leistungsdefizits. Leistungshemmende Besonderheiten des sozialistischen Erbes müssen so schnell wie möglich beseitigt werden, die ostdeutsche Sozialstruktur stand und steht unter Modernisierungsdruck. Diese theoretischen Überlegungen lassen sich durch eine Fülle von Beobachtungen und empirischen Daten erhärten.

4.1. Wohlstandsexplosion: 1988 erzielte ein Arbeitnehmer in der DDR – bei Berücksichtigung der Kaufkraftunterschiede – 31 % des westdeutschen Bruttoeinkommens, einem DDR-Haushalt standen nur 47 % des westdeutschen Nettohaushaltseinkommens zur Verfügung. Bereits in den ersten Jahren nach der Währungsunion näherten sich die ostdeutschen Verdienste den hohen westdeutschen Einkommen ein erhebliches Stück an, die große Lücke wurde sehr schnell verkleinert, und inzwischen liegen die Ostdeutschen im Durchschnitt nur noch um etwa ein Zehntel hinter den Einkommen in den alten Ländern zurück. Die durchschnittlichen Tariflöhne und -gehälter erreichten Ende 1991 60 % und Ende 1992 bereits 73 % (real ca. 78 %) des Westniveaus; 1998 verdienen ostdeutsche Arbeitnehmer real 90 % der Löhne und Gehälter ihrer westdeutschen Kollegen. Die Ost-West-Lücke im bedarfsgewichteten Haushaltseinkommen wurde in ähnlicher Weise reduziert. Nach dem Sozio-ökonomischen Panel kamen ostdeutsche Haushalte 1991 auf 45 % der Westeinkommen,

1995 bereits real (nach Bereinigung um die Kaufkraftunterschiede) auf 85 bis 88 %. Weitere Indikatoren, daß der Lebensstandard in schnellem Tempo deutlich angehoben wurde, sind der Reiseboom, die deutliche Verbesserung der Wohnqualität und der Ausstattungsschub der Privathaushalte bei elektrischen Geräten; das ostdeutsche Ausstattungsniveau wurde dem westdeutschen inzwischen fast angeglichen. So verfügten z. B. 1989 nur 17 % der Haushalte in Ostdeutschland über ein Telefon, 1997 waren es 94 % (Westdeutschland 97 %). Auch der Motorisierungsboom signalisiert den Wohlstandsschub: Der Pkw-Bestand pro 1 000 Einwohner hat sich in den neuen Ländern zwischen 1989 und 1992 verdoppelt und liegt im Jahre 1997 – bei ähnlicher Qualität der Fahrzeuge – inzwischen sogar geringfügig über dem westdeutschen. Die Ost-West-Wohlstandsschere hat sich dabei schneller geschlossen als die Produktivitätsschere; denn die Wertschöpfung pro Erwerbstätigen lag in den neuen Ländern 1992 erst bei 39 %, 1997 bei 62 % des Westniveaus.

4.2. Dezentralisierung der Macht: Mit der Dezentralisierung der Machtstruktur wurden leistungsfördernde Differenzierungsprozesse nachgeholt und die beiden Klassen, die diese Struktur trugen – die Machtelite und die sozialistische Dienstklasse –, radikal verändert bzw. aufgelöst.

Die hierarchisch strukturierte und ideologisch relativ homogene monopolistische Elitenstruktur pluralisierte sich nach dem westdeutschen Muster, d. h. es bildeten sich Teileliten in den verschiedenen relativ autonom gewordenen Funktionsbereichen mit einer größeren Bandbreite politischer und weltanschaulicher Orientierungen heraus. Mit dem Strukturwandel wurde die Machtelite auch personell weitgehend ausgetauscht: die Parteieliten ausgewechselt, die Massenorganisationen und der Unterdrückungsapparat des Staatssicherheitsdienstes aufgelöst, die Generale entlassen, die Spitzenpositionen in Verwaltung, Justiz, Wirtschaft und Massenmedien neu besetzt. Obwohl genauere Analysen zur Zusammensetzung der neuen Führungsgruppen bisher nur für wenige Segmente vorliegen, entsteht der Eindruck, als sei der Austausch der Eliten radikaler vollzogen worden als beim Aufbau der Bundesrepublik in der Nachkriegszeit. Dies war u. a. möglich, weil neben ostdeutschen Aufsteigern auch viele westdeutsche Experten in ostdeutsche Spitzenpositionen einrückten. Die Hälfte der neuen Länder (einschließlich Ostberlins) wird von westdeutschen Ministerpräsidenten regiert, die Kabinettsposten und Verwaltungsspitzen sind zum Teil mit Westlern besetzt; ähnliche Regierungsverhältnisse bestehen in einigen Großstädten. Das Justizwesen der neuen Länder wird von Gerichtspräsidenten und Generalstaatsanwälten gelenkt, die aus Westdeutschland stammen. Die ostdeutschen Teile der Bundeswehr unterstehen dem Kommando von West-Generalen. Westdeutsche Intendanten leiten die beiden neuen öffentlich-rechtlichen Rundfunkanstalten, beim MDR ist von acht Direktoren nur der publizistisch unbedeutende technische Direktor ein Ostdeutscher; die Rundfunkanstalten von Mecklenburg-Vorpommern und Ost-Berlin unterstellten sich westdeutscher Leitung. Die Gewerkschaften wurden zum Teil mit westdeutschem Personal neu aufgebaut. Die Auswirkungen dieser *partiellen westdeutschen Überschichtung* sind ambivalent: einerseits profitieren die neuen Länder von westdeutschen Sachkenntnissen und Erfahrungen; andererseits wird der Umbau von Konflikten zwischen Ostdeutschen und »importierten« Westdeutschen belastet, und das weitverbreitete Gefühl der »Überfremdung« oder »Kolonialisierung« wird weiter genährt.[1]

Die überproportionierte sozialistische Dienstklasse hat sich inzwischen aufgelöst. Einige Teile sind umgehend mit dem Zusammenbruch des Systems verschwunden – so die umfangreichen Apparate des Staatssicherheitsdienstes (91 000 hauptamtliche Mitarbeiter) und der SED (44 000 hauptamtliche Funktionäre). Der öffentliche Dienst, der noch im Juni 1991 nach westlichen Maßstäben zu ca. 40 % überbesetzt war, wird nach und nach auf westliche Normalgröße zurechtgestutzt; 1997 lag die Anzahl der Staatsbediensteten pro Einwohner in den neuen Ländern um 25 % über der westdeutschen Quote. Von den 24 000 Offizieren und 23 000 Unteroffizieren der NVA im Oktober 1990 wurden nur ca. 3 000 bzw. gut 1 600 endgültig in die Bundeswehr übernommen. Etwa ein Fünftel der Lehrer und – je nach Einrichtung – zwischen einem Fünftel und zwei Dritteln der Wissenschaftler wurden entlassen. Stark erweitert wurde dagegen der Justizapparat, der wegen des DDR-Defizits an Rechtsstaatlichkeit um mehr als zur Hälfte unterbesetzt war. Von den ehemaligen Richtern und Staatsanwälten aus der DDR wurden dabei 36 % übernommen.

Zu den Entwicklungen in denjenigen Segmenten der ehemaligen Dienstklasse, die nicht mehr dem Staat, sondern anderen Herren dienen, liegen nur sporadische Informationen vor. Von den ca. 14 500 Mitarbeitern des Fernsehens und Hörfunks der DDR wurden nur ein Drittel in öffentlich-rechtlichen oder privaten Medien weiterbeschäftigt.

In der Mentalitätsforschung ist bisher ungeklärt, wie nachhaltig die Einstellungen und Verhaltensmuster der Dienstklasse durch das hierarchische, disziplinorientierte und innovationsfeindliche sozialistische System geprägt wurden. Welche Belebungen von den pluralisierten »auf schlanke Linie« gebrachten und sozial (nach oben) differenzierten Dienstleistungsschichten auf die sozioökonomische Dynamik ausgehen, hängt wesentlich davon ab, ob von der veränderten Soziallage neue Impulse zu »aktivem Realismus« (H. Klages), zu kritischer Eigenständigkeit, zu Risikobereitschaft und individueller Initiative ausgehen. Bisherige Studien kommen zu unterschiedlichen Ergebnissen: Reinhard Myritz (1992) beurteilt die Fähigkeiten der ostdeutschen Wirtschaftsmanager eher skeptisch; auch Eckhardt Schröter (1994) diagnostiziert beim Vergleich des Führungspersonals in den Verwaltungen Ost- und Westberlins eine spezifisch ostdeutsche »Verwaltungskultur«: eine stärkere Fixierung auf Vorgesetzte und Vorgaben sowie Defizite im Hinblick auf Führungswillen, Mut zum Risiko und Verantwortungsbereitschaft. Karin Gillwald (1992), Frank Adler/Albrecht Kretzschmar (1995) oder Paul Windolf (1996) dagegen schätzen das Leistungspotential der ostdeutschen Führungskräfte in Verwaltung, Betrieben und anderen Organisationen optimistisch ein.[2]

4.3. Entpolitisierung des sozialen Aufstiegs und der Ungleichheitsstruktur: Mit dem Wechsel des politischen System wurde auch die leistungshemmende Politisierung des sozialen Aufstiegs und der Ungleichheitsstruktur auf »westliches Normalmaß« reduziert und gleichzeitig pluralisiert. Politische Treuebekundungen sind in der

Regel nicht mehr die notwendige Voraussetzung für das Vorrücken in leitende Positionen; beruflicher und sozialer Erfolg orientieren sich stärker an fachlichen Leistungskriterien. Der ökonomische Zwang zum Personalabbau war mit einem zweiten effizienzfördernden Nebeneffekt verbunden: viele »Parteikarrieristen« ohne ausreichende fachliche Kompetenz wurden aus ihren Stellungen vertrieben.

4.4. Die Zunahme vertikaler sozialer Ungleichheit: Die nach unten nivellierte Arbeiter- und Bauerngesellschaft, die »Gesellschaft der kleinen Leute«, bei der die Rentner an den Rand gedrängt waren, verwandelt sich allmählich in eine differenziertere Mittelschichtengesellschaft mit stärkeren sozialen Abstufungen. Leistungshemmende soziale Nivellierung hat sich umgekehrt in zunehmende soziale Differenzierung, dabei verändern verschiedene Gruppen und Schichten ihre relativen Positionen im Ungleichheitsgefüge bzw. in der Schichtungshierarchie. Der Hinweis auf die Leistungsproblematik besagt dabei nicht, daß alle neu entstehenden sozialen Ungleichheiten auch wirklich als Leistungsanreize erforderlich sind; denn die Sozialstrukturanalyse kann das Ausmaß sozialer Ungleichheit, das funktional sinnvoll ist, nicht präzise bestimmen.

Deutlich besser gestellt wurden die meisten Rentner und Rentnerinnen. Die neue Alterssicherung nach westdeutschem Muster hat die alten Menschen aus der Randlage befreit, in die sie die sozialistische produktionsorientierte Sozialpolitik gedrängt hatte. Seit 1995 beziehen sie sogar eine im Durchschnitt höhere Nettorente als die westdeutschen Ruheständler – vor allem deshalb, weil insbesondere die Frauen über längere Zeiten erwerbstätig waren. Zu den Gewinnern der Differenzierung gehören auch die Angestellten, insbesondere die in der DDR »nach unten nivellierten« gut qualifizierten Berufsgruppen; die Arbeiterschaft dagegen hat bereits einen großen Teil ihrer relativen Privilegien aus sozialistischen Zeiten eingebüßt. Schon die Einführung der westdeutschen Besteuerung und Sozialversicherung wirkte sich zugunsten der Angestellten und zu Lasten der Arbeiter aus. Die Spreizung der Lohnstruktur nach Ausbildungsjahren entsprach in den neu gegründeten oder privatisierten Unternehmen der neuen Länder bereits im Frühjahr 1992 in etwa dem allgemeinen westdeutschen Muster. Und 1997 lagen die Bruttoverdienste von Angestellten und Produktionsarbeitern in verschiedenen Leistungsgruppen in den neuen Ländern fast so weit auseinander wie in Westdeutschland.[3] Auch in den oberen Etagen der Berufshierarchie haben die Einkommensabstände zugenommen.

Die Differenzierung ist in der allgemeinen Einkommensverteilung bereits empirisch nachweisbar; auf der Makroebene wird sie jedoch nur allmählich sichtbar, weil die Gesamtentwicklung in der Umbruchphase sektoral unterschiedlich verläuft und von relativierenden Prozessen begleitet wird – von gegenläufigen Nivellierungen und vorübergehenden Verwerfungen.

Zu den vorübergehenden Verwerfungen gehören zwei Erscheinungen: unterdurchschnittliche Einkommen bei der Mehrheit der neuen Selbständigen (vgl. 4.6) und das von Branche zu Branche unterschiedliche Tempo der Annäherung an das Westniveau. So wurden 1997 im z. T. krisengeschüttelten verarbeitenden Gewerbe erst 72 % der westdeutschen Effektivlöhne gezahlt, im Handel 77 %, im Baugewerbe 83 %, im öffentlichen Dienst bereits 86 %, und die gefragten Dachdecker oder Gebäudereiniger verdienten dasselbe wie ihre Westkollegen.

Die Konturen der sozialen Ungleichheit treten auch deshalb schärfer hervor, weil nivellierende Rahmenbedingungen des sozialistischen Alltags verschwunden sind – Reiseeinschränkungen sowie Mängel im Waren- und Dienstleistungsangebot, von denen nahezu alle in ähnlicher Weise betroffen waren, aber auch das Maß an sozialer Sicherheit, das nahezu allen garantiert wurde. Unterschiede in der Verfügung über Geld ermöglichen stärker als vorher eine unterschiedliche Lebensgestaltung, unterschiedliche Konsum- und Freizeitchancen.

4.5. Abrupte Schließung der Tertiärisierungslücke: Die Krise der ostdeutschen Industrie und der Strukturwandel der Landwirtschaft (vgl. 4.7) hat die Tertiärisierungslücke ruckartig geschlossen und die Verteilung der Beschäftigten auf die drei Produktionssektoren innerhalb kürzester Zeit nahezu vollständig an die westdeutschen Verhältnisse angeglichen. Der Beschäftigtenanteil in der Land- und Forstwirtschaft schrumpfte drastisch von 11 % im Jahr 1989 auf 4,1 % im dritten Quartal 1992 zusammen (alte Länder 1992: 3,1 %) und im produzierenden Sektor von 50 % auf 36 % (alte Länder 38,5 %); im Dienstleistungsbereich dehnte er sich genauso explosionsartig von 40 % auf 59 % (alte Länder 58 %) aus. Eine industriell geprägte Arbeitergesellschaft hat sich in der Beschäftigungskrise über Nacht in eine Dienstleistungsgesellschaft verwandelt. 1997 sind in Ost und West jeweils genau 62,8 % der Erwerbstätigen im Dienstleistungssektor beschäftigt; der Anteil im primären Sektor liegt mit 3,8 % in den neuen Ländern etwas höher und im produzierenden Sektor mit 33,4 % etwas niedriger als in Westdeutschland (2,7 % bzw. 34,5 %).

4.6. Der Neuaufbau eines handwerklich-tertiären Mittelstandes: Der fast vernichtete »alte Mittelstand« durchlief und durchläuft eine schwierige Phase des Neuaufbaus. Nach der Wende traten die Selbständigen mit staatlicher Hilfe aus ihrem sozialistischen Schatten- und Kümmerdasein heraus. In einem wahren Gründerboom entstanden eine Vielzahl neuer selbständiger Existenzen im handwerklichen und tertiären Sektor. Obwohl nicht einmal die Hälfte der »alten Selbständigen« aus DDR-Zeiten die ersten beiden Jahre des wirtschaftlichen Umbruchs überlebt hat, verdoppelte sich die Gesamtzahl der Betriebe von 185 000 im Jahr 1989 auf 361 000 im Jahr 1991. Danach flauten die Zuwachsraten ab. 1997 machten die 491 000 Selbständigen außerhalb der Landwirtschaft einen Anteil von 7,7 % an den ostdeutschen Erwerbstätigen aus; sie lagen damit um gut ein Fünftel unter dem relativen Umfang dieser Gruppe in Westdeutschland.

Wenige Survey-Daten sowie einige repräsentative Regionalstudien[4] über Neugründungen machen einige ostdeutsche Besonderheiten sichtbar. Im Hinblick auf Herkunft und Soziallage sind die neuen Selbständigen noch heterogener und bunter zusammengesetzt als der westdeutsche Mittelstand. Die Neugründer stammen aus allen Schichten, wobei die Herkunft aus gut qualifizierten und in der DDR beruflich erfolgreichen Gruppen überwiegt. Überrepräsentiert sind Klein- und Kleinstbetriebe mit wenig Eigenkapital sowie »Notgründungen« aus der tatsächlichen oder drohenden Arbeitslosigkeit heraus. Diese Situation liefert auch eine Erklärung dafür, daß die Mehrheit der Selbständigen nur unterdurchschnittliche Einkommen erwirtschaftet und von den Einkommensprivilegien ihrer westdeutschen Kollegen oder auch Konkurrenten (noch?) weit entfernt ist. Allerdings ist die materielle Lage des ostdeutschen Mittelstandes extrem polarisiert. Größere Unternehmen (ab zehn Mitarbeitern) sowie die sprunghaft emporgeschnellte Zahl der Freiberufler (Ärzte, Rechtsanwälte, Wirtschaftsprüfer u. a.) – sie hat sich zwischen 1990 und 1994 verfünffacht – liegen mit ihrem Einkommen inzwischen höher über dem Durchschnitt als in den alten Ländern.

Die unternehmerischen Fähigkeiten der neuen Selbständigen werden – wie die der neuen ostdeutschen Eliten und höheren Dienstleister – unterschiedlich eingeschätzt: Während ostdeutsche Sozialwissenschaftler die »Anschlußfähigkeit« der früheren, in der DDR erworbenen Kompetenzen und Qualifikationen herausarbeiten, diagnostizieren westdeutsche Autoren auch Defizite im unternehmerischen Habitus der Ostdeutschen, z. B. im Hinblick auf Risikofreudigkeit, Kreativität oder Durchsetzungswillen. Der neu entstehende Mittelstand hat nicht alle euphorischen Hoffnungen, die in ihn als Motor eines sozioökonomischen Modernisierungsschub gesetzt wurden, erfüllt; aber es ist erstaunlich, daß er sich trotz der vielen Startprobleme (Mangel an Kapital, Immobilienbesitz sowie betriebs- und marktwirtschaftlichem Know-how, unsicheres und unstabiles ökonomisches Umfeld, unzureichende wirtschaftliche Verflechtungen, Industriekrise, unklare Rechts- und Eigentumsverhältnisse, unbefriedigende Behördenarbeit, schlechte Zahlungsmoral der Kunden u. a.) und unter den Bedingungen eines durchgreifenden radikalen Umbruchs aller Lebensumstände in der skizzierten Form entfalten konnte.

4.7. Postsozialistische Großagrarier – der ostdeutsche Sonderweg auf dem Lande: Auf dem Lande vollzog sich der Strukturumbruch in den neuen Länder mit besonderer Dramatik und Radikalität, denn die bäuerliche Bevölkerung dürfte zu denjenigen Gruppen gehören, deren Lebensbedingungen sich am weitesten von ihrem westdeutschen Pendant wegentwickelt hatten. Dem Zusammenschrumpfen der enormen personellen Überkapazitäten im primären Sektor, wo betriebliche Überbesetzungen mit sektoralen Überhängen zusammentrafen, auf westdeutsche Größenverhältnisse sind ca. 80 % der Arbeitsplätze zum Opfer gefallen – ein historisch einmaliger Einbruch. Von den LPGs hat sich etwa ein Viertel aufgelöst, ca. 3 000 haben als Nachfolgegesellschaften mit veränderter Rechtsform überlebt. Die alten Führungskader haben – anders als in der Industrie und vielen Dienstleistungssektoren – ihre Position halten können und bewirtschaften als Agrarmanager mit drastisch reduziertem Personal große Flächen – 1997 mit ca. 35 Personen pro Betrieb im Durchschnitt etwa knapp 1 500 Hektar (Stichprobe von 322 Großbetrieben für den Agrarbericht der Bundesregierung). Obwohl die Agrar- und Subventionspolitik der Bundesregierung am westdeutschen Leitbild des bäuerlichen Familienbetriebs orientiert ist, entstehen nur wenige neue selbständige Höfe. Nur vereinzelt haben Genossenschaftsbauern den Schritt in die Selbständigkeit gewagt und überstanden: 1997 existierten lediglich ca. 7 600 Einzelbetriebe von selbständigen

Haupterwerbslandwirten. Dazu kommen noch gut 3 000 Personengesellschaften, zu denen sich zwei oder mehr Einzelbetriebe aus ökonomischen Gründen zusammengeschlossen haben. Im Vergleich zu den westdeutschen Familienbetrieben wirtschaften auch die ostdeutschen Neubauern wie moderne Großagrarier. Mit etwa derselben Anzahl von Familienarbeitskräften bestellen sie Flächen, die mit durchschnittlich 127 Hektar pro Hof um mehr als das Dreifache größer sind als im Westen. Die unsicheren Daten über die Gewinne und Einkommen zeigen an, daß die Personengesellschaften mit Abstand am effizientesten wirtschaften. Aber auch die ostdeutschen Einzelbetriebe liegen inzwischen in etwa im Brutto-Einkommensbereich der großen westdeutschen Höfe, ebenso die Gewinne pro Arbeitskraft in den LPG-Nachfolgegesellschaften. Die Ost-West-Unterschiede erinnern an die deutsche Agrarvergangenheit: große Güter im Osten – kleine Höfe im Westen. Und viele Experten vermuten, daß sich in den ostdeutschen Großbetrieben die »moderneren«, zukunftsträchtigeren, konkurrenzfähigeren Produktionsstrukturen herausbilden werden. Es sieht so aus, als ließe sich die gute Integration der ostdeutschen Bauern in die sozialistische Industriegesellschaft für die wenigen Überlebenden in die neue industrielle Dienstleistungsgesellschaft hinüberretten.

4.8. Demographische Veränderungen: Durch die Annäherung der Lebensbedingungen hat sich der *Abwanderungsdruck*, der den Arbeitsmarkt entlastet, aber das Leistungspotential vermutlich schwächt, gelockert. Die Migrationswelle, die den Zusammenbruch der DDR begleitete und mit der zwischen 1989 und 1991 ca. 1 Mio. (Ex-)DDR-Bürger in die alten Bundesländer übersiedelten, ist abgeflaut. Gleichzeitig entfalten auch die neuen Länder eine gewisse Sogwirkung auf westdeutsche Chancensucher. In den 90er Jahren stieg die Zahl derjenigen, die ihren Wohnsitz von West nach Ost verlegten, kontinuierlich an. 1997 war die Ost-West-Wanderungsbilanz nahezu ausgeglichen: 168 000 Ostdeutsche zogen in die alten Länder, 157 000 Westdeutsche in die neuen Länder um.

Die massiven Einbrüche bei den *Eheschließungen, Geburten* und auch bei den *Scheidungen* – alle drei Ziffern sanken zwischen 1990 und 1992 auf weniger als die Hälfte – sind in erster Linie als Schockreaktion auf die Umbruchkrise zu deuten, als vorübergehende Lähmungserscheinung in der privaten Lebensplanung. Zum Teil dürften sich hinter dem Rückgang der Heiratsneigung und der Kinderzahlen aber auch Anpassungsprozesse an modernere westdeutsche Verhaltensmuster verbergen. In den letzten Jahren sind die Geburten, Eheschließungen und Scheidungen in den neuen Ländern wieder geringfügig gestiegen.

4.9. Nachholende Pluralisierung und Individualisierung: Der Anstieg des Lebensstandards, die Zunahme sozialer Differenzierungen und Ungleichheiten, die Vermehrung der Freizeit und die Erweiterung der Freiräume für individuelles Verhalten dürften eine Pluralisierung und Individualisierung der Lebensstile und Lebensformen nach sich ziehen. Empirisch ist diese Entwicklung bisher nur in Ansätzen greifbar, z. B. in der Ausbreitung alternativer privater Lebensformen wie nichtehelicher Lebensgemeinschaften, kinderloser Ehen oder Single-Existenzen.

5. Problemgruppen und Probleme des sozialen Umbruchs

5.1. Demodernisierung – schwindender Gleichstellungsvorsprung der ostdeutschen Frauen: In einem zentralen Bereich verläuft die Entwicklung in den neuen Ländern gegen den langfristigen historischen Trend: Die ostdeutschen Frauen haben einen Teil des Gleichstellungsvorsprungs, den ihnen der Sozialismus ermöglicht hatte, eingebüßt. Frauen sind auf dem krisengeschüttelten Arbeitsmarkt stärker in Bedrängnis geraten als Männer. Wegen der erheblich schlechteren Wiedereinstellungschancen lagen ihre Arbeitslosenquote, die Dauer der Arbeitslosigkeit und der Anteil unter den Langzeitarbeitslosen um 40 % bis 100 % höher als bei Männern, obwohl ihre Berufsneigung nach der Wende nicht etwa ab-, sondern zugenommen hat. 1997 wurden 22 % der Frauen im Vergleich zu 15 % der Männer als arbeitslos registriert, von den arbeitslosen Frauen waren wiederum 14 % bereits mindestens zwei Jahre ohne Anstellung, bei den Männern lediglich 6 %. Da Frauen aus gehobenen und mittleren Berufspositionen häufiger vertrieben werden als aus niederen, nimmt die Männerdominanz in den höheren Ebenen der Berufshierarchie wieder zu. Die Turbulenzen der vertikalen Mobilität, die von den Umbrüchen ausgelöst wurden, gewähren den Männern erheblich bessere Aufstiegschancen; diese klettern – je nach Studie – zwei- bis dreimal häufiger als Frauen auf der sozialen Leiter nach oben. Den Frauen werden dagegen die größeren Abstiegsrisiken beschert; sie haben doppelt so häufig wie Männer Statusverluste hinzunehmen.[5] Der Abbau der Kinderbetreuungseinrichtungen und der staatlichen Hilfen für erwerbstätige Frauen haben die Doppelbelastung erhöht. Die Probleme am Arbeitsmarkt wirken auch auf die häusliche Arbeitsteilung zurück und verschärfen deren Geschlechtstypik. Im Bildungssystem sind junge Frauen ebenfalls wieder stärker in die Defensive geraten. Mädchen gehören häufiger als Jungen zu den Verlierern beim Kampf um knappe Lehrstellen und verzichten auch häufiger als junge Männer auf die Aufnahme eines Studiums. Im politischen Bereich konnten die ostdeutschen Frauen ihren Gleichstellungsvorsprung am besten behaupten: sie sind weiterhin politisch interessierter und engagierter als westdeutsche Frauen und in den Parlamenten besser vertreten; so beträgt z. B. der Frauenanteil unter den ostdeutschen Abgeordneten des derzeitigen Bundestages 39 % gegenüber 31 % unter den westdeutschen.

5.2. Vier Problemgruppen: Un- und Angelernte werden besonders häufig aus dem Arbeitsmarkt hinausgedrängt; Lähmungserscheinungen und Handlungsschwäche, Sorgen, Ängste, Orientierungslosigkeit und Unzufriedenheit mit ihrer Situation nach der Vereinigung sind unter ihnen besonders weit verbreitet. Auch die Bevölkerung auf dem Lande trifft der Umbruch besonders hart. Die erwähnten enormen Arbeitsplatzverluste im Agrarsektor treffen mit weiteren regionalen Nachteilen zusammen, wobei die Negativeffekte kumulieren: In den strukturschwachen Agrargebieten fehlen häufiger als anderswo Beschäftigungsalternativen. Landfrauen sind von diesen Engpässen wiederum besonders betroffen. Eine dritte Problemgruppe bildet die Generation von Erwerbstätigen, die 1989 etwa 45 bis 55 Jahre alt waren. Für diese »verlorene Generation des späten Mittelalters« kam der Umbruch gleichzeitig zu früh und zu spät; zu früh, weil sie noch nicht alt genug ist, um – wie die Rentner – von der neuen Situation zu profitieren, und zu spät, weil sie nicht mehr jung genug ist, um erfolgreich in der Konkurrenz um die knappen Arbeitsplätze zu bestehen. Neue Problemgruppen entstehen schließlich dadurch, daß sich die Armutszone am Rand der Gesellschaft allmählich nach dem westdeutschen Muster umschichtet. Die Minderheit derjenigen, die über höchstens 50 % des Durchschnittseinkommens (gewichtetes Nettohaushaltseinkommen pro Kopf) verfügen, ist von 3,4 % im Jahr 1990 auf 7,9 % im Jahr 1995 gestiegen (alte Länder: 13,0 %). Das Armutsrisiko trifft insbesondere vier Gruppen, die es in der DDR nicht oder nicht als Randgruppen gab: Langzeitarbeitslose, alleinerziehende Mütter, kinderreiche Familie sowie – damit zusammenhängend – Kinder und Jugendliche.

5.3. Anomie als Folge des radikalen Umbruchs im Zeitraffertempo: Die Ostdeutschen sahen sich einer extremen Veränderung nahezu aller Lebensumstände ausgesetzt. Arbeit und Freizeit, Familienleben und Freundeskreise, Politik und Kultur, die vielen Kleinigkeiten des Alltags, aber auch die allgemeinen Normen und Werte, die Lebens- und Zukunftsperspektiven haben sich ruckartig und tiefgreifend verändert. Die ungeheure Beschleunigung der sozialen Dynamik läßt sich hier und da auch in Zahlen fassen. Der Motorisierungsschub, den die neuen Länder zwischen 1989 und 1992 erlebten, dauerte in der Bundesrepublik von 1970 bis 1984, also etwa fünfmal so lange. Geradezu beängstigend ist die Geschwindigkeit, mit der die Tertiärisierungslücke geschlossen wurde; eine Entwicklung, die in Westdeutschland ca. 25 Jahre in Anspruch nahm, wurde innerhalb von knapp drei Jahren nachgeholt. Die Folge waren enorme Turbulenzen auf dem Arbeitsmarkt, die Menschen wurden zu extremer Mobilität gezwungen. Der dramatische Arbeitsplatzschwund – im September 1992 waren 37 % der Arbeitsplätze von 1989 weggebrochen – ist in der Geschichte ohne Beispiel. 1990/91 hat sich die Arbeitsplatzmobilität (Arbeitsplatzwechsel und -verlust) gegenüber der durchaus hohen Dynamik in Westdeutschland, wo jährlich ca. 20 % der Arbeitsplätze verlorengehen, um knapp das Dreifache beschleunigt, der Anteil der Berufswechsler beträgt das Doppelte. Nur etwa jeder Dritte war 1993/94 noch auf dem Arbeitsplatz von 1989 beschäftigt. Eine Analyse zur Arbeitsmarktdynamik in Sachsen-Anhalt in den Jahren 1990 bis 1997 ergibt das folgende Bild: Von allen Personen, die 1990 im Berufsleben standen und 1997 das Alter von 65 Jahren noch nicht erreicht hatten, waren nur 44 % in diesem Zeitraum ohne Inanspruchnahme von arbeitsmarktpolitischen Hilfen und ohne längere Unterbrechung berufstätig. 39 % waren mindestens einmal arbeitslos – meist länger als ein Jahr.

Bereits vor einem Jahrhundert hatte der französische Soziologe Emile Durkheim darauf hingewiesen, daß radikaler gesellschaftlicher Wandel zu anomischen Erscheinungen führt. Anomie meint die Abwesenheit von *nomos*, d. h. von Gesetz, Regel, Orientierung. Anomie entwickelt sich sowohl im Inneren des Menschen als auch außerhalb, in der Gesellschaft. In den neuen Ländern zeigen fast alle sozialen Gruppen, die den Menschen Sicherheit und Orientierung geben, erhebliche Krisenerscheinungen mit Verlusten an Orientierungs- und Bindekraft. Die Familien waren häufig hohen, zum Teil extremen Belastungen ausgesetzt; die Schulen, die völlig umgestaltet wurden, kämpfen mit Unsicherheiten und Autoritätseinbußen; viele Arbeitskollektive und Freizeitclubs haben sich aufgelöst.

Der radikale Umbruch belastete oder zerriß gewohnte soziale Einbindungen, entwertete Qualifikationen und erzeugte bei vielen Unsicherheit, Streß, Angst, Perspektiv- und Orientierungslosigkeit. 1990 gaben nur 11 % der Westdeutschen, aber 40 % der Ostdeutschen an, sich in den komplizierten Verhältnissen nicht zurechtzufinden. 1995 war dieser Anteil unter Ostdeutschen auf 28 % zurückgegangen und unter Westdeutschen auf 18 % angestiegen. Weitere Indikatoren für anomische Erscheinungen sind: die erwähnten massiven Einbrüche bei den Eheschließungen und Geburten; ein erschreckender Anstieg der Kriminalität und der Kriminalitätsfurcht; eine größere Anfälligkeit gegenüber politischen Extremismen; häufigere und heftigere Ausbrüche von Gewalt gegenüber Minderheiten. Die Selbstmordrate ist allerdings nach der Wende gesunken. Sie lag in der DDR um 60 % höher als in der Bundesrepublik, 1997 liegt sie dagegen nur noch um ca. 40 % über dem westdeutschen Niveau.

5.4. Ost-West-Verteilungskonflikt: Die bereits erwähnten öffentlichen Finanztransfers von den alten in die neuen Länder beliefen sich in den sieben Jahren 1991 bis 1997 auf die weltweit einmalige Größenordnung von netto (d. h. abzüglich zurückfließender Steuern und Verwaltungseinnahmen) 888 Mrd. DM bzw. auf durchschnittlich 127 Mrd. DM pro Jahr. Das bedeutet: auf jeden Einwohner Westdeutschlands entfiel eine durchschnittliche jährliche Unterstützungsleistung von knapp 2 000 DM, mit der die vom sozialistischen System hinterlassenen krassen Ost-West-Unterschiede in den Lebensbedingungen möglichst schnell verringert werden sollten. Die Folge davon ist ein zusätzlicher regionaler Verteilungskonflikt im vereinten Deutschland, der »quer« zu den traditionellen vertikalen Konfliktlinien verläuft und teilweise die Züge eines antagonistischen Interessengegensatzes über die Höhe des Transfers und die Geschwindigkeit beim Abbau der Ost-West-Kluft annimmt. In den Augen der Westdeutschen hat der neue Ost-West-Gegensatz inzwischen dieselbe Intensität erreicht wie der traditionelle Konflikt zwischen Arbeitergebern und Arbeitnehmern, nach Meinung der Ostdeutschen ist er sogar noch stärker.[6]

Die Ost-West-Ungleichheiten, die durch die Vereinigung von einer zwischengesellschaftlichen zu einer innergesellschaftlichen Kluft geworden sind, werfen neue Legitimitätsprobleme auf. Soziale Ungleichheiten werden in modernen Leistungsgesellschaften meritokratisch gerechtfertigt – als ungleiche Belohnungen für ungleiche individuelle Leistungen. Dieses Legitimationsmuster greift einigermaßen für schichtspezifische Ungleichheiten, aber nicht für die neuen regionalen deutsch-deutschen Unterschiede. Zwei weitere Faktoren verschärfen die Legitimitätskrise und die daraus resultierenden deutsch-deutschen Verteilungskonflikte: Zum einen gerät die historisch-strukturelle Ursache der Ost-West-Ungleichheiten, das Leistungsdefizit des sozialistischen Systems, mit zunehmendem zeitlichen Abstand zum Zusammenbruch dieses Systems immer weiter aus dem Blick; und zum anderen sind solidarische Einstellungen und soziale Sensibilität im Sozialismus stärker entwickelt worden als in den alten Ländern,[7] so daß westdeutsche Bemühungen um die Erhaltung oder gar Erweiterung des Lebensstandards als Verweigerung von Solidarität empfunden werden und besonders starke Enttäuschungen hervorrufen.

6. Bilanz: In den 50er und 60er Jahren gingen die Konvergenztheoretiker davon aus, daß sich sozialistische und kapitalistische Systeme durch die Strukturdynamik der Industriegesellschaft aufeinander zubewegen und schließlich miteinander verschmelzen würden. Ihr Irrtum lag aus heutiger Sicht darin, daß sie das Leistungs- und Modernisierungspotential der sozialistischen Systeme überschätzt haben. Die Modernisierungsdefizite der ostdeutschen Sozialstruktur nahmen zu, wurden von der Bevölkerung immer deutlicher als Beeinträchtigung ihrer Lebenschancen empfunden, brachten das System schließlich – nach der Erosion seines sowjetischen Korsetts – zum Einsturz und werden derzeit so schnell wie möglich beseitigt. Der radikale soziale Umbruch, der sich in den neuen Ländern vollzogen hat und noch vollzieht, ist in seinen wesentlichen Zügen nachholende Modernisierung im Zeitraffertempo – eine problembeladene, konflikthaltige und zum Teil auch schmerzhafte Anpassung der ostdeutschen Sozialstruktur an das westdeutsche Muster einer modernen Leistungsgesellschaft mit ihren Vor- und Nachteilen. Die ostdeutsche Gesellschaft legt im Schnellschritt das letzte Stück eines langen entbehrungsreichen sozialistischen Umweges in die moderne Gesellschaft zurück.

Rainer Geißler

Anmerkungen:

1 Vgl. W. Bürklin u. a.: Eliten in Ostdeutschland, Opladen 1997; U. Hoffmann-Lange/W. Bürklin: Eliten, Führungsgruppen, in: B. Schäfers/W. Zapf (Hrsg.): Handwörterbuch zur Gesellschaft Deutschlands, Opladen 1998, S. 167–178.

2 Vgl. R. Myritz: Manager in Ostdeutschland, Köln 1992; E. Schröter: Verwaltungsführungskräfte in Ostdeutschland, in: Die real-existierende postsozialistische Gesellschaft, Berlin 1994, S. 262–276; K. Gillwald: Hoffnungsträger Ost, Berlin 1992; F. Adler/A. Kretzschmar: Ungleiche Ungleichheitskarrieren, Berlin 1995; P. Windolf: Die Transformation der ostdeutschen Betriebe, in: Berliner Journal für Soziologie, 6/1996, S. 467–488; 1997 nach Angaben des Statistischen Bundesamtes.

3 Statistisches Bundesamt (Hrsg.): Fachserie 2.1. Reihe 16, Suttgart 1998; J. Schwarze/G. Wagner: Zur Entwicklung der Effektivlohnstruktur in den neuen Bundesländern, in: DIW Wochenbericht, 23/1992, S. 291–295.

4 Vgl. zu Brandenburg/Ostberlin: T. Koch/M. Thomas: Soziale Strukturen und Handlungsmuster neuer Selbständiger als endogene Potentiale im Transformationsprozeß, in: R. Kollmorgen u. a. (Hrsg.): Sozialer Wandel und Akteure in Ostdeutschland, Opladen 1996, S. 217–241; zum Raum Leipzig: T. Hinz: Existenzgründungen in Ostdeutschland: Ein erfolgreicher Weg aus der Arbeitslosigkeit? in: M. Diewald/K. U. Mayer (Hrsg.): Zwischenbilanz der Wiedervereinigung, Opladen 1996, S. 111–134; zu Sachsen-Anhalt: T. Claus: Existenzgründungen in Ostdeutschland, in: Aus Politik und Zeitgeschichte, B 15/1996, S. 3–19.

5 Vgl. F. Adler/A. Kretzschmar: Vertikale Mobilität im ostdeutschen Transformationsprozeß, in: H.-J. Andreß (Hrsg.): Fünf Jahre danach, Berlin 1995, S. 21 ff.; F. Adler/A. Kretzschmar, a. a. O. (Anm. 2); E. Holst/J. Schupp: Aspekte der Arbeitsmarktentwicklung in Ostdeutschland, in: Deutschland Archiv, 28/1995, S. 734–742.

6 D. Landua u. a.: ». . . im Westen noch beständig, im Osten etwas freundlicher«. Lebensbedingungen und subjektives Wohlbefinden drei Jahre nach der Wiedervereinigung, Berlin 1993, S. 88.

7 Empirische Belege dazu aus verschiedenen Studien bei R. Geißler: Die Hinterlassenschaft der realsozialistischen Sozialisation. Mitgift und Erblast zugleich, in: J. Mayer (Hrsg.): Die unsichtbaren Hände, Loccum 1993, S. 45 ff.

Literatur:

Andress, Hans-Jürgen (Hrsg.): Fünf Jahre danach. Zur Entwicklung von Arbeitsmarkt und Sozialstruktur im vereinten Deutschland, Berlin/New York 1996. □ Bertram, Hans/Stefan Hradil/Gerhard Kleinhenz (Hrsg.): Sozialer und demographischer Wandel in den neuen Bundesländern, Opladen 1996. □ Diewald, Martin/Karl Ulrich Mayer (Hrsg.): Zwischenbilanz der Wiedervereinigung. Strukturwandel und Mobilität im Transformationsprozeß, Opladen 1996. □ Geissler, Rainer: Die Sozialstruktur Deutschlands. Ein Studienbuch zur gesellschaftlichen Entwicklung mit einer Zwischenbilanz zur Vereinigung, Opladen (2. neu bearb. u. ergänzte Aufl.) 1996. □ Ders. (Hrsg.): Sozialer Umbruch in Ostdeutschland, Opladen 1993. □ Ders.: Neue Strukturen der sozialen Ungleichheit im vereinten Deutschland, in: Robert Hettlage/Karl Lenz (Hrsg.): Deutschland nach der Wende, München 1995, S. 119–141. □ Glatzer, Wolfgang/Heinz-Herbert Noll (Hrsg.): Getrennt vereint. Lebensverhältnisse in Deutschland seit der Wiedervereinigung, Frankfurt a. M./New York 1995. □ Hauser, Richard u. a.: Ungleichheit und Sozialpolitik, Opladen 1996. □ Schäfers, Bernhard/Wolfgang Zapf (Hrsg.): Handwörterbuch zur Gesellschaft Deutschlands, Opladen 1998. □ Statistisches Bundesamt (Hrsg.): Datenreport 1997. Zahlen und Fakten über die Bundesrepublik Deutschland, Bonn 1997. □ Winkler, Gunnar (Hrsg.): Sozialreport 1997. Daten und Fakten zur sozialen Lage in den neuen Bundesländern, Berlin 1997. □ Zapf, Wolfgang: Die Transformation in der ehemaligen DDR und die soziologische Theorie der Modernisierung, in: Berliner Journal für Soziologie, 4/1994, S. 295–309.

Sozialpolitik

→ Bundesrepublik Deutschland: Geschichte, DDR: Geschichte, **Finanzierung der Einheit**, Frauen, Innere Einheit, Jugend, Lebensbedingungen, **Sozialer Wandel**, Strukturwandel.

1. Begriffsbestimmung: Sozialpolitik ist die Gestaltung von und Einflußnahme auf alle Aktivitäten, die dazu beitragen, ein menschenwürdiges Dasein zu sichern, gleiche Voraussetzungen für die freie Entfaltung der Persönlichkeit zu schaffen, die Familie zu schützen und zu fördern, den Erwerb des Lebensunterhalts durch eine frei gewählte Tätigkeit zu ermöglichen und besondere Belastungen des Lebens, auch durch Hilfe zur Selbsthilfe, abzuwenden und auszugleichen.

2. Sozialpolitische Paradigmen: Im Anfang war Bismarck: Die Sozialpolitik in Adenauers Kanzlerdemokratie stand fest auf dem Fundament, das der eiserne Kanzler geschaffen hatte. Die Restauration der Sozialversicherung war und ist das entscheidende Paradigma der sozialen Sicherung in Deutschland. Zwar strebten Sozialdemokratie und Gewerkschaften zunächst eine Einheitsversicherung mit egalitärem Leistungssystem und Einheitsverwaltung an, mit dem Erfolg der sozialen Marktwirtschaft in den 50er Jahren und der Zustimmung zur Adenauerschen Rentenreform von 1957 wurde die Richtungsentscheidung für eine gegliederte Sozialversicherung mit Kranken-, Renten-, Arbeitslosen- und Unfallversicherung aber anerkannt. Im Gegensatz dazu wurde bereits in der Sowjetischen Besatzungszone (SBZ) entschieden, die verschiedenen Sozialversicherungsträger bei einem Träger zusammenzufassen und einen einheitlichen, alle Risiken abdeckenden Versicherungsbeitrag zu erheben. Sozialpolitisch war damit die Spaltung Deutschlands bereits vor Gründung der DDR vollzogen.

Das Grundgesetz enthält keine sozialen Grundrechte, sondern definiert in den »Sozialstaatsklauseln« der Art. 20 Abs. 1 und Art. 28 Abs. 1 den sozialen Charakter des Staates und bekräftigt dies, indem die Verfassungsvorschriften der »Ewigkeitsgarantie« des Artikel 79 Abs. 3 unterliegen. Im Gegensatz dazu wurden in der Verfassung der DDR soziale Garantien wie das Recht auf Arbeit, auf Versorgung bei Krankheit und im Alter sowie im Mutterschutz festgeschrieben.

Beide deutschen Staaten zogen in ihren Maßnahmen zur sozialen Sicherung Konsequenzen aus den Erfahrungen der Weimarer Republik. Daß die Deutschen die Verbindung von Demokratie und Freiheit nur als wirtschaftliches und soziales Chaos erlebt hätten, bemerkte schon Herbert Marcuse in seinen »Feindanalysen: Über die Deutschen« und hatte damit ein zweites Paradigma der deutschen Sozialpolitik nach 1945 vorweggenommen: die Überzeugung, daß die fehlende soziale Sicherheit wesentlich zum Untergang der Weimarer Republik beigetragen hat. Soziale Sicherheit wird über alle Parteigrenzen hinweg als Voraussetzung für politische Stabilität betrachtet. Mit dem Ausbau der Sozialsysteme soll auch das politische System stabilisiert werden. Bis zum Beginn der Debatte um die Globalisierung der Wirtschaft und den Wirtschaftsstandort Deutschland in den späten 80er Jahren galt unhinterfragt in beiden deutschen Staaten die Gleichung: mehr sozialpolitische Aktivitäten gleich mehr politische Stabilität.

Von Kritikern des Sozialstaates in der Bundesrepublik wird dieses Tutiorismus-Paradigma als »Gefälligkeitsdemokratie« bewertet, da den Politikern der Mut zu unpopulären Maßnahmen fehle. Sie fürchten eine langfristige Erosion der finanziellen Grundlagen des Staates und gerade in den Transferzahlungen Gefahren der politischen Destabilisierung. Dieser Grundkonflikt zwischen Wirtschafts- und Sozialpolitikern spiegelt sich in den Ministerien für Wirtschaft bzw. Arbeit und Sozialordnung wider.

Die Wirtschaftspolitiker werden argumentativ nicht nur von der Mehrzahl der Wirtschaftsforschungsinstitute, den Arbeitgeber- und Industrieverbänden unterstützt. In zentralen sozialpolitischen Fragen kommt auch Schützenhilfe von der Bundesbank, die sich z. B. immer wieder gegen das bestehende Rentensystem ausgesprochen hat. Sozialpolitiker erhalten strukturell Unterstützung durch Gewerkschaften und Wohlfahrtsverbände. Im Gegensatz zu den Sozialstaatskritikern ist es den Sozialpolitikern aber nur sehr begrenzt gelungen, Thinktanks aufzubauen, die die eigenen

Positionen argumentativ abstützen. Das Tutiorismus-Paradigma entfaltet eine solche Gestaltungsmacht, daß es konzeptionell abgesicherteren Positionen in der politischen Durchsetzbarkeit überlegen ist. Nicht einmal ein starker Politiker wie Ludwig Erhard, der immer wieder davor warnte, nicht die eigene Zukunft zu »verfrühstücken«, kam als Wirtschaftsminister oder Bundeskanzler dagegen an. In den Jahren wirtschaftlichen Erfolges konnten sich die Sozialpolitiker auch dank des hohen Wirtschaftswachstums durchsetzen, das erhebliche Verteilungsspielräume eröffnete. Mit dem Abflachen des Wirtschaftswachstums als Folge der ersten Ölkrise des Jahres 1973 wurde allerdings der Konfliktausgang offener. Insgesamt läßt sich Sozialpolitik in Deutschland nach 1945 beschreiben als eine dreifache Angst der Regierenden:

- vor dem Gespenst von Weimar,
- vor außenpolitischen Gefährdungen im Kalten Krieg und im Prozeß der deutschen Einigung,
- vor den nächsten Wahlen.

Der deutsch-deutsche Gegensatz muß als drittes Paradigma der Sozialpolitik angesehen werden. Der Wettbewerb der Gesellschaftssysteme wurde auf deutschem Boden auch und vor allem über die Sozialpolitik ausgetragen. Sozialpolitische Leistungen sollten die Attraktivität und Überlegenheit des jeweils eigenen Systems belegen. Der vorbildliche Ausbau des sozialen Schutzes war auch Waffe im Kalten Krieg. Die Sozialgesetzgebung der Bundesrepublik wurde bewußt attraktiv für Menschen von jenseits des eisernen Vorhangs ausgestaltet. Insbesondere das Fremdrentengesetz garantierte, daß eine gelungene Flucht in den Westen die soziale Sicherheit im Alter gegenüber der DDR-Rentenversicherung wesentlich verbesserte. Die Vielzahl von zum Teil außerordentlich attraktiven Sondersicherungssystemen für Privilegierte des DDR-Systems ist auch eine Antwort auf diese Entwicklung. Christoph Conrad spricht deshalb von einem »guten Schuß Voluntarismus, Paternalismus« im System der Alterssicherung der DDR, der darauf abziele, die Bindungen bestimmter Bevölkerungsteile an den Staat zu verstärken.[1] Für Heinz Vortmann ist der Ausbau des Sozialleistungssystems im Westen der entscheidende Grund dafür, daß in der DDR Ende der 50er Jahre überhaupt eine eigenständige Sozialpolitik nicht mehr als sinnwidrig in einer sozialistischen Gesellschaft begriffen wurde.

Die drei Paradigmen wirken über den Zusammenbruch der DDR weiter. Aus Sicht der Bundesregierung forderten 1989 die Menschen in der DDR mit dem Ruf nach Einheit des Volkes auch ein sozialpolitisches Leistungsversprechen ein. Mit dessen Einlösung sollte aber nicht nur die eigene Glaubwürdigkeit gestärkt werden, sondern gemäß Paradigma zwei einer politischen Destabilisierung entgegengewirkt werden. In dieser Denkweise nicht hinterfragbar war, ob dies nur durch Übertragung der durch Paradigma eins geprägten Gesetzgebung auf das Gebiet der DDR geschehen konnte.

3. Entwicklung der Sozialpolitik in der Bundesrepublik Deutschland: Die größte sozialpolitische Herausforderung beider deutscher Staaten bei ihrer Gründung war die Integration von 9,6 Mio. Flüchtlingen und die Versorgung der Kriegsopfer. Dieses mußte unter den Bedingungen der Zerstörungen des Zweiten Weltkrieges geschehen. Die Wirtschaftleistung war in beiden deutschen Staaten noch unterhalb des Vorkriegsniveaus.

Der wirtschaftliche Aufschwung der Bundesrepublik in der ersten Hälfte der 50er Jahre ermöglichte aber bereits zu diesem Zeitpunkt einen Ausbau der sozialen Sicherung über das Niveau in der DDR. Allein in den Jahren 1950 bis 1953 erhöhten sich die Renten um rund ein Viertel, da sie entsprechend der Entwicklung der Brutto-Lohnsumme der Arbeitnehmer dynamisiert wurden. 1955 waren 49 % der Menschen in der Bundesrepublik ganz oder überwiegend von Sozialtransfers, von Alters- und Invaliditätsrenten sowie den Leistungen der Kriegsopferversorgung abhängig. Ihre Neuerung war deshalb das Herzstück einer »umfassenden Sozialreform«, mit der die Regierung Adenauer nach der außenpolitischen Grundlegung die Stabilität der Bundesrepublik nach innen sichern wollte. Auch wenn von dem gesamten Vorhaben »nur« die Neuordnung der Leistungen im Alter und für Hinterbliebene gelang, war mit der Einführung der dynamischen Rente gegen den erbitterten Widerstand von Wirtschaftsministerium und Bundesbank eine sozialpolitisch entscheidende Weiche gestellt, die auch das Auseinanderdriften der beiden deutschen Sozialsysteme beschleunigte. Die DDR konnte aufgrund ihrer geringeren Wirtschaftsleistung nicht mithalten. Die Notwendigkeit, die Renten im Osten mit der Verwirklichung der Sozialunion zum 1. Juli 1990 um 24 % zu erhöhen und trotzdem noch Auffüllbeträge vorzusehen, um das Sozialhilfeniveau von 495 DM zu erreichen, markiert das Ergebnis einer Entwicklung, die mit der gemeinsamen Entscheidung von Bundesregierung und Opposition für die dynamische Rente im Jahre 1956 ihren entscheidenden Impuls erhalten hatte.

Der Ausbau der sozialen Sicherung in der Bundesrepublik erfolgt nicht auf der Grundlage eines einheitlich konzipierten Systems, sondern entwickelt die historisch gewachsenen Systeme weiter und vergrößert ihre Vielfalt. Die mangelnde Koordinierung der Maßnahmen zur sozialen Sicherung ist zwar seit der Rothenfelser Denkschrift aus dem Jahre 1955 ein Ceterum censeo der sozialpolitischen Diskussion. Konkrete Maßnahmen zur Strukturierung der Sozialleistungen, insbesondere das seit den 70er Jahren laufende Projekt der Bündelung der sozialrechtlichen Vorschriften in einem einheitlichen Sozialgesetzbuch, haben an der wachsenden Unübersichtlichkeit des Sozialrechts und den komplizierten Anspruchsvoraussetzungen nichts geändert.

Herausragende Persönlichkeiten wie Franz-Josef Würmeling (Kindergeld, Vergünstigungen für kinderreiche Familien bei Bahnfahrten), Hans Katzer (Arbeitsförderungsgesetz), Käthe Strobel (Einführung von Vorsorgeuntersuchungen in den Leistungskatalog der gesetzlichen Krankenversicherung), Rita Süssmuth (Erziehungsgeld) und Norbert Blüm (Pflegeversicherung) sind für die bundesdeutsche Sozialpolitik prägender gewesen als ordnungspolitische Leitvorstellungen. Wenn es eine ordnungspolitische Konzeption gibt, die die bundesdeutsche Sozialpolitik bestimmt hat, dann ist es die katholische Soziallehre, wie sie der Jesuitenpater Oswald von Nell-Breuning formuliert hat. Ihre Prägekraft entfaltet sie über die handelnden Personen, ihre Strahlkraft geht dabei weit über die Sozialpolitiker der CDU/CSU hinaus und schließt auch entscheidende Personen im dominierenden Bundesministerium für Arbeit und Sozialordnung und der Bundesanstalt für Arbeit ein. Das wichtigste Element dieser Leitvorstellung ist das Subsidiaritätsprinzip.

Der Ausbau des Systems der sozialen Sicherheit in der Bundesrepublik Deutschland kann bis in die Mitte der 70er Jahre als außerordentlich erfolgreicher Versuch beschrieben werden, seine Segnungen auf immer breitere Bevölkerungsschichten auszudehnen und gleichzeitig die Leistungen immer weiter zu verbessern. In der Ära Adenauer wurden mit der großen Rentenreform des Jahres 1957 und der Einführung des Bundessozialhilfegesetzes wichtige Reformvorhaben verwirklicht. Der Übergang von einer sozialen Marktwirtschaft zum Aufbau eines Wohlfahrtsstaates vollzog sich in den Jahren der Großen Koalition und der Regierungszeit Willy Brandts. Helmut Schmidt hatte mit seinem Diktum, die Bundesrepublik vertrage leichter 5 % Inflation als 5 % Arbeitslosigkeit, den sozialpolitischen Konsens dieser Ära beschrieben, Karl Schiller mit seiner Adaption der Lehren von John Maynard Keynes auf bundesdeutsche Verhältnisse den theoretischen Überbau geliefert. Mit Stabilitäts- und Arbeitsförderungsgesetz sowie der Konzertierten Aktion sollten die Voraussetzungen für anhaltendes Wirtschaftswachstum geschaffen werden, auf dessen Grundlage der Wohlfahrtsstaat zügig ausgebaut werden konnte. Sozialpolitik wandelte ihre Funktion und wurde als umfassende Gesellschaftspolitik begriffen. Sie sollte sich nicht darauf beschränken, Not zu lindern und auch den Armen gesellschaftliche Teilhabe zu ermöglichen. Die neuen Ziele wurden höher gesteckt: umfassende Daseinsvorsorge und Umschichtung von Kaufkraft zur Erreichung von sozialer Gerechtigkeit. Chancengleichheit durch Umverteilung sollte auch innergesellschaftliche Konflikte lösen und so das politische System stabilisieren. Bildungspolitik und der Bildungsgesamtplan von 1971 dienten auch der Verwirklichung der sozialen Demokratie.

Die Christdemokraten beteiligten sich an diesem Voraben über den Regierungswechsel hinaus, indem sie wichtigen Reformvorhaben der sozial-liberalen Regierung wie der Rentenreform 1972 und dem Krankenhausfinanzierungsgesetz zustimmten. Die Wiedererlangung der Macht führte für die CDU über das Soziale, sie mußte »ihre Kompetenz, den Grundsatz der Sozialpflichtigkeit der Marktwirtschaft verwirklichen zu können, nachweisen« (K. Biedenkopf). Die Sicherung der »wirtschaftlichen und sozialen Entfaltungsräume« des Einzelnen war auch für die oppositionelle CDU entscheidend, die mit der Formulierung der »Neuen Sozialen Frage« – dem Eintreten für die nichtorganisierten alten Menschen, Mütter und Kinder – eigene Akzente setzte und somit strukturell auch eine Ausweitung sozialstaatlicher Aktivitäten befürwortete.

Der wichtigste Bruch in der Sozialpolitik der Bundesrepublik verbindet sich deshalb nicht mit einem Regierungswechsel, sondern ist die Konsequenz des Ölpreisschocks des Jahres 1973. Die Reformeuphorie verflog mit den schwindenden Wachstumsraten des Bruttosozialproduktes, einer steigenden Arbeitslosigkeit, die 1977 die Millionengrenze überschritt, und einer beginnenden Stagflation. Als die nachfragefördernden Instrumente die Fahrt in die Rezession nicht aufhalten konnten und die Arbeitslosigkeit trotz des Einsatzes der Instrumente der aktiven Arbeitsmarktpolitik stieg, war ein grundsätzliches Umsteuern unumgänglich, wofür jedoch die Konzepte, die mit dem Tutiorismus-Paradigma kompatibel gewesen wären, fehlten. Hier bewährte sich der Pragmatismus in der Sozialpolitik, denn mit dem Kostendämpfungsgesetz für die gesetzliche Krankenversicherung trat zum 1. Juli 1977 bereits ein Gesetz der neuen Ära der bundesdeutschen Sozialpolitik in Kraft, bevor der erste Tagungsband vorlag, der sich mit den Grenzen des wirtschaftlichen Wachstums und seinen Auswirkungen auf die Leistungsfähigkeit und Zukunftsperspektive der sozialen Sicherung beschäftigte.[2]

Für die bundesdeutsche Sozialpolitik sind seit Mitte der 70er Jahre neue Problemfelder entscheidend:

- Die strukturelle Arbeitslosigkeit wächst. Selbst in konjunkturellen Wachstumsphasen wird der vorhandene Sockel in den Arbeitslosenzahlen nicht signifikant reduziert.[3] Durch die hohe Arbeitslosigkeit und den Abbau sozialversicherungspflichtiger Beschäftigungsverhältnisse entsteht ein Einnahmeproblem in allen Systemen der sozialen Sicherung.
- Der Strukturwandel in Westdeutschland von der Industrie- zur Dienstleistungsgesellschaft führt auf dem Arbeitsmarkt zu starkem Anpassungsdruck, der durch die Sozialpolitik und hier insbesondere durch eine aktive Arbeitsmarktpolitik flankiert werden muß. Das Tutiorismus-Paradigma führt dazu, daß Erhaltungssubventionen in Landwirtschaft, Werften und Bergbau, aber auch in klassischen Industrien den sozialpolitischen Handlungsspielraum zur Bewältigung der neuen Herausforderungen massiv einengen.
- Die drei klassischen Generationen der Bevölkerung haben sich auf fünf erweitert: Die Bildungspolitik führte seit Beginn der 70er Jahre zu einer deutlichen Ausweitung der Jugendphase bis zu einem Eintritt ins Berufsleben. BAFöG, Erziehungs- und Kindergeld ermöglichen es auch Studentinnen, Kinder zu erziehen. Damit wächst die Zahl derer, die Kinder versorgen müssen, ohne wirtschaftlich für sich selbst sorgen zu können. In der klassischen Generation der Kinder und Jugendlichen entsteht so eine zweite Generation, die ebenfalls aus der Wirtschaftsleistung der Erwerbstätigen alimentiert werden muß. Eine vergleichbare Wirkung hat der Fortschritt in der Lebenserwartung. Es steigt auch die Zahl derer, die noch lebende Eltern zu dem Zeitpunkt haben, bei dem sie selbst aus dem Berufsleben ausscheiden. Deshalb besteht auch die klassische Generation der Alten heute de facto aus zwei Generationen.

Es findet also eine Kompression der Erwerbsphase statt, die Generation der Erwerbstätigen muß de facto vier Generationen versorgen. Während die beiden Generationen nach der Erwerbsphase umfassend über staatliche gelenkte Sicherungssysteme versorgt sind, greift die staatliche Hilfe für die beiden Jugend-Generationen nur subsidiär. Insgesamt sind die öffentlichen Aufwendungen für die nicht mehr erwerbstätige Generation etwa dreimal so hoch wie diejenigen für die noch nicht Erwerbstätigen.

- Der Altersdurchschnitt der Bevölkerung steigt rapide. Die Enquete-Kommission des Bundestages geht davon aus, daß der Altenquotient – definiert als das zahlenmäßige Verhältnis der über 60jährigen zu den 21- bis 59jährigen – in Deutschland von 35,2 in 1990 über 46,6 in 2010 auf 73,5 im Jahre 2030 steigen wird. 1950 lag er in Westdeutschland noch bei 26,0. Den steigenden Anpassungserfordernissen in der Sozialpolitik stehen deshalb sinkende demographische Anpassungspotentiale gegenüber.

- Das Wirtschaftswachstum in Deutschland bleibt seit den 80er Jahren im westeuropäischen Vergleich unterdurchschnittlich. Das Ziel des Schuldenabbaus muß deshalb aufgegeben werden. Die Bundesregierung beschränkt sich auf die Begrenzung der Netto-Neuverschuldung. Trotzdem wird inzwischen fast jede vierte Mark aus dem Bundeshaushalt für den Schuldendienst ausgegeben. Mit der Einführung von Obergrenzen für die Staatsverschuldung durch den Vertrag von Maastricht werden zwar die Optionen begrenzt, steuerfinanzierte Sozialleistungen auszuweiten, de facto führt dies aber dazu, daß der Gestaltungsspielraum der Sozialpolitik sich auf die umlagefinanzierten Sozialversicherungen beschränkt und die Verbesserung von Sozialleistungen den Faktor Arbeit weiter verteuern. Die Konstruktion der Pflegeversicherung als Sozialversicherung ist das wichtigste Beispiel.
- Problemlösungsstrategien der Vergangenheit wie die Einbeziehung immer weiterer Bevölkerungsschichten in das System der sozialen Sicherung auch aus Gründen der Beitragsschöpfung stoßen auf rechtliche und faktische Grenzen: Über 90 % der Bevölkerung sind bereits durch die Sozialversicherung erfaßt, eine weitere Ausweitung, z. B. durch die Beitragsbemessungs- und Versicherungspflichtgrenzen, hat mit Akzeptanzschwierigkeiten bei den Betroffenen und verfassungsrechtlichen Bedenken der privaten Versicherungswirtschaft zu kämpfen.
- Seit den 80er Jahren ist die Umweltpolitik für die Sozialpolitik zu einem immer stärker werdenden Konkurrenten um die Zuweisung der knapper werdenden finanziellen Ressourcen geworden.
- Die sozialpolitischen Aktivitäten seit Ende der 70er Jahre haben deutlich gemacht, daß die Sicherung der eigenen Existenz sozialstaatlicher Institutionen Reformdebatten in hohem Maße dominiert. Die institutionelle Sklerose betrifft alle Zweige der sozialen Sicherung. Lediglich im Gesundheitswesen hat das Gesundheitsstrukturgesetz von 1992 zu gravierenden Veränderungen bei den Krankenkassen geführt. Auf seiten der Leistungserbringer im Gesundheitswesen und in anderen Bereichen der sozialen Sicherung stehen entsprechende Reformen noch aus.
- Das Vertrauen in die Zukunftssicherung durch Sozialpolitik ist dramatisch zurückgegangen. Die Einführung neuer Leistungen wie Erziehungsgeld oder die Pflegeversicherung konnten das schwindende Vertrauen bremsen. Großangelegte publizistische Aktivitäten zur Sicherheit der Renten und anderer Sozialleistungen haben die Diskreditierung der staatlichen Risikovorsorge noch verstärkt: die Beschwörung von Sicherheit und Stabilität wirkt verstärkend auf latent vorhandene Zweifel und die Unzufriedenheit mit dem politischen System insgesamt. Zwei Drittel der Bevölkerung sind der Meinung, in Zukunft bei Krankheit, im Alter und bei Arbeitslosigkeit unzureichend gesichert zu sein.

Nur Ältere, Besserverdienende, Bessergebildete und Vermögende sind kaum betroffen.[4] Die Angst vor dem Absturz (B. Ehrenreich) hat damit weite Kreise der Bevölkerung erfaßt und stellt eine psychologische Hypothek für die Akzeptanz notwendiger Reformen in der Sozialpolitik dar.

4. Struktur und Leistungen der sozialen Sicherung in Deutschland: Bei der Entwicklung der Sozialausgaben in Deutschland lassen sich vier Phasen erkennen:

- *1949 bis 1975:* Ausbau. In dieser Phase steigt die Sozialleistungsquote drastisch bis auf 33,7 % im Jahr 1975 an. Die Leistungen haben sich aufgrund der hohen Wachstumsraten der Wirtschaft noch dynamischer entwickelt als die Steigerungsraten erkennen lassen. Der Ausbau der sozialen Marktwirtschaft zum Wohlfahrtsstaat wurde vor allem über den Anstieg der Erwerbseinkommen finanziert. Vom Anstieg der Nettowochenlöhne der Arbeiter auf das Dreifache zwischen 1950 und 1974 profitierte das Sozialsystem in vollem Umfang.
- *1975 bis 1990:* Konsolidierung. Bis 1990 gelang es durch zahlreiche Kostendämpfungs-, Struktur- bzw. Haushaltsbegleitgesetze, die Sozialleistungsquote auf 29,5 % zu senken. Wie in der Ausbauphase läßt sich hier die Dynamik des Wandels nur begrenzt durch die Veränderungsraten der Sozialleistungsquote erkennen, war diese Periode doch durch eine Verdopplung der Arbeitslosenzahlen auf 2 Mio. bei gleichzeitigem Ausbau der Maßnahmen der aktiven Arbeitsmarktpolitik gekennzeichnet. Die steigende Arbeitslosigkeit hatte nicht nur wachsende Ausgaben bei der Bundesanstalt für Arbeit zur Folge, sondern verursachte auch erhebliche Einnahmeausfälle in den übrigen Sozialversicherungszweigen.
- *1990 bis 1996:* Deutsche Einheit. Die Übertragung des Sozialsystems der Bundesrepublik auf die neuen Bundesländer führte dazu, daß die Sozialleistungsquote wieder bis auf 34,9 % im Jahre 1996 anstieg. Auch hier ist bei einer Bewertung zu berücksichtigen, daß sich die Arbeitslosenzahlen noch einmal auf über 4 Mio. verdoppelt haben.
- *Ab 1997:* Rückkehr zum Konsolidierungskurs? 1997 sank die Sozialleistungsquote zum ersten Mal seit der Deutschen Einheit wieder auf 34,4 % und sollte nach Plänen der Regierung Kohl bis 2001 weiter auf 30,9 % heruntergefahren werden. Inwieweit partielle Rücknahmen von Konsolidierungsmaßnahmen der alten Bundesregierung durch das Kabinett Schröder eine grundsätzliche Abkehr vom Konsolidierungskurs bei den Sozialleistungen bedeuten, läßt sich noch nicht erkennen.

Betrachtet man die Sozialleistungsquote nach einzelnen Funktionen, so fällt – auch im internationalen Vergleich – der hohe Anteil der »Ausgaben zur Alterssicherung und für Hinterbliebene« auf. Ihr Anteil an der Wirtschaftsleistung ist von 9,5 % in 1960 auf maximal 13,8 % in 1977 gestiegen, um bis 1990 wieder auf 11,9 % zu fallen. Im Zuge der Übertragung des westdeutschen Alterssicherungssystems auf die neuen Länder nahm dieser Anteil erneut auf 12,4 % von 1995 bis 1997 zu und sollte nach Vorstellung der alten Bundesregierung bis 2001 trotz der Alterung der Bevölkerung wieder auf 11,9 % sinken.

Der hohe Anteil der Ausgaben für die Alterssicherung ist durch die Zielsetzung der Lebensstandardsicherung bedingt, wogegen in der DDR das Ziel der Grundsicherung verfolgt wurde. Während in der Bundesrepublik die Renten über eine dynamische Rentenformel und die jährliche Erhöhung der Beitragsbemessungsgrenze an die Lohnentwicklung gebunden ist, war die Rentensystematik der DDR statisch. Die Betragsbemessungsgrenze lag von 1947 bis zur Herstellung der Sozialunion zum 1. Juli 1990 fix bei 600 Mark. Umfangreiche Mindestrenten- und -beitragsregelungen führten dazu, daß nach 45 Versicherungsjahren die Mindestrente bei 470 Mark, der Höchstbetrag bei 480 Mark lag. Leistungen aus Versorgungssystemen konnten eine Höhe von bis zu 12 000 Mark erreichen. War also die Rentenversicherung der DDR im Vergleich zur lohn- und beitragsorientierten Rente im Westen sehr egalitär ausgerichtet, so bestand in der DDR zwischen den Leistungen der Rentenversicherung und der der Versorgungssysteme eine signifikant größere Schere als im Westen. In Verbindung mit der hohen Intransparenz der Zuordnung zu den diversen Versorgungssystemen kann deshalb von einem Feudalsystem der Alterssicherung in der DDR gesprochen werden.

Mit der Übertragung des bundesdeutschen Alterssicherungssystems auf die neuen Länder wurde der Rentenversicherung eine dreifache Last aufgebürdet, die erheblich zu Ausgabenerhöhungen beiträgt:

- Die Übertragung des gesamten Leistungsrechts einschließlich der Leistungen zur medizinischen Rehabilitation führt zu erheblichen Leistungsverbesserungen bei den Betroffenen und Ausgabensteigerungen für die Rentenversicherungsträger.
- Die Besitzstandswahrung hat zur Folge, daß auch hohe Ansprüche, die auf systemkonformem Verhalten zu DDR-Zeiten beruhen, zum Teil vom jetzigen Rentenversicherungsträger finanziell befriedigt werden müssen. Die Auseinandersetzung um die Rentenzahlungen an Erich Honecker waren dafür das prominenteste Beispiel.
- Die Absicht, erlittenes Unrecht zu DDR-Zeiten wenigstens materiell zu kompensieren, hat mit dem zweiten SED-Unrechtsbereinigungsgesetz dazu geführt, daß der Rentenversicherung die Kosten dafür auferlegt wurden. Renten mußten deshalb neu berechnet werden, weil Menschen wegen politisch motivierter Verfolgungsmaßnahmen in der DDR eine Erwerbstätigkeit nicht ausüben oder nur ein vermindertes Einkommen erzielen konnten.

Diese dreifache Belastung, die nicht durch Beitragsleistungen gegenfinanziert sind, verschärft in Verbindung mit der zu erwartenden demographischen Entwicklung in Deutschland die Finanzsituation der öffentlichen Alterssicherungssysteme erheblich. Die Sozialleistungen im »Gesundheitssektor« weiteten ihren Anteil an den Leistungen der Volkswirtschaft deutlich aus. Sie stiegen von 6 % in 1960 auf maximal 11,9 % in 1996. In nur fünf Jahren[5] gelang es, durch gesetzgeberische Eingriffe diesen Anteil im Vergleich zum Vorjahr zu senken. Diese Zahlen geben aber lediglich an, um wieviel die öffentlichen Ausgaben für Gesundheit stärker als die Wirtschaftsleistung in Deutschland, deren Wachstum über die Löhne direkt auch dem Sozialsystem zugute kommt, gestiegen sind. Die Konsolidierungserfolge im Gesundheitssystem werden dadurch relativiert, daß in den Jahren des relativen Ausgabenrückgangs dem Gesundheitswesen über ein gutes Wirtschaftswachstum zusätzliche Mittel zuflossen.[6] Außerdem wurden die statistischen Konsolidierungserfolge zu einem erheblichen Teil durch die Streichung von Leistungen aus dem Leistungskatalog der gesetzlichen Krankenversicherung oder die Erhöhung von Zuzahlungen bewirkt. Die Gelder fließen demnach nach wie vor in das Gesundheitssystem, werden aber von den Versicherten privat erbracht, tauchen also nicht mehr im Sozialbudget auf. Von Kritikern dieser Entwicklung wird deshalb davon gesprochen, daß die gesetzliche Krankenversicherung nicht mehr paritätisch durch Arbeitgeber und Arbeitnehmer, sondern de facto zu einem Drittel durch die Kranken über Zuzahlungen finanziert werde. Befürworter sehen darin eine Stärkung der Eigenverantwortung und bewerten die Zuzahlungen als Steuerungsinstrument zur rationaleren Inanspruchnahme von Gesundheitsleistungen.

Die Betonung der Selbstverantwortung im Gesundheitswesen der Bundesrepublik ist ein konstitutiver Unterschied zu der fürsorglich und vormundschaftlich orientierten Gesundheitspolitik in der DDR.[7] Die arbeitszentrierte Gesundheitspolitik im zweiten deutschen Staat war geprägt durch einen illiberalen Gesundheitsbegriff, der nicht vom Interesse des einzelnen Kranken, sondern vom staatlich formulierten Interesse der Gesamtgesellschaft her gedacht wurde. Die umfassende Fürsorge durch staatlich alimentierte Ärzte wurde an feste Verhaltenserwartungen geknüpft. Im Gegensatz dazu ist das westdeutsche Gesundheitssystem durch ein hohes Maß an Autonomie gegenüber externen Zielvorgaben und dem vergleichsweise großen Einfluß von Interessenvertretern auf die Gesundheitspolitik charakterisiert, was tendenziell dazu führt, die eigene Funktion zu verabsolutieren und anderen Gesellschaftssektoren die eigenen Rationalitätskriterien aufzuzwingen. Das System hat sich aber als hinreichend flexibel gezeigt, eine umfassende Versorgung der Bevölkerung ohne systemimmanente Rationierungen zu im internationalen Vergleich akzeptablen Kosten zu gewährleisten. Lediglich bei den Ausgaben für zahnärztliche Behandlungen nimmt Deutschland im OECD-Vergleich eine Spitzenstellung ein. Die Hauptursachen der Ausgabenentwicklung – unwirtschaftliche Strukturen in der Leistungserbringung (insbesondere die dysfunktionale Trennung in einen ambulanten und stationären Sektor, die im System der Polikliniken weniger ausgeprägt war), Überkapazitäten, medizinisch nicht notwendige Mengenausweitungen – werden bisher nicht hinreichend bekämpft. Auf der Mikroebene findet de facto keine Steuerung der Leistungserbringung statt. Mit der demographischen Entwicklung und dem medizinisch-technischen Fortschritt steht das System vor großen Herausforderungen auf der Ausgabenseite, deren Lösung noch dadurch erschwert wird, daß die hohe Arbeitslosigkeit auf der Einnahmeseite das System in eine Dauerkrise stürzt.

Die Ausgaben für »Beschäftigungspolitik« sind gemessen am Anteil an der volkswirtschaftlichen Wertschöpfung am deutlichsten gestiegen, von 0,6 % im Jahr 1960 auf 4,6 % in 1996 und 1997. Darin spiegelt sich vor allem die Veränderung von einer Industriegesellschaft mit Vollbeschäftigung zu einer Gesellschaft im Strukturwandel zur Dienstleistungsgesellschaft mit Massenarbeitslosigkeit wider. Die überproportionalen Steigerungsraten in den 90er Jahren vollziehen aber vor allem die Probleme bei der Umstrukturierung des Arbeitsmarktes in den neuen Bundesländern nach. Dort wurden zum Höhepunkt der staatlichen Beschäftigungspolitik 1992 21,5 % des Bruttoinlandsproduktes (BIP) für Maßnahmen zur Bekämpfung von Arbeitslosigkeit verwandt. Die neuen Länder sind damit weltweit die Region mit den höchsten beschäftigungspolitischen Ausgaben. Die Sozialausgaben für Beschäftigung lagen zwischen 1991 und 1997 in Ostdeutschland zwischen 13,2 % und 21,5 % des BIP, im früheren Bundesgebiet dagegen im gleichen Zeitraum zwischen 2,9 % und 3,5 %. Die Disparität ist signifikant größer als die unterschiedlichen Arbeitslosenquoten implizieren und stellt eine bewußte politische Privilegierung der neuen Länder dar. Dafür lassen sich vier Gründe erkennen:

- Zunächst ist dies Ausdruck des Tutiorismus-Paradigmas, das politische Stabilität durch sozialpolitische Aktivität befördern will.
- Die neuen Länder müssen nicht nur den Strukturwandel bewältigen, in dem die westdeutsche Wirtschaft sich befindet. Die Abschottung vom Weltmarkt hat über 40 Jahre lang auch einen Anpassungsdruck verhindert. Die schrittweise Veränderung der Weltwirtschaft muß jetzt in einem Zug nachgeholt werden. Dies geschieht insbesondere durch aktive Arbeitsmarktpolitik in Verbindung mit der steuerlichen Priviligierung von Investitionen. Zusammen mit den EU-Hilfen stellen diese Maßnahmen die größte je da gewesene keynesianische Nachfrageförderung überhaupt dar.
- Die Einführung der D-Mark hat traditionelle Märkte im ehemaligen Comecon wegbrechen lassen.
- Der Produktivitätsfortschritt ist langsamer als die Anpassung der Löhne an das Westniveau. Hinzu kommen die signifikant niedrigeren Lohnniveaus in den Nachbarstaaten Tschechien und Polen, die den Aufbau wettbewerbsfähiger Arbeitsplätze in den neuen Ländern bremsen.

Wenn es trotz der hohen finanziellen Aufwendungen und der von allen Parteien gleichermaßen betonten hohen Priorität des Problems eine große Unzufriedenheit mit den Maßnahmen zur Bekämpfung der Arbeitslosigkeit gibt, so liegt dies neben der objektiven Größe des Problems an zwei Ursachen:

- Es besteht kein Konsens über die Ursachen und damit über die Therapie des Problems. Die Frage, ob mangelnde Kaufkraft die Nachfrage bremst oder zuviel staatliche Transferleistungen die unvermeidlichen Anpassungen verhindern und zur Fehlallokation von Ressourcen führen, beschäftigt Wirtschaftwissenschaftler, Politiker und öffentliche Diskussion gleichermaßen.
- Der Systemwechsel von einer staatlichen Planwirtschaft mit Beschäftigungsgarantie und Arbeitsplatzzuweisung zu einem marktwirtschaftlichen System mit

freier Berufswahl und dem Risiko von Arbeitslosigkeit ist psychologisch in der gegenwärtigen Strukturkrise schwierig, wenn die Risiken aus der subjektiven Sicht der Betroffenen die Chancen bei weitem überwiegen. Die Angst vor dem Verlust des Arbeitsplatzes und vor gesellschaftlichem Absturz wird bei wachsendem Anpassungsdruck in der Wirtschaft auch im Westen immer größer, so daß das Bedürfnis nach staatlichem Schutz vor den Risiken der Wirtschaft gesamtdeutsch wächst.

Die »Sozialausgaben für Ehe und Familie« haben sich wenig dynamisch entwickelt. Wurden 1960 3,5 % des BIP für diese Leistungen ausgegeben, waren es 1996 und 1997 4,6 %. Der höchste Anteil am BIP wurde 1975 mit 5,1 % erreicht, um dann auf bis auf 3,6 % in 1990 abzusinken und im Prozeß der deutschen Einheit wieder anzusteigen. Die Ursache für die geringe Dynamik liegt zunächst darin, daß Ehe und Familie nicht über eine Sozialversicherung, sondern primär aus Steuermitteln gefördert werden. Die direkte Verantwortung des Staates erzielt hier einen ausgabenbremsenden Effekt. Die Tendenz der Bundesregierungen, staatliche Wohltaten über die Sozialversicherung zu finanzieren, wirkt in der Förderung von Ehe und Familie kostendämpfend. Schließlich spielt die politische Zuständigkeit eine Rolle, die nicht beim gestaltungsmächtigen Bundesministerium für Arbeit und Sozialordnung, sondern bei dem vielfach als »Handarbeitsministerium« diffarmierten Familienministerium liegt.

Sozialpolitisch bedeutet dies aber auch, daß in Deutschland bei einem historisch beispiellos hohen Rentenniveau das Risiko der wirtschaftlichen Depriviation mit wachsender Kinderzahl exponential wächst. Während das Risiko, zum Sozialhilfefall zu werden, für männliche Rentner statistisch kaum mehr erfaßt werden kann, wurde in der Familienpolitik die vom Bundesverfassungsgericht geforderte steuerliche Freistellung des Existenzminimums von Kindern bislang noch nicht hinreichend umgesetzt. Defizite bestehen insbesondere bei der finanziellen Förderung von kinderreichen Familien. Dies liegt auch an der Streuung der staatlichen Förderung auf alle Kinder, was insbesondere der Einkindfamilie zugute kommt. Darüber hinaus werden ein Drittel der Sozialausgaben für Ehe und Familie den Ehegatten insbesondere durch das Ehegattensplitting zugewiesen, was die Verteilungsspielräume zugunsten der wirklich Bedürftigen weiter einengt. Die Leistungen für junge Frauen, Kinder und Jugendliche sind im bestehenden Sozialsystem strukturell geringer als im Sozialsystem der DDR, das sich schwerpunktmäßig auf diese Zielgruppe konzentrierte.

Der ordnungspolitische Hintergrund für die vergleichsweise geringen Sozialausgaben für Familien ist, daß die Hilfen für Ehe und Familie in der Bundesrepublik als subsidiär betrachtet werden. Hier liegt ein entscheidender Systemunterschied zur DDR, wo dies als originär staatliche Aufgabe verstanden wurde. In der Diskussion um die Errungenschaft der Kindertagesstätten mit umfassender Kinderbetreuung spiegelt sich auch dieser Systemunterschied wider. Die Selbstregelungskompetenz der Familien ist im System des Westens größer als im Osten, wird dort zum Teil aber als fehlende Fürsorge begriffen. So hat die im Westen propagierte Vorstellung der Wahlmöglichkeit zwischen Erwerbstätigkeit und Mutterschaft bzw. die Kombination von beidem in der DDR faktisch nie bestanden. Der staatlich propagierte Pronatalismus mit einer »Mütterrate« bis zu 90 % bei lebenslang kontinuierlicher Erwerbsarbeit der Frauen hat die Doppelbelastung von Beruf und Familie für die Frauen faktisch als gesellschaftliche Norm festgeschrieben. Die ordnungspolitischen Leitvorstellungen der Bundesrepublik, die seit der deutschen Einheit auch auf den Osten übertragen werden, gehen nach wie vor von dem »starken« Ernährer-Modell in der Konstruktion der sozialen Sicherung aus und beanspruchen nicht, durch familienpolitische Maßnahmen Geburten gezielt zu fördern, sondern wollen nur den vorhandenen Kinderwunsch ermöglichen.[8]

Die sozialstaatlichen Hilfen zum »Wohnen« haben im Laufe der Jahre ihre Bedeutung verloren und betragen seit der deutschen Einheit 0,3 bis 0,4 % des BIP. Darin spiegelt sich auch der außerordentliche Erfolg der westdeutschen Wohnungsbaupolitik wider, der über die Kombination von sozialem, steuerbegünstigtem und freiem Wohnungsbau nicht nur die katastrophale Wohnungsnot der Nachkriegsjahre, sondern auch die seit dem Kaiserreich bestehende Arbeiterwohnungsfrage gelöst hat. Im Gegensatz dazu ist die Wohnungszwangswirtschaft – eingefrorene Mieten auf dem Stand von 1936 in Verbindung mit einem totalen Mieterschutz – die Ursache für das völlige Scheitern der Wohnungspolitik in der DDR.

Die »öffentliche Fürsorge« ist mit einem Anteil von 0,1 bis 0,2 % des BIP von finanziell marginaler Bedeutung für das gesamte Sozialssystem. Politisch ist es aber hoch brisant, ist seine Existenz doch die implizite Konsequenz eines freiheitlichen Systems, das auch immer eine Art soziale Risikogesellschaft darstellt, das ein subsidiäres Auffangnetz benötigt, um den verfassungsrechtlichen Anspruch, die Würde des Menschen zu schützen, zu konkretisieren. Im Gegensatz dazu war die Fürsorge in der DDR in einer ideologischen Tabu-Zone angesiedelt, weil sie ideologisch mit dem Konzept einer entwickelten sozialistischen Gesellschaft nicht mehr kompatibel war. Die Existenz von Sozialhilfeempfängern macht aber auch auf Defizite gegenüber dem Anspruch der sozialen Marktwirtschaft aufmerksam, Wohlstand für alle zu sichern. Deshalb wird die Zahl der Fürsorgeempfänger in der öffentlichen Diskussion häufig als Indikator für Armut benutzt. Dies ist aber aus zwei Gründen nur begrenzt zulässig:

- Jede positive Veränderung bei der Gewährung von Leistungen der Sozialhilfe erhöht damit statistisch die Armut. Faktisch wird die Situation der Betroffenen aber verbessert, wenn die Einkommensgrenzen aufgestockt werden oder – wie beim Erziehungsgeld von 600 DM monatlich – staatliche Leistungen nicht als Einkommen auf die Sozialhilfe angerechnet werden.
- Der Sockel von dauerhaft in Armut lebenden Menschen ist deutlich geringer als die Zahl der Sozialhilfeempfänger erkennen läßt, da ein erheblicher Teil der Hilfen in besonderen Lebenslagen und nicht dauernd zur Finanzierung des Lebensunterhalts gewährt wird.

5. Ausblick: Die Geschichte der Sozialpolitik in Deutschland ist eine Erfolgsgeschichte, die wesentlich dazu beigetragen hat, Armut und Not der Nachkriegszeit zu beseitigen und den sozialen Frieden zu wahren. Den Prozeß der deutschen Einigung hat die Sozialpolitik flankiert, genauso wie den Strukturwandel von der Industrie- zur Dienstleistungsgesellschaft. Dabei wurde die soziale Marktwirtschaft nach und nach zu einem Wohlfahrtsstaat mit einer Staatsquote um die 50 % ausgebaut. Von einem Ausgleichsprogramm für benachteiligte Bevölkerungsgruppen und ordnungspolitischem Rahmenwerk hat er sich zu einem stark expandierenden Versorgungs- und Reglementierungswerk mit erheblicher institutioneller Sklerose entwickelt. Seine Umverteilungsmechanismen sind in hohem Maße intransparent und wirken zugunsten der heutigen Rentnergeneration und zu Lasten insbesondere der kinderreichen Familien. Während auch die Mittelschicht von den Leistungen des Sozialstaates profitiert, gelingt es immer weniger, das ursprüngliche Ziel der Integration auch der besonders benachteiligten Bevölkerungsschichten zu erreichen. Darüber hinaus ist der deutsche Sozialstaat in hohem Maße auf sich selbst bezogen, agiert in den Pfaden der eigenen Traditionslinien und nimmt nur sehr begrenzt Impulse aus anderen Sozialsystemen auf. So werden auch die Aktivitäten der Europäischen Union primär als Bedrohung für die gewachsenen Strukturen und weniger als Chance begriffen.

Der gesellschaftliche Diskurs über soziale Sicherheit ist am Ausgang des Jahrhunderts dadurch gekennzeichnet, daß wachsender Anpassungs- und Modernisierungsdruck auf eine Gesellschaft stößt, die durch Angst vor Veränderung und um den gesellschaftlichen Status geprägt ist und sich deshalb auf Besitzstandswahrung und den Status quo konzentriert. Soziale Gerechtigkeit soll nicht durch weniger, sondern durch differenziertere Umverteilung erreicht werden. Gesellschaftlicher Gleichheit wird mit zunehmender Angst vor dem Abstieg höhere Priorität vor Freiheit, die mit Risiken verbunden ist, eingeräumt. Die Vollkaskomentalität der Bevölkerung in Verbindung mit einer Überfrachtung der Sozialpolitik mit gesellschaftspolitischen Aufgaben und den Ängsten der Politiker gefährdet das Ziel, soziale Sicherheit durch ein staatlich geprägtes Sicherungssystem zu erreichen.

Ralf Zoll unterscheidet drei historische Formen von gesellschaftlicher Sicherheit: den Typus der Geborgenheit für das Mittelalter, den Typus der Systemsicherheit für die Neuzeit und den Leitgedanken der Selbstsicherheit, also der Selbstorganisation von Sicherheit für die Zukunft. Spätestens mit der Einführung der Pflegeversicherung als fünfter Säule der Sozialversicherung ist die Systemsicherheit im deutschen Sozialstaat an seine Vollendung und Grenze gelangt. Die Aufgabe der Zukunft ist die Beschränkung des Sozialstaates und die Konzentration auf seine wesentlichen Aufgaben, indem Systemsicherheit bei den großen Lebensrisiken mit verstärkter Selbstorganisation von Sicherheit verbunden wird.

Andreas Meusch

Anmerkungen:

1 C. Christoph: Alterssicherung, in: H. G. Hockerts: Drei Wege deutscher Sozialstaatlichkeit. NS-Diktatur, Bundesrepublik und DDR im Vergleich, München 1998, S. 101–116, hier: S. 114.

2 Leviathan, Sonderheft 1/1978.

3 Seit Beginn der 90er Jahre sind in Deutschland mehr als 2,5 Mio. Arbeitsplätze verlorengegangen.
4 Vgl. T. Bulmahn: Reformstau und Verunsicherung. Einstellungen zum Umbau des Sozialsystems, in: Informationsdienst Soziale Indikatoren (ISI), 18/1997, S. 6–9; ders.: Plurale Vorsorge. Die Zukunft der sozialen Sicherheit, in: Aus Politik und Zeitgeschichte, B 18/1998, S. 11–18, hier: S. 12.
5 Der Rückgang betrug jeweils: 1977: 0,1 %; 1982: 0,3 %; 1983: 0,4 %; 1989: 0,5 %; 1997: 0,4 %.
6 Das BIP wuchs in den fünf Jahren mit relativem Ausgabenrückgang nominal wie folgt: 1977: 6,7 %; 1982: 3,5 %; 1983: 5,1 %; 1989: 6,1 %; 1997: 2,8 %.
7 Vgl. W. Süß: Gesundheitspolitik, in: H. G. Hockerts, a. a. O., S. 55–100.
8 S. dazu: G. Schulz: Soziale Sicherung von Frauen und Familie, in: H. G. Hockerts, a. a. O., S. 117–150.

Literatur:

Bundesministerium für Arbeit und Sozialordnung (Hrsg.): Sozialbericht 1998. □ Ehrenreich, Barbara: Angst vor dem Absturz. Das Dilemma der Mittelklasse, Reinbeck 1994. □ Habermann, Gerd: Der Wohlfahrtsstaat. Die Geschichte eines Irrwegs, Berlin 1997. □ Hockerts, Hans Günter: Drei Wege deutscher Sozialstaatlichkeit. NS-Diktatur, Bundesrepublik und DDR im Vergleich, München 1998. □ Kleinhenz, Gerhard/Heinz Lampert/Alois Oberhauser (Hrsg.): Sozialstaat Deutschland. Jahrbücher für Nationalökonomie und Statistik, Bd. 216, Heft 4/5, Stuttgart 1997. □ Knappe, Eckhard/Albrecht Winkler (Hrsg.): Sozialstaat im Umbruch. Herausforderungen an die deutsche Sozialpolitik, Frankfurt a. M./New York 1997. □ Opielka, Michael: Die solidarische Gesellschaft. Argumente für eine neue Sozialpolitik, Opladen 1997. □ Platzer, Hans-Wolfgang (Hrsg.): Sozialstaatliche Entwicklungen in Europa und die Sozialpolitik der Europäischen Union. Die soziale Dimension im EU-Reformprozeß, Baden-Baden 1997. □ Textor, Martin R.: Sozialpolitik. Aktuelle Fragen und Probleme, Opladen 1997.

Staatsangehörigkeit

→ **Ausländer,** Bundesverfassungsgericht, Deutschlandpolitik der Bundesrepublik Deutschland, Deutschlands Rechtslage, Deutschlandvertrag, Grundgesetz, Grundlagenvertrag, **Nation und Nationalbewußtsein,** Vertriebene.

1. Begriff: Die Staatsangehörigkeit ist die rechtliche Eigenschaft, Mitglied in einer einen Staat bildenden Gebietskörperschaft zu sein. Der Gesamtbestand aller Staatsangehörigen eines Staates bildet sein Staatsvolk. Da es ein unverzichtbares Element des Staates ist, kann es einen Staat ohne Staatsangehörigkeit bzw. Staatsangehörige nicht geben. Umgekehrt gibt es auch keine Staatsangehörigkeit ohne einen bestehenden Staat, in bezug auf den sie Mitgliedschaft begründet.

Für das staatliche und das Völkerrecht ist die Staatsangehörigkeit ein Anknüpfungsbegriff, mit dem die verschiedenartigsten Rechtsfolgen verbunden werden können. Das staatliche Recht verknüpft mit der Staatsangehörigkeit üblicherweise besondere (Grund-)Rechte, zum Beispiel das Wahlrecht, und Pflichten, zum Beispiel die Wehrpflicht. Ebenso das Völkerrecht, wobei die Rechte und Pflichten aber gewöhnlich nicht zwischen Staat und staatsangehörigem Menschen, sondern zwischen dessen Heimatstaat und dem betroffenen Drittstaat bestehen, zum Beispiel das Recht des diplomatischen Schutzes des Heimatstaates gegenüber dem Aufenthaltsstaat oder die grundsätzliche Pflicht des letzteren, den Fremden nicht dauerhaft an der Rückkehr in seinen Heimatstaat zu hindern. Ebenso kann Staatsangehörigkeit zum Anknüpfungspunkt für den Erwerb oder Verlust von Staatsangehörigkeit gemacht sein, im staatlichen Recht (zum Beispiel Geburtserwerb nach staatsangehörigem Elternteil; Staatsangehörigkeitsverlust bei Erwerb einer ausländischen Staatsangehörigkeit) wie im Völkerrecht (zum Beispiel Staatsangehörigkeitsverlust zur Vermeidung von Mehrstaatigkeit gemäß Europäischem Mehrstaaterübereinkommen). Man bezeichnet die so definierte Staatsangehörigkeit auch als allgemeine Staatsangehörigkeit.

1.1. Funktionelle Staatsangehörigkeit: Sie ist die Staatsangehörigkeit für die Zwecke eines bestimmten Gesetzes und dient nicht als allgemeiner, umfassender Anknüpfungsbegriff. Es handelt sich nicht wirklich um Staatsangehörigkeit. So, wenn die staatliche Einwanderungsgesetzgebung eine Kontingentierung nach »Staatsangehörigkeit« vorsieht und zur Bestimmung der »Staatsangehörigkeit« an den Geburtsort anknüpft: Der in Japan geborene Koreaner, der die japanische Staatsangehörigkeit nach japanischem Recht nicht erworben hat, wird dadurch nicht allgemein zum Japaner. Ebensowenig wird der durch NS-Willkür ausgebürgerte frühere Deutsche deutscher Staatsangehöriger, weil einzelne deutsche Gesetze ihn behandeln wollten, als ob er Deutscher wäre.

1.2. Virtuelle Staatsangehörigkeit: Mit diesem Begriff wurde am Ende des Ersten Weltkriegs das französische Konzept verbunden, wonach die durch Annexion Deutsche gewordenen Elsässer und Lothringer immer (virtuell) Franzosen geblieben seien. Das Konzept hat nach dem »Anschluß« Österreichs auch bei der Wiederentstehung des österreichischen Staates 1945 eine Rolle gespielt, ebenso bei der Abgrenzung der Staatsangehörigen der Baltischen Staaten, nachdem sie 1991 von der UdSSR unabhängig geworden waren. In der nach Einführung der Staatsbürgerschaft der DDR entstandenen Diskussion um die Staatsangehörigkeit der Deutschen ohne Verknüpfung mit der Bundesrepublik Deutschland ist es nicht aufgetaucht. Das eher vereinzelt im juristischen Schrifttum vertretene Konzept der deutschen Staatsangehörigkeit als »offene Tür« für diese Deutschen kam ihm aber insofern nahe, als die Staatsangehörigkeit verdeckt bleiben, nicht aktuell sein sollte, solange der Betroffene keine Beziehungen zur Bundesrepublik Deutschland hergestellt hatte. Den Anforderungen des Grundgesetzes und der Rechtslage Deutschlands genügte dieses Modell allerdings nicht.

1.3. Staatsbürgerschaft: Der Begriff wird von einigen Staaten als Synonym für die Staatsangehörigkeit gebraucht, vor allem für die Zwecke des innerstaatlichen Rechts. Auch fremde Staatsangehörigkeiten werden so terminologisch zur Staatsbürgerschaft, das galt sogar für diejenigen »kapitalistischer Staaten« bei Anknüpfung in den Rechtsordnungen der Oststaaten. Selbst in ihren völkerrechtlichen Verträgen hielten die letzteren nach Möglichkeit am Staatsbürgerschaftsbegriff zur Bezeichnung der Staatsangehörigkeit fest. Der Staatsangehörigkeit gegenübergestellt hat der Begriff dagegen eigenständige Bedeutung. Staatsbürgerschaft meint dann innere Staatsangehörigkeit, interne (voll-)bürgerschaftliche Mitgliedschaft in einem Staat, Staatsangehörigkeit den Status völkerrechtlicher Zugehörigkeit. Vor allem in der englischen Rechtssprache und im angelsächsischen Rechtskreis ist dieser Begriffsunterschied verwurzelt.

1.4. Nationalität: Der Begriff ist von dem der Staatsangehörigkeit zu unterscheiden und bedeutet Mitgliedschaft in einer Nation (die nicht in einem gemeinsamen Staat organisiert ist) oder Volksgruppe in einem Mehrnationalitätenstaat (zum Beispiel Sowjetunion) oder Zugehörigkeit zu einem bestimmten Volk (nicht im Sinne von Staatsvolk). In der Bundesrepublik Deutschland ist sie kein Rechtsbegriff, wohl aber die »deutsche Volkszugehörigkeit« (vgl. Art. 116 Abs. 1 GG).

2. Rechtsnatur: Sie ist nach wie vor streitig – ebenso, ob ein doppelter Staatsangehörigkeitsbegriff anzunehmen ist, je einer für die Zwecke des staatlichen und des Völkerrechts, oder nur einer für beide Rechtsbereiche.

2.1. Theorien zur Rechtsnatur: Kern des Streits ist die Frage, ob aus der Staatsangehörigkeit wesensmäßig Rechtsfolgen (insbesondere ein Minimum an Rechten bzw. Pflichten) erwachsen. Dann wäre sie ein Rechtsverhältnis. Oder ob sie ein Anknüpfungsbegriff ist, mit dem staatliches wie Völkerrecht Rechtsfolgen verknüpfen können, aber nicht müssen. Dann wäre sie ein Bereitschaftsstatus, das heißt der rechtliche Zustand eines Menschen, der für die übrige Rechtsordnung zur Anknüpfung von Rechtsfolgen bereit steht, aber auch ohne solche Bestand hat. Die von Makarov geprägte vermittelnde Theorie verbindet beide Auffassungen, indem sie die Staatsangehörigkeit als ein Rechtsverhältnis sieht, innerhalb dessen die Eigenschaft als Subjekt dieses Rechtsverhältnisses einen rechtlichen Status dieser Person bildet.

Eine abweichende Theorie hat der Jenenser Staatsrechtler Riege während der deutschen Teilung entwickelt und sich für einen »materiellen Staatsbürgerschaftsbegriff« eingesetzt; die Staatsangehörigkeit (bei ihm »Staatsbürgerschaft«) ist danach »ein rechtlich relevantes, zumeist rechtlich geregeltes Realverhältnis zwischen Staat und Bürger«. Der Staatsbürgerschaft sei »innerhalb des jeweiligen gesellschaftlichen Bezugssystems die stabile, dauerhafte, vom Aufenthaltsort unabhängige Beziehung der Person zur politischen Macht eigen«. Die »sozialistische Staatsbürgerschaft« sei die juristische Synthese der vielfältigen Beziehungen zur staatlichen Macht. »Das (gehe) über die Summe der normierten einzelnen Rechte und Pflichten hinaus«. Dagegen sei »die Staatsangehörigkeit bürgerlicher Prägung ... die für moderne Gegebenheiten umfunktionierte Untertanenschaft«.

Die meisten Deutschen in der SBZ/DDR hätten bei dieser Konzeption keine deutschen Staatsangehörigen sein können; einerseits fehlte weitestgehend das »Realverhältnis« einer »Untertanenschaft« zur Staatsorganisation im Westen Deutschlands, welche bis zur Wiedervereinigung die deutsche Staatsangehörigkeit weitergeführt hat, andererseits waren die Beziehungen des einzelnen zur staatlichen Macht im anderen Deutschland äußerst real.

Allerdings hat sich die Riege'sche Theorie nicht durchgesetzt. Die Notwendigkeit eines einheitlichen Staatsangehörigkeitsbegriffs für ein die Systeme übergreifendes Völkerrecht steht jeder Begriffsspaltung im Wege. Im übrigen ist das Modell allzusehr vom Gedanken an den im Inland lebenden Staatsbürger geprägt. Beim Auslandsbürger verdünnt sich das »Realverhältnis« ganz leicht zur reinen Fiktion, zum bloßen staatlichen Herrschaftsanspruch ohne jede Realisierungschance.

Trotz des Theorienstreits besteht Einigkeit zwischen Lehre und staatsangehörigkeitsrechtlicher Praxis, daß der Bestand der Staatsangehörigkeit eines Menschen im konkreten Falle nicht davon abhängt, daß er gegenüber seinem Heimatstaat (oder dieser umgekehrt in bezug auf ihn) Rechte bzw. Pflichten wahrnehmen kann oder will. Sonst wären viele von ihrem Heimatstaat ohne Entziehung der Staatsangehörigkeit Ausgewiesene, viele Asylberechtigte und zum Beispiel auch die Auslandsdeutschen nach 1945, die wegen Besatzungsmaßnahmen weder einen Paß oder den Schutz des Reiches erhalten noch in die Heimat zurückkehren konnten, staatenlos geworden – eine von niemandem gezogene Konsequenz. Dies spricht sehr stark für ein Verständnis der Staatsangehörigkeit als Bereitschaftsstatus.

2.2. *Einfacher oder doppelter Staatsangehörigkeitsbegriff:* Ist die Staatsangehörigkeit Bereitschaftsstatus, für das staatliche ebenso wie für das Völkerrecht, entfällt die Notwendigkeit eines doppelten Staatsangehörigkeitsbegriffs, der unvermeidlich wäre, stünde die Staatsangehörigkeit als Rechtsverhältnis je für einen Mindeststandard begriffswesentlicher Folgeanknüpfungen einerseits staatlichen, andererseits des Völkerrechts. Ebenso entfällt das Risiko unterschiedlicher persönlicher Abgrenzung ein und desselben Staatsvolkes aus völkerrechtlicher und aus der Perspektive staatlichen Rechts, wenn für die Zwecke des Völkerrechts nicht jede staatliche Staatsangehörigkeitsverleihung den Eintritt der jeweils völkerrechtlich mit Staatsangehörigkeit verknüpften Rechtsfolgen bewirken sollte.

3. Staatliche Staatsangehörigkeitsverleihung und Staatsangehörigkeit für die Zwecke des Völkerrechts: Verleihung und Entziehung der eigenen Staatsangehörigkeit sind Teile staatlicher Selbstgestaltung. Wer für die Zwecke völkerrechtlicher Anknüpfung als Staatsangehöriger eines bestimmten Staates anzusehen ist, wird deshalb den maßgeblichen Normen bzw. Einzelakten des betreffenden Staates entnommen. Für die internationale Rechtsprechung und einen wesentlichen Teil der Völkerrechtsliteratur handelt es sich um eine Verweisung des Völkerrechts auf das betreffende staatliche Staatsangehörigkeitsrecht, ohne daß dessen Normen dadurch zugleich Bestandteil des Völkerrechts würden (nicht rezipierende Verweisung).

Solche Verweisung setzt auf der Seite des Völkerrechts Klarheit darüber voraus, welcher der unter möglicherweise verschiedenen, durch staatliches Recht für einen Menschen vorgesehenen Status als Staatsangehörigkeit zu verstehen ist, damit nicht zum Beispiel der Status bloßer Inländergleichbehandlung für die Zwecke völkerrechtlicher Anknüpfung als »Staatsangehörigkeit« erscheinen kann. Ebenso ist diese Klarheit erforderlich, wenn Völkerrecht eine staatliche Verpflichtung zur Entziehung oder Verleihung der eigenen »Staatsangehörigkeit« begründet und das betreffende staatliche Recht mehrere ähnliche Status bereit hält, wie die Bundesrepublik Deutschland mit der »deutschen Staatsangehörigkeit« einerseits und dem Status des als Volksdeutscher aufgenommenen Flüchtlings oder Vertriebenen (»Statusdeutscheneigenschaft« – Art. 116 Abs. 1 GG). Als Staatsangehörigkeit ist dabei nur derjenige Status zu qualifizieren, welcher Mitgliedschaft in einem Staatsverband bedeutet und national wie international zur Anknüpfung von üblicherweise mit der Zugehörigkeit zum Staatsvolk verbundenen Rechtsfolgen bereit machen soll, ohne daß es darauf ankäme, ob sie tatsächlich im konkreten Fall angeknüpft werden. Die »Statusdeutscheneigenschaft« und die »deutsche Staatsangehörigkeit« sind insofern völlig gleichgestellt. Auch die erstere ist darum international für die Bundesrepublik Deutschland als Staatsangehörigkeit zu qualifizieren.

Nicht jede Verleihung eines als Staatsangehörigkeit zu qualifizierenden Status hat allerdings international die völkerrechtlich üblichen Anknüpfungen zur Folge, vielmehr bestehen Grenzen der nicht rezipierenden Verweisung vom Völkerrecht auf das staatliche Recht, häufig als völkerrechtliche Grenzen staatlicher Staatsangehörigkeitsverleihung bezeichnet. Zunächst wird nur auf das Recht des jeweils betreffenden Staates verwiesen, kein Staat darf fremde Staatsangehörigkeiten verleihen oder entziehen. Sodann wird das Vorhandensein einer näheren tatsächlichen Beziehung zwischen Staat und Individuum (solidarité effective/genuine connection) zum Zeitpunkt der Staatsangehörigkeitsverleihung gefordert. Unstreitig gegeben ist diese Beziehung stets bei Anknüpfung des Geburtserwerbs an die Staatsangehörigkeit eines Elternteils (ius sanguinis-System) oder an den Geburtsort im verleihenden Staat (ius soli-System), bei der antragsgemäßen wie der Zwangseinbürgerung dagegen ist streitig geblieben, welche Art von Beziehung zum einbürgernden Staat mindestens bestehen muß.

4. Anerkennung der Staatsangehörigkeit: Als Status der Mitgliedschaft in einem Staat unterliegt die Staatsangehörigkeit keiner besonderen Anerkennung durch andere Staaten. Als Rechtsinstitut mit der staatlichen Existenz notwendig verbunden, ist sie mit der Anerkennung als Staat gegeben, mit allen Besonderheiten, die sich aus der Art und dem Umfang der Anerkennung ergeben mögen: bei Anerkennung als Staat innerhalb eines als fortbestehend angesehenen größeren Staatsverbandes kommt im Verhältnis zum ersteren also nur eine inländische (Unter-)Staatsangehörigkeit in Betracht, keine der Gesamtstaatsangehörigkeit gleichgestellte, von ihr völlig separierte.

Anerkennung kann demgegenüber Wirkung entfalten, wo bei gesetzlicher oder durch Einzelakt erfolgter Staatsangehörigkeitsverleihung die erforderliche »genuine connection« fehlte oder zweifelhaft ist. Der Anerkennende kann hier nicht mehr bestreiten, daß in bezug auf die betroffenen Menschen die üblicherweise mit der Staatsangehörigkeit verknüpften Rechtsfolgen grundsätzlich in Frage kommen.

5. Deutsche Staatsangehörigkeit und DDR-Staatsbürgerschaft: Nach der bedingungslosen Kapitulation der deutschen Wehrmacht und dem Wegfall der letzten deutschen Zentralregierung (Dönitz) wurde ganz allgemein, in den vier Besatzungszonen und Groß-Berlin, bei den Besatzungsmächten und auch sonst international, vom Fortbestand des bis dahin Deutsches Reich genannten deutschen Gesamtstaates und der zu ihm bestehenden deutschen Staatsangehörigkeit ausgegangen und durch staatliches wie durch Völkerrecht vielfältig an sie angeknüpft. Erwerbs- und Verlustregelungen zählten dabei zu den Deutschland als Ganzes betreffenden Kompetenzen des Kontrollrats. Die praktische Einstellung seiner Plenartätigkeit am 20. März 1948 machte solche Regelungen zunächst de facto unmöglich.

Mit dem Grundgesetz, der neuen Ordnung des staatlichen Lebens in den Westzonen für eine Übergangszeit (Präambel a. F.), ist 1949 an der gesamtdeutschen staatlichen Einheit bei territorialer Unvollständigkeit der Reorganisation deutscher Staatsgewalt und an der übergreifenden deutschen Staatsangehörigkeit festgehalten worden. Zugleich hat das Grundgesetz, begründet in der verfassungsgebenden Gewalt des Deutschen Volkes, für sich selbst und die unter ihm errichteten deutschen Staatsorgane mit der Zustimmung der drei Mächte die Kompetenz zur Regelung dieser gesamtdeutschen Staatsangehörigkeit beansprucht, sehr bald von breiter internationaler Anerkennung getragen, obwohl die übergreifende deutsche Staatsangehörigkeit nach Art. 2 des Deutschlandvertrags von den Hauptsiegermächten mit Recht zu dem Deutschland als Ganzes betreffenden Vorbehaltsbereich gerechnet wurde. Eine besondere Bundesangehörigkeit als Staatsangehörigkeit eines »westdeutschen Teilstaates«, der alten »Bundesrepublik Deutschland« vor der Wiedervereinigung, konnte es bei diesem verfassungsrechtlichen Konzept nicht geben; ihre Einführung ist auch mehrfach abgelehnt worden. Nicht zuletzt hätte sie, da nach der von Anfang an praktizierten Auffassung der drei Mächte das Land Berlin kein konstituierender Bestandteil dieser alten Bundesrepublik Deutschland sein konnte, die staatsangehörigkeitsrechtliche Einheit zwischen Berlin und dem Bund gefährdet. Das Bundesverfassungsgericht hat diese verfassungsrechtlichen Vorgaben im Grundvertragsurteil (BVerfGE 36, 1), mehr verfassungsrechtlich begründend, mit dem Stichwort »Teilidentität« von Bundesrepublik Deutschland und deutschem Gesamtstaat auf einen Nenner gebracht und im Teso-Beschluß (BVerfGE 77, 137), auch den völkerrechtlichen Gesamtzusammenhang herausarbeitend, als »Subjektsidentität« bestätigt, bekräftigt und zum allgemeinverbindlichen Handlungsrahmen der deutschen Staatsgewalt unter dem Grundgesetz auch in bezug auf die Erhaltung der übergreifenden deutschen Staatsangehörigkeit gemacht. Jede westdeutsche Politik, welche die zonenübergreifende Einheit der deutschen Staatsangehörigkeit hätte in Frage stellen wollen, wäre damit grundgesetzwidrig gewesen.

Die von der provisorischen Volkskammer in Ost-Berlin am 7. Oktober 1949 gebilligte Verfassung verfolgte zunächst ein völlig gleichartiges Konzept, sichtbar in

Art. 1 Abs. 4 der Verfassung: »Es gibt nur eine deutsche Staatsangehörigkeit«, und in der ebenfalls in Anspruch genommenen Regelungsgewalt für die gesamtdeutsche Staatsangehörigkeit. Schon 1955/56 hatte sich jedoch die Auffassung durchgesetzt, daß der deutsche Gesamtstaat untergegangen sei, nach der im anderen deutschen Staat bis zur Wende herrschenden Meinung bereits 1945. Gleichwohl wurde zunächst in der internen Gesetzgebung an der deutschen Staatsangehörigkeit, auch für die Deutschen »in Westdeutschland und Berlin« festgehalten. Der endgültige Bruch erfolgte hier erst mit dem Staatsbürgerschaftsgesetz vom 20. Februar 1967, nach dessen Vorspruch mit »der Gründung der Deutschen Demokratischen Republik ... in Übereinstimmung mit dem Völkerrecht die Staatsbürgerschaft der Deutschen Demokratischen Republik (entstand)«. DDR-Bürger sollten nach dem Gesetz insbesondere diejenigen deutschen Staatsangehörigen sein, die am Gründungstag eine nähere Verknüpfung mit der neuen Organisation aufwiesen. Einheit sollte es nur noch in der einheitlichen, nicht als staatlich organisiert gedachten deutschen Nation (Art. 1 Abs. 1, Art. 8 Abs. 2 Verfassung 1968) und nach Verfassungsänderung 1974 nur noch in der gemeinsamen deutschen »Nationalität« geben. Die rechtliche Konstruktion litt allerdings daran, daß einseitiges Lossagen von den für Deutschland als Ganzes bestehenden (und nachträglich im Vertrag über die abschließende Regelung in bezug auf Deutschland – »Zwei-plus-Vier-Vertrag« – bestätigten, Präambel Abs. 3) Vier-Mächte-Rechten und -Verantwortlichkeiten unwirksam war; ebenso an dem inneren historischen Selbstwiderspruch gegenüber der eigenen Beurteilung 1949 sowie daran, daß für die Zeit zwischen 1945 und 1949 – völker- und staatsrechtlich unhaltbar – der Fortbestand einer deutschen Staatsangehörigkeit ohne deutschen Staat angenommen wurde, an deren Besitz das Staatsbürgerschaftsgesetz anknüpft.

Im Grundlagenvertrag hat die DDR ihre Forderung nach staatsangehörigkeitsrechtlicher Teilung in Deutschland nicht durchgesetzt. Dem hätte von der Bundesrepublik Deutschland wegen der alliierten Vorbehaltsrechte und wegen des grundgesetzlichen Festhaltens an der Einheit des deutschen Staatsvolkes auch weder entsprochen werden dürfen noch können. Von westdeutscher Seite ist vielmehr zu Protokoll erklärt worden: »Staatsangehörigkeitsfragen sind durch den Vertrag nicht geregelt worden«.[1] DDR-Bürger mit deutscher Staatsangehörigkeit blieben deshalb für die deutschen Staatsorgane unter dem Grundgesetz weiterhin deutsche Staatsangehörige und wurden als solche behandelt, wenn sie dies wünschten; ihnen stand die Einreisefreiheit der Deutschen zu, sie konnten Bundespässe erhalten, konsularischen Schutz genießen etc.; die faktische Vereinigung hat insoweit ihrer deutschen Staatsangehörigkeit nichts hinzugefügt.

Die DDR hatte dem durch den Abschluß von Konsularverträgen mit dritten, vor allem auch westlichen Staaten begegnen und die Hinnahme staatsangehörigkeitsrechtlicher Separation in Deutschland durch den Vertragspartner erreichen wollen. Dies ist – insbesondere im Verhältnis zu den drei Mächten – mißlungen. Mehr als die Hinnahme einer im deutschen Gesamtstaat eingeordnet gebliebenen »Staatsbürgerschaft« ist nicht erfolgt. Die Geraer Forderungen Erich Honeckers enthielten deshalb auch das Begehren nach »Respektierung« der DDR-Staatsbürgerschaft, manchmal auch als »Anerkennungs«-Postulat formuliert.

Lange streitig geblieben war in der Bundesrepublik Deutschland vor der Wiedervereinigung, nach welcher Rechtsordnung die Zugehörigkeit eines Menschen zum einheitlichen deutschen Staatsvolk zu bestimmen sei, nur nach dem im Westen geltenden deutschen Staatsangehörigkeitsrecht oder auch nach dem in Mitteldeutschland geltenden. Unter Bruch der bis dahin entwickelten westdeutschen Staatsangehörigkeitspraxis hat hier das Bundesverfassungsgericht mit dem Teso-Beschluß eine gewisse Klarheit geschaffen: Deutscher ist nicht nur, wer nach den im Westen geltenden Bestimmungen die deutsche Staatsangehörigkeit erworben hat, sondern grundsätzlich auch derjenige, welcher in Mitteldeutschland nach dort geltendem Recht »deutscher Staatsangehöriger« (bis 1967) oder »DDR-Staatsbürger« geworden ist. Der Erwerb der DDR-Staatsbürgerschaft vermittelte also nach dieser Interpretation des Grundgesetzes grundsätzlich den Erwerb der übergreifenden deutschen Staatsangehörigkeit. Aus völkerrechtlicher Sicht entsprach eine solche Regelung so lange den aus dem »genuine connection«-Prinzip folgenden Grenzen staatlicher Regelung der Staatsangehörigkeit, als es gelang, die rechtliche Einheit des fortbestehenden, auf der Zentralebene weitestgehend handlungsunfähigen und de facto geteilt gewesenen deutschen Gesamtstaates und damit den gesamtdeutschen Bezugspunkt der deutschen Staatsangehörigkeit zu erhalten. Dies war bis zum Beitritt der DDR zum Grundgesetz möglich. Mit ihm ist die DDR-Staatsbürgerschaft weggefallen, und mit ihr sind die dadurch gegenstandslos gewordenen DDR-Verträge mit den anderen Oststaaten zur Regelung von Fragen der doppelten Staatsbürgerschaft außer Kraft getreten. Seit der Wiedervereinigung wird die deutsche Staatsangehörigkeit mithin nur noch gemäß den in der Bundesrepublik Deutschland geltenden Bestimmungen des deutschen Staatsangehörigkeitsrechts erworben. Der vorher eingetretene Erwerb der DDR-Staatsbürgerschaft ist aber eine der Grundlagen des Besitzes der (gesamt-)deutschen Staatsangehörigkeit geblieben.

Nicht vollständig geklärt ist nach wie vor, unter welchen Voraussetzungen ein »DDR-Staatsbürger« mit deutscher Staatsangehörigkeit vor der Wiedervereinigung die deutsche Staatsangehörigkeit verlor. Entsprechend dem vom Bundesverfassungsgericht entwickelten Modell des Staatsangehörigkeitserwerbs bei Vorliegen der Voraussetzungen auch nur einer der beiden Rechtsordnungen wird der Verlust nur angenommen werden können, wenn unter den Umständen des Einzelfalles gleichzeitig die Verlustvoraussetzungen beider Rechtsordnungen erfüllt waren. Der Verlust als Folge eines Staatsaktes, der nur der jeweils einen erlassenden deutschen Seite zugerechnet werden kann (z. B. die Entlassung), ist damit aber nicht ausgeschlossen. Sonst hätte unter dem GG vor der Wiedervereinigung kein Auch-DDR-Bürger aus der deutschen Staatsangehörigkeit mit dem Ziel entlassen werden können, ihm den Erwerb einer fremden Staatsangehörigkeit zu ermöglichen (vgl. § 18 RuStAG). Allerdings wird auch hier der Verlust der deutschen Staatsangehörigkeit nur eingetreten sein können, wenn unter den besonderen Umständen des einzelnen Falles ein Verlust nach der Rechtsordnung der anderen Seite ebenfalls möglich gewesen wäre. Bei der Entlassung aus der Staatsbürgerschaft der DDR als Voraussetzung genehmigter Ausreise und nicht mit dem Ziel, eine fremde Staatsangehörigkeit zu erwerben, ist das nicht der Fall; ganz besonders dann nicht, wenn mit dem Entlassungsantrag das Ziel verfolgt wurde, nach der Ausreise auf Umwegen unter Wahrnehmung des Freizügigkeitsgrundrechtes aus Art. 11 GG in den Geltungsbereich des GG zu gelangen, um hier als Deutscher leben zu können.

6. Grundprinzipien des Erwerbs und Verlusts der deutschen Staatsangehörigkeit, mehrfache Staatsangehörigkeit: Das deutsche Staatsangehörigkeitsrecht folgt dem Abstammungsprinzip (ius-sanguinis-System); mit der Geburt nach einem deutschen Elternteil erwirbt das Kind dessen deutsche Staatsangehörigkeit (Ausnahme bis zum 1. Juli 1993: nichteheliche Geburt nach einem deutschen Vater – dafür Einbürgerungsanspruch gemäß § 10 n.F. Reichs- und Staatsangehörigkeitsgesetz (RuStAG); bei Geburt seit dem 1. Juli 1993 ist die nach den deutschen Gesetzen wirksame Feststellung der Vaterschaft zusätzliche Erwerbsvoraussetzung). Für den Geburtserwerb iure sanguinis ist es gleichgültig, ob sich der maßgebende Elternteil ethnisch oder kulturell als Deutscher sieht (u. U. nicht der Fall bei Minderheiten mit deutscher Staatsangehörigkeit – z. B. Sorben – und bei in Deutschland integrierten und eingebürgerten Menschen, die an ihrer alten Heimatkultur festhalten; u. U. nicht mehr bei Auslandsdeutschen). Ebenso ist es gleichgültig, ob das Kind mit der Geburt eine oder mehrere weitere Staatsangehörigkeiten erwirbt (z. B. nach dem anderen Elternteil oder wegen ausländischen Geburtsorts – ius soli-Prinzip). Die Entstehung mehrfacher Staatsangehörigkeit wird beim gesetzlichen Erwerb der Staatsangehörigkeit also hingenommen; denn es gibt keinen ohne weiteres einleuchtenden Grund, insbesondere unter Berücksichtigung des Gleichberechtigungsgrundsatzes (BVerfGE 37, 217, 244 ff., 257 f.), einem Kind (und seinen Eltern gegenüber) bei Vorliegen der gewöhnlichen Erwerbsvoraussetzungen den Staatsangehörigkeitserwerb zu versagen, nur weil es ohne sein Zutun gleichzeitig auf der Grundlage einer »genuine connection« zu einem anderen Staat eine weitere Staatsangehörigkeit erwirbt.

Auf der anderen Seite folgt das deutsche Staatsangehörigkeitsrecht aber auch dem Grundsatz, mehrfache Staatsangehörigkeit nach Möglichkeit zu vermeiden. Das Prinzip des Staatsangehörigkeitserwerbs nach dem Geburtsort, typisch für die Staatsangehörigkeitsgesetzgebung von Einwanderungsstaaten, ist deshalb nicht aufgenommen (mit Ausnahme eines Einbürgerungsanspruchs für in Deutschland geborene Staatenlose nach Art. 2 des Ausführungsgesetzes zum UN-Übereinkommen zur Verminderung der Staatenlosigkeit von 1961). Denn Deutschland versteht sich nicht als Einwanderungsland, d. h. als Staat, der sein Staatsvolk durch Einwanderungspolitik zu vergrößern sucht (und nicht nur die Erweiterung seiner Wohnbevölkerung ermöglicht, z. B. durch die Zulassung von Asylberechtigten, durch Ausländerfreizügigkeit, etwa im Rahmen der EU, oder durch zeitweilige Zulassung Nicht-EG-Ausländern als Arbeitnehmer); es ist schon der nach der Bevölkerungszahl größte Staat in Europarat und Europäischer Union – mit den bekannten Problemen, die Gleichgewichtsdenken z. B. bei einer der Bevölkerungszahl entsprechenden Vertretung Deutschlands im Europäischen Parlament hervorgebracht hat.

Mehrfache Staatsangehörigkeit wird grundsätzlich auch bei der Einbürgerung von Ausländern vermieden. Der Verlust der bisherigen Staatsangehörigkeit ist bei der Einbürgerung von Ehegatten Deutscher (§ 9 n.F. RuStAG) und langjährig in

Deutschland ansässigen Ausländern (§§ 85, 86 AuslG 1990 – Ausnahmen in § 87) gesetzliche Einbürgerungsvoraussetzung, im übrigen erfolgt nach den zwischen Bund und Ländern abgesprochenen, von diesen übereinstimmend erlassenen Einbürgerungsrichtlinien[2] eine Einbürgerung grundsätzlich nur, wenn der Verlust der bisherigen Staatsangehörigkeit sichergestellt ist. Umgekehrt verliert auch ein Deutscher grundsätzlich bei antragsgebundenem Erwerb fremder Staatsangehörigkeit seine deutsche (§ 25 RuStAG). Das Europäische Mehrstaaterübereinkommen von 1963, dem die Bundesrepublik Deutschland neben einer Minderheit weiterer Europaratsstaaten beigetreten ist, hat diese Regelung noch verschärft (das zweite Zusatzprotokoll vom 2. Februar 1993 hat die Bundesrepublik Deutschland nicht gezeichnet; es soll eine Reihe von Ausnahmen vom Verlust der bisherigen Staatsangehörigkeit bei freiwilligem Erwerb einer anderen ermöglichen, insbesondere im Hinblick auf Personen, die in einem anderen als ihrem Heimatstaat geboren sind, wenn sie die Staatsangehörigkeit ihres Geburtsstaates erwerben wollen).

Hinter dieser grundsätzlichen Wendung gegen mehrfache Staatsangehörigkeit steht der international nicht mehr durchweg geteilte Standpunkt, daß sie als Übel zu betrachten ist[3], international wie für die Funktionsfähigkeit der staatlichen Rechtsordnungen – obwohl sie auch Vorteile mit sich bringen kann, z. B. den Genuß der nur den Staatsangehörigen vorbehaltenen Rechte in jedem der Heimatstaaten. Sie macht aber den Mehrstaater zum Staatsangehörigen »zweiter Klasse«, weil der sonst für Deutsche gegebene diplomatische Schutz gegenüber Drittstaaten völkerrechtlich gegenüber den anderen Heimatstaaten des Betroffenen nicht in Anspruch genommen werden kann. Sie führt zu mehrfachem Pflichtenstatus, z. B. mehrfacher Wehrpflicht, und mehrfacher Strafhoheit (der Heimatstaaten) und kann dadurch Loyalitätskonflikte verursachen – und Probleme für die eigene Rechtsordnung, wenn andere Heimatstaaten vom Betroffenen ein Verhalten erwarten, das deutschen Ordnungsvorstellungen widerspricht. Mehrstaatigkeit führt schließlich zu Rechtsunsicherheit, besonders im Familienrecht, wo verbreitet das Prinzip des Vorrangs der eigenen Rechtsordnung jedes der Heimatstaaten verfolgt wird, was widersprechende und nicht anerkennungsfähige Entscheidungen verursachen kann (z. B. Nichtanerkennung einer Ehescheidung im anderen Heimatstaat). Manchem dieser Probleme könnte zwar durch zwischenstaatliche Verträge begegnet werden; die Bereitschaft der Staaten, solche abzuschließen, ist aber gering, weil kein Staat ohne weiteres auf »seine Zugriffsmöglichkeit« verzichten will – wie nicht zuletzt die schmale Mitgliedschaft beim Europäischen Mehrstaaterübereinkommen belegt, das auch Fragen mehrfacher Wehrpflicht regelt.

Immer wieder werden politische Forderungen erhoben, bei der Einbürgerung langjährig in Deutschland Ansässiger bzw. der »zweiten« oder »dritten« Ausländergeneration verstärkt (über die Fälle des § 87 AuslG 1990 hinaus) Mehrstaatigkeit hinzunehmen, weil sich der Wunsch der Betroffenen, ihre bisherige Staatsangehörigkeit zu behalten, als Haupthindernis für ihre Einbürgerung erwiesen habe und nur durch Einbürgerung das Problem der Integration einer nach Millionen zählenden Ausländergruppe überwunden und Überalterung wie zahlenmäßigem Schwund des Volkes in der Bundesrepublik Deutschland entgegengewirkt werden könne.[4] Dies greift nicht, wenn das Heimatrecht des Betroffenen, wie das deutsche Staatsangehörigkeitsrecht auch, den Verlust der bisherigen Staatsangehörigkeit bei antragsgebundenem Erwerb einer fremden Staatsangehörigkeit vorsieht, ja bei Vertragsmitgliedschaft zum Europäischen Mehrstaaterübereinkommen sogar vorsehen muß, und dem Betroffenen das Festhalten an seiner bisherigen Staatsangehörigkeit wichtiger ist. Im übrigen bedürfte es zu Gunsten der Einbürgerungswilligen keiner gesetzlichen Regelung, da bereits eine Änderung der Einbürgerungsrichtlinien mit einer Erweiterung der Fälle, in denen jetzt schon mehrfache Staatsangehörigkeit hingenommen werden kann, genügen würde.

Noch weitergehend wird ferner, besonders zu Gunsten der »zweiten« oder wenigstens »dritten« Ausländergeneration, die Einführung des Staatsangehörigkeitserwerbs bei Geburt in Deutschland gefordert. Das Problem eines möglichen Verlusts bisheriger Heimatstaatsangehörigkeit entfiele damit. Freilich wäre politisch zu erwägen, ob für den Geburtserwerb ohne Rücksicht auf die damit eintretende Mehrstaatigkeit hinreichend gewichtige Gründe streiten; im Falle der Einführung des Geburtserwerbs nach beiden Elternteilen war es der verfassungsrechtliche Gleichberechtigungsgrundsatz. Vergleichbar Gewichtiges ist im Falle in Deutschland geborener Ausländer, die mit der Geburt die Staatsangehörigkeit ihrer Eltern erwerben und damit in staatsangehörigkeitsrechtliche Familieneinheit hineinwachsen, nicht ohne weiteres zu sehen. Jedenfalls kann es nicht der Gedanke sein, daß Ausländerintegration in Deutschland wirksam nur über die Verleihung der Staatsangehörigkeit möglich ist; denn damit würde jeder nicht einbürgerungswillige Ausländer für integrationsunfähig erklärt – Bankrotterklärung einer jeden Politik der Integration von Menschen mit dem Status des Ausländers.

Im übrigen könnte eine vermehrte Hinnahme von Mehrstaatigkeit kaum ohne Rückwirkungen auf die Beibehaltung der deutschen Staatsangehörigkeit im Falle des antragsgebundenen Erwerbs einer fremden bleiben. Denn unter Berücksichtigung des allgemeinen Gleichheitssatzes dürften die Gründe, welche zugunsten eines Ausländers dafür herangezogen werden, seine bisherige Staatsangehörigkeit bei Einbürgerung nicht in Frage zu stellen, um ihm seine bisherige Rechtsstellung in der alten Heimat nicht zu beeinträchtigen, entsprechend zu Gunsten des Deutschen streiten, der trotz Erwerbs einer fremden an seiner deutschen Staatsangehörigkeit festhalten möchte.

Deutscher im Sinne der staatlichen Rechtsordnung der Bundesrepublik Deutschland wie für deren völkerrechtliche Beziehungen (siehe oben bei 3.) wird nach Art. 116 Abs. 1 GG auch, wer als Flüchtling oder Vertriebener deutscher Volkszugehörigkeit oder als dessen Ehegatte oder Abkömmling in Deutschland Aufnahme gefunden hat und dadurch »Statusdeutscher« geworden ist. Nicht die Volksdeutscheneigenschaft oder die Zugehörigkeit zur Familie eines Volksdeutschen allein ist also Grund für die Zugehörigkeit zum deutschen Staatsvolk, sondern die insoweit konstitutiv wirkende Aufnahme des Betroffenen in Deutschland. Die Einzelheiten sind gesetzlich geregelt, gegenwärtig im Bundesvertriebenengesetz (BVFG) in der seit dem 1. Januar 1993 geltenden Neufassung auf Grund des Kriegsfolgenbereinigungsgesetzes (Neubekanntmachung vom 2. Juni 1993). Danach ist, wer heute als Angehöriger des genannten Personenkreises aus den früheren Vertreibungsgebieten im Osten nach Deutschland kommt, grundsätzlich Spätaussiedler und damit Statusdeutscher, wenn er vor dem 1. Januar 1993 geboren ist, wenn er das Gebiet der früheren UdSSR im Aufnahmeverfahren, d. h. mit deutschem Aufnahmebescheid, verlassen hat oder wenn er eines der anderen Aussiedlungsgebiete im Aufnahmeverfahren verlassen und in diesem Verfahren glaubhaft gemacht hat, daß er immer noch »Benachteiligungen oder Nachwirkungen früherer Benachteiligungen auf Grund deutscher Volkszugehörigkeit unterlag« (§ 4 BVFG). Der Erwerb der Statusdeutscheneigenschaft durch Aufnahme in Deutschland ist schon danach ein Auslaufmodell. Im übrigen sieht § 27 Abs. 3 BVFG für die nach der Neufassung erforderlichen Aufnahmebescheide eine bei knapp über 200 000 pro Jahr liegende Kontingentierung vor, bei der eine besonders bedrängte Lage des Antragstellers zu berücksichtigen ist. Diese Höchstzahl wird seit längerem wegen äußerst restriktiver Handhabung der Aufnahmevoraussetzungen durch Verwaltung und Rechtsprechung deutlich unterschritten – vor allem, weil gegenüber dem vom Hitler-Krieg gezeichneten Schicksal der Betroffenen blinde Anforderungen an einen fortdauernden »Vertreibungsdruck« gestellt oder zur Bestätigung der Volksdeutscheneigenschaft deutsche Sprachkenntnisse verlangt werden, die nach Kriegsende Geborene unter den in ihrer Heimat herrschenden Bedingungen meist nicht erwerben konnten, ohne dadurch aber einer Stigmatisierung als »Deutsche« zu entgehen.

Bei den von Zeit zu Zeit aufbrechenden politischen Forderungen nach weiterer Begrenzung des Spätaussiedlerzuzugs wird die vom BVFG zur Aufnahmevoraussetzung gemachte besondere Lage der Betroffenen übergangen: das Boot sei voll – obgleich die Deutschen bei den, zumeist gleichen, Befürwortern einer Ausdehnung der Staatsangehörigkeitserwerbsregeln auf andere Ausländergruppen fast schon als »aussterbendes« Volk erscheinen. Die nach der Aufnahme geborenen Abkömmlinge der Statusdeutschen erwerben die Statusdeutscheneigenschaft nach den gleichen Regeln wie die Kinder deutscher Staatsangehöriger.

Hans von Mangoldt

Anmerkungen:

1 Vgl. Protokollvermerk zum Grundlagenvertrag, in: Presse- und Informationsamt der Bundesregierung (Hrsg.): Dokumentation zur Deutschlandpolitik der Bundesregierung, Bonn 1986, S. 51 f.

2 Neubekanntmachung z. B. mit den Verwaltungsvorschriften des Thüringer Innenministeriums v. 17. Dezember 1996 (Thüringer Staatsanzeiger 1997, 171 = StAZ 1997, 335); für eine Reihe wichtiger Ausnahmen vom Prinzip der Vermeidung mehrfacher Staatsangehörigkeit siehe dort Nr. 5.3.

3 Vgl. BVerfGE 37, 217, 231, 233 f., 254 f.; BVerfG, 3. Kammer d. 2. Senats, in: Neue Juristische Wochenschrift, 10 (1991), S. 633; BVerwGE 84, 93, 96 f.; ferner die Antwort der Bundesregierung, in: BTDrs. 12/2035.

4 Vgl. Entwurf eines Gesetzes zur Änderung und Ergänzung des Staatsangehörigkeitsrechts der Ausländerbeauftragten der Bundesregierung Schmalz-Jacobsen; Gesetzesentwurf der

SPD-Fraktion, BTDrs. 12/4533; erneute SPD-Anträge BTDrs. 13/259 und 2833 sowie Antrag Bündnis 90/Die Grünen, BTDrs. 13/3657; Gesetzentwurf der Fraktion Bündnis 90/Die Grünen, BTDrs. 13/423 – dazu ablehnende Beschlußempfehlung des Innenausschusses, BTDrs. 13/3472; Ablehnung im Bundestag, 13. Wahlperiode, 86. Sitzung, Sten. Ber. S. 7554 C, 7569 A.

Literatur:

GROOT, GERARD-RENÉ DE: Staatsangehörigkeit im Wandel, Köln/Den Haag 1989. □ HAILBRONNER, KAY/GÜNTER RENNER: Staatsangehörigkeitsrecht, München 1990. □ MAKAROV, ALEXANDER N.: Allgemeine Lehren des Staatsangehörigkeitsrechts, Stuttgart 1962. □ DERS./HANS VON MANGOLDT: Deutsches Staatsangehörigkeitsrecht, Frankfurt a. M. 1981 ff. □ MANGOLDT, HANS VON: Zur heutigen Bedeutung der Entscheidung des Grundgesetzes für die deutsche Staatsangehörigkeit, in: Hartmut Maurer (Hrsg.): Das akzeptierte Grundgesetz, Festschrift für Günter Dürig zum 70. Geburtstag, 1990, S. 119–144. □ DERS.: Die deutsche Staatsangehörigkeit als Voraussetzung und Gegenstand der Grundrechte, in: Josef Isensee/Paul Kirchhof (Hrsg.): Handbuch des Staatsrechts der Bundesrepublik Deutschland, Bd. V, 1992, § 119. □ DERS.: Europäische Wanderungsbewegungen und doppelte Staatsangehörigkeit, in: Manfred Weißbecker (Hrsg.): Erinnerungen an Gerhard Riege. Gedächtnisschrift, Jena 1995, S. 64–77. □ RIEGE, GERHARD: Die Staatsbürgerschaft der DDR, Ost-Berlin (2. Aufl.) 1986. □ DERS.: Bewegung in der Staatsangehörigkeitsdoktrin der BRD?, in: Neue Justiz, 9/1988, S. 365 ff. □ SONNENBERGER, HANS JÜRGEN/HANS VON MANGOLDT: Anerkennung der Staatsangehörigkeit und effektive Staatsangehörigkeit natürlicher Personen im Völkerrecht und im internationalen Privatrecht, Heidelberg 1988. □ WENGLER, WILHELM: Anerkennung und Umdeutung der DDR-Staatsbürgerschaft in die deutsche Staatsangehörigkeit des Rechts der Bundesrepublik als grundgesetzlich gebotene Folgerung aus dem Wiedervereinigungsgebot?, in: Recht in Ost und West, 3 (1988), S. 145–151. □ ZIEMSKE, BURKHARDT: Die deutsche Staatsangehörigkeit nach dem Grundgesetz, Berlin 1995.

Staatssicherheit

→ DDR: Geschichte, **DDR: Opposition und Widerstand, DDR: Politisches System,** Einigungsprozeß, Enquete-Kommission, Innerdeutsche Beziehungen, Innere Sicherheit, Kirchen, Kultur, Literatur, Mauer.

1. Einleitung: Der Staatssicherheitsdienst der DDR war ein Hauptpfeiler der Politbüro-Diktatur. Als geheimer Nachrichtendienst, politische Geheimpolizei und Untersuchungsorgan bei Straftaten war das Ministerium für Staatssicherheit (MfS) nominell dem Ministerrat unterstellt, seine eigentliche Aufgabe aber bestand in der Sicherung des Machtmonopols der SED. Ohne ihre kontinuierlich ausgebaute und perfektionierte Weltanschauungs-Exekutive hätten Ulbricht und Honecker die staatssozialistische Herrschafts- und Gesellschaftsordnung nicht über 40 Jahre hinweg aufrechterhalten können. Erst durch die Öffnung der MfS-Akten nach der friedlichen Revolution von 1989 ist der riesenhafte Umfang dieses Apparates und dessen zuvor nicht für möglich gehaltene Durchdringung aller Bereiche von Staat und Gesellschaft offenbar geworden. Es zeigte sich, daß die massive Durchsetzung des Primats der Politik immer und überall eng mit der heimlichen Absicherung dieses totalitären Verfügungsanspruches verknüpft war. So führten Entspannungspolitik, KSZE-Prozeß und die daraus resultierenden Liberalisierungstendenzen und die Zwänge zur Einhaltung eines gewissen internationalen Komment während der Honecker-Jahre (1971 bis 1989) keineswegs zu einer Abkehr von dieser Doppelstrategie der Machtsicherung, sondern lediglich zu einer Hinwendung des Staatssicherheitsdienstes zu verfeinerten und weniger auffälligen, aber um so aufwendigeren und personalintensiveren Methoden. Bei seiner Zerschlagung Ende 1989 standen dem MfS nicht weniger als 91 000 hauptamtliche und 173 000 Inoffizielle Mitarbeiter zu Gebote.

2. Geschichte: Der Staatssicherheitsdienst stand in seinem Selbstverständnis, seiner Struktur und in seinen Methoden in der Tradition bolschewistischer Sicherheitsorgane, die im Dezember 1917 mit der Bildung der »Allrussischen Außerordentlichen Kommission zum Kampf gegen Konterrevolution und Sabotage« (Tscheka) begonnen hatte. Viele MfS-Offiziere der Gründergeneration hatten noch selbst im Sicherheitsapparat der KPD oder direkt für den KGB gearbeitet. Gemeinsam war allen staatssozialistischen Geheimpolizeien ihre Funktion als »Schild und Schwert« der »Diktatur des Proletariats»; »Klassenauftrag« war die Sicherung der führenden Rolle der Partei und die flankierende Durchsetzung der jeweiligen »Linie« – es waren ordensähnliche Großbürokratien größtmöglicher ideologischer Reinheit und meist auch politischer Zuverlässigkeit.

Die sowjetische Besatzungsmacht und die völlig von ihr abhängige Führungsriege der deutschen Kommunisten in Ostdeutschland begann sofort nach der Besetzung im Frühjahr 1945 mit dem Aufbau und der »richtigen« personellen Besetzung geheimpolizeilicher Überwachungsorgane (Dezernat 5 der Kriminalpolizei, K-5; Nachrichten- und Informationsabteilung der Deutschen Verwaltung des Innern).[1] Dabei spielte Erich Mielke, ein Parteisoldat reinsten Wassers, von Anfang an die zentrale Rolle. Die Mitwirkung deutscher Kommunisten darf freilich nicht darüber hinwegtäuschen, daß die sowjetischen Organe (NKVD/NVD, GRU) nicht nur während der Besatzung völlig frei schalteten, sondern daß die Instrukteure des KGB im Staatssicherheitsdienst der DDR bis in die späten fünfziger Jahre hinein den Ton angaben. Während der Besatzungsjahre dürften in den 11 sowjetischen Speziallagern auf deutschem Boden etwa 95 000 Menschen umgekommen sein.

Das Gesetz über die Bildung des MfS datiert vom 8. Februar 1950. Es enthält keinerlei Hinweis auf Zweck und Aufgaben der Staatssicherheit. Da dies der gewünschten unbeschränkten politischen Verwendung nur entgegengestanden hätte, arbeitete die Geheimpolizei Zeit ihrer Existenz ohne gesetzliche Grundlage. Als Richtschnur ihrer Tätigkeit nannte das geheime Statut von 1969 an erster Stelle das

Programm der SED sowie die Beschlüsse von ZK und Politbüro. Weder die nachgeordnet aufgeführte Verfassung der DDR noch die übrigen Normen »Sozialistischer Gesetzlichkeit« vermochten das Wirken des MfS einzuhegen.

Die Schlagkraft des Apparates litt freilich bis weit in die 50er Jahre hinein unter der mangelhaften Qualifikation seines Personals, denn die hauptamtlichen Mitarbeiter waren weniger nach Professionalität als nach Kriterien politischer Zuverlässigkeit und proletarischer Herkunft rekrutiert worden. Dies dürfte das offen terroristische Gebaren (es wurden beispielsweise Hunderte von Verschleppungen aus Westdeutschland und Westberlin durchgeführt, Folter war in Berlin-Hohenschönhausen und anderswo an der Tagesordnung) des MfS im ersten Jahrzehnt der DDR begünstigt haben. Subtilisierung des Terrors und Professionalisierung des Personals gingen in der Folgezeit Hand in Hand, und seit den 60er Jahren entwikkelte sich das nach streng militärischem Reglement arbeitende MfS zu einem leistungsfähigen Apparat mit vorzüglich ausgebildetem Personal.[2] Beim Amtsantritt Erich Mielkes als Chef der Staatssicherheit 1957 – seine beiden Vorgänger Wilhelm Zeisser und Ernst Wollweber waren beide mit der SED in Konflikt geraten und abgelöst worden – zählte die Staatssicherheit mit ihren Dienststellen in den Bezirken (15), Kreisen (211) und einigen wichtigen Betrieben (7 Objektdienststellen) bereits 14 000 hauptamtliche Mitarbeiter, zehn Jahre später waren es 33 000, 1977 66 000, 1987 90 000. Ehemalige Nationalsozialisten oder gar Gestapo-Mitarbeiter gab es entgegen der Fama im Hauptamtlichen-Korps nicht.

3. Struktur und Funktion: Die Staatssicherheit war kein Staat im Staate, sondern mit der Staatspartei politisch, personell und strukturell eng verzahnt. So waren praktisch alle Offiziere Mitglied der SED. Innerhalb des MfS gab es eine eigene Parteiorganisation, wobei die MfS-Chefs auf Bezirks- und Kreisebene in der Regel auch Mitglied der Bezirks-/Kreisleitungen der SED waren. Mielcke gehörte dem Politbüro seit 1971 an. Alle Schlüsselpositionen der Geheimpolizei waren überdies als Nomenklaturkader ausgewiesen. Die eigentliche Garantie für die Loyalität des Mammutapparates aber sahen sowohl Ulbricht als auch Honecker in der Person Erich Mielkes, eines seit den zwanziger Jahren erprobten und allzeit »parteilichen« Apparatschiks ohne eigene politische Ideen oder gar Ambitionen. In den 70er und 80er Jahren hatte sich die Staatssicherheit zu einer Art Generalunternehmen für Sicherheit, Machtsicherung und Unterdrückung entwickelt. Sie orientierte sich an der Generallinie der SED und wurde von der Staatspartei nur in Ausnahmefällen ad hoc instrumentalisiert und im einzelnen kontrolliert. Eine enge Vernetzung von Staatspartei, Staatssicherheit und Staat war zudem durch die regelmäßig tagenden »Einsatzleitungen« auf Kreis- und Bezirksebene gegeben, die dem Nationalen Verteidigungsrat unterstanden. Ihr gehörten unter Leitung des jeweiligen 1. Parteisekretärs die Spitzen von Verwaltung, Volkspolizei, Nationaler Volksarmee und Staatssicherheitsdienst an.

Im gewaltenvereinigten Regime der DDR ohne parlamentarische Kontrolle und kritische Öffentlichkeit hatte das MfS in allen »Sicherheitsfragen« – in Weltanschauungsdiktaturen sind dies alle Dinge, denen der Weltanschauungsträger und

Verantwortungsmonopolist politische Bedeutung beimißt – mehr oder weniger freie Bahn. Die Staatssicherheit interessierte sich für Opposition und dissidentes Verhalten ebenso wie für Paß- und Devisenfragen oder Probleme von Ökonomie und Technologie. Die ständig exakt präsenten Vorkehrungen für die Einweisung mißliebiger oder auch nur nonkonformistischer Bürger in »Isolierungslager« während Spannungsperioden waren ebenfalls eine Frucht ihrer Bemühungen. Es ist vor allem der massiven Präsenz der Bevölkerung auf den Großdemonstrationen im Herbst 1989 zu danken, daß dieser »Vorbeugekomplex« nicht aktiviert wurde.

Der Staatssicherheitsdienst, in Organisation und Methoden getreues Abbild des KGB, hatte zuletzt ungefähr 40 relativ eigenständig tätige, bei Bedarf aber eng miteinander kooperierende Diensteinheiten, »Linien«, mit genau festgelegten Aufgaben. Dazu zählten die klassischen Geheimdiensttätigkeiten (Auslandsspionage, Spionageabwehr, Funkaufklärung), dazu gehörte aber auch die Paßkontrolle, die Überwachung von Hotels und Touristenobjekten, die Beschaffung von Hochtechnologie und Devisen mit den abenteuerlichsten und oft genug verwerflichen Methoden (z. B. die Ausplünderung der Antiquitätenbesitzer). Die Staatssicherheit übernahm den Personenschutz der Politprominenz und verfügte sogar über eine eigene Verfügungsgruppe (»Wachregiment«) in Divisionsstärke, über eine eigene »Hochschule«, eine eigene Sportvereinigung, überhaupt über ein komplettes eigenes Versorgungs- und Betreuungssystem für seine Mitarbeiter von weit überdurchschnittlicher Qualität.

Als strategische Querschnittsinstitution im Herrschafts- und Gesellschaftssystem der DDR war die Staatssicherheit das Leitorgan in einer über 40 Jahre hinweg gut eingespielten Kontroll-, Disziplinierungs- und Unterdrückungsmaschinerie, die viele Rädchen hatte. Wo es um die »Sicherheit« des Staates ging, hatten alle staatlichen Stellen und gesellschaftlichen Organisationen beizutragen. Das firmierte im Jargon des MfS unter der Bezeichnung »politisch-operatives Zusammenwirken« (POZW). Dazu konnte sich das Leitorgan MfS mit seinen staatsanwaltlichen und polizeilichen Befugnissen schlechterdings an jede Person und Institution wenden.

Die Wirksamkeit des »Organs« in seiner offiziellen Rolle wurde durch seine »inoffizielle« Tätigkeit freilich noch potenziert. Es war die Schattenarmee der 173 000 (1989) Inoffiziellen Mitarbeiter (IM), der die Staatssicherheit ihre Durchschlagskraft und ihren Nimbus der Omnipräsenz und Omnipotenz verdankte. Dem MfS galten ihre V-Leute – seit jeher Instrument von Geheimdiensten und Geheimpolizeien – als »Hauptwaffe im Kampf gegen den Feind«. Die verdeckt operierenden Informanten und Einflußagenten – es gab mehrere Kategorien und ein ungemein elaboriertes Steuerungs-, Berichts- und Analysesystem – sammelten nicht nur Informationen über Personen, sie wirkten auch aktiv in den »Zersetzungs«- Maßnahmen und »operativen Kombinationen« gegen Verdächtige und Mißliebige mit. Die IM (Mitte der 80er Jahre kam auf 50 Einwohner der DDR durchschnittlich ein Inoffizieller Mitarbeit) sollten nach der letzten einschlägigen Richtlinie von 1979 nicht nur »alle subversiven Angriffe des Feindes« bekämpfen, sie waren von ihren Führungsoffizieren überdies einzusetzen »zum Schutz der sozialistischen Gesellschaft vor erheblichen Störungen, Schäden und Verlusten, zum rechtzeitigen Verhindern jeglicher feindlich-negativer Handlungen sowie zur Gewährleistung einer wirksamen vorbeugenden, schadensverhütenden Arbeit«.

Eine Vielzahl von Faktoren hatte neben der Grundtatsache fehlender Legitimation und Zustimmung durch eine Mehrheit der Bevölkerung zum Aufbau und dann zur exorbitanten Ausweitung des IM-Netzes geführt: eine immer schlechter funktionierende Wirtschaft, eine erhöhte »Ansteckungsgefahr« der Bevölkerung mit sog. westlich-dekadentem Lebensstil und Gedankengut, daneben aber auch die selbstinduzierte, für alle Geheimpolizeien in modernen Diktaturen typische Verabsolutierung des Sicherheitsprinzips, der Perversion des Vorbeugeprinzips und die Ausuferung der ideologischen Gegnervorstellung. Wachstum der Geheimpolizei und die Bekämpfung einer politisch artikulierten inneren Opposition, die dem Regime wirklich noch hätte gefährlich werden können, hatten sich schon seit den 60er Jahren entkoppelt. Im totalitär verfaßten Weltanschauungsstaat ist jeder Bürger per se verdächtig.

Dennoch wurde die Staatssicherheit vor und nach 1989 vor allem in ihrer Funktion als Unterdrückungsinstrument wahrgenommen. Für alle, die sich nicht mit dem Regime der SED und den Verhältnissen in der DDR abfinden und sich ihr »abweichendes« oder auch nur nonkonformes Verhalten bewahren wollten, blieb das MfS eine ständige Bedrohung. Die Hauptabteilung XX, u. a. zuständig für den »politischen Untergrund«, und die Hauptabteilung IX, die die Untersuchung in allen als »politisch« qualifizierten Strafverfahren führte, waren die zentralen Werkzeuge innerer Repression. Das Instrumentarium reichte von Observationsmaßnahmen, Brief- und Telefonkontrolle bis zu der staatlich verordneten Perfidie sog. »Zersetzungsmaßnahmen«. Hier war schlechterdings keine praktische und moralische Grenze mehr gezogen. Zur Zersetzung von Gruppen, aber auch einer ins Visier des MfS geratenen Einzelperson gehörte als »bewährte Methode« z. B. die »systematische Diskreditierung des öffentlichen Rufs«, die »systematische Organisierung beruflicher und gesellschaftlicher Mißerfolge«, das »Erzeugen von Mißtrauen und gegenseitigen Verdächtigungen« innerhalb observierter und »bearbeiteter« Gruppen.[3] Eine ausgeklügelte »Operative Psychologie« (es gab an der MfS-Hochschule in Potsdam einen stasieigenen Lehrstuhl dafür) sorgte für Weltniveau bei den leisen Formen des Terrors.

Bekämpfung und Bearbeitung Oppositioneller oder Mißliebiger geschah in sogenannten »Operativen Vorgängen« (OV). Sie richteten sich nicht nur gegen alle, die im Verdacht standen, einen der zahlreichen politischen Tatbestände des Strafgesetzbuches der DDR verletzt zu haben, oder gegen Bürger, die der – definitorisch uferlos erweiterten – »politischen Untergrundtätigkeit« (PUT) oder der »politisch-ideologischen Diversion« (PiD) verdächtig waren, die MfS-Maßnahmen richteten sich häufig auch gegen Menschen, die nur ausreisen wollten oder stabile Westkontakte hatten. Einen Operativen Vorgang legte das MfS auch an, wenn es um Wirtschaftsdelikte oder Geheimnisverrat ging. Hier kam das gesamte Instrumentarium der Staatssicherheit zum Einsatz. Traurige Berühmtheit erlangte die vom MfS entwickelte »Geruchsdifferenzierung«: staublappenähnliche Tücher, mit denen man bei »Verdächtigen« den Körpergeruch aufgenommen und die man dann in Einweckgläsern aufbewahrt hatte. Ein »Differenzierungshund« konnte damit bei Bedarf die Fährte aufnehmen.

Hauptträger der in detaillierten Operativplänen ausgedachten Verfolgungsmaßnahme war der Inoffizielle Mitarbeiter, von denen in der Regel mehrere auf eine Person angesetzt waren, ohne voneinander zu wissen. 1988 gab es 4 543 laufende Operative Vorgänge, etwa 20 % mit dem Verdacht auf sog. »Staatsverbrechen«. Weitere 19 169 Bürger wurden in diesem Jahr unter »Operativer Personenkontrolle« (OPK), ständiger Überwachung, gehalten.[4]

Zentral war die Rolle der Staatssicherheit bei der politischen Instrumentalisierung der Justiz, und zwar unvermindert bis zum Sturz des Regimes 1989. Das MfS führte nicht nur die Untersuchungen in allen Verfahren von Belang, es legte in eigenen Konzeptionen deren Ablauf und das Urteil oftmals auch bis ins Detail fest. Die Abstimmung zwischen Partei und MfS fand an der Spitze in direktem Austausch zwischen Ulbricht bzw. Honecker statt, auf Bezirksebene trafen SED-Funktionäre, Gerichtsdirektoren und MfS-Offiziere ebenfalls regelmäßig Absprachen. Darüber hinaus nahm die Staatssicherheit entscheidenden Einfluß auf die gesetzliche Normengestaltung und sogar auf die maßgebliche juristische Kommentierung bei politischen Straftatbeständen. Es ist deswegen nicht übertrieben, Staatspartei und Staatssicherheit als die eigentlichen Gerichtsherren in politischen Verfahren – schon das weiße Bändchen der »Ausreiser« an der Autoantenne konnte zu einem politischen Prozeß führen – zu bezeichnen. In der zweiten Hälfte der 80er Jahre führte das MfS im Durchschnitt jährlich 2 000 Ermittlungsverfahren durch.

Auch in der Auslandsspionage, die von 1952 bis 1986 von Markus Wolf (Jahrgang 1923) geleitet wurde, brachte es das MfS zu beachtlichen Aktivitäten. Transparent wurde sie in jüngster Zeit insbesondere durch die Arbeiten von Helmut Müller-Enbergs.[5] Die Arbeit im Ausland, namentlich im »Operationsgebiet« (Bundesrepublik Deutschland) lag überwiegend in Händen der »Hauptverwaltung A« (HVA). Sie verfügte zuletzt über 4 000 hauptamtliche Mitarbeiter und Offiziere im besonderen Einsatz (OibE) sowie etwa 10 000 Inoffizielle Mitarbeiter – darunter ungefähr 1 550 Bundesbürger, von denen etwa die Hälfte direkt »am Feind« arbeitete. Letztere waren in allen Bereichen präsent und in der Lage, der SED-Führung »oftmals einen genauen Einblick in Entscheidungsprozesse und Absichten von Bundesregierung und Opposition, Wirtschaft, NATO und Bundeswehr« zu geben. Was die DDR mit diesem Spionagenetz im einzelnen erreichte und wie sie vor allem die politisch-gesellschaftliche Entwicklung während der deutschen Teilungszeit zu beeinflussen verstand, ist noch nicht abschließend geklärt. Thesen freilich, nach denen bei besserer Aktenüberlieferung – die HVA konnte den größten Teil ihrer Unterlagen vernichten – und nach intensiver zeitgeschichtlicher Forschung die Geschichte der alten Bundesrepublik wohl »umgeschrieben«[6] werden müßte, spiegeln eher eine ungenügende Vorstellung von der Komplexität politisch-sozialer Entwicklungen als ein wirkliches Defizit der Historiographie.

Während des Honecker-Mielke-Sozialismus hatte die Aufgabenbreite und die Präsenz der Staatssicherheit in allen Bereichen von Staat und Gesellschaft eine qualitativ neue Dimension erreicht. Sie war zu *der* strategischen Querschnittsinstitution geworden und verfügte zum Schluß über ein beträchtliches verdecktes Steuerungs- und Manipulationspotential. Über lange Zeit hinweg erbrachte die Staatssicherheit für die Staats- und Wirtschaftsorganisation der DDR eine erhebliche Stabilisierungsleistung: Es ist unstrittig, daß das Regime die normalen Staatsfunktionen ohne das MfS noch schlechter hätte erfüllen können. In seinem Effekt erzeugte dieses umfassende Bemühen um Stabilisierung eines schon in der Anlage dysfunktionalen Systems aber gerade eine Vertiefung und Zementierung der allgemeinen Nichtrationalität dieser realexistierenden Herrschafts- und Gesellschaftsorganisation. Das vollkommen überzogene Ziel, auch im gesellschaftlichen Bereich alles und jeden unter Kontrolle zu bekommen, war nicht nur unerfüllbar – schlimmer noch: Gerade die verdeckte, für jedermann gleichwohl fühlbare Omnipräsenz des Staatssicherheitsdienstes beschädigte nachhaltig die Grundbedingung jeder persönlichen wie gesellschaftlichen Kreativität und Entfaltung: Eigen-Sinn und Vertrauen. Es war der Auftrag der SED-Geheimpolizei, das Machtmonopol der Staatspartei zu sichern: Da die Tätigkeit der Staatssicherheit in ihrer Wirkung aber auf eine zerstörerische Stabilisierung des Gemeinwesens hinauslief, war das MfS selbst einer der Faktoren, der die Weltanschauungs-Diktatur DDR schließlich ruinierte.

4. Auflösung des Staatssicherheitsdienstes und Offenlegung seiner Akten: 1989 kulminierte die Unzufriedenheit der ostdeutschen Bevölkerung mit ihrem Los in dem eingemauerten Halbstaat in einer dramatischen Flucht- und Protestwelle, die Hunderttausende mobilisierte. Binnen weniger Monate fegte der Volkszorn das alte Regime hinweg. Zielscheibe des Unmuts war in diesem Herbst neben der Staatspartei vor allem auch der Staatssicherheitsdienst, das Symbol und Organ der Unterdrückung. Angesichts des Massendrucks, der Unbeweglichkeit und Phantasielosigkeit der SED-Führung sowie der fehlenden sowjetischen Unterstützung, hatte sich bald – historischer Schlüsselmoment war die Leipziger Massendemonstration am 9. Oktober – entschieden, daß eine gewaltsame Niederschlagung des Volksprotests nicht mehr in Frage kam. Nicht nur die SED, auch das MfS hatte in der Staatskrise den Glauben an sich selbst verloren und zeigte mannigfache Anzeichen innerer Erosion. Den entscheidenden Schritt zur Zerschlagung des Staatssicherheitsdienstes, der in allerlei Manövern versuchte, die friedliche Revolution in seinem Kern durch Etikettenschwindel und »Reformen« unberührt zu überstehen, taten mutige Bürger mit der Besetzung der MfS-Bezirksverwaltungen Anfang Dezember. Damit setzten sie ein unübersehbares politisches Signal und beendeten zugleich die kurz zuvor angelaufene Aktenvernichtung. Noch Ende 1989 wurde die Forderung laut, die Stasi-Unterlagen zu öffnen, namentlich zu dem Zweck, den Opfern des Regimes die Möglichkeit zu geben, sich »ihre eigene Biographie wiederanzueignen«.

In den ersten Monaten des Jahres 1990 wurde die einstige Geheimpolizei unter maßgeblicher Mitwirkung der Bürgerbewegung nach und nach aufgelöst. Im Juni hatte sich ein Ausschuß der demokratisch gewählten Volkskammer unter Vorsitz von Joachim Gauck (Bündnis '90) maßgeblich in die von vielfältigen Widerständen und Rankünen begleitete Liquidation der Geheimpolizei eingeschaltet und zugleich auch schon eine gesetzliche Regelung für den Umgang mit den Stasi-Unterlagen vorbereitet.

Am 24. August 1990 beschloß die DDR-Volkskammer fast einstimmig das »Gesetz über die Sicherung und Nutzung der personenbezogenen Daten des ehemaligen MfS/AfNS«. Diese ostdeutsche Initiative, die gegen einigen Widerstand aus der alten Bundesrepublik durchgesetzt werden mußte, war der Vorläufer des Stasi-Unterlagen-Gesetzes vom 20. Dezember 1991, das noch erheblich breiter gefaßt war und vom Bundestag des vereinten Deutschland ebenfalls mit überwältigender Mehrheit verabschiedet wurde. Es gibt dem einzelnen das Zugangsrecht zu den über ihn gespeicherten Informationen, »damit er die Einflußnahme des Staatssicherheitsdienstes auf sein persönliches Schicksal aufklären kann«. Das Gesetz regelt ferner den Zugriff auf die ca. 180 Kilometer MfS-Akten für Rehabilitierung und Wiedergutmachung, die Strafverfolgung, die politische Überprüfung sowie für die zeitgeschichtliche Auseinandersetzung mit dieser Vergangenheit.[7] In einem historisch und rechtsgeschichtlich einzigartigen Schritt entschied sich ein demokratisches Gemeinwesen, die Geheimpolizei einer überwundenen Diktatur aus dem Dunkel der Konspiration zu holen. Es war ein Unterfangen, das den Opfern und Verfolgten verpflichtet war und über die sofortige und unzweideutige Klärung vergangener Sachverhalte zur Aufklärung über die zweite deutsche Diktatur beitragen sollte.

Zweifellos hat die bereits heute historisch positiv zu beurteilende Anwendung des Stasi-Unterlagen-Gesetzes wesentlich mit zu einer raschen und breiteren Distanzierung vom Honecker-Mielke-Sozialismus beigetragen, auch wenn es (namentlich bei seiner Nutzung durch die Medien) in der Anfangszeit zu einer gewissen Verkürzung und Trivialisierung der Auseinandersetzung mit dem Staatssozialismus beigetragen haben mag. Eine wirkliche Befreiung war für die meisten Regime-Opfer die Einsicht in ihr MfS-Dossier. 1,3 Mio. Bürger hatten bis 1997 Antrag auf Akteneinsicht gestellt. Vielen von ihnen gab sie die Chance zu einer Rekonstruktion ihrer von SED und MfS verpfuschten und verbogenen Biographie. Praktisch alle Einsichtnehmer gaben an, dieser Schritt sei für sie befreiend und heilend gewesen.[8] Die Überprüfung auf MfS-Mitarbeit im öffentlichen Dienst und von anderen Personen in herausgehobenen Positionen litt unter der Gefahr, in der Öffentlichkeit als eine Maßnahme gegen die Bürger der neuen Bundesländer mißverstanden zu werden. Dennoch ist die Akzeptanz des Gesetzes auch hier ungewöhnlich gut gewesen. 2,3 Mio. Anträge auf Personenüberprüfungen, Rehabilitierung, Wiedergutmachung und Ermittlungsverfahren waren bis 1997 beim Bundesbeauftragten eingegangen. Seine Mitteilungen führten dann freilich zu einer sehr unterschiedlichen Entlassungspraxis der einzelnen Bundesländer. »Für die Betroffenen und für die Öffentlichkeit ist dieses mitunter kaum nachvollziehbar . . . Während durchschnittlich jeder zweite ehemalige IM mit personalrechtlichen Konsequenzen rechnen mußte, ist es in Sachsen-Anhalt und Brandenburg nur knapp jeder Dritte« gewesen.[9] Daß es im Märkischen überhaupt zu Konsequenzen für Inoffizielle Mitarbeiter gekommen ist, vermag nicht unmittelbar einzuleuchten, wo dem dortigen Ministerpräsidenten Manfred Stolpe (»IM Sekretär«) doch selbst eine außerordentlich dichte Kontaktfrequenz zur Geheimpolizei der SED nachgewiesen werden konnte, welche für jeden Sachbearbeiter des gehobenen Dienstes unweigerlich die Entlassung nach sich gezogen hätte. Aber solche Ungerechtigkeiten und Skandale begleiten diese Auseinandersetzung mit der Vergangenheit nach dem Sturz von Weltanschauungsregimen immer. Sie beeinträchtigen die Bilanz nach 1989/90 kaum. War die Staatssicherheit vorher Instrument und Symbol der Unterdrückung, so entwickelte sich die Behörde für den Umgang mit deren Hinterlassenschaft rasch zu einer zentralen Institution der Aufarbeitung und zu einem Symbol der Trennung von einer Diktatur, die ohne Geheimpolizei nicht existenzfähig gewesen wäre. Daß diese neuartige Institution bald nur noch als Gauck-Behörde figurierte, lag gewiß an ihrer umständlichen amtlichen Bezeichnung, aber mehr noch daran, daß die Idee, die ihr zugrundelag, von dem Bürgerrechtler und Politiker Joachim Gauck aus Rostock in überzeugender Weise verkörpert und vertreten wurde.

Klaus-Dietmar Henke

Anmerkungen:

1 Vgl. N. M. Naimark: The Russians in Germany. A History of the Soviet Zone of Occupation, 1945–1949, Cambridge/Mass. 1995, S. 353 ff., insbes. S. 378.

2 Hierzu J. Gieseke: Die hauptamtlichen Mitarbeiter des Ministeriums für Staatssicherheit, in: K.-D. Henke u. a. (Hrsg.): Anatomie der Staatssicherheit. Geschichte, Struktur und Methoden (»MfS-Handbuch«), Berlin 1995.

3 Zit. nach K. W. Fricke: MfS intern. Macht, Strukturen, Auflösung der DDR-Staatssicherheit. Analyse und Dokumentation, Köln 1991, S. 126 f. Vgl. auch J. Fuchs: Unter Nutzung der Angst. Die »leise Form« des Terrors. Zersetzungsmaßnahmen des MfS, Berlin 1994.

4 Vgl. C. Vollnhals: Das Ministerium für Staatssicherheit. Ein Instrument totalitärer Herrschaftsausübung, in: H. Kaelble u. a. (Hrsg.): Sozialgeschichte der DDR, Stuttgart 1994, S. 510 ff.; die folgenden Angaben bei B. Eisenfeld: Widerständiges Verhalten im Spiegel von Statistiken und Analysen des MfS, in: K.-D. Henke/R. Engelmann (Hrsg.): Aktenlage. Die Bedeutung der Unterlagen des Staatssicherheitsdienstes für die Zeitgeschichtsforschung, Berlin (2. Aufl.) 1995, S. 157–176.

5 Vgl. u. a. H. Müller-Enbergs (Hrsg.): Inoffizielle Mitarbeiter des Ministeriums für Staatssicherheit, Teil 2: Anleitung für die Arbeit mit Agenten, Kundschaftern und Spionen in der Bundesrepublik Deutschland, Berlin 1998, insbes. S. 279 ff.

6 Vgl. H. Knabe: »Die Stasi war immer mit dabei«. In Frankfurter Allgemeine Zeitung, 8. 12. 1997.

7 Vgl. S. Schumann: Vernichten oder Offenlegen? Zur Enstehung des Stasi-Unterlagen-Gesetzes. Eine Dokumentation der öffentlichen Debatte 1990/1991, Berlin 1995. Das Ende der Staatssicherheit beschreibt W. Süß: Entmachtung und Verfall der Staatssicherheit. Ein Kapitel aus dem Spätherbst 1989, Berlin 1994.

8 Vgl. den Ersten, Zweiten und Dritten Tätigkeitsbericht des Bundesbeauftragten für die Unterlagen des Staatssicherheitsdienstes der damaligen Deutschen Demokratischen Republik 1993, 1995 und 1997 (jeweils Berlin).

9 Vgl. H. Müller-Enbergs: Zum Umgang mit Inoffiziellen Mitarbeitern – Gerechtigkeit im Rechtsstaat? Expertise für die Enquete-Kommission »Überwindung der Folgen der SED-Diktatur im Prozeß der deutschen Einheit« des Deutschen Bundestages (Manuskript 1997). Siehe auch deren Schlußbericht vom 10. 6. 1998, abgedruckt in: Deutscher Bundestag, 13. Wahlperiode, Drucksache 13/11000.

Literatur:

DEUTSCHER BUNDESTAG (Hrsg.): Materialien der Enquete-Kommission »Aufarbeitung von Geschichte und Folgen der SED-Diktatur«, Band VIII, Baden-Baden 1995. □ FRICKE, KARL WILHELM: MfS intern. Macht, Strukturen, Auflösung der DDR-Staatssicherheit. Analyse und Dokumentation, Köln 1991. □ DERS.: Akten-Einsicht. Rekonstruktion einer politischen Verfolgung. Mit einem Vorwort von Joachim Gauck, Berlin 1995. □ GAUCK, JOACHIM: Die Stasi-Akten. Das unheimliche Erbe, Reinbek 1991. □ GILL, DAVID/SCHRÖTER, ULRICH: Das Ministerium für Staatssicherheit. Anatomie des Mielke-Imperiums, Berlin 1991. □ HENKE, KLAUS-DIETMAR/ROGER ENGELMANN (Hrsg.): Aktenlage. Die Bedeutung der Unterlagen des Staatssicherheitsdienstes für die Zeitgeschichtsforschung, Berlin 1995. □ HENKE, KLAUS-DIETMAR (Hrsg.): Wann bricht schon mal ein Staat zusammen! Die Debatte über die Stasi-Akten auf dem 39. Historikertag 1992, München 1993. □ DERS. U. A. (Hrsg.): Anatomie der Staatssicherheit. Geschichte, Struktur, Methoden. MfS-Handbuch, Berlin 1995 ff. □ MÜLLER-ENBERGS, HELMUT: Zum Umgang mit Inoffiziellen Mitarbeitern. Gerechtigkeit im Rechtsstaat? Expertise für die Enquete-Kommission »Überwindung der Folgen der SED-Diktatur im Prozeß der deutschen Einheit« des Deutschen Bundestages, Manuskript 1997. □ SIEBENMORGEN, PETER: »Staatssicherheit« der DDR. Der Westen im Fadenkreuz der Stasi, Bonn 1993. □ SUCKUT, SIEGFRIED (Hrsg.): Wörterbuch der Staatssicherheit. Definitionen zur politisch-operativen Arbeit, Berlin 1996 □ VOLLNHALS, CLEMENS: Die Kirchenpolitik von SED und Staatssicherheit. Eine Zwischenbilanz, Berlin 1996.

Strukturwandel

→ Frauen, Lebensbedingungen, **Neue Bundesländer,** Sozialer Wandel, Sozialpolitik, **Treuhandanstalt,** Verbände, **Wirtschaft.**

1. Die strukturelle Ausgangslage der DDR-Wirtschaft: Die DDR war ein sozialistisches Industrieland, geformt von einem bürokratischen Planungsapparat und eingebunden in die rigide Arbeitsteilung des Ostblocks. In den mehr als 40 Jahren ihrer Existenz hatte sie sich zu einem völlig anderen Wirtschafts- und Gesellschaftsystem entwickelt, dessen Strukturen mit seinem westlichen Nachbarland fast nichts mehr gemein hatten. Lange Zeit galt die DDR-Wirtschaft im sozialistischen Lager als vorbildlich. Mit ihrem Produktivitäts- und Einkommensniveau stand sie an der Spitze aller RGW-Länder. Noch in den 80er Jahren hatte die DDR vorgegeben, zu den zehn wichtigsten Industriestaaten der Welt zu gehören. In der Industrie und im produzierenden Handwerk wurden 1989 mehr als die Hälfte der Bruttowertschöpfung erbracht. Die DDR war der wichtigste Außenhandelspartner im Ostblock und zwar vor allem für die Sowjetunion. Im Export dominierten die Investitionsgüter und die Chemie, die DDR-Wirtschaft war dagegen abhängig von Rohstoff- und Energieeinfuhren.

Trotz der reglementierten Verflechtung mit dem Ostblock blieb die DDR ein Land mit einem hohen Grad an Selbstversorgung, nicht zuletzt in der Landwirtschaft. Wie viele andere sozialistische Industrieländer litt ihre Wirtschaft zunehmend an Ungleichgewichten. Der überdimensionierte Industriesektor war in riesigen Kombinaten organisiert, deren Produktivität und Produktqualitäten gegenüber den westlichen Nachbarn immer weiter zurückfielen. Vernachlässigt blieben die Dienstleistungsbereiche und das Handwerk. Die Innovationsträgheit der starren, bürokratischen Zentralplanung, das Fehlen von Wettbewerb und Leistungsanreizen und die verzerrten Preise verhinderten den strukturellen Wandel. Die ostdeutsche Kommandowirtschaft hat sich in vielfacher Weise als extrem strukturkonservierend erwiesen. Trotz großer Anstrengungen war es nicht gelungen, den Rückstand in einigen Schlüsselbereichen und Basisinnovationen aufzuholen. Die Ansätze einer bürokratisch gesteuerten Industrie- und Technologiepolitik sind ebenso gescheitert wie die Exportoffensiven mittels massiver Subventionen als Ausweg aus der außenwirtschaftlichen Abschottung und den Zahlungsbilanzzwängen.

Vor allem in den 80er Jahren ist der industrielle Kapitalstock immer rascher verschlissen worden. Reparaturanfälligkeit und Produktionsausfälle nahmen zu. Das gesamtwirtschaftliche Wachstum und die Investitionstätigkeit flachten sich ab. Die Infrastrukturausstattung zeigte beträchtliche Rückstände, insbesondere im Verkehrs- und Telekommunikationsbereich. Die Umweltschäden nahmen ein erschreckendes Ausmaß an. Die DDR lebte also in den 80er Jahren weitgehend von der Substanz und auf Kosten ihrer Umwelt. Für die Versorgung ihrer Bevölkerung nahm sie eine wachsende Auslandsverschuldung in Kauf. Am Ende der 80er Jahre stand sie am Rande eines Staatsbankrotts.

2. Deutscher Einigungsschock und beschleunigter Anpassungsprozeß: Mit der deutschen Einigung traten die vielfältigen Modernisierungs- und Strukturmängel der ostdeutschen Wirtschaft und die Ineffizienzen der ostdeutschen Dinosaurier-Staatsunternehmen offen zutage. Der plötzliche Übergang von der weitgehend abgeschotteten Kommandowirtschaft zu einer dezentralisierten und offenen Marktwirtschaft führte zu dramatischen Einbrüchen von Produktion und Beschäftigung. Die Folgen der wirtschaftlichen Umwandlung Ostdeutschlands waren größtenteils unvermeidlich, wurden aber auch durch eine Reihe von Fehleinschätzungen und wirtschaftspolitischen Fehlern vertieft.[1] Die gewählte radikale Schocktherapie hat das Tempo und das Ausmaß des strukturellen Wandels extrem beschleunigt. Der sturzartige Strukturwandel nach der Wende holte in Ostdeutschland im Zeitraffertempo nach, was die westlichen Industrieländer über einen langen Zeitraum gestreckt und mit Hilfe von Schutzmaßnahmen vollzogen hatten.

Mit der Öffnung der Grenzen, der Währungsunion, der vollständigen und abrupten Liberalisierung der Preise, Märkte und Handelsbeziehungen wurde die ostdeutsche Industrie schlagartig dem internationalen Wettbewerb ausgesetzt. Hinzu kamen die Präferenzen der ostdeutschen Bevölkerung für westliche Güter, der unerwartete Zusammenbruch der osteuropäischen Absatzmärkte und die explosive Anpassung der ostdeutschen Löhne an das westdeutsche Niveau, die sich so von der Produktivität der ostdeutschen Wirtschaft abkoppelten und die Beschäftigungskrise verschärften. Der Osthandel verlor bis 1993 fast vier Fünftel seines ursprünglichen Umsatzes und hat sich bis heute nicht erholt. Die Folgen der vielfachen Transformationsschocks führten zu einem drastischen Verfall der ostdeutschen Produktion um fast zwei Drittel und zwar weitgehend in den einst exportorientierten Branchen. Innerhalb von zwei Jahren gingen fast 4 Mio. Arbeitsplätze, zum großen Teil in der Industrie, verloren.

Die Umstellungskrise der ostdeutschen Wirtschaft war erst Ende 1991 vorüber. Dank massiver Hilfen für Investitionen und den Aufbau einer neuen Infrastruktur sowie der umfassenden Unterstützung der privaten Haushalte wurden ab 1992 schließlich die ersten Zeichen der Aufbauphase sichtbar. In den ersten vier Jahren – von 1992 bis 1995 – ist das reale Bruttoinlandsprodukt (BIP) in den neuen Bundesländern um jährlich 8 % gewachsen und lag damit weit über den Zuwachsraten für Westdeutschland. Nach einem steilen Absturz hat seit 1994 auch wieder die Zahl der Erwerbstätigen zugenommen. Von 1996 bis 1998 betrug die jährliche Wachstumsrate des realen BIP jedoch nur noch knapp 2 % und dürfte sich in den kommenden Jahren lediglich allmählich beschleunigen. Daher ist die Arbeitslosigkeit erneut gestiegen und hat Rekordhöhen erreicht. Hinter den gesamtwirtschaftlichen Fortschritten und dem gegenwärtigen Stocken des Aufholprozesses verbergen sich ein schmerzhafter Strukturwandel, ein Wechsel der Antriebskräfte im sektoralen Anpassungsprozeß und radikale Veränderungen der ostdeutschen Unternehmenslandschaft, die noch keineswegs abgeschlossen sind, aber hoffungsvolle Perspektiven für die ostdeutsche Wirtschaft insgesamt andeuten.

3. Unausgewogene Branchenstruktur und Korrektur des sektoralen Anpassungsprozesses: In der ersten Phase des sektoralen Strukturwandels der ostdeutschen Wirtschaft gab es viele Verlierer, nämlich die Landwirtschaft, den Bergbau und das Verarbeitende Gewerbe, und einige Gewinner, das Baugewerbe und die privaten Dienstleistungen (vgl. Tab. 1). In der zweiten Phase seit 1996 wechselten die Antriebskräfte des Wachstums und die Gewichte der sektoralen Umwandlung. Das Baugewerbe und die Dienstleistungen insgesamt haben ihre Schrittmacherrolle an die Industrie abgegeben. Da deren Gewicht in der ostdeutschen Gesamtwirtschaft aber noch immer gering ist, verlangsamten sich die jährlichen Wachstumsraten der ostdeutschen Gesamtwirtschaft gegenüber den Vorjahren merklich. Damit ist auch der Aufholprozeß vorerst ins Stocken geraten.

In der *Land- und Forstwirtschaft, Fischerei* waren 1989 noch rund 10 % aller Erwerbstätigen beschäftigt. Die Auflösung der landwirtschaftlichen Produktionsgenossenschaften und die Reprivatisierung haben dann eine grundlegende Umstrukturierung der ostdeutschen Landwirtschaft eingeleitet. Sie wird allerdings auch weiterhin von einer industriellen Agrarproduktion in Großbetrieben und einer reichlichen Flächenausstattung geprägt und unterscheidet sich somit deutlich von der Struktur in den alten Bundesländern, die am Leitbild des bäuerlichen Familienbetriebs orientiert ist. Die ostdeutsche Landwirtschaft sah sich zu einer drastischen Verminderung ihrer Beschäftigung, zur Stillegung von landwirtschaftlich genutzten

Tabelle 1: Erwerbstätige und Bruttowertschöpfung in den neuen Bundesländern (Anteile an Gesamtbeschäftigung bzw. jährliche Zuwachsraten in %)

Wirtschaftsbereiche	**Erwerbstätige (Inland) – Anteile in %**				**Reale Bruttowertschöpfung[1] (jährliche Veränderungsrate)**		
	1989	**1991**	**1995**	**1998**	**1991–95**	**1995–97**	**1997/98**
Land- und Forstwirtschaft	10,0	6,2	3,5	3,5	1,2	0,7	n.v.
Produzierendes Gewerbe	45,0	40,8	34,7	33,5	10,7	2,6	3,2
Darunter:							
– Verarbeitendes Gewerbe	35,0	28,0	16,2	16,5	11,5	8,1	12,4
– Baugewerbe	6,4	9,6	16,8	15,8	17,5	– 2,8	– 8,7
Handel und Verkehr	15,5	17,0	17,6	17,2	9,1	2,1	1,0
Dienstleistungsunternehmen	6,3	12,7	20,5	22,2	11,1	3,3	4,7
Staat, priv. Haushalte u. ä.	23,1	23,3	23,6	23,4	– 1,6	– 1,2	– 1,1
Insgesamt	100	100	100	100	8,0	1,7	2,1

1 In Preisen von 1991

Quelle: Statistisches Bundesamt, IWH (1998) (18. Anpassungsbericht), Ifo-Institut und IWH.

Flächen und zu einem drastischen Abbau der Viehbestände gezwungen. Im Jahre 1996 waren dort schließlich nur noch rund 210 000 Personen tätig, d. h. 3,5 % aller Erwerbstätigen. Damit nähert sich der Anteil dem in Westdeutschland von knapp 3 % an. Die Bereinigung der Landwirtschaft ist somit vorangekommen, obwohl vor allem im Garten- und Landschaftsbau noch viele Beschäftigungsprogramme für subventionierte Arbeitsplätze sorgen.

Der *Bergbau* in Ostdeutschland war zum größten Teil konzentriert auf die Förderung von Braunkohle, die in der DDR zunehmend (bis zu 70 %) zur Energieversorgung herangezogen wurde. Seit der Einigung hat die Bergbauproduktion um mehr als 70 % abgenommen. Von den ehemals 300 Mio. Tonnen Rohbraunkohle dürften für die Stromversorgung auf lange Sicht höchstens rund 70 Mio. Tonnen übrig bleiben. In den Braunkohlegebieten geht es heute darum, die großen Umweltschäden einzudämmen und neue Landschaften zu gestalten.

Die ostdeutsche Industrie hat eine gewaltige Transformation und Strukturbereinigung erfahren. Im Produzierenden Gewerbe waren 1989 fast die Hälfte aller Erwerbstätigen beschäftigt, heute sind es weniger als ein Drittel. Im *Verarbeitenden Gewerbe* hat die Beschäftigung zwischen 1989 und 1998 um fast 2,5 Mio., d. h. um mehr als zwei Drittel abgenommen. In den Betrieben des Verarbeitenden Gewerbes mit 20 oder mehr Beschäftigten waren 1998 nur 540 000 Personen tätig. Damit gingen hier seit 1989 vier von fünf Arbeitsplätzen verloren. Die Ent-Industrialisierung in Ostdeutschland hat dazu geführt, daß dort 1997 nur gut 7 % der industriellen Bruttowertschöpfung Deutschlands (bei einem Bevölkerungsanteil von 19 %) erstellt wurden. Die Industriedichte, die Anzahl der Beschäftigten im Verarbeitenden Sektor bezogen auf die Wohnbevölkerung, ist in den neuen Bundesländern auf ein äußerst niedriges Niveau gefallen und lag im Durchschnitt bei 60 % der westdeutschen Dichte, in ländlichen Gebieten sogar noch weit darunter.

Die ostdeutsche Industrie mußte 1990 mit einer exorbitanten Aufwertung und außerdem mit überhöhten Lohnstückkosten als Folge der Lohnpolitik fertig werden. Drastische Produktionseinbrüche traten in jenen Bereichen auf, die »handelbare Güter« produzierten und so dem internationalen Wettbewerb am stärksten ausgesetzt waren, wie Textilien und Bekleidung, Leder und Schuhe, Schiffbau, Stahl und Eisen. Diese Zweige haben sich noch nicht von den schweren Verlusten und Tiefschlägen der Vorjahre erholt. Sie leiden nicht zuletzt unter der Billigkonkurrenz aus den mittel- und osteuropäischen Ländern. Dagegen haben jene Produktionsbereiche kräftig expandiert, die von der lokalen und regionalen Nachfrage und Produktionsnähe (Ernährungsgewerbe) und vom Bauboom (Stahl- und Leichtmetallbau einschließlich Waggonbau) profitierten. Noch immer haben in Ostdeutschland jene Wirtschaftszweige ein hohes Gewicht, die zu den langfristig schrumpfenden Branchen gehören.

Zu den großen Gewinnern des wirtschaftlichen Aufbaus zählte von Anfang an das *Baugewerbe*. Sein Anteil an der Gesamtbeschäftigung hat den des Verarbeitenden Gewerbes überholt. Die Beschäftigtenzahl ist hier, bezogen auf die Bevölkerung, doppelt so hoch wie in Westdeutschland gewesen. Die Nettoproduktion im Bauhauptgewerbe verdoppelte sich 1995 gegenüber 1991. Verantwortlich hierfür waren die kräftigen Zuwächse der Bauinvestitionen, die zwischen 1991 und 1995 real mit zweistelligen Zuwachsraten expandiert haben, seit 1996 rückläufig sind, aber noch immer rund 70 % aller Bruttoanlageinvestionen stellen. Seit 1996 sind Produktion und Beschäftigung im Bausektor geschrumpft. Die Ursachen für diese Entwicklung sind darin zu sehen, daß der dringendste Nachholbedarf im Wohnungsneubau und im gewerblichen Bau gedeckt ist und die starke Ausweitung der öffentlichen Infrastrukturinvestitionen ihren Höhepunkt überschritten hat. Inzwischen gibt es ein Überangebot an Büro-, Handels- und Lagerflächen. Die Sanierung und der Ausbau von Wohnungen sowie der kommunalen Infrastruktur und der Verkehrswege sind allerdings noch längst nicht abgeschlossen. Trotzdem sieht sich die Bauindustrie gezwungen, ihre Kapazitäten nach einem schmerzhaften Selektionsprozeß wieder auf ein normales Maß zurückzubilden. Die sich abschwächende Baunachfrage wirkte sich auch auf andere Wirtschaftsbereiche aus und dämpfte das Wachstum der Gesamtwirtschaft.[2]

Wie in allen übrigen modernen Industriegesellschaften hat sich auch in der ostdeutschen Wirtschaft eine Tertiärisierung durchgesetzt. Der Nachholprozeß in der Ausbreitung von privaten *Dienstleistungen* war allerdings unvermeidlich. In Handel und Verkehr, den privaten Dienstleistungen und dem Staat zusammen machte der Beschäftigtenanteil 1998 fast zwei Drittel aus (die Tertiarisierungsquote lag 1989 noch bei 45 %) und hat damit den Dienstleistungsanteil in Westdeutschland übertroffen. Dabei fällt allerdings der personell überbesetzte Staatssektor ins Gewicht, was um so schwerer wiegt, als die Steuerkraft der ostdeutschen Länder und Kommunen bisher nur ein Drittel des westdeutschen Wertes erreicht. Vor allem das Banken- und Versicherungsgewerbe, der Groß- und Einzelhandel, die Telekommunikation, die Hotels und Restaurants, die Freien Berufe sowie der Tourismus haben kräftig expandiert. Offensichtlich hat aber die Gründerwelle von neuen Dienstleistungsunternehmen und Freien Berufen bereits ihren Höhepunkt überschritten. Beträchtlich waren die Investitionen. Von 1991 bis 1997 entfielen rund drei Viertel aller Bruttoanlageinvestitionen auf den tertiären Bereich. Der Großteil davon kam allerdings dem Ausbau und der Modernisierung der Infrastruktur (Verkehr und Nachrichtenübermittlung, Wohnungsvermietung, Staat) zugute. Der Investitionsschub im Sektor Verkehr und Nachrichtenübermittlung läuft allmählich aus. Auf die Wohnungsvermietung und den Staat dürften weiterhin rund 30 bzw. 15 % aller Anlageinvestitionen entfallen.

Infolge der Wachstumsschwäche schrumpfte die Beschäftigung vor allem im Bereich Handel und Verkehr. Inzwischen gibt es auch bei den einfachen und konsumnahen Dienstleistungen einige Überkapazitäten. Die produktionsorientierten und »höherwertigen« Dienstleistungen sind dagegen eher zurückgeblieben, was mit den Mängeln einer leistungsfähigen Industriestruktur sowie unzureichenden industriellen Netzwerken zu tun hat.[3]

4. Die Industrie in den neuen Bundesländern als Wachstumsmotor: Die ostdeutsche Industrie hat erstaunliche Fortschritte sowohl beim Aufholen der großen Rückstände in der Produktivität als beim Überwinden von Wettbewerbsschwächen gemacht. Das Verarbeitende Gewerbe ist gegenwärtig zum Hauptantrieb der ostdeutschen Wirtschaft geworden. Die reale Bruttowertschöpfung hat dort 1993 und 1994 mit zweistelligen Zuwachsraten aufgewartet. In den Jahren 1997 und 1998 ist die Industrieproduktion in einer Größenordnung von rund 10 % gewachsen. Damit ist allerdings bisher noch kein Beschäftigungszuwachs verbunden gewesen. Bei sich verbessernden Lohnstückkosten dürfte sich aber ein moderater Anstieg der Beschäftigung einstellen.

Von der industriellen Expansion profitieren fast alle Wirtschaftsbereiche. Am stärksten hat sich die Investitionsgüterproduktion ausgeweitet. Neu ist, daß die Industrie in den östlichen Bundesländern zunehmend auch auf überregionalen Märkten Fuß fassen konnte. Der Exportboom der deutschen Wirtschaft hat sich 1997 auch in den neuen Ländern durchgesetzt. Obwohl der Beitrag dort erst 3,5 % des gesamtdeutschen Exportes ausmacht, nimmt die Exportquote des ostdeutschen Verarbeitenden Gewerbes zu.[4] Hauptabsatzgebiete sind die westeuropäischen Länder. Die Absatzerfolge auf den internationalen Märkten sind um so höher zu bewerten, als sie größtenteils durch kleine und mittlere Unternehmen vollzogen werden.

Rentabilität und Entwicklungsaussichten der Unternehmen im verarbeitenden Gewerbe sind allerdings höchst unterschiedlich. Wettbewerbsbedingungen und Ertragslage vieler ostdeutscher Betriebe bleiben prekär. Die Lohnkostenbelastung ist immer noch beträchtlich und zwar vor allem im Dienstleistungsbereich. Die industriellen Produktivitätsfortschritte waren in den ersten vier Jahren ungewöhnlich und sind viermal höher als die gesamtwirtschaftlichen Zuwächse der Arbeitsproduktivität ausgefallen. Die Erklärung dafür liegt im rasanten Abbau der Beschäftigung, aber auch in den anfänglichen Effizienzgewinnen durch die betriebliche Neuorganisation, durch verkürzte Produktionstiefen, kleinere Produktpaletten und natürlich in den neuen Investitionen mit ihren hohen Technologietransfers. Die Ausrüstungsinvestitionen je Einwohner liegen weiterhin über denen in Westdeutschland, verlangsamten sich aber seit 1997. Seit 1996 ist auch der Produktivitätsanstieg wesentlich moderater ausgefallen, liegt aber im Verarbeitenden Gewerbe noch bei jährlich fast 9 %.

Die Produktivitätslücke der ostdeutschen Industrie hat sich somit deutlich verringert. Im Vergleich zu Westdeutschland beträgt die gesamtwirtschaftliche Lücke rund 60 bis 70 % – je nachdem ob sie mit ost- oder westdeutschen Preisen gemessen wird. Das ist ein beachtenswerter Erfolg, wenn man dem heutigen Stand das Ausgangsniveau von 1989 in Höhe von rund 30 % gegenüberstellt. Vergleich-

Abbildung 1: Produktionswachstum in der ostdeutschen Industrie, 1991 bis 1998*

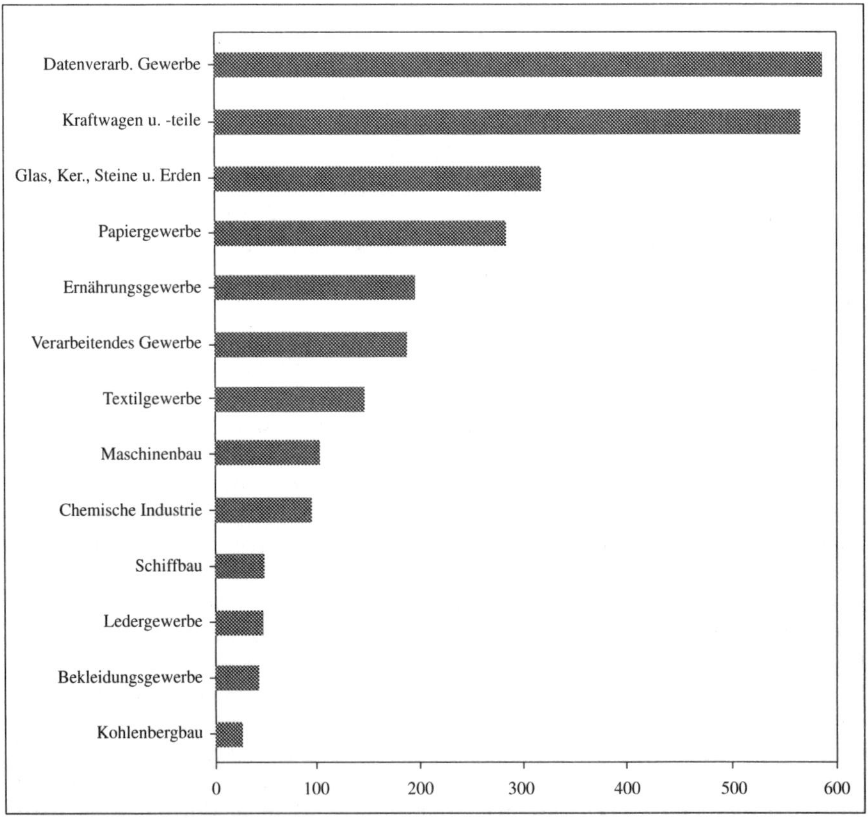

* Nettoproduktionsindex ausgewählter Bereiche, Stand 1998 (1991 = 100)

Quelle: Statistisches Bundesamt, eigene Berechnungen.

bare und höhere Produktivitätsniveaus als in Westdeutschland dürften sich vor allem in den neuen Produktionsanlagen ergeben, die auf der »grünen Wiese« entstanden sind, wie z. B. im Kraftfahrzeugbau (VW, Opel), der Papierindustrie und den hochtechnologischen Bereichen der Mikroelektronik in Sachsen. Dort sind auch die stärksten Zuwächse der Industrieproduktion in den neuen Bundesländern zu beobachten. Die einstmals wichtigen Zweige (Schiffbau, Maschinenbau, Chemie), die früher vorwiegend in den RGW-Raum exportiert haben und einst zu den Vorzeigebranchen gehörten, sind allerdings bisher die großen Verlierer geblieben (vgl. Abb. 1).

Hinter der Produktivitätslücke in Ostdeutschland verbergen sich viele Ursachen. Sie reichen von der fortgesetzten Nutzung alter Ausrüstungsgüter, Defiziten im Technologiemanagement, Mängeln in der Betriebsorganisation bis zu Absatzbarrieren auf überregionalen Märkten.[5] Viele Unternehmen kämpfen zudem noch immer mit Finanzierungsschwierigkeiten und leiden wegen der hohen Produktionskosten unter Verlusten. Trotz aller Fortschritte und trotz des überproportionalen Wachstums wird also die ostdeutsche Industrie das Sorgenkind und die Achillesferse der deutschen Einigung bleiben.

5. Ostdeutsche Unternehmenslandschaft im Umbruch: Hinter dem sektoralen Strukturwandel verbergen sich tiefe Umbrüche der ostdeutschen Unternehmenslandschaft, die mit einer radikalen Änderung der Eigentumsverhältnisse einhergingen. Sie wurden vor allem von der Privatisierungspolitik der Treuhandanstalt ausgelöst. Die Treuhandanstalt hat innerhalb von nur gut vier Jahren den Verkauf von rund 14 000 Betrieben an private Investoren abgeschlossen. Hinzu kam 1990 und 1991 die »Kleine Privatisierung« von insgesamt 25 000 Ladengeschäften, Hotels, Gaststätten, Kinos, Buchhandlungen, Apotheken und ähnlichen Betrieben, die zu 80 % in die Hände von ostdeutschen Bürgern übergegangen sind. Die Bereinigung der Unternehmensstruktur hat tiefe Wunden geschlagen, die sich vor allem im Verlust von Arbeitsplätzen äußerten. Von den ursprünglich 4 Mio. Arbeitskräften in den Treuhandunternehmen sind nur noch 1,5 Mio. übrig geblieben oder in anderen Betrieben beschäftigt worden.

Einer der großen strukturellen Unterschiede zwischen Ost- und Westdeutschland besteht darin, daß in den neuen Bundesländern nur gut 20 % aller Beschäftigten des Verarbeitenden Gewerbes in Betrieben mit mehr als 500 Angestellten tätig sind, in den alten Bundesländern dagegen fast die Hälfte. Über 40 % der Beschäftigten insgesamt finden sich jedoch in ostdeutschen Kleinbetrieben. Bis auf wenige Ausnahmen überwiegen also heute in Ostdeutschland die Mittel- und Kleinbetriebe und die Handwerksbereiche. Aus der ehemals von Großbetrieben beherrschten Wirtschaft ist eine mittelständische Unternehmenslandschaft geworden. In Ostdeutschland gibt es gegenwärtig nur 50 Betriebe mit mehr als 1 000 Beschäftigten, in Westdeutschland dagegen rund 750 Betriebe dieser Größenordnung. Damit fehlt der ostdeutschen Industrielandschaft die typische Gemengelage von Großunternehmen sowie Klein- und Mittelbetrieben, welche eine der Stärken der westdeutschen Wirtschaft ausmacht.

Der ganz überwiegende Teil der Neugründungen hat im Handwerk, Handel, Verkehrsgewerbe und in den Dienstleistungsbereichen stattgefunden, kaum dagegen in der Industrie, wo die privatisierten und reprivatisierten Treuhandbetriebe dominieren. Von 1990 bis 1998 sind insgesamt gut 1,7 Mio. Existenzgründungen gezählt worden, von denen knapp die Hälfte wieder aufgab. Kräftig auf dem Vormarsch waren die Freien Berufe, wobei die konsumorientierten Dienstleistungen sich besser durchsetzen konnten. In der Entwicklung zurückgeblieben ist der industrielle Mittelstand, dem die Verflechtung mit einer großindustriellen Basis fehlt. Die Strukturen im Handwerk haben sich zwischen Ost- und Westdeutschland weitgehend angeglichen. Das Versorgungsniveau an handwerklichen Leistungen in den neuen Bundesländern – gemessen an der Betriebszahl je 10 000 Einwohnern – erreichte den westdeutschen Wert. Die Zahl der hier Beschäftigten hat sich innerhalb von wenigen Jahren mehr als verdoppelt. Die Lage im Handwerk und in den Kleinbetrieben ist jedoch noch immer prekär, weil sie an unzureichendem Eigenkapital und Liquiditätsproblemen leiden.

6. Wachsende Divergenzen in der regionalen Struktur Ostdeutschlands: Die neuen Bundesländer gehörten bis 1995 zu den wachstumsstärksten Regionen Europas. Dabei ist jedoch das niedrige Ausgangsniveau und der ungeheuere Aufholbedarf zu berücksichtigen. In Kaufkraftparitäten gemessen erreichten die neuen Länder 1997 etwa gut 80 % des Pro-Kopf-BIP der EU (und damit das Niveau von Spanien und fast zwei Drittel des westdeutschen Standards). Am schnellsten wuchs das reale BIP in Brandenburg, Thüringen und Sachsen, am schwächsten in Berlin-Ost und Mecklenburg-Vorpommern.

Viele Anzeichen deuten darauf hin, daß sich wieder ein deutliches Gefälle zwischen dem Norden und dem Süden Ostdeutschlands herausbildet und sich die alten Industrieregionen in den Ballungsräumen zwischen Dresden, Leipzig, Halle und Erfurt neu beleben. Ein Dienstleistungs-Schwerpunkt dürfte allmählich in und um die neue Hauptstadt Berlin entstehen. Brandenburg konnte von der An- und Umsiedlung industrieller Aktivitäten im Berliner Gürtel profitieren. Die in Ostdeutschland zunehmend auftretenden räumlichen Disparitäten stellen die Regionalpolitik vor allem in den ländlichen Regionen und Grenzgebieten vor schwierige Aufgaben.

7. Deutsche Einigung und gesamtdeutsche Dimension des Strukturwandels: Der Aufbau einer modernen Wirtschaft in Ostdeutschland hat beachtliche Fortschritte gemacht. Im Aufholprozeß der letzten Jahre haben sich die sektoralen Grobstrukturen der ostdeutschen Wirtschaft merklich denen Westdeutschlands angeglichen. Dahinter verbergen sich aber noch große Unterschiede. Sie spiegeln zum einen die Erblasten der ehemaligen Planwirtschaft und zum anderen die besondere Form der Einigungsstrategie wider. Weder ist ein selbsttragendes Wachstum in Sicht, noch sind die strukturellen Anpassungen abgeschlossen. Die ostdeutsche Industrie und Wirtschaft ist weiterhin auf staatliche Transferzahlungen angewiesen. Für die Wirtschaftsförderung durch den Staat sind aber offensichtlich Grenzen erreicht. Die Einflußmöglichkeiten der Wirtschaftspolitik im Unternehmensbereich bleiben gering und beschränken sich auf Übergangshilfen und auf das Setzen von Rahmenbedingungen.

Eine breite und wettbewerbsfähige Industrie- und Exportbasis, die über die Stärke der gesamtwirtschaftlichen Entwicklung auch in Ostdeutschland entscheidet, gewinnt nur allmählich an Gewicht. Der Wechsel im Spezialisierungsmuster der ostdeutschen Industrie – weg von den lokalen und regionalen Märkten – ist kräftig in Gang gekommen. Die grobe Annäherung an die westdeutsche Struktur dürfte sich relativ rasch vollziehen. »Auf lange Sicht bleibt für die ostdeutsche Industrie wenig Raum für eine Produktionsstruktur, die komplementär zu der in Westdeutschland ist.«[6] Dies schließt eine Spezialisierung innerhalb der Branchen keineswegs aus.

Die deutsche Einigung hat auch Spuren beim Strukturwandel der westdeutschen Wirtschaft hinterlassen. Davon war vor allem das verarbeitende Gewerbe betroffen, das allerdings von der ersten Phase der Einigung profitierte. Die massiven Transferhilfen der Jahre 1991 und 1992 für Ostdeutschland haben in der westdeutschen Industrie wie ein gigantisches Programm zur Konjunkturankurbelung gewirkt. Sie erzeugten einen Einigungsboom, der Wachstum, Preise und Zinsen nach oben trieb. Der westdeutschen Industrie wurden damals langlebige Konsumgüter, Autos und Investitionsgüter aus den Händen gerissen. Wegen der raschen Nachfrage aus Ostdeutschland und des verlängerten Konjunkturbooms fiel damals auch der Anpassungsdruck in den Hochtechnologiebereichen geringer aus als ohne die deutsche Einigung. Die deutsche Einigung und die damit verbundene Binnenorientierung führte zu einer Strukturverschlechterung des deutschen Industriebranchenportfolios.[7] Wegen der zusätzlichen Nachfrage kam es zu einer Handelsumlenkung in den konsum- und baunahen Branchen. Der Einigungsboom und die daran anschließende Rezession beeinträchtigten wegen der Verlagerung industrieller Aktivitäten nach Ostdeutschland und der Entzugseffekte durch die hohen Transferzahlungen die Entwicklung der westdeutschen Industrie. Der unumgängliche Abbau von Subventionen und Regulierungen fiel bescheiden aus. Es dominieren weiterhin die Erhaltungssubventionen. Die Anpassungen an den schärferen Standortwettbewerb erfolgten nicht zuletzt über den Abbau industrieller Beschäftigung.

Die reale Bruttowertschöpfung und die Zahl der Erwerbstätigen des verarbeitenden Gewerbes in Westdeutschland entwickelten sich von 1991 bis 1998 unterdurchschnittlich. Damit setzte sich der längerfristige Trend fort, der durch Globalisierung, internationale Arbeitsteilung und verstärkten Standortwettbewerb geprägt ist. Das Gewicht des verarbeitenden Sektors ist jedoch im internationalen Vergleich noch immer hoch. Deutschlands Spezialisierungsstärken liegen weiterhin in Industriebereichen wie dem Straßenfahrzeug- und Maschinenbau und weniger in den neuen Hochtechnologiebranchen.

Die strukturelle Verschiebung von Dienstleistungen breitete sich weiter aus. Vor allem die »Übrigen Dienstleistungen« expandierten sehr viel rascher als der Unternehmensdurchschnitt. Die fortschreitende Tertiärisierung ist der Ausdruck vielfältiger Faktoren wie Internationalisierung, Auslagerung, verstärkter Kommunikations- und Software-Einsatz und vieles andere.

Trotz der bis 1994 anhaltenden DM-Aufwertung verstärkte sich die Integration der Bundesrepublik in den internationalen Handel. Dabei intensivierte sich die Arbeitsteilung mit Niedrigeinkommensländern in Asien und Osteuropa. Die Verlierer einer verstärkten internationalen Spezialisierung sind die weniger qualifizierten Arbeitskräfte. Insbesondere waren die »strukturschwachen« Branchen wie Landwirtschaft, Bergbau, Eisenbahnen und Schiffahrt betroffen. Deren Beschäftigung schrumpfte weiterhin kräftig. Ebenso wurde die Größenstruktur der Betriebe verändert. Am stärksten ging die Beschäftigung in den Großbetrieben – und zwar vor allem im Maschinenbau und in der Elektrotechnik – zurück.

Trotzdem hat sich die westdeutsche Industrie den Herausforderungen der Globalisierung und des weltweiten Wettbewerbsdrucks gestellt und in einigen Bereichen einen gewichtigen Strukturwandel vollzogen. Die Wettbewerbsfähigkeit der westdeutschen Unternehmen hat sich seit Mitte der 90er Jahre durchaus verbessert. Immer häufiger sind Unternehmensfusionen eines der Instrumente, um sich im globalen Wettbewerb durchzusetzen und den ständig wachsenden Risiken und kürzeren Produktzyklen zu begegnen. Wenn Deutschland – im Gegensatz zu den reformfreudigen kleineren Ländern in Europa – seine frühere Position im Standort-Ranking noch weiter verschlechterte, lag das an den unzureichenden Anstrengungen bei den Reformen im Steuer-, Sozial- und Bildungsbereich. Die Wirtschaftspolitik ist hinter den Anforderungen einer sich rasch verändernden internationalen Umwelt zurückgeblieben. Die Rechts- und Sozialordnung der alten Bundesrepublik privilegiert weitgehend den Status quo, statt Anreize für Änderungen zu schaffen. Subventionen geben falsche Signale beim Strukturwandel. Mit der Einführung des Euro erhöht sich der Druck in Richtung Strukturwandel durch stärkeren Wettbewerb. Damit werden neue Zwänge zur Anpassung auch der Wirtschafts- und Sozialpolitik ausgelöst.

Das Tempo des Zusammenwachsens in Deutschland wird nicht zuletzt von der Wachstumsstärke und Anpassungsfähigkeit der westdeutschen Wirtschaft bestimmt. Ohne eine starke und wettbewerbsfähige Wirtschaft in Gesamtdeutschland können die anhaltenden Einigungslasten nicht finanziert werden. Sie werden nur allmählich schwächer werden. Nach den großen Anstrengungen im Aufholprozeß der ersten Jahre wird sich die Angleichung im Produktivitäts- und Einkommensniveau in Ostdeutschland notwendigerweise verlangsamen. Die Annäherung im Lebensstandard zwischen Ost- und Westdeutschland wird also wesentlich länger dauern, als am Anfang der deutschen Einigung noch angenommen wurde.

Die Hoffnung, daß die deutsche Einigung die wirtschaftlichen und gesellschaftlichen Verkrustungen in Westdeutschland aufbrechen würde, sind lange Zeit enttäuscht worden. Aber die notwendigen staatlichen Transfers zugunsten Ostdeutschlands und damit die Belastungen für die deutsche Wirtschaft werden hoch bleiben und somit wirtschaftliche und soziale Reformen und Einsparungen erzwingen. Damit wird die Anpassungsfähigkeit und Konsensbereitschaft der gesamtdeutschen Gesellschaft herausgefordert. Die schmerzhaften Anpassungen dürfen jedoch nicht auf Ostdeutschland und seine Bevölkerung beschränkt bleiben, sondern müssen auch die etablierten Verhältnisse in den alten Bundesländern erfassen. Die deutsche Einigung könnte somit zum einmaligen Anstoß werden, um unvermeidliche Reformen in Gang zu setzen und so Deutschland als Ganzes zu erneuern, damit es mit seinen vielfältigen Aufgaben in Europa und der Welt fertig werden kann.

Manfred Wegner

Anmerkungen:

1 Vgl. G. Sinn/H.-W. Sinn: Kaltstart. Volkswirtschaftliche Aspekte der deutschen Vereinigung, Tübingen 1991; H. Siebert: Das Wagnis der Einheit. Eine wirtschaftspolitische Therapie, Stuttgart 1992; R. Pohl (Hrsg.): Herausforderung Ostdeutschland. Fünf Jahre Währungs-, Wirtschafts- und Sozialunion, Berlin 1995; M. Wegner: Bankrott und Aufbau. Ostdeutsche Erfahrungen, Baden-Baden 1995.
2 Statistisches Bundesamt, Zur wirtschaftlichen und sozialen Lage in den neuen Ländern und Berlin-Ost, in: Wirtschaft und Statistik, 3/1998 und 4/1998.
3 Vgl. die ausführliche Analyse im 17. Anpassungsbericht der Forschungsinstitute, Februar 1998, und ebenso C. Vögtle: Der Dienstleistungssektor in den neuen Bundesländern. Strukturelle Umbruchprozesse, in: ifo Dresden, 5/1998.
4 Die Zahlen der amtlichen Statistik unterschätzen die tatsächliche Auslandsorientierung, weil viele ostdeutschen Betriebe über ihre westdeutschen und ausländischen Firmenzentren exportieren.
5 Vgl. J. Ragnitz/Rothfels/Wölfl, Determinanten der Produktivitätslücke in Ostdeutschland, in: IWH, Wirtschaft und Wandel, 1/1998 und 2/1998.
6 Gesamtwirtschaftliche und unternehmerische Anpassungsfortschritte in Ostdeutschland. Sechzehnter und Achtzehnter Bericht, IWH-Forschungsreihe, 6/1997 bzw. 6/1998.
7 Vgl. M. Hummel u. a.: Stärken und Schwächen Deutschlands im internationalen Wettbewerb um Einkommen und Arbeitsplätze. Strukturberichterstattung 1995, Berlin 1996.

Literatur:

Deutsches Institut für Wirtschaftsordnung Berlin/Institut für Weltwirtschaft Kiel/Institut für Wirtschaftsordnung Halle: Gesamtwirtschaftliche und unternehmerische Anpassungsfortschritte in Ostdeutschland, 1. bis 18. Bericht, 1991 bis 1998. □ Deutsches Institut für Wirtschaftsordnung: Schwerpunktheft Fünf Jahre Deutsche Einheit, Vierteljahrshefte zur Wirtschaftsforschung, 3/1995. □ Hoffmann, Lutz: Warten auf den Aufschwung. Eine ostdeutsche Bilanz, Regensburg 1993. □ Ifo-Institut für Wirtschaftsordnung: Fünf Jahre Reformprozeß in Ostdeutschland. Eine Zwischenbilanz, in: ifo Schnelldienst, 17–18/1995. □ Pohl, Rüdiger (Hrsg.): Herausforderung Ostdeutschland. Fünf Jahre Währungs-, Wirtschafts- und Sozialunion, Berlin 1995. □ Siebert, Horst: Das Wagnis der Einheit. Eine wirtschaftspolitische Therapie, Stuttgart 1992. □ Sinn, Gerlinde/Hans-Werner Sinn: Kaltstart. Volkswirtschaftliche Aspekte der deutschen Vereinigung, Tübingen 1991. □ Wegner, Manfred: Bankrott und Aufbau. Ostdeutsche Erfahrungen, Baden-Baden 1995. □ Ders.: Die deutsche Einigung oder das Ausbleiben des Wunders, in: Aus Politik und Zeitgeschichte, B 40/96, S. 13–25.

Treuhandanstalt

→ Bundesländer, **Finanzierung der Einheit,** Sozialer Wandel, Sozialpolitik, Strukturwandel, Verbände, Verhandlungen zur deutschen Einheit: Ökonomischer Prozeß, Verträge zur deutschen Einheit, **Wirtschaft.**

1. Zielsetzung und Funktion: Die Treuhandanstalt (THA) hat 1990 das industrielle und wirtschaftliche Erbe der ehemaligen DDR angetreten. Ihre historisch einzigartige Funktion war die Transformation einer sozialistischen Planwirtschaft in eine soziale Marktwirtschaft auf der Grundlage des Systems der Bundesrepublik Deutschland. Die Treuhandanstalt verwaltete als größte Staatsholding der Welt einen geschätzten Vermögenswert von 200–600 Mrd. DM. Im Sommer 1990 gab die Anstalt den Verkaufswert der Unternehmenseinheiten sogar mit 800–1 000 Mrd. DM an, relativierte diese Zahl dann aber in dem am 31. Oktober 1991 veröffentlichten Treuhandbericht des Bundesfinanzministeriums selbst auf 200 Mrd. DM.[1] Das Finanzvolumen, das die »Erblast« der ehemaligen DDR beschreibt, wurde demgegenüber mit 400 Mrd. DM beziffert. Diese Zahl, fast das Volumen eines jährlichen Bundeshaushalts, war jedoch nicht unstrittig. Die eigentliche Altschuld der DDR soll demgegenüber 28 Mrd. DM, die ihrer Unternehmen 100 Mrd. DM betragen haben.[2]

Die Kosten der Einheit wurden zu Beginn des Einigungsprozesses sehr unterschiedlich eingeschätzt. Nach einer Gemeinschaftsschätzung der deutschen wirtschaftswissenschaftlichen Institute wurden sie für 1990 mit 50 Mrd. DM und für 1991 mit 70 bis 75 Mrd. DM an Transferzahlungen von West nach Ost beziffert. Alleine für 1990/91 lag das geschätzte Volumen des Defizits im Staatssektor bei 160 Mrd. DM. 1994 beendete die Treuhandanstalt ihre Arbeit und hinterließ offiziell ein Defizit von 256,4 Mrd. DM, was einem durchschnittlichen jährlichen Kostenrahmen von ca. 65 Mrd. DM nur aus der Arbeit der Anstalt entspricht. Der Wohlstand Ostdeutschlands wird noch auf längere Zeit von Kapitaltransfers aus dem Westen abhängen. Die Unternehmensberatung Roland Berger & Partner stellte bereits Ende 1994 in Aussicht, daß die ostdeutsche Wirtschaft den westlichen Lebensstandard in den neuen Ländern erst im Jahr 2010 aus eigener Kraft finanzieren könnte. Von 1995 bis 2005 würden rund 2,2 Billionen DM netto von West nach Ost fließen, davon die Hälfte aus staatlichen Kassen.[3]

Auf dem Weg in die Marktwirtschaft haben über 3 Mio. Ostdeutsche zunächst ihre Arbeit und darüber hinaus ihre sozio-ökonomische Orientierung verloren. 1990 war dabei das Jahr mit den gravierendsten Veränderungen für die Beschäftigten: 14 % wechselten in arbeitsmarktpolitische Maßnahmen (ABM), 5 % traten in den Vorruhe- oder Ruhestand, 8 % haben gekündigt, bei 11 % ist der Verbleib unbekannt, 45 % sind verblieben, 17 % sind arbeitslos geworden.[4]

8 000 »Volkseigene« Betriebe (VEB) mußten privatisiert, saniert, aufgeteilt oder stillgelegt werden. Die Produktivität der Ostbetriebe war in der Regel weitaus geringer als die ihrer neuen Konkurrenten im Westen, die Produktqualität industriel-

ler Güter galt als nicht konkurrenzfähig, der vormals funktionierende Ostmarkt war fast völlig weggebrochen. Dies prägte die Ausgangslage für die Arbeit der Treuhandanstalt.

Die Bildung der Treuhandanstalt resultiert ursprünglich aus einer Initiative von Bürgerrechtlern der DDR. Der Ministerrat der DDR faßte am 1. März 1990 den Beschluß zur Gründung der »Anstalt zur treuhänderischer Verwaltung des Volkseigentums«. Mit diesem Beschluß wurde die ursprüngliche Form eingelöst, nicht jedoch die Absicht, das »volkseigene Vermögen« direkt an die Bevölkerung der DDR und an die neuen Bundesländer zu übereignen.[5]

Mit Art. 25 des Einigungsvertrages wurde das Treuhandgesetz mit kleinen Veränderungen übernommen. Die Treuhandanstalt arbeitete insgesamt auf der Grundlage des noch von der DDR-Volkskammer am 17. Juni 1990 beschlossenen Treuhandgesetzes, sowie des Staatsvertrags vom 18. Mai 1990 und des Einigungsvertrages zwischen der DDR und der Bundesrepublik Deutschland vom 20. August 1990. Ihr Auftrag war aufgrund der bestehenden Rechtsgrundlage bis zum Ende 1994 befristet. Dabei ist sie eine rechtsfähige bundesunmittelbare Anstalt des öffentlichen Rechts gewesen.

Die zentrale Aufgabe der dem Bundesfinanzministerium unterstehenden Behörde bestand nach Art. 25 Einigungsvertrag darin, die »früheren volkseigenen Betriebe wettbewerblich zu strukturieren und zu privatisieren«. Über 12 000 »Volkseigene Betriebe« (VEB), Betriebsteile und Immobilien wurden ihr nach deren Umwandlung in private Rechtsformen, wie zum Beispiel Aktiengesellschaften und Gesellschaften mit beschränkter Haftung, unterstellt. Die Tätigkeit der Treuhand bewegte sich innerhalb eines zweigeteilten Konzepts, das einerseits »behutsame« Stillegungen und andererseits »entschlossene« Sanierungen bzw. »schnelle« Privatisierungen beinhaltete. Als Beispiel für die Tätigkeit der Treuhandanstalt lassen sich im Rahmen der Stillegungen die Liquidation der DDR-Fluggesellschaft »Interflug« und die Beendigung der Wartburg-Produktion in Eisenach am 31. Januar 1991 nennen. Im Zuge der Sanierung wurde die Janoptik GmbH Carl Zeiss Jena Anfang März 1991 von ihren Altschulden befreit.[6]

Seit der Einrichtung der Behörde haben sowohl ihre organisatorische Struktur als auch die Verfahrensweise der ökonomischen Neugestaltung permanent im Zentrum der öffentlichen Aufmerksamkeit gestanden. Nach den Worten ihrer letzten Präsidentin, Birgit Breuel, blühten zum Beginn des wirtschaftlichen Umbaus »Spekulation und Raubrittertum. Zum Symbol dafür wurde kurzerhand die Treuhandanstalt«[7] stilisiert. Im Rahmen der wirtschaftlich allgemein schlechten Entwicklung zu Beginn der 90er Jahre und wegen erheblicher Privatisierungs- und Sanierungsprobleme bis 1998 sind die Arbeit der Treuhandanstalt und ihrer vier Nachfolgerorganisationen deshalb häufig kritisch bilanziert worden.[8]

2. Struktur: Die Treuhandanstalt hatte zu Beginn ihrer Tätigkeit politisch begründete Organisationsprobleme. Nach anfänglichen Unklarheiten und politischen Konflikten erhielt sie Ende 1990 jedoch ihre endgültige Organisationsstruktur. Als Aufsichtsgremium fungierte ein Verwaltungsrat mit 23 Mitgliedern und als Leitungsgremium der Vorstand, dessen erster Präsident Rainer Gohlke gewesen ist. Dieser wurde dann durch Detlev K. Rohwedder ersetzt. Nach dessen Ermordung durch Terroristen im April 1991 wechselte das Vorstandmitglied Birgit Breuel an die Spitze der Anstalt. Im Verwaltungsrat der Anstalt saßen neben den Ministerpräsidenten der neuen Länder, Arbeitgebervertretern und Repräsentanten der Banken auch Vertreter der Arbeitnehmer. Wesentliches Kennzeichen der Leitungsstruktur ist eine Matrixorganisation gewesen, bei der den einzelnen Vorstandsressorts sowohl Funktions- als auch Geschäftsverantwortung zugeordnet worden ist. Die Vorstandsbereiche der Treuhandanstalt differenzierten sich in:

- das Präsidium (Geschäftsverantwortung Energie, Funktionalverantwortung Grundsatzfragen, Kommunikation, Recht, Organisation, EDV, Bund- und EG-Kontakte, Revision);
- die Unternehmensbereiche eins bis fünf, die branchenspezifisch unterteilt und mit unterschiedlicher Funktionalverantwortung wurden, die von Privatisierungsstrategien über Sanierungs-, Verwaltungs- und Refinanzierungsaufgaben reichten;
- den Vorstandsbereich ›Niederlassungen und Länderfragen‹, dessen Geschäftsverantwortung sich auf 15 Niederlassungen in den fünf neuen Bundesländern bezogen hat und als Funktionalverantwortung die Koordination allgemeiner Länderfragen aufwies;
- die Vorstandsbereiche Personal und Finanzen, die Funktionalverantwortung trugen in den Bereichen Personal, Arbeitsmarkt und Soziales bzw. Unternehmensfinanzierung, Rechnungswesen und Haushaltsführung.

Die 15 Niederlassungen der Treuhandanstalt waren in erster Linie für die Privatisierung der regionalen mittleren und kleinen Betriebe mit weniger als 1 500 Beschäftigten zuständig. Die Entscheidung über die Struktur der einzelnen Niederlassung wurde dabei entsprechend den regionalen Erfordernissen dem jeweiligen Niederlassungsleiter überlassen. Der Leiter hatte auf regionaler Ebene die gleiche Entscheidungsfreiheit wie die einzelnen Vorstandsressorts der Zentrale in Berlin. Damit sollte das Prinzip der regionalen Dezentralisierung durchgesetzt werden, so daß 15 Treuhandanstalten »im kleinen« entstanden. Um auch internationale Engagements zu erleichtern, eröffnete die Treuhand internationale Kontaktbüros. So wurden etwa im Oktober/November 1991 Beauftragte in Japan, den USA, Österreich, Frankreich und Italien ernannt, um dort die Transformationsinteressen der Anstalt zu vertreten.

Zum 31. Dezember 1994 stellte die Treuhandanstalt ihre Arbeit planmäßig ein. Die Erledigung der noch verbliebenen Aufgaben erfolgte im Rahmen der weiteren Aufsicht durch das Bundesministerium der Finanzen durch vier Nachfolgeorganisationen:

- Bundesanstalt für vereinigungsbedingte Sonderausgaben (BvS) sowie die ihr unterstellten Bodenverwertungs- und verwaltungsgesellschaft mbH (BVVG) und DV-Informationssysteme, Organisation und Service GmbH (Disos);

- Beteiligungs-Management-Gesellschaft Berlin mbH (BMGB);
- Treuhand Liegenschaftsgesellschaft mbH (TLG);
- Bundesamt zur Regelung offener Vermögensfragen (Barov).

3. Transformations-Bilanz: Die Treuhandanstalt hat nach offiziellen Angaben bis zum 31. Dezember 1994 Über 15 000 Unternehmen und Betriebsteile veräußert. Davon entfielen ca. 860 Privatisierungen auf ausländische Investoren.[9] Ein Beispiel ausländischen Engagements ist die Übernahme von Anteilen der 1997 in Betrieb gegangenen Leuna-Raffinerien durch das französische Energieunternehmen Elf Aquitaine. Von allen privatisierten Unternehmen oder Betriebsteilen gingen ca. 80 % an mittelständische Erwerber. Darunter fallen auch ca. 3 000 Privatisierungen im Rahmen sogenannter »Management-Buyouts«. Im Rahmen »kleiner Privatisierungen« konnten bis 1991 25 000 Handelsgeschäfte, Gaststätten, Hotels etc. verkauft werden. Darüber hinaus wurden 46 500 Liegenschaften und ca. 67 700 ha Land und forstwirtschaftliche Fläche veräußert. Insgesamt wurden damit Privatisierungserlöse von ca. 67 Mrd. DM, Arbeitsplatzzusagen für 1,5 Mio. Mitarbeiter und Investitionszusagen in Höhe von 211 Mrd. DM erzielt. Trotzdem schloß die Bilanz der Treuhandanstalt negativ. Den Einnahmen stand im Jahresabschluß 1994 insgesamt ein Defizit in Höhe von 256,4 Mrd. DM gegenüber, ca. 5 bis 10 Mrd. DM weniger als im Dezember 1994 von der Treuhandanstalt selbst erwartet worden ist. Die Defizite der Nachfolgeorganisationen werden seit 1995 über den Bundeshaushalt ausgeglichen und sind bereits im Gesamtdefizit der Treuhandanstalt enthalten.

Die Restaufgaben der Treuhandanstalt wurden von ihren Nachfolgeorganisationen wahrgenommen. Der Bundesanstalt für vereinigungsbedingte Sonderaufgaben (BvS) oblag die Überwachung der Investitions- und Arbeitsplatzzusagen von ca. 85 000 Treuhandverträgen. Darüber war die BvS zuständig für die Verwaltung des Vermögens der Parteien und Massenorganisationen der ehemaligen DDR sowie für die Außenhandelsbetriebe und die Betriebe des Bereichs Kommerzielle Koordinierung (KoKo). Außerdem blieben eine Reihe von hoheitlichen Aufgaben bestehen: die Reprivatisierung, die Vermögenszuordnung an die ostdeutschen Kommunen sowie die Erteilung von Investitionsvorrangbescheiden und Grundstücksverkehrsgenehmigungen. Von 1997 an wurden die hoheitlichen Tätigkeiten dann vom Bundesamt zur Regelung offener Vermögensfragen (Barov) weitergeführt. Die Tätigkeit der Treuhandnachfolgerin BvS wurde Anfang 1998 jedoch verlängert. Darauf einigten sich Bundeswirtschaftsminister Rexrodt und die Wirtschaftsminister der neuen Bundesländer auf der 9. Wirtschaftsministerkonferenz Ost Anfang 1998 in Berlin. Bis Ende 1998, so rechnet der Präsident der Bundesanstalt, Günter Hirmstedt, werden die restlichen Geschäftsstellen der BvS in den neuen Ländern geschlossen. Bis dahin seien die Arbeiten bis zu 90 % abgeschlossen. Die restlichen Aufgaben werden in der Berliner Zentrale abgewickelt. Die Arbeit soll dann bis Ende 1999 beendet sein.[10] Anfang 1998 verfügte die BvS noch über rund 1 200 Stellen. Anfang 1999 sollen es demgegenüber nur noch 350 Mitarbeiter sein, die mit originären BvS-Aufgaben wie dem Vertragsmanagement beschäftigt sind.

Die Treuhandnachfolgerin BvS hat den Bundeshaushalt 1995 bis 1998 um rund 11,5 Mrd. Mark entlastet. Insofern war ihre Arbeit erfolgreich. Der Effekt setzt sich aus zwei gegenläufigen Entwicklungen zusammen: zum einen fielen die errechneten Defizite in den Jahren 1995 bis 1997 mit 34,3 Mrd. DM um 9,13 Mrd. DM niedriger aus als erwartet; zum anderen ist zu berücksichtigen, daß die Bundesanstalt in den Jahren 1996 bis 1998 rund 6,04 Mrd. zusätzliche Einnahmen für den Bundeshaushalt durch Abtretung fälliger Forderungen erbringt. Für die kommenden Jahre wird jedoch ein weiter ansteigender Finanzbedarf antizipiert, der nach dem Entwurf zum Finanzplan 2000 bis 2002 bei insgesamt 3,06 Mrd. DM liegen soll – etwa 100 Mio. DM über den bisherigen Plandaten.[11]

Die Bodenverwertungs- und Verwaltungsgesellschaft mbH (BVVG) erledigt als Geschäftsbesorger der BvS im Rahmen des von der Bundesregierung beschlossenen mittelfristigen Pachtprogramms unter anderem die Verpachtung und den Verkauf von Waldflächen, Acker- und Grünland, die Privatisierung von Grundstücken oder die Verwaltung von Objekten wie Scheunen und Silos. Grundlage für ihre Täigkeit ist das am 1. Dezember 1994 in Kraft getretene Entschädigungs- und Ausgleichsgesetz (EALG), das eine zweite Phase der Privatisierung von Treuhandflächen in die Wege leitete. Als Zeithorizont für die Erledigung der Aufgaben im Liegenschaftsbereich wurden ca. 10 Jahre angegeben, die aus der Durchführung zeitraubender Maßnahmen zur Bestandsentwicklung und -optimierung resultieren. Für Grundstücke innerhalb der Land- und Forstwirtschaft legt das EALG fest, daß Berechtigte bis zum 30. Juni 2004 Kaufanträge stellen könen. In diesem Bereich ist eine Privatisierung deshalb besonders schwierig und zeitaufwendig, da erst die Eigentumsverhältnisse geklärt werden müssen, weil das »volkseigene« Vermögen hier auf Enteignungen in drei unterschiedlichen Zeiträumen – 1945, 1945 bis 1949, nach 1949 – basierte.

Vor diesem rechtlich schwierigen Hintergrund veräußerte die BVVG bis Anfang 1998 83 000 Hektar Wald und 15 000 Hektar Acker- und Grünland. Im Besitz der BVVG befinden sich damit noch 500 000 Hektar Wald und 1 087 Mio. Hektar Acker- und Grünland, wovon 1 034 Mio. Hektar langfristig verpachtet sind. Bis zum Jahr 2000 müssen sich die Pächter nach einer Vorgabe des Bundes entscheiden, ob sie das Land kaufen wollen. Ziel der gesamten Flächenprivatisierung ist ein Erlös von 4 Mrd. DM für den Bund. Die BVVG beschäftigte 1998 rund 1 000 Mitarbeiter, davon 300 in der Berliner Zentrale und die übrigen in 12 Niederlassungen. Im Zuge der geplanten Auflösung der BvS wird die BVVG einige zusätzliche Aufgabenbereiche und einige hundert Beschäftigte der BvS übernehmen.

4. Probleme und Kritik der Transformation: Die Tätigkeit der Treuhandanstalt und ihrer Nachfolgeorganisationen war verbunden mit der Bewältigung von juristischen, ökonomischen, betriebswirtschaftlichen und politischen Problemen der vielfältigsten Art. Schwierige Rechtsfragen zum Beispiel in bezug auf Besitzverhältnisse, komplizierte Analysen der Marktsituationen und -chancen sowie ein hohes finanzielles Engagement zur Bewältigung von ökonomischen und ökologischen Altlasten und zur Bereitstellung der für die Übergangszeit benötigten Betriebsmittel bilden hier typische Problemkomplexe ab. Daneben hat die Tätigkeit der Treuhandanstalt psychologische Wirkungen sowohl in positiver als auch in negativer Hinsicht entfaltet. Diese wurden bewirkt durch ihr marktwirtschaftliches Vorgehen gegenüber einer nach 40 Jahren zusammengebrochenen Kommandowirtschaft. Einerseits hat die Treuhandanstalt den gewünschten Neubeginn mit seinen Chancen und Hoffnungen symbolisiert. Andererseits vermittelte die permanent im Lichte der Öffentlichkeit operierende Behörde auch das Gefühl des »Ausverkaufs« Ostdeutschlands.

Kritisiert wurden Organisation und Verfahrensweisen der Treuhandanstalt sowie deren wirtschaftlicher Nutzen. Es standen sich hierbei die Auffassung einer strikten Privatisierungspolitik, die im Rahmen der Freisetzung privater Investitionstätigkeit mehr Beschäftigung und größere Steuereinnahmen sowie geringere soziale Folgekosten erwartete, und eine zur Sanierung neigende Position verbunden mit einer aktiven Arbeitsmarkt-, Industrie- und Strukturpolitik gegenüber. Diese ordnungspolitischen Präferenzen bewegten sich im Rahmen eines traditionellen ordnungs- und wirtschaftspolitischen Gegensatzes in der Bundesrepublik Deutschland. Deutlich wurde diese ordnungspolitische Diskrepanz zum Beispiel Ende 1992/Anfang 1993. Im Rahmen der rezessiven Entwicklung insgesamt und der wirtschaftlich besonders schwierigen Situation in den neuen Bundesländern entzündete sich eine kontroverse Debatte um die Erhaltung industrieller Kernbereiche im Osten Deutschlands. Der Solidarpakt, der Anfang 1993 zwischen Regierungskoalition und Opposition unter erheblichem politischen und wirtschaftlichen Druck gemeinsam beschlossen wurde, verdeutlicht dabei dramatisch die Perspektive einer Deindustrialisierung in den fünf neuen Bundesländern, die zu erheblichen struktur- und industriepolitischen Anstrengungen Anlaß gegeben hat.

Heftig umstritten war von Anfang an, ob die Treuhandanstalt dem Bundesfinanzministerium, gewissermaßen als Vermögensverwaltung, oder dem Bundeswirtschaftsministerium, als ordnungspolitisch zuständiger Aufsichtsbehörde, unterstellt sein sollte. Ein Übermaß an Zentralismus und eine zu starke Bürokratisierung sind als weitere Kritikpunkte hinzugefügt worden. Angesichts zunehmender Betriebsstillegungen und Firmenzusammenbrüche sowie aufgrund einer stark anwachsenden Arbeitslosigkeit in den neuen Bundesländern sind Zweifel geäußert worden an der Sozialverträglichkeit ihrer Verfahrensweisen. Ferner wurden aus ostdeutscher Perspektive der fehlende Dialog zwischen Anstalt und Kommunen sowie eine zu strikte Privatisierungs- und Stillegungspolitik bemängelt. In Westdeutschland dagegen wurde die Treuhandanstalt auch umgekehrt kritisiert wegen einer vermeintlich zu stark zur Subventionierung neigenden Privatisierungsstrategie. Weiter wurden die mangelnden Bewertungsgrundlagen von Betrieben der ehemaligen DDR genannt, die eine Veräußerung oder Übertragung verhinderten. Als Gründe für fehlende Erfolge wurden die Länge und der Kostenaufwand von Verfahrenswegen angegeben, darüber hinaus jedoch auch eine »Korruptionsversuchung« der an den Verfahren Beteiligten, die Existenz »alter Seilschaften«, die einzelne Vorgänge wirksam verschleppen oder für eigene Interessen ausnutzen würden, und der praktische Ausschluß ehemaliger DDR-Bürger von lukrativen Objekten. Die Kritik, die

Treuhandanstalt habe die Privatisierungspolitik zu sehr gegenüber einer sozial verträglicheren Sanierungspolitik in den Vordergrund gestellt, hat im März 1991 zu einer Intervention auf politischer Ebene geführt. Bundeskanzler Helmut Kohl, die Ministerpräsidenten der fünf neuen Bundesländer, einige Bundesminister und die Leitung der Treuhandanstalt vereinbarten neue Grundsätze der Zusammenarbeit, die das Gemeinschaftsprogramm »Aufschwung Ost« flankieren sollten. Das Ziel war, eine reibungslose Verzahnung zwischen den Aktivitäten der Anstalt sowie der staatlichen Regional-, Arbeitsmarkt- und Infrastrukturpolitik sicherzustellen. Sanierungsmaßnahmen sind unter arbeitsmarktpolitischen Gesichtspunkten gleichwertig neben den Privatisierungskurs gestellt worden. Darüber hinaus hat der Deutsche Bundestag am 15. März 1991 mit den Stimmen der Regierungskoalition das »Spaltungsgesetz« verabschiedet, das eine Aufspaltung ehemaliger volkseigener Betriebe zur sinnvolleren Privatisierung gestattete.[12]

Abgeordnete der Opposition im Deutschen Bundestag forderten im Rahmen einer Gesetzesinitiative aber weiterreichende und qualitativ andere Maßnahmen. Sanierungspolitik wurde hier in der Tradition staatlicher Arbeitsmarktpolitik als genuine staatliche Aufgabe definiert, die vor allem der Arbeitsplatzsicherung und der sozialen Sicherheit dienen solle. Kulminationspunkt war der Konflikt um die mit dem Spaltungsgesetz verfügte und bis zum 31. Dezember 1992 befristete Suspendierung des § 613 a BGB im Beitrittsgebiet, der Arbeitnehmerrechte beim Betriebsübergang festschreibt.

Darüber hinaus sollte die Transparenz und Kontrolle der Anstaltsaktivitäten durch die Verlagerung der Zuständigkeit auf das Bundeswirtschaftsministerium und durch die Einrichtung eines »Treuhandausschusses des Deutschen Bundestages« mit weitreichenden Vollmachten verbessert werden. Bis Ende 1992 oblag die parlamentarische Kontrolle der Treuhand einem Unterausschuß »Treuhand-Anstalt« des Deutschen Bundestages, der dem Haushaltsausschuß zugeordnet war. Am 22. Januar 1993 wurde dieser dann durch einen parlamentarischen Untersuchungsausschuß ersetzt, dessen Aufgabe darin bestand, die Arbeit der Treuhandanstalt und des ihr vorgesetzten Bundesfinanzministeriums weiterhin kontrollierend zu begleiten. Seine Arbeit wurde im Sommer 1994 beendet.

Von Gewerkschaftsseite ist gefordert worden, einige der zur Disposition stehenden Unternehmen in einer staatlichen Holdinggesellschaft zu belassen, statt sie in privates Eigentum zu überführen. Wenn sich andere europäische Länder wie Belgien oder Spanien eine eigene Staatsholding leisten würden, könne auch die Bundesrepublik diesem Beispiel folgen und die Gewinne zur Bewältigung der Zukunftsaufgaben einsetzen. Dieses Argument hat im Rahmen der finanzpolitischen Beratungen des Solidarpaktes Anfang 1993 zur Bewahrung industrieller Kerne erneut an Gewicht gewonnen und wurde im Rahmen der Arbeit der Beteiligungs-Management-Gesellschaft Berlin mbH (BMGB) zumindest für einen gewissen Zeitraum beachtet.

5. Zur wirtschaftlichen Bilanz der Treuhand-Anstalt: Nach der deutschen Einheit am 3. Oktober 1990 wurde der ökonomische Umbauprozeß der ostdeutschen

Wirtschaft mit westlichen Finanzhilfen forciert in die Wege geleitet. Spezielle Finanzmittel und Finanzierungsinstrumente des »Fonds deutsche Einheit« und der »Kreditanstalt für Wiederaufbau« (European Recovery Programm, ERP) haben den Bereich der öffentlichen Mittel und den Kreditrahmen zur Privatisierung und Sanierung in den fünf neuen Bundesländern bestimmt. Hinzu kamen die Mittel aus dem erhöhten Steueraufkommen im Rahmen des Solidaritätszuschlags für Arbeitnehmer. Eine große Bedeutung haben die Kreditmittel der Kreditanstalt für Wiederaufbau im Rahmen der Exportfinanzierung für Ost-Unternehmen, der Modernisierung und Umstrukturierung von Unternehmen, der Vorhaben für den Umweltschutz sowie der Verbesserung des Wohnraumangebots gehabt. Im Investitionskreditprogramm der Kreditanstalt für Wiederaufbau, das im Frühjahr 1991 aufgelegt worden ist, hat der Zinssatz 7,5 % bei 96 % Auszahlung betragen. Dieses Programm hat Unternehmen mit einem Jahresumsatz von bis zu 500 Mio. DM offen gestanden. Antragsberechtigt waren auch Treuhand-Unternehmen. Zinsverbilligungen im Wohnraum- und Modernisierungsprogramm wurden aus dem Bundeshaushalt getragen.

Vor dem Hintergrund dieser Finanzausstattung waren fehlende schnelle oder durchschlagende Erfolge, die zunehmende Verschuldung der Treuhandanstalt und komplizierte finanztechnische Abwicklungsfragen problematisch. Bis Ende 1994 hat die Treuhandanstalt Schulden in Höhe von 256,4 Mrd. DM angehäuft. Zu diesem Defizit trugen die von der Treuhandanstalt übernommenen Altschulden der Unternehmen, Ausgleichsforderungen, Verpflichtungen gegenüber dem Kreditabwicklungsfond und Zuschüsse zu Sozialplänen für entlassene Mitarbeiter bei.

Darüber hinaus ergaben sich Verpflichtungen aus der Beseitigung ökologischer Altlasten und aus Entschädigungen und Reprivatisierungen. Zudem mußte die Anstalt weit mehr Mittel für Zinsen aufwenden als sie durch den Verkauf von Betrieben erlöst hat. Insgesamt hat die Treuhandanstalt ihren gesetzlichen Kreditrahmen voll ausgeschöpft. Um den weiter gestiegenen Finanzbedarf der Anstalt zu befriedigen, wurde es der Treuhand im Rahmen des Solidarpakts Anfang 1993 gestattet, weitere 8 Mrd. DM auf dem Kapitalmarkt aufzunehmen. Auch die Kreditanstalt für Wiederaufbau durfte ihren Kreditrahmen für den Wohnungsbau in Ostdeutschland auf 60 Mrd. DM verdoppeln.

Die Bilanz der Treuhandanstalt wurde aufgrund ausbleibender Erfolge und gravierender konjunktureller sowie struktureller Probleme getrübt. Die konjunkturellen Risiken, die Gefahren einer Investitionslücke, die mangelnde Konkurrenzfähigkeit mit westlichen Produkten, der technische Standard der Produktionsmittel und der völlig weggebrochene Ostmarkt beschworen das Gespenst des industriellen Zusammenbruchs in den neuen Bundesländern herauf. Darüber hinaus mußte festgestellt werden, daß vertraglich zugesicherte Arbeitsplätze und Investitionen nicht immer eingehalten oder vereinbarte Kaufpreise nicht beglichen wurden. Viele Treuhand-Firmen haben sich passiv saniert, indem sie Personal abgebaut, Produktionen stillgelegt, Betriebsanteile ausgegliedert sowie Kosten für Forschung und Entwicklung eingespart haben.

Der Treuhandanstalt wurde in diesem Zusammenhang vorgeworfen, sie habe diese Schrumpfungsprozesse begünstigt, da sie Liquiditätskredite verbürgt, Sozialpläne finanziert und teilweise Altschulden übernommen habe, ohne Auflagen bezüglich der Modernisierung von Produkten und Produktionsmitteln zu machen. Angesichts der schwierigen wirtschaftlichen Entwicklung in Deutschland stellen sich die restlichen Transformationsaufgaben der Nachfolgeorganisationen und die Stabilisierung des erreichten Transformationserfolges weiterhin kompliziert dar. Ein geringes Wirtschaftswachstum, unzureichende Investitionen in Bauten und Ausrüstungen, geringe Einkommenszuwächse der Arbeitnehmer, und eine hohe Arbeitslosigkeit signalisierten bis Ende der 90er Jahre eine schwache wirtschaftliche Entwicklung, die die notwendige konjunkturelle Stimulanz in den fünf neuen Bundesländern erschwerten.

Die Leistung der Treuhandanstalt ist aufgrund der historischen Einzigartigkeit ihrer Aufgabe und des fehlenden Erfahrungshintergrundes differenziert zu bewerten. Unstrittig ist jedoch, daß viele am Transformationsprozeß Beteiligten ökonomisches Neuland betraten und Fehler der Verantwortlichen sowie Mißbrauch von Unternehmen und Unternehmern vorprogrammiert waren. Hierbei muß der enorme Schwierigkeitsgrad der Herausforderungen beachtet werden, die sich auf die Bereiche Kapital, Arbeit, Management, Zeit sowie Wettbewerbsfähigkeit konzentrierten. Die 4 000 im Jahr 1990 per Gesetz in Kapitalgesellschaften umgewandelten Betriebe verfügten zum Beispiel über keine normalen Sicherheiten zur Kreditaufnahme; der Liquiditätsbedarf überstieg die Schätzungen der Treuhandanstalt bei weitem.

In den Unternehmen mußten die Führungs- und Aufsichtsgremien der westlichen Unternehmensformen – Vorstände, Aufsichts-, Personal- und Betriebsräte – und das Verhalten dort innerhalb kürzester Zeit gebildet und eingeübt werden. Dafür wurden nach Angaben der Treuhandanstalt ca. 1 500 Aufsichtsratsvorsitzende, entsprechend viele Anteilseignervertreter sowie 13 000 Vorstände und Geschäftsführer benötigt. Ihre Aufgaben konnte die »Behörde mit unternehmerischem Auftrag« nicht im Rahmen der in Westdeutschland gewohnten ausdifferenzierten und leistungsgerechten Infrastruktur verrichten: es fehlte eine funktionierende kommunale und landespolitische Handlungsfähigkeit. Insgesamt muß beachtet werden, daß alles gleichzeitig und ohne Aufschub zu erledigen war. Dabei mußte die Treuhandanstalt zwangsläufig im Spannungsfeld unterschiedlichster politischer wie wirtschaftlicher Erwartungen und Interessen stehen, ein Umstand, der mit den Etiketten »Überfall«, »Raubrittertum« und »notwendiges Übel« die unumgängliche Imagefalle der Anstalt begründet hat. Fehlentwicklungen stehen jedoch neben Erfolgsgeschichten. Neben vermuteten Betrügereien in Milliardenhöhe, wie im Falle von Ausschreibungen in Bitterfeld, sind positive Entwicklungen, wie im Falle des einstigen DDR-Autobauers Sachsenring, unübersehbar. Vergessen wird bei aller rastlosen Kritik oft die langfristige Dimension der Aufgabe. Die Transformation eines Landes zu Demokratie und Marktwirtschaft ist ein Unterfangen, das nicht in Jahren, sondern in Generationen zu denken ist.

Jürgen Turek

Anmerkungen:

1 Vgl. W. Süß: Ende und Aufbruch. Von der DDR zur Bundesrepublik, Frankfurt a. M. 1993, S. 184 f.
2 Vgl. z. B. T. Hanke: Das Schulden Karussel, in: Die Zeit, 20. 11. 1992.
3 Vgl. Noch über Jahre Finanztransfers in den Osten, in: Frankfurter Allgemeine Zeitung, 17. 12. 1994.
4 Vgl. Treuhandinformation, Letzte Ausgabe vom 21. 12. 1994, S. 11.
5 Vgl. G. Gebhard/M. Artzt: Rettet eine Holding das Volkseigentum?, in: Berliner Zeitung, 15. 2. 1993.
6 Vgl. Mühsame Etappen der Treuhand. Anstalt bedingt erfolgreich. Eine Chronologie, in: Der Tagesspiegel, 3. 4. 1991.
7 Vgl. B. Breuel: Grenzlos überfordert, in: Die Zeit, 13. 11. 1992.
8 Vgl. exemplarisch R. Neubauer: Die Bilanz bröckelt, in: Die Zeit, 18. 9. 1992.
9 Vgl. zu den folgenden Angaben Deutscher Bundestag: Drucksache 13/2280, S. 125.
10 Vgl. BvS schließt erst 1999, in: Die Welt, 22. 1. 1998.
11 Vgl. Treuhandnachfolge spart Millarden, in: Handelsblatt, 20. 2. 1998.
12 Vgl. Deutscher Bundestag: Stenographischer Bericht, 16. Sitzung, Zweite und Dritte Beratung eines Gesetzes zur Beseitigung von Hemmnissen bei der Privatisierung von Unternehmen und zur Förderung von Investitionen und eines Gesetzes über die Spaltung der von der Treuhand-Anstalt verwalteten Unternehmen vom 15. 3. 1991.
13 Treuhandinformation, Letzte Ausgabe vom 21. 12. 1994, S. 7.

Literatur:

Bundesministerium der Finanzen (Hrsg.): Die Tätigkeit der Treuhandanstalt, Bonn 1991. □ Deutscher Bundestag: Stenographischer Bericht. 16. Sitzung, Zweite und Dritte Beratung eines Gesetzes zur Beseitigung von Hemmnissen bei der Privatisierung von Unternehmen und zur Förderung von Investitionen und eines Gesetzes über die Spaltung der von der Treuhand-Anstalt verwalteten Unternehmen v. 15. 3. 1991. □ Gros, Jürgen: Entscheidung ohne Alternative? Die Wirtschafts-, Finanz- und Sozialpolitik im deutschen Vereinigungsprozeß 1989/90, Mainz 1994. □ Grosser, Dieter: Treuhandanstalt, in: Uwe Anderson/Wichard Woyke: Handwörterbuch zum politischen System der Bundesrepublik Deutschland, Opladen 1992, S. 534–538. □ Häfner, Beata: Treuhand zwischen Baum und Borke, in: Deutschland Archiv, Nr. 11/1992, S. 1121–1125. □ Himstedt, Günter: BvS ist kein ostdeutscher Oberaufsichtsrat, in: Süddeutsche Zeitung, 27. 10. 1997. □ Kemmler, Marc: Die Entstehung der Treuhandanstalt. Von der Wahrung zur Privatisierung des DDR-Volkseigentums, Frankfurt a. M./New York 1994. □ Luft, Hans: Die Treuhandanstalt. Deutsche Erfahrungen und Probleme bei der Transformation von Wirtschaftsordnungen, in: Deutschland Archiv, Nr. 12/1991, S. 1270–1287. □ Siebert, Horst: Das Wagnis der Einheit. Eine wirtschaftspolitische Therapie, Stuttgart 1992. □ Treuhandanstalt: Informationen, letzte Ausgabe vom 21. 12. 1994.

Umwelt

→ Europäische Integration, **Finanzierung der Einheit**, Lebensbedingungen, Strukturwandel, Verbände, Verhandlungen zur deutschen Einheit: Innerer Prozeß, **Wirtschaft**.

1. Das Bezugssystem der deutschen Umweltpolitik: Unter Umweltpolitik versteht man jede Politik, die Eingriffe in die Natur vermeidet, verhindert oder eingetretene Umweltschäden beseitigt. Umweltpolitik bewegt sich in einem Spannungsfeld zwischen den Erfordernissen von Ökologie und Ökonomie. Als Querschnittsaufgabe korrespondiert sie mit einem dichten Netz von Verflechtungen mit anderen Politikbereichen. Die Schwierigkeiten, umweltpolitische Ziele adäquat zu erreichen, ergeben sich daraus, daß konsequente umweltpolitische Maßnahmen zwangsläufig Besitzstände in anderen Bereichen berühren.

Zu einem Bedeutungszuwachs der Umweltpolitik kam es erst, als die Möglichkeit einer allmählichen Vernichtung der menschlichen Lebensgrundlagen deutlich wurde. In den 80er Jahren sind Fragen der Umweltpolitik in der westdeutschen politischen Auseinandersetzung zu einem zentralen und parteiübergreifenden Thema geworden. In beiden Teilen Deutschlands haben Umweltschützer wichtige gesellschaftliche Transformationsleistungen angestoßen. Durch die politischen und wirtschaftlichen Veränderungen in Osteuropa, die deutsche Einheit und die daraus resultierenden Herausforderungen gerieten umweltpolitische Aufgabenstellungen in den Hintergrund.

Umweltpolitik beschäftigt sowohl Bund, Länder und Gemeinden. Der Bund erläßt Rahmengesetze, die von den Ländern umgesetzt und den Gemeinden vollzogen werden. Mehrere Gremien und Arbeitsgemeinschaften dienen der Kooperation zwischen den einzelnen Ebenen. Die Rahmengesetzgebung des Bundes kann in mehreren Bereichen von den Ländern durch eigene Gesetze ergänzt werden. Die Struktur verschiedener Umweltproblematiken erfordert außerdem grenzüberschreitende Zusammenarbeit. Die Umweltpolitik der Bundesrepublik ist eingebettet in einem dichten und vielfältigen Geflecht von überregionalen und internationalen Kooperationsstrukturen. Mit dem Ende des Systemkonflikts sind die Möglichkeiten der Zusammenarbeit erheblich verbessert worden. Für den Umweltschutz in den Staaten Mittel- und Osteuropas werden zunehmend mehr Mittel aufgebracht. Die Minderung der Industrieemissionen in den östlichen Staaten oder die Sanierung der maroden Atomkraftwerke sind wirksame Ergänzungen nationaler Umweltpolitik.

Den engsten Bezugsrahmen zwischen deutscher und internationaler Umweltpolitik bildet die Umweltgesetzgebung der Europäischen Union (EU). Sie ist die einzige überstaatliche Organisation, die über den Erlaß von Konventionen hinaus bindendes Umweltrecht setzen kann, das zudem dem Bundesrecht vorgeht. Im Zuge dreier Vertragsreformen – der Einheitlichen Europäischen Akte (1987), des Vertrages über die Europäische Union (1993) sowie des Amsterdamer Vertrages (voraussichtlich 1999) ist der Umweltschutz im EU-Rahmen rechtlich erheblich aufgewertet worden. Obwohl die EU zudem über die anspruchsvollste internationale Programmatik im Umweltbereich verfügt, hat dieser Politikbereich in den vergangenen Jahren angesichts der Bemühungen um den Standort Europa an Dynamik verloren.

Innerhalb der Union hat sich die Bundesrepublik in den 80er Jahren als umweltpolitischer Motor erwiesen und sich durch das Vorantreiben europaweiter Regelungen im Umweltschutz große Verdienste erworben. In der Mitte der 90er Jahre ist diese Antriebskraft aber zunehmend erloschen. Im Spannungsfeld von deutschen und europäischen Regelungen hat die Bundesrepublik trotz ihrer hohen Regulierungsdichte stets versucht, nationale Alleingänge im Umweltschutz zu vermeiden, um die eigene Wettbewerbsfähigkeit nicht zu beeinträchtigen.

2. Die Entwicklung der Umweltpolitik in Deutschland: In der (alten) Bundesrepublik Deutschland fiel der Beginn einer umfassenderen Umweltpolitik mit dem Beginn der sozial-liberalen Koalition zusammen. Im September 1970 verabschiedete die Bundesregierung ein weitreichendes Umweltsofortprogramm. Die günstige Wirtschaftslage und ein positives Reformklima ermöglichten die Etablierung eines soliden Gesetzesfundaments zum Schutz der Umwelt. Die Weiterentwicklung der Umweltpolitik stagnierte ab 1974 angesichts der Verschlechterung der wirtschaftlichen Rahmenbedingungen. Mit dem Bekanntwerden großflächiger Waldschäden setzte in den 80er Jahren eine Re-Dynamisierung der staatlichen Umweltpolitik ein. Daneben entstand eine Fülle von Bürgerinitiativen und Umweltschutzverbänden, deren politischer Arm sich zur Umweltpartei »Die Grünen« formierte. Mit der Zunahme des umweltpolitischen Handlungsdrucks wandten sich auch die anderen politischen Parteien dem Umweltschutz zu. Die konservativ-liberale Regierung setzte die Politik der alten Regierung im wesentlichen fort.

Insbesondere auf dem Gebiet der Luftreinhaltepolitik übernahm die Bundesrepublik nun in vielen Bereichen eine europaweite Schrittmacherrolle. So enthielt etwa die 1983 erlassene Großfeuerungsverordnung die strengsten Vorschriften zur Begrenzung von Luftschadstoffemissionen aus Großanlagen. Zügig wurde vor allem der Ausbau von rechtlichen Regelungen (Ge- und Verbote) zum Umweltschutz betrieben, die allerdings häufig nicht mit präzisen, kontrollfähigen und zeitlich abgestuften Vollzugsprogrammen verbunden wurden. Besonders im Vergleich mit anderen Staaten kann die Bundesrepublik auf Erfolge ihrer breitgefächerten Umweltpolitik verweisen. So wurden die Schadstoffanteile im Rhein seit den 60er Jahren um bis zu 90 % vermindert. Ebenso wurde durch technische Innovationen der vielzitierte »blaue Himmel über dem Ruhrgebiet« Wirklichkeit. Besonders da, wo der Zusammenhang von Ursache und Wirkung transparent war, konnte die Umweltpolitik greifen. Konzeptionell überwiegen in der Bundesrepublik Deutschland kurative Methoden der Bekämpfung von Umweltproblemen, gestützt auf das weitverzweigte Ordnungsrecht.

Zur Gründung eines eigenen Bundesministeriums für Umwelt, Naturschutz und Reaktorsicherheit (BMU) kam es im Juni 1986, unter anderem motiviert durch die

Reaktor-Katastrophe von Tschernobyl. Gemessen an der Zahl der Personalstellen und seinem Budget gehört das BMU allerdings zu den kleinen Ministerien. Der von 1987 bis 1994 amtierende Umweltminister Klaus Töpfer hat die Rolle der Bundesrepublik Deutschland vor allem im internationalen Umweltschutz weiter profilieren können. Im internationalen Vergleich erhält die Umweltpolitik der Bundesrepublik regelmäßig gute Bewertungen. Sie verfügt heute über einen vergleichsweise hohen Standard in der Umweltgesetzgebung, über eine hohe Regelungsdichte und über gute Durchsetzungsmöglichkeiten durch ein weit verbreitetes Umweltbewußtsein. Auf der anderen Seite stehen die drängenden Probleme des Umweltschutzes keinesfalls vor ihrer Lösung. Älteren Schätzungen zufolge wurden die Umweltschäden allein im Gebiet der alten Bundesländer auf rund 610 Mrd. DM im Jahr beziffert.[1] Statistiken wie etwa der jährliche Waldschadensbericht – 1997 wies jeder fünfte Baum in Deutschland deutliche Schäden auf – verdeutlichen anschaulich, daß kein Anlaß zur Entwarnung besteht. Trotz ihrer weit entwickelten Umweltpolitik ist die Bundesrepublik weiterhin einer der größten Ressourcenverbraucher und Schadensemissäre, und damit insgesamt kaum als ökologisches Vorbild geeignet.

Ähnlich wie in den westlichen Industrienationen entwickelten sich die Umweltprobleme in den sozialistischen Staaten. Im ökonomischen Wettbewerb dem Westen unterlegen, wurden erhebliche Ressourcen für den Versuch aufgewandt, Anschluß an den Wohlstand des Westens zu erlangen. Auf der Strecke blieb dabei weitgehend der Umweltschutz. Darüber hinaus hat das durch Devisenknappheit notwendige Autarkiestreben den Import von umweltentlastenden modernen Techniken verhindert und seinen Beitrag zu Ressourcenverschwendung und erheblichen Umweltbelastungen geleistet. Die industrielle Entwicklung der DDR krankte an ihrem Mangel an investiven Mitteln. Dies hatte großen Einfluß vor allem in den Bereichen der Abwasserreinigung, der Wasserversorgung und dem Abfallwesen. Im Bereich der Energiepolitik wurden durch das Ausschalten von Marktelementen – sprich: hochsubventionierte Energiepreise – Verschwendung und Fehlleitungen begünstigt.

Erhebliche Umweltschäden wurden durch solche Schadstoffe verursacht, die im Westen durch Schutzmaßnahmen wirksam begrenzt werden konnten. Die Verwendung der heimischen, zum Teil besonders schwefelhaltigen Braunkohle als bedeutendstem Energieträger der DDR spielte dabei eine wichtige Rolle und führte zur europaweit höchsten Belastung mit Schwefeldioxid und Staub; pro Kopf erreichten die Emissionen den 15fachen Wert der Bundesrepublik. Katastrophale Schäden im Erzgebirge waren die Folge. Auch die Carbochemie verursachte extrem hohe Emissionen. Die Region um Bitterfeld hat lange vor dem Mauerfall durch ihre hohen Belastungen, die damit einhergehenden Gesundheitsschädigungen und die hohe Säuglingssterblichkeit traurige Berühmtheit erlangt. Kalisalze und Abwässer wurden zum überwiegenden Teil ungefiltert in die Werra abgegeben. Die Lebenserwartung der DDR-Bürger lag erheblich unter der der Bundesbürger. Obwohl die Umweltpolitik in der DDR Verfassungsrang besaß, gab es praktisch keine rechtlich abgesicherte Bürgerbeteiligung. Die Geheimhaltung der Umweltdaten entzog nicht nur den eigenen Staatsbürgern, sondern auch anderen Akteuren die Möglichkeit einer Bewertung des Schadensausmaßes. Das Bekanntwerden von Umweltdaten und das sichtbare Ausmaß der Schäden in Krisenregionen führte dennoch zur Sensibilisierung der Bevölkerung. Unter dem Dach der Kirche bildeten sich Umweltschutzgruppen, die den Versuch unternahmen, auf regionale Umweltprobleme aufmerksam zu machen. Sie hatten bedeutenden Anteil an der Vorbereitung der friedlichen Revolution im Herbst 1989.

Die Blockkonfrontation schränkte die Möglichkeiten beider deutscher Staaten zur Zusammenarbeit im Umweltschutz erheblich ein. Nach Art. 7 des Grundlagenvertrages verpflichteten sie sich, die Zusammenarbeit auch auf dem Gebiet des Umweltschutzes zu entwickeln und zu fördern. Aber in der Folge erwies es sich aufgrund gegensätzlicher Interessenlagen in den 70er Jahren als unmöglich, zu Vereinbarungen zu kommen. Nach ersten Einzelvereinbarungen ab 1982 wurde erst am 8. September 1987 das deutsch-deutsche Umweltabkommen unterzeichnet, in dem die Zusammenarbeit auf allen Gebieten des Umweltschutzes – vor allem durch Informationsaustausch – vorgesehen ist. Dennoch blieben die Möglichkeiten auch dieses Abkommens bis zum Fall der Mauer eher bescheiden.

3. Der Stellenwert der Umweltpolitik im vereinten Deutschland: Das vergleichsweise hohe Umweltbewußtsein spielte für die Gestaltungsmöglichkeiten der Umweltpolitik in der alten Bundesrepublik eine wichtige Rolle. In den 80er Jahren nahm die Sensibilität für die Belange der Umwelt zu und erhöhte die Akzeptanz für umweltbedingte Einschränkungen. Die Entwicklung Anfang der 90er Jahre deutet indes darauf hin, daß diese Hinwendung zu postmaterialistischen Werten zu einem guten Teil wohlstandsbedingt war. Darüber hinaus scheinen wahrnehmbare, unmittelbare Erfahrungen einen größeren Einfluß auf das Umweltbewußtsein bei Bürgern und Politikern zu haben als die tatsächliche Größe und Dringlichkeit der Aufgaben: Die Katastrophe von Tschernobyl und die anschließende Debatte über Atomenergie, die Entdeckung des Ozonlochs über Europa und die fast augenblickliche Verschärfung des jahrelang umstrittenen FCKW-Ausstiegsszenarios, 1993 eine Serie von Chemieunfällen und die darauffolgende Debatte um die Sicherheit solcher Anlagen, 1995 die in diesem Ausmaß noch nicht gekannte – erfolgreiche – Protestwelle gegen die Versenkung der Ölplattform »Brent Spar«, 1997/98 die radioaktiv strahlenden Castor-Transporte und die wiederaufflammende Debatte um die Sicherheit der Kernenergie; es scheint so, als ob die umweltpolitische Dynamik nicht zuletzt von spektakulären Ereignissen abhängig ist – von solchen aber auch rasch wieder verdrängt werden kann.

Insgesamt haben die mit der Vereinigung Deutschlands verbundenen Probleme – namentlich der bedrohliche Anstieg der Arbeitslosigkeit – die Belange des Umweltschutzes in den Hintergrund gedrängt. In den fünf neuen Ländern ist die Etablierung eines hohen Umweltbewußtseins ernsthaften Herausforderungen ausgesetzt. Nach dem Zusammenbruch der Wirtschaft ist das Umweltinteresse zurückgegangen. Dabei hat der Wunsch nach schnellen Aufbauerfolgen die Diffamierung ökologisch vertretbarer Lösungen als Investitionshemmnis erleichtert. Während die

Umwelt in den 80er Jahren durchweg für eines der wichtigsten Themen gehalten wurde, hat sich dies in der öffentlichen Meinung fundamental geändert. So spielte Umweltschutz nach der Vereinigung in Ostdeutschland kaum eine Rolle in den Debatten und der Ruf nach einer umweltpolitischen Atempause verstärkte sich. Im Zuge der Rezession haben die alten Länder diesen Trend nachvollzogen. Umfrageergebnissen der Forschungsgruppe Wahlen zufolge haben 1998 nur noch 9 % der Bundesbürger die Ökologie auf der Rangliste der wichtigen Themen ganz nach oben gesetzt.[2]

Ihre politische Widerspiegelung hat diese Stimmungslage nach der Vereinigung im Stellenwert des Umweltministeriums gefunden. Mehrfach wurde sein ohnehin wenig üppiger Etat gekürzt. Entscheidender ist jedoch, daß sein politischer Einfluß in diesem Zeitraum zurückgegangen ist. Vor dem Hintergrund der Rezession wurde die politische Debatte zunehmend von Stichworten wie dem Vorrang von Arbeitsplätzen, der Verschlechterung der Standortbedingungen im Globalisierungswettbewerb oder der Sanierung des Bundeshaushaltes geprägt. Während nachsorgende Maßnahmen an ihre Wirksamkeitsgrenze gestoßen waren, traf eine integrierte präventive Umweltpolitik, die auf drastische Energieeinsparung, einer Verringerung des Rohstoffverbrauchs sowie die Überprüfung der ökologischen Verträglichkeit aller Produkte drängt, auf steigenden Widerstand. Im Zuge einer zunehmenden Fixierung auf Deregulierungsmaßnahmen, in der Umweltpolitik mehr und mehr als reiner Kostenfaktor angesehen wurde, sind wegweisende Vorhaben wie die Wärmenutzungsverordnung, die Novelle des Bundesnaturschutzgesetzes oder die Schaffung marktwirtschaftlicher Anreiz- und Steuerungsinstrumente jahrelang zurückgestellt worden. Gegen Ende seiner Amtszeit mußte Klaus Töpfer sich zunehmend auf den Erlaß von Verordnungen beschränken. Auch die von 1994 bis 1998 amtierende Umweltministerin Angela Merkel verfügte über zu wenig Spielräume, um den Stellenwert der Umweltpolitik gegenüber den anderen Ressorts aufzuwerten und konzeptionelle Defizite zu beseitigen.[3] Insgesamt kam es zu einer Verlangsamung umweltpolitischer Fortschritte.

Dies entspricht der Intention führender Wirtschaftsakteure, die im Zuge der Konjunkturschwäche immer wieder auf eine umweltpolitische Atempause drängten. Dabei wurde die alte These wiederbelebt, die strengen Umweltstandards Deutschlands würden Wettbewerbsnachteile verursachen und dem Industriestandort schaden. Sowohl eine vom Umweltministerium in Auftrag gegebene Studie über den »Einfluß umweltbezogener Standortfaktoren auf Investitionsentscheidungen« als auch das Jahresgutachten des Sachverständigenrates für Umweltfragen von 1996 kamen dagegen übereinstimmend zu dem Resultat, daß sich insgesamt keine Anhaltspunkte dafür finden lassen, daß die Umweltpolitik die Qualität des Wirtschaftsstandorts beeinträchtigt. Weder durch die aufwendigen Genehmigungsverfahren noch durch die im internationalen Vergleich anspruchsvolle deutsche Umweltpolitik werde die Wirtschaft stark belastet.[4] Vielmehr würde der Umweltschutz durch technische Entwicklungen zu betrieblichen Kostensenkungen führen und für viele Branchen bedeutsame Märkte schaffen. Nicht zuletzt die strengen Umweltstandards haben daran Anteil, daß Deutschland Mitte der 90er Jahre beim Export umweltschutzrelevanter Güter mit einem Weltmarktanteil von 18,7 % seine Marktführerschaft zurückerobern konnte. Nach Angaben des Umweltministeriums verdanken bereits knapp 1 Mio. Menschen – oder 2,7 % aller Erwerbstätigen – ihren Arbeitsplatz dem Umweltschutz (1990: 680 000; 2000: 1,1 Mio.). Insgesamt kann davon ausgegangen werden, daß die weitere Verbesserung der Umweltbedingungen als Standortsicherung und Zukunftsinvestition zugleich anzusehen ist.

Da die institutionelle Schwäche der Umweltpolitik eines ihrer Kernprobleme ist, hat die Debatte um den umweltpolitischen Stellenwert sich auch in der seit Anfang der 80er Jahre geführten Kontroverse um eine Staatszielbestimmung für den Umweltschutz im Grundgesetz niedergeschlagen. Sie fand in der nach der Vereinigung eingesetzten Verfassungskommission ihren Höhepunkt. Die Wirksamkeit von Staatszielbestimmungen ist umstritten. Deren Befürworter argumentierten, daß ein Staatsziel Umweltschutz die Voraussetzungen dafür erhöht, daß im politischen Konflikt die Umwelt gleichrangig einbezogen werden kann. Seine Aufgabe besteht darin, zum Ausdruck zu bringen, was dem Gemeinwesen wichtig ist, wo die Prioritäten des Gesetzgebers zu setzen sind. Dagegen argwöhnen die Gegner, daß sie die freie Entscheidung des Parlaments einengt und den Umweltschutz stärker zur Sache der Rechtsprechung der Verwaltungsgerichte macht. Am 30. Juni 1994 verabschiedete der Bundestag die Kompromißformel für den neuen Artikel 20a des Grundgesetzes: »Der Staat schützt auch in Verantwortung für die künftigen Generationen die natürlichen Lebensgrundlagen im Rahmen der verfassungsmäßigen Ordnung durch die Gesetzgebung und nach Maßgabe von Gesetz und Recht durch die vollziehende Gewalt und Rechtsprechung«. Bereits vorher war das Umweltschutzziel in mehreren Landesverfassungen festgeschrieben worden.

4. Die Sanierung der neuen Bundesländer: Die Vereinigung Deutschlands hat nicht nur die Anzahl umweltpolitischer Hypotheken erheblich gesteigert. Angesichts des erschreckenden Zustandes der Umwelt in den neuen Bundesländern, dessen vollständiges Ausmaß erst nach und nach ermittelt werden konnte, schuf die Vereinigung auch eine Fülle neuer Aufgaben. Mit den Verträgen zur deutschen Einheit hat sich die Bundesregierung die anspruchsvolle Aufgabe gestellt, »spätestens bis zum Jahr 2000 das bestehende Umweltgefälle zwischen beiden Teilen Deutschlands auf hohem Niveau« auszugleichen. Art. 34 des Einigungsvertrages regelt, daß mit dieser Formulierung mindestens das in der Bundesrepublik bisher erreichte Niveau gemeint ist. Das Umweltrahmengesetz der ehemaligen DDR vom 29. Juni 1990 schuf die Voraussetzung dafür, daß seit der Vereinigung das Umweltrecht in der alten Bundesrepublik auch für die neuen Länder – allerdings mit Übergangsvorschriften in manchen Rechtsbereichen – gültig ist. Neuanlagen waren seit der Vereinigung von Anfang an den Umweltvorschriften der Bundesrepublik unterworfen. Damit wurde sichergestellt, daß die verheerende ökonomische Situation in den neuen Bundesländern nicht zum Anziehungsfaktor für Umweltverschmutzer wurde. Bereits im November 1990 legte der Bundesumweltminister das Programm »Eckwerte der ökologischen Sanierung und Entwicklung in den neuen Ländern« vor.

Die ökologischen Altlasten der untergegangenen DDR bildeten ein beträchtliches Problem bei der Angleichung der Lebensverhältnisse. Zwar beschleunigten die kurzen Anpassungsfristen für die Sanierung von Anlagen den Strukturwandel und haben zu einem Rückgang der Belastungen aus laufender Produktion geführt; hingegen mußte für rund 40 % der Gesamtfläche der neuen Bundesländer, die in ihrem ökologischen Gleichgewicht gestört waren, umfassende Lösungen gefunden werden. Die Sanierungsprobleme waren und sind dabei sehr ungleich verteilt. Als besonders sanierungsbedürftige Regionen gelten der Großraum Leipzig/Bitterfeld/Halle/Merseburg, das Mansfelder Land, das Bergbau- und Energiegebiet Niederlausitz, die Uranbergbaugebiete in Sachsen und Thüringen sowie die Küstenregion von Mecklenburg-Vorpommern. Prinzipiell ist die Finanzierung von Umweltschutzmaßnahmen vorrangige Aufgabe der Unternehmen, der Kommunen und der privaten Haushalte. Durch den Verfassungsauftrag, in einem vertretbaren Zeitraum in allen Teilen Deutschlands gleichwertige Lebensverhältnisse zu schaffen, kann eine Beteiligung des Bundes begründet werden. Die Umweltprobleme in den neuen Ländern sind allein bei der Beseitigung der Altlasten so vielfältig, daß die Bearbeitung noch jahrelang andauern wird und finanzielle Aufwendungen in Höhe von mehr als 200 Mrd. DM erforderlich werden. Dabei wird die Abwasserentsorgung allein die Hälfte dieses Betrages kosten. An einigen Beispielen lassen sich die Konsequenzen illustrieren:

- Schätzungen gehen von über 80 000 Altlastenverdachtsflächen im Osten Deutschlands aus. 1995 waren über 70 000 davon erfaßt. Unter anderem sind dies ehemalige Deponien, wilde Müllkippen, verseuchte Industrie- und Militärstandorte, die mit unbekanntem Kostenaufwand zu sanieren sind. Darunter befindet sich auch der schwerste Sanierungsfall, die Hinterlassenschaften der Uranbergwerke Wismut, die allein einen Mindestaufwand von 13 Mrd. DM für die Beseitigung der schlimmsten Schäden erfordern. Insgesamt wurden 23 Großprojekte – herausragende Altlastenfälle – festgestellt, für die Sanierungskonzepte mit einem Aufwand von jeweils über 100 Mio. DM erarbeitet werden.
- Hinzu kommt die Sanierung der Braunkohlenreviere mit einem Sanierungsaufwand von geschätzten 32 Mrd. DM. Allein im Zeitraum von 1993 bis 1997 haben Bund und Länder dafür 7,5 Mrd. DM zur Verfügung gestellt (1998 bis 2002: 6 Mrd. DM). In diesem größten Sanierungsvorhaben waren zwischen 1994 und 1997 durchschnittlich 13 200 Menschen damit beschäftigt, in rund 200 Sanierungsprojekten eine verwüstete Fläche von insgesamt 60 000 Hektar mit etwa 1 000 Deponien zu sanieren. Die bis Ende 1996 erzielten Sanierungsfortschritte – 470 Mio. m^3 bewegtes Erdreich, 20 000 ha wieder nutzbar gemachter Fläche, Anpflanzung von 39 Mio. Bäumen, Rückbau von fast 1 000 km Gleisanlagen sowie Entsorgung von 4,3 Mio. m^3 größtenteils stark kontaminiertem Bauschutt – zeugen von der Dimension der Aufgabe.[5]
- Die neuen Länder wiesen eine erhebliche Gewässerbelastung auf. Während nur 3 % der Wasserläufe und 1 % der stehenden Gewässer als ökologisch intakt galten, konnten 42 % der Wasserläufe und 24 % der stehenden Gewässer auch

mit aufwendigster Technologie nicht mehr zur Trinkwassergewinnung genutzt werden. 95 % der Industrieabwässer wurden unzureichend behandelt und ungeklärt in die Gewässer eingeleitet. Zur Beschreibung der Elbe-Qualität innerhalb einer gesamtdeutschen Gewässergütekarte mußte sogar eine zusätzliche Stufe für die Gewässergüteklasse IV (ökologisch zerstört) eingeführt werden. Nur 31 % der Bevölkerung war an eine biologische Kläranlage angeschlossen – allein der Aufwand dafür wurde auf 34 Mrd. DM geschätzt. 60 bis 70 % der vorhandenen 36 000 km öffentlicher Wasserkanäle wiesen bauliche Schäden auf.

Angesichts solcher immensen Schäden war die Bundesregierung zu einer harten Prioritätensetzung gezwungen. Die Maßnahmen konzentrierten sich daher zunächst auf die Abwehr akuter Gefahren in Wasser, Boden, Natur und Landschaft sowie die gezielte Stillegung überalterter und umweltbelastender Betriebe. Für den Aufbau einer Umweltschutzinfrastruktur stellte die Bundesregierung im Rahmen von Sofortmaßnahmen zwischen 1990 und 1992 für insgesamt 1 785 Umweltschutzprojekte etwa 1,3 Mrd. DM bereit. Hinzu kamen Mittel aus dem Investitionsprogramm zur Verminderung von Umweltbelastungen, aus dem European Recovery Program, Kredite der Deutschen Ausgleichsbank und der Kreditanstalt für Wiederaufbau sowie aus anderen Förderprogrammen. Insgesamt bezifferte das Umweltministerium die Umweltinvestitionen aus Bundesfördermitteln zwischen 1990 und 1994 auf 40 Mrd. DM. Für Umweltmaßnahmen im Osten werden vom Bund seit 1995 für weitere zehn Jahre jährlich 6,6 Mrd. DM aufgewandt; hinzu kommen bis 1999 noch rund 27 Mrd. DM aus Strukturfondsmitteln der Europäischen Union.

Da Altlasten neben der Gefahren für Mensch und Umwelt ein erhebliches Investitionsrisiko sind, wurde bereits im Dezember 1990 eine modifizierte Fassung der Altlastenfreistellungsklausel verabschiedet. Dadurch können Eigentümer und Käufer von Grundstücken auf Antrag von der Verantwortung für die Sanierung der Flächen freigestellt werden. Etwa 70 000 solcher Freistellungsanträge sind insgesamt gestellt worden. In einem Abkommen von 1992, das 1994 erweitert wurde, haben der Bund, die Treuhandanstalt und die betroffenen Länder sich darauf geeinigt, sich die Kosten der Altlastensanierung zu teilen. Demnach übernimmt die Treuhandanstalt – bzw. nach deren Auflösung die Bundesanstalt für vereinigungsbedingte Sonderaufgaben (BvS) – 60 % der Kosten und die Länder 40 %. Bei den angesprochenen Großprojekten sowie der Braunkohlesanierung beträgt das Verhältnis 75 : 25 %. Insgesamt stehen für diese Zwecke in einem Zehnjahreszeitraum über 30 Mrd. DM zur Verfügung.

In den Jahren nach der Vereinigung wurden, vor allem im Bereich der Schadstoffbelastung von Boden, Wasser und Luft sehenswerte und spurbare umweltpolitische Erfolge erzielt. Dies läßt sich durch einige spektakuläre Daten belegen: Während allgemein unmittelbare Gesundheitsgefahren abgewendet werden konnten, sind die Staubemissionen um 77 % und die Schwefeldioxidbelastungen um 52 % zurückgegangen. Auch die Emission von Schwermetallen ging dramatisch zurück. Seit 1992 können bereits großräumig die geltenden Grenzwerte für die Luft im

Osten Deutschlands eingehalten werden. Auch vom Trinkwasser gehen nach umfangreichen Sanierungsmaßnahmen – so wurden von 1991 bis 1997 insgesamt 153 große Kläranlagen in Betrieb genommen – keine akuten Gefahren mehr aus. Die deutliche Verringerung der Schadstoffe im Wasser führte dazu, daß die Kategorie »ökologisch zerstört« in der Gewässergütekarte wieder entfallen konnte. Insgesamt haben sich die Gewässer in den neuen Länder um ein bis zwei Güteklassen verbessert. Auch die wilden Mülldeponien konnten erheblich reduziert und in ihren Standards verbessert werden.[6]

Diese Entwicklung ist zum einen auf sogenannte Gratiseffekte zurückzuführen: Beim Zusammenbruch der Wirtschaft in Ostdeutschland erwiesen sich die unrentabelsten Betriebe zugleich als die größten Umweltverschmutzer. Zum anderen haben gezielte Produktionsstillegungen sowie der Aufbau einer Umweltinfrastruktur, bei der die Modernisierung der Energiewirtschaft und die Sicherung des Trinkwassers Vorrang erhielten, zu einer schnellen und spürbaren Verbesserung der Umweltbedingungen vor allem in den ökologischen Krisengebieten der fünf neuen Länder geführt. Seit 1994 wurden im Jahresdurchschnitt 73 000 Arbeitnehmer im Umweltbereich mit ABM-Mitteln der Arbeitsförderung Ost bezuschußt – zu Spitzenzeiten waren es 120 000. Stellvertretend für die ökologische Ineffizienz vieler Anlagen, aber auch für das immense Einsparpotential, steht der Energieverbrauch. Während hier die ältesten Anlagen abgeschaltet wurden, ließen sich bei anderen durch den Umstieg auf andere Energieträger Entlastungen erreichen. Der Verbrauch von Braunkohle wurde zugunsten schwefelarmer Kohle vermindert. Auch im Bereich der privaten Haushalte konnten und können große Stromeinsparungspotentiale durch Modernisierung erreicht werden. Insgesamt ist der Primärenergieverbrauch in den neuen Bundesländern zwischen 1989 und 1995 um 44 % gesunken, während er in den alten Ländern um 8 % stieg.

Bereits im ersten gesamtdeutschen Umweltbericht des Umweltbundesamtes wurde 1992 im Resultat eine deutliche Annäherung der alten DDR-Umweltdaten an die der Bundesrepublik konstatiert. Diese Tendenz hat sich fortgesetzt und ist durchaus zwiespältig zu bewerten: Zwar haben sich viele Lebensbedingungen im Osten Deutschlands deutlich verbessert, in anderen Bereichen verheißt die Orientierung am Westen für die Umwelt nichts Gutes. Die drastische Zunahme des Fahrzeugbestandes hat zu einer ähnlich hohen Motorisierungsdichte wie in den alten Bundesländern geführt; auch hat sich das Müllaufkommen pro Kopf verdoppelt. Die neuen Länder haben die Fehler der alten damit wiederholt.

Die enorme Kostenbelastung dieser Aufgaben hat den Verteilungskonflikt zwischen der Umweltpolitik und anderen Politikbereichen besonders deutlich werden lassen. Wo Massenarbeitslosigkeit im Falle von Stillegung alter Industrieanlagen oder bei Verzögerungen von großflächigen Neuansiedlungen drohen, geraten die Umweltschützer in die Defensive. Zwar gehört eine intakte Umwelt zu den wesentlichen Standortfaktoren einer Region, so daß wenigstens in den ökologischen Krisengebieten der neuen Bundesländer vielfach ökonomische und ökologische Interessen zusammengefallen sind. Andererseits gelten vor allem dort ökologisch bedingte Verzögerungen im Planungsrecht als Gefahr für den wirtschaftlichen

Aufschwung. Ausdruck einer vorwiegend wirtschaftlichen Prioritätensetzung ist das von der Bundesregierung erlassene Beschleunigungsgesetz, mittels dessen die 17 dringlichsten Verkehrsprojekte »Deutsche Einheit«, wo nötig, nicht nach regulärem Planungsrecht gebaut, sondern per Gesetz vom Bundestag erlassen wurden. Dadurch sind die Möglichkeiten der Bürgerbeteiligung und der Rechtsmittel zugunsten eines Sonderrechts für die neuen Bundesländer außer Kraft gesetzt und die in Art. 19 Abs. 4 GG verbürgte Rechtsschutzgarantie weitgehend ausgehöhlt worden. Auch im Bau- und Investitionsrecht argumentieren die Befürworter, daß Beschleunigungsverfahren eine bittere Notwendigkeit für den Aufschwung der Länder im Osten seien, während die Gegner anführen, in den neuen Ländern würden Umweltstandards zweiter Klasse erlassen, die das unter den Tisch fallen lassen, was in der (alten) Bundesrepublik mühsam innerhalb von 20 Jahren erarbeitet wurde.

Insgesamt wird das Ziel der Angleichung der Lebensverhältnisse im Umweltschutz trotz aller Fortschritte nicht uneingeschränkt bis zum Ende des Jahrzehnts erreicht werden können. Der radikale Strukturwandel im Osten hat einmalige Chancen geboten, den aktuellen Stand der umweltschonenden Technik umzusetzen und andere Regionen umwelttechnisch zu überholen. Ohne Zweifel werden die neuen Bundesländer nach Abschluß der schmerzhaften Maßnahmen davon profitieren, daß der in fast allen Wirtschaftsbereichen vorhandene gewaltige Erneuerungsbedarf mit der Einführung der technisch modernsten und ressourcenschonendsten Lösungen verbunden wird. Zwangsläufig hat sich der immense Mittelaufwand für die Sanierung der Umwelt im Osten auch auf die Verwirklichung weiterer Umweltvorhaben im Westen ausgewirkt.

5. Weichenstellungen der deutschen Umweltpolitik: Man kann von der umweltpolitischen Sanierung Ostdeutschlands lernen, daß ein wirksamer Schutz der Umwelt neben entsprechenden Ressourcen klar definierte Ziele und Leitbilder erfordert. Trotz der hohen Regelungsdichte – über 8 000 Gesetze, Verordnungen und Verwaltungsvorschriften prägen den ordnungsrechtlichen Umgang mit der Umwelt in Deutschland – scheint es aber, als ob die Stoßrichtung dieses Politikbereiches nach den Anfangserfolgen eher diffus geworden ist.

Im Bereich der globalen Umweltpolitik konnte die Bundesrepublik sich dadurch Verdienste erwerben, daß sie sich in der Folge der bisher größten weltweiten Umwelt-Konferenz 1992 in Rio verpflichtet hat, den CO_2-Ausstoß bis zum Jahr 2005 um 25 % (Basis: 1990) zu reduzieren. Neben dieser im internationalen Bereich weitestgehenden Zielsetzung hat Deutschland in den Rio-Folgeverhandlungen mit großem Engagement versucht, ein möglichst weitreichendes internationales Klimaprotokoll durchzusetzen. Auch wenn in den vergangenen Jahren immer deutlicher wurde, daß die reichen Industrieländer ihr Entwicklungsmodell nicht ohne Abstriche exportieren können und künftig sowohl politisch als auch finanziell stärker gefordert sind, hat die zunehmende Globalisierung über den schärferen Konkurrenzkampf die Bemühungen um den Umweltschutz auch in Deutschland zurückgeworfen. Trotz der guten Startvoraussetzungen wurden die konzeptionellen Maßstäbe der EU-Umweltpolitik in den vergangenen Jahren von anderen Staaten gesetzt, während Deutschland vorwiegend dort in eine Bremserrolle geriet, wo es um den Ausbau dieses Politikbereiches im Rahmen des Querschnittsprinzips oder um die Einführung neuer Instrumente ging.

In den vergangenen Jahren wurden zwar die Schlagwörter einer »nachhaltigen Entwicklung« im Zuge einer »ökologischen Marktwirtschaft« von immer mehr umweltpolitischen Akteuren als Zielvorstellung formuliert, aber die notwendige Umorientierung schien politisch nicht durchsetzbar oder wurde unter dem Eindruck einer befürchteten Verschlechterung der industriellen Standortbedingungen nicht in Angriff genommen. Experten sind sich darüber einig, daß marktwirtschaftliche Lösungen der Verschärfung des Ordnungsrechts deutlich überlegen sind, da sie dazu führen, daß das gesamte Innovationspotential der Wirtschaft in ökologische Richtungen gelenkt wird. Dazu muß der Staat sich zum Sachwalter ökologischer Interessen machen, der die verdeckten Kosten des Umweltverbrauches in die tatsächlichen Marktpreise integriert. Da viele der gegenwärtigen Umweltprobleme mit Energieverbrauch zusammenhängen, würde die konsequente Anwendung des Verursacherprinzips unter anderem zu einer Erhöhung der Energiepreise führen.

Zwar hatte die Bundesregierung im Zusammenhang mit dem Vorhaben einer CO_2/Energiesteuer bereits 1991 einen Alleingang zum Einstieg in die ökologische Steuerreform angekündigt, diesen aber zunächst zugunsten einer europäischen Lösung zurückgestellt. Aber auch, nachdem eine europäische Ökosteuer gescheitert war, gab es – anders als in anderen EU-Staaten – keine Bestrebungen, die für die eigenen Zielsetzungen notwendigen Konsequenzen zu ziehen. Stattdessen wurden im Gegenzug zu lobenswerten, aber insgesamt unzureichenden Selbstverpflichtungen der Wirtschaft in manchen Bereichen keine neuen gesetzlichen Maßnahmen erlassen. Insgesamt ist die deutsche Umweltpolitik mit ihrer Fixierung auf ordnungsrechtliche und nachsorgende Maßnahmen, die in der Tendenz punktuell wirken, auf deutliche Grenzen gestoßen. Auch strenge Schadstoffvorschriften und technischer Fortschritt durch neue Anlagen haben nichts daran ändern können, daß die CO_2-Emissionen etwa durch das Verkehrswachstum dennoch angestiegen sind. 1993 ist auch von Regierungsseite erstmals angedeutet worden, daß das Ziel einer Reduktion des Kohlendioxidausstoßes mit den bisherigen Maßnahmen nicht verwirklicht werden kann.

Als Folge des sinkenden Stellenwertes in der Umweltpolitik kam es in den vergangenen Jahren neben Maßnahmen symbolischer Politik – etwa dem Sommersmoggesetz – auch zum schleichenden Abbau von Schutzvorschriften und zu der Tendenz, Umweltstandards als Standorthindernis und damit letztendlich als Beschäftigungshindernis zu begreifen. Insgesamt lavierte die deutsche Umweltpolitik »zwischen durchaus progressiven Einzelaktionen und restriktiven Maßnahmen«[7]. Positive Beispiele sind das Kreislaufwirtschafts- und Abfallgesetz von 1996, das – indem es das Verursacherprinzip verankert – einen ersten Ansatz für eine moderne Abfallwirtschaftspolitik bietet, oder 1997 der Entwurf eines Umweltgesetzbuches, der als Kern einer stärker integrierten Systematik in diesem Bereich dienen kann. Auf der anderen Seite hat sich die Bundesregierung in den vergangenen Jahren – auch auf der europäischen Ebene – mit der Verankerung von Beteiligungsmöglichkeiten der Bürger, vom Recht auf Akteneinsicht bis zur Verbandsklage, schwergetan. Während es den rund 80 freiwilligen Selbstverpflichtungen im Bereich des Umweltschutzes weitgehend an Kontrollierbarkeit und im Falle der Nichteinhaltung an Sanktionsmöglichkeiten mangelt, wurden innovative neue Instrumente wie die strategische Umweltverträglichkeitsprüfung im EU-Kontext von Deutschland nicht akzeptiert. Auch das lange angekündigte Bundesnaturschutzgesetz konnte 1998 nur in stark abgeschwächter Form umgesetzt werden. Insgesamt besteht ein Mangel der deutschen Umweltpolitik in der Zersplitterung des Umweltrechts, in einer Starrheit der Instrumente, in einer unterentwickelten Vernetzung mit anderen Politikbereichen, ohne die das Ziel der Nachhaltigkeit nicht zu erreichen ist, sowie in Unklarheiten bei der Festlegung umweltpolitischer Ziele[8].

6. Bilanz und Perspektiven: In den vergangenen Jahren hat der hohe Stand der Technik in der Bundesrepublik eine weitgehende Entkoppelung von Wirtschaftswachstum und Energieverbrauch ermöglicht. Der unbezweifelbare Erfolg vieler nachsorgender Maßnahmen hat das Anwachsen von Umweltbelastungen, beispielsweise der ungebrochenen Zunahme der Verkehrs- und Siedlungsflächen, aber nicht verhindern können. Grundsätzlich kann Umweltpolitik nicht ihre volle Wirksamkeit entfalten, wenn sie als sektorale Politik konzipiert ist, da sie durch Entwicklungen in anderen Politikbereichen unterlaufen wird. Umweltpolitik ist ein verhältnismäßig junger Politikbereich. Insofern erscheinen viele der vorhandenen Implementationsschwierigkeiten der vergangenen Jahre nachvollziehbar. Andererseits verschiebt jede Unterlassung umweltpolitische Kosten und Risiken auf die nachfolgenden Generationen. Vom Leitbild eines nachhaltigen Wachstums ist die deutsche Umweltpolitik noch weit entfernt. Zwar hat der Sachverständigenrat für Umweltfragen darauf hingewiesen, daß Umweltpolitik keiner beschäftigungspolitischen und Beschäftigungspolitik keiner umweltpolitischen Begründung bedarf und die Standortvorteile einer unverzüglichen Umweltschutzoffensive ausdrücklich angemahnt[9]; dennoch stehen umweltpolitisch bedingte Einschnitte weiterhin unter kritischer Beobachtung.

Weltweit wird die Umweltproblematik zu einer der dominierenden Herausforderungen der Zukunft werden. Nach den vorliegenden Erfahrungen benötigt eine wirksame Umweltpolitik Vorreiter. Die Bundesrepublik Deutschland besitzt vor allem durch die im Vergleich hohe Akzeptanz dieses Politikbereichs das Potential, sich an die Spitze der Entwicklung zu einer integrierten Umweltpolitik zu setzen. Dabei spielt die Einbettung in das System der Europäischen Union eine doppelte Rolle. Einerseits erfordert die Größe der internationalen Aufgaben das politische Gewicht Europas. Dies hängt andererseits stark davon ab, inwieweit vor allem Deutschland als umweltpolitisch fortgeschrittener Industriestaat seine frühere Schrittmacherrolle zurückerobert und damit Signale für das Handeln vor allem der Partnerstaaten setzen kann. Nach dem Regierungswechsel im Herbst 1998 hat die Bundesregierung die ökologische Modernisierung als eine ihrer Hauptaufgaben bezeichnet. Zentrales Anliegen einer ökologischen Steuer- und Abgabenreform ist demnach die Förderung der Beschäftigung und die Belohnung von umweltfreundlichem Handeln. Durch Ökosteuern soll der Umweltverbrauch teurer werden, während die beschäftigungshemmenden Lohnnebenkosten gleichzeitig gesenkt werden. Studien zufolge könnte ein solches Konzept selbst dann im Gesamtergebnis zu mehr Wettbewerbsfähigkeit führen, wenn es im Alleingang durchgeführt würde.[10] Im Rahmen einer Nachhaltigkeitsstrategie soll darüber hinaus das Umweltrecht zusammengeführt und bürgernäher gestaltet werden. Neue Instrumente sollen wirtschaftliche Anreize für mehr Umweltschutz schaffen. Insgesamt ist davon auszugehen, daß umweltpolitische Ziele im politischen Koordinatensystem der Bundesrepublik Deutschland in den kommenden Jahren an Gewicht gewinnen. Ein derartiger politischer Prioritätenwechsel verbunden mit der Aufwertung des Umweltministeriums wäre eine Schlüsselvoraussetzung für einen ökologischen Umbau, der in den vergangenen Jahren auch in der Folge der einheitsbedingten Sonderprobleme bislang immer wieder verschoben worden ist. Zur Bewahrung der Lebensgrundlagen gibt es keine vernünftige Alternative.

Olaf Hillenbrand

Anmerkungen:

1 Vgl. F. Vorholz: Grün in die Zukunft, in: Die Zeit, 2. 4. 1993.
2 Vgl. Die Umweltpolitik spielt verstecken, in: Handelsblatt, 7. 9. 1998.
3 Vgl. F. Vorholz: Plädoyer für die Planwirtschaft. Die Umweltpolitik kann nur erfolgreich sein, wenn sie verbindliche Ziele und Strategien formuliert, in: Die Zeit, 17. 9. 1998.
4 Vgl. hier und im folgenden: Umweltschutz und Standortqualität in der Bundesrepublik Deutschland, in: DIW-Wochenbericht, 16/93 v. 22. 4. 1993, S. 199–207; Umweltrat wirft Bundesregierung Versäumnisse vor. »Keine Wirtschaftspolitik auf Kosten der Natur.« Sachverständige legen Jahresgutachten für 1996 vor, in: Süddeutsche Zeitung, 9./10. 3. 1996.
5 Vgl. Bundesumweltministerium: Umweltbericht 1998, Bonn 1998, S. 98.
6 Vgl. Bundesumweltministerium: Umweltsanierung in den neuen Ländern, Bonn 1998.
7 Vgl. H. Weidner/M. Jänicke: Vom Aufstieg und Niedergang eines Vorreiters. Eine umweltpolitische Bilanz der Ära Kohl, in: G. Wewer (Hrsg): Bilanz der Ära Kohl. Christlich-liberale Politik in Deutschland 1992–1998, Opladen 1998, S. 201–228, hier S. 202.
8 Vgl. Sachverständigenrat für Umweltfragen: Umweltgutachten 1998. Kurzversion, S. 5.
9 Vgl. E. Endrukaitis: Der unbequeme Bericht, in: Politische Ökologie, 46/1996, S. 14 f.
10 Vgl. Ökologische Steuerreform auch im nationalen Alleingang!, in: DIW-Wochenbericht, 24/1994, S. 395–404.

Literatur:

Altmann, Jörn: Umweltpolitik, Stuttgart 1997. □ Bach, Stefan u. a.: Wirtschaftliche Auswirkungen einer ökologischen Steuerreform, DIW-Sonderheft 153, München 1995. □ Bundesministerium für Umwelt, Naturschutz und Reaktorsicherheit: Umweltbericht 1998, BT-Drucksache 13/10735, Bonn 1998. □ Der Rat von Sachverständigen für Umweltfragen: Umweltgutachten 1998. Erreichtes sichern – Neue Wege gehen, Stuttgart 1998. □ Hillenbrand, Olaf: Umweltpolitik, in: Werner Weidenfeld/Wolfgang Wessels (Hrsg.): Jahrbücher der Europäischen Integration 1992/93 ff., Bonn 1993 ff. □ Kösters, Winfried: Umweltpolitik. Themen, Funktionen, Zuständigkeiten, München/Landsberg 1997. □ Petschow, Ulrich/Jürgen Meyerhoff/Claus Thomasberger: Umweltreport DDR. Bilanz der Zerstörung. Kosten der Sanierung. Strategien für den ökologischen Umbau,

Frankfurt a. M. 1990. □ TEUFEL, DIETER: Keine Entwarnung. Die Dynamik ökologischer Probleme relativiert die scheinbaren Erfolge der Umweltpolitik, in: Politische Ökologie, 23/1991, S. 28. □ WEIDNER, HELMUT: Reagieren statt Agieren: Entwicklungslinien staatlicher Umweltpolitik in der Bundesrepublik Deutschland, in: Politische Ökologie, 23/1991, S. 14–22. □ DERS./MARTIN JÄNICKE: Vom Aufstieg und Niedergang eines Vorreiters. Eine umweltpolitische Bilanz der Ära Kohl, in: Göttrik Wewer (Hrsg): Bilanz der Ära Kohl. Christlich-liberale Politik in Deutschland 1992–1998, Opladen 1998, S. 201–228.

Verbände

→ Bundesrepublik Deutschland: Politisches System, DDR: Politisches System, Einigungsprozeß, Föderalismus, **Neue Bundesländer**, Sozialpolitik, Strukturwandel, Treuhandanstalt, **Wirtschaft**.

1. Der Begriff und seine Problematik: Verbände haben den Verlauf der deutschen Vereinigung wesentlich mitbestimmt. Verbände ermöglichen in pluralistischen Demokratien eine wichtige zivilgesellschaftliche Steuerungs- und Mitwirkungsform, die die repräsentative Demokratie um eine assoziativ-partizipative Komponente erweitert. Für Politik und Gesellschaft leisten Verbände mehrere Funktionen: Sie dienen der politischen Interessenvermittlung, tragen zur sozial-kulturellen Integration bei und sind an der Erstellung von sozialen Dienstleistungen beteiligt. Die freie Gründung und Betätigung von Verbänden bildet ein zentrales Abgrenzungsmerkmal demokratischer gegenüber totalitären Systemen. Verbände sind eine spezielle Form intermediärer Organisationen. Überörtlichkeit, Mitgliederprinzip und Außenorientierung (politische Vertretung und Dienstleistungserstellung) bilden den Kernbereich dessen, was Verbände von anderen Formen organisierter Interessen abgrenzt.

Ein über ständisch-zünftlerische Institutionen hinausgehendes System frei gebildeter Verbände konnte sich in Deutschland erst in der 2. Hälfte des 19. Jahrhunderts entfalten. Die Verbändelandschaft differenzierte sich während der Weimarer Republik weiter aus, wobei die wichtigsten Großverbände stärker innerhalb des Staates verankert wurden (Reichswirtschaftsrat) und gleichzeitig die Verbindungen zu den politischen Parteien noch enger wurden. Im Nationalsozialismus wurden die meisten Verbände verboten, aufgelöst oder gleichgeschaltet. An die Stelle freier Verbände traten monopolistische Zwangsorganisationen mit öffentlichem Charakter (Deutsche Arbeiterfront; Hitlerjugend u. a.).

Nach dem Ende des Zweiten Weltkrieges lag die Zulassung von Verbänden und Vereinen in der Kompetenz der Besatzungsmächte, die davon entsprechend ihrem jeweiligen eigenen Politik- und Gesellschaftsverständnis Gebrauch machten. Der beginnende Kalte Krieg beendete alle Versuche zu gesamtdeutschen Verbandsbildungen. In der SBZ setzte die sowjetische Besatzungsmacht spätestens seit 1948 die Organisation eines Systems von gesellschaftlichen Massenorganisationen nach sowjetischem Muster durch (Prinzip des demokratischen Sozialismus; Anerkennung der führenden Rolle der SED, Aufbau gesellschaftlicher Massenorganisation mit Monopolcharakter und Transmissionsriemen-Funktion).

In der Bundesrepublik konnte sich die freie Gründung von Verbänden und Vereinen als Organisationsprinzip durchsetzen. Art. 9 GG garantierte die Vereinigungsfreiheit. Weitere Bestimmungen für die Gesamtheit aller Verbände wurden im Grundgesetz nicht aufgenommen (detailreicher und »verbändefreundlicher« sind die meisten Landesverfassungen). Zum gesellschaftlichen Leitbild für die Rolle und Tätigkeit von Verbänden und Parteien in der Politik wurde in den 50er und 60er Jahren zunächst der Pluralismus (vor allem in Form des maßgeblich von Ernst Fraenkel entwickelten Neopluralismus). Ende der 60er Jahre begann in Verbindung mit der Studentenbewegung eine kritischere Bewertung der Rolle von Verbänden (so unterstellte der Soziologe Claus Offe eine ungleiche Konflikt- und Organisationsfähigkeit von organisierten Interessen zugunsten von Wirtschaftsinteressen). Auf die wechselseitige Indienstnahme von Großverbänden und Staat (Prototyp: Konzertierte Aktion unter Wirtschaftsminister Karl Schiller) stellte seit Ende der 70er Jahre vor allem die Korporatismusforschung ab. Im Zuge der demokratischen Revolution in der Endphase der DDR kam es zur Einrichtung von »Runden Tischen«, die eine Einbindung auch oppositioneller und alternativer Gruppen im Umfeld staatlicher Entscheidungsprozesse zum Ziel hatten.

Es gab Ende der 80er Jahre mindestens 2 000 selbständige Verbände mit bundesweitem Aktionsradius und rund 200 000 Vereine (davon allein rund 70 000 Sportvereine). Dem standen in der DDR etwa 90 Massenorganisationen gegenüber. 1990 waren in der alten Bundesrepublik rund 64 % aller Bürger Mitglied eines Verbands oder Vereins (1957: 53 %). Geschlechtsspezifisch sind dreimal mehr Männer als Frauen Mitglied in einem Verband (38,2 % vs. 13,2 %; laut ALLBUS 1990), wohingegen dieses Verhältnis bei Vereinsmitgliedschaften ausgeglichener ist (63,1 % zu 49,2 %). Auch wenn Verbände in der öffentlichen Diskussion zunehmend kritischer wahrgenommen werden (Vertreter von Status quo orientierten Sonderinteressen, Gefangennahme des Staates durch Verbände, Verbände als Dinosaurier oder funktionale Dilletanten) und durchweg Probleme haben, neue Mitglieder zu werben und zusätzliche Finanzmittel einzuwerben, so bleiben Verbände doch allgegenwärtig. Gerade bei Vereinen läßt sich ein ungebrochener Anstieg ihrer Zahl und Mitglieder beobachten. Dazu hat auch beigetragen, daß viele Organisationsgründungen im Umfeld neuer sozialer Bewegungen inzwischen die Vereins- oder Verbandsform gewählt haben. Andererseits ist gerade bei Trägervereinen und im Rahmen der Wahrnehmung von verbandlichen Dienstleistungsfunktionen eine Tendenz zu beobachten, kommerzielle Teilaktivitäten in Form von GmbHs auszugliedern.

2. Verbände als Akteure im Vereinigungsprozeß: Die deutsche Vereinigung gehört zu den wenigen historischen »Meta-Ereignissen«, deren Einfluß sich so gut wie kein in Deutschland tätiger Verband entziehen konnte.

2.1. DDR-Massenorganisationen: Das SED-Regime lizensierte, unterstützte und kontrollierte die Errichtung und Tätigkeit von konkurrenzfreien gesellschaftlichen Organisationen. Die formale Koalitionsfreiheit nach Art. 29 der Verfassung der DDR stand unter der Vorbedingung der Anerkennung der führenden Rolle der SED. Insofern kann man im Falle der DDR von einer autoritär-korporatistischen Interessenvermittlung sprechen. Die Massenorganisationen der DDR, in denen mehr als 95 % der erwachsenen DDR-Bevölkerung Mitglied war, verfolgten weniger die genuinen Interessen ihrer Mitglieder, sondern waren primär in die Legitimationssicherung für das Regime durch Bereitstellung gruppenspezifischer Dienstleistungsangebote eingespannt. Allerdings waren in den Grundeinheiten dieser Organisationen Freiräume, die den Systemrahmen nicht sprengten, durchaus nicht unüblich. Die drei mitgliederstärksten Massenorganisationen waren die Deutsch-Sowjetische Freundschaftsgesellschaft (DSF, 6,4 Mio. Mitglieder 1989), der Deutsche Turn- und Sportbund (DTSB, 3,7 Mio.) sowie die Volkssolidarität (VS, 2,1 Mio.). Die zumindest formale Mitgliedschaft in den DDR-Massenorganisationen galt als Vorleistung für den Zugang zu einer Reihe von »knappen« Gütern und Leistungen (z. B. Ferienplatzvermittlung durch die Gewerkschaften).

Das DDR-System der quasi-staatlichen Massenorganisationen brach nach der Wende 1989 in nur wenigen Monaten fast völlig zusammen, auch wenn die einzelnen Organisationen mit wechselndem Erfolg um ihre Weiterexistenz kämpften. Der Freie Deutsche Gewerkschaftsbund (FDGB) löste sich unter dem Druck der eigenen Mitglieder sowie des wachsenden Drucks der westdeutschen Gewerkschaften auf. Die Gewerkschaftsmitglieder schlossen sich überwiegend den auf die neuen Länder ausgedehnten westdeutschen Gewerkschaften an (s. u.). Von der Freien Deutschen Jugend (FDJ) blieb nur ein kleiner Organisationskern übrig, dem es vorrangig um die Immobilien- und Vermögensnachlaßverwaltung ging. Das gleiche Schicksal traf die Gesellschaft für deutsch-sowjetische Freundschaft, die erwartungsgemäß kein westdeutsches Organisationspendant fand. Die Gründung des Unabhängigen Frauenverbandes nach der Auflösung des Demokratischen Frauenbunds Deutschlands (DFD) erzeugte in der Wendephase zwar eine größere Resonanz in Teilen der westdeutschen Frauenbewegung, insofern es einen vergleichbaren Verband in der alten Bundesrepublik nicht gab. Infolge erheblicher interner Streitigkeiten über den Charakter des UFV zwischen Bürgerbewegung, Frauenprojekt und Partei reduzierte sich seine Bedeutung jedoch auf einen »kleinen ostdeutschen Frauenverein mit einigen dezentralen Verankerungen«[1]. Westdeutsche Jugend- und Frauenorganisationen konnten im größeren Umfang nicht die bis 1989 in der FDJ bzw. im DFD organisierten Mitglieder an sich binden. Als Nachfolgeorganisationen der Vereinigung der gegenseitigen Bauernhilfe (VdgB) gelang es dem Bauernverband der DDR e.V. als Interessenvertretung der kollektiven Nachfolgebetriebe der LPG und seiner Ausdifferenzierung in Landesbauernverbände sich über die Wendezeit als kollektiver Akteur zu sichern. Als weitere Neugründungen entstanden mehrere Verbände privater ostdeutscher Landwirte (Wiedereinrichter) sowie privater Grundeigentümer.

Im Bereich der Wohlfahrtsverbände konnten die bestehenden DDR-Organisationen nach ihrem Umbau an westdeutsche Organisationen angegliedert werden: Das Deutsche Rote Kreuz der DDR (1989: 700 000 Mitglieder) ging nach der Gründung von Landesverbänden in die neue gesamtdeutsche DRK-Organisation auf. Die Volkssolidarität (1989: 2,1 Mio. Mitglieder) blieb nach ihrer Umwandlung in einen Dachverband, die sich im Bereich der Altenpflege spezialisiert hat, als Organisation bestehen. Sie schloß sich nach einer fehlgeschlagenen Kooperation mit der Arbeiterwohlfahrt – die als traditionell sozialdemokratische Organisation in der DDR über keine »Partnerorganisation« verfügte – und dem ebenso vergeblichen Versuch, sich als eigenständiger, neuer Spitzenverband zu profilieren, dem Paritätischen Wohlfahrtsverband an. Caritas und Diakonie galten zu DDR-Zeiten als staatlich geduldete kirchliche »Nischen-Organisationen« und hatten keine legitimatorischen Probleme, sich den westdeutschen Partnerorganisationen anzuschließen. Beide Verbände waren aber aufgrund der anders gelagerten Konfessionsstruktur in der DDR nicht flächendeckend präsent und sind nur schwer in der Lage, die aus Westdeutschland bekannte, privilegierte Position konfessioneller Wohlfahrtsverbände vor Ort mit Leben (und vor allem auch mit ostdeutschem Personal) zu füllen.

Die Sportorganisationen der DDR konnten als Legitimation auf beträchtliche sportliche Erfolge verweisen. Dies ließ innerhalb gesamtdeutscher Sportverbände den in anderen gesellschaftlichen Bereichen durchweg akzeptierten Leistungsvorsprung westdeutscher Verbände nicht in jedem Falle als selbstverständlich erscheinen. Allerdings kam es auch hier nicht zu einer Vereinigung von DSB und DTSB (1988: 3,7 Mio. Mitglieder), sondern nach der Selbstauflösung des DTSB Ende 1990 zum Beitritt der neugegründeten Landessportbünde in den DSB. Bei den übrigen Massenorganisationen ohne unmittelbare politische und sozio-ökonomische Bezüge (z. B. Kleingärtner, Gesellschaft für Natur und Umwelt), sieht das Bild differenzierter aus. Eine einheitliche Ausrichtung der neuen Verbände und Vereine im Osten an westdeutsche Strukturen fand im Kultur- und Freizeitbereich weniger ausgeprägt statt. Hierzu ist die westdeutsche Organisationslandschaft in diesen Bereichen zu heterogen und fragmentiert; es herrschen individualistische und konkurrenzbetonende Leitbilder vor, was einer größeren verbandlichen Integration ohnehin enge Grenzen setzt.

2.2. Verbändegründungen der Wende-Zeit: Eine zweite Gruppe von Verbänden entstand auf dem Gebiet der DDR während der kurzen Zeit zwischen Wende und Vereinigung. Es handelt sich um Vereinigungen, deren Organisationsbereich und Progammatik ebenso wie die kognitiven Wahrnehmungen ihrer Mitglieder noch wesentlich auf das Gebiet der DDR abstellten. Beabsichtigt war die Gründung eines neuen Verbändesystems im nationalen Maßstab, das sich sowohl von dem der BRD wie der alten DDR unterscheiden sollte.

Auf dem neu entstehenden Markt ostdeutscher Interessenorganisationen konkurrierten und kooperierten für kurze Zeit a) die »Organisationsruinen« des alten Regimes, b) Verbände-Neubildungen aus dem Umfeld reformerischer und kritischer Gruppen der Altorganisationen, c) die aus der Halblegalität ihres bisherigen kirchlichen Umfeldes heraustretenden Oppositionsgruppierungen sowie schließlich d) Verbandsgründungen von bislang in der DDR nicht organisierbaren Interessen. Für die Verbands-Neugründungen von bislang in der DDR nicht zugelassenen Interessen gaben die spiegelbildlichen Westorganisationen das zunächst fast uneingeschränkt favorisierte Vorbild ab.

Ähnlich wie in den anderen Übergangsgesellschaften Osteuropas enthielt das neu entstehende System intermediärer Organisationen in der DDR noch viele Leerstellen. Eine klare Aufgaben- und Funktionstrennung zwischen Verbänden, Vereinen, Initiativen und Parteien nach westlichem Muster konnte sich in der kurzen Zeit kaum einspielen.

2.3. Ausdehnung des räumlichen Handlungsbereiches westdeutscher Verbände in die neuen Länder: Mit der Sozial-, Wirtschafts- und Währungsunion wurden ausnahmslos alle überregionalen westdeutschen Verbände vor die Frage gestellt, wie ihr Verband mit der sich abzeichnenden Vereinigung umgehen wollte. Eine Bewertung der Ausdehnung des räumlichen Handlungsbereichs westdeutscher Verbände (oftmals als »Kolonisierung« kritisiert) sollte berücksichtigen, daß viele westdeutsche Verbände älter als die Bundesrepublik sind und bis 1933 eine gesamtdeutsche Ausdehnung hatten. Realistische Optionen für den verbandlichen Vereinigungsprozeß waren entweder Fusionen mit bestehenden DDR-Organisationen oder die (Wieder-) Ausdehnung der eigenen Organisation in die neuen Länder. Die Wahl einer möglichen dritten Option, den eigenen Einzugsbereich auf Westdeutschland beschränkt zu lassen, war die riskanteste und am wenigsten Erfolg versprechende. Diese Option widersprach den Wünschen vieler ostdeutscher (potentieller) Mitglieder. Auch hätte ein Ausdehnungsverzicht in vielen Politikfeldern den Verzicht auf in Aussicht gestellte staatliche Fördermittel bedeutet. Vor allem aber war es das gewählte Verfahren des Beitritts der neuen Länder nach Art. 23 GG, welches den westdeutschen Verbänden eine räumliche Ausdehnung ihres Handlungsbereiches nahelegte. Der Beitritt nach Art. 23 GG erleichterte vor allem Verbänden mit einem föderalen Unterbau den innerverbandlichen Einigungsprozeß, insofern dies durch die Aufnahme von neuen Landesverbänden in die Bundesorganisation geschehen konnte.

Es gibt nur wenige Beispiele für den Versuch einer bundesweiten Ausdehnung originär ostdeutscher Organisationen ohne westdeutsches Pendant respektive in Konkurrenz zu bestehenden westdeutschen Organisationen. Hierzu zählen die Aktivitäten der Kammern der Technik (1989: 293 000 Mitglieder) und des Allgemeinen Behindertenverbandes.

Allgemein werden die Ausgangsbedingungen zur Gewinnung neuer Mitglieder für die meisten Verbände in den neuen Ländern noch immer als ungünstig eingeschätzt. Als Ursachen hierfür können genannt werden: die mangelnde Vertrautheit mit Leitbildern, die die Bereitschaft zur ehrenamtlichen Mitarbeit in freiwilligen und privaten Vereinigungen stützen; Belastung des verbandlichen Ehrenamts durch die Praxis der quasi-erzwungenen »freiwilligen« Mitarbeit in DDR-Massenorganisationen; einkommensbedingte verschärfte Überprüfung bestehender und potentieller Mitgliedschaften in Vereinen und Verbänden; Frustation über die Praxis und

Durchschlagskraft von Verbänden, die nicht immer dem eigenen, mitunter illusorischen Erwartungsprofil entsprechen.

Von DDR-spezifischen Trennungslinien sind die in den neuen Ländern noch immer relativ schwachen Umweltverbände betroffen: Ein Teil der Umweltbewegung war eng mit den DDR-Bürgerrechtsgruppen verknüpft und befand sich damit in Frontstellung zur Gesellschaft für Natur und Umwelt (GNU) – die eine der später gegründeten DDR-Massenorganisation war und als Ventil für die seit den 80er Jahren auch in der DDR entstandene Umweltbewegung dienen sollte. Die politischen Richtungskämpfe innerhalb der Bürgerbewegungen und zwischen Bürgerbewegungen, Altorganisationen und Westorganisationen schlugen sich nach der Wende in Form eines stark fragmentierten Organisationsspektrums der Umweltverbände nieder. Neben den westdeutschen Umweltverbänden BUND und NABU konnte sich die Grüne Liga – trotz weitgehender Nicht-Wahrnehmung im Westen – als eine der wenigen Neugründungen der Bürgerbewegungen relativ erfolgreich behaupten, die sowohl von kirchlichen Umweltschutzgruppen wie von Gruppen beim Kulturbund Unterstützung fand.

2.4. Gewerkschaften: Die DDR-Gewerkschaften waren weniger Organisationen der Interessenvertretung, sondern Bestandteil des Staats- und Parteiapparats der DDR mit »sozialen Betreuungsfunktionen«. Der FDGB kannte zwar auch eine Reihe von Branchenorganisationen, sie hatten aber den Status von weisungsgebundenen Fachbereichen der Zentralorganisation. Innerhalb der FDGB-Gewerkschaften war es nach der »Wende« zu einigen Reformansätzen gekommen, die Anfang 1990 zur Umwandlung des FDGB in einen Dachverband selbständiger Einzelgewerkschaften führte und dessen parteipolitische Unabhängigkeit festschrieb. Zwar praktizierten die Verbandsführungen von DGB und FDGB in der Wendephase eine wechselseitige Respektierung als selbständige Partner, jedoch drängten die meisten westdeutschen Einzelgewerkschaften – die von betrieblichen Initiativgruppen außerhalb des FDGB gestützt wurden – ab Mitte 1990 ihre Partnerorganisationen verstärkt darauf, den FDGB zu verlassen. Damit war das Ende des FDGB besiegelt, der sich schließlich selbst auflöste. Der DGB und seine Einzelgewerkschaften wollten sich nicht mit der politischen Verantwortung für die Rolle der Gewerkschaften in der DDR belasten. Die Neugründung der Einzelgewerkschaften und der DGB-Organisationen in den neuen Ländern hatte den Vorteil eines unbelasteten Neuaufbaus. Dennoch konnten die DGB-Gewerkschaften zunächst von dem Organisationsnetzwerk der bisherigen DDR-Gewerkschaften profitieren, insofern es zumeist zu einer de facto-Übernahme der Mitgliedschaft kam. Der Weg zur Gewerkschaftseinheit folgte zwei grundlegenden Varianten: Entweder ging man direkt zum selbständigen Aufbau von DGB-Gewerkschaftsstrukturen über (HBV und GEW) oder man schickte zunächst Personal, das entweder in eigenen Beratungsbüros oder in den FDGB-Gewerkschaften tätig wurde, bevor man zum Aufbau eigener Bezirks- oder Landesverbände überging (IG Metall; IG Medien). Hierbei wählte die IG Metall das Verfahren, außer für Sachsen keine reinen Ost-Bezirke zu installieren, sondern entschied sich in allen übrigen Regionen für gemischte Ost-West-Bezirke.

Der Deutsche Gewerkschaftsbund (DGB) ist die im Vergleich (gegenüber Deutscher Angestelltengewerkschaft, Beamtenbund und Christlichem Gewerkschaftsbund) mit Abstand mitglieder- und einflußstärkste Arbeitnehmerorganisation in Deutschland geblieben (Ende 1997: rd. 8.6 Mio. Mitglieder in 12 Einzelgewerkschaften, das sind mehr als 80 % aller Gewerkschaftsmitglieder bzw. 97 % aller organisierten Arbeiter, 72 % aller Angestellten und 50 % aller Beamten). Der Anteil der DGB-Mitglieder aus den neuen Ländern ist jedoch auf rund 25 % gesunken.

2.5. Unternehmensverbände: Der Verbandsaufbau der Arbeitgeberverbände gestaltete sich schwerer als im Falle der Gewerkschaften, obgleich Ressourcen und Kooperationsgelegenheiten zur Verfügung standen. Es gab keine Probleme mit Vorgänger-Verbänden, aber eine störende Konkurrenz nicht-integrierter Neugründungen (so bildeten VEB-Direktoren das Unternehmensforum DDR, mittelständische Kleinunternehmer den Unternehmerverband der DDR). Unter den meisten ostdeutschen Mitgliedern (Managern) waren noch keine realistischen Vorstellungen über die Eigenarten verbandlicher unternehmerischer Interessenvertretung entstanden. Bis zum Frühjahr 1991 verfügten die Arbeitgeberverbände über kein »echtes« Vertretungsmandat selbstinteressierter und marktabhängiger ostdeutscher Unternehmen. Es waren vorrangig die westdeutschen Spitzenverbände, die ihr im Staatsvertrag eingeräumtes Vertretungs- und Vermittlungsmandat im Beitrittsgebiet zur Geltung brachten und zur Bildung von Wirtschafts- und Unternehmerverbände in den neuen Ländern übergingen, so daß bereits 1990 flächendeckend mehr als 100 fachlich-regionale Arbeitgeberverbände tätig waren. Nur wenige regionale Verbände (meist Zusammenschlüsse von Kleinunternehmern) verteidigten nach Abschluß des Vereinigungsprozesses ihre Autonomie gegenüber den Spitzenverbänden, die sich grundsätzlich ablehnend gegen unabhängige ostdeutsche Unternehmensverbände aussprachen. In vielen Fällen war das Aufgehen in einem westdeutschen Verband jedoch gewollt. Im Gegensatz zu Wirtschafts- und Arbeitgeberverbänden waren die Industrie- und Handelskammern in der DDR nicht förmlich aufgelöst worden, sondern 1983 in Handels- und Gewerbekammern für die überlebenden privaten Kleinbetriebe mit weniger als zehn Beschäftigten umgewandelt worden, die zugleich Teil der Zentralverwaltungswirtschaft ausmachten. Nach den Volkskammerwahlen 1990 trat eine neue IHK-Verordnung für das Gebiet der DDR in Kraft, wobei mit tatkräftiger Unterstützung des westdeutschen DIHT der Neuaufbau von 14 Kammerbezirken erfolgte, die sich nach der Vereinigung dann auch dem DIHT anschlossen.

Das dreigliedrige System der Vertretung von Wirtschaftsinteressen durch Kammern, Arbeitgeber- und Wirtschaftsfachverbände wurde flächendeckend auf die neuen Länder ausgedehnt, dabei jedoch modifiziert: Außer in Sachsen, wo die bayerische Aufbauhilfe das Trennmodell festschrieb, gelang in allen neuen Ländern (einschließlich Berlin) die Gründung von integrierten Landesunternehmerverbänden im Sinne einer Anerkennung der überfachlichen Landesverbände des BDA als BDI-Landesvertretung, die das in Westdeutschland (Ausnahmen: Niedersachsen,

Hessen, Saarland) noch vorherrschende Modell getrennter Landesorganisationen von BDI und BDA ersetzten.

2.6. *Tarifpolitik:* Das System industrieller Beziehungen gilt allgemein als wichtigste Komponente im bisherigen »Modell Deutschland«. Zwischen DGB und BDA kam bereits im März 1990 eine Verabredung über die Übertragung des Systems der Tarifautonomie nach westdeutschem Vorbild für die DDR zustande. Im Staatsvertrag erkannte die Bundesregierung den Primat der Sozialpartner in der Tarifpolitik ausdrücklich an. Bei den formell zwar regional, faktisch jedoch auf Bundesebene ausgehandelten ersten Tarifverträgen lag der Schwerpunkt eindeutig auf den Strategiepräferenzen der westdeutschen Verhandlungsführer von Arbeitgebern und Gewerkschaften, die untereinander eine Art Krisenkoalition und zusammen mit dem Staat vorübergehend eine Art Steuerungskartell bildeten, das zum Ziel hatte, »marktkonforme Strukturanpassungen mit den Erfordernissen eines sozialen Interessenausgleichs zu vereinbaren«[2].

Die gemeinsame Politik der Sozialpartner zerbrach seit 1992 an der verschärften Diskussion über die Finanzierung der deutschen Einheit und der ökonomischen Entwicklung in den neuen Ländern. Etwa zur gleichen Zeit übernahmen die Unternehmerverbände erstmals spezifisch ostdeutsche Forderungen nach einer Nutzung von Revisions- und Öffnungsklauseln in den Flächentarifverträgen und auf betrieblicher Ebene. Im Mai 1993 kündigten die Arbeitgeberverbände der Metall- und Elektroindustrie als Novität der Nachkriegsgeschichte deutscher Tarifpolitik – nachdem die Treuhandanstalt zuvor ihre Betriebe angewiesen hatte, für 1993 eine Lohnsteigerung um neun statt der vorgesehenen 23 % einzuplanen – vorzeitig die vereinbarten Stufenverträge, weil sie sich zunehmend als unvereinbar mit den Bestandsinteressen der eigenen Organisation (vermehrte Austritte aus den Mitgliederverbänden) bzw. der angeschlossenen Unternehmen erwiesen. Das völlige Abrükken vom korporatistischen Modell der Tarifpolitik und damit der institutionellen Grundlage der bisherigen Einflußlogik scheiterte angesichts der unerwartet starken Mobilisierung von bis dato noch streikunerprobten Ostbelegschaften in einem zweiwöchigen Streik, aber auch, weil mit einer Abkehr vom verbandlich ausgehandelten Flächentarifvertrag die bisherige Legitimationsgrundlage der Arbeitgeberverbände auf dem Spiel stand. Im Ergebnis des Arbeitskampfes in der ostdeutschen Metallindustrie 1993 wurde eine um zwei Jahre verlängerte Angleichungsfrist vereinbart und eine größere Freiheit eingeräumt, um auf der Betriebsebene abweichende Regelungen zu treffen.

Angesichts der großen industrie- und arbeitsmarktpolitischen Probleme in den meisten Branchen und Regionen des Beitrittgebiets entwickelten sich die neuen Länder für die Industriegewerkschaften zu einem Handlungsfeld, wo individuelle Dienstleistungen (wie Rechtschutzberatung) sowie wirtschafts- und arbeitsmarktpolitische Aufgaben (Träger und Mitarbeiter in Beschäftigungsgesellschaften und neuen Gremien der regionalen Strukturpolitik) den ansonsten in Deutschland alles überragenden Stellenwert der Tarifpolitik für die Gewerkschaften in ihrer Bedeutung relativierten. Ironischerweise war es dann die Tarifauseinandersetzung in der ostdeutschen Metallindustrie 1993, die das bundesweite Signal für die bislang noch nicht entschiedene Debatte über eine Neugestaltung der industriellen Beziehungen zwischen der verbandlich ausgehandelten Ebene der Flächentarifverträge und der betrieblichen Ebene von Haus- und Konzerntarifverträgen auslöste.

Das Vorgehen der Arbeitgeber in der ostdeutschen Metallbranche hat inzwischen Schule gemacht. Allein bis Ende 1995 waren in West- und Ostdeutschland mehr als 20 einseitige Vertragskündigungen ausgesprochen worden. Auch gehen die Arbeitgeberverbände seither verstärkt in die Offensive, indem sie bereits vor oder zu Beginn der Tarifverhandlungen eigene detaillierte Forderungskataloge vorlegen. Dennoch setzte sich in einer Vielzahl mühsamer Verhandlungsrunden der zeitlich gestreckte Prozeß der Tarifangleichung im Osten weiter fort. Zwischen 1991 und 1997 waren die tarifvertraglichen Grundvergütungen im Osten von 60 auf inzwischen fast 90 % des Westniveaus gestiegen (Schlußlicht bildet die Bekleidungsindustrie mit einem Niveau von 67 %). Die Entwicklung der Tarifpolitik in den neuen Bundesländern ist weiterhin uneinheitlich. Einerseits verstärkt sich der Trend zur Re-Integration der Tarifpolitik: Tarifforderungen für Ost und West werden wieder häufiger in einer gemeinsamen Verhandlungsrunde ausgehandelt. Andererseits wurde im Baugewerbe ein früher vereinbarter Stufenplan aufgehoben und die Löhne und Gehälter im Osten 1997 nicht erhöht wie im Westen. In anderen Branchen (z. B. im Maler- und Lackiererhandwerk) wurde die Einführung des vereinbarten Stufenplans zeitlich gestreckt. Eine Novität stellte der 1996 in Sachsen zwischen dem Verband der Sächsischen Metall- und Elektroindustrie und dem Christlichen Gewerkschaftsbund als DGB-Konkurrenzorganisation ausgehandelte Flächentarifvertrag dar. Ende September 1998 handelten IG Metall und Gesamtmetall einen neuen Tarifabschluß aus, der vorsieht, daß künftig Einkommensverbesserungen im Westen mit einem Monat Abstand in selber Höhe auf den Osten zu übertragen sind. Im Gegenzug stimmte die Gewerkschaft einer Verlängerung der 38-Stunden-Woche bis zum Jahr 2000 zu.

Nach wie vor hoch ist die Zahl von Betriebstarifverträgen. Insgesamt standen in den neuen Bundesländern Ende 1997 3 944 gültigen Verbandstarifverträgen 3 324 Firmentarifverträge gegenüber (Westdeutschland: 26 835 vs. 13 231). Die hohe Zahl erklärt sich daraus, daß weiterhin nur ein Teil der ostdeutschen Unternehmen tarifgebunden ist.

3. Verbände und Hauptstadtfrage: Berlin stellt innerhalb des Prozesses der deutschen Vereinigung auch für die Verbände einen Sonderfall dar. Nach 1989 richteten viele westdeutsche Organisationen in Berlin Anlaufstellen für die Ost-Ausdehnung der jeweiligen Bundesorganisation ein (Bundesverband der Deutschen Industrie, Deutscher Städtetag). Die vollzogene deutsche Vereinigung bewirkte in fast allen Fällen eine Ausdehnung der Westberliner Verbände nach Ostberlin (und häufig nach Brandenburg). Es kam hier also zu einer »Verdoppelung« der bundesweiten Vereinigung im lokalen bzw. regionalen Maßstab. Zudem mußten die Verbände eine Entscheidung treffen, inwieweit sie die inzwischen gescheiterte Fusion der beiden Länder Berlin und Brandenburg verbandsintern dennoch vollziehen wollten.

Von den bundesweit tätigen Verbänden hat knapp die Hälfte (47,9 %) ihren Hauptsitz in Nordrhein-Westfalen. Naheliegenderweise siedeln sich diese Verbände bevorzugt am Sitz der Institutionen des Bundes an. Der Hauptstadt-Beschluß des Bundestages zieht für die Großregion Köln-Bonn-Düsseldorf mittel- bis langfristig auch den Wegzug zahlreicher Verbandszentralen nach sich. Inzwischen haben die meisten Großverbände Umzugsbeschlüsse gefaßt oder bereits vollzogen. Letztlich wird aber erst die künftige Arbeitsverteilung zwischen Bonn und Berlin darüber Aufschluß geben, wie sich in dieser Frage die Verbände entscheiden (müssen).

4. Aktuelle Entwicklungen im Verbandswesen: Im Prozeß der deutschen Vereinigung sind einige Innovationen im Verbändebereich zu beobachten, die nicht mit der Theorie des Institutionentransfers erklärt werden können. Es geht um die Frage neuartiger »assoziativer Klumpenbildung«[3]. So setzte sich in den meisten neuen Landesverbänden der Wirtschaft die Integration von Industrieverband und Arbeitgeberverband durch. Neuartige Fusionen gab es auch zwischen Städtetag und Deutschen Städte- und Gemeindebund in einigen der neuen Länder, die damit ein Zeichen für die vorerst auf Bundesebene noch gescheiterte Integration dieser beiden, durch zahlreiche Doppelmitgliedschaften eng verbundenen Organisationen setzte.

Intermediäre Organisationen außerhalb des sozio-ökonomischen Bereichs, die zudem nicht unter dem Dach einer großen Religionsgemeinschaft angesiedelt sind, befinden sich in den neuen Ländern in einer relativ prekären Personal- und Finanzsituation, insofern ihnen westdeutsche Partnerorganisationen kaum größere Ressourcen zur Verfügung stellen, da deren Personal- und Finanzausstattung häufig selbst desolat ist. Dies nimmt im übrigen nicht weg, daß insgesamt erhebliche »patenschaftliche Organisationshilfen« von West nach Ost flossen, deren Umfang noch weitgehend im Dunklen liegt. In der unmittelbaren Periode nach der Vereinigung legten Bund und Länder für eine ganze Reihe von Feldern des Dritten Sektors[4], in denen in Westdeutschland das Subsidiaritätsprinzip gilt bzw. die Förderung einer pluralistischen Trägervielfalt als staatliche Aufgabe anerkannt wird, Programme zur Übergangs- und Anschubfinanzierung auf. Diese zielten zum Teil unmittelbar auf den Aufbau verbandlicher Strukturen in den neuen Ländern (so im Sportbereich, bei den Spitzenverbänden der freien Wohlfahrt, den Trägern der freien Jugendhilfe sowie bei Frauenverbänden und Selbsthilfegruppen). Schließlich löste die vom Bund großzügig dotierte Kulturförderung in den neuen Ländern über die so ermöglichte Zuschußförderung die Gründung zahlreicher Vereine und Initiativen im sozio-kulturellen Bereich aus. Hinzu kommen die von der Bundesanstalt für Arbeit finanzierten AB-Projekte, die den Aufbau von Frauen-, Jugend-, Verbraucher- und Umweltverbänden in den neuen Ländern abstützten. Dieses hohe Maß an »Staatszentriertheit« veranlaßt einige Autoren von einem »artifiziellen Dritten Sektor« in den neuen Ländern zu sprechen[5]. Die intermediären Organisationen des Dritten Sektors entwickelten sich aber als Arbeitgeber neben dem übrigen Dienstleistungssektor zu den wenigen Branchen in den neuen Ländern mit einem positiven Arbeitsplatzsaldo. So erhöhte sich der Anteil der Beschäftigten in Organisationen ohne Erwerbszweck an den Erwerbstätigen insgesamt zwischen 1990 und 1995 von

1,4 auf 4,9 % und lag damit doppelt so hoch wie im alten Bundesgebiet. Nach ersten Schätzungen erhöhte sich die Gesamtzahl der dort Beschäftigten zwischen 1990 und 1994 um 7 % auf knapp 100 000. Der Löwenanteil von knapp 80 000 entfiel dabei auf Beschäftigte in Einrichtungen der Wohlfahrtsverbände. Bei den Non-Profit-Organisationen der neuen Bundesländer handelt es sich mehrheitlich um kleine Betriebseinheiten. Über 60 % arbeiteten ohne Vollzeitbeschäftigte, über 80 % ohne Teilzeitbeschäftigte; fast jede zweite Organisation trug sich über ABM-Kräfte. Finanziell mußten die meisten Non-Profit-Organisationen auf die ohnehin niedrig ausfallenden Mitgliedsbeiträge als Haupteinnahmequelle zurückgreifen. Die staatlicherseits zur Verfügung gestellten Ressourcen bildeten bei nur 10 % der Organisationen einen Anteil von mehr als 50 % der Einnahmen. Ein weiteres Organisationsproblem der deutschen Vereinigung für die meisten Verbände bestand darin, daß die Ausdehnung des Aktionsradius westdeutscher Verbände in die neuen Länder den im gleichen Feld tätigen, noch in der DDR entstandenen Organisationen im Wettbewerb um Mitglieder und Fördermittel kaum Chancen ließ. Gründe hierfür liegen in der Interessenkongruenz zwischen diesen Verbänden und potentiellen Mitgliedern, in den Ressourcen der westdeutschen Verbände und in spezifischen Staatseingriffen zugunsten dieses Verbändetypus. Dieser Erfolg bot den nunmehr gesamtdeutschen Verbänden aber andererseits noch keine hinreichende Gewähr dafür, daß die eigene Organisation sich in den neuen Ländern auch erfolgreich und dauerhaft verankern ließ. Auf bundesstaatlicher Ebene sind die Interessen der neuen Länder erst schwach oder gar nicht repräsentiert (sogenannte »Vertretungslücke«). Innerhalb des Vereinigungsprozesses verfügen die endogenen Mitgliederinteressen aus den neuen Ländern im Bereich der Interessenvermittlung über eine geringere Konflikt- und Durchsetzungsfähigkeit als auch die aus Westdeutschland mit den entsprechenden Verbänden importierten Interessen. Dem wird entgegengehalten, daß der Institutionentransfer zwar Strukturen und »Organisationshülsen« übertragen konnte, die sozio-kulturelle und prozedurale Einbindung damit aber noch nicht gesichert sei. Zudem zeitigen die neuen Institutionen nicht vorhersehbare Wirkungen und beginnen ihrerseits, die weitere Entwicklung sowohl in den neuen Ländern als in der alten Bundesrepublik zu prägen und zu verändern.

5. Verbandliche Interessenvermittlung im Prozeß der deutschen Einheit: Runder Tisch und Konzertierte Aktion stellen zwei Prototypen für Formen der Interessenvermittlung im Einigungsprozeß dar. Der Akzent bei den Runden Tischen liegt auf der partizipativen Einbindung einer Vielfalt von Akteuren außerhalb der etablierten Politik. Hingegen sind Konzertierte Aktionen eher an Effizienz orientierte »strategische Steuerungsverbünde« zwischen repräsentativen verbandlichen und staatlichen Akteuren im sozio-ökonomischen und sozialpolitischen Bereich. Den verbandlichen Teilnehmern wird bei Konzertierten Aktionen vom Staat eine privilegierte Stellung im Sinne der Zuweisung von öffentlichem Status bei der Wahrnehmung bestimmter öffentlicher Aufgaben eingeräumt. Die Spitzenverbände sollen ihrerseits im Gegenzug für die Beteiligung an staatlichen Entscheidungen die Folgebereitschaft ihrer Mitglieder für die Bearbeitung von Verteilungskonflikten mobilisieren. In einem Punkt unterschied sich allerdings die Geschäftsgrundlage dieser korporatistischen Arrangements im Vereinigungsprozeß: Die Entscheidungsträger in den Verbänden verfügten zunächst nicht über den Vorteil eines größeren sachlichen Informationswissens, der als Voraussetzung dafür gilt, daß Verbände bei der Umsetzung politischer Entscheidungen einbezogen werden.

5.1. Bundesebene: Die bundespolitische Ebene wurde im Vereinigungsprozeß für die Verbände durch die räumlichen Koordinaten Bonn (bisherige Bundeshauptstadt), Berlin (neue Bundeshauptstadt; Sitz der Treuhandanstalt), Karlsruhe (Bundesverfassungsgericht) und Nürnberg (Bundesanstalt für Arbeit) geprägt. Nach den Regeln westdeutscher Interessenpolitik sind es die bundesweiten Spitzenverbände, denen ein institutionelles Mitwirkungsrecht auf Bundesebene zukommt. In der allerersten Phase der Vereinigung spielten diese Verbände erstaunlicherweise keine besonders aktive Rolle im Entscheidungsprozeß. Dies änderte sich jedoch, als die Modalitäten der Vereinigung auf die politische Tagesordnung rückten. Die Übernahme der Anerkennung der Grundsätze der Arbeitsrechtsordnung und der Sozialversicherungsordnung im Staatsvertrag über die Schaffung einer Währungs-, Wirtschafts- und Sozialunion (Art. 17 bis 24) sicherte den Gewerkschaften und Arbeitgeberverbänden ihr aus Westdeutschland angestammtes Terrain. Die Linie des Staatsvertrages wurde im Einigungsvertrag fortgeschrieben. Er legte in Art. 1 die Länderebene als relevante Bezugsebene auch für verbandliches Handeln in den neuen Ländern fest, regelte in Art. 13 die Trägerschaftsfrage für zahlreiche Einrichtungen, die in Westdeutschland von frei-gemeinnützigen Verbänden betrieben werden, bestätigte in Art. 32 das Subsidiaritätsprinzip und damit die führende Rolle der Wohlfahrtsverbände, legte in Art. 39 für den Sportbereich das Selbstverwaltungsprinzip und damit die vereinsmäßige Organisation des Sports fest und schuf in Art. 35 eine zeitlich begrenzte finanzielle Sonderrolle des Bundes im grundsätzlich den Ländern zukommenden Kulturbereich.

Im weiteren Verlauf des Vereinigungsprozesses wurden die normalen Routinen im Rahmen der bekannten Formen der Interessenvermittlung auf Regierungsebene, innerhalb der Ministerien sowie der Ministerialverwaltung wieder aufgenommen.

Ein Beispiel für selektivere Formen der Verbändebeteiligung waren die regelmäßig stattfindenden »Kamingespräche« bei Bundeskanzler Helmut Kohl, die das »Gemeinschaftswerk Aufbau Ost« begleiteten und an denen die Verbandsspitzen von Gewerkschaften, Arbeitgebern, Kammern sowie Wirtschaftsverbänden teilnahmen. Nicht nur wegen der nationalen Dimension der Entwicklungsprobleme der neuen Länder, sondern gerade auch wegen ihrer anhaltend starken Abhängigkeit von Finanztransfers des Bundes (und der westlichen Länder) hat sich verbandspolitisch eine stärkere Einflußnahme von Bundesverbänden auf die die neuen Länder betreffenden Entscheidungen erhalten.

5.2. Treuhandanstalt: Die Aktivitäten der THA erstreckten sich auch auf den intermediären Bereich. Bis zu ihrer Auflösung 1994 nahm die THA faktisch die Rolle einer »Dritten Ebene« der Kooperation im Bundesstaat und die Rolle des zentralen

Akteurs in vielen landespolitischen Netzwerken im Osten ein. Im Gegensatz zur Bundesanstalt für Arbeit als einer von der Rechtsform vergleichbaren bundesunmittelbaren Anstalt des öffentlichen Rechts besaß die THA eine institutionell relativ schwach verankerte sozialpartnerschaftliche Selbstverwaltung (Art. 4 THG nannte keine Verbändevertreter, sondern das Kriterium des ökonomischen Sachverstandes; die Teilnahme der Gewerkschaften beruhte allein auf der Berufungspraxis der Bundesregierung). Die THA wurde jedoch selbst wiederum schnell zum Ziel und zur Arena von Aktivitäten der Verbände. Im 20-köpfigen Verwaltungsrat der THA stellten nach einer eher politisch erzwungenen Öffnung Anfang 1991 die öffentliche Hand sechs (zwei Bund, vier Länder), die Gewerkschaften vier und die Wirtschaft acht Vertreter. Kurze Zeit später wurden auf Anordnung der Berliner TH-Zentrale ähnliche Beiräte auch bei den regionalen TH-Niederlassungen gebildet. Die auch im zentralen Verwaltungsrat vertretenen Gruppen wurden hier um Vertreter der Kirchen, der Kommunen und der Bürgerbewegungen ergänzt. Vertreter der Wirtschaft suchten ein aktives unternehmerisches Engagement der THA nach Möglichkeit zu verhindern, während Gewerkschaften und Ländervertreter aus regionalpolitischen und sozialen Gründen von der TH eine aktive Modernisierungspolitik einforderten. Das hohe Interesse auch wirtschaftsferner Verbände, Kirchen und Vereine lag im großen Immobilien- und Grundstücksbesitz der THA begründet, der auch im Interessenbereich dieser Verbände lag. Zudem entschied die THA über die Übertragung der zuvor meist von den Kombinaten getragenen sozialen, sportlichen und freizeitbezogenen Einrichtungen und Anlagen.

5.3. *Länderebene:* Die neuen Bundesländer entwickelten sich rasch zu einer zentralen Ebene der Interessenvermittlung an der Nahtstelle zwischen Politik und Verbänden. Gleichzeitig bildet die Länderebene einen »Vorraum«, innerhalb dessen verbandliche Forderungen gebündelt werden können, bevor sie innerhalb der Bundesorganisation bzw. eines Politiknetzwerkes mit anderen regionalen Interessen konkurrieren müssen. Schließlich räumt die Landespolitik »Nischen« ein, in denen sich landesspezifische Formen von Staat-Verbände-Beziehungen entwickeln können.

Im Sinne der Routinen arbeitsteiligen Handelns in bundesweiten Verbänden obliegt die Wahrnehmung landespolitischer Verbandsinteressen häufig einer gesonderten Landesorganisation. Die Bildung von Landesverbänden wird außer durch den zahlenmäßigen Umfang und die regionale Verteilung der Mitgliedschaft auch durch Merkmale des bundesdeutschen Politikprozesses gefördert: Sie erfolgt vorwiegend in jenen Politikbereichen, wo die Länderebene über eigene Gestaltungs-, mindestens aber über Umverteilungskompetenzen verfügt. Insofern folgt die innerverbandliche Struktur relativ eng der föderalstaatlichen Kompetenzverteilung.

Die Einrichtung der institutionellen Schnittstellen von Landespolitik und Landesverbänden vollzog sich in den einzelnen Politikfeldern im Rahmen der neuen Landesverfassungen und auf der Basis landesgesetzlicher Regelungen, Erlasse oder Verordnungen. Die landespolitische Rolle von Verbänden ist am weitesten in den Landesverfassungen von Mecklenburg-Vorpommern (Art. 2.4) und Brandenburg (Art. 20.3) geregelt. Alle Verfassungen der neuen Länder (mit Ausnahme von Mecklenburg-Vorpommern, das dafür die Unterstützung der Selbsthilfe festschreibt) unterstreichen die Sonderposition der Spitzenverbände der freien Wohlfahrtspflege und gehen darüber hinaus noch einmal gesondert auf die kirchlichen Organisationen und Einrichtungen im sozialen Bereich ein. Die besonders von Verbänden getragenen Bereiche von Kunst, Kultur und Sport werden in allen ostdeutschen Landesverfassungen geschützt und gefördert.

5.4. Aktuelle Perspektiven der Interessenvermittlung: Verbandliche Interessenvermittlung im Prozeß der deutschen Vereinigung wird zumeist in Zusammenhang mit in der Transitionsforschung entwickelten These vom Institutionentransfer betrachtet. Der Institutionentransfer umfaßt somit nicht allein die politischen Institutionen im engeren Sinne einschließlich der damit korrespondierenden Rechts- und Finanzierungssysteme (Tarifautonomie; Subsidiaritätsprinzip), sondern auch den »korporatistischen Kern« des Verbändesystems, zu dem jene Interessenverbände gerechnet werden, die an politischen Tauschprozessen teilhaben und somit stark von der Einflußlogik geprägt sind. Nahezu alle Autoren stellen im Vergleich zum Transformationsprozeß in Osteuropa unter dem Gesichtspunkt der Interessenvermittlung die Sonderstellung des deutschen Vereinigungspfades heraus, der zugleich als problematisch eingeschätzt wird. Die Sonderbedingungen zeichnen sich durch die Einführung eines vollständigen und betriebsbereiten Systems der Interessenvermittlung und die Anwesenheit handlungsstarker Verbände aus. Den westdeutschen Verbandsinteressen und den von ihnen mitgetragenen Politikmustern kommt ein Primat zu. Mit Blick auf den Transfer verbandlicher Interessenvermittlung in die neuen Länder wird von einem »importierten Korporatismus« liberaler Prägung gesprochen[6], der vor allem im Bereich der Wohlfahrtspflege und der Tarifpolitik ausgemacht wird, aber aufgrund völlig anderer Kontextbedingungen nicht greift. In der günstigsten Interpretation handelt es sich um ein »erfolgreiches Scheitern«[7] bzw. um nicht-intendierte Effekte einer politischen Steuerung der Ökonomie. Dabei unterscheidet Seibel ein hohes Maß an Kontinuität der intermediären Leistungsträger (einschließlich der Integration politisch belasteter Funktionseliten) von der krassen Diskontinuität intermediärer Interessenträger. Kritiker sprechen von einem Scheitern oder zumindest Ermüden des westdeutschen Neokorporatismus[8]. Nach Lehmbruch hat sich als Folge der Vereinigung eine erhebliche Verschiedenheit der Interessenlagen und Interessenwahrnehmungen in West- und Ostdeutschland herausgebildet[9]. Hierdurch entsteht ein neu aufbrechendes Spannungsverhältnis zwischen Einflußlogik und Mitgliedschaftslogik, das zu einem zentralen Steuerungsproblem in jenen großen Spitzenverbänden wird, die in die Steuerungsprozesse des politischen Systems eingebunden sind (Einflußlogik). Werden diese Verbände, mit einer zugenommenen Heterogenität der Mitgliedschaft konfrontiert, müssen Einfluß- und Mitgliedschaftslogik ohne den Organisationsbestand zu gefährden voneinander abgekoppelt werden (etwa durch Föderalisierung), damit nicht die Einbindung in die staatliche Steuerung gefährdet wird. Tendenziell kommt es dazu, daß die beteiligten Verbände eher individuelle Anpassungsstrategien statt kollektive Problemlösungen verfolgen. Verbände, die nicht in die korporatistische Interessenvermittlung eingebunden sind, können hingegen der Mitgliedschaftslogik (etwa durch Bereitstellung selektiver Güter) einen viel größeren Stellenwert einräumen. Aber auch die Mitgliedschaftslogik ist nicht ohne Tücken. Groser verwies[10] darauf, daß die Verbände bei einer eher schwachen Bindung neuer und alter Mitglieder in einem Dilemma stecken: »Die alten Mitglieder wissen, daß verbandsinterne Dauersubventionierung sie als Beitragszahler und Erfolge im Verteilungskampf sie als Steuerzahler und Konsumenten belasten.«

Ralf Kleinfeld

Anmerkungen:

1 A. Hampele: Die Organisationen der Bürgerbewegung, in: O. Niedermayer (Hrsg.): Intermediäre Strukturen in Ostdeutschland, Opladen 1996, S. 166.
2 So R. Czada: Transformation als Governance Problem, in: M. Corsten/H. Voelzkow (Hrsg.): Transformation zwischen Markt, Staat und Drittem Sektor. Marburg 1997, S. 197.
3 So C. Offe: Der Tunnel am Ende des Lichts. Erkundungen zur politischen Transformation im Neuen Osten, Frankfurt a. M. 1994, S. 19.
4 Der von Verbändeforschern als Dritter Sektor bezeichnete Bereich jenseits von Staat und Markt umfaßt die Mehrzahl von Verbänden und Vereinen, die als Nonprofit-Organisationen tätig sind.
5 So W. Seibel: Erfolgreich gescheiterter Institutionentransfer, in: H. K. Anheier u. a. (Hrsg.): Der Dritte Sektor in Deutschland, Berlin 1997, S. 133.
6 Vgl. V. Eichener u. a. (Hrsg.): Organisierte Interessen in Ostdeutschland. 2 Halbbände, Marburg 1992.
7 So W. Seibel: Erfolgreich gescheiterter Institutionentransfer, in: H. K. Anheier u. a. (Hrsg.): Der Dritte Sektor in Deutschland. Berlin 1997, S. 127–149; vgl. auch J. Schmid/ H. Voelzkow: Funktionsprobleme des westdeutschen Korporatismus, in: O. Niedermayer (Hrsg.): Intermediäre Strukturen in Ostdeutschland, Opladen 1996, S. 434/435.
8 So O. Giraud/M. Lallement: Construction et épuisement du modèle néo-corporatiste allemand, in: Revue francaise de sociologie 1998, S. 36 ff.
9 Vgl. G. Lehmbruch: Die Rolle der Spitzenverbände im Transformationsprozeß, in: J. Kollmorgen u. a. (Hrsg.): Sozialer Wandel und Akteure in Ostdeutschland, Opladen 1996, S. 117/118.
10 Vgl. M. Groser: Verbände im vereinigten Deutschland, in: Die Sonde, 1/1991, S. 18.

Literatur:

ANHEIER, HELMUT K. U. A. (Hrsg.): Der Dritte Sektor in Deutschland. Organisationen zwischen Staat und Markt im gesellschaftlichen Wandel, Berlin 1997. □ BAUR, JÜRGEN U. A.: Sportvereine im Übergang, Aachen 1995. □ CORSTEN, MICHAEL/HELMUT VOELZKOW: Transformation zwischen Markt, Staat und Drittem Sektor, Marburg 1997. □ CZADA, ROLAND: Die Treuhandanstalt im Umfeld von Politik und Verbänden, in: Wolfram Fischer (Hrsg.): Treuhandanstalt: Das Unmögliche wagen, Berlin 1993, S. 148–173. □ HENNEBERGER, FRED: Transferstart. Organisationsdynamik und Strukturkonservatismus westdeutscher Unternehmerverbände, in: Politische Vierteljahresschrift, 4/1993, S. 640–673. □ KLEINFELD, RALF/FRANK LÖBLER: Verbände und Landespolitik, Hagen 1993. □ LEHMBRUCH, GERHARD: Dilemmata verbandlicher Einflußlogik im Prozeß der deutschen Vereinigung, in: PVS-Sonderheft, 25/1994, S. 370–393. □ NIEDERMAYER, OSKAR (Hrsg.): Intermediäre Strukturen in Ostdeutschland, Opladen 1996. □ NASSMACHER, HILTRUD U. A. (Hrsg.): Politische Strukturen im Umbruch, Berlin 1994. □ SCHMID, JOSEF/FRANK LÖBLER/HEINRICH TIEMANN (Hrsg.): Organisationsstrukturen und Probleme von Parteien und Verbänden, Marburg 1994. □ TANGEMANN, MARTIN: Intermediäre Organisationen im deutsch-deutschen Einigungsprozeß, Konstanz 1995. □ WIESENTHAL, HELMUT (Hrsg.): Einheit als Interessenpolitik: Studien zur sektoralen Transformation Ostdeutschlands, Frankfurt a. M./New York 1995.

Verhandlungen zur deutschen Einheit: Innerer Prozeß

→ Bundesverfassungsgericht, Deutschlandpolitik der Bundesrepublik Deutschland, Deutschlandpolitik der DDR, Deutschlands Rechtslage, Grundgesetz, Rechtssystem, **Verhandlungen zur deutschen Einheit: Internationaler Prozeß, Verhandlungen zur deutschen Einheit: Ökonomischer Prozeß, Verträge zur deutschen Einheit.**

1. Einführung: Bei der ersten und letzten freien Volkskammerwahl der DDR am 18. März 1990 beauftragte die Mehrheit der Wählenden die Abgeordneten damit, die deutsche Einheit »zügig und verantwortungsvoll« herbeizuführen, wie es die Koalitionsvereinbarung der neuen DDR-Regierung formulierte. Das nachfolgende Handeln von Regierung und Parlament war darauf gerichtet, Rechtsstaatlichkeit und die Grundgesetzkompatibilität herzustellen, während ringsum – so zumindest die Perzeption vieler Akteure – alle Strukturen zusammenbrachen.

Nach der Unterzeichnung des ersten Staatsvertrags über die Wirtschafts-, Währungs- und Sozialunion am 18. Mai 1990 konnten sich die Akteure auf neue Fragen konzentrieren. Bis zur Vollendung der deutschen Einheit waren noch einige Hürden zu überwinden. Unter anderem galt es neben dem »Zwei-plus-Vier«-Vertrag auf innerdeutscher Ebene zwei weitere Verträge auszuhandeln: den Wahlvertrag und den Einigungsvertrag.

2. Vertrag zur Vorbereitung und Durchführung der ersten gesamtdeutschen Wahl zum Deutschen Bundestag: Die Diskussion über die gesamtdeutsche Wahl konzentrierte sich vor allem auf die Frage, ob es eine einheitliche Sperrklausel für das gesamte Deutschland oder unterschiedliche Klauseln für West und Ost geben sollte.

In der Bundesrepublik setzte sich insbesondere die CSU mit Blick auf ihre ostdeutsche Schwesterpartei DSU für ein getrenntes Wahlgebiet mit unterschiedlichen Sperrklauseln ein. Auch Innenminister Schäuble sprach sich mit Rücksicht auf die neuen Parteien in der DDR für differenzierte Klauseln aus. Die West-SPD forderte dagegen, die gesamtdeutsche Wahl mit einem einheitlichen Wahlrecht und mit einer Fünf-Prozent-Hürde für das gesamte Wahlgebiet durchzuführen. Dadurch wollte sie dem

Chancenvorteil der finanziell und personell noch immer hervorragend ausgestatteten PDS begegnen und deren Einzug in den Bundestag verhindern. Angehörigen der Bürgerbewegungen bot man Plätze auf SPD-Listen an. Die Sozialdemokraten begründeten ihre Haltung mit demokratischen und verfassungsrechtlichen Bedenken und drohten, bei einer Regelung mit unterschiedlichen Sperrklauseln das Bundesverfassungsgericht anzurufen. Die West-Grünen traten für ein neues Wahlgesetz ein, das die ihrer Ansicht nach undemokratische Fünf-Prozent-Hürde abschaffen und das Parteienmonopol zugunsten der Zulassung von Bürgerbewegungen brechen sollte. Die F.D.P. schließlich hätte gerne den Einzug weiterer Kleinparteien in das Parlament verhindert, um ihre Funktion als Mehrheitsbeschafferin nicht zu gefährden.

In der DDR strebte die Ost-CDU eine Regelung mit getrennten Wahlgebieten und unterschiedlichen Wahlmodi an. Die PDS und die Bürgerrechtsparteien wollten ganz auf eine Sperrklausel verzichten. Ost-Liberale und Ost-SPD orientierten sich an ihren westlichen Partnern, forderten einen raschen Beitrittstermin und eine gesamtdeutsche Fünf-Prozent-Hürde. Anfang Juli kam es zum offenen Streit zwischen den Koalitionsparteien der Regierung de Maizière.

Nachdem die Volkskammer am 22. Juli die Regierung damit beauftragt hatte, einen Vertrag zur Vorbereitung gesamtdeutscher Wahlen im Dezember auszuhandeln, spitzte sich die Regierungskrise zu. Die Liberalen verließen die Koalition am 24. Juli, und die Sozialdemokraten waren kurz davor, es ihnen aus Verärgerung über die Haltung de Maizières im Streit um den Wahlmodus gleichzutun. Nach einem Ultimatum der Ost-SPD einigte man sich am 26. Juli in einer gemeinsamen Sitzung der Parlamentsausschüsse »Deutsche Einheit« von Bundestag und Volkskammer auf einen Wahlrechtsvertrag. Dieser legte ein einheitliches Wahlgesetz mit einheitlichem Wahlgebiet und einheitlichen Wahlorganen fest.

Unbeantwortet blieb noch immer die Frage der Sperrklausel. Eine länderbezogene Fünf-Prozent-Klausel, wie von Bundesinnenminister Wolfgang Schäuble vorgeschlagen, lehnte die SPD-Spitze – mit Ausnahme von Gerhard Schröder – ebenso ab wie eine separate Drei-Prozent-Hürde im Beitrittsgebiet. Die Kompromißlösung zwischen Bundesregierung und Opposition sah schließlich eine einheitliche Fünf-Prozent-Klausel für das gesamte Wahlgebiet vor und erlaubte für die erste gesamtdeutsche Bundestagswahl die Verbindung von Landeslisten verschiedener, in keinem Bundesland außer Berlin konkurrierender Parteien. Die Zahl der Sitze im Deutschen Bundestag sollte von 518 auf 656 erhöht werden.

Am 2. August konnte der Wahlstaatsvertrag durch Bundesinnenminister Wolfgang Schäuble und DDR-Staatssekretär Günther Krause paraphiert und tags darauf unterzeichnet werden. Am 8. August fand die erste Beratung im Bundestag statt, am 9. August in der Volkskammer. Im DDR-Parlament scheiterte die Vorlage allerdings im ersten Anlauf: Am Ende einer elfstündigen Sondersitzung war der Regierungskoalition in den frühen Morgenstunden wegen zu geringer Teilnehmerschaft die erforderliche Zweidrittelmehrheit abhanden gekommen.

2.1. Der Wahltermin: Bereits unmittelbar nach der Volkskammerwahl wurden verschiedene Vorschläge für den Termin der ersten gesamtdeutschen Bundestagswahl erörtert: die Verlängerung der laufenden Legislaturperiode des Bundestages bis zu einem gesamtdeutschen Wahltermin zwischen Januar und Mai 1991, die Entsendung von Volkskammerabgeordneten in den neuen Bundestag bis zu einer gesamtdeutschen Wahl 1994 oder die Beibehaltung des Dezember-Termins 1990 mit darauf folgenden gesamtdeutschen Wahlen. In der DDR plädierten u. a. Ministerpräsident Lothar de Maizière (CDU), Innenminister Peter-Michael Diestel (DSU) und Außenminister Markus Meckel (SPD) zunächst dafür, gesamtdeutsche Wahlen erst nach den ursprünglich für Dezember 1990 geplanten ostdeutschen Landtagswahlen durchzuführen. Bundeskanzler Kohl trat dafür ein, am Bundestagswahltermin 2. Dezember 1990 festzuhalten und für Ende 1991 die erste gesamtdeutsche Wahl anzusetzen. Als de Maizière am 3. August nach einem Treffen mit dem Bundeskanzler an dessen Urlaubsort am Wolfgangsee aus Sorge um die finanzielle und ökonomische Situation Ostdeutschlands sowohl für den Beitritt der DDR zum Geltungsbereich des Grundgesetzes als auch für die gesamtdeutsche Bundestagswahl den 14. Oktober 1990 vorschlug, reagierte die Bonner SPD-Spitze mit Empörung. De Maizières überraschender Vorstoß widersprach nicht nur Abmachungen zwischen Bundesregierung und Opposition; er stellte auch die Wahlkampfstrategie der Sozialdemokraten in Frage: Lafontaine und andere erwarteten, daß die Probleme in der DDR zunehmen und die Wähler dies der Bundesregierung anlasten würden. Die SPD weigerte sich daher, einer Verkürzung der Legislaturperiode zuzustimmen.

Für den Bundeskanzler schien dies unproblematisch. Er war der Ansicht, daß die Ausnahmesituation des Jahres 1990 eine vorzeitige Auflösung des Bundestages rechtfertigte. Innenminister Schäuble lehnte dies ab, da man dann den Bundespräsidenten gezwungen hätte, in dieser Frage zwischen Regierung und Opposition zu entscheiden. Eine Grundgesetzänderung, um den Weg für eine Wahl am 14. Oktober freizumachen, war aber ohne die SPD nicht machbar.

Die Sozialdemokraten hielten jedoch an einem Beitritt der DDR bis spätestens zum 15. September und gesamtdeutschen Bundestagswahlen am 2. Dezember 1990 fest. Letztlich mußten beide Seiten einlenken. Am 9. August beschloß die Bundesregierung, am ursprünglichen Wahltermin festzuhalten, während die SPD in der Frage des Beitrittstermines nachgab.

Nach erneuten Verhandlungen unterzeichneten Schäuble und Krause am 20. August den Änderungsvertrag zum Wahlstaatsvertrag. Die Volkskammer stimmte am 22. August mit der erforderlichen Zweidrittelmehrheit zu und der Bundestag folgte einen Tag später gegen die Stimmen der Grünen. Auch der Bundesrat nahm den Vertrag am 24. August gegen die Stimmen der rot-grün regierten Länder Berlin und Niedersachsen an. Am 29. August unterzeichnete der Bundespräsident das Gesetz.

2.2. Die Vertragsrevision: Nun erhoben »Die Republikaner«, die Grünen und die Linke Liste/PDS Organklage beim Bundesverfassungsgericht gegen den Wahlstaatsvertrag; außerdem legten ein Bundestagsabgeordneter und ein Vorstandsmitglied der Grünen Verfassungsbeschwerde ein. In seinem Urteil vom 29. September erklärte das Gericht den Vertrag wegen mangelnder Chancengleichheit für nichtig.

Eine jeweils auf die Wahlgebiete Ost und West bezogene Fünf-Prozent-Sperrklausel sei zulässig, die beabsichtigte Möglichkeit der Listenvereinigung von Ost- und West-Parteien – wie insbesondere von CSU und DSU geplant – verfassungswidrig. Am 1. Oktober brachte die Bundesregierung einen neuen Gesetzentwurf im Bundestag ein, der die Karlsruher Vorgaben berücksichtigte. Zwei Tage nach der Wiedervereinigung verabschiedete der Bundestag das Gesetz gegen die Stimmen von PDS, Bündnis 90 und Grünen. Der Bundesrat stimmte am 8. Oktober ebenfalls zu.

3. Vertrag zwischen der Bundesrepublik Deutschland und der Deutschen Demokratischen Republik über die Herstellung der Einheit Deutschlands (»Einigungsvertrag«): Schon vor Inkrafttreten des Vertrages über die Wirtschafts-, Währungs- und Sozialunion begann die Diskussion um einen zweiten Staatsvertrag. Für den Bundeskanzler stand aufgrund der wachsenden Übersiedlerzahlen bereits Ende Januar 1990 fest, daß sein Zehn-Punkte-Programm überholt war. Nur mit der Aussicht auf eine rasche Vereinigung beider deutscher Staaten war die Lage in der DDR zu stabilisieren.

Am 7. Februar beschloß das Bundeskabinett die Gründung eines Ausschusses »Deutsche Einheit«, der von Bundeskanzler Kohl bzw. stellvertretend von Kanzleramtsminister Rudolf Seiters geleitet wurde. Aufgabe des Ausschusses war es, seitens der Bundesregierung die notwendigen Entscheidungen zu treffen, damit nach der Volkskammerwahl kurzfristig Gespräche über das weitere Zusammenwachsen der beiden deutschen Staaten aufgenommen werden konnten. Innenminister Schäuble sollte den Einigungsprozeß konzeptionell vorbereiten und Optionen zum weiteren Vorgehen vorlegen. Daher wurde, parallel zum Gremium auf Regierungsebene, eine ministeriumsinterne Arbeitsgruppe »Deutsche Einheit« geschaffen.

Das Grundgesetz bot die Möglichkeiten des Beitritts des Gebiets der DDR zum Geltungsbereich des Grundgesetzes über Art. 23 GG oder den Weg einer neuen gesamtdeutschen Verfassungsgebung für das Gebiet beider deutscher Staaten durch das deutsche Volk über Art. 146 GG an. Bei einer Entscheidung für Art. 23 GG galt es zu klären, ob die gesamtdeutsche Verfassungsordnung und darüber hinausgehende Rechtsvereinheitlichungen durch einen Staatsvertrag oder durch eine Überleitungsgesetzgebung angeglichen werden sollten. Letztlich gaben politische Gründe den Ausschlag für ein Vorgehen nach Art. 23 GG und einen Staatsvertrag: Für die Bundesregierung konnte nur die Aussicht auf eine zügige Herstellung der Rechtsstaatlichkeit und der Einheit die Lage in der DDR beruhigen.

Es war aber auch im Interesse der DDR-Regierung und der Volkskammer, den Vereinigungsprozeß durch ein Vertragswerk zu beeinflussen, was nach Art. 146 GG nicht möglich gewesen wäre. Die Koalitionsvereinbarungen der Regierung de Maizière legten daher am 12. April 1990 fest, die Einheit nach Art. 23 GG herbeizuführen, aber über den konkreten Weg ein »entscheidendes Wort« mitzureden und »die Einheit in Würde« herzustellen: »So schnell wie möglich, so gut wie nötig« – wurde de Maizière nicht müde zu wiederholen.[1]

Die DDR-Regierungsressorts wurden nach der Wahl weitgehend so geschnitten, daß sie dem Bundeskabinett entsprachen, was die Verhandlungen erleichtern sollte.

Eine Ausnahme wurde beispielsweise gemacht, als man aus politischen Gründen die Bereiche Umwelt und Energie zusammenlegte.

Die beiden Regierungschefs, Bundeskanzler Helmut Kohl und Ministerpräsident Lothar de Maizière, sahen sich während der Verhandlungen relativ wenig. Für den DDR-Premier hatte dies auch taktische Gründe: Sein Verhandlungsführer Krause, der sich stets mit de Maizière kurzschloß, konnte vorschnelle Entscheidungen vermeiden, indem er darauf verwies, daß er erst noch mit dem Ministerpräsidenten sprechen müsse. Kohl wiederum ließ dem Juristen Schäuble weitgehend freie Hand bei den Verhandlungen.

Neben den beiden Delegationsführern waren an den offiziellen Verhandlungen über die deutsche Einheit die betroffenen Ressorts auf Staatssekretärsebene beteiligt. Die Bundesländer wurden durch die Chefs der Staats- und Senatskanzleien und die Europäische Gemeinschaft durch Repräsentanten der Kommission vertreten. Parallel zu den Verhandlungen der Gesamtdelegationen wurden Arbeitsgemeinschaften gebildet, um einzelne Problemfelder zu klären.

In einem im April 1990 vom Innenressort erarbeiteten Diskussionspapier waren die wichtigsten Punkte aus westdeutscher Sicht enthalten. Dennoch gab es keine im Detail abgestimmte Gesprächsposition der Bundesrepublik. Vielmehr bezog Schäuble die wesentlichen Akteure der bundesdeutschen Seite in die Verhandlungen mit der DDR ein, so daß die Bundesrepublik eine einheitliche Position in den Gesprächsrunden selbst entwickeln mußte.

Dabei ging es nicht nur um unterschiedliche Standpunkte innerhalb der Bundesregierung, sondern auch um die Länderregierungen und die Bonner Opposition. Wegen der zu regelnden Verfassungsänderungen erforderte die Ratifizierung des Vertrages eine Zweidrittelmehrheit in Bundestag und Bundesrat. Aufgrund der Regierungsübernahme in Niedersachsen – Gerhard Schröder hatte Ernst Albrecht (CDU) als Ministerpräsident abgelöst – war die SPD nun in einer stärkeren Position als noch zu Beginn des Einigungsprozesses. Dazu trug auch bei, daß die Sozialdemokraten in Ost und West im Gegensatz zur Diskussion um den ersten Staatsvertrag jetzt weitgehend eine einheitliche Position vertraten. Lediglich hinsichtlich der Frage, ob die Einheit nach Art. 23 bzw. nach Art. 146 GG hergestellt werden sollte, hatte es zunächst größere Kontroversen gegeben.

Schon vor der ersten Verhandlungsrunde hatten die Delegationen aus Ost und West ihre Positionen in Gesprächen in Berlin (29. Mai) und Bonn (1. Juni) grob abgestimmt. Der Einigungsvertrag sollte auf Wunsch de Maizières nach dem Vorbild des Vertrages über die Schaffung der Wirtschafts-, Währungs- und Sozialunion aufgebaut werden: Der eigentliche Vertragstext – auf den sich Schäuble und Krause konzentrierten – regelte die wichtigsten Schritte der deutschen Einheit. Die Anlagen des Vertrages mit beitrittsbedingten Regelungen zur Harmonisierung einzelner Rechtsmaterien erarbeiteten die Fachressorts beider Seiten.

3.1. Der Verhandlungsverlauf: Zur ersten Verhandlungsrunde am 6. Juli 1990 in Ost-Berlin legte de Maizière ein Vorbereitungspapier mit einem Umfang von über 500 Blatt vor, das alle DDR-Ministerien zusammengestellt hatten. Er sprach sich für einen Beitritt nach Art. 23 GG aus, machte aber deutlich, daß eine Reihe von Punkten vertraglich zu regeln seien. Schäuble begrüßte dies und akzeptierte den Abschluß eines zweiten Staatsvertrages, der »Einigungsvertrag« genannt wurde. Er betonte seinerseits, daß nur das Nötigste darin geregelt und alles weitere dem gesamtdeutschen Bundestag übertragen werden sollte.

Krause übergab Schäuble einen Themenkatalog mit den wichtigsten DDR-Fragen (Hauptstadt, staatliche Symbole, Finanzen der neuen Länder, Zuständigkeit und Verantwortlichkeit für die Treuhandstelle), über die Verhandlungsthemen und Richtlinien für die Ressortgespräche wurde rasch Einigung erzielt. Schon jetzt zeichnete sich ab, daß es größere Meinungsverschiedenheiten auf bundesdeutscher Seite gab, vor allem zwischen dem Innen-, Justiz-, Finanz- und Außenministerium. Allerdings legte de Maizière großen Wert auf Fragen symbolischer Politik. So schlug er für den wiedervereinigten Staat als neuen Namen »Deutsche Bundesrepublik« vor, stellte die schwarz-rot-goldene Flagge in Frage und empfahl als erste Strophe des Deutschlandliedes den Text der DDR-Hymne. Hauptstadt der Bundesrepublik sollte Berlin werden. Schäuble unterstützte diesen Vorschlag. Eine Änderung von Namen, Hymne und Flagge der Bundesrepublik lehnte er jedoch ab. Schließlich trete die DDR der Bundesrepublik bei und nicht umgekehrt.

Es lag nun an den Ressorts, die Angleichung einzelner Rechtsmaterien zu bearbeiten. Jedes Bundesressort verpflichtete sich zur Abstimmung mit der entsprechenden DDR-Behörde. Falls nötig, wurden die Regelungen auf Übereinstimmungen mit EG-Bestimmungen untersucht und mit den Bundesländern beraten. Zwischen dem 9. und 20. Juli kamen so zahlreiche Entwürfe zusammen.

Zur zweiten Delegationsrunde vom 1. bis 3. August in Ost-Berlin lag eine ostdeutsche Grobskizze des Vertrages vor. Im Ministerrat hatte es vor allem Diskussionen über Finanzfragen, Möglichkeiten zur Erarbeitung einer neuen Verfassung für das vereinigte Deutschland, den Status der Akademie der Wissenschaften, die Bereiche Familie und Frauen sowie die Weiterführung bestimmter internationaler Verträge und Abkommen gegeben. Die Ergebnisse der Bodenreform wollte man »eindeutig« festschreiben, wobei man sich in der Frage der Enteignungen von 1945 bis 1949 auf die Position der Sowjetunion berief.[2]

Während der zweiten Verhandlungsrunde wurden die Ergebnisse der Ressortgespräche und die ungeklärten Punkte durchgearbeitet. Am Ende des zweiten Treffens bestand Einvernehmen über die Struktur und weitgehend auch über Formulierungen des eigentlichen Vertragstextes. Bis zum dritten Treffen erfolgte die Hauptarbeit in den Ressorts, wobei die Dissenspunkte zwischen der Bundesrepublik und der DDR von ca. 30 auf 16 reduziert werden konnten.

Die in jener Zusammensetzung dritte und letzte Verhandlungsrunde in Bonn war wegen des Zeitdrucks vom 27. auf den 20. August vorverlegt worden und von einer besonderen Spannung geprägt. Zum einen war, nach den Ost-Berliner Koalitionsveränderungen, die DDR-Delegation kleiner geworden. Zum anderen drohte die SPD damit, ihre Zustimmung zum Einigungsvertrag zu verweigern, wenn ihre inhaltlichen Forderungen nicht erfüllt würden. Außerdem schlug sie vor, statt die Rechtsharmonisierung mit Hilfe eines Vertragswerkes durchzuführen, sich einer Überleitungsgesetzgebung zu bedienen, um das Parlament am Verhandlungsprozeß zu beteiligen. Der F.D.P.-Vorsitzende Graf Lambsdorff und Teile der CDU/CSU-Fraktion unterstützten die Idee. Schäuble warnte dagegen vor einer Verzögerung des wirtschaftlichen und sozialen Aufbaus sowie den damit verbundenen Kosten.

Den Delegationen lag nun ein umfassender Vertragsentwurf aus Berlin vor, den man artikelweise durchging. So entstand eine neue Synopse, in der Änderungen, Ergänzungen oder strittige Positionen eingetragen wurden. Soweit möglich blieben unlösbare Punkte weiterhin ausgeklammert.

Als sich beide Delegationen am 24. August trennten, war der Vertragsentwurf in wesentlichen Punkten abgestimmt. Doch dann verzögerten erneut bundesdeutsche Kontroversen den Abschluß der Verhandlungen. Bis zum Ende der dritten Verhandlungsrunde hatte das Management ausschließlich bei Krause und Schäuble gelegen. In der Schlußphase mußte Kohl jedoch intervenieren, da der SPD-Vorsitzende Hans-Jochen Vogel ein Spitzengespräch forderte.

Die sozialdemokratische Taktik bei den Verhandlungen zum Einigungsvertrag schwankte bis dahin zwischen Konflikt und Konsens bzw. Kooperation. Die näher rückende gesamtdeutsche Bundestagswahl war dafür verantwortlich, daß die SPD nun versuchte, sich stärker zu profilieren. Diesen Zweck verfolgten auch die von der SPD geforderten Spitzengespräche mit der Bundesregierung.

Vogel strebte Nachbesserungen im vorliegenden Vertragsentwurf an und verlangte, die Opposition im entscheidenden Stadium nicht nur durch den Bundesrat, sondern auch durch den Bundestag zu beteiligen. Kohl willigte ein, da er befürchtete, die Opposition könnte die Konfliktlinien innerhalb der Koalition politisch ausnutzen.

So trafen sich die Partei- und Fraktionsvorsitzenden am 26. August zum ersten von vier Spitzengesprächen im Kanzleramt. Aus Sicht der SPD mußten noch geklärt werden: die Regelung der offenen Vermögensfragen, eine bessere Finanzausstattung der Länder und Gemeinden und die Regelung zum Schwangerschaftsabbruch. In Arbeitsgruppen konnte man Kompromisse erzielen; endgültige Entscheidungen wurden dem gesamtdeutschen Gesetzgeber übertragen. Je näher das Verhandlungsende rückte, desto kooperativer wurde die SPD. Zu diesem Verhalten trug sowohl der Umstand der nicht-öffentlichen Verhandlung als auch der zunehmende Gewichtsverlust der SPD in Meinungsumfragen bei.

Obwohl auch de Maizière in der Kabinettsberatung am 29. August eine Reihe von ungeklärten Streitpunkten benannte, darunter die Verteilung der Stimmen der Länder im Bundesrat und die Regelung zum Abtreibungsparagraphen, konnte sich so kurz vor dem Ziel keine Seite ein Scheitern bzw. eine Verzögerung des Einigungsvertrages mehr leisten. Der 31. August war inzwischen als Unterzeichnungstermin festgelegt worden.

Nun jedoch wollte die F.D.P. die Vereinbarung über die Abtreibungsregelung nicht mehr mittragen, worin sie von der SPD unterstützt wurde. Am Abend des 29. August und am folgenden Tag kam es zu langwierigen Gesprächen zwischen den Parteispitzen, wobei eine letzte Kompromißlösung erarbeitet wurde.

In den frühen Morgenstunden des 31. August konnte der Einigungsvertrag während des vierten Treffens beider Delegationen endlich paraphiert werden. Im Laufe des Tages stimmten sowohl das Bundeskabinett als auch der Ministerrat dem Text zu, der dann von Schäuble und Krause unterzeichnet wurde. Kohl, der den Einigungsvertrag in Bonn unterschreiben wollte, hatte sich geweigert, dies in Ost-Berlin zu tun.

Auf Wunsch der DDR mußten allerdings doch noch Zusatzvereinbarungen getroffen werden, da die Volkskammer auch und gerade nach der Vertragsunterzeichnung ein umfangreiches Gesetzgebungsprogramm bewältigte. Auch der bundesdeutschen Seite lag an Nachverhandlungen, da sich aufgrund des Zeitdrucks vor allem in den Anlagen einige Fehler eingeschlichen hatten.

Am 17. September beschlossen beide Seiten die Regelungen, die zum Teil auch politische Bedeutung hatten. Unter anderem handelte es sich hierbei um die Problematik der Stasi-Akten und eines Amnestiegesetzes sowie der Ansprüche von Verfolgten des NS-Unrechtsregimes. Einen Tag später stimmten sowohl Bundeskabinett als auch Ministerrat den Vereinbarungen zu.

Da man nicht nur Einigkeit zwischen den Regierungen erzielt, sondern über fast alle politischen Lager hinweg Konsens geschaffen hatte, war die Ratifizierung durch die Parlamente am 20. September nur eine Formsache: Im Bundestag wurde der Einigungsvertrag mit einer Mehrheit von über 90 % angenommen. Die Gegenstimmen kamen von der Fraktion der Grünen und von 13 Abgeordneten der CDU/CSU. In der Volkskammer stimmten 299 Abgeordnete, d. h. ca. 80 % dafür, die Fraktionen von PDS und Bündnis 90/Grüne dagegen. Der Bundesrat billigte das Vertragswerk am 21. September 1990 einstimmig.

3.2. Wichtige Streitfragen: Die Verhandlungen gestalteten sich bisweilen recht schwierig, da die wechselseitige Kenntnis der Ost- und Westdeutschen gering war. So mußten die Ostdeutschen den westlichen Akteuren aufzeigen, für welche konkreten Schwierigkeiten der DDR-Bürger in der Umbruchphase Lösungen gefunden werden mußten.

Spannungen gab es z. B. bei der Frage der Anerkennung von Berufsabschlüssen, bei Verwaltungsfragen und Rentenangelegenheiten. In der Perzeption der Ostdeutschen verhielten sich insbesondere die Alt-Bundesländer egoistisch. Mit Empörung reagierte die DDR-Seite auf überraschende parteiübergreifende Koalitionen der West-Länder, so etwa in der Hauptstadtfrage. Problematisch war auch, daß die Verhandlungen im Bundestagswahljahr stattfanden. So wurden von der Bonner Opposition bundesdeutsche Themen in die Verhandlungen eingebracht (Neuregelung des § 218 StGB, Forderung nach plebiszitären Elementen für die gesamtdeutsche Verfassung u. a.). Oftmals behalf sich die DDR-Seite dadurch, daß sie strittige Fragen durch die Volkskammer an den Ausschuß »Deutsche Einheit« überweisen ließ.

Aus der Fülle der zu regelnden Fragen können im folgenden nur einige aufgeführt werden, die jedoch große Aufmerksamkeit fanden und bisweilen sogar ein Scheitern des Vertrages befürchten ließen.

Zu den wichtigsten Verhandlungsthemen zählten die notwendigen Verfassungsänderungen. Relativ zügig einigte man sich auf die Änderung der Grundgesetz-Präambel, die nun festhielt, daß die Deutschen in den alten und neuen Bundesländern die Einheit und Freiheit Deutschlands vollendet hätten. Art. 23 GG konnte ebenfalls problemlos gestrichen werden. Zwischen der ersten und der zweiten Verhandlungsrunde einigten sich Bundesressorts, DDR-Vertreter und Ländervertreter auf das Prinzip der grundsätzlichen Übertragung der grundgesetzlichen Ordnung mit neuer Präambel und Streichung des Art. 23.

Ein neuer Art. 143 sollte die Abweichung von Bundesrecht im Beitrittsgebiet aufgrund der unterschiedlichen Lebensverhältnisse befristet legitimieren. Auf westdeutscher Seite bestand allerdings bis kurz vor Verhandlungsende keine Einigkeit über die Dauer dieser Frist. Während das Innenministerium eine Frist bis Ende Dezember 1992 vorschlug, forderte das Justizministerium eine Frist bis Ende Dezember 1995 und argumentierte damit, daß die Umstellung der Rechtspflege diesen längeren Zeitraum benötige. Festgeschrieben wurde die Forderung des Innenministers.

Die Aufhebung des Art. 146 hielt man zunächst für weitgehend unproblematisch. Zwischen dem Innenministerium und dem Auswärtigem Amt gab es dann aber eine Kontroverse über den Verbleib des Artikels und damit über die Frage der Grenzfestschreibung des vereinten Deutschlands. Das Auswärtige Amt befürwortete die Streichung, zumal diese bereits den Alliierten bei den parallel laufenden Zwei-plus-Vier-Gesprächen als grenzrechtliche Sicherheit angekündigt worden war. Innenminister Schäuble, der persönlich für eine Streichung war, plädierte für die Beibehaltung. Er fürchtete, daß die Opposition dem Einigungsvertrag nicht zustimmen würde, falls die Möglichkeit eines Plebiszits gestrichen würde.

Im Gegensatz zur Bundesregierung hoffte die SPD nämlich, im Zuge der deutschen Vereinigung eine weitreichende Grundgesetzreform aushandeln zu können. Man verlangte u. a., den Umweltschutz, ein Recht auf Arbeit und weitere Staatszielbestimmungen festzuschreiben. Zentrale Forderung blieb, daß die Verfassung des vereinten Deutschlands aus einer Volksabstimmung hervorgehen müsse. Man einigte sich schließlich auf die Formulierung: »Die Regierungen der beiden Vertragsparteien empfehlen den gesetzgebenden Körperschaften des vereinten Deutschland, sich innerhalb von zwei Jahren mit den im Zusammenhang mit der deutschen Einigung aufgeworfenen Fragen zur Änderung oder Ergänzung des Grundgesetzes zu befassen (...)«.[3]

Die beiden Delegationen mußten sich ebenfalls darüber einig werden, wie einfachgesetzliches Bundesrecht auf das Gebiet der DDR übertragen werden sollte. Das Innenministerium befürwortete auch hier das Instrument eines Staatsvertrages, da dies die Einflußnahme der DDR auf die Veränderungen ermöglichte und damit eine höhere Akzeptanz versprach.

Theoretische Grundlage dieser Überlegung war, daß die Revolution vom Herbst 1989 legalistisch verlaufen und das DDR-Recht von der Volkskammer grundsätzlich bestätigt worden sei. Dafür hatten auch nach den Volkskammerwahlen vom März 1990 sowohl die DDR-Verfassung als auch einfachgesetzliche Regelungen weiterhin Bestand.

Die Schwierigkeit lag darin, daß die Beamten auf keine kodifizierte ostdeutsche Normensammlung zurückgreifen konnten, sondern sie Rechtsnormen selbst zusammensuchen und systematisieren mußten. Im nächsten Schritt wurde nun bundesdeutsches Recht auf jene Regelungen hin durchgesehen, die im Zuge der deutschen Einheit unverzüglich auf dem Gebiet der DDR in Kraft zu setzen waren. Innerhalb der Bundesregierung entbrannte ein Streit darüber, welche der beiden deutschen Rechtsordnungen die Ausgangsbasis für die Überleitung bilden sollte. Vor allem der Justizminister und der Innenminister vertraten verschiedene Positionen. Anfang 1990 ging Schäuble noch davon aus, daß DDR-Recht für einen Übergangszeitraum weiterhin Bestand haben und nur in Ausnahmefällen bundesdeutsches Recht auf dem Gebiet der DDR gelten sollte. Diese Lösung wurde auch im Bundeskanzleramt unterstützt. Eine Beschränkung auf die Fundamentalnormen sollte den Aufbau der öffentlichen Ordnung im Osten erleichtern und dem Anpassungsprozeß beider Systeme entgegenkommen. Das Justizressort plädierte dagegen für eine grundsätzliche Inkraftsetzung von Bundesrecht, da DDR-Recht Unrecht wäre und deshalb so wenig wie möglich Anwendung finden sollte. Schäuble mußte sich der Mehrheitsentscheidung der Bundesregierung zugunsten der Position des Justizministers fügen. Auch die DDR-Delegation, die zunächst Schäubles ursprüngliche Vorstellung vertreten hatte, schwenkte kurz vor der zweiten Verhandlungsrunde auf die Mehrheitsposition der bundesdeutschen Seite ein.

Damit war entschieden, daß das bundesdeutsche Recht durch eine Generalklausel im Einigungsvertrag auf das Gebiet der DDR übertragen wurde. Die Anlagen des Einigungsvertrages enthielten folglich die Ausnahmefälle, in denen für einen Übergangszeitraum weiter DDR-Recht gelten sollte. Diese Ausnahmeregelungen waren allerdings kaum Verhandlungsmaterie der Delegationen. Kontroversen gab es in nur wenigen Fällen, so etwa in den Bereichen Bildung, Gesundheit und Soziales.

In der dritten Verhandlungsrunde galt es, sich über die Befristung der Übergangszeit für die verschiedenen Rechtsordnungen zu einigen. Man beschloß, im neu zu formulierenden Art. 143 GG festzuhalten, daß entsprechend der verschiedenen Rechtsgebiete unterschiedliche Fristen gelten sollten.

Nachdem die ostdeutschen Forderungen staatssymbolischen Inhalts in der ersten Verhandlungsrunde zurückgewiesen worden waren, mußte die Frage nach der künftigen Hauptstadt des vereinten Deutschlands nun um so nachdrücklicher behandelt werden. Für Lothar de Maizière war Berlin ein Eckpunkt der deutschen Einheit und sollte daher als Hauptstadt festgeschrieben werden. Schäuble war zwar grundsätzlich auch für Berlin als Hauptstadt, befürchtete aber, daß eine Festlegung dieser in der Bundesrepublik umstrittenen Frage die Ratifizierung des Einigungsvertrages gefährden würde. Die Positionen für Berlin gingen quer durch alle Fraktionen des Bundestages, während die Bundesländer fast geschlossen gegen Berlin standen.

Da die DDR-Seite großen Wert auf die Hauptstadtfrage legte, mußte etwas dazu im Einigungsvertrag stehen. Die Volkskammer hätte dem Vertragswerk ansonsten kaum zugestimmt. Anfang August folgte die DDR-Delegation dann dem Vorschlag Schäubles, im Vertrag Berlin als Hauptstadt festzulegen und die Frage des Regierungs- und Parlamentssitzes später zu entscheiden.

Diese Kompromißformel beseitigte aber nicht die Widerstände innerhalb der westlichen Länder. Die Mehrheit der Länder wünschte nämlich außerdem, zumindest über den Bundesrat an der Entscheidung über den Regierungssitz beteiligt zu werden. Auf Vorschlag des SPD-Verhandlungsführers Clement verwendete man im Protokoll zum Einigungsvertrag den doppelten Plural »Entscheidungen« und »Gesetzgebende Körperschaften«. Hierdurch erhielt der Bundesrat die Möglichkeit, an den nötigen Entscheidungen beteiligt zu werden. Dem konnten mit Ausnahme Berlins alle Länder zustimmen.

Schon im Februar 1990 zeichnete sich ab, daß die »offenen Vermögensfragen« eine der weiteren zentralen Verhandlungsinhalte bilden würden. Darunter fielen 40 bis 50 % der gewerblichen Anlagen und 50 bis 60 % der Agrarflächen. Während ehemalige Eigentümer von der DDR-Regierung eine Entschädigung oder die Rückgabe des enteigneten Besitzes forderten, unterstrich die Regierung Modrow Anfang März, daß die »Eigentumsordnung« in der SBZ bzw. DDR, wie sie sich nach 1945 herausgebildet hatte, nicht zur Disposition stand. Auch Modrows Nachfolger de Maizière machte deutlich, daß es bei einem »Zurück vor die Bodenreform« keinen Einigungsvertrag gäbe. Er argumentierte sowohl mit einer fehlenden Mehrheit innerhalb der DDR-Bevölkerung als auch mit sowjetischem Druck.

Die in diesen Wochen parallel geführten Konsultationen zwischen DDR- und UdSSR-Regierungsvertretern zeigten, daß beide Seiten die Anerkennung von Nazienteignungen und Bodenreform der Jahre 1945 bis 1949 voraussetzten. Die sowjetische Warnung, daß die deutsche Einheit bei einer Revision dieser Maßnahmen in Gefahr geriete, war unmißverständlich.

Während Krause und Staatssekretär Kinkel im Bundesjustizministerium nach einer Lösung suchten, entbrannte innerhalb der Bonner Koalition eine kontroverse Debatte. Vor allem die F.D.P. drängte darauf, die Enteignungen zwischen 1945 und 1949 rückgängig zu machen. Die endgültige Entscheidung gegen eine Rückgängigmachung dieser Enteignungen fiel dann in Form eines gemeinsamen Briefes der beiden deutschen Außenminister an die sowjetische Regierung, in dem die Eigentumsverhältnisse garantiert wurden.

Für die Verhandlungsdelegationen blieb das Problem, einen Weg zu finden, das Unrecht hinsichtlich der später erfolgten Eigentumsveränderungen zu bewältigen. In einer »Gemeinsamen Erklärung zur Regelung offener Vermögensfragen« vom 15. Juni wurden letztlich die Enteignungen auf besatzungsrechtlicher Grundlage zwischen 1945 und 1949 nochmals festgeschrieben. Über Ausgleichszahlungen sollte das gesamtdeutsche Parlament entscheiden. Die Erklärung hatte hinsichtlich späterer Enteignungen den Grundtenor, vor allem bei Grundstücken und Immobilien das Prinzip »Rückgabe vor Entschädigung« zur Anwendung kommen zu lassen. Die Formulierung »sozialverträglicher Ausgleich der unterschiedlichen Interessen« bot zumindest eine Kompromißformel. Über Entschädigungen konnte in schwierigen Fällen der Eigentumsgarantie des Art. 14 GG Geltung verschafft werden.

Die Erklärung wurde später durch Art. 41 des Einigungsvertrages bestätigt. Zusätzlich wurde ein Gesetz zur Förderung von Investitionen aufgenommen, das die

Verfügbarkeit von Grund und Boden ermöglichte. Etwaige Eigentumsansprüche sollten in diesen Fällen auf dem Entschädigungsweg gelöst werden.

In der Endphase der Verhandlungen forderten die SPD-geführten Länder die Anwendung des Prinzips »Entschädigung vor Rückgabe« auch für den Zeitraum nach 1949. Beim Spitzengespräch im Kanzleramt am 26. August wiederholte SPD-Chef Vogel, daß nur in Ausnahmefällen die Rückgabe enteigneten Eigentums ermöglicht werden sollte. Günther Krause konnte nun die innerhalb der DDR-Bevölkerung populäre Forderung von den Sozialdemokraten übernehmen. Zwar scheiterte die SPD mit ihrer Forderung nach grundsätzlicher Entschädigung, Art. 41 des Einigungsvertrages hielt aber fest, daß dies möglich sei, wenn sie Investitionen förderte.

Kurz vor Verhandlungsabschluß am 30. August 1990 kam dann Kritik aus der entgegengesetzen Richtung. Zahlreiche Abgeordnete der CDU/CSU-Bundestagsfraktion forderten, die Rückgabeformel nun doch auf den Zeitraum 1945 bis 1949 auszudehnen. Schäuble entgegnete seinen Parteifreunden, daß der Begriff »Ausgleichsleistungen« nicht nur finanzielle Leistungen bedeutete und damit einen Gestaltungsspielraum bot, da man in geeigneten Fällen ehemaligen Eigentümern ein Vorkaufsrecht einräumen konnte. Dennoch gaben im Zuge des Ratifizierungsverfahrens 60 Bundestagsabgeordnete zu Protokoll, daß die Frage der Ausgleichsleistungen in Zukunft besser gelöst werden müsse.

Im Bereich des Schwangerschaftsabbruchs galt es eine der schwierigsten Detailfragen zu klären. Die Frage, ob der Paragraph 218 auf Ostdeutschland übertragen werden sollte, wofür sich besonders die CSU – auch gegen den Willen der Parteien in der DDR einschließlich der Ost-CDU – stark machte, entwickelte sich zu einem der am kontroversesten diskutierten Themen. Hier konnte die DDR-Seite auf die Zerstrittenheit der Bundesrepublik bauen. Der Streit ging zum einen darum, ob im Zuge der verschiedenen Regelungen das Wohnort- oder Tatortprinzip angewendet werden sollte. Zum anderen hatte man sich über die Dauer der Übergangsfrist verschiedener Rechtsregelungen zu einigen.

Schäuble, der eine einheitliche Regelung auf beiden Seiten für unwahrscheinlich hielt, plädierte für die Anwendung des Wohnortprinzips. Die Fristenregelung in der DDR sollte weitergelten. Die Straffreiheit hätte sich so nach dem Wohnort der Frau gerichtet, die den Abbruch vornehmen ließ. In der dritten Verhandlungsrunde einigten sich die Koalitionspartner nach schwierigen Verhandlungen auf dieses Prinzip und auch die DDR-Delegation akzeptierte den Lösungsvorschlag.

Kurz vor der Paraphierung des Vertrages am 24. August wollte allerdings die F.D.P. diese Vereinbarung nicht mehr mittragen und plädierte erneut für das Tatortprinzip. Schäuble, der weiterhin am Wohnortprinzip festhielt, traf sich noch am selben Abend mit den F.D.P.-Vertretern Kinkel, Adam-Schwaetzer und Graf Lambsdorff, um eine Kompromißlösung zu erarbeiten.

Dieses Vorhaben wurde dadurch erschwert, daß die F.D.P. nur bereit war, einer Lösung zustimmen, die auch von der SPD getragen wurde. Letztere befürwortete die Fristenlösung und plädierte damit für eine Liberalisierung des bundesdeutschen Paragraphen 218. Auch das Spitzengespräch im Bundeskanzleramt am 26. August 1990 brachte keine Einigung.

Der zweite Streitpunkt betraf die Frage, wie lange die Frist für die zwei verschiedenen rechtlichen Regelungen dauern sollte. Das Justizministerium schlug eine Frist von fünf Jahren vor, Schäuble wollte längstens zwei Jahre zulassen und die CSU fand beide Fristen zu lang.

Damit die Liberalen das Wohnortprinzip akzeptierten, mußte die CDU/CSU eine längere Frist einräumen. Doch die Debatte in der Union ging weiter. Während eine Gruppe eher auf den Einigungsvertrag als auf das Wohnortprinzip verzichten wollte, argumentierte eine andere, die bundesdeutschen Bestimmungen seien verbesserungsbedürftig, weshalb sich der gesamtdeutsche Gesetzgeber rasch der Angelegenheit annehmen sollte. Die Übergangsfrist sollte daher möglichst kurz gehalten werden. Schäubles Beharren auf einer Frist von zwei Jahren trug dazu bei, daß seine Fraktion letztlich dem Tatortprinzip zustimmte.

Nach langwierigen internen Verhandlungen erklärte sich auch die SPD mit einer zweijährigen Frist einverstanden. Man einigte sich außerdem darauf, daß nach Ablauf der Frist die Übergangsregelung zwar nicht mehr vom Grundgesetz gedeckt sei, damit aber nicht automatisch die Indikationsregelung mit Strafandrohung im Gebiet der ehemaligen DDR in Kraft träte. Die Kompromißformel »vorgeburtliches Leben« im Art. 31 des Einigungsvertrages statt »ungeborenes Leben« (CDU/CSU) oder »werdendes Leben« (SPD) konnte die letzten Hindernisse aus dem Weg räumen.

4. Die Beteiligung der Länder an den Verhandlungen: Die Länder waren zwar in den vielfältigsten Beratungs- und Koordinationsgremien zur Bewältigung der Probleme der Einheit vertreten, wurden jedoch zu den für die künftige politische Gestaltung wesentlichen Verhandlungen erst spät hinzugezogen. Als Sprecher der Bundesländer in der Verhandlungsdelegation fungierte der Chef der Düsseldorfer Staatskanzlei Wolfgang Clement, da Nordrhein-Westfalen zu diesem Zeitpunkt den Vorsitz in der Ministerpräsidentenkonferenz hatte. Er vertrat vor allem die Positionen der SPD-regierten Länder, deren Interessen sich jedoch in zentralen Fragen unterschieden. Reinhold Kopp, dem Chef der Saarländischen Staatskanzlei, kam als Vertreter des Kanzlerkandidaten Oskar Lafontaine eine besondere Rolle zu. Dahingegen äußerten Bremen, Niedersachsen und Schleswig-Holstein wenig spezifische parteipolitische Interessen; auch Berlin war an einer raschen Einigung interessiert.

Im Rahmen der Einigungsverhandlungen führten Bund und Länder eine intensive Diskussion über tiefgreifende Veränderungen der bundesstaatlichen Ordnung. Betroffen waren dabei vor allem die zukünftige Finanzverfassung des vereinigten Deutschlands, die Stimmenverteilung der Länder im Bundesrat, die Frage nach einer Reföderalisierung der Gesetzgebung sowie die Möglichkeiten einer Neugliederung.

Erst ein Kompromißvorschlag des Bundes, der darauf abzielte, die nach Einwohnerzahlen zu bemessenden Umsatzsteueranteile auf 60 % des auf die alten Länder durchschnittlich entfallenden Anteils abzusenken und bis 1995 stufenweise auf 100 % anzuheben, brachte den Durchbruch in der Frage der Finanzverfassung. Nach schwierigen Verhandlungen stimmten die Länder zu, nachdem ihnen von Bundesseite eine Absenkung des Umsatzsteueranteils für 1991 auf 55 % mit einer Steigerung auf 70 % bis 1994 angeboten worden war.

Die geänderte Fassung des Art. 51 GG sah für die Stimmenverteilung im Bundesrat vor, daß die vier großen Länder mit mehr als 7 Mio. Einwohnern nun über 6 Stimmen verfügen, wodurch ihre Sperrminorität von einem Drittel der Stimmen gesichert bleibt. Ansonsten wurde die bisherige Verteilung beibehalten. Für die Neugliederung des Bundesgebietes nach Art. 29 GG sah die Mehrheit der Länder dagegen keinen Handlungsbedarf und lehnte eine Novellierung ab. Auf Drängen Berlins wurde allerdings in den Einigungsvertrag der Auftrag aufgenommen, eine erleichterte Neugliederungsmöglichkeit für Berlin und Brandenburg verfassungsrechtlich festzulegen.

5. Resümee: Der Wahlausgang am 18. März 1990 mit dem deutlichen Votum für den raschen Beitritt der DDR zur Bundesrepublik erleichterte die Einigungsverhandlungen. Nach dem Amtsantritt einer demokratisch legitimierten Großen Koalition in der DDR unter Ministerpräsident Lothar de Maizière vollzog sich die deutsche Einheit innerhalb von sechs Monaten.

Am 31. August 1990 konnte der Einigungsvertrag durch den Parlamentarischen Staatssekretär beim Ministerpräsidenten der DDR Günther Krause und Bundesinnenminister Wolfgang Schäuble unterzeichnet werden, nur acht Wochen nach der Inkraftsetzung des ersten Staatsvertrages zur Schaffung der Wirtschafts-, Währungs- und Sozialunion.

Ein breiter Konsens hinsichtlich der Verhandlungsergebnisse gewährleistete die notwendige Zweidrittelmehrheit auf beiden Seiten. Letztlich konnten auch die von der SPD als besonders wichtig eingestuften Streitfragen einvernehmlich gelöst werden. Als Erfolg verbuchte sie z. B., daß das Vermögen der Parteien und Institutionen der DDR wieder in gesellschaftliches Vermögen übergehen sollte. Unvereinbare Standpunkte wurden durch weniger präzise Formulierungen interpretations- und damit konsensfähig gestaltet. Wenn kein Einvernehmen hergestellt werden konnte, beschränkte man sich auf Übergangsregelungen und übertrug die endgültige Entscheidung der gesamtdeutschen Legislative.

Michael Walter

Anmerkungen:

1 »Der Prozeß der Einheit ist unumkehrbar«, in: Die Zeit, 29. 6. 1990.

2 Protokoll der 23. außerordentlichen Sitzung des Ministerrats am 2. 8. 1990, S. 4 (SAPMO-Barch DC 20, I/3–3037).

3 Vertrag zwischen der Bundesrepublik Deutschland und der Deutschen Demokratischen Republik über die Herstellung der Einheit Deutschlands – Einigungsvertrag, Art. 5.

Literatur:

De Maizière, Lothar: Anwalt der Einheit. Ein Gespräch mit Christine de Maizière, Berlin 1996. □ Jäger, Wolfgang in Zusammenarbeit mit Michael Walter: Die Überwindung der Teilung, Stuttgart 1998. □ Diekmann, Kai/Ralf Georg Reuth: Helmut Kohl: »Ich wollte Deutschlands Einheit«, Berlin 1996. □ GROSSER, DIETER: Das Wagnis der Währungs-, Wirtschafts- und Sozialunion. Politische Zwänge im Konflikt mit ökonomischen Regeln, Stuttgart 1998. □ KORTE, KARL RUDOLF: Deutschlandpolitik in Kohls Kanzlerschaft. Regierungsstil und Entscheidungen 1982 bis 1989, Stuttgart 1998. □ DERS.: Die Chance genutzt? Die Politik zur Einheit Deutschlands, Frankfurt a. M./New York 1994. □ NAKATH, DELEF/GERD-RÜDIGER STEPHAN: Countdown zur deutschen Einheit. Eine dokumentierte Geschichte der deutsch-deutschen Beziehungen 1987–1990, Berlin 1996. □ SCHÄUBLE, WOLFGANG: Der Vertrag. Wie ich über die deutsche Einheit verhandelte, Stuttgart 1991. □ SCHUH, PETRA/BIANCA M. VON DER WEIDEN: Die deutsche Sozialdemokratie 1989/90. SDP und SPD im Einigungsprozeß, München 1997. □ VOGEL, HANS-JOCHEN: Nachsichten. Meine Berliner und Bonner Jahre. München 1996.

Verhandlungen zur deutschen Einheit: Internationaler Prozeß

→ Bundesrepublik Deutschland: Geschichte, DDR: Geschichte, **Deutsche Einheit, Deutschlandpolitik der Bundesrepublik Deutschland, Deutschlandpolitik der DDR, Deutschlandpolitik der Vier Mächte**, Europäische Integration, **Oder-Neiße-Linie**, Ost-West-Konflikt, Verhandlungen zur deutschen Einheit: Innerer Prozeß, Verhandlungen zur deutschen Einheit: Ökonomischer Prozeß, **Verträge zur deutschen Einheit**.

1. Einführung: Am 13. Februar 1990 kündigten die Außenminister der Bundesrepublik Deutschland, der DDR, der USA, der UdSSR, Großbritanniens und Frankreichs am Rand einer Konferenz von NATO- und Warschauer Pakt-Staaten in Ottawa an, »die äußeren Aspekte der Herstellung der deutschen Einheit, einschließlich der Fragen der Sicherheit der Nachbarstaaten, zu besprechen«.[1] Vier Wochen später, am 14. März 1990, fand in Bonn die erste Gesprächsrunde von Spitzenbeamten der beteiligten Außenministerien im »Zwei-plus-Vier«-Rahmen der beiden deutschen Staaten und der Vier Mächte statt. Nach sieben weiteren Sechser-Runden auf Beamtenebene (30. April, 22. Mai, 9. Juni, 20. Juni, 3./4. Juli, 19. Juli, 4. bis 7. September, abwechselnd in Bonn und Ost-Berlin) und drei Treffen auf Ministerebene (5. Mai in Bonn, 22. Juni in Berlin, 17. Juli gemeinsam mit dem polnischen Außenminister in Paris) wurde nach einer abschließenden Verhandlungsrunde am 12. September in Moskau der »Vertrag über die abschließende Regelung in bezug auf Deutschland« von den Außenministern unterzeichnet. Damit war der Weg frei, daß Deutschland – nach der Vereinigung am 3. Oktober 1990 zunächst vorläufig und nach Abschluß der Ratifizierungsverfahren in den beteiligten Staaten am 15. März 1991 endgültig – seine bis dahin eingeschränkte Souveränität zurückerhielt.

2. Vorgeschichte: Als mit dem Fall der Mauer am 9. November 1989 vollkommen neue Rahmenbedingungen deutschlandpolitischen Handelns entstanden, reagierte die Politik zunächst mit Schweigen: Da niemand wirklich mit einer baldigen Öffnung der deutsch-deutschen Grenze gerechnet hatte, hatten die Verantwortlichen keinerlei Pläne zum Umgang mit der neuen Situation parat. Erst mit dem von Helmut Kohl am 28. November im Bundestag vorgestellten »Zehn-Punkte-Programm zur Überwindung der Teilung Deutschlands und Europas« wurde die Vereinigung der beiden deutschen Staaten explizit von einem führenden Politiker zum konkreten Ziel seiner Politik erklärt, und damit die Wiedervereinigung von der rhetorischen Ebene auf die aktuelle politische Tagesordnung gesetzt. Ein operativer Plan zur Erlangung der Einheit lag allerdings weiterhin nicht vor. In der folgenden Diskussion prallten zunächst zwei gegensätzliche Konzepte aufeinander. Die UdSSR, Frankreich und Großbritannien sowie einzelne amerikanische Diplomaten waren der Ansicht, aufgrund der besonderen Vier-Mächte-Rechte alle deutsch-deutschen Entwicklungen aktiv mitbeeinflussen zu können. In der Bundesrepublik präsentierten sich Helmut Kohl und Hans-Dietrich Genscher demgegenüber als die profiliertesten Vertreter einer Linie, wonach das Selbstbestimmungsrecht der Deutschen vorrangig sei. Diese sollten zunächst selbst entscheiden, welchen Weg sie gehen wollten. Die innerdeutsch getroffenen Vereinbarungen sollten die Vier Mächte dann abschließend zur Kenntnis nehmen. Die DDR-Regierung unter Hans Modrow sah – wie die UdSSR – die Vereinigung weiterhin nicht auf der Tagesordnung der internationalen Politik, so daß die Bundesregierung ihre Haltung weitgehend alleine vertrat. Lediglich US-Präsident George Bush und sein Außenminister James Baker waren bereit, der Bonner Linie im wesentlichen zu folgen, wie sie in den am 3. Dezember vorgelegten »Vier Prinzipien« zum Vereinigungsprozeß – in deren Mittelpunkt ebenfalls das Selbstbestimmungsrecht der Deutschen stand – betonten. Damit befanden sie sich wiederum im Gegensatz zur sowjetischen Position, die deutsche Frage sei eng mit den gesamteuropäischen Entwicklungen verbunden. Wenn überhaupt, dann konnte sie nur gekoppelt an zahlreiche andere Themen und Bedingungen – wie den Aufbau gesamteuropäischer Sicherheitsstrukturen – behandelt werden.

Hintergrund der Auseinandersetzung waren die von den ehemaligen Siegermächten des Zweiten Weltkriegs reklamierten besonderen Rechte und Verantwortlichkeiten für Deutschland als Ganzes und Berlin. Nach verschiedenen Hinweisen auf politischer und diplomatischer Ebene demonstrierten die Vier Mächte am 11. Dezember diesen Anspruch auch öffentlich, als ihre Botschafter erstmals nach 18 Jahren auf sowjetische Einladung im Alliierten Kontrollrat zusammenkamen. Die Bundesregierung protestierte bei den drei Westmächten massiv gegen diesen Schritt, die daraufhin in der Folgezeit von der Idee einer Vier-Mächte-Konferenz über Deutschland abrückten. Anfang 1990 setzte sich bei allen Beteiligten die Einsicht durch, daß sämtliche Überlegungen und Schritte in Richtung einer Annäherung oder Vereinigung der beiden deutschen Staaten die Rechte und Verantwortlichkeiten der Vier Mächte – vor allem bei Fragen zum Status der Stadt Berlin, der Stationierung von alliierten Truppen, den Grenzen Deutschlands und der Bündnisfrage – berücksichtigen mußten. Auch nach dem Verständnis der Bundesregierung und der DDR-Regierung gehörte »die deutsche Frage nicht den Deutschen allein«;[2] zumindest die äußeren Aspekte der Vereinigung mußten also in einem Sechser-Rahmen diskutiert werden. Unklar blieb allerdings weiterhin, wie dieser Rahmen konkret aussehen sollte.

Die letztlich verwirklichte Idee von »Zwei-plus-Vier«-Verhandlungen der beiden deutschen Staaten mit den Vier Mächten stammte aus dem amerikanischen Außenministerium. Nachdem James Baker Anfang Februar die Zustimmung Großbritanniens, Frankreichs und der Bundesrepublik Deutschland eingeholt hatte, warb er am 9. Februar auch bei Michail Gorbatschow um das sowjetische Einverständnis. Dieser lenkte anläßlich eines Besuchs von Helmut Kohl am 10. Februar in Moskau endgültig ein: Auch die UdSSR war nunmehr bereit, konkret über eine Vereinigung Deutschlands zu verhandeln und hierfür die vom Westen vorgeschlagene Sechser-Runde zu akzeptieren. Die offizielle Bekanntgabe erfolgte nach intensiven Gesprächen der Außenminister Hans-Dietrich Genscher (Bundesrepublik Deutschland), Eduard Schewardnadse (UdSSR), James Baker (USA), Douglas Hurd (Großbritannien) und Roland Dumas (Frankreich) am Rand eines Außenministertreffens von NATO und Warschauer Pakt am 13. Februar 1990 im kanadischen Ottawa. DDR-Außenminister Oskar Fischer stimmte der Vereinbarung zu, die den offiziellen Beginn der Verhandlungen nach den Volkskammerwahlen in der DDR am 18. März vorsah. Seitens der westlichen Partner stand dahinter die Idee, die beiden deutschen Staaten sollten allein über die inneren Aspekte ihrer Vereinigung beschließen, gemeinsam mit den Vier Mächten jedoch parallel dazu die äußeren Aspekte klären.

3. **»Zwei-plus-Vier«-Verhandlungsgeschichte:** Der Verlauf der eigentlichen »Zwei-plus-Vier«-Verhandlungen wurde vor allem von zwei Faktoren geprägt, die von den Teilnehmern nur teilweise und in jeweils unterschiedlichem Maße beeinflußt werden konnten: Erstens gab es lange Zeit unterschiedliche Auffassungen zur Tagesordnung der Gespräche. Die vier westlichen Teilnehmerstaaten wollten nur einen Minimalkatalog zur Herstellung der gesamtdeutschen Souveränität abarbeiten, die DDR und die UdSSR demgegenüber auch weitergehende Fragen wie die Sicherheitsarchitektur Europas abschließend klären. Beim ersten Ministertreffen am 5. Mai in Bonn kam es zu einem Kompromiß, wonach Grenzfragen, politisch-militärische Fragen unter Berücksichtigung von Ansätzen geeigneter Sicherheitsstrukturen in Europa, Berlin-Probleme sowie die abschließende völkerrechtliche Regelung und Ablösung der Vier-Mächte-Rechte und -Verantwortlichkeiten als Gesprächsthemen vereinbart wurden. Zweitens gingen die Beteiligten zunächst von unterschiedlichen zeitlichen Vorstellungen aus: Die vier westlichen Staaten strebten einen zügigen Abschluß an, wohingegen die DDR und die UdSSR mit einem längeren Prozeß rechneten. Dieser Faktor stand jedoch zum einen außerhalb des Einflusses der beteiligten Regierungen, da vor allem der aus der ostdeutschen Bevölkerung kommende Vereinigungsdruck und der anhaltende Zerfall wirtschaftlicher und politischer Strukturen in der DDR für eine fortlaufende Beschleunigung sorgten. Zum anderen bemühte sich die Bundesregierung – teilweise unterstützt

von der US-Administration – darum, den Vereinigungsdruck gezielt zu verstärken. Zu dieser Strategie gehörte das Angebot einer Währungs-, Wirtschafts- und Sozialunion an die DDR, da einer ökonomisch-sozialen Vereinigung unweigerlich die baldige staatliche Einheit folgen mußte, was wiederum die zügige Klärung der internationalen Aspekte notwendig machte. Die Bundesregierung wollte deshalb einen späten Beginn der »Zwei-plus-Vier«-Verhandlungen, um zuvor möglichst viele innerdeutsche Fakten schaffen zu können. Offiziell wurde die Präferenz für einen späteren Beginn damit begründet, daß erst mit einer demokratisch gewählten Volkskammer und DDR-Regierung konkrete Verhandlungen aufgenommen werden sollten.

3.1. Erstes Außenministertreffen (5. Mai 1990 in Bonn): Der in Ottawa gefundene Kompromiß sah vor, daß erste Vorgespräche auf Beamtenebene bereits vor der Volkskammerwahl möglich sein sollten. Die vier westlichen Verhandlungsführer trafen sich deshalb bereits am 28. Februar in London, um eine gemeinsame Linie abzustimmen. Der Politische Direktor des Auswärtigen Amtes, Dieter Kastrup, führte zudem bilaterale Gespräche mit sowjetischen (2. März in Genf) und ostdeutschen (9. März in Ost-Berlin) Beamten. Auch in der Folgezeit bereitete Kastrup die »Zwei-plus-Vier«-Runden jeweils durch »Eins-plus-Drei«-Konsultationen der Bundesrepublik mit den USA, Großbritannien und Frankreich, deutsch-deutsche Gespräche und bilaterale Treffen mit sowjetischen, teilweise amerikanischen, französischen und britischen Diplomaten vor. Aufgrund des wachsenden Drucks seitens der Außenministerien in Moskau, Ost-Berlin, Paris und London fand, nach einer weiteren »Eins-plus-Drei«-Runde am 13. März, am Folgetag in Bonn eine erste »Zwei-plus-Vier«-Runde auf Beamtenebene statt. Sie diente organisatorischen Absprachen und einem Meinungsaustausch zum geplanten Arbeitsprogramm. Zudem wurde vereinbart, dann eine polnische Delegation einzuladen, wenn Fragen der Grenzen Polens besprochen würden. Bei einem weiteren Treffen der Politischen Direktoren am 30. April wurde das erste Treffen der Außenminister vorbereitet.

Der offizielle Auftakt der »Zwei-plus-Vier«-Gespräche auf Ministerebene fand am 5. Mai in Bonn statt. Die DDR wurde durch den neuen Außenminister Markus Meckel vertreten. Das Treffen brachte eine Einigung über die Tagesordnung der weiteren Gespräche sowie die künftigen Tagungsorte. Zudem wurden die unterschiedlichen Positionen noch einmal gebündelt deutlich. Während vor allem die Regierungen der USA und der Bundesrepublik eine knappe Tagesordnung und einen raschen Verlauf der Verhandlungen wünschten, ging die UdSSR weiter von einer umfassenden Zuständigkeit des »Zwei-plus-Vier«-Mechanismus für alle mit der Vereinigung zusammenhängenden Themen und einer langsameren Vorgehensweise aus. Schewardnadse erkannte zwar ebenfalls das Recht der beiden deutschen Staaten an, selbst über die Einheit zu entscheiden, nannte aber eine gesamtdeutsche NATO-Mitgliedschaft inakzeptabel und schlug eine »Entkoppelung« der inneren und äußeren Aspekte der Vereinigung vor: Die Bundesrepublik und die DDR sollten sich demnach zügig vereinigen können, während über die internationalen Fragen und die Herstellung der deutschen Souveränität in einem mehrjährigen Prozeß verhandelt werden sollte. Dieser Vorschlag und Variationen dazu blieben noch einige Zeit in der Debatte, wurden von Moskau Ende Juni aber endgültig fallengelassen, da letztlich keiner der »Zwei-plus-Vier«-Partner damit einverstanden war. Einigkeit herrschte bei allen sechs Außenministern darüber, den KSZE-Prozeß auszubauen, um die Vereinigung in gesamteuropäische Strukturen einzubetten.

3.2. Zweites Außenministertreffen (22. Juni 1990 in Ost-Berlin): Nach dem offiziellen Beginn der »Zwei-plus-Vier«-Verhandlungen kristallisierten sich immer klarer die gesamtdeutsche Bündniszugehörigkeit und das Verfahren zur endgültigen Anerkennung der deutsch-polnischen Grenze als entscheidende Probleme heraus. Beides waren zentrale Themen zahlreicher bi- und multilateraler Treffen der beteiligten Außenminister und ihrer Beamten im Vorfeld des zweiten Ministertreffens. So besprachen die Politischen Direktoren am 22. Mai in Bonn neben einem Zeitplan, Inhalt und Form der »abschließenden Regelung« sowie der Ablösung der Vier-Mächte-Rechte auch einen möglichen Grenzvertrag. Beim vierten Beamtentreffen am 9. Juni in Ost-Berlin konnten bereits erste inhaltliche Punkte der »abschließenden Regelung« ausgetauscht und diskutiert werden, so ein von der westdeutschen Delegation eingebrachtes Papier zur Regelung der Grenzfragen. Die anhaltende Differenz zwischen den Standpunkten wurde am 20. Juni bei einer weiteren Beamtenrunde in Bonn erneut deutlich: Die UdSSR beharrte weiter auf einer ausführlichen Diskussion von »politisch-militärischen Fragen«, zu denen neben der deutschen Bündniszugehörigkeit auch die künftige sicherheitspolitische Architektur Europas zählte. Die vier westlichen Delegationen lehnten dies ab. Einigkeit wurde lediglich über das Grundgerüst der »abschließenden Regelung« erzielt, die neben einer allgemeinen politischen Präambel Aussagen zu Grenzfragen, Berlin sowie der Ablösung der Vier-Mächte-Rechte und -Verantwortlichkeiten enthalten sollte. Keine Fortschritte brachte das zweite Ministertreffen am 22. Juni in Ost-Berlin, bei dem die UdSSR »Grundprinzipien für eine abschließende völkerrechtliche Regelung mit Deutschland« vorlegte.[3] Schewardnadse wiederholte erfolglos seine Forderung nach Übergangsperioden für die Herstellung der deutschen Souveränität. Einigkeit herrschte lediglich darüber, daß die deutsch-polnische Grenzfrage beim nächsten Außenministertreffen abschließend geregelt werden sollte. Die Politischen Direktoren erhielten den Auftrag, bis dahin eine Liste der umstrittenen Themen zu erstellen. Diese »Inventarliste« mit letztlich 20 zu klärenden Fragen erarbeiteten die Beamten bei ihrem sechsten Treffen am 3./4. Juli in Ost-Berlin. Da es bei dieser Runde auch um Grenzfragen ging, nahm zeitweise eine polnische Delegation an den Verhandlungen teil.

3.3. Drittes Außenministertreffen (17. Juli 1990 in Paris): Als die Außenminister zu ihrer dritten »Zwei-plus-Vier«-Runde in Paris zusammenkamen, war ein Großteil der zuvor umstrittenen Probleme bereits geklärt. So hatten Kohl und Gorbatschow bei ihren Gesprächen am 15./16. Juli in Moskau und Archys weitgehende Einigkeit über die künftigen bilateralen Beziehungen erzielt. Aufgrund der damit verbundenen Wirtschaftshilfe und Berücksichtigung sowjetischer Sicherheitsinteressen lenkte Gorbatschow bei der umstrittenen deutschen Bündniszugehörigkeit ein: Das vereinte Deutschland sollte in dieser Frage souverän entscheiden können, was aufgrund der deutschen Festlegung auf eine Akzeptanz der NATO-Mitgliedschaft hinauslief. Diese Entscheidung war der sowjetischen Führung durch die Ergebnisse des NATO-Gipfels vom 5./6. Juli zusätzlich erleichtert worden. Die Staats- und Regierungschefs des westlichen Verteidigungsbündnisses hatten in ihrer »Londoner Erklärung« vom 6. Juli 1990[4] weitreichende Angebote zur politischen Zusammenarbeit mit den Staaten des Warschauer Paktes, zu Abrüstung und zur Änderung der NATO-Strategie vorgelegt.

Vor dem Hintergrund dieser veränderten Rahmenbedingungen beschäftigten sich die »Zwei-plus-Vier«-Außenminister in Paris vor allem mit der Grenzfrage. Hierzu war zeitweise der polnische Außenminister Krzysztof Skubiszewski eingeladen, der den auf einer gemeinsamen Entschließung von Bundestag und Volkskammer basierenden fünf »Grenz-Prinzipien« zustimmte. Diese Prinzipien bildeten später auch die Grundlage für Artikel 1 der »abschließenden Regelung«. Letzte Einigung über das zur Bestätigung des endgültigen Charakters der deutsch-polnischen Grenze anzuwendende Verfahren – umstritten waren vor allem der Zeitpunkt des Abschlusses eines Grenzvertrags sowie eine Verbindung zwischen der Herstellung der deutschen Souveränität und der Ratifizierung des Grenzvertrags – hatten Skubiszewski und Genscher erst unmittelbar zuvor erzielt. Die von den Politischen Direktoren erarbeitete »Inventarliste« war mit den Übereinkünften von Archys und Paris weitgehend obsolet geworden; die zentralen Streitpunkte »Grenze« und »Bündniszugehörigkeit« waren beseitigt. Die Beamten erhielten deshalb den Auftrag, bis zum nächsten Außenministertreffen den Entwurf für ein »Zwei-plus-Vier«-Abschlußdokument zu erstellen. Nach einem vom Westen bewußt verschleppten Start und einer aufgrund der sowjetischen Position zähen Anfangsphase waren die Verhandlungen nunmehr in vollem Fluß. Das Pariser Außenministertreffen markierte zudem den Abschluß der konzeptionellen Verhandlungsphase und den Übergang zur Diskussion konkreter Formulierungen.

3.4. Viertes Außenministertreffen (12. September in Moskau): Um den von den Ministern gewünschten Entwurf für ein Schlußdokument zügig zu erstellen, aktualisierten und strafften die Politischen Direktoren bei ihrer Sitzung am 19. Juli in Bonn zunächst die »Inventarliste«. Weitgehende Einigkeit wurde auch über die Präambel erzielt, für die die Bonner Seite einen Entwurf vorbereitet hatte. Kaum Fortschritte gab es hingegen bei der Diskussion der weiteren Vertragselemente. Zur Beschleunigung des Verfahrens wurde den Delegationen die Erstellung von Entwürfen zu den verschiedenen Vertragsartikeln zugeteilt: Frankreich sollte sich mit den Grenzfragen beschäftigen, Großbritannien einen Entwurf zur Ablösung der Vier-Mächte-Rechte und -Verantwortlichkeiten vorlegen, die USA Vorschläge für den Artikel zu Berlin-Fragen machen, während die Bundesrepublik und die DDR all jene Passagen und Erklärungen vorbereiten sollten, die nicht im »Zwei-plus-Vier«-Rahmen getroffen, von den Vier Mächten aber zur Kenntnis genommen werden sollten. Die sowjetische Seite wollte einen eigenen Gesamtentwurf erarbeiten. Die

Ergebnisse dieser Arbeit legte die UdSSR zunächst Ende August mit einer revidierten Fassung ihres Vorschlags vom 22. Juni und am 1. September mit einem neuen, in Bonn übergebenen, Gesamtentwurf vor. Die vier westlichen Verhandlungspartner ließen sich dadurch allerdings nicht von der vereinbarten Linie abbringen. Sie stimmten ihre jeweiligen Vorschläge bilateral wie auch im »Eins-plus-Drei«-Rahmen ab und vertraten sie beim achten Beamtentreffen vom 4. bis 7. September in Ost-Berlin geschlossen. Aufgrund des offensichtlichen Bemühens der sowjetischen Beamten, das Nachgeben ihrer Politiker nachträglich zu relativieren, verliefen die Gespräche nur stockend. Dennoch konnte über fast alle Vertragsartikel letztlich Einigkeit erzielt werden.

Umstritten waren nur noch zwei Punkte zum sicherheitspolitischen Status Ostdeutschlands nach der Vereinigung. Zum einen ging es um die Frage von »dual-use«-Waffen, die sowohl mit konventioneller als auch mit atomarer Munition bestückt werden können. Diese Frage wurde durch ein sowjetisches Einlenken am Vorabend des Außenministertreffens von Moskau im westlichen Sinne gelöst. Zum anderen blieb zunächst ungeklärt, inwieweit ausländische NATO-Truppen nach der Vereinigung und dem Abzug der sowjetischen Westgruppe auf ostdeutsches Territorium »verlegt« werden dürften. Der Streit um die Auslegung des Begriffs »Verlegung« drohte das für die Unterzeichnung des »Zwei-plus-Vier«-Vertrags gedachte Ministertreffen in Moskau zum Scheitern zu bringen. Unstrittig war, daß Truppen der westlichen Verbündeten auch nach Abzug der sowjetischen Soldaten aus Ostdeutschland dort nicht stationiert werden durften. Während die UdSSR sich gegen jegliche Anwesenheit westlicher Soldaten auf dem Gebiet der ehemaligen DDR aussprach, forderten die drei Westmächte das Recht zu kleineren Manövern. Die westdeutsche Seite war bereit, den sowjetischen Wünschen nachzugeben. Nach teilweise hektischen nächtlichen Verhandlungen kam es erst unmittelbar vor der »Zwei-plus-Vier«-Ministerrunde zu einem allseits akzeptierten Kompromiß: Die Auslegung des Begriffs »verlegt« wurde in einer Protokollnotiz der künftigen gesamtdeutschen Regierung überlassen, die dabei die Sicherheitsinteressen aller Seiten zu berücksichtigen hatte. Der »Vertrag über die abschließende Regelung in bezug auf Deutschland« konnte damit wie geplant am 12. September von den Außenministern der sechs »Zwei-plus-Vier«-Staaten in Moskau unterzeichnet werden. Nach erfolgreicher Ratifizierung in den beteiligten Staaten trat er am 15. März 1991 in Kraft. Nachdem die alliierten Vorbehaltsrechte von den Vier Mächten bereits mit dem Tag der Vereinigung am 3. Oktober suspendiert worden waren, erhielt Deutschland damit seine volle Souveränität endgültig zurück.

4. Flankierende bi- und multilaterale Verhandlungen und Vereinbarungen: Der »Zwei-plus-Vier«-Prozeß war das diplomatische Kernstück der internationalen Verhandlungen zur deutschen Einheit. Die zentralen politischen Weichenstellungen für die außenpolitische Absicherung der Vereinigung erfolgten allerdings außerhalb des eigentlichen Sechser-Mechanismus in einem internationalen »Zirkus mit mehreren Manegen«.[5] Am offensichtlichsten wurde dies bei der sowjetischen Entscheidung, dem vereinten Deutschland die freie Bündniswahl zuzugestehen, deren Bekanntgabe

Gorbatschow mit seiner bilateralen Begegnung mit Kohl im Kaukasus verband. Ebenfalls außerhalb des Sechser-Mechanismus einigten sich die beiden Staaten auf die für Gorbatschows Einlenken entscheidende Neugestaltung der deutsch-sowjetischen Beziehungen. Die sicherheitspolitischen Rahmenbedingungen waren bereits unter amerikanischer Führung von der NATO so verändert worden, daß Moskau seine eigenen Interessen gewahrt sehen konnte. Zuvor hatte die US-Regierung der UdSSR mit den »Neun Zusicherungen« Ende Mai beim amerikanisch-sowjetischen Gipfel in Washington ihr Gewicht als Weltmacht zugunsten der Vereinigung ins Spiel gebracht. Die USA übernahmen zudem die wichtige Aufgabe, das westliche Lager, und hier vor allem die drei Westmächte, auf einer gemeinsamen Linie gegenüber der UdSSR zu halten. Im bilateralen Verhältnis zwischen Bonn und Washington war die NATO-Frage entscheidend: Energisch schritt die US-Regierung immer dann ein, wenn sie Bedenken hatte, daß die Bundesrepublik von der festen Verankerung im westlichen Bündnis abweichen würde. Die fast ununterbrochene Beteuerung westdeutscher Regierungspolitiker, uneingeschränkt zur NATO-Mitgliedschaft zu stehen, war dabei nicht nur Bekenntnis der eigenen Überzeugung, sondern auch Bedingung für die beispiellose Unterstützung durch die US-Administration.

Die Bundesregierung konzentrierte ihre bi- und multilateralen Aktivitäten in drei Bereichen: Der Einbindung und Beruhigung der europäischen Nachbarn, den Kontakten zu Polen und der wirtschaftspolitischen Unterstützung für die UdSSR. Vor allem an die Partner in der Europäischen Gemeinschaft war die seit dem Mauerfall ständig wiederholte Formel gerichtet, die deutsche Einigung und die europäische Integration seien zwei Seiten derselben Medaille. Dieses Bekenntnis zur westeuropäischen Ausrichtung als einem der beiden Pfeiler der deutschen Westbindung wurde durch die Beteiligung an einer deutsch-französischen Initiative zur Vertiefung der europäischen Integration untermauert. Kohl kam damit auch dem französischen Wunsch entgegen, das größer werdende Deutschland noch enger in die Gemeinschaft einzubinden. Die 1989/90 forcierten Integrationsbemühungen fanden ihren Niederschlag in der später beschlossenen Europäischen Wirtschafts- und Währungsunion sowie dem Ausbau der Europäischen Gemeinschaft zur Europäischen Union, wie er 1991 im Vertrag von Maastricht vereinbart wurde. Die Kontakte zu Polen konzentrierten sich vor allem auf ein Verfahren zur endgültigen Anerkennung der Oder-Neiße-Linie als polnische Westgrenze. Zentrales Problem war die polnische Forderung, noch vor der Einheit einen für das vereinte Deutschland geltenden Grenzvertrag abzuschließen. Während Genscher diesem Ansinnen positiv gegenüber stand, beharrte Kohl auf der Rechtsposition, daß erst ein vereintes Deutschland zu einem solchen Schritt berechtigt sei. Zudem wollte er die Grenzfrage im größeren Zusammenhang eines neuen deutsch-polnischen Nachbarschaftsvertrags lösen, während die Regierung in Warschau auf zwei getrennten Verträgen beharrte. Trotz starken internationalen, innenpolitischen und koalitionspolitischen Drucks ließ der Bundeskanzler sich nicht von dieser Linie abbringen, und setzte sich letztlich in den meisten Punkten durch: Im »Zwei-plus-Vier«-Vertrag wurde die Regelung der Grenzfrage zwar im Grundsatz vorweggenommen, doch gab es statt deutsch-polnischen Verhandlungen über einen Grenzvertrag zunächst nur Vorgespräche. Der deutsch-polnische »Vertrag über die Bestätigung der bestehenden Grenze« wurde am 14. November 1990, der deutsch-polnische »Vertrag über gute Nachbarschaft und freundschaftliche Zusammenarbeit« am 17. Juni 1991 unterzeichnet.

Bei der Einbindung der UdSSR ging die Bundesregierung zweigleisig vor. Zum einen setzten Kohl und Genscher auf den Ausbau der guten persönlichen Beziehungen zu Gorbatschow und Schewardnadse. Vor allem der Bundesaußenminister bemühte sich zwischen April und Juli 1990 in häufigen Treffen mit dem sowjetischen Außenminister erfolgreich, diesen in seinem Willen zur Kooperation mit dem Westen zu bestärken.[6] Parallel dazu zeigte Kohl immer wieder die Bereitschaft der Bundesregierung, die Wirtschaftsreformen in der Sowjetunion zu unterstützen. So kümmerte er sich im Februar 1990 selbst um Lebensmittellieferungen, organisierte im Mai/Juni die schnelle und positive Antwort auf eine sowjetische Kreditanfrage und warb in internationalen Gremien für ein gemeinsames Hilfsprogramm des Westens. Dabei machte er immer deutlich, daß alle diese Bemühungen Teil einer »Paketlösung« waren und im Zusammenhang mit der Klärung der deutschen Frage standen. Seine Bereitschaft, die deutsch-sowjetischen Beziehungen über die Vereinigung hinaus auf neue Grundlagen zu stellen, zeigte er anläßlich seines Besuchs in Moskau und Archys am 15./16. Juli, als er Gorbatschow den Entwurf für einen neuen »Großen Vertrag« übergab, der alle Bereiche der Zusammenarbeit regeln sollte. Im persönlichen Gespräch mit dem sowjetischen Präsidenten war Kohl unmittelbar vor Unterzeichnung des »Zwei-plus-Vier«-Vertrags zudem gefordert, als Moskau weitere finanzielle Forderungen nachschob.[7] Die Einigung über den finanziellen Rahmen der befristeten Stationierung und des Abzugs der sowjetischen Truppen aus Ostdeutschland innerhalb von vier Jahren machte schließlich am 10. September den Weg frei zur Unterzeichnung der »abschließenden Regelung in bezug auf Deutschland«. Die Neuordnung der Beziehungen zwischen Bonn und Moskau sowie Details zum Abzug der UdSSR-Truppen wurden zeitnah zur Vereinigung im deutsch-sowjetischen Vertrag über gute Nachbarschaft, Partnerschaft und Zusammenarbeit vom 9. November 1990, im »Vertrag über die Bedingungen des befristeten Aufenthalts und die Modalitäten des planmäßigen Abzugs der sowjetischen Truppen auf dem Gebiet der Bundesrepublik Deutschland« sowie im »Abkommen über einige überleitende Maßnahmen« vom 12. Oktober 1990 geregelt.

5. Zusammenfassung und Bewertung: Die innerdeutschen Verhandlungen und Verträge bildeten das Herzstück des Vereinigungsprozesses; die Klärung der außenpolitischen Aspekte ermöglichte durch die Wiedererlangung der uneingeschränkten Souveränität dessen Höhepunkt. Während die staatliche Einheit auch ohne Zustimmung des Auslandes hätte erreicht werden können, waren die Regierungen in Bonn und Ost-Berlin für die Ablösung der Vier-Mächte-Rechte und -Verantwortlichkeiten für Deutschland als Ganzes und Berlin auf ein Mitwirken der ehemaligen Siegermächte des Zweiten Weltkrieges angewiesen.

Wie wenig diese dazu zunächst bereit waren, wurde nach dem Fall der Mauer beim Treffen ihrer Botschafter im Alliierten Kontrollrat am 11. Dezember 1989 besonders deutlich. Die Reaktionen der deutschen Öffentlichkeit und der Bundesregierung machten allerdings schnell deutlich, daß knapp 45 Jahre nach Kriegsende eine Vier-Mächte-Konferenz über Deutschland nicht mehr opportun war.

Auf der anderen Seite mußten Helmut Kohl und Hans-Dietrich Genscher anerkennen, daß ein Alleingang der beiden deutschen Staaten nicht nur juristisch schwer möglich, sondern aus Rücksicht auf die Stabilität in Europa auch kaum sinnvoll war. Nachdem – nicht zuletzt unter dem Druck der Entwicklungen in der DDR – die sowjetische Führung nach der Jahreswende offiziell anerkannte, daß die Vereinigung ein Thema konstruktiv betriebener Tagespolitik sein mußte, bot die »Zwei-plus-Vier«-Formel ein ideales Forum zur Diskussion der internationalen Aspekte der Vereinigung. Zum einen konnte die UdSSR hier ihre Bedenken und Interessen erläutern, zum anderen hatte der Westen die Möglichkeit, bei begrenzter Teilnehmerzahl und klarem Themenkatalog die rechtlichen Details der Vereinigung auszuhandeln.

Entscheidend für den Erfolg der »Zwei-plus-Vier«-Konstruktion waren allerdings die überwiegend bilateral geführten parallelen Gespräche. Die zwischen Kohl und Bush am 24./25. Februar 1990 in Camp David beschlossene Arbeitsteilung trug den jeweiligen Stärken und Interessen Rechnung: Die USA übernahm als westliche Führungsmacht vor allem die Diskussion sicherheitspolitischer Themen; die Bundesrepublik kümmerte sich im wesentlichen um wirtschaftspolitische Probleme der Sowjetunion. Zudem arbeiteten Kohl und Genscher intensiv am Ausbau der bilateralen Beziehungen zur UdSSR. Dies betraf erstens das glaubwürdig vorgetragene Angebot, in der Bundesregierung einen wichtigen Fürsprecher und Partner im Westen zu haben. Zweitens setzte Bonn auf die 1989/90 deutlich verbesserten persönlichen Beziehungen zwischen den Regierungsspitzen. Drittens bot das Mitte Juli 1990 in Moskau und Archys präsentierte Vertragspaket der Sowjetunion auch die rechtliche Absicherung der deutschen Versprechungen und ein Verhandlungsergebnis, das entscheidend mithalf, den Kurs der sowjetischen Regierung innenpolitisch abzusichern. Gleiches galt für die Bonner Politik gegenüber den westlichen Verbündeten: Bekenntnisse zur europäischen Integration wurden durch konkrete Vorschläge zur Vertiefung derselben untermauert. Viele der zum Jahreswechsel 1989/90 noch spürbaren Vorbehalte gegenüber einer Vereinigung wurden so bei den ost- und westeuropäischen Nachbarn abgebaut. Daß letztlich alle unmittelbar Beteiligten, Nachbarn und Partner der Krönung des Vereinigungsprozesses durch die vollständige Herstellung der Souveränität zustimmten, war das zentrale Ergebnis dieser Politik.

Werner Weidenfeld/Peter M. Wagner/Elke Bruck

Anmerkungen:

1 Kommuniqué der Außenminister der Bundesrepublik Deutschland, der Deutschen Demokratischen Republik, Frankreichs, des Vereinigten Königreichs, der Sowjetunion und der Vereinigten Staaten von Amerika, abgegeben am Rand der »Open Skies«-Konferenz in Ottawa am 13. 2. 1990, abgedruckt in: K. Kaiser: Deutschlands Vereinigung. Die internationalen Aspekte, Bergisch Gladbach 1991, S. 194.

2 E. Oeser: Zwei plus Vier gleich Fünf? Vier Mächte und zwei deutsche Staaten, in: Blätter für deutsche und internationale Politik, 4/1990, S. 426–433, hier: S. 429.

3 Vgl. W. Weidenfeld und P. M. Wagner: »Zirkus mit mehreren Manegen« oder: Wechselbäder der Gefühle, in: Frankfurter Rundschau, 22.6.1998. Der sowjetische Vertragsentwurf findet sich in J. A. Kwizinskij: Vor dem Sturm. Erinnerungen eines Diplomaten, Berlin 1993, S. 41 ff.
4 Auszugsweise in C. Gasteyger: Europa zwischen Spaltung und Einigung 1945 bis 1993. Darstellung und Dokumentation, Bonn 1994, S. 433–436.
5 So der amerikanische Chefunterhändler Robert Zoellick in: R. Kiessler/F. Elbe: Ein runder Tisch mit scharfen Ecken. Der diplomatische Weg zur deutschen Einheit, Baden-Baden 1993, S. 144.
6 Vgl. H.-D. Genscher: Erinnerungen, Berlin 1995, S. 746–751.
7 Vgl. K. Diekmann/R. G. Reuth: Helmut Kohl: »Ich wollte Deutschlands Einheit«, Berlin 1996, S. 456 ff.

Literatur:

Albrecht, Ulrich: Die Abwicklung der DDR. Die »2+4-Verhandlungen«. Ein Insider-Bericht, Opladen 1992. □ Auswärtiges Amt (Hrsg.): »2+4«. Die Verhandlungen über die äußeren Aspekte der Herstellung der deutschen Einheit. Eine Dokumentation, Bonn (2. Aufl.) 1993. □ Biermann, Rafael: Zwischen Kreml und Kanzleramt. Wie Moskau mit der deutschen Einheit rang, Paderborn u. a. 1997. □ Bruck, Elke/Peter M. Wagner (Hrsg.): Wege zum »2+4«-Vertrag. Die äußeren Aspekte der deutschen Einheit, München 1996. □ Bundesministerium des Innern unter Mitwirkung des Bundesarchivs (Hrsg.): Dokumente zur Deutschlandpolitik. Deutsche Einheit. Sonderedition aus den Akten des Bundeskanzleramtes 1989/90, bearb. von Hanns Jürgen Küsters, München 1998. □ Teltschik, Horst: 329 Tage. Innenansichten der Einigung, Berlin 1991. □ Weidenfeld, Werner mit Peter M. Wagner und Elke Bruck: Außenpolitik für die deutsche Einheit. Die Entscheidungsjahre 1989/90, Stuttgart 1998. □ Zelikow, Philip/Condoleezza Rice: Sternstunde der Diplomatie. Die deutsche Einheit und das Ende der Spaltung Europas, Berlin 1997.

Verhandlungen zur deutschen Einheit: Ökonomischer Prozeß

→ DDR: Politisches System, **Deutsche Einheit**, **Finanzierung der Einheit**, Treuhandanstalt, Verhandlungen zur deutschen Einheit: Innerer Prozeß, Verhandlungen zur deutschen Einheit: Internationaler Prozeß, Verträge zur deutschen Einheit, Wirtschaft.

1. Die Vorphase – Zeit der Stufenpläne: Bundeskanzler Kohls Zehn-Punkte-Programm vom 28. November 1989 war bis Ende Januar 1990 die Grundlage der Deutschland-Politik der Bundesregierung. Nach freien Wahlen in der DDR sah es »konföderative Strukturen« zwischen den beiden deutschen Staaten vor. Am Ende des Prozesses zunehmender Kooperation sollte eine bundesstaatliche Ordnung in

Deutschland stehen. Hilfe im humanitären Bereich sollte der DDR sofort, umfassende Wirtschaftshilfe erst dann geleistet werden, wenn ein grundlegender Wandel des politischen und wirtschaftlichen Systems der DDR verbindlich beschlossen und begonnen war. Die Dauer des gesamten Prozessses blieb offen.

Dem Zehn-Punkte-Programm Helmut Kohls entsprachen die Stufenpläne zum Aufbau einer international wettbewerbsfähigen Wirtschaft und zur wirtschaftlichen Zusammenarbeit der beiden Staaten, wie sie im Januar 1990 in zahlreichen Varianten von Ökonomen und Politikern befürwortet wurden. Grundgedanke war stets, die DDR müsse zunächst die rechtlichen Voraussetzungen für eine soziale Marktwirtschaft herstellen. Sie müsse dann ihre Wirtschaft sanieren. Investitionen westlicher Unternehmen, die nach Einführung der Marktwirtschaft in großem Umfange erwartet wurden, sollten den Aufbau leistungsfähiger Betriebe erleichtern, öffentliche Hilfen der Bundesrepublik vor allem der Infrastruktur zugute kommen. Der Wert der DDR-Mark, die Ende Januar 1990 am freien Markt mit 0,12 DM gehandelt wurde, werde sich mit steigender Produktivität der DDR-Wirtschaft verbessern. Ein einheitliches Wirtschaftsgebiet und eine gemeinsame Währung seien erst dann vertretbar, wenn sich die Arbeitsproduktivität in der DDR dem westdeutschen Niveau angenähert hätte. Falls sich die Befürworter von Stufenplänen überhaupt auf Zeitangaben einließen, hielten sie einen Sanierungsprozeß von drei bis fünf Jahren für notwendig, ehe die Unternehmen der DDR ohne den Schutz der eigenen, relativ niedrig bewerteten Währung dem Wettbewerb der westlichen Unternehmen ausgesetzt werden könnten.

Die Stufenkonzepte entsprachen den Regeln der Ökonomie: Einheit der Währung, der Wirtschaft, des Staates als Krönung, nicht aber zu Beginn des Modernisierungsprozesses der ostdeutschen Wirtschaft. Allerdings hätten schon damals die Vertreter der Lehrbuchregeln erkennen müssen, daß der Modernisierungsprozeß auch bei großzügiger westdeutscher Hilfe und hohen privaten Investitionen westlicher Unternehmen viele Jahre, vielleicht Jahrzehnte in Anspruch nehmen würde. Die Meinung, daß aus ökonomischen Gründen die deutsche Einheit auf absehbare Zeit nicht möglich sei, äußerten allerdings nur wenige der Befürworter von Stufenplänen.

In der DDR hatte sich im Januar die politische und wirtschaftliche Krise weiter verschärft. Auf Demonstrationen wurde die D-Mark und die deutsche Einheit gefordert. Modrow sah sich zu einer grundlegenden Veränderung seiner bisher strikt auf Wahrung der Selbständigkeit der DDR gerichteten Deutschlandpolitik gezwungen. Am 30. Januar erhielt er in Moskau Gorbatschows Zustimmung zu einem Konzept schrittweiser engerer Kooperation der beiden deutschen Staaten; nach einigen Jahren sollte die staatliche Einheit erreicht werden. Am 2. Februar legte die Regierung Modrow außerdem ein Konzept der Wirtschaftsreform vor, das über einen Zeitraum von etwa drei Jahren den Aufbau einer »sozial und ökologisch orientierten Marktwirtschaft« vorsah. Die Schlüsselbereiche der Wirtschaft sollten in staatlichem oder in genossenschaftlichem Eigentum bleiben, der Staat sollte Strukturplanung betreiben. Mit Sozialer Marktwirtschaft nach westdeutschem Vorbild hatte dieses Konzept damit wenig gemeinsam.

2. Das Angebot der D-Mark: Am 6. Februar 1990 beschlossen die Vorsitzenden der Koalitionsparteien, Helmut Kohl (CDU), Theo Waigel (CSU) und Otto Graf Lambsdorff (F.D.P.), der Regierung der DDR Verhandlungen über eine baldige »Währungsunion mit Wirtschaftsgemeinschaft« anzubieten. Damit wählte die Bundesregierung einen Weg zur deutschen Einheit, der viel kürzer zu werden versprach, als es Kohls Zehn-Punkte-Programm und die Stufenpläne vorgesehen hatten. Nahm die DDR das Angebot an, würde sie in Kürze ihre Selbständigkeit in der Währungspolitik vollständig, in der Finanz-, Wirtschafts-und Sozialpolitik größtenteils aufgeben müssen. Die staatliche Einheit würde der Wirtschafts- und Währungseinheit wahrscheinlich bald folgen. Im Frühjahr 1990 rechnete die Bundesregierung allerdings noch, daß zwischen der Wirtschafts- und Währungseinheit und der staatlichen Einheit eine Übergangszeit von ein bis zwei Jahren notwendig wäre, allein schon, weil die Verhandlungen mit den Siegermächten Zeit kosten würden.

Für diesen ökonomisch wie außenpolitisch riskanten Schritt der Bundesregierung gab es mehrere Gründe:

- 1989 hatten 388 000 Ostdeutsche die DDR verlassen und ihren ständigen Wohnsitz in der Bundesrepublik genommen. Vor Weihnachten schien der Strom der Übersiedler etwas nachzulassen, doch wurden im Januar 1990 täglich mehr als 2 000 Übersiedler registriert. Ging der Exodus weiter, drohte der DDR der Verlust von Fachkräften, die für den Aufbau der Wirtschaft unentbehrlich waren. Zudem zeichnete sich ab, daß die Aufnahmekapazität der westdeutschen Gemeinden bald erschöpft sein würde. Es gab somit nur zwei Möglichkeiten: Die Bundesregierung konnte die Übersiedler zurückweisen, etwa dadurch, daß ihnen der Zugriff auf die westdeutschen Sozialleistungen verweigert oder Zuzug nur bei Nachweis eines Arbeitsplatzes und einer Wohnung gewährt wurde. Dies hatte Oskar Lafontaine, saarländischer Ministerpräsident und wahrscheinlicher Kanzlerkandidat der SPD, bereits Ende November 1989 gefordert. Er hatte damals sogar vorgeschlagen, den Ostdeutschen die deutsche Staatsbürgerschaft nach dem Grundgesetz nicht mehr zu gewähren. Eine Zurückweisung von Übersiedlungswilligen hätte auf die Ost- wie die Westdeutschen als Signal gewirkt, daß die Bundesrepublik die deutsche Einheit nicht wollte. Die Bundesregierung lehnte daher Lafontaines Position, die auch in der SPD nicht mehrheitsfähig war, strikt ab. Die einzige andere Möglichkeit, den Strom der Übersiedler einzudämmen, bestand darin, den Ostdeutschen Hoffnung auf baldige Besserung der Lebensverhältnisse in ihrer Heimat zu geben.
- Im Bundesministerium der Finanzen (BMF) waren die für die deutsch-deutsche Währungspolitik zuständigen Beamten schon zum Jahreswechsel 1989/90 zur Überzeugung gekommen, daß die DDR nach Öffnung der Grenzen wirtschaftlich nicht mehr lebensfähig war. Fachpersonal würde abwandern, die Produktion würde fallen. Die DDR werde gar nicht in der Lage sein, ihre veralteten, zum Teil verrotteten Produktionsanlagen aus eigener Kraft zu sanieren, und sie werde wahrscheinlich auch nicht bereit sein, konsequent zur Marktwirtschaft überzugehen. Diese Überlegungen führten dazu, daß im BMF die Stufenpläne

immer skeptischer betrachtet wurden. Am 29. Januar legte der für die deutsch-deutsche Währungspolitik zuständige Referent, Ministerialrat Thilo Sarrazin, im Auftrage von Staatssekretär Horst Köhler das Modell einer unverzüglichen Einführung der D-Mark in der DDR, verbunden mit dem gleichzeitigen Übergang zur Marktwirtschaft (»Stichtagslösung«), vor. Sarrazin argumentierte, die Arbeitsproduktivität der DDR betrage etwa 40 % des Westniveaus. Die Löhne der DDR-Bürger lägen in DDR-Mark je nach Wirtschaftszweig bei 35 bis 42 % des Niveaus der D-Mark in Westdeutschland. Die Relation der Bruttolohnkosten läge also eher unter dem Produktivitätsverhältnis. Eine Umstellung der Einkommen in DDR-Mark 1:1 in D-Mark könne also möglich sein, ohne daß die DDR-Betriebe wegen weit überhöhter Lohnkosten zusammenbrächen – sofern die Löhne in der DDR nach der Umstellung nicht schneller stiegen als die Produktivität. Mit der Währungsumstellung müsse die Geldpolitik auf die Bundesbank übergehen. Die DDR müsse die Reste des planwirtschaftlichen Systems beseitigen, Privateigentum an Produktionsmitteln und Freiheit der Unternehmertätigkeit zulassen. Preisbindungen und Subventionen mit Ausnahme der Bereiche Energie und Wohnungsbau müßten aufgehoben werden. Wegen der Währungs- und Wirtschaftseinheit werde es in Ostdeutschland zwar Preiserhöhungen für die Güter des Grundbedarfs, für die Gesamtheit des Warenkorbes aber keine wesentlichen Preisniveau-Unterschiede geben; die – in anderen ehemals sozialistischen Ländern typische – sehr hohe Inflation bliebe den Ostdeutschen erspart. Die Umstellung werde vor allem in der Industrie bis zu 40 % der Arbeitsplätze kosten, vorübergehende Arbeitslosigkeit sei unvermeidlich, bis in modernisierten Unternehmen, nicht zuletzt im bisher vernachlässigten Dienstleistungssektor, genügend neue Arbeitsplätze entstanden seien. Die Bundesrepublik müsse in der Übergangszeit Finanzhilfen für die Sozialversicherung der DDR und für den Aufbau der Infrastruktur leisten. Die Einführung der D-Mark werde einen Strom von westlichen Investitionen in die DDR auslösen; die Modernisierung der Unternehmen werde daher wesentlich von privatem Kapital getragen werden können.

Waigel gab am 30. Januar 1990 dem BMF die Weisung, dieses Modell weiter auszuarbeiten. Intern hatte sich er damit bereits gegen die bisherigen Stufenpläne festgelegt. Nach einer Rücksprache mit Bundeskanzler Kohl deutete Waigel am 2. Februar in einer Presseerklärung an, daß er die Stichtagslösung für kaum noch vermeidbar hielt.

– Der außenpolitische Bedingungsrahmen, den die Bundesregierung bei ihrer Deutschlandpolitik beachten mußte, hatte sich Ende Januar verändert. Seit dem Besuch Modrows in Moskau am 30. Januar nahm die Bundesregierung an, Gorbatschow werde die deutsche Einheit akzeptieren, vielleicht nicht sofort, aber doch am Ende eines längeren Prozesses. Die Sowjetunion brauchte dringend Wirtschaftshilfe. Gorbatschow hatte schon Mitte Januar eine Soforthilfe der Bundesregierung in Form von Lebensmitteln und Bekleidung erbeten, die bereits anlief. Kohl rechnete damit, daß Gorbatschow in der Hoffnung auf weitere, viel höhere Wirtschaftshilfen aus Bonn sogar eine Beschleunigung des Vereinigungsprozesses hinnehmen würde.

- Die Volkskammerwahlen waren auf den 18. März vorverlegt worden. Das Angebot, Verhandlungen über die Einführung der D-Mark aufzunehmen, würde die Parteien in der DDR stärken, die mit den westdeutschen Regierungsparteien verbündet waren. In der West-SPD hatte Ingrid Matthäus-Maier, finanzpolitische Sprecherin der SPD-Bundesfraktion, am 19. Januar die baldige Einführung der D-Mark in der DDR als »Signal zum Bleiben« vorgeschlagen. Ihr Einfluß in der SPD schien zu wachsen. Mindestens war nicht auszuschließen, daß die SPD entgegen den Wünschen Lafontaines die Währungsunion fordern würde, um die Wahlchancen der Ost-SPD zu verbessern.
- Am 13. Februar war der Besuch einer DDR-Regierungsdelegation in Bonn vorgesehen. Modrow würde Finanzhilfen verlangen. Wirtschaftshilfe ohne klare und durchsetzbare Bedingungen erschienen der Bundesregierung jedoch nach wie vor nicht zweckmäßig. Das Angebot der D-Mark aber bot die Möglichkeit, die DDR zum sofortigen Übergang zur Marktwirtschaft zu zwingen.

Beim Besuch Kohls und Genschers in Moskau am 10. Februar zeigte sich dann, daß Kohl richtig kalkuliert hatte. Gorbatschow nahm die Währungsunion hin und akzeptierte die baldige deutsche Einheit. Gorbatschow mahnte aber die Berücksichtigung der sicherheitspolitischen, wirtschaftlichen und finanziellen Interessen der Sowjetunion an.

Beim Besuch in Bonn am 13. Februar erklärte Modrow, über die Währungsunion mit Wirtschaftsgemeinschaft könne erst die nach den Volkskammerwahlen am 18. März gebildete Regierung verhandeln. Er forderte eine Solidarhilfe von 15 Mrd. DM; Kohl und Waigel lehnten ab. Auch die Bundesregierung wollte nicht mit der Regierung Modrow, sondern mit einer demokratisch legitimierten Regierung verhandeln. Sie war allerdings an der sofortigen Aufnahme von Expertengesprächen zur Vorbereitung der Währungsunion interessiert. Angesichts der Stimmung der Mehrheit der DDR-Bürger konnte Modrow dies ebensowenig ablehnen wie Gespräche mit den Vier Mächten über die außenpolitische Absicherung des Vereinigungsprozesses.

3. Die Expertengespräche im Februar/März 1990: Vom 20. Februar bis zum 13. März gab es Expertengespräche zur Vorbereitung der »Währungsunion mit Wirtschaftsgemeinschaft« . Leiter der westdeutschen Delegation, der auch der Vizepräsident der Bundesbank Schlesinger angehörte, war Staatssekretär Horst Köhler, Leiter der ostdeutschen Delegation war der Minister ohne Geschäftsbereich Walter Romberg (SPD).

In den Gesprächen gelang es, über allgemein formulierte Grundsätze Konsens zu erreichen: Im Konkreten zeigten sich erhebliche Differenzen. Zur Währungsumstellung verlangte die DDR die 1:1-Umstellung der Geldbestände. Auch bei Löhnen und Renten forderte sie 1:1, und zwar nach Erhöhungen zum Ausgleich der Preissteigerungen bei Gütern des Grundbedarfs und der höheren Sozialversicherungsbeiträge. Die westdeutschen Experten äußerten erhebliche Bedenken. Sie fürchteten inzwischen, das Bruttosozialprodukt der DDR und damit die Produktivität sei weit niedriger als bisher angenommen, so daß die 1:1-Umstellung der Geldbestände zu Inflation, die 1:1-Umstellung der Löhne zum Zusammenbruch zahlloser Unternehmen und hoher Arbeitslosigkeit führen würde. Festgelegt wurde nichts, dies mußte den späteren offiziellen Verhandlungen vorbehalten bleiben. Hauptstreitpunkt in der Arbeitsgruppe »Wirtschaft« war die Absicht der DDR, große Teile der DDR-Industrie während einer längeren Übergangszeit vor dem Wettbewerb mit westlichen Unternehmen abzuschirmen. Die Westseite bestritt nicht die Notwendigkeit von Übergangsmaßnahmen, bestand aber auf Begrenzung der öffentlichen Hilfen an Unternehmen und auf zeitliche Befristung der Übergangsmaßnahmen. In der Arbeitsgruppe »Haushalt und Finanzen« wurde der Westseite das hohe Defizit des Staatshaushalts der DDR, das nach der Währungsumstellung eintreten würde, deutlich; Sparvorschläge wurden diskutiert, überzeugten aber niemanden. In der Arbeitsgruppe »Soziale Sicherung« gab es kaum Differenzen, aber nur, weil beide Seiten darin übereinstimmten, daß die DDR das gesamte System der sozialen Sicherung der Bundesrepublik übernehmen sollte und Einzelheiten nicht diskutiert wurden.

Aus Kreisen der DDR-Delegation wurde in der Schlußsitzung der Wunsch geäußert, die D-Mark spätestens am 1. Juli 1990 einzuführen. Sogar Walter Romberg, keinesfalls ein Befürworter einer schnellen Währungsunion, schlug vor, die Gespräche gleich nach den Volkskammerwahlen fortzusetzen. Offenbar hatte die DDR-Delegation den Eindruck, ihre Interessen zur Geltung bringen zu können.

4. Volkskammerwahl und Koalitionsvereinbarung im Osten – Arbeit am »Rohentwurf« im Westen: Die Volkskammerwahl am 18. März 1990 brachte der »Allianz für Deutschland« aus CDU, DSU und DA 48 %, den Liberalen 5,3 % der Stimmen. Das Angebot der D-Mark hatte zu diesem Erfolg der Verbündeten der Bonner Koalitionsparteien beträchtlich beigetragen. Da der Vorsitzende der Ost-CDU de Maizière für Verfassungsänderungen eine Zwei Drittel-Mehrheit brauchte, hielt er eine Große Koalition aus Allianz, Liberalen und SPD für notwendig. In den Koalitionsverhandlungen wurde auch die Position der DDR-Regierung zur »Währungs-, Wirtschafts- und Sozialunion« festgelegt; mit dieser Terminologie sollte betont werden, daß die sozialen Ziele gleichen Rang wie die ökonomischen haben müßten. Bei der Währungsumstellung wurde ein »differenzierter« Umtausch der Sparguthaben 1:1 gefordert. Löhne und Renten sollten 1:1 umgestellt werden, und zwar nach einer Anhebung zum Ausgleich von Preiserhöhungen als Folge des Wegfalls der Subventionen für Güter des Grundbedarfs. Auf Drängen der SPD sollte der Erwerb von Grund und Boden lediglich Bürgern der DDR gestattet und in einer Übergangszeit Gebietsfremden nur ein Erbpachtrecht eingeräumt werden.

Gleich nach den Volkskammerwahlen begannen die Bonner Ressorts mit der Arbeit an dem »Rohentwurf« eines Staatsvertrages über eine »Währungsunion, Wirtschafts- und Sozialgemeinschaft«. Federführend war das BMF. Da zu dieser Zeit niemand wußte, wie lange die DDR noch an ihrer Eigenstaatlichkeit festhalten würde, und nicht ausgeschlossen werden konnte, daß die DDR zwar die D-Mark wollte, aber die notwendigen Wirtschaftsreformen verzögern würde, kam es darauf an, die Bedingungen der Währungsunion und die aus westdeutscher Sicht unverzichtbaren Elemente der Marktwirtschaft so präzise wie möglich festzulegen. Zugleich mußten auch die konkreten, aktuellen Wünsche der Mehrheit der DDR-Bürger berücksichtigt werden. Diese Mehrheit wollte die D-Mark unverzüglich, hatte aber Furcht vor Arbeitslosigkeit, steigenden Preisen, sinkenden Einkommen. Ein langer, kontroverser Verhandlungsprozeß mußte schon aus Zeitgründen vermieden werden, wenn die Ostdeutschen die D-Mark vor den Sommerferien erhalten sollten.

Die Präambel des am 4. April fertiggestellten Rohentwurfs erklärte die »Währungsunion, Wirtschafts- und Sozialgemeinschaft« zum »ersten bedeutsamen Schritt in Richtung auf die Herstellung der Einheit Deutschlands nach Art. 23 des Grundgesetzes«. Die Soziale Marktwirtschaft wurde als Grundlage für die weitere wirtschaftliche und gesellschaftliche Entwicklung Deutschlands bezeichnet. Im Hauptteil folgten detaillierte Bestimmungen zur Währungsunion sowie zur Wirtschafts- und Sozialgemeinschaft und zu den öffentlichen Finanzen. Der Anhang enthielt Leitsätze, die die DDR bei ihrer Gesetzgebung zu beachten hatte, und lange Listen von Rechtsvorschriften, die die DDR erlassen bzw. von der Bundesrepublik übernehmen sollte. Der Entwurf verlangte von der DDR, bereits zum Stichtag der Einführung der D-Mark die Geldpolitik vollständig der Bundesbank, die Wirtschafts-, Finanz- und Sozialpolitik weitgehend der Bundesregierung zu übertragen. Für die Mehrheit der Ostdeutschen besonders wichtige Punkte, so die Umstellungsbedingungen bei Sparkonten, Löhnen und Renten oder die Details bei der sozialen Sicherung sowie die Höhe der Finanzzuschüsse der Bundesrepublik an den Haushalt der DDR, blieben in dem Entwurf allerdings noch offen. Darüber war mit der neuen, demokratisch legitimierten Regierung der DDR zu verhandeln, und auch in der Bundesregierung selbst sowie zwischen Bundesregierung und Bundesbank gab es in diesen Punkten noch Abstimmungsbedarf.

Anfang April hatte der Bundeskanzler Hans Tietmeyer zu seinem persönlichen Beauftragten für die Vorbereitung der Verhandlungen über die »Währungsunion, Wirtschafts- und Sozialgemeinschaft« ernannt und ihm auch die Leitung der westdeutschen Delegation bei den kommenden Gesprächen bzw. Verhandlungen mit der DDR übertragen. Tietmeyer, von 1982 bis Ende 1989 Staatssekretär im BMF, war seit 1. Januar 1990 Mitglied des Direktoriums der Deutschen Bundesbank. Von seinen Pflichten in der Bundesbank wurde er vorübergehend freigestellt, er nahm aber weiterhin an Zentralbankratssitzungen ohne Wahrnehmung des Stimmrechts teil. Mit dieser Ernennung wollte Kohl sicherstellen, daß in der bevorstehenden besonders schwierigen Phase die Koordinierung zwischen Bundesregierung und Bundesbank verbessert wurde. Dies erschien umso notwendiger, als die Mehrheit des Zentralbankrats die von der Bundesregierung beschlossene Stichtagslösung nur mit großen Bedenken hingenommen hatte und nun versuchte, Umstellungsbedingungen durchzusetzen, die das Inflationsrisiko für die D-Mark sowie das Arbeitsplatzrisiko in der DDR möglichst niedrig hielten. So sehr die Bundesregierung diese Ziele teilte, so klar war ihr aber auch, daß die Vorstellungen der Bundesbank in der DDR auf heftigen Widerstand stoßen würden. So hatte der Zentralbankrat am 29. März beschlossen, die Geldbestände grundsätzlich 2:1 umzustellen, lediglich bei Kopfquoten von 2 000 DM sollte 1:1 gelten. Die Löhne sollten, nach Teuerungszuschlägen, ebenfalls 2:1 umgestellt werden. Durch Indiskretion wurde der Beschluß bekannt, in der DDR gab es heftige Proteste auch der Allianzparteien, die Bundesregierung, selbst noch nicht festgelegt, mußte sich vorsichtig von der Bundesbank distanzieren.

Tietmeyer versuchte schon vor Beginn der offiziellen Gespräche mit der DDR, die Differenzen zwischen den Positionen der Bundesregierung und der neuen Regierung der DDR auf ein Minimum zu reduzieren. Zugleich mußte er Unterschiede in den Auffassungen von Bundesregierung und Bundesbank sowie der einzelnen Bonner Ressorts ausgleichen. Ein Ergebnis war, daß die Bundesregierung bei den Umstellungsbedingungen bis an die Grenze dessen ging, was die Bundesbank ohne lauten Protest hinzunehmen bereit war. Am 23. April erklärte die Bundesregierung, Löhne und Gehälter sollten grundsätzlich 1:1 umgestellt werden, allerdings ohne Ausgleichszahlungen für den Wegfall der Subventionen. Die Geldbestände sollten 2:1 umgestellt werden, mit Ausnahme einer 1:1-Kopfquote von 4 000 DM. Das entsprach zwar nicht ganz der Koalitionsvereinbarung de Maizières, entschärfte aber die Kontroverse um die Umstellungsbedingungen und erleichterte die Verhandlungen. Die Hoffnung, es könne gelingen, die volle Übernahme des beschäftigungshemmenden Sozial- und Arbeitsrechts der Bundesrepublik durch die DDR wenigstens in einer Übergangszeit zu vermeiden, mußte Tietmeyer aufgeben; ein sozialpolitischer Status quo minus wäre nicht nur von der DDR, sondern auch von den westdeutschen Gewerkschaften, der SPD und auch von Teilen der CDU abgelehnt worden.

5. Expertengespräche und Verhandlungen über den Staatsvertrag: Am 25. April 1990 begannen die Gespräche der Expertendelegationen über den Text des Staatsvertrags, die Verhandlungen gleichkamen, wenn auch offiziell von Verhandlungen erst später, auf Ministerebene, gesprochen werden sollte. Der westdeutschen Delegation gehörten außer ihrem Leiter Tietmeyer die Staatssekretäre Klemm (BMF), Köhler (BMF), von Würzen (BMWi), Jagoda (BMA) und der Vizepräsident der Bundesbank Schlesinger an. Die wichtigsten Mitglieder der ostdeutschen Delegation waren ihr Leiter Günther Krause, Staatssekretär im Amt des Ministerpräsidenten und Fraktionsvorsitzender der CDU in der Volkskammer, Walter Siegert, schon seit 1980 Staatssekretär im Ministerium der Finanzen, und Alwin Ziel, Staatssekretär im Ministerium für Arbeit und Soziales und Mitglied der SPD-Fraktion der Volkskammer. Es gab fünf Gesprächsrunden, die letzte vom 11. bis 13. Mai. Dann folgten Verhandlungen der Finanzminister und der Regierungschefs.

Es zeigte sich bald, daß über wichtige Problemkreise weitgehender Konsens bestand. So akzeptierte Krause den gegenüber dem Rohentwurf vom 4. April verbesserten, jetzt »Arbeitspapier« genannten Entwurf der Westseite als Verhandlungsgrundlage. Über die Zielbestimmungen und Formulierungen in der Präambel bestand weitestgehend Einvernehmen; so stimmte Tietmeyer der von der DDR gewünschten Terminologie »Währungs-, Wirtschafts- und Sozialunion« zu. Einig waren sich beide Seiten darüber, daß der Osthandel der DDR aufrechterhalten werden mußte und der Sowjetunion entgegenzukommen war. Wenig Differenzen gab es auch bei den allgemeinen Formulierungen, die der Entwurf zur Anpassung der ostdeutschen Landwirtschaft an die EG-Marktordnungen enthielt, strittig war nur die Höhe der von der DDR verlangten Anpassungshilfen. Über den Umweltschutz bestand Konsens: Für Neuanlagen sollten sofort die westdeutschen Standards gelten, für Altanlagen so bald wie möglich. Das Verursacherprinzip und die Zielangabe »Umweltunion« wurden in den Umweltschutzartikel aufgenommen, aber nicht auf Drängen der DDR, sondern aufgrund einer Empfehlung des Bonner Umweltministeriums und einer Forderung der West-SPD. Bei der Währungsumstellung kam die Bundesregierung der DDR noch weiter entgegen als in ihrer Erklärung vom 23. April: Sie griff Günther Krauses Vorschlag eines nach Alter gestaffelten Sockelbetrages 1:1 auf: Bis zum vollendeten 14. Lebensjahr 2 000 DM, vom 15. bis zum vollendeten 59. Lebensjahr 4 000 DM, für Personen vom 60 Lebensjahr an 6 000 DM. Für den Rest der Geldbestände akzeptierte Krause 2:1, allerdings mit der Maßgabe, daß den Sparern für die nur 2:1 umgestellten Beträge ein Anteilsrecht am volkseigenen Vermögen eingeräumt werden sollte. Tietmeyer und Schlesinger wiederum setzten durch, das volkseigene Vermögen müsse in erster Linie für die Sanierung der Unternehmen und des Staatshaushaltes genutzt werden. Bei der Umstellung der Löhne, Renten und der übrigen laufenden Zahlungen bestand die DDR auf 1:1. Die bisherige Forderung, vor der Umstellung alle Löhne um eine Pro-Kopf-Zulage aus dem Staatshaushalt zu erhöhen, um die Preissteigerungen beim Grundbedarf auszugleichen, ließ sie fallen, bei den Renten hielt sie aber an Zulagen bei niedrigen Renten fest. Das gesamte, von Tietmeyer, Schlesinger und Krause ausgehandelte Umstellungspaket wurde am 1. Mai von den Vorsitzenden der Bonner Koalitionsparteien akzeptiert. In einem Punkte gingen sie über die Vorschläge Tietmeyers noch hinaus: Sie beschlossen, die Löhne in der Höhe vom 1. Mai 1990 umzustellen, und folgten nicht dem Wunsche Tietmeyers, die erheblichen Lohnerhöhungen seit dem 1. Januar unberücksichtigt zu lassen. Der DDR-Ministerpräsident stimmte dem Paket in dieser Form zu, so daß rechtzeitig vor den Kommunalwahlen die DDR-Bürger wußten, wie hoch ihre Sparguthaben und Einkommen nach der Einführung der D-Mark am 1. Juli sein würden.

Konflikte gab es vor allem über den Schutz der ostdeutschen Wirtschaft vor der westlichen Konkurrenz, über die soziale Sicherung, über die Höhe der Finanzzuschüsse an den Staatshaushalt der DDR und über die Eigentumsfrage.

– Anpassungshilfen für Betriebe: Steuervergünstigungen, Investitionszulagen, zinsverbilligte Kredite, Sonderabschreibungen für die ostdeutschen Betriebe waren nicht strittig. Eine von der DDR gewünschte Sondersteuer auf Westimporte (11 % bis 31. Dezember 1990 und 6 % bis 31. März 1991) wurde hingegen von der Westseite abgelehnt, sie hätte eine innerdeutsche Zollgrenze bedeutet. Die

Sondersteuer wurde zwar nicht in den Vertrag aufgenommen, die DDR behielt sich aber vor, darüber weiterzuverhandeln und sie zum 1. Juli 1990 doch noch einzuführen. Sie verzichtete schließlich am 1. Juli auf die Sondersteuer, weil nun die Volkskammer eine Verteuerung der von den Bürgern der DDR begehrten Westwaren ablehnte. Ein Strukturanpassungskonzept zur Sanierung der ostdeutschen Industrie erschien der DDR-Regierung wünschenswert, sie legte aber kein Konzept vor. Die Bundesregierung vertrat in Übereinstimmung mit der vorherrschenden Meinung der Volkswirtschaftslehre den Standpunkt, der Markt müsse entscheiden, welche Teile der Industrie Zukunftschancen hätten, staatliche Strukturplanung werde nur zu Dauersubventionen führen.

- Fast alle Betriebe der DDR waren an das staatliche Bankensystem verschuldet. Um sie zu entlasten, drängte die DDR auf eine Entschuldung der Betriebe. Dies wäre allerdings zu Lasten des staatlichen Bankensystems gegangen. Kredite an Betriebe waren Aktiva, die auch nach der Währungsumstellung als Gegenposten zu den Passiva, dem Bargeld und den Guthaben von Betrieben, Privatpersonen und Gebietskörperschaften notwendig waren. Würden sie gestrichen, hätte der Staatshaushalt der DDR, letzten Endes der Bund, die Gegenposten finanzieren müssen. Also lehnte die Westseite die Entschuldung ab und verwies darauf, daß allein schon durch die Umstellung der Schulden 2:1 die Betriebe wesentlich entlastet würden.
- Soziale Sicherung: Vor den Kommunalwahlen am 6. Mai verlangte die Ost-SPD sozialpolitische Nachbesserungen, so Zuschläge auf niedrige Renten oder Mindestrenten. Außerdem sollten die Sozialversicherungsbeiträge nur schrittweise auf das westdeutsche Niveau erhöht werden; den dadurch steigenden Zuschußbedarf der Sozialversicherungsträger müsse die Bundesrepublik decken. De Maizière mußte der SPD entgegenkommen. Die Bundesregierung gab in einigen Punkten nach: Bei einem Treffen zwischen Kohl und de Maizière am 14. Mai wurden Zuschüsse zu den Rentenversicherungsbeiträgen für Arbeitnehmer mit niedrigem Einkommen und Zulagen für die Bezieher niedriger Renten gewährt.
- Finanzzuschüsse der Bundesrepublik: Im Staatsvertrag mußten Obergrenzen für die Neuverschuldung des Staatshaushaltes der DDR festgelegt und die Finanzzuweisungen der Bundesrepublik vereinbart werden. Die endgültige Regelung sollte durch Waigel und Romberg am 14. Mai erfolgen. Bei diesem Treffen erklärte sich Romberg allerdings außerstande, den Zuschußbedarf der DDR zu beziffern. Dabei folgte er einem Beschluß der SPD-Fraktionsführungen in Bonn und Ost-Berlin, der darauf hinauslief, kein SPD-Finanzminister dürfe sich auf konkrete Zahlen über den Zuschußbedarf festlegen lassen. Waigel mußte daher am nächsten Tag mit den westdeutschen Länderfinanzministern über die Finanzierung der deutschen Einheit verhandeln, ohne Daten über den Finanzbedarf der DDR vorlegen zu können. Nach Intervention von de Maizière akzeptierte Romberg schließlich eine von Klemm und Siegert gemeinsam erarbeitete Vorlage. Auch der Westseite war allerdings damals schon klar, daß die im Staatsvertrag vereinbarten Finanzzuschüsse und Kreditobergrenzen wahrscheinlich nicht ausreichen würden.

- Privateigentum an Produktionsmitteln: Die Ost-SPD beharrte darauf, in einer Übergangszeit Gebietsfremden nur ein Erbpachtrecht an Grund und Boden einzuräumen. Dies hätte Investitionen westlicher Unternehmen in der DDR erheblich behindert. Tietmeyer stimmte einem von de Maizière konzipierten, allenfalls für kurze Zeit hinnehmbaren Kompromiß zu: Investoren aus Westdeutschland und dem Ausland sollten in »Vorbehaltsgebieten« in Randlagen und in Sanierungsräumen der Städte Grund und Boden für gewerbliche Zwecke erwerben können. Erst Ende Juni billigte die Volkskammer »Gebietsfremden« die volle Freiheit des Erwerbs von Grund und Boden zu.

Der Staatsvertrag zur Währungs-, Wirtschafts und Sozialunion wurde am 18. Mai 1990 unterzeichnet. Der Ratifizierungsprozeß durch Bundestag, Bundesrat und Volkskammer war am 22. Juni abgeschlossen. Am 1. Juli trat der Staatsvertrag in Kraft.

6. Vom Staatsvertrag zum Einigungsvertrag: Außer dem Staatsvertrag wurde das Gesetz zur Privatisierung und Reorganisation des volkseigenen Vermögens, das die Volkskammer am 17. Juni 1990 beschloß, für die Entwicklung der neuen Länder wichtig. Vorrangige Aufgabe der Treuhandanstalt (THA) wurde die Privatisierung. Bis zur Privatisierung sollte die THA Effizienz und Wettbewerbsfähigkeit der Unternehmen sichern, also sanieren. Nicht sanierungsfähige Betriebe sollte sie stillegen. Der Gesetzentwurf war nach einer Vorlage der DDR in enger Kooperation der beiden Regierungen entstanden. Die einzige Differenz, die dabei auftrat, bestand darin, daß die Bonner Ressorts darauf drängten, die DDR-Vorlage, in der die Zielangabe »Privatisierung so weit wie möglich« bereits enthalten war, noch deutlicher auf »rasche Privatisierung so weit wie möglich« auszurichten. Der Text wurde entsprechend geändert.

Schon vor dem 1. Juli befand sich die Wirtschaft der DDR im schnellen Niedergang, vor allem, weil nur noch die subventionierten und daher extrem billigen Waren des Grundbedarfs Absatz fanden. Nach dem 1. Juli zeigte sich die Wettbewerbsschwäche der ostdeutschen Betriebe in vollem Ausmaße. Sie verloren nicht nur einen großen Teil des Inlandsabsatzes, sondern auch der Export in den Westen ging stark zurück. Der Export in die RGW-Länder brach allerdings erst mit dem Auslaufen der Lieferverträge 1991 zusammen. Die industrielle Warenproduktion war im August 1990 auf knapp die Hälfte des Wertes vom August 1989 gesunken. Der Zusammenbruch der eigenen Produktion und die entsprechend fallenden Steuereinnahmen zwangen die Regierung de Maizière, den Beitritt zur Bundesrepublik früher anzustreben, als es der Ministerpräsident noch im Mai gewünscht hatte. Am 6. Juli begannen die Gespräche über den Einigungsvertrag; westdeutscher Verhandlungsleiter war nun Bundesinnenminister Wolfgang Schäuble, der ostdeutsche war, wie beim Staatsvertrag, Günther Krause. Vor allem die finanziellen Regelungen im Einigungsvertrag wurden für die weitere ökonomische Entwicklung wichtig. Konflikte gab es dabei weniger zwischen den beiden deutschen Regierungen als zwischen der Bundesregierung und den westdeutschen Ländern. Diese wollten über ihre bereits im Mai vereinbarte Beteiligung am Fonds »Deutsche Einheit« hinaus möglichst nichts zur Finanzierung der Einheit beitragen, und Schäuble erreichte von ihnen nur geringfügige zusätzliche Leistungen. Romberg verlangte, daß alle in den neuen Ländern anfallenden Steuereinnahmen ausschließlich ihnen selber zugewiesen würden, hatte dabei aber nicht die Unterstützung de Maizières. Er wurde entlassen, de Maizières Koalition mit der SPD zerbrach. Der Bund hätte Rombergs Forderung unter keinen Umständen akzeptiert. Schäuble vereinbarte mit de Maizière und Krause schließlich ein Kompromißpaket, das die im Staatsvertrag vereinbarten Leistungen an Ostdeutschland wesentlich erhöhte und überwiegend zu Lasten des Bundes ging: Der Anteil aus dem Fonds Deutsche Einheit zur Deckung des allgemeinen Finanzbedarfs der neuen Länder wurde erhöht, umfangreiche Fördermittel zur Beschleunigung des Wachstums und des Strukturwandels sowie zum Ausbau der wirtschaftsnahen Infrastruktur wurden zugesagt, der Bund übernahm die Gesamtverschuldung des Staatshaushalts der DDR einschließlich der Auslandsverschuldung und bis 1995 zusammen mit der THA auch die gesamte Zinslast für diese Schulden, die THA wurde bundesunmittelbare Anstalt, wodurch auch ihre finanziellen Risiken auf den Bund übergingen. Eine Revisionsklausel sah vor, daß bei grundlegender Veränderung der Gegebenheiten weitere Hilfen von Bund und Ländern gemeinsam geprüft werden sollten. Die vollständige Einbeziehung der neuen Länder in den föderalistischen Finanzverbund, wegen des Widerstandes der alten Länder damals nicht möglich, war ab 1995 vorgesehen. De Maizière konnte sich mit diesen Regelungen umso leichter zufrieden geben, als er davon überzeugt war, nach der Vereinigung würden Bund und auch westdeutsche Länder schon aus Rücksicht auf die ostdeutschen Wählerstimmen zahlen müssen, und zwar noch weit mehr, als jetzt im Einigungsvertrag festgelegt war.

In den Einigungsvertrag aufgenommen wurden die Gemeinsame Erklärung der Bundesrepublik Deutschland und der DDR zur Regelung offener Vermögensfragen vom 15. Juni 1990, das dieser Erklärung entsprechende Gesetz zur Regelung offener Vermögensfragen und das sie ergänzende Gesetz über besondere Investitionen. Der Gemeinsamen Erklärung waren schwierige Verhandlungen vorangegangen, die für die Bundesregierung der damalige Staatssekretär im Bundesjustizministerium Klaus Kinkel, für die DDR in der entscheidenden Phase Günther Krause und der Ministerpräsident selber führten. Die Bundesregierung hatte schon ab März damit gerechnet, bei Enteignungen im Zeitraum 1945 bis 1949 die Rückgabe nicht durchsetzen zu können; nach damaligem Kenntnisstand stellte die Unantastbarkeit der auf der Grundlage des Besatzungsrechts geschaffenen Eigentumsverhältnisse eine Bedingung dar, die die Sowjetunion für ihre Zustimmung zur deutschen Einheit stellen würde. Außerdem bestanden auch die Regierungen Modrow und de Maizière auf dem Ausschluß der Rückgabe bei Enteignungen vor 1949. Bei den Enteignungen, die die DDR nach ihrer Gründung 1949 vorgenommen hatte, beharrte die Bundesregierung auf dem Vorrang der Rückgabe. Die Regierung der DDR suchte hingegen die Rückgabe möglichst einzuschränken. Ergebnis war schließlich ein Kompromiß, bei dem die Bundesregierung der DDR weit entgegenkam: Keine Rückgabe bei Enteignungen vor 1949; Rückgabe bei Enteignungen nach 1949, dabei aber viele Ausnahmen. So war lediglich Entschädigung zu leisten, wenn Grundstücke und Gebäude im »komplexen Wohnungsbau« verwendet, nach der Enteignung der gewerblichen Nutzung zugeführt oder in ein anderes Unternehmen integriert worden waren oder wenn DDR-Bürger Eigentum oder Nutzungsrechte an enteigneten Immobilien nach DDR-Recht »redlich« erworben hatten. Nach vorherrschender Meinung erwies sich trotz dieser Einschränkungen das Rückgabeprinzip vor allem bis zum Investitionsvorranggesetz von 1992 als Investitionshemmnis, weil Verwaltungen und Gerichte in den neuen Ländern viel zu lange brauchten, um die Ansprüche zu klären und über Einsprüche zu entscheiden.

7. Bewertung: Die Verträge und Gesetze, die die Rahmenbedingungen für die wirtschaftliche Entwicklung Ostdeutschlands schufen, entsprachen nicht einem »Diktat Bonns«. Beim Staatsvertrag war die Bundesregierung der Regierung de Maizière schon vor dem 25. April entgegengekommen, und im Verhandlungsprozeß selbst hatte sie weitere Zugeständnisse gemacht. Auch bei den finanziellen Regelungen im Einigungsvertrag zeigte sich die Bundesregierung bereit, auf die Interessen der neuen Länder so weit wie möglich Rücksicht zu nehmen. Die alten Bundesländer hingegen lehnten 1990 noch jede spürbare Belastung durch die deutsche Einheit ab. Ähnlich wurde bei der Regelung der offenen Vermögensfragen ein Interessenausgleich zwischen den aus der DDR Geflüchteten und den dort Gebliebenen versucht. Beim Treuhandgesetz traten überhaupt keine Differenzen von Bedeutung auf.

Im Rückblick ist natürlich klar, worin sich die Akteure damals irrten: Die Produktivität der DDR-Wirtschaft war viel niedriger als Sarrazin im Januar annahm, die Fähigkeit der Unternehmen, sich durch neue Produkte im Wettbewerb zu behaupten, erwies sich als gering, die Bereitschaft westlicher Unternehmen, in Ostdeutschland zu investieren, entsprach nicht den Erwartungen. Vor allem aber stiegen die Löhne in Ostdeutschland bis 1993 weitaus schneller als die Arbeitsproduktivität. Die Folge war hohe und anhaltende Arbeitslosigkeit. Was aber hätte 1990 anders geregelt werden sollen? Die Hauptkritik richtet sich gegen die Umstellung der Löhne 1:1 und gegen das Rückgabeprinzip bei Enteignungen nach 1949. Wären aber die Löhne nach Zuschlägen 2:1 umgestellt worden, wie es die Bundesbank verlangte, so hätte dies die Angleichung an das westdeutsche Niveau nicht verhindert, sondern die Aufholjagd nur beschleunigt. Hätte die Bundesregierung auf Rückgabe bei den Enteignungen 1949 bis 1989 ganz verzichtet, wären sicherlich in der Anfangszeit vor allem viele kleinere Investitionen schneller möglich gewesen; ob das Gesamtvolumen der bis heute getätigten Investionen in diesem Falle wesentlich höher gewesen wäre, ist nicht festzustellen. Viel spricht dafür, daß der Aufbau Ost weniger durch Fehler bei den Verträgen 1990 als durch versäumte Reformen im Westen behindert wurde: Die Bundesrepublik ging in die deutsche Einheit mit einem Wirtschafts- und Sozialsystem, das den Anforderungen einer weltweiten Dienstleistungsgesellschaft nicht mehr entsprach und Innovation, Wachstum und Beschäftigung im Westen wie im Osten Deutschlands hemmte.

Dieter Grosser

Literatur:

GROS, JÜRGEN: Entscheidung ohne Alternativen?, Die Wirtschafts-, Finanz- und Sozialpolitik im deutschen Vereinigungsprozeß 1989/90, Mainz 1994. □ GROSSER, DIETER: Das Wagnis der Währungs-, Wirtschafts- und Sozialunion. Politische Zwänge im Konflikt mit ökonomischen Regeln, Stuttgart 1998. □ JÄGER, WOLFGANG: Die Überwindung der Teilung, Stuttgart 1998. □ KORTE, KARL-RUDOLF: Die Chance genutzt? Die Politik zur Einheit Deutschlands, Frankfurt a. M./New York 1994. □ SCHÄUBLE, WOLFGANG: Der Vertrag. Wie ich über die deutsche Einheit verhandelte, Stuttgart 1991. □ WAIGEL, THEO/MANFRED SCHELL: Tage, die Deutschland und die Welt veränderten. Vom Mauerfall zum Kaukasus: die deutsche Währungsunion, München (2. Aufl.) 1994. □ WEIDENFELD, WERNER MIT PETER M. WAGNER UND ELKE BRUCK: Außenpolitik für die deutsche Einheit. Die Entscheidungsjahre 1989/90, Stuttgart 1998.

Verträge zur deutschen Einheit

→ Bundesverfassungsgericht, Deutsche Einheit, Deutschlands Rechtslage, Grundgesetz, Rechtssystem, Selbstbestimmungsrecht, Staatsangehörigkeit, Treuhandanstalt, **Verhandlungen zur deutschen Einheit: Innerer Prozeß, Verhandlungen zur deutschen Einheit: Internationaler Prozeß, Verhandlungen zur deutschen Einheit: Ökonomischer Prozeß.**

1. Einführung: Am 3. Oktober 1990 wurde durch den Beitritt der DDR zur Bundesrepublik Deutschland nach Art. 23 des Grundgesetzes die deutsche Einheit staatsrechtlich vollendet. Mit diesem Tag fand nicht nur ein über 40 Jahre währendes Kapitel deutscher Geschichte seinen Abschluß. Der 3. Oktober 1990 war auch Endpunkt einer Ereigniskette, die im Sommer 1989 mit der Flucht der Menschen aus der DDR ihren Anfang genommen hatte, in den Montagsdemonstrationen ein von den SED-Machthabern wie ausländischen Beobachtern unterschätztes innerstaatliches Protestpotential offenbart und mit der Öffnung der Mauer am 9. November 1989 in Berlin einen deutschlandpolitischen Kulminationspunkt erreicht hatte. Durch diese unerwartete Wendung wurden nicht nur die Rahmenbedingungen der Beziehungen zwischen der Bundesrepublik Deutschland und der DDR grundlegend verändert: Die deutsche Frage stand über Nacht wieder auf der Agenda der internationalen Politik. Die Realisierung der deutschen Einheit wurde dabei zunächst allenfalls als Fernziel und ohne konkreten Zeitrahmen diskutiert. DDR-Ministerpräsident Hans Modrow sprach in seiner Regierungserklärung vom 17. November 1989 davon, »eine Verantwortungsgemeinschaft beider deutscher Staaten durch eine Vertragsgemeinschaft zu untersetzen«. Helmut Kohl präsentierte elf Tage später vor dem Deutschen Bundestag einen vielbeachteten, aber besonders wegen der nicht erfolgten Garantie der polnischen Westgrenze und fehlender Aussagen zum Verbleib Deutschlands in der NATO auch kritisierten Zehn-Punkte-Plan, in dem er seine Vorstellungen zur weiteren deutschlandpolitischen Entwicklung darlegte. Er nahm dabei den von Modrow geprägten Begriff der Vertragsgemeinschaft auf und erweiterte ihn durch das Angebot konföderativer Strukturen als vorläufiger Grundlage der Beziehungen zwischen beiden deutschen Staaten.

Die eindeutigen Forderungen der Mehrzahl der Ostdeutschen nach staatlicher Einheit Deutschlands und Zugang zur D-Mark, der sich beschleunigende Verfall ostdeutscher Wirtschaftsstrukturen und vor allem der auch nach dem Fall der Mauer zunächst anhaltende Übersiedlerstrom setzten die politischen Akteure in West- und Ostdeutschland genauso unter Handlungsdruck wie die für Deutschland als Ganzes und Berlin zuständigen alliierten Siegermächte Frankreich, Großbritannien, USA und Sowjetunion. Anfang 1990 begann eine rege Verhandlungsdiplomatie auf innerdeutschem und internationalem Parkett zur Regelung der deutschen Frage und Herstellung der deutschen Einheit. Bis zum 3. Oktober 1990 wurden in unzähligen Verhandlungsstunden mit dem Staatsvertrag zur Währungs-, Wirtschafts- und Sozialunion, dem Wahlvertrag, dem Einigungsvertrag und schließlich dem Vertrag über die abschließende Regelung in bezug auf Deutschland (»Zwei-plus-Vier«-Vertrag) die innerstaatlichen und völkerrechtlichen Voraussetzungen zur Vereinigung beider deutscher Staaten geschaffen.

2. Vertrag über die Schaffung einer Währungs-, Wirtschafts- und Sozialunion: Ziel des ersten Staatsvertrages zwischen der Bundesrepublik Deutschland und der DDR war es, der desolaten ökonomischen Situation in Ostdeutschland entgegenzusteuern. Der Vertrag sollte den Menschen eine glaubwürdige Perspektive zur Anpassung ihres Lebensstandards an westliches Niveau bieten und dazu beitragen, über die wirtschaftliche Einheit auch die staatliche Vereinigung vorzubereiten.

2.1. Vertragsinhalte: Der erste Staatsvertrag gliedert sich in eine Präambel, sechs Kapitel, ein gemeinsames Protokoll sowie neun Anlagen. In Kapitel I wird die Soziale Marktwirtschaft zur Grundlage der Wirtschaftsunion zwischen beiden Staaten erklärt. Die Kapitel II, III und IV umfassen die Bestimmungen zur Währungs-, Wirtschafts- bzw. Sozialunion. In Kapitel V sind Regelungen zum Staatshaushalt der DDR und den finanz- und steuerpolitischen Beziehungen zwischen beiden deutschen Staaten niedergelegt. Kapitel VI enthält die Schlußbestimmungen des Vertragswerkes. Ergänzt wird der Vertrag durch das »Gemeinsame Protokoll über Leitsätze«. Hier wurden Rahmenbedingungen vorgegeben, die die DDR bei der Anpassung ihrer Wirtschafts- und Sozialordnung an die der Bundesrepublik verbindlich zu berücksichtigen hatte. In den neun Anlagen wurde detailliert festgelegt, welche Rechtsänderungen seitens der DDR-Regierung und Bundesregierung bis zum Inkrafttreten des Vertrages am 1. Juli 1990 vorzunehmen waren.

In der Präambel würdigten die vertragschließenden Seiten die friedliche und demokratische Revolution in der DDR, ein Passus, der auf spezielles Betreiben der ostdeutschen Unterhändler aufgenommen wurde. Darüber hinaus wurde der Wille betont, die Einheit Deutschlands in einer europäischen Friedensordnung zu vollenden. Gleichzeitig brachten beide Vertragsparteien ihren Willen zum Ausdruck, mit der »Schaffung einer Währungs-, Wirtschafts- und Sozialunion einen ersten bedeutsamen Schritt in Richtung auf die Herstellung der staatlichen Einheit nach Artikel 23 des Grundgesetzes der Bundesrepublik Deutschland als Beitrag zur europäischen Einigung« zu unternehmen. Dabei war man sich aber bewußt, daß die äußeren Aspekte der Herstellung der Einheit Gegenstand der Verhandlungen mit den vier alliierten Mächten sein würden.

Mit ihrer nachhaltigen Forderung, daß Währungs-, Wirtschafts- und Sozialunion eine Einheit bilden (Art. 1 Abs. 4) sollten, konnte die ostdeutsche Delegation ein grundlegendes Verhandlungsziel durchsetzen. Im ersten Staatsvertrag wurde die Einführung der D-Mark als alleiniges gesetzliches Zahlungsmittel in Ostdeutschland festgelegt. Damit gab die ostdeutsche Regierung ihre Währungshoheit über die DDR ab. Mit der Umstellung der Löhne, Gehälter, Stipendien, Renten, Mieten und Pachten im Verhältnis 1:1 wurde eine zentrale Forderung der Menschen in der DDR im Vertrag fixiert. Der Umtausch von Bankguthaben war dagegen nur bis zu bestimmten Höchstbeträgen und nach altersspezifischen Differenzierungen der Berechtigten möglich. Bei der Umbewertung der Schulden setzten die Bonner Unterhändler ein Umstellungsverhältnis von 2:1 durch. Die Verhandlungen zum ersten Staatsvertrag wurden auf einer ungesicherten Datenlage geführt. Dies zeigt z. B. Art. 10 Abs. 6. Hier wurde vorgesehen, das volkseigene Vermögen zunächst vorrangig für nötige Strukturanpassungsmaßnahmen und die Sanierung des Staatshaushaltes der DDR zu nutzen. Später sollte dann den ostdeutschen Bürgern an möglichen Überschüssen »ein verbrieftes Anteilsrecht am volkseigenen Vermögen eingeräumt werden«. Heute ist bekannt, daß die Treuhandanstalt die Privatisierung des volkseigenen Vermögens mit einem Defizit von rund 230 Mrd. D-Mark abschloß.

Nach Inkrafttreten des Vertrages zur Währungs-, Wirtschafts- und Sozialunion hatte die DDR-Regierung wirtschafts- und finanzpolitische Maßnahmen mit dem Ordnungsrahmen der Sozialen Marktwirtschaft in Einklang zu stellen. Die Ostberliner Regierung wurde in Art. 11 Abs. 1 auf die zentralen Aussagen des westdeutschen Stabilitätsgesetzes von 1967 – Stabilität des Preisniveaus, hoher Beschäftigungsstand, außenwirtschaftliches Gleichgewicht, stetiges und angemessenes Wirtschaftswachstum – verpflichtet. Gleichzeitig war die wirtschaftspolitische Handlungsfähigkeit und damit die staatliche Souveränität der ostdeutschen Regierung nach Abschluß des Vertrages eingeschränkt. Sie mußte entsprechend der Art. 11 Abs. 4, Art. 14 und Art. 27 bei bestimmten wirtschafts- und finanzpolitischen Entscheidungen zuvor Einvernehmen mit der Bundesregierung herstellen.

In dem aus Sicht der ostdeutschen Verhandlungsführung besonders wichtigen Kapitel zur Sozialunion wurde die Schaffung eines Sozialsystems in Analogie zum westdeutschen festgeschrieben. Dazu gehörten der Aufbau eines Arbeitslosenversicherungssystems und die Angleichung der bestehenden Renten- und Krankenversicherungssysteme an in der Bundesrepublik Deutschland geltende Regelungen. Die DDR-Regierung verpflichtete sich weiterhin, ein System der Sozialhilfe entsprechend dem in Westdeutschland gültigen einzuführen.

2.2. Bedeutung des Vertrages: Der Abschluß des Staatsvertrages zur Währungs-, Wirtschafts- und Sozialunion wurde von beiden deutschen Regierungen als erster Schritt auf dem Weg zur Einheit konzipiert. Über die Verwirklichung der wirtschaftlichen Einheit sollte die staatliche Einheit erreicht werden. Sowohl in währungspolitischen wie in wirtschafts-, finanz- und sozialpolitischen Bereichen wurde die deutsche Einheit mit der Übertragung großer Teile der westdeutschen Wirtschafts- und Sozialordnung auf die DDR sowie der Einführung der D-Mark in Ostdeutschland präjudiziert und fundamentiert. Mit dem ersten Staatsvertrag war ein innerdeutscher »point of no return« erreicht. Die nachfolgende staatliche Vereinigung war die logische politische Konsequenz.

Für den Lebensalltag vor allem der Ostdeutschen brachte die Währungs-, Wirtschafts- und Sozialunion deutliche Einschnitte. Auf der einen Seite hatten die Menschen in Ostdeutschland zwar über die lang ersehnte D-Mark Zugang zur westlichen Warenwelt. Auf der anderen Seite legte der neue wettbewerbliche Ordnungsrahmen jedoch die desaströse Struktur der alten Wirtschaftsordnung offen und konfrontierte die Ostdeutschen mit Unternehmenszusammenbrüchen, Arbeitslosigkeit, gestiegenen Lebenshaltungs- und Mietkosten. Zum 1. Juli 1990 wurde auf der Basis des ersten Staatsvertrages ein wirtschaftspolitischer Transformationsprozeß in Gang gesetzt, der seinen Abschluß noch immer nicht gefunden hat.

3. Vertrag zur Vorbereitung und Durchführung der ersten gesamtdeutschen Wahl zum Deutschen Bundestag: Eine längere, weitgehend parteipolitisch motivierte Auseinandersetzung über Modalitäten und Termin der ersten gesamtdeutschen Bundestagswahlen bestimmte die Verhandlungen für den »Wahlvertrag«, der am 3. August 1990 geschlossen wurde. Die darin enthaltenen Bestimmungen über Listenverbindungen und eine für das gesamte Wahlgebiet geltende Fünf-Prozent-Sperrklausel wurden vom Bundesverfassungsgericht in seiner Entscheidung vom 29. September 1990 allerdings verworfen. Das vom Bundestag daraufhin revidierte Wahlgesetz vom 8. Oktober 1990 bildete schließlich die einheitliche Rechtsgrundlage für die erste Bundestagswahl im vereinten Deutschland am 2. Dezember 1990.

3.1 Vertragsinhalte: Der Wahlvertrag in seiner Fassung vom 3. August 1990 besteht aus acht Artikeln und einer Präambel. Diese betonte den bereits durch die Währungs-, Wirtschafts- und Sozialunion zum Ausdruck gebrachten Wunsch zu Herstellung der deutschen Einheit und bezeichnete den Wahlvertrag als wichtigen Schritt hierzu.

Artikel 1 behandelte das Wahlgebiet, einzelne Vorschriften des Parteiengesetzes und die Zulassung politischer Vereinigungen. Dabei wurde in Absatz 1 der Geltungsbereich des Bundeswahlgesetzes und des Wahlprüfungsgesetzes auf die Länder der DDR ausgedehnt. Die hierzu erforderlichen Änderungen des Bundeswahlgesetzes wurden in einer Anlage geregelt. Absatz 2 bestimmte die Anwendung einzelner Vorschriften des Parteiengesetzes. In Absatz 3 wurden die bereits durch das Gesetz zur Volkskammerwahl vom 20. Februar 1990 zugelassenen politischen Vereinigungen den Parteien gleichgestellt. Damit wurde den Besonderheiten dieser Gruppierungen und ihrer Bedeutung beim friedlichen Umbruch in der DDR Rechnung getragen.

Artikel 2 regelte die Ausdehnung der Bundeswahlordnung und der Bundeswahlgeräteverordnung auf das Gebiet der Länder der DDR, die vom Bundesinnenminister in Absprache mit dem Minister des Innern der DDR durch entsprechende Änderungen ermöglicht werden sollten.

Artikel 3 legte fest, daß Berlin bereits vor der deutschen Vereinigung im Rahmen der Wahlvorbereitung als ein Land zu behandeln ist.

In Artikel 4 wurde die Zuständigkeit des Bundeswahlleiters und des Bundeswahlausschusses auf das Gebiet der Länder der DDR ausgedehnt, um neben einem einheitlichen Wahlgebiet auch eine einheitliche Wahlorganisation zu ermöglichen. Zur angemessenen Berücksichtigung der in der DDR vertretenen Parteien sollte der Wahlausschuß um zwei Mitglieder mit Wohnsitz in der DDR erweitert werden.

Artikel 5 bot den Parteien Betätigungsfreiheit zur Wahrung der Chancengleichheit und nannte die Grundsätze für die Nichtzulassung verfassungswidriger Parteien. Er widersprach damit dem von der Volkskammer am 5. Februar 1990 beschlossenen Betätigungsverbot für »Die Republikaner«.

Artikel 6 bestätigte, daß in den Ländern der Bundesrepublik Deutschland keine neue Kandidatenaufstellung notwendig ist. Lediglich für Berlin mußten neue Landeslisten erstellt werden, da die bisherigen Wahlvorbereitungen lediglich den Westteil der Stadt berücksichtigten. In Artikel 7 wurde das Geltungsgebiet des Viermächte-Abkommens von 1971 auf West-Berlin ausgedehnt, Artikel 8 regelte den Zeitpunkt des Inkrafttretens des Wahlgesetzes.

3.2. Bedeutung des Vertrages: Der »Vertrag zur Vorbereitung und Durchführung der ersten gesamtdeutschen Wahl zum Deutschen Bundestag« ermöglichte die demokratische Legitimation der deutschen Einheit durch die Wähler. Die Diskussion um die Umsetzung des Wahlvertrags war dabei lange Zeit parteipolitisch geprägt. Erst die Entscheidung des Bundesverfassungsgerichts klärte letztlich alle Probleme der Chancengleichheit auch für kleinere Parteien und politische Vereinigungen der ehemaligen DDR. Die daraus folgenden Sonderregelungen mit unterschiedlichen Wahlgebieten in Ost und West trugen der besonderen Situation nach dem Umbruch in der DDR und der kurzen Zeitspanne zwischen Vereinigung und erster gesamtdeutscher Bundestagswahl Rechnung, blieben aber angesichts des fortschreitenden Zusammenwachsens auf diese erste gesamtdeutsche Wahl beschränkt.

4. Vertrag über die Herstellung der Einheit Deutschlands – Einigungsvertrag: Wenngleich die Verhandlungen zum Einigungsvertrag weniger im Blickfeld der Öffentlichkeit standen, ist dieses Vertragswerk dennoch für die Einheit Deutschlands von größter Bedeutung. In ihm wurden grundlegende und weitreichende Fragen der Vereinigung detailliert geregelt. Der Abschluß eines Einigungsvertrages spiegelte den mehrheitlichen Wunsch der ostdeutschen Regierung und die Intention de Maizières nach einem geordneten Übergang der DDR in die Bundesrepublik Deutschland wider. Dies entsprach auch der Grundauffassung der Bundesregierung, nach der die Initiative zum Einigungsvertrag von Ost-Berlin ausgehen mußte. Das Konzept für den Einigungsvertrag – so die westdeutsche Vorstellung – sollte »im Wechselspiel mit den politischen Kräften in der DDR erarbeitet werden«.[1]

4.1. Vertragsinhalte: Der Einigungsvertrag, dem, wie auch dem ersten Staatsvertrag, eine Präambel voransteht, umfaßt neun Kapitel mit 45 Artikeln, ein Protokoll und drei Anlagen. Protokoll und Anlagen machen dabei mehr als 90 Prozent des gesamten Vertragsumfangs aus.

In der Präambel brachten die Vertragsparteien ihren Willen zum Ausdruck, »die Einheit Deutschlands in Frieden und Freiheit als gleichberechtigtes Glied der Völkergemeinschaft in freier Selbstbestimmung zu vollenden«. Gleichzeitig wurde betont, daß mit der Herstellung der deutschen Einheit ein Beitrag zur Einigung Europas und dem Aufbau einer europäischen Friedensordnung geleistet werden solle. Weitergefaßt als im Vertrag zur Währungs-, Wirtschafts- und Sozialunion, wurde in diesem Vertrag all jenen Kräften gedankt, »die auf friedliche Weise der Freiheit zum Durchbruch verholfen haben, die an der Aufgabe der Herstellung der Einheit Deutschlands unbeirrt festgehalten haben und sie vollenden«.

Kapitel I des Vertrages fixierte Beitrittsmodus (Art. 23 GG) und -datum (3. Oktober 1990). Zur Hauptstadt des vereinten Deutschlands wurde in Art. 2 Berlin benannt. Gleichzeitig wurde die Entscheidung über den künftigen Regierungssitz auf die Zeit nach Herstellung der Einheit vertagt. Damit kam eine Kompromißformel zum Tragen, die einerseits de Maizières Forderungen nach Berlin als Hauptstadt Deutschlands integrierte und andererseits die Vorbehalte der Fraktionen im Deutschen Bundestag und die Furcht der Länderregierungen vor zentralistischen Tendenzen berücksichtigte.

Kapitel II beinhaltete alle mit dem Einigungsvertrag zusammenhängenden Änderungen des Grundgesetzes, wie z. B. die Neugestaltung der Präambel und Art. 146 GG, die Aufhebung von Art. 23 GG oder die von westdeutschen Landesregierungen durchgesetzte Erhöhung der Stimmenzahl der bevölkerungsreichsten Bundesländer im Bundesrat. Sie erhielten damit eine Sperrminorität. Besonders umstritten war die Behandlung der Art. 106 und 107 GG (Finanzverfassung). Nachdem die Verhandlungen zum Einigungsvertrag zwischenzeitlich sogar an diesem Thema zu scheitern drohten, einigten sich die Unterhändler schließlich in einem Kompromiß darauf, die Finanzverfassung des Bundes grundsätzlich auf die neuen Bundesländer zu übertragen. Allerdings sollten jene bis Ende 1994 nicht in den Länderfinanzausgleich einbezogen werden. Statt dessen vereinbarte man Unterstützungsleistungen aus dem Fonds »Deutsche Einheit«.

Die Grundsatzfragen der Rechtsangleichung, die Gültigkeit des Bundesrechts auf dem Gebiet der ehemaligen DDR und die Ausnahmen hiervon wurden in Kapitel III geregelt.

In Kapitel IV gaben beide Vertragsparteien eine Bestandsgarantie für die Gültigkeit bestehender Verträge sowohl der Bundesrepublik Deutschland als auch der DDR und der daraus resultierenden Verpflichtungen ab. Ausnahmen von diesem Prinzip wurden in Anlage 1 zum Vertragstext aufgelistet.

Kapitel V regelte den Aufbau der öffentlichen Verwaltung in den neuen Bundesländern gemäß dem föderalen Prinzip der Bundesrepublik Deutschland. Gleichzeitig bekräftigten die Vertragsparteien in Art. 17 dieses Kapitels ihre Absicht, unverzüglich rechtliche Grundlagen zu schaffen, auf deren Basis »alle Personen rehabilitiert werden können, die Opfer einer politischen Strafverfolgungsmaßnahme oder sonst einer rechtsstaats- und verfassungswidrigen gerichtlichen Entscheidung geworden sind«.

In Kapitel VI wurden die Behandlung des öffentlichen Vermögens und der Staatsschulden der ehemaligen DDR ebenso festgelegt wie Maßnahmen zur Strukturanpassung im Beitrittsgebiet. Die Treuhandanstalt wurde damit beauftragt, die ehemals volkseigenen Betriebe gemäß dem Treuhandgesetz wettbewerblich zu strukturieren und zu privatisieren. Ausdrücklich wurde auch in diesem Vertrag nochmals darauf hingewiesen, daß Erlöse aus der Veräußerung des volkseigenen Vermögens ausschließlich den im Vertrag zur Währungs-, Wirtschafts- und Sozialunion angeführten Verwendungsbestimmungen zugeführt werden sollten.

Die Regelung der Bereiche Arbeit, Soziales, Familie, Frauen und Umweltschutz wurde in Kapitel VII fixiert. Man legte nicht nur Detailfragen und Übergangsbestimmungen bezüglich der Angleichung der beiden Sozialsysteme fest, sondern verpflichtete auch den künftigen gesamtdeutschen Gesetzgeber, das Arbeitsvertragsrecht und das öffentlich-rechtliche Arbeitszeitrecht einheitlich neu zu kodifizieren. Nach nächtelangen Verhandlungen hatten sich die Vertragsparteien darauf verständigt, in Art. 31 des Vertragstextes festzuschreiben, daß bis spätestens 31. Dezember 1992 eine Regelung zu treffen sei, »die den Schutz des vorgeburtlichen Lebens und die verfassungskonforme Bewältigung von Konfliktsituationen schwangerer Frauen ... besser bewältigt, als dies in beiden Teilen Deutschlands derzeit der Fall ist«. Art. 31 hielt allerdings in Teilen einer Überprüfung durch das Bundesverfassungsgericht nicht stand, so daß nach dem 3. Oktober 1990 zunächst in Ostdeutschland die Fristenlösung und in Westdeutschland die Indikationsregelung weitergalt.

Die Behandlung der Bereiche Kultur, Bildung, Wissenschaft und Sport im Einigungsprozeß wurde in Kapitel VIII geregelt. Die Vertragsparteien verwiesen darauf, daß Kunst und Kultur in den Jahren der Teilung »eine Grundlage der fortbestehenden Einheit der deutschen Nation waren«. Vor diesem Hintergrund wurde dem Erhalt der kulturellen Substanz der ehemaligen DDR eine besondere Aufgabe zugeschrieben. Hinsichtlich der Gestaltung der Rundfunklandschaft wurde die Schaffung einer föderalen Struktur bis zum 31. Dezember 1991 festgeschrieben. Wichtig aus ostdeutscher Sicht war die Bestandsgarantie für in der DDR erworbene schulische, berufliche und akademische Ausbildungsabschlüsse.

Kapitel IX enthielt Übergangs- und Schlußbestimmungen. Es wurde beispielsweise klargestellt, daß Verpflichtungen aus dem ersten Staatsvertrag weiter gültig sein sollten, soweit im Einigungsvertrag nichts anderes bestimmt werde oder sie mittlerweile durch den fortgeschrittenen Einigungsprozeß obsolet geworden seien. Weiterhin wurde die »Gemeinsame Erklärung der Regierungen der Bundesrepublik Deutschland und der Deutschen Demokratischen Republik zur Regelung offener Vermögensfragen vom 15. Juni 1990« zum Bestandteil des Einigungsvertrages erklärt. In diesem Papier kamen beide Regierungen überein, daß unter sowjetischer Besatzungszeit erfolgte Enteignungen nicht mehr rückgängig zu machen seien. Von Ausnahmen abgesehen, wurde für die Jahre nach 1949 aber das Prinzip »Rückgabe vor Entschädigung« zugrunde gelegt.

In den äußerst umfangreichen Anlagen zum Einigungsvertrag wurden die getroffenen Vereinbarungen und Fragen der Rechtsangleichung und des weitergeltenden DDR-Rechts bis ins Detail geregelt. Die Anlagen umfassen sowohl außenpolitische Aspekte – so z. B. das Stationierungsrecht ausländischer Truppen in der Bundesrepublik – als auch innenpolitische Regelungen wie Vereinbarungen zum Justizwesen, Sozialversicherungssystem, Recht des öffentlichen Dienstes, zur Wirtschaftspolitik u. a. Für den Arbeitsbereich eines jeden Ressorts der Bundesregierung wurde in den Anlagen zum Einigungsvertrag ein Katalog von Bestimmungen zur Überleitung von Bundesrecht erstellt.

4.2. Bedeutung des Vertrages: Mit der Ratifizierung des Einigungsvertrags wurde der Grundstein für die Schaffung vergleichbarer Lebensverhältnisse in Ost- und Westdeutschland gelegt. Er stellt eine umfangreiche und detaillierte Kodifizierung der rechtlichen Aspekte der Vereinigung beider deutschen Staaten dar. Viele Vertragsvereinbarungen begleiten und belasten das Zusammenwachsen der beiden Teile Deutschlands bis heute. In diesem Zusammenhang wird immer wieder die Regelung der Eigentumsfrage angeführt. Aktuell und nicht abschließend geklärt ist in diesem Zusammenhang die Frage, inwieweit die Bestandsgarantie der unter sowjetischer Besatzungsherrschaft vorgenommenen Enteignungen eine Voraussetzung für Moskaus Zustimmung zur deutschen Einheit war.[2] Der für die Zeit nach 1949 festgeschriebene Vorrang der Rückgabe vor Entschädigung für enteignete Güter wird nach wie vor von einer Vielzahl von Wirtschaftsvertretern als Investitionshemmnis angesehen und ist vielen unmittelbar betroffenen Ostdeutschen unverständlich. Auch nachträgliche Detailänderungen konnten in diesem Punkt das Meinungsbild nicht nachhaltig ändern. Den zwischen 1945 und 1949 in der SBZ enteigneten Personen, Pächtern und Nachfolgegesellschaften der früheren LPGs erleichtert das im Sommer 1994 verabschiedete Entschädigungs- und Ausgleichleistungsgesetz (EALG) den Kauf von Land zu verbilligtem Preis in den neuen Bundesländern. Insgesamt gilt aber aus der Sicht vieler Ostdeutscher hinsichtlich der mit dem Einigungsvertrag gefundenen Eigentumsregelung: »In diesem komplizierten Gebilde ist eine plausible Grundidee nicht mehr erkennbar. Deshalb wird es von vielen nicht als gerecht empfunden«.[3]

Wenngleich der Einigungsvertrag viele Detailregelungen zur Gestaltung des Einheitsalltags vorsah, wurden aber auch Themenbereiche wie z. B. die Frage des Parlaments- und Regierungssitzes oder der Schutz vorgeburtlichen Lebens mit diesem Vertrag nicht abschließend geregelt. Sie blieben der Entscheidung durch einen gesamtdeutschen Gesetzgeber vorbehalten.

5. Vertrag über die abschließende Regelung in bezug auf Deutschland: Die in der bedingungslosen Kapitulation der deutschen Wehrmacht 1945 und den hieraus entstandenen besonderen Rechten und Verantwortlichkeiten der alliierten Siegermächte begründete, spezifische Rechtslage Deutschlands machte die Beteiligung der Vier

Mächte am Prozeß der deutschen Vereinigung notwendig.[4] Zudem herrschte 1990 bei beiden deutschen Regierungen die Überzeugung, daß die internationalen Aspekte der Einheit nur im Dialog und im Einvernehmen mit den Vier Mächten geregelt werden konnten. Die hieraus resultierenden »Zwei-plus-Vier«-Verhandlungen führten am 12. September 1990 in Moskau zur Unterzeichnung des Vertrags über die abschließende Regelung in bezug auf Deutschland, kurz »Zwei-plus-Vier«-Vertrag, und der vollständigen Wiederherstellung der deutschen Souveränität. Der Vertrag trat am 15. März 1991 in Kraft, nachdem die gesetzgebenden Körperschaften Deutschlands, der USA, Großbritanniens, Frankreichs und der Sowjetunion der Ratifizierung zugestimmt hatten und die entsprechenden Urkunden in Bonn hinterlegt worden waren. Zu den außenpolitisch relevanten Verträgen im Umfeld der deutschen Vereinigung gehören weiter der deutsch-polnische Vertrag über die Bestätigung der bestehenden Grenze vom 14. November 1990, der deutsch-polnische Vertrag über gute Nachbarschaft und freundschaftliche Zusammenarbeit vom 17. Juni 1991, der deutsch-sowjetische Vertrag über gute Nachbarschaft, Partnerschaft und Zusammenarbeit vom 9. November 1990 sowie der Vertrag »Über die Bedingungen des befristeten Aufenthalts und die Modalitäten des planmäßigen Abzugs der sowjetischen Truppen auf dem Gebiet der Bundesrepublik Deutschland« und das Abkommen »Über einige überleitende Maßnahmen« vom 12. Oktober 1990.

5.1. Vertragsinhalte: Der »Vertrag über die abschließende Regelung in bezug auf Deutschland« vom 12. September 1990 ist mit einer Präambel, zehn Artikeln und einer Protokollnotiz eines der kürzesten zentralen Vertragswerke im Umfeld der deutschen Vereinigung.

In der Präambel wurden Frieden, Freiheit, Selbstbestimmung, Völkerverständigung und Gewaltverzicht als die zentralen Gedanken des weiter zu entwickelnden KSZE-Prozesses und Grundlagen der partnerschaftlichen Übereinstimmung beim Vertragsabschluß gewürdigt.

Artikel 1 definierte die Grenzen des vereinigten Deutschland, das »die Gebiete der Bundesrepublik Deutschland, der Deutschen Demokratischen Republik und ganz Berlins umfassen« sollte (Abs. 1). Die bestehende Grenze zwischen Deutschland und Polen sollte in einem völkerrechtlich verbindlichen Vertrag bestätigt werden (Abs. 2). Das vereinte Deutschland sollte auch in Zukunft keinerlei Gebietsansprüche gegen andere Staaten (Abs. 3) haben und dies durch entsprechende Veränderungen seiner Verfassung, beziehungsweise der Präambel und der Artikel 23 Satz 2 und 146 des Grundgesetzes sicherstellen (Abs. 4). Entsprechende Erklärungen und Verpflichtungen würden von den Regierungen Frankreichs, der UdSSR, Großbritanniens und der USA förmlich entgegengenommen werden (Abs. 5). Die Verwirklichung aller Verpflichtungen würde den endgültigen Charakter der Grenzen des vereinten Deutschland bestätigen.

Artikel 2 bekräftigte – in Anlehnung an Art. 26 Abs. 1 GG und das bestehende Völkerrecht – die Erklärungen der Regierungen der Bundesrepublik Deutschland und der DDR zum Gewaltverzicht: Von deutschem Boden sollte nur Frieden ausgehen.

Der Verzicht des vereinten Deutschland auf Herstellung und Besitz von atomaren, biologischen und chemischen Waffen sowie die Verfügungsgewalt hierüber und die künftige Truppenstärke waren Inhalt von Artikel 3. Neben den allgemeinen Erklärungen zu ABC-Waffen wurde dabei (Abs. 1) besonders der Fortbestand aller Rechte und Verpflichtungen aus dem Vertrag über die Nichtverbreitung von Kernwaffen vom 1. Juli 1968 betont. Zudem nahmen die ehemaligen Siegermächte ausdrücklich eine am 30. August 1990 bei den Wiener Verhandlungen über konventionelle Streitkräfte in Europa (VKSE) abgegebene Erklärung der Bundesregierung zur Kenntnis (Abs. 3). Diese Erklärung, der sich die DDR-Regierung damals ausdrücklich anschloß, wurde im Vertrag wörtlich wiederholt (Abs. 2). Sie enthielt die Verpflichtung des vereinten Deutschland, seine Streitkräfte innerhalb von drei bis vier Jahren auf 370 000 Mann zu reduzieren, wovon nicht mehr als 345 000 Mann den Land- und Luftstreitkräften angehören sollten. Damit wurde einer zentralen Sorge der sowjetischen Seite Rechnung getragen, die für den Fall einer Reduzierung der in Mitteleuropa stationierten Truppen der USA und der UdSSR auf jeweils 195 000 Soldaten eine deutliche Übermacht einer aus Bundeswehr und Nationaler Volksarmee zusammengefügten deutschen Armee befürchtete hatte.

Die Dauer des Verbleibs sowjetischer Truppen auf dem Gebiet der damaligen DDR und Berlins behandelte Artikel 4. Die Regierungen der Bundesrepublik Deutschland, der DDR und der UdSSR bekräftigten darin ihre Absicht, deren bis zum Jahr 1994 abzuschließenden Abzug vertraglich zu regeln.

Artikel 5 befaßte sich mit dem militärischen Status des Territoriums der damaligen DDR nach Vollzug der deutschen Vereinigung sowie der Anwesenheit von Truppen der westlichen Alliierten in Berlin. Demnach durften auf dem Gebiet der ehemaligen DDR »ausschließlich deutsche Verbände der Territorialverteidigung stationiert werden, die nicht in die Bündnisstrukturen integriert waren, denen deutsche Streitkräfte auf dem übrigen deutschen Hoheitsgebiet zugeordnet sind«. Bis zum Abzug der sowjetischen Westgruppe sollten Streitkräfte anderer Staaten dort weder stationiert werden noch andere militärische Tätigkeiten ausüben (Abs. 1). Die Stationierung französischer, britischer und amerikanischer Truppen in Berlin wurde für die Dauer der Anwesenheit der Roten Armee auf dem Gebiet der damaligen DDR festgeschrieben (Abs. 2). Umfang und Ausrüstung der westlichen Streitkräfte in Berlin durften jedoch nicht verstärkt werden, ihre Stationierung sollte durch neue »Verträge zu gerechten Bedingungen« geregelt werden. Erst nach Abzug der sowjetischen Streitkräfte dürften auch andere deutsche Streitkräfte auf dem Gebiet der damaligen DDR stationiert werden (Abs. 3). Diese sollten jedoch nicht mit Kernwaffenträgern ausgerüstet sein, wenngleich sogenannte »dual-use-Systeme« zugelassen wurden, solange sie zwar über den konventionellen Einsatz hinausgehende Verwendungsmöglichkeiten haben, in Deutschland aber nur für »eine konventionelle Rolle ausgerüstet und nur dafür vorgesehen sind«. Ausländische Streitkräfte, Atomwaffen und deren Träger »werden in diesem Teil Deutschlands weder stationiert noch dorthin verlegt«. Eine Präzisierung dieses bis zum Tag der Vertragsunterzeichnung zwischen der UdSSR und ihren westlichen Verhandlungspartnern umstrittenen Punktes fand sich in der dem Vertrag beigefügten Protokollnotiz: Demnach sollte die deutsche Regierung unter Berücksichtigung der »Sicherheitsinteressen jeder Vertragspartei« über alle Fragen bezüglich der Anwendung des Wortes »verlegt« entscheiden.

Das uneingeschränkte Recht auf freie Bündniswahl des vereinten Deutschland wurde in Artikel 6 festgeschrieben. Dieses wesentliche Element deutscher Souveränität war lange Zeit umstritten gewesen.

Artikel 7 enthielt die zentrale Bestimmung des »Zwei-plus-Vier«-Vertrages: Die ehemaligen Siegermächte »beenden hiermit ihre Rechte und Verantwortlichkeiten in bezug auf Berlin und Deutschland als Ganzes. Als Ergebnis werden die entsprechenden, damit zusammenhängenden vierseitigen Vereinbarungen, Beschlüsse und Praktiken beendet und alle entsprechenden Einrichtungen der Vier Mächte aufgelöst. (2) Das vereinte Deutschland hat demgemäß volle Souveränität über seine inneren und äußeren Angelegenheiten«.

In den drei letzten Artikeln (8, 9 und 10) wurden Ratifikation, Hinterlegung der Urkunden und das Inkrafttreten geregelt.

Ergebnis der Verhandlungen war zudem ein gemeinsamer Brief von Außenminister Hans-Dietrich Genscher und dem amtierenden Außenminister der DDR, Ministerpräsident Lothar de Maizière, der bei der Vertragsunterzeichnung am 12. September 1990 an die Außenminister der Vier Mächte übermittelt wurde. Auf sowjetischen Wunsch äußerten sich Genscher und de Maizière darin zu zahlreichen Einzelpunkten die nicht im »Zwei-plus-Vier«-Vertrag direkt festgeschrieben wurden. Dazu gehörten die Festschreibung der Enteignungen in der ehemaligen SBZ zwischen 1945 und 1949, die Verpflichtung Deutschlands zur Pflege von Denkmälern und Kriegsgräbern und eine Klausel zur Behandlung der völkerrechtlichen Verträge der DDR durch das vereinte Deutschland.

5.2. Bedeutung des Vertrages: Trotz seiner Kürze behandelt der »Zwei-plus-Vier-Vertrag« alle relevanten, sich aus der völkerrechtlichen Situation Deutschlands ergebenden Punkte. 45 Jahre nach Kriegsende stellte er die deutsche Souveränität wieder uneingeschränkt her. Der Konsens zwischen den Verhandlungspartnern zeigt sich auch darin, daß die Vier Mächte durch eine entsprechende Erklärung ihre Rechte und Verpflichtungen zum 3. Oktober 1990, also bereits vor Beginn des Ratifikationsverfahrens, suspendierten. Das große Vertrauen der Alliierten gegenüber Deutschland kommt zudem dadurch zum Ausdruck, daß der Vertrag Hinweise auf zahlreiche noch abzuschließende Abkommen beispielsweise zu den Grenzen, der Stärke der Bundeswehr und dem Abzug der sowjetischen Westgruppe enthält, ohne daß Kontroll- oder Sanktionierungsmaßnahmen vorgesehen sind. Der zügige und reibungslose Abschluß aller im »Zwei-plus-Vier«-Vertrag geforderten Verträge sowie die mittlerweile abgeschlossene Umsetzung aller anderen Punkte wie die Änderung des Grundgesetzes bestätigten dieses Vorgehen. Präzision und politische Weitsicht der Vertragsgestaltung werden vor allem dadurch verdeutlicht, daß es im Gegensatz zur Mehrzahl der sonstigen Verträge im Umfeld der deutschen Vereinigung in der Folgezeit zu keinerlei Auseinandersetzungen über die Umsetzung oder Interpretation des Abkommens kam.

6. Bilanz: Die Verträge zur deutschen Einheit bildeten den rechtlichen Rahmen für einen in der Geschichte einmaligen Vorgang: Die friedliche und geordnete Vereinigung zweier Staaten mit bis dahin gegensätzlichen politischen und ökonomischen Ordnungen sowie unterschiedlichen militärischen Bündniszugehörigkeiten. Die in Anbetracht der umfassenden Zielsetzungen jeweils sehr kurze Verhandlungsdauer gehört deshalb ebenso zu den besonderen Merkmalen dieser Vertragswerke wie ihre dauerhafte politische Tragfähigkeit. Dabei wurden einzelne Vertragspunkte in der Folgezeit der Vereinigung zwar kritisiert und hinterfragt, doch wurde der grundsätzliche Erfolge der Verhandlungen und Vertragsabschlüsse in der Gesellschaft nie grundlegend in Frage gestellt, was die Bedeutung der Verträge für den anhaltenden Prozeß des innerdeutschen Zusammenwachsens bestätigt.

Jürgen Gros/Peter M. Wagner

Anmerkungen:

1 W. Schäuble: Der Vertrag. Wie ich über die deutsche Einheit verhandelte, München 1993, S. 112.
2 Vgl. dazu: Der amerikanische Präsident sagt »No«, Frankfurter Allgemeine Zeitung, 5. 12. 1995.
3 R. Schröder: Laßt verjähren, was verjährt, Frankfurter Allgemeine Zeitung, 1. 9. 1993.
4 Vgl. C.-M. Brand: Souveränität für Deutschland. Grundlagen, Entstehungsgeschichte und Bedeutung des Zwei-plus-Vier-Vertrages vom 12. 9. 1990, Köln 1993, S. 51 ff.

Literatur:

BRAND, CHRISTOPH-MATTHIAS: Souveränität für Deutschland. Grundlagen, Entstehungsgeschichte und Bedeutung des Zwei-plus-Vier-Vertrages vom 12. September 1990, Köln 1993. □ BRUCK, ELKE/PETER M. WAGNER (Hrsg.): Wege zum »2+4«-Vertrag. Die äußeren Aspekte der deutschen Einheit, München 1996. □ FISCHER, PETER: Reform statt Revolution. Die Gemeinsame Verfassungskommission von Bundestag und Bundesrat, München 1995. □ GROS, JÜRGEN: Entscheidung ohne Alternativen? Die Wirtschafts-, Finanz- und Sozialpolitik im deutschen Vereinigungsprozeß 1989/90, Mainz 1994. □ GROSSER, DIETER: Das Wagnis der Währungs-, Wirtschafts- und Sozialunion. Politische Zwänge im Konflikt mit ökonomischen Regeln, Stuttgart 1998. □ JÄGER, WOLFGANG: Das Ziel der Einheit verwirklichen. Der innenpolitische Prozeß der Einigung 1989/90, Stuttgart 1998. □ JARAUSCH, KONRAD H.: Die unverhoffte Einheit 1989–1990, Frankfurt a. M. 1995. □ KORTE, KARL-RUDOLF: Die Chance genutzt? Die Politik zur Einheit Deutschlands, Frankfurt a. M./New York 1994. □ SCHÄUBLE, WOLFGANG: Der Vertrag. Wie ich über die deutsche Einheit verhandelte, München 1993. □ STERN, KLAUS/BRUNO SCHMIDT-BLEIBTREU (Hrsg.): Staatsvertrag zur Währungs-, Wirtschafts- und Sozialunion, Bd. 1, München 1990. □ DIES. (Hrsg.): Einigungsvertrag und Wahlvertrag, Bd. 2, München 1990. □ DIES. (Hrsg.): Zwei-plus-Vier-Vertrag, Bd. 3, München 1990. □ WEIDENFELD, WERNER MIT PETER M. WAGNER UND ELKE BRUCK: Außenpolitik für die deutsche Einheit. Die Entscheidungsjahre 1989/90, Stuttgart 1998.

Vertriebene

→ Bundesverfassungsgericht, Deutschlandpolitik der Bundesrepublik Deutschland, Deutschlandpolitik der Vier Mächte, Deutschlandvertrag, Grundgesetz, **Oder-Neiße-Linie, Ostverträge**, Staatsangehörigkeit.

1. Begriff: Als »Flüchtlinge«, »Ausgewiesene«, »Vertriebene«, »Umsiedler« oder »Neubürger« bezeichnete man in den Besatzungsjahren diejenigen Personen deutscher Volks- und Staatszugehörigkeit, welche ihren dauernden Wohnsitz vor dem 1. Januar 1945 in den deutschen Ostprovinzen östlich der Oder und Neiße oder außerhalb der Deutschen Grenzen nach dem Stand vom 1. März 1938 hatten und von dort geflüchtet waren oder vertrieben wurden. Die anfängliche Begriffsvielfalt engte sich gegen Ende der Besatzungszeit auf die programmatischen Benennungen »Vertriebene« in den Westzonen und »Umsiedler« in der SBZ ein. Die gesetzliche Definition des Flüchtlings- und Vertriebenenbegriffs mischte die blutsmäßig bzw. kulturell definierte Zugehörigkeit zum deutschen Volk mit dem Umstand der Flucht oder Vertreibung im Gefolge des Zweiten Weltkriegs und ließ die Anwendung des Vertriebenenrechts auch für zukünftige Aussiedler und Spätaussiedler zu. Das Gesetz über die Angelegenheiten der Vertriebenen und Flüchtlinge vom 3. September 1971 (Bundesvertriebenengesetz) präzisierte schließlich die Zugehörigkeit zu der als Vertriebene bezeichneten Bevölkerungsgruppe wie folgt: »(1) Vertriebener ist, wer als deutscher Staatsangehöriger oder deutscher Volkszugehöriger seinen Wohnsitz in den zur Zeit unter fremder Verwaltung stehenden (seit der Neufassung vom 1. April 1995: in den ehemals unter fremder Verwaltung stehenden) deutschen Ostgebieten oder in den Gebieten außerhalb der Grenzen des Deutschen Reiches nach dem Gebietsstand vom 31. Dezember 1937 hatte und diesen im Zusammenhang mit den Ereignissen des Zweiten Weltkrieges infolge Vertreibung, insbesondere durch Ausweisung oder Flucht verloren hat... (2) Vertriebener ist auch, wer als deutscher Staatsangehöriger oder deutscher Volkszugehöriger ... nach Abschluß der allgemeinen Vertreibungsmaßnahmen die zur Zeit unter fremder Verwaltung stehenden deutschen Ostgebiete, Danzig, Estland, Lettland, Litauen, die Sowjetunion, Polen, die Tschechoslowakei, Ungarn, Rumänien, Bulgarien, Jugoslawien, Albanien oder China verlassen hat oder verläßt« (BGBl. 1971, S. 1568 ff.). Vertriebene sind nach Art. 116 Abs. 1 GG »Deutsche im Sinne des Grundgesetzes« und damit deutschen Staatsbürgern gleichgestellt. Der veränderten politischen Situation im Osten Europas wie dem »Zwei-plus-Vier«-Vertrag und der nachfolgenden deutschen Wiedervereinigung im Jahr 1990 trägt eine Neufassung des Bundesvertriebenengesetzes (BGBl. 1995, S. 829 ff.) Rechnung. Die Personen, die nach dem 31. Dezember 1992 die Aussiedlungsgebiete im Rahmen des Aufnahmeverfahrens verlassen und ständigen Aufenthalt in der Bundesrepublik nehmen, erhalten nun den Status des Spätaussiedlers. Mit Ausnahme der Volksdeutschen aus der ehemaligen Sowjetunion, Estland, Lettland oder Litauen müssen nun alle seit Kriegsende geborenen deutschstämmigen Ausreisewilligen aus den Staaten Osteuropas individuell glaubhaft machen, daß sie am Deutschtum festgehalten haben und deswegen diskriminiert wurden.

Die Gesamtzahl der Vertriebenen wird für das Jahr 1950 auf etwa 12,7 Mio. geschätzt, davon 8,1 Mio. in der Bundesrepublik, 4,1 Mio. in der DDR, 0,5 Mio. in Österreich und sonstigen Ländern. Etwa die Hälfte von ihnen verließ bereits vor Kriegsende ihre Heimat. Zwischen Kriegsende und der Potsdamer Konferenz im Juli 1945 wurde rund eine Viertel Mio. Menschen unter schlimmsten Bedingungen vertrieben. Die weitere Umsiedlung von 6,65 Mio. Menschen in geordneten Transporten beschlossen die Alliierten für das Jahr 1946. Bedingt durch Umsiedlung aus der DDR und weiterer Aussiedlung aus den Vertreibungsgebieten sowie den Umstand, daß auch die Nachkommen eines vertriebenen Elternteils als Vertriebene zahlenmäßig erfaßt wurden, erhöhte sich die Anzahl der Vertriebenen in der Bundesrepublik bis zur Volkszählung 1970 auf 9,6 Mio. und bis 1985 auf 10,7 Mio. Menschen. Ausgehend von der Vertriebenenzahl von 4,1 Mio. im Jahr 1950 wird für die ehemalige DDR eine Zunahme um 300 000 durch Aussiedlung, ein Wanderungsverlust durch Übersiedlung in die Bundesrepublik von 900 000 und ein Geburtenüberschuß von 500 000 Personen bis 1990 angenommen, so daß von einer Vertriebenenbevölkerung in den Neuen Bundesländern von etwa 4 Mio. zum Zeitpunkt der Wiedervereinigung ausgegangen wird. Durch Lockerung und Öffnung der Grenzen im Osten Europas ab 1988 hat sich insbesondere die Zahl der Aussiedler im letzten Jahrzehnt beträchtlich erhöht. Allein 1990 wanderten knapp 400 000 Aussiedler in die BRD ein. Insgesamt nahmen im Zeitraum 1950 bis 1995 das frühere Bundesgebiet bis 1989 sowie die alten und neuen Bundesländer ab 1990 zusammen etwa 3,5 Mio. Aussiedler aus den Ostgebieten des ehemaligen Deutschen Reiches sowie aus Ost- und Südosteuropa auf.

2. Historische Einordnung: Eine der Ursachen für die Vertreibung der Reichsdeutschen aus den vormals deutschen Gebieten jenseits der Oder-Neiße-Linie liegt in der alliierten Vereinbarung auf den Kriegskonferenzen und auf der Potsdamer Konferenz begründet, Polen für seine an die Sowjetunion verlorenen Ostgebiete im Westen zu entschädigen. Die Vertreibung der deutschstämmigen Bevölkerungsteile aus Polen, der Tschechoslowakei, Ungarn und aus anderen ost- und südosteuropäischen Staaten muß des weiteren in die gesamteuropäische »ethnische Säuberungspolitik« während der ersten Hälfte des 20. Jahrhunderts eingeordnet werden. Sie beruht auf der Idee des Nationalstaats, verstanden als geschlossenes Staatsgebiet mit ethnisch und kulturell einheitlicher Bevölkerung, ein Konstrukt, das faktisch in Osteuropa nicht anzutreffen war. Die Vorstellung, soziale Konflikte, die sich als ethnische Minderheitenprobleme begreifen ließen, auf nationalstaatlicher Ebene durch ›Entmischung‹ der jeweiligen Bevölkerungsgruppen zu lösen, führte unmittelbar vor dem Ersten Weltkrieg zu bilateralen Vereinbarungen zwischen Bulgarien, Griechenland und der Türkei, ganze Dörfer »freiwillig« umzusiedeln. Einen ersten Zwangsaustausch der gegenseitigen nationalen Minderheiten vereinbarten die Türkei und Griechenland im Vertrag von Lausanne 1923. Im Dritten Reich wurde das ethnische Entmischungskonzept 1939 in den Vereinbarungen mit Italien zur Umsiedlung der deutschen Minderheit aus Südtirol aufgegriffen. Der NS-Staat verband im Zweiten Weltkrieg seine großangelegte Vertreibungspolitik in den eroberten polnischen Gebieten mit einem Ansiedlungsprogramm umgesiedelter Deutschstämmiger aus den osteuropäischen Nachbarstaaten. Zu Zwangsumsiedlungen ethnischer Minderheiten kam es in großem Stil gleichermaßen unter Stalin innerhalb der Sowjetunion. Auch auf alliierter Seite beharrte man in der Planung für die Neuordnung Europas nach Kriegsende auf dem Konzept, Osteuropa durch »ethnische Entmischung« zu befrieden. Die von der britischen Regierung in Zusammenarbeit mit der tschechischen Exilregierung entwickelten Umsiedlungspläne für die deutschen Bevölkerungsteile insbesondere aus der Tschechoslowakei und den an Polen abzutretenden Gebieten waren Grundlage der britisch-amerikanischen Nachkriegsplanung. Sie trafen sich mit den Absichten Stalins und wurden auf der Potsdamer Konferenz 1945 endgültig bestätigt. Da sich die französische Besatzungsmacht weigerte, die ohne ihre Zustimmung in Potsdam getroffenen Vereinbarungen hinsichtlich der weiteren Bevölkerungsumsiedlungen mitzutragen, wurden die Flüchtlingstransporte auf die übrigen drei Besatzungszonen verteilt.

3. Flüchtlingstransporte und erste Aufnahme unter der Oberhoheit der Besatzungsmächte: Aufnahme und Eingliederung der deutschen Flüchtlinge während der Besatzungsjahre waren eng mit der Flüchtlingspolitik der Alliierten verwoben. Es verweist auf die grundsätzliche Übereinstimmung der Besatzungsmächte auf der Grundlage des ethnischen Entmischungskonzepts, daß die amerikanische, britische und sowjetische Militärregierung ähnlich ausgestaltete Eingliederungsvorstellungen verfolgten. Demnach kamen die Flüchtlinge nicht auf Zeit. Sie waren vielmehr dauerhaft als gleichberechtigte Mitbürger anzusiedeln. Im Interesse der beabsichtigten Befriedungspolitik war sowohl außen- wie innenpolitisch zu verhindern, daß sich die Vertriebenen zu einer neuen Minderheit mit selbstbewußter Interessenartikulation entwickelten. Demgemäß war der verordnete Eingliederungsprozeß rechtlich und sozial mit flankierenden Maßnahmen zu unterstützen. Im alliierten Kontrollrat erklärten sich die Besatzer zuständig für den reibungslosen und »humanitären« Ablauf der Transporte, die deutschen Verwaltungen und Regierungen sollten für die Eingliederung der Ankömmlinge in die deutsche Gesellschaft sorgen. Dabei blieb offen, was unter »Absorbierung« oder »Assimilation« genau zu verstehen sei. Für die rechtliche Absicherung der umfangreichen erforderlichen Wohnraumbeschlagnahmungen zugunsten der Neuankömmlinge schuf der alliierte Kontrollrat das Wohnungsgesetz. In den von den organisierten Flüchtlingstransporten betroffenen Besatzungszonen wurden auf Weisung und unter Kontrolle der Besatzungsmächte umfangreiche Verwaltungen zu ihrer Aufnahme, Weiterverteilung und Erstversorgung eingerichtet. Von ihrem ursprünglichen Konzept, die tatsächliche Eingliederung der Neubürger der deutschen Aufnahmegesellschaft zu überlassen, rückten die Besatzungsmächte angesichts der desolaten Wirtschaftslage in den Besatzungszonen, aber auch wegen massiver Widerstände der Altbevölkerung schließlich ab. Sie begannen zunehmend, assimilationsfördernde Maßnahmen anzuordnen. Die Eingliederung der Vertriebenen in den Arbeitsprozeß, in privaten Wohnraum und zur Ansiedlung in der Landwirtschaft (Bodenreform) wurde gefördert und die rechtliche Gleichstellung der Volksdeutschen mit den Reichsdeutschen verordnet. Eine gewisse Variationsbreite wiesen die Besatzungsmächte in der Ausgestaltung der Maßnahmen auf. Während die amerikanische Militärregierung besonderes Augenmerk darauf legte, die Vertriebenen möglichst schnell mit privatem Wohnraum zu versorgen, scheint die britische Militärregierung vor allem die wirtschaftliche Eingliederung der Neuankömmlinge hoch gewichtet zu haben. In der sowjetischen Besatzungszone bemühte man sich intensiv um die Wiederansiedlung der Neubürger im Zuge der Bodenreform. Daß die zukünftige Bundesrepublik ohne Stützung ihres wirtschaftlichen Wiederaufbaus kaum in der Lage sein würde, das Flüchtlingsproblem wirtschaftlich und politisch zu bewältigen, diskutierten die westlichen Militärregierungen am Ende der Besatzungszeit. Wie wichtig die westlichen Alliierten zu diesem Zeitpunkt das Eingliederungsproblem nahmen, läßt sich daran ablesen, daß sie sich im Besatzungsstatut für die Bundesrepublik Interventionen in Flüchtlingsfragen vorbehielten.

4. Wirtschaftliche und politische Eingliederungsprobleme in der Besatzungszeit: Angesichts der schwierigen Wirtschaftslage, der Knappheit an Gütern des alltäglichen Bedarfs wie des akuten Mangels an Wohnraum führte die zwangsweise Eingliederung der aufzunehmenden Ausgewiesenen und Flüchtlinge zu beträchtlichen Verteilungskämpfen zwischen Alt- und Neubürgerschaft. Erschwerend kam hinzu, daß die großen kriegsbedingten Wohnraumverluste in den Städten zu einer Einweisung der Bevölkerungstransporte in ländliche Gebiete geführt hatten. Viele Vertriebene fanden in ihren zumeist ländlichen Wohnorten nur unterqualifizierte schlecht bezahlte Arbeit. Insbesondere vormals Selbständige in Landwirtschaft und Gewerbe sahen sich von einer massiven Deklassierung bedroht. Frühe Überlegungen zu einer sozialen Verteilung der Kriegsfolgelasten zwischen Geschädigten und in ihren Sachwerten verschont Gebliebenen diskutierte man bereits in der Bizone im Zusammenhang mit der Planung der anstehenden Währungsreform. Ein Lastenausgleich wurde jedoch vorerst hintangestellt. Das im Juni 1948 in Kraft tretende Währungsgesetz benachteiligte die Vertriebenen, die in der Regel nicht auf Sachwerte zurückgreifen konnten. Auch die nachfolgende Zunahme von Arbeitslosigkeit betraf den vertriebenen Bevölkerungsteil überproportional. Die Militärregierungen der amerikanischen und britischen Zone hatten deshalb ihre Zustimmung zur Währungsreform ausdrücklich daran geknüpft, daß bis Ende 1948 die gesetzliche Regelung eines Lastenausgleichs auf den Weg gebracht werde. Nach zähen Diskussionen um den Charakter der Hilfe konnte jedoch erst im Mai 1949 das sogenannte »Soforthilfegesetz« verabschiedet werden. Bis zur Gründung der Bundesrepublik sorgte das Soforthilfegesetz mit Unterhaltsbeihilfen und Hausratshilfen in erster Linie für eine Entlastung der kommunalen Sozialämter.

Diskussionen um die Frage, welche politischen Rechte den Vertriebenen gewährt werden sollten, begannen in allen Besatzungszonen schon im Laufe des Jahres 1946. Auf Druck der Besatzungsmächte hin erhielt auch der volksdeutsche Bevölkerungsteil das aktive und passive Wahlrecht. Bis zum Ende der Besatzungszeit einschließlich der ersten Bundestagswahl jedoch blieb ihnen auf Geheiß der alliierten Mächte in allen Zonen das Recht auf selbständige politische Organisation versagt. Im Zuge des Assimilationsdiktats wurden die Ausgewiesenen auf die Mitgliedschaft in den bestehenden Parteien verwiesen. Einzig die Gründung eigenständiger kultureller Vereine und Organisationen war ihnen gestattet. Das sogenannte Koalitionsverbot schränkte damit das Wahlrecht der Vertriebenen bei der ersten Bundestagswahl deutlich ein. Es galt gleichermaßen in der DDR.

5. Die gesellschaftliche Stellung der Vertriebenen am Ende der Besatzungszeit: Mit dem Start in die Bundesrepublik waren die Flüchtlinge und Ausgewiesenen volksdeutschen Ursprungs zumindest auf dem Papier den deutschen Staatsbürgern in Rechten und Pflichten gleichgestellt. In den Ländern, deren Wirtschaftsstruktur den Neubürgern ein dauerhaftes Einkommen zu garantieren schien, wohnten die meisten von ihnen in privatem, wenn auch überdurchschnittlich beengtem Wohnraum. Deutlich zeichnete sich Ende der 40er Jahre ab, daß nur ein umfangreiches Umsiedlungsprogramm aus dem ländlichen Raum in wirtschaftliche Wachstumsgebiete und intensiver Wohnungsbau die sozialen Verhältnisse der Vertriebenen verbessern konnten. Schwieriger ist die Lage der Umsiedler im sowjetischen Besatzungsgebiet einzuschätzen. Rechtlich und politisch fanden die Zwangswanderer in der SBZ grundsätzlich die gleichen Aufnahmebedingungen wie in den Westzonen vor. Zwar waren im Zuge der Bodenreform weitaus mehr ehemalige Bauern wieder zu Landbesitz gekommen, doch verhinderten die erschwerten Startbedingungen in unterausgestatteten neuen Höfen häufig die tatsächliche Niederlassung. Offenbar setzte schon während der Besatzungsjahre eine Weiterwanderung auch der Umsiedler vom Land in die städtischen Ballungsräume ein. Angesichts der Wirrnisse des radikalen Umbaus der bestehenden Gesellschaft nach sozialistischem Modell mögen die psychologischen und sozialen Grenzziehungen zwischen einheimischer Bevölkerung und aufzunehmenden Zwangswanderern schneller verwischt worden sein als in den Westzonen.

6. Integrationspolitische Weichenstellungen der 50er Jahre: Nach der Aufnahme und Erstversorgung in der Besatzungszeit wurden die Probleme der Zwangszuwanderer in beiden deutschen Staaten unterschiedlich gehandhabt. Die Fragen nach dem Status der durch die Nachkriegsgrenzziehungen abgetrennten deutschen Territorien, die Kontroversen über Art und Weise, wie die Eingliederung der Vertriebenen durch staatliche Interventionen mit welchen Zielen erfolgen sollte, und die Formen, in denen sich ihre politische, ökonomische, gesellschaftliche und mentale Integration faktisch vollzogen, bildeten einen komplexen Zusammenhang.

In der SBZ/DDR eröffneten Bodenreform, Sozialisierung, Entnazifizierung und Abwanderung in die Bundesrepublik den Zwangszuwanderern einerseits begrenzte Eingliederungsmöglichkeiten. Sie wurden durch das Umsiedlergesetz des Jahres 1950 mit seinen relativ bescheidenen Kreditprogrammen flankiert, durch die allgemeine Nivellierung des Lebensstandards erleichtert und durch den, wenn auch verzögerten, ökonomischen Aufschwung begünstigt. Andererseits verzichtete die SED auf weitere kostenintensive Integrationshilfen, löste die bestehende Flüchtlingssonderverwaltung auf und unterband mit polizeistaatlichen Mitteln aus innen- wie außenpolitischen Gründen alle Ansätze zur Selbstorganisation der Vertriebenen. Ihre Probleme wurden offiziell als vollständig gelöst betrachtet, und als eigenständige Gruppe wurden die Umsiedler für nicht mehr existent erklärt, nachdem mit dem Görlitzer Vertrag von 1950 die Anerkennung der Oder-Neiße-Linie und damit auch die Unumkehrbarkeit des Bevölkerungstransfers festgeschrieben worden war.

Dagegen ermöglichte nach dem Auslaufen des Koalitionsverbots in den Westzonen das Grundgesetz den Vertriebenen seit 1950 die überregionale, verbands- und parteipolitische Vertretung ihrer Interessen. Das regierungsamtliche Festhalten an der Vorläufigkeit der Nachkriegsgrenzziehungen hielt die Hoffnung sowohl der Einheimischen wie der Zuwanderer auf deren langfristig erreichbare Rückkehr aufrecht. Auf Länderebene wurde eine wenngleich kompetenzgeschwächte Sonderverwaltung beibehalten und auf Bundesebene als Koordinierungsinstanz 1949 ein Ministerium für Vertriebene eingerichtet, das bis 1969 bestand. Mit dem im Mai 1953 in Kraft getretenen Bundesvertriebenengesetz schuf der erste Bundestag vereinheitlichte Rechtsbegriffe bezüglich des Vertriebenenstatus, regelte die Einführung von Vertriebenenausweisen, die Mitwirkung der Zwangszuwanderer in behördlichen Beiräten sowie vor allem ihre Gleichstellung in der Sozialversicherung. Darüber hinaus wurde die mit dem Flüchtlingssiedlungsgesetz vom August 1949 festgelegte Förderung der Ansiedlung vertriebener Landwirte fortgeschrieben und die Umsiedlung der in den strukturschwachen Agrarregionen konzentrierten Zuwanderer auf eine einheitliche Rechtsgrundlage gestellt. Dieser Länderflüchtlingsausgleich entlastete die Hauptaufnahmeländer Schleswig-Holstein, Niedersachsen und Bayern und siedelte, verbunden mit entsprechenden Wohnungsbauprogrammen, bis 1960 ca. 1 Mio. Vertriebene vornehmlich in Nordrhein-Westfalen, Baden-Württemberg und Rheinland-Pfalz an. Daneben korrigierten Millionen Vertriebene in eigener Initiative ihre ursprüngliche Fehlplazierung.

Mit dem Ziel eines sozialen Ausgleichs der durch die Kriegs- und Nachkriegsereignisse aufgetretenen ungleichen Vermögensverluste war nach heftigen Kontroversen bereits 1952 das Lastenausgleichsgesetz verabschiedet worden. Es löste das Soforthilfegesetz ab, wurde seither durch über 30 Gesetzesnovellen abgeändert und erweitert und gewährte rund 8 Mio. einheimischen Sachgeschädigten sowie 12 Mio. Vertriebenen und SBZ-Flüchtlingen Eingliederungs- und Entschädigungsleistungen. Konzeptionell stellte es einen Kompromiß zwischen einer quotalen Verlustentschädigung und einer sozialen, an den aktuellen Eingliederungsbedürfnissen orientierten Ausgleichsleistung dar. Neben Zuschüssen aus den öffentlichen Haushalten wurde der Lastenausgleich primär finanziert über eine Zwangsabgabe von 50 % auf das zum Stichtag der Währungsreform vorhandene Privatvermögen von ca. 1,5 Mio. nichtgeschädigten Abgabepflichtigen. Sie floß in einen vom Bundesausgleichsamt verwalteten Fond, war innerhalb von 30 Jahren zu tilgen und stellte so als eine bis 1979 erhobene Sondersteuer letztlich keinen Eingriff in die Vermögenssubstanz dar.

Angesichts des Wirtschaftswachstums handelte es sich vielmehr um eine durch Einkommens- und Preissteigerungen zusätzlich relativierte Umverteilung der von den Zwangszuwanderern zudem miterarbeiteten volkswirtschaftlichen Zugewinne. Anfänglich standen mit Hausratsentschädigung, Unterhaltshilfe, Kriegsschadensrente und Ausbildungs- und Existenzgründungsdarlehen die nach sozialen Gesichtspunkten erbrachten und zum Teil aus öffentlichen Mitteln vorfinanzierten Leistungen im Vordergrund. Die Hauptentschädigung, die in degressiv gestaffelten Sätzen nur kleinere Verluste voll ausglich, lief nach umfangreichen Schadensfeststellungsverfahren erst Ende der 50er Jahre an. Sie erreichte damit nicht mehr alle älteren Vertriebenen direkt und ersetzte aufgrund niedrig angesetzter Vorkriegsvermögenswerte im Schnitt nur schätzungsweise 22 % der eingetretenen Vermögensverluste. Gleichwohl handelte es sich dabei mit einem Gesamtvolumen von rund 140 Mrd. DM bis Ende 1993 um die größte sozialpolitische Transferleistung bis zur Vereinigung beider deutscher Staaten. Durch das Vertriebenenzuwendungsgesetz des Jahres 1994 wurde der Lastenausgleich allerdings lediglich mit einer einmaligen Ausgleichszahlung von 4 000 Mark pro Person auf die Anspruchsberechtigten in den neuen Bundesländern ausgedehnt. Größer als die begrenzten, von der Bevölkerung weithin überschätzten Umverteilungseffekte war die psychologische Bedeutung des Lastenausgleichs. Mit der Anerkennung der vererbbaren Rechtsansprüche der Geschädigten befreite er diese vom Odium der Sozialhilfe, ohne damit eine Ablösung weitergehender Wiedergutmachungsansprüche gegen die Vertreiberstaaten zu beinhalten.

7. Vertriebenenverbände in der Bundesrepublik: Die Kriegsfolgengesetzgebung der Bundesrepublik berücksichtigte die Vertriebenen nicht nur aufgrund des durch ihre Probleme bewußt gehaltenen Sozialstaatpostulats, sondern auch unter dem Eindruck der Formierung spezieller Vertriebenenparteien. Ihre zunächst regionalen Gründungen resultierten aus der unzureichenden Berücksichtigung der Zuwanderer in den von den Einheimischen dominierten lizensierten Parteien. Nach spektakulären Erfolgen in Schleswig-Holstein konnte der 1950 gegründete Bund der Heimatvertriebenen und Entrechteten (BHE) sich seit 1952 als Gesamtdeutscher Block/BHE (GB/BHE) bundesweit etablieren, bei den Bundestagswahlen 1953 5,7 % der Stimmen erringen und im zweiten Kabinett Adenauer mit Theodor Oberländer den Vertriebenenminister sowie mit Waldemar Kraft den Bundesminister für besondere Aufgaben stellen. Bald aber brach der Gegensatz zwischen dem sozial-integrationistischen und dem national-revanchionistischen Parteiflügel auf. Letzterer sah den von Oberländer und Kraft zugunsten sozialpolitischer Zugeständnisse gestützten Westintegrationskurs Adenauers als ostpolitische Verzichtserklärung an und manövrierte die Partei nach dem Übertritt der BHE-Minister zur CDU/CSU 1955 in die Opposition. Dieser Kurswechsel konnte den Rückgang des Wählerpotentials, das sich parallel zur ökonomischen Entwicklung regional unterschiedlich schnell reduzierte, nicht aufhalten. Mit der fortschreitenden Verbesserung der materiellen Lage der Vertriebenen machte sich der BHE selbst überflüssig. Bereits bei der Bundestagswahl 1957 scheiterte er an der 5-%-Klausel und schied anfangs der 1960er Jahre auch aus den Länderparlamenten und Landesregierungen Niedersachsens, Schleswig-Holsteins, Bayerns, Hessens und Baden-Württembergs aus.

Die Verbandspolitik der Vertriebenen war gekennzeichnet durch einen analogen Dualismus. Auf der einen Seite bildeten die sozialpolitisch orientierten Interessenverbände, die mit dem »Lebensrecht im Westen« die nicht nur formaljuristische Gleichstellung, sondern auch die materielle Chancengleichheit zwischen Alt- und Neubürgern verfochten, 1949 den Zentralverband der vertriebenen Deutschen (ZvD). Auf der anderen Seite formierten sich die Landsmannschaften zu den Vereinigten deutschen Landsmannschaften (VDL), die ihre Mitglieder nicht nach Aufnahme-, sondern Herkunftsgebieten organisierten, sie durch heimat- und kulturpolitische Aktivitäten zu binden suchten und mit dem »Heimatrecht im Osten« durch die Revision der Nachkriegsordnung zugleich eine vollständige Restitution der ehemaligen Besitzverhältnisse anstrebten. Mit der im August 1950 verabschiedeten Charta der Heimatvertriebenen formulierten ZvD und VDL zwar ein gemeinsames politisches Programm. Es verband die Forderung nach wirtschaftlicher Gleichberechtigung in der Aufnahmegesellschaft mit dem Recht auf Heimat in den Vertreibungsgebieten, wobei letzteres nur unter ausdrücklichem Verzicht auf Rache und Vergeltung in einem geeinten Europa verwirklicht werden sollte. Anhaltende Rivalitäten verhinderten jedoch die Gründung eines umfassenden Einheitsverbandes. Erst 1957 wurde der Bund der Vertriebenen – Vereinigte Landsmannschaften und Landesverbände (BdV) gegründet, der nach eigenen Angaben derzeit noch 2 Mio. Vertriebene zu vertreten beansprucht. Mit dem Bedeutungsverlust der sozialpolitischen Hilfe, die die Verbände in Kooperation mit staatlichen Behörden bei der komplizierten Durchführung des Lastenausgleich erfüllten, reduzierte sich die Zahl ihrer überalternden Mitglieder. Ebenso ging ihr (in-)formeller Einfluß in den Volksparteien seit der neuen Ostpolitik der sozial-liberalen Koalition in den 70er Jahren zurück, da die bislang bestehenden innenpolitischen Vorteile der mittlerweile ritualisierten Bekenntnisse zu ihren Zielen nun gegen mögliche außenpolitische Nachteile abgewogen werden mußten. So blieben auch 1990 Proteste gegen die endgültige Anerkennung der Nachkriegsgrenzziehungen, die eine wesentliche außenpolitische Voraussetzung für die deutsche Vereinigung darstellte, erfolglos. Seitdem haben die Verbände im Rahmen der verschiedenen Partnerschaftsverträge und der Osterweiterung der Europäischen Union die Chance, eine konkrete Vermittlungsrolle zwischen den Deutschen und ihren östlichen Nachbarn wahrzunehmen.

8. Integrationsprozesse: Nur für die Bundesrepublik, wo im Gegensatz zur DDR problembegleitende Forschung möglich war, läßt sich die faktische Integration, verstanden als ein mehrdimensionaler Sozialprozeß zwischen Einheimischen und Zwangszuwanderern, genauer verfolgen. Seit den 60er Jahren wurde sie allgemein bereits als erfolgreich abgeschlossen betrachtet, verlief aber langsamer, konfliktreicher und differenzierter, als es die offiziellen Würdigungen des »Vertriebenenwunders« vermuten lassen. Maßgeblich erleichtert wurde die Integration durch den

Wirtschaftsaufschwung. Er entschärfte durch zusätzliche Verteilungsspielräume die Konfliktpotentiale, wurde durch das hochmobile Arbeitskräftepotential der Vertriebenen wesentlich begünstigt, erreichte diese aber erst mit Verzögerung. Die Vertriebenen mußten dabei eine weitreichende berufliche Umschichtung hinnehmen, und ihr Status glich sich erst in der Generationenfolge an die Verhältnisse der Einheimischen an. Vertriebene mit nachgefragter Qualifikation waren weniger von Arbeitslosigkeit betroffen und konnten eher ihre Berufe beibehalten. Mitte der 50er Jahre hatten 93 % der vertriebenen Ärzte wieder in ihrem Beruf Fuß gefaßt, doch nur 6,3 % der Landwirte konnten meist kleine und oft unrentabel werdende Höfe bewirtschaften. Die einseitige Zunahme ungelernter Arbeiter markiert eine lang anhaltende Arbeitsmarktunterschichtung. Bei den westdeutschen Vertriebenen stieg die Vorkriegsrate von 23 % auf 39 % im Jahr 1950 und lag noch 1971 mit 28 % sowohl über dem Stand von 1939 wie über dem Anteil der nichtvertriebenen Bevölkerung (1939: 25 %, 1950: 23,5 %, 1971: 20 %). Für Facharbeiter, Angestellte und für Beamte verlief die berufliche Integration zwar günstiger. Doch die westdeutsche »nivellierte Mittelstandsgesellschaft« war Ergebnis ungleich verteilter Auf- und Abstiegsprozesse. Verglichen mit 1939 mußten bis 1960 32 % der Vertriebenen, aber nur 22 % der Einheimischen einen beruflichen Abstieg hinnehmen, und 39 % der Nichtvertriebenen stiegen auf, während dies – trotz höherer Aufstiegsorientierung, Leistungs- und (Weiter-)Bildungsbereitschaft – nur 33 % der Neubürger gelang.

Vor allem der soziale Wohnungsbau, der die Vertriebenen überproportional begünstigte, sorgte für eine Angleichung der Lebensverhältnisse. Von fast 2,5 Mio. Wohnungen, die allein zwischen 1952 und 1960 durch Sonderbauprogramme mit 6,1 Mrd. DM Bundesmitteln gefördert wurden, wurden 36,5 % an 910 000 vertriebene Wohnparteien mit 3,1 Mio. Personen vergeben. Mußten 1950 67 % aller vertriebenen Wohnparteien in Untermiete leben, so waren es 1960 nur noch 22 % (übrige Bevölkerung 28 bzw. 15 %). Darüber hinaus bot die westdeutsche Konsumgesellschaft vielen die Möglichkeit, sich zunächst äußerlich den Einheimischen anzugleichen und damit zugleich die ehemaligen, aber auch die aktuellen Lebensverhältnisse in ihrer alten Heimat zu übertreffen.

Parallel dazu stieg die gesellschaftliche Akzeptanz. Der Index für Ehen zwischen Einheimischen und Vertriebenen kletterte zwischen 1950 und 1960 von 66 auf 83 Punkte. Damit lag ihre soziale Integration leicht über der der bestintegrierten ausländischen Migrantengruppen Mitte der 80er Jahre. Am längsten dauerte es, bis sich die meisten Zuwanderer im Zuge ihrer emotionalen Integration in ihrer neuen Heimat vollständig zuhause fühlten. Inwieweit Regierungs- und Verbandspolitik dies verzögerte, da sie die »Eingliederung« in der »neuen« lange als Voraussetzung für eine Rückkehr in die »alte Heimat« ansah, läßt sich kaum beziffern. Äußerten in den späten 40er Jahren nahezu 90 % der Zwangszuwanderer konkrete Rückkehrabsichten, so halbierte sich dieser Prozentsatz bis zum Ende der 50er Jahre. Mit der Anwerbung ausländischer Arbeitskräfte in den 60er Jahren stieg die Bereitschaft, die Vertriebenen im Alltag als Einheimische zu betrachten. Eine Akzeptanzförderung bei den Einheimischen blieb der im Bundesvertriebenengesetz verankerten staatlich subventionierten Pflege ostdeutschen Kulturguts dagegen eher versagt. Sie stärkte aber das angeschlagene Selbstwertgefühl der Zwangszuwanderer, die zunehmend eine doppelte Heimatverortung ausbildeten und auf Heimattreffen die durch Vertreibung und atomisierende Zwangseinweisung zerstörten Sozialkontakte untereinander in weitgehend unpolitischem Sinn wiederherzustellen suchten.

9. Auswirkungen auf die Aufnahmegesellschaft: Die Zwangszuwanderer veränderten ihre Aufnahmegesellschaft nachhaltig. Sie beschleunigten spezifische Entwicklungen und bewirkten einen »Modernisierungsschub unter konservativen Vorzeichen« mit ambivalenten Folgen. Ihre Sekundärwanderung verstärkte die Urbanisierung, der mit ihnen verbundene Transfer von Humankapital in strukturschwache Gebiete ermöglichte aber auch eine Raumplanung, die dort eine dezentrale Industrialisierung herbeiführte. Für das Selbstverständnis der Nachkriegsgesellschaft von Bedeutung waren die Auflösung der Konfessionsgrenzen, die Stärkung des westdeutschen antikommunistischen Basiskonsenses und die Verbreitung leistungsorientierter und zugleich sozialkonservativer Einstellungen durch die Vertriebenen. Ambivalent gestaltete sich auch die mentale, zum Teil tabuisierte Verarbeitung ihrer keineswegs konfliktfreien Aufnahme in einer Integrationsgesellschaft wider Willen. Dies zeigt sich am Widerspruch zwischen ihrer insgesamt als geglückt angesehenen Integration und der noch heute unter ungleich günstigeren Bedingungen wenig ausgeprägten Aufnahmebereitschaft gegenüber Fremden.

Thomas Grosser/Sylvia Schraut

Literatur:

FRANTZIOCH, MARION/ODO RATZA/GÜNTER REICHERT (Hrsg.): Vierzig Jahre Arbeit für Deutschland. Die Vertriebenen und Flüchtlinge, Berlin 1989. □ GROSSER, THOMAS: Die Integration der Vertriebenen in der Bundesrepublik Deutschland, in: Hans Lemberg /Jan Kren/ Dusan Kovac (Hrsg.): Im geteilten Europa, Essen 1998, S. 41–94. □ HOFFMANN, DIERK/MICHAEL SCHWARTZ (Hrsg.): Geglückte Integration? Spezifika und Vergleichbarkeiten der Vertriebenen-Eingliederung in der SBZ/DDR, München 1999. □ LEMBERG, EUGEN/FRIEDRICH EDDING (Hrsg.): Die Vertriebenen in Westdeutschland, 3 Bde., Kiel 1959. □ LEMBERG, HANS: »Ethnische Säuberung«: Ein Mittel zur Lösung von Nationalitätenproblemen? In: Aus Politik und Zeitgeschichte, B 46/92, S. 27–38. □ LÜTTINGER, PAUL: Integration der Vertriebenen, Frankfurt a. M./New York 1989. □ REICHLING, GERHARD: Die deutschen Vertriebenen in Zahlen, 2 Bde., Bonn 1986/89. □ SCHRAUT, SYLVIA: Flüchtlingsaufnahme in Württemberg-Baden 1945–1949, München 1995. □ DIES./THOMAS GROSSER (Hrsg.): Die Flüchtlingsfrage in der deutschen Nachkriegsgesellschaft, Mannheim 1996. □ SCHULZE, RAINER/DORIS VON DER BRELIE-LEWIEN/HELGA GREBING (Hrsg.): Flüchtlinge und Vertriebene in der westdeutschen Nachkriegsgeschichte, Hildesheim 1987. □ WIEGAND, LUTZ: Der Lastenausgleich in der Bundesrepublik Deutschland 1949 bis 1985, Frankfurt a. M. 1992. □ WILLE, MANFRED (Hrsg.): Sie hatten alles verloren. Flüchtlinge und Vertriebene in der sowjetischen Besatzungszone Deutschlands, Wiesbaden 1993.

Wahlen

→ Bundesländer, **Bundesrepublik Deutschland:** Politisches System, Einstellungen zur deutschen Einheit, Extremismus und Innere Sicherheit, Innere Einheit, Jugend, Medien, **Parteien**, Politische Kultur, Sozialer Wandel, Wirtschaft.

1. Vorbemerkungen: 1998 wurde zum ersten Mal in der Geschichte der Bundesrepublik eine Bundesregierung durch die Entscheidung der Wähler abgelöst. Alle früheren Veränderungen der Regierung auf Bundesebene waren durch den Wechsel des Koalitionspartners oder eine Neuorientierung dieses Koalitionspartners herbeigeführt worden. Die hohe Stabilität des Wählerverhaltens erschien wie ein Gesetz, das keine Ausnahme kannte, obwohl die Wahlsoziologie schon seit langem ein Nachlassen der Parteibindungen registrierte, was zu einem Anwachsen des Wechselwählerpotentials führen mußte. Damit stieg aber gleichzeitig die Wahrscheinlichkeit eines Regierungswechsels. Der vielfach nachgewiesene Rückgang der Parteibindungen konnte sehr wohl mit einem generellen Strukturwandel der bundesdeutschen Gesellschaft begründet werden, der vielfache Erscheinungsformen hatte und nach wie vor hat.

2. Strukturwandel der Gesellschaft: Da ist zunächst der starke Wandel der Berufsstruktur. Die noch bis in die 70er Jahre dominierende Gruppe der Arbeiter wurde inzwischen durch die Gruppe der Angestellten und Beamten weit in den Schatten gestellt. Aus 51 % Arbeitern im Jahre 1950 wurden 36 % im Jahre 1996. Umgekehrt stieg der Anteil der Angestellten und Beamten im gleichen Zeitraum von 21 % auf 53 %. Die Selbständigen, zu Beginn der 50er Jahre noch zweitstärkste Berufsgruppe (28 %), verloren an Bedeutung und gingen im Laufe der 80er Jahre auf nahezu ein Drittel ihrer Ausgangsstärke zurück. Gleichzeitig mußten die Volksparteien mit dem Niedergang ihrer Vorfeldorganisationen zurechtkommen. Die Mitgliedschaft in Gewerkschaften, insbesondere bei den Arbeitern, nahm dramatisch ab, die Bindungen an die Kirchen (gemessen mit der Kirchgangshäufigkeit) haben sich in 40 Jahren mehr als halbiert. Die die Volksparteien jeweils stützenden Milieus wurden zusehends kleiner und durchlässiger. Hinzu kam in den 80er Jahren ein Bedeutungsrückgang ideologischer Grundkonflikte und damit auch das Ende der polarisierenden Kraft, die von diesen Ideologien für die beiden Volksparteien ausging. Deutliche Veränderungen gab es jedoch auch bei den Schwerpunkten der politischen Agenda, wo sich die Diskussionen weg von den Wertstrategien der 70er Jahre hin zu den Strategien der Statuserhaltung der 90er Jahre bewegte.

Verstärkt wurde dies alles durch die großen Veränderungen in den Medien als Mittler politischer Informationen. Umwälzende Veränderungen gab es im politischen Informationsangebot durch das Auftreten von privaten Anbietern bei den elektronischen Medien, aber auch durch bestimmte Konzentrationsbewegungen bei den Printmedien und vor allem durch die deutlichen Veränderungen im Kommunikationsverhalten der Deutschen. Dies konnte nicht ohne Rückwirkungen auf die Einstellungen und das Verhalten der Individuen gegenüber den Parteien bleiben. Zunächst aber schien ein Widerspruch zwischen all diesen Erkenntnissen und dem tatsächlichen Wahlverhalten der Deutschen, zumindest auf der Bundesebene, zu bestehen.

Trotz eines stetig wachsenden Anteils wechselbereiter Wähler im Elektorat insgesamt behielten die beiden großen Parteien ihre jeweiligen großen Anteile der Wählerstimmen, und es gelang ihnen auf lange Zeit nicht, in die Klientel der anderen großen Partei einzudringen, was sich schließlich in 16 Jahren unionsgeführter Bundesregierung ausdrückte. 1998 kam es zum ersten Mal zu einem starken Wechsel von Stimmen zwischen den großen Parteien zu Lasten der Union und damit auch zum Regierungswechsel. Waren es die besonderen Bedingungen dieser Wahl, die Kandidatenkonstellation und/oder die nicht gelösten dringlichen Probleme in der Bundesrepublik, die zu diesen Ergebnissen führten, oder wurde hier eine schon lange angelegte Entwicklung nur noch vollzogen?

Tabelle 1: Ergebnisse der Bundestagswahlen 1949–1998

	1949	1953	1957	1961	1965	1969	1972	1976	1980	1983	1987	1990	1994	1998
CDU	25,2	36,4	39,7	35,8	38	36,6	35,2	38	34,2	38,2	34,5	36,7	34,2	28,4
CSU	5,8	8,8	10,5	9,6	9,6	9,5	9,7	10,6	10,3	10,6	9,8	7,1	7,3	6,7
SPD	29,2	28,8	31,8	36,2	39,3	42,7	45,8	42,6	42,9	38,2	37	33,5	36,4	40,9
F.D.P.	11,9	9,5	7,7	12,8	9,5	5,8	8,4	7,9	10,6	7	9,1	11	6,9	6,2
Grüne									1,5	5,6	8,3	3,8		
B90/Grüne												1,2	7,3	6,7
PDS												2,4	4,4	5,1

3. Wahlverhalten: Betrachtet man das Wahlverhalten insgesamt, also nicht nur das auf der Bundesebene, so gibt es klare Anzeichen, daß sich das Ende stabilen Wahlverhaltens schon in den ausgehenden 80er Jahren ziemlich deutlich abzeichnete. Vom Beginn der Bundesrepublik an bis zum Jahre 1987 gab es 110 Wahlen auf Bundes- und Landesebene. Nur sieben dieser Wahlen führten aufgrund des Wählervotums zu einem Regierungs- oder Koalitionswechsel. Seit 1987 hingegen folgte bei insgesamt 40 Wahlen auf diesen beiden Ebenen 18 Mal ein Regierungs- bzw. Koalitionswechsel.

Benutzt man als schlichtes Kriterium für den abnehmenden Erfolg einer Regierungspartei die Stimmenanteile der Unionsparteien, so muß man feststellen, daß die CDU/CSU seit Übernahme der Regierungsmacht 1982/83 stetig verloren hat und dies auch bei der Wahl 1990, die nur zwei Monate nach der vollzogenen Einheit stattfand, welche für die Unionsparteien ein erhebliches Stimmungsplus brachte. Bezieht man die erhobenen Umfragedaten des Jahres 1989 bis Anfang 1990 zu den Parteien, den diskutierten Problemen und den zugeschriebenen Lösungskompetenzen mit ein, so gibt es gute Argumente für die Hypothese, daß ein Wechsel der Regierung ohne die deutsche Einheit sehr wahrscheinlich gewesen wäre. Ein solcher Achtjahresrhythmus entspräche der gewachsenen Volatilität und auch den Möglichkeiten einer Regierung, Veränderungen in einer Gesellschaft zu entsprechen bzw. Bemühungen um Statussicherungen der verschiedenen gesellschaftlichen Gruppen zu begegnen oder sie zu erfüllen. Durch den Vollzug der Einheit konnte die Bundesregierung 1990 noch einmal neu beginnen. Dies wurde vor allem durch das Wahlverhalten der Ostdeutschen möglich, welche die Regierungsparteien in unerwartet hohem Ausmaß und mit hoher Stabilität über alle vier Wahlen des Jahres 1990 stützten. Es waren vor allem die Hoffnungen, die in die Bundesregierung bei der Bewältigung der mit der Einheit verbundenen wirtschaftlichen Probleme gesetzt wurden, die hier verhaltensrelevant wurden.

Der Wechsel der Regierung kam 1998 nicht zufällig. Die äußerst knappe Verteidigung der parlamentarischen Mehrheit durch die Regierungsparteien 1994 zeigte bereits damals die hohe Bereitschaft der Wähler, insbesondere im Osten, auf veränderte ökonomische und gesellschaftliche Bedingungen mit der Wahl einer anderen Partei zu reagieren. Die Veränderungen im Osten waren ungleich deutlicher als im Westen. Allerdings gelang es der Union 1994 hauptsächlich wegen der spezifischen ökonomischen Bedingungen nochmals, das Blatt zu ihren Gunsten zu wenden, was bis zum Frühjahr 1994 völlig offen gewesen war. Die Dominanz wirtschaftlicher Probleme, vor allem in den neuen Bundesländern, und die traditionell der Union zugeschriebene höhere Kompetenz, diese Probleme zu lösen, hat ihr, wiederum vor allem im Osten, trotz des schwierigen wirtschaftlichen Umstrukturierungsprozesses und trotz hoher Arbeitslosigkeit nochmals zu relativ guten Ergebnissen verholfen. Aber bereits zu Beginn der zweiten Legislaturperiode nach der Einheit zeichnete sich zunehmend Kritik an der Bundesregierung ab, die nur 1995 zeitweilig unterbrochen wurde, weil die SPD sich in einem desolaten Zustand, vor allem, was die Führungspersonen anging, präsentierte. Für die SPD löste sich dieser Knoten erst am Jahresende nach dem Wechsel im Parteivorsitz.

Die Beurteilung der Leistungen von Regierung und Opposition über die beiden Legislaturperioden seit der Einheit zeigt einen jeweils sinusartigen Kurvenverlauf. Die Regierung wird spätestens im zweiten Jahr nach dem Wahlerfolg sehr kritisch beurteilt, und ihre Leistungen sinken aus der Sicht der Bevölkerung ab Mitte der Legislaturperiode auf ein ziemlich lang anhaltendes Tief, aus dem sie sich erst im Wahljahr selbst – und 1998 besonders spät – wieder erholen konnte. Die Beurteilung der Opposition ist nicht diametral entgegengesetzt, aber die Chancen für sie, sich positiv abzuheben, sind groß.

Die wichtigste Erkenntnis aus derartigen Messungen liegt jedoch darin, daß die Regierung selbst unter großen Anstrengungen in den verschiedenen Mobilisierungsphasen des Wahlkampfs ihr Ausgangsniveau in der Beurteilung nicht mehr erreichen konnte. Wenn das in Folge geschieht, ist die Wahrscheinlichkeit der Abwahl der Regierung hoch. Dies war in dem betrachteten Zeitraum der Fall. Trotz einer erstaunlichen Aufholjagd der Unionsparteien und des Kanzlers in der Beurteilung durch die wahlberechtigte Bevölkerung, die 1994 ein gutes halbes Jahr vor der Wahl begann, 1998 allerdings erst ein knappes halbes Jahr vor dem Wahltermin, gelang es der unionsgeführten Regierung zweimal nicht mehr, die Beurteilungswerte wieder zu erreichen, die sie jeweils am Anfang der Regierungszeit erhalten hatte. Das Damoklesschwert fiel.

4. Problemlösungskompetenzen: Auch gelang es ihr nicht, die in der Vergangenheit so oft erfolgreiche ökonomische Kompetenz in den Mittelpunkt zu rücken, obwohl sich in den Augen der Bevölkerung zu Beginn des Wahljahres 1998, ähnlich wie 1994 – allerdings mit weniger starken Zuwachsraten – eine positive Wirtschaftsentwicklung abzeichnete. Die Union blieb in ihren Stimmungswerten von diesen Bewegungen abgekoppelt. Der Grund für diese andersartige Entwicklung im Vergleich zu 1994 lag hauptsächlich in der generell schwindenden Kompetenzzuordnung bei der Lösung wichtiger politischer Probleme an die Parteien durch die Wähler in den Jahren 1996 und 1997. Mit der Diskussion um anstehende Reformen und der Verschärfung der ökonomischen Situation wuchs der Anteil in der Bevölkerung, die weder einer unions- noch einer SPD-geführten Regierung die Fähigkeit zuordnete, die ausstehenden Probleme zu lösen. Dies galt in verstärktem Maße für die wirtschaftlichen Zukunftsprobleme und die Schaffung neuer Arbeitsplätze, wo ab 1997 Mehrheiten die Meinung vertraten, daß keine der alternativen Regierungen imstande sei, wirksame Lösungen anzubieten. Dies war ein entscheidender Unterschied zu entsprechenden Zeiträumen vor der Wahl 1994.

Bei einer solchen Beurteilung können positive ökonomische Erwartungen nicht mehr die gleiche Rolle spielen wie in der Vergangenheit oder konkret wie im Wahljahr 1994.

Nachhaltig für die Regierungsparteien wirkte sich aber auch die hohe Arbeitslosigkeit aus, vor allem der Stellenwert dieses Problems, das ihm die Öffentlichkeit zumißt. Über 80 % der Befragten des Politbarometers nennen im Jahresdurchschnitt Arbeitslosigkeit als das wichtigste Problem in der Bundesrepublik (offene Frage, zwei Antwortmöglichkeiten). Zwar ist es richtig, daß nur eine Minderheit in der Bevölkerung nach wie vor eine unmittelbare Betroffenheit durch Arbeitslosigkeit empfindet. Rund drei Viertel der Berufstätigen bzw. derer, die berufstätig sein möchten, geben an, einen sicheren Arbeitsplatz zu haben, rund 15 % sehen ihren Arbeitsplatz als gefährdet an, und weitere knapp 10 % sind bereits arbeitslos. Allerdings führt die anhaltende Diskussion über dieses lange Zeit ungelöste Thema in den Medien und durch die Politiker selbst zu hoher Unsicherheit über die Auswirkungen auf die Wirtschaft und damit auch auf die eigene Situation der Wähler. Die in der öffentlichen Auseinandersetzung benutzten Schwellenwerte oder deren versprochene Reduzierung führen keineswegs zu irgendwelchen Beruhigungen, sondern eher zum Gegenteil. Für die Schaffung neuer Arbeitsplätze wurde in den Jahren 1997 und 1998 eher einer SPD-geführten Regierung als der damals amtierenden Koalition die größere Lösungskompetenz zugeschrieben. Seit dem Frühjahr 1998 waren die Kompetenzzuschreibungen für die SPD auch häufiger als die Nennungen, keine der alternativen Regierungen könne das Problem lösen. Am Wahltag selbst war der Vorsprung der SPD vor der Union bei dieser Frage eindeutig (FGW-Wahlbericht). Auch bei der Frage der Sicherung der Renten ist das Vertrauen in die SPD deutlich größer als das in die Unionsparteien, und bei der Bewältigung der Zukunftsprobleme haben die Sozialdemokraten noch einen Vorsprung, der allerdings eher bescheiden ausfällt. Umgekehrt wird der CDU/CSU bei der Lösung der staatlichen Finanzprobleme nur eine etwas größere Kompetenz eingeräumt als der SPD, im Bereich der Währungspolitik liegen die Unionsparteien hingegen klar vorne. Ihnen wird viel eher zugetraut, für eine stabile Währung zu sorgen, als der SPD. Den deutlichsten Kompetenzvorsprung für die Union gibt es bei der Außen- und Sicherheitspolitik, wo es allerdings für eine Opposition immer schwer ist, Zuständigkeiten zu beweisen oder Erfolge zu haben. Bei der Lösung der Umweltprobleme in Deutschland besitzen weder die Union noch die SPD das mehrheitliche Vertrauen der wahlberechtigten Bevölkerung. Hier wird am häufigsten den Grünen attestiert, eine Umweltpolitik im Sinne der Befragten zu machen.

Zusammenfassend lassen sich die aus den Problemkompetenzen ergebenden Vorteile für die SPD allein kaum zur Begründung der großen Veränderungen bei dieser Wahl, die sich ja hauptsächlich zwischen den beiden großen Parteien vollzog, heranziehen. Das wäre allerdings auch nicht sinnvoll, weil alle monokausalen Erklärungen für Wahlverhalten der komplexen Struktur dieser Entscheidungen nicht gerecht würde.

5. Kanzlerkandidaten: Ein Einfluß der Spitzenkandidaten wird in der Fachliteratur, zumindest für Deutschland, eher nachrangig hinter den Problemlösungskompetenzen und den sozialstrukturell verankerten und langfristig tradierten Bindungen an die Parteien eingestuft. Aber auch hier hat sich die Situation seit der Einheit verändert. Ohne Zweifel ist der Personeneinfluß auf das Wahlverhalten in den neuen Bundesländern wegen der dort fehlenden sozialisierten Bindungen an die Parteien größer. Dies haben die Ergebnisse zum Beispiel bei den Landtagswahlen 1994 in Sachsen und Brandenburg deutlich gezeigt. Beide Wahlen fanden am gleichen Tag statt, und es kam, bei nicht allzu unterschiedlichen Problemlagen in diesen Ländern, zu zwei absoluten Mehrheiten verschiedener Parteien und Spitzenkandidaten. Allerdings haben sich diese außerordentlichen Ergebnisse, die auch noch einen Ausstrahlungseffekt auf die 1994 wenige Wochen danach stattgefundene Bundestagswahl hatten, zum Teil bei der Bundestagswahl 1998 »normalisiert«. Entgegen dem Trend hat die SPD in Brandenburg im Vergleich zu 1994 Stimmen verloren, und die CDU hatte von allen Bundesländern in Sachsen die größten Verluste (– 15,3 Prozentpunkte).

Aber auch die Bedingungen im Westen haben sich durch die starke Einbeziehung der Medien, insbesondere des Fernsehens, in die Wahlkämpfe der letzten Bundestagswahlen deutlich geändert. Das Fernsehen braucht Bilder und die Chancen der Kandidaten, stärker in den Vordergrund zu treten, wachsen, weil Politik an und mit Personen leichter dazustellen ist als ohne sie. Damit erhöhen sich aber auch die Möglichkeiten der Inszenierung von Politik, was hauptsächlich hinter dem Schlagwort der sogenannten Amerikanisierung des Wahlkampfs steht.

Im Bundestagswahlkampf 1998 haben die beiden Volksparteien ihre Kandidaten für das Bundeskanzleramt besonders stark in den Mittelpunkt gerückt. Zwar gab es auch bei früheren Wahlen den Versuch, insbesondere von seiten der Amtsinhaber, den Wahlkampf zu personalisieren (»Auf den Kanzler kommt es an«), jedoch ist es neu, daß der Herausforderer bzw. die große Oppositionspartei die Personenkomponente derart ins Zentrum der politischen Diskussion stellt und die Medien so willig darauf eingehen. Schließlich hat die SPD Presse und Fernsehen mehr als ein Jahr damit beschäftigt, die Frage, wer nun Kanzlerkandidat wird, nicht zu entscheiden. Da Zweikämpfe oder vermeintliche Zweikämpfe aus der Sicht der Medien besonders interessant sind, bot die Nichtentscheidung der SPD immer wieder reichlich Stoff zu Spekulationen, und die Beobachtung der beiden möglichen Kandidaten band viele Kapazitäten, die dann für die Beschäftigung mit Inhalten nicht mehr zur Verfügung standen. Andererseits hatte Helmut Kohl sehr früh entschieden, nochmals zur Wahl anzutreten, wodurch ein vermeintlicher Druck auf die Opposition bestand, ihrerseits einen Kandidaten zu präsentieren. Dies zu artikulieren und einzufordern, machten sich die Medien zur Aufgabe.

Nach der Landtagswahl in Niedersachsen am 1. März 1998, bei der es wegen der Frage des Kanzlerkandidaten der SPD auch noch eine einseitige Mobilisierung in der Wählerschaft zugunsten der Sozialdemokraten gab, war die Konzentration auf die Kandidaten von seiten der Medien noch stärker und wurde wegen des deutlichen Sympathievorsprungs von Gerhard Schröder vor Helmut Kohl von seiten der SPD noch aggressiver geführt. Nach den Erfahrungen der beiden vorherigen Bundestagswahlen, insbesondere aber der Wahl von 1994, erschien die CDU-Strategie, auf die »Lokomotive« Kohl zu setzen, erfolgversprechend. Die Qualitäten Helmut Kohls als Wahlkämpfer und sein wiederholt vorgetragener und nicht zu erschütternder Optimismus im Hinblick auf eine ökonomische Aufwärtsentwicklung und den Erfolg der Union ließ den gleichzeitig in der Bevölkerung gemessenen mehrheitlichen Verdruß über den Bundeskanzler zumindest bei Unionspolitikern immer wieder in den Hintergrund treten. Aber auch die Entscheidungsstrukturen in der Union ließen es nicht zu, auf sich abzeichnende Verluste durch die Person Kohl personell zu reagieren. Die Ausgangsbedingungen für Kohl waren nur gut, wenn man von einer hohen Stabilität der Einstellungs- und Verhaltensmuster ausging. Diese aber gerieten gerade bei dieser Wahl ins Wanken. Helmut Kohl trat zum fünften Mal hintereinander für das Amt des Bundeskanzlers an, er war der in der Bundesrepublik am längsten amtierende Kanzler. Die SPD dagegen trat mit dem sechsten Kandidaten bei sechs aufeinanderfolgenden Wahlen an. Dieser Kandidat hatte aber genau die Qualitäten, welche die SPD brauchte, um aus ihrer strukturellen Minderheitsposition herauszukommen. Gerhard Schröder sprach die ungebundenen Wähler in der Mitte des politischen Spektrums an und auch die, die auf der sozioökonomischen Dimension eher in der Mitte zu finden sind.

Die Profile der beiden Politiker waren sehr unterschiedlich. Während Gerhard Schröder als der populärere Politiker mit der Ausstrahlung des Machers wahrgenommen wurde, sahen die Deutschen Helmut Kohl eher als den integeren, seriösen Politiker an. Helmut Kohl galt als verantwortungsbewußter, als derjenige, der deutsche Interessen besser vertritt, und er hatte auch noch leichte Vorteile bei den Eigenschaften »Glaubwürdigkeit« und »Ehrlichkeit«. Dagegen wurde Schröder als tatkräftiger eingestuft, hatte große Vorsprünge bei der reinen Sympathie und bei der Kategorisierung als Siegertyp und wurde zudem eindeutig als derjenige gesehen, der die zukünftigen Probleme Deutschlands lösen kann.

Bei einer derartigen Beurteilung der politischen Eigenschaften von Kanzler und Herausforderer und bei der beschriebenen Problemlage aus der Sicht der Wähler überrascht es kaum, daß Schröder auch eher als Bundeskanzler gewünscht wurde. Bereits Anfang 1997 hatte Gerhard Schröder bei der Frage, wen man lieber als Bundeskanzler hätte, Helmut Kohl eingeholt und schließlich überholt. Er baute seinen Vorsprung, der seinen Höhepunkt nach der erfolgreichen Wahl in Niedersachsen hatte, immer weiter aus. In der heißen Phase des Wahlkampfes, in dem Helmut Kohl große Teile der traditionellen Klientel der Union nochmals mobilisieren bzw. zurückgewinnen konnte, näherten sich die Beurteilungskurven für beide Politiker deutlich an, doch gelang es Kohl nicht wie 1994, den Herausforderer kurz vor der Wahl zu erreichen, sondern Schröder blieb bis zum Wahltag mit einem Vorsprung vor dem Amtsinhaber, der unmittelbar vor Wahlen bisher nicht gemessen wurde. Für Kohl war diese Bundestagswahl somit auch eine klare persönliche Niederlage. Die generelle Stimmung, die in Bonn die Regierung tragenden Parteien und der Bundeskanzler könnten die anstehenden Probleme nicht mehr mit der notwendigen Kraft anpacken, hatte sich schon früh herausgebildet, und auch Helmut Kohl konnte diese Grundstimmung nicht mehr wenden.

6. Wählerschaft: Erklärtes Ziel der SPD und ihres Kanzlerkandidaten war es, die Wähler der »neuen Mitte« zu erreichen. Da dies kein wahlsoziologischer Begriff ist, gestaltet es sich schwierig, den Erfolg zu messen. Die »neue Mitte« ist eine Erfindung der Wahlkämpfer um Gerhard Schröder, wobei diese zwei Worte mit positiver Konnotation zu einem Kunstbegriff zusammengeführt haben, die so kreierte unbestimmte Menge zur Zielgruppe erklärten und damit insbesondere in den Medien eine Diskussion entfacht haben, die große Aufmerksamkeit fand und Kapazitäten band. Versucht man die »neue Mitte« in die Begriffswelt der empirischen Wahlsoziologie zu übersetzen und nach Meßbarem zu suchen, so kommt man am ehesten weiter mit der Berufsgruppe der Angestellten und möglicherweise noch einer weiteren Unterscheidung innerhalb dieser Berufsgruppe nach Bindung zu bzw. Mitgliedschaft in einer beruflichen Interessenvertretung. Tatsächlich hat die SPD bei der großen Gruppe der Angestellten – sie umfaßt nahezu die Hälfte der Berufstätigen und ist aber auch gleichzeitig eine besonders mobile Gruppe – überdurchschnittliche Gewinne und die CDU/CSU überdurchschnittliche Verluste im Vergleich zur Wahl 1994 zu verzeichnen. Das heißt: aus einem kleinen Vorsprung, den die Union 1994 bei den Angestellten vor der SPD inne hatte (2 %), wurde ein deutlicher Vorsprung von 11 % der SPD vor der CDU/CSU im Jahre 1998. Unabhängig davon, ob nun in dieser Gruppe Bindungen an eine Gewerkschaft bestanden, also eine etwas stärkere Identifikation mit Arbeitnehmerinteressen vorlag oder nicht, kam es zu den gleichen Bewegungen zugunsten der SPD, allerdings auf deutlich unterschiedlichem Niveau. Während sich bei der kleineren Gruppe der gewerkschaftlich gebundenen Angestellten der Vorsprung der SPD von 18 % auf 31 %

vergrößerte, gewann die SPD in der großen Gruppe der Angestellten ohne gewerkschaftliche Bindung zum ersten Mal, seit dies zu messen ist, die Mehrheit. Zumindest seit den 50er Jahren hatte die Union in dieser Gruppe einen klaren Vorsprung, zuletzt 1994 7 %. 1998 führt nun die SPD auch hier mit fünf Prozentpunkten.

Durch die Erfolge der SPD bei den besonders mobilen Gruppen der Angestellten erhebt sich die Frage, ob sich die Wählerschaft der SPD damit grundlegend verändert hat und darüber hinaus die Frage nach der Dauer solcher Veränderungen. Zunächst gilt, daß die SPD-Zuwächse bei den Arbeitern deutlich unterdurchschnittlich sind, obwohl die Union bei Arbeitern, wo sie traditionell eher schwach ist, sogar leicht überdurchschnittlich verloren hat. Bei Arbeitern mit Gewerkschaftsbindung hat die CDU/CSU auf niedrigem Niveau weit überdurchschnittlich verloren, während die SPD auf sehr hohem Niveau ihre Position nochmals verbessern konnte. Aus einem Vorsprung der SPD 1994 von 25 % in ihrer Kernwählerschaft, die allerdings immer kleiner wird, wurde 1998 ein Vorsprung von 41 %. Im Osten ist die Veränderung bei den Arbeitern, die dort noch eine relativ größere Gruppe als im Westen darstellen, besonders deutlich. Während 1994 die Union, nach dem Überraschungsergebnis von 1990, noch immer stärkere Unterstützung bei Arbeitern fand als die SPD (Vorsprung 5 %), hat sich jetzt die traditionelle Vorstellung einer Interessenvertretung der Arbeiter durch die SPD auch im Osten durchgesetzt, und die Sozialdemokraten führen dort mit einem Vorsprung von 15 %, das entspricht einem Swing zugunsten der SPD von 20 %. Das alte, strukturell bedingte Wahlverhalten hat wieder dominiert. Man kann in diesem Punkt von einer deutlichen Angleichung des Wahlverhaltens in Ost und West sprechen.

Aus den Daten lassen sich aber auch noch andere Hinweise ableiten, die auf einen stärkeren zukünftigen Einfluß der Wähler auf das Alternieren von Regierungen bzw. Koalitionen hindeuten. Während früher ein Wechsel im Wahlverhalten hauptsächlich in den Altersgruppen zwischen 25 und 45 Jahren zu beobachten war, in denen nicht nur die höchste Mobilität, sondern auch die höchste Wahrscheinlichkeit von Statusveränderungen auftritt, wechselten 1998 die darüber liegenden Altersgruppen am häufigsten. Das gilt jeweils noch verstärkt für die Frauen. Dies deutet darauf hin, daß hier beim Wahlverhalten generell Hürden übersprungen wurden, die für lange Zeit als stabile Absicherungen für den Grundsockel der Volksparteien galten. So hat die Union zum Beispiel bei den über 60jährigen Frauen, die bisher zu ihren treuesten Wählern überhaupt gehörten, überproportional Stimmen verloren (9 %), die SPD hat gleichzeitig ebenso stark dazugewonnen. Bei den Frauen zwischen 45 und 59 Jahren verlor die CDU/CSU sogar 10 %, die SPD gewann 8 % dazu. Die Veränderungen im Osten, insbesondere bei der CDU, sind in den jeweiligen Gruppen noch stärker. Dies bedeutet: ein stärker interessengebundenes Wahlverhalten hat sich durchgesetzt, wobei diese Interessen nicht nur strukturell definiert sind, sondern sich verstärkt auf aktuelle Probleme und den dafür den Parteien zugeschriebenen Lösungskompetenzen beziehen. Wähler emanzipieren sich und sie wählen stärker aus.

Der Anteil, den die beiden großen Parteien an der Wählerschaft insgesamt erreichen, ist dabei erneut gesunken. Er liegt jetzt bei 76,1 % der gültigen Zweitstimmen. Er lag 1976 bei der letzten Wahl im alten Zweieinhalbparteiensystem noch bei 91,2 %, die F.D.P. erreichte damals 7,9 % und die sonstigen Parteien 0,9 %. Bei der Wahl 1998 haben von den kleinen Parteien immerhin drei die 5 %-Hürde überschritten, weitere 27 Parteien scheiterten daran, erreichten zusammen jedoch 5,9 % der Zweitstimmen, was der höchste Anteil der »sonstigen Parteien« seit 1957 ist. Deutschland hat mit hoher Wahrscheinlichkeit die letzte 16jährige Regierungszeit einer Koalitionsregierung abgeschlossen, ein Wechsel ist nicht nur programmiert, er findet auch statt, wenn die Regierungen nicht den Leistungserwartungen der Wähler entsprechen.

Dieter Roth

Literatur:

Bürklin, Wilhelm/Dieter Roth (Hrsg.): Das Superwahljahr. Deutschland vor unkalkulierbaren Regierungsmehrheiten?, Köln 1994. □ Campbell, Agnus u. a.: The American Voter, New York 1960. □ Downs, Anthony: An Economic Theory of Democracy, New York 1957. □ Forschungsgruppe Wahlen: Bundestagswahl 1998. Eine Analyse der Wahl vom 27.9.1998, Mannheim 1998. □ Dies.: Berichte Nr. 53 bis 83. □ Dies.: Gesamt-deutsche Bestätigung für die Bonner Regierungskoalition. Eine Analyse der Bundestagswahl 1990, in: Hans-Dieter Klingemann/Max Kaase (Hrsg.): Wahlen und Wähler. Analyse aus Anlaß der Bundestagswahl 1990, Opladen 1994, S. 615–665. □ Korte, Karl-Rudolf: Wahlen in der Bundesrepublik Deutschland, Bonn (2. Ausgabe) 1999. □ Roth, Dieter: Die Wahlen zur Volkskammer der DDR. Der Versuch einer Erklärung, in: Politische Vierteljahresschrift, 31/1990, S. 369–393. □ Ders.: Empirische Wahlforschung. Ursprung, Theorien, Instrumente und Methoden, Opladen 1988. □ Ders./Matthias Jung: Kohls knappster Sieg. Eine Analyse der Bundestagswahl 1994, in: Aus Politik und Zeitgeschichte, B 51–52/1994, S. 3–15.

Wirtschaft

→ **Finanzierung der Einheit**, Verbände, Innere Einheit, Lebensbedingungen, Sozialpolitik, Sozialer Wandel, **Strukturwandel**, **Treuhandanstalt**, Verhandlungen zur deutschen Einheit: Ökonomischer Prozeß, Verträge zur deutschen Einheit.

1. Wirtschaftliche Ausgangssituation in Deutschland am Vorabend der Einheit: Die über 40 Jahre deutscher Teilung spiegelten sich in der Wirtschaftsentwicklung der beiden deutschen Staaten wider. Die in vier Jahrzehnten entstandene Leistungskluft zwischen dem planwirtschaftlich organisierten System der DDR und der auf dem Konzept der Sozialen Marktwirtschaft beruhenden Wirtschaftsordnung der Bundesrepublik Deutschland war beträchtlich. Dies zeigte sich in aller Deutlichkeit, als mit der Öffnung der Mauer in Berlin am 9. November 1989 das bis dahin geschickt verschleierte begrenzte wirtschaftliche Leistungspotential der DDR zunehmend sichtbarer wurde und den Blick auf die desaströsen Strukturen der DDR-Wirtschaft zuließ.

1.1. Die wirtschaftliche Lage der DDR: Während des V. Parteitags der SED 1958 hatte Walter Ulbricht das ökonomische Ziel formuliert, dem zufolge »die Volkswirtschaft der DDR ... innerhalb weniger Jahre so zu entwickeln (ist), daß die Überlegenheit der sozialistischen Gesellschaftsordnung der DDR gegenüber der Herrschaft der imperialistischen Kräfte im Bonner Staat eindeutig bewiesen wird und infolgedessen der Pro-Kopf-Verbrauch unserer werktätigen Bevölkerung mit allen wichtigen Lebensmitteln und Konsumgütern den Pro-Kopf-Verbrauch der Gesamtbevölkerung in Westdeutschland erreicht und übertrifft«.[1] Ulbricht gelang es zwar in den 60er Jahren nicht, sein selbstgestecktes Ziel zu verwirklichen und das Konsumgüterniveau des Westens zu erreichen. Eine Vielzahl der Konsumwünsche der DDR-Bevölkerung blieb unbefriedigt. Aber im Gegensatz zu seinem Nachfolger Honecker in der Staats- und Parteiführung der DDR hatte er es nach dem Bau der Mauer 1961 erreicht, die DDR-Wirtschaft zu konsolidieren, die Verschuldung im Westen auf ein unbedeutendes Niveau zu begrenzen und den Staatshaushalt weitgehend schuldenfrei zu halten. Allerdings zeigte sich schnell, daß das von Ulbricht propagierte Programm des »Neuen ökonomischen Systems« und das darin beinhaltete Nebeneinander von zentraler Kommandowirtschaft und erweiterter Selbständigkeit der Unternehmen einen für Ost-Berlin politisch-ideologisch brisanten Konflikt zwischen Verteilungswirtschaft und Marktwirtschaft beinhaltete.

Mit der Machtübernahme Honeckers 1971 wurden die Reformen Ulbrichts beendet und fortan konsequent die Prinzipien der sozialistischen Planwirtschaft verfolgt. Honeckers Politik war in erster Linie auf die Verbesserung der wirtschaftlichen und sozialen Alltagssituation der Menschen in der DDR ausgerichtet. Die im neuen Fünfjahresplan verkündete »Einheit von Wirtschafts- und Sozialpolitik« zielte auf die »Erhöhung des materiellen und kulturellen Lebensniveaus« der Bevölkerung. Sukzessive konnte der Lebensstandard in der DDR zunächst in den Folgejahren auch ausgebaut werden. Die DDR erreichte bis 1980 den höchsten Lebensstandard aller RGW-Staaten. Zu einer subjektiven Verbesserung des Lebensstandards der Menschen in der DDR trug der seit Beginn der 70er Jahre von der politischen Führung massiv vorangetriebene Ausbau sozialer Standards (medizinische Versorgung, Kindergartenbau, Erhöhung von Geburts- und Kindergeld sowie der Renten) bei. Allerdings standen die sozialpolitischen Maßnahmen in keinem Verhältnis zum wirtschaftlichen Leistungspotential der DDR. Die Erhöhung des Lebensstandards mußte zunehmend über die Aufnahme von Krediten im westlichen Ausland finanziert werden.

Die Auslandsdevisenverschuldung und die daraus resultierenden Zinsverpflichtungen führten dazu, daß sich die DDR in den 80er Jahren – allerdings vom Westen weitgehend unbemerkt – latent am Rande des Staatsbankrotts bewegte. Anfang der 80er Jahre war es der DDR-Staatsleitung zwar noch gelungen, durch die von der Bundesregierung verbürgten Milliardenkredite eine Zahlungsunfähigkeit der DDR abzuwenden. Die von der westdeutschen Regierungsbürgschaft ausgehende Signalwirkung auf das internationale Bankensystem sicherte für einige Jahre die Kreditfähigkeit der DDR. Ende der 80er Jahre wurde hingegen auf DDR-Seite erkannt, daß eine erneute finanzielle Unterstützung durch westdeutsche Kredite zur Abwendung eines drohenden Bankrotts nur unter weitgehenden politischen Zugeständnissen Ost-Berlins an Bonn erreichbar war. Außerdem setzte sich in der DDR-Führung die Erkenntnis durch, daß das ostdeutsche Wirtschaftssystem grundlegenden Reformen zu unterziehen war, wenn die ökonomische Überlebensfähigkeit und Liquidität der DDR gesichert werden sollte. Die Bereitschaft zu wirtschaftlichen Reformen kam bei den SED-Machthabern allerdings zu spät. Als sie grundlegende Maßnahmen zur Konsolidierung der DDR-Wirtschaft Ende Oktober 1989 billigten, war die DDR bereits unwiderruflich zugrunde gewirtschaftet.

1.2. Die wirtschaftliche Lage der Bundesrepublik Deutschland: Wenngleich die Geschichte der Bundesrepublik Deutschland zu einem guten Teil zugleich die Geschichte ihrer wirtschaftlichen Erfolge ist, so war die Wirtschaftsentwicklung in der Bundesrepublik Deutschland aber auch von markanten Einschnitten geprägt. Dazu zählten die erste Rezession nach fast 15 Jahren ungebrochenem Wirtschaftsaufschwung, – die wirtschaftliche Dynamik aus den Aufbaujahren der Bundesrepublik hatte sich zu Mitte der 60er Jahre verbraucht –, die ökonomischen Krisenerscheinungen in den 70er Jahren sowie die Wirtschafts- und Finanzkrise in Westdeutschland zu Beginn der 80er Jahre.

Die von Helmut Kohl geführte »Koalition der Mitte« machte die wirtschaftliche Krisenlage der Bundesrepublik Deutschland und deren Behebung ab dem Herbst 1982 zu einem zentralen Thema ihrer Regierungspolitik. Bis 1989 konnten in der Bundesrepublik Deutschland der Staatshaushalt konsolidiert, das Haushaltsdefizit des Bundes vermindert, die Steuerbelastung für Unternehmen und private Haushalte gesenkt und Preisstabilität auf niedrigem Niveau erreicht werden. Aufgrund einer durch die internationale Wirtschaftsentwicklung beeinflußten hohen Exporttätigkeit sowie einer regen Inlandsnachfrage waren die Produktionskapazitäten der westdeutschen Wirtschaft 1989 so stark ausgelastet wie seit 1970 nicht mehr. Während sich in der Weltwirtschaft die Aufwärtsentwicklung abschwächte, zeichnete sich die deutsche Wirtschaft 1989 durch einen weiteren Zuwachs des Bruttosozialprodukts in Höhe von 3,9 % im Vergleich zum Vorjahr aus. Die Zukunftsprognosen waren günstig.[2]

Allerdings hatte die ökonomische Erfolgsgeschichte der 80er Jahre auch ihre Schattenseiten. So blieb die Sockelarbeitslosigkeit weiter auf hohem Niveau. Die sich seit Mitte der 70er Jahre entwickelnde Kluft zwischen einem sozial-gesicherten Teil der Bevölkerung und den von Arbeitslosigkeit und Armut Betroffenen wurde zunehmend größer. Die Einkommensdisparitäten wuchsen. Die Zahl derjenigen, die unter die Sozialhilfegrenze rutschten, nahm langsam, aber kontinuierlich zu. Die wirtschaftlichen Boomjahre wurden zudem insgesamt nur unzureichend genutzt, um Strukturschwächen des Wirtschaftsstandortes zu beseitigen und tiefgreifende Modernisierungsprozesse zu initialisieren.

2. Die wirtschaftliche Entwicklung 1990–1998

2.1. Zusammenbruch im Osten und Boom im Westen: Am 1. Juli 1990 trat der Vertrag über die deutsche Währungs-, Wirtschafts- und Sozialunion zwischen der Bundesrepublik Deutschland und der DDR in Kraft. Die D-Mark wurde zum offiziellen Zahlungsmittel in Ostdeutschland. Die Folgen waren für beide Teile Deutschlands unmittelbar spürbar. In der DDR legten die neuen Wettbewerbsmechanismen den desaströsen Zustand des Kapitalstocks frei. Das ungenügende Produktivitätspotential weiter Teile der ostdeutschen Wirtschaft wurde sichtbar. Im freien Spiel der Marktkräfte und unter den veränderten ordnungspolitischen Rahmenbedingungen sowie des aufgrund der Währungsunion erfahrenen massiven monetären Aufwertungsschubs waren viele DDR-Betriebe nicht mehr wettbewerbsfähig. Sie produzierten Güter unter oftmals unrentablen Kostenstrukturen zu Preisen sowie Qualitätsstandards, die am Markt keine Nachfrage fanden. Die Absatzschwierigkeiten wurden zusätzlich verschärft durch einen Nachfragerückgang auf den Märkten der Mitgliedstaaten des Rates für gegenseitige Wirtschaftshilfe (RGW), dem für ostdeutsche Produkte wichtigsten Absatzgebiet. Darüber hinaus waren allerdings auch die wenigen in Qualität und Preis mit westlichen Waren konkurrenzfähigen Produkte auf dem ostdeutschen Binnenmarkt kaum noch absetzbar. Denn die Mehrheit der Menschen in Ostdeutschland war in ihren Konsumwünschen auf die westliche Warenwelt fixiert. Erst langsam gelang es traditionellen ostdeutschen Marken in den nachfolgenden Jahren wieder, alte Kunden zurückzugewinnen und neue Käuferschichten auch in Westdeutschland sowie über die Grenzen der Bundesrepublik hinaus zu erschließen.

Die unverhoffte Öffnung der Grenze zwischen beiden deutschen Staaten wurde zum Glücksfall für die westdeutschen Unternehmen. Für sie kam die deutsche Einheit zum richtigen Zeitpunkt. Der ostdeutsche Nachfragesog sorgte für die Auslastung der in der Boomphase der 80er Jahre in Westdeutschland aufgebauten und angesichts der sich am Horizont der Weltwirtschaft bereits abzeichnenden Rezessionstendenzen überdimensionierten Produktionskapazitäten. Die reale Binnennachfrage stieg 1990 um mehr als 4,5 %. Es war die höchste Zuwachsrate in der bis dahin schon acht Jahre andauernden Aufschwungphase. Damit konnten die Auswirkungen der sich abschwächenden Auslandskonjunktur und der daraus resultierenden geringeren Auslandsnachfrage zunächst absorbiert werden. Rezessionsbedingte Einflüsse machten sich in der Bundesrepublik Deutschland im Vergleich zu anderen europäischen Staaten oder auch den USA erst mit deutlicher zeitlicher Verzögerung bemerkbar.

Die grundlegenden Unterschiede in der Leistungskraft zwischen dem östlichen und westlichen Teil des deutschen Wirtschaftsgebietes wurden 1991 in ihrem ganzen Ausmaß deutlich. Für die ostdeutsche Wirtschaft wurde das erste Einheitsjahr zum bislang schwersten. Die alten Produktionsstrukturen brachen nunmehr fast komplett zusammen. Der für die Wirtschaft der neuen Bundesländer so wichtige Osthandel kam zum völligen Erliegen. Im Zuge der Unternehmenszusammenbrüche und der Stillegung von nicht wettbewerbsfähigen Produktlinien wurde ein hohes Arbeitskräftepotential freigesetzt. Die Beschäftigtenzahl ging in diesem Jahr im

Vergleich zu 1989 um 2,6 Mio. zurück. Die ostdeutschen Unternehmen vor allem des verarbeitenden Gewerbes, die es schafften, sich am Markt zu halten, wurden durch rapide Lohnsteigerungen einem zusätzlichen Anpassungsdruck ausgesetzt – die Löhne waren seit April 1990 um rund 65 % gestiegen. Der Zusammenbruch alter Strukturen ging aber zugleich mit einer Neuausrichtung der sektoralen Wirtschaftsstruktur einher. So entwickelte sich z. B. im tertiären Sektor (Dienstleistungssektor), der in der DDR vernachlässigt worden war, schrittweise ein reges Wirtschaftsleben. Mittelständische Aktivitäten – in erster Linie aus dem Bereich des Bauhauptgewerbes, des Handwerks und vorgelagerter Branchen – trugen zudem auf der Basis allmählich einsetzender staatlicher und privater Bauinvestitionen im zweiten Halbjahr zu einer ersten Verbesserung der ostdeutschen Wirtschaftslage bei. Die Schrittmacherrolle des Baugewerbes für den ostdeutschen Wirtschaftsaufbau zeichnete sich hier bereits ab. Insgesamt gesehen wurde aber der wirtschaftliche Umbau in dieser ersten Phase durch eine nur zögerlich anlaufende Privatisierung staatlichen Eigentums, ungeklärte Eigentumsverhältnisse, einen nur langsam voranschreitenden Aufbau von Verwaltungsstrukturen, eine ungenügende Ausweisung von Gewerbeflächen und eine marode, westlichen Ansprüchen nicht genügende Infrastruktur behindert. Es zeigte sich schnell, daß viele westliche Unternehmen nur nach Beseitigung dieser Hemmnisse in Ostdeutschland investieren würden. Diese Investitionen waren aber nötig zur Ansiedlung von neuen Unternehmen, zur Schaffung von Arbeitsplätzen und zur Behebung der Eigenkapitallücke der am Markt verbliebenen ostdeutschen Unternehmen.

Bedingt durch den Prozeß der deutschen Einheit setzte sich 1991 in der westdeutschen Wirtschaftslandschaft die Tendenz zum Kapazitätsausbau fort. Die anhaltend hohe ostdeutsche und eine durch expansive staatliche Ausgabenpolitik zusätzlich induzierte Güternachfrage – es wurden 1991 insgesamt Leistungen in Höhe von 113 Mrd. DM an ostdeutsche Haushalte, Unternehmen und Gebietskörperschaften erbracht – bewirkten dabei den weiteren Kapazitätsausbau der westdeutschen Wirtschaft. Im Jahr 1991 erreichte die Auslastung der Produktionskapazitäten ihren nunmehr höchsten Wert seit 1970; ein Ergebnis, das seitdem nicht mehr erreicht wurde. Diese Effekte verdeckten zum einen die Einflüsse der weltweiten Konjunkturabschwächung auf den Wirtschaftsstandort Deutschland. Zum anderen kompensierten sie auch zu einem guten Teil die in Westdeutschland rückläufige Konsumnachfrage. In den privaten Haushalten der alten Bundesländer schränkte die Erhöhung der Beitragssätze zur Arbeitslosenversicherung, die Einführung des Solidaritätszuschlages sowie die Erhöhung von Mineralöl- und Versicherungssteuer das für konsumtive Zwecke verfügbare Einkommen ein. Insgesamt wurde mit den genannten Maßnahmen den privaten Haushalten 1991 ein Kaufkraftvolumen von fast 30 Mrd. DM entzogen.

Die expansive Geldnachfrage des Staates zur Finanzierung des ostdeutschen Aufbaus trug zu einem deutlichen Anstieg der Kapitalmarktzinsen in der Bundesrepublik Deutschland bei. Für die Unternehmen erhöhten sich neben den Kapitalkosten zusätzlich die Produktionskosten aufgrund von nicht am Produktivitätsfortschritt orientierten Lohnsteigerungen und der Erhöhung der Sozialkosten. Diesen Kostendruck versuchten die Unternehmen über Preiserhöhungen an den Markt weiterzugeben. Die Summe der Folgen war der stärkste Preisauftrieb in der Bundesrepublik Deutschland seit 1982. Im Vergleich zu 1990 waren die Lebenshaltungskosten 1991 um 4 % höher.

1991 zeigte sich zudem, daß die deutsche Volkswirtschaft nicht in der Lage war, die immensen Kosten des Aufbaus Ost aus dem inländischen Sparvolumen zu finanzieren. Die private Ersparnis reichte nicht aus, um die staatlichen Ausgaben und die Kapitalnachfrage der Wirtschaft zu decken. Die Bundesrepublik Deutschland, die Ende der 80er Jahre noch zu den weltweit größten Nettokapitalexporteuren zählte, mußte Kapital aus dem Ausland importieren. Dieser Kapitalimport trug zusammen mit den im Rahmen des Golfkriegs sowie des sowjetischen Truppenabzugs geleisteten Zahlungen dazu bei, daß die Leistungsbilanz der Bundesrepublik Deutschland mit dem Ausland erstmals seit langer Zeit wieder mit einem Defizit abschloß: Es betrug rund 30 Mrd. DM.

2.2. Aufwärtstrend im Osten, Stagnation und Rezession im Westen: 1992 wurde deutlich, was auch für die Folgejahre Gültigkeit besitzen sollte: Obwohl sich erste konjunkturelle Aufwärtstendenzen zeigten, war die Wirtschaftsentwicklung im Osten Deutschlands keineswegs selbsttragend, sondern in erster Linie von westdeutschen Transferzahlungen abhängig. Zum Zuwachs der gesamtwirtschaftlichen Produktion in den neuen Bundesländern trugen vor allem das Baugewerbe und der tertiäre Sektor – also Wirtschaftsbereiche, die weniger als das verarbeitende Gewerbe dem Wettbewerb mit westdeutschen Unternehmen ausgesetzt waren – bei. Neben dem Problem der hohen Arbeitslosigkeit und deren Bekämpfung zeigte sich 1992 aber auch deutlich, daß es mehr Zeit in Anspruch nehmen würde, den völlig veralteten Kapitalstock in Ostdeutschland auszutauschen und eine mit den alten Bundesländern vergleichbare Wirtschaftsleistung zu erreichen, als führende Politiker und Wirtschaftsfachleute 1990 zunächst noch angenommen hatten. Der Produktivitätsrückstand der neuen Bundesländer gegenüber den alten zeichnete sich 1992 erst in seinem vollen Ausmaß ab. Darüber hinaus entwickelte sich in Ostdeutschland eine Angebotslücke. Das Nachfragevolumen der privaten Haushalte und Unternehmen in Ostdeutschland war 1992 wertmäßig doppelt so hoch wie das auf dem Gebiet der neuen Bundesländer erzielte Volkseinkommen. Für die neuen Bundesländer war ein hoher Einfuhrüberschuß an Waren und Dienstleistungen zu verzeichnen. Zum Bilanzausgleich trugen die öffentlichen Transferleistungen aus westdeutschen Kassen wesentlich bei.

Überwogen für die westdeutsche Wirtschaft zunächst die positiven Effekte der deutschen Einheit, so wurde 1992 allmählich auch eine andere Seite der Medaille sichtbar. Die Bundesbank hatte auf den Kosten- und Preisauftrieb mit Zinserhöhungen reagiert. Die damit einhergehende hohe Bewertung der D-Mark auf den internationalen Finanzmärkten verschärfte für die deutsche Industrie den Preiswettbewerb auf dem Weltmarkt zusätzlich. Zudem kamen die Ende der 80er Jahre offensichtlichen und durch die deutsche Einheit zunächst verdeckten Wettbewerbsprobleme deutscher Unternehmen im Welthandel wieder offen zum Vorschein und verstärkten sich. Das ostdeutsche Nachfragepotential konnte die sich 1992 nur schwach entwickelnde westdeutsche Inlandsnachfrage und die rückläufige Auslandsnachfrage nicht mehr kompensieren. Der Auslastungsgrad des westdeutschen Produktionspotentials ging zurück. Die Gesamtbeschäftigtenzahl konnte nur deshalb annähernd konstant gehalten werden, weil Personalabbau im verarbeitenden Gewerbe in der Summe durch Expansionen im Bau- und Dienstleistungsbereich ausgeglichen wurden.

Das Jahr 1992 offenbarte einen Zielkonflikt der Wirtschaftspolitik in der Bundesrepublik Deutschland. Pole des Konfliktes waren zum einen die Kriterien einer stabilitätsorientierten Politik und zum anderen die Notwendigkeit, die ostdeutsche Wirtschaft in eine gesamtdeutsche Wirtschaftslandschaft zu integrieren. Deutlich wurde das Dilemma in der Haushaltspolitik der Bundesregierung. Die hohen Transferleistungen nach Ostdeutschland schufen einerseits kurzfristig zusätzliche Nachfrageeffekte, von denen v. a. westdeutsche Unternehmen profitierten. Andererseits schränkte das hohe Staatsdefizit den Spielraum der Bundesbank für Zinssenkungen ein. Dies und die zusätzlich erhöhte Steuer- und Abgabenlast engten das Potential für Konsum- und Investitionsentscheidungen der Privatwirtschaft in Westdeutschland ein.

In den neuen Bundesländern entwickelte sich die Wirtschaftsleistung 1993 weiter positiv. Das Bruttoinlandsprodukt (BIP) stieg um real 7,2 % im Vergleich zum Vorjahresniveau. Wachstumstreibender Wirtschaftssektor war nach wie vor die Bauindustrie. Aber auch investitions- und konsumgüterproduzierende Wirtschaftsbranchen leisteten zum weiter steigenden Produktionsvolumen ihren Beitrag. Die hohen staatlichen Investitionen in die ostdeutsche Infrastruktur der vorangegangenen Jahre begannen sich auszuzahlen. Die privaten Investitionen in Ostdeutschland nahmen zu.

Während in Ostdeutschland die Wirtschaftsleistung kontinuierlich wuchs, erlebte die westdeutsche Wirtschaft dagegen einen schweren wirtschaftlichen Einbruch. Die Produktion des westdeutschen Wirtschaftsraumes sank um 1,8 % unter das Niveau des Vorjahres. Das Exportvolumen ging im Vergleich zu 1992 sogar um 3,7 % zurück. Dieser Abschwung verstärkte den Wettbewerb um die Auslastung von Produktionskapazitäten auf dem deutschen Binnenmarkt zusätzlich. Die unmittelbare Folge war, daß es ostdeutschen Unternehmen angesichts hoher westdeutscher Überkapazitäten noch schwerer fiel, sich beispielsweise in Branchen wie dem Maschinenbau oder der Chemie gegen die Konkurrenz aus den alten Bundesländern durchzusetzen bzw. neue Marktzugänge zu finden. Der starke konjunkturelle Abschwung in Westdeutschland war vor allem auch eine Folge der konjunkturellen Überhitzung und der mit hoher Intensität geführten Verteilungskämpfe der Vorjahre, die deutliche Lohnsteigerungen und damit eine Erhöhung der Produktionskosten zur Folge hatten. Gleichzeitig legte diese Rezession den Blick auf strukturelle Defizite im westdeutschen Wirtschaftsgefüge frei.

1994 erreichte das Wirtschaftswachstum in Ostdeutschland seinen bis dahin höchsten Wert. Eine reale Zunahme des BIP von 8,5 % war zu verzeichnen. Positiv machte sich in erster Linie der Aufschwung im verarbeitenden Gewerbe bemerkbar.

Nahmen die Auftragseingänge beispielsweise 1992 im Vergleich zum Vorjahr noch um 7,5 % ab, so wuchsen sie von 1993 auf 1994 um fast 17 %. Der Zuwachs der Wertschöpfung im Industriebereich lag über dem des ostdeutschen BIP. Ein Grund für diese Entwicklung ist in der weitgehend abgeschlossenen Umstrukturierungsarbeit der Treuhandanstalt (THA) und den damit einhergehenden Privatisierungen zu sehen. Bis zum Abschluß ihrer zentralen Aufgabe, die Staatsunternehmen der ehemaligen DDR in wettbewerbliche Strukturen zu überführen, wurden bis Ende 1994 mehr als 15 000 Unternehmen und Betriebsteile von der THA privatisiert. Gleichwohl war die Entwicklung im ostdeutschen Industriesektor nach wie vor problematisch. Wie dramatisch der Abbau der industriellen Strukturen Ostdeutschlands vorangeschritten war, zeigen z. B. Zahlen, nach denen zwischen 1990 und 1994 etwa vier Fünftel aller Industriearbeitsplätze in den neuen Bundesländern verloren gingen. Erst 1994 gelang es, Produktivitätsgewinne in der ostdeutschen Wirtschaft ohne zusätzliche Entlassungen zu erzielen. Wenn 1994 in der Summe erstmals die Zahl der Erwerbstätigen um 1,5 % auf durchschnittlich 6,3 Mio. wieder zunahm, darf diese Tatsache dennoch nicht darüber hinwegtäuschen, daß zwischen 1990 und 1994 ca. 3,4 Mio. Menschen in Ostdeutschland ihren Arbeitsplatz verloren haben.

Die 1993 von der Rezession geprägte Wirtschaftsentwicklung im westlichen Teil der Bundesrepublik Deutschland besserte sich 1994 deutlich. In Westdeutschland wurde der Aufschwung im wesentlichen von einer deutlichen Zunahme der Exportnachfrage (7,7 % im Vergleich zu minus 3,7 % 1993) getragen. Die Inlandsnachfrage spielte – bedingt durch moderate Reallohnsteigerungen und die weiterhin hohe Belastung privater Einkommen durch öffentliche Abgaben – als konjunktureller Schrittmacher nur eine untergeordnete Rolle. Dennoch reichten die positiven Signale aus dem Ausland, die Investitionsbereitschaft der Unternehmer zu erhöhen. Die Anlageinvestitionen nahmen wieder zu. Hierbei handelte es sich jedoch im Gegensatz zu Beginn der 90er Jahre nicht um Erweiterungsinvestitionen. Die Investitionen dienten in der Regel vielmehr Ersatzbeschaffungen und Rationalisierungsmaßnahmen. Daß die Rezession nicht spurlos an der deutschen Volkswirtschaft vorbeigegangen war, zeigte vor allem die Entwicklung am Arbeitsmarkt. Ende 1994 war der Beschäftigungsstand der westdeutschen Wirtschaft mit rund 28,6 Mio. Erwerbstätigen um circa eine Mio. niedriger als Ende 1991. Die Arbeitslosenquote lag bei 9,2 %. Vor allem das verarbeitende Gewerbe verzeichnete massive Arbeitsplatzverluste. Sie konnten auch durch das Wachstum im Dienstleistungssektor nicht ausgeglichen werden.

2.3. Stabilisierung im Westen, Abschwung im Osten: Das Jahr 1995 markierte eine erneute Trendwende in der ost- und westdeutschen Wirtschaftsentwicklung. Sah es bis 1995 so aus, als könnten die neuen Bundesländer aufgrund des hohen Wirtschaftswachstums der ersten Einheitsjahre auf absehbare Zeit zum westdeutschen Niveau aufschließen, so zeigte sich ab 1995 deutlich die Fragilität der ostdeutschen Wirtschaftsbasis. In Ostdeutschland war das Wirtschaftswachstum 1995 erstmals weniger dynamisch als in den Vorjahren. Es lag bei 5,2 % und hatte sich damit im Vergleich zum Vorjahr fast halbiert. Ein Trend, der sich in den Folgejahren fortsetzte. Während die neuen Bundesländer bis 1995 eine der dynamischsten Wachstumsregionen Europas waren, nahmen seitdem die Zuwachsraten des ostdeutschen BIP kontinuierlich ab (1996: 1,9 %; 1997: 1,6 %). Die Zuwachsrate lag 1997 erstmals unter dem Wirtschaftswachstum Westdeutschlands. Vor allem die stark rückläufigen Bauinvestitionen trugen wesentlich zum stark nachlassenden Wirtschaftswachstum in Ostdeutschland bei. Infolge der Wiedervereinigung waren die Bauinvestitionen – nicht zuletzt aufgrund massiver steuerlicher Invesitionsanreize – zunächst stark angestiegen und hatten mit 115 Mrd. DM 1995 einen Investitionsgipfel erreicht. Dies entsprach einem preisbereinigten Anstieg der Bauinvestitionen zwischen 1991 und 1995 von 130 %. Die Bauinvestitionen pro Einwohner lagen 1995 in Ostdeutschland um fast 4 000 DM über denen in Westdeutschland. Mittlerweile beträgt die Differenz rund 2 000 DM (vgl. Tabelle 1). Hauptursachen sind die mittlerweile ausreichende Versorgung der ostdeutschen Bevölkerung mit adäquatem Wohnraum und die rückläufigen staatlichen Ausgaben in öffentliche Infra-

Tabelle 1: Bauinvestitionen in Ost und West je Einwohnener in DM

	Ostdeutschland	**Westdeutschland**
1991	3 138	4 671
1992	5 092	5 049
1993	6 534	4 994
1994	8 388	5 125
1995	9 016	5 137
1996	8 838	4 904
1997	8 611	4 787

Quelle: Institut der deutschen Wirtschaft Köln.

Tabelle 2: Wirtschaftsstruktur in Ost- und Westdeutschland[1]

	Ost-deutschland 1991	**West-deutschland 1991**	**Ost-deutschland 1997**	**West-deutschland 1997**
Staat, Private Haushalte	25 %	13 %	20 %	13 %
Land- und Forstwirtschaft	3 %	1 %	2 %	1 %
Produzierendes Gewerbe, ohne Baugewerbe	24 %	34 %	19 %	28 %
Baugewerbe	12 %	5 %	15 %	5 %
Handel	10 %	10 %	9 %	9 %
Dienstleistungen	21 %	31 %	31 %	38 %
Verkehr- und Nachrichtenübermittlung	5 %	6 %	4 %	6 %

1 Anteile an der nominalen Bruttowertschöpfung, unbereinigt

Quelle: Deutsche Bundesbank.

strukturmaßnahmen. Da das Baugewerbe nach wie vor einen – im Vergleich zur westdeutschen Wirtschaftsstruktur – überproportionalen Beitrag zur Bruttowertschöpfung leistet, sind Rückgänge in der Auftragslage der Baubranche von unmittelbarer Folgewirkung für das Wirtschaftswachstum in den ostdeutschen Bundesländern. Während in Westdeutschland das Baugewerbe nur 5 % zum BIP beisteuerte, war es in dieser Branche in Ostdeutschland dreimal soviel. Hier macht sich immer noch die unzureichende sektorale Diversifizierung der ostdeutschen Wirtschaftsstruktur negativ bemerkbar.

Einen zweiten Belastungsfaktor für das seit 1995 stark rückläufige Wirtschaftswachstum in Ostdeutschland stellt die schleppende Expansion im Dienstleistungssektor dar. Im Vergleich zu Westdeutschland ist dieser Wirtschaftsbereich mit einem Beitrag von 31 % zur nominalen Bruttowertschöpfung nach wie vor eher schwach ausgeprägt. Nicht nur ist das Wachstum dieses Sektors in Ostdeutschland schwächer als im Westen, auch die Strukturen des Dienstleistungssektors unterscheiden sich im innerdeutschen Vergleich deutlich. In den ostdeutschen Ländern wird der Sektor vor allem von Dienstleistungen mit einem geringen Wertschöpfungspotential und niedrigen Einkommen geprägt. Die für den westdeutschen Dienstleistungssektor typischen Beratungsunternehmen, Werbeagenturen und privaten Forschungseinrichtungen sind vergleichsweise unterrepräsentiert. Bezeichnend für die Wirtschaftssituation in Ostdeutschland ist, daß es bisher weder dem verarbeitenden Gewerbe noch dem Dienstleistungssektor nachhaltig gelang, das Baugewerbe als Konjunkturlokomotive abzulösen.

Anlaß zur Hoffnung für den Wirtschaftsstandort Ostdeutschland gibt jedoch die Entwicklung im verarbeitenden Gewerbe. Hier war – gemessen an der Veränderung der realen Bruttowertschöpfung – im Vergleich aller Wirtschaftssektoren in Ostdeutschland die höchste Zuwachsrate zu verzeichnen. Der Industriesektor hat sich in den neuen Bundesländern zum Wachstumsspitzenreiter entwickelt – ein Trend, der sich auch 1998 fortsetzte (vgl. Tabelle 3). Die internationale Wettbewerbsfähigkeit der ostdeutschen Industrieunternehmen nahm deutlich zu. Am deutschen Exportboom des Jahres 1997 profitierten die ostdeutschen Unternehmen überdurchnittlich. Während in Westdeutschland nur ein Zuwachs von 8 % beim Auslandsgeschäft im Vergleich zum Vorjahr zu verzeichnen war, nahmen die Auslandsorders von 1996 auf 1997 an die ostdeutschen Unternehmen um knapp 60 % zu. Insgesamt lagen die Exporte der ostdeutschen Wirtschaft Mitte 1997 um 44 % über dem Vorjahresstand.

Nach dem Wirtschaftsaufschwung von 1994 prägte in Westdeutschland zunächst eine konjunkturelle Wachstumsdelle die Entwicklung in den Jahren 1995 und 1996. Das BIP wuchs 1995 im Vergleich zum Vorjahr nur um 1,5 % und 1996 sogar nur um 1,3 %. Die Ursachen hierfür lagen vor allem in einem ungünstigen Zusammentreffen von tarifpolitischen Entwicklungen, DM-Aufwertung und Angebotsbedingungen, welche die Investitionsbereitschaft der Unternehmen bremsten. Erst 1997 zog die Wirtschaftsentwicklung in Westdeutschland wieder an; das Wirtschaftswachstum lag um 2,2 % über dem Vorjahresniveau. Damit wurde der grundsätzliche konjunkturelle Aufwärtstrend seit 1994 in Westdeutschland bestätigt. Wenngleich seit geraumer Zeit der Auslastungsgrad der westdeutschen Industrie ansteigt, liegt er aber nach

Tabelle 3: Wachstum nach Wirtschaftssektoren in Ostdeutschland[1]

	BIP	Verarbeitendes Gewerbe	Baugewerbe	Dienstleistungsunternehmen	Handel und Verkehr
Brandenburg	2,9	14,6	– 4,2	2,4	3,4
Thüringen	2,4	12,2	– 1,0	2,2	1,1
Mecklenburg-Vorpommern	2,2	10,1	– 3,1	3,1	4,1
Sachsen	2,0	13,4	– 4,0	3,1	– 0,7
Sachsen-Anhalt	0,6	3,9	– 2,4	2,7	1,2
Ost-Berlin	– 1,8	– 0,8	– 6,1	0,8	0,9
Ostdeutschland	1,6	10,9	– 3,4	2,4	1,4
Westdeutschland	2,2	3,4	– 2,3	3,9	3,2

1 Veränderung der realen Bruttowertschöpfung 1997 gegenüber dem Vorjahr in %

Quelle: Arbeitskreis »Volkswirtschaftliche Gesamtrechnung der Länder«, Institut der deutschen Wirtschaft Köln.

wie vor unter dem langjährigen Mittel von 96 %. Kennzeichnend für die Jahre seit 1995 ist, daß das Wachstum der Wirtschaft in erster Linie durch die Exporte getragen wurde. Vor allem sie sind in Westdeutschland der Motor des Aufschwungs. Damit steht das Wachstum der Wirtschaft auf einer schmalen Basis. Die Gefahren wurden 1995 und 1996 deutlich, als die deutsche Exportwirtschaft gegen eine latente DM-Aufwertung kämpfen mußte. Erst 1997 wurden die Ausfuhren durch eine Abwertung der DM erleichtert. Dagegen waren die inländischen Investitionen und die Konsumnachfrage für das Wirtschaftswachstum bisher nur von nachrangiger Bedeutung. Der konjunkturelle Funke sprang vom Exportboom nicht auf die binnenwirtschaftliche Entwicklung über. Dies änderte sich erst im Verlauf des Jahres 1998. Der Wirtschaftsaufschwung gewann an Dynamik und die – von einer nachlassenden Expansion der Weltwirtschaft und der Asienkrise beeinflußte – etwas schwächer werdende Exportnachfrage wurde durch die wachsende Inlandsnachfrage mehr als ausgeglichen. Die Binnennachfrage wurde dabei v. a. von einer Zunahme der Ausrüstungsinvestitionen und dem aufgrund wachsender Beschäftigung und steuerlicher Entlastungen der Einkommen zunehmenden privaten Konsum getragen.

3. Zwischenbilanz nach neun Jahren deutscher Einheit: Wenngleich sich das Angleichungstempo verlangsamt hat, sind alte und neue Bundesländer in den letzten Jahren wirtschaftlich enger zusammengerückt. In der Wirtschaftsstruktur beider Teile Deutschlands ist eine, allerdings seit 1995 deutlich abgeschwächte Konvergenzentwicklung zu beobachten. Der Um- und Aufbau der ostdeutschen Wirtschaftsstruktur ist Ausdruck einer einmaligen innerdeutschen Solidarleistung. Zwischen 1991 und 1998 flossen aus den Kassen des Bundes, der westdeutschen Länder und Gemeinden sowie der Renten- und Sozialversicherung und der Europäischen Union Finanzmittel in Höhe von netto 1031 Mrd. DM nach Ostdeutschland. Zum bisher höchsten Mitteltransfer kam es 1998, als Nettoleistungen von 141 Mrd. DM aus den genannten Kassen nach Ostdeutschland transferiert wurden. Davon brachte alleine der Bund 91 Mrd. DM auf. Daß es in der zweiten Hälfte der 90er Jahre im Vergleich zur ersten zu einer Erhöhung der Transfers kam, ist auf die Unterbrechung des Wachstumsprozesses in Ostdeutschland zurückzuführen. Auch für 1999 ist vorgesehen, daß die Ausgaben des Bundes für die neuen Bundesländer mit 95 Mrd. DM das Bruttotransferniveau des Vorjahres erreichen sollen. Ein Ende der Wirtschaftshilfe für Ostdeutschland ist noch nicht absehbar. Der nach wie vor noch immer nicht selbsttragende Aufschwung in den ostdeutschen Bundesländern stellt eine von vier Herausforderungen für die deutsche Volkswirtschaft in den nächsten Jahren dar.

3.1. Fragiler Aufschwung Ost: Trotz der gewaltigen Anschubfinanzierung aus westdeutschen Kassen ist die Wirtschaftsentwicklung in Ostdeutschland nach wie vor nicht selbsttragend. 1995 machten die öffentlichen West-Ost-Nettotransfers mit 140 Mrd. DM knapp 50 % des ostdeutschen BIP aus, das bei 280,1 Mrd. DM (in Preisen von 1991) lag. 1997 lag der Anteil der öffentlichen Transferleistungen am ostdeutschen BIP (in Preisen von 1991: 290,2 Mrd. DM) noch immer bei 46,8 %. Für viele ostdeutsche Landesteile sind sie nach wie vor ein notwendiges Lebenselexier. Staat und Privatwirtschaft haben mit ihren Leistungen dazu beigetragen, daß sich im Zeitraum 1990 bis 1997 in Ostdeutschland ein neues Anlagevermögen von rund 600 Mrd. DM gebildet hat. Vor allem die staatlichen Transferzahlungen setzten in den neuen Bundesländern die Rahmendaten, die für viele Unternehmen Investitionen erst attraktiv machten. Seit 1995 befindet sich die ostdeutsche Wirtschaft in einer Phase der Konsolidierung. Das Angleichungstempo an das westdeutsche Wirtschaftsniveau hat sich abgeschwächt. Wenngleich das reale BIP je Erwerbstätigen in Ostdeutschland zwischen 1991 und 1997 um durchschnittlich 9,3 % pro Jahr zunahm – in Westdeutschland lag der jährliche Vergleichswert für den gleichen Zeitraum bei 1,9 % – erweisen sich trotz des Produktivitätsschubes der letzten Jahre nach wie vor die vergleichsweise hohen Arbeitskosten in den ostdeutschen Bundesländern als massives Wettbewerbsfähigkeitshemmnis für die dortige Wirtschaft. Während die tarifliche Grundvergütung in Ostdeutschland mittlerweile durchschnittlich 89,5 % des Westniveaus erreicht hat, liegt das ostdeutsche Produktivitätsniveau – bei sektoralen Schwankungen – noch immer um rund ein Drittel unter dem westdeutschen. Die Herstellung einheitlicher Lebensverhältnisse in Ost- und Westdeutschland ist keineswegs vollendet. Fixpunkt deutscher Wirtschaftspolitik muß es sein, den Osten Deutschlands von westdeutschen Transferzahlungen unabhängiger zu machen und die dortige volkswirtschaftliche Leistungskraft durch Anreize zur Ansiedlung von Unternehmen und somit durch die Schaffung von neuen Arbeitsplätzen zu stärken.

3.2. Arbeitslosigkeit: Belastet wird die gesamtdeutsche Wirtschaftslage durch die in den letzten Jahren zunehmend verschärfte Lage am Arbeitsmarkt. Die Bekämpfung der Arbeitslosigkeit ist angesichts anhaltend hoher Arbeitslosenzahlen in der Bundesrepublik Deutschland zum dringendsten wirtschaftspolitischen Problem der 90er Jahre geworden.

In Ostdeutschland war der Beschäftigungsabbau seit 1989 rasant. Waren im Umbruchjahr noch rund 9,7 Mio. Erwerbstätige zu verzeichnen, erreichte die Zahl der Erwerbstätigen 1997 mit 6,05 Mio. ihren absoluten Tiefpunkt, der den bisherigen Tiefststand von 1993 (knapp 6,6 Mio.) nochmals deutlich unterschritt. Zwar war die Zahl der Erwerbstätigen zwischen 1993 und 1995 von 6,6 Mio bis auf 6,8 Mio. angestiegen. Seit 1995 ist sie aber wieder stark rückläufig. Nachdem die Arbeitslosenquote[3] bis 1995 auf 14,9 % in den ostdeutschen Bundesländern gesunken war, ist sie bis 1997 auf fast 19,5 % angestiegen. Ihren bisherigen Höchstpunkt erreichte die Unterbeschäftigung in Ostdeutschland im Februar 1998 mit einer Arbeitslosenquote von 22,9 %. Vor allem fünf zentrale Ursachen lagen dieser Entwicklung zugrunde:

- Aufgrund der auslaufenden bzw. rückläufigen staatlichen Förderung von Arbeitsbeschaffungsprogrammen und der Beendigung bzw. Reduzierung von beruflichen Weiterbildungsmaßnahmen drängten zusätzliche Arbeitskräfte auf den Arbeitsmarkt. Es erfolgte eine Umschichtung vom zweiten auf den ersten Arbeitsmarkt.
- Die in der Baubranche aufgrund nachlassender Bauinvestitionen freigesetzten Arbeitskräfte konnten in Ostdeutschland nicht von anderen Wirtschaftsbereichen aufgefangen werden.
- Eine seit 1995 in Ostdeutschland verstärkt einsetzende Pleitewelle trug zum Anstieg der Arbeitslosenzahlen bei.
- Verminderung der Produktionskosten und Verbesserung der Wettbewerbsfähigkeit erfolgten in den ostdeutschen Betrieben vorrangig über die Freisetzung von Arbeitskräften.
- Die nicht am Produktivitätsfortschritt ausgerichteten Lohnsteigerungen der ersten Einheitsjahre wirkten sich negativ auf die Kostenstrukturen und damit die Gewinnsituation der Unternehmen in Ostdeutschland aus. Das Ungleichgewicht von Lohnkosten und Produktivität vermindert in Ostdeutschland die Investitionsbereitschaft und damit die Schaffung zusätzlicher Arbeitsplätze.

Aufgrund nach wie vor ablaufender Rationalisierungsprozesse und der erst langsam überwundenen Wachstumsschwäche ist mit einer fundamentalen Änderung der ostdeutschen Arbeitsmarktsituation in Ostdeutschland erst im Verlauf des Jahres 1999 zu rechnen.

In Westdeutschland hat sich seit den 70er Jahren deutlich gezeigt, daß auch in Phasen der Hochkonjunktur die zuvor entstandene Unterbeschäftigung in immer geringerem Maße abnahm. Eine nach jeder Rezession ansteigende Sockelarbeitslosigkeit ist als Konsequenz zu verzeichnen. In den alten Bundesländern lag die Arbeitslosenqoute 1997 im Jahresmittel bei 11,0 %. Wenngleich die Arbeitslosenquote in Westdeutschland nur rund die Hälfte der ostdeutschen beträgt und seit Mitte 1998 eine langsame Entspannung der Arbeitsmarktsituation erkennbar wurde, bewegt sie sich dennoch seit geraumer Zeit auf einem für die Geschichte der Bundesrepublik Deutschland historischen Höchststand. Es gelang in Westdeutschland in den zurückliegenden Jahren nicht, Anschluß an einen internationalen Beschäftigungsaufschwung zu finden, wie er seit geraumer Zeit z. B. in Großbritannien, der Schweiz, den Niederlanden, vor allem aber in den USA zu beobachten ist. Im Vergleich zu den genannten Staaten war der Zuwachs an Beschäftigung in Westdeutschland in den letzten 25 Jahren unterdurchschnittlich. Während in den genannten Staaten vor allem der Dienstleistungssektor boomte, wurden in Westdeutschland in diesem Wirtschaftsbereich nur vergleichsweise bescheidene Beschäftigungseffekte erzielt. Die Arbeitslosigkeit in Westdeutschland hat in erster Linie strukturelle Ursachen. Obgleich im Bereich der Lohn- und Arbeitszeitentwicklung in den letzten Jahren Flexibilisierungstendenzen erkennbar waren, so behindern dennoch nach wie vor starre Regelungen auf den Arbeitsmärkten, hohe Abgaben und Arbeitskosten und der Reformstau im Bereich der Steuer- und Rentenpolitik eine positive Beschäftigungsentwicklung und schwächen damit den Wirtschaftsstandort Deutschland. Der Reformbedarf wird mit dem durch die Einführung des Euro unweigerlich zunehmenden innereuropäischen Wettbewerbsdruck auch auf dem deutschen Arbeitsmarkt in den nächsten Jahren zusätzlich verschärft werden.

3.3. Staatsfinanzen: 1996 hat die Verschuldung aller öffentlichen Haushalte in der Bundesrepublik Deutschland die Grenze von 2 Billionen DM überschritten. Ende 1997 lag sie bei fast 2,2 Billionen DM. Zwischen 1990 und März 1998 nahm allein die Nettoneuverschuldung des Bundes von 542,2 Mrd. DM auf 932,3 Mrd. DM zu. Lag die Verschuldung aller Gebietskörperschaften in der Bundesrepublik Deutschland 1992 noch bei 44,1 % des BIP, so war sie bis 1997 auf 60,4 % angewachsen. Zur Verringerung der vor allem einheitsbedingten Fehlbeträge und der Konsolidierung der öffentlichen Haushalte wurden in den letzten Jahren Steuern und Abgaben immer wieder angehoben. So wurde beispielsweise 1995 zur Finanzierung der deutschen Einheit der Solidaritätszuschlag zur Einkommensteuer erneut eingeführt und gleichzeitig Versicherung- und Vermögensteuer erhöht. Im April 1998 wurde die Mehrwertsteuer um einen Prozentpunkt angehoben. Die Abgabenlast der Unternehmen und Privaten hat mittlerweile einen historischen Höchststand erreicht. Wenngleich die zu entrichtenden Abgaben nur einer von mehreren Faktoren bei der Standortentscheidung von Unternehmern sind, vermindert die hohe Abgabenlast doch die Attraktivität der Bundesrepublik Deutschland als Wirtschaftsstandort und schwächt zugleich die Leistungs- und Investitionsbereitschaft im privaten Sektor. Eine Rückführung der Ausgaben des Staates und damit die Absenkung der Staatsquote erscheint vor diesem Hintergrund notwendig. Hier konnte 1997 – nicht zuletzt unter dem haushaltspolitischen Disziplinierungsdruck der Maastricht-Kritierien – ein erster Erfolg erzielt werden und die Staatsquote mit 48,8 % erstmals unter das Niveau von 1991 gesenkt werden. Allerdings zeigt eine differenzierte Betrachtung der Staatsquote auch, daß in den 90er Jahren (1991 – 1997) die staatlichen Investitionen – vor allem im Bereich des Erhalts und Ausbaus von Infrastrukturmaßnahmen (Erhalt und Ausbau von Verkehrswegen etc.), die bisher ein Gütesiegel des Standorts Deutschlands waren, rückläufig sind, im Gegensatz zu staatlichen Ausgaben für Personal, Vewaltung, staatliche Transfers und Schuldendienst.[4] Im Haushaltsentwurf der Bundesregierung für 1999 lag die Kreditaufnahme nur knapp unter den vorgesehenen Investitionsausgaben. Der deutsche Staat ist auf allen Ebenen (Bund, Länder, Kommunen) an die Grenze seiner finanziellen Leistungsfähigkeit gestoßen.

3.4. Reform- und Anpassungsbedarf: Die internationalen Wirtschaftsverflechtungen werden enger. Deutschland muß sich im Hinblick sowohl auf Gütermärkte als auch Produktionsfaktoren zunehmend im globalen Standortwettbewerb bewähren. Die im Mai 1998 beschlossene europäische Währungsunion von elf EU-Mitgliedsstaaten wird zudem für die deutsche Volkswirtschaft den innereuropäischen Wettbewerb um Gütermärkte und Produktionsfaktoren auf einem für die deutsche Wirtschaft zentralen Markt erhöhen. Der daraus resultierende Anpassungsdruck wird über Marktmechanismen die Investitionsbedingungen in Deutschland weiter verschärfen und den Zwang zur Realisierung bisher nicht bewältigter wirtschaftspolitischer Reformen drastisch verstärken. Der Druck für grundlegende Strukturreformen im Bereich der Finanz- und Sozialpolitik nimmt genauso zu wie die Notwendigkeit zum Abbau staatlicher Eingriffe in Wirtschaftsmechanismen und zur Flexibilisierung der Strukturen am Arbeitsmarkt. Vor allem die bisher politisch nicht durch- und umsetzbaren grundlegenden Reformen des Steuersystems und Neuordnungen des Sozialversicherungssystems zur Verminderung einer investitionshemmenden Abgabenlast und zur Stärkung der eigenverantwortlichen Zukunftsvorsorge des Einzelnen werden in den nächsten Jahren die politische Agenda in Deutschland mitbestimmen.

4. Fazit: Trotz vielfältiger wirtschaftlicher Probleme im Einigungsprozeß hat die Soziale Marktwirtschaft der Bundesrepublik Deitschland in den 90er Jahren unter erschwerten wirtschaftlichen Rahmenbedingungen ihre Funktion als Stabilitätsanker demonstriert. Die Leistungskraft des deutschen Wirtschaftssystems wurde im Verlauf des deutschen Einigungsprozesses deutlich. In nur wenigen Jahren gelang es, den Umbau der ehemaligen DDR-Staatswirtschaft zu organisieren. Dennoch hat das Leitbild der Sozialen Marktwirtschaft in den letzten Jahren Schaden genommen. Vor allem im Osten, aber auch im Westen Deutschlands verliert es bei der Bevölkerung deutlich erkennbar an Strahlkraft.[5] Aktuelle wirtschafts- und finanzpolitische Handlungsdefizite, fehlende Handlungskonzepte zur ursachenadäquaten Beseitigung von bestehenden Problemen und überzogene politische Versprechungen in der Vergangenheit haben daran ebenso Anteil, wie eine in Deutschland über Jahrzehnte gewachsene soziale »Vollkaskomentalität« der Bürger.

Jürgen Gros

Anmerkungen:

1 Walter Ulbricht zitiert nach: G. Kusch u. a.: Schlußbilanz – DDR. Fazit einer verfehlten Wirtschafts- und Sozialpolitik, Berlin 1991, S. 16.
2 Vgl. Sachverständigenrat zur Begutachtung der gesamtwirtschaftlichen Entwicklung: Jahresgutachten 1989/90, in: Deutscher Bundestag, Drucksache 11/5786, S. 7.
3 Anteil der Arbeitslosen an den abhängig zivilen Erwerbspersonen.

4 Dazu die Berechnungen in: iwd, 16. 4. 1998, S. 4 f.
5 Vgl. zur Datenlage z. B. R. Köcher: Das Sein unterliegt dem Bewußtsein, in: Frankfurter Allgemeine Zeitung, 17. 6. 1998.

Literatur:

Bundesministerium für Wirtschaft: Aufbau Ost. Die zweite Hälfte des Wegs. Stand und Perspektiven, Bonn 1995. □ Dass.: Jahreswirtschaftsbericht, Bonn 1995 ff. □ Dass.: Wirtschaft in Zahlen, Bonn 1995 ff. □ Dass.: Jahresbericht der Bundesregierung zum Stand der deutschen Einheit 1998, Bonn 1998. □ Deutsche Bundesbank: Monatsberichte, Frankfurt a. M. 1991 ff. □ Deutscher Bundestag: Unterrichtung durch die Bundesregierung: Materialien zur Deutschen Einheit und zum Aufbau in den neuen Bundesländern, Drucksache 13/2280, Bonn 1995. □ Ders.: Unterrichtung durch die Bundesregierung: Materialien zur Deutschen Einheit und zum Aufbau in den neuen Bundesländern, Drucksache 13/8430, Bonn 1997. □ Fürstenberg, Friedrich: Deutschlands Wirtschaft nach der Wende, in: Robert Hettlage/Karl Lenz (Hrsg.): Deutschland nach der Wende. Eine Bilanz, München 1995, S. 93–118. □ Gros, Jürgen: Entscheidung ohne Alternativen? Die Wirtschafts-, Finanz- und Sozialpolitik im deutschen Vereinigungsprozeß 1989/90, Mainz 1994. □ Grosser, Dieter: Das Wagnis der Währungs-, Wirtschafts- und Sozialunion. Politische Zwänge im Konflikt mit ökonomischen Regeln, Stuttgart 1998. □ Oppenländer, Karl Heinrich (Hrsg.): Wiedervereinigung nach sechs Jahren. Erfolge, Defizite, Zukunftsperspektiven im Transformationsprozeß, Berlin/München 1997. □ Pohl, Rüdiger (Hrsg.): Herausforderung Ostdeutschland. Fünf Jahre Währungs-, Wirtschafts- und Sozialunion, Berlin 1995. □ Sachverständigenrat zur Begutachtung der gesamtwirtschaftlichen Entwicklung: Jahresgutachten 1990/91 ff., Stuttgart 1990 ff.

Autorenverzeichnis

Andersen, Uwe, Dr., Professor für Politikwissenschaft an der Ruhr-Universität Bochum: *Finanzierung der Einheit.*

Anweiler, Oskar, Dr., em. Professor für Vergleichende Erziehungswissenschaft an der Ruhr-Universität Bochum: *Bildung und Wissenschaft.*

Berndt, Uwe, Dr., wissenschaftlicher Angestellter am Arnold-Bergstraesser-Institut für kulturwissenschaftliche Forschung an der Universität Freiburg: *Extremismus und Innere Sicherheit.*

Berschin, Helmut, Dr., Professor für Romanische Philologie (Sprachwissenschaft) an der Justus-Liebig-Universität Gießen: *Deutschlandbegriff im sprachlichen Wandel.*

Bierling, Stephan, Dr., Dr. habil., Privatdozent am Geschwister-Scholl-Institut für Politische Wissenschaft der Ludwig-Maximilians-Universität München: *Sicherheitspolitik.*

Bingen, Dieter, Dr., Leiter des Deutschen Poleninstituts Darmstadt: *Ostverträge.*

Bleek, Wilhelm, Dr., Professor für Politische Wissenschaft an der Ruhr-Universität Bochum: *Deutschlandforschung.*

Blumenwitz, Dieter, Dr., Professor am Lehrstuhl für Völkerrecht, allgemeine Staatslehre, deutsches und bayerisches Staatsrecht und Politische Wissenschaft an der Bayerischen Julius-Maximilians-Universität Würzburg: *Oder-Neiße-Linie.*

Bollin, Christina, M.A., Doktorandin am Institut für Politikwissenschaft der Johannes-Gutenberg-Universität Mainz: *Mauer.*

Bruck, Elke, M.A., wissenschaftliche Mitarbeiterin der Forschungsgruppe Deutschland am Centrum für angewandte Politikforschung der Ludwig-Maximilians-Universität München: *Deutschland von außen. Verhandlungen zur deutschen Einheit: Internationaler Prozeß.*

Bürklin, Wilhelm, Dr., Professor für Politikwissenschaft an der Universität Potsdam, Geschäftsführer der Gesellschaft für Bankpublizität Berlin: *Eliten.*

Clement, Rolf, Leiter der Abteilung »Hintergrund« beim DeutschlandRadio/ Deutschlandfunk Berlin: *Bundeswehr.*

Colschen, Lars C., Dr., wissenschaftlicher Mitarbeiter der Forschungsgruppe Deutschland am Centrum für angewandte Politikforschung der Ludwig-Maximilians-Universität München: *Deutschlandpolitik der Vier Mächte.*

Dicke, Klaus, Dr., Professor für Politische Theorie und Ideengeschichte an der Friedrich-Schiller-Universität Jena: *Ausländer.*

Eith, Ulrich, Dr., wissenschaftlicher Assistent am Seminar für Wissenschaftliche Politik der Albert-Ludwigs-Universität Freiburg: *Parteien.*

Fischer-Bollin, Peter, M.A., Politikwissenschaftler, Auslandsmitarbeiter der Konrad-Adenauer-Stiftung: *Mauer.*

Fröhlich, Manuel, M.A., Doktorand am Institut für Politikwissenschaft der Friedrich-Schiller-Universität Jena: *Berichte zur Lage der Nation.*

Fromme, Friedrich Karl, Dr., ehem. verantwortlicher Redakteur für Innenpolitik der Frankfurter Allgemeinen Zeitung: *Bundesverfassungsgericht.*

Geißler, Rainer, Dr., Professor für Soziologie an der Universität-Gesamthochschule Siegen: *Sozialer Wandel.*

Glaab, Manuela, Dr., wissenschaftliche Assistentin am Geschwister-Scholl-Institut für Politische Wissenschaft und stellvertretende Leiterin der Forschungsgruppe Deutschland am Centrum für angewandte Politikforschung der Ludwig-Maximilians-Universität München: *Deutschlandpolitik der Bundesrepublik Deutschland. Einstellungen zur deutschen Einheit. Medien. Politische Kultur.*

Grewe, Wilhelm G., Dr., em. Professor für öffentliches Recht und Völkerrecht an der Universität Freiburg, Botschafter a.D.: *Deutschlandvertrag.*

Gros, Jürgen, Dr., wissenschaftlicher Mitarbeiter der Forschungsgruppe Europa am Centrum für angewandte Politikforschung der Ludwig-Maximilians-Universität München: *Verträge zur deutschen Einheit. Wirtschaft.*

Grosser, Dieter, Dr., em. Professor für Politikwissenschaft an der Ludwig-Maximilians-Universität München: *Verhandlungen zur deutschen Einheit: Ökonomischer Prozeß.*

Grosser, Thomas, Dr., wissenschaftlicher Assistent am Seminar für Neuere Geschichte der Universität Mannheim: *Vertriebene.*

Habich, Roland, Dr., Forschungskoordinator der Abteilung Sozialstruktur und Sozialberichterstattung am Wissenschaftszentrum Berlin für Sozialforschung (WZB): *Lebensbedingungen.*

Hacker, Jens, Dr., em. Professor für Politikwissenschaft unter besonderer Berücksichtigung der Internationalen Politik an der Universität Regensburg: *Grundlagenvertrag.*

Hattenhauer, Hans, Dr., em. Professor für Deutsche und Europäische Rechtsgeschichte, Bürgerliches Recht und Handelsrecht an der Christian-Albrechts-Universität Kiel: *Nationalsymbole.*

Helwig, Gisela, Dr., verantwortliche Redakteurin des Deutschland-Archivs: *Frauen.*

Henke, Klaus-Dietmar, Dr., Professor am Hannah-Arendt-Institut für Totalitarismusforschung e. V. an der Technischen Universität Dresden: *Staatssicherheit.*

Henschel, Thomas R., Dr., Leiter der Forschungsgruppe Jugend und Europa am Centrum für angewandte Politikforschung der Ludwig-Maximilians-Universität München: *Jugend.*

Hillenbrand, Olaf, Dr., wissenschaftlicher Mitarbeiter und stellvertretender Leiter der Forschungsgruppe Europa am Centrum für angewandte Politikforschung der Ludwig-Maximilians-Universität München: *Umwelt.*

Hoffmann-Lange, Ursula, Dr., Professorin für Politikwissenschaft an der Universität Bamberg: *Eliten.*

Holtmann, Everhard, Dr., Professor für Systemanalyse und Vergleichende Politik an der Martin-Luther-Universität Halle-Wittenberg: *Bundesländer.*

Janning, Josef, M.A., Leiter der Forschungsgruppe Europa am Centrum für angewandte Politikforschung der Ludwig-Maximilians-Universität München: *Europäische Integration.*

Jansen, Marlies, Dr., Gutachterin beim Wissenschaftlichen Dienst des Deutschen Bundestages, 1992–1998 stellvertretende Leiterin des Sekretariats der Enquete-Kommission »Aufarbeitung von Geschichte und Folgen der SED-Diktatur in Deutschland« und »Überwindung der Folgen der SED-Diktatur im Prozeß der deutschen Einheit« (12. und 13. Wahlperiode): *Enquete-Kommission.*

Jesse, Eckhard, Dr., Professor für Politikwissenschaft an der Technischen Universität Chemnitz: *Bundesrepublik Deutschland: Geschichte. Bundesrepublik Deutschland: Politisches System.*

Kaase, Max, Dr., Forschungsprofessor am Wissenschaftszentrum Berlin für Sozialforschung: *Innere Einheit.*

Kießling, Andreas, M.A., wissenschaftlicher Mitarbeiter am Geschwister-Scholl-Institut für Politische Wissenschaft und der Forschungsgruppe Deutschland am Centrum für angewandte Politikforschung der Ludwig-Maximilians-Universität München: *Berlin.*

Klein, Eckart, Dr., Professor für Staatsrecht, Völkerrecht und Europarecht an der Universität Potsdam: *Deutschlands Rechtslage.*

Kleinfeld, Ralf, Dr., Akademischer Rat im Lehrgebiet Politikwissenschaft an der Fernuniversität Hagen, Lehrstuhlvertreter für Vergleichende Politikwissenschaft an der Universität Osnabrück: *Verbände.*

Kleßmann, Christoph, Dr., Professor für Zeitgeschichte am Historischen Institut der Universität Potsdam, Geschäftsführender Direktor des Zentrums für Zeithistorische Forschung Potsdam: *Doppelte Staatsgründung.*

Korte, Karl-Rudolf, Dr., Dr. habil., Privatdozent, Lehrstuhlvertreter am Seminar für Politische Wissenschaft der Universität zu Köln und Leiter der Forschungsgruppe Deutschland am Centrum für angewandte Politikforschung der Ludwig-Maximilians-Universität München: *Deutsche Einheit. Literatur. Nation und Nationalbewußtsein. Politische Kultur.*

Kowalczuk, Ilko-Sascha, Historiker: *DDR: Opposition und Widerstand.*

Kuppe, Johannes, Dr., Leitender Redakteur der Wochenzeitung »Das Parlament«: *Deutschlandpolitik der DDR.*

Lutz, Felix Ph., Dr., Marktforscher und Unternehmensberater bei Sinus-Sociovision in Heidelberg: *Geschichtsbewußtsein.*

Mangoldt, Hans von, Dr., Professor für Öffentliches Recht und Völkerrecht an der Eberhard-Karls-Universität Tübingen, Mitglied des Verfassungsgerichtshofs des Freistaats Sachsen: *Staatsangehörigkeit.*

Maser, Peter, Dr., Professor für Theologie an der evangelisch-theologischen Fakultät der Universität Münster, Kirchenhistoriker: *Kirchen.*

Mayer, Tilman, Dr., Dr. habil., Privatdozent am Institut für Politikwissenschaft der Universität Würzburg: *Kontroversen zur deutschen Frage.*

Meimeth, Michael, Dr., wissenschaftlicher Mitarbeiter am Institut für Politikwissenschaft der Universität des Saarlandes: *Ost-West-Konflikt.*

Meusch, Andreas, M.A., Leiter der Landesvertretung der Technikerkrankenkasse mit Sitz in Hamburg: *Sozialpolitik.*

Misselwitz, Hans-J., Dr., Leiter der Brandenburgischen Landeszentrale für Politische Bildung in Potsdam: *Politische Bildung.*

Paulsen, Thomas, Dr., wissenschaftlicher Mitarbeiter der Forschungsgruppe Europa am Centrum für angewandte Politikforschung der Ludwig-Maximilians-Universität München: *Außenpolitik.*

Pfahl-Traughber, Armin, Dr., Referatsleiter im Bundesamt für Verfassungsschutz Köln, Abteilung Rechtsextremismus, Lehrbeauftragter an der Universität zu Köln: *Extremismus und Innere Sicherheit.*

Ress, Georg, Dr. Dr. Dr. h.c. mult., Professor für öffentliches Recht, Völker- und Europarecht sowie Direktor des Europa-Instituts an der Universität des Saarlandes: *Grundgesetz. Selbstbestimmungsrecht.*

Roth, Dieter, Dr., Vorstandsmitglied der Forschungsgruppe Wahlen e.V. Mannheim: *Wahlen.*

Schoeps, Julius H., Dr., Professor am Moses Mendelssohn Zentrum für Europäische Studien an der Universität Potsdam: *Juden.*

Schraut, Sylvia, Dr., Dr. habil., Privatdozentin am Seminar für Neuere Geschichte der Universität Mannheim, Lehrstuhlvertreterin für Neuere Geschichte an der Universität Tübingen: *Vertriebene.*

Thomas, Karin, Cheflektorin für Kunst im DuMont-Buchverlag Köln: *Kultur.*

Thomas, Rüdiger, Arbeitsgruppenleiter in der Bundeszentrale für politische Bildung Bonn: *DDR: Politisches System. Identität.*

Turek, Jürgen, M.A., Leiter der Forschungsgruppe Zukunftsfragen am Centrum für angewandte Politikforschung der Ludwig-Maximilians-Universität München: *Treuhandanstalt.*

Wagner, Peter M., Dr., wissenschaftlicher Mitarbeiter der Forschungsgruppe Deutschland am Centrum für angewandte Politikforschung der Ludwig-Maximilians-Universität München: *Verhandlungen zur deutschen Einheit: Internationaler Prozeß. Verträge zur deutschen Einheit.*

Walter, Michael, Dr., wissenschaftlicher Assistent am Seminar für Politikwissenschaft der Albert-Ludwigs-Universität Freiburg: *Verhandlungen zur deutschen Einheit: Innerer Prozeß.*

Wassermann, Rudolf, Dr., Oberlandesgerichtspräsident a. D., Mitglied des Niedersächsischen Staatsgerichtshofs: *Rechtssystem.*

Wegner, Manfred, Dr., ehem. Gründungspräsident des Instituts für Wirtschaftsforschung Halle: *Strukturwandel.*

Weidenfeld, Werner, Dr. Dr. h. c., Professor für Politikwissenschaft und Direktor des Centrums für angewandte Politikforschung am Geschwister-Scholl-Institut für Politische Wissenschaft der Ludwig-Maximilians-Universität München: *Deutsche Einheit. Identität. Nation und Nationalbewußtsein. Verhandlungen zur deutschen Einheit: Internationaler Prozeß.*

Winters, Peter Jochen, Dr., Redakteur der Frankfurter Allgemeinen Zeitung: *Innerdeutsche Beziehungen.*

Zimmermann, Hartmut †, Dr., ehem. Leiter des Arbeitsbereichs DDR-Forschung und -Archiv des Zentralinstituts für sozialwissenschaftliche Forschung der Freien Universität Berlin: *DDR: Geschichte.*

Personenregister

Sachregister